Anton Baumstark

Geschichte der syrischen Literatur

Verlag
der
Wissenschaften

Anton Baumstark

Geschichte der syrischen Literatur

ISBN/EAN: 9783957008480

Auflage: 1

Erscheinungsjahr: 2016

Erscheinungsort: Norderstedt, Deutschland

Hergestellt in Europa, USA, Kanada, Australien, Japan
Verlag der Wissenschaften in Hansebooks GmbH, Norderstedt

Cover: Foto ©Bernd Kasper / pixelio.de

A. Baumstark

Geschichte der syrischen Literatur.

Geschichte der syrischen Literatur

mit Ausschluß der christlich-palästinensischen Texte

Von

Dr. Anton Baumstark

Ordentl. Honorarprofessor an der Universität Bonn

Bonn 1922
A. Marcus und E. Webers Verlag Dr. jur. Albert Ahn

Vorwort.

Das vorliegende Buch verdankt seine Entstehung einer durch Herrn Professor
D. HLietzmann in Jena veranlaßten Anregung des Verlages, die im Sommer
1918 an mich erging und mir die Verwirklichung eines Planes ermöglichte, den
ich schon während meiner römischen Arbeitsjahre 1900/4 gehegt, dann aber längst
geglaubt hatte begraben zu müssen. Je in einem starken Jahre wurde die Stoffsammlung, die Ausarbeitung des Manuskriptes und die Drucklegung einschließlich
der Einfügung umfangreicher Verbesserungen und Ergänzungen durchgeführt.
Bis Ende Juli des laufenden Jahres mußte die Zeit zur Förderung der Arbeit
den Pflichten eines aufreibenden Privatschuldienstes abgerungen werden, dessen
bescheidenes Erzieherglück ich nunmehr doch nur mit tiefer seelischer Ergriffen-
heit der Möglichkeit akademischen Wirkens an der Universität Bonn zu opfern
vermag. Oft genug sind nur die rücksichtslos der Ruhe entzogenen stillen Stunden
zwischen 10 und 3 Uhr nachts für sie verfügbar gewesen, während die Sorgen,
die Nahrungsbeschränkungen und im Winter die durch Knappheit der Feuerungs-
materialien bedingten Schwierigkeiten eines mit ungenügenden Mitteln zu be-
streitenden kinderreichen Haushaltes an den Kräften des Körpers zehrten.

Mir selbst ist dieser *labor improbus* zum Heiland geworden, indem wohl nur
er und seine geistige Ablenkung mich davor rettete, unter der Wucht des Ent-
setzlichen, was gleichzeitig über das Vaterland dahinging, seelisch zusammenzubrechen.
Daß für das Buch die Verhältnisse seiner Entstehungszeit und die äußere Lage des
Verfassers im höchsten Grade ungünstig sich geltend machen mußten, liegt auf der
Hand und wird von einer billigen Kritik vielleicht nicht ganz außer acht gelassen
werden. So manches ist mir erst verspätet während des Druckes bekannt oder
zugänglich geworden, nicht weniges namentlich an ausländischen Veröffentlichungen
gewiß überhaupt entgangen. Konnte ich doch beispielsweise selbst eines Exemplars
der 3. Auflage von Duvals Littérature syriaque erst habhaft werden, als die fünf
ersten Bogen gedruckt waren. Was ich nach Ausdruck der betreffenden Bogen
an letzten Verbesserungen oder Bereicherungen des Textes und besonders der
Akk. noch einzuarbeiten gehabt hätte, ist in den „Nachträgen und Berichtigungen‟
zusammengestellt, mit denen ich vor Benützung des Buches sich vertraut zu
machen bitte. An ehrlicher Bemühung um möglichste Vollständigkeit in Nach-

weis der hslichen Überlieferung, Notierung von Editionen und sonstigen Literaturangaben hat es nicht gefehlt. An Hss habe ich mit bewußter Absicht auch solche
morgenländischer Bestände wie desjenigen der Bibliothek der chaldäischen erzbischöflichen Residenz von Séert verzeichnet, von denen ich bestimmt befürchten
muß, daß sie in den Stürmen des Weltkrieges vernichtet wurden. Schließlich
ist schlimmsten Falles sogar das von Wert, zu wissen, was zu einer bestimmten
Zeit an Überlieferungszeugen vorhanden war. Auch bleibt ja mit der Möglichkeit zu rechnen, daß einzelne Hss. einer solchen Vernichtung entgangen, später
versprengt im Buchhandel auftauchen. Alsdann dürfte unter Umständen die Er-
mittlung ihrer Herkunft durch die Akk dieses Buches erleichtert werden. Entsprechende Erwägungen haben mich bei der Berücksichtigung auch an sich durchaus ungenügender Hss-Verzeichnisse wie desjenigen der jakobitischen Gemeinde
von Edessa und der hslichen des Markusklosters in Jerusalem und des jakobitischen
Patriarchalklosters Dêr Za'farān geleitet. Im Interesse der praktischen Brauch-
barkeit erschien es mir auch unvermeidlich, im allgemeinen die Hss doppelt (mit
Katalogsnr und Fonds-Bezeichnung) anzugeben. Nur wo eine Hs zu demselben
Textabschnitte schon einmal anzuführen war, wurde regelmäßig auf die zweite
Bezeichnung wie auf die Angabe des Alters bei weiterer Anführung verzichtet.

Je mehr damit die Akk anschwollen, um so gebotener war vorab in ihnen
ein Streben nach möglichster Kürze der Form. Ich habe dieser zunächst (auch
im Texte) durch Verwendung gewisser wohl allgemein recht durchsichtiger Abkürzungen, insbesondere durch grundsätzliche Siglen-Bezeichnung von umfassenden
Publikationen, Akademie- und Zeitschriften Rechnung getragen. Titel von Zeit-
schriftenaufsätzen sind nur ausnahmsweise notiert, wo dies zur Charakterisierung
ihres Inhaltes unerläßlich schien. Die Tatsache, daß eine Ag von Übs begleitet
sei, wurde wo dies wie bei der PO, der römischen und der Lamyschen Ap(h)rem-Ag
usw. selbstverständlich ist, überhaupt nicht vermerkt. In anderen Fällen sind die
Seitenzahlen der Übs denjenigen der Ag einfach in Klammern nachgesetzt.

Lange Überlegung hat mich die Frage der Transskription namentlich der
Eigennamen gekostet. Auf Rat Lietzmanns und nach Durchsprache der Sache
mit AdRücker entschied ich mich schließlich für ein nachträglich auch von Herrn
Geh. Rat ELittmann gebilligtes System, das für den Vokalismus in der Hauptsache lediglich einen getreuen Spiegel des Schriftbildes bietet, indem ohne Rücksicht auf die Frage der wirklichen Quantität der Vokale î, ê, û und ô zur Wiedergabe der Verwendung von Wāw und Jôd(h) als *matres lectionis*, ĕ und a
zur Wiedergabe der entsprechenden Verwendung von Àlaf benutzt werden. Zur
Bezeichnung des ohne *mater lectionis* geschriebenen langen a (= westlich: o) wird
statt des sachgemäßeren â, das auf typographische Schwierigkeiten gestoßen sein
würde, à verwendet, der Vokalaustoß zur Erleichterung der Aussprache durch ĕ,
die Aspiration der Mediae und Tenues durch beigesetztes (h) angedeutet. Im
übrigen ist die Wiedergabe der Konsonanten die allgemein übliche. Bei griechi-

schen und alttestamentlichen Eigennamen, deren syrische Aussprache wesentlich mit
der originalen zusammenfällt, wird auf eine phonetische Transskribierung überhaupt
verzichtet. Kleinliche Durchfürung irgend eines Systems um jeden Preis endet
in derartigen Dingen stets beim Befremdlichen, um nicht zu sagen: Lächerlichen.

Eine angenehme Pflicht ist es mir dankend der freundlichen Unterstützung
zu gedenken, die meine Arbeit von verschiedenster Seite gefunden hat. Die
Universitätsbibliotheken von Freiburg i. B., Heidelberg und Jena, die Badische
Landesbibliothek in Karlsruhe und die Bayrische Staatsbibliothek in München
sind mir durch teilweise jahrelange Überlassung ebenso zahlreicher als wertvoller
Bücher in liberalster Weise entgegengekommen. Daß auch mein lieber Freund,
Herr Professor Dr. AdRücker in Breslau, alle mir sonst nicht bequem zugänglichen Nrn seiner umfangreichen Bücherei sowie das hsliche Verzeichnis der Hss
des Markusklosters in Jerusalem, mir zur Verfügung stellte, bedeutet noch den
weitaus geringsten Teil seines Verdienstes um das Buch. Mit bewunderungswerter
Selbstlosigkeit hat er vielmehr vor allem die gesamte Last der Korrektur mit-
getragen, von sich aus zahlreiche Ergänzungen und Verbesserungen beigesteuert
und noch zahlreichere an ihn gerichtete Anfragen nicht nur mit Hilfe der Breslauer Universitätsbibliothek, sondern oft genug sogar auf Grund von Literatur, die
er selbst wieder aus Berlin beziehen mußte, immer gleich freundlich beantwortet.
Gelegentliche Ergänzungen bot mir nach Lesung der Korrekturbogen auch Herr
Professor D. HLietzmann an. Die Benutzung des hslichen Verzeichnisses der Hss
von Dêr Za'farān hat mir Herr Professor Dr. HGoussen ermöglicht. Die Verwertung einer Reihe teilweise höchst bedeutsamer Hss und Hss-Bruchstücke,
welche sie mir zur Untersuchung unterbreitet hatte, gestattete auch für dieses
Buch die Firma KWHiersemann in Leipzig. Einzelne Auskünfte verdanke ich
der Güte meiner verehrten Freunde der Herren Professoren Dr. EKrebs und
Dr. JSauer in Freiburg i. B. und P. Dr. CMohlberg OSB. in Maria Laach sowie
der Herren Professoren Dr. AAllgeier in Freiburg i. B. und Geh. Rat Dr. CBroçkel-
mann in Halle, Oberbibliothekar Dr. GLeidinger in München und PP. Dr.
OCasel und LKrahmer OSB. in Maria-Laach und P. AManser OSB. in Beuron.
Die Verwertung des letzten Faszikels der Ag der Séerter Chronik durch
den seligen AScher hat mir zunächst durch Angaben aus demselben, später
durch Übersendung des ihm zugänglichen Exemplars der dortigen Universitätsbibliothek S. Gnaden Herr Prälat Professor Dr. JPKirsch in Fribourg möglich
gemacht, die Benützung der „*Bibliotheca Hagiographica Orientalis*" durch zeit-
weilige Überlassung des Exemplares der Klosterbibliothek in Maria Laach als
deren Hüter P. LKrahmer erleichtert. Auch aus dem bisher feindlichen Auslande
haben nach Friedensschluß die Herren Abbé J-BChabot, indem er mir die Ein-
sichtnahme der Aushängebogen von CSCO. Ser. III 15 gestattete, und Professor
FNau durch Auskünfte und durch das Geschenk der von ihm während des
Krieges gemachten Publikationen mich zu aufrichtigstem Dank verbunden.

Das Register ist bis auf die abschließende Redaktion und Niederschrift die Arbeit eines lieben jungen Freundes und Schülers meiner letzten Sasbacher Klasse, des derzeitigen Untersekundaners Peter Steinbach, während mein im zehnten Lebensjahre stehender ältester Junge Theodor mir mit hingebender Geduld bei der besonders schwierigen Kollationierung von Manuskript und Korrekturbogen für das gesamte Ziffernmaterial der Akk behilflich war.

Über jedes Wort des Lobes und Dankes erhaben ist schließlich die Opferfreudigkeit, mit welcher im Interesse der Sache der Verlag sich auch mit den weitestgehenden Korrekturen stehenden Satzes abfand, und unvergeßlich wird mir bleiben, was mir in den Jahren der Arbeit leiblich und seelisch der Klosterfriede der wunderbaren Benediktinerabtei Maria Laach bot, in den mich kurz nach dem Beginne derselben S. Gnaden der hochwürdigste Herr Abt Dr. IldHerwegen erstmals einlud. Je nach einem weiteren Jahre habe ich dort von der aufreibenden Stoffsammlung gerastet, das Manuskript zum Abschlusse gebracht und an den letzten Fahnen des Druckes korrigiert, stets aus der Benützung der Klosterbibliothek reichen Nutzen gezogen und aus See- und Waldluft und den Kraftquellen der Liturgie Stärke zum Weiterleben und Weiterarbeiten geschöpft. Nicht zuletzt jener alljährlichen Verjüngung am Ufer des blauen Eifelsees ist es zuzuschreiben, falls es mir gelungen sein sollte, trotz der Ungunst der Zeit ein Buch zu schaffen. das in späterer Auflage vielleicht, durch geschicktere und unter günstigeren äußeren Umständen arbeitende Hand weiter ausgebaut, zu d e r Syrischen Literaturgeschichte schlechthin in demjenigen Sinne sich entwickeln könnte, in welchem uns K Krumbacher d i e Byzantinische Literaturgeschichte geschenkt hat.

Wird alsdann auf dem Titelblatte der Name des ursprünglichen Verfassers noch nicht erloschen sein, wenn sein Leib längst in Staub zerfallen ist, so möge seiner Seele von denjenigen Benützern, welche mit ihm der Glaube an die Möglichkeit einer jenseitigen Läuterung und die Kraft fürbittenden Gebetes vereinigt. das Dankesalmosen eines Vaterunsers zuteil werden.

S a s b a c h (Amt Achern) am Tage des Benediktusschülers Placidus den 5. Oktober 1921.

Anton Baumstark.

Dem

Andenken meines Schwagers

JOSEPH TRÖNDLE

geb. 12. 5. 1897, gefallen nach beinahe $4\frac{1}{2}$ jährigem Kriegs-
dienste 3. 3. 1919 bei Murayewow im Baltenlande, nachdem
er, ungebrochen im Zusammenbruche des Vaterlandes, demselben sich neuerdings zu freiwilligem Kampfe gegen den
russischen Bolschewismus zur Verfügung gestellt hatte.

Inhalt.

Abkürzungen.

1. Handschriftenbezeichnungen:

Ambr = Cod. Ambrosianus. — **Brl** = Hs der (Kgl.) Bibliothek in Berlin.
— **BrM** = Hs des British Museum. — **Cmbr** = Hs der Universitätsbibliothek
in Cambridge. — **DamErzb** = Hs der uniert-syrischen erzbischöflichen Residenz
in Damaskus. — **DamPfk** = Hs der jakobitischen Pfarrkirche in Damaskus. —
Dijarb · Hs der chaldäischen erzbischöflichen Residenz in Dijarbekr. — **Ind(ia)
Off(ice)** = Hs des India Office in London. — **JerMkl** = Hs des jakobitischen
Markusklosters in Jerusalem. — **JerPatr** = Hs des griechischen Patriarchats in
Jerusalem. — **Leid** = Hs der Universitätsbibliothek in Leiden. — **Mard** = Hs
der chaldäischen erzbischöflichen Residenz in Mardin. — **Mos** = Hs des chaldäi-
schen Patriarchats in Mosul. — **N-Dsém** = Hs des chaldäischen Klosters Notre-
Dame des Sémences. — **PalMedOr** = Cod. Palatinus Mediceus Orientalis in
Florenz. — **Pr** = Hs der Bibliothèque Nationale in Paris. — **Séert** = Hs der
chaldäischen erzbischöflichen Residenz in Séert. — **Sin** = Hs des Katharinenklosters auf dem Sinai. — **Urm** = Hs der Museum Association des amerikanischen Missionskollegs in Urmia. — **VtAr** = Cod. Vaticanus Arabicus. — **VtB**
= Cod. Vaticanus Borgianus (ehemals des Museo Borgiano der Propaganda). —
VtS = Cod. Vaticanus Syriacus.

Die weiteren Abkürzungen in der Bezeichnung einzelner Teilbestände sind
diejenigen der betreffenden Kataloge.

2. Literaturangaben:

AB = Analecta Bollandiana. — **Abh. Bayr. AW** = Abhandlungen der
Bayrischen Akademie der Wissenschaften. — **ʻAî** = Schriftstellerkatalog des
ʻAb(h)dîšôʻ b Bērîk(h)ā (vg. S. 325 Ak. 2). — **AJSL** = American Journal of
Semitic Languages. — **AJT** = American Journal of Theology. — **ʻAm** = ʻAmr ibn
Mattā in der Ag: H Gismondi, Maris, Amri et Slibae de patriarchis Nestorianorum
commentaria (R 1896 9). — **AMS** = P Bedjan, Acta Martyrum et Sanctorum
(Pr 1890 7). — (P de Lagarde,) **AnS** = Analecta Syriaca (Lo 1855). — (J B Pitra,)
AnSacr — Analecta Sacra Spicilegio Solesmensi parata (4. Pr 1883). — (J P N Land,)
AnecdS = Anecdota Syriaca (Leyden 1862 75). — Assemani, Act. Mart.
St E Assemani, Acta sanctorum martyrum orientalium et occidentalium (R 1748).

BB = Bar Bahlûl in der Ag: R Duval, Lexicon. Syr. auctore Hassan Bar
Bahlul (Pr 1886/1903). — **BbZ** = Biblische Zeitschrift. — **BʻE** = Bar ʻEb(h)rājā.
— **BʻEKg** = Kirchengeschichte BʻEs in der Ag: J B Abbeloos-Th J Lamy.

Chronicon ecclesiasticum (Löwen 1872/7). — B'EWg = Weltgeschichte desselben in der Ag: PJBruns-GGKirsch, Bar Hebraei Chronicon syriacum (Lpz 1781). — BhKg = Kirchengeschichte des Barhad(h)bešabbā aus Bēt(h) 'Arbājē in der Ag: FNau, PO 9. 498 500. 503/631. — BhSchulgr = Schrift des Barhad(h)bešabbā von Halwān über die Schulgründungen in der Ag: AScher, PO 4. 314/97. — BKv = Bibliothek der Kirchenväter. — BO — JSAssemani, Bibliotheca Orientalis Clementino Vaticana (R 1719/28). — BrCh = Breviarium Chaldaicum (Pr 1886/7). — Bull. Crit. = Bulletin Critique. — BZ = Byzantinische Zeitschrift.

ChrAn = Chronicon Anonymum des 13. Jhs (vg. S. 302 unter § 48 e). — ChrE(d) = Chronicon Edessenum (vg. S. 99 f. unter § 14 g). — ChrM Chronica Minora (CSCO Ser. III 4). — ChrS = Arabische Chronik von Séert in der Ag: AScher, PO 4. 215 312. 5, 217/344. 7, 95 203. 13, 437/639. — CodL = JAlAssemani, Codex liturgicus eccl. univ. in XV libros distributus (R 1749/66). — (GBickell,) Consp. = Conspectus rei Syrorum Literariae (Münst. W 1871). auch mit dem bloßen Namen des Verfassers zitiert. — CSCO = Corpus Scriptorum Christianorum Orientalium. Scriptores Syri.

Denkschrr AWW = Denkschriften der (Kaiserl.) Akademie der Wissenschaften zu Wien.

EbŠ = Chronographie des Elijā b Šinājā in der Ag: EWBrooks, CSCO Sér. III 7/8.

Fihr = Kitāb al-Fihrist in der Ag: GFlügel (Lpz 1871 f.) — (ThZahn,) Forsch. = Forschungen zur Geschichte des neutestamentlichen Kanons und der altkirchlichen Literatur.

(OBardenhewer,) **G**esch = Geschichte der altchristlichen Literatur (FrbgB 1902 ff.) — Götting. Gel. Anz. = Göttingische Gelehrte Anzeigen. — GSAI = Giornale della Società Asiatica Italiana.

Hebr = Hebraica. — Hist. dyn. = Historia dynastiarum (arabisches Geschichtswerk B'Es (vg. 319 Ak. 1)). — HorSem = Horae Semiticae.

(ESachau,) **I**n(ed)S = Inedita Syriaca (Wien 1870).

JA = Journal Asiatique. — JAOS = Journal of the American Oriental Society. — Jbb. f. Protest. Theol. = Jahrbücher für Protestantische Theologie. — JBL = Journal of biblical Literature and Exegesis. — JSL = Journal of semitic languages. — JSL (mit Serienzahlbezeichnung!) = Journal of sacred Literature. — JTSt = Journal of theological Studies.

KdP = Kēt(h)āb(h)ônā d(h)ēp(h)artût(h)ē (Urmia 1898).

LC = „Liber castitatis" des Îšô'dēnah von Bāṣrā (vg. S. 234 Ak. 3). — Lit. = „Literatura" bei ENestle, Syrische Grammatik ² (Brl 1888). — LTh = GCardahi, Liber thesauri de arte poetica Syrorum necnon de eorum poetarum vitis et carminibus (R 1875).

M = Geschichtswerk Michaëls I. in der Ag: J-BChabot, Chronique de Michel le Syrien, Patr. Jacob. d'Antioche (Pr 1900/10). — MbS = Mar(i) ibn Sulaimān in der Ag: HGismondi, Maris, Amri et Slibae de patriarchis Nestorianorum commentaria (R 1896 9). — MCh = Missale chaldaicum iuxta ritum ecclesiae nationis Maronitarum (R 1592). — (PZingerle, bzw.: GMoesinger,) MonS = Monumenta Syriaca ex Romanis codicibus collecta (Innsbr 1869/78). — MS = Missale Syriacum iuxta ritum ecclesiae Antiochenae Syrorum (R 1843).

NGWG = Nachrichten der Gesellschaft der Wissenschaften zu Göttingen. Phil.-histor. Klasse. — NKZ = Neue kirchliche Zeitschrift.

OC = Oriens Christianus. (Römische) Halbjahrshefte für die Kunde des christlichen Orients. — OpG SPatris nostri Ephraemi Syri op. omnia. quae exstant graece, latine, syriace in sex tomos distributa usw. 1/3. Graece et latine (R 1732/46). — OpS = Dass. 4/6. Syriace et latine (R 1737/43).

PAOS = Proceedings of the American Oriental Society. — (O Bardenhewer.) Patr.[3] = Patrologie[3] (FrbgB 1910). — PG = Migne, Patrologia Graeca. — PL = Migne, Patrologia Latina. — PO = Patrologia Orientalis. — (RDuval,) Prooem. = Prooemium der Duval'schen BB-Ag. — PS = Patrologia Syriaca. — PSBA = Proceedings of the Society of Biblical Archaeology. — Ps-D. = Geschichtskompilation des Ps.-Dionysios v Tellmaḥrē (vg. S 274 in § 43i). — Ps-Z. = Kirchengeschichte des Ps.-Zacharias v Mytilene (vg. S. 184 Ak. 2).

Q = Ibn al-Qifṭi in der Agg: JLippert (Lpz. 1903).

RAL = Rendiconti della Reale Academia dei Lincei). — RB = Revue Biblique Internationale. — Ren — ERenaudot, Liturgiarum orientalium collectio (Neudruck: Frankf a M 1847). — RePTK = Realencyclopädie für protestantische Theologie und Kirche. — RHE = Revue d'histoire ecclésiastique. — RhM = Rheinisches Museum für Philologie. — RHR = Revue d'histoire des religions. — ROC = Revue de l'Orient Chrétien. — RQs = Römische Quartalschrift für christliche Alterthumskunde und für Kirchengeschichte. — RS = Revue Sémitique. — RStO = Rivista degli studi orientali.

SbAWW = Sitzungsberichte der (Kaiserl.) Akademie der Wissenschaften zu Wien. — SbPAW = Sitzungsberichte der Preußischen Akademie der Wissenschaften in Berlin. — (WCureton.) SpS = Spicilegium Syriacum (Lo 1855). — (JBPitra,) SpicSol = Spicilegium Solesmense complectens SSPatrum scriptorumque ecclesiasticorum anecdota hactenus opera (Pr 1852/8). — (Mansi,) SS. Conc. Coll. = Sanctorum Conciliorum amplissima Collectio. — (JERahmani,) StS = Studia Syriaca seu collectio documentorum hactenus ineditorum (Šarp(h)ā 1904/9). — StSin = Studia Sinaitica (Cmbr 1894 ff.). — SynOr = J-BChabot, Synodicon Orientale ou recueil des Synodes Nestoriens publié, traduit et annoté (Pr 1902. Notices et extraits de la bibl. nat. et d'autres bibl. 37).

TaSt = Texts and Studies, contributions to biblical and patristic literature. Ed. by JArmitage Robinson (Cmbr 1891ff.). — Theol. Litzt. = Theologische Literaturzeitung. — ThM = Mönchsgeschichte des Thomas von Margā (vg. S. 233 f. unter § 37b). — TPQs = Theologisch praktische Quartalschrift. — TQs = (Tübinger) Theologische Quartalschrift. — Trans. of the R. Ir. Acad. = Transactions of the Royal Irish Academy. — TuU = Texte und Untersuchungen zur Geschichte der altchristlichen Literatur.

Uṣ = Ibn Abî Uṣaibi'a in der Ag: AMüller (Kairo-Königsberg 1884).

WZKM = Wiener Zeitschrift für die Kunde des Morgenlands.

ZA = Zeitschrift für Assyriologie. — ZAtW = Zeitschrift für die alttestamentliche Wissenschaft. — ZDMG = Zeitschrift der deutschen Morgenländischen Gesellschaft. — ZKT = Zeitschrift für katholische Theologie. — ZNtW = Zeitschrift für die neutestamentliche Wissenschaft und die Kunde des Urchristentums. — ZWT = Zeitschrift für wissenschaftliche Theologie.

Ohne Titelangabe angeführte Autorennamen gehen auf die betreffenden Chrestomathien (vg. S. 5 Ak. 2), bzw. bei Duval und Wright auf deren Darstellungen der syrischen Literaturgeschichte (vg. S. 6 Akk. 10 und 12) bei AdHarnack auf die: Geschichte der altchristl. Literatur (vg. S. 8 Ak. 2).

3. Druckorte:

Brl = Berlin. — **Cmbr** = Cambridge. — **Frbg B** = Freiburg i. Breisgau. — **Innsbr** = Innsbruck. — **Kpel** = Konstantinopel. — **Lo** = London. — **Lpz** Leipzig. — **Münch** = München. — **Münst i W** = Münster in Westfalen. —

Ox = Oxford. — **Pr** = Paris.   **R** -- Rom. — **Straßb** = Straßburg. — **Ven** = Venedig. — **Würzb** = Würzburg.

4. Biblische Bücher werden mit den in der BbZ üblichen Siglen bezeichnet.

5. Andere Abkürzungen:

    Abs = Abschrift. — Ag = Ausgabe. — Ak = Anmerkung. — AT = Altes Testament (ATlich = alttestamentlich). — Az = Auszug. — **B** = Bischof. bzw. = Buch. — b = bar („Sohn“). — Bd = Band. — Bs = Beschreibung. — **Ders.** = Derselbe. — Diss = Dissertation. — **H** = Heǧra. — Hs = Handschrift (hslich = handschriftlich). — **J** = Jahr. — Jh = Jahrhundert. — **K** = Katholikos (Haupt der nestorianischen Kirche), bzw. in Transskription syrischer Titel = Kĕt(h)āb(h)ā („Buch“). — Karš = Karšûnî (arabisch in syrischer Schrift). — Kat = Katalog. — Kg = Kirchengeschichte. — **M** = Metropolit. — Nr = Nummer. — NT = Neues Testament (NTlich = neutestamentlich). — **P** = Patriarch. — Pr = Priester. — **Str** = Strophe. — Übs = Übersetzung. — **v** = von (in Heimatsangaben, die einen Eigennamen ergänzen).

Einleitung.

Der Name des Syrischen bezeichnet den ostaramäischen Dialekt des nördlichen Mesopotamiens und des benachbarten linken Tigrisufers, der vermöge der allgemeinen kirchlichen Entwicklung einerseits die führende Sprache der gesamten ostwärts über die römische Reichsgrenze hinausgreifenden christlichen Mission geworden ist, andererseits zum sprachlichen Ausdruck christlichen Geisteslebens auch nach Westen hin ursprünglich griechisches Sprachgebiet sich eroberte.

Durch diese Sprachform unterscheidet sich die im engeren Wortsinne syrische Literatur von dem in westaramäischer Mundart erwachsenen sog. christlich-palästinensischen, schon durch ihren christlichen Charakter von allem gleichfalls ostaramäischen jüdischen Schrifttum. Ihre eigene Entwicklung findet spätestens um die Wende vom 17. zum 18. Jh ihre untere Zeitgrenze, während gleichzeitig die ersten Anfänge einer literarischen Verwendung aus der alten Schriftsprache hervorgegangener neusyrischer Volksdialekte sich geltend machte. Die maßgeblichen Wendepunkte jener Entwicklung werden durch den Ausbruch des großen christologischen Glaubenskampfes und durch die mohammedanische Eroberung Vorderasiens bezeichnet. Das Ergebnis der kirchlichen Wirren des 5. Jhs war die dauernde Spaltung des literarischen Lebens in einen nestorianischen und einen monophysitischen Hauptstrom, die erst in einer Art von Renaissanceliteratur des zweiten Jahrtausends sich wieder zu einem engeren Ineinandergreifen zusammenfanden, während die ursprünglich monotheletischen Maroniten des Libanongebietes und die auf dem Boden der byzantinischen Orthodoxie stehenden Melchiten überhaupt nur einen sehr bescheidenen Anteil an der literarischen Gesamtproduktion genommen haben. Die politische Katastrophe des 7. Jhs führte, was literarisch noch von größerer unmittelbarer Bedeutung war, naturgemäß dazu, daß das Syrische als lebendes Idiom der in Betracht kommenden christlichen Bevölkerungen in zunehmendem Umfange durch das Arabische ersetzt wurde, die angestammte kirchliche Volksliteratur sich zu einer gelehrten Kirchenliteratur in toter Sprache wandelte.

§ 1. Nur ein beschränkter, wenn auch verhältnismäßig nicht unbeträchtlicher Bruchteil des im Laufe der Zeit in syrischer Sprache erwachsenen

literarischen Gutes hat sich hslich erhalten, und das Erhaltene selbst ist heute
noch weit davon entfernt, vollständig in Agg oder Übss zugänglich gemacht zu
sein. Immerhin ist diese Erschließung wohl bereits für alle diejenigen syrischen
Texte erfolgt, die neben einer Reihe von arabischen im engeren Sinne als
Quellen der syrischen Literaturgeschichte hauptsächlich in Frage kommen.
Für den in bescheidenerem Rahmen schon mehrfach gemachten Versuch einer
Bearbeitung des Gegenstandes scheint damit der Augenblick gegeben zu sein,
in welchem sich seine Erneuerung auf breiterer Grundlage empfehlen dürfte.

a) Für die hsliche Überlieferung syrischer Literatur [1]) hat die Bibliothek
des syrisch-jakobitischen Muttergottesklosters in der nitrischen oder Skete-Wüste
(Deir es-Surjān) eine einzigartige Bedeutung gewonnen. Von ihren Schätzen, die
ihren wertvollsten Zuwachs im J 932 um 350 durch den Abt Môsč v Nisibis im
mesopotamischen Osten erworbene Nrn erfuhren, ist nicht Weniges im 18. Jh in
die Vatikanische Bibliothek, der weitaus größere Rest im 19. in das British
Museum gelangt. Die älteren syrischen Bestände der ersteren (= VtS), die
daneben in der Hauptsache je eine aus Aleppo und Dijarbekr stammende und
die Sammlungen der Maroniten Abraham Echellensis, Andreas Scandar, JS und
StEAssemani umfassen, [2]) sind in neuerer Zeit um denjenigen des ehemaligen
Museo Borgiano der Propaganda (= VtB) vermehrt werden. [3]) Das British Museum
(= BrM) hat gleichfalls einen Grundstock syrischer Hss schon vor Erwerbung
der nitrischen besessen und seit derselben seinen Besitzstand noch immer vermehrt. [4]) Was naturgemäß die Bibliothek des Skete-Klosters fast ausschließlich
enthielt und was dementsprechend im BrM stark vorwiegt, ist vorephesinische
und jakobitische Literatur. Ähnlichen Charakter tragen die Bestände der Bodleiana
zu Oxford (= Ox)[5]) und, mit einem beachtenswerten Einschlag maronitischer liturgischer Hss, diejenigen der Bibliothèque Nationale zu Paris (= Pr).[6]) Eine gleich-
mäßigere Vertretung jakobitischen und nestorianischen Schrifttums zeichnet, wie
namentlich seit Aufnahme des Borgiano-Fonds den vatikanischen, dank der systematischen Erwerbungstätigkeit ESachaus denjenigen der ehemals Kgl. Bibliothek
in Berlin (= Brl) aus,[7]) während die Universitätsbibliothek zu Cambridge (= Cmbr)

---

[1]) ABaumstark, Vom Bibliotheks- u. Buchwesen d. christl. Syrier, Wissenschaftl. Beilage
zur Germania 1909, 297/301.   [2]) StE und JSAssemani, Bibliothecae apostolicae vat. codd.
mss. catalogus in tres partes distributus. Partis I tom. II u. III (R 1758/9). AMai, Script.
vet. nov. collectio 5 (R 1831). 1*,82* (Codd. chaldaici sive syriaci vaticani Assemaniani). Vg. HHyvernat, Concordance des cotes des anciens fonds et du fonds actuel syriaques de la Vaticane.
Annales du St. Louis des Français 7, 73/89. Ders., Vatican syr. Mss. new pressmarks, The cathol.
Univ. Bulletin 9, 94/104.   [3]) AScher, Notice sur les mss. syr. du Musée Borgia, JA[10] 13,
249/87. Unvollständig aber eingehender: PCersoy, Les mss. orientaux de Msgr. David au Musée
Borgia de Rome, ZA 9, 361/84.

[4]) VRosen-JForshall, Catalogus codd. mss. or. qui in Museo Britannico asservantur. Pars I
codd. syriacos et carshunicos amplectens (Lo 1838). WWright, Catalogue of the syr. mss. in
the Brit. Mus. acquired since the year 1838 (Lo 1870/2). GMargoliouth, Descriptive list of
syriac and karshunic mss. in the Brit. Mus. acq. since 1873 (Lo 1899).

[5]) RPayne-Smith, Catalogi codd. mss. bibliothecae Bodleianae pars VI codd. syriacos,
carshunicos, mandaeos complectens (Ox 1864).   [6]) HZotenberg, Manuscrits orientaux. Catalogue
des mss. syriaques et sabéens (mandaïtes) de la bibl. nat. (Pr 1874). J-BChabot, Notices sur
les mss. syriaques de la bibl. nat. acquis depuis 1874, JA[9] 8, 234/90. FNau, Notices des mss.
syriaques éthiopiens et mandéens entrés à la bibl. nat. de Paris depuis l'édition des catalogues,
ROC 16, 271/323.   [7]) ESachau, Die Handschriftenverzeichnisse der Kgl. Bibl. zu Berlin,
XXIII. Band. Verzeichniß d. syr. Hss. (Brl 1899).

vor allem, wenngleich keineswegs ausschließlich, für das nestorianische in Betracht kommt.[1]) Eine kleinere Sammlung syrischer Hss besaß in Europa frühzeitig auch die Laurenziana in Florenz;[2]) einzelne, aber zum Teile besonders wertvolle sind im Besitze öffentlicher Bibliotheken in Leyden[3]) und Petersburg,[4]) Mailand, Dublin, Lyon, Göttingen, München und Straßburg. Unter den Sammlungen Privater dürfte diejenige von JRHarris die erste Stelle einnehmen. Über die in neuerer Zeit auch in Amerika gemachten Erwerbungen ist bisher nur vereinzelte Kunde in eine weitere Öffentlichkeit gedrungen. Dagegen wurde eine Reihe orientalischer Bibliotheksbestände näher bekannt. Um jakobitisches Schrifttum handelt es sich dabei an denjenigen des Markusklosters in Jerusalem (= JerMkl),[5]) der uniert syrischen erzbischöflichen Residenz und der jakobitischen Pfarrkirche in Damaskus (= DamErzb. bzw. Pfk)[6]) und mit einem Einschlage melchitischer Hss bei demjenigen des Katharinenklosters auf dem Sinai (= Sin),[7]) mindestens vorwiegend um nestorianisches an denjenigen des griechischen Patriarchats in Jerusalem (= JerPatr),[8]) der durch A Scher beschriebenen „chaldäischen“ Sammlungen des Patriarchats in Mosul (= Mos),[9]) der erzbischöflichen Residenzen von Séert,[10]) Dijarbekr (= Dijarb),[11]) Mardin (= Mard)[12]) und des Klosters Notre-Dame des séniences (= N-Dsém),[13]) sowie der amerikanischen Mission in Urmia (= Urm).[14]) Dagegen liegen über wertvolle Sammlungen an denjenigen der uniert-syrischen Patriarchatsresidenz (bzw. des Priesterseminars) in Šarfah und der jakobitischen Gemeinde in Edessa erst ungenügende,[15]) über solche wie diejenige des jakobitischen Patriarchats in Dêr Zâfarān und des nestorianischen noch keine Nachrichten vor.[16])

b) Eine **Editionstätigkeit** systematischer Richtung hat nachdem die ältesten syrischen Drucke allerdings schon im 16. Jh erschienen waren, für die erhaltenen Denkmäler syrischer Literatur wesentlich erst seit der Mitte des 19. eingesetzt. W Cureton,[17]) P de Lagarde,[18]) JPNLand,[19]) PZingerle bzw. GMoesinger,[20])

---

[1]) W Wright-StACook, A catalogue of the syriac mss. preserved in the library of the University of Cambridge (Cmbr 1901).

[2]) StEAssemani, Bibl. Mediceae Laurentianae et Palatinae codd. mss. orient al. catalogus (Florenz 1742).   [3]) JPNLand, Anecdota Syriaca 1, 1,12.   [4]) Catalogue des manuscrits et xylographes orientaux de la bibl. impériale publ. de St Pétersbourg (Petersburg 1852).

[5]) ABaumstark, D. liturg. Hss. d. jakobit. Markusklosters in Jerusalem OC² 1, 103/15. 286/314. Ders. in Verbindung mit GGraf u. AdRücker, D. literar. Hss. d. jakobit. Markusklosters in Jerusalem, ebenda 2, 120/36. 317/33. 3, 128/34. 311/27.

[6]) ABaumstark, Syr. u. syro-arab. Hss. in Damaskus, OC 5, 321/31.   [7]) A Smith-Lewis, Catalogue of the syr. mss. in the convent of S. Catherine on mount Sinai (Studia, Sinaitica. 1. Lo 1894).   [8]) J-BChabot, JA⁰ 3, 92/132 bzw. Κ Κοικυλίδις, Κατάλογος συνοπτικὸς τῶν ἐν τῇ βιβλιοθήκῃ τοῦ ἱεροῦ κοινοῦ τοῦ II. Τάφου ἀποκειμένων συριακῶν χειρογράφων (Brl 1898), größtenteils bloße Übs der vorgenannten Arbeit.   [9]) Revue des Bibliothèques. Octobre-Décembre 1907.

[10]) Catalogue des mss. syr. et arabes conservés dans la bibl. épiscopale de Séert. (Mosul 1905). [11]) JA¹⁰ 10, 331/62. 385/431.   [12]) Revne des Bibliothèques 1908. 1/36.   [13]) JA¹⁰ 7, 479/512.

[14]) OSaran-WAShedd, Catalogue of syriac mss. in the library of the Museum association of Oroomiah college (Urmia 1898).   [15]) Bezüglich der ersteren vg. LDelaporte, Nouv. Archives des Missions Scientifiques et littéraires 17, 25/41, bezüglich der letzteren E Sachau, Mittheilungen d. Seminars für Oriental. Sprachen zu Berlin 3, 43/6.   [16]) Über die Bibliothek des ersteren sind solche von HGoussen zu erwarten. Im übrigen vg. FHaase, Christl. oriental. Handschriftenkataloge, in: Ehrengabe deutscher Wissenschaft, dargeboten v. kathol. Gelehrten, hgeg. v. Feßler (FrbgB 1920) 559/63.

[17]) Spicilegium Syriacum, containing remains of Bardesan, Meliton, Ambrose and Mara bar Serapion, now first ed. with an engl. transl. and notes (Lo 1855) (= SpS).   .

[18]) Analecta Syriaca (Lo 1855) (= AnS).   [19]) Anecdota Syr. coll. et expl. 1/4 (Leyden 1862/75) (= AnecdS).   [20]) Monumenta Syr. ex Romanis codd. collecta. 1/2 (Innsbr 1869/78) (= MonS).

E Sachau[1]) und P Martin[2]) haben wertvolle Stücke verschiedener Art in Sammel-
ausgaben vereinigt vorgelegt, denen sich neuerdings eine ähnliche Publikation des gelehrten Patriarchen IgnERahmani anreiht.[3]) Auch zwei grundsätzlich nicht auf
syrische Texte beschränkte Veröffentlichungsserien der Damen ASmithLewis
und MDGibson[4]) bewegen sich in verwandten Bahnen. Eine sich an das Vorbild
der Migne'schen Patrologia Graeca und Latina anlehnende Leistung ganzer Arbeit
hatte RGraffin zunächst ausschließlich für das Gebiet des Syrischen ins Auge
gefaßt,[5]) um später in Verbindung mit FNau (und zeitweilig dem Prinzen Max
v. Sachsen) unter Preisgabe strenger Geschlossenheit und planmäßigen Vorgehens
das Unternehmen auf das gesamte christlich-orientalische Schrifttum (bisher mit
tatsächlichem Ausschluß des georgischen) auszudehnen.[6]) Im Rahmen eines gleichzeitig von J-BChabot in Verbindung mit IgnGuidi. JForget. HHyvernat,
BCarra de Vaux ins Leben gerufenen fällt demgegenüber der syrischen wie
anderen Literaturen des christlichen Orients eine selbständige Teilserie zu.[7]) Nur
auf dem Sondergebiete der Liturgie war dem allem gegenüber Wertvolles schon
weit früher geboten worden. Eine von JAlAssemani begonnene umfassende
Publikation altkirchlicher Liturgiedenkmäler[8]) ist besonders reich an syrischen
Texten, während ERenaudot speziell die ihm erreichbaren eucharistischen
Liturgieformulare des syrischen Sprachgebietes wenigstens in Übs vorlegte.[9]) Für
den Originaltext der letzteren haben vor allem zwei zeitlich um annähernd drei
Jhh auseinanderliegende unierte Agg eines syrischen Meßbuches Bedeutung.[10])
Von den verschiedenen Agg syrischer Breviere verdient besonders diejenige des
sog. „chaldäischen" als eine reiche Fundstätte von Denkmälern liturgischen Schrifttums der Nestorianer schon wegen einer verhältnismäßig leichteren Erhältlichkeit
Hervorhebung.[11]) PBedjan, dessen Werk die Bearbeitung desselben gewesen
ist, hat eine Sammelausgabe syrischer hagiographischer Texte geliefert.[12]) Je eine
französische und eine deutsche Zeitschrift zur Pflege christlich-orientalischer
Studien hat sich um die Veröffentlichung auch syrischer Literaturwerke verdient
gemacht.[13]) Von Chrestomathien gewinnt besonders eine durch die angli-
kanische Mission in Urmia herausgegebene[14]) durch Proben noch nicht vollständig
veröffentlichter Literaturdenkmäler eine mehr als gewöhnliche Bedeutung. Noch

---

[1]) Inedita Syriaca. Eine Sammlung syr. Übss. v. Schriften griech. Profanliteratur. Mit einem
Anhang (Wien 1870) (= InS). [2]) Bei J-BPitra, Analecta sacra Spicilegio Solesmensi parata
(= AnSacr) 4. (Pr 1883). [3]) Studia syriaca seu collectio document. hactenus inedit. Ex codd.
syr. primo publ. lat. vertit notisque illustravit 1/4 (Šarp(h)ā 1904.9) (= StS).

[4]) Studia Sinaitica 1/12 (Cmbr seit 1894) (= StSin) und Horae Semiticae 1/11 (Cmbr seit 1903)
(= HorSem). [5]) Patrologia Syriaca. complectens op. omn. SS. Patr., doct., scriptor. catholicorum
quibus accedunt alior. acathol. auctorum scripta, quae ad res ecclesiasticas pertinent, quotquot
syr. supersunt, sec. codd. praesert. Lond., Paris, Vat. Pars I. 1/2. (Pr 1894/1907) (= PS).

[6]) Patrologia Orientalis (Pr seit 1903) (= PO). [7]) Corpus Scriptorum christianorum orientalium. Scriptores Syri. (Pr seit 1903) (= CSCO). [8]) Codex liturgicus eccl. univ. in XV libros
distributus (R 1749/66. Anastat. Neudr. Pr-Lpz 1902) (= CodL).

[9]) Liturgiarum orientalium collectio (Pr,1716. Neudruck: Frankf a M 1847) 2 (= Ren). [10]) Missale chaldaicum juxta rit. eccl. nationis Maronitarum (R 1592) (= MCh) und Missale Syriacum
juxta rit. eccl. Antiochen. Syrorum (R 1843) (= MS). Über weitere Drucke des ersteren
FEBrightman, Liturgies Eastern and Western 1 (Ox 1896) LVII.

[11]) Breviarium Chaldaicum. 1/3 (Pr 1886/7) (= BrCh). Vg. RDuval, Rev. de l'hist. des
religions 9. 81/7. [12]) Acta Martyrum et Sanctorum. 1/7 (Pr 1890 7) (= AMS). Dazu vg. AB 10.
478f. 12, 77/9. 13, 298f. 14, 207f. 16, 183,5.

[13]) Revue de l'Orient Chrétien. (Pr seit 1896) (= ROC). Oriens Christianus. (Römische)
Halbjahrshefte f. d. Kunde d. christl. Orients (R-Lpz 1/8. 1901/8. ² Lpz seit 1911) (= OC.

[14]) Kēt(h)āb(h)ōnā d(h)ĕp(h)artūt(h)ā. (Urmia 1898) (= KdP).

wertvoller ist für das spezielle Gebiet der Poësie das in einem arabischen Buche des Maroniten G Cardahi über die Dichtkunst der Syrer[1]) gebotene syrische Textematerial.[2])

c) Unter den **Quellen** der syrischen Literaturgeschichte steht obenan als eine in ihrer Art völlig vereinzelte Erscheinung eine dem beginnenden 14. Jh entstammende versifizierte Literaturübersicht des Nestorianers ʿAb(h)dīšōʿ b Bĕrik(h)ā (= ʿAī).[3]) Für das naturgemäß in ihr vorwiegend berücksichtigte nestorianische Schrifttum kommen an weiteren Denkmälern syrischer Sprache die unschätzbare Urkundensammlung des sog. Synodicon Orientale d. h. der Konzilsakten der persischen Reichs-, bzw. der nestorianischen Kirche vom 4. bis 8. Jh (= SynOr),[4]) von der Wende des 6. zum 7. Jh die Kirchengeschichte und die Schrift über Schulgründungen anscheinend zweier Autoren des Namens Barḥad(h)bĕšabbā (BḥKg bzw. Schulgr),[5]) aus dem 9. die beiden mönchsgeschichtlichen Werke des Thomas v Margā (ThM) und Īšōʿdĕnaḥ v Baṣrā („Liber castitatis“ = LC)[6]) aus dem 10. das Lexikon des Bar Bahlûl (= BB)[7]) und aus dem 11. das chronographische Werk des Elijā b Šinājā (EbŠ)[8]) in Betracht. Entsprechende Bedeutung bezüglich der Geschichte des jakobitischen Schrifttums besitzen vor allem aus dem 12. Jh das Geschichtswerk des Patriarchen Michaël d. Gr. (= M).[9]) aus dem 13. die Welt- und die Kirchengeschichte BarʿEb(h)rājās (= BʿEWg bzw. Kg).[10]) Doch finden sich einzelne literaturgeschichtlich bemerkenswerte Nachrichten, wie sonst an verschiedensten Stellen verstreut, so auch in einer Reihe durchweg bruchstückweise erhaltener kleinerer Geschichtswerke älterer Zeit („Chronica minora“ = ChrM)[11]) und in der syrischen Bearbeitung der Kirchengeschichte des Zacharias v Mytilene (= Ps.-Z).[12]) Besonderen Wert hat endlich auch in dieser Richtung eine in der Mitte zwischen beiden Parteien stehende Quelle an der sog. Edessenischen Chronik (= ChrE).[13])

d) Die Reihe **arabischer Texte**, die neben syrischen selbst als wichtigere Quellen der syrischen Literaturgeschichte in Betracht kommen, eröffnet die bald nach 1036 entstandene nestorianische Welt- und Kirchengeschichte der sog. „Chronik von Seert“ (= ChrS).[14]) Benützt ist dieselbe in der nächstdem hier zu

---

[1]) Lib. thesauri de arte poetica Syror. necnon de eorum poetarum vitis et carminibus (R 1875) (= LTh).

[2]) An weiteren Chrestomathien besitzen vermöge einzelner der in ihnen gebotenen Texte eine über die unmittelbare eines Lehr- und Lernmittels hinausgehende Bedeutung J D Michaelis, Syr. Chrestomathie 1 Teil (Göttingen 1768). G Kirsch - G H Bernstein, Chrestomathia Syriaca (Hof 1789. ²Lpz 1832/6). G Knös, Chrestom. Syr. maxim. partem e codd. manu scrr. collecta (Göttingen 1807). Ae Roediger, Chrestomathia syriaca quam glossario et tabulis grammaticis explanavit (Halle 1838. ²1868. ³1892). F Uhlemann, Grammatik. d. Syr. Sprache usw. (Brl 1857): Syr. Chrestomathie nebst Wörterbuch. J B Wenig, Scholia Syriaca. 1. Chrestom. Syr. cum apparatu grammatico (Innsbr 1866). P Zingerle, Chrestomathia Syr. (R 1871). E Nestle, Brev. lingu. syr. gramm. usw. (Karlsruhe-Lpz 1881): Chrestomathia. Syr. Grammatik² (Brl 1888): Chrestomathie. H Gismondi, Ling. Syr. gramm. et chrestom. cum glossario (Beirut 1890. ²1900. R ³1910. ⁴1913): Chrestomathia. C Brockelmann, Syr. Grammatik (Brl 1899. ²1905. ³1912): Chrestomathie. Ich zitiere, soweit keinerlei Verwechselung zu befürchten ist, mit dem bloßen Autornamen.

[3]) § 52 e.   [4]) § 9 c. 33 h.   [5]) § 22 e.   [6]) § 37 b bzw. c.   [7]) § 38 i.   [8]) § 46 c.   [9]) § 48 b. Von geringerer Bedeutung ist auch unter diesem speziellen Gesichtspunkte ein wenig jüngeres anonymes Geschichtswerk (= ChrAn): § 48 e.   [10]) § 51 e.   [11]) CSCO Ser. III. 4. Von besonderer Bedeutung sind hier die Bruchstücke einer nestorianischen Chronik aus der Zeit der mohammedanischen Eroberung (§ 32 d) und des Geschichtswerkes des großen Jakobiten Jaʿqôb(h) v Edessa (§ 40 f.). Dazu dasjenige des Ps.-Dionysios v Tellmaḥrē (= Ps.-D): § 43 i.   [12]) § 28 e.   [13]) § 15 g.
[14]) Ag (mit Übs): A Scher (in Verbindung mit mehreren Orientalisten), PO 4, 215/312. 5, 217/344. 7, 95/203. 13, 437/639. Über die Entstehungszeit, vg. C F Seybold, ZDMG 66, 742 f.

nennenden kirchengeschichtlichen Partie des dem 12. Jh entstammenden „Turm-
buches" (K al-migdal) des Māri ibn Sulaimān (= MbS), eines Gesamtsystems
gleichfalls der nestorianischen Theologie, neben das dann wieder seine im 14. Jh
unternommene Neubearbeitung durch 'Amr ibn Mattā aus Tirhan (= 'Am) in
ihrer ursprünglichen und in der Rezension eines Şēlib(h)ā ibn Jūhannā tritt.[1]
Von monophysitischer Seite kommt die unter der Bezeichnung „Historia dynastiarum" bekannte arabische Weltgeschichte Bar 'Eb(h)rājās (= HDyn), von koptischer ein auch einzelne syrische Schriftsteller bzw. die arabischen Übss ihres
Nachlasses berücksichtigende Übersicht über den Bestand des christlich-arabischen
Schrifttums in Betracht, die der Pr Šams ar-Ri'āsa Abū-l-Barakāt ibn
al Kibr († 1363) seinem „B der Lampe der Finsternis" einfügte.[2] Geringere
Bedeutung eignet hier dem sogar schon ums J 942 abgefaßten Geschichtswerke
(K al-'Unwān) des melchitischen Bs Agapios oder Mahbūb ibn Qustantin von
Membiǧ (Hierapolis).[3] Nur gelegentlich gewinnen auch für die syrische Literatur-
geschichte drei für die Geschichte des profanwissenschaftlichen arabischen Schrift-
tums unschätzbare Quellen eine Bedeutung: der Kitāb al-Fihrist des Ibn an-
Nadīm (= Fihr),[4] die „Ärzte"-Geschichte des Ibn Abî Uṣaibi'a (= Uṣ)[5]
und das Gelehrtenlexikon des Ibn al-Qifṭî (= Q).[6]

e) Zu den bisherigen **Bearbeitungen** der syrischen Literaturgeschichte hinüber führt das trotz nicht weniger Mißgriffe im einzelnen einen unvergleichlichen
Wert behauptende Standwerk seiner „Bibliotheca Orientalis" (= BO), in dem der
Maronite JS Assemani schon im frühen 18. Jh auf Grund der hslichen Schätze
der Vatikana unter Mitteilung umfangreicher Texte und Textazz ausführlichst
über die (nach seiner Meinung) orthodoxen, die monophysitischen und nestorianischen Schriftsteller syrischer Zunge und deren Werke gehandelt hat.[7] Einen
Nachfolger hat derselbe erst nach anderthalb Jhh an GBickell in einem
sachlich geordneten Überblick gefunden, dessen gediegene Gelehrsamkeit mit seiner
anspruchslosen Gedrängtheit auf gleicher Höhe steht.[8] Den ersten Versuch einer
zusammenfassenden geschichtlichen Behandlung der syrischen Literatur hat alsdann
WWright in einem Artikel der Encyclopaedia Britannica gemacht,[9] der nach
dem Tode des Verfassers eine um gelegentliche Zusätze vermehrte Buchausgabe[10]
und auf Grund dieser eine noch weitere Vervollständigungen und Verbesserungen
aufweisende russische Übs erfahren hat.[11] Mit der seinigen teilt die Bearbeitung
des Gegenstandes durch RDuval[12] den Vorzug einer grundsätzlichen Dokumen-

---

[1] Ag (mit Übs): HGismondi, Maris. Amri et Slibae de patriarchis Nestorianorum commentaria (R 1896/9). [2] Ag (mit Übs): WRiedel, NGWG 1902, 635/706. [3] Agg: LCheikho,
CSCO Script. Arab. Ser. III 5, mit Übs (noch unvollständige): AVasiliev. PO 5, 559/891.
7, 457/591. 8, 397/550.

[4] Ag: GFlügel, K. al-F. Mit Anmkk. hgeg. Besorgt von J Rödiger u. A Müller (Lpz
1871 f.). [5] Ag: AMüller, I. Abi U. hgeg. (Kairo-Königsberg 1884). [6] Ag: JLippert,
I. al-Q.s Ta'rīḫat-Hukamā'. Auf Grund d. Vorarbeiten Aug. Müllers hgeg. (Lpz 1903).

[7] Bibliotheca Orientalis Clementino-Vaticana. 1. De Scriptoribus Syris Orthodoxis (R 1719).
2. De Scr. Syr. Monophysitis (R 1721). 3. I. De Scr. Syr. Nestorianis (R 1725). II. De Syr. Nestorianis (R 1728). Einen deutschen Az lieferte AFPfeiffer, Joseph Simonius Assemanns oriental.
Bibliothek od. Nachrichten von syr. Schriftstellern. In einen Auszug gebracht. 1/2. (Erlangen 1776 f.)

[8] Conspectus rei Syror. Literariae, add. notis bibliographicis et excerptis anecdotis (Mönst
W. 1871) (= Bickell). [9] Band 22, 824/56 (vom J 1887). [10] A short history of Syriac literature (Lo 1894) (= Wright, Hist. bzw. wo keine Verwechselung mit dem Kataloge des BrM zu
befürchten ist, ohne diesen Zusatz).

[11] KATurajeffa-KKokowzoff, Kurzer Abriß d. Gesch. d. syr. Literatur. Übs aus
d. Engl. (Petersburg 1902). Vg. IgnGuidi, OC 2, 467f. [12] Anciennes littératures chrétiennes.
II. La littérature syriaque (Pr 1899. ²1901. ³1907) (= Duval).

tierung, während Darstellungen von VRyssel,[1] ThNöldeke,[2] CBrockelmann,[3] OLeary (de Lacy),[4] J-BChabot[5] und ABaumstark,[6] sich
an weitere Kreise wendend, einer solchen entbehren. Wertvoll ist auch nach der
literaturgeschichtlichen Seite eine zusammenfassende Würdigung des syrischen
Kirchentums durch ENestle,[7] der früher ein bis zum J 1887 reichendes aus-
gezeichnetes bibliographisches Hilfsmittel geschaffen hatte,[8] das weiterhin an der
Hand periodischer Erscheinungen einschlägiger Art zu ergänzen ist.[9] Wertvolle
Einzelbeiträge zur syrischen Literaturgeschichte haben J-BChabot[10] und
AScher[11] erbracht. Über den bemerkenswerten Inhalt einer Gruppe ihm zur
Prüfung vorgelegter Hss hat GDiettrich berichtet.[12] „Der Einfluß der syrischen
Literatur auf das Abendland“ wurde durch VRyssel erörtert.[13] Umfangreiche
und gehaltvolle Einleitungen gehen den Übss syrischer Texte in beiden Auflagen
der Kemptener „Bibliothek der Kirchenväter (= BKv)“ voran.[14] Von den Be-
handlungen, welche das vorephesinische syrische Schrifttum naturgemäß auch im
Rahmen patristischer Gesamtdarstellungen gefunden hat, sei vor allem diejenige
OBardenhewers[15] hervorgehoben, der in seinem größeren diesbezüglichen
Werke[16] einen eignen Band für die „altsyrische Literatur“ vorgesehen hat, „soweit sie anders den Namen einer kirchlichen Literatur beanspruchen kann“. Auch
bei JFessler-BJungmann[17] wird über die älteren (orthodoxen) syrischen

[1] D. Anteil d. Syrer an d. Weltliteratur. Das freie Wort 3, 70/178.

[2] Die aramäische Literatur. A. Syrische Literatur, bei: PHinneberg, D. Kultur d.
Gegenwart. Ihre Entwicklung u. ihre Ziele. Teil I. Abteilung VII: D. oriental. Literaturen
(Brl-Lpz 1906) 103/21.

[3] Die syr. u. d. christl.-arab. Litteratur, bei: CBrockelmann-FXFinck-JLeipoldt-
ELittmann, Gesch. d. christl. Litteraturen d. Orients (D. Litteraturen d. Ostens in Einzel-
darstellungen. 7. II, Lpz 1907. ²1919) 1/74.

[4] The Syriac church and fathers, a brief review of the subject (Lo 1901).   [5] Les langues
et les littératures araméennes (Pr 1910). Vg. Ders., Syriac Language and Literature, in: The
Catholic Encyclopaedia 14, 408/13.   [6] D. christl. Literaturen d. Orients (Sammlung Göschen.
Nr. 527f., Lpz 1911) 1, 39/106.   [7] Syr. Kirche, RePTK³ 19 (Lpz 1907) 295/306.

[8] Litteratura Syriaca (66 S), in: Syr. Grammatik mit Litteratur, Chrestomathie u. Glossar
(Porta Linguarum Orientalium. 5)² (Brl 1888) (= Lit.). Auf eine Auswahl des Wichtigen beschränkt
sich unter Fortführung bis auf die Gegenwart die entsprechende Übersicht nunmehr in der Neubearbeitung von CBrockelmann, Syr. Grammatik mit Paradigmen, Literatur, Chrestomathie
u. Glossar.³ (Brl 1912) 124/48.

[9] Zu nennen sind außer der Orientalischen Bibliographie besonders der Literaturbericht
des OC und die ganz vorzüglichen Bollettini der römischen RStO. Auch in den bibliographischen
Nachrichten der BZ findet die Erforschung der syrischen Literatur und ihrer Geschichte gute
Berücksichtigung. Zu verweisen ist endlich auf die Bibliographie der Rev. d'hist. ecclésiastique
der katholischen Universität zu Löwen.

[10] L'école de Nisibe son histoire et ses statuts, JA⁹ 8, 43/93. [11] Éclaircissements sur quelques points de la littérature syriaque, JA¹⁰ 8, 259/86. Étude supplémentaire sur les écrivains
syriens orientaux, ROC 11, 1/32.   [12] NGWG 1909, 160/280.

[13] Theolog. Ztschr. aus d. Schweiz 13, 43/66.   [14] FrReithmayr-VThalhofer, Bibliothek
d. Kirchenväter. Auswahl d. vorzüglichsten patrist. Werke in deutscher Übs. (Kempten 1869/88).
Neue Bearbeitung, hgeg. von OBardenhewer(-ThSchermann)-KWeyman(-JZellinger)
(Kempten-München seit 1911). — Ungleich weniger günstig ist über die kurzen biographischen
Notizen des LTh und KdP zu urteilen. Insbesondere die in dem ersteren von Cardahi durch-
gängig mit vollster Bestimmtheit gebotenen Todesdaten dürften vielfach auf bloßer willkürlicher
Schätzung beruhen. [15] Patrologie³ (FrbgB 1910) 332/43 (= Patr). [16] Geschichte d. altkirchl.
Literatur (FrbgB seit 1902) (= Gesch).   [17] Institutiones Patrologiae 2₁ (²Innsbr 1892) 10/52,
2₁₁ (Innsbr 1896) 611/54, aus der Feder von AdHebbelynck.

Schriftsteller ziemlich ausführlich orientiert. Einen mit Übs-Proben ausgestatteten Überblick über die „schöne" Literatur der Syrer bietet A Baumgartner in seinem Monumentalwerke.[1] Für die ältesten auch syrischen Literaturdenkmäler kommt endlich dasjenige von A d Harnack[2] über Bestand und Chronologie der altchristlichen Literatur bis auf Eusebios, für das syrische Schrifttum des Sassanidenreiches kommen zwei Bearbeitungen der persischen Kirchengeschichte durch J Labourt[3] und K Lübeck[4] in Betracht.

[1] Gesch. der Weltliteratur 1³,⁴ ‹FrbgB 1901) 179/226.   [2] Geschichte d. altchristl. Literatur bis Eusebius. 1. D. Überlieferung u. d. Bestand, bearbeitet unter Mitwirkung von E Prenschen (Lpz 1893). 2. D. Chronologie (Lpz 1897/1904).   [3] Le Christianisme dans l'Empire Perse sous la dynastie Sassanide (224—632) (Pr 1904).   [4] D. altpersische Missionskirche (Aachen 1919. Abhandlungen aus Missionskunde u. Missionsgeschichte. 15. Heft), gleich dem Werke Harnacks und dem Buche Labourts im folgenden mit dem bloßen Verfassernamen zitiert.

A. Die Literatur der vorislamischen Zeit.

Die syrische Literatur des vorislamischen Zeitraumes umfaßt einerseits das
vor der konfessionellen Spaltung des syrischen Großchristentums erwachsene,
andererseits das Schrifttum der nestorianischen und der monophysitischen Bewegung bzw. der beiden aus den dogmatischen Kämpfen des 5. und 6. Jhs hervorgegangenen nationalen Sonderkirchen, deren Konsolidierung gleichmäßig kurz
vor der arabischen Eroberung Vorderasiens einen abschließenden Wendepunkt erreichte. Auf nestorianischer Seite ist, was in diesem Sinne in Betracht kommt
die doppelte Überwindung einer inneren durch Gefährdung des entscheidenden
Bekenntnisstandes bedingten und der äußeren Krisis einer durch die sassanidische
Staatsgewalt erzwungenen längeren Nichtbesetzung des höchsten kirchlichen Amtes;
auf der monophysitischen ist es die Vollendung der maßgeblichen hierarchischen
Organisation auch auf dem Boden des Sassanidenreiches. Zur Literatur des noch
ungeteilten syrischen Großchristentums stellt sich ergänzend was an Erzeugnissen
erst des Zeitalters der konfessionellen Spaltung selbst nicht nur etwa auch im
orthodoxen Lager enstanden ist, sondern überhaupt noch übereinstimmend Ansehen bei Nestorianern und Monophysiten der Folgezeit zu gewinnen vermochte.

I. Die Literatur bis zum Zeitalter der christologischen Kämpfe.

Die Wiege einer christlich-ostaramäischen Literatur hat auf beiden Ufern
des Tigris in den Landschaften der Osrhoëne und Adiabene gestanden. In den
ein vielumstrittenes Vorgelände römischer Weltmacht bildenden Randstaaten dieses
Gebietes hatte, den Siedlungslinien der jüdischen Diaspora folgend, die christliche
Missionspredigt ebenso frühe als bedeutsame Erfolge zu verzeichnen. In der
Adiabene, deren Herrscherhaus in den letzten Jahrzehnten vor der Zerstörung
Jerusalems sich zum Judentum bekannt hatte, besaß der neue Glaube schon um
123 seine Bischöfe und Blutzeugen. In der Osrhoëne ist an König Ab(h)gar IX.
b Ma'nû (179,216) wohl bald nach 202 der erste Träger einer Krone auch zu
ihm übergetreten, und seitdem blieb Edessa eines der maßgeblichsten Zentren
christlichen literarischen Lebens in ostaramäischer Sprache. Von hier aus hat

dieses Leben nicht nur nach benachbarten anderen Zentren wie Nisibis und Mab-bóg (h)-Hierapolis übergegriffen, sondern westwärts bis hart unter, ja bis hinter die Mauern der hellenistischen Metropole Antiocheia vorgestoßen. Wohl eher von der Adiabene aus vollzog sich eine christliche Durchdringung auch des Groß-reiches der parthischen Arsakiden bzw. seit 224 der neupersischen Sassaniden, dank deren in den ersten Jahrzehnten des 5. Jhs das zusammenhängende Gebiet christlich-syrischer Kultur sich vom unmittelbaren Hinterlande der Mittelmeer-küste bis in die alte Persis und an die Grenzen Indiens erstreckte.

§ 2. Auf dem Mutterboden des christlich-syrischen ist diesem zweifellos ein jüdisches wie ein paganes Schrifttum in bodenständiger Mundart schon vor-angegangen. Namentlich die Bedeutung des letzteren wird man nicht unterschätzen dürfen, und wenigstens einige dürftige Splitter haben sich von ihm auch über kurze Grabinschriften hinaus erhalten. Dies gilt zunächst von einer der offenbar recht zahlreichen ausführlichen Urkunden, die in Edessa ein wohlgeordnetes königliches Archiv vereinigte. Daneben tritt als ein zweiter Text von sicherer Echtheit der Brief eines Mārā b Serapion an seinen Sohn, während die Glaub-würdigkeit der Überlieferung von Bruckstücken eines heidnischen Propheten Bāb(h)ā nicht unerheblichen Bedenken unterliegt. Dagegen scheint auch der syrische Text des Aḥîqār-Romanes, wenngleich in überarbeiteter Gestalt ein echtes Denkmal noch vorchristlicher Literatur darzustellen, dessen Spruch- und Gleichnisweisheit in ihr keine vereinzelte Erscheinung gewesen sein dürfte.

a) Von **Archivalien**, welche der um die Mitte des 6. Jhs entstandenen sog. Edessenischen Chronik (§ 14 g) zugrunde liegen, hat dort in seinem vollen Wort-laute ein Bericht Aufnahme gefunden, den über eine Hochwasserkatastrophe des 11. 201 und die anschließenden Verordnungen König Ab(h)gars die Sekretäre Marjahb b Šēmeš und Qājûmā b Maggarṭaṭ abgefaßt hatten. Daß darin als von den reißenden Fluten des Daiṣān beschädigt auch das Gotteshaus der Christen von Edessa erwähnt wird, hat den noch vor dem Übertritt Ab(h)gars selbst ent-standenen Text dem späteren Chronisten wertvoll gemacht. Literaturgeschichtlich ist er als das älteste datierte und umfangreichere Sprachdenkmal des nordmesopo-tanischen Ostaramäisch, das sich erhalten hat, von einzigartiger Bedeutung.[1]

b) **Mārā b Serapion**, anscheinend aus Samosata stammend, lebte irgendwo in römischer Gefangenschaft und war zu dem Schreiben an seinen von ihm ge-trennten Sohn Serapion durch einen Bericht veranlaßt, den dessen Erzieher ihm über seine Fortschritte in den Wissenschaften erstattet hatten. Die zeitgeschicht-lichen Anspielungen des Briefes reichen leider nicht hin, um eine einwandfreie Datierung desselben zu ermöglichen. Der Verfasser steht seiner Weltanschauung nach auf dem Boden stoischer Populärphilosophie. Daß er neben Sokrates und Pythagoras auch den von seinem Volke gemordeten „weisen König" der Juden anführt, hat seine väterlichen Mahnworte christlicher Hand der Erhaltung wert erscheinen lassen.[2]

----

[1] Sonderag: Wenig 74/6.   [2] Hs: BrM 987 (Add 1465 S. 7. Jh) 22°. Ag: W Cureton, SpS 43 S. Vg. E Renau, JA⁴ 19, 328 f. E Ewald, Gött. Gel. Anz. 1856. 661. Bickell 17. Th Nöl-deke, ZDMG 39, 334. Ad Harnack, 1, 763. 2ı, 701. F Schultheß, ZDMG 51, 365 91 (mit Übs u. wertvollen Vorschlägen zur Textverbesserung). Die Zeitstellung anlangend ist eine Ver-

c) **Bāb(h)ā** aus Ḥarrān [1]) wird als literarisch tätiger „Prophet" vorchristlicher Zeit von einem anonymen christlichen Bestreiter des späteren dortigen Heidentums angeführt, wobei ein „Offenbarung" betiteltes „erstes B" seines Nachlasses ausdrücklich namhaft gemacht wird.[2]) Allein die Zitate desselben, welche hier mitgeteilt werden, unterliegen mindestens dem dringenden Verdacht einer christlichen Interpolation, wenn es sich nicht, wie bei einer angeblichen Weissagung Zoroasters über Christus,[3]) geradezu um eine Fälschung handelt. Die sich bis gegen die Jahrtausendwende fortsetzende literarische Betätigung von Anhängern des heidnischen Götterglaubens von Ḥarrān, der sog. Ssabier, insbesondere ihre mit derjenigen der christlichen Syrer wetteifernde Arbeit an der Vermittlung zwischen antiker und islamischer Kultur, mag hier, weil nicht mehr eine Vorstufe der christlich-syrischen bildend, gleich der religiösen Literatur der Mandäer außer Betracht bleiben.

d) **Aḥîqàr** [4]) ist der Held einer ursprünglich aramäisch oder assyrisch abgefaßten romanhaften Erzählung wohl des 7. vorchristlichen Jhs, mit dessen orientalischer Lebensweisheit angeblich schon Theophrastos [5]) oder sogar Demokritos [6]) auch die griechische Welt bekannt gemacht hätte, während auf jüdischem Boden das B Tobias mit ihm Bekanntschaft zeigt,[7]) im römischen Gallien auf einem Mosaik zu Trier ein reicher Syrer „Monnus" (= Ma‘nû) ihn als Genossen der Muse Polyhymnia darstellen ließ [8]) und in der Welt vorislamischer arabischer Dichtung der Christ ‘Adî ibn Zaid ihn beiläufig erwähnt.[9]) Von jener Erzählung steht den Bruchstücken einer noch schlichteren altaramäischen Rezension, die unter den Papyri der jüdischen Kolonie von Elephantine zutage traten,[10]) eine weitergebildete syrische Gestalt gegenüber, in der eine sekundäre christliche Bearbeitung unverkennbare Spuren ursprünglich heidnischer Abfassung hat stehen lassen.[11]) Selbst in einer

---

knüpfung mit dem von Flavius Josephus, Jüd. Krieg VII. 7 § 1/3 erzählten römischen Vorgehen gegen Samosata (Ewald) ebensowenig überzeugend, als der Verweis auf eine angeblich zitierte Stelle der Oracula Sibyllina oder gar die Gleichsetzung des Verfassers mit dem gleichnamigen B von Antiocheia (190/211) (Cureton).

[1]) Ign E Rahmani, StS 1, 70 f.   [2]) Hs in der Kirche des Dorfes Mad(h)jad(h) im Ṭûr ‘Ab(h)dîn bzw. Abs derselben (J 1901) in Šarfah. Ag der B.-Zitate a. a. O. 48/50 (47/50).

[3]) Hs: Mard 69 (J 1887) 8°. Es handelt sich wohl um diejenige, welche von Išô‘dâd(h) v Merw, Mt-Kommentar 32 f. (19) an in exegetischer Literatur zu Mt 2, 1/13 eine Rolle spielt.

[4]) Zusammenfassende Ag bzw. Übs der Texte: F C Conybeare - J R Harris - A Smith Lewis, The story of Aḥiḳar . . . (Cmbr 1898. ²1913). Im allgemeinen vg. P Marc, D. Achikarsage. Ein Versuch zur Gruppierung der Quellen (Brl 1902). R Smend, Beihefte zur ZAtW 13, 53/125. E Schürer, Gesch. d. jüd. Volkes im Zeitalt. J. Christi 3¹ (Lpz 1909) 247/58. F Nau, Histoire et sagesse d'A. l'Assyrien (Pr 1909). Th Nöldeke, Untersuchungen zum Achiqarroman (Brl 1913. Abhandl. d. Gött. Ges. d. Wiss. Phil.-hist. Kl. 14 iv). Br Meissner, D. Märchen vom weisen Achiqar (Lpz 1917. D. alte Orient 16 ii). O Stählin bei (W Christ-)W Schmid, Griech. Litteraturgesch. 2⁶ (Münch 1920) 558 f.

[5]) Nach Diogenes Laertios V 50.   [6]) Nach Klemens Alex. Stromat. I 69. In der Tat begegnen auf arabischem Boden späterhin A.-Sprüche unter dem Namen des D. Vg. Smend a. a. O. 67/75.   [7]) 1, 21 f. 2, 10. 11, 18. Vg. P Vetter, D. B. T. u. d. Archikarsage. TQs 86, 321/64. 512/39.   [8]) Antike Denkm. hgeg. vom Kaiserl. Deutschen Archäol. Institut. 1. Taf. 47/9. Vg. Nöldeke a. a. O. 24 f.   [9]) Buḥturî, Ḥamāsa 129, 4. Gawāliqi, Mu‘arrab 54. Lisān al-‘arab 5, 335.

[10]) Agg: E Sachau, Aram. Papyrus u. Ostraka aus einer jüd. Militärkolonie zu Elephantine (Lpz 1911) 147/82. A Ungnad, Aram Papyrus aus Elephantine (Lpz 1911) 62/82. Vg. E Meyer, D. Papyrusfund v. Elephantine (Lpz 1912) 102/28. Nöldeke 4/19. F Nau, RB² 9, 68/79. F Stummer, D. krit. Wert d. altaram. Achikartexte aus Elephantine (Würzburger Diss. Münster i. W. 1914. Alttestamentl. Abhandl. hgeg. von J Nikel 5 v).

[11]) So sehr entschieden Nöldeke 5 f. Vorwiegend pflegt wohl allerdings vielmehr jüdischer

Mehrzahl mehr oder weniger stark von einander abweichender Textformen greifbar werdend,[1]) liegt sie unmittelbar einer ebensowenig einheitlichen arabischen[2]) und einer armenischen[3]) Überlieferung und durch Vermittlung der ersteren in einer äthiopischen,[4]) durch Vermittlung einer noch nicht als erhalten nachgewiesenen griechischen in einer slavischen Übs zugrunde.[5]) auf die weiterhin eine rumänische[6]) zurückzugehen scheint.[7]) Mit den im Munde A.s auftretenden mögen „Gleichnisse der Aramäer" d. h. heidnischer Syrer sich berührt haben, von denen eine Sammlung durch die lexikographische Gelehrsamkeit des 9. und 10. Jhs ausgebeutet wurde.[8])

§ 3. Auf christlicher Seite hat das Syrische zunächst im Dienste gnostischen oder doch der Gnosis nahestehenden Denkens eine höhere literarische Bedeutung gewonnen. Als eine Erscheinung von überragender Bedeutung steht hier schon an der Grenze des 2. und 3. Jhs die Gestalt Bardaiṣāns. Aus seiner Schule soll einerseits gleich einer einzigen für sie schlechthin gesicherten Prosaschrift dialogischer Form auch der große Missionsroman der Thomasakten hervorgegaugen sein. Andererseits scheint sich mit ihrem literarischen Schaffen in wesentlichen Charakterzügen noch im 4. Jh dasjenige des Sektierers ʿŪd(h)ā berührt zu haben. Nicht als ein auf sie zurückgehendes Original, sondern gleich demjenigen seiner angeblichen „Psalmen" als eine Übs aus dem Griechischen hat dagegen der syrische Text der „Oden Salomos" zu gelten.

a) **Bardaiṣàn**,[9]) geb. 11. 7. 154[10]) zu oder in der Nähe von Edessa als Sohn

Ursprung der A.-Geschichte oder doch der Vorlage ihrer syrischen Textgestalt angenommen zu werden. In diesem Sinne besonders JHalévy. RS 1912. 153/64. ChSchmitt, Pastor Bonus 26, 83 90.
   [1]) Hss: CmbrAdd 2020 (J 1697) 5°. Urm 115 (J 1868/9). 230 (J 1894). N-Dsém 100 (J 1883). Solche im Privatbesitze von Harris, RGraffin (J 1908 nach Vorlage in Alqôš) und HPognon. der Sprüche mit kurzer erzählender Einleitung: Brl 165 (Sach 162), von Bruchstücken: BrMOr 2313 (16/7. Jh). 7200 Rich. (12/3. Jh). Urm 117 (J 1887 nach Vorlage des 11. Jhs?), eines teilweise aus dem Arabischen rückübersetzten Textes: Brl 134 (Sach 336. J 1883). Agg des Textes der Hs Harris: The story of A. 1/32 der Texte, des einen Londoner Bruchstücks ebenda 33/36. des ersten Berliner und der Texte der Hss Graffin und Pognon: FNau, ROC 21, 148/60. 274/307. 356/400 bzw. Documents relatifs à Achikar éd. et trad. (Pr 1920), der Sprüche nach der zweiten Berliner Hs: SGrünberg, D. weisen Sprüche d. Achikar ... hgeg. u. bearb. (Diss. Gießen 1917). Übs: FNau, Histoire et sagesse d'A. l'Assyrien, der Sprüche (nach der Hs Harris und der ersten Berliner): Nöldeke 34/51. Über den zweiten Berliner Text: ebenda 51/4, über den ersten: FNau, ROC 19, 209/14. [2]) Über die verschiedenen Texte am besten: Nöldeke 55/59. Ag: The story usw. (mit eigener Paginierung). Übs: ebenda 87/118. [2]130/61.
   [3]) Ag: Conybeare, The story 125/62. [2]191 234. Übs 24/58. [2]24 85. [4]) The story 85f. [2]28f. [5]) Übs: The story 1/23. Vg. Jagić, BZ 1, 107. WLüdtke. ZAtW 31, 218f. Der letztere auch über eine georgische Version. [6]) Übs: MGaster, JRAS 1900, 302/9. Dazu nun auch noch eine alttürkische Übs: The story[2] 86/98.
   [7]) Eingedrungen ist der A.-Stoff endlich auch in den griechischen Aisoposroman, in dessen Rahmen er wieder in drei verschiedenen Rezensionen vorliegt. Agg: AEberhard, Fabulae Romanenses Graece (Lpz 1872) (Kapp. 23/32) bzw. The story[2] 162/70, einer zweiten: AWestermann, Vita Aesopi (Braunschweig 1845) (Kap. 19f.), einer dritten aus einem Papyrus Golenišćev: HWeil, Rev. de philol. 9, 19/24. Vg. Krumbacher, Gesch. d. byz. Liter.[2] (Münch 1847) 897f. AHausrath in Pauly-Wissowa 6, 1711f. Ders., A. und Aesop. D. Verhältnis d. oriental. zur griech. Fabeldichtung (Heidelberg 1918). [8]) BB. [9]) S. Julius Africanus: Vet. mathemat. op. (Pr 1693) 300. Philosophumena VII 31. Porphyrios, Περὶ ἀποχῆς ἐμψύχων IV 17. Eusebios

eines aus Arbela stammenden Ehepaares Nûḥāmā und Naḥšîram, † 222, lebte am
Hofe Ab(h)gars IX., wo S. Julius Africanus Gelegenheit gehabt hat, seine Ge-
wandtheit als Jäger und Schütze zu bewundern. Nach Epiphanios wäre er mit
dem späteren König zusammen schon erzogen worden, während nach innersyrischer
Überlieferung[1]) in Mabbôg(h) (Hierapolis), wo seine wegen Beteiligung an einer
Verschwörung aus dem Partherreiche flüchtigen Eltern in der Folgezeit sich
niedergelassen hätten, ein heidnischer Priester Anûd(h)ûzbar ihn erzogen und ihn
„die Lieder der Heiden gelehrt“ haben soll. Durch die Predigt des edessenischen Bs Ûštasp für das Christentum gewonnen, schloß er sich rasch den Gedanken Valentinianischer Gnosis an, wurde durch Ûštasps Nachfolger ‘Aqqî aus
der Großkirche ausgeschlossen und endete als Haupt einer selbständigen Sekte,
die noch im 8. Jh in Edessa selbst fortlebte[2]) und bis ins 10. Jh in der Gegend
zwischen Wâsiṭ und Bāṣrā verbreitet war, nachdem sie zeitweilig bis nach Chorasan
und Chinesisch Turkestan hinein Anhänger gezählt hatte.[3]) Obwohl angeblich
auch selbst des Griechischen mächtig,[4]) hat sich B. literarisch wohl nur seiner
syrischen Muttersprache bedient. Doch wurden seine Schriften schon von der
Hand seiner unmittelbaren Schüler ins Griechische übertragen.[5]) An Prosaischem
wird so durch den Griechen Porphyrios ein Werk über Indien bezeugt, das seiner
letzten Lebenszeit entstammt haben muß, da zu seiner Abfassung persönliche Beziehungen Anstoß gaben, in die er mit einer von Heliogabalus (218/22) empfangenen
indischen Gesandtschaft getreten war. Eusebios weiß von einer durch gleichzeitige
Christenverfolgung veranlaßten, also apologetisch gerichteten schriftstellerischen Tätigkeit B.s und bezeichnet daneben Polemik gegen Markion und andere als stark
hervortretenden Inhalt seiner Dialoge, von denen er einen solchen πρὸς Ἀντωνῖνον
περὶ εἱμαρμένης besonders hervorhebt. Auf eine Geschichte der Könige Armeniens,
die B. verfaßt hätte, als er nach der Eroberung Edessas durch Caracalla, 216
oder 217 dorthin geflüchtet war, nimmt das armenische Geschichtswerk des Mowses
Chorenatzi Bezug. Syrisch selbst werden aus einer Schrift über Gestirnkonjunk-
tionen Angaben über die Umlaufszeit der Planeten und die Dauer der Welt gemacht.[6]) Als Dichter hat B. für seine Lehren in Gesängen geworben, die zu
einem dem Psalter nachgebildeten Liederbuche von 150 Nrn zusammengefaßt

Kg IV 30. Ders., Praep. evang. VI 9 f. Epiphanios Haeres. 56. Sozomenos Kg. III 16. Theodoretos
Kg I 22. Photios Bibl. Cod. 223 nach Diodoros v Tarsos. Hieronymus, De vir. ill. § 33. Ap(h)rem
an zahlreichen Stellen, die von F Nau, PS 1 ɪɪ, 497/507 zusammengestellt sind. Biographie des
Rabbûlā: AMS 4, 431 f. ChrE zum J 465 Gr. ChrM 186 (143) Ps.-Mârût(h)ā (§ 9a): TuU 19 ɪ b, 11.
Mōšē b Kēp(h)ā: PS 1 ɪɪ, 513/6. Theodoros b Kônî (§ 34c) 2, 207 f. EbŠ zum J 445 Gr. M 109/11
1, 183/5, bzw. Sonderag: F Nau, Une biographie inédite de Bardesane (Pr 1897) und nach derselben Quelle Agapios v Membiǧ (Ag Vasiliev) 2, 62/5). B’EKg 1, 45 f., Hist. dyn. (Ag Pococke) 125
(79) bzw. Mènârat(h) Qûd(h)šē: PS 1 ɪɪ, 524. Mowses Chorenatzi, Armen. Gesch. II 66. al-Mas‘ûdi:
Bibl. Geogr. Arab. 8, 130. Fihr. 161/2. aš-Šahrastānî (Ag Bûlâq) 1, 147 f. (Übs: Th Haar-
brücker 1, 293). A Merx, Bardesanes v Edessa nebst einer Untersuch. üb. d. Verhältnis d.
klementin. Rekognitionen zu d. „Buche d. Gesetze d. Länder“ (Halle 1863). A Hilgenfeld,
Bardesanes d. letzte Gnostiker (Lpz 1864). Ders., D. Ketzergesch. d. Urchristentums (Lpz 1884) 516/22.
Bickell 36. Wright 28/30. Duval 241/8. F Nau, Bardesane l’Astrologue. Le livre des lois
des pays, texte. syr. et trad. franç. avec une introd. et de nombreuses notes (Pr 1899) und PS 1 ɪɪ,
492/535. E Buonainti, Rivista storicocritica delle scienze teol. 5. 691/701. F Haase, Zur
Bardesanischen Gnosis. Literarkrit. u. dogmengesch. Untersuch. TuU 34 ɪv. O Bardenhewer,
Gesch. 1², 364/8.   [10]) So Chr E und Agapios. Nach EbŠ (mit durchsichtigem Schreibfehler): 134,
nach M (gegenüber Agapios gleichfalls wertlos): 144.

   [1]) Vertreten durch M, Agapios und in gekürzter Gestalt durch Th. b Kônî und B’EKg
[2]) Nach dem Zeugnis Ja‘qôb(h)s v Edessa: JAᵇ 11, 410/2 bzw. PO 1 ɪɪ, 512 f.   [3]) Nach Fihr.
[4]) Nach Epiphanios. [5]) Nach Eusebios Kg. [6]) Durch Georgios Araberbischof (§ 41c): PS 1 ɪɪ, 611 f.

waren [1]) und nurmehr durch die Gegendichtungen Ap(h)rems bekannt werden, in denen sich auch einzelne wörtliche Zitate erhalten haben.[2]) Ein „B des Lichtes und der Finsternis", ein „B der Geistigkeit der Wahrheit" und ein „B des Beweglichen und des Festen", die erst in islamischer Zeit eine arabische Quelle[3]) als schriftstellerisches Erbe B.s namhaft macht, dürften nicht unbedingt dem Verdacht entrückt sein, daß in ihnen verhältnismäßig junge Erzeugnisse lediglich seiner Sekte vorlagen, ohne daß sich allerdings die Tatsächlichkeit eines solchen Sachverhaltes mit Bestimmtheit behaupten ließe.

b) Von **Schülern Bardaisāns** hat sein in Athen gebildeter Sohn Harmonios vor allem die dichterische Betätigung des Vaters anscheinend in bedeutsamster Weise fortgeführt.[4]) Ein Philippos gibt sich als Verfasser eines Dialogs zu erkennen, der, ungenau auch B. selbst beigelegt,[5]) diesen in einem der Astrologie feindlichen Sinne mit seinen Schülern, als deren Sprecher ein ʿAwid(h)ā erscheint, sich über die Probleme des Ursprungs des physischen und moralischen Übels, der Willensfreiheit und des Schicksals unterreden läßt. Als „B der Gesetze der Länder" ist ein syrischer Text desselben überliefert,[6]) während von einem griechischen wenigstens Auszüge bei Eusebios[7]) und in lateinischer Übertragung in den klementinischen Recognitiones[8]) vorliegen. Das Verhältnis beider scheint dahin bestimmt werden zu müssen, daß der erstere die sekundäre Bearbeitung eines syrischen Originals darstellt, aus welchem der griechische übersetzt war. Philippos selbst aber dürfte seinem eigenen bereits den Dialog B.s an (oder: mit?) Antoninos zugrunde gelegt haben.[9])

c) Für die **Thomasakten**[10]) steht dem syrischen Texte[11]) ein griechischer gegenüber, der hier wenigstens durch eine einzige Hs vollständig erhalten ist.[12])

[1]) Ap(h)rem OpS 2, 553 F. Vg. die Biographie des Rabbūlā.

[2]) OpS 2, 483 G. 557 A.G.D.F. 558 A.　　[3]) Fihr.

[4]) Sozomenos Kg III 16. Theodoretos Haeret. fab. comp. I 22 und Kg IV 26. M 111 (1, 185). Nach Theodoretos hat er auch sonst „vieles in syrischer Sprache" geschrieben. Die Behauptung des Sozomenos, daß er geradezu $\pi\rho\tilde{\omega}\tau o\nu$ religiöse Dichtung in ihr gepflegt habe, ist gegenüber dem Zeugnis Ap(h)rems für die poetische Produktion B.s selbst nicht haltbar, dürfte aber doch die Bedeutung seines Schaffens beleuchten, hinter dem dasjenige seines Vaters für den ferner stehenden Griechen geradezu verschwand.

[5]) So von Epiphanios a. a. O. unter dem Titel $\varkappa\alpha\tau\grave{\alpha}\ \epsilon\iota\mu\alpha\rho\mu\acute{\epsilon}\nu\eta\varsigma$ und mit ausdrücklicher Nennung des Ἀβειδας als Gegenträger des Gesprächs. Dagegen J P N Land, AnecdS 1, 51 3.

[6]) Hs: BrM 987. 11°. Agg und Übss: W Cureton, SpS 1/21 (1/34). F Nau, Bardesane l'Astrologue und PS 1 ıı, 536/658. Bloße Übs: A Merx a. a. O. 25/55.　[7]) Praep. Ev. VI 10 § 1 48. [8]) IX 19/29.　[9]) Haase a. a. O. Für die schon von Hilgenfeld angenommene Ursprünglichkeit vielmehr des griechischen Textes neuerdings FrSchultheß, ZDMG 64, 91/4. 745 50, dagegen Th Nöldeke ebenda 555/60. F Nau, PS 1 ıı, 530 3. Einen Nachhall der Einleitung des syrischen Textes bewahrt auf griechischem Boden noch in einem Gespräche zwischen dem Helden und einem Euxeiniauos die Biographie des hl. Aberkios. Ag: Th Nissen, S. Abercii Vita (Lpz 1912). Vg. ders., ZNtW 9, 190 203. 315/28.

[10]) R A Lipsius, D. apokr. Apostelgesch. u. Apostellegenden (Braunschweig 1883/90) 1, 225 347. Ergänzungsheft 23/5. R Liechtenhan, ZNtW 3, 287 93. Duval 98/100. E Hennecke, Handb. zu d. neutestamentl. Apokryphen (Tübingen 1904) 562/601. O Bardenhewer, Gesch. 1², 579 84 (mit weiteren Literaturangaben).

[11]) Hss: BrM 952 (Add 14645. J 935/6) 1°. Mos 86 (J 1711/2). Brl 75 (Sach 222. J 1881) 1°. CmbrAdd 2822 (J 1883). N-Dsém 112 (J 1885), von Palimpsestbruchstücken: Sin 30 (5/6. Jh). Agg: W Wright, Apocryphal Acts of the Apostles (Lo 1871) 1, 171/333 (2, 146/298), AMS 3, 3/175, der Sinait. Bruchstücke: F C Burkitt, StSin 9, 23/44. A Smith Lewis, Hor Sem 3, 192 228. Emendationen zum Texte W.s: Th Nöldeke, ZDMG 25, 674/9. Abr Geiger ebenda 26, 799 804.

[12]) Hs: der Bibl. Vallicelliana in Rom B 35 (11. Jh). Ag: (R A Lipsius-) M Bonnet, Acta Apost. Apocr. 2 ıı (Lpz 1903), 99/288.

Die Frage, welcher von beiden als Übs zu gelten habe, ist umstritten, dürfte aber
bestimmt zugunsten der Annahme eines syrischen Originals zu entscheiden sein,[1])
mit dem freilich die überlieferte offenbar stark großkirchlich überarbeitete syrische
Textgestalt sich nicht ohne weiteres gleichsetzen läßt.[2]) Vielmehr muß eine im
Vergleiche mit dieser in Einzelheiten erheblich ursprünglichere dem griechischen Übersetzer vorgelegen haben. Die herrschende Meinung von einer Herkunft aus dem
Kreise B.s hat an dem Umstand, daß eine Fabrikation apokrypher Apostelakten
für jenen Kreis bezeugt ist, eine doch kaum schlechthin zureichende Stütze. In
der Tat ist denn auch auf Spuren vielmehr manichäischer Bearbeitung hingewiesen
worden, die ehemals selbständige Einzelerzählungen über Wanderfahrten und Wundertaten des Apostels erfahren hätten.[3]) Die Treue, mit welcher der merkwürdige
Missionsroman geschichtliche Verhältnisse wiederspiegelt, wie sie um die Zeit der
Handlung tatsächlich im nordwestlichen Vorderindien bestanden, erklärt sich entweder aus bloßer Christianisierung von Hause aus buddhistischer Legenden [4]) oder
umgekehrt durch das Zugrundeliegen echter Tradition über eine wirkliche indische
Missionstätigkeit des Apostels.[5]) Eine Sonderstellung nehmen dem erzählenden
Texte gegenüber einige lyrische Einlagen ein: das lange nur syrisch bekannt gewesene Lied von der Seele oder dem Königssohn und der Perle,[6]) ein Brautge-
sang zur Hochzeitsfeier der hypostasierten Weisheit und zwei im griechischen
Texte wesentlich besser als im syrischen erhaltene Weihegebete. Man hat gerade
sie mit besonderer Entschiedenheit für B. oder dessen Schule in Anspruch nehmen
zu dürfen geglaubt. Doch hat, wenn nicht auch in dem Hochzeitsgesange, so
doch mindestens in dem Lied von der Seele möglicherweise vielmehr eine Dichtung nicht einmal gnostisch-christlichen, sondern noch paganen Ursprungs sich
gerettet,[7]) ohne daß die immer wieder auf seine Erklärung verwandte Mühe bisher zu einem allgemein anerkannten Ergebnis geführt hätte.[8])

d) ʿÛd(h)ā oder ʿÛd(h)ai (Ἀιδαῖος),[9]) Archidiakon der edessenischen Kirche
zur Zeit des allgemeinen Konzils von Nikaia, wurde unmittelbar durch eine Opposition gegen dessen die Regelung des Ostertermins betreffende Bestimmungen und
durch seinen weitgehenden sittlichen Rigorismus zum Bruche mit dem großkirchlichen Christentum geführt. Späterhin hat er als deren erster B an der Spitze
einer von ihm begründeten Sekte gestanden und wird als der tatsächliche Verfasser einer Mehrzahl apokrypher Apokalypsen bezeichnet, die in ihr neben dem
A und NT als heilige Schriften rezipiert waren. Eine solche Abrahams, eine (von
der kanonischen verschiedene) des Johannes und ein B (bzw. eine Apokalypse)
„der Fremden“ werden dabei im einzelnen durch kurze Anführungen kenntlich.[10])

---

[1]) In diesem Sinne besonders: Nöldeke bei Lipsius a. a. O. 423/5. CMacke, TQs 56,
1/70. FCBurkitt, JTSt 1, 280 90. 2, 429/32. 3, 94f.   [2]) Wie RRaabe bei Hennecke a. a. O.
563 möchte.   [3]) WBousset, ZNtW 18, 1/39. Großkirchlichen Ursprung der Thomasakten ver-
ficht dagegen neuerdings CSchmidt, TuU 43, 555/60.

[4]) So A v. Gutschmid, RhM² 19, 161/183 (= Kleine Schriften 2, 332 64) und Bousset 39.
Dagegen SLévi, JA⁹ 9, 27/42.   [5]) So vor allem JDahlmann, D. Thomaslegende u. d. ältesten
histor. Beziehungen d. Christentums zum fernen Osten im Lichte d. ind. Altertumskunde (FrbgB
1912).   [6]) Sonderagg mit Übs u. Kommentar: JHalévy, RS 16, 85/99. 168/75. AABevan,
TaSt 5iii (Cmbr 1897) und bei E Preuschen, Zwei gnost. Hymnen ausgelegt. Mit Text u.
Übs. (Gießen 1904).

[7]) RReitzenstein, Archiv f. Religionswiss. 8, 167/90. Ders., Hellenist. Wundererzäh-
lungen (Lpz 1906) 103/50. FHaase, TnU 34iv, 50/67.   [8]) Vg. etwa noch FCConybeare,
The idea of sleep in the Hymn of the soul., JTSt 6, 609f. GHoffmann, ZNtW 4, 273/309.
AHilgenfeld, ZWT 47, 229/41.

[9]) Ap(h)rem, Geg. d. Häret. 24 (OpS 2, 493 F.). Theodoretos Kg IV 10. Haer. fab. comp.
IV 9. Sokrates Kg V 23. Epiphanios Panar. 70. Theodoros b Kônî 2, 319f. Agapios v Membiġ
(Ag: Vasiliev) 2, 106f. (= PO 8, 562f.).   [10]) Theodoros b Kônî. Vg. ENestle, ZNtW 3, 166.

Diese Zitate verraten den Geist einer gnostisierenden Astrologie, der sich eng mit anderweitig auf Bardaiṣán zurückgeführter Lehre berührt. In der Tat erscheint 'Ü. nach dem Zeugnisse einer einzelnen Quelle [1]) geradezu als Vertreter eines ausgesprochen gnostischen Systems, während eine andere [2]) ihn wenigstens die Ungeschaffenheit von Licht und Finsternis und die Körperlichkeit Gottes lehren läßt, den er als materielles Wesen von menschlicher Gestalt gedacht habe.

e) Die „Oden" und „Psalmen Salomos" erscheinen in der syrischen Überlieferung zu einer einheitlichen Sammlung mit durchlaufender Numerierung der einzelnen Lieder verbunden.[3]) An der Spitze stehen dabei die 42 „Oden", von welchen Nr 19 als solche auch durch Lactantius (Div. Inst IV 12 § 3. Epit 39) zitiert wird. Als Nrn 43 ff. schließen sich die 18 „Psalmen" an, deren erhaltener griechischer Text, auf christlichem Boden vielfach eng an den Kanon des A oder NTs herangerückt, ein sicher noch auf jüdischem entstandenes hebräisches Original des letzten vorchristlichen Jhs wiedergibt.[4]) Eine entsprechende durchnumerierte Einheitssammlung, in welcher die „Psalmen" vorangingen, hat griechisch dem Verfasser des koptisch erhaltenen gnostischen Bs $\Pi\iota\sigma\tau\iota\varsigma$ $\Sigma o\varphi\iota a$ vorgelegen, der als Nrn 19 usw., von einer erläuternden Paraphrase gefolgt, die Nrn 1, 5, 6, 22 und 25 der syrischen Zählung mitteilt.[5]) Es scheint folgerichtigerweise eine griechische Vorlage mit umgekehrter Anordnung auch für den syrischen Doppeltext angenommen werden zu müssen, womit ohne weiteres eine Originalität des syrischen Textes der „Oden" ausgeschlossen ist.[6]) Mit den Psalmen müssen auch diese vielmehr aus dem Griechischen ins Syrische übersetzt worden sein.[7]) Berührungen, die man zwischen ihnen und Ap(h)rahaṭ,[8]) Ap(h)rem,[9]) ja schon

<hr>

[1]) Agapios.   [2]) Theodoros b Kôni 319 Z. 23,6.   [3]) Hss der Oden 17,42 und Psalmen 1 3 und 15 f.: BrM 863 (Add 14538. 10. Jh) 4°, der Oden 3,42 und Psalmen 1/17; von Harris erworbene (16,17. Jh). Agg: J R Harris, The Odes and Psalms of Solomon (Cmbr 1909. ²1911). J H Bernard, The Odes of S. Ed. with introd. and notes (Cmbr 1912. TaSt 8 m). J R Harris-A Mingana, The Odes and Psalms of S. reed. (2 Bde. Manchester 1916/20). Kollation der Londoner Hs: F C Burkitt, JTSt 13, 372,85. Dazu Berichtigungen von D Willey ebenda 14, 293 S. Vg. H Grimme, OLZ 1912. 492,6. G Kittel, ZNtW 14, 79,93. Vergleichung der syr. und kopt. Überlieferung: N H Worrell, JTSt 13, 29 46. Weitere spezielle Beiträge zur Textkritik: F Schultheß, ZNtW 11, 249,58. J Barth, RS 1911, 261/5. Übss: J Flemming, TuU 35 iv (Ad Harnack, Ein jüd.-christl. Psalmbuch aus d. ersten Jahrhundert). A Ungnad-W Staerk, D. Oden Salomos aus d. Syr. übsetzt mit Anmk. (Bonn 1910 = Lietzmanns, Kleine Texte Nr 64). J Labourt, RB² 7, 483,500. 8, 5,21 bzw. bei J Labourt-P Batiffol, Les odes de Salomon (Pr 1911) 1,38. H Grimme, D. Oden Salomos syrisch, hebräisch, deutsch. Ein krit. Versuch (Heidelberg 1911). G Diettrich, D. Oden S.s ... übersetzt u. mit einem Kommentar versehen (Brl 1911). Ch Bruston, Les plus anciens cantiques chrétiens (Pr 1912). L Tondelli, Le Odi di Salomone, cantici crist. degli inizi del II. sec. Versione dal sir., introd. e note (R 1914). Freie: H Hansen, D. Oden S.s in deutschen Nachdichtungen (Gütersloh 1911).   [4]) Beste Ag: J Viteau, Les Psaumes de Salomon (Pr 1911). Vg. E Schürer, Gesch. d. jüd. Volkes im Zeitalter Jesu Christi³ 3 (Lpz 1898), 150,6. O Bardenhewer, Gesch. 2², 702.   [5]) Ag: Fr Münter, Odae Gnosticae Salomoni tributae, thebaice et latine, praefatione et aduotationibus philologicis illustratae (Kopenhagen 1812). Übss: H E Ryle-M R James, Psalms of the Pharisees commonly called the Psalms of Solomon (Cmbr 1891) 155,60. C Schmidt, Kopt.-gnost. Schriften 1. (Lpz 1905) 72/5. 83,8. 96,103. Entsprechend erscheinen $\psi a\lambda\mu oi$ $\kappa a i$ $\dot\omega\delta a i$ $\Sigma o\lambda o\mu\tilde\omega\nu\tauo\varsigma$ zu einer Einheit zusammengefaßt auch in den beiden Stichometrien des Ps-Athanasios und Nikephoros.   [6]) Vg. im Sinne einer solchen zuletzt E A Abbott, JTSt 14, 441/3. Angenommen werden müßte sie, wenn man, wozu selbst O Bardenhewer, Gesch. 1², 368/71 neigt, an Bardaiṣán als Verfasser denkt.   [7]) Durchschlagend in diesem Sinne scheint auch eine Einzelbeobachtung von E Preuschen, ZNtW 16, 233,6 zu sein.   [8]) D Ploij, Der Descensus ad inferos in Aphrahat u. den Oden S.s, ZNtW 14, 212/31. Vg. nunmehr über denselben Gegenstand auch C Schmidt, TuU 43. 560,73.   [9]) A J Wensinck, The Expositor³ 3. 108,112. J R Harris ebenda 113 9.

Bardaiṣân festgestellt hat,[1] können alsdann nur im Sinne einer Abhängigkeit dieser
Autoren von den Liedern gedeutet werden und würden so für das hohe Alter der
Übs Zeugnis ablegen. Zu beantworten bleibt nun immer noch eine Reihe einschneidendster Fragen. War der griechische Text der Oden seinerseits Original[2] oder
Wiedergabe einer hebräischen[3] bzw. westaramäischen Vorlage?[4] Sind sie ein
christliches oder ein christlich überarbeitetes jüdisches bzw. ein judenchristliches[5]
Liederbuch, und wenn ersteres der Fall sein sollte, sind sie aus gnostischer,[6]
montanistischer[7] oder aus großkirchlicher[8] Umwelt hervorgegangen? Aber alle
diese Fragen gehören dem Rahmen syrischer Literaturgeschichte nicht mehr an,
wenn die Entstehung des einzigartigen Denkmals poetisch gesteigerter Frömmigkeit, was bei einem Vergleich mit der koptischen Überlieferung auch Einzelheiten
des Textbefundes zu bestätigen scheinen, keinesfalls auf dem syrischen Sprachboden zu suchen ist.[9]

§ 4. Den Übergang von jüdischem und gnostisierendem zu großkirchlichem
Schrifttum in syrischer Sprache bezeichnet die nicht einfache Entwicklungsgeschichte der späterhin mit dem Namen der Pěšiṭṭā bezeichneten Kirchenbibel
der Syrer. Als Erbe noch jüdischer Kreise erweist sich mit Bestimmtheit der
Grundstock ihres ATs. Der Enkratite Tatianos war der Urheber des sog.
Diatessarons, dessen harmonistischer Evangeliumstext lange Zeit der offiziell herrschende auch des großkirchlichen syrischen Christentumes blieb. Eine Schöpfung
des letzteren, die näherhin vielleicht der Umgebung des edessenischen Bs Pālûṭ
entstammte, war diesem „der Vermischten" gegenüber der altsyrische Text des
„Evangeliums der Getrennten", und nicht minder durchaus auf großkirchlichem Boden hat sich wie der allmähliche Ausbau des vollständigen NTs, so auch
eine Weiterbildung des ATs der Pěšiṭṭā vollzogen, vermöge, deren das-

---

[1] M Sprengling, AJT 15, 459/61. W R Newbold, JBL 29, 161/204. 30, 168/209.
JH Bernard a. a. O. und schon früher JTSt 11, 1/30. Der letztere möchte in den Oden
speziell altchristliche Taufgesänge erblicken. In diesem Sinne vg. auch R A Aytoun, The
mysteries of baptism by Moses bar Kepha compared with the Odes of Solomon. The Expositor⁹ 2,
338,58.   [2] So J Wellhausen, Götting. Gel. Anz. 1910, 629/41, F Schultheß, ZNtW 2,
249 58. H Gunkel(-H Greßmann) ebenda 291/32S, G Diettrich, J Labourt-P Batiffol und
besonders R H Connolly, JTSt 14, 530/8. 15, 44/7.
      [3] Für ein hebräisches Original traten vor allem Ad Harnack und H Grimme ein.
[4] Die Annahme einer solchen sogar als unmittelbarer Grundlage des syrischen Textes vertritt
A Mingana, ZNtW 15, 243/53. 16, 167,90.
      [5] Für jüdischen Ursprung sind vor allem Ad Harnack, H Grimme und Fr Spitta,
ZNtW 11, 193/203. 259,90, für judenchristlichen J R Harris, J Haußleitner, Theolog. Lit.blatt
1910, 265,76 und E A Abbott, Light on the Gospel from an ancient poet (Cmbr 1912) eingetreten.
      [6] So besonders J Wellhausen, H Gunkel und W Stölten, ZNtW 13, 29/58.   [7] So
F C Conybeare, ZNtW 12, 70,5. 14, 96. S A Fries ebenda 12, 108/25.   [8] So u. a. namentlich
Batiffol, Bruston, Tondelli und unter Verweisung speziell auf die alexandrinische Schultheologie W Frankenberg, D. Verständnis d. Oden S.s (Gießen 1911). Eine eindringende
Kritik wenigstens speziell der Interpolationshypothese, zu welcher die Verfechter jüdischen Ursprungs genötigt sind, bei G Kittel, D. Oden S.s überarbeitet od. einheitlich? (Lpz 1914).
      [9] Es konnte deshalb genügen, hier die Hauptvertreter der verschiedenen Anschauungen
zu nennen. Eine erschöpfende Bibliographie der „Oden" bis zum J 1913 bietet G Kittel a. a. O.
142,53. Daneben und weiterhin ist auf die Literaturberichte der BbZ und des OC zu verweisen.

selbe nach Umfang und Textgestalt in zunehmendem Maße den Einfluß der vulgären griechischen Bibel erfuhr und vereinzelt auch apokryphen Erweiterungen sich öffnete.

a) **Pešîttâ** („Einfache") heißt die gemeinsyrische Kirchenbibel[1] offenbar im Gegensatze zu der im Anfang des 7. Jhs entstandenen syrischen Übs des hexaplarischen Textes.[2] Der zuerst gegen Ende des 9. Jhs nachweisbare Name geht also von Hause aus speziell auf das AT derselben,[3] das man in den mesopotamischen Theologenkreisen des 4. Jhs als „unsere Ausgabe" oder als den bzw. die „Übersetzer" schlechthin bezeichnete.[4] Umfaßt hat dasselbe ursprünglich nur die Schriften des masoretischen Kanons mit Ausnahme von Chr, Ezr, Neh und Esth[5] in einem Texte, dessen Vorlage der hebräische in einer Form gebildet hatte, welche der von Hieronymus gelesenen nahestand.[6] Unverkennbar ist ein Einfluß, den auf diesen Kern des Ganzen durch die Targume, besonders durch dasjenige des Onkelos ausgeübt worden war.[7] Er selbst ist den christlichen Übersetzern der NTlichen Schriften bereits so geläufig gewesen, daß sie bei Wiedergabe der hier vorkommenden ATlichen Zitate sich vielfach an ihn anschlossen.[8] Alles das vereinigt sich dazu, den noch jüdischen eher als auch nur judenchristlichen Ursprung der Übs zu erhärten.[9] Auch spätere legendarische Überlieferung scheint an denselben noch eine sagenhafte Erinnerung zu bewahren, wenn sie die P. des ATs auf die Zeit Salomons und Hirams oder auf einen Priester Asa zurückführt, der von einem assyrischen Großherrn zwecks Übertragung der Hll. Schriften nach Samaria gesandt worden wäre.[10] Übrigens ist die Entstehung auch jener Stammbestandteile der ATlichen P. keine streng einheitliche gewesen. Verschiedene BB wurden zweifelsohne von verschiedener Hand, zu verschiedener Zeit und wohl auch an verschiedenem Orte übersetzt.[11] Das naturgemäß älteste Stück, die Übs des Pentateuchs, könnte sehr wohl die Adiabene, nicht die Osrhoëne zur Heimat

---

[1] Bickell 5/9, besonders 6f. E Nestle, RePTK[3] 3, 167/75. G Hoberg (-F Kaulen), Einleitung in d. Heilige Schrift d. Alten u. Neuen Testamentes[5] 1 (FrbgB 1911) 173/86 bzw die sonstige Literatur der allgemeinen und speziell der alttestamentlichen biblischen Einleitungswissenschaft.   [2] Vg. die Gegenüberstellung beider durch den ältesten Zeugen des Namens Mōšē b Kēp(h)ā (§ 45 c): P Martin, Introduction à la citique textuelle du Nouveau Testament (Pr 1883) 1, 101 bzw. Duval 29f. Anders z. B. E Nestle, RePTK[3] 3, 169f. Vg. die von diesem verzeichnete Literatur über das Namensproblem.   [3] A M Ceriani, Le edizioni e i manoscritti delle versioni siriache del Vecchio Testamento (Mailand 1869). Wright 4f. Duval 29/43. Hss und Agg unter e).   [4] Durch Ap(h)rem. Vg. Hoberg-Kaulen 179.

[5] In den masoretischen Hss werden mit Ausnahme einer Berücksichtigung von Esth durch diejenigen der jakobitischen Masora diese sämtlichen BB durchweg übergangen.   [6] Daher ein nicht seltenes Zusammengehen von P. und Vulgata.   [7] Vg. J Perles, Meletemata Peschitthoniana (Breslau 1859) 26/45. JM Schönfelder, Onkelos und Peschittho. Studien üb. d. Alter d. Onkelos'schen Targums (Münch 1869). C H Cornill, D. Buch d. Propheten Ezechiel (Lpz 1886) 154f. H Mager, D. Peschittho z. Buche Josua (FrbgB 1916) 54,63.

[8] F Berg, The influence of the Septuagint upon the Peschita Psalter (New York 1895) 137/150. P Schwen, D. syr. Wiedergabe d. ntlichen Eigennamen, ZAtW 30, 266/313.

[9] Vg. besonders R Duval, Rev. des Études Juives 1887, 49/54. 277/81. Doch wäre es verfehlt, in der P. ursprünglich geradezu ein jüdisches Targum noch des 1. oder 2. vorchristlichen Jhs zu erblicken, wie J Prager, De Vet. Testam. versione quam Peschitto vocant (Göttingen 1875) tut.

[10] Vg. Îšō'dād(h) v Merw (§ 37 d): BO 3₁, 24f. B'E zu Anfang seiner „Scheune d. Geheimnisse" (Kirsch-Bernstein[2] 145) und Hist. dyn. (Ag Pococke) 100 (64).   [11] Von einer Mehrzahl von Übersetzern reden denn auch syrische Exegeten selbst wie Ap(h)rem und Ja'qōb(h) v Edessa. Für (abgesehen etwa von Chr) einheitlichen jüdischen Ursprung tritt dagegen ein C Heller, Untersuchungen üb. d. Peschittâ zur gesamten hebr. Bibel. I (Berl 1911).

gehabt haben, jedenfalls hat die ursprünglich von einem Juden für Juden geschaffene eine nicht kurze Geschichte gehabt, bis sie ihre endgültige christliche Textgestalt erreichte.[1])

b) **Tatianos,**[2]) der sich selbst als „im Lande der Assyrier“ d. h. wohl in der Adiabene geboren einführt,[3]) hatte sich mit rhetorischen, philosophischen und geschichtlichen Studien beschäftigt, war in die verschiedensten Mysterienkulte eingeweiht worden und als philosophischer Lehrer und Schriftsteller aufgetreten, bevor er durch den Apologeten Justinos in Rom für das Christentum gewonnen wurde. Dort hat er seinen eigenen apologetischen λόγος πρὸς Ἕλληνας abgefaßt,[4]) sich aber um 172 3 von der Großkirche ab- und einer gnostischen Sekte der „Enthaltsamen“ zugewandt. Nach dem Orient zurückgekehrt, wirkte er in deren Sinne im syrischen Antiocheia, in Kilikien und Pisidien. In dieser Spätzeit seines Lebens ist auch sein Evangelienbuch entstanden.[5]) Der von den Griechen seiner Abstammung nach „Syrer“ Genannte[6]) ist den Syrern selbst ein „Grieche“,[7]) und auch für sein Werk ist ihnen mehr als die einheimische eines „Evangeliums der Vermischten“ (Ewangeljôn damĕḥallĕṭē) die griechische Bezeichnung des Διὰ τεσσάρων geläufig ist. Das ist nur verständlich, wenn dieses ihnen als eine Übs aus dem Griechischen entgegentrat, nicht etwa von T. selbst ursprünglich syrisch redigiert wurde.[8]) Auch ein bedeutsamer Einfluß, den das D. auf die griechische

---

[1]) Vg. J Pinkerton, JTSt 15, 14,41, nach dem die in der hslichen Überlieferung noch zu verfolgende Entwicklung erst im 5. Jh zum Abschluß gekommen wäre.

[2]) Selbstzeugnisse: Or. 15f. 29. 35. 42. Irenaeus Adv. haeres. I 28. Klemens Alex. Strom III 12, 81. Eusebios, Kg IV 28f. Chronik z. J. 2188 Abrah. (Ag: Schoene 2, 173). Epiphanios Haer. 46f. Theodoretos Haeret. fab. comp. I 20. ChrM 186 (145). Theodoros b Kônî 2, 305. Išō dâd(h) v Mcrw 1, 204 (123) und nach ihm Dionysios b Ṣalib(h)i (§ 48a): BO 2, 159f. bzw. B'E „Schenne der Geheimnisse“ (ZDMG 29, 274,6). ChrS 1, 85. ʿAî Nomokanon (A Mai, Script. Vet. Nov. Coll. 10, 191). Alle auf T. bezüglichen syrischen Zeugnisse am bequemsten vereinigt bei A Hjelt, D. altsyr. Evangelienübs. u. Tatians Diatessaron bes. in ihrem gegenseit. Verhältnis (Lpz 1903 = Th Zahn, Forsch. 7ı) 25/49, darunter vor allem noch ein solches des Môšē b Kēp(h)ā (§ 45c) a. a. O. 38f. Nach Eusebios: M 108f. (1, 180f.) und Agapios v Membiğ (Ag: Vasiliev) 2, 59f. Ad Harnack 1, 485,96. 2ı, 284,9. O Bardenhewer, Gesch. 1², 262,84 mit sorgfältiger Verzeichnung der älteren Literatur.   [3]) Or. 42.   [4]) Agg verzeichnet bei Bardenhewer a. a. O. 272f. Die neueste: E Schwartz, TuU 4ı.

[5]) Vg. Th Zahn, Tatians Diatessaron. Forsch. 2, 286,99. Gesch. d. ntl. Kanons 1ı, (Erlangen 1888) 369/429. Ders., RePTK³ 5, 653/61. J P Martin, Rev. des quest. histor. 33, 349/94. 44, 5/50. F Baethgen, Evangelienfragment (Lpz 1885). S Hemphill, The Diatessaron of Tatian (Lo 1888). E Salvatori, Il „Diatessaron“ di Taziano (Florenz 1889). J R Harris, The D. of Tatian: a preliminary study (Lo 1891). M M aber, Recent evidence for the authenticity of the Gospels: Tatians D. (Lo 1893). Wright 7/10. Duval 44,8. Herm v. Soden, D. Schriften d. N. Testaments in ihrer ältesten erreichbaren Textgestalt hergestellt auf Grund ihrer Textgeschichte 1 (Göttingen 1902) 1536,44. A Hjelt a. a. O. 16/75. F C Burkitt, Evangelion da-Mepharresbe (vg. S. 22 Ak. 9 von S. 21) 2, 173/212. E Preuschen, Untersuchungen zum D. Tatians (Heidelberg 1918).

[6]) Klemens und Theodoretos: ὁ Σύρος. Epiphanios: Σύρος τὸ γένος.   [7]) So Môšē b Kēp(h)ā. [8]) Wie entgegen der früher herrschenden Auffassung Zahn annimmt. Vg. vor allem F C Barkitt, Ev. da-Mepharresbe 2, 191/206. Mit einem griechischen (und einem lateinischen) D.-Texte rechnet nunmehr durchaus auch Vogels (Vg. S. 20 Ak. 8, S. 22 Ak. 6) mit dem Herm v Soden, Die Schriften N. Testaments 1, 1536 übereinstimmt. Nach Bardenhewer 280f. wäre das syrische D. von T. auf Grund einer in Rom zu seiner Kenntnis gelangten Evangelienharmonie entstanden, die als ἀπομνημονεύματα der Apostel bzw. τὸ εὐαγγέλιον bei Justinos auftrete. Vg. E Lippelt, Quae fuerint Justinii Mart. ἀπομνημονεύματα (Diss. Halle 1901). M Heer, Ps-Cyprian vom Lohn d. Frommen u. d. Evangelium Justins, RQs 28, 97/186. Da-

und die altlateinische Textüberlieferung der Evangelien gewonnen hat, ist weit eher unter der Voraussetzung eines griechischen als unter derjenigen eines syrischen Originals zu begreifen. Andererseits ist das D. bis in die ersten Jahrzehnte des 5. Jhsh inein die herrschende und vor allem die im liturgischen Gebrauche lebende Gestalt des ostaramäischen Vierevangelienbuches gewesen,[1] und daß es zu dieser Bedeutung gelangte, wäre schwer denkbar, wenn es dabei eine schon existierende Übs des geschlossenen Körpers der vier kanonischen Einzelevangelien nachträglich hätte verdrängen müssen.[2] Nächst einem armenisch erhaltenen Kommentare Ap(h rems (§ 7 a) gewähren über den stofflichen Aufbau des Textes[3] drei weitere Quellen Aufschluß: eine lateinische Evangelienharmonie, die um 545 B Victor v Capua in eine Hs des NT's aufnehmen ließ,[4] gewisse harmonistische Perikopen jakobitischer Evangelistare[5] und, als wertvollste Zeugin, eine arabische Übs des Nestorianers Abū l-Faraǧ 'Abdallāh ibn aṭ-Ṭajjib († 1048).[6] Wie es aber in den beiden anderen Quellen mit dem Texte der Vulgata bzw. demjenigen der späteren syrischen Übs des Thomas v Harqel der Fall ist, so war in der syrischen Vorlage des Arabers im einzelnen der Wortlaut der Pěšiṭtā dem Rahmen der harmonistischen Anordnung eingefügt.[7] Derjenige des D.s selbst scheint einmal in dem griechisch-lateinischen codex Bezae und in einer eigentümlichen Übereinstimmung altlateinischer und altsyrischer Textüberlieferung nachzuwirken.[8] Speziell seine syrische Gestalt wird sodann abgesehen von verhältnismäßig wenigen ausdrücklichen Anführungen[9] späterer gelehrter Literatur vor allem in der breiten

---

gegen hält Vogels jene Evangelienharmonie für den von T. geschaffenen und weiterhin von ihm persönlich ins Syrische übertragenen griechischen Urtext der D.s selbst.

[1] Als solche wird es schon in der „Lehre des Addai" (§ 5 b) 34 (Ag Phillips) vorausgesetzt, und erst Rabbūlā und Theodoretos haben es gewaltsam aus jener Stellung verdrängt. Vg. Overbeck, S. Ephraemi usw. op. selecta (Oxf 1865) 172 bzw. Theodoretos a. a. O.

[2] Einer derart widersinnigen Annahme gegenüber treten denn auch Baethgen. Vogels, Bardenhewer in Übereinstimmung mit FCBurkitt, Urchristentum im Orient. Deutsch von EPreuschen (Tübingen 1907) 49 f. nachdrücklich für die Priorität des D.s vor einem syrischen Sondertexte der einzelnen Evangelien ein.

[3] Vg. JHontheim. D. Abfolge d. evangel. Perikopen im D. Tatians, TQs 90, 204/55. 339 76.   [4] Beste Ag: ERanke, Codex Fuldensis. Nov. Test. latine interprete Hieronymo ex manuscr. Victoris Capuani ed., proleg. instr., commentar. adorn (Marburg 1868). Dazu CScherer in: Festgabe zum Bonifazius-Jubiläum 1905 (Fulda 1905) 6/12.

[5] Hss: JerMkl 6 (J 1222). BrM 7163 Rich. Agg: HHSpoer, ZDMG 61, 850/9. GABarton-HHSpoer. JBL 24, 179/95. DWilley, Exp. Times 25. 31/5.   [6] Ag: ACiasca, Tatiani Evangeliorum Harmoniae Arabice (R 1888) nach den Hss: VtAr 14 (13/4. Jh) und einer ans koptischem Privatbesitz in das Museo Borgiano gelangten. Übs: JHHill, The Earliest Life of Christ ever compiled from the Four Gospels (Edinburg 1894). Vg. SEnringer, D. Überlieferung d. arab. Übs. des D.s (FrbgB 1912) mit Ag des Textes der Fragmente einer Beiruter Hs durch G Graf. [7] Vg. ESellin, D. Text d. von A. Ciasca hgeg. arab. D.s in Zahns Forsch. 4, 227/46.

[8] FHChasse, The old Syriac element in the Codex Bezae (Lo 1893). HJVogels, D. Harmonistik im Evangelientext d. Codex Cantabrigiensis (Lpz 1910). Ders., Beiträge zur Gesch. des D. im Abendlande (München 1920. Neutestamentl. Abhandlungen 7 h). Vg. den kritischen Apparat bei Herm v. Soden, D. Schriften d. N. Testaments 2 (Göttingen 1913) und in Vogels Ag: Nov. Test. Gracce (Düsseldorf 1920) und über einzelne besonders markante Beispiele der von ihm behaupteten Verhältnisse Vogels, BbZ 9, 54 f. 149/58. 263/5. 10, 396/405. 11, 33/43. 168 71. 12, 369/90. 14, 34/40. Im entgegengesetzten Sinne: ASmithLewis, The Expositor ⁵5, 52/6. JChapman, Rev. Bénédictine 29, 233/52.

[9] Besonders im Evangelienkommentar des Nestorianers Išō'dād(h) v Merw. Vg. JHHall, JBL 11, 153/5.   RGottheil ebenda 12, 68/71.   HGoussen, Studia Theologica 1 (Lpz 1895) 62/5. JRHarris, Introduction zu der Išō'dād(h)-Ag von MDGibson XXVII XXIX.

Masse syrischer Evangelienzitate des 4. und beginnenden 5. Jhs kenntlich,[1] und
selbst bis in das 6. Jh herab macht gelegentlich noch ein starker praktischer
Einfluß des alten Bs sich geltend.[2] Vielfach wird dabei ein bemerkenswerter
apokrypher Texteinschlag desselben greifbar,[3] der die Vermutung nahelegt, daß
T. seiner Arbeit neben den vier kanonischen noch ein außerkanonisches Evangelium
zugrunde gelegt habe, dessen Abweichungen von jenen in ihrer Gesamtheit sich
allerdings in mäßigen Grenzen bewegt hätten, und Kunde von einem solchen Sach-
verhalte scheint auch Victor v Capua zu verraten, wenn er in seiner Vorrede
seiner Nachbildung des Werkes dasselbe aller sonstigen Überlieferung entgegen
als ein Evangelium διὰ πέντε bezeichnet. Dabei müßte sich der Gedanke an das
alte Hebräerevangelium aufdrängen, falls es damit seine Richtigkeit haben sollte,
daß dem D. selbst gelegentlich der Name eines Evangeliums καθ' Ἑβραίους beigelegt worden sei.[4]

c) **Pālūṭ**[5] ist glaubhafter Überlieferung zufolge durch B Serapion v Antiocheia d. h. um die Wende vom 2. zum 3. Jh zum edessenischen B geweiht
worden, und muß der eigentliche Begründer eines fest organisierten großkirchlichen
Gemeindelebens in Edessa geworden sein, da die Anhänger eines solchen noch
lange als Palutianer bezeichnet wurden.[6] Im übrigen fehlt allerdings jede be-
stimmtere Nachricht über sein Wirken. Insbesondere ist irgendwelche literarische
Tätigkeit für ihn keineswegs bezeugt. Aber, begünstigt durch die 216 erfolgte
Einverleibung der Osrhoëne in das unmittelbare römische Staatsgebiet, hat die
durch ihn verkörperte Erstarkung westlichen Einflusses auf das nordmeso-
potamische Christentum in jedem Falle für eine zunächst in der Geschichte seiner
Bibel in die Erscheinung tretende innere Hellenisierung jenes Christentums grundlegende Bedeutung gewonnen.[7]

d) **Evangelium der Getrennten** (Ewangeljōn damĕp(h)arrĕšē)[8] nannte man
in Unterscheidung vom D. eine frühzeitig von gelehrten Theologen benutzte und
geschätzte, aber anscheinend niemals auch zu liturgischer Geltung durchgedrungene
altsyrische Übs der vier Einzelevangelien, die auf verschiedenen Stufen textlicher Entwicklung in den durch Cureton ans Licht gezogenen Bruchstücken
(Syr Cur)[9] und in der unteren Schrift eines Palimpsests des Katharinenklosters

---

[1] Vg. J A Bewer, AJSL 16, 110 23 für Ap h'rahaṭ. C Burkitt, Ephraim's quotations
from the gospels. Collected and arranged (Cmbr 1901, TaSt 7 n) 26,57. Ders., Ev. da-Mepharreshe
2, 180 6 J R Harris, Exp. Times 25, 347 9. J Schäfers, Evangelienzitate in Ephräm d. Syrers
Kommentar zu d. Paulin. Schriften (FrbgB 1917).

[2] Nachgewiesen von M Kmosko, OC 2, 33 51. 3, 93 105. 4. 194 203. R H Connolly,
JTSt 8, 571 90. 12, 268 73.   [3] Vg. schon Th Zahn, Forsch. 1, 263. Weiteres Material bei
Kmosko und Connolly a. a. O. bzw. Vogels, BbZ 10, 396/405.   [4] Nach Epiphanios Haer 46
§ 1. Das Petrusevangelium oder eine diesem mit Justinos gemeinsame Quelle vermutet als im
D. benützt Connolly JTSt 8, 589 f.

[5] „Lehre des Addai" Ag: Phillips) 46 f. Martyrium des Barsamjā: W Cureton, Anc.
Syriac documents 71. F C Burkitt, Ev. da-Mepharreshe 2, 206 8. Ders., Urchristentum im Orient.
Deutsch v. E Preuschen 10 f. 44. 49 f.   [6] Nach Ja'qob(h) v Edessa bzw. Ap(h)rem: Kat
Wright 600.   [7] Vg. auch das durch Eusebios Kg VI 12 bekannte Eintreten Serapions gegen
apokryphe Evangelienliteratur.

[8] Kanones des Rabbūlā: J J Overbeck, S. Ephraemi ... op. selecta (§ 6 a 220. Dionysios
b Salib h i § 4 a zu Mt 27, 16 f. bzw. Über die Bedeutung des Ausdruckes Th Zahn, Forsch.
1. 104 6. R Gottheil, JAOS 18, 361 f. Im allgemeinen vg. Wright 8 13. Duval 48 55.
G Wilderboer, Theol. Studien 23, 1 19. H Dumaire, Bull. crit. 27, 26 36. F C Burkitt,
Ev. da-Mepharreshe 2. Über das Altersverhältnis der in Betracht kommenden Texte auch noch
H Greßmann, ZNtW 6, 135 52.

[9] Hs: BrM 119 Add 14451. 5. Jh'. Agg: W Cureton, Remains of a very ancient

auf dem Sinai (Syr Sin) [1] vorliegt. [2] Daß auch ihre Entstehung weit in vorkonstantinische Zeit hinaufreicht, unterliegt ebensowenig einem Zweifel, als es angängig ist, sie als Ganzes sogar für älter zu halten als den syrischen Text des D.s. [3] Höchstens könnte einer sorgfältigen Prüfung an der Hand des Sprachgebrauches und der Übersetzungstechnik die Frage empfohlen werden, ob sie eine streng einheitliche Größe darstellt, oder ob eine ursprünglich selbständige Übertragung der einzelnen Evangelien anzunehmen ist, in welchem Falle ein syrischer Text etwa eines .oder mehrerer Synoptiker schon vor demjenigen des D.s existiert und in liturgischem Gebrauche gestanden haben könnte. [4] Andererseits scheint der Text des „Getrennten"-Evangeliums selbst, u. zw. in seinen beiden Gestalten in verschiedener Stärke, unter dem Einfluß des D.s zu stehen, [5] was naturgemäß das Problem in erhöhtem Maße verwickelt. Von Paulusbriefen und Apg die neben einem, wie auch immer gestalteten, „Evangelium" die ältesten Bestandteile eines syrischen NTs bildeten, ist eine von der abschließenden der NTlichen P. noch verschiedene Textgestalt hslich nicht zutage getreten, wirkt

recension of the four gospels in syriac hitherto unknown in Europe (Lo 1858) mit Ergänzung: W Wright, Fragments of the Curetonian Gospels (Lo 1872). F C Burkitt, Evangelion da-Mepharreshe. The Curetonian Version of the four Gospels with the reatings of the Sinai Palimpsest and the early Patr. Evidence (Cmbr 1905). Vg. F Baethgen, Evangelienfragmente. D. griech. Text d. Cureton'schen Syrers wiederhergestellt (Lpz 1885).

[1] Hs: Sin 30. (Obere Schrift: J 778.) Agg: R L Bensly-J R Harris-F C Burkitt. The four gospels in Syriac transcribed from the Sinaitic Palimpsest. With an introduction by A Smith Lewis (Cmbr 1894) mit Ergänzung: A Smith Lewis, Some pages of the four gospels retranscribed from the Sinaitic Palimpsest with a translation of the whole text (Lo-Cmbr 1896). A Smith Lewis, The old Syriac Gospels or Evangelion da mepharreshē being the text of Sinai or Syro-Antiochene palimpsest, includ. the latest additions and emendations with the variants of the Curetonian text, corroborations from many other mss. and a list of quotations from ancient authors (Lo 1910). Bloße Übs: A Smith Lewis, A translation of the four gospels from the Syriac of the Sinaitic Palimpsest (Lo 1894). Vg. C Holzhey, D. neuentdeckte Cod. syr. Sinait. untersucht. Mit einem vollständ. Verzeichnis d. Varianten d. Cod. Sinait. a Curet. (München 1896). A Bonus, Collatio cod. Lewisiani rescripti evang. sacrorum cum cod. Curetoniano (Mus. Brit. add. 14451), cui adiectae sunt lectiones e Peshitto desumptae (Oxf 1896). A Merx, D. vier kanon. Evangelien nach ihrem ältesten bekannten Texte. Übs. u. Erläuterung d. syr. im Sinaikloster gefundenen Palimpsests (Brl 1897/1911). A Smith Lewis, Expos. Times 16, 249,53. 17, 382. 22, 477 f. Ein Verzeichnis der gesamten z. Z. durch die Entdeckung des Syr Sin hervorgerufenen Literatur verbietet sich naturgemäß. Vg. diesbezüglich das Literaturverzeichnis bei A Smith Lewis, The old. Syr. Gospels XXXVII/XLVI. Dazu A Mingana, Expos. Times 25. 475,7. 524 f.

[2] Über weitere Bruchstücke in Zitatform bei Išö'dåd(h) v Merw: J R Harris, Introduction der Ag von M D Gibson XXII/XXVII.

[3] So Burkitt, Ev. da-Mepharreshe 2, 206/12. Herm v. Soden, Die Schriften d. N. Testaments 1, 1582,4 und Vogels in der alsbald zu nennenden Schrift. A Hjelt, D. altsyr. Evangelienübs. u. Tatians Diatessaron (Lpz 1903) hält wenigstens Syr Sin für älter als das syrische Diatessaron. Das Verhältnis zwischen den beiden Rezensionen wird jedenfalls allgemein dahin aufgefaßt, daß Syr Sin den älteren, Syr Cur einen jüngeren Text biete. Für das Gegenteil nur Hilgenfeld, Berl. Philol. Wochenschr. 1897, 334 f. E Resch, D. Kindheitsevangelium (Lpz 1897) 196/8. Duval 53. H Greßmann, ZNtW 6, 151. Vg. auch oben S. 20 Ak. 2.

[4] Ein allerdings durchaus ungenügendes Hilfsmittel für eine solche Forschung bietet O Klein, Syr.-griech. Wörterbuch zu d. vier kanon. Evangelien nebst einleitenden Untersuchungen (Gießen 1916). Ein Zurückgehen der verschiedenen Evangelien des Syr Sin auf verschiedene Übersetzerhände nimmt Hjelt an.

[5] Vg. H J Vogels, D. altsyr. Evangelien in ihrem Verhältnis zu Tatians Diatessaron (FrbgB 1911).

aber im armenischen Texte derselben nach. [1])   Um so wünschenswerter wäre ein
Versuch, auch ihre altsyrische Textgeschichte an der Hand des ältesten Zitaten-
materials einigermaßen aufzuhellen. [2])

e) Eine **Weiterbildung der ATlichen Pĕšiṭṭā** auf christlichem Boden ist
in doppeltem Sinne zu beobachten.   Einerseits zeigt der vorliegende Text der
ursprünglich zu ihr gehörigen BB eine unverkennbare Beeinflussung auch durch
die LXX, [3]) die in den einzelnen verschieden stark ist, am wenigsten in Job, [4])
weitaus mehr in den Propheten [5]) und dem Psalter, [6]) aber auch im Pentateuch, [7])
den besonders eng mit dem Targum sich berührenden Prov [8]) und anderwärts [9])

---

[1]) Wie angenommen werden muß, da der armenische Evangelientext sich vielfach mit
Syr Sin Cur berührt. Vg. J A Robinson, TaSt 3 iii, 72/98. F C Conybeare, AJT 1, 883/912.
F C Burkitt, Ev. da-Mepharresē 2, 160.   Herm v Soden, D. Schriften d. N. Testaments 2,
XVIII. W Lüdtke, ZNtW 17, 71 f.

[2]) Sehr eigenartige Pauluszitate weisen z. B. die Märtyrerakten des Šem'ōn b Ṣabbā'ē (§ 9 e)
auf. Man wird an eine Angabe des Eusebios erinnert, der zufolge Tatianos sich auch mit dem
Paulustexte im Sinne eines $\mu \varepsilon \tau \alpha \gamma \rho \acute{\alpha} \sigma \alpha \iota$ $\dot{\omega} \varsigma$ $\dot{\varepsilon} \pi \iota \delta \iota o \rho \vartheta o \acute{\nu} \mu \varepsilon \nu o \nu$ $\tau \dot{\eta} \nu$ $\tau \tilde{\eta} \varsigma$ $\varphi \rho \acute{\alpha} \sigma \varepsilon \omega \varsigma$ $\sigma \acute{\nu} \nu \tau \alpha \xi \iota \nu$ beschäftigt
habe. Vg. Th Zahn, Gesch. d. ntlichen Kanons 1 i, 423/5. Bardenhewer a. a. O. 284. Eine
vollständige „Pre"-Pĕšiṭṭā" postuliert, ohne allerdings auf Syr Sin Cur Rücksicht zu nehmen, nenestens
auch Ign E Rahmani, 1 Fasti della chiesa patriarcale Antiochena. Conferenze d'inaugurazione
tenuta in nome dell' Istituto Pontificio orientale li 18 Gennajo 1920 (R 1920) 18/26.

[3]) Vg. im allgemeinen W E Barnes, JTSt 2, 186/97.   [4]) Vg. E Stenij, De Syriaca
libri Jobi interpret. quae P. vocatur. Pars I (Diss. Helsingfors 1887). A Mandl, Die P. zu
Hiob nebst einem Anhang üb. ihr Verhältniß zu LXX u. Targum (Lpzer Diss. Budapest 1892).
E Baumann, ZAtW 18, 305/38. 19, 15/95. 288 309. 20, 177/201. 264/307.

[5]) Vg. S Warszawski, Die P. zu Jesaja (Kap. 1—39), ihr Verh. zum masoret. Texte,
zur Septuaginta u. zum Targum (Gießener Diss. Brl 1897). H Weiß, Die P. zu Deuterojesaja u.
ihr Verh. zu MT., LXX u. Targ. (Diss. Halle 1893). C H Cornill, D. Buch d. Proph. Ezechiel
137/53. M Sebök, D. syr. Übs. d. zwölf kleinen Propheten u. ihr Verhältnis zu d. masoret. Text
u. d. älteren Übersetzungen (Breslau 1887). V Ryssel, Untersuchungen üb. d. Textgestalt u.
d. Echtheit d. Bs Micha (Lpz 1887). A Abelesz, D. syr. Übs. d. Klagelieder u. ihr Verh. zu
Targum u. LXX (Diss. Gießen 1896). E Nestle, Theolog. Lit.zeitung 1905, 1/3.

[6]) F Berg, The infl. of the Septuagint upon the Peschitta Psalter (New York 1895).
B Oppenheim, D. syr. Übs. d. fünften Bs d. Psalmen u. ihr Verh. zu d. massoret. Texte u. d.
älteren Übss., namentl. d. LXX u. Targum (Lpz 1891). Vg. F Baethgen, Untersuchungen üb.
d. Psalmen nach d. P I. Teil (Kiel 1878).   [7]) Vg. J Perles, Meletemata 11 f. 31 f. J Hänel,
D. außermasoret. Übereinstimmungen zw. d. Septuaginta u. d. P. in d. Genesis (Diss. Gießen 1901).
Vg. auch R Gottheil, The Peshitta-Text of Gen 32, 25. JAOS 33, 263 f.

[8]) Vg. H Pinkuss, ZAtW 14, 65/141. 161/222. Über das Verhältnis zum Targum J A Dathe,
De ratione consensus vers. chald. et syr. Proverb. Salomonis (Lpz 1764). S Maybaum, Archiv
f. wissenschaftl. Erforsch. d. ATs, hgeg. v. A Merx 2 (Halle 1871) 66/93 und Th Nöldeke ebenda
246 9, der hier einmal das Targum als „von der P. abhängig" erweist.

[9]) Vg. H Mager, Die P. zum B. Josua 63/7. A Lazarus, Zur syr. Übs. des Bs d. Richter
(Erlanger Diss. Kirchhain N.-B. 1901). Em Schwartz, D. syr. Übs. d. ersten Bs Samuelis u.
ihr Verb. zu MT., LXX u. Targ. (Diss. Gießener Diss. Brl 1897). J Berlinger, Die P. zum I (3)
B. d. Könige u. ihr Verh. zu MT., LXX u. Targ. (Diss. Brl 1897). G Janichs, Animadver-
siones criticae in vers. syr. Peschitthonianam libr. Coheleth et Ruth (Diss. Breslau 1871).
S Euringer, D. Bed. d. P. f. d. Textkritik d. Hohenliedes, in: Vom Münchener Gelehrtenkongreß.
Biblische Vorträge hgeg. von O Bardenhewer (FrbgB 1901) 115/28. J M Salkind, D. P. zu
Schir Haschirim textkrit. u. in ihrem Verb. zu MT u. LXX untersucht (Berliner Diss. Leyden 1905).
A Sch Kamenetzky, ZAtW 24, 171 239 (zu Pred.). Über das Verhältnis zwischen P. und Lukia-
neischer Rezension in Sm: J Driver, Notes on the Hebrew Text of the Books of Samuel (Ox
1890) LXXVII f. Th Stockmayer, ZAtW 12, 218/23. Duval 41 Ak. 1.

sich fühlbar macht, während umgekehrt durch Meliton und Origenes für den
Σύρος ihrer Zeit bezeugte Lesarten sich in ihm nicht mehr finden.[1]) Da andrer-
seits die Zitate des 4. Jhs bereits wesenhaft mit dem Texte der ältesten erhaltenen
Hss. übereinstimmen,[2]) muß im Verlaufe des 3. eine Überarbeitung der alten
hebräisch-syrischen Übs nach dem Griechischen stattgefunden haben. Gleichzeitig
erweiterte sich aber auch der Umfang des Ganzen nicht wenig. Die Chr, bei
der sogar noch der Einfluß des Targums sich geltend machte,[3]) Ezr, Neh[4]) und
Esth[5]) wurden noch aus dem Hebräischen, der Überschuß der LXX einschließlich
von I(III) Ezr. III und IV Makk. wurde wesentlich aus dem Griechischen übersetzt.[6]) Ein und dasselbe Stück hat dabei mitunter sogar eine wiederholte Übertragung erfahren. So liegt von I Makk eine doppelte Übs vor.[7]) Entsprechend
lassen sich in dem (nicht hexaplarischen) Texte des Ekkles bei einem Vergleiche mit
den wiedergefundenen Resten des hebräischen Originals eine Mehrzahl teils nach
diesem, teils nach dem Griechischen arbeitender Übersetzerhände feststellen,[8]) und
in ähnlicher Weise ist der Text von Tob aus einem nach einer hexaplarischen
Vorlage gearbeiteten Teile (1,1 7,11) und einem aus einer anderen Quelle geflossenen (7,11 14,15) zusammengeschweißt.[9]) Ein wirksames Gegengewicht gegen
diese Erweiterung des Kanons hat späterhin selbst auf nestorianischer Seite die

[1]) Wenn anders im Σύρος die P. zu erkennen ist, wie J Wichelhaus, De Nov. Test.
vers. syr. antiqua 63,8, J Perles, Meletemata 49,51 und J Wellhausen, Einleit. in d. ATest.[4]
(Brl 1878) 604 annehmen. Dagegen allerdings F Field, Origenis Hexapl. quae supersunt 1,
LXXVII LXXXII. A Rahlfs, Mitt. d. Septuaginta-Unternehmens d. Kgl. Ges. d. Wissensch. z.
Göttingen 1, 404/12.
[2]) Iu Betracht kommen namentlich aus dem BrM für den Pentateuch mit Ausnahme von
Lv: 3 (Add 14425. J 463/4), für Bruchstücke des Lv: 10 (Add 14444. fol 25/38. 6. Jh), für den ganzen
Pentateuch: Or 4400 (7,8. Jh mit Ergänzungen vom J 1683/4), für Jos: 17 (Add 17102. J 508/9),
für Jos und Richt: 19 (Add 14439. 6/7. Jh), für Sm I. II: 22 (Add 14442. fol 47/65. J 545), für I Kge:
24 (Add 14430. J 793/4), für Is: 34 (Add 14443. 6. Jh), für Jer 36 (Add 17105. 6. Jh), für Ez: 38 (Add
17107. J 590/1), für das Zwölfprophetenb 42 (Add 14443. fol 99 104. 6. Jh), für Dn 41 (Add 14445. J 532),
für Ps 168 (Add 17110. Vor J 599/600). für Prv 29 (Add 17108. 6. Jh), für Pred 31 (Add 14443. fol 72 98.
6. Jh) 1°. Zu einer weiteren Verzeichnung der Teilhss der ATlichen P., unter denen die Ps-Hss
besonders zahlreich sind, fehlt hier der Raum.
[3]) Älteste Hs: BrM 25 (Add 17104. 6. Jh). Vg. S Fränkel, Jbb. f. Protest. Theol. 5, 508/36.
720,59.   [4]) Von denen sich ein Text außerhalb von Gesamthss nur äußerst selten findet, so neben
Chr und Esth in der jungen nestorianischen Hs CmbrOo 1. 11 (J 1734) 14°f. (neben 10°,2°).
[5]) Auf monophysitischer Seite mit (Ruth), Susanna, Judith und dem Thekla-Martyrium zu
dem sog. „B der Frauen“ zusammengefaßt. Sonderhss: BrM 731 (Add 14652. 6. Jh). 156 (Add 14447.
10. Jh). Vg. J Grünthal, D. syr. Übs zum B. Esther (Diss. Breslau 1900).
[6]) Hss von Weish: BrM 31. 2°. I (III), Ezr: VtB 119 (J 1851) 1°, von I IV Makk: VtB
118 (J 1868) 4°/6°, I. II Makk: BrM 155 (Add 14446. 6/7. Jh). Mos 6 (J 1822/23). II. III Makk: CmbrOo
1. 11. 4°. 5°, von IV Makk: BrM 960 (Add 12174. J 1197) 75°. Agg: P de Lagarde, Libri vet.
test. apocryphi syriace (Lpz-Lo 1861). R L Bensly-W E Barnes, The fourth book of Maccabees...
in syriac (Cmbr 1895). Vg. I G Trendelenburg, Primi libri Maccab. Graeci cum vers. syr. collatio,
Report f. bibl. u. morgenld. Lit. 15, 58/153. J Holtzmann, Die P. zum B. d. Weisheit. Eine
krit.-exeget. Studie (FrbgB 1903).
[7]) Die eine in den beiden Polyglotten, die andere in der Ambrosian. Hs. Vg. G Schmidt,
ZAtW 17, 1/47. 233 62.   [8]) Sonderhss: BrM 154 (Add 12142. fol 1/73. 6/7. Jh). VtS 6 (12. Jh).
Vg. P de Lagarde, Symmicta 1, 88. G Bickell, ZKT 6, 330. J Lévi, L'Ecclésiastique ou la
Sagesse de Jésus, fils de Sira (Pr 1898) LII. R Smend, ZAtW 27, 271/5. Ders., Griech.-syr.-hebr.
Index zur Weisheit des Jesus Sirach (Brl 1907).
[9]) Hs außer den Gesamthss: Pr 11 (Anc. fonds 6). VtB 118 (J 1868). Vg. Th Nöldeke,
D. Texte d. Buches Tobit, Monatsberichte d. Berliner Akademie 1879, 45/69.

durch Theodoros v Mopsuestia vertretene engste Ziehung seiner Grenzen nicht in vollem Maße zu bilden vermocht.[1]) Vor allem aber ist es der Pandeqtîs (*Πανδέκτης*) genannte Hs-Typus jakobitischer Vollbibeln, in dessen Rahmen sie zu dauernder Geltung kommt.[2])

f) Von **ATlichen Apokryphen** begegnet über den Normalbestand der LXX hinaus syrisch nur in einem einzigen Exemplar die unter dem noch frischen Eindruck der Zerstörung Jerusalems durch Titus entstandene jüdische Apokalypse des auch lateinisch, arabisch, äthiopisch und armenisch erhaltenen sog. IV. Bs Ezra[3]) und ein Volltext der nur in dieser Sprachgestalt vorliegenden mit jener

---

[1]) Vg. vor allem 'Ai § 1.

[2]) Hss des A und NTs: CmbrOo 1. 1, 2 (12. Jh). Pr 1,5 (Suppl. 79. J 1695), ursprünglich auch Seert 2 (vor 8. Jh), des ATs allein in jakobitischer Überlieferung: Ambros B 21 Inf. (6. Jh). Ox 2 (Poc 391. J 1614). 1 Bodl 141. J 16-7. BrM 1 (Egerton 704. 17. Jh). VtS 7 (Anfang 17. Jh, unter Einfluß der Vulgata. 258 (J 1697). VtB 115,6 J 1868: Von Jos an). Pr 78 (Anc fonds 2,3. 17. Jh), in nestorianischer: BrM 7149 51 Rich (J 1816. 1820. 1822). Agg des A und NTs: MleJay, Biblia polyglotta Parisiensia Pr 1645). BWalton, Biblia sacra polyglotta Londinensia (Lo 1657). ܟܬܒܐ ܩܕܝܫܐ ܗܘ ܟܬܒܐ ܕܕܝܬܩܐ ܥܬܝܩܬܐ ܘܚܕܬܐ (Lo 1823,6). Biblia sacra vet. et novi testamenti juxta Vers. simpl. vulgo P. dictam Mosul 1887,92, des ATs allein: SLee, Vet. Test. syriace eos tantum libros sistens qui in can. hebraico habentur usw. (Lo 1824). ܟܬܒܐ ܩܕܝܫܐ ܗܘ ܟܬܒܐ ܕܕܝܬܩܐ ܥܬܝܩܬܐ (Urmia 1852, mit nensyr. Übs). AM Ceriani, Translatio syra Pescitto vet. test. ex cod. Ambrosiano saec. fere VI photolithographice edita (Mailand 1876,83, des Pentatenchs: MGG Kirsch, Pentateuchus syriace ex polyglottis anglicanis summa fide ed. (Hof-Lpz 1787). M Altschüler, D. syr. Bibelversion Peschita im Urtext hgeg. (Orbis antiquitatum. Religions- u. kulturgesch. Quellen im Urtext 2r. Lpz-Wien 1908), des Psalters: (Der Englischen Bibelgesellschaft) Psalterium syriace (Lo 1822. 1825). ܟܬܒܐ ܕܡܙܡܘܪܐ (New-York 1868. 1874. 1878. 1886). J David, Psalterium syriacum ad fidem plurium optimorum codd. habita ratione potissimum hebraici textus nunc accuratissime exactum (Mosul 1877). ENestle, Psalterium Tetraglottum graece. syr. chald. lat. . . . ex optimis codd. ed editionibus in us. acad. impr. cur. (Tüb.-Lo-Leiden-Pr 1879) bzw. Ps. syriacum e cod. Ambr. saeculi fere sexti in ns. acad. inpr. cur. (Leiden-Tüb. 1879). CJDavid-JGSchelhot, Psalterium syr. juxta vers simpl. P. dictam (Mosul 1885). P Bedjan, Lib. psalmorum, horar. diurnar. ord. officii divini et homiliar. rogationum (Pr 1886 bzw. in jedem Bde des BrCh). WEBarnes, The P. Psalter according to the west syrian text with an Apparatus Criticus (Cmbr 1904). Weitere Agg des Psalters und ander einzelner Teile des ATs verzeichnet Lit 17/20 mit Ergänzung RePTK³ 3, 167. Vg. WEBarnes, The printed versions of the Peshitta of the Old. Test., Exp. Times 9. 560 ff. Über den Plan einer krit. P.-Ag durch die päpstliche Bibelkommission: LHaefeli. Schweizer Kirchenzeitung 1915. 1579. 173 f. 185 f., über die Vorarbeiten zu einer solchen des Pentateuchs: WEBarnes, JTSt 15, 41 4. Beiträge zur Textkritik: Bernstein, ZDMG 3, 387,96. ARahlfs, ZAtW 9, 161/210. WEBarnes, An Apparatus Criticus to Chronicles in the P. Version (Cmbr 1897). Ders., JTSt 6, 220/32 (zu 2 Kg 1/13). GDiettrich, Ein App. crit. zur P. zum Propheten Jesaja (Gießen 1905). HMager, Die P. zum B. Josua 2/45. Zum Wortschatz: LTechen, Syr.-hebr. Glossen zu d. Psalmen nach d. P., ZAtW 17, 129/71. 280/331. HERosenwasser, D. lexikal. Stoff d. Königsbücher der P. unt. Berücksichtig. d. Varianten als Vorarbeit f. eine Concordanz zur P. dargestellt (Diss. Brl 1905).

[3]) Hs: Ambros. B 21 Inf. Agg: AMCeriani, Mon. sacra et profana op. coll. doctor. bibl. Ambrosianae 5i (Mailand 1868) 4/111 bzw. (photolitbogr.) Translatio Pesc. Vet Testam. 267 r° ff. Übss: AMCeriani a. a. O. 99/124. wieder abgedruckt: AHilgenfeld, Messias Iudaeorum (Lpz 1869) 212,61. BViolet, D. Esra-Apokalypse (IV Esra). Erster Teil: D. Überlieferung (Lpz 1910. In: D. griech. christl. Schriftsteller d. ersten drei Jhe). Zweite Kolumne. Über die

Visionschrift nächstverwandten Apokalypse des Baruch.[1]) Häufiger erscheint verselbständigt ein den Schluß des letzteren Apokryphons bildender Brief Baruchs an die im Exil lebenden Stämme Israëls.[2]) Je ein gelegentlich auftretender Splitter des vollständig äthiopisch überlieferten „Bs der Jubiläen"[3]) und des Testaments der zwölf Patriarchen[4]) mag gleichmäßig von einer Vollübs herrühren, für welche wie für diejenigen der beiden Apokalypsen ein griechischer Text mindestens die unmittelbare Vorlage bildete. Dazu gesellt sich eine Gruppe von fünf apokryphen Psalmen, deren Überlieferung allerdings durch keine biblische Hs erfolgt.[5]) Dagegen steht in einer solchen sogar ein Az aus dem „Jüdischen Kriege" des Flavius Josephus,[6]) und entsprechend finden sich, nachdem sie durch eine Verwechslung der Namen Aisopos und Jóséppos unter die Flagge des jüdischen Historikers geraten waren, selbst äsopische Fabeln in syrischer Übs hart an das Gotteswort der Bibel herangerückt.[7])

§ 5. Naturgemäß hat frühzeitig auch über den Ausbau des nationalen Bibel-textes hinaus eine literarische Betätigung der großkirchlichen Christenheit ostara-

---

Schrift selbst und ihre sonstige Textesüberlieferung ESchürer, Gesch. d. Volkes Israel im Zeitalter Jesu Christi 3[3] (Lpz 1898) 232/50. EHennecke, Handbuch zu d. ntlichen Apokryphen (Tübingen 1904) 331/9. StSzékely, Bibliotheca apocrypha 1 (FrbgB 1913) 284/321.

[1]) Hs: dieselbe. Agg: AMCeriani, Mon. sacra et profana usw. 5 II (Mailand 1871) 113/80 bzw. (photolithogr) Translatio usw. MKmosko, (mit Übs) PS 1 II, 1056/1207. Übss: AMCeriani, Mon. sacra et profana 1 II (Mailand 1866) 73/98, wenig (und nicht zu ihrem Vor-teil) verändert: OFFritzsche, Libri apocryphi Vet. Test. graece (Lpz 1871) 654/99. RHCharles, The Apocalypse of Baruch translated from the Syriac . . . with introd. and notes (Lo 1896). VRyssel bei Kautzsch, D. Apokryphen u. Pseudepigraphen d. ATs (Tübingen 1900) 2, 402/46: Vg. ESchürer a. a. O. 223/32. StSzékely 261/84 (mit weiteren Literaturangaben). Ein Fragment des Urtextes: Grenfell-Hunt, Oxyrhynchus Papyri 3 (Lo 1903) 403.

[2]) Hss: BrM 36 (Add 17105. 6. Jh) 2°. 7 (Add 12172. 10/1. Jh) 3°. 32 (Add 18715. 12. Jh) 7°a. 1 (Egert 704. 17. Jh) 25°a. Ox 2 (Poc 391. J 1614) 22°. 1 (Or 141. J 1627) ‹s›, eines Bruchstückes: Ox 20 (Lamb 4) 4°ʒ, einer Masora des Textes: BrM 162 (Add 12178. 9/10. Jh). 165 (Add 14482. 11/12. Jh). 167 (Add 14684. 12. Jh). Agg: Pariser Polyglotte 9, 366/74. Londoner Polyglotte 4, 2,4. PdeLagarde, Libri Vet. Test. apocryphi syriace (Lpz-Lo 1861) 88/93, mit Übs: MKmosko, PS 1 II, 1208 36.

[3]) Hs: BrM 860 (Add 12154. 8/9. Jh) 28°. Ag: AMCeriani, Mon. sacr. et prof. 2 I (Mailand 1863) IX f.   [4]) Az aus dem Testament des Levi. Hs: BrM 861 (Add 17193. J 874) 80°. Ag: KatWright 997.   [5]) Hss: CmbrAdd 1995 (Ende des 17. Jhs) I 3°b/f. VtS 183 (J 1703). Brl 60 (Sach 132. J 1880) II° und vielleicht auch die übrigen der Dichtungen des Elijā v Anbar (§ 38a). Ag: WWright, PSBA° 7, 257/66.

[6]) VII 1/18 als „fünftes B" gezählt. Hs: Ambr. B 21 Inf. Agg: (photolithogr.) AMCeriani, Translatio 181/92. PBedjan, Homiliae selectae Mar-Jacobi Sarugensis 1 (Lpz 1903) 744/887. Auch 'Ai § 1 nennt hinter dem AT des Josephus „B der letzten Zerstörung Jerusalems durch Titus", womit wohl derselbe Text auf Grund eines Vorkommens in biblischen Hss (auch der Nestorianer?) gemeint ist.

[7]) 'Ai a. a. O. Hss: Brl 238 (Peterm 24. 15. Jh) II 38/46° 50°. 69 (Sach 72. 16/7. Jh) III°. Dijarb 27 Anb. (J 1690) 2°. CmbrAdd 2020 (J 1697) 7°. 10°. BrMOr 2084 (J 1755/6). Urm 76 (J 1793/4). VtB 39. Dazu Karš.-Texte: Brl 238 II 1°/37°, 47°/9°, 51°/7°. BrMOr 2442 (18/9. Jh). Beiderlei Fabeln sind in Brl 238 eingebettet in eine (karš.) „Geschichte des weisen Jósippós und des Königs Nebukadnezar". Agg: von 8 Nrn der Hs Brl 238 Roediger[2] 97/100. [3]88/91, des Materials in VtB: Gismondi[2] 7/18, einer anderen Sammlung: JulLandsberger, D. Fabeln d. Sophos. syr. Original d. Griech. Fabeln d. Syntipas (Posen 1859). Vg. AGeiger, ZDMG 14, 586ff. SHoch-feld, Beiträge zur Syr. Fabelliteratur (Hallenser Diss. Lpz 1893) mit Ag der erzählenden Ein-leitung von Brl 238.

mäischer Zunge sich geltend gemacht. Eine irrtümlicherweise unter dem Namen des Kleinasiaten Meliton überlieferte Apologie wohl des beginnenden 3. Jhs kann als Beleg einer solchen allerdings nur vermutungsweise angesprochen werden. und was die edessenische Kirche späterer Tage an Geschichtsquellen aus ihrer Frühzeit zu besitzen glaubte, die literarische Fixierung der Sage von ihrer apostolischen Begründung unter König Ab(h)gar V. und die Berichte über das Ende ihrer gefeiertsten Blutzeugen, waren mindestens unmittelbar Schöpfungen erst des 5. Jhs. Aber von einem religiösen Dichter Aswānā, den sie etwa in der ersten Hälfte des 4. Jhs hervorbrachte. besitzen wir mit Sicherheit noch wenigstens ein einziges vollständiges Gedicht. Auch im Sassanidenreiche fehlte es in den Tagen heftiger innerkirchlicher Kämpfe, die um seinen ersten KPāpā entbrannten, und an der Schwelle seiner um 441 einsetzenden großen Christenverfolgung nicht an einer erheblichen Zahl großkirchlicher Schriftsteller, und hier ist an demjenigen Ap(h)rahaṭs anscheinend der gesamte Nachlaß eines derselben erhalten.

a) B Meliton v Sardes. einer der hervorragendsten alten Schriftsteller der kleinasiatischen Kirche. der bereits durch B Polykrates v Ephesos in seinem Schreiben an Papst Victor (189 199) als Verstorbener erwähnt wurde. hat zur Verteidigung des Christentums an Kaiser Marcus Aurelius (161 80) einen $\lambda\acute{o}\gamma o\varsigma\ \acute{v}\pi\grave{e}\varrho\ \tau\tilde{\eta}\varsigma\ \pi\acute{\iota}\sigma\tau\epsilon\omega\varsigma$ gerichtet. aus dem Eusebios drei Stellen erhalten hat. Jedenfalls von diesem verschieden ist nach Ausweis jener Zitate die unter seinem Namen syrisch erhaltene Apologie, die einem „Antoninus Caesar“ überreicht. nicht wie ein Vermerk des Titels fälschlich behauptet. mündlich vor ihm gehalten wurde. [1]) Der syrische Text ist aber anscheinend vielleicht überhaupt nicht aus dem Griechischen übersetzt, sondern ein Original, für dessen unbekannten Verfasser Hierapolis-Mabbóg(h) als Heimat in Betracht kommen dürfte, während der kaiserliche Adressat in dem aus Syrien auf den Kaiserthron berufenen Elagabalus (218 22) oder schon in Caracalla (211/17) zu erblicken wäre, dem die Schrift anläßlich seiner Anwesenheit in der Osrhoëne übergeben worden sein könnte. Irgendwelche auf Bardaiṣan oder dessen Schule hinweisende Züge fehlen in derselben jedenfalls.[2])

b) Von der Ab(h)garsage[3]) kennt schon Eusebios einen von ihm.[4]) wie er ver-

---

[1]) Hs: BrM 987 (Ad 14658. 7. Jh) 21°. Agg: W Cureton, SpicS 22,31 (41,51). E Renan bei Pitra. SpicSol 2 (Pr 1855) XXXVII,LVI. J C Th v. Otto, Corp. apol. christ. 9 (Jena 1872) 497,512 (419,32). Übs: B Welte, TQs 44, 384,410. Vg. H Ewald, Gött. Gel. Anz. 1856, 655,9. J L Jacobi. Deutsche Zeitschr. f. christl. Wissensch. u. christl. Leben 7. 105/8. J P N Land, AnecdS 1. 53,5. Th Nöldeke, Jbb. f. Protest. Theol. 13. 345 f. R Seeberg bei Th Zahn, Forsch. 5. 237/40. O Bardenhewer, Gesch.[2] 1, 461 f. Duval 167,9.

[2]) Gleichwohl wurde sie für B. in Anspruch genommen von Th Ulbrich. D. pseudomeliton. Apologie (M Sdralek, Kgeschichtl. Abhandlungen 4, 67/148). Dagegen F Haase. TuU 34 iv, 68,72.

[3]) Bickell 15/7. R A Lipsius. D. edessen. A.sage krit. untersucht (Braunschweig 1880) mit Nachträgen: Jbb. f. Protest. Theol. 7, 187/92. 8, 190,2. D. apokr. Apostelgesch. usw. 2 ii (Braunschw. 1884) 178,200. Ergänzungsheft (1890) 105,8. Th Zahn, Forsch. 1, 350,82. K C A Matthes, D. edessen. A.sage auf ihre Fortbildung untersucht (Diss. Lpz 1882). G Bonnet-Maury, RHR 16, 269,83. L J Tixeront, Les origines de l'église d'Édesse et la légende d'Abgar (Pr 1888). J P Martin, Les origines de l'Église d'Édesse et des églises syriennes (Pr 1889). zusammenfassend: Ad Harnack 1, 533/40. Duval 103/117. E Hennecke, Handbuch zu d. NT-

sichert, in wörtlicher Übs mitgeteilten syrischen Text, dessen Urschrift im edessenischen Archiv niedergelegt gewesen sein soll. Daß in der Tat ein solcher, nicht ein griechischer die literarische Urgestalt der Legende war, darf mit Bestimmtheit angenommen werden, obgleich auch in griechischer Sprache namentlich der apokryphe Briefwechsel zwischen dem edessenischen Könige und Jesus sich einer hohen Wertschätzung erfreute und demgemäß in einer Mehrzahl auch epigraphischer Exemplare erhalten ist.[1]) Die „Lehre des Addai“ betitelte Form, in welcher die Sage syrisch vorliegt,[2]) führt zwar als ihren Verfasser einen mit den erzählten Ereignissen angeblich gleichzeitigen Labubnā b Sennāk ein, stellt jedoch eine kaum vor den ersten Jahrzehnten des 5. Jhs entstandene erweiternde Bearbeitung des von E. gekannten Textes dar, die u. a. den Brief des Herrn durch eine dem Boten Ab(h)gars erteilte mündliche Antwort ersetzt, in die Missionspredigt des Addai eine Rezension der Kreuzauffindungslegende verwoben und das Ganze mit einem in Edessa verehrten Christusbilde in Zusammenhang gebracht hat, von welchem die abendländische Pilgerin Aetheria bei ihrem Besuche der Stadt um 385 noch nichts hörte. Die „Lehre Addais“ gibt im Gegensatze zu den an Eusebios anknüpfenden kurzen griechischen Thaddaios-Akten[3]) auch eine angeblich noch dem 5. Jb entstammende armenische Übs wieder.[4]) Syrisch bildet ferner eine kürzere Rezension der Legende das erste Kapitel einer noch jüngeren „Geschichte des Herrn Mār(j)“, in welcher dieser sagenhafte Schüler Addais mit einer unverkennbaren Tendenz zugunsten der kirchlichen Suprematieansprüche des auf ihn zurückgeführten hauptstädtischen Stuhles von Seleukeia-Ktesiphon als Glaubensbote der verschiedenen Kirchenprovinzen des Sassanidenreiches eingeführt wird.[5])

c) Die edessenischen Martyrerakten[6]) zerfallen in zwei Paare, die indessen gleichmäßig aus derselben Zeit und Sphäre wie die endgültige Form der „Lehre des Addai“ hervorgegangen zu sein scheinen. In die Traianische Zeit rücken in ursächlichem Zusammenhange mit der Abgarlegende ihren Gegenstand die Martyrien des früheren Götzenpriesters Šarbil[7]) und des Bs Barsamjā[8]) hinauf, wobei

---

lichen Apokryphen (Tübingen 1904) 153/63. O Bardenhewer, Gesch.[2] 1, 590/96.   [4]) Kg I 13 § 6/10 (πρὸς λέξιν ἐκ τῆς Σύρων μεταβληθέντα φωνῆς).

[1]) Vg. C M Kaufmann, Handb. d. altchr. Epigraphik (FrbgB 1914) 413.

[2]) Hss: Petersburger (6. Jb) Urm 160 (?) von Bruchstücken: BrM 935 (Add 14654. 5,6. Jh) 3°. 936 (Add 14644. 5,6. Jh). 861 (Add 17193. J 874) 33°. Über weitere bloße Azz in Hss des BrM KatWright 1242 s. v. „Addai“. Agg (mit Übs): G Phillips, The Doctrine of Addai, the apostle, now first ed. in a complete form usw. (Lo 1876), noch unvollständige: W Cureton, Ancient Syriac Documents (Lo 1864) 5/23 (6/23), von Azz: KdP 3,12. Brockelmann ³12*21*.

[3]) Agg: C Tischendorf, Acta apost. apocr. (Lpz 1851) 261/5. R A Lipsius-M Bonnet, Acta apost. apocr. 1 (Lpz 1891) 273/8. einer jüngeren Rezension: Lipsius-Bonnet 279,83.

[4]) Ag: L Alishan, Labubnea(j) diwanagir dpir Edesio(j) T(h)ug(h)t(h) Abgaru (Ven 1868) (Anonym). Lerubna Edesazi kam K(h)arazut'h b'junk(h) srbo'j'n T(h)adēi (Jerusalem 1868). Übs: L Alishan, Labonbnia: Lettre d'Abgar ou Histoire de la conversion des Édesséens par Laboubnia, écrivain contemporain des apôtres (Ven 1868). Vg. P Vetter, TQs 87, 610.

[5]) Hss: Urm 103 (J 1715) 7°. 160 (J 1890). Mos 86 (J 1711/2). Brl 75 (Sach 222. J 1881) 2°. N-Dsém 112 (J 1885). 96 (J 1882). Agg: AMS 1, 45 94, mit Übs: J B Abheloos, AB 4, 50,131. R Raabe, D. Gesch. d. Dominus Māri eines Apostels des Orients (Lpz 1893).

[6]) Bickell 17. Duval 120/9. A Heisenberg, BZ 9, 581 f. Th Nöldeke. Üb. einige edessen. Märtyrerakten, in: Straßburger Festschr. zur XLVI. Versammlung deutscher Philologen und Schulmänner (Straßb. 1901) 13,22. F C Burkitt(-E Preuschen), Urchristentum im Orient. 22 f. 89. O v Gebhardt, D. Akten d. edessen. Bekenner Gurjas, Samonas u. Abibos. TuU 37 II.

[7]) Hss: BrM 936 (Add 14644. 5,6. Jb) 10°. 952 (Add 14645. J 935/6) 18°. Agg: W Cureton,

eine unsinnigerweise trotzdem festgehaltene synchronistische Angabe den letzteren als Zeitgenossen des Papstes Flavianus (236/50) bezeichnet, also verrät, daß die Blutzeugen vielmehr Opfer der Decianischen Verfolgung gewesen sein müssen. Als solche der Diokletianischen führen ihre Helden die Akten des Gûrjâ und Šěmônâ,[1]) sowie diejenigen des Diakons Habbib(h)[2]) ein, die beide von demselben Theophilos verfaßt sein wollen. Eine scheinbar peinlich genaue, in der Tat aber stets von chronologischen Unstimmigkeiten belastete Datierung ist diesen Texten untereinander, die Fiktion einer Abfassung durch Augenzeugen des Erzählten allen, diejenige einer archivalischen Hinterlegung, bzw. notariellen Beglaubigung der Urschrift wenigstens dem ersten Paare mit dem Addai-Apokryphon gemeinsam.

d) Aswânâ[3]) lebte als Mönch in Edessa, wo seine Dichtungen in den ersten Jahrzehnten des 6. Jhs noch gesungen wurden. Auch wußte man damals, daß er den Tod durch einen Sturz im Gebirge gefunden habe, als er den Himmelfahrtswagen besteigen wollte, den der an Halluzinationen Leidende sich wie einst dem Propheten Elias bereit stehend wähnte.[4]) Nicht über das 9. Jh hinauf läßt sich dagegen eine Tradition verfolgen, welche ihn zum Lehrer Ap(h)rems macht,[5]) unter dessen Namen Stücke seines Nachlasses in liturgischer Überlieferung geraten sind. Ein die Feststellung dieser Sachlage gestattendes Zitat[6]) eines in sechssilbigem Metrum gehaltenen Liedes mit alphabetischer Akrostichis und dialogischem Inhalt geht auf ein Korpus von Totengesängen des alten Meisters zurück.

e) Pâpâ b ʿAggai.[7]) B von Seleukeia-Ktesiphon bemühte sich im ersten Drittel des 4. Jhs um einen organischen Zusammenschluß der Christen des Sassanidenreiches unter der Suprematie des Stuhles seiner politischen Hauptstadt, dessen Inhaber seitdem den Titel eines K führte. Bei nicht wenigen BB ist er dabei auf heftigen Widerstand gestoßen, der sich bis zu dem Versuche seiner Absetzung durch eine Synode verdichtete. Im Verlaufe dieser Wirren soll er sich brieflich an die „abendländischen Väter" d. h. die BB der äußersten Ostprovinzen des

---

Ancient Syr. Documents 41/62. AMS 1, 95/119.   ⁵) Hs: BrM 952, 19°. Agg: WCureton 63/72. AMS 1, 120/30. Brockelmann 21*/30*. GMösinger, Acta ss. martyrum Edessenorum usw. 1 (Innsbr 1874). Vg. RDuval, Les actes de Scharbil et les actes de Barsamya, JA⁸ 14, 40/58.

¹) Hs: Jer Mkl 37* (15. Jh) 1°. Ag (mit Übs): IgnERahmani, Acta sanct. confessorum Guriae et Shamonae exarata syr. lingua a Theophilo Edesseno a. Chr. 297 (R 1899). FCBurkitt, Euphemia and the Goth with the Acts of martyrdom of the Confessors of Edessa ed. and examin. (Lo 1919). Übs: in Verbindung mit Ag eines unmittelbar aus dem syrischen Original geflossenen griechischen Textes: OvGebhardt a. a. O. 2/63. Ag eines armenischen: TerGMkertschian, Ararat. 1896. August, Übs desselben: FCConybeare, The Guardian 1897, 227 S. Vg. ABaumstark in d. Akten des II. internationalen Kongresses f. christl. Archäologie (R 1901).

²) Hs: BrM 952, 20. Agg: WCureton 73/86. AMS 1, 144/60. Übs mit Ag des griechischen Textes: OvGebhardt a. a. O. 64/101. Ebenda 102/228 Ag der sekundären griechischen und eines lateinischen Textes über die drei „edessenischen Bekenner".

³) Philoxenos, Brief an Patrikios (§ 23 c): IgnERahmani, StS 4, 83 f. 173. Antonios Rhetor (§ 44 h), B 5. Rahmani a. a. O. XXVII f.   ⁴) Philoxenos a. a. O.   ⁵) Antonios a. a. O. ⁶) Bei Antonios. Vg. Rahmani XXVII.

⁶) Das Zitat findet sich in einem VtS 92. 4° 39 als Toten-Mad(h)râšâ Ap(h)rems unvollständig und in Mosuler Hss der Begräbnisliturgie anscheinend ohne Verfasserangabe vollständig erhaltenen Stücke. Ag: Rahmani a. a. O. 85/7 (74 f.), des römischen Bruchstückes: in der röm. Ap(h)rem-Ag. OpS 3, 324 (als „Funebris canon" 57). Da Antonios das sechssilbige Metrum als für A. charakteristisch bezeichnet, dürfte diesem noch ein zweites in demselben gehaltenes Bruchstück unter dem Namen Ap(h)rems zuzuweisen sein; der Toten-Qâlâ VtS 92. 3° 18. Ag: OpS Ap(h)rems 3, 326 (als „Funebr. can." 60).

⁷) SynOr 46/8 (290/2). Akten des Miles: AMS 2, 266/8. EbŠ 45. ChrS 1, 86. MbS 8/16 (7/14). ʿAm 13/5 (8 f.). BʿEKg 2, 27/34. BO 1, 186. 31, 59. 346. Labourt 16/28. Lübeck 11/4.

römischen Reiches um Unterstützung gewandt und von ihnen eine förmliche Anerkennung seiner Ansprüche auf die Oberleitung der gesamten persischen Christenheit erlangt haben.[1] Von seinen bischöflichen Gegnern wird eine ganze Reihe neben einem A n d r e a s aus einem Kloster des Mârê auch als schriftstellerisch tätig bezeugt.[2] Von denselben soll ein D a v i d r Bāṣrā auf seinen Sitz verzichtet haben, um in Indien sich einer erfolgreichen Missionstätigkeit zu widmen. Ein 'A b(h) d î š ô' r Kaškar ist keinesfalls mit dem bloßer literarischer Fiktion angehörenden Archelaos zu identifizieren,[3] den ein Hegemonios zum Träger einer um die Mitte des 4. Jhs griechisch abgefaßten Doppeldisputation mit Mani gemacht hat,[4] die von Hieronymus fälschlich für Wiedergabe eines syrischen Originals gehalten wurde.[5] Ein A b r a h a m r Teštar ist ebensowenig näher bekannt. Ein G a d d j a h b r Bêt(h) Lapaṭ, J ô h a n n ā n r Maišān und der [6] näherhin als Verfasser von Reden und Briefen verschiedenen Inhalts bezeugte M i l e s r Sûš (Susa)[7] sind zu Anfang der großen sassanidischen Christenverfolgung Martyrer geworden. Das gleiche Schicksal hatte der frühere Archidiakon und spätere Nachfolger P.s Š e m 'ô n b Ṣabbā'ē.[8] † 13. 4. 344 (oder 17. 4. 341?). Dem letzteren, von dessen außerdem erwähnten Briefen[9] sich nichts erhalten hat, brauchen einige sichtlich besonders altehrwürdige Gesangstücke des späteren nestorianischen Ritus nicht notwendig mit Unrecht beigelegt zu werden.[10] Dagegen erweist sich ein über die kirchliche Hierarchie als Abbild der himmlischen handelndes „B der Väter", das er einem Schüler Aggôr gewidmet haben soll, auf den ersten Blick als ein sehr junges nestorianisches Pseudepigraphon.[11]

　　f) Ap(h)rahaṭ[12] ist glaubhafter Überlieferung zufolge der ursprüngliche

---

[1] Über die in der Folgezeit verbreiteten Texte dieses Briefwechsels und ihre Unechtheit § 19 b. Noch weniger Vertrauen vermag eine legendarische Biographie des angeblich fünften Nachfolgers des Apostels Mâr(j) mit Namen Aḥâd(b)abûj, zu erwecken, die bereits bei MbS 6 f. (5 f). 'Am 5 f. (3 f). B'EKg 2, 26 nachwirkt oder aus der hier vorliegenden Überliefung herausgesponnen ist und mit einem durch den Nomokanon des 'Ai erhaltenen angeblich schon im 2. Jh dem Sitze von Seleukeia-Ktesiphon seine Selbständigkeit dem antiochenischen gegenüber zusichernden Briefe der „abendländischen Väter" zusammenhängt. Hs: Séert 108 (17. Jh) Anh. A. Sonderag des Briefes: BO 31, 52/5. Vg. L a b o u r t 10 f.

[2] ChrS 1,83. A Scher, ROC 11, 2 f.　　[3] Wie S c h e r a. a. O. 3 möchte.

[4] Erhalten in lat. Übs. Letzte u. beste Ag: C h H B e e s o n, Hegemonius. Acta Archelai (Lpz 1906 = Griech. christl. Schriftsteller d. ersten drei Jhe. Nr. 16). Vg. A d H a r n a c k 1, 540 f. 2 ii, 163 f. O B a r d e n h e w e r, Gesch. 3, 266/9.

[5] De vir ill. § 72. Das tatsächliche Durchschimmern einer solchen suchte nachzuweisen K K e ß l e r, Mani. Forschungen über d. manich. Religion 1 (Berl 1889) 87/171. Dagegen durchschlagend T h N ö l d e k e, ZDMG 43, 535/49.　　[6] Durch 'Ai § 50.　　[7] Sozomenos Kg II 14. Seine Akten: AMS 2, 260/75.　　[8] Über seine Akten § 9 e. Außerdem Ebš 46,27. ChrS 1, 86,95. MbS 16/9 (14/6). 'Am 15/9 (9/11). B'EKg 2, 34,6. 'Ai § 49.　　[9] 'Ai.

[10] Nach VtS 83 (Ḥûd(h)rā-Hs vom J 1537) fol 437 je die 'Ônit(h)ā zur Komplet des ersten Fastendienstags und zur Opferung in der Messe des Weißen Sonntags, nach MbS 18 (16) das dem letzteren entsprechende Stück des Gründonnerstags, in den Hss Brl (Orqu 803) 3°m) XV, CmbrAdd 1966. 3°lη' die CmbrAdd 2036. 3°m ς' und Pr 24. 3°x vielmehr Ap(h)rem zugeschriebene Tešbôḥtā für Fastensamstage. Agg der drei ersten Stücke: BrCh 2, 77 f. 450. 350. M K m o s k o, PS 1 ii, 1050, des vierten: K m o s k o 1048/51. Über den Begriff der beiden Gattungen liturgischer Gesänge § 30 g bzw. 8 g und 16 d, über die Tešbôḥāt(h)ā-Hss § 16 d.

[11] Hss: Brl 102 (Sach 108. 16. Jh) III°. Mos 61 (J 1695/6) II°. 105 (beigebunden!) CmbrOo 1. 29 (17/8. Jh). Bs: KatSachau 360 f. Ausführlichere Inhaltsangabe: P a r i s o t, La Science Catholique 1890 Mai/Juni. Vg. W M a c l e a n - W H B r o w n e, The Catholicos of the East and his people (Lo 1892) 183 f. Ag einer Textprobe: KdP 62,8.

[12] Bzw. Pharhād(h). Georgios B der Araber (§ 41 c): P d e L a g a r d e, AnalS 110. V R y s s e l,

Name eines frühzeitig selbst gelehrten Kreisen wenigstens des monophysitischen Syriens nur mehr unter der Bezeichnung des „persischen Weisen" bekannten Schriftstellers, den derselbe beim Empfange der Taufe oder bei Übernahme des bischöflichen Amtes mit dem Namen Jaʿqôb(h) vertauscht zu haben scheint. Daß er in der Tat B und daß er aus asketischen Kreisen hervorgegangen war, ergibt sich aus seinen eigenen Äußerungen. Daß sein bischöflicher Sitz, wie eine vereinzelte Notiz will,[1] in dem Kloster Mâr(j) Mattai bei Mosul gestanden habe, widerspricht der sonstigen Tradition über die Gründungszeit des späterhin als Hochburg des Monophysitismus berühmt gewordenen. Im J 337 vollendete er die 10 ersten, im J 344 die 12 weiteren von 22 „Reden" oder „Briefen", die von einer durch ihre Anfangsbuchstaben gebildeten alphabetischen Akrostichis zu einer Einheit zusammengehalten werden und einen unschätzbaren Einblick in die dogmatische Vorstellungswelt und die kirchlich-disziplinären Verhältnisse der Christenheit des Sassanidenreiches gewähren. Aufnahme in die Sammlung hat als Nr. 14 auch ein Synodalschreiben gefunden, das vom Verfasser in einem Augenblicke schwerer innerer Wirren der persischen Kirche im Auftrage eines anderswo tagenden zur Übersendung an ein in Selenkeia-Ktesiphon versammeltes Konzil redigiert worden war d. h. vielleicht auf die Oppositionsbewegung gegen Pāpā zu beziehen ist. Eine Ergänzung des Ganzen bildet die einen Abriß der ganzen ATlichen Geschichte enthaltende Abhandlung „über die Traube", die im 8. 445 entstanden ist.[2] Den Nachlaß A.s hat schon Gennadius[3] irrigerweise dem B Jaʿqôb(h) v Nisibis (✝ 438) zugeschrieben, unter dessen Namen sich der größere Teil desselben (Nr 1/19) in einer alten armenischen Übs,[4] eine einzelne Abhandlung (Nr 5) auch in einem äthiopischen Texte erhalten hat.[5] Nur in armenischer Übs leben Bruchstücke eines Schreibens fort, das ein edessenischer Zeitgenosse A.s, der BAit(h)allāhā,[6] ord. J 23/4, ✝ 345/6, an die Christenheit des Sassanidenreiches richtete.[7]

§ 6. Auf der Grenzscheide persischen und römischen Syrertums steht der Mann, dessen Wirken im literarischen Leben der ostaramäischen Christenheit die Überwindung des gnostischen durch den großkirchlichen Geist besiegelte:

Georgs d. Araberbischofs Gedichte u. Briefe (Lpz 1891) 45. BB 268. ChrS 1, 82f. EbŠ 15f. (6f.) BʿEKg 2, 33f. (Vg. 1, 85f., wo der „persische Weise" vielmehr Bûz(i)ṭis genannt wird.) ʿAi § 60. Bickell 18. CJFrSasse, Prolegomena in Aphr. Sap. Persae Sermon. Homileticos (Lpz 1878). JForget, De vita et scriptis Aphr. Sap. Persae (Löwen 1882). ENestle, RePTK[3]1,611f. JParisot, PS 1ɪ, IX/LXXX. Wright 32f. Duval 225,9. Labourt 31/9. FCBurkitt(-EPreuschen), Urchristentum im Orient 53f. PSchwan, Afrabat, seine Person u. sein Verständnis d. Christentums (Brl 1909). OBardenhewer, Patrol.[3] 333/5. Lübeck 15f.   [1]) In der Hs BrM 850 (J 1364).
    [2]) Hss: BrM 528 (Add 14619. 6. Jh), der Nr 1/10: 529 (Add 17182 fol 1/99. J 473/4), der Nr 11/234: 530 (Add 17182. fol 100/75. J 511/2), von Nr 23: 850 (Or 1017. J 1364) 5⁰a. Agg: WWright, The homilies of Aphraates (Lo 1869). JParisot, PS 1ɪ, ɪɪ. 1/490. Übss: GBert, TuU 3ɪɪɪ, der Nru 1/4. 7. 12. 18. 22: GBickell, Ausgew. Schriften d. syr. Kirchenväter Aphraates, Rabulas u. Isaak v. Ninive (Kempten in BKv 1874) 7/151, engl.: JGwyun in Nicene und Postnicene Fathers 13, Vg. JMSchönfelder, TQs 60, 195/256. SFunk, D. haggad. Elemente in d. Homilien d. Aphrates d. pers. Weisen (Wien 1892). EHartwig, Untersuchung zur Syntax d. Afraates. I. (Diss. Greifswald-Lpz 1893). RHConnolly, Aphraates and Monasticism, JTSt 6, 522/39.
    [3]) De vir. ill. § 1.   [4]) Ag: NAntonelli, S. patris nostri J. ep. Nisibeni sermones (R 1756. ²Wien 1765).   [5]) Ag: FrMEPereira in: Oriental. Studien. ThNöldeke z. 70. Gebtag. 877,92.   [6]) ChrE z. den JJ 636 und 657. Chr in 288 (215). M 120. 124 (1, 203. 248). BʿE Kg 1, 66.   [7]) Ag: PThorosian, Razmaweb 70, 559,67 nach der Hs 822 der Mechitharistenbibliothek von SLazzaro.

Aphthrem aus Nisibis, der nach dem Rückfalle seiner Vaterstadt an das Sassanidenreich in Edessa den endgültigen Boden seiner Tätigkeit fand. Die Lebensgeschichte des „Propheten der Syrer", wie die dankbare Verehrung seines Volkes ihn nannte, hat frühzeitig fromme Sage mit ihrem Gespinst zu umranken begonnen. Die Bedeutung seines Lebenswerkes bedarf keiner legendarischen Unterstreichung. Überwältigend ist schon rein umfänglich die Masse des unter seinem Namen im Original und in mannigfachem fremdem Sprachkleide Erhaltenen, ohne gleichwohl auch nur entfernt das tatsächlich von ihm Geschaffene zu erschöpfen. Andererseits kann es freilich von vornherein keinem Zweifel unterliegen, daß jene Masse auch nicht weniges Unrechte und noch mehr Unsicheres enthält.

a) Eine Herausgabe griechisch unter dem Namen A.s erhaltener Schriften war schon seit 1431 in den lateinischen Übss des Camuldulensergenerals Ambrosius, des PFZinus aus Verona und des GerhardVossius und 1709 im Original durch EdThwaites erfolgt. In umfassender Weise wurde eine solche in den drei von JSAssemaui besorgten griechisch-lateinischen Bden der großen römischen Ag [1] (= OpG) in Angriff genommen, während die drei syrisch-lateinischen Bde derselben [2] (= OpS), die der Maronite P. Mobarrek („Petrus Benedictus") SJ. bearbeitete und nach dessen Tode StEvAssemani zu Ende führte, erstmals eine Kenntnis der syrischen Überlieferung erschlossen. Leider sind dieselben jedoch so wenig kritisch gearbeitet, daß auf einen Nachweis der hslichen Grundlage grundsätzlich verzichtet wurde und für bestimmte Partien dieselbe nicht einmal nachträglich mehr zu ermitteln ist. [3] Eine armenische A.-Ausgabe der Mechitharisten von S. Lazzaro bei Venedig [4] macht gleichfalls ein Zurückgehen auf die Hss nicht überflüssig. Erst die Ergänzungen, welche der aus den Schätzen der Vaticana stammende syrische Stoff der römischen Ag aus Londoner, Oxforder, Pariser und orientalischen Hss namentlich durch JJOverbeck, [5] ThJLamy, [6] für bestimmte Texte durch GBickell und durch den Patriarchen IgnERahmani [7] erfuhr, genügen in erhöhtem Maße billigen philologischen Ansprüchen. Eine auch den weitestgehenden Forderungen kritischer Editionstechnik gerecht werdende Neuag der griechischen und lateinischen A.-Übss und der entsprechenden syrischen Originale hat SJMercati mit einem drei metrische griechische λόγοι enthaltenden ersten Faszikel eröffnet. [8] Um die Verdeutschung syrischer wie griechischer A.-Texte bemühte sich mit besonderem Eifer der Benediktiner P Zingerle, [9] dessen

---

[1] S Patris nostri Ephraemi Syri op. omnia quae exstant graece, latine, syriace in sex tomos distributa ... nunc primum ... e bibliotheca vaticana prodeunt. 1—3. Graece et latine (R 1732/46). [2] S Patris usw. 1—3. Syriace et latine (R 1737/43). [3] Erbracht ist ein Nachweis der in Betracht kommenden Hss nunmehr, soweit möglich, durch FCBurkitt, TaSt 7 II, 6/19. [4] 4 Bde. (Ven 1836). [5] S. Ephr. Syri. Rabulae. Balaei aliorumque op. selecta Ox 1865). [6] S. Ephr. Syri hymni et sermones. 1/4 (Mecheln 1882/1902. [7] Außer den StS. und der unten S. 41 Ak. 14 zu zitierenden Ag kommen noch zwei als Fortsetzung der letzteren gedachte Bde (ohne Titelblatt, der zweite unvollständig) in Betracht (= Rahmaui 2 bzw. 3), die anscheinend nicht in den europäischen Buchhandel kamen und wir in einem durch AdRücker aus dem Orient mitgebrachten Exemplare zugänglich waren. Ein anderes im Besitze von HGoussen. [8] S. Ephr. Syri Op. Text. syriacum, graecum latinum ad fid. codd. recensuit. prodogomenis, notis, indicibus instruxit. Tom. 1. Fasc. 1 (R 1915). [9] Vorzugsweise in den beiden Sammlungen: Ausgewählte Schriften d. hl. Kirchenvaters Ephr. aus d. Griech. u. Syr. übersetzt 1/6 (Innsbr 1830 8. ²1845/6). Ausgew. Schriften d. hl. Eph. aus d. Syr. u. Griech. übersetzt 1/3 Kempten in BKv 1870/6). Englische Übss der OpS 2. 396. 3, 209. 150. 1. 164 beginnenden Stücke: JBMorris, Select Works of S. Ephrem the Syrian

Erbe in der Neubearbeitung der BKv SEuringer und AdRücker angetreten haben.[1])

b) Unter den **Quellen** über Person, Leben und literarisches Schaffen A.s[2]) würden von ihm selbst gemachte Angaben oder Andeutungen naturgemäß eine überragende Bedeutung behaupten. Doch sind solche in unzweifelhaft echten Schriften nur selten. Einige als Ganzes hierher gehörende Stücke unterliegen mehr oder weniger starken Bedenken. Obenan steht das in verschiedenen Rezensionen des syrischen Originals[3]) und einer griechischen Übs[4]) erhaltene „Testament“, eine poetische Abschiedsrede des Sterbenden in siebensilbigem Metrum, in der nach Abzug von Interpolationen und eines erzählenden Anhangs[5]) ein echter Kern kaum zu verkennen sein dürfte. Geringeres Vertrauen erweckt eine kürzere syrische Dichtung, in welcher der Dichter sich in Gebetsform der Strenge und unverbrüchlichen Treue seines asketischen Lebens rühmt.[6]) Nur eine griechische Überlieferung besitzen drei demütige Selbstanklagen, die vom Standpunkte mönchischer Askese aus vielmehr die Irrungen einer gottentfremdeten Jugend beweinen,[7]) und ein mit einem solchen auf die vierzig Martyrer von Sebaste[8]) eng zusammenhängendes ἐγκώμιον auf Basileios.[9]) das eingehend einen angeblichen Besuch A.s bei dem großen Kappadokier schildert. Mit dessen Schüler Šemʿon v Samosata wird mindestens in einer von drei verschiedenen Rezensionen eine syrische Prosabiographie in Verbindung

(Ox 1847), hauptsächlich aus OpS: HBurgess, Select metrical hymns and homilies (Lo 1853), weitere: JGwynn in: Nicene and postnicene Fathers. 13.

[1]) BKv² 37: D. hl. Ephr. d. Syrers ansgew. Schriften. Aus d. Syr. u. Griech. übs. (Kempten-Münch. 1919). Hier S. I XLVII auch eine sehr gute „Allgemeine Einleitung“ über A. und seine Werke; entsprechende „Prolegomena“: Lamy 1, XXI/LXII. Mit genauen Angaben über die der römischen Ag vorausgegangenen Veröffentlichungen. Ders., Université Cathol. (Lyon) 3. Nr 3 (vom 15. 3. 1890). Vg. auch Bickell 18/21. Wright 33/7. Duval 75/7. 331/7. OBardenhewer, Patrol.³ 395/400 bzw. von sonstigen zusammenfassenden Arbeiten über A. als Exegeten: CALengerke, Commentatio critica de Ephr. Syro s. scripturae interprete (Halle 1828). Ders., De Ephr. Syri arte hermeneutica (Königsb 1831). ThJLamy, RB. 2. 5/25. 161/181. 465/86, über A. als Dichter: CFerry, S. Ephrem poète (Thèse. Pr 1877). ABaumgartner, Gesch. d. Weltliteratur³ 1 (FrbgB 1901) 179/205. Ders., St. aus Maria Laach 50, 196/213. BSchmidt, D. Bildersprache in d. Gedd. des Syrers Ephräm. Teil 1 (Diss. Breslau 1905), bzw. AHaase, S. Ephr. Syri theologia, quantum ex libris poeticis cognosci potest, explicatur (Diss. Halle 1869).

[2]) Lamy 4, IX,XLI („De fontibus vitae s. Ephraemi Syri“). Zusammenstellung der griechischen: OpG 1, XXI/LI. In Betracht kommen außer den Hauptquellen vor allem ChrEd, EbŠ und Ps.-D z. J 684. ChrM 144, 197, 203, 298 (112, 151, 156, 228). Weitere anonyme Chronik: CSCO. Ser III. 14, 5. ChrS 1, 83/5. 179/87. M 124. 133. 135. 138, 140 (1, 246 f., 260, 266, 271, 297). B'EW'g 62 f. (65 f.). Kg 1, 69 f. 107 f. Theodoretos Kg II 26, IV 26. Hist. Laus. § 101. Apophthegm. Patr: PG 65, 1698. Hieronymus, De vir. ill. § 115.

[3]) Hss: BrM 765 (Add 14666. fol 57/64. 7. Jh) 1°. 791 (Add 14624. 9. Jh) 1°. VtS 117 (12. Jh) 45°. VtB 45 (17. Jh) 2°. Mos 90. 4°. 101 (17. Jh) Anh. 1°, einer abweichenden Rezension: Brl 68 (Sach 229. 16/7. Jh) VI°, einer gekürzten Textgestalt: BrM 752 (Add 14582. J 816) 3°. Agg: OpG 2, 395/410. Overbeck 137/56 (XXVII,XXXIII), nach der Berliner Hs: PBedjan, Liber superiorum usw. (Pr 1901) 681/96, mit Kollation der früheren: RDuval, JA⁹ 18, 243/83. Übs und Kommentar: ThJLamy, Compte rendu. IV. Congr. intern. des Catholiques 16—18 Août. Fribourg 1802. Sciences religieuses 173/209. Vg. JHalévy, JA° 19, 144/6 (über Zitat von Hss 10,11).

[4]) Agg: OpG 2, 230/47.   [5]) Über ein Gespräch des Sterbenden mit einer Jungfrau Lamprotata.   [6]) Ag nach mehreren liturgischen Hss: IgnERahmani, StS 1, 12 f. (11 f.).

[7]) Farbloser Ἔλεγχος αὐτῷ καὶ ἐξομολόγησις. Περὶ φόβου ψυχῶν, wo der Verfasser sich zu Anfang ausdrücklich als Ἐφραίμ nennt. Zweiter Ἔλεγχος αὐτῷ καὶ ἐξομολόγησις mit allein bestimmten persönlichen Angaben. Agg: OpG 1, 18/23. 183/7. 119,94. Verwandt auch ein λόγος ἀσκητικός. Ag: ebenda 40,70. Übs: Zingerle, BKv 3, 306/50.   [8]) Ag: OpG 2, 341,56.   [9]) Ag: Mercati 1, 113/88.

gebracht, die indessen bereits ein recht legendarisches Gepräge trägt.[1]) Sie wirkt auf dem griechischen Sprachgebiete neben dem „Testament", wo nicht schon bei Sozomenos,[2]) so doch in einem wohl entschieden zu Unrecht als Werk des Gregorios v Nyssa überlieferten ἐγκώμιον nach,[3]) von dem wieder die neben einen anonymen griechischen Βίος[4]) tretende A.-Biographie des Metaphrasten abhängig ist.[5]) Dagegen verrät auf dem syrischen ein Preisgedicht des Monophysiten Ja'qôb(h) v Sĕrûg(h) (§ 24 c)[6]) noch keinen Einfluß ihrer sagenhaften Überlieferungen.

c) Das **Lebensbild** A.s, das sich aus diesen Quellen ergibt,[7]) läßt an nicht wenigen Punkten die wünschenswerte Sicherheit vermissen. In Nisibis unter der Regierung Konstantins d Gr, genauer wahrscheinlich in den ersten JJ derselben, geboren, wäre er nach einer Überlieferungsvariante[8]) der Sohn eines dortigen heidnischen Priesters und einer aus Amida stammenden Mutter, nach einer anderen,[9]) zu deren Gunsten vielleicht sein Selbstzeugnis[10]) geltend gemacht werden kann, vielmehr ein Kind christlicher Eltern gewesen. Daß er, wie berichtet wird, erst im 18., wenn nicht sogar 28. Lebensjahre die Taufe empfangen habe,[11]) wäre auch im letzteren Falle durchaus denkbar. Daß er seinen B Ja'qôb(h), den er selbst[12]) als den Lehrer seiner Jugend bezeichnet, schon 325 zum Konzil nach Nikaia begleitet habe,[13]) ist dagegen weniger glaubhaft. Sagenumwoben ist auch die Rolle, die er an dessen Seite während einer Belagerung von Nisibis durch die Perser im J 338 gespielt haben soll.[14]) Ein Gleiches gilt von seinem deshalb aber keinesfalls geradezu in Zweifel zu ziehenden Anschluß an das mönchisch-asketische Lebensideal. Die 363 erfolgte Abtretung von Nisibis veranlaßte ihn zur Auswanderung nach dem im römischen Besitze verbliebenen Gebiete. Nach vorübergehendem Aufenthalt in der Landschaft Bêt(h) Garmai und in Amida lebte er seit 365 in Edessa wohl als Lehrer der vielleicht von ihm selbst erst begründeten dortigen „Schule der Perser" und ist hier 9. 6. 373 gestorben.[15]) Daß

---

[1]) Hss je einer der drei Rezensionen: Vt 117 (12. Jh) 76⁰. Pr 25 (Anc fonds 144. 13. Jh) 17⁰. BrMOr 4404 (19. Jh) fol. 73 ff., unsicher welcher: Séert 63 (15. Jh). Mos 86 (J 1711/2). N-Dsém 112 (J 1886). 113. Agg der römischen Rezension: BO 1, 26/55. OpS 3, XXIII/XLIII. Uhlemann 1/27, von Azz: Wenig 39/41. Zingerle 204 11, der Pariser Rezension: Lamy 2, 3.89. AMS 3, 621/65, unvollst.: Brockelmann 30*/50*. ². ³. 23 43, von Azz: GBickell, ZDMG 27, 600/4. Über die Londoner Rezension: Lamy 4, XLf. Über eine armenische Übs des 12. Jhs: PMartin, Hist. de l'Égl. d'Édesse (Pr 1889), 127. Ein Az anscheinend aus der dritten Rezension: ChrS 1, 291.9. Ein syrisches Kompendium z. B. in den Hss: Vt 155 (J 1515) 7⁰. 39. Brl 201 (Sach 165. 14. Jh) fol 6⁰ r. Ox 142 (Marsh 101) 25⁰. Agg: BO 1, 25 f. bzw. Wenig a. a. O. 38 f. Lamy 2, VIII f. Vg. Lamy 4, XXVIII. Šem'ôn wird in der ChrS als Verfasser, im Anfang der dritten Rezension neben einem anderen A.-Schüler Thomas als Gewährsmann bezeichnet.

[2]) Kg III 14. 16.   [3]) PG 46, 819/50. OpG 1, I/XIX. Vg. ENestle. RePTK³ 5, 406 f. KHoll, Amphilochius v Ikonium (Tübingen-Lpz 1904) 196. ThSinko, Nazianzenica 1 (Krakan 1906) 31 f. OBardenhewer, Gesch. 3, 208.   [4]) Ag: OpG 1, XXIX.XXXIII.   [5]) Ag: OpG 1, XX.XXIX.   [6]) Ag: AMS 3, 665/79.

[7]) JAlsleben, D. Leben d. Hl. Ephraem d. Syrers (Brl 1853). Lamy a. a. O. EBouvy. Les sources historiques de la vie de S. E., Rev. Augustinienne 1903 n. 155/64. Bardenhewer, BKv² 87, XII/XVII.   [8]) Syr. Biographie.   [9]) Anonymer griech. *Βίος*, die syrisch-maronitische und griech. Synaxarüberlieferung. Vg. BO 1, 26. OpG 1, XXXIII f.

[10]) Geg. d. Irrlehren 26: OpS 2, 499. Üb. d. Jungfräulichkeit: Ag Rahmani 103. Übereinstimmend auch der ausführlichere Ἔλεγχος.   [11]) Ersteres nach der zweiten u. dritten, letzteres nach der ersten Rezension der syr. Biographie.   [12]) Nisiben. Gedichte 13 Str 5. 14. 17. 19; 14 Str 26; 16 Str 17; 17 Str 11.   [13]) M 124 (1, 246 f.).   [14]) Theodoretos II 26. M 135 (1, 266).

[15]) So übereinstimmend die beiden ältesten hier in Betracht kommenden Zeugen ChrE und Ja'qôb(h) v Edessa: ChrM 5 (5) bzw. 299 (223). Ebenso ChrM 203 (156) bzw. CSCO Ser. III. 14, 5. Über Varianten des Todestages bei den Späteren (8, 18 oder 19. 6) Lamy 4. XXVIII.

er den Vortrag seiner sangbaren Dichtungen durch Jungfrauenchöre persönlich leitete,[1]) dürfte auf guter Überlieferung beruhen. Seit wann er die Diakonatsweihe besaß, bleibt ungewiß. Die Tradition von seiner Reise nach Kaisareia, wo er sie von Basileios empfangen hätte,[2]) erfährt entweder durch dessen rühmende Zitierung eines ungenannten Syrers oder Mesopotamiers[3]) eine entscheidende Bestätigung oder sie stellt die dichterische Weiterspinnung einer an sich keineswegs zwingenden Deutung jener Zitate auf A. dar. Sicher ungeschichtlich ist die Nachricht von einem achtjährigen Aufenthalte A.s auch in der Einsiedlerwelt Ägyptens.[4])

d) Der **literarische Nachlaß** A.s[5]) wird auf nicht weniger als 3 000 000 Textzeilen beziffert.[6]) Seine originale Überlieferung ist nur teilweise eine wirklich literarische, in sehr großem Umfange dagegen entsprechend einer schon rund zwei Jahrzehnte nach dem Tode des Verfassers bezeugten[7]) gottesdienstlichen Verwendung eine liturgische gewesen, bei der die Gefahr einer Beimischung fremden Gutes, wie diejenige mannigfacher textlicher Veränderung auch des ursprünglich Echten von vornherein im höchsten Grade gegeben war. Eine äußere Gewähr der Echtheit bieten im Grunde nur die meist bruchstückhaft erhaltenen Exemplare literarischer Buchagg noch aus vorislamischer Zeit und ausdrückliche Zitate vor allem gleichfalls dieser Zeit, wie sie bei dem Monophysiten Philoxenos von der Wende des 5. zum 6. Jh vorliegen. Für eine Ausscheidung von Echtem nach inneren Kriterien ist eine Beobachtung der Evangelienzitate von Bedeutung, da A. in der Regel nur das Diatessaron benutzt zu haben scheint.[8]) Besondere Vorsicht ist einer jungen pseudoliterarischen Überlieferung gegenüber geboten, die einzelne dem Kultgebrauche entnommene Stücke in das bunte Textmaterial unkritischer Miszellaneenhss aufnimmt oder wohl auch zu neuen nicht mehr liturgischen Sammlungen vereinigt.

e) **Übersetzungen**[9]) haben Werke A.s schon zu dessen Lebzeiten ins Griechische erfahren.[10]) Poetischen Stücken gegenüber hat man sich dabei mindestens teilweise eine Nachbildung der silbenzählenden Metrik der Originale auferlegt, die ihre Einbürgerung auch im griechischen Sprachgebiete wesentlich diesen Übertragungen altsyrischer Dichtungen verdankt.[11]) Eine Sammlung von 49 asketisch-parainetischen λόγοι A.s hat Photios gelesen,[12]) wie es denn überhaupt vorzugsweise die Kreise des griechischen Mönchtums waren, welche dem Syrer warmes Interesse entgegenbrachten. Die ihren geistigen Bedürfnissen

---

[1]) Ja‘qôb(h) v Serûg’b).

[2]) So nächst dem ἐγκώμιον auf Basileios auch Ps.-Gregorios v Nyssa, der anonyme griechische Bios und vor allem die syrische Biographie, bzw. in stärkster Abhängigkeit von ihr die fälschlich Amphilochios zugeschriebene griechische des Basileios. Ag: Combefis SS Patrum Amphilochii . . . op. omnia 155/225, des einschlägigen Stückes auch OpG 1, XXXIV/XXXIX.

[3]) 2 in Hexaëm. 6. De SpS. 19 § 74 (PG 29, 44; 32, 208).   [4]) Syrische Biographie.

[5]) ChrS 1, 211. ‘Ai § 52. Lamy 1, XXI/XXXII („Testimonia veterum de scriptis S. Ephraemi“). Ebenda XLI/LXII über die Originalüberlieferung in den Hss von Rom, London, Paris und Oxford. Bardenhewer, BKv² 37, VI f. und im einzelnen XVII/XLVII bzw. BO 1, 63/149. Für das kritische Problem grundlegend: FC Burkitt, S. Ephraims Quotations from the Gospel (Cmbr 1901. TuSt 7 II).   [6]) Sozomenos III 14.   [7]) Hieronymus um 392.   [8]) FC Burkitt a. a. O. 56. Doch vg. ders., Ev. da-Mepharreshe 2, 186/9.

[9]) Lamy 1, XXXII/XLI. Bardenhewer, BKv² 37, VII/XIII. [10]) Sozomenos. Ein in der sonstigen Überlieferung nie wieder auftauchendes „de Spiritu Sancto graecum volumen“ A.s versichert Hieronymus gelesen zu haben.   [11]) WMeyer v Speier, Abh. Bayr. AW 17 II, 363/76. Ders., Fragmenta Burana, in: Festschr. z. Feier d. hundertfünfzigjähr. Bestehens der k. Ges: d. Wissensch. zu Göttingen (Brl 1901) 149/52 (= Gesammelte Abhandlungen 2, 105/15 bzw. 7 11). [12]) Bibl. Cod. 196. Auch OpG 1, XLVII/L.

entsprechenden Schichten seines literarischen Erbes haben demgemäß in erster Linie Übersetzung und Nachbildung gefunden, wobei die Produkte einer letzteren unter dem Namen A.s selbst weiterlebten. Die hsliche Überlieferung des unter diesem heute griechisch Erhaltenen[1]) scheint über das 10. Jh nicht hinaufzureichen, und wohl das meiste trägt ihn hier, wenn nicht schlechthin mit Unrecht, so doch nur mit sehr bedingtem Recht. Auffallen muß schon in höchstem Grade, wie verhältnismäßig selten syrisch vorliegende Stücke in griechischer Übs wiederkehren. Mehrfach sind sodann einzelne Texte auch unter andere Namen wie Chrysostomos.[2]) Makarios[3]) gestellt worden, und sogar an Beispielen einer Überlieferung von Splittern echten Chrysostomosgutes unter der Flagge A.s[4]) fehlt es ebensowenig als mindestens an einem Falle, in welchem für das Original einer tatsächlichen griechischen Übs durch glaubhaftere orientalische Überlieferung ein anderer Syrer als Verfasser bezeichnet wird.[5]) Schließlich wird günstigsten Falles stets wenigstens damit gerechnet werden müssen, daß die alten Übss bei einem vielhundertjährigen Gebrauche als praktische Erbauungslektüre unwillkürlicher Entstellung und bewußter Überarbeitung verschiedenster Art kaum zu entgehen vermochten. Die armenische Übs A.schen Nachlasses pflegt gleichfalls wenigstens noch dem 5. Jh zugewiesen zu werden. In der Tat dürfte sie mit der auch auf den Gebieten der Liturgie und Kunst wie in der Entwicklung des armenischen Bibeltextes sich geltend machenden starken aramäischen Beeinflussung des jungen armenischen Christentums in Zusammenhang stehen, die aus politischen Beweggründen durch die Sassaniden begünstigt und durch die Schule Mesrops überwunden wurde.[6]) Demgemäß wird durchweg ein Anschluß an syrische Originale zu unterstellen sein. Eine Bereicherung um unstreitig echtes Gut erfährt die Originalüberlieferung dabei in armenischer Sprache zweifellos ungleich mehr als in griechischer. Doch tragen auch hier den Namen A.s einzelne Stücke mit so augenscheinlichem Unrecht wie ein Dialog zwischen ihm und Isḥāq über das Datum der Weihnachtsfeier und eine Schrift über die Gründung der ersten Kirchen in Jerusalem.[7]) Von weiteren nichtsyrischen A.-Texten sind einzelne koptische Wiedergabe griechischer und deshalb nicht günstiger zu beurteilen als die griechische Textüberlieferung selbst.[8]) Das gleiche gilt wie für eine kirchenslawische,[9]) so auf dem Gebiete des

---

[1]) Über den Bestand der hslichen Überlieferung OpG 1, CIII/CCIII. 2, II XIV. 3, XLIX LII.

[2]) PG 56, 537/42 bzw. 48, 1067/70 stehen unter diesem die λόγοι über Abraham und Isaak und über das Priestertum: OpG 2, 312.18. 3, 1.6.

[3]) Vg. JGildemeister, Üb. d. an d. königl. prenß. Universität Bonn entdeckten neuen Fragmente d. Macarius (Lpz 1866). Ders., Üb. d. in Bonn entdeckten neuen Fragmente d. M. Zweites Wort (Elberfeld 1867).   [4]) Bruchstücke nachgewiesen von SHaidacher, ZKT 30, 178/83. Die letzte der 9 Ch.-Homilien über die Buße (PG 49, 343,50) unter dem Namen A.s OpG 3, 608/10. Vg. OBardenhewer, Gesch. 3, 340.

[5]) Isḥāq <„v Antiocheia“> für den λόγος über die Verklärung Christi. Ag: OpG 2, 41,49. Übss: PZingerle, BKv 1, 235/47, SEuringer, BKv² 37, 181 95. Vg. GBickell, S. Isaaci Antiocheni doct. Syror. op. omnia 1, VIII unter Nr 200.   [6]) SWeber, D. kathol. Kirche in Armenien (FrbgB 1903) 187. ETer-Minassiantz, D. armen. Kirche in ihren Beziehungen zu d. syr. Kirchen (Lpz 1914) 1 29. JStrzygowski, D. Baukunst d. Armenier u. Europa (Wien 1918) 668/72.

[7]) Ag: NJMarr, Texte u. Untersuchungen zur armen.-georg. Philologie (Petersburg 1900. Russisch). Die, bei dem ersteren Stück in armenischer Transkription erhaltene Vorlage war zwar in der Tat eine syrische, dürfte aber in Palästina bodeuständig gewesen und auch erheblich jünger sein als die Zeit A.s. Vg. CBrockelmann, ZDMG 56, 616 f.

[8]) So das Bruchstück eines koptischen Textes des Mēmrā über die Verklärung unter dem Namen A.s (Ak. 5) bei EAWBudge, PSBA 9, 317/29. Vg. ferner unten S. 49 Ak. 11 von S. 48.

[9]) Bs einer Ag (Moskau 1701): OpG 2, XIV/XIX.

arabischen für eine im Jahre 980 von dem melchitischen Protospathar Abraham, Sohn eines Antiocheners Johannes, gefertigte Übs von rund 50 A.-Stücken asketisch-moralischen Inhalts.[1] Anderes, was auf konfessionell syrisch-jakobitischem Boden namentlich in Karš-Hss auftritt, läßt eher eine syrische Vorlage erwarten. Auf das Mittelglied einer arabischen dürften äthiopische A.-Texte zurückgehen. Im Abendland konnte eine Weiterübersetzung A. zugeschriebener Texte ins Lateinische zunächst nur aus dem Griechischen erfolgen.[2] Zwischen dem Syrer und Isidorus v Sevilla schwankt die hsliche Überlieferung hier bezüglich der Zuweisung einer Predigt „de fine mundi".[3] die einen Ansatz um die Wende vom 6. zum 7., aber auch einen solchen schon in das ausgehende 4. Jh erfahren hat.[4] Im allgemeinen nimmt die Wahrscheinlichkeit einer Echtheit syrisch nicht erhaltener Stücke um so mehr ab, je mittelbarer der Zusammenhang mit dem Urtext sein müßte, und selbst für die Textkritik erhaltener Originale vermöchten Tochtertexte zweiten und dritten Grades kaum mehr irgend einen Gewinn abzuwerfen.

§ 7. Von der literarischen Persönlichkeit Ap(h)rems gibt, was nach Maßgabe der Überlieferungsverhältnisse als für ihn gesichert gelten kann, ein Bild, dem kaum irgend ein wesentlicher Zug fehlen dürfte. Einen Gebrauch der Prosa auf den Gebieten der Bibelerklärung und der theologischen Polemik ergänzt ein solcher auf denjenigen, wo nicht geradezu der mündlichen Beredsamkeit, so doch einer mit ihr stilistisch nächstverwandten Abhandlung und des Briefes. Vor allem ist es aber die gebundene Rede, deren er sich für ein ungemein fruchtbares Schaffen bedient. Die sangbare Poesie des Mad(h)rāšā wie die nicht sangbare des Mēmrā werden von ihm gepflegt, wobei im Rahmen der ersteren auch eine späterhin den Namen der Sôg(h)ît(h)ā tragende Art akrostichischer Dichtung an ihm einen bahnbrechenden Vertreter hat und unter einer Reihe umfassender Sammlungen gleichartiger oder vermischter poetischer Texte diejenige der sog. Nisibenischen Gedichte eine hervorragende Stellung einnimmt.

a) Als Prosaiker hat sich A. zweifelsohne in nicht wenigen exegetischen Arbeiten betätigt.[5] In nestorianischen Kreisen späterer Zeit glaubte man an Erklärungen zum Pentateuch, den sämtlichen „früheren" und „späteren" Propheten des masoretischen Kanons, Dan, Job, dem Psalter, der Chron, dem Diatessaron und den Paulusbriefen.[6] Da aber A. selbst sich auf eine von ihm auch in poetischen Formen geübte Exegese bezieht,[7] werden durch jenes unmittelbar

[1] Hss: VtA 67 (J 1325). 68 (J 1329). 463 (J 1635). 625 (J 1715). BrMArundOr 1 (J 1344). PrAr 135 (Anc fonds 57). Ox (Codd. christ. serm. et litt. arab. expr.) 38 Nicoll-Pusey (Bodl 571) 60 Uri (Marsh 477). Vg. BrMOr 1332. 1333. 1334. PrAr 136 (Suppl 69). 137 (Anc fonds 55). 138 (Suppl 67). 139 (Anc fonds 56) 1°. Bs des Inhalts nach den römischen Hss: BO 1, 149/56, nach der ersten Londoner: Lamy 4, XXXVIII/XL. Der Name des Übersetzers in VtAr 68, das Datum seiner Arbeit in der ersten Pariser Hs, allerdings verbunden mit der unrichtigen Behauptung des Zugrundeliegens syrischer Texte.

[2] Nachweise einschlägiger Hss: OpG 1, LXXXI f.　　　[3] Ag: C P Caspari, Briefe, Abhandlungen u. Predigten aus d. zwei letzten Jhh. d. christl. Altertums u. d. Anfang d. Mittelalters (Cristiania 1890) 208/20. Vg. 429/72.　　　[4] Ersteres durch den Herausgeber, letzteres durch W Bousset, D. Antichrist in d. Überlieferung d. Judentums (Göttingen 1895) 21/5.

[5] Th J Lamy, RB 183, 5/25. 161/S. 465/86.　　　[6] ChrS 1, 211. Bei ʽAi bleiben Job, Chron und die beiden NTlichen Kommentare unerwähnt.　　　[7] OpS 1, 1 A mit speziellem Bezug auf Gn

wohl nur auf Anführungen zweiter und dritter Hand beruhende Zeugnis nicht ohne weiteres entsprechende Prosakommentare gesichert. Erhalten haben sich im Original solche zu Gn und dem größten Teile von Ex,[1] in armenischer Übs diejenigen zu der Evangelienharmonie des Tatianos[2] und den Paulinen,[3] neben die für das AT armenisch Zitate einer Katene zum ganzen Pentateuch, Jos, Richt, Sm, Kge und Chron[4] und ein Fragment der Iob-Erklärung[5] treten. Der Bekämpfung der Lehren Manis, Markions und Bardaiṣans ist die Prosa A.s in einem umfangreichen Werke „Gegen die Irrlehren an Hypatios"[6] und in einem solchen „an Domnos"[7] gewidmet, von welchen das erstere durch eine von den Anfangsbuchstaben seiner 5 BB gebildete Namensakrostichis urkundlich signiert ist. Eine ausdrückliche Bezeugung durch Philoxenos[8] vereinigt sich mit dem Alter der hslichen Überlieferung für einen langen prosaischen Mēmrā „Über unseren Herrn", in dem eine nicht polemisch orientierte Darlegung der nicänischen Theologie die Form eines begeisterten Preises der Gottheit und des Erlösungswerkes Christi annimmt.[9] Nur durch Philoxenos erfahren wir von einer Rede über den Prolog des Jo-Evangeliums.[10] Bloße Trümmer haben sich auch von einer Fünfzahl von „Reden über das Erbarmen des Allerhöchsten" erhalten.[11] Von Brieflichem scheinen trotz einer Überlieferung in Hss erst der islamischen Zeit ein Schreiben an Asketen im Gebirge von Edessa[12] und das Bruchstück eines solchen an einen Publios oder Popilios durch die Beschaffenheit ihrer Evangelienzitate ihre Echtheit zu erweisen.[13]

[1] Hss: VtS 110 (6. Jh). von Bruchstücken zu Gn: VtS 120. Ag: OpS 1, 1/115. 194/225. Vg. D Gerson, D. Commentarien d. Ephr. Syrus im Verhältnis zur jüd. Exegese. Monatsschr. f. Gesch. u. Wissensch. d. Judentums 17, 15/32. 64/72. 98/109. 141/9. M Treppner, Ephrem. d. Syrer u. seine Explanatio d. vier ersten Kapp. d. Gen. (Passau 1893).

[2] Mechitharistenag 2, 5/260. Übs: J B Aucher-G Mösinger, S Ephraemi Syri evangelii concordantis expositio (Ven 1876). Dazu J H Hill, A dissertation on the Gospel Commentary of S. Ephrem the Syrian (Edinburgh 1896) auf Grund einer Nachprüfung der armenischen Hss. Sammlung syrischer Zitate in späterer Literatur: J R Harris, Fragments of the comment. of Ephrem Syrus upon the Diatessaron (Lo 1895). Vg. über einzelne Stellen J A Findlay. The London Quarterly Review 1912, 70/92.

[3] Mechitharistenag 3. Übs: S. Ephr. Syr. Commentarii in epist. D. Pauli nunc prim. ex armen. in lat. serm. a Patribus Mechitharistis translati (Ven 1893), der darin enthaltenen Erklärung eines apokryphen 3. Kor: P Vetter. D. apokryphe dritte Korintherbrief (Wien 1894) 80/97.   [4] Mechitharistenag 1. Vg. danach P de Lagarde, Üb. d. Hebräer Ephraims v Edessa zu Gen 1—38. in den Abhdl. GWG 26, 43/46. Auf die hsliche Überlieferung geht zurück A Vardanian, Handes Amsorya 26, 544/55.

[5] Ag: A Vardanian. Handels Amsorya 26, 617/26. 666/71.

[6] ChrS 1, 211. 'Ai. Hss der BB 1 und Anfang von 2: BrM 535 (Add 14574. fol 1 19. 6. Jh), des B 1: 533 (Add 14570. 5/6. Jh) 1°. 734 (Add 14581. 6. Jh), des Restes (der Hs 535): 781 (Add 14623) als Unterschrift eines Palimpsests. Agg der BB 1 und Anfang von 2: Overbeck 21/73. des Ganzen mit Übs: CW Mitchell, S. Ephraim's prose refutation of Mani, Marcion and Bardaisan (Lo 1912).   [7] Hs: BrM 781 als Unterschrift eines Palimpsests. Vg. KatWright 766. Mitchell 1. Preface. Eine Ag ist von letzterem zu erwarten. Eine Stelle aus einem prosaischen Mēmrā gegen Bardaiṣân. die möglicherweise zu diesem Werke gehörte: Brl 27 (Sach 302. 7/8. Jh 7°. Ag: KatSachau 110 f.

[8] Vg. Lamy 1. 145.   [9] Hss: BrM 533. 2°, vielleicht auch Ox 153 (Marsh 711) 25°. N-Dṣém 116. 11°. Mos 100. 11°. Ag: Lamy 1. 147/274.   [10] Ag seiner Zitate: Lamy 2. 511/6. Vg. Burkitt 59/65.   [11] Hss nur mehr zweier: BrM 935 (Add 14654. 6. Jh) 4° c. 773 (Add 14614. 8. Jh) 3°. 816 (Add 14613. 9/10. Jh) 18°. Ag: Overbeck 105/12.   [12] Hss: BrM 781 (Add 14623. J 823) 4°. 790 (Add 17213 fol 21/39. 9. Jh) 4°. Ag: Overbeck 113/31.

[13] Hs: BrM 7190 Rich (12. Jh) fol 188/93. Vg. Burkitt 70/2. Dazu käme noch ein Brief

b) Von den **Dichtungsgattungen,**[1]) deren Pflege ungleich mehr als seine
prosaische Schriftstellerei den unsterblichen Nachruhm A.s begründete, werden
von ihm selbst[2]) Mad(h)râšâ und Mêmrâ ausdrücklich unterschieden. Der Begriff
des Mad(h)râšâ (Pl: Mad(h)râšē) pflegt mit nur sehr bedingtem Rechte demjenigen des Hymnus gleichgesetzt zu werden. Dem Wortsinne nach eine im
Kleide der Poesie geführte polemische Erörterung bezeichnend, wird der Name
allgemein von sangbaren Dichtungen gebraucht, deren aus Versen bald von gleicher,
bald von verschiedener Silbenzahl aufgebaute Langstrophen nach dem Vorbilde
responsorischen Psalmengesangs durch einen Einzelnen vorgetragen wurden, während
ein Chor nach jeder mit einem unveränderlichen Abgesange ('Ônît(h)â, 'Ûnâjâ) vom
Umfange eines einzigen Verses bis einer ganzen Kurzstrophe einfiel. Auch A. hat
die von der Schule Bardaiṣâns übernommene Gattung noch ganz besonders als
wuchtige Waffe im Geisterkampfe theologischer Polemik gebraucht.[3]) Er hat in
ihr die Zeitereignisse dichterisch verfolgt. die Totenklage angestimmt und zur
Buße aufgerufen, durch die Behandlung der verschiedensten religiösen Gegenstände seinen Zuhörern Belehrung und erbauliche Unterhaltung geboten. Er hat
schließlich zweifellos schon selbst sie auch in den Dienst des Kultus gestellt und
hier allerdings ist der von Hause aus didaktische Mad(h)râšâ, sich mit lyrischem
Schwunge erfüllend, inhaltlich zum Hymnus im abendländischen Sinne geworden,
wie er formal das Vorbild für den altbyzantinischen Hymnus, das Kontakion, ab-
gegeben hat.[4]) Das letztere gilt insbesondere von derjenigen Sonderart, die in
der Folgezeit mit dem A. wie den ältesten Hss seiner Dichtungen noch unbekannten Namen der Sôg(h)ît(h)â (Pl: Sôg(h)jāt(h)â) bezeichnet wurde.[5]) Bei
dem Vorherrschen eines einfachen metrischen Baues sind für sie eine nur selten

---

an die Bewohner von Emesa darüber, daß die Getauften keiner Beschneidung bedürfen, wovon
Azz in der Hs BrM 861 (Add 17193. J 874) 23°.

[1]) A Baumstark, Syrische u. hellenistische Dichtung, Gottesminne 3, 570 93.   [2]) OpS 1, 1 A.

[3]) Dasselbe ist fast gleichzeitig anläßlich des Übergangs der im syrischen Osten heimischen
Hymnendichtung nach dem Abendlande bei den Lateinern Hilarius und Ambrosius zu beobachten.
Vg. U Jordan, Gesch. d. altchristl. Literatur (Leipzig 1911) 470.

[4]) H Grimme, D. Strophenbau in d. Gedichten E. des Syrers mit einem Anh. üb. d. Zusammenhang zw. syr. u. byzantin. Hymnenform (FrbgSchw 1893). Th Wehofer, SbWAW 154 v
(Wien 1907). P Maas, BZ 19, 285/306.

[5]) Lamy 3, XXIIf. A Mingana, Narsai doctoris Syri homiliae et carmina (Mosul 1905)
1, 22f. B Kirschner, OC 6, 1/5. A Baumstark, Wissenschaftl. Beilage zur Germanie 1908,
137/40. Ders., Weihnachten in syr. Kirchendichtung, Weihnachtsbeilage d. Köln. Volkszeitung 1909,
4/6. Ad Rücker, D. liturg. Poesie d. Ostsyrer. Sonderabdruck aus d. dritten Vereinsschrift 1914
d. Görresgesellschaft 19/24. Die Texte liegen meist anonym oder mit schwankender Verfasserangabe vor. Hss von Gruppen solcher: BrM 778 (Add 14614. fol 80/127. 8. Jh) 8°. 450 (Add 17141.
8/9. Jh) 7°. 8°. 17°. 26°, Ox 136 (Hunt 599. 15. Jh). 11/3°. 155 (Marsch 201) fol 305°/11° einzelner: BrM
781 (Add 14623. J 823) 18°. VtS 174 (um J 1600) IV°. Eine Überlieferung alter Sôg(h)jât h)â findet
ferner in liturgischen Hss von Mêmrê des Nestorianers Narsai (§ 16c) und in verschiedenen Buchtypen des jakobitischen und maronitischen Festbreviers statt. Vg. etwa besonders die jakobitischen
Hss BrM 907 (Add 17190. J 893). 306 (Add 14506. J 898). 310 (Add 14506. fol 119 235. 9/10. Jh) 2°. 5/8°.
11°. 12°. 324 (Add 17501. 11. Jh) bzw. die Einzelnachweise bei A Baumstark, Festbrevier u. Kirchenjahr d. syr. Jakobiten (Paderborn 1910) 51/3. 61 f. 66/8. 77/84. Ein Verzeichnis der in den liturgischen
Hss des BrM enthaltenen Stücke KatWright 1327f. Alphabetisches Initienregister derjenigen
einer Reihe von Berliner Hss Kat Sachau 64 f. 74. 77/80. Agg der in Verbindung mit den Narsai-
Mêmrê überlieferten Texte: Mingana a. a. O. 2, 369/411, ihrer Mehrzahl mit Übs: F Feldmann,
Syr. Wechsellieder von Narses (Lpz 1896), einzelner: AMS 2, 680/6. F Martin, JA° 14, 484/92, von
Stücken aus jakobischer Textüberlieferung mit Übs: B Kirschner, OC 6, 1/69. 7, 254/91 von
solchen maronitischer Überlieferung: im Drucke des maronitischen Festbreviers (§ 56a).

fehlende Bindung der Langstrophen durch die alphabetische Akrostichis und eine Neigung zu dramatischer Belebung bezeichnend, die in dieser liebenswürdigsten Erscheinung altsyrischer Kirchendichtung nichts Geringeres als die — leider nicht zur weiteren Entwicklung gelangten — Keime eines religiösen Schauspiels erkennen läßt. Eine Einleitung von einer oder mehreren Strophen pflegt in die Situation einzuführen und dann den Körper des Liedes der Monolog einer einzelnen oder ein Dialog verschiedener Personen zu bilden, wobei im lebendigen Vortrage nach Art antiphonischer Psalmodie der Abgesang abwechselnd von zwei Halbchören und das die Hauptstrophen füllende Zwiegespräch von einem Paare aus denselben hervortretender Solisten zu Gehör gebracht worden sein dürfte. Selbst Fälle eines wiederholten Wechsels der redenden Personen kommen vor, ohne daß der Dichter erzählend eingriffe. Wo vereinzelt doch eine fortlaufende Erzählung stattfindet, trägt sie den Charakter etwa einer stark von Partien direkter Rede durchzogenen Ballade. Wenn in liturgischer Überlieferung, in der zahlreiche alte Stücke der Gattung anonym erhalten sind, der Name auf Texte übertragen wird, die jeder dramatischen Belebung, ja selbst gleichzeitig der alphabetischen Akrostichis entbehren, erklärt sich dies daraus, daß er an bestimmten Stellen des liturgischen Gefüges haftete, an welcher von Hause aus ihn wirklich verdienende Stücke zur Verwendung gelangten. Der Mēmrā (Pl: Mēmrē) ist dem allem gegenüber entsprechend dem Wortsinne seines ihn als gesprochene, nicht gesungene „Rede“ bezeichnenden Namens wesenhaft das, sei es nun didaktische, sei es erzählende Epos des ostaramäischen Schrifttums. Strophische Gliederung fehlt auch ihm nicht unbedingt, wohl aber das in den Bedürfnissen gesanglichen Vortrags wurzelnde Element eines irgendwie gearteten Refrains. Unverbrüchlich ist auch ein Aufbau aus Versen von gleicher Silbenzahl, wobei neben dem von A. ausschließlich verwendeten siebensilbigen nur noch das fünf- und das zwölfsilbige Metrum in Betracht kommen. Der Umfang der einzelnen Dichtung ist grundsätzlich größer als bei Stücken sangbarer Poesie und steigt gelegentlich bis zu mehreren Tausenden von Versen an. Noch enger, als dies bei einzelnen Zyklen A.scher Mad(h)rāšē der Fall ist, schließen sich nicht selten mehrere Mēmrē über denselben Gegenstand zu einer höheren Einheit zusammen, um bei erzählendem Inhalte geradezu den Charakter eines einzigen Gedichtes in mehreren BB anzunehmen.

c) Mad(h)rāšē sind weitaus die meisten durch eine Überlieferung in literarischen Hss der vorislamischen Zeit ihre Echtheit verbürgenden Dichtungen A.s. An der Spitze stehen hier die beiden großen polemischen Sammlungen von 56 näherhin der Auseinandersetzung mit Bardaiṣaniten, Markioniten und Manichäern dienenden Nrn „gegen die Irrlehren“[1]) und 80 neben gnostischem Sektentum den Arianismus bekämpfenden Nrn „über den Glauben gegen die Grübler“,[2]) an die sich eine Folge von weiteren 7 Gedichten „über die Perle“ des Glaubens d. h. über Christus und das Geheimnis der Menschwerdung anschließt.[3]) „Gegen Julianus“ richten sich 4 andere polemische Mad(h)rāšē, die nach dem Tode des Kaisers (26. 6. 363), aber noch in Nisibis, also im Spätsommer oder Herbst 363 entstanden sind.[4]) Ungleich reicher an echt dichterischen Werten als diese Erzeugnisse theologischer Streitdichtung ist ein phantasievolles Werk „über das Paradies“ und dessen

---

[1]) Hss: VtS 111 (J 522) 4°. BrM 537 (Add 12176. 5/6. Jh) 3°, 450 (Add 17141. 8/9. Jh) 16°, von Bruchstücken der Nrn 1 f. 40 f. 54/6: 536 (Add 14574. 5/6. Jh) 2°. Ag: OpS 2, 437/560.   [2]) Hss: VtS 111. 3°. BrM 537. 2° mit teilweise abweichender Trennung der einzelnen Nrn), der Nrn 10/2. 14. 21. 23 und 32: 539 (Add 14571. J 519) 9° m/r. u. Ag: OpS 3, 1/150.   [3]) Hss: VtS 111. 3°. 113 (6. Jh). BrM 537. 2°. Ag: OpS 3, 150/164. Entsprechendes griechisches Stück: OpG 2, 259/79.   [4]) Hs: BrM 539. 11°. Ag: Overbeck 8/20. Übs: S Enriuger, BKr² 197/233.

Wonnen in 15 Gesängen,[1]) zu dem ein den Namen des Dichters als Akrostichis aufweisendes Einzelgedicht vielleicht eine Art poetischen Nachwortes zu bilden bestimmt war.[2]) Nur in unvollständigen literarischen Exemplaren haben sich an denjenigen auf das Geburtsfest Christi,[3]) über das Fasten,[4]) (das Fest) „der ungesäuerten (Brote)",[5]) die Kreuzigung,[6]) den Frühlingsmonat des Osterfestes,[7]) die Bekenner[8]) Sammlungen religiöser Festgesänge erhalten, die von vornherein der Verherrlichung der liturgischen Feiern des Kirchenjahrs gedient haben dürften. Zwei zeitgenössische Helden asketischen Lebens sind die Liederzyklen von 15 Nrn auf Abraham Qîd(h)ûnājā[9]) und von 24 Nrn auf Julianos Sāb(h)ā[10]) gewidmet. Vereinzelt stehen ein Hymnus auf die makkabäischen Brüder,[11]) ein paräuetischer Gesang von einem an griechische Lyrik erinnernden herben Pessimismus[12]) und eine aus Seligpreisungen sich aufbauende Dichtung.[13]) Eine Zusammenfassung haben dagegen Gedichte über verschiedene religiöse Gegenstände in zwei Sammlungen von 51 Nrn „über die Jungfräulichkeit und über unseres Herrn Geheimnisse"[14]) und von 52 Nrn „über die Kirche" gefunden, von welchen die letztere schon im 6. Jh in zwei verschiedenen Rezensionen im Umlaufe war.[15])

---

[1]) Hss: BrM 539. 10° 450. 15°. eines unvollständigen Textes VtS 111. 5°. 112 (J. 552) 1°. Ag der Nrn 1 12 (teilweise): OpS 3, 562.98. des Restes: Overbeck 339 51.   [2]) Hs: BrM 539 (hinter dem vorigen. Agg: Overbeck: 351.4. Lamy 4. 673.80.   [3]) Hss von 16 Nrn: BrM 539. 1° (lückenhaft). VtS 112. 2°. Ag: s. § 8b.   [4]) Hss der Nr 6/10 bzw. 9f. einer also mindestens 10 Nrn starken Sammlung: BrM 539. 2°. 542 (Add 14627. 6,7. Jh) 1°. Ag: s. ebenda.   [5]) Hss der Nrn 1f. bzw. 1 6. 13,21 einer Sammlung von 21 Nrn. BrM 539. 3°. 542. 2°. Ag: Lamy 1, 567 636.

[6]) Hss der Nrn 4 8 bzw. 1 3 einer wohl noch größeren Sammlung: BrM 539. 4° bzw. 542. 3°. Ag: Lamy 1, 637/714.

[7]) Hs der Nrn 1 4 und des von 5 einer gewiß größeren Sammlung: BrM 542. 4°. Ag: Lamy 2, 741 74.   [8]) Hs des Schlusses von Nr 8 und der Nru 9/12 einer damit abgeschlossenen Sammlung: BrM 748 (Add 14592. 6,7. Jh) 11° 4a. Ag: Lamy 3, 643.86.   [9]) Hs: BrM 748. 11° 4c. Ag: Lamy 3, 749.836.   [10]) Hs: BrM 748 11° 4f. Ag: Lamy 3, 837/936.   [11]) Hs: BrM 748. 11° 4b. Agg: Lamy 3, 685/95. R L Bensly - W E Barnes, The fourth Book of Maccabees (Cmbr 1895) 117 24 (XLIV/XLVIII).

[12]) Hs: BrM 748 II 2°a. Ag: Lamy 4, 775/84.   [13]) Hs: BrM 748 (Add 14592. 6/7. Jh) 2°b. Ag: Lamy 4, 783/80. Zwei verwandte, aber nicht identische Reihen von Seligpreisungen griechisch: OpG 1, 282/92. 292/4.

[14]) Hss: VtS 111. 2°. der Nrn 1/10: BrM 450. 11°/3°, der Nrn 14. 17. 23: 463 (Add 14505. fol 1 96. 11. Jh) 11°. Agg: Ign E Rahmani, S. Ephraemi Syri Hymni de virginitate (Beirut 1906), der Nrn 1,10. 14, 17. 23 in lückenhaftem Text: Lamy 2, 773/823, der Nrn 9/38. 44,51: Lamy 4, 497.670.

[15]) Hss der Nrn 8/51: VtS 111. 1°, von Bruchstücken einer in der Reihenfolge der Nrn abweichenden Fassung: BrM 536 (Add 14574. fol 20,33. 5/6. Jh) 1°, der Nrn 38. 50. 8/10. 24/31: 539. 5°7°. 8°. 9°a b, der Nr 1 und von Bruchstücken einiger späterer Nru: 541 (Add 14635. fol 16 8. Vor J 555). Bs der ganzen Sammlung nach VtS 111: BO 1, 86.92. Agg der Nrn 8 f. 12. 19 („Über die Willensfreiheit"): OpS 3, 359 67, Nr 11: OpS 3, 613,5 (als „De div. serm." 11), Nr 23: OpS 3, 450 f. (als „Paraen." 20), Nrn 25,33: OpS 3, 615,8. 608/12. 624 7. 555,61. 620,24. 627 9 (als „De div. serm." 7. 4 f. 11. „Paraeneses" 75 f. „De div. serm." 9 f. 12), Nrn 55/7: OpS 2, 327 f., Nrn 38,42 („Über die Wunder Christi"): Lamy 2, 717 30. Nrn 43 f. („Über die Gesetzestafeln"): Lamy 2, 729/42, Nrn 45,50: OpS 2, 318,28, Nrn 51 f.: OpS 3, 603 f. 618,20 (als „De div. serm." 2 und 8). Das eine oder das andere der beiden Korpora von Mad b rāšē vermischten Inhalts dürfte auch einer armenischen Übs von „Antiphonen" A.s zugrundeliegen, von welcher sich iu der Hs 902 der Patriarchatsbibliothek zu Etschmiadzin bzw. in einer Abs derselben in der Mechitharistenbibliothek zu Wien die Nrn 17/26. 30,6. 38 f. 42/50 vollständig und Teile der Nrn 27/9. 37 und 40 erhalten haben. Vg. F Dashian, Catalog d. armen. Hss. in d. Mechitharistenbibliothek zu Wien (Wien 1895). 137 (des deutschen Teiles).

d) **Nisibenische Gedichte** („Mad(h)rāšē von Nisibis" oder „der Nisibener")[1] heißt eine dritte ursprünglich 77 Nrn starke Sammlung sangbarer Dichtungen vermischten Inhalts[2] nach der sie eröffnenden in der Biographie A.s[3] erwähnten Folge zeitgeschichtlicher Stücke, die vom Dichter noch in seiner Vaterstadt verfaßt wurde. Von denselben sind die Nrn 1 3 während bzw. unmittelbar nach einer Belagerung durch die Perser, die Nisibis als dritte seit dem Tode Konstantins d. Gr. im J 350 durchzumachen hatte, die Nrn 4 7 und 9 12 unter dem Drucke neuer Kriegsnöte im Frühling 359 und die Nrn 13 21 zum Preise der vier nisibenischen BB Ja'qōb(h), Bābū, Wālāgeš und Abraham in den JJ 359 63 entstanden. Zwei weitere Gruppen zeitgeschichtlicher Gedichte, die erst um 370 abgefaßten Nrn 25 30 und die unmittelbar nach der Übersiedlung A.s nach Edessa gedichteten Nrn 31/4, haben ein arianisches Schisma im Schoße der edessenischen Gemeinde bzw. den Kampf des Bs Vitus von Ḥarrān gegen das dortige Heidentum zum Gegenstand. Nimmt diese erste Hälfte der Sammlung inhaltlich eine Sonderstellung im Rahmen A.scher Mad(h)rāšē-Dichtung ein, so bildet die zweite ein nicht geringeres formales Interesse dadurch, daß ihre durchweg in Edessa entstandenen und zu den poetisch wertvollsten Schöpfungen A.s gehörenden Lieder großenteils dem in der Folgezeit mit dem Namen der Sōg(h)īt(h)ā belegten Typ angehören oder doch sich nähern. Ersteres gilt von einem durch die Nrn 52 68 gebildeten geschlossenen Zyklus von Dialogen zwischen Tod und Teufel,[6] letzteres von den Nrn 35/42, die mit hoher dramatischer Kraft die den Beginn des Leidens Christi begleitenden Vorbereitungen der Hölle zum Entscheidungskampfe gegen den Gottessohn, ihre Furcht vor und ihre Verzweiflung über ihr Unterliegen in diesem Kampfe schildern, während an den Nrn 43 51 und 66 77 zwei Gruppen meist andersartiger Stücke sich, teilweise in polemischer Haltung gegen Bardaiṣān, Mani und Markion, mit der Auferstehung der Toten und der Not des Sterbens beschäftigen.

e) Von **Mēmrē** wird nur ein verhältnismäßig enger Kreis durch eine derjenigen der großen Mad(h)rāšē-Sammlungen ebenbürtige Überlieferung für A. gesichert. Den polemischen Mad(h)rāšē entspricht hier eine Gruppe von ursprünglich 5 gegen die Arianer gerichteten Nrn „über den Glauben", die unter dem unmittelbaren Eindruck der Perserbelagerung von Nisibis im J 350 entstanden sind und von jüngerer Textüberlieferung in nur 3 zusammengezogen werden.[4] Wenigstens ein Nachhall hat sich neben ihnen von einem gewiß nicht minder echten Mēmrā des siebensilbigen Metrums gegen Bardaiṣān erhalten, der gleichfalls ursprünglich ein Glied eines Zyklus gebildet haben mag.[5] Von einer Mēmrē-Folge über die Kirche, deren einzelne Nru durch eine von ihren Anfangsbuchstaben gebildete

---

[1] Hss: BrM 538 (Add 14572. 6. Jh), der Nru 15 21. 24 51. 71/3: 450. 14°, einzelner Nru und Bruchstücke: 537. 4°. 539. 9° i 1. Ag: G Bickell, S. Ephr. Syri Carmina Nisibena Lpz 1866). Übss einzelner Nru: P Zingerle, BKv 2, 149 221. Ad Rücker, BKv² 57, 239 305, in metrischer Nachdichtung: C Macke, Hymnen aus dem Zweiströmeland (Mainz 1882). Über Textverbesserungen u. sonstige Literatur Rücker 241. Ak. 1.   [2] Verloren sind auch in der besten Hs die Nru 8 und 22 4.   [3] OpS 3, LV. Lamy 2,74.   [6] Übs in metrischer Nachdichtung: C Macke, Gottesminne 3, 37/45. 95 100. 154/6. 216 8. 266/70. 379 81. 443 5. 495 7. 543 f. 610 4 674 8.

[4] Hss der Rezension in 5 Nrn: BrM 742 (Add 12166. fol 1/154. 6. Jh) 1°, derjenigen in 3 Nrn: VtS 117. 191° 1,3°. Ag: OpS 3. 164 203. Vg. S Euringers „Vorbemerkung" BKv² 374 9.   [5] Hss von Bruchstücken abgesehen von einem Zitate bei P Kyriakos (§ 43 d): BrM 781. 6° a. 857 (Add 12155. 8. Jh) VI. 9°, einzelner Zitate: 862 (Add 17194. J 886), vielleicht des ganzen Textes: N-Dsém 116. 6°. Mos 100. 6°. Ag der Londoner Reste: Overbeck 132, des K.-Zitates: Rahmani 2, 129 f. Ein vielmehr zwölfsilbiger Mēmrā gegen Bardaiṣān unter dem Namen A.s nach einer Hs in Mardin (J 1609) bei Rahmani, StS 1, 11 f (9 ff.), nach einer solchen des India-Ofice. A J Duncan Jones, JTSt 5, 546 52.

alphabetische Akrostichis zusammengehalten waren, erhalten wir dagegen nur mehr
gelegentlich Nachricht.[1]) Gleich den Festgesängen A.s zu gottesdienstlicher Verwendung, nämlich zum Vortrage bei Bittprozessionen in Zeit von Regenmangel,
bestimmt waren die „Mēmrē des Gebets“,[2]) deren Philoxenos zu Anfang des
6. Jhs eine Sammlung von mindestens 11 Nrn gekannt hat,[3]) während die nestorianische Liturgie ihnen in allerdings stark und mehrfach verschieden überarbeiteter Gestalt im Offizium des sog. Ninivitenfastens dauernde Verwendung
gegeben[4]) und die jakobitische Stücke von ihnen in solcher im Rahmen eines Volio-
offiziums zur Erflehung von Regen erhalten hat.[5]) Als echtes Epos erscheint die
Gattung in vorteilhaftestem Lichte in einer von reichem dramatischem Leben
durchpulsten Dichtung über die Predigt des Jonas in Ninive,[6]) für die eine frühe
hsliche Bezeugung des Originals durch eine griechische Übs ergänzt wird.[7]) Den
Charakter metrischer Bußpredigt nimmt der Mēmrā selbst in drei „Rüge“-
reden an.[8]) von denen die erste an das 363 über Nisibis hereingebrochene Ver-
hängnis der Auslieferung an die Perser anknüpft. Wie hier, so hat endlich die
Mēmrē-Dichtung A.s noch mehrfach der zeitgeschichtlichen Mad(h)rāšē-Poesie der
Nisibenischen Gedichte entsprochen. Durch den Abendländer Gennadius wird für
ihn poetische Beschäftigung in siebensilbigem Metrum mit einem Erdbeben bezeugt,[9]) durch das im J 358 Nikomedeia zerstört wurde. und man wird dieses
Zeugnis auf ein in armenischer Übs zutage tretenden Folge von Mēmrē über
die Stadt Nikomedeia“ zu beziehen haben,[10]) von deren Original, neben vereinzelten
Bruchstücken[11]) durch eine spätere Hs wenigstens eine Nr. vollständig erhalten

---

[1]) ChrS 1, 85.

[2]) Hss der Nrn 8f., des Anfangs von Bruchstücken von Nr 10 und von 5 früheren Nrn
einer Sammlung: BrM 745 (Add 17164. 6. Jh) 1°a/e, von 6 Nrn: VtB 143 (17. Jh) 1°. Agg verschiedenen Umfangs und Bestandes: Lamy 3, 1/114 mit Ergänzungen aus liturgischer Überlieferung 3, 113,26. 4, 367/462. IgnERahmani, Bessarione² 4, 165,85. 5, 4/13. Ders., 3, vorab
1/76. 100f.

[3]) Vg. Lamy 4, 357f.   [4]) Über die betreffende Redaktion eines Jaqqirā § 46f. Eine
andere liegt nach einer Mosuler Hs bei Lamy 4, 367/462 zugrunde. Entsprechende Texte nach
KatMargoliouth 5f. anscheinend für das „Fasten der Jungfrauen“ (§ 32b) in der Hs: BrM 2300
fol 133/50 (J 1481 2). Ag: Rahmani 3, von 112 an. Vg. auch das Ofizium des Ninivitenfastens
im BrCh 1, 411/28 bzw. daraus Rahmani 3, 90/110.

[5]) Ag nach einer „alten“ liturgischen Hs im Besitze der uniert-syrischen (?) Thomaskirche
in Mosul. Ag: Rahmani 3, 76/90.   [6]) Hss: BrM 510 (Add 14573. 6. Jh) 1°. VtS 117. 46°. Ag:
OpS 2, 359/87. Übs. HBurgess, The Repentance of Ninive (Lo 1853).   [7]) OpG 3, 561/8
lateinisch nach Vossius.

[8]) Hs zweier. von denen die zweite unvollständig: BrM 540. 2°a b. Ag der ersten: Lamy
2, 335/62. Burkitt 25 Ak. 1 vermutet, kaum mit Recht, in dem jeder Spur einer Bestimmung
für gesanglichen Vortrag entbehrenden Stücke eine der verlorenen Nrn der Nisibenischen Gedichte. Seine Eingangsworte griechisch an der Spitze eines wesenhaft verschiedenen: OpG 1, 40.
Zum zweiten vg. unten S. 50 Ak. 1. Aus einem weiteren wohl sicher echten Mēmrā „der Rüge“
stammt ein Zitat in der Hs BrM 771 (Add 14536. 8. Jh) fol 6°r. Ag: Rahmani 2, 132f.

[9]) De vir ill. § 66: „. . . ruinam etiam Antiochiae elegiaco carmine planxit, eo anditores
imbuens sono, quo Ephrem diaconus Nicomediae lapsas.“

[10]) Hs: 326 des Jakobsklosters in Jerusalem (12 Jh). Vg. FrMurad, „Offenbarung Johannis
in einer alten armen. Übs.“ (Jerusalem 1905,6. Armen.) VI. XIV. Ders., „Sechzehn neueutdeckte
Hymnen d. hl. Ephräm üb. d. Stadt N.“ in. „Huschardzan. Festschrift aus Anlaß d. hundertjähr.
Bestandes d. Mechitharisten-Kongregation in Wien (Wien1911. Armen.) 203/8. Ag der Nr 14 und
teilweise der Nrn 3 und 16: Huschardzan 206 8.

[11]) In Zitatform bei Ja'qōb(h) b Šakkō (§ 50f.) und in einer exegetischen Katene der Hs
BrM 852 (Add 12168. 8/9. Jh). Ag: Rahmani 2, 20. 27f.

ist.[1]) Eine Reihe von mindestens 13 Memrē auf die dritte und wohl eine solche auch auf die vierte Belagerung von Nisibis wird wenigstens durch zwei Originalfragmente kenntlich.[2])

§ 8. Was in minder zuverlässiger Beglaubigung unter dem Namen Ap(h)rems erscheint, braucht deshalb keineswegs ohne weiteres geradezu als unecht zu gelten. Tatsächlich Unechtem steht schon in Prosa in seiner Echtheit nur mehr oder weniger Zweifelhaftes oder bloß in seiner vorliegenden Gestalt zu kritischen Bedenken Veranlassung Bietendes gegenüber. Mancher echte Mad(h)rāšā A.s mag sich ferner auch in ausschließlich liturgischer Überlieferung erhalten haben und das Bild seiner Mēmrā-Dichtung eine Vervollständigung auf Grund von Stücken erfahren können, die in Hss erst späterer Zeit auftauchen. Mindestens Bruchstücke echter Mad(h)rāšē haben sich sogar in der mit dem Namen des Qālā verknüpften Schicht liturgischer Gesangstexte und in den sog. „Leitern“, solche wohl vor allem echter Mēmrē in manchem als Bāʿūt(h)ā bezeichneten Liede der Liturgie erhalten. Nur die Aussonderung des Echten wird hier überall wohl für immer fast unübersteiglichen Schwierigkeiten begegnen, während allerdings auch nicht weniges zweifellos Unechte als solches sofort in die Augen springt. Problematisch bleibt vorerst auch der tatsächliche Umfang des Zusammenhangs einer gleichfalls dem Mēmrā näher stehenden poetischen Gattung der Tešbôḥtā mit A.

a) In **Prosa** scheinen Homilien (Tûrgāmē) über Themen aus Gn und Ex, auf den Anfang der Fastenzeit und die Herabkunft des Hl. Geistes[3]) in einer alten Textüberlieferung erst von späterer Hand auf A. zurückgeführt zu werden und tatsächlich nicht syrische, sondern Wiedergabe griechischer Originale zu sein, für die auf die Autorschaft auch des Basileios und Chrysostomos geraten wurde.[4]) Ersteres gilt auch von solchen über Lk 7, 36 50 und 2, 22 32, während eine über die Buße sich nicht über die islamische Zeit hinauf verfolgen läßt.[5]) Die angeblich aus A. geschöpfte Erklärung vor allem von Richt. Sm. Kge und den Propheten mit Einschluß der Klgl bzw. auch des Pentateuchs und der BB Jos und Job, die in einem Gesamtbestande von 5600 Scholien ein jakobitischer Katenenkommentar des 9. Jhs aufweist,[6]) bietet für ihre Echtheit im einzelnen mindestens eine völlige Gewähr schon deshalb nicht, weil sich vielfach der Umfang des für

---

[1]) „Über die Stadt N., die Auferstehung und die Willensfreiheit.“ Hs: BrM 822 (Add 17185. 10 1. Jh) 14°. Ag: Rahmani 2, 21,6.

[2]) In der Hs BrM 862 fol 44° r (aus Nr 13 der „dritten Eingeschlossenen“, was füglich nur von dritter feindlicher „Einschließung“ von Nisibis verstanden werden kann) bzw. bei Iwannis v Dārā (§ 44e) „üb. d. Auferstehung“ B 4 (aus einem allerdings nicht numerierten „M. über die vierte Einschließung von N.“). Ag: Rahmani 2, 114. 131 f.

[3]) Hs: BrM 534 (Add 17189. fol 1, 16. 5,6. Jh). Agg: Overbeck 74,104. derjenigen über das Fasten auch Lamy 2, 707,18.

[4]) Burkitt 74 9.   [5]) Hss: BrM 935. 4° a,b bzw. 745 (Add 17164. 9. Jh) 3°. Zwei prosaische „Mēmrē“ A.s auch: Séert 109 (J 1609) X1V°.

[6]) Über die Hss vg. § 44 j. Agg: OpS 1, 308/367. 2, 20,315 bzw. 1, 116,193. 226,307. 2, 1 19 mit Ergänzung: Lamy 2, 105 310. Vg. Ders., Les commentaires de Saint Éphrem sur le prophète Zacharie, RB 6, 380 95. 535/46. 7, 89,97.

A. in Anspruch genommenen nicht genau bestimmen läßt.[1]) Erst durch einen Vergleich mit der echten Gn- und Ex-Erklärung aufzuhellen wäre, mit wie vielem Recht oder Unrecht ein arabischer Pentateuchkommentar A. als Hauptquelle für sich in Anspruch nimmt.[2]) Zu kümmerlich, um eine Beurteilung der Echtheitsfrage zu ermöglichen, sind Azz aus einem asketischen „B der Sentenzen“ (K d h)ēre‘jānē).[3]) das gleich einem ähnlich schattenhaft bleibenden Werke mit Gesprächen zwischen A. und einem Schüler,[4]) in der vollends kritisch unsicheren Masse des unter seinem Namen griechisch überlieferten asketischen Schrifttums sich mit nichts identifizieren läßt. Im Original[5]) und in griechischer Übs[6]) erhalten ist dagegen eine Prosabiographie des Ab(h)rāhām Qîd(h)ûnāja, deren Abfassung durch A. positiven Bedenken von durchschlagender Kraft unterliegt.[7]) Gewiß zu Unrecht mit ihm in Verbindung gebracht wurde auch eine Rezension biographischer Nachrichten über die zwölf Apostel,[8]) die übereinstimmend bei jakobitischen und nestorianischen Schriftstellern des zweiten Jahrtausends nachwirkt.[9])

b) Von **Mad(h)rāšē** unter dem Namen A.s liegt eine Folge von 18 Nrn., die sich teils in der Form paränetischer Rede oder betrachtenden Selbstgespräches, teils in derjenigen hymnischen Gebets mit dem Bußgedanken beschäftigen, in wohl schon pseudoliterarischer Überlieferung vor.[10]) Die liturgische erfolgt vor allem in verschiedenen dem kirchlichen Tagzeitengebet des jakobitischen und maronitischen Ritus dienenden Buchtypen und in deren Begräbnisliturgie teils noch immer in geschlossenen Reihen gegenständlich zusammengehöriger Stücke, teils so daß das einzelne Lied an seinem Platze organisch dem Gesamtrahmen für der eine bestimmte liturgische Feier erforderlichen Texte eingefügt erscheint. Nach Umfang und Bestand wechselnde Reihen ersterer Art konkurrieren mit den Resten der betreffenden älteren literarischen Sammlungen für die beiden Gruppen der Weihnachts- und Fastengesänge, was in besonders lehrreicher Weise Eigenart und Wirkung liturgischer Textüberlieferung zu verfolgen gestattet.[11]) Von den

---

¹) Burkitt a. a. O. 86,9.   ²) Hss: Ox 5 (Hunt 112. 12. Jh). 125 (BodlOr 54. 15. Jh). 126/7 (Marsh 440. 1. 2. J 1488). Vielleicht identisch mit einer in Arab 230 (J 1528) zu Leyden, 235 (J 1550) zu München und JerMkl 11* (J 1552) vorliegenden Pentateuchkatene unter deren Autoritäten A. gleichfalls die am häufigsten zitierte ist. Ag der letzteren zu Grn: P de Lagarde, Materialien zur Kritik u. Gesch. d. Pentateuchs 2 (Lpz 1867) 3/182.   ³) Hss: BrM 785 (Add 12167. J 875/6) XVI⁰. 806 (Add 14613. 9/10. Jh) 5.⁰15⁰. Vg. noch „Maximes de Saint Ephrem sur la crainte de Dieu“: Séert 109 (J 1609) V⁰.   ⁴) Hs von Bruchstücken: BrM 935. 4⁰ c.δ′. ε′. Vg. Overbeck S. XVI. Andere Ἐρωτήσεις καὶ ἀποκρίσεις: OpG 2, 377/94.   ⁵) Hss: BrM 936 (Add 14644. 5/6. Jh). 942 (Add 12160. fol 109/85) 1⁰ (6. Jh). Or 4404 (19. Jh) fol 57 v⁰ ff. Pr 234 (Anc fonds 143. 13. Jh) 1⁰. 20. 235 (Anc fonds 144. 13. Jh) 2⁰. 326 (ganz jung) 8⁰. Urm 186 (J 1891). 179 (19. Jh). Agg: Lamy, AB 10. 10/49. Hymni et serm. 4, 1/84. P Bedjan, AMS 6, 465/94.

⁶) OpG 2, 11/20.

⁷) Die älteste Hs bietet den Text anonym. Daß dann allerdings schon BrM 942 ihn A. zuschreibt, beweist deshalb verhältnismäßig wenig, weil diesem hier auch der Abschnitt der Φιλόθεο. ἱστορία des Theodoretos über Johannes Sabas beigelegt wird.   ⁸) Hs des Anfangs unter dem Namen A.s in der syrischen Kirche von Bēt(h) Sĕb(h)îrînā im Ṭûr ‘Ab(h)dîn (9. Jh). Ag: A Barṣaum, CSCO Ser. III. 14, 21 f.   ⁹) Vg. F Haase, Neutestamentl. Abhandl. 9 r/III, 60/5.

¹⁰) Hs: VtS 93 (9. Jh) 4⁰. Ag: OpS 3, 412 5. 453/5. 415·37. 451/3. 437/40. 447/50. 470/3. 450 f. 443/7 (als „Paraeneses“ 5. 22. 6/14. 21. 15 f. 19. 17. 20. 18). Dazu mindestens eine verwandte Nr: BrM 450 (Add 17141. 8/9. Jh) 5⁰ und einige nicht näher bezeichnete „hymnes“: Séert 115 (14. Jh) 1⁰. 87 (J 1609) 10⁰. 109 (J 1609) XIV⁰.

¹¹) Hss: BrM 306 (Add 14515. J 893) 3⁰. 310 (Add 14506. fol 119/235. 9/10. Jh) 4⁰. 311 (Add 14511. 10. Jh) 3⁰. 312 (Add 14512. 10. Jh) 1⁰. 325 (Add 14509. 11. Jh) 6⁰. 451 (Add 14520. 8/9. Jh) 1⁰a bzw. 310. 10⁰i. 312. 7⁰. 463 (Add 14506. fol 1/96. 11. Jh) 9⁰. Agg des gesamten Materials: OpS 2, 396/437

nur in solcher vorliegenden Epiphaniehymnen (Mad(h)râšē d(h)ébét(h) denḥa) war die Mehrzahl ursprünglich bestimmt, bei der feierlichen Taufspendung doch wohl eher der Osternacht zu erklingen, und ist auf den 6. Januar erst übertragen worden, als dieser, zum ausschließlichen Fest der Jordantaufe gestempelt, früher an ihm als dem gemeinsamen Fest der Geburt und der Taufe des Herrn gesungene Lieder auf die erstere an die junge selbständige Geburtsfeier des 25. Dezember hatte abtreten müssen.[1]) Um ursprüngliche Festgesänge auf die Geburt Christi handelt es sich auch bei den Marienliedern,[2]) die wie eine Sammlung von 15 Nrn auf die Martyrer insgesamt[3]) und von 5 auf die 40 Martyrer von Sebaste[5]) gleichfalls ausschließlich eine liturgische Überlieferung haben. Auch für die „Mad(h)râšē der Verstorbenen" ist ihre liturgische Verwendung von entscheidender Bedeutung, nicht zum Vorteil der Gruppe, in die Stücke von zweifelhafter Echtheit und bloße Exzerpte aus einzelnen Nrn der „Nisibenischen Gedichte" Eingang gefunden haben.[4]) Vollends nur durch die in der Echtheitsfrage naturgemäß die geringste Gewähr bietende zweite Art liturgischer Überlieferung erhalten sind im jakobitischen Ritus nicht wenige weitere Festgesänge.[6]) Des Kunstmittels der alphabetischen Akrostichis bedienen sich einige Tagzeitenlieder,[7]) die denn auch geradezu als Sôg(h)jàt(h)ā bezeichnet das maronitische Ferialbrevier neben einer Masse anderen hymnischen Gebetstoffes[8]) auf A. zurückführt, während vereinzelte ihm beigelegte Sôg(h)jàthā auch anderwärts auftreten.[9])

(13 Nrn) 3, 599/602 (= „Serm. de div. 1"). Lamy 2, 429 515 (8 schon in OpS 2 stehende u. 2 weitere Nrn) bzw. Lamy 2, 643/708.

[1]) Hss: BrM 450. 2°. 451. 3°. 306. 8°. 310. 9°. 312. 4°. Ag: Lamy 1, 1 144. Taufgesänge der berührten Art sind hier die Nrn 3/13. Nr 2 ist die Nr 13 der Weihnachtslieder der OpS 1, ein ursprünglicher auf Magieranbetung und Jordantaufe gehender Festhymnus auf den 6. Januar, 14 f. sind die anderwärts auch ohne den Namen A.s überlieferten Sôg(h)jàthā über Christus und Johannes den Täufer bzw. Maria und die Magier. Vg. auch Burkitt 67/9.

[2]) Hss: BrM 306. 4°. 311. 4°. 312. 2°. 463. 2°. Ag: Lamy 2, 510 642.   [3] Hs: BrM 463. 5°. Ag: Lamy 3, 695/750.   [4]) Hs: BrM 463. 10°. Ag: Lamy 3, 937/58.

[5]) Hss: VtS 92 (J 823) 3° (37 Nru) und wohl einer pseudoliterarischen Überlieferung: 93 (9. Jh) 10° (11 Nrn, von denen 3 neu). 13° (9 Nrn), einer vereinzelten Nr: BrM 170, Add 17109. J 873/4) 4° (= OpS 3, 296/8). Schon die zweite Art liturgischer Überlieferung findet statt in BrM 453 (Add 17207. 8/9. Jh) 10°, einem geradezu A. zugeschriebenen Begräbnisritual mit 19 meist akrostichischen Hymnen, und 513 (Add 17130. J 876/7). Über die jüngeren Exemplare jakobitischer und maronitischer Begräbnisliturgie vg. unter c. Ag von VtS 92 Nr 1/14. 16/37 in OpS 3, 225 395 (als „Funebres canones" 1. 44. 43. 36. 42. 41. 40. 39. 38. 62. 34 f. 37. 32. 58/61. 18 f. 54. 21 f. 8. 23/7. 2/4. 13. 17. 5 f.), von VtS 93. 10° 4. 11. 13° 1/4. 6/9: ebenda (als „Funebr. can." 65. 29. 45/8. 14. 50/2).

[6]) Die Beschreibung der Hss in den Katalogen ermöglicht hier leider keine durchgängige Nachprüfung der Zuweisungen an A., welche die Ag des syrisch-antiochenischen Festbreviers (Brev. iuxta rit. Eccl. Antiochenae Syrorum. Mosul 1886/96) bietet. Anonym überliefert sind Mad(h)râšē auf die Apostel Petrus, Paulus und Thomas, von denen dort einzelne Strophen unter dem Namen A.s stehen, in BrM 450. 19°/21°. Ag: Lamy 4, 681 706. Zwischen A., Bâlai (§ 10 f) und Ja'qôb(h) v Sûrûg(h) (§ 24 c) schwankt die Zuweisung bei einem einen Monolog des Apostels enthaltenden Stück auf den reuigen Petrus. Hss: BrM 748 (Add 17190. J 893) 11° 4 g ß'. Pr 161 (Anc fonds 51. 10/11. Jh) fol 20. Ag: Lamy 4, 737/46. Das gesamte übrige Material der Festbrevierag ebenda 679/82. 705/36. 745/76.

[7]) Ag: OpS 3, 485 f. 511 f. 515. 534 f. 537 f. 539 f. 541 4 (als „Paraeneses" 33. 48. 50. 64. 67. 69. 71 f.).

[8]) Hierher gehört wohl die ganze übrige Masse des OpS 3, 463/545 (als „Paraeneses" 25 73) Gedruckten. Vg. Burkitt 19. Darunter sind weitere Stücke mit alphabetischer Akrostichis die Nrn 25/8 und 49. In nestorianischer Überlieferung ausdrücklich für andere Verfasser

c) Der **Qālā** (Pl: Qālē) ist ein von vornherein ausschließlich der liturgischen Textüberlieferung angehörendes Gebilde aus Strophen, die, eines regelmäßig wiederkehrenden Abgesanges entbehrend, vielmehr bestimmt sind, selbst in responsorischem oder antiphonischem Vortrage mit Psalmversen, bzw. den beiden Hälften der trinitarischen Doxologie („Ehre sei dem Vater" usw. „Von nun an" usw.) verbunden zu werden. Eine vielfach zu beobachtende Erscheinung ist dabei die Fortführung gewisser Grundstrophen durch eine Reihe von Zusatzstrophen auf die Gottesmutter, die Apostel, Märtyrer, Verstorbenen, die Buße, das Kreuz, die Auferstehung.[1] Zweifellos sind zum Gebrauche in diesem liturgischen Gefüge späterhin auch Texte neu geschaffen, ebenso zweifellos aber in nicht geringem Umfange einzelne Strophen alter Denkmäler sangbarer Dichtung aus ihrem ursprünglichen Zusammenhange ausgebrochen worden, so daß in den Qālē auf weiten Strecken ein reiches Material von Mad(h)rāšē- und Sōg(h)jāthā-Bruchstücken vorliegt, das eine Ergänzung der literarischen und sonstigen liturgischen Überlieferung ermöglicht. Ausdrücklich werden mit A. im nestorianischen wie im jakobitischen und maronitischen Ritus die Qālē der Begräbnisliturgie in Verbindung gebracht.[2] Selbst eine Erweiterung der berührten Art nicht aufweisend, haben diese einzelne Strophen für die „allgemeinen" oder „Vigilien-" und die „apokryphen Qālē" (Q. gᵊnīzē) des jakobitischen Nachtoffiziums geliefert,[3] die ihren Platz in den Anhängen der Bēt(h) Gazzā („Schatzhaus") betitelten endgültigen Gestalt des jakobitischen Ferialbreviers finden,[4] nachdem der einschlägige Stoff liturgischer Gesänge früher in einem Pardaisā („Paradies") genannten Buchtyp vereinigt worden war.[5] Entsprechend liegen die Verhältnisse nicht nur auf dem Boden des

---

bezeugt werden die Nrn 39. 51. 62f. Vg. Burkitt 12/5. Über Hss nnd Agg des maronitischen Ferialbreviers s. § 56a.

°) Hss: BrM 450. 17°a. 813(Add 14611. 10. Jh) 11°. Ox 153(Marsh 711) 3°. 9°. Ag des ersten durch das hohe Alter der Hs empfohlenen Stückes: OpS 3, 460,3 (als „Paraenesis" 24), asketische Mönchsregeln mit alphabetischer Akrostichis aus einer Mosuler Hs: Rahmani, StS 1, 9f. (8f).

[1] A Baumstark, Psalmenvortrag u. Kirchendichtung d. Orients, Gottesminne 7, 290 305. 413 32. 540/58. 887/902.   [2] 'Aï. Ältere Haupths: VtS 92, 1°. Hss des jakobitischen Begräbnisrituals: BrM 514 (Add 14525. fol 1/10. 9/10. Jh). 915 (Add 14502. 12. Jh). 916 (Add 17131. 12. Jh). 918 (Add 14717. fol 1 38. 13. Jh). 7182 Rich (15. Jh). Pr 122 (Anc fonds 56. 15. Jh). 121 (Anc fonds 100. 17. Jh). 123 (Anc fonds 101. 17. Jh). 124 (Anc fonds 99. 17. Jh). VtS 60 (13. Jh). 37 (J 1626/27). VtB 29 (15. Jh). 98 (J 1868. Abs einer Vorlage des 13. Jhs in einer Thomaskirche zu Mosul). Ox 73 (Marsh 708. 15. Jh) 1°/3°. 74 (Bod. Or. 12. J 1581/2). JerMkl 21 (18/9. Jh). 20 (J 1815). 22 (J 1815 6). Über das maronitische § 56a, über das nestorianische § 16d. Ag der Qālē VtS 92. 1° 5/9. 12/18. 21f. 27/31: OpS 3, 313/44. 346/59 (als „Funebr. canones" 66/71. 72/9. 80f. 82,5). Der Überschuß der Ag dürfte auf abweichender Abteilung beruhen oder aus jüngeren Exemplaren des maronitischen Begräbnisritus stammen.   [3] Vg. über diese A Baumstark, Festbrevier u. Kirchenjahr d. syr. Jakobiten 149f.

[4] Hss desselben mit den Anhängen: VtS 324 (13. Jh). 68 (spätestens J 1464/5). 69 (J 1547). 67 (J 1563). 71 (16. Jh). 70 (J 1674). VtB 158 (15. Jh). Pr 149 (Anc fonds 72. J 1465/6). 145 (Anc fonds 42. J 1555/6.) 147 (Anc fonds 39. 16. Jh). 148 (Suppl 15. J 1614/5). 146 (Anc fonds 40. J 1644/5). JerMkl 25 (15. Jh). 26 (J 1654). 28 (J 1856). Ox 49 (Marsh 479. J 1544/5). 48 (Poc 333. 16. Jh). 50 (Hunt 594. J 1654), nur der Anhänge: BrM 470 (Add 14716. fol 79/166. 13. Jh). Brl 154 (Sach 155. J 1637). Pr 151 (Anc fonds 107). 152 (Anc fonds 82). JerMkl 29 (18/9. Jh). Die Anhänge fehlen infolge Defekts derselben in den noch dem 13. Jh angehörenden Hss: BrM 392/5 (Add 17241. 14704. 14720. fol 1/111. 17250). Ag: für den unierten „syrisch-antiochenischen" Ritus Šarfah 1902, zuverlässiger als die älteren römischen der JJ 1696, 1787, 1853 (Vg. Nestle, Lit. 32). Vg. A Baumstark, D. „syr.-antioch." Ferialbrevier, Katholik 82, 401/27. 538/50. 83, 43/54.

[5] Hs: BrM 469(Add 17232. J 1209/10). Vg. anch die häufige Melodieangabe: „im Tone des Paradieses".

maronitischen Ritus,[1]) sondern es wurde für A. wohl auch[2]) die Gesamtmasse dessen in Anspruch genommen, was den „allgemeinen Qâle“ des jakobitischen auf nestorianischer Seite entspricht und seine maßgebliche Redaktion im 6. Jh erfahren haben dürfte,[3]) und in der Tat mag manches in der betreffenden weitschichtigen Sammlung alter Lieder und Liederfragmente wenigstens bis auf seine Zeit zurückgehen.

d) Als „Leitern (Seb(h)lât(h)â) von Mad(h)râšê“[4]) bezeichnet, erscheinen seit dem 13. Jh zuerst in selbständiger Überlieferung, dann gleichfalls unter den Anhängen des jakobitischen Ferialbreviers Sammlungen hymnischer Texte, für die A. bald allein, bald neben einem oder zwei jüngeren Dichtern als Urheber angesprochen wird.[5]) Ausnahmslos dürfte es sich um bloße Azz aus einem ursprünglichen Korpus von 500 Nru handeln, in dem Strophen älterer Lieder einer sekundären Anordnung nach Art der Qâle und ihrer Zusatzstrophen unterzogen worden waren. Daß für diese Redaktionsarbeit in weitem Maße gut, ja best bezeugte Texte den Stoff geliefert haben, ist ebenso offenkundig, als daß umgekehrt in einzelnen Fällen der Gedanke an A.schen Ursprung sich von vornherein verbietet. Die Möglichkeit einer wenigstens fragmentarischen Bereicherung der echten A.-Überlieferung aus dieser Quelle ist mithin keineswegs ausgeschlossen. Besondere Beachtung verdient der Reichtum an Sôg(h)jât(h)ā-Material, der ein besonders altes „Leitern“-Exemplar auszeichnet.[6]) In dieselbe Sphäre fragmentarischer Neuverwendung alten Liedergutes führt endlich auch ein gelegentlich auftretendes kleines Korpus ausdrücklich als solcher bezeichneter hymnischer „Bruchstücke“ (Teb(h)rât(h)â), für dessen Strophen wiederum neben den beiden jüngeren Konkurrenten A. als Verfasser namhaft gemacht wird.[7]) Der hier endende Gang der Entwicklung wäre auf Grund einiger mit seinem Namen verknüpfter Kleinsammlungen verwandter Natur bis ins 8/9. Jh zurückzuverfolgen.[8])

e) An Mêmrê wird durch liturgische wie literarische Hss der islamischen Zeit[9]) nicht weniger auf A. zurückgeführt, was in einer meist wohl entschieden glaubwürdigeren Überlieferung unter anderem Verfassernamen oder anonym auftritt.[10]) Auch den hier nur für ihn bezeugten Stücken wird man unter diesen Umständen in der Echtheitsfrage von vornherein nicht ohne eine gewisse Zurückhaltung gegenübertreten können. Ein eigenartiges Problem bildet sein Verhältnis zu inhaltlich verwandten Texten der griechischen Überlieferung für ein durch die Fülle seines dramatischen Lebens an den Jonas-Mêmrā erinnerndes Gedicht auf die Salbung Jesu durch die öffentliche Sünderin[11]) und je ein solches über die

---

[1]) Hs seiner „Vigilien-Qâlê“ usw.: BrM 467 (Add 14703. 12/3. Jh). Im übrigen vg. § 56a. [2]) ChrS 1, 85.   [3]) Vg. § 17d.

[4]) Lamy 3, XV/XXIII unter Mitteilung einiger Textproben.   [5]) Hss: VtS 95 (13. Jh). VtB 133 II (J 1224) 1°. BrM 882 (Add 14786. fol 56 f.). Brl 156 (Sach 234. J 1822) 4° und in den Anhängen der Ferialbreviere VtS 67/9. 71. VtB 158. Pr 145. 147,9. JerMkl 25 f. 29. Ox 48,50.

[6]) VtS 95. Bs: KatAssemani 512/8.

[7]) Hss: BrM 470 (Add 14716. fol 79,166. 13. Jh) 4°a. Pr 149. 8°. JerMkl 29. 5°.   [8]) Vg. die „Vigilien-Mad(h)râšê“ BrM 450. 2° bzw. 460 (Add 14506. fol 97 110. 11. Jh).   [9]) Von ersteren kommt besonders ein Homiliar VtS 117 (12. Jh) in Betracht. Von letzteren enthalten BrMOr 2732 (18. Jh). Ox 153 Marsh 711) ungenügend Beschriebenes.

[10]) Vg. besonders S. 55 Ak. 3 über das Schwanken der Überlieferung zwischen A. und Ishâq v Antiocheia. Zwei den Namen A.s sicher zu Unrecht tragende Dichtungen über die Legende des Jôḥannân b Malkê (§ 14e) und die Translation der Gebeine des ägyptischen Joseph nach Konstantinopel unter Kaiser Honorius liegen unter dem Namen A.s in den Hss CmbrAdd 2820 (J 1882) IV°. Dijarb 98. 11° bzw. BrM 7190 Rich (13. Jh) 73°. VtS 96 (J 1351/2) 45°, anonym in den Hss: Brl 169 (Sach 192. 18. Jh) 2° bzw. Sëert 109 (J 1609) XVII° vor.

[11]) Hss: BrM 948 (Add 14651. J 830) 4°. 833 (Add 17266. 12. Jh) 1°. Ag: Lamy 1, 311/38. Die

Opferung Isaaks[1] bzw. Elias und die Witwe von Sarepta,[2] zu denen sich noch
einige wenige weitere Behandlungen ATlicher Gegenstände gesellen.[3] Als ein solcher
„gegen die Juden“ scheint ein Mēmrā über den Einzug Jesu in Jerusalem sich
besonderen Ansehens erfreut zu haben,[4] während eine Folge von 8 Nrn über
die Passion nur eine schmale und späte hsliche Bezeugung erfährt.[5] Neben
einen wiederum besser bezeugten Mēmrā, „der Ermahnung“ „über die Liebe zur
(Heils)lehre“[6] treten als sachlich mehr oder weniger verwandte Stücke Betrachtungen über Is 26. 10[7] und Prd. 1. 2.[8] Erörterungen über die Probleme der
göttlichen Vorsehung[9] und den Kampf Satans gegen das Heil der Menschen[10]
eine von Ps 110. 10 ausgehende[11] und eine zu Geduld gegenüber Unterdrückung und
Verleumdung ermahnende moralische Paränese[12] in poetischer Form. Unter ähnlichen
Stücken „der Reue“[13] nimmt eine Bußrede über Klgl 5. 16.[14] unter anderen „Rüge“-
dichtungen[15] ein teilweise wie schon in einer Hs des 6. Jhs[16] auftretenden, so auch
griechisch wiederkehrender und vielleicht durch Kontamination entstandener be-

entsprechenden griechischen Texte: OpG 2, 297/306. 3, 385/406, ein koptischer in der Hs VtCopt 58
(J 957) 6°. Ag des letzteren: IgnGuidi, Bessarione² 4, 1/21.   [1] Hs: BrM 831 (Add 17206.
11/12. Jh) 6°. Der griechische Gegentext: OpG 2, 312/21 und Mercati 1, 43/83.

[2] Hs: BrM 948. II 2°. Griechischer Gegentext: OpG 3, 240/43 und Mercati 1, 201/23.

[3] Über Job: VtS 252 (vor J 932) 30°. JerMkl 43 (Nach J 1143/4 und geraume Zeit vor
J 1483/4) XI° 3 unter A.s, BrM 63S (Add 14584. 8/9. Jh) 3°a unter dem Namen Ja'qôb(h)s v Sĕrûg(h),
der sich hier des „Metrums A.s“ bedient hätte. Derselbe oder ein zweiter Mēmrā über den gleichen
Gegenstand: VtB 125 (J 1720) 7°. Beide in einer Hs in Šarfah(?). Ag beider: Rahmani 2, 92/115. —
Über Abraham und seine typische Bedeutung: BrM 833 (Add 17266. 12. Jh) 1°b. — Über Aaron und
seinen Sohn Eleazar: Brl 164 (Sach 113. J 1803) 18°. — Über Abraham und Sara im Original anonym:
Ox 138 (BodlOr 19°. 13. Jh), in einem Karš-Text unter dem Namen A.s: Mos 87 (J 1723/4).

[4] ChrS 1, 211. 'Ai. Oder sollte hier an eine antijüdische Polemik vielmehr verlorener
Mad(h)rāšē zu denken sein? — Hss: BrM 825 (Add 12165. J 1015) 60°. VtS 118 (vor J 1121) 50°. 117.
154°. VtB 26 (J 1728) 1°. JerMkl 44 (Vor J 1413/4). Pr 196 (Anc fonds 117. 16. Jh) 54°b. 189
(Suppl 76. Abs der vorigen). Ox 135 (Poc 404. J 1640/1) 61°. Ag: OpS 3, 209/24.   [5] Liturgisch
auf die Werktage der Karwoche, den Oster- und den Weißen Sonntag verteilt. Hss: JerMkl 44
(13. Jh). Pr 196, 73°. 189, 1°d/k. 200 (Suppl 45. J 1692). Ag: Lamy 1, 339/566.

[6] Hss: BrM 170 (Add 14735. J 873/4) 2°. 803 (Add 14588. 9/10. Jh) 1°. 858 (Add 14735.
fol 112/64. 12. Jh) 3°. 958 (Add 14735. fol 72/173. 12. Jh) 3°. Pr 189, 1°c, vielleicht auch: Dijarb
98, 9°. Ag: Lamy 1, 275/310.   [7] Hss: BrM 824 (Add 14615. 10/11. Jh) 1°c. VtS 117. 89°.
155 (J 1516) 27°. Brl 143 (Peterm I 25. 14/5. Jh). Fol 108 v°. Ox 135. 100°. Ag: OpS 2, 344/50.

[8] Hs: VtS 117. 87°. Ag: OpS 2, 338/44.   [9] Hs(s): in Šarfah (?). Ag: Rahmani 2,
33f. 36f.   [10] Hss eines Bruchstückes: BrM 817 (Add 14614. 10. Jh). Fol 75, eines vollständigen
sehr umfangreichen Gedichtes: in Šarfah (?). Ag: Rahmani 2, 115. 135/46.   [11] Hs: VtS 117.
59°. Ag: OpS 3, 629/39 (als „De div. serm.“ 13).   [12] Hss: in Mosul und Šarfah (?). Agg:
Lamy 4, 217/26. Rahmani 2. 56/9.

[13] Hss einer Sammlung von 6 Nrn: Séert 109 (J 1609) X°. Mos 100. 4°, vielleicht auch:
Mos 101 Anh. 2, einzelner: VtS 117. 81°. 82°. CmbrAdd 2016 (13. Jh) 24°. Brl 164 (Sach 113.
J 1803) 4° (= VtS 117. 81°). Ox 153 (Marsh) 4°. 18°. Ag der beiden römischen Nrn: OpS 3, 369/87
(als „Paraen.“ 2 f.).

[14] Hss: BrM 813 (Add 14611. 10. Jh) 15°. 951 (Add 14653. 11. Jh) 4°. 957 (Add 14655. 11. Jh) 4°.
VtS 117. 88°. Pr 177 (Anc fonds 83. J 1520/1) 2°. Ag: OpS 2, 350/9.   [15] Hss einer Folge von
4 Nrn: Sin 67 (9. Jh), einzelner: BrM 537 (Add 12176. 6/7. Jh) 1° (von jüngerer Hand!). VtS 93
(9. Jh) 9°. 96 (vor J 1351/2) 39°. Eine „alte“ in Mosul bzw. eine in Šarfah (?). Agg der sinaïtischen
Texte: Lamy 4, 85/119. 124/40, des Londoner: 2, 363/92, des Mosuler: 4, 185/208. Rahmani
2, 121/9. Eine armenische Übs des Londoner und des ersten sinaïtischen Stückes ist in der
hslichen Überlieferung mit derjenigen der Mēmrē über Nikomedeia verbunden. Vg. A Vardanian,
Handes Amsorya 26, 368f.   [16] BrM 540. 2°b. Vg. oben S. 43 Ak. 8.

sonders umfangreicher Text [1]) eine hervorragende Stellung ein. Einem Gedicht zum Preise des Wandermönchtums [2]) dürfte eine solche im Kreise einiger speziell in die Sphäre monastischer Askese führender Stücke zukommen. [3]) Mindestens ein im Original erhaltenes Gedicht über den Antichrist und das Weltende [4]) fordert gleich der zweiten Hälfte der Paränese über Ps 110. 10 zu einem Vergleiche mit griechischen Texten eschatologischen Inhalts heraus. [5]) Auch unter den in die Begräbnisliturgie aufgenommenen „Mēmrē der Verstorbenen" [6]) beschäftigt sich einer mit den Schrecken des allgemeinen Gerichtstages, [7]) während ein anderer, falls er als echten gelten dürfte, ein hervorragendes liturgiegeschichtliches Interesse erwecken müßte. [8]) Als sicher unecht erweisen sich durch ihren Inhalt ein die griechische Wissenschaft preisendes Stück über den Wunderbau des menschlischen Körpers [9]) und eine schon in ihrem ersten Vers zum Anschluß an Aristoteles auffordernde philosophisch theologische Lehrdichtung. [10]) Nicht günstiger wird sich über eine Reihe von Behandlungen legendarischer Themen urteilen lassen, [11]) in-

[1]) Hss: VtS 117. 97°. Pr 196. 23°. 169. 1°b und eine in Mosul. Agg: OpS 3, 654,57 (als „De div. serm." 18). Lamy 4, 263/356, unvollständige: BrCh 1, 414/20. Der Mēmrā wird in der Mosuler Hs als ein (aus verschiedenen?) „gesammelter" bezeichnet, bietet also keine Gewähr dafür, mit dem bruchstückweise kenntlich werdenden alten Texte schlechthin identisch zu sein. Ein Teil des Textes wurde in die Jaqqirā-Rezension der Mēmrē des Gebetes (§ 46f. bzw. oben S. 43 Ak. 4) aufgenommen. Das griechische Stück: OpG 2, 279f.

[2]) Hss: VtS 117. 97°. VtB 45 (17. Jh) 3°. Ox 136 (Hunt 595. 15. Jh) 9°. Pr 197 (Anc fonds 157. 16. Jh) 10°. Ag: A Haffner, D. Homilie d. hl. Ephräm v. Syrien üb. d. Pilgerleben nach d. Hss. von Rom u. Paris hgeg. u. übs. SbAWW 135 ix, unvollständige: OpS 3, 650f. (als „De div. serm." 16).

[3]) Hss dreier Nrn: eine Mosuler, der ersten: zwei in Šarfah (?), ihres Anfangs: BrM 463 (Add 14506. 11. Jh) fol 85, je einer anderen: Brl 200 (Sach 202 f. 15,6. Jh) I°. 6. Dublin Trinity Coll. B 5. 19 (um J 1625) 7°. VtB 10 (vor J 1805) 1° (?) Pr 190 (Suppl 46) d° bzw. Pr 177. 4°a und je eine in Šarfah (?) bzw. BrM 801 (Add 18817. 12. Jh) 8°. VtB 10. 1° (?) und zwei in Šarfah bzw. VtB 10. 1° (?) und eine in Šarfah (?). Agg der Mosuler Stücke: Lamy 4, 207,15. 225/62, des ersten: Rahmani 2, 116/20, des in zahlreichen Hss vorliegenden: PZingerle, MonS 1, 4/12. Rahmani 2, 81/90, des Pariser Stückes: Rahmani 2, 48/52, der beiden letzten: PZingerle, S. Ephraemi Syri sermones duo (Brixen 1868). Rahmani 2, ebenda 38,47. 66/80.

[4]) Hss: Dublin Trin. Coll. B. 5. 19. 4°. Ox 135. 101°. 19 (Thurston 13 J 1628) 3°. Dijarb 98. 7°. Pr 243 (Suppl 57. J 1610) 3°. Ag: Lamy 3, 188,212. Vg. auch Dijarb 77. 2°. 98. 9°. Ox 144 (Marsh 392. 16. Jh), 153 (Marsh 711) 6°f. 12°. 28".   [5]) OpG 2, 192/230 (drei verschiedene Nrn). 247,58. 3, 93,104. 152/9. 260,73.

[6]) Hss: VtS 92. 4° 1/4. 6/8. 17,23. BrM 810 (Add 14630. fol 1/23. 10. Jh) 2°6. 822. 12°ab. VtS 60 (13. Jh) 8°f. 822. 12°ab. Pr 122 (Anc fonds 56. 15. Jh) 5°bef. Brl 164. 16°. Dazu die Exemplare des Begräbnisrituals der verschiedenen Konfessionen. Ag der Stücke aus VtS 92 in OpS 3, 325/395 (als „Funebres canones" 1. 15f. 12. 33. 30f. 28. 56. 55. 63f. 11. 7).

[7]) Hss außer VtS 92. 4° 4: BrM 712 (Add 14582. J 816) 11°. 826 (Add 17180. 11. Jh) 7°. 958 (Add 14735. fol 72/173. 12. Jh) 8°. Pr 122. 5°e. 190°b. Brl 168 (Sach 92. 17. Jh) B 4°. Nur in VtS 117 vielmehr Isḥāq v Antiochein beigelegt. Ag: OpS 3, 242/7 (als „Funebr. canon" 12).

[8]) Hss: VtB 98 bzw. deren Vorlage in Mosul (vg. S. 47 Ak. 1). Ag. IgnERahmani, 1 Fasti della chiesa patriarcale Antiochena VII/X.

[9]) Hs: VtS 152 (J 980) XV°. Ag: OpS 2, 316,8 (als „Serm. exeget. in Gn 1, 27").

[10]) Hss (teilweise ohne Nennung eines Verfassernamens): Brl 214 (Sach 115. J 1642,3) 2°. 215 (Peterm. Syr. 11. J 1707) 2°. Pr 301 (J 1643) 11°. CmbrAdd 2011 (J 1735,6) 1°. BrMOr 4088. Ag: SSamuel (Halle 1893).

[11]) Über Marias Rechtfertigung durch das Trinken des Eifersuchtswassers Hss: VtS 117. 11°. CmbrAdd 2001 (J 1480/1) IV°. Brl 179 (Sach 221. J 1709/10) 10°. Bs: Kat Sachau 589. — Über das Wirken des Apostels Andreas im Lande der „Hunde". Hss: BrM 811 (Add 14656. 10. Jh) 1°.

dessen ein oft abgeschriebenes strophisches Gedicht paränetischen Inhalts mit alphabetischer Akrostichis [1]) und einige poetische Gebete [2]) nur mit bedingtem Rechte der Gattung des Mēmrā zugerechnet werden.[3])

f) Der Name Bà'ût(h)ā (Pl: Ba'wàt(h)ā), [4]) in seiner Wortbedeutung griechischem λιτή entsprechend, bezeichnet die formal am nächsten mit dem abendländischen Hymnus sich berührende Erscheinung im liturgischen Textbestande des jakobitischen und maronitischen Ritus, bei der eine kürzere Reihe meist vierzeiliger Strophen sich aus Versen eines der drei Mēmrā-Metren aufbaut, während eine zwei- oder vierzeilige Refrainstrophe gegebenen Falles einem Vortrage nach Art des Mad h)ràšā zu dienen bestimmt ist, dessen Name geradezu an den gleichartigen Gebilden in Tagzeitengebet und Begräbnisritus der Nestorianer haftet. Texte dieses Typus finden sich in den einzelnen Tagesoffizien jakobitischer Choralbücher des Festbreviers seit dem 8/9. Jh, [5]) um späterhin zum eisernen Bestande alles kirchlichen Stundengebetes der beiden Riten zu gehören, und werden zu geschlossenen, nach den 8 Kirchentönen geordneten Korpora wieder in den Anhängen des jakobitischen Ferialbreviers zusammengefaßt. [6]) Durchweg pflegen dabei die Stücke des siebensilbigen Versmaßes A. beigelegt zu werden. [7]) Diese Verfasserangabe dürfte indessen vielfach nur irrtümlich aus dem metrischen Vermerke entstanden sein, daß der betreffende Text „im Maße A.s" abgefaßt sei. Soweit sie

---

VtS 117. 218⁰. JerMkl 43. IV⁰ 17. Pr 177(Anc fons 83. J 1520,1)4⁰j. — Über die hll. Sergios und Bakchos bzw. Dometios. Hs: JerMkl 43 IV⁰ 38. 31. — Vielleicht sogar mehrere Nrn über den hl. Georg: Urm 143 (J 1711,2). 136 (J 1715,6).

[1]) Älteste der sehr zahlreichen Hss: BrM 831 (Add 17206. 11/2. Jh) 5⁰. Späterhin erscheint das Stück besonders häufig im Anhange jüngerer jakobitischer Psalterien und anonym als liturgischer Gesangstext im nestorianischen Wardā-B (§ 49 c). Agg: OpS 2, 236,8 (als „Serm. exeg. in Prov 5, 1⁴). E J Millös, Directorium Spirituale (R 1868) 258 61. BrCh 1, 498,501.

[2]) Ein Nachtgebet. Hss abgesehen vom maronitischen Ferialbrevier: Brl 200. G 3⁰. 168 (Sach 92. 17. Jh) B 2⁰. Ag: OpS 3. 480f. (als „Paraen." 30). — Anscheinend andere Redaktion des nämlichen. Hss: BrM 842 (Add 14728. fol 1,75. 13. Jh) 6⁰. Ox 16 (Poc 10. 15. Jh) 19⁰. VtS 91 (J 1520) 46⁰. XIX. CmbrAdd 1985 (J 1558) 44⁰r. — Ein Reuegebet. Hs: Brl 168. B 3⁰. Ag nach einer verschollenen hslichen Grundlage: OpG 3. 606f. — Gebet um die ewige Seligkeit. H-s: Brl 200, 11⁰ H. 10. Dublin Trin. Coll. B 5. 19. 8⁰. Ag: Lamy 3, 211,50. Eine Randbemerkung der Berliner Hs nimmt das Stück für Ishàq v Ninive (§ 35 d) in Anspruch. — Zu Anfang erweiterte, sonst aber kürzere Rezension des vorigen. Ag nach einer Hs in Šarfah(?): Rahmani 2, 91f. — Über ein schon reimendes Gebet um ein reines Herz und dessen Überlieferung auch unter dem Namen des Philoxenos vg. § 23 c.

[3]) Jeder Beurteilung entzieht sich vorläufig ein durch B Vandenhoff, Theologie u. Glaube 4, 239,41 ohne Nachweis der hslichen Grundlage in Übs bekannt gemachter Mēmrā unter dem Namen A.s.   [4]) Lamy 3, XXIII XXVIII mit Textproben. A Baumstark, Katholik 82, 407,11 bzw. Festbrev. u. Kirchenjahr 64,6.

[5]) Die älteste datierte Hs, die Ba'wàt(h ā enthält, BrM 306f. (Add 14515 u. 17190. J 893), stellt bereits die Fusion eines solchen Choralbuches mit einem Homiliar dar. Über die gesamte in Betracht kommende hsliche Überlieferung A Baumstark, Festbrev. u. Kirchenjahr 61 f. 66,8. 77,84.

[6]) Hss: VtS 67,9. Pr 145f. 148. 151. JerMkl 25f. 29. Ox 48/50. Ältere Ba'wàt(h)ā-Sammlungen gleicher Art liegen vor in BrM 469 (Add 17232. J 1210) 25⁰ a. 471 (Add 14724. fol 1,113. 13. Jh) 2⁰. 491 (Add 17258. fol 1,118. 13,4. Jh) 6⁰. 493 (Add 17269. fol 1,38. J 1498 9) 3⁰. 4⁰. Vereinzelt finden sich Ba'wàt(h,ā auch in einem nestorianischen Ferialbrevier: Brl 44 (Sach 13. J 1795). Bs: KatSachau 165 (mit Angabe der Initien).

[7]) Eine Zusammenstellung der in den Festbrevierhss Brl 17f. Sach 350 bzw. 323, und 20f. (Sach 236 bzw. Fol 1633) vorliegenden Ba'wàthā unter dem Namen A.s KatSachau 56, 65, 69, 81, ein Initienverzeichnis der in dem jakobitischen Ferialbrevier Brl 155 (Or cot 254) enthaltenen ebenda 481.

wirklich mehr besagt, wird man sie dahin zu verstehen haben, daß Memre oder aus gleichzeitigen Strophen gebaute Mad(h)râšē A.s das textliche Rohmaterial geliefert haben, aus welchem unter Hinzufügung einer doxologischen Schlußstrophe die neuen Lieder geformt wurden.

g) Tešbôhtā („Lobgesang". Pl: Tešbĕhāt(h)ā [1]) ist als Äquivalent von griechischem ᾠδή die Bezeichnung, welche in syrischer Liturgie zunächst den nicht dem Psalter entstammenden biblischen Gesangstücken (sog. Cantica), nächstdem Mischungen von Prosadichtung und Psalmenwort oder Texten wie der sog. großen Doxologie (dem „Gloria in excelsis" des Abendlandes) zukommt. Auf metrische Originaltexte in syrischer Sprache übertragen, geht der Name weiterhin auf Hymnen schlichten Baues und kürzeren Umfangs, die im Rahmen des Kultus eine jenen anderen entsprechende Verwendung erfahren. Von Texten einschlägiger Art unter dem Namen A,s wird eine Sammlung von mindestens 8 „Tešbĕhāt(h)ā des Morgens" in literarischer Überlieferung durch ein Zitat greifbar, dessen Umgebung für ihre Echtheit ein günstiges Vorurteil zu erwecken geeignet ist.[2] Eine solche von 10 Tešbĕhāt(h)ā des Tischsegens [3] erinnert an ein mit ihr vielleicht geradezu identisches Korpus entsprechender „Mad(h)râšē, die über Tisch an den Vigilien der Heiligen und Verstorbenen gesprochen werden".[4] In der nestorianischen Liturgie tragen den Namen A.s von Tešbĕhāt(h)ā ein Morgenhymnus mit der Akrostichis: Išô' Mešihā [5]) und einige weitere Gesänge für Tagzeitengebet und Messe,[6] neben denen zwei Mad(h)râšē ihres Trauungsrituals Erwähnung finden mögen.[7]

§ 9. Mit der Entwicklung literarischen Lebens, die auf dem Boden des römischen Mesopotamiens das Wirken Ap(h)rems bezeichnete, gleichen Schritt zu halten, hat die Christenheit des Sassanidenreiches naturgemäß der blutige Sturm der großen Verfolgung verhindert, die Šāb(h)ôr II. (309,79) entfesselte. Ihr grundsätzlich Einhalt geboten hat erst sein vierter Nachfolger Jazdgerd I. (399/420). Mārût(h)ā, der bei der Herstellung des religiösen Friedens eine entscheidende Vermittlerrolle gespielt hat, und der K Ahai sind auch durch eine schriftstellerische Tätigkeit für den Beginn einer neuen Zeit bezeichnend, für deren innerkirchliches Leben Synodalakten und eine Weiheordnung wertvolle Schriftquellen darstellen. Mit Abfassung und Sammlung von Berichten über die Passionen der Blutzeugen hatte man schon in den vorangegangenen Jahr-

---

[1] A Baumstark, Katholik 82, 413. 426 f. 83, 52. Ders., Festbrevier u. Kirchenjahr d. syr. Jakobiten 130. 145. 160. Ad Rücker, D. liturg. Poesie d. Ostsyrer 7/11.   [2] BrM 862 (Add 17194. J 885/6) fol 28°r. Ag: Rahmani 2, 133 f.   [3] Hs: in Šarfah(?). Ag: Rahmani 2, 1/19.   [4] Hs: BrM 450 (Add 17141. 8/9 Jh) 18°.

[5] Über die für diesen und die folgenden Texte in Betracht kommenden Hss § 16 d. Agg: OpS 2, 330 (als „Serm. exeget. in Ps 96. 11") BrCh 35 jedes Bandes. Übs: J M Schönfelder, TQs 48, 189/91.

[6] So allgemein Texte für das Nachtoffizium des Donnerstags und Samstags und zur Messe. Agg: BrCh 44 f. 346 jedes Bandes, nur des ersten und dritten: OpS 3, 586 f. 540 f (als „Paraenesis" 66 und 70). Übs des ersten: J M Schönfelder a. a. O. 192 f. In den Hss CmbrAdd 1966. 2036 (3° l β'). Pr 24 (3° k) wird auch ein solcher für die Matutin der Werktage, in CmbrAdd 2036 (3° m s'). Pr 24 (3° x) ein solcher für die Komplet und BrM 191 (3° k) derjenige für das Nachtoffizium des Montags auf A. zurückgeführt. Ag des ersten: a. a. O. 50 jedes Bandes. Übs: a. a. O. 191 f. Bezüglich der beiden anderen sonst Šem'ôn b Šabbā'ē und Abraham v Bêt(h) Rabban beigelegten. s. § 5 c. 17 c.

[7] Hss: VtS 64. (J 1659) 4°. Mard 32. (17. Jh) und wohl auch andere des betreffenden Rituals.

zehnten der Verfolgung begonnen und setzte eine literarische Tätigkeit in dieser
Richtung begreiflicherweise auch fort, als schon in den letzten JJ Jazdgerds II.
neue Opfer fielen und unter Bahràm V. (420/38) und Jazdgerd II. (438/57)
weitere ihnen folgten. Nicht minder hätte an einem Gregorios das Mönchtum des Sassanidenreiches angeblich einen auffallend frühen literarischen Vertreter
gehabt.

a) B **Màrût(h)à** v **Maiperqaṭ,**[1]) † vor 420,[2]) hatte schon 382 an der
gegen die Messalianer abgehaltenen Synode von Side teilgenommen.[3]) erschien
dann nach 395 in Konstantinopel, um Kaiser Arkadios für die Lage der persischen Christen zu interessieren, und wurde von ihm mit einer diplomatischen
Mission an den Sassaniden Jazdgerd I. betraut. Die Gunst des letzteren, die er
sich durch sein medizinisches Wissen sicherte, ermöglichte ihm, schon auf dieser
ersten Gesandtschaftsreise 399 eine Synode der persischen Kirche zu versammeln,
durch welche dieser an dem K Isḥàq ein neues Oberhaupt gegeben wurde.[4])
Mindestens noch einmal hat er 410 als römischer Gesandter im Sassanidenreiche
geweilt und erneut in dessen kirchliche Verhältnisse eingegriffen.[5]) Die Angabe
orientalischer Quellen,[6]) daß er auf dem allgemeinen Konzil von Konstantinopel
anwesend gewesen sei, findet in dessen Unterschriften keine Bestätigung und
richtet sich schon dadurch, daß sie dasselbe erst nach 410 anzusetzen scheint.
An literarischen Arbeiten wird eine von M. redigierte Sammlung von Martyrerakten der großen persischen Verfolgung mehrfach bezeugt.[7]) Außerdem werden
ihm liturgische Poesien auf die Martyrer und eine von einer Übs seiner Kanones
begleitete Geschichte des Konzils von Nikaia beigelegt.[8]) Unter den ersteren
dürfte wohl eine bestimmte Schicht in Vesper und Matutin der Wochentage zur
Verwendung kommender Gesänge des nestorianischen Ritus zu verstehen sein,[9])
deren Verknüpfung mit dem Namen des berühmten Geschichtsschreibers der
Martyrer dann kaum ein sonderliches Vertrauen verdient. Auch die in die Form

---

[1]) Sokrates Kg VI 15; VII 8. Sozomenos Kg VIII 16. Photios Bibl. Cod. 53. Akten der Synoden
des Isḥàq und Dàd(h)išô': SynOr 18 (255). 49 (293). Elias Gauharî: BO 3, 367. ChrS 1, 205f.
211f. MbS 29/31 (25/7). 'Am 23/5 (13,5). B'EKg 1, 121f. 2, 46/52. 'Ai § 57. BO 1, 174/95.
3r, 73f., ohne reinliche Unterscheidung zwischen ihm und M. v Tag(b)rit(h). Tillemont, Hist.
eccl. 11. 284/7. O Braun, De sancta Nic. synodo (Münster W. 1898) 3/12. M Kmosko OC 3,
384/6. Wright 54/6. Duval 132f. Labourt 77/99. Lübeck 46/54.

[2]) Da er auf der Synode des Jahb(h)allàhà nicht mehr die BB des römischen Reichsgebietes
vertrat. Labourt 89.   [3]) Photios.   [4]) So unzweideutig MbS, während andere Quellen nicht
klar zwischen den beiden Gesandtschaftsreisen unterscheiden.   [5]) So urkundlich die Akten der
beiden genannten Synoden.   [6]) MbS. 'Am.

[7]) 'Ai. ChrS 1, 79. MbS. Nach 'Am hätte M. vielmehr dort bisher unbekannte Kanones
der persischen Kirche und Exegetisches ihrer „Väter“ ins Römerreich gebracht. Von einer Übertragung von Reliquien persischer Märtyrer durch ihn reden MbS und 'Am.   [8]) 'Ai.

[9]) Die sog. „Martyrer-Qàlē“. Hss: VtS 89 (16. Jh) 1°, die nestorianischen liturgischen
Psalterien, wo sie sich an die Sammlung von Tešbĕḥàt(h)à und Diakonsproklamationen (§ 16d) anzuschließen pflegen, und die meisten Exemplare des K daqĕd(h)am wad(h)ĕbàt(h)ar („B des vor
und nach“) genannten liturgischen Bs, dessen ihnen vorangehenden Hauptteil, die in der Vesper
der Wochentage vor und nach Ps 140f. 118, 105/17. 116 zu rezitierenden Stücke bilden. Hss dieses
letzteren: Dijarb 61 (J 1560). JerPatr 46 (J 1576). 43 (1597). VtB 16 (16. Jh). VtS 222 (J 1670).
Urm 74 (17,8. Jh). 93 (J 1727/8). 31 (18,9. Jh). CmbrAdd 1979 (1707). N-Dsém 60 (J 1791).
Brl 45 (Orqu 580. J 1850) bzw. selbst als Anhänge von Psalterien: Dijarb 37 (15. Jh). 62
(18. Jh) 63/6. BrMOr 4059 (16. Jh). Mos 43 (J 1790/1). 44 (J 1798/9). N-Dsém 59 (1820/1). Ag:
BrCh 373* 98* jedes Bandes.

eines Sendschreibens an den K Isḥāq gekleidete Schrift über das Konzil von Nikaia[1]) kann als Ganzes kaum echt sein, da sie eine von den echten Kanones desselben völlig verschiedene, auch in arabischer und äthiopischer Überlieferung vorliegende Folge kirchlicher Rechtsbestimmungen bietet,[2]) und auch in ihren erzählenden Teilen geschichtliche Verstöße aufweist, die M. nach Maßgabe seiner Beziehungen zum Kaiserhofe schwerlich zugetraut werden können.[3]) Immerhin mögen einzelne Bestandteile des sehr ungleichmäßigen Textes, wie ein Ketzerkatalog[4]) und eine philologische Erklärung griechischer kirchlicher Termini auf einen Begleitbrief zurückgehen, mit welchem M. dem persischen Oberbischof etwa die echten nicänischen Kanones übermittelte.[5]) Schon, ob zu diesen Stücken auch eine den Schluß bildende Erklärung des in 12 Artikel eingeteilten nicäno-konstantinopolitanischen Symbols[6]) gehörte, muß dahingestellt bleiben. Dagegen könnte eine unter dem Namen eines M. überlieferte, durch ihre Beziehungen zum Diatessaron merkwürdige Homilie auf den Weißen Sonntag füglich den B des ausgehenden 4. und beginnenden 5. Jhs zum Urheber haben.[7])

b) K Aḥai,[8]) † 415/6 nach einem Pontifikat von etwas mehr als 4 JJ und 7 Monaten, war auf den schon 410 verstorbenen Jsḥāq nach einjähriger Sedisvakanz, wie es heißt, unter maßgeblichem Einflusse Mārūt(h)ās gefolgt. Schüler eines Kloster- und Schulgründers ‘Ab(h)dā, stand er bei Jazdgerd I. in so hoher Gunst, daß der Großherr ihn seinem in der Persis als Unterkönig regierenden Bruder gegenüber als Unterhändler verwandte. Bei dieser Gesandtschaftsreise besuchte er die Gräber der speziell in jener Landschaft gefallenen Opfer der großen Verfolgung und sammelte die ihm erreichbaren Überlieferungen über dieselben, um sie alsdann in einem Werke niederzulegen,[9]) neben welchem von ihm noch eine Biographie seines Lehrers ‘Ab(h)dā genannt wird.[10])

c) Unter den **Synodalakten** der persischen Kirche[11]) stehen obenan diejenigen der von K Jsḥaq in Verbindung mit Mārūt(h)ā zu Seleukeia-Ktesiphon abgehaltenen Synode, die, am 1. 2. 410 eröffnet, in drei Sitzungen die Grundlage für eine einheitliche, in Dogma und Brauch an das Vorbild der Großkirche des

---

[1]) Hss: Séert 65 (17/8. Jh) 2°. VtB 82 (= K VI. 4) 1° (in wilder Unordnung; vg. Chabot SynOr 4 f.). N-Dsém 90 (wohl ebenso). Übs: O Braun a. a. O. 34/121.   [2]) Vg. Braun 18 ff. J Ludolf, Hist. aethiop. (Frkf a M 1681) B III Kap 4. W Fell, Canones apost. aethiop. (Lpz 1871) 11. Aufnahme hat ein arabischer Text gefunden in die „Recht der Christenheit“ betitelte große Kanonessammlung des Nestorianers Abū-l-Farağ ‘Abdallāh ibn aṭ-Ṭajjib († 1043). Vg. W Riedel, D. Kirchenrechtsquellen d. Patriarchats Alexandrien (Lpz 1900) 75. Zwei lat. Übss nach dem Arab. Mansi, Sacr. concil. coll. 2, 952/81. 981/1010.

[3]) So, daß Helena aus der Gegend von Edessa stamme, ihr Mann und der Vater Konstantins d. Gr. Valentinianus geheißen habe usw.   [4]) Ag: Ign Rahmani, StS 4, 98/103 (76/80). Vg. Ad Harnack, TuU 19₁b. Das Bruchstück eines ähnlichen anonymen Textes: VtS 190 (9/10. Jh) fol 2. Ag: Rahmani a. a. O. 1,4 (1/4).   [5]) Auch dagegen könnte es allerdings sprechen, daß nach deren Akten jene Kanones auf der Synode von 410 mündlich bekannt gegeben wurden. Vg. Braun 18.

[6]) Übs: Braun 113,21.   [7]) Hs: BrM 848 (Add 14727. 13. Jh) 6°. Ag: M Kmosko, OC 3, 384/415.   [8]) EbŠ 28 (48). ChrS 1, 79. 212 f. MbS 31 (27). ‘Am 25 (15). B'EKg 2, 51 f. BO 1, 368 f. 2, 401. Labourt 99 f.   [9]) ChrS. MbS. ‘Am.   [10]) ChrS. Auf sie scheint das ChrS 1, 195/200 über ‘Ab h\dā und dessen Kreis Erzählte zurückzugehen.

[11]) Hss der maßgeblich gewordenen Sammlung derselben (§ 33 h): N-Dsém 90 (vor 14. Jh). Séert 65 (17/18. Jh) 2°. VtB 82 (= K. VI. 4), zweiter Teil. Mard 49. Pr 332 (Abs einer Vorlage in Alqōš). Ag mit Übs: J B Chabot, Synodicon Orientale ou recueil des Synodes Nestoriens publié, traduit et annoté (Pr 1902 = Notice et extraits de la bibl. nat. d. autres bibl. 37). Übs: O Braun, D. Buch d. Synhados. Nach einer Hs. d. Museo Borgiano übs. u. erläutert (Stuttgart/Wien 1900).

Römerreiches sich anschließende Reorganisation derselben geschaffen hat.[1]) Ein zusammenfassender historischer Bericht über die Vorgeschichte und den Verlauf der Versammlung wird durch den Text des feierlich von ihr angenommenen nicänischen Symbols, eine Reihe von 31 auf ihr erlassener disziplinärer Kanones und die Unterschriften der bischöflichen Teilnehmer ergänzt. Den Charakter eigentlicher Verhandlungsprotokolle tragen demgegenüber die Akten der Synode des K J a h b (h) a l l ā h ā I., die 419/20 gleichfalls in Seleukeia stattfand,[2]) und derjenigen von Markab(h)tā dhĕ Ṭajjājē, die 423/4 den K D ā d (h) î š ô' zur Unterlassung des von ihm beabsichtigten Rücktrittes bestimmte und durch Abschaffung des Rechtes einer Appellation an den antiochenischen Stuhl die tatsächliche Autonomie proklamiert hat.[3])

d) Eine **Weiheordnung**, die unter dem Titel „$T\acute{\alpha}\xi\iota\varsigma$ und Kanones der $\chi\epsilon\iota\varrho o\tau o\nu\acute{\iota}\alpha\iota$ der heiligen Kirche" sich — leider am Ende unvollständig — erhalten hat, spiegelt unverkennbar die Verhältnisse eines autokephalen, aber in seiner Disziplin mit demjenigen des römischen Reichsgebietes übereinstimmenden Kirchentums, wie sie durch die persischen Reichssynoden des 5. Jhs geschaffen wurden.[4]) Die Bezeichnung eines über den einzelnen BB stehenden Hierarchen als K gewährleistet einerseits urkundlich die Herkunft des hochinteressanten Dokuments aus dem Sassanidenreiche. Andererseits liegt es in jakobitischer Überlieferung vor, kann also füglich nur der noch vornestorianischen Zeit des persischen Christentums entstammen, in die auch inhaltlich seine Ausführungen über Exorkisten und Diakonissen weisen, da sowohl das Exorkistenamt, als auch die weibliche Diakonie der nestorianischen Epoche fremd ist.

e) Von persischen **Martyrerakten**[5]) erheben, abgesehen von der Arbeit eines namentlich bekannten Schriftstellers erst des 7. Jhs, zwei den Anspruch, Ereignisse noch aus der Zeit vor dem Ausbruch der großen Verfolgung zu behandeln. Schon 327/8 wären nebst sieben anderen die Blutzeugen Bĕrîk(h)îšô' und Jaunān gestorben, deren Akten von einem Augenzeugen, dem königlichen Kavallerieoffizier Eša'jā b Haddāb(h)ô verfaßt sein wollen,[6]) was in einer nicht besonderes Vertrauen erweckenden Weise an die Einkleidung der edessenischen Martyrien erinnert, und in einem „neuen Martyrion" in Edessa verehrte man laut der Überschrift des zweiten hierher gehörigen Textes die Reliquien einer Gruppe

---

[1]) Šem'ôn v Bêt(h) Aršam: BO 1, 355. EbŠ z. J 721. 'Am 24 (14). Hs außer den genannten: Pr 62 (Snppl 29. 9. Jh) 35°. Agg: L a m y, Concilium Seleuciae et Ctesiphonte habit. anno 410 (Löwen 1868). SynOr 17/36 (253/75). Übs: B r a u n a. a. O. 5/35. [2]) ChrS 1, 214 f. Ag: SynOr 37/42 (276/84'. Übs: B r a u n 35/44. [3]) Ag: SynOr 43/53 (285/98). Übs: B r a u n 45/9.

[4]) Hs in Šarfah (Abs einer Vorlage des 8/9. Jhs zu Mad(h)jad(h) im Ṭûr 'Ab(h)dîn). Ag: I g n E R a h m a n i, StS 3, 24/. 2 (49/66). Beachtenswert sind auch die sprachlichen Erklärungen für die griechischen Bezeichnungen hierarchischer Grade, die an die entsprechende philologische Schicht der (Ps.-)Mārût h ā-Schrift über das Konzil von Nikaia erinnern.

[5]) Hss: VtS 160 (10. Jh). 161 (9/10. Jh). Dijarb. 96 (7/8. oder vielmehr 11/12. Jh?) bzw. im Besitze von Abbeloos gewesene Abs der letzten. BrM 720)(Rich. 13. Jh). 934 (Add 14654. 5. Jh). 935 (Add 17204. 5. Jh). 952 (Add 14645. J 935/6). 960 (Add 12174. J 1197). Brl 75 (Sach 222. J 1881). Führende Bedeutung kommt hier wie bezüglich der in ihr sich anschließenden hagiographischen Übss aus dem Griechischen der Hs VtS 160 zu, da die in einem vorangehenden ersten aufs J 474 datierte auch in diesen beiden jüngeren Teilen sich derartig mit fragmentarischen Hss des 5/6. Jhs. im BrM berührt, daß sie als Abs einer Vorlage dieses Alters gelten darf. Vg. G H o f f m a n n, Auszüge aus syr. Akten pers. Märtyrer (Lpz 1880. Abhandll. f. d. Kunde d. Morgenlandes 7 m). L a b o u r t 59/82. 104/18. O B r a u n, Ausgewählte Akten pers. Märtyrer (BKv² 22, 1 280). A S c h e r, Étude critique sur quelques recits hagiographiques, al-Machriq 15, 503/9 (Arab). L ü b e c k 21/43. 55/63. [6]) Hss: VtS 161. 17°. Dijarb 96. 25°. BrM 935. 1° c, Agg: S t E A s s e m a n i, Acta sanct. mart. orient. et occident. 1 (R 1748) 1, 211/24. AMS 2, 39/51, eines Azs: R o e d i g e r ³ 78/84.

persischer BB, von deren in das J 339,40 verlegter Hinrichtung derselbe berichtet.[1]) Die erhaltenen Texte zur Geschichte der großen Verfolgung selbst lassen anscheinend gesicherte Spuren von der Sammlung des Mărūt hā ebensowenig als von derjenigen des Aḥai erkennen. Was man seit Assemani für die erstere zu nehmen gewohnt war, ist vielmehr ein noch während des vollen Wütens der Verfolgung, wenn auch gegen Ende derselben, im Sassanidenreich selbst entstandenes Werk, das einen ersten allgemeinen Teil über die Leiden der Blutzeugen in einem zweiten durch eine vielleicht von Hause aus nicht sonderlich umfangreiche Reihe einzelner Martyriumsberichte ergänzte.[2]) Eine streng chronologisch geordnete Folge solcher aus den JJ 1,6 und 36,7 der Verfolgung kann mit Sicherheit als zu deren ursprünglichem Bestande gehörig bezeichnet werden.[3]) Was sich von ihr abhebt, sind mindestens teilweise an und für sich kaum weniger alte und vertrauenswürdige Stücke. Eine selbst wiederum chronologisch geordnete Teilsammlung hat speziell adiabenische Martyrien zum Gegenstande.[4]) Eine Trilogie unter sich eng verbundener Akten bilden diejenigen des Miles. Baršab(h)jā. Daniel und Wardā.[5]) Dazu gesellen sich ein Bericht über das ins vierte Verfolgungsjahr fallende Ende des Bs Narsai v Sahārqadt in Bêt(h) Garmai,[6]) der frühestens 22 JJ nach den Ereignissen redigierte über die Hinrichtung einer Gruppe christlicher Kriegsgefangener im J 362,3[7]) und ein kurzgefaßtes Martyrologium von Blutzeugen hauptsächlich aus Kark(h,ā d(h,ĕ Bêt(h) Sēlōk(h).[8]) Eine Neudarstellung haben anscheinend erst nach 428,9. aber doch wohl noch im Verlaufe des 5. Jhs die Vorgänge zu Anfang der Verfolgung erfahren, bei denen neben Šem'ôn b Ṣabbā'ē ein Pôsî und dessen Tochter Mārt(h)ā. der königliche Vertraute (Gûšt)āzàd(h) und Šem'ôns Schwester Tarbô im Vordergrunde standen.[9]) In weitem Umfange kommt außerdem neben der originalen eine Überlieferung in

---

[1]) Hss: VtS 161. 18°. Dijarb 27°. BrM 935. 1°d. Agg: Assemani 1, 225/30. AMS 2, 51,6. Übs: Braun 1,4.

[2]) Hss des ersten Teiles: VtS 161. 1°, der einzelnen Stücke des zweiten Teiles: im folgenden einzeln genannt. Ag des zweiten nach den vatikan. Hss: Assemani 1, 1/208, beider auf breiterer hslicher Grundlage, aber mit willkürlicher Änderug der Reihenfolge und unter Weglassung der ursprünglichen Akten des Šem'ôn b Ṣabbā'ē): AMS 2, 55,131. 248/396. 4, 128,41. Vg. M Kmosko, PS 1 ii, 681,8. Braun a. a. O. VII/XIII (in mehrfach abweichendem Sinne).

[3]) Es sind die Akten des Šem'ôn b Ṣabbā'ē, des großen Mordens iu Bêt,h) Hûzājē⁴, der Tarbô, des Sàhdôst, von 111 Männern und 9 Frauen. des Barba'šmin, der von den Mopets an verschiedenen Orten Getöteten, von 40 Martyreru, des Bàd,h)ēmā und des 'Aqeb(h,šēmā, mit dessen Passion die alte Sammlung sicher schloß. Hss ohne die alten Akten Šem'ôns: VtS 161, 5°,9°. 13°f. 16°. Dijarb 96. 5°,12°. 25°, mit geringen anderen Lücken: Vt8 160, 3°/6°. 10°. 15°, einzelner Stücke: BrM 935. 1°a f h i. 952. 21°f. 33°f. 960. 63°/5°. Brl 75. 24°f. 27°. Agg: Assemani 1, 1/59. 88/91. 104/20. 141,207. AMS 2, 248,60. 276,81. 291/306. 325,96, des ursprünglichen Šem'ôn-Martyrums: Kmosko a. a. O. 715/77, zweier Nrn: JEManna, Morceaux choisis de littérature araméenne (Mosul 1901 f.) 1, 138,49. eines Azs der letzten Nr: Roediger³ 85. Übss einzelner Nrn: Braun 83,104. 116,38.

[4]) Hss: Dijarb. 96. 14°,8°. 20°/2°, einzelner Nrn: VtS 160, 12°/4°. BrM 9:5. 1° g. 952. 35°. Brl 75. 38°. Agg: AMS 2, 307,16. 4, 128/41. der in VtS 160 enthaltenen Nrn: Assemani 1, 121/31. Übs zweier Nrn: Braun 105,9.

[5]) Hss: VtS 160. 7°,9°. 161. 10°/12°. 96. 30°,2°, der Miles-Akten: 934. 3°. 935. 1° b. CmbrAdd 2020. 4°, der Baršab(h)jā-Akten: BrM 952. 32°. Agg: Assemani 1, 60,80. 92,5. 103f, AMS 2, 260,75. 581/4. 290. Vg. BO 1, 186f. Wenig 41f.   [6]) Hss: VtS 160. 11°. Dijarb. 96. 13°. Agg: Assemani 1, 96,101. AMS 2, 284,6.   [7]) Hss: VtS 161. 15°. Dijarb. 96. 12°. Agg: AMS 2, 316,24. unvollständige: Assemani 1, 131,9. Übs: Braun 110,5.

[8]) Hs: Dijarb. 96. 19°. Ag: AMS 2, 286,9.   [9]) Hss: VtS 161. 2°f. Dijarb. 96. 2°/4°. BrM 960. 60°,2°. Agg: AMS 2, 131/248. Kmosko a. a. O. 778 960. Vg. P P<e e t e r s>, AB 29,151,6.

armenischer und griechischer Übs in Betracht,[1] wobei für die letztere wieder
zwischen Azzen, die schon um die Mitte des 5. Jhs Sozomenos seiner Kirchengeschichte einverleibte,[2] griechischen Volltexten nicht weniger Stücke[3] und
kurzen Synaxarnotizen[4] zu unterscheiden ist. Vereinzelt geblieben sind Erzählungen über die Passion einer Gruppe aus der Landschaft Gîlân stammender
persischer Soldaten im J 350/1[5] und über diejenige eines Prs Bâdai aus Argûl.[6]
Auf die Zeit des Wiederaufflammens der Verfolgung gegen Ende der Regierung
Jazdgerds 1. beziehen sich die Akten des ʿAbhdâ und seiner Gefährten,[7] des Narsai
aus Bêt(h) Râzîqâjē,[8] eines Šâb(h)ôr,[9] des königlichen Domestikos Tâṭâq[10] und
einer Schar von zehn Martyrern aus Bêt(h) Garmai.[11] auf die ersten JJ Bahrâms V,
diejenigen des Miharšâb(h)ôr,[12] Pêrôz[13] und des Notarios Jaʿqôb(h).[14] Vielleicht nur auf Grund der beiden letzten erfunden ist trotz ihrer Zurückführung auf einen Zeitgenossen die Passionsgeschichte des hochverehrten Jaʿqôb(h)
des Zerschnittenen.[15] Im übrigen verbürgen auch diese Texte durchweg durch
ihre nüchterne Schlichtheit ihr hohes Alter. Wenigstens in ihrer Urgestalt
standen den erzählten Ereignissen schließlich auch aus der Zeit Jazdgerds II.
die in verschiedenen Rezensionen erhaltenen Akten des 447 hingerichteten
Pet(h)jôn nahe.[16]

f) **Gregorios** „der Mönch“ (dairâjā)[17] wird von der späteren nestorianischen
Klosterlegende in die Zeit der ersten Anfänge ostsyrischen Mönchtums versetzt.
Ein Perser aus Nastir, einer Stadt der Susiana, soll er infolge eines Traumgesichtes nach Nisibis und von hier nach Edessa gekommen sein, um nach
Studien an der dortigen (Perser)schule sich den Einsiedlern des Îzlâ-Gebirges
(Ṭûr ʿAb(h)dîn) anzuschließen. Später soll er nach dem Westen gewandert, auf
Cypern in einem Kloster, in welchem er das Griechische erlernte, zuerst Gärtner
gewesen, dann dessen Abt geworden, schließlich aber hoch betagt in seine Höhle
auf dem Îzlâ zurückgekehrt sein. Neben Briefen wird ihm ein „Buch“ beigelegt[18]
oder es werden als Inhalt von drei Teilen eines einzigen umfangreichen Bs Ermahnungen, die von G. geschauten Visionen und Briefe unterschieden.[19] Als
Träger einer tatsächlichen Textüberlieferung treten neben eine einzige und stark
defekte nestorianische[20] nicht wenige jakobitische Hss.[21] Hier sich findende

---

[1] Bezüglich der ersteren vg. Soferk(h) Hajkakankh. Bd. 20 (Ven 1861). Wark(h) jev
wkajabanut(h iunk(h) srboz. 2 Bde (Ven 1874).

[2] II 9 14: (Gûšt)âzâd, Šemʿôn. Pôsî, Tarbô, mit auf die adjabenische Reihe Bezug nehmender
Bemerkung, ʿAqeb(h,šĕmā mit Schlußbemerkung über andere διαρίθμητοι, Miles.   [3] Ag:
HDelehaye, PO 2. 401,560 (Versions grecques des actes des martyrs persans sous Sapor II).
[4] Vg. Delehaye 407 f.   [5] Unvollständig. Hs: Dijarb. 96. 28°. Ag: AMS 2, 166/70.   [6] Hs:
Dijarb. 96. 24°. Ag: AMS 2, 63,5.   [7] Unvollständig. Hs: BrM 7200. 18°. Ag: AMS 4, 250/3.
Übs: Braun 139/41. Vg. Theodoretos Kg V 39. Hoffmann 34f.   [8] Hss: Dijarb. 96. 36°.
BrM 7200. 11°. Ag: AMS 4, 170,80. Übs: Braun 142,9. Vg. Hoffmann 36,8.

[9] Nur Schlußstück erhalten. Hs: BrM 7200. 16°.   [10] Hs: Dijarb. 96. 37°. Ag: AMS
4. 181 4.   [11] Hs: Dijarb. 96. 38°. Ag: AMS 4, 184,8.   [12] Hss: VtS 161. 19°. Dijarb.
96. 41°. Agg: Assemani 1, 234/6. AMS 2, 535,9.   [13] Hs: BrM 7200. 17°. Ag: AMS 4,
253/62. Übs: Braun 163/9. Vg. Hoffmann 39/43.   [14] Hss: Dijarb. 96. 39°. BrM 7200. 12°.
Ag: AMS 4, 189/200. Übs: Braun 170,8.

[15] Hss: VtS 161. 20°. Dijarb. 96. 40°. BrM 936 (Add 14644. 5/6. Jh) 7°. Or 4401 (19. Jh)
fol 121 r°. Pr 236 (Suppl 28. J 1193,4) 15°. 234 (Anc fonds 143. 13. Jh) 1°. 15. 295 (J 1705) 4°.
309 (J 1869) 9°. VtB 39 (16. Jh). 91 (J 1869). Brl 75. 14°. N-Dsém 112 (J 1885). 113. Urm 179
(19. Jh) 13°. Agg: Assemani 1. 2, 42,57. AMS 2, 539,58. Übs: Braun 1, 50,62.

[16] Hss: Dijarb. 96. 42°. BrM 960. 66°. Mos 89. Agg: JCorluy, AB 7, 8,44. AMS 2, 559,631.
Vg. Hoffmann 61,88.   [17] LC § 12. ChrS 1, 161 f. ʿAi § 123. BO 1, 170/4. Bickell 21.   [18] Aî.
[19] ChrS.   [20] Mos 96 (11. Jh).   [21] VtS 123 (8. Jh) 1°. 126 (J 1223) V°. BrM 790 (Add 17213.

Briefe sind an zwei offenbar jüngere Freunde des Verfassers Theodoros und Epiphanios gerichtet,[1]) von welchen der letztere in dem berühmten B des cyprischen Salamis müßte wiedererkannt werden dürfen,[2]) um eine urkundliche Datierung zu gewinnen. Des weiteren werden neben Referaten über die Beantwortung verschiedener Fragen,[3]) die von Brüdern an G. gestellt werden, vor allem die Bruchstücke eines Werkes über monastische Askese in einer Reihe von Mēmrē oder einer später redigierten Sammlung ursprünglich selbständiger Abhandlungen jenes Inhalts kenntlich.[4]) Eine Blütenlese von Gebeten[5]) dürfte nachträglich aus diesem literarischen Nachlaß ausgehoben worden sein, für den inhaltlich u. a. ein stark hervortretender Dämonenglaube bezeichnend zu sein scheint.

§ 10. Neben das nördliche Mesopotamien und den persischen Osten jenseits des Tigris trat anscheinend seit den letzten Jahrzehnten des 4. Jhs als dritter Schauplatz der Entwicklung eines christlichen Schrifttums in ostaramäischer Sprache das römische Syrien auch westlich des Euphrat, wo damit, wie gleichzeitig überall in den Randbezirken der hellenistischen Sprach- und Kulturwelt, ein bedeutsames Wiedererstarken bodenständig orientalischer Art sich geltend machte. Die Werke griechischer Theologen dieses und des benachbarten palästinensischen Gebietes wie Eusebios v Kaisareia, Titos v Bostra und wohl auch Eusebios v Emesa wurden überraschend frühe ins edessenische Syrisch übersetzt. In den Kreisen eines Eusebios v Samosata und des Säulenheiligen Šemʿōn ist dasselbe da, wo die Wiege eines Lukianos gestanden hatte, und im Bannkreise der hellenistischen Großstadt Antiocheia in originaler Prosa verwendet worden. An Bālai gehörte ein erster syrischer Dichter wohl ganz dem kulturell scheinbar gräcisiert gewesenen Westen an. An Isḥāq v Antiocheia hat ein anderer in ihm wenigstens seine zweite Heimat gefunden.

a) Von **Eusebios v Kaisareia**[6]) liegen zunächst drei im Original nicht erhaltene Arbeiten in Übss vor, die nach Maßgabe der hslichen Überlieferung mit Sicherheit dem 4. Jh zugesprochen werden können: die 5 BB $\pi\epsilon\varrho\grave{\iota}\ \vartheta\epsilon o\varphi a\nu\epsilon\acute{\iota}a\varsigma$,[7]) eine der überlieferten griechischen gegenüber ausführlichere Rezension der Schrift

---

fol 20/34. 9. Jh) 2⁰. 581 (Add 17201. 10. Jh). 819 (Add 12163. fol 127/304. 10/11. Jh) 6⁰. 826 (Add 17180. 11. Jh) 4⁰. 839 (Add 14729. 12 3. Jh) 3⁰. 7190 Rich (13. Jh). Brl 108 (Sach 352. 13. Jh). Fol 147 r⁰/64 v⁰. CmbrAdd 2012 (14. Jh) II⁰ 4. 5. 2014 (J 1452) 10⁰. Pr 195 (Suppl 74) 4⁰.

[1]) Hss zweier Briefe an ersteren: VtS 126. V⁰ 2. 377. 6⁰. Brl 198 bzw. Brl 198 allein. VtS 126. V⁰ 3. 4. 377. 8⁰.   [2]) Mit Assemani.   [3]) Hss: BrM 819. 6⁰ f. 824. 4⁰ d. 839. 3⁰ g j. 7190 Rich. 40⁰. Vt 126. V⁰ 6. 377. 9⁰. Pr 195. 4⁰.

[4]) Hss eines $\varkappa\epsilon\varphi\acute{a}\lambda a\iota o\nu$ (wohl = Mēmrā) 1: BrM 819. 6⁰ a. 839. 3⁰ k, von Azzen der Nrn 4 und 5: VtS 123. I⁰ 2. 3 (= BrM 7190 Rich 41⁰. 42⁰), eines Azs aus Mēmrā 6: VtS 123. II⁰ 4, eines Mēmrā 7: VtS 123. I⁰ 5. BrM 819. 6⁰ h. 839. 3⁰ f., von Bruchstücken desselben BrM 790 9⁰ b. 7190 Rich 43⁰, frühestens eines Mēmrā 9: VtS 123. I⁰ 1. BrM 819. 6⁰ g. 839. 3⁰ d. Brl 198 fol 147 r⁰, eines Azs: BrM 806 (Add 14613. 9/10. Jh) 2⁰.   [5]) Hs CmbrAdd 2012. II⁰ 4. 5.

[6]) ChrS 1, 211 ʿAf. § 11. (Wo im folgenden nichts gesagt wird, sind die einzelnen Werke von beiden Quellen bezeugt). Bickell 50 f.   [7]) Hs: BrM 726 (Add 12150. J 411) 8⁰. Ag: S Lee, E. Bishop of Caesarea. On the Theophania or Divine Manifestation of our Lord and Saviour J. Chr. A syriac version ed. (Ld 1842), transl. (Cmbr 1843). Deutsche Übs: H Greßmann, Werke 3 II: E. Theophania. D. griech. Bruchstücke u. Übersetzung d. syr. Überlieferung (Brl 1904). Vg. A Geiger, ZDMG 7, 725 9. H Greßmann, TuU 23 III.

über die palästinensischen Martyrer, die auf syrischem Boden Gegenstand einer, wenn auch alten, sekundären Bearbeitung wurde,[1] und eine Predigt zu Ehren der Martyrer,[2] neben der eine solche über Regenmangel wenigstens noch erwähnt wird.[3] Die lückenhafte Überlieferung einer gewiß nicht minder alten Übs der Kirchengeschichte[4] wird durch eine aus ihr geflossene armenische ergänzt,[5] während eine solche der Lebensgeschichte Konstantins[6] glatt untergegangen ist und diejenige der Doppelschrift περὶ διαφωνίας εὐαγγελίων an Stephanos und Marinos nur mehr in einem ausgedehnten Nachhall greifbar wird.[7] Die harmonistischen Evangelienkanones mit dem sie einleitenden Schreiben an Karpianos erscheinen bereits in den Hss des 6. Jhs als ein fest eingebürgertes Vorsatzstück auch syrischer Vierevangelienbücher,[8] die Verteidigung des Origenes dagegen war in nestorianischen Kreisen offenbar nur durch Vermittlung des Theodoros v Mopsuestia bekannt.[9] Wie frühe syrisch auch einzelne den Namen des E. zu Unrecht an der Stirne tragende Stücke im Umlaufe waren, lehrt eine Abhandlung über den Stern der Magier.[10] Späterhin wurden mit ihm auch Dinge wie ein kalenderkundliches Handbuch[11] und eine Erklärungsschrift zu den aristotelischen Κατηγορίαι[12] in Verbindung gebracht. Mit dem ersteren dürfte schließlich eine angebliche Kosmographie des E.[13] auf gleicher Stufe gestanden haben, es müßte denn bei derselben an eine Übs des biblisch-geographischen Werkes zu denken sein, dessen Schlußteil das Onomastikon bildete. In unmittelbarem Anschluß an diejenige seines Werkes über die palästinensischen Martyrer ist endlich die Übs eines von Hause aus arianischen Martyrologiums von Nikomedeia über-

---

[1] Hss der Urgestalt: BrM 726. 4°, der Bearbeitung: VtS 160 (10. Jh. Vg. aber S. 55 Ak. 5) 27°32°. 39°41°. Agg des Londoner Textes: WCureton. E. History of the martyrs of Palestine ed. and transl. (Lo 1861), des römischen: StEAssemani, Acta sanct. mart. orient. et occident. (R 1748 2. 166 209. danach einzelner Stücke: Kirsch-Bernstein 211 26. Zingerle 191/201. eines auf Grund beider Rezensionen konstituierten Textes: AMS 1, 202/76. Vg. BrViolet, TnU 14 iv (mit deutscher Wiedergabe). GMercati, 1 martiri di Palestina di Eusebio di Cesarea nel cod. sinaitico, Rendiconti del R. Ist. Lombardo di sc. e lett. 30, 1050/78.

[2] In ChrS nicht genannt. Hs: BrM 726. V°. Ag: WWright. JSL⁴ 5. 403,8. Übs: BHCowper, ebenda 6, 129/33.   [3] 'Ai. Nach ChrS sogar mehrere Reden, was aber wahrscheinlich durch sekundären Ausfall einer Erwähnung der Martyrerpedigt sich erklärt.   [4] Hss: Petersb (J 462), der BB 1,5 mit Lücken: BrM 911 (Add 14639. 6. Jh), von Azz: 949 (Add 14650. 67. Jh, 7°. 918 (Add 14641. 10/11. Jh) 4° c d. Agg: PBedjan, Hist. eccl. d'Eusèbe de Césarée. Vers. syr. éd. pour la première foi. (Lpz 1897). WWright-NMcLean, The eccl. hist. of E. in Syr. ed. from the ms. With collation of the ancient Armenian version (Cmbr 1898). Übs: ENestle, TnU 25. Über ältere einzelner Kapp. Ders., Lit. 44. Vg. ENestle. ZDMG 56, 559/64. ELohmann, D. textkrit. Wert d. syr. Übersetzung d. Kgesch. d. E. (Diss. Halle 1899).

[5] Agg: ADjarian (Venedig 1877). Übs: EPreuschen, E. Kgesch. B. 6 u. 7. Aus d. Armen ins Deutsche übersetzt TnU 22 m. Vg. AMerx, De Eusebianae hist. eccl. versionibus syr. et armen. Atti del IV Congr. intern. degli Orientalisti (Florenz 1880) 1, 199,206.   [6] 'Ai.

[7] 'Ai. Vg. ABaumstark, OC 1, 378,82. Hs eines zusammenhängenden Azs aus B. 1: MedPalOr 8 (jetzt 47).

[8] So z. B. LaurMed 1 (Rabbūlā-Hs). Danach Ag der Kanones: StEAssemani, BiblMed Laur. Pal. codd. mss. or. cat. T. IV—XXII. Vg. GHGwilliam, Studia Biblica 2, 241/72.

[9] Vg. 'Ai, der ausdrücklich auf Th. Bezug nimmt.

[10] Von ChrS. 'Ai nicht erwähnt. Hs: BrM 817 (Add 17142. 6. Jh) 1°. Ag: WWright, JSL⁴ 9, 117/36. 10. 150,164. Vg. ENestle, ZWT 36, 435,8. AHilgenfeld, ebenda 38, 447,51.

[11] Hs: BrMOr 4414 (J 1671 2).   [12] Hs: Brl 88 (Peterm. 9. J 1250,60) 20°. Der Verfasser wird als alexandrinischer Philosoph bezeichnet, daneben aber auch als „der v. Kaisareia", was im Titel nachträglich getilgt wurde, in der Subscr. aber stehen blieb.   [13] ChrS. 'Ai: „B. des Bildes der Welt".

liefert, das auf abendländischem Boden eine Hauptquelle des Martyrologium Hieronymianum wurde.[1]

b) B. **Titos v Bostra**,[2] † unter Kaiser Valens (364—378), verfaßte bald nach 363 seine 4 BB. gegen die Manichäer, deren schon in den allernächsten Jahrzehnten entstandene syrische Übs im Gegensatze zu der in B 3 abbrechenden Überlieferung des Originals allein den vollständigen Text des Werkes erhalten hat.[3] Auf eine solche auch seiner Lk-Homilien läßt ein die beiden ersten Kapp. des Evangeliums betreffender Az mit ziemlicher Wahrscheinlichkeit schließen.[4] Bruchstücke einer Weihnachtspredigt unter seinem Namen bietet dagegen nur eine anscheinend als Ganzes aus dem Griechischen übersetzte dogmatische Katene.[5]

c) Von B. **Eusebios v Emesa**,[6] † spätestens 359, einem geborenen Edessener, den die antiochenische Synode des Js 340 an Stelle des Athanasios zum P von Alexandreia hatte erheben wollen, liegt in direkter Überlieferung syrisch nur das Bruchstück einer Homilie über das Fasten vor.[7] Der allerdings dürftige Splitter erhärtet immerhin eine tatsächliche Übs von Schriften des E., deren Umfang kein geringer gewesen wäre, falls sie sich auf das auch von Hieronymus bezeugte Werk gegen die Juden,[8] die anscheinend gelegentlich von demselben ausgeschriebenen ATlichen *Ζητήματα*,[9] eine Homilie auf den Protomartyr Stephanos[10] und eine Reihe anderer Predigten[11] erstreckt haben sollte. Eine so intensive Beschäftigung syrischer Übersetzer mit dem im Original beinahe völlig verschollenen Nachlaß eines wenn auch gemäßigten Semiarianers ist aber wiederum kaum später als in der Zeit einer noch frischen Aktualität desselben denkbar.

d) B **Eusebios v Samosata** war dem Arianismus gegenüber eine Säule der nicänischen Orthodoxie schon unter Konstantios (367—371), mußte, nachdem er die Verfolgung Julianos, des Abtrünnigen durchlebt hatte, unter Valens (364—378) in die Verbannung gehen und ist, aus dieser zurückgekehrt, weiblichem Fanatismus zum Opfer gefallen. Seine durch stilistische Vorzüge und Lebensfrische des Inhalts ausgezeichnete Biographie ist das Werk eines den erzählten Ereignissen sichtlich noch unmittelbar nahestehenden Unbekannten.[12]

e) **Sem'ôn der Stylite**, † 2. 9. 459,[13] hat seinen Beinamen von der endgültigen Form seiner asketischen Lebensweise erhalten, die an ihm ihren bahnbrechenden Vertreter fand. Geb. um 390 in einem Dorfe Ṣiṣ bei Nikopolis an

---

[1] Hs: BrM 726. 4°. Agg mit Übss: W Wright, JSL⁴ 8, 45/56. 422/32. F Nau, PO 10, 5/26, mit Rekonstruktion des griechischen Originals: L Duchesne - J-B de Rossi, Acta Sanctorum Novembris 2 ı, LII/LXV. Übs: H Lietzmann, D. drei ältesten Martyrologien (Bonn 1903). Vg. E Egli, Martyrien u. Martyrologien ältester Zeit (Zürich 1887). Ders., ZWT 34, 273/98.

[2] 'Aî § 29. Vg. J Sickenberger, T. v. Bostr. Studien zu seinen Lukashomilien, TuU 21 ı. O Bardenhewer, Gesch. 3, 269/73.   [3] Hs: BrM 726. 11°. Ag: P de Lagarde, T. Bostreni contra Manichaeos libri quatuor (Brl 1859). Eine neue Ag des Originals von A Brinkmann mit deutscher Übersetzung des syr. Textes von L Nix steht in Aussicht.   [4] Hs: BrM 864 (Add 17141. 9/10. Jh) 23°.   [5] Hs: BrM 729 (Add 12156. 6. Jh) 13° (fol 79. Ag: P de Lagarde, Anmkk. zur griech. Übersetzung d. Proverbien (Lpz 1863) 94 f. Vg. J Sickenberger a. a. O. 138 f.

[6] 'Aî § 36. Vg. Hieronymus, de vir. ill. § 91. O Bardenhewer, Gesch. 3, 263 f.

[7] Hs: BrM 821 (Add 14665. fol 10/20. 10/11. Jh) 3°.   [8] 'Aî.   [9] 'Aî. Auf sie dürfte auch ein Zitat bei Ja'qôb h) v. Edessa zurückgehen: JSL⁴ 10, 430. Vg. KatWright 662.   [10] 'Aî.

[11] Rede üb. d. Glauben, R. üb. d. neuen Änderungen, R. gehalten in Berytos, Segensansprache üb. d. Volk, R. üb. d. Gottheit d. Sohnes, zitiert durch Philoxenos v. Hierapolis. Vg. BO 2, 28. KatWright 528. Ag der Zitate und des Stückes BrM 821. 3°: F Nau, ROC 13, 420/9.

[12] Hs: BrM 960 (Add 12174. J 1197) 18°. Ag: AMS 6, 335/77.   [13] Theodoretos Hist. relig. 26 u. außer der syrischen eine griech. Biographie in zwei Rezensionen, von denen die eine unter dem Namen eines Antonios geht, die andere auch in lat. Übs vorliegt. H Lietzmann, D. Leben d. hl. Symeon Stylites, TuU 32 ıv.

der kilikisch-syrischen Grenze als Sohn begüterter christlicher Landleute, war er
ursprünglich Mönch im Euseb(h)ónā-Kloster bei Tell'edā gewesen, wo die Ab-
sonderlichkeiten seiner Selbstpeinigung Anstoß erregten.   Nach dem rund eine
Tagereise von Antiocheia entfernten Tellnešil übergesiedelt, hat er seit 412 in
einer dachlosen Umfriedigung zuerst an einen Felsen gekettet, später auf der
Plattform immer höherer Steinpfeiler gelebt, deren letzter bei einer Höhe von 36/40
Ellen ihn volle 30 JJ trug.   Für einen ausgedehnten brieflichen Verkehr, den er
als geistlicher Berater unterhielt, liegt eine zweifellos echte Probe in syrischem
Original nur an einem Mahnschreiben vor, das durch das antiochenische Erdbeben
von 459 (oder 457?) veranlaßt sein dürfte [1]) und durch einen Pr Kosmas eine
gleichfalls erhaltene Beantwortung erfahren hat. [2])   Von einem Eingreifen Š.s
speziell in die dogmatischen Kämpfe der Zeit zeigen sich Spuren auch in griechischer Überlieferung. [3])   Von drei syrischen Stücken dieser Richtung scheinen
aber mindestens zwei als monophysitische Fälschungen gelten zu müssen, bestimmt
briefliche Äußerungen zu ersetzen, durch die Š. sich vielmehr auf den Boden des
hier angeblich von ihm verworfenen chalkedonensischen Dyophysitismus gestellt
hatte. [4])   Auch ein oder zwei kurze Abschnittte monastisch-asketischen Inhalts
eines „Einsiedlers" (oder „Mönchs") Š. haben kaum etwas mit dem Styliten zu
tun. [5])   Eine aus der lebendigen Klostertradition von Tellnešil hervorgegangene
originalsyrische Biographie des hochverehrten Wundermannes, vielleicht die gemeinsame Arbeit eines Šem'ôn b Apollôn und eines Barhātar b Ûd(h)ān, wurde
schon von Euagrios Kgesch. I 13 gekannt und benutzt. [6])

f) Bâlai, [7]) über dessen Person und Lebensumstände jede genauere Kenntnis
frühzeitig gefehlt zu haben scheint, wird als einer der klassischen Vertreter
altsyrischer Kirchendichtung nach Ap(h)rem namhaft gemacht. [8]) Durch literarische
Überlieferung des 6. Jhs für ihn gesichert sind 5 Mad(h)rāšē zu Ehren des 432
verstorbenen Bs Akakios r Aleppo und ein sechster auf die Einweihung einer
neugebauten Kirche in der Stadt Qennešrin. [9])   Sie weisen auf das 5. Jh als Zeit,

[1]) Hs: BrM 982 (Add 14484. fol 48, 133. 6. Jh) 2°.   Übs: H Hilgenfeld bei Lietzmann
a. a. O. 180 4.   [2]) Hs: VtS 160 (J 474) II°. Ag: BO 1, 237 9. Assemani, Act. Mart. 2,
394 8.   [3]) Vg. Lietzmann 192 f.
   [4]) Es sind Stücke an Kaiser Leo und einen Abt Ja'qôb(h) r Kap(h)rā Rĕḥīmā gegen das
Chalcedonense und ein angeblich vor dem Ephesinum an Joannes r Antiocheia gerichteter Brief.
Hss: BrM 857 (Add 12155. 8. Jh) XXIX°.   860 (Add 12154. 8/9. Jh) 33° (dahinter XXX° bzw. 34°: ein
angeblicher [?] Brief des Alexandros r Mabbôg(h) und Andreas r Samosata an J r Antiocheia
u. Theodoretos über Š. u. Ja'qôb(h) r Kap(h)rā Rĕḥīmā). Ag und Übs: C Torrey, JAOS 20,
252/76. Übs: Hilgenfeld a. a. O. 188/91. „Ein" Brief Š.s gegen das Chalcedonense auch:
Séert 69 (J 1371/2) IX°.   Über die Echtheitsfrage vg. Lietzmann 249/51.
   [5] Hs: Brl 198 (Sach 352. 13. Jh). Fol 163 v°f. 187 r°. Vg. auch die wohl asketischen
Sentenzen eines Šem'ôn, genannt Lukas, Schülers eines Mâr(j) Šāb(h)ôr in der Hs Séert 109
(J 1609) VI°.   [6]) Hss: VtS 160 I°. BrM 982. 1°. 960. 2°, eines Bruchstückes: 963 (Add 14730.
fol 1 227. 13. Jh) 15°. Agg: Assemani a. a. O. 268/394 nach der römischen, AMS 4, 507/644
nach der ältesten Londoner Hs. der Jugendgeschichte: Uhlemann 53/63, von Azzen: BO 1, 213.
250 f. Wenig 42 f.   Übs: Hilgenfeld a. a. O. 80/180. Bs: BO 1, 239/54. Vg. P Zingerle.
ZDMG 7, 233.   [7]) BO 1, 166 8. Bickell, Consp. 21. Ausgew. Gedichte der syr. Kirchenväter Cyrillonas, Balāus, Isaak r Antiochien u. Jakob r Sarug (in BKv. Kempten 1872) 65/108
bzw. S Landersdorfer BKv.[2] 6, 55/99. LTh 25/7. Wright 39 f. Duval 337. K V Zetterstéen, Beiträge zur Kenntnis d. religiösen Dichtung Balai's (Lpz 1902).
   [8]) Ethik I 5 § 4 (Ag Bedjan 65). Daß hier erst nachher in einer sachlich irrigen Bemerkung von der „Zeit der Synode von Ephesos" die Rede ist, berechtigt zu keinerlei chronologischen
Schlußfolgerungen.   [9]) Hs: BrM 770 (Add 14591. 6. Jh) 7°b u. Ag: J J Overbeck, S. Ephraemi
usw. op. selecta 259/63. 251/8. Übss: Bickell 83/102. 74/82 Landersdorfer 71 83. 63/71.

auf das nordwestliche Syrien zwischen Euphrat und Meeresküste als Schauplatz seines Wirkens hin.[1] Daß er hier, näherhin vielleicht in der Diözese Aleppo, die Würde eines Chorepiskopos bekleidete, ergibt sich aus der Überschrift eines dieser Stücke.[2] In liturgischer Überlieferung pflegt sein Name im Rahmen der „Leitern"[3] wie auf dem gesamten Gebiete der Ba‘ût(h)ā mit Texten des fünfsilbigen Metrums verbunden zu werden, doch unterliegt die Zuverlässigkeit der, möglicherweise nur scheinbaren, Verfasserangabe im einzelnen naturgemäß hier denselben grundsätzlichen Bedenken wie bei Ap(h)rem.[4] Vollends zweifelhaft ist das Recht einer durchgängigen Zuweisung an B. bei nicht einmal ausdrücklich ihm beigelegten Strophen oder größeren strophischen Dichtungen jenes Metrums, die im jakobitischen und maronitischen Nachtoffizium unter dem Melodievermerk: Ḥā’en le‘ḥaṭṭājē („Der die Sünder begnadigt") erscheinen.[5] Sogar die Musterstrophe, auf welche dieser Vermerk geht, wird neben B. auch Ap(h)rem zugeschrieben.[6] Überhaupt ist ein Schwanken in der Zuweisung bestimmter Texte an den einen oder anderen der beiden alten Dichter zu beobachten, wobei dann für B. regelmäßig erst jüngere Hss eintreten.[7] Nur in relativ späterer Überlieferung begegnen unter dessen Namen auch im fünfsilbigen Versmaße einige Mēmrē paränetischen Inhalts,[8] Gedichte auf das dem Klemens-Roman entstammende Heiligenpaar Faustinus und Metrodora[9] und den hl. Georg,[10] sowie ein Klagelied auf die Ermordung des Urias,[11] im viersilbigen eine Dichtung über den Tod Aarons.[12] Dagegen wird ihm durch den weitaus ältesten Textzeugen ein von dem nächst jüngeren anonym und weiterhin seinem siebensilbigen Metrum entsprechend wohl durchweg unter dem Namen Ap(h)rems überliefertes Epos in 12 Mēmrē auf den ägyptischen Joseph beigelegt, das zu den besten Werken altsyrischer Poesie gehört, und gerade die Tatsache, daß die Verknüpfung mit dem

---

[1] Ein Officia Sanctorum iuxta rit. eccl. Maronitarum (Rom 1656/66) 2, 159 B. zugeschriebenes Gedicht auf Šem‘ôn Stylites gibt keine hinreichende Gewähr seiner Echtheit, um den Tod des Dichters notwendig erst nach 459 anzusetzen.

[2] Des Kirchweihe-Mad(h)rāšā.   [3] Von einschlägigen Hss (§ 8 d) enthalten Stücke unter dem Namen B.s Pr 147. 149. Ox 50. Dazu auch Teb(h)rāt(h)ā B.s: BrM 470.

[4] Hss mit geschlossenen Sammlungen von Ba‘wât(h)ā B.s: BrM 469. 471. VtS 67. 68. Pr 149. JerMkl 25. 26. 27. 49. 50. Daneben finden sich solche auch im Körper von Ferialbrevieren wie VtS 69 (J 1597). 71 (16. Jh) und 70 (J 1673) und in verschiedenen Typen von Choralbüchern des jakobitischen Festbreviers, so schon in den Hss BrM 311 (Add 14511. 10. Jh). 312 (Add 14512. 10. Jh). 318 (Add 14503. 10,11. Jh). 320 (Add 12147. J 1006) und anscheinend besonders zahlreich: Pr 158 (Suppl 3. J 1562/4). 160 (Anc fonds 47. 1559/60). Brl 20 (Sach 236. J 1567/8). Agg einzelner Nrn: Overbeck 331/5. Zetterstéen 1/33 (13/36). Übss: Bickell 102/8. Landersdorfer 89,99. Ein sorgfältiger Nachweis der in Brevierdrucken des maronitischen und uniert syrischen Ritus enthaltenen Ba‘wât(h)ā unter dem Namen B.s bei Zetterstéen 5 8.

[5] Agg einschlägiger kürzerer Texte: Zetterstéen 35,56 (36 52), des Modellgedichtes: Wenig 160. Eine Reihe umfangreicher hierhergehöriger Dichtungen ist in den Officia Sanctorum iuxta rit. eccl. Maronitarum gedruckt. Vg. den Nachweis von Zetterstéen 5 f. Ak 3.

[6] So in der röm. Ap(h)rem-Ag OpS 3, 486/8 (als: „Paraenesis" 34).   [7] Vg. Zetterstéen 10 f. Ebenda 6,11 in den Akk. zahlreiche Einzelnachweise unter dem Namen B.s stehenden Ap(h)rem(?)-Gutes.   [8] Hs: VtS 93 (9. Jh) 12°. Ag zweier Stellen: LTh 25 f.   [9] Hs: Ox 138 (Bodl Or 19) 13°. Ag: GBickell, ZDMG 27, 599/600. Gismondi² 98. Übs: Bickell, Consp. 46 f. Ak 5.

[10] Hss: Urm 143 (J 1711/2). 136 (J 1715/6). Ag wohl: Officia Sanctorum 2, 876.

[11] Hs: Brl 164 (Sach 113. J 1803) 3° d g.

[12] Hss: VtS 117. 57°, eines kurzen Bruchstücks, enthaltend ein Abschiedsgespräch zwischen Moses und Aaron: Ox 138 (BodlOr 19) fol 30. Agg des Gespräches: Overbeck 336. Wenig 161 f. Gismondi² 97 f., einer offenbar anschließenden erzählenden Partie: LTh 26 f.

minder berühmten Namen mit Rücksicht auf die metrische Form sich nicht nahe-
legte, muß für sie in erhöhtem Maße den Charakter glaubhafter Tradition wahrscheinlich machen.[1])

g) Isḥâq v Antiocheia[2]) pflegt nach dem Vorgange der Assemani ein
vielmehr aus Amida gebürtiger Dichter genannt zu werden, dessen richtige Unterscheidung von zwei jüngeren gleichnamigen Edessenern schon gegen Ende des
7. Jhs ein durch Ja'qôb(h) v Edessa[3]) erörtertes literaturgeschichtliches Problem
bildete. In jungen Jahren hat er Rom besucht, ist dort Augenzeuge der letzten
Säkularspiele des Js 404 geworden,[4]) die er in einer Mehrzahl von Dichtungen
verherrlichte[5]) und hat in solchen auch den folgenden trüben Zeiten der
abendländischen Welthauptstadt seine Teilnahme zugewandt.[6]) Auf der Rückkehr nach dem Osten in Konstantinopel aus unbekanntem Grunde zeitweilig gefangen gehalten, hätte er nach Ja'qôb(h) späterhin in seiner Vaterstadt als Priester
gewirkt, ist aber offensichtlich mit demjenigen Träger des Namens identisch,
welcher nach dem Zeugnis seines jüngeren Zeitgenossen Gennadius[7]) als Pr der
antiochenischen Kirche eine lange und reiche schriftstellerische Tätigkeit in
syrischer Sprache entfaltete, noch die Verheerung Antiocheias durch das Erdbeben
des 14. 9. 459 poetisch behandelte und dann vor 7. 8. 461[8]) gestorben ist. Ein
alsdann chronologisch unmögliches persönliches Schülerverhältnis, in das er bei
dessen Anwesenheit in Amida zu Ap(h)rem getreten sein soll,[9]) ist den älteren
Quellen noch unbekannt. Beachtenswerter klingt eine Angabe, die ihn in ein
solches Verhältnis zu A.s Schüler Zenobios bringt.[10]) Sie findet sich in der
Unterschrift einer Sammlung von 60, wie fast alles unter dem Dichternamen I.
Erhaltene. im siebensilbigen Metrum abgefaßten Mēmrē, in der im 11. Jh der
jakobitische PJôḥannân b Šûšan gewiß literarischen Nachlaß des Amideners zu
vereinigen glaubte.[11]) Bei einer vielmehr aus 40 Mēmrē und 15 Texten abweichen-

---

[1]) Hss der Mēmrē 1 und 8 unter dem Namen B.s: BrM 742 (Add 12166. 6. Jh) 5°, des
Memrā 2 anonym: 777 (Add 14590. 8. 9. Jh) 2° b, der Mēmrē 1,8: im Maronitenkolleg zu Rom,
der Mēmrē 1,10: CmbrAdd 2817 (J 1883). Eine Bedjaus aus dem Besitze von Khajjāt, des
Ganzen: Dijarb 76 (J 1545,6) 3°. N-Dsêm 101 (J 1876). Mos 67 (J 1896) 68. BrMOr 4078
(19. Jh) und je eine Bedjaus aus Tell Kēp(h) und Alqôs. Agg der Mēmrē 1 und 8: Overbeck
270/330, der Mēmrē 1,10 (unvollst.): P Bedjan, Histoire de Joseph par S. Ephrem (Pr-Lpz 1887),
des Ganzen: Ders., Hist. complète de J. par S. Ephr. (Pr-Lpz 1891), mit Übs: Th J Lamy, S.
Ephr. Syri hymni et serm. 3, 249/640. 4, 791/844.

[2]) Ps-Z I 9 (AnecdS 3, 84). ChrM 208 (159): als Zeitgenosse Theodosios I. Ps-D z. J 1565
Abrah. 729 Gr. al-Mākin (BO 1, 208) unter Theodosios II. Ibn ar-Rāhib 112 (121): als Zeitgenosse
des Kyrillos. Abû-l-Barakāt: NGWG 1902, 647 (676). B'E Hist. dyn. (Ag: Pococke) 145 (91):
unter Theodosios II. BO 1, 207/31. Lamy, S. Ephr. hymni et serm. 4, 362,6. Ign E Rahmani, StS 1, 57/60. Bickell, Consp. 22 f. S. Isaaci Antiocheni doctoris Syrorum op. omnia 1. 2
(Gießen 1873/4). Ausgew. Gedichte d. syr. Kirchenväter Cyrillonas usw. 109/91. Wright 51/4.
Duval 340 f. P Bedjan, Homiliae S. Isaaci Syri Antiocheni 1 (Pr 1903) mit Erörterung des
literatur-geschichtlichen Problems III/X. S Landersdorfer. BKv²6, 101/248, in der Einleitung
(103,14) mit Anschluß an Bedjan.

[3]) In einem Briefe an Jôḥannân Stylites. Agg der Briefstelle: P Martin, Gramm.,
chrestomatb. et glossar. ling. Syr. (Pr 1874) 69. Lamy a. a. O. 361/4. Bedjan IV f. Ak. Rahmani
a. a. O. 14 f. (13 f.).   [4]) Ps-Z. Ja'qôb(h).   [5]) Ps-D z. J 1565 Abrah.   [6]) Ps-D z. J 729 Gr.

[7]) De vir ill. § 66. Nach Amida wird sein Wohnsitz dagegen auch in ChrM verlegt.

[8]) Weil „Leone et Maioriano regnantibus" d. h. vor der am genannten Tage erfolgten Ermordung des letzteren.

[9]) So ausdrücklich Ja'qôb(h). Die Bezeichnung als Schüler A.s auch in ChrM, bei al-Mākin,
Ibn ar-Rāhib, Abû-l-Barakāt und B'E.   [10]) BO 1, 214 f. KatSachau 502.

[11]) Hss der Sammlung in ihrer ursprünglichen Anordnung: Vt 119 (J 1209/10). 365,6 (Abs

den Charakters bestehenden Sammlung, die an dem Diakon 'Abdallāh ibn al-Faḍl einen Übersetzer ins Arabische fand,[2]) handelt es sich tatsächlich um den prosaischen Nachlaß des irrtümlich mit dem angeblichen „Schüler“ Ap(h)rems verwechselten späteren Nestorianers I. v Ninive (§ 35 d). Weiter hinauf führt dagegen eine Textüberlieferung von I.-Dichtungen in literarischen Hss noch des ersten Jahrtausends,[3]) die unabhängig von der Sammlung J. b Š.s auch durch solche des 12. bis 18. Jhs[4]) sowie durch einen liturgischen Überlieferungszweig ergänzt wird.[5]) Kenntlich werden hierbei neben dem Nachhall einer älteren Ausgabe von mehr als 100 Nrn[6]) zunächst kleinere Sondergruppen von Gedichten über die Kreuzigung,[7]) das Herrenwort Mt 18. 3,[8]) die Samariterin am Jakobsbrunnen[9]) und die „Unterdrückung“ der Gerechten.[10]) Dazu gesellen sich Bruchstücke entsprechender Serien von Mēmrē „des Gebets“[11]) und „gegen die Juden“.[12]) Solche „der Verstorbenen“[13]) haben einen Platz in jakobitischer Begräbnisliturgie gefunden. Bei einer Folge „neuer Mēmrē“, deren Kopfstück begegnet,[14]) hat es sich vielleicht genauer um Sōg(h)jāt(h)ā gehandelt, deren einzelne auch anderwärts mit einem I. als Verfasser in Verbindung gebracht werden.[15]) Im einzelnen läßt sich in dieser

der vorigen). Brl 152 (Sach 177. J 1579/80), einer jüngeren Redaktion mit veränderter Reihenfolge der einzelnen Gedichte: Brl orqu 940 (Abs einer Vorlage in Mosul), des 1. Bandes dieser Neuredaktion (= Nr 1/24): BrMOr 4075 (18. Jh). Brl 56 (Sach 99. 18. Jh: mit Ausfall der Nrn 11. 23), desselben 1. Bandes, vermehrt um einen prosaischen Mēmrā, unter dem Namen I.s v Ninive N-Dsém 124 (14. Jh) 125. Mos 98 (J 1777/8). CmbrAdd 2811 (J 1883) und eine von Bedjan aus Urmia bezogene bzw. deren Vorlage, eines Azs (der Nrn 11. 16. 41. 52): Pr 16 (Anc fonds 10. 16. Jh) 21°/4°, von Bruchstücken einer dritten Rezension: Brl 163 (Sach 124. J 1851). B.s der ursprünglichen Gestalt: BO 1, 229,32 (Nrn 1/60). Ag in der Anordnung der jüngeren Redaktion: Bedjan 1/737, der Nr 1: PZingerle. MonS 1, 13.20, der Nrn 9. 25. 37f. 45f. 59. 3. 6. 40 (Bedjau: 59. 36. 48f. 45f. 57. 3. 27. 51): Bickell 1, 54/79. 178/295. 2, 103 203. 236,353 (als Nrn 6. 10/4. 32/4. 37).

²) Nach Abû-l-Barakāt. Vg. BO 1, 208.   ³) Haupths: VtS 120 (7. Jh), bzw. deren Abs: 364 mit 18 der Sammlung J.bŠ.s fremden Nrn. Bs: BO 1, 229,32 (Nrn 61/78). Weitere Hss: BrM 740 (Add 14591. 6. Jh) 1°.   742 (Add 12166. fol 1/159. 6. Jh) 4°.   745 (Add 17164. 6/7. Jh) 4°.   746 (Add 17158. fol 1/48. 6/7. Jh) 2° a. b.   747 (Add 14607. 6/7. Jh) 3°.   753 (Add 14612. 6 7 Jh) 6°.   765 (Add 14666. fol 57/64. 7/8. Jh) 2° a.   766 (Add 14602. fol 1/97) 1°. 4°.   768 (Add 14618. 7 8. Jh) 6°.   948 (Add 14651. J 850) 11° 6.   798 (Add 14535. 9. Jh) 10°.   801 (Add 18817. 9. Jh) 7°.   806 (Add 14613. 9 10. Jh) 9° a.   VtS 93 (9. Jh). 5°.

⁴) BrM 837 (Add 17262. 12. Jh) 33°.   843 (Add 14728. fol 138/207. 13. Jh).   7190 Rich (13. Jh) 61°/5°.   Or 4407 (J 1375/6). 4071 (J 1679/80). 2732 (18. Jh). Pr 196 (Anc fonds 112. 14. Jh) 86°. 177 (Anc fonds 83. J 1520/1) 4° h.   197 (Anc fonds 157. 16. Jh) 7°.   200 (Suppl 45. J 1692) 2° b. Brl 200 (Sach 202/3. 15/6. Jh) 5°.   104 (Sach 113. J 1803).   Ox 145 (Bodl Or 412. 16. Jh) 6° ϑ′ s′ ϑ′. Hierher gehörte endlich wohl auch die Hs des Chorepiskopos Joseph b David aus Mosul, die Bickell bei seiner nicht weniger als 178 vollständige und 13 fragmentarische Nrn umfassenden Zusammenstellung von I.-Gedichten 1, IV/VII mitbenützte.

⁵) Haupths: Homiliar VtS 117 (12. Jh). Bs des hier über die Sammlung J.bŠ.s hinausgehenden Stoffes: BO 1, 232/4 (Nrn 79,94). Weitere unten Ak. 13. Auch begegnen Mēmrē I.s „des Lehrers“ als Bestandteile jakobitischer Festoffizien JerMkl 44 (J 1413 4).

⁶) Nr 101 einer solchen in Pr 200 (= Bedjan Nr 59).   ⁷) BO 1, 231: Nr 67 72. Hs: VtS 120. 15°/20°.   ⁸) BO 1, 232: Nrn 88,90. Hs: VtS 117. 133°/5°.   ⁹) BO 1, 232: Nrn 79/83. Hss: VtS 117. 36°,9°. BrM 747. 3° b.   ¹⁰) BO 1, 230: Nrn 63.5. Hs: Vt 120. 9°/11°.

¹¹) Nr 5f. einer solchen: BrM 747. 3° a.   ¹²) Nr 2 einer solchen: BO 1, 231 (Nr 73). Hs: VtS 120. 21°.   ¹³) BO 1, 233f.: Nrn 95/103. Hs: VtS 92 (J 823) 5°. 9°/16°. 24°, einzelner: BrM 948. Brl 164. 11°. Ox 145. Ag der Nrn 95 und 101 unter dem Namen Ap(h)rems: OpS 3, 237 40. 278/82 (als „Canon. funeb.“ 10 bzw. 29).   ¹⁴) VtS 120. 23°. Vg. BO 1, 231 (Nrn 75 f.) wonach beide Stücke dialogisch.   ¹⁵) Hs: BrM 450 (Add 17141. 8 9. Jh) 26° g. k/n. x. Ag der ersten: Bickell 1, 78/84.

weitschichtigen Masse von Dichtungen wohl mit voller Sicherheit die von Gennadius erwähnte auf das antiochenische Erdbeben wiedererkennen.[1]) Auch eine doppelte Frontstellung gegen Nestorios und Eutyches, die von dem Abendländer für den um 460 verstorbenen I. bezeugt wird. läßt sich gelegentlich beobachten.[2]) Im übrigen aber stößt eine Aussonderung der im Gegensatze zu den beiden jüngeren Trägern des Namens mit Bestimmtheit ihm zuzuweisenden Mēmrē auf wohl unübersteigliche Schwierigkeiten. Auch ein Schwanken in der Zuweisung an einen I. oder an Ap'hırem ist bei nicht wenigen Texten zu beobachten,[3]) und mit ziemlicher Sicherheit dürften sich als echte Werke des „Antiocheners" sogar zwei ausschließlich unter dem Namen A.s überlieferte Stücke in Anspruch nehmen lassen.[4]) Nicht minder wird füglich nur an ihn gedacht werden können bei einer Gruppe als Tešbēḥāt(h)ā [5]) bezeichneter Tagzeitengesänge. bei zwei vereinzelten [6])

---

[1]) BO 1, 230: Nr 62. Hs: Vt 120. 5°. Möglicherweise eines der auf die Schicksalsschläge Roms bezüglichen Gedichte ist BrM 740. 1°b.

[2]) So nach der Überschrift bei dem Bruchstücke eines Mēmrā „über den Glauben". Hs: VtS 368 (Homiliar des 9. Jhs). Agg: Bickell 1, 25/33. Bedjan 800/5. Übs: Landersdorfer 151. Gleich zu beurteilen ist wohl auch ein aus einer Hs in Šarfah durch Rahmani, StS 1. 17,23 (15/22) vollständig bekannt gemachtes Gedicht. von dem nur ein Fragment bei Bickell 1, 50f. und Bedjan 814.

[3]) Vg. Lamy a. a. O. 364 6. Auch für A. bezeugt werden zunächst aus der Sammlung J.bŠ.s die Nrn 2 (Bedjan 25) durch BrM 824 (Add 14615. 10/1. Jh) 1°b. Pr 197 (Anc fonds 157) 2°, 3 (Bedjan 4), durch eine Mosuler Hs Lamys, 4 (Bedjan 2) durch diese und BrM 837 (Add 17262. 12. Jh) 32a, 15 (Bedjan 6) durch zwei Mosuler Hss und BrM 801 (Add 18817. 12. Jh) 7°a und 19 (Bedjan 34) schon durch BrM 755 (Add 14605. Vor J 652/3) 2°. Agg: mit Ausnahme von Nr 2 unter dessen Namen: Lamy 4, 225/42. 241/62. 147/86 (bzw. teilweise OpS 3. 652/4). 2, 313/92. Über die von der Ag J.bŠ.s unabhängige hsliche Bezeugung dieser Stücke für I. vg. Lamy 4. 364f. Auch VtS 117, wo nach Lamy 4, 141 ein Bruchstück von Nr 15 sich unter dem Namen A.s finden soll, bietet vielmehr unter 226° den ganzen Text als Werk I.s. In BrM 753 (Add 14612. 6/7 Jh) 7°. VtS 93 (9. Jh) 4°. 117. 190° werden A. beigelegt BO 1, 231: Nr 74 und 233: Nr 93, die nach VtS 120. 22° bzw. Randbemerkung zu 117. 190° I. gehören. In einer Hs zu Šarfah (?), daneben allerdings für einen Teil des Textes auch schon BrM 753 (Add 14612. 6/7. Jh) 8° geschieht das Gleiche mit Bezug auf BO 1, 234: Nr 104 gegen BrM 746. 2°a. VtS 93. 5° (2). Agg: OpS 3, 453.5. 397/412 (als „Paraen." 22 bzw. 4) bzw. Rahmani 2, 59,65. Ein poetischer Aufruf zu Bußgebet steht unter dem Namen I.s bei Bickell 1, IV unter Nr 69 bzw. in der Hs BrM 753. 6°, unter demjenigen A.s in der Hs Dublin Trin. Coll. B. 5. 19 (J 1625) und solchen zu Mosul und Šarfah (?), eine Ermahnung zum Stillschweigen unter ersterem BrM Add 843. 6°, unter letzterem BrM 801. 7°b. 824. 1°a. CmbrAdd 2019 (J 1452) 12°. Ag des ersteren: Lamy 4, 453/62. Rahmani 2, 52/5. Ein BrM 747. 3°a unter dem Namen I.s überliefertes Stück trägt VtS 117. 94° denjenigen A.s. Ag: OpS 3, 545 (als „Paraen." 74). Ferner steht BO 1, 232: Nr 81 als Werk A.s in Brl 167 (Sach 315. J 1480/1) 12°, und besonders häufig wird ihm zugeschrieben eine Dichtung über die Demut. a. a. O.: Nr 85. Hss unter dem Namen I.s: VtS 117. 116°, unter demjenigen A.s: BrM 837 (Add 17262. 12. Jh) 32°b. Brl 143 (Peterm I 25. 14/5. Jh) fol 102r°. 168 (Sach 92. 17. Jh) B 5°. Pr 190 (Suppl 46) c°. Ebenso wohl auch: VtB 128 (J 1720) 7°. Dijarb 98. 9°. Ag: OpS 3, 644/50 (als „De div. serm. 15"). Über eine hsliche Bezeugung der „Funebr. canones" 10. 29. 12 bzw. 15 und 64 der OpS Ap(h)rems für I. vg. oben S. 64 Ak. 13 bzw. Bickell 1, IV unter Nr 6. 27. Zu einem in griechischer Übs unter A.s Namen überlieferten Mēmrā über die Verklärung vg. oben S 36 Ak. 5.

[4]) Gegen Magier, Zauberer und Wahrsager. Hss: BrM 944 (Add 14650. 6/7. Jh) 15°. 824 (Add 14615. 10/11. Jh) 1°e. Ox 153 (Marsh 711. 17. Jh) 6°. Dublin Trin. Coll. B. 5. 19. 5°. Ag: Lamy 2, 393,426. Über das Weltgericht. Hss: BrM 770 (Add 14590. 8/9 Jh) 1°. Ox 153 (Marsh 711. 17.Jh). 123. Pr 13 (Anc fonds 6) 26°. Ag: Lamy 3, 133,88. Vg. FCBurkitt, S. Ephraims Quotations 79/86.   [5]) Hs: BrM 740 (Add 14591. 6. Jh) 6? a'c.   [6]) Über die Jungfräulichkeit. Hs: BrM 748 (Add 14592. 6/7. Jh) 3°.

und den geschlossenen Folgen von 16 Mad(h)râšē, die sich gegen einen zu seltenen Empfang der Eucharistie richten,[1]) und drei solchen „über das Kommen unseres Herrn".[2])

§ 11. In Edessa selbst war es wohl vor allem der Kreis persönlicher Schüler Ap(h)rems, innerhalb dessen das literarische Leben des ausgehenden 4. und beginnenden 5. Jhs pulsierte. In der alten Metropole christlich-syrischen Geisteslebens mag ferner die Heimat eines Dichters Qûrillônâ zu suchen sein, auch wenn er zu Unrecht für einen Blutsverwandten Ap(h)rems gehalten wurde. Nicht minder dürfte sich hier eine Aneignung und selbständige Weiterbildung im griechischen Sprachgebiete heimischer altchristlicher Apostelromane vollzogen haben, neben denen auch Stücke apokrypher Evangelienliteratur und mindestens eine ursprünglich griechische apokryphe Apokalypse frühzeitig dem syrischen Sprachgebiete vertraut wurden. Den Abschluß der altedessenischen Literaturentwicklung bezeichnet sodann B Rabbûlâ hauptsächlich dadurch, daß auf ihn die Vollendung der gemeinsyrischen Kirchenbibel durch Schaffung der Pĕšîṭtâ des NTs zurückzugehen scheint.

a) Von Schülern Ap(h)rems werden im „Testament"[3]) ein Arwaṭ und ein Paulônâ (= Paulinos) in schmerzlichem Fluchworte als zur Häresie abgefallen bezeichnet. Die ausgedehnte literarische Tätigkeit des letzteren, von deren Früchten der Folgezeit Mad(h)râšē, Mēmrē „gegen die Grübler und Kontroversschriften gegen Markion" und „über die Gläubigen und den Glauben" bekannt waren,[4]) und sein, wie man hier erfährt, tatsächlich erst nach dem Tode A.s erfolgter Abfall werden auch im griechischen und lateinischen Sprachgebiet erwähnt.[5]) Von denjenigen Jüngern, welche vielmehr durch den sterbenden Meister mit Segenssprüchen bedacht werden, war eines Šem'ôn[6]) bereits als des angeblichen Verfassers seiner Biographie zu gedenken. Ein Abraham[7]) und Mârâ v Aggel[8]) werden anderwärts überhaupt nicht wieder erwähnt. Ein Ab(h)â[9]) wird als Verfasser eines Kommentars „zum Evangelium" schlechthin, d. h. wohl noch immer zum Diatessaron, eines Mēmrâ „auf den Athleten Job" und einer Psalmenerklärung bezeugt, von denen sich neben Proben paränetischer Dichtung in fünfsilbigem Metrum[10]) Splitter erhalten haben.[11]) Von Zenobios aus Gĕzîrtâ[12]) erfährt man, daß er Diakon der edessenischen Kirche gewesen sei und gegen Markion und gegen einen Pamphilos, sowie Briefe an (oder unter dem Namen von) Isidoros, Lukillos, Abra(ha)m und Job geschrieben habe. Erhalten hat sich[13]) schließlich eine Spur von einer Erklärung „seines Schülers" Ja'qôb(h) zu Worten A.s, während der in der Biographie[14]) erfolgenden Erwähnung auch eines Isḥâq als

---

[1]) Hs: BrM 740 (Add 14591. Ende des 6. Jhs) 6°d.   Ag: Bickell 2. 2/109.   [2]) Hs: BrM 740. 6°c.

[3]) OpG. 2, 403 B/D.   [4]) 'Ai § 96.   [5]) Sozomenos Kg III 15. Nikephoros Kall. Kg IX 16. Gennadius, De vir. ill. § 3.   [6]) OpG 2, 402 F. 403 A.   [7]) a. a. O. 402 E.   [8]) a. a. O. 403 A.

[9]) a. a. O. 402 D. E. KatWright 992. Kol. 2. Th J Lamy, S. Ephr. Syri hymni et serm. 4, 87 f.   [10]) Hs: Sin 67 (9. Jh) von fol 33 r° an. Ag und Übs des Anfangs: Lamy a. a. O.

[11]) Hs: BrM 862 (Add 17194. J 885/6) fol 34 r°. 44 r°. 48 v°. 59 r°. 62 r°. 74 r°. Ag: F Nau, ROC 17, 69/73, der Zitate des Evangelienkommentars: J R Harris, Fragments of the comment. of Ephr. Syr. upon the Diatessaron 92/4.   [12]) a. a. O. 403 AB. Biographie A.s: OpS 3, XXXIX. 'Ai § 34. BO 1, 168.   [13]) Hs: BrM 861 (Add 17193. J 874) 36°.   [14]) OpS 3, XXXIX.

Schüler A.s bereits die irrtümliche Verknüpfung Isḥāqs v Antiocheia mit ihm zugrunde liegen dürfte. Von Schriftstellern, für die ein Schulzusammenhang mit A.
nicht behauptet wird, gehören wohl spätestens gleichfalls an die Wende vom 4.
zum 5. Jh ein Arra,[1]) der gegen die Magier und in einem „Skarabäen“ betitelten
B gegen Bardaiṣān schrieb, ein mit ihm zusammen genannter Paqqôr und ein
schwerlich vielmehr mit einem nestorianischen Klostergründer des späteren 6. Jhs
Namens Bar Qôsrā[2]) identischer Bar Qôsîn.[3]) Verfasser eines zweiteiligen Werkes
gegen die Astrologie der „Chaldäer“ und eines anderen gegen einen „Häretiker
Parap(h)rôn“. Anzuschließen sind hier auch die unbekannten Autoren dreier in
armenischer Übs unter dem Namen A.s zu einer „Erklärung des Evangeliums“
zusammengefaßter Schriften: einer antimarkionitischen Erklärung der Parabeln
Jesu, einer auf diese und auf sonstige Herrenworte gegründeten Erörterung „der
vollkommenen Jüngerschaft und der vollkommenen Führerschaft“ und einer Abhandlung über Parusie und Weltende.[4])

b) Qûrillônā[5]) (Kyrillinos) ist der Name eines sonst unbekannten Dichters,
von dessen offenbar recht vielgestaltigem Nachlaß sich einige Stücke erhalten
haben.[6]) Von denselben lassen sich die Einleitungsstrophen eines Mad(h)rāšā und
ein in viersilbigem Metrum gehaltener Mēmrā über eine Heuschreckenplage und
einen Hunneneinfall auf das J 396 datieren. Ausdrücklich für ihn bezeugt ist
ferner ein erster Mēmrā über das letzte Abendmahl, mit welchem ein zweiter
anonym überlieferter und ungenau als ein solcher über die Kreuzigung bezeichneter
die seltene Erscheinung eines Wechsels des Versmaßes teilt. Eine „Sôg(h)ît(h)ā“
von entsprechendem Inhalt schließt sich an diesen letzteren an. Auch das Bruchstück einer solchen über den Oberzöllner Zachäus und ein Mēmrā in siebensilbigem
Metrum über den Weizen scheinen trotz unmittelbar anonymer Erhaltung demselben, eigenartig und nicht gering begabten Dichter zugesprochen werden zu
dürfen.[7]) Diesen auf Grund einer scheinbaren Namensähnlichkeit in einem für
die erste Hälfte des 5. Jhs als Haupt der Perserschule bezeugten Qijôrē (Kyros)[8])
wiedererkennen zu wollen,[9]) geht schlechterdings nicht an. Gewagt ist es aber
auch,[10]) ihn, weil dieser in zahlreichen Mad(h)rāšē und Mēmrē des siebensilbigen
Metrums gleichfalls die Hunneneinfälle um die Wende vom 4. zum 5. Jh behandelte, einem Schwestersohne A.s mit Namen ʿAb(h)samjā (oder Ap(h)samjā)

---

[1]) ʿAi § 167.   [2]) Oder: Barqûsrē. LC § 50. MbS 55 (48). ʿAm 26 (44). Er stammte aus
Ninive, war früher mit wissenschaftlichen Studien beschäftigt, wurde dann Mönch und gründete
ein nach ihm benanntes Kloster im Stadtgebiete von Mosul.

[3]) ʿAi § 168. BO 3₁, 230, wo die Identität mit dem Nestorianer vertreten wird.

[4]) Ag: Mechitharistenag 2, 261/345. Übs. und sorgfältige Untersuchung: J Schäfers,
Eine altsyr. antimarkionit. Erklärung v. Parabeln d. Herrn u. zwei andere altsyr. Abhandlungen
zu Texten d. Evangeliums (Münster W. 1917). Vg. E Preuschen, ZNtW 12, 243/69, nach dem
vielmehr die Übs eines von Eusebios Kg IV 24 bezeugten κατὰ Μαρκίωνος πεποιημένος λόγος des
Bs Theophilos v Antiocheia in dem armenischen Texte zu erkennen sein soll.

[5]) Bickell 21. Wright 40/2. Duval 337 f. Die Einleitungen zu den Übss von Bickell
und Landersdorfer.

[6]) Hs: BrM 740 (Add 14591. 6. Jh) 1° m. 2°. 5° a,ʹc. Agg: G Bickell, ZDMG 27, 566/98 mit
Berichtigungen 35, 531 f., des Mēmrā über das Abendmahl: Gismondi* 111/8, eines Teiles des-
jenigen „über die Kreuzigung“: LTh 28 f. Übs: Bickell, Ausgew. Ged. d. syr. Kirchenväter
Cyrillonas usw. 7/63 bzw. Landersdorfer, BKv² 6, 1/54.

[7]) Es folgen in der hslichen Überlieferung (d. e) gleichfalls anonym zwei Mēmrē in siebensilbigem Metrum über die Kreuzigung und die Vollkommenheit.

[8]) BhScholgr. 68/70. Vg. § 16 d.   [9]) Wie A Scher, ROC 11, 3 f. tut.

[10]) So Bickell 21. Ausgew. Ged. 13, 16. Landersdorfer 7 f. Bedenken dagegen äußert
schon Wright 41 f

gleichzusetzen,[1]) als dessen Blütezeit in besseren Quellen die JJ 396 7 oder 403 4 erscheinen,[2]) während eine um keinerlei chronologische Möglichkeiten besorgte ungeschichtliche Überlieferung aus ihm einen angeblich auf dem nicänischen Konzil anwesend gewesenen edessenischen B 'Ab(h)šēlāmā macht.[3])

c) Von **altchristlichen Apostelromanen** haben die sog. Klementinen nach Ausweis der hslichen Überlieferung sicher schon im 4. Jh eine Bearbeitung in syrischer Sprache erfahren, die sich in ihrer ersten Hälfte mit B I IV 1 der nur in der lateinischen Übs des Rufinus erhaltenen Rezension der Ἀναγνώσεις, in der zweiten mit den Nrn 10 4 der griechisch vorliegenden Ὁμιλίαι deckt[4]) und ihrerseits wiederum die Grundlage einer kürzeren syrischen Lebensgeschichte des Klemens geworden ist.[5]) Eine angeblich aus dem Griechischen übersetzte und mit Eusebios in Zusammenhang gebrachte „Geschichte des Zebedaïden Johannes"[6]) stellt unmittelbar einen aus katholischen Kreisen des ausgehenden 4. oder beginnenden 5. Jhs hervorgegangenen syrischen Originaltext dar, dessen vielleicht nur indirekte Quelle die griechisch abgefaßten gnostischen περίοδοι Ἰωάννου gebildet haben. Daneben liegt deren Schlußstück, die Erzählung vom wunderbaren Heimgange (μετάστασις) des Apostels, wie in zahlreichen anderen Texten, auch in einer syrischen Übs vor.[7]) Eine solche bieten von einem im griechischen Urtext erhaltenen Stücke mit wesentlicher Treue ferner die Akten des Matthäus und Andreas „in der Stadt der Hunde (bzw.: der Kolchier)".[8]) während es bei der „Predigt des Philippos in Karthago" (oder genauer: „in Karthagena, welches Azotos ist,")[9]) dahingestellt bleiben muß. ob in ihr die getreue Übs oder eine selbständige Bearbeitung eines griechischen Textstückes vorliegt, in dem die erste πρᾶξις der alten gnostischen περίοδοι des Apostels zu vermuten wäre. Besonders zahlreich sind die noch außer den Klementinen sich speziell mit dem Schicksal der Apostelfürsten beschäftigenden Texte.[10]) Wiedergabe erhaltener griechischer Originale sind hier die sich mit der Rezension einer Hs von Patmos deckenden Martyrien[11]) derselben und die Akten der Paulusschülerin Thekla.[12]) Als weitere Bruchstücke der

---

[1]) ChrE z. J 715. ChrM 208 (159) bzw. CSCO. Ser. III. 14, 6. Ps.-D. z. J 708. M 169 (2, 9). B'EKg 1, 133 f. Ps.-Mārūt(h'ā, Üb. das nicän. Konzil bzw. im Nomokanon des 'Ab(h dišō' I 3. [2]) Ps.-D. bzw. ChrE. [3]) Ps.-Mārūt(h ā. [4]) Bickell 46. Hss: BrM 726 (Add 12150. J 411) 1°, eines unvollständigen Textes. 941 (Add 14609. Wahrscheinlich J 587) 11°, von Azz: CmbrAdd 2023 (13. Jh). 7°. Ag: P de Lagarde, Clementis Romani Recognitiones Syriace (Lpz 1861). Vg. W Wright, ZDMG 16. 548,50 [5]) Hs: BrM 960 (Add 12174. J 1197) 44°, einer arabischen Übs (nach Vorlage vom J 1178): JerMkl 38* (J 1732 3) 57°. Ag: AMS 6, 1/17.

[6]) Hss: Petersburger (6. Jh). BrM 789 (Add 17192. 9. Jh) 16°. Pr 236 (Suppl 28. J 1193/4) 8°. Urm 103 (J 1715) 4°, einer arabischen Übs: JerMkl 38*. 54.° Ag: W Wright, Apocryphal Acts of the Apostels (Lo 1871) 1, 4/65 (2, 3 60). Vg. R A Lipsius, D. apokr. Apostelgesch. 1, 431/41. R H Connolly, The original langu. of the syr. Acts of John, JTSt 8, 249/61. [7]) Hs: BrM 960. 43°, einer arabischen Übs: JerMkl 38*. 55°. Ag: W Wright a. a. O. 1, 66/72 (2, 61 8). Vg. Lipsius 1, 490.

[8]) Hss: BrM 952 (Add 14645. J 935/6) 2°. Or 4404 (19. Jh) fol 79 v°. Sin 82 (12/3. Jh). Pr 234 (Ancfonds 143. 13. Jh) 1°. 40. 309 (J 1869) 4°. Brl 74 (Sach 9. J 1694/5) 12°. 75 (Sach 222. J 1881) 4°. Urm 103 (J 1715) 2°. 41 (18. Jh) 1°. 179 (19. Jh) 10°. N·Dsêm 112 (J 1885). 96 (J 1887) Ag: Wright 1, 102 6 (2, 93/115). Vg. Lipsius 1, 546 f.

[9]) Hss: Pr 235 (Ancfonds 144. Vor J 1291/2) 9°. Brl 74. 7°. Urm 103. 8°. 38 (J 1885) 5°. BrMOr 4526 (J 1726/7) fol 176 r°. Ag: Wright 1, 74/9 (2. 69/92). Vg. Lipsius 2 11, 32/4. Für ein völlig unabhängiges syrisches Original hält das Stück ThZahn, Forsch. 6. 22. In ähnlichem Sinne auch O Bardenhewer, Gesch. 1², 586 f.

[10]) A Baumstark. D. Petrus- u. Paulusacten in d. litterar. Überliefer. d. syr. Kirche (Lpz 1902). Vg. P Peeters, AB 21, 121/40. [11]) Hss: BrM 953 (Add 12172. 10. Jh) 1°. 2°. 963 (Add 14732 fol 1/227. 13. Jh) 18°. 19°. Urm 103. 9°. 10°. Übs: F Nau, ROC 3, 39/57.

[12]) Hss: BrM 731 (Add 14652. 6. Jh) 1° 5. 150 (Add 14447. 10. Jh). 918 (Add 14641. 10/1. Jh) 4°a.

gnostischen Petrusakten kommen eine vereinzelte Legende und möglicherweise eine
gesondert überlieferte Predigt des Apostels in Betracht.[1]   „Lehre des Simon
Kēph(ā) in der Stadt Rom“ betitelt sich dagegen eine Neubearbeitung, die der
alte Stoff wiederum erst auf syrischem Sprachboden um die Wende vom 4. zum
5. Jh erfahren haben dürfte.[2]   In noch höherem Grade sekundär ist der Charakter
einer erst in junger nestorianischer Überlieferung auftretenden Doppelbeschreibung
des gesamten Lebensganges der beiden Apostel.[3]   Verlorene griechische Texte
späteren Datums über ihr Todesleiden geben ein in der Auffindung des Paulus-
hauptes gipfelnder Bericht[4] und das angebliche Schreiben des Dionysios Areiopagites an Timotheos[5] wieder, von dem eine minder ursprüngliche Gestalt in
lateinischer Übs fortlebt.   Ein verhältnismäßig junges, neben der syrischen nur in
anderen orientalischen Übss erhaltenes Stück sind schließlich auch die Akten des
Evangelisten Lukas.[6]

d) Die **apokryphe Evangelienliteratur** ist in syrischer Überlieferung einerseits durch eine Reihe verschiedener Pilatustexte vertreten.   Was hier in Übs
vorliegt, sind außer der sich als $\dot{\nu}\pi o\mu\nu\dot\eta\mu\alpha\tau\alpha$ des Ananias einführenden Rezension
der Pilatusakten,[7] die $\dot{A}\nu\alpha\varphi o\varrho\dot\alpha$ und die $\Pi\alpha\varrho\dot\alpha\delta o\sigma\iota\varsigma$[8] des Pilatus, ein Briefwechsel
zwischen Pilatus und Herodes[9] und ein im griechischen Original nicht erhaltenes
angebliches Schreiben des apostolischen Bs Jakobos v Jerusalem an Quadratus
über einen auf den Prozeß Jesu bezüglichen Bericht des Pilatus an Tiberius.[10]
Auf der anderen Seite sind es die Kindheitsgeschichte des Erlösers und die Ge-
burts- und Jugendgeschichte seiner Mutter, denen ein Interesse jedenfalls seit verhältnismäßig früher Zeit entgegengebracht wurde.   Die Übs irgendeines Kindheitsevangeliums haben um 590 nestorianische Syrer nach Armenien gebracht.[11]
Man wird dabei wohl eher an das syrisch ohne Nennung des vorgeblichen Verfassers vorliegende Thomasevangelium zu denken haben,[12] als an das Protoevan-

960. 76°. Brl 75. 40°. N-Dsēm 112. 113, einer arabischen Übs: JerMkl 38*. 118°. Ag: W r i g h t
1, 128,69 (2, 116/45). Vg L i p s i u s 2₁, 430f.   [1] Hss: Pr 179 (Anc fonds 80. J 1575) 2° bzw.
BrM 812 (Add 17183. 10. Jh) 8°. Ag der ersteren: F N a u, ROC 14, 13/4.

[2] Hss: BrM 936 (Add 14644. 5/6. Jh) 8°. 941. 4°. Ag: W C u r e t o n, Ancient syr. docum.
35/41. Vg. L i p s i u s 2₁, 206 f. B a u m s t a r k a. a. O. 38/40 Eher für noch höheres Alter
P e e t e r s 129. Der in den Hss fehlende Schluß wohl inhaltlich bewahrt M 105. 123 (1, 175. 242f.).
Vg. B a u m s t a r k, RQs 15, 250/2.

[3] Hs: in Köi-Kerkuk bzw. Abs derselben im Besitze von I g n G u i d i. Vielleicht auch Mos
90. 5° („Histoire de St. Pierre l'apôtre“). Ag: AMS 1, 1/44. Vg. I g n G u i d i, ZDMG 46, 744/7.
Übs und Untersuchung der auf Paulus bezüglichen Partie: L d e S t e f a n i, GSAI 14, 201/16.

[4] Hs: Pr 234. 1° 43. Šarfah (J 1368). Ag des Schlußteiles: I g n E R a b m a n i, StS 1, 3
(2 f.). Vg. J B P i t r a, AnSacr 4, VII. B a u m s t a r k, D. Petrus- u. Paulusacten 35 f.

[5] Hss: Pr 234. 1°. 13. 235. 8°. VtS 123 fol 128 v°/204 r°, einer arabischen Übs: JerMkl
38*. 53°. Ag: P M a r t i n, bei P i t r a a. a. O. 241/9. Vg. L i p s i u s 2₁, 227/31. B a u m s t a r k
a. a. O, 36/8.   [6] Hss: BrM 953. 3°. 963. 20°. Ag: F N a u, ROC 3, 156/67.

[7] Hss: Sin 82 (12/3. Jh), eine in Mosul (14. Jh) und in Mid(h)jad(h) im Ṭûr'Ab(h)dîn, bzw.
Abss dieser beiden in Šarfah. Ag: I g n E R a b m a n i, StS 2. Übs (mit Untersuchung): J S e d-
l á č e k, Neue Pilatusakten, besprochen und übersetzt (Prag 1908. Sitzberr. d. böhm. Ges. d.
Wissensch. Hist. Klasse Nr XI). Vg. F H a a s e, Literarkrit. Untersuchungen zur orientalisch-
apokryphen Evangelienliteratur (Lpz 1913) 67/76.

[8] Hss: Sin 82. Ag: M D G i b s o n, StSiu 5, 1/5 (1/4).   [9] Hss: BrM 941. 8°. Sin 82
und die übrigen der $\dot{\upsilon}\pi o\mu\nu\dot\eta\mu\alpha\tau\alpha$. Eine dritte in Šarfah (J 1608/9). Ag: W W r i g h t, Contributions
to the apocryphal literature of the New Testament (Lo 1865) 19/24. (12.17).

[10] Hs: in Mid(h)jad(h) bzw. Abs in Šarfah. Ag: I g n E R a b m a n i, StS 1, 1 f. (1 f.).
[11] Samuel v Ani (PG 19, 685 f).

[12] Hss: BrM 157 (Add 14481. fol 12/47. 6. Jh) 2°. Göttingen, Univ. Bibl. (Vg. Theol. Litzt.

gelium des Jakobus, das auf syrischem Boden in einer zunächst rein äußerlichen
Verbindung bald mit jenem und dem B über den Heimgang Mariä, bald mit
letzterem allein zu erscheinen pflegt,[1]) während erst eine vorläufig nicht näher zu
bestimmende spätere Zeit auf Grund der verschiedenen Stücke ein zusammenhängendes Marienleben geschaffen hat.[2]) Auf eine syrische Vorlage geht ferner
das arabische Kindheitsevangelium zurück,[3]) das in einem durch eine Illustration
in Federzeichnungen kunstgeschichtlich bemerkenswerten Texte einen Ausbau vielmehr zu einer Vollerzählung des Lebens Jesu erfahren hat.[4]) Erwähnung mag in
diesem Zusammenhang schließlich auch der syrische Text einer Vision des Theophilos v Alexandreia über den Aufenthalt der Heiligen Familie in Ägypten erfahren, ein legendarischer Stoff, mit dem sich schon der vielleicht in Rufinus
wiederzuerkennende Verfasser der sog. Historia monachorum vertraut zeigt.[5])

e) Zur apokalyptischen Literatur führt ein sich als „Evangelium der zwölf
Apostel" gebender syrischer Text hinüber,[6]) sofern derselbe einen einleitenden,
von Mariä Verkündigung bis zur Auserwählung der Apostel reichenden erzählenden
Teil durch apokalyptische Prophezeiungen ergänzt, die Petrus und den beiden
Zebedaïden auf dem Berge der Verklärung zuteil werden und inhaltlich jedenfalls
auf eine nachkonstantinische Entstehungszeit weisen. Das offenbar kompilatorischen
Charakter tragende Ganze ist unmittelbar möglicherweise ein syrisches Original
und der dem Titel beigefügte Vermerk, daß es aus dem Hebräischen ins
Griechische und aus diesem ins Syrische übersetzt worden sei, auch in seinem
zweiten Teile eine bloße Fiktion. Ein wirklich griechisches Original hat dagegen
an der frühzeitig auch ins Abendland gedrungenen und hier zuerst von Augustinus
bezeugten Paulusapokalypse eine syrische Übs gefunden, die wiederum bereits um
590 durch nestorianische Sendboten zu den Armeniern gebracht werden konnte,[7])
späterhin in verschiedenen Textrezensionen auftritt[8]) und zum Ausgangspunkte

---

36, 637). Vielleicht auch Urm 43 (J 1863). Ag: W r i g h t, Contributions 11 6 (6/11). Vg.
F H a a s e a. a. O. 38/48. Ein mit der kürzeren griechischen Rezension bei J A F a b r i c i u s, Cod.
apocr. Nov. Test. (Hamburg 1719) 159/67, zusammengehender syrischer Text in der Hs VtS 159
(J 1628/32) XI° fol 104 r°/106 v°.

[1]) Hss in Verbindung mit beiden anderen Schriften: BrM 157. 1° (von Kap. 17 an), in solcher
nur mit dem „Transitus": Palimpsest aus Suez im Besitze von ASmithLewis (angeblich 5 6. Jh.
Von Kap. 10 an). Harris 75 (J 1875), eines Bruchstückes: Brl 203 (Sach 27 11° (15/6. Jb) a. Eine Verbindung nur mit dem Thomasevangelium liegt vielleicht in Urm 43 vor. Agg: A S m i t h L e w i s,
StSin 11, 2/32 (1/12); des Londoner Textes: W W r i g h t, Contributions 3 7 (1/5), des Berliner
Bruchstückes: KatSachau 676 Vg. E N e s t l e, ZNtW 3, 86 f. F H a a s e 49/60.

[2]) Vg § 14 f. Da übrigens Harris 75 schon die äußerliche Vereinigung von Protoevangelium
und Transitus als eine „Geschichte der Gottesgebärerin Maria vom Tage ihres Austrittes aus
dieser Welt" bezeichnet, liegt vielleicht diese, nicht das einheitliche Marienleben auch noch in
einzelnen der dort namhaft gemachten orientalischen Hss mit gleichem oder verwandtem Titel vor.

[3]) Karš Hss: Pr 238 (Anc fonds 154. J 1473/4) 7°. 273 Anc fonds 133. 16. Jh) 3°. VtS 159.
XI° fol 98 v°/104 r°. Ag· H S i k e. Ev infantiae Arabice et latine (Utrecht 1697). Übss: J A F a -
b r i c i u s a. a O. 168/212. J C T h i l o, Cod. apocr. Nov. Test. 1 (Lpz 1832) 65/131. Vg. F H a a s e 48 f.

[4]) Hs: PalMedOr 32 (heute 387. J 1289). Vg. A B a u m s t a r k, OC² 1. 249/71.   [5]) Hs: VtB
128 (J 1720). Bs mit Ag der wichtigsten Stellen: F N a u, ROC 15, 125/32.   [6]) Hs: Harris 85 (8. Jh).
Ag: J R H a r r i s, The gospel of the twelve holy apostles together with the revelations of each one of
them (Lo 1900). Vg. F H a a s e, Literarkrit. Untersuchungen 30/5.   [7]) Samuel v Ani a. a. O.

[8]) Hss: VtS 180 II°. VtB 39 (16. Jh). Urm 42 (J 1795). N-Dsém 113 und eine im Besitze
des Union Theological Seminary, New York (18. Jh. Vg. J H H a l l. JAOS 13. 34), zu Anfang
unvollständig: Pr 352 (J 1706) 11°, des Schlußteiles: CmbrAdd 2043 (17,8. Jh), eines kleinen Bruchstücks: 2050 (J 1788?) 11°, einer am Anfang unvollständigen Apologie dieser Apokalypse: VtS 180 I°.
Übs: J P e r k i n s, JAOS 8. 183/212 bzw. JSL 1. 372/401. P Z i n g e r l e, Vierteljahrschrift f. deutsch-

für einen Legendenkreis über angeblich vom Himmel gefallene, zur Heiligung des Sonntags ermahnende Briefe geworden zu sein scheint, deren vier auf die JJ 730 1 bzw. 738,9, den 25. 12. 778 oder 24. 4. 783 und das J 828 9 datiert werden.[1] Eine von derjenigen des sog. IV. Ezr (§ 4 f.) verschiedene Apokalypse Ezras, die diesen seinen Schüler Karpos in der Wüste über „die Herrschaft der Ismaëliten" belehren läßt, ist dagegen naturgemäß erst in islamischer Zeit entstanden.[2] und jungen Datums ist gewiß auch eine vielfach apokryphes Gut enthaltende Sammlung von Visionen und Prophezeiungen ATlicher Gerechter über Christus.[3]

f) B Rabbûlâ v Edessa,[4] ord. 411/2, † 8. 8. 435, war in Qennešrin als Sohn eines heidnischen Priesters[5] und einer Christin geboren. Mit einer solchen auch verheiratet, hatte er nach eifrigem Studium griechischer Wissenschaft die Beamtenlaufbahn eingeschlagen und die Würde eines Präfekten erlangt, als das Drängen von Mutter und Gattin und der Eindruck wunderbarer Heilungen, die ein Rekluse Abraham im nahen Kloster eines Markianos wirkte, ihn auf den Weg religiösen Suchens führte. Auf diesem durch Eusebios, den B seiner Vaterstadt, und durch B Akakios v Aleppo gefördert, hatte er alsdann, im Martyrion der hll. Kosmas und Damianos in Aleppo betend, sich zur Glaubensgewißheit durchgerungen, auf einer Palästinawallfahrt im Jordan die Taufe empfangen, von Weib und Kindern sich getrennt und seine ganze Habe den Armen geschenkt, um als Mönch in dem genannten Kloster zu leben. Auf dem allgemeinen Konzil zu Ephesos stand er zunächst mit Johannes v Antiocheia in Opposition gegen Kyrillos, schwenkte jedoch rasch zu diesem über und wurde seither von den Anhängern des Nestorios als rücksichtsloser Gegner ihrer Sache gehaßt. Des Griechischen wie des Syrischen mächtig, hat er selbst mindestens die ihm zu diesem Zweck vom Verfasser übersandte Schrift des Kyrillos an Kaiser Theodosios $\pi\varepsilon\varrho\grave{\iota}$ $\tau\tilde{\eta}\varsigma$ $\dot{o}\varrho\vartheta\tilde{\eta}\varsigma$ $\pi\acute{\iota}\sigma\tau\varepsilon\omega\varsigma$ übersetzt.[6] Zum Urheber könnten ihn da-

n. englisch-theolog. Forschung u. Kritik, 4, 139,83. Vg. Ed Wieber, De Apocalypsis S. Pauli codicibus (Diss. Marburg 1904) mit Berücksichtigung der syr. Übs.

[1] Hss des angeblichen zweiten Briefes: Brl 179 (Sach 221) 4°, des dritten in verschiedener Rezension: je eine im Besitze des Un. Theol. Sem., New York (17. Jh) und eine im Privatbesitze von JHHall gewesene (J 1889. Abs einer Vorlage in Urmia vom J 1885), des vierten: Brl 73 (Sach 131. J 1862) V°. Ag der beiden Rezensionen des dritten Briefes: JHHall, JAOS 13, 34/49. 15, 121 42, des vierten: KatSachau 278,81. Vg. auch noch einen Karš.-Text: Brl. 110 (Sach 7. J 1699) 1° bzw. über die gesamte arabische und eine äthiopische Textüberlieferung von „Sonntag-briefen" F Praetorius, Mazḥafa Tōmâr (Lpz 1869) und über die einschlägige orientalische Literaturschicht überhaupt HDelehaye, Bull. Acad. Roy. de Belge 1895, 171/213. MBittner, D. vom Himmel gefallene Brief in seinen morgenländ. Versionen u. Recensionen (Wien 1905. Denkschrr AWW. 51).

[2] Hss: VtS 164 (J 1702) 3°. BrM 922 (Add 25875. J 1709/10) 3°. Mos 27 (J 1743/4) 3°. Séert 113 (18. Jh) III°. Pr 326. 1°. Agg: FRäthgen, ZAtW 6, 199,210. J-BChabot, RS 1894, 242/50. 333/47. Vg. RGottheil, Hebraica 4, 14/7.   [3] Hs: BrM 922. 5°.

[4] Biographie: s. unten S. 73 Ak. 1. ChrE z. J 723 und 746. Biographie des Alexandros, Stifters der Akoimeten: PO 6, 664/74. Brief des Hibhā an Māri: Mansi, SS. Conc. Coll. 7, 245 f. des Andreas v Samosata an Alexandros v Hierapolis: Mansi 5, 821. ChrM 208 (159) bzw. CSCO. Ser. 14, 6. EbŠ zu den JJ 731 u. 746 Gr. M. 120. 162 (1, 204. 321). B'EKg 1, 151 f. BO 1, 197/9. Bickell, Consp. 21 f. Ausgew. Schriften d. syr. Kirchenväter Aphraates usw. 155,65. (Ebenda 212,270: Übs des Prosanachlasses). Wright 47,9. Duval 341/4. LKöhler, Schweizer theolog. Ztschr. 25, 203,24. ENestle, RelPTK³ 16, 394. Fraglich bleibt die Identität des Bs mit dem R. zweier Inschriften an den Transennen der mittleren Basilika in Zebed: Nr 22 f. bei ELittmann, Semitic Inscriptions (New York 1904. Publications of an American Archaeol. Exped. to Syria in 1899—1900. Part III). Vg. dessen eingehende Untersuchung a. a. O. 47,56.

[5] Des Namens Bassonia oder Bas-ones nach den Inschriften von Zebed (?).

[6] Zusammen mit dem Begleitschreiben des Kyrillos. Hs: BrM 758 (Aud 14557. 7. Jh) 1° e f.

neben weiterhin auch einzelne der jedenfalls schon in seiner Zeit entstandenen Übss auch anderer besonders aktueller Stücke des Alexandriners haben. Hierher gehören neben solchen verschiedener Nrn seiner Korrespondenz [1]) vor allem diejenigen der 12 Anathematismen,[2]) ihres Kommentars [3]) und ihrer beiden Apologien πρὸς τοὺς τῆς ἀνατολῆς ἐπισκόπους [4]) und πρὸς τοὺς τολμῶντας συνηγορεῖν τοῖς Νεστορίου δόγμασιν.[5]) Nicht minder sind die Schrift ὅτι εἷς ὁ Χριστός [6]) und die sog. Scholien περὶ ἐνανθρωπήσεως τοῦ μονογενοῦς [7]) gewiß schon in dieser ältesten Periode syrischer Kyrillosübersetzung übertragen worden. Umgekehrt haben vom eigenen literarischen Nachlasse R.s eine in Konstantinopel gehaltene Homilie [8]) und seine Briefe, deren sein Biograph eine Sammlung von 46 Nrn zu übertragen gedachte, erst eines Übersetzers aus dem Griechischen bedurft.[9]) An syrischen Originalen beleuchten kurze Kanones allgemeinen Charakters, Satzungen für Mönche und für den Klerus [10]) neben einer Predigt gegen die Toten-Agapen [11]) seine Bemühungen um die kirchliche Disziplin. Unter den liturgischen Poesiestücken des jakobitischen Ritus erscheinen nach den 8 Kirchentönen geordnete „Supplikationslieder“ (Tak(h)šep(h)āt(h)ā)[12]) regelmäßig, gelegentlich erscheint hier auch eine entsprechende Sammlung von Einlagen zwischen die Verse des Magnificat (Maurēb(h)ē)[13]) unter seinem Namen. Seine von einem ihm persönlich nahestehenden

Ag des Begleitschreibens: Overbeck, S. Ephraemi usw. op. selecta 226/9. AMS 4, 460/64, der Übs selbst bei PhEPusey, SPN Cyrilli Alex. De recta fide ad Imper., De incarn. Unigeniti dialogus, De recta fide ad Principissas, De recta fide ad Augustas, Quod unus Christus dialogus, Apologet. ad Imperat. Post Aubertum ed. (Ox 1877).

[1]) Hss: BrM 739 (Add 17144. 6. Jh) 1°. 758. 1° a. g/o. 769 (Add 14531. 7 8. Jh) 11°, 3°. VtS 107 (7. Jh) 12°. 13°.   [2]) Hss: BrM 749 (Add 17201. fol 1/15. 6/7. Jh) 3°. 622 (Add 17150. 7/8. Jh) 2°. 806 (Add 14613. 9/10. Jh) 6° a. VtS 173 (14. Jh) V°. Ox 142 (Marsb 101) 17°.

[3]) Hss in Verbindung mit dem Texte: BrM 622. VtS 173. Ox 142, des Kommentars allein: BrM 751 (Add 14633. 6/7. Jh) 1°. 758 (Add 14577. 7. Jh) 1° b.   [4]) Hs: BrM 729 (Add 12156. Vor J 561/2) II°. [5]) Hs: BrM 729. III°.   [6]) Hss: BrM 739 (Add 17149. 6. Jh) 3°. 758. 1° d. 769 (Add 14531. 7/8. Jh) 1°, des Schlußteiles: 622 (Add 17150. 7/8. Jh) 1°.   [7]) Hss: BrM 739. 2°. 758. 1° c. 761 (Add 14604. 7. Jh) 4°. Ag: bei Pusey a. a. O.

[8]) Hs: BrM 731 (Add 14652. 6/7. Jh) II 3°. Ag: Overbeck a. a. O. 239/44. AMS 4, 464/69.

[9]) Hss eines Briefes an Andreas v Samosata: BrM 729 I°, 12 j. 761. 13°, von Azz solcher an Kyrillos 729 I° 16 und au einen Gamalinos: 919 (Add 17202) X° 4 (bei Ps.-Zacharias v Mytilene). Ag: Overbeck 222 f. 230/38. 225. Vg. AMS 4, 459 f.

[10]) Hss aller drei Reihen: Pr 62 (Suppl. 29. 9. Jh), der allgemeinen und der Kanones für Mönche: BrM 907 (Add 14526. fol 1/39. Bald nach J 641) 13°, uur der letzteren: 793 (Add 14577. 9. Jh) 18°, der Kanones für Mönche und Klerus: 731 II 1°. 2°. Cmbr Add 2023 (13. Jh) 24°. Ag: Overbeck 210/21. AMS 4, 450 9. Vg. OdStark, Stud. u. Mitt. aus d. Benediktinerorden 29, 495/503. LKöhler, Schweizer theolog. Ztschr. 26, 133 f. 221.   [11]) Hs: PalMed 62 (13/4. Jh) VIII°.

[12]) Hss eines selbständigen oder mit anderen ähnlichen Sammlungen zu einem eigentümlichen Buchtyp vereinigten Textes: BrM 487 (Add 14715. fol 1/152. J 1257). 488 (Add 14724. fol 114/44. 13. Jh) 1°. 489 (Add 17253. fol 70/103. 13. Jh). 490 (Add 14730. fol 74/76. 13/4. Jh). 491 (Add 17958. fol 1/118. 14. Jh) 2°. 492 (Add 14270. fol 112 35. 14. Jh) 1°. 493 (Add 17269. fol 1 38. J 1498/9) 1°. Ferner finden sie sich von VtS 94 (zwischen den JJ 1010 u. 1033) u. BrM 430 (Add 14714 J 1074/5) 2° au als Anhang in zahlreichen aus dem 11/4. Jh stammenden Hss als Anhang des Kirchengesangbuches des Severus (§ 29 e) und regelmäßig in den Anhängen jakobitischer Ferialbreviere (s. oben S. 47 Ak 4). Agg: Ferialbrevier, Šarfah 1892, 501/20, vollständiger: Brev. iuxta rit. Eccl. Ant. Syr. (Mosul 1886/96) 1, 77/124, der ἦχοι 1, 4 und 7: Overbeck 245/8. 562/78. Vg. ABaumstark, Katholik 82. 411.

[13]) Hslich wieder regelmäßig in den jakobitischen Ferialbrevieranhängen; noch außerhalb derselben: BrM 493. 2°. PalMedOr 40 und speziell als Anhang bzw. Vorsatzstück zum Kirchengesangbuch des Severus: 439 (Add 17238. 13. Jh) 3°. 464 (Add 17248. 12. Jh) 2°. R. zugeschrieben werden sie z. B. in den Festbrevieren Pr 145/7 und in PalMedOr 40. Agg: Ferialbrevier, Šarfah

Edessener abgefaßte Biographie ist eines der vorzüglichsten Denkmäler ihrer
Gattung. das die syrische Literatur aufzuweisen hat, von dem großen B ein mit
warmer Liebe geschaffenes Bild von plastischer Schärfe bietend.[1]

g) Die NTliche Pĕšittā[2] erscheint bei einem Blicke rückwärts nach dem
Diatessaron und dem „Evangelium der Getrennten" und vorwärts nach den ihr
noch gefolgten weiteren Übsarbeiten gleichen Gegenstandes als eine einzelne Etappe
auf dem mit ihr noch keineswegs zum Abschuß gelangten Wege fortschreitender
Angleichung des syrischen NTs an die herrschende griechische Textgestalt des
antiochenischen Patriarchats. Was die überragende Bedeutung des noch immer
auf Evangelien, Apg, die drei größeren katholischen und die Paulusbriefe sich
beschränkenden Textes bedingte, ist der Umstand gewesen, daß er unmittelbar

---

1892, 472/500, vollständiger Brev. iuxta rit. Eccl. Ant. Syr. 1, 15/38. Vg. A Baumstark a. a. O.
412f.   [1]) Hs: BrM 731 II°. Agg: Overbeck 159/209. AMS 4, 396/450. Brockelmann
70*/102*. [2]69*/101*. Übs: G Bickell a. a. O. 166/211.

[2]) J Wichelhaus, De N.T. versione syra antiqua, quam P. vocant, libri IV (Halle 1850).
Bickell 5f. Wright 10f. C R Gregory bei C Tischendorf, Nov. Testam Graece. Ed. octava
crit. maior. 3 (Lpz 1894) 813/22. Ders., Textkritik des NTs (Lpz 1902/9) 508/24 1298/1503. Älteste
Hss von Bruchstücken der Evangelien: Pr 296. 1° (Lk 6, 49/21. 37, anscheinend von derselben
Hand wie BrM 3 vom J 463 4). Palimpsestfragmente von A SmithLewis in Suez erworben (Jo 6,
49/54 bzw. Mt 9, 5 21. 10, 9 28. 15. 37 1617. 5 bzw. 5 6. Jh. Vg. StSin 11, XXIII f.). Bruchstück
im Besitze Rahmanis in Beirut (Lk 5. Jo 14. 5 6. Jb. Vg. Ad Rücker. OC² 7, 146/53). BrM 67
(Add 14455, wozu auch Or 1272 fol. 1 gehört. 6. Jh. Das Vorhandene verzeichnet KatWright 45).
Fragmente im Einband von Sin 60 6. Jb), eines leicht lückenhaften Evangelientextes: Brl 7 (Philipp.
1388. Ums J 500. Vg. A Allgeier, OC² 6, 148/52), älteste datierte des jakobitischen Evangelientextes: BrM 101 (Add 14459. fol 67 169: Lk. Jo. Zwischen den JJ 529/30 und 539/40). 110 (Add 14464.
Vor J 582/3: Mk). VtS 12 (J 548) LaurMed 1 (Rabbûlā-Hs: J 586), des nestorianischen: BrM
76 (Add 14460. J 599,6 0). 77 (Add 14471. J 614 5), weitere der Evangelien aus dem 5/6. Jh: BrM
66 (Add 14453 mit Ausbesserungen aus dem 12.), aus dem 6. Jb: Pr 33 (Suppl 5. mit Ergänzungen
des 12.). Crawford 1. (Vg. G H Gwilliam, Studia Biblica. 3, 54 f.). Sin 2. 5, Ox 21 (Dawk 3.
Nach G H Gwilliam, JTSt 3, 452 f.) aus dem 6/7. Jh: 6S (Add 17114). 69 (Add 14441). 70 (Add
14456). 75 (Add 12137) I° und eine in Etschmiadzin (Vg. E Ter Minassiantz, ZNtW 6, 282/92),
der Paulusbriefe: BrM 133 (Add 14476. 5 6. Jb).   134 (Add 14480. 5/6. Jb).   135 (Add 14479. J 533/4).
136 (Add 14475. 6. Jb). 137 (Add 17122 6. Jb), der Apg und der kathol. Briefe: BrM 126 (Add 17120.
6. Jb). 127 (Add 17121 6. Jb), des jakobitischen Gesamttextes: BrM 63 (Add 14470. 5/6. Jb. Mit Ergänzungen des 9.). 64 (Add 14448. Wohl J 699,700), des nestorianischen: BrM 7157 Rich (J 767/8)
Eine Registrierung der jüngeren Hss, zu denen sich seit der Jahrtausendwende noch zahlreiche Evangelistare, gelegentlich mit parallelem Karš-Text, gesellen, verbietet sich ihrer Menge wegen. Ein
Verzeichnis von 216 Nrn von Gregory schon bei Tischendorf a. a. O. 828/51, erweitert und
mit Nachträgen: Textkritik a. a O. Vg. im übrigen E Nestle, RePTK³ 3, 175 und über Gesamthss
des A und NTs: S. 25 Ak. 2. Einige in Amerika befindl che Hss beschreibt J H Hall, PAOS 1888,9
LI LIX. LIX/LXXXV. JBL 6, 1/13. Vg G H Gwilliam, The materials for the criticism of
the Pesh. New Test. with specimens of the Syriac Massora, Studia Biblica 3, 47/104. Wichtigere
Agg der Evangelien: (älteste) J Alb Widmannstadt-Moses Mardinensis, Lib. sacrosancti
ev. de J. Chr. domino et deo nostro . . . characteribus et lingua syra . . . diligenter expressa
(Wien 1555), (kritische) G A Gwilliam, Tetraevangelium sanctum iuxta simplicem Syrorum
versionem (Ox 1901. — Vg. dazu H A Redpath, AJT 8, 162 4), des Gesamttextes: (älteste)
Immanuel Tremellius, ἡ καινὴ διαθήκη, testamentum novum דיתא דחדתא (Excudebat Henr.
Stephanus 1569). Aeg Gutbier. Nov. dom. nostri J. Chr. testamentum syriace cum punctis
vocalibus et versione latina Matthaei . . . Clavis operis, lexicon, grammaticam syr. et rotas complexa
seorsum prodit. (Hamburg 1664. Frankfurt 1731. Hamburg 1749). J Leusden-C Schaaf,
Nov. dom. nostri J. Chr. testamentum syriacum cum vers. latina . . . Ad omnes editiones diligenter
recensitum et var. lectionibus magno labore collectis adornat. Acc. Lexicon syr. concordantiale

vor dem konfessionellen Zerfall der syrischen Christenheit eben noch zurecht kam, um in allen ihren Teilen Annahme zu finden. In der Tat stimmen seit dem Beginne des Zeitalters der christologischen Kämpfe die NTlichen Zitate der syrischen theologischen Literatur ebenso entschieden mit ihm überein als diejenigen der Vergangenheit seine Kenntnis vermissen lassen. Deutet somit alles darauf hin, die Entstehung des Werkes etwa in das erste Drittel des 5. Jhs zu verlegen, so wird es unabweislich, in ihm die einzige NTliche Übsarbeit wiederzuerkennen, deren Durchführung für diese Zeitspanne ausdrücklich bezeugt wird. Dies ist aber eine Neuübertragung des NTs aus dem Griechischen, die nach der Angabe seines Biographen [1]) Rabbūlā unternommen hat.[2]) Irgendeiner apokryphen Erweiterung gegenüber hat entsprechend dem ihre Entstehung beherrschenden Geiste die P. des NT's sich aufs spödeste verhalten. Ein aus den apokryphen Paulusakten stammender Briefwechsel zwischen Paulus und den Korinthern, der in der zweiten Hälfte des 4. Jhs als einwandfreier Bestandteil des syrischen Apostolos gegolten hatte,[3]) ist in ihr verschwunden, und nur spät und ausnahmsweise erscheint an zwei angeblichen Briefen des Römers Klemens an die Ehelosen eine aus Palästina oder dem westlichen Syrien stammende ursprünglich einheitliche Schrift des 3. Jhs ihr eingefügt, ohne daß diese Tatsache einen Schluß darauf zuließe: es habe auch dieses Stück in älterer Zeit einen ernsten Anspruch auf kanonische Geltung durchzusetzen vermocht.[4])

(Leyden 1709). (Der engl. Bibelgesellschaft): Nov. test. syriace denuo recognitum atque ad fidem codd. mss. emend (Lo 1816 bzw. mit syr. Titel 1826). ܟܬܒܐ ܕܕܝܬܩܐ ܚܕܬܐ ܕܡܪܢ ܝܫܘܥ ܡܫܝܚܐ (New York 1874. 1878. 1886). Über eine neuestens von der engl. Bibelgesellschaft gemachte Ag der ganzen P. des NTs mit einem von Gwilliam konstituierten Text vg. FCBurkitt, JTSt 22, 66. Vg. auch die Gesamtagg der Pěšiṭtā S. 25 Ak. 2 und die Aufzählung der Agg auch einzelner Teile Lit 20/7 mit Ergänzungen RePTK[3] 3, 167f. bzw. The printed editions of the Syriac New Testament. Church Quarterly Review 1888. 257/97. Übs: JMurdock, The Syriac NT. translated into Engl. from the Peshitto Version .. with ... a bibliographical appendix by JHHall (Boston [6]1893).

[1]) Overbeck, S Ephraem: ... op. sel. 172 Z. 18-20.

[2]) So FCBurkitt, S Ephraims quotations from the Gospel 57f. Ders., Evangelion da-Mepharreshe 2, 161/5 bzw. Urchristentum im Orient. Deutsch v. EPreuschen 30,39. Eine im Anfang seines Episkopats von R geschaffene Übs konnte füglich auch in den späterhin nestorianischen Kreisen noch Boden fassen. Zum Umfang des Kanons, vg. JABaver, The hist. of the New Test. canon in the Syrian church (Diss. Chicago 1900. WBauer, D. Apostolos d. Syrer in d. Zeit von d. Mitte des vierten Jhs bis zur Spaltung d. syr. Kirche (Gießen 1903). Doch vg. auch JRHarris, The Expositor[3] 6, 456/65.

[3]) Und als solcher durch Ap(h)rem in einem armenisch erhaltenen Kommentar der Paulusbriefe (§ 7a) erklärt worden war. Erhalten hat sich neben zwei lateinischen nur eine aus dem Syrischen geflossene armenische Übs derselben. Beste Ag mit Übs bei PVetter, D. apokryphe dritte Korintherbrief (Wien 1894) 89,57. Der Kommentar A.s deutsch von Vetter, TQs 72, 627/39 und von StKanajanz bei ThZahn, Gesch. d. ntlichen Kanons 2 (Lpz-Erlangen 1890,2) 595.606. Über das ganze Stück handelt jetzt am erschöpfendsten OBardenhewer, Gesch. 1[2] 601/6.

[4]) Hs: Amsterdam Semin. of Remonstr. 184·5 (J 1470). Agg und Übs: JJWetstein, Nov. Test. Graec. 1 (Leyden 1751) 1,14 (Übs: 14/26). Gallandi, Bibl. Vet. Patr. 1, 1/XXV. PG 1, 379.452 JThBeelen, Sancti patris nostr. Clementis ep. binae de virginitate (Löwen 1856). Bloße Übs zuletzt: FrDiekamp, Patres Apostolici. Ed. Funkianam novis curis in lucem em. 2 (Tüb 1913) 1/49, deutsche nach dem Syrischen: PZingerle, D. zwey Briefe d. hl. K. v. Rom an d. Jungfrauen (Wien 1827). Vg AdHarnack, SbPAW 1891. 361/85. Ders., Gesch. d. altchr. Lit. 2u, 133,5. KJNeumann in: Oriental. Studien ThNöldeke zum 70. Gebtg. gew. (Gießen 1906)

§ 12. Das anscheinend von Rabbūlā durch die Fixierung des NTlichen Textes der Pĕšiṭṭā Geleistete ordnet sich dem Gesamtbilde einer eifrigen griechisch-syrischen Übersetzungstätigkeit ein, deren Schauplatz gleichzeitig das römische Mesopotamien gebildet haben muß. Spätestens zu ihren Früchten gehört zunächst naturgemäß wesentlich, was heute noch an syrischen Übss vornicänischer theologischer Literatur erhalten oder nachweisbar ist. In grundlegender Weise ist sie weiterhin unverkennbar von den großen theologischen Autoritäten einer noch naheliegenden Vergangenheit den Kappadokiern Gregorios v Nazianz, Basileios, Gregorios v Nyssa und dem Antiochener Johannes Chrysostomos zugute gekommen. Denn nicht nur haben diese im allgemeinen noch gleichmäßig Ansehen in den feindlichen konfessionellen Lagern der Folgezeit erlangt. Es sind vielmehr in weitem Umfange sogar im einzelnen die nämlichen Werke derselben, die auf nestorianischer Seite Bezeugung finden und auf monophysitischer in Hss von einem Alter vorliegen, das die Tatsache ihrer Übs noch im 5. Jh, wo nicht unmittelbar verbürgt, so doch als durchaus glaubhaft erscheinen läßt, und auch für den Alexandriner Athanasios weist, wenn auch ohne ein so frühes Einsetzen, die tatsächliche monophysitische Textesüberlieferung eine ähnlich bezeichnende Berührung mit der nestorianischen Bezeugung auf. Nicht zuletzt haben endlich Übersetzerhände schon der hier in Betracht kommenden Epoche sich an griechischen Synodalkanones und dem sog. syrisch-römischen Rechtsbuche mit Erscheinungen kirchlich bzw. bürgerlich rechtlicher Literatur beschäftigt.

a) An **vornicänischer Literatur** sind vor allem die sieben echten Ignatiosbriefe in ihrer ursprünglichen Gestalt frühzeitig Gegenstand einer syrischen Übs geworden, die späterhin, um eine solche der sechs unechten vermehrt, ihrerseits die Vorlage einer armenischen [1]) gebildet hat. Neben dieser haben sich syrisch selbst außer dem Martyrium Colbertinum [2]) nur eine gekürzte Rezension der drei Briefe an Polykarpos, die Ephesier und Römer [3]) und in kanonistischer

2, 831/8. HLiell, TPQs 60. 289/304. OBardenhewer, Gesch. 2². 299,304. Die Bruchstücke des von Epiphanios Haer, 30, § 15 als *ἐπιστολαὶ ἐγκύκλιοι* des K. und von Hieronymus Ad Jovin. I 12 erwähnten griechischen Originals aus den *Πανδέκται* des Antiochos (PG 89, 1421 1850) bei JMCotterill, Modern Criticism and Clement's Epistles to Virgins (Edinburg 1884) und FrDiekamp a. a. O.

[1]) Ag: Kpel 1783. JHPetermann, S. I. Patris Apostolici quae feruntur epistolae una cum eiusdem martyrio. Collatis edd. graecis versionibusque syr., armen., latinis denuo rec. (Lpz 1849). [2]) Hss: VtS 160(10.Jh)45°. Pr 295(J 1705;5°. VtB 91(J 1869). Brl 75 Sach 222. J 1861)8°. N-Dsém 113, einer arabischen Übs (nach Vorlage vom J 1178): JerMkl 38*(J 1732/3) 57°. Agg: GMösinger, Suppl. corp. Ignatiani a G. Curetono ed. (Innsbr 1872) 3/12. WWright bei JHLightfoot, The Apostolic Fathers 2ii (Lo 1885) 687/708. ²(Lo 1889) 103,24. AMS 3, 199/214.

[3]) Hss: BrM 768(Add 14618. 7,8. Jh)3°. 789(Add 17192. 9. Jh)2°, nur des Briefs an P.: 736 (Add 12175. fol 49,80. 6. Jh)3°. Agg: WACureton, The ancient syr. version of the Epistles of St. I. to St. Policarp, the Ephesians and the Romans (Lo 1845). Ders, Corpus Ignatianum (Lo 1849) 49,40. WWright a. a. O. 659/76. Vg Cureton, Vindiciae Ignatianae (Lo 1846). HDenzinger, Üb. d. Echtheit d. bisherigen Textes d. Ignatian. Briefe (Würzb 1849). RALipsius Üb. d. Verhältniß d. 3 syr. Briefe d. I. zu d. übrigen Rezensionen d. Ignatian. Literatur (Lpz

Überlieferung Azz aus dem ursprünglichen Texte der Briefe an die Ephesier, Magnesier, Trallier und Polykarpos erhalten, für die eine Herkunft aus der alten Vollübs wenigstens denkbar ist.[1]) während I. beigelegte Standesvorschriften für den Klerus ein wohl original syrisches Pseudepigraphon darstellen.[2]) Nicht mehr als ein dürftiger Nachhall ist auch von einem syrischen Texte des sog. Barnabasbriefes übrig geblieben[3]) Nur in einem solchen liegt dagegen eine Überarbeitung vor, die ein Ratsherr Ambrosios dem ps.-justinischen $\lambda \acute{o} \gamma o \varsigma \ \pi \varrho \grave{o} \varsigma$ $"E\lambda \lambda \eta \nu \alpha \varsigma$ hatte zuteil werden lassen.[4]) und kaum wesentlich geringere Bedeutung besitzt die syrische Version für die ungleich wertvollere Apologie des Atheners Aristeides,[5]) die griechisch nur in einer freien Bearbeitung, armenisch nur unvollständig erhalten ist. Ein unter dem Namen Gregorios Thaumaturgos gehender $\lambda \acute{o} \gamma o \varsigma \ \varkappa \varepsilon \varphi \alpha \lambda \alpha \iota \acute{\omega} \delta \eta \varsigma \ \pi \varepsilon \varrho \grave{\iota} \ \psi \nu \chi \tilde{\eta} \varsigma$ ist in einem syrischen Volltext anonym überliefert.[6]) Ausdrücklich dem Wundertäter beigelegt erscheinen dagegen in syrischer Überlieferung eine in der griechischen verschollene Schrift an Theopompos über die Leidensfähigkeit und Leidensunfähigkeit Gottes,[7]) und eine in jener unter dem Titel $\pi \varrho \grave{o} \varsigma \ E\mathit{v}\acute{\alpha} \gamma \varrho \iota o \nu \ \mu o \nu \alpha \chi \grave{o} \nu \ \pi \varepsilon \varrho \grave{\iota} \ \vartheta \varepsilon \acute{o} \tau \eta \tau o \varsigma$ wohl mit Unrecht vielmehr G. v Nyssa zugeschriebene an Philagrios „über die Wesenseinheit" der drei göttlichen Personen.[8]) Zweifelhaft bleibt, wo nicht die Tatsache, mindestens der Umfang einer unmittelbaren Bekanntschaft der Syrer mit S. Julius Africanus,[9]) von dem möglicherweise der Brief an Aristeides,[10]) und mit dem Römer

1859). A Merx, Meletemata Ignatiana (Breslau 1861). Bickell 47f. AdHarnack 1. 78. O Bardenhewer, Gesch. 1², 139,46.

[1]) Hss: Pr 62 (Suppl 29. 9. Jh) 16⁰. VtB 148 (J 1576) 15⁰. Agg: WCureton, Corp. Ign. 222,5. Wright a. a. O. 677f. Auch 'Ai. § 9 scheint einen wesenhaft kanonistischen Nachlaß für I. zu unterstellen. Weitere Zitate dürften fast sicher als solche im Rahmen anderer griech. Literaturdenkmäler übernommen worden sein.

[2]) Hs: CmbrDd 10. 9 (J 1475) 2⁰. Ag von Anfang und Schluß: KatWright-Cook 994f.
[3]) Vg. A Baumstark, OC² 2, 235/40. Hs des einzigen Textsplitters: CmbAdd 2023 (13. Jh) fol 61v⁰. Ag: KatWright-Cook 611.   [4]) Hs: BrM 987 (Add 14658. 7. Jh) 17⁰. Ag: SpS 38/42. Übs: F Baethgen bei AdHarnack, D. ps.-justin. Rede an d. Griechen, SbPAW 1896, 627/46. Vg. Bickell 48. O Bardenhewer, Gesch. 1², 231f.

[5]) Hs: Sin 16 (6/7. Jh). Ag: J R Harris, TaSt 1r, von Azz: KdP 80,93. Übss: J M Schönfelder, TQs 74 531 57. R Raabe. TuU 9₁b. Wiederherstellungsversuche des Originals bei R Seeberg bei Th Zahn, Forsch. 5, 159/414. E Hennecke, TuU 4 m. J Geffcken, Zwei griech. Apologeten (Lpz 1907). Vg. R Seeberg, NKZ 2, 935,66. E Hennecke. ZWT 36, 42/126. O Bardenhewer, Gesch. 2², 187,98.

[6]) Hs: Sin 16 (6/7. Jh) 9⁰. Ag: KatLewis 19 26. Übs: V Ryssel, RhM² 51, 4,9. Dazu in dogmatischen Katenen ein Doppelzitat unter dem Titel „Rede an Gaianos". Agg: AnS 31. AnSacr 4, 132 (386). Vg. V Ryssel a. a. O. 318/20. Theol. Litzt. 21, 60f. J Dräseke, ZWT 44, 87/100. O Bardenhewer, Gesch. 2², 327 9.

[7]) Hs: BrM 729 (Add 12156. 6. Jh) 1V⁰. Ag: P de Lagarde, AnS 46 64. P Martin bei Pitra, AnSacr 4, 103,20 (363/76). Übs: V Ryssel, Greg. Thaumat. (Lpz 1880) 7,99. Vg. Ders. ebenda 118 24. 137f. 150/7. J Dräseke, Jbb. f. Protest. Theol. 9. 634 40 bzw. Ges. Abhandl. (Altona 1889) 162,8. O Bardenhewer, Gesch. 2², 324f.

[8]) Hs: BrM 730 (Add 14597. J 569) 4⁰ b. Ag: P de Lagarde, AnS 43 6. P Martin, AnSacr 4, 100/3 (560,3). Übs: V Ryssel a. a. O. 65,70. Vg. Ders. ebenda 100,18. 135 7 147 50. Jbb. f. Protest. Theol. 7, 565,73. J Dräseke, ebenda 379,84. 8. 343 84. 353 68 (bzw. Ges. Abhandl. 103,62). ZWT 48. 568 75. G N Bonwetsch, RePTK² 7, 185. AdHarnack 2 n. 101. O Bardenhewer, Gesch. 2², 326 f.

[9]) 'Ai § 6: NTliche „Überlieferungen" (od. „Kommentare") und die Chronik. Letztere wirkt bei EbS und M nach, was aber auf Vermittelung eines anderen Griechen (Annianos, Andronikos?) beruhen kann. Die erste Hälfte der Angabe hat offensichtlich Zitate des Briefs an Aristeides

Hippolytos,[1]) unter dessen Namen neben Zitaten, die eine Vollübs der betreffenden echten Werke nicht einwandfrei zu verbürgen vermögen,[2]) die in ihrer Echtheit angefochtene Taufpredigt εἰς τὰ ἅγια θεοφάνεια[3]) und eine als Ganzes sicher unechte Psaltereinleitung[4]) syrisch vorliegt. Noch dunkler bleibt, welches Bewenden es mit einer größeren Zahl von Briefen des Methodios über verschiedene Gegenstände hat, deren[5]) neben einer auch im griechischen Original, in lateinischer und kirchenslawischer Übs unter seinem Namen überlieferten pseudepigraphen Apokalypse[6]) gedacht wird.

b) Von **Gregorios v Nazianz**[7]) las man auf nestorianischer Seite eine auch auf monophysitischer bekannte älteste Übs,[8]) wo nicht auch von Briefen,[9]) so doch sicher der Reden in einer ursprünglich fünfbändigen Ag, die aber frühzeitig in Auswahlsammlungen von Predigten zerfiel.[10]) Naturgemäß erst weit später ist man mit den griechisch unter dem Namen seines Bruders Kaisarios erhaltenen und schon von Maximos dem Bekenner abhängigen „Fragen und Antworten"[11]) bzw. selbst mit der „Tragödie" des Χριστὸς πάσχων[12]) bekannt geworden, ohne daß freilich deshalb eine Übs beider Stücke gesichert wäre. Mit einem Sonder-texte der beiden Briefe an Kledonios[13]) mag schließlich eine Schrift „gegen die

---

zur Grundlage.   [10]) Hs: Urm 12 (17. Jh): Über die Genealogien nach Mt und Lk, wobei „Josephos und Afrikanos" als Verfasser genannt werden!

[1]) ’Aî § 7: περὶ οἰκονομίας(?), „Erklärung des kleinen Daniel und der Susanna", κεφάλαια κατὰ Γαιον, ὑπὲρ τοῦ κατὰ Ἰωάννην εὐαγγελίου καὶ ἀποκαλύψεως. Auf bloße Zitate als Grundlage dieser Angaben weist deutlich die merkwürdige Beschränkung bezüglich der Dn-Erklärung hin, die auf einer zufälligen Kenntnis solcher nur zur Bel- und Susannageschichte beruhen dürfte. Vg. Bickell 49.

[2]) In dogmatischen Katenen und dem Apok-Kommentar des Dionysios b Salib(h)i. Sie erstrecken sich auf die Erklärung von HL, Dn, Ez und Mt, die κεφάλαια κατὰ Γαιον, eine Schrift (Predigt?) περὶ τοῦ πάσχα und einen περὶ ἀναστάσεως λόγος an die Kaiserin Mamäa. Agg der-jenigen der κεφάλαια κατὰ Γαιον: J Gwynn, Hermathena 6, 397/418. 7, 137/50. Vg. AdHarnack, TuU 6 III, 121/33. ThZahn, Forsch. 2 II, 973/91. Agg (bzw. Übs) der übrigen: PdeLagarde, AnS 79/83. 87/91. PMartin, AnSacr 4, 36/51. 54/57 (306/20. 323/26). GKrüger, Götting. Gel. Anzeigen 1905, 27f. Übs aller: FSchultheß bei GNBonwetsch-HAchelis. Hippolytus. Werke 1 (Brl 1897) I, 343/74. II, 183 94. 251/4. 267/71.

[3]) Hs: BrM 825 (Add 12165. J 1015) 9°. Ag: AnSacra 4, 57/61 (326, 29).

[4]) Hss: BrM 54 (Add 14434. fol 1/79 8. Jh). Dijarb 36 (12. Jh). Agg: PdeLagarde, AnS 83, 7. PMartin, AnSacr 451 4 (320/3). Übs: FSchultheß bei Bonwetsch-Achelis a. a. O. I II, 127 53.   [5]) ’Ai § 17.   [6]) Hs: VtS 58 (J 1584/6) 12°. Ag von Anfang und Schluß: BO 3 I, 27f.   [7]) ChrS 1, 159. ’Ai § 15.

[8]) ’Ai. Timotheos I. (OC 3, 12/5). Vg. KatWright 436f. WLüdtke, OC² 3, 264/6. Ob eine Angabe ihres Bestandes vorliegt, wenn ChrS den Nachlaß des G. auf 49 Stücke (maqālah) über verschiedene Gegenstände und 153 über sich selbst und über die Arianer beziffert?

[9]) Hss von 31 Nrn (66, 96 des griech. Bestandes: BrM 1003 (Add 17209. 9. Jh) 4°, von 37 Nrn, worunter 8 von Basileios an G. hinter dem zweiten Teile allerdings einer jüngeren Übs der Reden: 556 (Add 14544. 8, 9. Jh), einzelner: 768 (Add 14618. 7, 8. Jh) 4°. 785 (Add 12167. J 875/6) 12°. 815 (Add 14726. fol 1, 86. 10. Jh).

[10]) Hss von 17 Reden (am Ende unvollst.): BrM 560 (Add 17146. 6/7. Jh), des Schlußteils einer nur zweibändigen Sammlung: 559 (Add 18815. 9. Jh). — In der letzteren (6°) auch ein apokryphes Glaubensbekenntnis des G., eine Kompilation aus der echten Bekenntnisformel des G. Thaumaturgos und der ihm untergeschobenen apollinaristischen κατὰ μέρος πίστις. Agg: CPCaspari, Alte u. neue Quellen zur Gesch. d. Taufsymbols u. d. Glaubensregel (Christiania 1879) 8/10. PMartin, AnSacr 4, 81 (345f.).   [11]) ’Ai: „Fragen an Kaisar⟨ios⟩".   [12]) ’Ai.

[13]) Hss: BrM 565 (Add 14550. 6. Jh) II 1°. 2°, des 2. Briefes: 753 (Add 14612. 6/7. Jh) 32°.

Theopaschiten"[1]) identisch sein, deren neben den jambischen Gedichten[2]) außerdem noch gedacht wird.

c) Von **Basileios**[3]) wird zwar die Schrift über den Hl. Geist durch die späteren nestorianischen Zeugen nicht genannt. Doch läßt sich gerade für sie bezüglich einer von zwei verschiedenen Übss die Textesüberlieferung anscheinend unmittelbar bis ins 5. Jh zurückverfolgen.[4]) Ein gleiches gilt für die Übs der wie in der auszüglichen lateinischen als einheitliches Korpus von „Fragen der Brüder" auftretenden beiden Mönchsregeln.[5]) Wie dann aber bei dieser, so begegnen sich nestorianische Bezeugung und eine Erhaltung durch die Bibliotheksschätze des monophysitischen Skete-Klosters weiterhin bei denjenigen der auf syrischem Boden für eine Mehrzahl von Behandlungen des Gegenstandes vorbildlich gewordenen 9 Homilien über das Sechstagewerk,[6]) der 3 BB. gegen Eunomios[7]) und eines gewissen Bestandes von Briefen.[8]) Ein solcher „zahlreicher" Reden, den die nestorianischen Quellen unter besonderer Hervorhebung solcher über „das Fasten und das Gebet" bezeugen,[9]) braucht keine anderen als die in der monophysitischen Überlieferung tatsächlich erhaltenen Nrn umfaßt zu haben,[10]) unter denen auch die Abhandlung über das Studium der heidnischen Literatur durch die christliche Jugend erscheint,[11]) und auch speziell von der homiletischen Erklärung ausgewählter Psalmen[12]) haben mehr als die zwei hier greifbar werdenden Stücke[13]) möglicherweise die Nestorianer nicht gekannt. Dagegen ist eine syrische Rezension der B.-Liturgie,[14]) die selbständig neben die byzantinisch-griechische, die in griechischer und koptischer Sprache vorliegende

---

[1]) 'Ai.   [2]) Ob auch von diesen eine Übs schon des 5. Jhs später in Händen der Nestorianer fortlebte, scheint dahingestellt bleiben zu müssen. Entsprechend wäre erst festzustellen, welcher Text der Reden vorliegt in den Hss einzelner: BrM 732(Add 17144. 6. Jh)3°. 757(Add 14546. 7. Jh)3°. 763(Add 18803. 7. Jh 1°. 795(Add 14606. 9. Jh 6°. Über das Vorkommen solcher in jakobitischen Homiliarien vg. § 42b.   [3]) ChrS 1, 51. 'Ai § 13.   [4]) Hss: BrM 546(Add 17143. 5 Jh?), zu Aufang u. Ende unvollst. 547(Add 14542. J 509). 550(Add 14543. 6. Jh)4°. Benützt sind sie von C F H Johnston in seiner Sonderag des griech. Textes (Ox 1892).

[5]) ChrS: „B über d. Leitung d. Mönche". 'Ai: „Gedrängte (?) Fragen", was zunächst auf die ὅροι κατ' ἐπιτομήν zu gehen scheint. Hss: BrM 532(Add 14544 5 6. Jh). 533(Add 14545. 6. Jh). VtS 122 (J 769) IV°. 126 (J 1223). 370 (Abs aus 122), nur der Vorrede der ὅροι κατὰ πλάτος: BrM 795(Add 14601. 9. Jh)5°a. 812(Add 14183. 10. Jh)7°a. Über Übss weiterer asketischer Stücke unter dem Namen des B. § 25b.

[6]) Hss: Sin 9 (9. Jh) am Ende unvollst. BrM 546(Add 17143. 5. Jh?): Hom. 8 u. Bruchstücke von 7 u. 9.   [7]) ChrS. Hs von Bruchstücken des 2. Bs: BrM 549(Add 14635. 8,9. Jh).

[8]) Hss einzelner: BrM 727(Add 12150. fol 81'254. J 533,4)7°. 742(Add 12166. fol 1,154. 6. Jh)3°e. 747(Add 14607. 6,7. Jh)4°. 753(Add 14612 6,7. Jh)18°f. 770(Add 14617. 7,8. Jh)4°a. 11°. 789(Add 17192. 9. Jh)7°. 795(Add 14601. 9. Jh)20°. 822(Add 17185. 10,11. Jh)2°a. VtS 126 (J 1223) XII°. Brl 128 (Sach 352. 13. Jh) fol 93 7, einer Auswahlsammlung von Briefen von und an B.: BrM 732(Add 17144. 6. Jh)2°,4°.   [9]) ChrS. — 'Ai: „ausführliche".

[10]) Hss: BrM 550. 1°. 2°. 5°/9°. 551(Add 17186. 6. Jh). 732. 1°. 742. 3°a,d. 753. 18°a'e. 795. 5°b/g, einzelner: 546. 3°. 4°. 728(Add 14610 J 511)2°. 757(Add 14546. 7. Jh)1°. 770(Add 14617. 7/8. Jh)2°. 795. 13°. 825(Add 12165. J 1015)16°. 20°, wohl unechter: BrM 763(Add 18813. 9. Jh)7°. Über B.-Predigten in jakobitischen Homiliarien vg. § 42b.

[11]) Hs: BrM 550. 3°.   [12]) ChrS.   [13]) Zu Ps 1 und Teil von 64 („und gegen d. Wucherer").

[14]) Hss möglicherweise: VtS 159 (vor J 1294,5). JerMkl 10 (J 1427,8) 8°. Pr 76 (Anc fonds 68. 16. Jh). 18°. VtS 30 (J 1714). CmbrAdd 2917 I (16. Jh) 3°. 2887 (J 1843) 16°. DamJakPfk 4 (17 8. Jh), (maronit.): VtS 297 (18. Jh) 16°. 414 (18. Jh) 8. 68. Übs: A M a s i u s, Moses bar Cepha de paradiso (Antwp 1569) 235,54. Ren 2, 543/56. Ein MS 155,67 als Anaphora des B. gedruckter syrischer Text hat mit dem wirklichen syrischen B.-Formular nur das hier in arabischer Übs gebotene, auf ägyptischem Boden (Ren 1, 62f.) auch im griechischen Original erhaltene erste Gebet gemein

ägyptische und eine altarmenische Gestalt des ehrwürdigen Formulares tritt, ihnen überhaupt unbekannt geblieben, und eine B. beigelegte „Geschichte Josephs und seiner Brüder" [1]) ist gewiß ein original syrisches Erzeugnis erst späterer Zeit.

d) Von **Gregorios v Nyssa** [2]) wird ein sicherer Kreis von Schriften, für die dem nestorianischen Zeugnis der Befund alter monophysitischer Textüberlieferung entspricht, durch die homiletischen Kommentare zum HL, [3]) den Makarismen Mt 5, 1—10 [4]) und dem Vaterunser [5]) und die Abhandlung $\pi\epsilon\rho\grave{\iota}$ $\varkappa\alpha\tau\alpha\sigma\varkappa\epsilon\nu\tilde{\eta}\varsigma$ $\dot{\alpha}\nu\vartheta\rho\dot{\omega}\pi\sigma\nu$ [6]) gebildet. Dazu scheinen sich noch der $\dot{\alpha}\pi\sigma\lambda\sigma\gamma\eta\tau\iota\varkappa\grave{\sigma}\varsigma$ $\pi\epsilon\rho\grave{\iota}$ $\tau\tilde{\eta}\varsigma$ $\dot{\epsilon}\xi\alpha\eta\mu\dot{\epsilon}\rho\sigma\nu$ [7]) und der Dialog mit Makrina über die Seele und Auferstehung [8]) zu gesellen. Von einem „großen B der Reden" [9]) bzw. den Festpredigten, [10]) neben denen die nestorianische Bezeugung die Leichenrede auf Melitios ausdrücklich hervorhebt, [11]) treten wenigstens einzelne Nrn in jakobitischen Hss auf. [12]) Eine Mehrzahl von Reden oder Abhandlungen „über den Glauben" [13]) könnte auf monophysitischer Seite in dem $\lambda\dot{\sigma}\gamma\sigma\varsigma$ $\varkappa\alpha\tau\eta\chi\eta\tau\iota\varkappa\grave{\sigma}\varsigma$ $\dot{\sigma}$ $\mu\dot{\epsilon}\gamma\alpha\varsigma$ [14]) und den beiden trinitarischen Traktaten an Ablabios und Eustathios [15]) wiedererkannt werden sollen. Nur hier begegnen allerdings das Schreiben gegen Apollinarios an Theophilos v Alexandreia, [16]) Bruchstücke der Schrift $\pi\epsilon\rho\grave{\iota}$ $\pi\alpha\rho\vartheta\epsilon\nu\dot{\iota}\alpha\varsigma$ [17]) und ein auch direkter Nachhall der 13 BB gegen Eunomios, [18]) während umgekehrt Briefe [19]) und die Schrift $\pi\rho\grave{\sigma}\varsigma$ $\Ἑ\lambda\lambda\eta\nu\alpha\varsigma$ $\dot{\epsilon}\varkappa$ $\tau\tilde{\omega}\nu$ $\varkappa\sigma\iota\nu\tilde{\omega}\nu$ $\dot{\epsilon}\nu\nu\sigma\iota\tilde{\omega}\nu$ [20]) nur auf nestorianischem Boden genannt werden und eine Erwähnung „zahlreicher Fragen" des G. [21]) auf eine eigentümliche Kleinliteratur

und ist weiterhin mit einem unter dem Namen des Monophysiten Philoxenos (§ 23 c), überlieferten identisch. Ein Vorliegen desselben Befundes auch in einzelnen der genannten Hss liegt stark im Bereche der Möglichkeit.

[1]) Hss: Brl 74 (Sach 9. J 1695) 6°. BrMOr 2316 (17/8. Jh). 452S (J 1736/7). Pr 309 (J 1869) 2°, wahrscheinlich auch: Pr 234 (Anc fonds 143. 13. Jh) 27°. Urm 92 (J 1727/8). 47 (J 1865). Ag des ersten Teiles: M Weinberg, B. d. Gr. Gesch. Josefs syr. u. deutsch n. e. Berl. Hs mit Anmkk. (Diss. Halle 1893), des zweiten: S W Link, D. Gesch. Josefs angebl. verf. v. B. d. Gr. aus Cäsarea. N. e. Hs. d. Kgl. Bibl. in Berl. Teil II (Berner Diss. Brl 1895). Zu der ersteren vg. E Nestle, Theolog. Litzt. 19, 241 f.   [2]) ChrS 1, 159. 'Ai § 14.   [3]) Hss: VtS 106 (6. Jh?) 17°/23° mit vorgesetztem Pĕšiṭṭā-Text des HLs und dem interessanten Briefwechsel zwischen dem Übersetzer und dem gleich ihm Unbekannten, der ihn zu seiner Arbeit veranlaßte, wozu soeben das Bruchstück einer Schwesterhs im Buchhandel (KWHiersemann, Lpz) auftaucht. Sin 19. Dijarb 20 (12. Jh), von Bruchstücken: BrM 565 (Add 14635. fol 1'4. 6. Jh), von Azz aus Hom. 16: BrM 812 (Add 17183. 10. Jh) 11°. 12°, dahinter desjenigen eines Symmachos: Dijarb 20. Ag von Stellen des Briefwechsels: KatAssemani 3, 44 f.

[4]) Hss: BrM 564 (Add 14550. 6. Jh) 2°. VtS 106. 7°/14°, von Azz aus Hom. 1: BrM 812. 15°.

[5]) Hss: VtS 106. 2°/6°. BrM 564. 1°, von Hom. 2 u. Teilen von 5: 770. 3°, von Hom. 1 u. 5: 793 (Add 14601. 9. Jh) 3°. Ag von Nr 1 nach VtS 106: P Zingerle, MonS I, 111/16.

[6]) Hs: VtS 106. 15°. 16°.   [7]) Hs von Bruchstücken: BrM 787 (Add 17196. 9. Jh). Vg. 'Ai: „B der Naturdinge".   [8]) ChrS: „⟨B⟩ der Seele u. der Auferstehung". 'Ai: „⟨B.⟩ der Auferstehnng u. an seine Schwester". Hs von zwei kurzen Azz: BrM 861 (Add 17193. J 874) 16°. 122°. Ein zweites „⟨B⟩ der Seele" bei 'Ai beruht möglicherweise auf einem Mißverständnis.   [9]) 'Ai.

[10]) ChrS.   [11]) ChrS. Hss: BrM 566 (Add 12163. fol 305/11. 7. Jh). 825 (Add 12165. J 1015) 104°.

[12]) Hss abgesehen von jakobitischen Homiliarien (vg. § 42 b): BrM 789 (Add 17192. 9. Jh) 14°. 835 (Add 14739. fol 1/6. 12. Jh) 1°. Die Rede auf Gregorios Thaumaturgos unter dem Namen des G. v. Nazianz: BrM 564 (Add 14550. 6. Jh) 3° und anonym: Brl 26 (Sach 326. J 740/41).   [13]) ChrS

[14]) Hss: BrM 730 (Add 14597. J 569) 1° und von Azz 863 (Add 14538. 10. Jh) 2°g. Ein Az aus einem Kap. 31 einer „Rede üb. d. Glauben": 836. 2°b.

[15]) Hss: BrM 768 (Add 14618. 7/8. Jh) 13°, nur des ersteren: 815 (Add 14726. fol 1/86. 10. Jh) 9°a. 857 (Add 12155. J 746/7?) XVII°.   [16]) Hs: VtS 106 (6. Jh) 1°.   [17]) Hss: BrM 787. 2°. 815. 2°b

[18]) Hs eines Azs aus B 11: BrM 861. 67°. Über syrische Scholien zu dem Werke vg. § 43 f.   [19]) ChrS.   [20]) 'Ai: „B gegen die Heiden".   [21]) Durch 'Ai.

wohl durchweg original syrischer Gesprächsbücher zu beziehen ist, die ihn Fragen seines Bruders Basileios über Bibelkunde, Dogma, Legende, Liturgie und Kirchenzucht beantworten läßt und mit ihren Anfängen bis ins 9. Jh hinaufreicht.[1])

c) Von **Chrysostomos** [2]) sind es zunächst die großen exegetischen Homilienreihen zu Mt,[3]) Jo [4]) und den Paulusbriefen,[5]) die gleichmäßig auf nestorianischer Seite Erwähnung und auf monophysitischer eine bis ins 6. Jh hinauf zu verfolgende Textüberlieferung finden. In nicht wesentlich jüngeren Hss liegt sodann mindestens bruchstückweise auf der letzteren auch fast alles Übrige vor, wovon auf der ersteren eine Kunde sicher oder möglicherweise sich feststellen läßt. In Betracht kommen die 6 BB über das Priestertum,[6]) die 12 Homilien gegen die Anomöer, die mit Bestimmtheit in einem Werke „gegen die Häretiker" wiederzuerkennen sind,[7]) die beiden Täuflingskatechesen, an die man bei einem „B über die Taufe" zu denken geneigt sein wird,[8]) die 8 Homilien „gegen die Juden" [9]) und die an Juden und Heiden gerichtete Abhandlung über die Gottheit Christi,[10]) zwischen denen man bei einer „Rede gegen die Juden",[11]) die drei BB an Stageirios [12]) und die Trostschreiben des Verbannten an die Heimat,[13]) zwischen denen man bei einem „B der Tröstungen", den beiden BB $\pi\epsilon\varrho\grave{\iota}$ $\varkappa\alpha\tau\alpha\nu\acute{\upsilon}\xi\epsilon\omega\varsigma$ [14]) und den Mahnungen an den „gefallenen" Theodoros,[15]) zwischen denen man bei einem „Briefe über die Buße" scheint wählen zu sollen, sowie außer einer Sonderüberlieferung der 8. Hom zu Mt [16]) vielleicht noch eines der beiden Briefe an Papst

---

[1]) Hss: BrM 782 (Add 12171. fol 55/68. J 832/3). Brl 198 (Sach 352. 13 Jh) fol 92r°. CmbrAdd 2023 (13. Jh) 32°. Dijarb 113 (16. Jh) 12°. N-Dsém 142 (J 1678/9) 9°. 93 (J 1682/3) 4°. 82 (J 1894) 3°. Urm 169 (J 1708/9), von Karš-Texten z. B.: Brl 274 (Sach 45. J 1823/4) 3°. 256 (Sach 19. J 1802) B°. Vg. KatSachau 742 f. 782 f.   [2]) ChrS 1, 207. 'Ai § 16.

[3]) Hss von Hom. 1/32 (mit Lücken): BrM 582 (Add 12142. fol 103/242. 6. Jh), 1/16 (zu Anfang unvollst.): 583 (Add 14568. J 557) 3, 7/18 (mit Lücken, ursprüngl. 1/20): 584 (Add 14560. 6. Jh), 16/32 (jetzt ohne die Partie vom Schluß 24 bis Anfang 32 und mit Lücken in 18): 585 (Add 14559. 6. Jh), von einzelnen bzw. Azz: 597 (Add 14567. 6. Jh) 5°. 7°. 738 (Add 17166. 6. Jh) 6°. 8°. 753 (Add 14612. 6/8. Jh) 22°. 31°d. 812 (Add 17183. 10. Jh) 1°a. 603 (Add 17267. fol 1/8. 13. Jh). 848 (Add 14727. 13. Jh) 8°.

[4]) Hss von Hom. 1/29. 35/43 (mit Lücken in 1, 2, 29, 35): BrM 586 (Add 14561. 6. Jh), 60/88 (= „Teil 2"): 587 (Add 12169. 6/7. Jh) bzw. (ohne 62 und mit Lücken in 60, 61, 63): 588 (Add 14562. 7/8. Jh), vom einzelnen bzw. Azz: 753. 1°f g n. 31°e. 848 (Add 14727. 13. Jh) 8°b.

[5]) Hss von Homilien zu 1 Kor. 20,33 (mit Lücken): BrM 589 (Add 14563. 7/8. Jh), 1 Kor 34/44 („Band 3"): 590 (Add 12160. fol 1/108. J 584), zu 2 Kor: 591 (Add 14564. 6/7. Jh). 592 (Add 12180. 6/7. Jh). Eph: 593 (Add 14565. 6/7. Jh). Pr 69 (Suppl 30. J 614/5), Phil (bruchstückweise): BrM 594 (Add 14566. fol 1/88. 6. Jh), Kol, Tit (bruchstückweise): 595 (Add 14566. fol 29/112. 6/7. Jh), Thess: 596 (Add 17152. J 593), von einzelnen und Azz: 597. 6°. 753. 1°a b i j m o p. 31°a. 795 (Add 14601. 9. Jh) 9°e. 846 (Add 17267. fol 23/33. 13. Jh) 1°. 860 (Add 12154. 8/9. Jh) 12°. Ag von Hom. 41 zu 1 Kor: P Bedjan, S. Martyrii qui et Sahdona quae supersunt omnia (Pr 1902) 870 f.

[6]) Hss von B 1: BrM 753. 1°e, Azz aus B 3: 753. 1°k, aus B 4: BrM 864 (Add 17191. 9/10. Jh) 30°b, aus B 6: 861 (Add 17193. J 874) 13°, ohne B-Angabe: 800 (Add 18817. 9. Jh) 3°b. 861. 14°.   [7]) ChrS. Hs von 5 Nrn („über die Unbegreiflichkeit Gottes"): BrM 597 (Add 14567. 6. Jh) 1°.

[8]) 'Ai. Hs einer der beiden Katechesen: 848 (Add 14727. 13. Jh) 8°m.   [9]) Hs eines kurzen Exzerpts: BrM 781 (Add 14623. J 822/3) 5°d   [10]) Hs: BrM 761 (Add 14604. 7. Jh) 1°.   [11]) 'Ai (wie bei allen folgenden Titeln).   [12]) Hs: BrM 597. 2°.

[13]) Ὅτι τὸν ἑαυτὸν μὴ ἀδικοῦντα οὐδεὶς παραβλάψαι δύναται. Hs: BrM 753 (Add 14612. 6/7. Jh) 1°c. Brief an Chalkidios (PG 52, 664). Hs: BrM 753. 1°a. Der unechte Brief an Kyri⟨ak⟩os liegt syrisch vor: BrM 812 (Add 17183. 10. Jh) 1°c.   [14]) Hs: BrM 812 (Add 17183. 10. Jh) 1°d.

[15]) Hss: Vt 107 (7. Jh) 8°, des Anfangs von B 1: BrM 901 (Add 14669. 10. Jh). 812 (Add 17183. 10. Jh) 1°d, des Schlusses davon: 899 (Add 14670. fol 1. 6/7. Jh).   [16]) 'Ai und tatsächlich in der Hs: BrM 812. 1°a.

Innocentius.[1]) Endlich verrät sich eine Bekanntschaft nestorianischer Kreise selbst mit den Einzelpredigten des Goldmunds besonders auf bestimmte Tage des kirchlichen Festjahres,[2]) die späterhin einen Hauptbestandteil jakobitischer Homiliare bildeten.[3]) Über diese Homiliare hinaufführende Texte einzelner oder kleiner Gruppen von Predigten erhärten denn auch hier eine alte monophysitische Textüberlieferung, wobei allerdings frühzeitig Unechtes sich dem echten Gute beimischte, aber auch im Original verlorene echte Stücke sich erhalten zu haben scheinen.[4])

f) Von **Athanasios**[5]) kennt nestorianische Tradition nächst der Biographie des Antonios[6]) ausdrücklich die Apologie seiner Flucht und das Schreiben an Epiktetos, und mindestens das letztere[7]) liegt gleich demjenigen an Adelphios[8]) in monophysitischer Textüberlieferung wirklich syrisch vor. Wenn man sodann auf nestorianischer Seite von weiteren „Briefen“ des großen Alexandriners und von seinen „Reden über den orthodoxen Glauben“ wußte, so könnte bei dem letzteren Ausdrucke füglich u. a. an den $\lambda\acute{o}\gamma o\varsigma$ $\pi\varepsilon\varrho\grave{\iota}$ $\tau\tilde{\eta}\varsigma$ $\grave{\varepsilon}\nu\alpha\nu\vartheta\varrho\omega\pi\acute{\eta}\sigma\varepsilon\omega\varsigma$ $\tau o\tilde{\upsilon}$ $\lambda\acute{o}\gamma o\upsilon$[9]) zu denken sein, der in jener Überlieferung neben dem zutreffend als selbständige Schrift gewerteten sog. 1. B. gegen Apollinarios[10]) steht. Bei den ersteren aber drängt sich ohne weiteres der Gedanke an die Festbriefe auf, von denen sich auf monophysitischer Seite eine alte Übs, wenn auch unvollständig

---

[1]) Nach BO 3 ı, 29 statt des bei 'Aı überlieferten: „an Justinianus“.   [2]) ChrS.

[3]) Hss einer Sammlung von 113 Nrn: BrM 825 (Add 12165. J 1025), einer Auswahl von nur 16 Nrn: 814 (Add 14725. fol 1/95. 10 Jh). mehr oder weniger trümmerhafte: 835 (Add 14739. fol 1/6. 12. Jh). 848 (Add 14727. 13. Jh). Brl 28 (Sach 220. 8,9. Jh). VtS 368. 369 (beide wohl nur wenig jünger als die vorige). 253.

[4]) Hss kleinerer Sammlungen vermischter oder einzeluer Homilien auch exegetischen Inhalts: VtS 109 (Vor J 691 2) 2°,10". 17°. 107 (7. Jh) 1°/7°. BrM 755 (Add 14605. J 652/3) 1°. 4°. 757 (Add 14546) 2° a, d. 760 (Add 14608. fol 98/124). 761 (Add 14604) 1°. 3° sämtlich des 7. Jhs. 769 (Add 14531. 7. 8. Jh) 2°. 6°. 798 (Add 14535. 9. Jh) 6". 598 (Add 17212. 9/10. Jh). 831 (Add 17206. 11/2. Jh) 10°, 835 (Add 14739. fol 4. 12. Jh), auch oder ausschließlich von Azz: 751 (Add 14603. 6/7. Jh) 4°. 753 (Add 14612. 6/7. Jh) 1°. 31°. 795 (Add 14601. 9. Jh). 808 (Add 14579. J 913) 5°, speziell über Ps 50 (51): 747 (Add 14607. 6/7. Jh) 1°. 812 (Add 17183. 10. Jh) 20°. 813 (Add 14611. 10. Jh) 14°. 826 (Add 17180. 11. Jh) 9°. Ag der Homilie über das Almosen (PG 60. 707/12) nach VtS 109: P Zingerle, MouS 1, 117,23. Interessant sind wegen ihres Verhältnisses zu ebensovielen, dann fälschlich wieder unter den Namen des Goldmundes gestellten Predigten des Nestorios drei Reden über die Versuchnng Christi, zu denen sich eine solche über die Menschheit Christi gesellt. Hss der Reden über die Versuchung: BrM 598. 4° VtS 253. 5°, der zweiten und dritten: BrM 306 (Add 14513. J 893) 11°. 818. 8° i j. der Rede über die Menschheit Christi: 598. 3°. Ag: F Nau, PO 13, 114/75, des griechischen Textes der PG 61, 683/88 zu einer einzigen unter dem Namen des Ch. zusammengefaßten Predigten des N.: Ders., Nestorius. Le livre d'Héraclide de Damas (Pr 1910) 338/58, ihres Textüberschusses über Ps.-Ch.: Ders., ROC 15. 103/9. Merkwürdig durch ihre Beziehungen zum Diatessaron ist eine mindestens in ihrer vorliegenden Gestalt original syrische Karfreitagspredigt unter dem Namen des Ch. Hss: Katalog KWHiersemann 487. Nr 255 a (8,9. Jh) 14°. VtS 369. fol 122° 24°. BrM 825. 80°. Ag und Übs mit eingehender Untersuchung: MKmosko, OC 3, 90 125. Sicher zu Unrecht dürfte Ch. auch eine kurze Erklärung der Tauf- und eucharistischen Liturgie beigelegt werden. Hss: Aus dem Privatbesitze Prof. PNeumanns in Wien = Katalog KWHiersemann 487. Nr 255 b (J 882) 13° bzw. in Šarfah (J 1233,4). Ag mit Übs: IgnERahmani, I fasti della chiesa patriarc. Antiochena (R 1920) X/XIII.

[5]) 'Aı § 12. Bickell 51 f.   [6]) Vg. unten § 13 a. i.   [7]) Hs: BrM 758 (Add 14537. 7. Jh) 2°. Ein Zitat (ob gerade dieser Übs?) schon bei Philoxenus: vg. BO 2, 28. KatWright 528.

[8]) Hs: BrM 769 (Add 14531. 7/8. Jh) 7°.   [9] Hss: VtS 104 (J 564) 1°. 360 (Abs d. vorigen) 1°.

[10]) Hss: BrM 763 (Add 18813. 7. Jh) 2°. 769. 14°.

gleichfalls erhalten hat.[1]) Es erscheint mithin durchaus angängig, auch hier überall Erbstücke noch der Zeit vor der endgültigen konfessionellen Zerklüftung der syrischen Christenheit zu erblicken, und nicht jünger braucht auch die Übs der Schrift über die Jungfräulichkeit zu sein.[2])

g) Die Übs einer griechischen Kanonessammlung wurde schon 419 20 durch die Synode des K Jahb('h-allähä als offizielles kirchliches Gesetzbuch der persischen Christenheit rezipiert.[3]) Sie enthielt hinter irgendwelchen angeblich apostolischen διατάξεις die Kanones des allgemeinen Konzils von Nikaia und der orientalischen Lokalsynoden von Ankyra, Neokaisareia, Gangra, Antiocheia und Laodikeia. Man wird sie in dem Grundstock einer Sammlung wiedererkennen dürfen, in der nach einer in 51 τίτλοι angeordneten sachlichen Inhaltsangabe einer verhältnismäßig noch freieren Übs der Apostolischen Kanones und der als „Kanones der Apostel durch Hippolytos" eingeführten Kapp. 28, 30 34, 42 46. 32 § 1 7 des 8. Bs der Apostolischen Konstitutionen eine solche ursprünglich nur der nicänischen, konstantinopolitanischen und der Kanones der Lokalsynoden sich anschließt. In der Folgezeit um ein oder zwei ephesinische und die disziplinären Kanones von Chalkedon vermehrt, hat diese in monophysitischer Überlieferung fortgelebt.[4]) In nestorianischer ist sie durch eine wörtlichere Übertragung nur der Synodalkanones und ein auch arabisch und äthiopisch auftretendes selbständiges Korpus pseudoapostolischer Bestimmungen ersetzt worden. Die erstere ist 500 1 in Mabbög(h)-Hierapolis entstanden.[5]) Das letztere wird erstmals allerdings erst durch den arabisch schreibenden Nestorianer Elijä al-Ǧauharî. M von Damaskus (seit 15. 7. 893) bezeugt und umfaßt unter dem Gesamttitel zweier „Synoden der Apostel" eine näherhin als „Lehre" derselben eingeführte Schrift über gewisse von ihnen angeblich nach der Himmelfahrt des Herrn

---

[1]) Hs: BrM 532(Add 14569. 8. Jh). Einleitung und 20 Nrn. die letzte unvollst., aus den JJ 329/48. Agg: W Cureton, The festival letters of A. (Lo 1848). A Mai. Nova Patrum Bibliotheca 6 ı (R 1853) mit lat. Übs, deutsche von F Larsow, D. Festbriefe des hl. A, Bischofs v. Alexandria. aus d. Syr. übersetzt u. durch Anmkk. erläutert (Brl. 1852), engl.: von H Burgess bei E B Pusey, Library of Fathers of the Holy Catholic Church (Ox 1854), lat.: PG 26, 1351/444. Vg. E Schwarz. NGWG 1904. 333/56. F Loofs, ShPAW 1908, 1013 22. Dazu Hss eines Briefes an Jungfrauen, die nach Jerusalem gewallfahrtet waren: BrM 747 (Add 14607. 6/7. Jh) 7°a. 948 (Add 14651. J 850) 5° und eines nicht näher bezeichneten Briefes: Urm 38 (J 1885) 9°. 43 (J 1813/ 44 (J 1826) 2°.   [2]) Hss: 747. 7° b. 949 (Add 14650. 6/7. Jh) 22° (unvollst.). 950 (Add 14649. fol 1 17. 9. Jh) 5°. 795 (Add 14501. 9. Jh) 3° (unvollst.). Ein Stück über die Taufe in der Hs: BrM 848 (Add 14727. 13. Jh) 3°. Über den Ps.-Kommentar und den Brief an Markellinos vg. § 25g.

[3]) SynOr 38 (277 f.) bzw. O Braun, D. B. d. Synhados 38 f. Das Fehlen der Kanones des II. allgem. Konzils von Konstantinopel scheint die Entstehung der Übs selbst oder doch die Redaktion ihrer Vorlage noch in die Zeit vor 381 zu verweisen.   [4]) Hss: BrM 907 (Add 14526, bald nach J 641). 857 (Add 12155. 8. Jh) XXVII° 1/13. Pr 62 (Suppl 29. 8/9. Jh) 4°/13°. 21°. VtS 127 9. Jh). 858. 1°/12° (Abs von 127). VtB 148 (J 1576) 4°/12°. 27°, unvollständige: VtS 107 (7. Jh) 17°/28°. BrM 908 (Add 14526. fol 40 7. 8. Jh). 909 (Add 14527. 11. Jh) 1°/3°. Agg des pseudoapostolischen Teiles: P de Lagarde, Reliquiae iuris eccl. antiquissimae syriace (Lpz 1856) 44/61, der Kanones von Nikaia, Ankyra, Neokaisareia: P Martin, AnSacr 4. 224 33. (215/23), aller Synodalkanones: F Schultheß, D. syr. Kanones d. Synoden von Nicäa bis Chalcedon. Abh. GWG² 10 u. Übs von Azz: B H Cowper. Siriac Miscellanies (Lo 1861) 1,5. 21. Vg. E Schwartz, D. pseudoapostol. Kirchenordnungen (Straßb. 1910) 5 f., der irrig diese Übs derjenigen vom J 5'0 1 gegenüber für die jüngere hält.   [5]) Hss: BrM 906 (Add 14528. fol 1/151. Autograph d. Übersetzers?). VtB 2 (J 1471/2) 2°. 3°. 6°/9°. Séert 65. 1°. 3°/6°. 9°. N-Dsém 90. Urm 24 (J 1886 nach Vorl. von 1438/9), unvollständige: BrM 856 (Add 14529. 7/8. Jh) 5°. Agg: F Schultheß a. a. O., einiger Stücke: O Braun, Syr. Texte üb. d. erste allgem. Synode von Kpel. in: Oriental. Studien Th Nöldeke zum 70. Geburtstag 413 78. Übs von Azz: B H Cowper a. a. O. 5/21. 34 43.

erlassene Anordnungen und ihre Missionsgebiete. die Apostolischen Kanones und eine hier vielmehr gleich den beiden anderen Stücken auf Vermittelung des Klemens zurück-geführte leicht abweichende Rezension des Stoffes der Kanones durch Hippolytos.[1]

b) Das sog. syrisch-römische Rechtsbuch[2] ist eine für die Rechts-beratung kirchlicher Kreise Syriens angelegte Sammlung gesetzlicher Bestimmungen. die nach den drei allein in ihr namentlich genannten christlichen Kaisern sich ungenau als eine solche der „weltlichen Gesetze" bzw. der „δικαιώματα" „der siegreichen Könige" Konstantinos. Theodosios (I.) und Leon einführt. Mithin nicht vor der Regierungszeit Leons (457/74). näherhin anscheinend nach 468 ins Syrische übersetzt. liegt sie abgesehen von einem armenischen. einem aus diesem geflossenen georgischen und einem selbst wieder mehrgestaltigen arabischen Tochtertexte[3] zugrunde und schon syrisch in vier verschiedenen Redaktionen vor. Von ihnen steht eine unmittelbar nur auf monophysitischem Boden greifbar werdende. augen-scheinlich ohne geradezu mit ihm identisch zu sein. dem ursprünglichen Wort-laute der Übs am nächsten.[4] Von den drei ebenso ausschließlich in nestorianischer Überlieferung und hier meist eng miteinander verbunden auftretenden weiteren stellt die erste eine Epitome der monophysitischen dar. Die zweite ist dagegen eine unter Heranziehung anderweitigen Materials geschaffene erweiternde Bear-beitung. deren des Griechischen wenig kundiger Urheber eine besonders ausge-prägte klerikale Tendenz verrät. Eine Epitome wiederum dieser ist die dritte. in welcher die Sammlung auf einen „Bekenner Ambrosios" zurückgeführt wird. der sie auf Befehl eines „Königs Valentinos" hergestellt hätte.[5]

---

[1] Hss: VtS 129 J 1331,2) 1°. 128 J 1556,7) 1° V°. 355 (Abs von 129). Séert 66 (15. Jh). VtB 52 (J 1468 oder 1779?). Pr 323 (J 1881. BrMOr 4398 (J 1890 und wahrscheinlich auch die übrigen des Nomokanons des 'Ab̄h dišö' v Šöb h̄ā, dessen Vorsatzstück die „Synoden" in den genannten bilden. Ag: AMai, Script. Vet. nova coll. 10. 169 90. Vg. ABaumstark, OC 1, 108,13. 127f. Die „Lehre der Apostel" liegt, was das hohe Alter auch ihrer Übs verbürgt, auch auf monophysitischer Seite in einem selbständigen Texte vor. in welchem sie frühzeitig in Verbindung mit der erzählenden „Lehre des Addai" § 5b getreten und zur Grundlage einer armenischen Weiter-übs geworden ist. Hss des schlechthin selbständigen Textes bzw. eines Bruchstücks desselben: BrM 769 (Add 14531. 7.8. Jh 8°. Brl 26 Sach 321. J 740 1) 17°. des an die „Lehre des Addai" heran-gerückten: BrM 936 (Add 14644. 5.6. Jh) 2°. eines dementsprechend als Az „aus der Schrift des Addai" bezeichneten: Pr 62. 3°. VtB 148. 3°. Brl 205 (Sach 335. 18. Jh? 4°. Agg: WCureton, Ancient Syriac Documents 24 35 (166/73). PdeLagarde. Reliquiae iur. eccl. ant. syr. 33,44, des Schlußteiles auch: IgnERahmani. StS 6f. (5f.. Übs: FNau, Ancienne littérature canonique syriaque ... Fasc. I² Pr 1912) 223 34. Versuch einer Rekonstruktion des Originals: PdeLa-garde, Rel. usw. graece 89,95. Ag der armenischen Übs: JDashian. Wardapetut(h)iun Arak(h)eloz. Anvawerakan kanonaz mateanz (Wien 1896) 290,358.

[2] 'Ai § 190. BO 31, 267 Ak. 6. 278. 338f. 351. HBruns-ESachau, Syr.-römisches Rechtsbuch (Lpz 1880) 153,335. MVoigt. Berr. üb. d. Verh. d. Sächs. Ges. d. Wissensch. Phil.-hist. Cl. 45, 210 27. LMitteis. Reich-recht u. Volksrecht in d. östl. Provinzen d. röm. Kaiser-reiches (Lpz 1891). Ztschr. d. Savignystift. f. Rechtsgesch. Roman. Abt. 25, 284 97. CFerrini, Ztschr. d. Savigny-Stiftung f. Rechtsgesch. 23, 101,43. Wright 957. Duval³ 172,5. DHMüller, WZKM 19, 139 95. ESachau, Syrische Rechtsbücher 1 Brl 1907) VII XX.

[3] Der armenische, dessen älteste Hs aus dem J 1328 stammt, scheint gegen Ende des 12. Jhs entstanden zu sein. der erstmals in einer Hs vom J 1325 vorliegende arabische findet seinen frühesten Zeugen an dem Nestorianer Abûl-Farağ 'Abdallâh ibu aṭ-Ṭajjib († 1043). Agg. beider Bruns-Sachau 95/141 (115,50) bzw. 68,94 (75/114).   [4] Hss: BrM 239 (Add 14528. 6. Jh). Pr 112 (Suppl 38. J 1238 9) 46°, eines unvollständigen Textes: BrM 1002 (Add 18295. J 1602/3) 5°. Agg (mit Übs) des Textes der ältesten Hs: JPNLand, AnecdS 1, 30 64 (128,55) der drei Texte: Bruns-Sachau. 3 36 (3 40), 39,67 (44/74) und 37f. (41/3.

[5] Hss: N-Dsêm 90 (vor 14. Jh) 3°.5°. Séert 65 (17 8. Jh 25°.26°. VtB 81. 4°. Mard 50. Vg.

§ 13. Besonders nachdrücklich machte griechisch-syrische Übersetzertätigkeit sich frühzeitig auf dem speziellen Gebiete asketischen Schrifttums
geltend, dessen Bedeutung eine um so überragendere werden mußte. je entschiedener das Mönchtum die geistige Führung der ostaramäischen Christenheit
übernahm. Antonios, Ammonios, die beiden Makarios, Euagrios,
Joannes v Lykopolis, Markianos, Neilos und Markos sind hier die
Träger der Namen, mit denen eine die griechische Originalüberlieferung aufs
bedeutsamste ergänzende umfangreiche Übersetzungsliteratur verknüpft ist, für
die wieder fast durchweg ein Bekanntsein der Texte auch in nestorianischen
Kreisen mit der Tatsache ihrer Überlieferung durch monophysitische Hss hervorragenden Alters sich verbindet. Auch die entsprechenden Erzählungsstoffe
ägyptischer Mönchslegende sind mindestens erstmals zum Gegenstande
einer Übertragung ins Syrische gemacht worden, noch bevor die Einheitlichkeit
des christlichen Geisteslebens Mesopotamiens und seiner westlichen und östlichen
Nachbargebiete endgültig durch konfessionelle Gegensätze aufgehoben war.

a) Antonios ist in der griechisch-syrischen Übersetzungsliteratur asketischen
Inhalts mindestens unmittelbar nur durch den ersten der sieben unter seinem
Namen in griechischer Überlieferung erhaltenen Briefe vertreten.[1]) Eine Übertragung noch weiterer A.-Briefe ins Syrische würde sich nur in dem wenig wahr-
scheinlichen Falle ergeben, daß eine mit demselben Stücke beginnende und 20 Nrn
umfassende arabische Sammlung angeblich solcher [2]) auf eine syrische, nicht auf
eine koptische Vorlage zurückginge.[3])

b) Der Name Ammoni(o)s [4]) verbindet sich in syrischer Überlieferung zunächst mit einer Schicht erbaulicher Mahnschreiben an Mönche in deren Verfasser
der von Athanasios zum B geweihte Ammonas zu erkennen ist, der in der Leitung
der Asketengemeinde von Pispir das Erbe des Antonios angetreten hatte. Die
19 in syrischer Übs vorliegenden Briefe pflegen dabei zu Sammlungen schwankender Zusammensetzung und Anordnung in einer Normalstärke von 15 Nrn zusammengefaßt zu erscheinen,[5]) während das arabische Korpus vermeintlicher Antonios-
Briefe literarisches Erbe des Jüngers unter den berühmteren Namen des Meisters
gestellt zeigt und im griechischen Originale unter demjenigen des Ammonas selbst
nur ein Teil jener Briefe neben einigen Stücken anderer Art zutage getreten ist.[6])

L Mitteis, Über drei neue Hss d. syr.-röm. Rechtsbuches (Brl 1905). Ag (mit Übs): E Sachau,
Syr. Rechtsbücher 1. 4 S3. Der Schluß eines Azs der zweiten nestorianischen Redaktion in der Hs
CmbrAdd 2023 (13. Jh) 1°). Ag: W Wright, Notulae Syriacae (Privatdruck. Lo 1887) 3/11. Dagegen
ist Ibn aṭ-Ṭajjib ein Zeuge der sonst nur in monophysitischer Überlieferung nachweislichen Redaktion in einer noch besseren Textgestalt. als sie sogar die ältere Londoner Hs enthält.

[1]) Hss: BrM 727 (Add 12175. J 534) 3° d. 779 (Add 14621. J 802) 5°. Brl 27 (Sach 302. 7.8. Jh) 3°.
VtS 123 (8. Jh VIII°. 876 (Abs der vorigen.) 2°. Pr 201 (Suppl 34. 13. Jh) 6°. Ag: F Nau, ROC
14, 282,97.   [2]) PG 40. 999/1066.   [3]) Bruchstücke eines koptischen Textes sind herausgegeben
von E O Winstedt, JTSt 7. 540,5.   [4]) ʿAl § 42.

[5]) Hss: BrM 727 (Add 12175. J 534) 5°. 812 (Add 17183. 10. Jh) 9°. VtS 122 (J 769) V°. 126
(J 1223) XII°; 377. 2° (Abs der vorigen), von nur 9 bzw. 4 Nru: BrM 764 (Add 14598. 9. Jh) II°. 7.
7190 Rich (13. Jh) 29; des Schlusses einer Nr 5 und der Nr 6 einer Sammlung: 790 (Add 17213. 9. Jh) 3°,
einzelner Briefe: 793 (9. Jh) 9°. Katalog KWHiersemann 487. Nr 255 a (8/9. Jh 3°. Brl 198 (Sach
352. 13. Jh) fol 97 v°. Ag: M Kmosko, PO 10, 555,639.

[6]) Agg: Antonios Jordanites, *Τοῦ ὁσίου πατρὸς ἡμῶν Ἀμμωνᾶ ἐπιστολαὶ πέντε, ἀπο-*

Gleichfalls in syrischer Übs liegt daneben über die im J. 377 erfolgte Hinmordung der Mönche des Sinai durch heidnische Beduinen die Erzählung eines A. vor,[1]) der mit einem Abba Ammon v Raithu zu identifizieren sein dürfte.[2])

c) Von den beiden **Makarios** werden durch die nestorianische Überlieferung ohne genauere Bezeichnung einem „drei Bände" von Schriften „über den (Tugend)wandel", dem anderen Mēmrē d. h. Reden oder Abhandlungen völlig unbestimmten Inhaltes beigelegt.[3]) In monophysitischen Hss scheint der Normalbestand übersetzter Stücke des Ägypters durch die drei Mēmrē „an diejenigen, welche zur Lehre kommen" h. h. die Novizen des asketischen Lebens, „über die allgemeinen $\pi\acute\alpha\vartheta\eta$ der Seele" und „an diejenigen, welche sich dem Wege der Wahrheit nähern",[4]) eine Paränese zur Buße[5]) und eine Folge von 8 Briefen[6]) gebildet zu werden, in der bald an erster, bald an fünfter Stelle das schon von Gennadius[7]) gekannte und in einer alten lateinischen Übs erhaltene Sendschreiben „ad filios Dei" sich findet.[5]) Dem gegenüber wird der Höchstumfang des hier vielmehr dem Alexandriner Zugeschriebenen durch eine andere Dreizahl von Mēmrē,[9]) eine Reihe von sechs Briefen,[10]) die Beantwortung je einer Frage über das Gebet bzw. die Verführertätigkeit Satans[11]) und ein Schreiben an eine gottgeweihte Jungfrau[12]) bezeichnet. Doch schwankt bei einzelnen Nrn die Zuweisung,[13]) und mitunter scheint überhaupt das Bewußtsein von der Verschiedenheit zweier gleichnamiger Autoren geschwunden zu sein. Ein M. schlechthin be-

---

$\sigma\pi\acute\alpha\sigma\mu\alpha\tau\acute\alpha$ $\tau\iota\nu\alpha$ usw. $\nu\tilde\nu$ $\tau\grave{o}$ $\pi\varrho\tilde\omega\tau\sigma\nu$ $\dot\epsilon\varkappa\delta\acute\iota\delta\sigma\nu\tau\alpha\iota$ (Jerusalem 1911). F Nau, PO 11, 391/502 (mit Wortregister zur syrischen Ag Kmoskos).

[1]) F Combefis, Illustr. Christi mart. lecti triumphi (P 1660) 88/132. Hs der syrischen Übs: BrM 952 (Add 14645. J 935/6) 7°.   [2]) Vg. F Nau a. a. O. 393 Ak. 1.

[3]) 'Ai § 57 bzw. 43. Auf die ersteren dürften die Zitate von Briefen eines Abbā M. hei Isḥāq von Ninive (§ 35d) Ag Bedjan 495. 500 zu beziehen sein. Vg. J B Chabot, De S. Isaaci Ninivitae vita, scriptis et doctrina (Löwen 1892) 70.

[4]) Hss: BrM 727 (Add 12175. J 533/4) 4° a/c. VtS 126 (J 1223) III° 1/3. 121 (J 1575/6) II° 1/3. 376. 3° (Ahs einer der beiden vorigen). Cmbr Add 2019 (J 1452) 9°, dazu der Mēmrē I. II: BrM 785 (Add 12167. J 875/6) IV° 2.3, II°. III°. 797 (Add 18814. fol 103, 262. 9. Jh) 8° a b, des Mēmrā I: 753 (Add 14612. 6/7. Jh) 29° b. 762 (Add 17173. 7. Jh) 2° b. 752 (Add 14582. J 816) 5° g. 797. 8° c ι α'. 7190 Rich. 33°. Brl 198 (Sach 352. 13. Jh) fol 5 r°/6 v°.

[5]) Hss: BrM 727. 4° d. 753. 29° a. 752. 5° a. 785. IV° 4.

[6]) Hss: BrM 727. 4° e. 797. 8° c α'/η'. VtS 122 (J 769) III° 4/11. 126 IX° 1/8. 121 II° 4/11. 377 4°. der Nrn 2. 3. 5 dieses Bestandes: BrM 753. 29° c/d, 2. 3. 1: 762. 2° c/e, 5. 7: 806 (Add 14613. 9/10. Jh) 13°, 2. 3: 752. 5° b c. 816 (Add 14522. fol 37/45. 10. Jh) 4° b c. 817 (Add 14614. 10. Jh) 9° b c. 842 (Add 14728. fol 1/75. 13. Jh) 3°, einer abweichenden Sammlung: Katalog K W Hiersemann 487. Nr 255 a. 13°.   [7]) De vir. ill. § 10.

[8]) Weitere Hss: BrM 785 IV° 1. 813 (Add 14611. 10. Jh) 4°. 7190 Rich (13. Jh) 33°. Brl 199 (Sach 111. Vor J 1378/9) 8°. Vg. A Baumstark, OC² 10, 130/2.   [9]) Hss: VtS 122 IV° 1/3. 126 X° 1. 2. 4. 376. 5° (Abs der vorigen), nur der Mēmrē I. II: VtS 121 III° 1/2, des Mēmrā I: BrM 785 V°. 7190 Rich 34°. Vg. auch Ak. 13.

[10]) Hss: VtS 121 III° 3/8, der Nrn 1/4 dieses Bestandes: 122 IV° 4/7, 1 und: 126 X° 3. 5. 376. 5°, 2 und 3: BrM 818 (Add 14637. 10. Jh) 3° b c. Vg. Ak. 13.   [11]) Hss: VtS 122 IV° 9. 8. 121 III° 9/10. BrM 818. 3° e d. Vg. Ak. 13.

[12]) Hss: VtS 122 IV° 10. 126 X° 6. 121 fol 105 r° (im Kat. nicht vermerkt!). 376. 6°.

[13]) So stehen von gewöhnlichem Gute des Alexandriners in den Hss BrM 797. 8° c δ' ε' d e. VtS 126 IX° 9/10: die Briefe 2. 3 und dahinter die Beantwortungen der beiden Fragen, BrM 762. 2° a. 816. 4° a. 817. 9° a: Brief 2, 752. 5° f: Brief 3, 752. 5° d. 797. 8° c ι β': Mēmrā I mit vorwiegend dem Ägypter zugeschriebenen Stücken verbunden und umgekehrt BrM 818. 3° a Brief 8 des letzteren an der Spitze sonst nur von Stücken des Alexandriners. Eine genauere Bezeichnung, welcher M. als Verfasser zu verstehen sei, unterbleibt mitunter nicht nur bei solcher Mischüberlieferung.

gegnet insbesondere auch als Träger des griechisch dem Alexandriner beigelegten Gespräches mit Engeln über das Schicksal der vom Leibe abgeschiedenen Seelen,[1] das die einzige Berührung der ganzen syrischen Überlieferung mit dem griechisch erhaltenen M.-Schrifttum darstellen dürfte.

d) Für Euagrios[2] umfaßt eine überaus reiche syrische Textüberlieferung[3] zunächst alles durch die altchristlichen Zeugen Sokrates, Gennadius und den Verfasser der Historia Lausiaca als echtes Erbe des Pontikers Gesicherte: den allein von jeher im Original bekannten Μοναχὸς ἢ περὶ πρακτικῆς in einer mit der griechischen zweiten Rezension zusammengehenden Gestalt[4] und daneben ver- selbständigt die Vorrede an Anatolios,[5] die §§ 1 ff. bzw. 54,6[6] und, wie auf griechischem Boden, den Abschnitt περὶ τῶν ὀκτὼ λογισμῶν[7]; in zwei ver- schiedenen, wohl auf doppelte Originalfassung zurückgehenden Übss den Γνωστικὸς ἢ πρὸς τὸν καταξιωθέντα γνώσεως[8]; die beiden lange neben der syrischen und einer armeni- schen nur in einer lateinischen Übs bekannt gewesenen στιχηρά an die Koinobiten[9] und an eine gottgeweihte Jungfrau[10]; den Ἀντιρρητικός gegen die acht Hauptlaster[11] und die sechs Zenturien der [προ]Γνωστικὰ προβλήματα.[12] Den Namen des E. tragen hier ferner die in der griechischen Überlieferung zwischen ihm und Neilos strittigen Κεφάλαια λγʹ κατ' ἀκολουθίαν,[13] Κεφάλαια ἢ παραινέσεις,[14] Τῶν κατὰ

---

[1] PG 34, 385/92. Hss: BrM 837 (Add 17269. 12. Jh) 1°. VtS 96 (Ums J 1351 2) 24°. Vg. O Braun, Moses Bar Kepha u. sein Buch von d. Seele 149 f. 155.

[2] O Zöckler, Bibl. u. kirchenhistor. Studien. Heft 4. Evagrius Pontikus. Seine Stellung in d. altkirchl. Literatur- u. Dogmengesch. (Münch 1893). O Bardenhewer, Gesch. 3. 93 8.

[3] 'Ai. § 40: „drei Bände". Umfassende Haupthss: BrM 568 (Add 14635. fol 5/13. 6. Jh), stark defekt. 567 (Add 14578) 6/7. Jh. 7190 Rich (13. Jh) 1°/28°. VtS 126 (J 1223) V1°. 376. 1° (wohl Abs der vorigen). Ungenügend beschriebene: BrMOr 2312 (15/6. Jh). Mos 92 (18. Jh) 1°. Die älteste datierte Hs BrM 727 (Add 12175. fol 81/254. J 533/4) 1° bietet bereits eine bloße Auswahl von Schriften im Rahmen einer Sammlung des Nachlasses verschiedener Asketiker.

[4] Hss: BrM 567. 2°. 734 (Add 14581. 6. Jh) 4°. 737 (Add 17166. 6. Jh) 1° c. 744 (Add 14616. 6/7. Jh) 1°. 752 (Add 14582. J 816) 6° a. 785 (Add 12167. J 875 6) V1° 1. 801 (Add 18817. 9. Jh) 1° i. 808 (Add 14579. J 913) 1°. 733 (Add 17165. 11/2. Jh) 1° 1. 3. [5] Hss: BrM 567. 4°. 779 (Add 14621. J 802) 3° v. Brl 27 (Sach 302. 7/8. Jh) 10°, und als Vorsatzstück vielmehr des Ἀντιρρητικός: BrM 727. 1° c.

[6] Hss der ersteren: VtS 126 V1° 1, der letzteren: BrM 727. 1° b. 801. 1° b. [7] Hss: BrM 727. 1° b. 737. 1° d. 820 (Add 14466. fol 43/59. 10 1. Jh) 2° a β'. VtS 126 V1° 2.

[8] 50 §§ d. h. die am Schlusse des Μοναχός in Aussicht gestellten πεντήκοντα πρὸς τοῖς ἑξακοσίοις. Hss eines fortlaufend als §§ 102/51 des Μοναχός gezählten Textes: BrM 567. 2°. 734, 1°, derselben Übs in selbständiger Überlieferung: 743 (Add 17167. 6/7. Jh) 2°, der zweiten Übs: 744. 1° c 733 1° 6. Ag (und Rückübs) der ersten: W Frankenberg. Euagrius Pontikus. Abh. GWG² 13 n, 546/55. [9] Hss: BrM 567. 9°. 744. 1° b. 779. 3° c. 785 V1° 9. 801. 1° j. 808. 1° d. 733 1° 4. 7190 Rich 4°. VtS 126 VI° 6. Brl 198 (Sach 352. 13. Jh) fol 83 r°. 200 II° 3.

[10] Hss: BrM 567. 43°. 808. 1° c. 733 1° 5. VtS 126 VI° 23. Ag (u. Rückübs): Frankenberg 562/5, des Originals dieses und des vorigen Stückes: H Greßmann TuU 39iv, 143/66. Über die Abhängigkeit ihrer armenischen Übs von der syrischen vg. H Greßmann-W Lüdtke, Ztschr. f. Kirchengesch. 35, 87/96. [11] Hss: BrM 727. 1° c. 567. 4°. 744. 1° d. 779. 3° b. 733 1° 7. 7190 Rich 1°. Brl 27. 11°. VtS 126 VI° 3. Ag (u. Rückübs): Frankenberg 472/545. Übs (des unvollständigen Textes der Berliner Hs): Fr Baethgen bei Zöckler 104/25.

[12] In der Hist. Laus. als Ἱερά bezeichnet, in der Doctr. Barsanuphii circa opin. Origenis, Evagrii et Didymi (PG 86i, 892/3 u. 7) als Γνωστικά zitiert. Hss: BrM 727. 1° a. 567. 31°. 743. 2°. 824 (Add 14615. 10/1. Jh) 3° a. 7190 Rich 13°, des Schlusses: 568. 4°, mit dem Kommentar des Nestorianers Bâb(b)ai d. Gr. (§ 22 h): VtS 178. Ag (u. Rückübs) mit dem letzteren: Franken- berg 8/471. [13] „Definitionen der Leidenschaften der Seele" = PG 40, 1264/8. Hss: BrM 567. 20°. 789 (Add 17192. 9. Jh) 1° d. [14] „Γνῶμαι" = PG 40, 1249/64. BrM 567. 25°. 743. 2° d. 801. 1° u. 837 (Add 17262. 12. Jh) 23°. 7190 Rich 26°. VtS 126 V1° 20.

μοναχῶν τὰ αἴτια καὶ ἡ καθ' ἡσυχίαν τούτων παράθεσις,[1]) und Παραινέσεις πρὸς
μοναχοῖς,[2]) sowie die griechisch nur Neilos beigelegten Stücke πρὸς Εὐλόγιον.[3])
περὶ προσευχῆς,[4]) περὶ τῶν ὀκτὼ πνευμάτων τῆς πονηρίας,[5]) κεφάλαια κζ΄ περὶ
διαφόρων πονηρῶν λογισμῶν[6]) und vielleicht περὶ διδασκάλων καὶ μαθητῶν.[7])
Dazu gesellen sich an Briefen nächst einer Sammlung von 61 kürzeren Nrn [8]) ein
solcher an Melania,[9]) zwei umfangreichere briefliche παραινέσεις an ungenannte
Adressaten[10]) und eine griechisch unter dem Namen des Basileios überlieferte
ἐπιστολὴ πίστεως,[11]) an Exegetischem eine Erklärung von Stellen der Spr[12]) und Abhandlungen über die philistäischen Dämonen[13]) und über Seraphim und Cherubim.[14])
An weiteren asketischen Stücken von allgemein gehaltener Titelgebung ist eine
letzte Sammlung von κεφάλαια γνώσεως in verschiedener Zählung besonders häufig
vertreten,[15]) gelegentlich eng mit einem als §§ 52 67 weitergezählten Texte „über
die Vollkommenheit" verbunden[16]) und von einer Reihe von παραινέσεις und
Ähnlichem[17]) zu unterscheiden. Von Einzeltraktaten mit bestimmter sachlicher

---

[1]) „Üb. d. Mönchtum u. üb. d. Ruhe in ihm" bzw. „Paränetischer Brief" — PG 40, 1252/64. Hss: BrM 727. 1°j. 567. 10°. 737. 1°g. 749. 3°d. 801. 1°d. 818(Add 14637. 10. Jh)6°a. 7190 Rich 22°. VtS 126 VI° 7. Brl 198. fol 86 r°.   [2]) PG 79, 1235/46. Hss: BrM 567. 15°. 779. 3°i. 785 VI° 14. S12(Add 17183. 10. Jh)17°b. 818. 6°b. 837. 23°. 7190 Rich 24°. Brl 198 fol 90 v°.

[3]) PG 79, 1093 1140. Hss: BrM 568. 3°. 734. 7°. 735(Add 17171. fol 1/16. 6. Jh)2°. 737(Add 17166. 6. Jh)1°b. 567. 3°. 779. 2°a. 785 VI° 4. 764(Add 14598)II(9. Jh)5°a. 772(Add 14606. 9. Jh)3°. 792(Add 17168. fol 1 113. 9. Jh)2°a. 801. 1°b. 808. 1°a. 813(Add 14611. 10. Jh)6°a. 837. 23°a. 7190 Rich 3°. Brl 27. 9°. VtS 126 VI° 5.

[4]) PG 79, 1167 1200. Hss: BrM 567. 21°. 779. 3°m. 785 VI° 8. 792. 2°b. 7190 Rich 12°. VtS 126 VI° 21.   [5]) PG 79, 1145/6. Hss: BrM 567. 5°. 744. 1°f. 752. 6°b. 785 VI° 2. 788 (Add 17166. fol 114 53. 9. Jh)1°b. 801. 1°p. 7190 Rich 2°. VtS 126 VI° 9. Brl 198. fol 44 r°. 200 (Sach 202 3. 15,6. Jh)11°2.   [6]) PG 79, 1200/34. Hss: BrM 727. 1°c. 568. 6°. 567. 6°. 783(Add 14580. J 866)1°. 733. 2°. 7190 Rich 19°. VtS 126 VI° 24.

[7]) Hgeg. von Pran den Ven, Bibliothèque de la Faculté philos. et lettres de l'université de Liège. Série grande in-8°. Fasc. II 73/81. Der Text könnte syrisch wieder zu erkennen sein in einem „λόγος an Meister und Schüler" oder einem „Gespräche zwischen Lehrer und Schüler". Hss des ersteren: BrM 568. 7°. 567. 23°. 744. 1°g. 779. 3°o. 788(Add 17168. fol 114/53. 9. Jh)1°c. 808. 1°m. 7190 Rich 10°. VtS 126 VI° 13, des letzteren: BrM 567. 24°. 779. 3°p. 781. 2°b. 7190. 11°. VtS 126 VI° 22.

[8]) Hss: BrM 736(Add 12175. fol 49,80. 6: Jh)2°j. 567. 44°. 743. 2°l, von nur 52 Nrn: 789. 1°f, von nur 18: 7290 Rich 28°, einer Auswahl: 824(Add 14615. 10/1. Jh)3°b, zweier einzelner: 781(Add 14623. J 823)2°f g, von Azz: 736. 2°a/c f/b. 743. 5°. Ag (u. Rückübs): Frankenberg 564/611.

[9]) Hss: BrM 567. 45° und andere der Briefsammlung, deren Schluß das Stück bildet. Ag (u. Rückübs): Frankenberg 612/9.   [10]) Hss: BrM 567. 41°. 752. 6°d. 779. 3°x. 801. 1°a. Brl 198 fol 50 r° bzw. BrM 567. 42°. 752. 6°e. 779. 3°. 801. 1°b. 843(Add 14611. 10. Jh)6°b. Ag (u. Rückübs): Frankenberg 554/7 558/63.

[11]) PG 32, 245,68. Hs: BrM 743. 2°n. Ag: Frankenberg 620/35. Ein anderes „Glaubens-bekenntnis": 743. 2°m. 789. 4°.   [12]) Hss: BrM 567. 19°. 743. 2°e,   [13]) Hss: BrM 567. 28°. 837. 23°f. VtS 126 VI° 16.   [14]) Hss: BrM 567. 29°. 30°. 736. 2°d.e. 743. 2°h.i. 789. 1°a.b.

[15]) 51 bis 66 §§, vielleicht die von Gennadius übersetzten „paucae sententiolae valde obscurae". Hss: BrM 567. 32°. 743. 2°j. 785 VI° 11. 789. 1°c. 808. 1°j. 7190 Rich 14°.   [16]) Hss: BrM 567. 33°. 949(Add 14650. 6/7. Jh)2°b. 785 VI° 12. 802. 1°k.

[17]) Hss dreier allgemeiner Paränesen: BrM 567. 18°. 779. 3°b. 785 VI° 15. 801. 1°f. 818. 6°e. 837. 23°b. 7190 Rich 9°. VtS 126 VI° 12 bzw. BrM 567. 22°. 779. 3°n. 7190 Rich 21° bzw. 849. 3°c, einer solchen „des νοῦς": BrM 727. 1°i. 567. 35°. 779. 3°r. 808. 1°i. 7190 Rich 16°, einer Er-mahnung des „in Gott Wandelnden": BrM 727. 1°b. 567. 34°. 743. 5° (von späterer Hand) 779. 3°q. 782. 1°e. 808. 1°b. 7190 Rich 15°, von „κεφάλαια paränetischer Ratschläge": BrM 779. 6°a. 801. 1°d. 9170 Rich 27°. Brl 198 fol 59 v°, einer „Lehre": BrM 779. 6°b, von 14 kurzen

Überschrift begegnen solche über die Gerechten und die Vollkommenen.[1] die Ziele, auf denen die ἡσυχία des Mönchtums beruht.[2] die πάθη,[3] die Demut.[4] die Unterscheidung (oder: den Unterschied) der λογισμοί.[5] die Frage. wodurch der νοῦς eingeschläfert (?) wird und wodurch nicht.[6] die ἀκάθαρτοι λογισμοί[7] und das Stillschweigen.[8] Dürfte es sich schon hier möglicherweise hin und wieder um verselbständigte Bruchstücke umfassenderer Schriften handeln. so ist dies schließlich sicher bei einer Anzahl besonders kleinerer Stücke[9] oder offensichtlicher Exzerpte[10] der Fall.

e) Joannes v Lykopolis.[11] dem heutigen Asiut. ein hslich meist als „der Einsiedler“ oder „der Seher“ bezeichneter Zeitgenosse Theodosios' d. Gr. dessen literarisches Erbe auf griechischem Boden gänzlich verschollen zu sein scheint. wird auf nestorianischer Seite. wo man ihn mit wohl zwei originalsyrischen Schriftstellern des Namens Jôḥannàn v Apameia[12] verwechselte. als Verfasser anscheinend einer „Schrift“[13] schlechthin bzw. von drei Bänden „über das geistliche Leben. über die Leidenschaften und über die Vollkommenheit“ eingeführt.[14] Die mit einer Hs vom J 581 einsetzende monophysitische Textüberlieferung[15] erstreckt sich auf einen ebenso ausgedehnten als mannigfaltigen literarischen Nachlaß. Neben Abhandlungen in Form von Briefen an Hesychios,[16] Eubulos,[17] Theodulos

Sentenzen ohne Titel (Inc. Βασιλεία οὐρανοῦ ἐστιν): BrM 567. 36°. 779. 3°s. 785 VI° 9, eines „λόγος παραινέσεως“: BrM 785 VI° 16, eines Textes in 9 Abschnitten: BrM 785 VI° 10, von „Gleichnissen und Geboten“: BrM 567. 39°. 7190 Rich 18°.

[1] Hss: BrM 567. 11°. 779. 3°e. 7190 Rich 5°.   [2] Hss: BrM 567. 12°. 779. 3°f. 837. 23°d. 7170. 23°. VtS 126 VI° 14.

[3] Hss: BrM 567. 13°. 744. 1°e. 949. 2°d. 752. 6°c. 779. 3°g. 764 (Add 14598) 11 (9. Jh) 5°b. 783 (Add 17168. fol 114/53. 9. Jh) 1°a. 808. 1°l. 812 Add 17183. 10. Jh) 17°a. 818. 1°b. 820. 2°a a'. 7190. 6°, eines anderen Stückes mit gleichem Titel: BrM 808. 1°n, eines solchen „über den Unterschied der πάθη“: BrM 781 (Add 14723. J 823) 16°.

[4] Oder „über den Wandel der Tugend“. Hss: BrM 567. 14°. 779. 3°h. 781. 2°a. 7190 Rich 7°.   [5] In 21 §§. Hss: BrM 727. 1°f. 567. 7°. 808. 1°f. 7190 Rich 20°.   [6] Hss: BrM 567. 26°. 734. 1°g. 837. 25°g. VtS 126 VI° 17.   [7] Hss: BrM 567. 27°. 577 Add 14576. 8. Jh) 22°. 785 VI° 7. 837. 23°e. VtS 126 VI° 15.   [8] Hss: BrM 567. 37°. 779. 3°t. 781. 2°d. 837. 23°c. VtS 126 VI° 8.

[9] Hierher gehören drei Abschnitte über das Gebet in den Hss: BrM 567. 38°. 779. 3°a bzw. nur der erste: 781. 2°c, je ein solcher „über die Bestimmungen der Gedanken“, „über das Christentum“ und „über Gotteslästerung“ in BrM 727. 1°g. 567. 8°. 808. 1°g bzw. 849. 2°c bzw. VtS 126 VI° 4, ein meist ohne Titel auftretender „über das Fasten“ in BrM 567. 17°. 743. 1°a. 779. 3°k. 818. 6°f. 7190 Rich 8° und je ein anderes titelloses Stück in BrM 785 VI° 13. VtS 126 VI° 11 bzw. BrM 801. 1°a. 824. 6°d bzw. 743. 2°c bzw. 744. 1°h bzw 7190 Rich 17°.

[10] So in den Hss: BrM 736. 2°a c f b. 743. 5°. 770 (Add 14617. 7 8. Jh) 7°. 801. 1°g. 820. 2°a y'. Dazu „Aussprüche“: 737. 1°e.

[11] Hist. Laus. 35. Hist. monach. 1. Cassianus Inst. IV 23 6. Coll. I 21. 24. 26. C Butler, The Lausiac Hist. of Palladius 2, 100. 212 3. Ai § 39: als Jôḥannan schlechthin. § 47: als J. v Apameia. BO 1, 429/33. 31, 45 im Anschluß an 'Ai. unter Verwechselung mit J. v Apameia. Gegen diese W Cureton, Corpus Ignatianum 351f. J-B Chabot, JA¹⁰ 8, 259/65.   [12] Vg. § 26a bzw. 35e.   [13] 'Ai § 39.   [14] 'Ai § 47.

[15] Haupthss: BrM 527 (Add 17169. J 581). 767 (Add 18814. 7 8. Jh) 1°. 3°. 573 (Add 17170. J 774,5). 774 (Add 12170. fol 136 276. 8/9. Jh 4°. 780 Add 17172. Zwischen den JJ 818,9 und 829 30) 6°. 781 (Add 14623. J 823) 1°. 783 (Add 14580. J 866) 2°. 785 (Add 12167. J 875,6) IX°. 801 (Add 18817. 9. Jh) 4°. 10°. VtS 123 (8. Jh) II°. VII°. 93 (9. Jh). 126 (J 1223) XVI°. Ungenügend beschriebene: Mos 93 (alt, aber defekt und in Verwirrung geraten).

[16] Hss: BrM 573. 12°. 941 (Add 14609. 6. Jh) 1°. 737 (Add 17166. 6. Jh) 3°. 753 (Add 14612. 6 7. Jh) 21°. 767. 3°a. 774. 4°a. 772 (Add 14606. 9. Jh) 4°b. 779 (Add 14621. J 802) 9°b. 783. 2°j.

und dessen Schüler,[1] an Eutropios und Eusebios,[2] Markianos,[3] Leontios,[4] einen ungenannten 'Kloster'bruder,[5] einen Konvent von Reklusen[6] und eine andere befreundete Klostergemeinde[7], stehen umfangreiche Werke wie diejenigen an die Brüder „über die neue Welt und die künftigen Verheißungen"[8] und an Thomasios „über die Geheimnisse der Ökonomie Christi"[9] in je 3, über das Weltende, die Reue und Weltverachtung in mindestens 2 BB,[10] ein Dialog mit Eutropios und Eusebios über die Seele, die körperlichen, seelischen und geistigen πάθη des Menschen in 4,[11] mit Thomasios über die Jenseitshoffnung in 6 BB[12] und mit Theogenes über die Taufe.[13] Asketische Schriften allgemeinen Inhalts wie ein Dialog zwischen einem „Bruder" und einem „Einsiedler"[14] und ein solcher zwischen „Schüler" und „Lehrer",[15] eine „Lehre" schlechthin,[16] eine solche in 22 (oder 20) κεφάλαια,[17] in 16 Fragen und Antworten,[18] „in Kürze" in 4 Abschnitten,[19] ein „Brief" in 6 Kapp,[20] „Gesetze und Gebote"[21] und verschiedene Korpora von κεφάλαια d. h. Sentenzen[22] werden durch eine Reihe von asketischen Briefen,[23] Paränesen[24] und asketischen Spezialtraktaten[25] ergänzt. „Reden" über

---

801. 4°f. 813 Add 14611. 10.Jh 9°b. 837 Add 17232. 12.Jh 18°. VtS 126. XVI° 1.   [1'] Hss BrM 774. 4°m. 781. 1°a. VtS 93. 6°.

[1] Zwei Briefe. Hss: BrM 572 1°. 774. 4° u. 795 Add 14601. 9. Jh 18° bzw. 774. 4°w

[2] Zwei Briefe. Hss: BrM 572. 2 734 Add 14581. 6.Jh 6°a. 735 Add 17176. fol 1 16. 6.Jh 6°a 773. 2°. 781. 6°a. 783. 2°a. 785 IX° 2 797 Add 18814. f 1103 262. 9 Jh 9°a. 789 Add 17168. fol 154 84. 9.Jh 2° bzw. 774. 4°o. 783. 2°b.   [3] Hs: BrM 573. 11°.   [4] VtS 93. 6°V.

[5] Hs: BrM 770 Add 14617. 7 8.Jh. 6°.   [6] Hs: BrM 572. 7°.   [7] Hs: BrM 572. 9°.

[8] Hss anscheinend des 1. Bs: BrM 802 Add 17218 fol 70 83 2°b, des 2. Bs: VtS 123 II° 1, des Schlusses des 2. und des 3. Bs: BrM 573. 1°. 9°, von Azz: 802 Add 17218. f 170 83 2°b. 7190 Rich 13.Jh) 51°.   [9] Hss: mit dem J. zur Abfassung auffordernden Schreiben des Th.: BrM 573. 13°5°, ebenso der BB 1 und 2: 774. 4°n... p. des 3. Bs: VtS 93. 6°I.

[10] Hs: BrM 817 Add 14614. fol 1 79. 10.Jh 4°.   [11] Hss BrM 572. 3. 768 Add 14618. 7 8.Jh) 14°. 780. 6°c. 783. 2°cf. der BB 1 und 2: 734. 6°bc. 1 und 3: 801 Add 18817. 9.Jh 4°bc, 3 und 4: 819 Add 12163. fol 127 804. 10 1.Jh 3° 5°. 2 und 3: VtS 123 11° 2. 3. von Azz: BrM 822 (Add 17179. 11 2.Jh 1°f.

[12] Hss: BrM 774. 4°n... bis Anfang des 3. Bs: 788 Add 14585. 9.Jh 10°.

[13] Hss BrM 774. 4°v.   [14] Als Kap. 16 im Apophthegmenteile des „Bs des Paradieses" des 'Enanišo (§ 31a), Hss außerdem: BrM 573. 3°, eines anonymen Textes: 782 Add 17168. fol 1.113.5°a 843 Add 14728 fol 158 207. 13.Jh 4°. Ag in dem Werke des E.   [15] Hs: BrM 774. 4°b 772. 4°b. 780. 6°g. 783. 2°b. 785 IX° 7. 793 Add 14577. 9.Jh 26°a. 797. 9°b.

[16] Hss: BrM 780. 6°f. 785 IX° 5. 801. 10°. 813. 9°a. Brl 200 Sach 202 8. 15 6 Jh II°6, eines Azs: BrM 822. 1°h.   [17] Hss: BrM 767. 3°b. 774. 4°i. VtS 93. 8°. Bss: KatWright 735. BO 1, 432f.   [18] Hs: BrM 774. 4°v.   [19] Hss: BrM 780. 6°b. 785 IX° 6, vielleicht auch: 813. 9°k   [20] Von denen Nr 1 = Nr 10 der „Lehre" in 22 (20) Kapp. Hs BrM 780. 6°e. 785 IX° 3. Vg. KatWright 772.

[21] Bzw. „Gebote für die das sittlich Schöne Liebenden". Hss: BrM 573. 8°. Brl 198 Sach 352. 13.Jb) fol 105 r° 6 r°.   [22] Hss einer Schrift über die Stufen des geistlichen Lebens, die „Gottesfurcht" oder „die Reinheit der Seele" in 19 κεφάλαια: BrM 783. 2°k. 785 IX° 1. 822. 2°a. 819. 7°. 7190 Rich 50°. VtS 93. 1° III. Brl 200 II° 12, „anderer κεφάλαια": BrM 813. 9°b bzw 813. 9°c. 822 Add 17185. 10 1.Jh 3°b.

[23] Je vier über die Liebe und „das Geheimnis Christi". Hss: BrM 743 Add 17167. 6 7.Jb 4°aa fed. der beiden ersten: 789 Add 17192. 9.Jb 3° bzw. 743. 4°ba v f. Einer über die Gewinnung der Weisheit. Hs: BrM 743. 4°e. Ein anderer „über die Waffe der Ruhe". Hs: Brl 1 8. fol 102 r° 4 r°.

[24] Zur Übung der Tugend. Hss: BrM 573. 9°. 822 Add 17185. 10 1.Jh 8°b. Zur Liebe. Hss: BrM 573. 7°. 849 Add 14738. fol 85 9°, VtS 126 XVI° 5. Zu Eifer in guten Werken zwei Nrn: BrM 774. 4°jk. 781. 1°g b. der ersten: VtS 93. 3° I, einer zu Anfang unvollständigen: BrM

Röm 8. 18, Eph 6. 11 (13).[1]) den Zöllner und Pharisäer, das Fasten, auf den Gründonnerstag und über die Kreuzigung Christi[2]) vertreten neben einer ganzen Folge solcher über die Seligpreisungen der Bergpredigt nach Mt[3]) das Gebiet homiletischer Beredsamkeit, eine anscheinend aus einem vollständigen Kommentar stammende Erklärung von Job 2. 9/13 und 3.[4]) und ausdrücklich als solche bezeichnete Azz aus einem Prd.-Kommentar[5]) dasjenige nicht homiletischer Exegese, Abhandlungen über die Trinität,[6]) die Homoiusie als Glaubenssatz[7]) und das Glück der Bösen und das Unglück der Guten in dieser Welt[8]) von kürzeren Stücken dasjenige der spekulativen Theologie. Eine Sammlung von Definitionen erstreckt sich auf moralische und liturgische Begriffe.[9]) Gebete[10]) und ein aus einer Folge von Seligpreisungen bestehender „Lobgesang"[11]) fehlen nicht. Bloße Azz geben sich teils ausdrücklich als solche aus noch anderen Schriften,[12]) teils werden sie sich vielleicht als solche aus vollständig erhaltenen erweisen.[13]) Verwandten Charakter scheint endlich eine kurze Zusammenfassung der „Gebote des heiligen Evangeliums" zu tragen.[14])

f) Ein **Markianos**, ὁ μοναχός, bei dem an den gleichnamigen Korrespondenten des Joannes v Lykopolis zu denken sich naturgemäß ebensowenig verbietet, als positiv etwas für diese Gleichsetzung spricht, erscheint unbestritten als Verfasser von fünf nur zum Teile im eigentlichen Sinne asketischen Abhandlungen.[15]) Bei

---

773 (Add 14614. fol 80/127. 8. Jh) 1⁰. Als Parünese des J. erscheint endlich Brl 198. fol 104 v⁰/5⁰ der reguläre Brief 3 des Alexandriners Makarios darstellende Text. Vg. S. 85 Ak. 10.

²⁵) Über die Vollkommenheit (bzw. Seelenruhe). Hss: BrM 779. 9⁰c. 752 (Add 14582. J 816) 7⁰b. 783. 2⁰h. 801. 4⁰d. 793 (Add 14527. 9. Jh) 28⁰. S37 (Add 17262. 12. Jh) 12⁰a. 7190 Rich 49⁰. Brl 27 (Sach 202. 7/8. Jh) 4⁰. 198. fol 102 r⁰. Trostrede an die um Christi willen Bedrängnis Leidenden: BrM 573. 10⁰. 752. 7⁰a. 783. 2⁰i. 813. 9⁰d. 837. 12⁰a. Über das Gebet. Hss: BrM 780. 6⁰i. 801. 4⁰e. VtS 126. XVI⁰ 2. Über das Freiwerden von Hochmut und Eitelkeit (zwei Traktate). Hs: BrM 572. 5⁰. 6⁰. Über Sicherstellung der Gesundheit der Seele gegen Ärgernisse. Hs: BrM 767. 1⁰b. Über die Gnade: BrM 774. 4⁰b. Über das Wohnen in der Zelle; über Betätigung der Liebe; über die Armut. Hs: VtS 123 VI⁰ 2/4. BrM 793. 36⁰a. 826 (Add 17180. 11. Jh) 3⁰b. Über denjenigen, welcher vollkommene Liebe besitzt; Zuspruch an die Armen, sich nicht entmutigen zu lassen; über die Erlangung von Geduld in Bedrängnis; über Geduld; wie vollkommene Seelenruhe im Menschen erzeugt wird; Ermahnung im Leiden. Hs: BrM 813. 9⁰e/j. Über Leidenschaften und Vollkommenheit; über den Glauben; über seelische und körperliche Askese; über Bewahrung der Seelenreinheit. Hs: VtS 93. 1⁰ I. 11. IV. 6⁰ II. Über körperliche Leiden. Hs: VtS 126 XVI⁰ 5.

¹) Hs: BrM 573. 5⁰. 6⁰. ²) Hss: BrM 774. 4⁰c/g. 781. 1⁰a c/f. ³) Hss (jeweils einzelner hierhergehöriger Predigten): BrM 572. 4⁰. 573. 4⁰. 767. 1⁰a. 774. 2⁰. 813. 7⁰ bzw. 3⁰. VtS 126. XVI⁰ 6, von Azz: BrM 822. 3⁰a. ⁴) Hs: BrM 767. 3⁰c. ⁵) Hss: BrM 961 (Add 17193. J 874) 74⁰. Pr 206 (Anc fonds 35. Zwischen den JJ 1552,3 und 1554,5) 15⁰. Ag einer Textprobe: KatWright 996. ⁶) Hs: BrM 774. 4⁰r. ⁷) Hs: BrM 774. 4⁰s. ⁸) Hs: BrM 572. 8⁰.

⁹) Hss: BrM 813. 9⁰m, eines Azs: 793. 26⁰. Mit Liturgischem beschäftigt sich mindestens der Anfang auch eines als „Gebote an einen der fremden Brüder" betitelten Stückes. Hss: VtS 123 VI⁰ 4. BrM 793. 36⁰a. 826. 3⁰a. ¹⁰) Z. B. in den Hss: Cmbr Add 2012 (14. Jh) 22⁰. Brl 143 (Peterm I 25. 14,5. Jh) fol. 101 v⁰. 200 (Sach 202,3. 15,6. Jh) II⁰ 1. F. 6. 7. ¹¹) Hs: BrM 573. 16⁰.

¹²) So aus einer Schrift unter dem Titel „Geistliche Tafeln", einer solchen über Offenbarungen und Visionen und einem Briefe über die Seelenruhe. Hss: BrM 7190 Rich 44⁰ bzw. VtS 93. 6⁰ IV bzw. BrM S29. 1⁰g. ¹³) Hss: BrM 770 (Add 14617. 7/8. Jh) 9⁰. 774. 4⁰t. 801. 4⁰a. 813. 9⁰ns. VtS 126. XVI⁰ 3. Brl 198. fol 188 r⁰/94 r⁰. ¹⁴) Hs: VtS 159 (J 1628/32) X⁰.

¹⁵) Über die Buße; über die vollkommene Schülerschaft; über die Taufe; apologetische Rede über den Glauben der Kirche. Hs: BrM 741 (Add 12169. fol. 179/218. 6. Jh) 2⁰. Darüber, daß es sich ziemt erbarmungslos im Vertrauen auf Gott für die Wahrheit zu sterben. Hs: 806 (Add 14613. 9/10. Jh) 8⁰.

zwei weiteren asketischen Traktaten[1]) und einer antiapollinaristischen Streitschrift[2]) ist die auf ihn lautende Verfasserangabe erst nachträglich aus einer vielmehr einen „Markellinos" nennenden korrigiert, die schon ihrerseits nicht von der Hand des ursprünglichen Schreibers herzurühren scheint, bietet also für ihre Richtigkeit nur eine geringe Gewähr.

g) Der „Koinobite" Neilos wird auf nestorianischer Seite[3]) als Urheber einer „wunderbaren" zweiteiligen Sammlung von Texten bezeichnet. Auf monophysitischer begegnen unter seinem Namen tatsächlich nicht eben viele mehr oder weniger vereinzelte Stücke, die durchweg in der griechischen Überlieferung sich nicht wiedererkennen lassen. Obenan steht eine Schrift „über den Tugendwandel",[4]) zu der einmal der seltsame Vermerk gemacht wird, daß ihr Verfasser, der „ägyptische Mönch" N. mit Philoxenos v Hierapolis identisch sei.[5]) Außerdem sind je ein Brief an Philotheos[6]) und an die Mönche eines ungenannten Klosters,[7]) zwei solche an unbekannte Adresse,[8]) ein Traktat an Theosebios über Tugend und wahre Weltflucht,[9]) eine Schrift „über die sieben (!) $\pi\acute{\alpha}\vartheta\eta$",[10]) eine allgemeine Paränese,[11]) eine Abhandlung über Kandidaten des Mönchtums[12]) und eine Apophthegmensammlung unter dem Titel „Perlen"[13]) zu nennen.

h) Markos[14]) erscheint in der monophysitischen Textüberlieferung vor allem als Verfasser einer zu einem „B des heiligen Einsiedlers M." zusammengefaßten Reihe von höchstens 8 „$\lambda\acute{o}\gamma o\iota$", von denen die ersten drei mit den Nrn 1, 2, 8, die letzten vier mit den Nrn 4, 3, 7, 10 des griechischen Bestandes seiner Abhandlungen[15]) identisch sind, während an vierter Stelle der griechisch als Nr 5 unter den Homilien des Makarios v Alexandreia überlieferte Text steht.[16]) Ein auf nestorianischer Seite[17]) ihm beigelegtes „B der Kapitel" ist wahrscheinlich nicht sowohl dieser allerdings auch dort bekannten, weil anscheinend zum Gegenstande einer Kommentierung gemachten[18]) Sammlung gleichzusetzen, als vielmehr in einem in 19 $\varkappa\varepsilon\varphi\acute{\alpha}\lambda\alpha\iota\alpha$ zerfallenden Traktat über die Stufen des geistlichen Lebens zu erkennen, der auch auf jakobitischer vereinzelt unter dem Namen des M., statt, wie gewöhnlich, unter demjenigen des Joannes v Lykopolis begegnet.[19])

[1]) Über Fasten und Demut: über die Demut und daß man in ihr verharren und die Bedrängnis um der Gerechtigkeit willen lieben soll. Hs: BrM 735 (Add 14581. 6. Jh) 3° a b. [2]) Hs: BrM 735. 3° c.

[3] 'Ai § 45. [4]) Hss: BrM 781 (Add 14623. J 823) 14°. 795 Add 14601. 9. Jh) 10°. 797 (Add 18814. fol 103/262. 9. Jh) 2°, von Bruchstücken 623 (Add 17215. fol 28 f.) bzw. 624 (Add 14523. fol 49/56), solche derselben Hs des 10. Jhs anscheinend eines Azs: Pr 195 (Suppl 74. J 1469/70) 9° c. Vielleicht auch: BrM 720 (Add 14617. 7,8. Jh) fol 41 r°/44 r° (von späterer Hand).

[5]) In BrM 795. Vg. KatWright 790. [6]) Hss: BrM 806 (Add 14613. 9,10. Jh) 29° a. 812 (Add 17183. 10. Jh) 6° c. [7]) Hs: BrM 806. 29° b. [8]) Hs: Cmbr Add 2019 (J 1452) 2°.

[9]) Hss: BrM 806. 29° c. 812. 6° a. [10]) Hss: BrM 806. 29° d. 812. 6° b. [11]) Hs: Brl 198 (Sach 352. 13. Jh fol 98 r° 101 v°. [12]) Hs: BrM 812. 18°. [13]) Hss: BrM 785 (Add 12167. J 875,6) XI°. 7190 Rich (13. Jh) 46°, eines anonymen Textes: 780 (Add 17172. Zw. JJ 818,9 und 829,30) 4° c.

[14]) JKunze, Markus Eremita, ein neuer Zeuge für d. altchristl. Taufbekenntnis (Lpz 1895). OBardenhewer, Patrol[3] 317 f. [15]) PG 65, 906/1139.

[16] Hss: VtS 121 (J 1575,6) 1°, nur der Nrn 1,7: 122 (J 769) 1°. BrM 819 (Add 12163. fol 127/304. 10/11. Jh) 2°, der Nrn 5 7. 1 2: 789 (Add 17192. 9. Jh) 5° a c d e und wohl auch Mos 92 (18. Jh), der Nrn 1. 2: BrM 727 (Add 12175. fol 81 254. J 533 4) 2°. 743 (Add 17167. 6/7. Jh) 3°. 764 (Add 14598. 9. Jh) 3°. 772 (Add 14606. 9. Jh) 2°. 801 (Add 18817. 9. Jh) 11°, von Azz aus diesen beiden Nrn: 820 (Add 14466. fol 43/59. 10/1. Jh) 2° c. 829 (Add 17179. 11,2. Jh) 4°, der Nrn 4. 6: 792. 4°, des Schlusses von Nr 7 und der Nr 8 d. h. ursprünglich wohl der Vollsammlung: Brl 27 (Sach 302. 7 8. Jh) 1°, eines Azs aus dem Gesamtkorpus: VtS 126 (J 1223) XXVIII°.

[17]) 'Ai § 38. [18]) Durch Bâb(h'ai d. Gr. und Abraham h Dâsandâd h) (§ 22 h bzw. 33 d). [19]) Hs: BrM 767 (Add 18814. fol 1/102. 7,8. Jh) 4°. Vg. S. 89 Ak. 22.

Eine Vision des „M. vom Berge Tarmaqā" über den Zustand der Seelen nach dem Tode[1]) würde auf ihr Verhältnis zu dem entsprechenden jedenfalls nicht mit ihr identischen Makarios-Stücke zu prüfen sein.

i) Von den Standwerken ägyptischer Mönchslegende ist die allgemein unter dem Namen des Palladios überlieferte „Historia Lausiaca" sowohl in ihrer längeren als auch in einer mit der griechisch vorliegenden kürzeren nächstverwandten Textgestalt ins Syrische übergegangen. Dabei dürfte sich gegenüber der späterhin von dem Nestorianer 'Ēnāniŝō' in seine große Kodifikation verwandten Stoffes aufgenommenen Wiedergabe der letzteren[2]) die wohl noch vor Ende des 5. Jhs entstandene der ersteren[3]) durch ihre größere Wörtlichkeit entschieden bereits als die jüngere Arbeit erweisen. In einer dreifachen Übs liegt daneben ein anscheinend schon auf griechischem Boden verselbständigter Sondertext des Euagrios-Kapitels des Werkes vor.[4]) Sogar vier verschiedene Übss werden von der dabei durchweg Hieronymus beigelegten Historia monachorum greifbar.[5]) Mit der ältesten derselben verbunden tritt diejenige einer wiederum Palladios zugeschriebenen Apophthegmen-Sammlung auf,[6]) wobei es sich in beiden Fällen um Erzeugnisse gleichfalls noch des 5. Jhs scheint handeln zu müssen. Dazu gesellen sich in gleichfalls sehr alter Überlieferung eine Palladios zugeschriebene Biographie des Serapion[7]) und von dem sog. 'Ασκητικόν des Pachomios,[8]) der Malchos- und Paulus-Biographie des Hierony-

---

[1]) Hs: VtS 96 (ums J 1351/2) 28°.

[2]) 'Aŝ § 46 (mit Einschluß der Historia monachorum und der Apophthegmen). Hss (abgesehen von 'Ēnāniŝō'. Vg. § 31 a): BrM 923 (Add 12173. fol 118/37. 6,7. Jh) 2°. 762 (Add 17173. 7. Jh) 3°, in einer anderen Anordnung: 925 (Add 17177. 6. Jh) 2°, einzelner Abschnitte: 943 (Add 14648. 6. Jh) fol 116/24. 949 (Add 14650. J 875) 3°. 6°. 793 (Add 14577. 9. Jh) 17°. 950 (Add 14649. 9. Jh) 11°. 14°. 15°. 22°. 780 (Add 17172. 9. Jh) 4°a. 6°e.   712 (Add 17183. 10. Jh) 22°.   960 (Add 12174. J 1197) 6°. 10°. 23°. 77°. 963 (Add 14732. 13. Jh) 4°. 9°. 12°. 13°.   837 (Add 17162. 12. Jh) 4°.   Agg einzelner Stücke: JWMobach, JLandin, JEMarkstroem, VFVinqnist, PCWerstergard, GCCarlberg, CALangerstroem, Libri qui inscribitur Paradisus Patrum partes selectae. (Upsala 1851) und bei EAWBudge, The book of governors 2 (Lo 1893) bzw. The laughable stories (Lo 1896). Vg. CButler, The Lausiac History of Palladius (TaSt 6i) 84 6 bzw. 96 (Nachweis der edierten Stücke).

[3]) Hss der Kapp. 1/5. 17. 18. 23. 24. 104. 30. 22. 87. 88: BrM 727 (Add 12175. J 534) 3°g, von Kap. 18: 780 (Add 17172. 9. Jh) 4°d, der Kapp. 1/35: VtS 123 (8. Jh) XI°. 371 (Abs der vorigen) 5°. Vg. Butler a. a. O. 86/8 bzw. 96. Ungenügend beschrieben sind die ein „B der ägyptischen Väter" oder Azz daraus enthaltenden Hss Sin 16 (6/7. Jh). 23 (9. Jh). 24 (10. Jh) und 46 bzw. Katalog KWHiersemann 487. Nr 255a (8/9. Jh) 6°. 11°.   [4]) Hss: BrM 734 (Add 14581. 6. Jh) 5°. 567 (Add 14578. 6/7. Jh) 1°. 753 (Add 14612. 6/7. Jh) 9°. 949 und diejenigen des 'Ē. bzw. 568 (Add 14635. 6. Jh) 1°. 963 (Add 14732. 13. Jh) 13° bzw. 737 (Add 17166. 6. Jh) 1°, einer arabischen Übs (nach Vorlage vom J 1178: JerMkl 38* (J 1732/3) 44°. Ag der ersten (im Rahmen des Werkes des 'Ē.): AMS 7, 231/6.

[5]) Hss (abgesehen von 'Ē.): BrM 924 (Add 17176. J 532) 1°. 727. 3°p. 925. 2°. 943. 1° II. 923. 1°b.   808 (Add 14572. J 913) 6°, von Azz: 960 (Add 12174. J 1197) 28°. 31° bzw. 949. 4° bzw. 941 (Add 14609. 6. Jh) 6° (unvollständig) und nur einzelner Kapp.: 963 Add 14732. fol 1/227. 13. Jh) 12° bzw. von bloßen Azz der vierten Übs: 730 Add 14597. J 569) 5°. Vg. Butler 93. 266f. Ag eines Abschnittes aus BrM 730: FNau, PO 11, 426/32.

[6]) Hss: BrM 924. 2°. 943. 1° I. 923. 1°a. 808. 6°. Vg. Butler 94, wo außerdem Nachweise weiterer bslicher „miscellaneous collections" von Apophthegmata der Heroen des ägyptischen Asketentums. Dazu Katalog KWHiersemann 487. Nr 255b (J 882) 5°. Ag einer Textprobe aus BrM 923: FNau a. a. O. 410/23.   [7]) Hss: BrM 941. 7°. 752 (Add 14582. J 816) 14°. 780 (Add 17172/Zwischen den JJ 818/9 und 829/30) 5°. 939 (Add 14646. fol 134/94. 10. Jh). 963 (Add 14732. fol 1/227. 13. Jh) 10°. Pr 236 (Suppl 28. J 1193/4) 12°. 234 (Anc fonds 143. 13. Jh) 1°. 11. 235 (Anc fonds 144. 13. Jh) 22°. CmbrAdd 2016 (13. Jh) 19°. Ag: AMS 5, 263 341.

[8]) Hss: BrM 762 (Add 17173. 7. Jh) 6°. 811 (Add 14656. 10. Jh) 6°. 946 (Add 12175. fol 1/48. 12. Jh).

mus[1]) syrische Texte, bei denen die hsliche Überlieferung allerdings ungleich
weniger hoch hinaufführt, ohne daß jedoch diese Tatsache einen Schluß auf ein
wesentlich geringeres Alter der Übss selbst zuließe. Ebensowenig besteht eine
Veranlassung ein solches für die mindestens vor 586 entstandene Übs der
Antonios-Biographie des Athanasios anzunehmen, die späterhin auch
in nestorianischer wie in monophysitischer Textüberlieferung fortlebte.[2])

§ 14. Wie die literarischen Denkmäler ägyptischer Asketenlegende sind
auch griechische Martyrien anscheinend in nicht geringer Zahl schon gegen
Ende des ersten Stadiums ihrer Entwicklung durch Übs in die syrische Literatur
übergegangen. Nicht minder hat sich aber um diese Zeit das ostaramäische
Sprachgebiet selbst an Legendarischem fruchtbar erwiesen. Wie in der „Lehre
des Addai" die edessenische Missionslegende, so hat etwa gleichzeitig in dem
„B der Schatzhöhle" mit NTlichem untermischter ATlicher Sagenstoff
seine endgültige literarische Gestaltung erfahren. An die erstere schlossen sich
weitere edessenische Lokallegenden an, von denen wenigstens eine gleich
anderen im mesopotamischen Syrien heimischen Stoffen durch
Verbreitung nach dem griechisch und lateinisch redenden Westen internationale
Bedeutung ersten Ranges gewann. Umgekehrt haben in ihrem letzten Kerne
von dort her nach Syrien gekommene Stoffe wie diejenigen der Kreuzauf-
findungs- und der Marienlegende hier eine entscheidende reichere Ausgestaltung gefunden. Endlich aber ist im Gegensatze zu allen diesen Legenden
aus orthodoxen Kreisen Edessas an der sog. Edessenischen Chronik
noch um die Mitte des 6. Jhs eine der wertvollsten Geschichtsquellen hervorgegangen.

a) Von griechischen Martyrien, denen auf ihrem Mutterboden eine hervorragende literarische Bedeutung bestimmt war, haben zunächst diejenigen der
40 Martyrer von Sebaste,[3]) der wundermächtigen Heilande Kosmas und Damianos[4])

---

963 (Add 14732. fol 1/222. 13. Jh) 21°.   Pr 236 (Suppl 28. J 1193 4) 5°.   234 (Anc fonds 143. 13. Jh) 2°. 3.
Urm 232 (J 1795/6 nach Vorlage des 9,10. Jhs , eines Bruchstückes: BrM 784 (Add 14688. fol 40/3.
J 865/6 1° und diejenigen der nestorianischen Textüberlieferung des 'Ĕ., wo auch dieses Stück
Aufnahme fand. Ag: AMS 5, 122/76. E A W Budge, The Book of Paradise 301 43. Übss:
E A W Budge, The Paradise or garden of the holy Fathers 1, 283/316. F Nau, PO 4, 409/511.
     [1]) Hss der ersteren: Brl 27 (Sach 302. 7 8. Jh) 2°. BrM 762. 6°. 960. 24°. 946. 2°, der letzteren:
BrM 804 (Add 14653. 9,10. Jh 5°. Or 5021 J 902/3). 959 (Add 14730. fol 112 64. 12. Jh) 4°. 963. 2°.
7190 Rich (13. Jh) 79", beider: diejenigen der nestorianischen 'Ĕ.-Überlieferung, einer arabischen Übs
(nach Vorlage vom J 1178): JerMkl 38*. 31" bzw. 1°. Agg der ersteren: KatSachau 105,9. AMS
7, 236,51. Budge, The Book of Paradise 2, 279/90, der letzteren: AMS 5, 561/75. Übs beider:
Budge, The Paradise 1, 226 34. 278/81.
     [2]) 'Ai § 12. Hss: BrM 941 (Add 14609. J 586 5°. 937 (Add 14646. fol 1/133. 6. Jh) 1°. 780 (Add
17172. Zwischen den JJ 818/9 und 829 30) 3°. 963. 3°. Bl 26 (Sach 321. J 740,1) 3°. Pr 236. 1°.
234. 2°. 1. CmbrAdd 2016 (13. Jh) 7°. Urm 232, eines Bruchstückes: BrMOr 5021, einer arabischen
Übs (nach Vorlage vom J 1178): JerMkl 38 (J 1732/3) 2°. Agg: AMS 5, 1/120. Budge, The
Book of Paradise 2, 3/99, der Kapp. 1/15: F Schultheß, Probe einer syr. Version d. Vita St.
Antonii. Mit Einleit. u. deutscher Übs. (Lpz 1894).
     [3]) Hss: VtS 160 (10. Jh. Vg. aber S. 55 Ak. 5) 19°. 161 (9 10. Jh 31". BrM 958 (Add 14735. fol

und des Kyprianos und der Justa[1]) nach Ausweis der hslichen Überlieferung schon im 5. Jh eine Übs ins Syrische erfahren. Das gleiche gilt von den Akten des Pantaleon und seines Genossen[2]) und der syrisch in einer Mehrzahl von Rezensionen besonders gut bezeugten Legende der hl. Sophia und ihrer Töchter Pistis, Elpis und Agape[3]) und von einer stattlichen Reihe wenigstens vereinzelt auftretender Texte selbst zweiten und dritten Ranges. Nicht nur der Antiochener Babylas[4]) und eine Gruppe von sieben Blutzeugen aus Samosata,[5]) auch aus Rom Agnes[6]) und Eleutherios mit Anthia und Correbor,[7]) aus Alexandreia Theodoros und Didymos,[8]) Philemon, Choraula, der Lektor Apollonios, ein Präfekt und vier Protektores,[9]) aus dem ägyptischen Lande Paphnutios.[10]) Apollonios, Philemon, Arianos und vier Protektores,[11]) Leukios. Thyrsos und Kallinikos,[12]) aus Thessalonike Theodulos und Agathopus,[13]) aus Philippi die ehemalige Hetäre Theodota,[14]) aus Nikaia eine andere Theodota mit ihrem Sohne,[15]) aus Kappadokien Mammas[16]) aus Sinope Phokas[17]) sind neben einem Lukianos und Markianos,[18]) einem Victorinus, Victor und Nikephoros,[19]) einer Maria,[20]) einem Crescens,[21]) einem Dioskuros[22]) Helden hierhergehöriger Stücke teils der Erzählungs-, teils der Predigt-

72/173. 12. Jh) 13°. Sin 62 (12 3. Jh). Pr 234 (Anc fonds 143. 13. Jh). JerPatr 17 (J 1612) a', einer arabischen Übs (nach Vorlage vom J 1178): JerMkl 38* (J 1732/3) 86°. Ag: AMS 3, 355/75. Übs (mit Untersuchung): WWeyh, BZ 21, 76/93.   [4]) Hss: BrM 936 (Add 14644. 5 6. Jh) 11°. 960 (Add 12174. J 1197) 69°. Ag: AMS 6, 107/19. Vg. WWeyh, D. syr. Kosmas- u. Damian-Legende. Programm d. Kgl. humanist. Gymnasiums (Schweinfurt 1909 10).

[1]) Hss: BrM 944 (Add 12142. fol 64/107. 6. Jh) 1°. Sin 30 (J 787), von Bruchstücken: BrM 951 (Add 14629. 9. Jh) 2°. 959 (Add 14730. fol 112 64. 12. Jh) 19°. 970 (Add 14738. fol 106 7. 12 3. Jh , einer arabischen Übs (nach Vorlage vom J 1178): JerMkl 38*. 73°. Agg: ASmithLewis, StSin 9, 245/78 (10, 185/203). AMS 3, 322/44. In der zuerst genannten Hs unter 3° auch Akten einer angeblich im 3. Jh nach Persien verschleppten und vom Großherrn in sein Harem aufgenommenen Römerin Candida. Vg. VRyssel, D. Urtext d. Cyprianuslegende, Archiv f. d. Studien d. neueren Sprachen u. Lit. 110, 273/311.   [2]) Hss: BrM 944. 2°. VtS 461 (9/10. Jh) 21°. Brl 75 (Sach 222. J 1881) 19°.

[3]) Hss: VtS 160. 33°. BrM 934 (Add 17204. 5. Jh) 5°. 936 (Add 14644. 5 6. Jh). 949 (Add 14650. 6 7. Jh) 10°. 952 (Add 14645. J 935/6) 26°. Sin 30, einer arabischen Übs (nach Vorlage vom J 1178): JerMkl 38*. 122°. Agg: AMS 6, 32/52. ASmithLewis, StSin 9. 218 44 (10, 168/84).   [4]) Hss: VtS 160. 18°. 952. 39°. 960 (Add 12174. J 1197) 57°. Ag: AMS 4, 274 89.   [5]) Hyperechios, Philotheos und Genossen. Hs: VtS 160. 34°, einer arabischen Übs nach Vorlage vom J 1178): JerMkl 38*. 92°. Agg: Assemani, Act. Mart. 2, 124/47. AMS 4, 88 116.

[6]) Hss: VtS 160. 23° (und von jüngerer Hand nochmals 28°), einer arabischen Übs (nach Vorlage vom J 1178): JerMkl 38*. 121°. Agg: Assemani a. a. O. 159/64. AMS 4, 116/23.

[7]) VtS 160. 27°. BrM 935 (Add 14654. 5,6. Jh) 1° j. Ag: AMS 6, 417/30.

[8]) Hs: VtS 160. 17°.   [9]) Vt 160. 21°. 161 (9. Jh) 24°.   [10]) Hss: BrM 934. 1°. 952. 23°. VtS 161. 23°. VtB 39 (16. Jh). Pr 236 (Suppl 28. 1193/4) 24°. N-Dsém 113. Ag: AMS 5, 514/42.   [11]) Hs: BrM 934. 2°.   [12]) Hss: VtS 160. 22°. 161. 23°. BrM 935. 1° k.   [13]) Hs: VtS 160. 16°.   [14]) Hss: VtS 160. 20°. 161. 9°. Agg: Assemani a. a. O. 2, 221 4. ERödiger[3] 135/8. AMS 4, 123/7.   [15]) Hs: VtS 160. 24°.

[16]) Hss zweier verschiedener Texte, einer kürzeren Predigt und ausführlicher Akten: VtS 160. 37°. BrM 952. 31°. 960. 51°. 922 (Add 25875. J 1709/10) 11°. Pr 234. 1°. 88. Séert 63 (15. Jh), einer arabischen Übs der ersteren (nach Vorlage vom J 1178): JerMkl 38*. 102°. Agg der Predigt (nach BrM 960): AMS 6. 431/45, des umfangreicheren Textes: van den Gheyn, Acta S. Mammantis aramaice nunc prim. ed. (Brüssel 1890). AMS 6, 445/58. Vg. FrGörres, ZWT 34, 374 9.

[17]) Hs: VtS 160. 35° (bzw. von anderer Hand nochmals) 42°.   [18]) Hs: VtS 160. 26°. Agg: Assemani 2, 49/54. AMS 4, 1/7.   [19]) Hs: VtS 160. 25°. Agg: Assemani 2, 60/64. AMS 4, 8/14.   [20]) Hss: BrM 934. 4°. Sin 30, einer arabischen Übs (nach Vorlage vom J 1178): JerMkl 38*. 120°. Ag: ASmithLewis, StSin 9, 111 22 (10, 85/93).   [21]) Hss: VtS 160. 44°. BrM 935. 1° b.   [22]) Hs: VtS 160. 45°.

form, denen bezüglich eines 'nicht als Blutzeuge verstorbenen Heiligen der Verfolgungszeit die Wiedergabe eines verlorenen Originals des 4. Jhs an einer Biographie Gregorios' des Wundertäters anzureihen ist.[1]) Es bedeutet einem derartigen Befunde gegenüber kaum eine allzu große Kühnheit, nicht geringeres Alter
noch für einzelne Übss anzunehmen, die erst in wenig jüngeren Hss zum ersten
Male erscheinen, wobei etwa die Akten des Sergios und Bakchos[2]) und des
„letzten Martyrers“ Petros v Alexandreia[3]) in Betracht kämen, zu denen sich
noch die Erzählung von einer Jungfrau Andromeda aus Jerusalem[4]) gesellen
würde.

b) Das „B der Schatzhöhle“ (K d(h)amē'arat(h) gazzē)[5]) heißt nach der
Höhle, in welcher von Adam der zur Darbringung durch die Weisen bestimmte
Schatz von Gold, Weihrauch und Myrrhe geborgen wird und die alsdann ihm
und den übrigen vorsintflutlichen Patriarchen als letzte Ruhestätte dient, eine
irrtümlich Ap(h)rem als Verfasser beigelegte christliche Weiterbildung des Stoffes
der „Kleinen Genesis“, die späterhin auf nestorianischer Seite nicht weniger wohl-
bekannt war als auf monophysitischer. Die sagenumsponnene Patriarchengeschichte
wird von dem mithin unverkennbar im Mesopotamien des 6. Jhs beheimateten
Autor in unmittelbare Verbindung mit einem Legendenkreise gerückt, in dessen
Mittelpunkt der Kreuzesfelsen von Golgotha steht. Unter diesem wird nämlich
nach der Flut jener Schatz zusammen mit den Gebeinen Adams, auf die hier
das entsühnende Blut des Erlösers herabträufeln soll, in der Tiefe der Erdmitte
aufs neue begraben. Das Werk, das durch die Rinnsale vom Orient gespeister
abendländischer Legendenliteratur bis in (1Brentanos Bearbeitung der Visionen
der AKEmmerich nachwirkt, hat im Osten frühzeitig eine arabische Übs erfahren
und den Inhalt für den zweiten und dritten Teil des äthiopischen Adambuches
geliefert.[6]) Auf syrischem Boden selbst hängt es nach rückwärts mit Stücken
einer aus dem Griechischen geflossenen Adamliteratur zusammen. Von denselben
wurde eine Übs der durch das Gelasianische Dekret abgelehnten „Reue“ des
Protoplasten um 590 durch syrische Nestorianer nach Armenien gebracht und
dort ins Armenische weiterübertragen.[7]) Ein mit ihr mindestens eng verwandtes

---

[1]) Hs: BrM 943(Add 14648. 6. Jh)2°, einer arabischen Übs (nach Vorlage vom J 1178 : JerMkl
38*. 71°. Ag: AMS 6, 83/106. Übs mit Untersuchung des Verhältnisses zu G. v Nazianz und Rufinus: V Ryssel, Theol. Ztschr. aus d. Schweiz 40, 228/54. Vg. P Koetschau. ZWT 41. 211/50.
H Hilgenfeld ebenda452/6.   [2]) Hss: BrM 938(Add1 7205. 6. Jh)1°. 960. 49°. VtS 161. 4°. B 39
(16. Jh). Brl 75(Sach 222. J 1881)22°. N-Dsém 113, einer arabischen Übs (nach Vorlage vom J 1178):
JerMkl 38*. 90. Ag: AMS 3, 283/322.

[3]) Hss: BrM 949(Add 14650. 6/7. Jh)8°. 762(Add 17173. 7. Jh 7°. 918(Add 14641. 10,1. Jh)4°b.
Brl 26(Sach 321. J 740/1)2°. Séert 63(15. Jh). Urm 282(J 1795 G nach Vorlage des 9/10. Jhs) fol 122,
einer arabischen Übs (nach Vorlage vom J 1178): JerMkl 38*. 59°. Ag: AMS 5, 543/61, Vg.
F Nau, AB 19, 12f.   [4]) Hss: BrM 949. 5°. 950(Add 14651. fol 1/179. 9. Jh)21° 952. 37°. 960.
56°. Pr 234. 1°. 37. 235(Anc fonds 144. 13. Jh)27°. Ag: Assemani 2, 68/121.

[5]) Hss: Séert 114 (J 1239) I°. 113 (18. Jh) I°. Urm 90 (J 1594) II°. 130 (17. Jh). BrM 719,
Rich (16. Jh) I°. 922(Add 25875. J 1709/10) I°. VtS 164 (J 1702) I°. Dijarb 112 (18. Jh) 2°. Brl 75
(Sach 131. J 1862) III°. Mard 83 (J 1890) I°. Über eine im Besitze des Union Theol. Seminary, New
York J H Hall, JBL 5, 28/40. Eine weitere erwähnt G Diettrich, NGWG 1909. 161. Ag (und
Übs): C Bezold, D. Schatzhöhle, syrisch und deutsch (Lpz 1883/8).

[6]) Übss des letzteren: C A Dillmann, Ewalds Jahrbb. d. bibl. Wissenschaft 5, 1/144;
Migne, Dictionnaire des apocryphes 1 (Pr 1856) 290,302; S C Malan, Book of Adam and Eve, also
called the conflict of Adam and Eve with Satan (Lo 1882). Über die in einer Münchener Hs erhaltene arabische Vorlage des äthiopischen Textes E Trumpp, Abhandl. d. Münchener Akad. d.
Wissensch. Philos.-philol. Classe 15 III.   [7]) Samuel v Ani (PG 19, 685f.). Ein Bruchstück des
griechischen Originals ist hgeg. von M R James, TaSt 2 III, 138/45.

„Testament Adams" wird in dreifacher Rezension durch Azz kenntlich,[1] die größtenteils in einer selbständigen auf das Syrische zurückgehenden arabischen Textesüberlieferung[2] und im Rahmen eines großen arabisch und äthiopisch erhaltenen Klemensapokryphons, des sog. „Rollenbuches" (Kitāb al-maǧall),[3] wiederkehren.

c) Von edessenischen Lokallegenden knüpft eine zur Verherrlichung der Wundermacht der örtlichen Martyrer Gûrjā, Šēmônā und Ḥabbîb(h) bestimmte von Euphemia und einem seiner syrischen Liebe untreu gewordenen Gothen[4] an den Hunneneinfall im J 396 an. Tatsächliche Vorgänge aus der Zeit des Rabbûlā, in welche die Handlung verlegt wird, mögen letzten Endes derjenigen des in der Weltliteratur unter dem griechischen Namen Alexios zur Berühmtheit gelangten „Mannes Gottes aus der Stadt Rom" zugrunde liegen.[5] Den in der Brautnacht aus der fernen Kaiserstadt Entflohenen läßt sie in ihrer etwa im dritten Viertel des 5. Jhs entstandenen ursprünglichen Gestalt[6] zu Edessa in seligem Sterben das Ziel seiner Asketenlaufbahn erreichen. Erst eine jüngere Bearbeitung weiß von seiner Rückkehr nach Rom und seinem Ende im Elternhause zu berichten, wo der Heimgekehrte unerkannt als verachteter Bettler gelebt hätte.[7] Züge, die der Legende des auf syrischem Boden als Jôḥannân b Malkē („der Königssohn") oder J. „mit dem goldenen Evangelienbuche" bekannten Joannes Kalybites entstammen.[8] Durch die Alexioslegende beeinflußt ist andererseits die gleichfalls in den Tagen Rabbûlās spielende Erzählung von einem B Paulos und einem Diakon Jôḥannân,[9] während die Geschichte eines angeblichen römischen Martyrers

[1] Hss: BrM 791 (Add 14624. 9. Jh) 2°. VtS 58 (J 1584/6) bzw. VtS 164 (J 1702) 4°. BrM 922 (Add 25875. J 1709/10) 4° bzw. BrM ArundOr 53. Pg. 96. VtS 159 (J 1628/32). Fol 113 r°. Dazu Azz: BrM 893 (Add 14577. 9. Jh) 22°. Agg: E Renan, JA⁵ 2, 427/71. M Kmosko, PS 2, 1307 60.

[2] Hss: Pr Anc fonds 54, Ox Hunt 514. Cmbr 306. Ag: C Bezold, in: Oriental. Studien ThNöldeke zum 70sten Geb.tage 893/912. [3] Ag des arabischen Textes: M D Gibson, StSin 7 (Lo 1901). Übs des äthiopischen: S Grébaut, ROC 16, 72,84. 167 75. 225,33. 17, 16/31. 133,44. 244/52 337/46. 18, 69/78. 19, 324/30. 20, 33/7. 424/50. [4] Hss: Sin 82 (12/3. Jh). Pr 234 (Anc fonds 143. 13. Jh) 1°. 38. Ag und Übs: F Nau, ROC 15, 64/72. 173/91. F C Burkitt, Euphemia and the Goth usw. (Lo 1913). Ag zweier weit umfangreicherer Rezensionen in griechischer Sprache: O v Gebhardt, TuU 37 ɪɪ, 148/99. Vg. L/LVI. Die hier von ihm vertretene Annahme griechischen Ursprungs wird angesichts des ihm noch unbekannten syrischen Textes hinfällig. [5] Vg. A Amiaud, La légende syriaque de St Alexis. Texte syr. et trad. franç. (Pr 1889) mit ausführlicher Einleitung. F Nau, ROC 15, 55f. F Plaine, Rev. des quest. hist. 51, 560/76. [6] Hss: BrM 936 (Add 14641. 5/6. Jh) 12°. 925 (Add 17177. 6. Jh). 942 (Add 12160. fol 109/85. 7. Jh) I° 3. Katalog K W Hiersemann 487. Nr 255 a (J 882) 18°, einer arabischen Übs (nach Vorlage vom J 1178): JerMkl 38*. 13°.

[7] Hss: BrM 950 (Add 14649. fol 1/179. 9. Jh) 3°. 957 (Add 14655. 11. Jh) 2°. 842 (Add 14728. fol 1/75. 13. Jh) 10°. Pr 234 (Anc fonds 143. 13. Jh) 1°. 41/2. 235 (Anc fonds 144. 13. Jh) 3°/4°, einer arabischen Übs (nach Vorlage vom J 1178): JerMkl 38*. 14°. In dieser jüngeren Gestalt hat die Legende ihre Verbreitung im Abendlande, an der Kirche S Alessio auf dem Aventin ihr im J 1217 nach der angeblichen Auffindung der Gebeine des Heiligen durch Papst Honorius III. neugeweihtes monumentales Denkmal auf römischem Boden und in dem Epos Konrads v Würzburg ihren Platz auch in deutscher Dichtung gefunden.

[8] Hss: BrM 948 (Add 14651. J 850) 7°. 789 (Add 17192. 9. Jh) 13°. 950. 23°. 958 (Add 14735. fol 72/173. 12. Jh) 6°. 959 (Add 14730. fol 112/64. 12. Jh) 5°. 843 (Add 14728. fol 138/207. 13. Jh) 10°. Or 4526 (J 1726/7) fol 258 v°. 4404 (19. Jh) fol 111 r°. Pr 236 (Suppl 28. J 1193/4) 11°. 234. 26°. 235. 11°. 309 (J 1869) 6°. 326. 2°. CmbrAdd 2016 (13. Jh) 13°. 2020 (J 1697) 3°. JerPatr 17 (J 1612) ɪɪ. Brl 74 (Sach 9. J 1694/5) 15°. 75 (Sach 222. J 1881) 10°. Urm 49 (18/9. Jh). 38 (J 1885) 11°. 179 (19. Jh) 12°, einer arabischen Übs (nach Verlage vom J 1178): JerMkl 38*. 12°. Ag: AMS 1, 344/65. Bs: Kat Sachau 287 f. [9] Hss: BrM 942 ɪ° 4. 939 (Add 14646. fol 134/94. 10. Jh) 2°. Pr 235. 5°. Séert 63 (14. Jh). Mos 86 (J 1711/2), einer arabischen Übs (nach Vorlage vom J 1178): JerMkl 38* 75°. Bs: F Nau, ROC 15, 56 60.

ʿAzīzāʾil [1]) ein weiteres Beispiel des Hereinragens Roms in die Welt bodenständig ostaramäischer religiöser Sagenbildung darstellt.

d) **Zwei weitere Legendenstoffe** von internationaler Bedeutung. die sich mit Bestimmtheit als in Syrien heimisch erweisen dürften. haben an den Sagen von dem Aussatze Konstantins d. Gr. und seiner Heilung durch die Taufe bzw. von den ephesinischen Siebenschläfern zunächst eine poetische Behandlung in alt-monophysitischer Dichtung erfahren. [2]) Daneben läßt sich für die erstere [3]) ein Prosatext, der im Gegensatze zu der dichterischen Bearbeitung bereits gleich der griechischen und lateinischen Überlieferung ausdrücklich die Taufe des Kaisers nach Rom verlegt und Papst Sylvester zu ihrem Spender macht, unmittelbar allerdings vorerst nicht über die zweite Hälfte des 6. Jhs hinauf verfolgen.[4]) Ein solcher der Siebenschläferlegende [5]) scheint dagegen schon auf eine längere Entwicklung zurückgeblickt zu haben. als vermutlich um die Mitte des 5. Jhs eine Spaltung seiner Überlieferung in einen nestorianischen und einen monophysitischen Zweig eintrat.[6]) Auch der in griechischer, arabischer. äthiopischer. armenischer. georgischer und slawischer Sprachform durch den gesamten christlichen Orient verbreitete erbauliche Roman von Barlaam und Joasaph ist anscheinend in syrischer durch Träger der ostaramäischen Mission in Indien auf Grund einer buddhistischen Vorlage geschaffen worden,[7]) wobei es nicht notwendig. ja angesichts der Erfolge des Werkes auf chalkedonensischem und monophysitischem

---

[1]) Hss: JerMkl 37 (15. Jh) 2°. BrlOrqu 942 (Abs der vorigen). Urm 128 (19. Jh). Ag: F Macler, Histoire de St. Azazail (Pr 1902). Vg. C Brockelmann, ZDMG 58, 500 f.

[2]) Vielleicht wirklich Jaʿqôb(h)s v Serûg(h). Vg. S. 158 Ak. 2 f.

[3]) Vg. L Duchesne, Étude sur le Liber pontificalis (Pr 1877) 168,73. Le Liber Pontificalis (Pr 1886) CXVI. A L Frothingham, L'omelia di Giacomo di Sarûg sul battesimo di Costantino imp. pubbl., trad. ed anuot., RAL³ 8, 167 242. V Ryssel, Archiv f. d. Studium d. neueren Sprachen u. Literaturen 95. 21 54. J Dölger, Konstantin d. Gr. u. seine Zeit (FrbgB 1913) 394,426. der sich gegenüber der Zurückführung der Legende auf Syrien ablehnend verhält. P Schaskolsky, Roma e l'Oriente 6, 12,25.

[4]) Hs: BrM 960. 32°. Dazu ein Text bei Ps-Z. I 7. Ag des letzteren: J P N Land, AnecdS. 3, 46/76. Übs: V Ryssel a. a. O.

[5]) A Reinbrecht, Legende von d. Sieben Schläfern u. d. anglo-normann. Dichter Chardri Göttingen 1880). J Koch, D. Siebenschläferlegende. ihr Ursprung u. ihre Verbreitung (Lpz 1883). Ign Guidi. RAL³ 12, 343 45. Th Nöldeke, Götting. Gel. Anzeigen 1886, 453/9. V Ryssel a. a. O. 93, 241 80. 94, 372 88. Theolog. Ztschr. aus d. Schweiz 13, 1,66. B Heller. Rev. des Études juives 49, 190/218. M Huber, D. Wanderlegende von d. Siebenschläfern (Lpz 1910). A Allgeier. OC² 4, 279 97. 5, 10,59. 263,70.

[6]) Hss einer ausführlicheren auf monophysitischer Seite fortlebenden Rezeusion: Brl 26 Sach 321. J 740/1 16°. Pr 235. 34°, einer kürzeren: BrM 949 (Add 14650. 6 7. Jh) 9°. 942 (Add 12160. fol 109,85. 7. Jh) I° 5, wozu sich unmittelbar ein Text bei Ps-D und als eine abgeleitete Gestalt derjenige bei Ps-Z II 1 gesellt, eines Mischtextes: BrM 918 (Add 14641. 10,11. Jh) 4° c, der nestorianischen Rezeusion: CmbrAdd 2020 (J 1697). Urm 178 (17. Jh) 16°. 179 (19. Jh) 11°. Pr 309 (J 1869) 14°. 326. 6°. Brl 95 (Sach 222. J 1881) B. 20°. N-Dsém 96 (nach J 1887). BrMOr 4404 (19. Jh) fol. 87 v°, einer arabischen Übs (nach Vorlage vom J 1178): JerMkl 28*. 87°. Agg des ersten Teiles des Ps-D-Textes: Ag Tullberg 167/74, des Ps-Z-Textes: J P N Land, AnecdS 3, 87 99, des zweiten Teiles der kürzeren monophysitischen Rezension: Ign Guidi a. a. O., einer Wiederholung derjenigen von Tullberg und Guidi mit Kollation von Brl 95: AMS 1. 301 25. 528,35. einer Kollation von BrM 949: Ign Guidi, ZDMG 46, 749 f., große kritische mit Übs: A Allgeier, OC² 6, 1,43. 7. 33,87.

[7]) Vg. N J Marr, Armen.-grus in. Materialien zur Gesch. d. erbaul. Erzählung von Barlaam u. Joasaph Petersb. 1897. Russ.). Hagiograph. Materialien nach grusin. Hss in Iwiron. Heft 1 (Petersb. 1900. Russ.). E Pereira, O Santo martyr Barlaam. Estudo de critica historica (Coimbra 1901). Hs eines syrischen Textes vielleicht: JerPatr 17 (J 1612)β'.

Boden nicht einmal wahrscheinlich ist, daß es sich dabei schon um nestorianische Missionsarbeit gehandelt habe.

e) Die **Kreuzauffindungslegende**[1]) dürfte in Edessa von Westen her in der von Ambrosius und Rufinus bezeugten Urgestalt der Helenalegende bekannt geworden sein. Diese erzeugte hier ein Gegenstück an der zunächst im Rahmen der „Lehre des Addai" auftretenden Überlieferung von einer Auffindung vielmehr schon durch Protonike, die angebliche Gemahlin des Kaisers Claudius.[2]) Unter dem doppelten Einfluß dieser einheimischen Protonike- und der abendländischen Helenalegende ist alsdann eine spezifisch syrische Erzählung über die — nunmehr zweite — Auffindung durch Helena entstanden, in der einem sich bekehrenden Juden, dem nachmaligen B Judas Kyriakos v Jerusalem, eine maßgebliche Rolle zufällt: eine Erzählung, die auf ihrem ostaramäischen Heimatboden fast ausnahmslos mit dem Berichte über die erste Auffindung verbunden und mit dieser durch die Klammer eines solchen über eine Wiederverbergung des Kreuzes zusammengehalten, in verselbständigter Form in das griechische und lateinische Schrifttum überging.[3]) Eine Ergänzung erfährt der ganze Kreis von Texten durch ein legendarisches Martyrium des Judas Kyriakos.[4])

f) Die **Marienlegende** ist auf dem syrischen Sprachgebiete abgesehen von der Übs des Protoevangeliums zunächst durch zwei Rezensionen des außerhalb Syriens zuerst ums J 500 durch seine Verwerfung im sog. Gelasianischen Dekret bezeugten apokryphen Berichtes über das Hinscheiden der allerseligsten Jungfrau vertreten,[5]) von denen die eine, in Form eines Sendschreibens der Apostel gekleidet, sich eng mit dem griechisch als Werk des Apostels Johannes überlieferten λόγος εἰς τὴν κοίμησιν τῆς ἁγίας Θεοτόκου,[6]) die andere unter dem Titel der „Exequien meiner Herrin Maria" mit der griechischen κοίμησις-Rede des Joannes v Thessalonike und einem unter dem Namen Melitos v Sardes gestellten lateinischen Transitus-Text berührt.[7]) Die von Hause aus schlichtere erste Rezension hat eine

---

[1]) VRyssel, Ztschr. f. Kirchengesch. 15, 222/43. ENestle, BZ 4, 319 45. JStraubinger. D. Kreuzauffindungslegende. Untersuchungen üb. ihre altchristl. Fassungen mit besonderer Berücksichtigung d. syr. Texte (Paderborn 1913).

[2]) Hss außer denjenigen der „Lehre des Addai" (S. 28 Ak. 2): BrM 935 (Add 14654. 5,6. Jh) 2°. Pr 234 (Anc fonds 143. 13. Jh) 35°. Agg GPhilipps, The Doctrine of Addai 107 (10/6), nach der Pariser Hs: ENestle² 108/13. Ders., De Sancta cruce. Ein Beitrag zur christl. Legendenforschung (Brl 1889) 21/5. 37f. (51/4). Übs: JStraubinger a. a. O. 87/92.

[3]) Hss des Berichtes über beide Auffindungen mit Wiederverbergung in jakobitischer Überlieferung: Ox 163 (Marsh 13. J 1176/7) 11°. BrM 960 (Add 12174. J 1197) 48°, in nestorianischer: Séert 63 (15. Jh). 82 (16. Jh) Anh. 3°. Pr 309 (J 1869) 15°. 326 (ganz jung) 4°. Brl 75 (Sach 222. J 1881) 5°. 6°. 9°. N-Dsém 112 (1885). 113. BrMOr 4404 (19. Jh) fol 128 v°, einer arabischen Übs (nach Vorlage vom J 1178) der ersteren Rezension: JerMkl 38* 51°, eines selbständigen Textes der zweiten Auffindung: BrM 936 (Add 14644. 5/6. bzw. nach Nestle 7. Jh) 4°. Agg des ersten Textes nach der Oxforder Hs mit Übs: DLoftus, Invention of the Cross whereon Our Saviour was crucified. Translated out of an ancient Aramaean Biologist (Dublin 1686), nach der Londoner: ENestle¹ 66/78. Ders., De sancta cruce 7/20 (39/50), des zweiten: AMS 3. 175/87. 1, 326/43. 535, des dritten: ENestle² 113/26. Ders., De sancta cruce 25/36 (55/64). Übss des zweiten für die Protonikeauffindung: VRyssel, Ztschr. f. Kgesch. 15, 226/33, für die Helena-Auffindung: Ders., Archiv f. d. Studium d. neueren Sprachen und Literaturen 93, 8/22. des dritten: JStraubinger 15,49.

[4]) Hs: BrM 936. 5°. Ag: IgnGuidi, ROC 9, 87/95.   [5]) Vg. FHaase, Literarkrit. Untersuchungen zur orient.-apokr. Evangelienliteratur 77/87.   [6]) Hs (leider nur des ersten Teiles): BrM 158 (Add 14484. fol 1/8. 10. Jh) fol 7 r°/9 r°. Ag: WWright, Contributions to the apocr. lit. of the N. T. 27/33 (18/24).   [7]) Hss von Bruchstücken: BrM 82 (Add 14669. fol 38/56) fol 39 (5. Jh). 465 (Add 17137. 5/6. Jh) 2°. 507 (Add 14665. fol 21/4. 5/6. Jh). 158 fol 1° r/5° v. Ag: WWright a. a. O. 55/65 (42/51) mit Ergänzungen 11 6.

Beeinflussung durch die Ab(h)gar-(Schatzhöhle-) und Kreuzauffindungslegende in
drei weiteren Gestalten erfahren, von denen die erste in 6 (bzw. 5) BB eingeteilt,
im J 97/8 nach der Schrift suchenden Sinaimönchen durch den Apostel Johannes in
Ephesos übergeben sein will und ausführlich auch noch den Einzug Marias in
die ewigen Paradieseswonnen schildert.[1] während die zweite, einer B-Einteilung
entbehrend, im übrigen bald etwas kürzer. bald etwas reicher entwickelt, mit ihrer
Entrückung von der Erde und der Rückkehr der Apostel vom Grabe abschließt[2]
und die dritte anscheinend einen Az der ersten darstellt.[3]   Auf Grund anscheinend
der 6 BB-Rezension, des Protoevangeliums und eines vielleicht von demjenigen
des Ps-Thomas verschiedenen Kindheitsevangeliums ist schließlich ein vollständiges
apokryphes Marienleben wiederum in 6 BBn erwachsen,[4] das zunächst unmittelbar
erst in späterer. vorzugsweise nestorianischer Überlieferung vorliegt, aber in
armenischer vielleicht ein Seitenstück besitzt[5]) und einen Einfluß auch auf
byzantinische Kunst ausgeübt hat.[6]

g) **Edessenische Chronik** pflegt die selbst sich als „Erzählung der Ereignisse im Abriß“ einführende Arbeit eines in der Tat offenbar in Edessa heimischen
unbekannten Chronisten genannt zu werden. zwischen deren wenigstens für die
ältere Zeit durchweg lapidar kurze Nachrichten eingebettet sich der Bericht über
die Hochwasserkatastrophe des 9. 201 erhalten hat.[7]   Mit der Begründung des
edessenischen Königtums im J 133,2 v. Chr. anhebend, beginnt sie von einer
zweiten im 5. 303 erfolgten Zerstörung der Mauern Edessas an eingehender zu
werden und schließt mit Vorgängen aus dem 5. 540. Gewiß nicht erheblich
später hat der Verfasser geschrieben.[8]   Sein dogmatischer Standpunkt war

---

[1] Hss: BrM 157(Add 14484. fol 12,47. 6. Jh) 3°. 963 (Add 14731. fol 1/227. 13. Jh) 1°. von Palimpsestbruchstücken (5 6. Jh): Sin 30. (J787). Ar 514. 588 und eine von ASmithLewis in Snez erworbene,
des 6. Jhs: BrM 834 (Add 14730. fol 1/111. 12. Jh) 6°. einer jüngeren nestorianischen Textform: im
Privatbesitze von JRHarris (J 1857). Agg nach den beiden ersten Londoner Hss: WWright,
JSL⁴ 6 hinter 418, 7 hinter 109 mit besonderer Paginierung (Übs: 7, 129/60, des Textes des Snez-
Palimpsests ergänzt nach der Hs Harris: ASmith-Lewis, StSin 11, 22/115 (12/69), der Bruchstücke des Sin 30: ebenda 150/7 (ohne Übs).   [2] Hss eines zu Aufang unvollständigen Textes
BrM 960 (Add 12174. J 1196) 78°. Ag: WWright, Contributions 33/51 (24/41).   [3] Hs: Brl 59
(Orquart 802. 17/8. Jh) 6°. Bs: KatSachau 202f. Einen nicht näher bekannten Text bietet VtB
39 (16. Jh). die arabische Übs eines solchen (vom J 1178) JerMkl 38*. 52°.

[4] Hss: CmbrAdd 2001 (J 1480/1). dieses Werkes oder des Textes der Harris-Hs mit vorgesetztem Protoevangelium (Vg. § 11 d): N-Dsém 97 (J 1689/90). CmbrAdd 2020 (J 1697). BrMOr
4526 (J 1726,7). Mard 80 (zw. JJ 1728/31). Dijarb 99 (gleichen Alters). Urm 43 (J 1813).
38 (J 1885) 10°. 47 (J 1885) 10°. BrlOrfol 1130 (J 1814/5). Ag: EAWBudge, History of the
blessed Virgin Mary and the History of the likeness of Christ which the Jews of Tiberias made
to mock at. (2 Bde. Lo 1899). Über die der hier an zweiter Stelle gebotene Legende § 42d.
Eine mit gewissen Partien des ersten Teiles des Marienlebens sich berührende „Geschichte des
Zacharias, Vaters Johannes des Täufers“ in der Hs Séert 82 Anh. (16. Jh) 1°.

[5] Für seinen ersten Teil an der armenischen Bearbeitung des Protoevangeliums. Vg.
FCConybeare, AJT 1, 424/42. FHaase a. a. O. 53,5.   [6] Nachgewiesen von ABaumstark, OC 4, 187/90.

[7] Hs: VtS 162. wo die ältere Chronik der historischen Kompilation des sog. Ps.-Dionysios
v Tell-maḥrē (§ 43 i) eingefügt ist. Agg: BO 1, 388/417. JDMichaelis 46/74. LHallier, TnU
9₁, 143/57. IgnGuidi, ChrM 1/13 (1/11). Vorschläge zur Textverbesserung von FPraetorius,
ZDMG 67, 570. Vg. die „Untersuchungen“ Halliers a. a. O. AvGutschmid, Mémoires de
l'Académie impér. des Sciences de St. Pétersbourg⁷ 35, 19. Wright 101f. Duval³ 178/80.
FHaase, OC² 7/8. 88,96.

[8] So mit eingehender Begründung Haase gegen Hallier, der die Chronik nicht vor 570
entstanden glaubt.

augenscheinlich derjenige einer von Hinneigung zum Nestorianismus nicht freien chalkedonensischen Orthodoxie. Das Meiste und vor allem Wichtigste seines Stoffes haben ihm kirchliche und profane Archivalien seiner Heimatstadt geliefert. Doch hat er daneben auch literarische Quellen benützt[1]) und für seine eigene Zeit bald mit dem persönlichen Wissen eines Augenzeugen, bald nach bloßem Hörensagen berichtet. Die Häufigkeit genauester Datierungen verleiht seinem kleinen Werke besonderen Wert.

II. Die Literatur der nestorianischen Bewegung.

Noch im ersten Drittel des 5. Jhs erfolgte das Einsetzen der christologischen Glaubenskämpfe. Was in ihnen zunächst sich zur Geltung zu bringen suchte, war der durch Nestorios als P von Konstantinopel vertretene Lehrbegriff einer bloß äußeren Verbindung einer vollständigen rein menschlichen mit der göttlichen Person des Logos in der einen geschichtlichen Gestalt Jesu. In den Kreisen der antiochenischen Theologenschule heimisch, war derselbe von vornherein ein auch der ostaramäischen Christenheit vertrauter. Seine Verurteilung durch das allgemeine Konzil von Ephesos im J 431 ist hier auf dem römischen Reichsgebiete einem Widerstande begegnet, den die Machtmittel staatlicher Gewalt nach wenigen Jahrzehnten endgültig zu brechen vermochten. Dauernde Ablehnung hat sie durch die offizielle Kirche des Sassanidenreiches erfahren, für welche die Lehranschauungen des Antiocheners Theodoros v Mopsuestia nach ihrer christologischen wie nach ihrer anthropologischen und nach der Seite ihrer sachlich pelagianischen Gnadenlehre hin zu kanonischer Geltung gelangten.

Die syrisch-nestorianische Literatur des vorislamischen Zeitalters fällt demgemäß wesenhaft mit der Literatur der sassanidischen Reichskirche etwa seit der Mitte des 5. Jhs zusammen. Nur die Anfänge ihrer Entwicklung gehören dem römischen Mesopotamien bzw. teilweise vielleicht sogar Westsyrien an, wo sie an das seit den Tagen eines Ap(h)rem erwachsene reiche literarische Leben anknüpften. Nisibis und seine Umgebung, die Adiabene und die sassanidische Doppelhauptstadt Seleukeia-Ktesiphon haben an jener Entwicklung weiterhin führenden Anteil gehabt. Die eigentlichen Träger derselben dürften zu einem recht erheblichen Bruchteile nicht sowohl echte Semiten als vielmehr Iranier gewesen sein, die außerhalb der Persis häufig erst mit dem Christentum die aramäische Sprache seiner Glaubensboten angenommen haben mochten, während in dem Stammlande altpersischer Macht wie im fernen Nordosten der Sogdiana ein heute auch in dürftigen Bruchstücken wieder greifbar werdendes nestorianisches Schrifttum in heimischer Zunge selbst zur Entfaltung gelangte.

§ 15. Während im Sassanidenreiche die Christenverfolgung Jazdgerds I. und Bahrāms V. ihre Opfer forderte, hat auf benachbartem römischem Boden an

---

[1]) Z. B. das Geschichtswerk des sog. Īšōʿ Stylites (§ 23 f.).

der Perserschule zu Edessa sich die Bewegung angebahnt, welche für die Geschicke seiner Kirche von entscheidender Bedeutung werden sollte. Mit einem verstärkten Wellenschlage der Strömung engsten kulturellen Anschlusses an das Griechentum verband sich hier, durch die Abhängigkeit von führenden Geistern der antiochenischen Theologie bedingt, eine dogmatische Haltung, die folgerichtig zu einer Ablehnung der christologischen Lehrentscheidung von Ephesos führen mußte. Hib(h)ā, der als Nachfolger Rabbûlās den edessenischen Bischofsstuhl bestieg, war der Begründer der neben ihm zunächst von einem Kûmî und Prôb(h)ā vertretenen Richtung. Was sie in erster Linie dem ostaramäischen Sprachgebiet erschloß, ist einerseits die aristotelische Philosophie, andererseits der literarische Nachlaß des Theodoros v Mopsuestia gewesen. Mit dessen Lehrer Diodoros v Tarsos erscheint daneben in einem Kreise persischer Schüler Hib(h)ās der spätere M Ma‘nā beschäftigt. Auch an Theodoretos v Kyros konnte die Übersetzungstätigkeit dieses Kreises unmöglich vorübergehen.

a) Hîb(h)ā.[1]) ord. im Herbste 435, † 28. 10. 457, hatte als Pr durch sein Eintreten für Theodoros v Mopsuestia sich in einen scharfen Gegensatz zu Rabbûlā gebracht. Als B ist er von seinen Prr Samuel, Kyros, Mārā und Eulogios erst nutzlos bei Domnos v Antiocheia, dann 448 bei Flavianus v Konstantinopel und dem Kaiserhofe angeklagt worden. worauf er 1. 1. 449 Edessa verließ. Durch Synoden zu Tyros und Beirut freigesprochen, kehrte er auf Grund eines 25. 2 in ersterer Stadt unterzeichneten Vergleichs mit seinen Gegnern zum Osterfeste nochmals auf seinen bischöflichen Sitz zurück, mußte dann aber, durch die sog. Räubersynode zu Ephesos in seiner Abwesenheit verurteilt, für zwei JJ seinem späteren endgültigen Nachfolger Nonnos weichen, um erst durch das allgemeine Konzil von Chalkedon rehabilitiert zu werden. Unter den Sakralbauten Edessas bewahrte die anscheinend vor 438 von ihm errichtete, späterhin den Aposteln geweihte „neue Kirche“ sein Gedächtnis.[2]) Das Wesen seiner literarischen Bedeutung wird am klarsten durch den Beinamen des „Übersetzers“[3]) ausgedrückt, ohne daß sich allerdings bestimmte Proben seiner Übertragungskunst heute noch mit Sicherheit nachweisen ließen. Auch von syrischen Originalen seines Nachlasses werden[4]) eine exegetische Arbeit zu den Spr, Mad(h)rāšē, Homilien[5]) und eine nicht näher gekennzeichnete Kontroversschrift[6]) lediglich genannt, und nur in griechischer Übs hat sich teilweise selbst sein berühmter Brief an den M Mārî v Rêwardašîr erhalten.[7])

b) Kûmî (Kûmai. Kômai?)[8]) hat, wie wir zufällig noch erfahren, in Verbindung mit einem Pr Daniel, dem „Inder“ speziell den Röm-Kommentar des Theodoros übersetzt, eine Arbeit, die als eine besonders frühe gelten müßte. falls in dem Adressaten eines ihr vorangeschickten Widmungsschreibens an einen Pr

---

[1]) Conc. Chalced. Act 9f. (Mansi, SS. Conc. Coll. 7, 193/272). Šem‘ôn v Bêt(h) Arsam (BO 1, 350/3). ChrE z. J 746, 756, 759, 769. ChrM 214 (163) bzw. CSCO Ser. III 14, 6f. M 176 (2, 23). ChrAn (Ag Rahmani) 106. B‘EKg 1. 153f. 173f. ‘Aî § 61. BO 1, 191/206. 3ı, 85f.

[2]) Vg. A Baumstark, OC 4, 174.   [3]) ‘Aî: Mĕt‘h)argĕmànā.   [4]) Durch ‘Aî.   [5]) Türgàmē.
[6]) „Disputation mit einem Streitsüchtigen.“

[7]) Ag: Mansi 7, 241,50. Der Adressat wird griechisch als der Perser Μάρις ἐπίσκοπος Βιθαρδασιργῶν bezeichnet. Seine tatsächliche Identität mit M. ist auch ChrS 2, 25 bezeugt und demgemäß der Gedanke Labourts 133f. Ak. 6 abzulehnen, als sei in ihm vielmehr der K Dâd(h)îšô‘ zu erkennen.   [8]) ‘Aî § 61. Ishâq Ešbad(h)nâjā (KatWright-Cook 443). Notiz in Brl 81 (Sachau 311) fol 205r° (KatSachau 305).

Mâri der nachmalige M von Rêwardašir zu erkennen sein sollte.[1]) Erhalten hat sich, wenn auch unvollständig, seine Übs der von Gennadius[2]) kurz beschriebenen 15 BB des Mopsuesteners περὶ ἐνανθρωπήσεως.[3])

c) **Prôb(h)â** (Probus)[4]), dessen Name schon nach dem syrischen Westen zu weisen scheint, wird in der Tat als Archiatros und Archidiakonos in Antiocheia bezeichnet, hat also, die Richtigkeit der letzteren Angabe vorausgesetzt, dem Verbande der edessenischen Perserschule mindestens nicht dauernd angehört. Von seiner Beschäftigung mit Theodoros haben sich nachweisbare Spuren nicht gerettet. An Aristotelesübss gehen dagegen auf ihn vielleicht in nestorianischer wie jakobitischer Überlieferung auftretende Texte von περὶ ἑρμηνείας[5]) und Ἀναλυτικὰ πρότερα Α΄. 1/7[6]) zurück. Auch als Kommentator hat er sich um die Einbürgerung aristotelischer Logik auf dem ostaramäischen Sprachgebiete verdient gemacht, wie sich aus den erhaltenen Resten seiner Kommentare zur Εἰσαγωγή des Porphyrios,[7]) zu περὶ ἑρμηνείας[8]) und den Ἀναλυτικὰ πρότερα[9]) ergibt. Eine Abhandlung über Zahlbezeichnung durch die Buchstaben des syrischen Alphabets[10]) zeigt ihn auch um arithmetischen Elementarunterricht bemüht.

d) **Theodoros v Mopsuestia**[11]) ist den syrischen Nestorianern der „selige

---

[1]) Nach der Notiz der Berliner Hs.   [2]) De vir. ill. § 12.

[3]) ʿAi § 19 (BO 3₁, 33): „Band der Fleischwerdung“ (= ChrS 1, 178: „B über die Menschheit unseres Herrn“?). Hss wesentlich des ganzen Werkes mit Angabe des Übersetzers: Séert 88, von Bruchstücken ohne eine solche: BrM 608 (Add 14669. fol 1 18. 5,6. Jh). Ag der Londoner Bruchstücke: E Sachau, Theodori Mopsnesteni fragmenta syriaca (Lpz 1869) 45,93 (28,57). Zur Séerter Hs vg. KatAScher 65.

[4]) ʿAi § 61. Subscr. in Brl 89 (Sach 226) fol 12 vᵒ. 13 rᵒ. (KatSachau 335). G Hoffmann, De hermeneuticis ap. Syros Aristotelis (Lpz 1869. ²1873) 141/8. Wright 64 f. A Baumstark. Aristoteles bei d. Syrern vom V.—VIII. Jahrh. 1 (Lpz 1900), 140,5. Duval³ 247.

[5]) Hss jakobitischer Provenienz: VtS 158 (9/10. Jh) 7ᵒ. OrMedPal 196 (16. Jh. Abs von VtS 158). Par 248 (Anc fonds 161. J 1667. Ebenso?). EscurOr 652 (Ebenso?). CmbrAdd 3284 (18. Jh) 1ᵒ (mit der Notiz: man „glaube“, daß dies die Übss P.'s sei. Vg. KatWright-Cook 865), nestorianischer Provenienz: Brl 88 (Peterm 9. J 1259/60) 23ᵒ. Agg nach der Berliner Hs: G Hoffmann, De herm. ap. Syr. Ar. 22. 25. 27. 29/55, des hier fehlenden Schlußteiles nach der römischen: A Baumstark, ZA 13, 116/9.

[6]) Hss jakobit. Provenienz: VtS 158. 8ᵒ. MedPalOr 196. Par 248. 7ᵒ. EscurOr 652. Cmbr Add 3284. 2ᵒ, nestorianischer: Brl 88. 22ᵒ. CmbrAdd 2812 (J 1806) XIᵒ. Ag: A Nagy, RAL⁵ 7, 321/47. Gehört der Terminologie nach zusammen mit der für P. in Anspruch genommenen Übersetzung von περὶ ἑρμηνείας.

[7]) Hss der Erklärung von τμῆμα α΄ des Textes anscheinend nicht in ihrer ursprüngl. Gestalt: Mos 35 (16. Jh) 1ᵒ. Brl 89 (Sach 226. J 1882) 1ᵒ. Ag: A Baumstark, Ar. bei d. Syrern 1, 4/12 (148/56). Üb. Textüberlieferung u. ursprüngl. Gestalt vg. ebenda 145,7.

[8]) Hss der Gesamteinleitung, der Erklärung von τμῆμα α΄ der Einleitung zu τμῆμα β u. der Initien d. Einleitungen zu τμῆμα γ/ε: Brl 88. 24ᵒ, der Einleitung zu τμῆμα β: CmbrAdd 2812. XIIᵒ, des Ganzen unvollständig zu Anfang u. Ende: BrM 988 (Add 14660. 9/10. Jh). Ag des Berliner Textes: G Hoffmann a. a. O. 62/140.

[9]) Hss der Einleitung und Erklärung von τμῆμα α΄ (und β?): Mos 35. 6ᵒ. 4ᵒ. Brl 89 (Sach 226) VII.ᵒ Vᵒ. Eine solche im Privatbesitze PBedjans. Ag: A van Hoonacker, JA⁹ 16, 70,166. Vg. J Friedmann, Aristoteles Analytica bei d. Syrern (Erlanger Diss. Brl 1898).

[10]) Hss: Séert 112 (15. Jh) 3ᵒ. VtS 454. Brl 103 (Sach 153. 15,6. Jh) 11ᵒ. Ag des Anfangs u. Angabe des aufgestellten Systems: KatSachau 363 f.

[11]) ChrS 1, 177 f. ʿAi § 19. Die Angaben über den Gesamtumfang des Nachlasses und den Umfang der einzelnen Werke nur bei dem Letzteren. Die Namen der Kommentar-Adressaten sind in der ersteren vielfach entstellt. Im übrigen besteht, wo im folgenden Varianten nicht notiert werden, Übereinstimmung beider Quellen.

Erklärer" schlechthin. Dem entsprechend waren es von seinem Nachlaß, der von ihnen auf 41 Bände. bzw. 150 „Propheten" zu je 30 Blättern oder Abschnitten d. h. wohl je 30 Kolumnen umfassende Rollen beziffert wird, vor allem die exegetischen Arbeiten, welche die Übersetzer der edessenischen Perserschule dem ostaramäischen Sprachgebiete gewiß restlos erschlossen. Als syrisch in direkter Überlieferung erhalten, erweisen sich allerdings bislange nur Bruchstücke des einem Alphaios gewidmeten Gn-Kommentars in 3 [1]) und des allein auch im Original fast vollständig erhaltenen Zwölf-Prophetenkommentars an Martyrios in 2 Bänden.[2]) der einbändige Prd-Kommentar an Porphyrios [3]) und der Eusebios gewidmete Jo-Kommentar, dessen gleichfalls einziger Band nächst der Einleitung 7 BB umfaßt. [4]) während von der an denselben Adressaten gerichteten Lk-Erklärung wenigstens ein ausdrückliches Zitat der Einleitung nachgewiesen ist.[5]) Hinter einer originalsyrischen Bearbeitung geringsten literarischen Eigenverdienstes steht sodann die Übs des fünfbändigen Ps-Kommentars an Kerdon und dessen Bruder.[6]) Bloß genannt werden für das AT der zweibändige Job-Kommentar an Kyrillos [7]) und die je einbändigen Arbeiten über Sam an Mamarianos, zu Is,[8]) Ez, Jer und Dn, für das NT die wieder einbändigen zu Mt an Julios, zur Apg an Basileios und zum Röm an Eusebios,[9]) der 2 Bände füllende Kor-Kommentar an einen Theodoros und Arbeiten über Gal, Eph, Phil, Kol an Eustratios,[10]) über Thess an Jakobos, über Tim an Petros [11]) und über Tit, Phm, Hebr an Kyrinos. Des weiteren sind die sämtlichen im Original noch von Photios [12]) gekannten Werke, 28 BB κατὰ Εὐνομίου, 5 BB πρὸς τοὺς λέγοντας φύσει καὶ οὐ γνώμῃ πταίειν τοὺς ἀνθρώπους.[14]) 3 BB περὶ τῆς ἐν Περσίδι μαγικῆς [15]) und 25 (?) BB ὑπὲρ Βασιλείου [κατὰ Εὐνομίου][16]) mit Bestimmtheit auch in der syrischen Tradition wiederzuerkennen, ohne daß allerdings noch Spuren ihrer gewiß gleichfalls zu unterstellenden Übertragungen nachweisbar wären. Gleiches gilt von den beiden durch Facundus v Hermiane bezeugten „de allegoria et historia contra Origenem ad Cerdonem"[17]) und „de Apollinario et eius haeresi".[18]) Von einer Erklärung des Taufsymbols [19]) und der eucha-

---

[1]) Hs: BrM 606 (Add 17217. fol 20/32. 9. Jh). Ag des größten Teils: E Sachau, Th. Mops. frgm. syr. 1/34 (1'21).   [2]) Hs: BrM 607 (Add 14668. fol 32/6. 6. Jh'. Ag: E Sachau a. a. O. 35/44 (22/7).   [3]) Hs: in der Qubbet zu Damaskus zutage getreten. Vg. E v Soden, SbPAW 1903. 825/30.

[4]) Hss: N-Dsém 27 (J 1703/4); VtB 77 (J 1868. Abs d. vorigen). Brl 80 (Sach 217. J 1883). Pr 308 (J 1886). Ag: J-B Chabot, Th. Mopsnesteni commentarius in Evang. D. Johannis in libr. VII partitus 1 (Pr 1897), einiger Textproben: KatSachau 296/302. Vg. F Baethgen. 8. OrC. Sect. Sémit. 109/116. J-B Chabot, JA⁹ 4, 188/192. Ders., Compte rendu du 3ᵉ Congr. scient. des cathol. Sc. relig. (Brüssel 1895) 213/9. Nach BhScholgr. 67 wären er und der Prd-Kommentar die einzigen erst nach der Epoche des Rabbûlā übersetzten Werke (oder nur Kommentare?) des Th.

[5]) Bei Emmanuel (b Šaḥḥārē? Vg. § 38 b'. Vg. KatSachau 212. Ein Kommentar auch zu Mk wird nur durch die ChrS, gewiß mit Unrecht, behauptet.

[6]) Vg. § 34 g.   [7]) ChrS nennt den Adressaten. Vg. auch BhKg 27.   [8]) Eine Erwähnung ChrS offenbar nur ausgefallen.   [9]) ChrS: an Athanasios.   [10]) ChrS läßt Theodoros nur die Erklärung von 1. Kor gewidmet sein und verbindet diejenige von 2. Kor mit derjenigen von Gal usw.   [11]) ChrS: an Maurikios.   [12]) Bibl. Codd. 4. 177. 81.

[13]) 'Ai: „2 Bde geg. Eunomios„ = ChrS: „Wiederlegung d. Eumenes (!)".   [14]) „2 Bde geg. diejenigen. welche sagen, daß die Sünde in d. Natur liegt."   [15]) 2 Bde geg. d. Magier.

[16]) „Ein Bd für Basileios", in ChrS nicht genannt.   [17]) 'Ai: „5 Bde geg. d. Allegoriker" = ChrS: „B worin er diejenigen bekämpft, welche d. Bibel nach d. allegorischen Seite lesen."

[18]) ChrS: „B über die Widerlegung d. Apollinarios" = 'Ai: „⟨der Bd⟩ über den Annehmenden u. Angenommenen." Vg. O Bardenhewer, Gesch. 3, 320.   [19]) Bzw. des Symbols „der 318 Väter" nach ChrS = 'Ai: „⟨B⟩ über d. Glauben".

ristischen Liturgie,[1]) offenbar den auch in der nichtsyrischen Tradition nach-
weisbaren beiden Reihen katechetischer Reden an Taufkandidaten bzw. Neu-
getaufte,[2]) ist wenigstens die letztere als noch im 9. Jh syrisch in weiten nestorianischen Kreisen gelesen nachweisbar.[3]) Eine Reihe von Titeln weiterer Schriften
verschiedener Richtung und eine Briefsammlung[4]) unter demjenigen eines Bs „der
Perlen"[5]) werden sogar nur auf dem syrischen Boden bekannt. Dunkel bleibt,
wie sich hier zu einem Werke über den Hl. Geist[6]) der in Übs tatsächlich
erhaltene Bericht an Patrophilos über eine Disputation verhält, die um 392 in
Anazarba zwischen Th. und Makedonianern stattfand.[7]) Als Exzerpte aus seinen
Kommentaren sind wohl gelegentlich unter seinem Namen auftauchende Reihen
biblischer Fragen zu betrachten[8]) und mindestens zusammenhängen wird es mit
seinem Ps-Kommentare, wenn die Psalmenargumente des nestorianischen Psalters
auf ihn zurückgeführt werden.[9]) während ein schon durch seine metrische Form
sich als syrisches Original erweisender einzelner Hymnus[10]) ihm natürlich ohne
irgendwelche Berechtigung beigelegt wird. Über die Liturgie des Th vg. § 18 a.

c) Als Anhänger Hîb(h)as an der Perserschule[11]) werden neben einem
edessenischen Pr Mârôn, der das in seiner Bedeutung nicht völlig klare Amt eines
„Schreibers" derselben verwaltete, außer Ma‘nâ und der zu entscheidendster Wirkung
berufenen Trias Barṣaumā. Aqāq und Narsai noch mehrere Söhne des Sassanidenreiches genannt, die später, in ihre östliche Heimat zurückgekehrt, wenigstens
teilweise dort als Träger des bischöflichen Amtes Einfluß gewannen. So hat ein
Jôhannân aus Bêt(h) Garmai in einem dortigen Kark(h)ā d(h)ēbêṭ(h) Sôrî. Paulā
b Qaqai in Kark(h)ā d(h)ē Led(h)ān in der Susiana, Pûsai b Qurṭî in Šûšṭar. Mik(h)ā in
Lāšôm, Abraham „der Meder" im heimischen Bêt(h) Mād(h)āje den Bischofsstuhl
bestiegen. während ein ‘Ab(h)šôtā aus Ninive, ein Ezaljā aus dem Kloster Kĕp(h)ar Mârî
und ein Jazdad(h) zu einer höheren hierarchischen Stufe nicht aufgestiegen zu sein
scheinen. Die Rückkehr dieser und anderer ehemaliger Zöglinge der edessenischen
Studienanstalt nach dem persischen Osten erfolgte, wo nicht ausschließlich erst
unter dem Drucke dieser Verfolgung. so doch hauptsächlich, als nach dem Tode
Hib(h)as dessen Nachfolger Nonnos dieselbe gewaltsam von nestorianisch gesinnten
Elementen reinigte.[12]) Doch sind solche auch in der Folgezeit wieder eingedrungen.

---

[1]) ChrS: „Erklärung der" bzw. ‘Ai: "B über die Mysterien". [2]) „Allocutiones ad baptizandos".
„Catechismus" bzw. „Mystici sermones." „Codex mysticus". Vg. Bardenhewer a. a. O.

[3]) Sie wurde damals nach ‘Ai, Nomokanon VI. 3 durch K Theodosios den mit Medizin und
Grammatik sich beschäftigenden Gebildeten zur Lektüre empfohlen. Merkwürdiges Zitat daraus:
A Mingana, Narsai doct. Syri hymni et sermones 1, 284f. (Übs: D H Connolly, TaSt 81, 16f.).

[4]) Nach ‘Ai je ein Bd „über das Priestertum" (= ChrS: „B der Vollkommenheit u. des
Priestertums" bzw. „B über d. Priestertum"). „an die Mönche" oder „gegen die Arianer" (dairâjē
statt Arjânē? = ChrS: „B über d. Erklärung der Lehre d. Arios"), „der dunkeln Rede" (von ChrS
nicht erwähnt), „der Vollkommenheit des Wandels" und eine „Rede über d. Gesetzgebung".
Dazu nach ChrS eine Abhandlung über d. Ankunft d. Antichrists nud ein Brief „an einen Mann
der Christus verleugnet hatte".

[5]) Von ChrS wie das B über das Priestertum doppelt erwähnt.   [6]) Nach ‘Ai wäre es
zweibändig gewesen.   [7]) Hs: BrMOr 6714 (9/10. Jb) fol 178 rᵒ 187 rᵒ. Ag: F Nau, PO 9, 627/67.
[8]) Hss: VtS 187 (J 1669) Vlᵒ.   150 (J 1708,9) Xᵒ.

[9]) Vg. KatSachau 123f. A Baumstark, OC² 5, 330. Leontios, Geg. Nestorios u. Eutyches
III 14 bezeugt wenigstens, daß Th. in der Tat die überlieferten Ps-Überschriften athetierte.

[10]) Die sonst Ap(h)rem beigelegte Tešbôḥtā für den Morgen von Sonn- und Festtagen
(S. 52 Ak. 5) in den Hss BrM 186. 2ᵒd. 191. 3ᵒb (vg. § 16d). Ag unter seinem Namen: E Sachau
a. a. O. 94 (58).

[11]) Šem‘ôn v Bêt(h) Aršam (BO 1, 35f.). Katalog der nestorianischen KK in VtS 135. VIIᵒ
(BO 3 1, 226 Ak. 8). [12]) Von einer solchen unmittelbar auf den Tod Hib(h)as folgenden,

und die infolgedessen auf Veranlassung des Bs Qûrā 489 durch Kaiser Zenou verfügte endgültige Schließung der Perserschule[1] hat gewiß eine erneute Rückwanderung in Edessa gebildeter Theologen über die östliche römische Reichsgrenze veranlaßt. Von einer schriftstellerischen Tätigkeit der genannten Männer. die wohl durchweg unterstellt werden darf. ist allerdings nichts mehr überliefert. falls nicht etwa Jazdad(h) mit dem Jazîd(h)ad(h) genannten Verfasser eines Miszellaneenwerkes identisch[2] oder das für einen Mik(h)ā bezeugte literarische Erbe zwischen einem aus Bêt(h) Garmai stammenden jüngeren und dem alten Träger des Namens aufzuteilen sein sollte.[3]

f) Ma'nā,[4] aus Sirāz gebürtig. dessen literarische Tätigkeit in die Zeit des Sassaniden Pêrôz (457 84) verlegt wird. war noch in der zweiten Hälfte des 5. Jhs in der Persis. ist also wohl zu unterscheiden von einem älteren gleichnamigen M derselben. der gleichfalls in Edessa gebildet war, von dort durch Rabbûlā „vertrieben" worden sein soll, als Nachfolger Jahb h)allāhās 1. zum K erhoben. aber alsbald wieder abgesetzt wurde und schriftstellerisch sich nur als Übersetzer aus dem Syrischen ins Persische betätigt hat.[5]   Auch der jüngere M. hat in der Zeit seiner späteren hierarchischen Amtstätigkeit in persischer Sprache Mad(h)rāše. Mêmrē und Responsorien ('Ônjâthā) zum liturgischen Gebrauche geschaffen.[6]   In der Zeit seines edessenischen Aufenthalts wird er demgegenüber seine Tätigkeit als Übersetzer aus dem Griechischen ins Syrische Theodoros v Mopsuestia und Diodoros zuzuwenden mindestens schon angefangen haben.[7]   Bezüglich des von ihr auf 80 (oder 60) BB bezifferten literarischen Nachlasses[8] des letzteren zeigt sich die syrische Tradition an einem wohl περὶ οἰκονομίας betitelten Werke über die Menschenwerdung. einem gegen die Eunomianer gerichteten[9] und 3 BB gegen den Arianismus[10] mit drei sonst völlig verschollenen Nrn bekannt.   Sie kennt neben demjenigen κατὰ Ἰουδαίων.[11] dem gegen Makedonios gerichteten περὶ πνεύματος ἁγίου[12] und dem die apollinaristische Christologie bekämpfenden κατὰ Συνουσιαστῶν[13]) ein Werk gegen verschiedene antitrinitarische Häretiker.[14] dessen

---

also ins J 457 fallenden Maßregel redet allerdings ohne dabei Nonnos ausdrücklich zu nennen und vielmehr unmittelbar zu der völligen Vernichtung der Schule durch Qûrā übergehend Sem'ôn: BO 1. 353.   Auf sie führt ferner die Chronologie Narsais in BhKg und ChrS (§ 16 d).   Vg. auch schon Duval³ 344.   Labourt 133. 138.

[1] ChrE und Ps-D zum J 800. Sem'ôn a. a. O.   Theodoros Anagnostes: PG 86. 185.   BhKg 111 f., wo ausdrücklich. wie es anscheinend auch bei Sem'ôn geschieht. irrigerweise erst mit dieser zweiten Katastrophe auch die Abwanderung Narsais d. h. der persischen Hib(h)ā-Schüler überhaupt in Verbindung gebracht wird. die tatsächlich mindestens teilweise schon als BB unter den Unterzeichnern der Akten der Synode des K Aqâq (§ 16 c) erscheinen.   MbS 44 (39) und B'EKg 2. 77 mit dem gleichen Irrtum. den von Neueren auch noch Wright 1, 58. J-BChabot. JA⁹ 8, 46 und CBrockelmann 24 vertreten.   Über den damals allerdings gewiß erfolgten Nachschub von Exulanten: Labourt 140f.   [2] 'Ai § 158.   BO 3₁, 226.   [3] Vg. § 82 c.

[4] Sem'ôn v Bêt(h) Arsam (BO 1. 352). BhSchulgr 67f.   ChrS 2. 24f.   B E: JA° 11. 93 (120). AScher. ROC 11, 7.   Unter Verwechslung mit dem späteren K: Anonymes Verzeichnis der KK in VtS 135. VII° (BO 3₁, 378).   B'EKg 2, 53f.   BO 3₁, 376,8.   Wright 62f.   [5] ChrS 1, 328 30. MbS 23f. (28 30).   'Am 27 (16).   B'EKg 2, 57 60.   Labourt 119.   Duval³ 345f.   [6] ChrS.

[7] ChrS. B'E. Katalog der KK. Diodoros nennt nur ChrS.   [8] ChrS 1, 164. 'Ai § 18. [9] 'Ai.   [10] ChrS.   [11] Suidas = 'Ai.   [12] Photios Bibl. Cod. 102 = ChrS: „B worin er Makedonios widerlegt und die Wesensgleichheit des Hl. Geistes mit Vater und Sohn erweist."

[13] Leontios Geg. Nest. u. Eut. III 9 = ChrS: „B worin er den Apollinarios widerlegt". 'Ai: „⟨B⟩ gegen A", nach ChrS „das vorzüglichste" seiner Werke.

[14] Nach Theodoretos, Haeret. fab. comp. II 11 mit Photeinos, Malchion. Sabellios u. Markellos v Ankyra, nach ChrS mit Photeinos, Markellos u. Paulos von Samosata als den bekämpften Gegnern = 'Ai: „Gegen d. Häretiker" schlechthin.

Umfang sie auf 7 BB angibt.[1]) In den 8 BB κατὰ ἀστρονόμων καὶ ἀστρολόγων καὶ εἱμαρμένης[2]) hatte nach dem Zeugnis des Photios die Widerlegung speziell Bardaiṣāns ihren Platz, aus der einmal ein Zitat begegnet.[3]) Von 25 BB κατὰ Μανιχαίων werden nur 3,[4]) von einem Vierevangelienkommentar nur das Bruchstück einer Mt-Erklärung erwähnt.[5]) Daß es sich um wirklich Übersetztes handelt, ist mindestens im letzten Falle handgreiflich. Es im wesentlichen überhaupt anzunehmen, berechtigt die hohe Wertschätzung, die D. ebenbürtig neben dem Mopsuestener und Nestorios als einer der fundamentalen drei „griechischen Lehrer" des syrischen Nestorianismus erfährt. Azz aus Schriften derselben, die hslich in monophysitischer Überlieferung schon des 6. Jhs begegnen,[6]) haben allerdings für ihn ebensowenig als für die beiden anderen etwas mit den nestorianischen Vollübss zu tun, sondern sind als Bestandteile eines Sammelwerkes unter dem Namen des Timotheos Ailuros ins Syrische übergegangen.

g) **Theodoretos** [7]) kam für die Übersetzertätigkeit des Hib(h)ā-Kreises in erster Linie vermöge seiner Polemik gegen ephesinische und monophysitische Christologie in Betracht. Von den einschlägigen, gewiß wirklich übersetzt gewesenen Schriften, die namhaft gemacht werden, ist nur die ἀνατροπή der „Kapitel" oder Anathematismen des Kyrillos mit voller Sicherheit zu erkennen. Eine im Original anscheinend περὶ οἰκονομίας betitelte[8]) könnte das einheitliche Ganze gewesen sein, dessen beide Teile unter den Sondertiteln περὶ τῆς ἁγίας καὶ ζωοποιοῦ τριάδος und περὶ τῆς τοῦ κυρίου ἐνανθρωπήσεως[9]) griechisch irrtümlicherweise Kyrillos beigelegt werden. Eine zweiteilige oder zweibändige Apologie der „gerechten Väter" des antiochenisch-nestorianischen Bekenntnisses läßt sich dem Πενταλόγιον nicht ohne Bedenken gleichsetzen. Der Ἐρανιστής scheint, wenn wirklich bekannt, späterhin gelegentlich nicht mehr als Werk des Th. erkannt gewesen zu sein.[10]) Des weiteren werden von seinen exegetischen Arbeiten der Dn-Kommentar, eine auf griechischem Boden verschollene Schrift gegen Origenes, die Ἑλληνικῶν θεραπευτικὴ παθημάτων[11]) und ein Korpus zahlreicher Briefe vermischten Inhalts gleichfalls nur auf nestorianischer Seite genannt. Von einer schon hierdurch als uralt erwiesenen Übs der φιλόθεος ἱστορία haben sich bereits verselbständigte Abschnitte in monophysitischer Überlieferung erhalten.[12]) Auch

---

[1]) ChrS.   [2]) Snidas. Von Photios Bibl. Cod. 223 als κατὰ εἱμαρμένης näher beschrieben = 'Ai: „Widerlegung der Astrologie."   [3]) Bei Emmanuel (b Saḥḥārē?). Vg. KatSachau 212.

[4]) ChrS gegen Photios Bibl. Cod. 85. Bei 'Ai keine B-Zahl.   [5]) 'Ai gegen Suidas: εἰς τὰ τέσσαρα εὐαγγέλια.   [6]) Hs: BrM 729 (Add 12156. J 561/2) I° 14. Ag für D.: P de Lagarde, AnS 91/100, für Th: ebenda 100,08, für N.: G Kampffmeyer bei F Loofs, Nestoriana (Halle a. S. 1905) 372 f. 376/8. 381. 383/5. 388. Übs der Th.-Zitate: Sachau a. a. O. 63,8. Vg. § 25 d.

[7]) 'Ai § 27, soweit keine andere vermerkt, die Quelle aller folgenden Angaben.   [8]) „⟨B⟩ der Verwaltung." Vg. BO 3ı, 40 Ak. 3.   [9]) PG 75, 1147/90. 1419/78. Vg. A Ehrhard, D. Cyrill v. Alexandrien zugeschr. Schrift Περὶ τῆς τοῦ Κυρίου ἐνανθρωπήσεως ein Werk Theodorets v Cyrus (Diss. Tübingen 1888).

[10]) Vg. BO 3ı, 41, wo nicht ohne einen Schein von Berechtigung 'Ai § 30 auf das Werk bezogen wird, dessen Titel dann hier als Verfassername betrachtet und als solcher wieder verderbt überliefert wäre.   [11]) „⟨B⟩ gegen d. Philosophen."

[12]) 'Ai. Hss der Vorrede: BrM 753 (Add 14612. 6/7. Jh) 30°a, der Biographie d. Jakobos v Nisibis: BrM 941 (Add 14609. J 586) 2°. 753. 30°b. 960 (Add 12145. J 1197) 45°. Pr 234 (Anc fonds 143. 13. Jh) 1°. 19, einer arabischen Übs derselben (nach Vorlage vom J 1178): JerMkl 38* (J 1732/3). 61°, derjenigen d. Julianos Saba: BrM 936 (14644. 5 6. Jh). 753. 30°c. 942 (Add 12160. fol 109/85. 7. Jh) I° 2. 952 (Add 14645. J 935,6) 8°. Pr 235 (Anc fonds 144. 13. Jh) 6° und unter dem Namen Ap(h)rems: Brl 26 (Sach 321. J 740/1) 15°, derjenigen Abrahams B v Ḥarrân: BrM 941. 3°. Ag der Jakobosbiographie: AMS 4, 262/73, der Julianosbiographie: AMS 6, 380/44.

die Kirchengeschichte [1]) ist gleich derjenigen des Sokrates [2]) in beiden konfessionellen Lagern der Folgezeit gelesen und benützt worden. Hauptquellen sind
beide Werke für das den Ereignissen des 4. und 5. Jhs gewidmete Bruchstück
der kirchengeschichtlichen Kompilation eines unbekannten Nestorianers, das nur
bezüglich der Schicksale des Nestorios seine eigenen Wege geht. [3])

§ 16. Die Eroberung der sassanidischen Reichskirche durch die von
Hīb(h)ā an der edessenischen Perserschule begründete Richtung ist vor allem
mit drei Namen verknüpft, die — entsprechend dem stark literarischen Charakter
der ganzen Bewegung — ebensosehr der Literaturgeschichte als der allgemeinen
Kirchengeschichte angehören. Im Gegensatze zu K Bàb(h)ôj[ah] hat von
ihren Trägern der streitbare M Barṣaumā von Nisibis mit unerbittlicher
Leidenschaftlichkeit jede der nestorianischen Christologie widersprechende Überzeugung niedergekämpft. In K Aqàq hat ein unentwegter Vertreter jener
Christologie die Zügel der obersten Kirchenleitung ergriffen. Der Dichter-
Theologe Narsai hat ihr an der Schule von Nisibis auf dem neuen Boden eine
geistige Hochburg von weithin ragender Bedeutung geschaffen und noch die
Synode des K Bàb(h)aj erlebt, mit welcher die Periode der Nestorianisierung
des persischen Christentums ihren Abschluß erreicht.

a) K Bàb(h)ôj, [4]) † 484 (oder 481?) [5]) nach angeblich 15 jähriger Regierung,
war aus Tellā am Ṣerṣer gebürtig, im zoroastrischen Glauben herangewachsen
und durch einen Mönch für das Christentum gewonnen worden. Von Pêrôz 2
(oder 7) J J gefangen gehalten, suchte er für das Schicksal der persischen Christen
den Kaiser Zenon in einem Briefe zu interessieren, der in Nisibis abgefangen
wurde und seine qualvolle Hinrichtung zur Folge hatte. Daß er, wie auf diszi-
plinärem, so auch auf dogmatischem Gebiete der durch Barṣaumā vertretenen
Richtung ablehnend gegenüberstand, ist mindestens wahrscheinlich. Sein Lebensende ist Gegenstand eines vielleicht den Ereignissen noch nicht allzu ferne
stehenden kurzen Berichtes. [6]) Von einer eigenen schriftstellerischen Tätigkeit B.s
würde, wenn er als echt gelten dürfte, ein ihm in jakobitischer Überlieferung beigelegter Brief asketischen Inhalts an einen Pr Kyriakos Kunde geben. [7])

---

[1]) ‘Ai § 27. M Vorrede 121 f. (I, 2, 240 f.). Hss von VI 6 Schluß. 7 f. als Vorsatzstück der
Kanones von Konstantinopel: diejenigen der Sammlung d. oriental. Synoden (Vg. S. 54 Ak. 11), von
II 16 f. 30. VI 7. 11. 29. V 13/21: dieselben und mit anderer Reihenfolge der Kapp.: VtS 145. III°.
Vg. O Braun in: Oriental. Studien ThNöldeke zum 70 sten Geb.tag 463 f.
    [2]) ‘Ai 28. M a. a. O. Hs der Kapp. 1 1/6. 8. 10/13. 15. 17. 19/22. 37/40. II 21. III 8. 11/4.
20 f. 23. IV 11. 13. 16 f. 23,8. 30. 36. V 6. 8. 10: VtS 145. II°.
    [3]) Hs: VtS 179 (J 1703) fol 104/11. Agg: EGöller, OC 1, 80/97. J-BChabot, ChrM 369/78
(297,304). Ähnlich wirken beide Kirchengeschichten nebeneinander bei dem Jakobiten M nach.
Über Sokrates als Quelle des sog. Ps-Dionysios v Tellmaḥrē vg. § 43 i.
    [4]) Bzw. Bāb h)ôjah. — Außer dem Martyrinm: ChrS 2, 7/10. EbŠ 1, 49 (29). MbS 41/3
(35/7). ‘Am 29,34 (17/20). B‘EKg 2, 59,66 und JA⁹ 11, 93 f. (120 f.) bzw. KatSachau 539. Labourt
129 f.   [5]) Ersteres nach EbŠ: im 24. J des Pêrôz, letzteres nach ‘Am.
    [6]) Hss: Dijarb 96 (7,8. od. 11/12. Jh?) bzw. Abs davon s. Z. im Besitze von Abbeloos 44°.
Ag: AMS 2, 631/4.   [7]) Hs: BrM 837 (Add 17262. 12. Jh) 19°. Der „vom gottlosen Barṣaumā ge-
tötete“ Verfasser wird irrtümlich Bàb(h)aj genannt, was auf einen der verschiedenen späteren
nestorianischen Schriftsteller dieses Namens als wirklichen Urheber des Stückes hinweisen könnte.

b) **Barṣauma** [1]) aus Bêt(h) Qardû, wo er Sklave eines Mârâ gewesen sein
soll, war in Edessa Schüler Hib(h)as. Nach der Rückkehr in die persische
Heimat, angeblich schon um 434/5 B von Nisibis geworden,[2]) erfreute er sich
hoher Gunst des Sassaniden Pêrôz (457—484), der ihm das Amt eines königlichen
Kommissärs im persisch-römischen Grenzgebiete übertrug, eine Stellung, die er
zu rücksichtslosester Bekämpfung monophysitischer Propaganda benützte. Wie
für die nestorianische Christologie hat er sich in Rücksichtnahme auf die starke
Abneigung des Parsentums gegen den Zölibat für die Priesterehe eingesetzt, und
beide wurden unter seinem Vorsitze auf einer Synode zu Bêt(h) Lâp(h)aṭ im
4. 484 feierlich proklamiert. Daß er dabei in Gegensatz zu dem K Bâb(h)ôj trat,
dürfte Tatsache sein. Ob eine und welche Schuld ihn an dessen tragischem Ende
trifft, wird dagegen sich kaum mehr entscheiden lassen.[3]) Dessen Nachfolger Aqâq
unterwarf er sich auf einer Synode zu Bêt(h) 'Ad(h)rai im 8. 485, erschien gemeinsam mit demselben als persischer Gesandter in Konstantinopel, stand aber
seit 491/2 auch ihm feindlich gegenüber und muß spätestens vor 21. 10. 496 gestorben sein.[4]) Ein nicht unbedeutender literarischer Nachlaß des leidenschaftlichen kirchenpolitischen Kämpfers soll[5]) Leichenreden, Homilien, Mad(h)râšê,
Mêmrê paränetischen Inhalts, Briefe und einen als „Weihe" bezeichneten liturgischen Text umfaßt haben. Unter dem letzteren ist wohl nicht ein verlorenes
eucharistisches Formular, sondern ein ihm beigelegtes Gebet des vom K Îšô'-
jahb(h) III. redigierten Rituals der Altarweihe zu verstehen.[6]) Von den Briefen
haben sich fünf an Aqâq gerichtete zusammen mit dem durch die Synode von

---

[1]) Šem'ôn v Bêt(h) Aršam (BO 1, 351. 353). Mârût(h)â v Tag(h)rit'h) bei M 424,9 (2, 435,40).
Katalog der KK in der Hs VtS 135. VII° und Notiz eines zweiten nestorianischen Anonymus
(BO 1, 351 Ak. 4). ChrS 1, 8 f. MbS 41 (35). 43 (37). 45 (39 f.). 'Am 31/4 (1S/20). M 239 f. (2, 123).
B'EKg 2, 66/78 und JA° 11, 94 6 (123 f.) bzw. KatSachau 539/41. 'Aî § 54. BO 3 1, 66 70. Wright
56/8. O Braun, D. Buch d. Synhados 59/64. Duval³ 343. Labourt 131/52. A Scher, ROC
11, 7. Lübeck 68/76.

[2]) Das Datum in der Notiz des zweiten Anonymus. In der Tat traf Narsai 457 B. bereits als
B in Nisibis an. Ist er dies schon so frühe geworden, so müßte es sich allerdings um eine
andere Persönlichkeit gleichen Namens gehandelt haben, als nach den Akten der (Räuber)synode
von Ephesos um 449 die gewaltsame Entfernung eines B. aus Edessa gefordert wurde. Vg.
AgFleming 27 (Z. 41). P Martin, Rev. des sciences eccl. 29, 539.

[3]) Das Bild der Quellenaussagen ist dieses, daß unter starken Anachronismen von nestorianischer Seite ('Am) den Monophysiten (Gabriel v Šiggar, wirklicher Leibarzt K(h)osraus II.!, von
monophysitischer (Mârût(h)â) den Nestorianern bzw. B. die Schuld an dem Martyrium des K beigelegt wird (wobei dessen Brief ein Zustimmungsschreiben zu den dogmatischen Beschlüssen von
Ephesos gewesen sein soll). Das nestorianische Vorgehen ist dabei wohl erst Antwort auf das
monophysitische, aber auch dieses angesichts des Schweigens des ihm sonst so gehässig gegenüberstehenden Šem'ôn für grundlos zu halten. Wo auch in nestorianischen Quellen eine Schuld
B.s auftaucht, wäre dann jakobitische Beeinflussung zu erkennen oder es müßte angenommen
werden, daß ein Gerede in diesem Sinne schon während der erregten Zeiten des Kampfes mit
Aqâq aufgekommen wäre.

[4]) Da von diesem Tage ein Erlaß seines Nachfolgers datiert. Vg. § 17 a. Ihm beigelegt
werden nicht ohne Widerspruch von den Tešbêḥât(h)â genannten Hymnen des nestorianischen
Tagzeitengebets (vg. S. 112 Ak. 4) derjenige für die Nacht des Dienstags BrM 186. 2°g. 191. 3°]
Pr 24. 3°]. CmbrAdd 2036. 3°]; und BrM 186. 2°a ß. 191. 3°a u. eine Nacht-Tešbôḥtâ für das
Ninivitenfasten. Ag des ersteren: BrCh 43 (jedes Bandes). Übs: A J Maclean, East syrian
daily offices (Lo 1894), 98. [5]) Nach 'Aî. Seine oder die Leichenreden des Bs B. v Kark(h)â
(§ 30 b) werden durch eine Konstitution des K Theodosios als Lektüre für Priester empfohlen.
Vg. § 37 a. [6]) Vg. KatSachau 152 (mit Angabe des Incipit). Ag: Liturgia SS. apost. Adaei
et Maris (Urmia 1890. Vg. S 120 Ak. 3) 133 f.

Bêt(h) 'Ad(h)rai erlassenen Widerruf des Vorgehens gegen Bâb(h)ôj erhalten.[1]) Von den Kanones der übrigen unter seinem Vorsitze abgehaltenen Synoden[2]) werden wenigstens die in Bêt(h) Lâp(h)aṭ erlassenen noch durch einige Zitate greifbar.[3])

c) Ḳ Aqāq (Akakios).[4]) ord. 483/4 (oder 485),[5]) † 496, hatte bis zu seiner Erhebung auf der Seite seines Vorgängers im Kampfe gegen Barṣaumā gestanden. Erhalten sind die Akten einer von ihm im 2. 486 zu Seleukeia-Ktesiphon abgehaltenen Synode.[6]) Daneben werden für ihn ein Schreiben an Barṣaumā, wohl aus der Zeit ihres späteren erneuerten Kampfes, eine gegen die Monophysiten gerichtete Abhandlung „über den Glauben" und drei Abhandlungen (oder Predigten?) über das Fasten bezeugt.[7])

d) Narsai,[8]) mit dem Beinamen „der Aussätzige", geb. zu 'Ain Dulbā im Gebiete von Me'altā, hatte eine als Knabe von 7 JJ begonnene neunjährige Schulbildung in seiner Heimat erhalten, als er nach dem Tode seiner Eltern bei seinem Oheim Emmanuel, dem Abte des Klosters von Kĕp(h)ar Mârî in Bêt(h) Zab(h)dai Aufnahme fand, wo er einen Winter hindurch selbst den Mönchen Unterricht erteilte. Zweimal soll er dann je ein Jahrzehnt an der Perserschule in Edessa geweilt haben und jedesmal auf Bitten Emmanuels zu diesem zurückgekehrt sein, das erste Mal, um erneut die Erteilung von Unterricht in dessen Kloster, das zweite Mal um nach seinem Tode die Leitung desselben zu übernehmen, die er indessen nur ein einziges J lang führte. Endgültig nach Edessa zurückgekehrt, stand er dort als Nachfolger des Qijôrē[9]) an der Spitze der Perserschule. Mit den 457 dort Vertriebenen[10]) wollte auch er sich weiter ins Innere des Sassanidenreiches wenden, wurde aber in Nisibis durch Barṣaumā festgehalten, der ein bisher als Karawanserei dienendes Gebäude ankaufte, um darin einen schon früher von einem „Exegeten" Šem'ôn aus Kaškar geführten Schulbetrieb durch N. erneuern zu lassen. Die von dem B. geehelichte frühere Nonne Mammôj hat späterhin ein zeitweiliges Zerwürfnis zwischen den beiden Männern verschuldet, das N. veranlaßte, sich nach Kĕp(h)ar Mârî zurückzuziehen, wo er nochmals etwa ein halbes Jahrzehnt dem Kloster vorstand. Aber zwei Dichtungen des früheren Freundes[11]) bestimmten Barṣaumā ihn zurückzurufen. Er hat noch 503 die Belagerung von Amida durch Qāwād(h) erlebt, während der er durch treulose Schüler bei demselben beschuldigt wurde, auf der Seite des Römerreiches zu stehen. Durch eine alsbald ins Persische übersetzte Dichtung mit Wendungen zum Preise der Persermacht brach er dieser Anschuldigung die

---

[1]) Hss: diejenigen d. Sammlung d. oriental. Synoden. Vg. S. 54 Ak. 11. Die Stücke werden dieser teils in einem Anhang beigefügt, teils in sie hinter einer die Nichtaufnahme der Akten von Bêt(h) Lâp h aṭ begründenden Notiz des Redaktors eingefügt. Agg und Übss O Braun, Actes 10. Cong. Orientalistes 2, 83 101. SynOr 525/39. Nur Übs: O Braun, D. Buch d. Synhados 74/83.

[2]) Mârût̲h̲ā 427 440) kennt solche von Ktesiphon, Kark(h)ā und Bêt(h) 'Ad(h)rai. ChrS ein die Priesterehe gestattendes Sendschreiben.   [3]) Gesammelt SynOr 621 5.

[4]) EbŠ 49 (29) Katalog der KK: VtŠ 135 VII° (BO 1, 351 Ak. 3). ChrS 1, 8. 30 f. MbŠ 43,6 (37 40). 'Am 35 (20 f.). B'EKg 2, 71 80 und JA° 11, 97 (124) bzw. KatSachau 541. BO 31, 378 95. O Braun. D. Buch d. Synhados 59/64. Wright 59 f. Labourt 143/52. Duval[3] 342 f.

[5]) Ersteres Datum bei EbŠ, letzteres bei 'Am. Nach MbŠ hätte er 15 JJ regiert.

[6]) In d. Sammlung d. oriental. Synoden. Hss: S. 54 Ak. 11. Ag: SynOr 53,61 (299,307). Übs: O Braun a. a. O. 64 73.   [7]) ChrŠ.

[8]) BhKg 100/27. Schulgr 69,73. ChrS 2, 22 f. MbŠ 44 (38 f.). 'Am 35 (21). B'EKg 2, 77 f. 'Ai § 53. BO 2, 406 f. 31, 63,6. Bickell 37. LTh 47/51. KdP 98 f. Wright 58 f. J-B Chabot, JA° 8, 46,8. [10] 6, 157/77. Duval[3] 344 f.

[9]) Nach BhSchulgr. — BhKg nennt seinen Vorgänger Rabbūlā.   [10]) Vg. über dieses Datum oben S. 101 f. Ak. 12.   [11]) Ag: Mingana 1, 210/22. 2, 323/65.

Spitze ab und ist bald darauf gestorben, nachdem er im ganzen 40 JJ der nisibenischen Schule vorgestanden [1]) und ein Alter von stark 103 oder doch, falls es sich bei dem zweimaligen zehnjährigen Aufenthalt in Edessa um die irrige Verdoppelung eines nur einmaligen handeln sollte, ein solches von stark 93 JJ erreicht hatte. Als exegetischer Prosaschriftsteller hat sich N., wenn überhaupt, anscheinend nur dem AT gegenüber betätigt, von dem an Gn, Num, Jos, Richt, Prd und allen Propheten eine stattliche Reihe einzelner BB von ihm erklärt worden sein soll.[2]) Den Ehrennamen einer „Harfe des Geistes" hat er sich als Dichter in einer Gattung lehrhafter Schöpfungen erworben, für die er teils das Distichon des 12 silbigen, teils die vierzeilige Strophe des 7 silbigen Metrums gebrauchte. Dieses dichterische Schaffen müßte wesenhaft den späteren Jahrzehnten seines Lebens angehören, wenn es mit der Behauptung seine Richtigkeit haben sollte, daß er mit demselben bereits der Wirkung der entsprechenden monophysitischen Poesie eines Ja'qôb(h) v Serûg(h) habe entgegentreten wollen.[3]) Die Originalausgabe des Großteiles seiner Erzeugnisse umfaßte nicht weniger als 360 teilweise sehr umfangreiche Gedichte, die nach den Monaten des Jahres in 12 Bänden angeordnet waren, deren jeder wieder in zwei je 15 Nrn starke Halbbände oder „Propheten" zerfiel.[4]) Die merkwürdige Bezeichnung ist wohl eher als eine solche für ursprüngliche Buchrollen zu verstehen,[5]) als daß man um ihretwillen das Ganze sich schlechthin als eine Art poetischer Behandlung speziell des ATlichen biblischen Stoffes in systematischem Aufbaue vorzustellen hätte.[6]) Eine noch zwei weitere „Propheten" ausmachende Sammlung von Rügedichtungen „über das Verderbnis der Sitten" bildete eine Ergänzung des größeren Korpus.[7]) Alles dies wurde in späterer Zeit u. zw. im wesentlichen entschieden mit Recht als Mēmrā-Dichtung empfunden,[8]) verrät aber doch durch die an der Spitze eines jeden Stückes vermerkte Refrainstrophe einen unverkennbaren Zusammenhang vielmehr auch mit dem Mad h)rāšā.[9]) Erhalten haben sich anscheinend nur Teilsammlungen, die, wenn nicht ausschließlich, so doch in der Hauptsache zum liturgischen Gebrauche im Anschluß an den Verlauf des kirchlichen Festjahres getroffene Auswahlen verschiedenen Umfangs darstellen.[10]) Daneben sind Bruchstücke der Dichtungen

---

[1] ChrŠ. — Nach BhŠchulgr.: 45 JJ mit Einrechnung der zweiten Amtsdauer in Kep(h)ar Mārî. Nach MbS: 60 JJ mit Einrechnung von 20 in Edessa. Nach BhKg: 50 JJ.

[2] 'Aî. Ebenso ChrS abgesehen davon, daß hier minder genau der ganze Pentateuch genannt wird. Doch finden sich in späterer exegetischer Literatur sichere Bezugnahmen nur auf die Dichtungen N.s, was den Verdacht erweckt, daß auf Grund solcher Prosakommentare zu den betreffenden biblischen BB irrtümlich erschlossen worden sein könnten. Vg. AScher, PO 7, 115 Ak. 5.

[3] BhKg 124. ChrS 2, 23. [4] BhKg 124. ChrS. 'Aî. Minder genau von „mehr als 300" Nrn redet BhŠchulgr.

[5] In diesem Sinne ist offenbar das Wort „Prophet" Aî § 19 gebraucht, wo der Schriftennachlaß des Theodoros v Mopsuestia auf 41 „Teile" d. h. Bände in Kodexform = „150 Propheten" beziffert wird.

[6] Zusammenfassend wird allerdings durch BhKg „der Sinn der Bibel gemäß der Auffassung der hll. Väter" als Inhalt der 360 Gedichte bezeichnet.   [7] BhKg. ChrS. 'Aî.   [8] Der Ausdruck selbst schon bei BhKg.

[9] Diese Refrainstrophen und das Zugrundeliegen von „Melodien", also eine musikalische Vortragsweise nach Art der Mad(h)rāšē Ap(h)rems werden auch von BhKg ausdrücklich bezeugt.

[10] Hss sicher liturgischer Sammlungen von 26 bzw. 24 Nrn: Brl 57 (Sach 174/6. J 1881) und Nr 6 der von GDiettrich, NGWG 1909 beschriebenen, von 33 Nrn: Mos 71 (13. Jh). VtB 83 (K. VI. 5), von 38 Nrn: Dijarb 70 (J 1827,8), einer liturgischen Sammlung von 43 und einer Sammlung von 28 Nrn „die gelesen werden aus dem AT": BrMOr 5463 (J 1893), einer Sammlung von 42 Nrn d. h. wohl des ersten Teils der vorigen: N-Dsêm 32 (J 1898). Mos 69 (Abs der vorigen), einer solchen von 28 Nrn d. h. wohl des zweiten Teils der Londoner (mit Verlust der Nrn 1—16): Dijarb 28 (16. Jh).

N.s in mehr oder weniger freier Textgestaltung in großer Menge zum Aufbaue
des veränderlichen Gesängebestandes des nestorianischen kirchlichen Tagzeitengebets verwendet worden.[1] Ausdrücklich wird er als Verfasser für Gruppen
von je zwei Strophen genannt, die unter dem Namen der Hĕp(h)ak(h)tā (= τρο-
πάριον) an Sonn- und Festtagen gegen Ende des Nachtoffiziums ihren Platz finden.[2]
Ein gleiches gilt von bestimmten Elementen des nestorianischen Begräbnisrituals,[3]
den sog. Pàsōqē („Abschnitte“) der Verstorbenen.[4] Es handelt sich auch hier
mindestens im ersten Falle gewiß nur um die verselbständigten Splitter größerer Dich-

----

einer solchen von 27 Nru d. h. wohl wesenhaft derselben: Mos 72 (J 1795/6). N-Dsém (J 1878/9),
einer solchen von 39 d. h. wohl wesentlich der liturgischen von 38 Nrn: Mos 70 bzw. deren nicht
näher bekannte Vorlage in Alqôš, einer sicher nicht liturgischen Sammlung von 36 bzw. 35 Nrn:
Nr 5 der von G Diettrich a. a. O. beschriebenen und Urm 35 (J 1896), von 5 einzelnen Nrn (= Brl
Nr 2f. 11. 13. 28) und Abs einer weiteren (Mingana Nr 21) von der Hand CMackes: im Besitze der Abtei Maria Laach, nicht näher beschriebene: VtB 79 (J 1883). Agg: A Mingana, N.
doctoris Syri homiliae et carmina primo edita. 2 Bde (Mosul 1905) mit einer Liste von im ganzen
81 dem Herausgeber bekannter Nru (1, 26/31). KdP 99,116 (= Nr 68 der Liste Minganas). 235/50
(= Nr 31 der Ag Minganas). LTh 47/51 (= Anfang von Ag Mingana Nr 1). Gismondi[2]
103/10 (= Liste Minganas Nr 7 bzw. Brl 57. 7°). FMartin, Homélie de Narsès sur les trois
docteurs Nestoriens JA⁹ 14, 446/85. 15, 469/515 (= Liste Mingana Nr 11 bzw. Brl 57°. 10). BrCh
1, 468/81 (= Ag Mingana Nr 16). Bei Mingana decken sich mit solchen der Hs Brl 57 die
Nrn 1 (= 1), 2 (= 2), 4 (= 8), 5 (= 10), 10 (= 11), 18 (= 14), 19 (= 16), 20 (= 18). 21 (= 19), 22
(= 20), 24 (= 21), 29 (= 24). ATliche Stoffe behandeln von den übrigen die Nru 34/8 (Schöpfungs-
geschichte), 26 (Sündenfall), 41 (Joseph von seinen Brüdern verkauft), 42 (Brennender Dornbusch),
43 (Samson), 31 (Seraphvision des Js), 8 (Jonas), 44 (drei Jünglinge im Feuerofen), 40 (Job).
Aus dem B der Sittenverderbnis scheinen zu stammen die Nrn 6, 9, 13 und 45/7. Das philosophische Gebiet berührt Nr 39: (Über die Seele u. ihr Verhältnis zum Leibe). Die vier liturgiegeschichtlich bedeutsamen Nru 17, 21 f. 32 wurden ins Englische übersetzt und sachlich eingehend erläutert von RHConnolly, The liturgical homilies of Narsai. With an Appendix by
EBishop (TaSt 8ı).

[1] Vg. Mingana, Ag 1, 27f. Vollständige Mēmrē N.s fanden neben solchen Ap(h)rems
auch in die von Jaqqirā veranstaltete Redaktion der Lesetexte für die Tage des Ninivitenfastens
Aufnahme. Vg. KatWright-Cook 386 (nach der Hs CmbrAdd 1992) bzw. über jene Redaktion
oben S. 43 Ak. 4 bzw. § 46f.

[2] Hss: Urm 211 (16. Jh). JerPatr 19 (J 1660) ʾ. Der Text der Stücke auch in den Hūd(h)ra
und Gazzā-Hss. Vg. § 30g. 49a. Ag: im BrCh. Es handelt sich um das Rudiment eines ursprünglichen Vortrags ganzer Mēmrē N.s entsprechend der Sachlage beim Κοντάκιον im griechischen Ὄρθρος.

[3] Hss des Rituals für Klerus und Laien: BrM 521 (Add 17260. 12/13. Jh). 520 (Add 14706.
13. Jh). Or 4067 (15. Jh). Mard 38 (J 1554). 37 (J 1568). Séert 58 (J 1618). JerPatr 14 (J 1709).
35 (18. Jh). 41 (18. Jh). VatB 89 (K VI 13. J 1868) 2°, für den Klerus allein: Brl 55 (Orfol 1200 D.
J 1614). N-Dsém 76 (J 1723/4). 77 (J 1882). CmbrAdd 1986 (J 1759), für Laien (und Kinder) in
verschiedenen Rezensionen: VtS 61 (13. Jh). Urm 23 (J 1497). 139 (18. Jh). VtB 41 (J 1557).
12 (J 1611). Mard 36 (J 1565). 35 (18. Jh). BrMOr 4416 (J 1719/20). 4420 (18. Jh). 4421 (18. Jh).
N-Dsém 75 (J 1730/1). CmbrAdd 1985 (18. Jh). Über eine solche im Besitze des Un. Theol. Seminary, New York (J 1735) vg. JHHall, PAOS 1888, XXVIII/XXX. CCXXX/CCXXXII. Hs einer
umfassenden Sammlung einschlägiger Texte in „chaldäischer“ Rezension: VtS 308 (18. Jh). Agg:
der Lazaristen (Urmia 1881. Vg. JHHall, PAOS 1887/8. CCLXXXVf.), von Textproben:
JHHall, Hebraica 4, 193/200.

[4] Hss: CmbrAdd 1985 fol 202/15 und in Vt 61 bzw. Abs daraus (von der Hand CMackes)
im Besitze der Abtei Maria Laach, ohne den Namen N.s: Brl 55 fol 117/26 und gewiß mindestens
noch zahlreiche andere, für die eine betreffende Angabe fehlt. Vg. KatSachau 186. Ag: PBedjan,
Manuel de piété (Pr 1893) 654/9. 667/9. Eine von Macke vorbereitete ist von M Wolff in OC² 12
zu erwarten.

tungen, während im zweiten irgendwie an N. zugeschriebene Bújjae („Trostreden")[1])
gedacht werden könnte, die alsdann gleichfalls poetische Form gehabt hätten, nicht
als Leichenreden in Prosa neben sicher prosaische Homilien (Túrgâme) träten,
als deren Verfasser der Dichter-Theologe gleichfalls bezeichnet wird.[2])   Von unmittelbar liturgischen Texten wurde nicht nur ein anscheinend nicht erhaltenes
Formular der eucharistischen Feier auf ihn zurückgeführt.[3])   Auch in Sammlungen wiederum im Tagzeitengebet zur Verwendung kommender „Lobgesänge"
(Tešbḥ̄at(h)ā)[4]) gelten mindestens zwei der wichtigsten Nrn als sein Eigentum.[5])
In Verbindung gebracht wird sein Name ferner mit Formularen der vom Diakon
der Gemeinde vorzubetenden Litanei (K(h)ârôzât(h)a),[6]) deren gleichfalls im
Laufe der Jahrhunderte eine stattliche Reihe erwachsen ist.[7])   Manches wurde
unter den Schutz dieses berühmten Namens auch zu Unrecht gestellt.   Weitere
„Ermahnungen"[8]) sind vielleicht überhaupt nur vermöge eines Mißverständnisses
von denjenigen des Bs der Sittenverderbnis unterschieden worden.   Eine umfangreiche Erklärung der eucharistischen Liturgie in poetischer Form, neben der
auch eine solche der Taufliturgie eine selbständige Textüberlieferung gefunden
zu haben scheint,[9]) ist wie unter demjenigen N.s. so auch unter dem Namen
eines 'Ab(h)dišō' r Elam und anonym erhalten.[10])   Mehr als zweifelhaft bleibt es,
mit welchem Rechte von den Sôg(h)jàt(h)ā, mit denen in einzelnen Hss eine
liturgische Sammlung von Mēmrē N.s durchflochten ist,[11]) mindestens eine mehrfach als seine persönliche Schöpfung angesprochen wird.[12])   Zweifelhaft ist seine

---

[1]) ChrS. 'Ai.   [2]) 'Ai.   [3]) 'Ai: „Darbringung des Opfers." Oder sollte hiermit N. als
Redaktor der nestorianischen Normalliturgie „der hll. Apostel (Mâr j) und Addai" angesprochen
werden wollen?

[4]) Hss einer mit geringfügigen Schwankungen auftretenden kleineren Sammlung im Anhang
liturgischer Psalterien: BrM 7155 Rich (13. Jh).   186 (Add 14675. 13. Jh).   191 (Add 17219. 13. Jh).
Or 4442 (18. Jh). 4525 (19. Jb). JerPatr 27 (J 1584/5). 7 (J 1588). 15 (J 1593). 25 (J 1657). CmbrOo
1. 22 (16./17. Jh). Add 2066 (18. Jh). 1966 (J 1826). München Syr 4 (Or 147. J 1607). Pr 24 (Suppl 56.
17. Jh). Brl 29 (Orqu 803. 18. Jh), einer entsprechenden hinter K d(h)aqdamwad(h)bât(b)ar:
VtS 222 (J. 1670), größerer Sammlungen: Dijarb 36 (12. Jh) 1°. 2°. Séert 48 (17. Jh) 2°. Urm 129
(18. Jh). Über ein vatikanisches Fragment des 8. Jhs vg. M Ugolini, OC 2, 179/86.

[5]) Die in allen Hss der Normalsammlung wiederkehrenden: Taudi lēṭâb(h)ā für die Nacht
des Sonntags und: Nûhrā d(h)ēd(h)enḥeh für den Morgen aller Tage. Agg: BrCh 27 f. 35 f. (jedes
Bandes, Ag des K d(h)aqdam wad(h)ḷât(h)ar (Vg. S. 52 Ak. 9) durch die englische Mission
(Urmia 1901) 154 f. 157 f., der ersten: B Haneberg, ZDMG 3, 231. Übs derselben: J M Schönfelder, TQs 48, 188 f., beider: J A Maclean, East syr. daily off. 161 f. 168 f. 'Ai hat vielleicht
nicht mehr als diese zwei Nrn im Auge.   [6]) 'Ai.

[7]) Hss kleinerer Sammlungen verschiedenen Umfangs im Psalteranhang: diejenigen der
Normalsammlung von Tešbḥ̄at(h)ā, größerer Sammlungen: Mos 54 (J 1577/8). JerPatr 19 (1660) δ'.
Séert 48 (17. Jh). Urm 129 (18. Jh). 183 (19. Jh). Ag der normalen für Messe und Tagzeitengebet: BrCh 341*/5* (jedes Bandes). Missale inxta ritnm ecclesiae Syrorum Orientalium (Mosul
1901) 387/92, solcher für bestimmte Tage des Kirchenjahres: im BrCh an betreffender Stelle und
in der genannten Ag des K d(h)aqdam wad(h)bât h ar 267/70.   [8]) Nur von 'Ai erwähnt.

[9]) Ag: Mingana Nr 22 (Connolly 33/45). Vg. 'Ai: „Erklärung der Mysterien und der
Taufe." Oder sollte damit die über eucharistische und Taufliturgie handelnde Nr 21 (Connolly
46/61) bezeichnet werden?

[10]) Hss unter dem Namen des 'A.: Séert 76 (13. Jh); Dijarb 67 (16. Jh) 2°. Urm 21 (17/18. Jh).
VtB 90 (J 1867) 1°. BrlOrqu 967, mit anonymer Überlieferung: CmbrAdd 1977 (J 1728) IV°. 2818
(18. Jh) II°. Séert 44 (beigebunden). 122. 2°. N-Dsêm 80. 1°. 82 (J 1894) 1°. Ag: Mingana
Nr 17, von Azz: KdP 12,28. Übs: Connolly 1,32.

[11]) So Brl 57. Diettrich 6.   [12]) Diejenige vom Cherub und dem Schächer an der Para-
diesespforte z. B. in den Hss JerPatr 31 (J 1512) ϛ. 2 (J 1662) ιβ'. Ag des altsyrischen und

Urheberschaft endlich auch bei einem Epos über den ägyptischen Joseph, von dessen vier Mêmrē die beiden ersten in zwölfsilbigem Metrum eine freie Ausgestaltung des biblischen Berichtes bis zur Abholung Jakobs nach Ägypten bieten, während der weit kürzere dritte in siebensilbigem Versmaß dessen Reise nach Ägypten schildert und der letzte wieder im zwölfsilbigen ein Gespräch zwischen Jakob, Dina und Joseph vorführt, in dem der letztere seine Schicksale erzählt.[1]

e) KBâb(h)aj.[2] ord. 497, † 502,3, war Sekretär des Marzban von Bêt(h) Arâmâjē gewesen und verdankte seine Erhebung der Vermittlung eines mit ihm verwandten Hofastrologen Môsē. Die kurzen Akten seiner im 11. 497 abgehaltenen Synode[3] stellen ein einheitliches Protokoll über die gefaßten Beschlüsse dar, von denen eine Aufhebung aller in den kirchlichen Wirren der jüngsten Vergangenheit ausgesprochenen Exkommunikationen und Suspensionen das deutliche Bestreben verrät, diese formell im Sinne gegenseitiger Verständigung zu beenden, während es sachlich den endgültigen Sieg der Richtung Barṣaumās bedeutete, wenn die Priesterehe geradezu zum Gesetz erhoben wurde.

§ 17. Die Schule von Nisibis blieb fürs erste der beherrschende Mittelpunkt des literarischen Lebens der nestorianisch gewordenen Kirche des Sassanidenreiches. Von den führenden Männern, die an ihr zunächst das Erbe Narsais hüteten, haben dabei neben einem Elišaʿ b Qûzbâjē zwei Blutsverwandte des Gründers, Abraham und Jôḥannān, als gelehrte Theologen, ein Jâusep(h) Hûzâjā hat in anscheinend bahnbrechender Beschäftigung mit grammatischen Studien sich literarische Verdienste erworben. Auch die Ergänzung, welche die Übertragung der Werke des Diodoros und Theodoros durch eine solche derjenigen des Nestorios erfuhr, der mit jenen zu dem Dreigestirn der gefeierten „griechischen Lehrer" zusammengefaßt wurde, ist zweifellos gleich einer solchen von Schriften verschiedener Gesinnungsgenossen des Häresiarchen im Verlaufe der ersten Hälfte des 6. Jhs in den Kreisen der nisibenischen Hochschule erfolgt.

a) Die Schule von Nisibis[4] hat rasch ein derartiges Ansehen gewonnen, daß ihr der lebendigen Gegenwart angehöriges Vorbild neben dem aus ehrwürdiger

eines Fellîḥî-Textes: ESachau, Üb. d. Poesie in d. Volkssprache d. Nestorianer SbPAW 1896, xi 16/37.

[1] Hss: Brl 58 (Sach 219. 18/19. Jh). CmbrAdd 3538 (J 1882). Abs einer Hs in Mosul im Besitze Bedjans, der Mêmrē 1. 2 (?) bzw. 1/3 unter dem Namen Ja'qôb b's v Sĕrûg h): Ox 135 (Poc. 404) 99°. Brl 59 (Orqu 802. 18. Jh?) 1°. Agg des 1. Mêmrā: VGrabowski, Geschichte Josefs von Mar Narses. 1. Teil (Diss. Lpz 1889), des 2. Mêmrā: MWeyl, Das 2. Josephsgedicht von Narses (Diss. Brl 1901), des Ganzen: PBedjan, Lib. superiorum seu hist. monast. auctore Thoma ep. Margensi Pr 1901) 519/629: Hom. Mar Narsetis in Joseph. Vg. Ders., Hom. select. Mar-Jacobi Sarug. 5. XVIII f. Verschieden ist ein das zwölf-, fünf- und siebensilbige Metrum gebrauchendes anonymes Josephgedicht. Hss: Brl 166 (Sach 19 '. J 1860) 1°, eines Bruchstücks: 180 (Sach 189) VI°. [2] ChrS 2. 36/8. EḥŠ 49 (29). MbS 46 f. (40 f.). 'Am 35/7 (21 f.). BEKg 2, 79 82. BO 31, 395, 427 31. OBraun a. a. O. 83 5. Labourt 154/9. Lübeck 76 f. [3] In d. Sammlung d. oriental. Synoden. Agg: SynOr 62/8 (310,7), deutsch von OBraun a. a. O. 85/92.

[4] J-BChabot, JA° 8, 43/93 (bezüglich der Geschichte der Schule durch BḥKg und Schulgr überholt). Labourt 293/301. AScher, École de Nisibe, son origine ses règlements et ses hommes célèbres (Beirut 1905. Arabisch). HRNelz, D. theolog. Schulen d. morgenländ. Kirchen während d. sieben ersten Jahrhunderte in ihrer Bedeutung für d. Ausbildung d. Klerus (Diss. Bonn 1916) 77 110.

Vergangenheit herüberragenden der alexandrinischen Katechetenschule um 535/6 selbst dem Abendländer Cassiodorus vorschwebte, als er in Verbindung mit Papst Agapetus I. dem Gedanken der Gründung eines christlichen Studienmittelpunktes in Rom nahe trat.[1] Ihre Organisation hat, nachdem ein Einreißen von Unordnung schon zu Lebzeiten Narsais nicht vermieden worden war, ein Erlaß neuer Statuten durch den M Hôše' zum Abschluß gebracht, die am 21. 10. 496 Rechtskraft erlangten.[2] Ein „Hausmeister", jeweils auf Jahresfrist durch die Gesamtheit der dem Schulverbande angehörenden „Brüder" gewählt, hatte die Sorge für deren materielles Wohlergehen wie diejenige für Aufrechterhaltung von Zucht und Sitte zu tragen, in der letzten Richtung durch die „Häupter der Kellien" unterstützt. Die oberste Leitung des Ganzen lag in den Händen des schlechthin als „unser Meister" (Rabban) bezeichneten Schulhauptes, eine Stellung, die wohl durchweg mit derjenigen eines bzw. des (ersten?) „Exegeten" (Mĕp(h)aššĕqànā) verbunden war. Neben diesem Träger der bibelwissenschaftlichen Unterweisung steht als ein zweites Mitglied des Lehrkörpers von durchaus eindeutiger Aufgabe der „Lesemeister" (Maqrĕjànā), dem die Einübung der liturgischen Textesrezitation einschließlich des Gesanges und des gesamten Chordienstes oblag. Minder klar sind die Funktionen des „Forschers" (Bàd(h)ôqā), des „Meditationsmeisters" (Mĕhaggĕjànā) und des „Schreibers" (Sàp(h)ĕrā) der Schule. Bei dem letzteren mag es sich um den Sekretär derselben, bei einem der beiden anderen Ämter um die Vertretung philosophischer Studien gehandelt haben. Eine Pflege auch medizinischer war jedenfalls seitens der Teilnehmer an den theologischen nicht angängig, da den „Brüdern" ausdrücklich ein Zusammenwohnen mit den „Ärzten" untersagt war. Ein dreijähriger Studiengang, von dessen Gestaltung wir gelegentlich hören,[3] bildete vielleicht nur die elementare Grundlage, auf welcher sich eine höhere wissenschaftliche Unterweisung aufbaute. Auf die Berufung führender Lehrkräfte hat anscheinend auch die Bürgerschaft der Stadt einen Einfluß besessen, die Oberaufsicht über die mit zahlreichen Privilegien ausgestattete rechtspersönliche Korporation von Lehrern und Schülern aber dem örtlichen Vertreter der Hierarchie zugestanden.

    b) Elîša' b Qûzbàjē,[4] so genannt weil aus dem Dorfe Qûzbô im Gebiete von Margā in Bêt(h) 'Arbàjē gebürtig, soll mit N. schon von Edessa nach Nisibis übergesiedelt sein.[5] Dem entspricht es, daß er, dann naturgemäß schon hochbetagt, nach dessen Tod bis zu seinem eigenen nur während 7 JJ die Leitung der Schule innegehabt hätte.[6] Unerklärt bleibt freilich eine demgegenüber mit großer Bestimmtheit auftretende andere Überlieferung, nach der seine sogar bloß vierjährige Amtsführung erst zwei Jahrzehnte später infolge einer gegen diesen gerichteten Bewegung diejenige Abrahams unterbrochen hätte.[7] M von Nisibis ist er jedenfalls ebensowenig gewesen[8] als mit einem Pr und Arzt E. zu verwechseln, der 522/3 in schismatischer Wahl zum K erhoben wurde.[9] Eine Darstellung der christlichen Glaubenslehre in 38 Kapp. hat er zum Zweck einer Vorlage an Qàwàd(h) auf Ersuchen des K Aqàq ausgearbeitet, der alsdann die Über-

---

[1] De inst. divin. lect. Praefatio (PL 70, 1105).

[2] Hss: N-Dsém 90 (14. Jh). Séert 65 (17/18. Jh) XVI°. VtB 81. Mard 50 (J 1871). Ag: IgnGuidi, GSAI 4, 165/95. Übs: ENestle, Ztschr. f. Kirchengesch. 18, 211/29.

[3] Durch einen Kanon in dem noch unedierten kirchenrechtlichen Werke des 'Ab(h)dišô' b Bĕrik(h)ā (§ 52e): BO 3 II, 939.

[4] BhSchulgr 73. Kg 132. „Chronik v. Arbela" (§ 22 a) 70 (89. 91). ChrS 2, 34 f. MbS 46 (40). 'Ai § 90. BO 3 I, 166 f. AScher, ROC 11, 4 6. [5] ChrS. [6] BhSchulgr. ChrA. [7] BhKg.

[8] Behauptet wird es durch ChrS und MbS wohl infolge einer Verwechslung mit Hôše'.

[9] EbŠ 1, 50 (29). MbS 49 (42 f.). 'Am 38 f. (22 f.). Begangen wurde die Verwechslung durch JSAssemani.

tragung des syrischen Originals ins Persische besorgte.[1]) Von seinen weiteren
Schriften, deren Zahl und Bedeutung nachdrücklich hervorgehoben wird,[2]) war
eine der Ausräumung von zoroastrischer Seite erhobener Schwierigkeiten gewidmet,[3])
eine andere gegen nicht näher bezeichnete „Häretiker" d. h.[4]) wohl gegen monophysitische Propaganda gerichtet. Von angeblich auf das ganze AT sich er-
streckenden exegetischen Arbeiten [5]) waren im einzelnen solche zu Job,[6]) Jos,
Richt. die Weiterführung einer unvollständigen oder unvollständig übersetzten Sam-
Erklärung des Theodoros v Mopsuestia und etwas wie Inhaltsangaben oder Erläuterungen zu ausgewählten Stellen der Kg.[7]) von Kommentaren zu allen Paulusbriefen [8]) diejenigen zu Kor, Gal. Phil. Eph [9]) späterer Zeit, wenn auch vielleicht
nur durch Zitate. noch bekannt. Je eine Schrift über Schulgründungen [10]) und über
die Martyrer,[11]) „Danksagungen" wohl zum liturgischen Gebrauche am Schluß
der eucharistischen Feier und Mēmrē gewiß poetischer Form [12]) vervollständigen
das Bild einer höchst vielseitigen literarischen Tätigkeit.

c) **Abraham** mit dem Beinamen dĕbêt(h) Rabban („vom Hause unseres
Meisters"),[13]) der Sohn eines Bar Sahdē aus Mĕ'altā, schloß sich, vom Gedanken der
Weltflucht geleitet, im Alter von 15 JJ an Narsai an, dessen von ihm selbst bisher
gleichfalls getragenen Namen er bei dieser Gelegenheit mit dem seither von ihm
geführten vertauschte. Während nicht weniger als 60 JJ hat er nach der glaub-
hafteren Überlieferung ununterbrochen und als Nachfolger Elišaʻs an der Spitze
der Schule gestanden. Die Zahl seiner Schüler wird auf mehr als 1000 beziffert.
Durch große Bauten hat er dem sich stetig erweiternden Schulbetriebe erst eine
endgültige Heimstätte geschaffen. Exegetische Arbeiten von ihm werden zu Jos,
Richt, Sir.[14]) Kg. HL[15]) und zu den Propheten[16]) bzw. hier wieder neben einer
zweibändigen Is-Erklärung[17]) zu Ez.[18]) Dn und den zwölf kleinen Propheten [19])
namhaft gemacht. In seinen Briefen [20]) beantwortet er ihm vorgelegte Fragen
wohl theologisch gelehrten Charakters.[21]) Auch er hat über die Geschichte der
Schulgründungen geschrieben,[22]) als Dichter auch er sich in der Kunstform des
Mēmrā[23]) und vielleicht nicht minder in derjenigen des Mad h)rāšā [24]) versucht. Unter
den einschlägigen Gesängen des kirchlichen Tagzeitengebets wird die Tešbôḥtā für
die Nacht des Montags ihm zugeschrieben.[25]) während sich von seiner exegetischen
Prosa wenigstens Anführungen erhalten haben.[26])

d) **Jôḥannān** dĕbêt(h) Rabban [27]) war neben seinem Verwandten Abraham,

---

[1]) ChS. MbS.   [2]) BḥSchulgr. BḥKg. ChrA.   [3]) BḥSchulgr und Kg.   [4]) BḥSchulgr.
[5] Ebenda. mit dem merkwürdigen Zusatze: „gemäß der syrischen Sprache". Ist demnach
statt an wirklich exegetische vielmehr an masoretische Arbeit oder ist an einen Anschluß der
Erklärung an den Pĕšiṭṭā-Text statt des LXX-Textes des Theodoros v Mopsuestia zu denken?
[6]) ChrS. ʻAi.   [7] ChrS.   [8] Ebenda.   [9]) ʻAi.   [10]) ChrS und mit unvollständiger Titelangabe ʻAi.   [11]) ʻAi. Ob eine Sammlung von Martyrien oder ein Festtraktat (vg. § 18 c d f)
auf das allgemeine Martyrerfest am Freitag der Osteroktav?   [12]) ʻAi.
[13]) BḥSchulgr 74 f. Kg 128,43. „Chronik v Arbela" 70 (91). ChrS 2, 23 f. MbS 44 (39).
54 (47). ʻAi § 55. BO 31, 71. J-BChabot. JAº 8, 52 f.   [14]) BḥSchulgr. ChrS. ʻAi.
[15]) ChrS. ʻAi.   [16]) BḥSchulgr.   [17]) ʻAi.   [18]) ChrS.   [19]) ChrS. ʻAi.   [20]) ChrS.
[21]) BḥKg 140 f.   [22]) ChrS. ʻAi.   [23]) Ebenda.
[24]) ʻAi. Doch ist der Text unsicher und vielleicht die scheinbare Erwähnung von Mad(h)rāšē
in Wirklichkeit eine Beifügung zu dem vorangehenden Titel. Vg. AScher, PO 7, 116 Ak. 2.
[25]) Hss: vg. S. 112 Ak. 4. Ag: BrCh 42 (jedes Bandes). Ag des K d'h)aqdam wad(h)bât(h)ar 86.
Übs: JAMaclean, East syr. daily off. 98.   [26]) In einem großen Bibelkommentar vielleicht
eines Sab(h)rišôʻ b Paulôs (§ 46 g) und der Selbsterklärung eines Isḥáq (E šbad(h)nâjā zu einem
von ihm verfaßten gelehrten theologischen Lehrgedicht (§ 54 b).
[27]) BḥSchulgr 74. ChrS 2. 24. MbS 54 (47). ʻAi § 56. BO 31, 72 f. J-BChabot, JAº
8, 57 f. AScher, PO 7, 116 f.

dessen späteren Namen wiederum er ursprünglich getragen haben soll, eine demselben ebenbürtige Leuchte der Schule. Noch vor ihm ist er wohl gegen 566/7 als Opfer einer Pestepidemie gestorben,[1] die längere Zeit im nördlichen Mesopotamien wütete. Neben je einem B gegen die Juden,[2] die Magier[3] und die Monophysiten[4] wird von ihm ein solches von „Fragen"[5] näherhin über das A und NT[6] bezeugt. Von diesem unterschieden werden dann wieder exegetische Sonderarbeiten zu drei oder vier BB des Pentateuchs,[7] Job, Is, Ez[8] und den Spr,[9] eine Scheidung, deren Berechtigung vielleicht die Anführungen J.s in späterer exegetischer Literatur nachzuprüfen erlauben werden.[10] Von seinen Mēmrē, die im Gegensatz zu prosaischen Homilien[11] gewiß poetischer Form waren, werden im einzelnen solche „des Gebets"[12] und je einer auf einen Sieg des Sassaniden K(h)osrau I. über die Araber des Neǧrān[13] und über das Wüten der Pest in Nisibis[14] erwähnt. Einer auf den erst 578 erfolgten Tod K(h)osraus[15] muß ihm mit Unrecht beigelegt worden sein. Wohl gleichfalls poetische Schöpfungen funeralen Inhalts[16] mögen unerkannt in der Begräbnisliturgie fortleben.[17] Auch daß er die Gattungen des Mad(h)rāšā und der Tešbōḥtā gepflegt habe, erfährt man,[18] und wenigstens ein im Nachtoffizium des Freitags gebrauchtes Stück der letzteren hat sich unter seinem Namen erhalten.[19] Bei einer schließlich auf ihn zurückgeführten Redaktion antiphonischer oder responsorischer Qālē[20] liegt der Gedanke an die in ihrem Grundstocke zweifellos sehr alten „ferialen", „Gebets-" oder „Hilfs-Qālē" nahe,[21] deren an die westsyrischen Mad(h)rāšē-„Leitern" erinnernde Strophenreihen, von Psalmversen durchflochten, ein in 28 Nrn mit teilweise mehreren „Wechselstücken" (Šûḥlāp(h)ē) gegliedertes Repertorium allgemein gehaltener Gesangstexte nächtlichen Vigiliengottesdienstes bilden.

e) **Jàusep(h) Hûzàjā**[22] wird durch seinen Beinamen als Sohn der alten Susiana (Bêt(h) Hûzàjē; Ḫûzistan) bezeichnet. Unter den Schülern Narsais ist er der bahnbrechende Vertreter grammatischer Studien. Maßgebliche Verdienste hat er sich insbesondere um die Schaffung eines Punktationssystems erworben, das die graphische Unterscheidung konsonantisch gleicher, aber in Vokalismus und Bedeutung von einander verschiedener Worte ermöglichte[23] und mit diesen Worten

---

[1] MbS: unter KJàusep(h) (551/52—566/7). Mit dem Tode J. an das untere Ende der damit gegebenen Zeitgrenze heranzurücken, läßt die Tatsache als ratsam erscheinen, daß die Epidemie noch unter K Ezechiel (569/70—580/1) fortgedauert hat.   [2] Bḥ. ChrS. ʿAi.   [3] ChrS. ʿAi.

[4] Bḥ: Geg. d. Eutychianer. ʿAi: Geg. d. Häretiker.   [5] ChrS.   [6] ʿAi.   [7] ChrS: vier BB. ʿAi: Ex, Nm, Lv.   [8] ChrS. ʿAi.   [9] ʿAi.   [10] Fundstätten sind dieselben wie bei Abraham, dazu auch noch der Kommentar des Išôʿdàd(h) v Merw zum NT. Vg. § 37 d.

[11] ChrS: Tārāǧim (= Tûrgāmē).   [12] ChrS. ʿAi. Nur einen einzigen nennt hier Bḥ. [13] Bḥ.   [14] Bḥ. ʿAi.   [15] ChrS. ʿAi. Eine Verwechslung mit demjenigen über den Arabersieg, die AScher annehmen möchte, ist wenig wahrscheinlich.

[16] ChrS. ʿAi: „Bûjjāʿē für alle Stände."   [17] Vg. die Hss S. 111 Ak. 3.   [18] ʿAi.   [19] Hss: mindestens diejenigen der Normalsammlung. Vg. S. 112 Ak. 4. Ag: BrCh 28 f. (jedes Bandes). Ag des K d h)aqdam wad(h) bāt h)ar 91 f. Übs· J A Maclean, East. syr. daily off 100 f.

[20] ʿAi: Rûk(h âb(h) qālē d·h ĕ̄ônjāt h·ā.

[21] Hss: VtS 62 (16. Jh), die Ḥûd(h)rā-Hss: BrM 7177 Rich. 7179 Rich. VtS 83. CmbrAdd 1981. Brl 47 (Sach 354) und die Kaškûl-Hs: VtS 84, in denen das Korpus wie übrigens gewiß auch in anderen minder genau beschriebenen liturgischen Hss gleichen Typs als Anhang auftritt. Ag: BrCh 2*/210* (jedes Bandes. Vg. A Baumstark, Paradigmengebete ostsyrischer Kirchendichtung, OC² 10/11 mit Übs einschlägiger Stellen.   [22] B'EKg 2, 77 f., der ihn irrtümlich zum Nachfolger Narsais in der Schulleitung macht. Oeuvres grammaticales ed. P Martin 2, 77. BrM 161 (Add 12138) V°3 (= KatWright 107). BO 3ı, 100 Ak. 1. A Merx, Historia artis grammat. ap. Syros (Lpz 1889) 8. 28. 30. 68. 99/102. J-B Chabot, JA⁹ 8, 58 f. Wright 115 f. Duval³ 56.   [23] Über dasselbe A Merx a. a. O. 28. 68 f. 99/102.

(den sog. aequilitterae) sich auch schriftstellerisch beschäftigt.[1]) Daneben legt ihm nestorianische Textüberlieferung die in jakobitischer anonym vorliegende Übs der grammatischen Τέχνη des Dionysios Thrax bei.[2])

f) Von Nestorios ist wohl alles das auch tatsächlich übersetzt gewesen, was von der gelehrten Tradition der syrischen Nestorianer als der Vernichtung durch die Gegner entgangen bezeichnet wird.[3]) In Betracht kommen zunächst, ohne daß über Urheber oder Entstehungszeit der Übs eine Andeutung gemacht würde, eine Sammlung seiner Briefe und eine solche seiner Homilien und sonstigen Reden. Ausdrücklich wird dagegen in die nur zweimonatliche Regierungszeit des K Paulos (um 535/6)[4]) die Entstehung syrischer Texte der Τραγῳδία, der Πραγματεία Ἡρακλείδου und eines Briefes an Kosmas verlegt. Von ihnen hat derjenige der Πραγματεία eines der Hauptwerke des N. bis auf die Gegenwart gerettet.[5]) In einem Texte über die Inkarnation in 38 Kapp.[6]) sind vielleicht in ihrer Echtheit bestrittene Κεφάλαια wiederzuerkennen, von denen auf griechischem Boden eine dogmatische Katene aus den J.J 662.79 Kunde gibt.[7]) Eine Folge von 12 syrischen Anathematismen ist von den griechischen verschieden.[8]) Der „Brief an Kosmas“ dürfte N. selbst mit Unrecht zugeschrieben werden und vielmehr mit einem gleichfalls nur syrisch erhaltenen Schreiben über dessen Schicksale identisch sein,[9]) neben das an weiteren Texten über ihn eine stark legendarisch ausgeschmückte Biographie[10]) und ein nicht weniger in gehässigem Sinne parteiisch gefärbter jakobitischer Bericht[11]) treten. Wie natürlich der letztere, so haben mit dem literarischen Leben der Schule von Nisibis vielleicht auch der syrische Wortlaut, in dem eine indirekte monophysitische Überlieferung einen einzelnen von N. aus der Verbannung nach Konstantinopel gerichteten Brief aufbewahrt hat,[12]) und andere Anführungen seines Nachlasses aus dem gegnerischen Lager[13]) nichts zu tun. Über die Liturgie des N. s. § 18 a.

g) Von Gesinnungsgenossen des Nestorios nennt syrische Überlieferung den M Eutherios v Tyana als Verfasser von Reden, Homilien, einer Streitschrift „gegen die Theopaschiten“ und eines Evangelienkommentars.[14]) Das von dem

---

[1]) B'E Oeuvres a. a. O.   [2]) Hss der nestorian. Überlieferung: Mos 35 (16. Jh) 3°. Brl 89 (Sach 226 nms J 1882) IV°, der jakobit.: BrM 987 (Add 14658. 7. Jh) 5°. 800 (Add 14620. 9. Jh) 9°. Ag: A Merx a. a. O. 50/72 (9 28).

[3]) 'Aï § 20.   [4]) EbŠ 50 f. (29). MbS 49 (43). 'Am 39 (23). Labourt 170.

[5]) Hss: Urm 147 (J 1888/9). Straßburg (aus dem Besitze HGoussens). Ag: PBedjan, Nestorius. Le livre d'Héraclide de Damas (Pr 1910). Übs: FNau. N. Le livre d'Héraclide de Damas trad. eu franç. (Pr 1910). Vg. HGoussen, Martyrius Sahdonas Leben u. Werke (Lpz 1897) 15 Ak. 1. A Baumstark, OC 3, 516/20. F Loofs, Nestoriana. D. Frgmte d. N. ges., unters. u. herausgeg. (Halle a. S. 1905) 69 f. FNau, ROC 14, 208 f. Ders., N. d'après de Sources orientales (Pr 1911). JF Bethune-Baker, N. and his teaching, a fresh examination of the evidence. With special reference to the newly recovered Apology of N. (the Bazar of Heraclides) (Cmbr 1908). F Loofs, Nestorius and his place in the history of christian doctrine (Cmbr 1914).

[6]) Hss: Séert 87 (J 1609) VII°, eines Bruchstücks: VtS 179 (J 1703) XIII°. Ag des römischen Textes: G Kampffmeyer bei F Loofs a. a. O. 371.   [7]) Vg. Loofs a. a. O. 60.   [8]) VtS 179. XI°. Ag: BO 3 ii, 199/202.   [9]) Hss: VtB 82 und die übrigen der Sammlung der oriental. Synoden. Vg. S. 59 Ak. 11. Agg (mit Übs): O Braun, ZDMG 54, 378.95. F Nau, PO 13, 273 86. Übs: F Nau, N. Le livre d'Héraclide 362/6.   [10]) Hss: Urm 134 (J 1558). 159 (19. Jh) 6°. Ag: M Brière, ROC 15, 1/25. Vg. F Nau ebenda 14, 424/6.   [11]) Hs: El. sep. VII des ehemaligen Museo Borgiano, fol 240/50. Ag: EGöller, OC 1, 276/87.

[12]) Hss: BrM 860 (Add 12154. 8/9. Jh) 18° u. Brief d. Philoxenos an d. Mönche v. Senûn (S. 142 Ak. 7). Ag: E W Brooks-FNau, ROC 15, 275.81.   [13]) Gesammelt von G Kampffmeyer bei Loofs a. a. O. 365/70. 372/88. Vg. A Baumstark, Lit. Rundschau 33, 458/61.

[14]) 'Aï § 32. BO 3 i, 42.

späteren B Eirenaios v Tyros, der als Comes sacri Palatii auf dem allgemeinen
Konzil zu Ephesos den Kaiser vertreten hatte, diesem und den Schicksalen des
Häresiarchen gewidmete Geschichtswerk lehrt sie näherhin als ein solches in 5 BB
kennen.[1]) Von dem cölesyrischen Pr Theodulos, den sie als Schüler des
Theodoros v Mopsuestia bezeichnet, sind ihr ein zweibändiger Is-Kommentar und
eine Schrift über die passende Verwendung der einzelnen Psalmen bekannt.[2]) Mit
einem ihm durch seinen abendländischen Zeitgenossen Gennadius[3]) beigelegten
Werke inhaltsverwandt·könnte ein solches gewesen sein, das sie unter ausdrücklicher Andeutung griechischer Abfassung neben Reden für B Kyros v Hierapolis bezeugt.[4]) Mit dem als Anhänger der antiochenischen Theologie durch
Photios[5]) bekannten gleichnamigen B des kilikischen Irenepolis dürfte ein von
ihr als Urheber von Homilien und verschiedenartigen Lehrstücken eingeführter
Basileios[6]) gleichzusetzen sein. Auch ein Akylinos, der hier als Kommentator des Mt- und Jo-Evangeliums, und ein Philotheos, der als Autor eines
zweibändigen Ez-Kommentars und einer wohl theologisch-polemischen Schrift
unter dem Titel Ἰώμενος erscheint, dürften in diesen Kreis gehören,[7]) ohne daß
allerdings eine Sicherheit darüber bestünde, wie weit die genannten literarischen
Arbeiten wirklich Gegenstand syrischer Vollübss geworden oder den syrischen
Nestorianern nur durch Zitate bekannt waren. Ob es sich überhaupt um einen
griechischen oder vielmehr geradezu um einen syrischen Schriftsteller handle,
kann dagegen bei einem als „Perser“ bezeichneten Theophilos zweifelhaft
scheinen, von dem eine Schrift gegen die Anathematismen des Kyrillos und eine
solche gegen einen Dositheos Erwähnung finden.[8])

§ 18. Ihren schlechthin hervorragendsten Vertreter hat die altnisibenische
Theologie an dem K Màr(j) Ab(h)ā gefunden, dem an einer Schule von Seleukeia
eine Rivalin der Gründung Narsais ihre Entstehung verdankte. Ein Wirken an
der neuen Schöpfung bzw. ein Hinaustragen des in Nisibis gepflegten Geistes in
mehr oder weniger große Ferne teilweise durch Gründung weiterer Lokalschulen
ist für einen Kreis theologischer Schriftsteller bezeichnend, der sich um die führende
Gestalt des gelehrten Trägers der oberbischöflichen Würde gruppiert. Ein von
ihm zu dieser Würde erhobener M Paulos von Nisibis, ein Thomas v Edessa
und dessen Landsmann und geistiger Erbe Kyros, M Theodoros v Merw
und sein Bruder Gabriel v Hôrmîzdšîr ragen über eine Reihe weiterer
Glieder desselben als die bedeutendsten hervor.

---

[1]) ʻAî § 25. BO 3ɪ, 38 f.   [2]) ʻAî § 21, das zweite Werk näherhin bezeichnend als
„Sammlung der Eigentümlichkeiten der Psalmen des Königs David und in welcher Weise und
aus welchem Grunde ein jeder gesagt zu werden verdiene“.   [3]) De vir. ill. § 90.

[4]) ʻAî § 24: „Unterscheidung der Kulte,“ unter Bezeichnung des Verfassers als „Griechen“,
während das von Gennadius für Th. bezeugte Werk „de consonantia divinae scripturae“ sich „ad-
versus antiquos haereticos“ wandte, die „propter differentiam praeceptorum vel caeremoniarum“
der beiden Testamente die Identität des Judengottes mit dem Vater Jesu Christi leugneten.
BO 3ɪ, 38.

[5]) Bibl. Codd. 42. 95. 107.   [6]) ʻAî § 28. Vg. BO 3ɪ, 38.   [7]) Da sie ʻAî § 22 und 26
zwischen den sicher ihm angehörenden Gestalten auftreten. Vg. BO 3ɪ, 37, 39, wo vielmehr medizinischer Inhalt für den Ἰώμενος des Ph. vermutet wird.

[8]) ʻAî § 31, wo allerdings nach dem Zusammenhang bestimmt an einen griechischen Schriftsteller gedacht sein dürfte. In entgegengesetztem Sinne A Scher, ROC 11, 12, der in Th. einen
Zeitgenossen des K Màr(j) Ab(h)ā I. vermuten möchte. Vg. BO 3ɪ, 42.

a) K Mâr(j) Àb(h)â I.,[1]) ord. im 1. oder 2. 540, † 29. 2. 552, war als Sohn zoroastrischer Eltern zu Hâlê in Râd(h)ân am rechten Tigrisufer geboren und hatte die Beamtenlaufbahn eingeschlagen, als ihn ein Katechet Jâusep(h), genannt Môsê, für das Christentum gewann. In Nisibis, wo er sich besonders an einen späteren B Ma'nâ v Arzôn anschloß, hatte er alsdann seine theologische Bildung empfangen, auf römischem Gebiete von einem Edessener Thomas das Griechische gelernt und in Begleitung desselben Palästina, Ägypten, Griechenland und Konstantinopel besucht, wo um 525/30 der Indienfahrer Kosmas die beiden Syrer kennen lernte. Nach Nisibis zurückgekehrt, wirkte Mâr(j) A. hier als Lehrer, bis er, obwohl innerlich mit dem Gedanken asketischer Weltflucht beschäftigt, einstimmig zum K gewählt wurde. Als solcher heilte er die Wunden, die ein 15 jähriges Schisma zwischen den Gegen-KK Narsai und Eliša' der Kirche geschlagen hatte,[2]) vor allem auf einer Visitationsreise, die ihn bis nach Elam und der Persis führte,[3]) und gründete die neue Theologenschule zu Seleukeia, fiel aber schon 541 dem Hasse der Magier zum Opfer. Während einer 7 jährigen Verbannung in Adorbaiğân sah er im 12. 543 oder 1. 544 eine Versammlung von BB bei sich, anläßlich deren er eine 6 Nrn umfassende Sammlung seiner kirchlichen Erlasse [4]) und eine Auswahl kirchlicher Kanones [5]) veranstaltete. Im Winter 548/9 mit einem einzigen Begleiter nach der Hauptstadt entwichen, wurde er hier 3 weitere JJ in Haft gehalten und erst 551 freigelassen, um die ihm unterstehenden Christen von einem gegen den Vater revoltierenden Sohn K(h)osraus I. und einer Christin loszusprengen. Die Aufgabe, diese Revolte völlig zu dämpfen, hat ihn in seinem letzten Lebensjahre als Gesandten des Großherrn nochmals bis nach Elam geführt. Eine ihm zugeschriebene Übs des ATs aus dem Griechen,[6]) von der sich ein Nachhall in Zitaten eines syro-lukianischen Textes erhalten haben dürfte,[7]) soll während des ägyptischen Aufenthaltes entstanden sein. Diejenige eines unter dem Namen des Nestorios gehenden Formulars anscheinend der älteren eucharistischen Liturgie

---

[1]) Alte Biographie (Vg. § 22 g). Kosmas Indienfahrer: PG 88, 73. EbŠ 1, 29 u. z. J S63. ChrS 2, 62/78. MbS 49/53 (43/46). 'Am 39/41 (23 f.). B'EKg 2, 89/96 und JA⁹ 11, 99 f. (126 f.) bzw. KatSachau 542. 'Ai § 5S. BO 3 1, 75/80. O Braun, D. Buch d. Synhados 93/7. J·B Chabot, JA⁹ 8, 48/50. Wright 116/8. Duval³ 209 f. Labourt 163/91. Lübeck 81/92.

[2]) Ein literarisches Echo hatte dasselbe in einem B über die Pflichten des Bischofs gefunden, zu welchem der den beiden Kompetenten auf die höchste kirchliche Würde neutral gegenüberstehende M Ja'qôb(h) v Bêt(h) Lâp(h)at durch die Mißwirtschaft Eliša's veranlaßt wurde. Vg. A Scher, ROC 11, 8 (nach ChrS).

[3]) Einen Bericht über dieselbe bietet Nr 1 der Synodalerlasse Mâr(j) À.s.

[4]) 'Ai. ChrS. Hss der Nru 1. 3/5 in denjenigen der Sammlung der oriental. Synoden (§ 9 c) innerhalb dieser Sammlung selbst, wo ursprünglich das ganze Material aufgenommen war, von Bruchstücken der Nrn 2 und 6 infolge einer Versetzung von Blättern im Archetypus der Gruppe an falscher Stelle: N-Dsém 90. VtB 82, der Nr 3: Dijarb 96 (7/8. oder 11/12. Jh) 46° bzw. eine im Besitze von Abbeloos gewesene Abs. Agg: SynOr 69/95 (318/51). 540/45 (550/5), der Nr 3: P Bedjan, Hist. de Jaballaha et de trois autres patriarches (Pr 1895) .274/87. Übs: O Braun a. a. O. 97/137.

[5]) 'Ai. Hss von 35 der ursprünglichen 40 Nrn: Séert 65. 32°, der Nrn 5/28. 1/3: VtB 82. S. 41/6. 64 und au entsprechender Stelle N-Dsém 90. Eine Ergänzung bietet die arab. Kanonessammlung des Ibn at-Tajjib. Vg. W Riedel, D. Kirchenrechtsquellen d. Patriarchats Alexandrien 148/52. Ag: SynOr 545/50 (555/61). Übs: O Braun 138/43. Entnommen sind die Kanones denjenigen von Nikaia, Chalkedon, der Lokalsynoden, der Synode des K Ishâq und den Bestimmungen Mâr(j) À.s selbst.

[6]) ChrS. 'Ai.   [7]) Bei Išô'dâdh v Merw (§ 37 d). Vg. A Baumstark, OC 2, 457. ²1, 1/19 (Griech. u. hebr. Bibelzitate in d. Pentatencherklärung I.s v M.), über die Zitate I.s selbst auch schon G Diettrich, Beihefte z. ZAtW 6, LIV.

Konstantinopels[1]) und einer entsprechenden Liturgie des Theodoros v Mopsuestia[2]) wird als sein und des Thomas gemeinsames Werk bezeichnet.[3]) Untergegangen ist gleich Homilien und Memrē,[4]) was an exegetischen Arbeiten von ihm zu Gn, Ps, Spr, Röm, Kor, Gal, Eph, Phil und Hebr[5]) wohl bereits nur auf Grund einzelner Zitate namhaft gemacht wird. Erhalten hat sich dagegen ein Kompendium des Eherechts auf Grund der biblischen Bestimmungen mit beiläufiger ausführlicher Polemik gegen die persische Geschwisterehe und deren mythologische Begründung, mit dem er die originalsyrische Rechtsliteratur eröffnet.[6]) Auf ihn zurückgeführt werden endlich allgemein die antiphonartigen sog. „Kanones" des nestorianischen Psalters, deren je einer nach dem ersten Verse jedes Psalms eingefügt ist,[7]) und vereinzelt mindestens eine Tešbôḥtā.[8])

b) M Paulos v Nisibis,[9]) † 571 zur Zeit der Eroberung von Dārā durch

---

[1]) Vg. A Baumstark, Die Chrysostomosliturgie u. die syrische Liturgie des Nestorios in: ΧΡΥCΟCΤΟΜΙΚΑ. Studi e ricerche intorno a S. Giovanni Crisostomo (R 1908) 771.857 Ders., Zur Urgeschichte d. Chrysostomosliturgie, Theologie u Glaube 5, 299,313. Ablehnend: Th Schermann, BKv 5, 199 f. Theol. u. Glaube 5, 304 f.

[2]) Die tatsächliche Redaktion eines Liturgieformulars durch diesen bezeugt Leontios, Geg. Nestorios u. Eutyches III 19 (PG 86, 1368).

[3]) Bezüglich der N.-Lit. 'Ai § 20, bezüglich beider Formulare hsliche Notizen zu ihrem Texte z. B. in Brl 42 (Orqu 546. J 1756) fol 45 r°. 56 r° (KatSachau 158) und CmbrAdd 1984 (J 1707) fol 48 r°. 57 r° (KatWright-Cook 284 f.) für die N.-Lit. unter Berufung auf den „Mēmrā üb. d. Väter" eines K Iwannis. Die hier auftretende Ausdehnung der Angabe auf „alle Werke" des Nestorios ist kaum glaubhaft. Immerhin mag Mārj) Ā. an der in die Zeit seiner Lehrtätigkeit in Nisibis fallenden Übs auch des sonstigen N.-Nachlasses beteiligt gewesen sein. Hss: die sämtlichen Tak(h)sā-Hss. Vg. § 30 b. Solche nur der beiden und des nestorianischen „Apostel"-Formulars: Séert 41 (J 1611). 42. Dijarb 47 (J 1651). JerPatr 22 (J 1665). Urm 119 (J 1726,7). 121 (J 1887). Pr 310 (J 1744). Die beiden von M. übersetzten Formulare allein stehen in der Tak(h)sā-Hs. Brl 42, in der Hûd(h)rā-Hs VtS 83 (J 1539) zu Weihnacht u. Epiphanie, das „Apostel"- und das Th.-Formular VtS 66 (J 1529) 22°. 23°, das letztere als Liturgie „der Erklärer Diodoros u. Theodoros" bezeichnet Brl 39 (Orqu 804. 16/7. Jh) 5°. Agg: Liturgia SS. apost. Adaei et Maris, cui accedunt duae aliae in quibusdam festis et feriis dicendae necnon ordo baptismi (Urmia 1890) 40/51. Missale iuxta ritum ecclesiae Syrorum Orientalium (Mosul 1901) 68/87. Übss: Ren 2, 620/32. P G Badger, The syr. liturgies of the Apostles ... Theodorus ... and ... Nestorius (Lo 1875), der Nestoriosliturgie: Ders., The Nestorians and their rituals (Lo 1852) 2, 215,43. Der Versuch einer Wiederherstellung der griech. Vorlage der N.-Lit. bei A Baumstark, D. konstantinopolitan. Meßliturgie vor d. IX. Jh (Bonn 1909, Lietzmanns Kl. Texte 35). Einen von dem überlieferten 'stark abweichenden Text des großen Fürbittengebets der N.-Lit. berücksichtigt übrigens die große metrische Lit.-Erklärung des (Ps?-)Narsai bzw. 'Ab(h disô' v Elam (S. 112). Vg. über beide Formulare Ign E Rahmani, I Fasti della chiesa patriarc. Antiochena XXV/XXXII mit Ag und Übs von Azzen namentlich desjenigen des Theodoros, wo die Annahme näherer Beziehungen vielmehr dieses zur griechischen Chrysostomos-, des anderen zur griechischen Basileios-Lit. vertreten wird. [4]) 'Ai.

[5]) 'Ai, während ChrS wohl nur ungenau Wsh statt Spr und die Paulusbriefe schlechthin nennt. [6]) Hss: VtB 81 III° 2 (nach SynOr 7). Séert 65 (17/8. Jh) IV°. N-Dsêm 90. Mard 50. (Vor 14. Jh.) Ag: E Sachau, Syr. Rechtsbücher 3 (B 1914) 255,8. Vg. ebenda S. XXII/XXVII.

[7]) ChrS. 'Ai bzw. die Angabe der Psalterhss selbst z. B. Brl 29 (Orqu 803. 18. Jh). BrMOr 4525 (19. Jh). Ag: im Psaltertext des BrCh. [8]) Zur Komplet. Hs: BrM 191 (Add 17219, 13. Jh) 3° w.

[9]) SynOr 109 (366). „Chronik v. Arbela" 156 (92). ChrS 2, 79. 95. 100 u. das noch unedierte Kap. 93. 'Am 40 (24). Abû-l-Barakāt: NGWG 1902. 652/83,. BO 3₁, 87f. O Braun, D. Buch d. Synhados 161 Ak. 1. Wright 122f. G S Mercati, Per la vita e gli scritti di P. il Persiano (R 1899). Duval³ 72. 347. Labourt 166f. A Scher, PO 7, 187f. Ak. 6.

K(h)osrau I., war durch Mâr(j) Àb(h)â nach dessen Rückkehr aus der Susiana d. h. wohl eher 551 als schon 540 ordiniert worden und hat 554 an der Synode seines Nachfolgers Jàusep(h) teilgenommen. Als sein „Schüler“ kann er jedenfalls nur in uneigentlichem Sinne gelten, da er bis zu seiner Erhebung zur bischöflichen Würde 30 JJ lang Leiter einer Schule in Arbela war, wohin ihn Abraham dĕb(h)ĕt(h) Rabban entsandt hatte. Daß er in Konstantinopel geweilt und dort an einem Religionsgespräche sich beteiligt hat, über dessen Verlauf er in Form eines Schreibens an den sassanidischen Hofarzt Qiswai berichtete,[1]) steht außer Frage. Aber jenes Religionsgespräch mit einer zwischen 1. 4. und 1. 8. 527 gegen den Manichäer Photeinos abgehalteuen Disputation[2]) und den nachmaligen nisibenischen M mit einem aus der Schule von Nisibis hervorgegangenen „Perser“ P. zu identifizieren, dem in jener Zeit als quaestor sacri palatii der Afrikaner Junilius bewundernd lauschte,[3]) geht nur an, wenn man mit der halblegendarischen Überlieferung, daß der erstere mit anderen Größen der nestorianischen Theologenwelt durch K(h)osrau auf dessen Ersuchen an Justinian gesandt worden sei, auch den ihr zugrunde liegenden chronologischen Ansatz seiner Reise nach Abschluß des 50jährigen römisch-persischen Friedens, also erst in die letzten JJ Justinians,[4]) preisgibt. Unter dieser Voraussetzung hätte man sich von den beiden[5]) neben Briefen verschiedenen Inhalts für P. von Nisibis bezeugten literarischen Arbeiten eine sich irgendwie mit dem Gesamttext der Bibel beschäftigende[6]) wohl nach dem Bilde der Instituta regularia divina legis vorzustellen, in denen Junilius eine lateinische Bearbeitung der Vorträge seines „Persers“ geboten hat,[7]) während in einer nicht vollständig untergegangenen „Disputation gegen den Caesar“[8]) zweifellos der Bericht an Qiswai zu erkennen ist.

c) Ein Thomas v Edessa, der unter den Schülern Mâr(j) Àb(h)âs genannt wird und nach seinem Selbstzeugnis als dessen Nachfolger in Nisibis Lehrvorträge gehalten hat,[9]) kann mit dem Lehrer des späteren K im Griechischen nicht identisch sein, da dieser während ihres gemeinsamen Aufenthaltes in Konstantinopel gestorben ist.[10]) Von seinen Schriften eröffnen Abhandlungen über Weihnachten und Epiphanie[11]) eine eigentümliche Literaturschicht aus mündlichen Vorträgen herausgewachsener Traktate über den Festgehalt (ʿeltā) der einzelnen heiligen Tage und Zeiten des Kirchenjahres.[12]) Ein anscheinend auf das Gebiet

---

[1]) Abû-l-Barakāt.

[2]) Vg. Mercati a. a. O. 26.   [3]) Inst. reg. div. leg. (PL 58, 11).   [4]) ChrS. 2, 95. [5]) Durch ʿAi.   [6]) „Tradition des ⟨Bibel⟩textes“ (mašlĕmánût(h)ā d(b)ĕṣûrtā).   [7]) Ag: PL 58, 15/42, kritische bei H Kihn, Theodor v. Mops. u. Junil. Afrikanus als Exegeten (FrbgB 1880).

[8]) Hs eines Exzerpts als Kap. 8 eines anonymen jakobitischen Werkes geg. d. Nestorianer: BrM 798 (Add 14535. 9. Jh) fol 16⁰ v ff.

[9]) Vorrede des Festtraktats über Weihnachten (Ag Carr) 5 (14).   ChrS 2, 29. B'EKg 2, 69f. ʿAi § 63. S J Carr, Ag. des Weihnachtstraktats 7 10. Wright 117 Ak. 1 mit vermutungsweiser Gleichsetzung der beiden Th. Duval³ 209. 347 anscheinend ebenso. A Baumstark, OC 1, 322/4. Zu einem Jakobiten macht Th. eine ihn mit Th. v Harqel (§ 29 b) verwechselnde Tradition bei B'E, der den Sachverhalt nicht durchschaut.

[10]) Nach dem unanfechtbaren Zeugnis des Indienfahrers Kosmas. Vg. S. 119 Ak. 1.

[11]) Hss: Sêert 82 (16. Jh). N-Dsém 38 (J 1887. Abs daraus). Alte in Tell Kêp(h) mit Abs, die (als Nr 7) von G Diettrich, NGWG 1909, 196/202 beschrieben wurde. Weitere in einem Kloster Mâr Jaʿqû in Kurdistan mit Abs in Alqôš (J 1885) und Abss dieser letzteren im Besitze von H Hyvernat (Nr 8. J 1889) und des Campo Santo dei Tedeschi in Rom (J 1897) 1⁰. 3⁰. Agg des ersten Traktats: S J Carr, Th. Edesseni Tractatus de Nat. D. N. Jesu Christi (R 1898), einer Textprobe aus dem zweiten: Diettrich a. a O. 200f. Kapp.verzeichnisse beider bei A Baumstark, OC 1, 324f.

[12]) Vg. A Baumstark, D. nestorian. Schriften „de causis festorum“. OC 1, 320/42.

der Kirchenmusik hinübergreifender Brief,[1]) eine Widerlegung der Astrologie, Leichenreden (oder funerale Dichtungen?) deren beträchtlicher Umfang Hervorhebung erfährt, und antihäretische Disputationen werden daneben für ihn bezeugt,[2]) ohne daß natürlich im einzelnen nicht vielmehr die Autorschaft des älteren gleichnamigen Edesseners in Betracht kommen könnte. Fraglich bleibt vollends, an welchen der beiden bei der Zurückführung einer Tešbôḥtā auf einen Th. v Edessa zu denken sein soll.[3]) Gewiß mit keinem identisch ist der „selige" Th., von dem ein Brief asketischen Inhalts in jakobitischer Überlieferung vorliegt.[4])

d) **Kyros** (Qijôrē) v Edessa[5]) war Lehrer an der Schule zu Nisibis und gründete später eine solche zu Ḥirtā. Während seiner Wirksamkeit an der ersteren ergänzte er auf Ersuchen der Diakone Šem'ôn, Addā und Bĕrik(h)išô' die beiden von Thomas hinterlassenen durch entsprechende Festtraktate auf die Quadragesima, den Gründonnerstag, Karfreitag, Ostern, Christi Himmelfahrt und Pfingsten.[6]) Außer diesen werden ihm Homilien und nicht näher bezeichnete exegetische Arbeiten beigelegt.[7]) Eine von der seinigen anscheinend nicht unabhängige Behandlung der kirchlichen Festzeiten hat ein im übrigen nicht weiter bekannter **Pôsî** (oder Pôsai) in kürzer gehaltenen Traktaten unternommen, von welchen derjenige über das Quadragesimalfasten erhalten ist.[8])

e) **M Theodoros v Merw**[9]) hat auf Anregung Mâr(j) Ab(h)ās ein nicht näher bezeichnetes B „bunten" Inhaltes verfaßt, während andererseits eine Beantwortung von 10 durch denselben aufgeworfenen Fragen ihn mit dem philosophisch und medizinisch interessierten gemäßigten Monophysiten Sargîs v Riš'ainā verknüpft, der ihm eine Reihe seiner eigenen literarischen Arbeiten widmete.[10]) Mêmrē und eine exegetische Arbeit über den Psalter bildeten u. a. weitere Früchte seiner schriftstellerischen Tätigkeit, während seinem Bruder B **Gabriel v Hôrmîzdšîr**[11]) Schriften gegen Manichäer und Chaldäer, ein Werk von „Lehren" und Erklärungen vermischter Bibelstellen in rund 300 Kapp. verdankt wurden. Erhalten ist vielleicht eine metrische Bearbeitung der „Geschichte" des hl. Eugenios „und der Griechen", die Th. im 14. Jh beigelegt wurde.[12]) Doch ist nicht nur der betreffende anonym überlieferte Text offensichtlich ein Erzeugnis erst spätnestorianischer Poesie, sondern eine Dichtung des fraglichen Inhalts für die Mitte des 6. Jhs überhaupt ausgeschlossen, da die Legende des angeblichen Patriarchen der mesopotamisch-persischen Klosterwelt sich erst später entwickelt hat.

f) **Von weiteren Schülern Mâr(j) Ab(h)ās**[13]) sind die späteren M M Ja'qôb(h) v Bêt(h) Garmai und David v Merw, die BB Narsai v Anbar, Baršabbā v Siharzûr oder Baršab(h)tā v Šahrqart[14]) und Šub(h)ḥālĕmāran v Kaškar gleich einem Ja'qôb(h) mit dem Beinamen „der Büßer" als Schriftsteller nicht näher bekannt. Von einem B **Môšē v Kaškar**[15]) kannte eine

---

[1]) „B. gegen die Töne" (dalĕwat(h) qālē).   [2]) 'Ai.   [3]) Es ist die allerdings auch für Barṣaumā in Anspruch genommene für die Nacht des Dienstags. Vg. S. 108 Ak. 4 bzw. 112 Ak. 4.

[4]) Hs: CmbrAdd 2019 (J 1452) 8°.   [5]) ChrS 2, 79. 'Am 40 (29). 'Ai § 95.

[6]) Hss: dieselben wie für die beiden Traktate des Thomas 5°/8°. 10°. 11°. Bs: A Baumstark, OC 1, 325,9.   [7]) Durch 'Ai.   [8]) Hss: die nämlichen wie bei Thomas und Kyros. Bs: A Baumstark a. a. O. 334 f. Vg. A Scher, ROC 11, 25 f., wo Vorschläge für eine Identifizierung des Verfassers mit anderweitig bekannten Trägern des Namens gemacht werden.

[9]) 'Ai § 77. BO 3₁, 147.   [10]) Vg. § 26 c.   [11]) 'Ai § 78. BO 3₁, 147 f.   [12]) Nach Vermutung Assemanis a. a. O. Ak. 4. Hss: VtS 184 (J 1560) 120°. 90 (J 1570/1). Anh. 12°. CmbrAdd 1982 (J 1697) C 34 a. Brl 68 (Sach 188. J 1882) 131°.   [13]) ChrS 2, 79. 'Am 40 (29).

[14]) Ersteres nach ChrS, letzteres nach 'Am und (bzw. bezüglich der Namensform allein) nach den Akten einer Synode vom J 576, an welcher der B teilnahm: SynOr 110 (368). O Braun, D. Buch d. Synhados 164.

[15]) Außer den beiden genannten Hauptstellen: 'Ai § 185. BO 3₁, 276.

spätere Folgezeit wenigstens noch ein einzelnes Werk.[1]) in dem vielleicht das
als „B der Schönheit des Wandels" (K d(h)ešappîrût(h) dûbbårê) durch Elijâ
Gauhari über Fragen der eucharistisch-liturgischen Praxis zitierte eines M. zu
erkennen ist.[2]) Einem Sargis b Sāḥiq, der als Lehrer an der Schule von Hîrtâ
oder an einer solchen zu Hazzâ[3]) in der Adiabene wirkte, werden Kommentare
zu Jer und Ez beigelegt, die von katenenartiger Anlage gewesen zu sein scheinen.[4])
Erhalten hat sich endlich von einem Išai[5]) der einem Ökonomen Jôḥannân gewidmete Festtraktat auf die Gedächtnisfeier der Martyrer am Freitag nach Ostern.
Sein Verfasser hat als erster Vorsteher der Schule von Seleukeia vor 552, weil
noch durch Mår(j) Àb(h)å selbst, einen späterhin seinerseits zum B von Anbar
erhobenen Râmîšô' zum Nachfolger erhalten, der irrtümlich mit den Anfängen
der ostsyrischen Masora in Zusammenhang gebracht wird.[6]) Er selbst kann also
keinesfalls mit einem überhaupt vielleicht vielmehr Mår(j) genannten „Lehrer"
identifiziert werden, dessen Erhebung zum K im J 570 Paulos v Nisibis und
dessen Anhang verhinderte.[7])

§ 19. Von K Mår(j) Àb(h)å zu unterscheiden ist ein jüngerer Àb(h)å v
Kaškar, dessen Schaffen einer eigentümlichen, anscheinend in der Sonne sassani-
discher Hofgunst erwachsenen Literaturschicht von mehr, wenn auch nicht aus-
schließlich, weltlichem Charakter angehörte. Fortführung der in Edessa vom
Kreise Hib(h)âs gepflegten aristotelischen Studien, eine doch wohl auch literaische
Beschäftigung mit dem weiteren profanwissenschaftlichen Gebiete der Medizin und
Übertragung von Pehlewi-Texten ins Syrische sind für dieselbe bezeichnend. Ihre
Bedeutung war tatsächlich wohl erheblich größer, als die fast rein kirchlich orientierte
literarische Überlieferung der Folgezeit ahnen läßt. Immerhin scheinen an dem
K Jâusep(h), einem Periodeuten B û d (h) und dem unbekannten Urheber des
syrischen Alexanderromanes noch drei weitere Vertreter dieses demjenigen
der nisibenischen Theologenschule und ihrer Filialen gegenüberstehenden Schrifttums greifbar zu werden.

a) Àb(h)å v Kaškar[8]) war eine der einflußreichsten Persönlichkeiten am
Hofe K(h)osraus II. (590,628),[9]) der ihn als Gesandten an Kaiser Maurikios
(582/602) schickte, und hat unter den beiden KK Sab(h)rišô' I. und Grig(h)ór
(§ 20 e f) durch seine hohen Verbindungen der nestorianischen Kirche wertvolle
Dienste geleistet. Vertrautheit mit Philosophie, Astronomie und Medizin
und Kenntnis des Persischen, Griechischen und Hebräischen werden ihm
nachgerühmt.[10]) Als Bestandteile seines umfangreichen schriftstellerischen Nach-

---

[1]) 'Ai: „ein B, das nach seinem Namen benannt (ist)."   [2]) So BO a. a. O. Ak. 2, wo das
Zitat des arabischen Autors mitgeteilt ist.   [3]) Ersteres nach ChrS, letzteres nach 'Am.
[4]) 'Ai § 97: „nach der Tradition der Früheren".   [5]) Sein Selbstzeugnis: PO 7, 158 Ak. 1.
ChrS 2, 66. 95. MbS 50 (44). Hss des Traktates: die S. 121 Ak. 11 genannten 9°. Bs: A Baumstark, OC 1, 332 f.   [6]) Vg. § 39 c.   [7]) ChrS 2, 100: Išai. MbS 54 (47 f.): Mår(j).
[8]) ChrS 2, 204. 'Ai § 83. BO 3ı, 154 f., wo er irrtümlich mit dem Klostergründer Abraham
v K. gleichgesetzt wird. Wright 186 f. J-B Chabot in: Oriental. Studien Nöldeke gew. 494.
A Scher, ROC 11, 9 f.
[9]) Nicht schon K(h)osraus I. wie Scher nach der ChrS annimmt, da dem die Entsendung
an Maurikios und die Verknüpfung mit den beiden KK des ausgehenden 6. bzw. beginnenden
7. Jhs widerspricht.   [10]) ChrS.

lasses werden einerseits Übss nicht näher bezeichneter bisher noch nicht ins Syrische übergegangener Texte,[1] andererseits Briefe, Kommentare und eine „Erklärung der ganzen Logik des Aristoteles"[2] namhaft gemacht. Dahingestellt wird es vorerst bleiben müssen, ob in späterer exegetischer Literatur[3] auftretende Zitate eines wohl auch schlechthin als der „Große" (bzw. „Alte") von K. eingeführten Mär(j) Á. v K. unbedenklich auf ihn bezogen werden dürfen, oder ob und in wie weitem Maße bei ihnen eine Verwechslung mit dem K Mär(j) Á. I. oder sogar erst mit dem tatsächlich aus K. stammenden Mär(j) Á. II. (§ 33 f) obwaltet.[4]

b) K Jàusep(h),[5] ord. im 5. 552, † 575/6, nachdem er schon im 2. 567 seines Amtes entsetzt worden war, hatte früher lange Zeit auf römischem Gebiete, wo er sich hervorragende medizinische Kenntnisse erwarb, und dann in einem Kloster in der Nähe von Nisibis gelebt. Die Gunst des dortigen persischen Gouverneurs ebnete seine weiteren Wege, diejenige des Großherrn K(h)osrau I. selbst verschaffte ihm die höchste kirchliche Würde, in deren Besitz er sich, selbstherrisch und rücksichtslos gegenüber den BB, nur dadurch zu erhalten vermochte, daß er sich durch fortgesetzte Bestechung die Stütze der weltlichen Macht sicherte. Eine Episode der durch diese Mißverhältnisse bedingten kirchlichen Kämpfe bildet die schon seit 552/3 von den BB geforderte, im 1. 554 zu Seleukeia zusammengetretene Reformsynode, deren Akten und 23 Kanones sich erhalten haben.[6] Ein von J. angelegter Katalog der bisherigen KK[7] dürfte wohl den Grundstock einer Art von Patriarchalchronik der nestorianischen Kirche gebildet haben, deren Fortsetzung für die JJ 111/352 H. zitiert wird.[8] Als eine auf ihn zurückgehende Fälschung wurde daneben[9] der Briefwechsel des Pàpà (§ 5 e) jedenfalls nur mit bedingtem Rechte betrachtet, da ein Stück desselben schon auf der Synode des Dàd(h)išô' (§ 9 c) zur Verlesung kam.[10]

c) Der Periodeutes Bûd(h),[11] von welchem außerdem Reden über den (offenbar nestorianischen) Glauben und gegen die Manichäer und Markioniten, sowie anscheinend eine Schrift zur Erklärung des 1. Bs der aristotelischen Meta-

[1] ChrS.   [2] 'Ai.   [3] Namentlich der Gannat(h) Büssâmē (§ 50 a) und ˉwohl danach) der Selbsterklärung des Isḥáq (E)šbad(h)uàjà (§ 54 b). Vg. KatSachau 313. Wright-Cook 441. [4] Ersteres wird von Chabot, letzteres von Wright angenommen.

[5] EbŠ 51 (29 f.) und zu den JJ 863/5 Gr. Elijā-Gauhari: BO 3 1, 434 f. ChrS 2, 84/96. 'Am 41 3 (24). MbS 52 f. (46 f.). B'EKg 2, 31 f. 95/98 und JA° 11, 100 (127) bzw. KatSachau 543. BO 3 1, 432/5. OBraun, D. Buch d. Syuh. 145 f. Wright 121 f. Labourt 192/7. Duval³ 348. Lübeck 93 f.   [6] Hss wie bei der Synode des K Isḥáq (S. 54 Ak. 11). Ag: SynOr 96/109 (352/67). Übs: OBraun a. a. O. 146/63.   [7] Elijā-Gauhari: BO 3 1, 435.   [8] Durch EbŠ zu den JJ 111/352 H.   [9] Durch ungenannte Einzelne nach B'EKg 2, 31.

[10] Hss: N-Dsém 90 (Vor 14. Jh). Séert 65 (17/18. Jh) A.B.   VtB 82 (K VI 4) 18°. 19°. Ag einer Probe daraus (Brief des P. an Helena): Gismondi² 30/2. Übs (des ganzen): OBraun, ZKT 18, 164/82. Vg. OBraun a. a. O. 546/65, der einen echten Kern retten möchte. Dagegen Labourt 21 Ak. 1. Mit J. werden a. a. O. näherhin die Nrn 5 (Ja'qôb(h) v Nisibis an P.) und 6 (Ap(h)rem an P.) in Verbindung gebracht. Das auf der Dàd(h)išô'-Synode verlesene Stück ist die gleichwohl sicher unechte Nr 8 (Synodalschreiben der „abendländischen" BB an P.), auf welche jene beiden früheren Nrn Bezug nehmen. Als um 363/8 entstanden erweist sich Nr 7 (P. an die Nisibener) und als schon im 4. Jh entstanden hätten nach Braun auch die eng zusammengehörenden Nrn 1,4 („Eusebios v Rom" bzw. „Judas Kyriakos" an P., Helena an P. und P. an Helena) zu gelten, die indessen jedenfalls bereits die edessenische Kreuzauffindungslegende zur Voraussetzung haben und deshalb doch vielleicht einer etwas späteren Zeit entstammen, mithin gleichfalls auch etwa erst für J. in Betracht kommen könnten.

[11] 'Ai § 151. BO 3 1, 219. Wright 123 f. Duval³ 257 (mit Berufung auf MSteinschneider). 324.

physik ($\mathring{\mathring{A}}\lambda\varphi\alpha$ τὸ μέγα) erwähnt wird, hätte angeblich „aus dem Indischen“ das Tierfabelbuch von Qalilag(h) und Damnag(h) übersetzt.[1]) Tatsächlich hat die Vorlage dieser älteren syrischen Übs eines buddhistischen Fürstenspiegels, der auf seinem indischen Heimatboden in brahmanischer Überarbeitung im Pañcatantra des Kisnušarman und in Azzen des Mahabharata fortlebt, nicht ein Sanskrittext, sondern eine Pehlewi-Übertragung gebildet, die ein persischer Arzt Barzôi für K(h)osrau I. gefertigt hatte. Frühestens unter diesem, wahrscheinlich erst etwas später, jedenfalls aber noch in vorislamischer Zeit, hat demgemäß auch B. gearbeitet.[2])

d) Der syrische Alexanderroman[3]) ist eine der zahlreichen Rezensionen, in welchen das in seinem Kerne bis in die Ptolemäerzeit zurückreichende, zum Abschluß erst unter den orientalischen Kaisern des 3. Jhs gelangte Werk des Ps.-Kallisthenes Gemeingut der Weltliteratur wurde. Der schon vor 848 ins Arabische weiter übersetzte Text gibt unmittelbar eine Pehlewi-Vorlage wieder, ist mithin naturgemäß spätestens zu Anfang des 7. Jhs und weil ausschließlich in nestorianischer Überlieferung vorliegend, anscheinend auf nestorianischem Boden entstanden.[4])

§ 20. In die herrschende Schultheologie des syrischen Nestorianismus selbst wurde seit der Zeit der KK Hazqîêl und Îšô'jahb(h) I. ein völlig neues Ferment durch den Adiabener Hěnānā getragen, der als Nachfolger eines Abraham b Qardāhē in der Epoche ihrer höchsten äußeren Blüte an der Spitze der Schule von Nisibis gestanden, eine schwere innere Krisis über dieselbe aber durch den Versuch heraufbeschworen hat, in grundsätzlichem Bruche mit ihrer Überlieferung sie alexandrinischem Geiste zu öffnen. Noch unter den KK Sab(h)rišô' I. und Grîg(h)ôr I. hat der so entfachte Kampf um die Grundlage der kirchlichen Lehre fortgedauert. Von literarisch tätigen Gegnern, die in ihm dem Neuerer erstanden, werden der nisibenische M Grîg(h)ôr v Kaškar und der Bâd(h)ôqā Michaêl kenntlich. Dagegen hat in der Schriftstellerei eines gleichzeitigen Bs Nàt(h)niêl v Sirzôr die brennende theologische Tagesfrage ein nachweisliches Echo nicht gefunden.

— —

[1]) Hss: Göttingen Univ.-Bibl. Or 18 d.   Brl 104 (Sach 139. J 1881/2).   105 (Sach 150. J 1882, 106 (Sach 149. J 1883), sämtlich Abss einer früher in Mardin befindlichen, später von Mgr. Graffin erworbenen. Vg. F Nau, ROC 16, 200,4. Agg (mit Übs): G Bickell, D. Buch v. Kalilag u. Damnag. Alte syr. Übs mit einer Einleitung von Th Benfey (Lpz 1876). Fr Schultheß, Kalila und Damna. Syr. u. deutsch (Brl 1911). Zu der ersteren vg. die „krit. Emendationen“ von L Blumenthal, ZDMG 44, 267/320.

[2]) Keith-Falcouner, Kalilah and Dimnah (Lo 1885). Introduction XLIII/XLV.

[3]) Hss: BrM 922 (Add 25875. J 1709/10) 12°. N-Dsêm 99 (J 1744/5). Urm 112 (J 1838. Als einer Vorlage vom J 1785/6). 122 (J 1886), eines Bruchstückes. Brl 201 (Sach 165. 14. Jh?) 6°. Ag: E A W Budge, The History of Alexander the Great (Cambr 1889). Übs: V Ryssel, Archiv f. d. Studium d. neueren Sprachen 90, 83/134. 269 88. 353/402. Vg. E A W Budge, Alexander the Great and Gog and Magog, ZA 6, 357/404.

[4]) Th Nöldeke, Beiträge zur Gesch. d. Alexanderromans. Denkschr. d. AWW 38 v. K F Weymann, D. äthiop. u. arab. Übs. d. Pseudocallisthenes (Kirchhain 1901). Eine kürzere syrische Alexanderbiographie in der Hs BrM 860 (Add 12154. 8,9. Jh) 19°. Ag: P de Lagarde, AnS 205/8.

a) K Ḥazqîêl (Ezechiel),[1]) ord. anscheinend 569/70, † 580,1 nach zweijähriger Blindheit, die als Strafe des Himmels für seine den BB gegenüber eingenommene herrische Haltung gedeutet wurde, soll der frühere Bäcker Mâr(j) Ab(h)âs und durch ihn zum B von Zâb(h)ē erhoben, nach anderer Überlieferung der Schwiegersohn seines Vorgängers Paulos gewesen sein und hatte seine Erwählung der Gunst verdankt, in welcher er bei K(h)osrau I. stand. Die Akten seiner im 2. 576 abgehaltenen Synode umfassen ein Glaubensbekenntnis, dessen ausführliche Betonung der streng altnestorianischen Christologie unverkennbar bereits durch die Ḥĕnânâ-Bewegung bedingt ist, und 39 disziplinäre Kanones, von denen einzelne, gegen magischen Aberglauben, volkstümliche Trauergebräuche und die Erlernung profaner Musik durch christliche Mädchen gerichtet, einem allgemeineren kulturgeschichtlichen Interesse begegnen.[2])

b) K Îšô'jahb(h) I.,[3]) ord. 581, † 596, stammte aus Bêt(h) 'Arbâjē, hatte in Nisibis unter dem Narsai-Verwandten Abraham studiert, war in den JJ 569/71 selbst Leiter der Schule gewesen und dann B von Arzôn geworden. Seine Erhebung verdankte er der Gunst des Großherrn Hôrmizd IV. (579/90), der nach zwiespältig ausgefallener Wahl für ihn entschied. Eine Überlieferung, der zufolge er als persischer Gesandter bei Kaiser Maurikios erschienen wäre und ein als orthodox anerkanntes Glaubensbekenntnis abgelegt hätte, ist mit chronologischen Schwierigkeiten belastet, braucht deshalb aber nicht eines geschichtlichen Kernes zu entbehren. Durch die Ungnade K(h)osraus II. (590/628) bedroht, starb er auf der Reise zu dem neubekehrten Araberfürsten Nu'mân von Ḥîrtâ in einem Dorfe Bêt(h) Qûšî und wurde durch dessen Schwester Hind in einem von ihr gestifteten Kloster begraben. Von den 31 Kanones einer von ihm 585 in Seleukeia abgehaltenen Synode[4]) verteidigt der zweite die Autorität des Theodoros v Mopsuestia gegen den dabei allerdings nicht namentlich genannten Ḥĕnânâ und dessen Anhang. Neben denselben enthält die Sammlung der nestorianischen Synodalakten von ihm noch ein Schreiben an Ja'qôb(h), B von Dârai auf der Hauptinsel der Baḥrain-Gruppe, mit 20 weiteren teilweise liturgiegeschichtlich wichtigen Kanones[5]) und ein Glaubensbekenntnis.[6]) Ein von dem letzteren verschiedenes ist in arabischer Übs als das Maurikios eingereichte überliefert.[7]) Das eine oder andere mag unter einer „Rechtfertigung" zu verstehen sein, von der man neben weiteren Briefen Î.s. einer Schrift „gegen Eunomios" und einer Disputation mit einem ungenannten „häretischen" d. h. wohl monophysitischen B hört.[8]) Schließlich bot eine als „Fragen über die kirchlichen Mysterien" eingeführte Arbeit nach dem Selbstzeugnis des Verfassers in dem Schreiben an Ja'qôb(h)[9]) einen dem Text Wort für Wort folgenden Kommentar zur eucharistischen und Taufliturgie und war während seiner Tätigkeit an der Schule von Nisibis, also vor 571, entstanden.[10])

---

[1]) EbŠ 52 (30). ChrS 2, 79. 100/3. MhS 54f. (47/9). 'Am 43f. (25f.). B'EKg 2, 97f. 103f. BO 3₁, 435/9. OBraun, D. B. d. Synhados 163f. Labourt 197/9. Lübeck 94/6.

[2]) Hss: die S.54 Ak. 11 verzeichneten. Ag: SynOr 110/29 (368/89). Übs: OBraun a. a. O. 164/90. [3]) BḥSchulgr 72f. ChrM 15/7 (15/7). EbŠ 52 (30) und zum J 906 Gr. ChrS 2, 102. MbS 55/7 (49f.). 'Am 44/9 (26/9). B'EKg 2, 105f. 'Aî § 72. BO 3₁, 108/11. Braun a. a. O. 190f. Wright 129f. J-BChabot, JA⁹ 8, 55f. Duval³ 349. Labourt 201/7. Lübeck 96/8.

[4]) Hss: wie schon oben S. 54 Ak. 11. Agg: RGraffin, ROC 4, 247/62. SynOr 130/65 (390/424). Übs: Braun 191/236.

[5]) Hss: dieselben. Ag: SynOr 166/92 (424/51). Übs: Braun 237/72. [6]) Hss: dieselben. Ag: SynOr 192/6 (451/5). Übs: Braun 272/7.

[7]) Durch 'Am 45/7 (26f.). [8]) Bei 'Aî. [9]) SynOr 167 (426f.). Braun 239. [10]) Daraus ein Bruchstück vielleicht in der Hs VtS 150 (J 1708/9) V° (über ein notgedrungenes Hinaustragen der Eucharistie aus der Kirche).

c) **Abraham b Qardâḫê** oder „der Nisibener",[1]) der als Nachfolger des späteren K Îšô'jahb(h) I. während nur eines einzigen Js das leitende Exegetenamt der nisibenischen Schule inne hatte, wird als Verfasser von „Lehren" nicht näher bestimmten Inhaltes, Mēmrē, Grabreden, Homilien und Briefen gegen einen Šistar bezeugt. Von ihm zu unterscheiden ist ein gleichfalls als „Exeget" bezeichneter A. aus Beḥqâwâd(h), der nach einer in Nisibis entfalteten Lehrtätigkeit sich als Mönch A. v Kaškar (§ 21 a) anschloß und den Tod durch Räuberhand gefunden hat.[2]) Dagegen ist mit dem letzteren möglicherweise ein A. Qaṭṭînâ („der Subtile") identisch, der als Verfasser von „Fragen" und Sentenzen bekannt wird.[3])

d) **Ḥěnânâ, der Adiabener**,[4]) hatte in Nisibis unter Abraham, dem Verwandten Narsais studiert. Eine erste Blütezeit seiner eigenen dortigen Lehrtätigkeit fällt unter K Ḥazqiêl. Schon durch M Paulos wurde er wegen dyophysitischer Gesinnung aus der Stadt verwiesen, kehrte aber — anscheinend nach dessen Tod — wieder zurück und wurde 572 Vorstand der Schule, die unter ihm 800 Schüler gezählt haben soll. Wiederholten synodalen Verurteilungen seiner Lehranschauungen zum Trotze vermochte er sich, gestützt von den Vornehmen der Bürgerschaft und unter dem Schutze der persischen Staatsgewalt, dauernd im Amte zu erhalten, was den Auszug von 300 streng altnestorianisch gesinnten Hörern zur Folge hatte, und hat bis 610 gelebt. Ḥ. war vor allem wesentlich Origenist und als solcher d. h. als Anhänger einer extrem alexandrinischen Richtung naturgemäß Gegner des Theodoros v Mopsuestia und somit im Gegensatz zu ihm, Anhänger der hypostatischen Union und des ϑεοτόκος-Titels. Er war aber nicht minder Gegner auch des pelagianischen Einschlages der herrschenden nestorianischen Schultheologie, im Gegensatze zu der er die ursprüngliche Unsterblichkeit Adams und die Erbsünde lehrte, während sein origenistischer Standpunkt ihn die Auferstehung des Fleisches und die Ewigkeit der Höllenstrafen leugnen ließ. Als eine Art von Kompromiß zwischen demselben und den offiziellen Überlieferungen der nisibinischen Schule ist es zu verstehen, wenn er an Stelle des Theodoros an Chrysostomos doch immerhin wieder einen Antiochener zum Range der exegetischen Fundamentalautorität zu erheben suchte. Erhalten sind von seinem literarischen Nachlasse die von ihm zwischen 2. und 7. 590 erlassenen und von M Šem'ôn bestätigten neuen Statuten der Schule[5]) und Festtraktate über den der Erinnerung an das Heilungswunder Apg 3. 1/10 gewidmeten „Goldenen Freitag" der Pfingstwoche und die Buß- und Bettage des „Fastens der Niniviten".[6]) Ein solcher auf das Kreuzauffindungsfest, ein Mēmrâ auf Palmsonntag, eine „Erklärung des Glaubens" d. h. wohl des nestorianischen Taufsymbols und Kommentare zu Gn, Job, Ps, den Salomonschriften, den 12 kleinen Propheten, Mk und den Paulusbriefen werden anscheinend als dogmatisch einwandfrei einer Vielheit weiterer wegen ihres Lehrgehaltes kirchlich verworfener Schriften gegenübergestellt.[7]) Eine wenigstens mittelbare Nachwirkung des kühnen Neuerers bleibt in exegetischer Literatur noch lange fühlbar.[8])

---

[1]) BḥSchnlgr 76. ChrS 2, 102. MbS 54 (48). 'Aî § 153. BO 3ı, 223f. J-BChabot, JA° 8, 54. Duval³ 347.   [2]) LC § 42.   [3]) 'Aî § 156. BO 3ı. 225, wo er irrtümlich dem vielmehr mit A. aus dem Hause Narsais identischen Lehrer Îšô'jahb(h)s 1. gleichgesetzt wird.

[4]) BḥSchulgr 76/9. ChrM 17f. (16f.). ChrS 2, 189f. MbS 54 (48). 'Aî § 69. BO 3ı, 81/4. Wright 124/7. J-BChabot, JA° 8, 58/62. Duval³ 348f. Labourt 215/7. 269/80. 292f. AScher, PO 7, 7/10. Lübeck 100f.   [5]) Hss und Ag wie S. 114 Ak. 2.

[6]) Hss: die S. 121 Ak. 11 genannten und für den zweiten Traktat Séert 109 (J 1609). Ba: ABaumstark, OC 1, 332f. Ag: AScher, PO 7, 53/87.   [7]) Durch 'Aî. Von Kommentaren zum ganzen A und NT redet Bḥ.

[8]) Vg. ABaumstark, OC 2, 454f. über seine vermutliche Bedeutung für Îšô'dâd(h) v

e) K Sab(h)rišô' I.,[1]) ord. am Gründonnerstag 596, † 18. 9. 604 im Alter von mehr als 80 JJ. war Hirte im Gebirgslande von Sirzôr gewesen, dann Mönch und nach Studium an der Schule von Nisibis und erfolgreicher Tätigkeit als Missionär B von Lašôm geworden. Die Akten einer von ihm im 5. 596 abgehaltenen Synode[2]) enthalten ein Glaubensbekenntnis, das Unterwerfungsschreiben „messalianisch" gesinnter Mönche eines Klosters Barqiṭa und die ihnen erteilte Antwort des K. Das vermeintliche Bruchstück einer von ihm verfaßten Kirchengeschichte erweist sich als solches vielmehr einer späteren legendarischen Erzählung seiner Lebensgeschichte, das von einer Begegnung zwischen ihm und dem Kaiser Maurikios berichtet.[3])

f) K Grîg(h)ôr I.,[4]) ord. Samstag vor Palmsonntag 605, † 608 9, stammte aus Pĕrât(h) und war vor seiner auf Betreiben der Königin Sirin erfolgten Erhebung Exeget der Schule von Seleukeia gewesen. Seine Amtsführung befleckte er durch schamlose Habsucht. Die Akten seiner im Anschluß an seine Ordination abgehaltenen Synode[5]) bilden mit einem Bekenntnis zur streng nestorianischen Christologie und einer förmlichen Kanonisierung der Autorität des Theodoros v Mopsuestia, ohne sie ausdrücklich zu erwähnen, den Abschluß der durch Ḥĕnânâ heraufbeschworenen Krisis.

g) Grîg(h)ôr v Kaškar.[6]) an der Schule von Seleukeia gebildet, war als Exeget an derjenigen von Arbela tätig gewesen und hatte dann eine eigene in seiner Heimat gegrüdet, bevor er 596 durch K Sab(h)rišô' I. und die zu dessen Wahl versammelten BB an Stelle eines wegen Astrologie abgesetzten Gabriel b Rûp(h)înâ zum M von Nisibis erhoben wurde. Als solcher nahm er wie denjenigen gegen den antinomistischen Spiritualismus „messalianischer" Kreise. den Kampf gegen Ḥĕnânâ mit schärfster Entschiedenheit auf. wurde aber von S. im Stiche gelassen und sogar mit Absetzung bedroht und durch die persische Regierung in ein Kloster verwiesen. Aus der Stadt entwichen, widmete er sich der Heidenmission und starb in seiner Heimat. Eine Kirchengeschichte und zahlreiche andere Schriften mindestens teilweise monastisch-asketischen Inhaltes bildeten seinen Nachlaß. Mit demselben berührte sich teilweise der noch erheblich vielseitigere eines angeblich erst der zweiten Hälfte des 8. Jhs angehörenden G. v Šûštĕrâ in der Susiana,[7]) der als Verfasser von Homilien und Leichenreden, eines umfassenden antihäretischen und eines philosophischen Werkes zum Gebiete der Physik. einer Sammlung von Festtraktaten, einer Kirchengeschichte und einer Biographie eines — wohl asketischen Kreisen angehörenden — Landsmanns Abraham sowie als Schöpfer eines Stückes liturgischer Poesie bezeichnet wird.

Merw; J-BChabot in: Oriental. Studien Nöldeke gew. 495 über die auf Gn, Mt und Paulusbriefe bezüglichen Zitate der Gannat(h) Bûssâmē (§ 50 a).

[1]) Biographie seines Jüngers Petros: § 22 g. ChrM 17 (16). 21 f. (19). ThM I 25. Elijā-Gauhari: BO 3₁, 448 f. ChrS 2. 154/84. EbŠ 52 (30) und zu den JJ 907 und 916 Gr. MbS 57/60 (59/3). 'Am 49,51 (29 f.). B'EKg 2, 105,8. BO 3₁. 441/9. Braun a. a. O. 277,82. Wright 133 f. J-BChabot, JAᵛ 8. 60 f Labourt 209 17. Lübeck 99,103.

[2]) Hss: die S. 54 Ak. 11 genannten Ag: SynOr 196/207 (456 70). Übs: Braun 282,96.
[3]) VtS 183. JerPatr 8 (J 1554) Anh. Brl 60 (Sach 139. J 1880) fol 394 v°. Vg. IgnGuidi, ZDMG 40. 559,61. [4]) ChrM 22 (20). ThM 1 25 f. EbŠ 53 (30) und zu den JJ 917 und 920. ChrS 2, 201/4. MbS 60 f. (53 f.). 'Am 51 f. (30). B'EKg 2, 107/10. BO 3₁, 449,52. Braun 276 f. Labourt 221 3. Lübeck 103.

[5]) Hss: die S. 54 Ak. 11 genannten. Ag: SynOr 207/14 (471/9). Übs: Braun 298 306.
[6]) ChrM 17 f. (16 f.). LC § 56. ChrS 2, 187/95. EbŠ zum J 907 Gr. Braun 280. Duval³ 224. Labourt 215 f. Lübeck 101. 103. [7]) 'Ai § 163. BO 3₁, 228, wo er ohne ersichtlichen Grund in die Zeit des K Ja'qôb(h) II. gesetzt wird. dessen Regierungszeit nach EbŠ 57 (32) in die JJ 752 bis 772. nach 'Am 63 (36 f) in die JJ 753 4 bis 772 3 fiel.

h) Ein Bâd(h)ôqā **Michaël** [1]) hat jenes Lehramt anscheinend an der Schule von Nisibis verwaltet, ist an derselben Schüler Ḥěnànās gewesen und aus ihrem Verbande in Opposition gegen diesen seinen Lehrer ausgeschieden. Mit Bestimmtheit darf er [2]) in einem M. wiedererkannt worden, der als Verfasser eines Werkes von „Fragen über den Bibeltext“ in drei Bänden bezeugt ist,[3]) die mehrfach in späterer exegetischer und verwandter Literatur nachwirken.[4]) Auch wird er hier [5]) gelegentlich als solcher eines anonym überlieferten Festtraktates auf den an das Weihnachtsfest anschließenden Gedächtnistag der allerseligsten Jungfrau Maria bezeichnet.[6]) Unter seinem Namen liegen ferner hslich vor eine Abhandlung gegen die Jakobiten,[7]) eine Schrift über Träume,[8]) eine solche über den Menschen als Mikrokosmos [9]) und eine Sammlung von Definitionen (K d(h)at(h)ěhômē).[10]) Doch ist mindestens die letztere tatsächlich frühestens erst um die Wende vom 8. zum 9. Jh entstanden [11]) und daneben auch unter dem Namen eines Bāzûd(h) überliefert,[12]) was indessen vielleicht nur auf einer vermutungsweisen und nach Maßgabe ihrer sachlichen Stoffanordnung gleichfalls irrigen Identifikation mit einer vielmehr alphabetisch geordneten einem Qûrṭā gewidmeten Definitionensammlung beruht, deren Verfasser A b(h)z û d (h) genannt wird.[13])

i) B Nàt(h)nîêl (Nathanaël) v Sîrzôr [14]) hat als solcher auf den Synoden der KK Îšô‘jahb(h) I. und Grig(h)ôr I. unterzeichnet und wurde unter K(h)osrau II. also vor 628 nach sechsjähriger Gefangenschaft gekreuzigt, weil seine Gemeinde unter seiner Führung einen persischen Kommandanten aus der Stadt vertrieben hatte, durch den die Kirchen derselben zerstört worden waren. An der Schule von Nisibis gebildet, hat er einerseits sich mit exegetischen Studien beschäftigt, deren anscheinend nicht einzige Frucht ein Ps-Kommentar war.[15]) Andererseits wird

[1]) ChrS 2, 192. ‘Ai § 76. BO 3₁, 147. D u v a l³ 74. 255. 411. Ders., Prooem. XXII. A Scher, ROC 11, 16f.   [2]) Nicht erst ein durch MbS 78 (69) als Zeitgenosse des K Theodosios bezeugter B M. von alAhwāz (= Bét(h) Húzájē), wie anscheinend gefolgt von R D u v a l, der M. um 900 ansetzt, J S A s s e m a n i a. a. O. vermutet.

[3]) Durch ‘Aî a. a. O.   [4]) So bei Sělěmôn v Bāṣrā (E A W B u d g e, The Book of the bee 135), in dem Bibelkommentar vielleicht des Sab(h)rišô‘ b Paulös (§ 46 g), in der Gannat(h) Bûssámē (§ 50 a) und bei BB.   [5]) Durch ein Zitat in der Selbstkommentierung des Isḥâq (E)šbad(h)nâjā (§ 54 b). Vg. A Scher, a. a. O. 17. G D i e t t r i c h, NGWG 1909, 197 bzw. OC² 1, 323.

[6]) Hss: die S. 121 Ak. 11 für die Festtraktate des Thomas v Edessa genannten. Bs: A B a u m s t a r k, OC 1, 333f.   [7]) Hs: Séert 87 (J 1609) VI°.   [8]) Hs: Mard 62 (J 1887) 5°.

[9]) Hss: N-Dsém 52 (15. Jh) 1°.   BrMOr 4071 (J 1677,80) fol 45 v° ff. und je eine im Kloster Rabban Hôrmîzd bei Alqôš und in syrisch-katholischem Privatbesitze in Mosul. Vg. A Scher a. a. O. 16.   [10]) Hss: N-Dsém 523°. 142 (J 1678,9) 13°. BrlOroct 1132 (17/8. Jh. Vg. D i e t t r i c h, OC² 1, 323. B a u m s t a r k, ebenda 2, 138f.). Mos 110. 6°.

[11]) Weil darin bereits das „B des Scholions“ des Theodoros b Kônî (§ 34 c) zitiert wird. Vg. G H o f f m a n n, De hermeneuticis ap. Syros Aristotelis 151/3.

[12]) So in den Hss Brl 88 (Peterm 9. J 1259,60) 34 und einer solchen des India Office in London (vg. G H o f f m a n n, Opusc. Nestor. XXIf.). Agg von Azz: G H o f f m a n n, De hermen. in den Akk zur syrischen Übs von περὶ ἑρμηνείας. A B a u m s t a r k, Aristoteles bei d. Syrern 1, 33,6 (219,23).   [13]) ‘Aî § 179. BO 3₁, 261. G H o f f m a n n a. a. O. W r i g h t 228,30. A B a u m s t a r k, Aristoteles bei d. Syrern 1, 213,9. Ders., OC² 2, 138f. D u v a l, Prooem. XIV. Ein Zitat unter dem Namen des A. bei BB 1843 Z. 8.

[14]) SynOr 423. 479 (O B r a u n, D. B. Synhados 235. 306). ChrM 21 (19). LC § 67. ChrS 2, 200. ‘Aî § 154. BO 3₁, 224, wo er irrigerweise einem ThM I 28. II 20 erwähnten Konvents-ältesten von Bét,h) ‘Àb(h)ē in der Zeit erst des K Ḥěnànîšô‘ I. (§ 32f.) gleichgesetzt wird. A Scher, ROC 11. 12f.

[15]) LC. ’Ai. Hss der Einleitung: Mos 20 (J 1875) 2°. N-Dsém 20 (J 1884) 3°. 21 (J 1893) 3° und eine im Privatbesitze B Vandenhoffs. Ag und Übs: B V a n d e n h o f f, Exegesis Psalmorum

für ihn eine literarische Betätigung in polemischem Sinne bezeugt, die sich nach zwei verschiedenen Überlieferungsversionen gegen das Magiertum oder gegen eine Mehrzahl von Häresien gerichtet hätte.[1])

§ 21. Neben der Schultheologie und einer den sassanidischen Hofkreisen nahestehenden Gelehrsamkeit mehr profaner Richtung stand etwa seit der Mitte des 6. Jhs als dritte Großmacht des syrisch-nestorianischen Geisteslebens ein wesenhaft asketisch orientiertes streng nestorianisches Mönchtum, das an Abraham v Kaškar in der Einsamkeit des nördlich von Nisibis sich erhebenden Ízla-Gebirges (Ṭûr ʿAb(h)din) seinen maßgeblichsten Begründer gehabt hat. Von dort aus immer weitere Gebiete mit dem Netze seiner Siedlungen überziehend, hat dasselbe ebenso schnell als nachdrücklich auch literarische Bedeutung gewonnen. Abraham Nat(h)pĕràjā (oder Nep(h)taràjā) ist der führende Vertreter einer seinen eigensten Bedürfnissen entsprechenden asketischen Prosa und hat als solcher seinen nächsten Nachfolger an Bâb(h)ai b Nĕsîb(h)nàjĕ, einem Bâb(h)ai, dem Schreiber, und dem M Šûb(h)ḥàlĕmàran gefunden. Eine Beschäftigung dieser Mönchskreise auch mit der poetischen Form ist vielleicht besonders durch das Beispiel eines Bàʿût(h), ein Eingreifen derselben in die durch Ḥĕnànà heraufbeschworene dogmatische Krise durch dasjenige eines Ḥĕnànîšôʿ zu belegen.

a) Abraham v Kaškar,[2]) † 8. 1. 588 im Alter von 85 JJ, hatte zuerst als erfolgreicher Glaubensbote unter den Arabern von al-Ḥirah gewirkt, dann auf einer Reise nach dem Westen sich mit dem Mönchtum der Sketewüste und des Sinai vertraut gemacht und schließlich unter den Narsai-Verwandten Abraham und Jôḥannàn dem Verbande der Schule von Nisibis angehört, bis er sich als Einsiedler in eine Höhle des nahen Ízlà-Gebirgsstockes zurückzog, auf dessen Höhe er später das „große Kloster" gründete. Die diesem gegebene Regel[3]) sichert ihm, vielleicht neben einer Tešbôḥtā,[4]) einen, obgleich bescheidenen, Platz auch in der Geschichte der syrischen Literatur. Unvergleichlich wichtiger ist allerdings seine Gesamtbedeutung als Schöpfer eines in Tracht und Satzungen von dem monophysitischen bewußt unterschiedenen spezifisch nestorianischen Mönchtums. Fortgeführt hat dieses sein Lebenswerk auf dem Ízlà selbst zunächst sein erster Nachfolger Dàd(h)îšôʿ,[5]) † 604 im Alter von 75 JJ, der, aus Bêt(h) Dàràjĕ, einer Gegend von Bêt(h) Aràmàjĕ stammend, ursprünglich Einsiedler oder als Genosse eines Stephanos Mönch in der Adiabene gewesen war. Dem Ízlà-Kloster, nach dem ihn der Ruf seines Gründers lockte, hat er weitere Satzungen

---

praec. messianicorum (Rheine 1899) 13/5 (24,6) Zitiert wird N. daneben auch zu Pentateuch und Propheten in dem Kommentar vielleicht des Sab(h)rišôʿ b Paulôs (§ 46 g).

[1]) Näherhin u. a.: Severianer, Manichäer, Mandäer nach ʿAî. Ersteres nach LC.

[2]) ThM I 4. LC § 14. ChrS 2, 132/5. BO 3r, 93. J-BChabot, JAᵛ 8, 53f. Labourt 315/8. AScher, ROC 11, 18.   [3]) Hss: N-Dsém 90 (Vor 14. Jh). Séert 65 (17/18. Jh) XIVᵒ. 68 (17. Jh) 2ᵒ. VtB 81 (K VI 4). Mard 50. Ag (mit Übs): J-BChabot, RAL 7, 51/9.

[4]) Eine solche unter seinem Namen in umfassenderen Sammlungen von Dichtungen dieser Gattung in den Hss: Séert 48. 2ᵒ. Dijarb 36. 2ᵒ. Vg. S. 112 Ak. 4. Agg: BrCh 2, 67f. K d(h)aqdam wad(h)bât(h)ar (Urmia 1901) 171. Übs: AJMaclean, East syr. daily off. 215.

[5]) ThM I 5. LC § 38. J-BChabot, JAᵒ 8, 56f. Labourt a. a. O. 318f. AScher, JA¹⁰ 7, 104 f.

hinterlassen.[1]) Eine dritte Mönchsregel, die ein Schüler des genannten Stephanos, namens Zinai,[2]) einem von ihm auf dem Berge Sĕp(h)ôlai in der Gegend des kleinen Zab gegründeten Kloster gab,[3]) ist daneben das Einzige, was sich von dessen schon umfangreicherem asketischen Nachlasse erhalten hat.

b) **Abraham** mit dem Beinamen Nat(h)pĕràjà (oder Net(h)pĕràjà) nach nestorianischer, Nep(h)taràjà nach jakobitischer Überlieferung,[4]) entstammte einer mit den adiabenischen Martyrern der Verfolgung Šàb(h)ôrs d. Gr. blutsverwandten Familie. Als sein Geburtsort wird ein in der Nähe von Arbela gelegenes Dorf [Bêt(h)] Nat(h)pĕrà bezeichnet. Anscheinend ein jüngerer Zeitgenosse A.s v Kaškar und mit diesem sogar gelegentlich verwechselt,[5]) besuchte er nach dreijährigem Einsiedlerleben in einer zwei Tagereisen von seiner Heimat entfernten Höhle Palästina und die klassischen Stätten des pachomianischen Mönchstums in Ägypten, um nach seiner Rückkehr weitere 30 JJ in seiner alten Höhle zu verleben. Eine nicht allen Quellen bekannte, wohl legendarische Überlieferung läßt ihn dieselbe zuletzt wieder verlassen und als Glaubensbote, nach Norden ziehend, eine erfolgreiche Missionstätigkeit bis nach Adorbaigān entfalten. Von seinen „verschiedenen“ Schriften,[6]) zu denen außer zahlreichen asketischen auch ein Evangelienkommentar und ein antihäretisches Werk gehört haben sollen,[7]) liegt, wiederum neben einer Tešbôḥtà,[8]) eine bescheidene Reihe kürzerer Abhandlungen zur mönchischen Askese in Sammlungen verschiedenen Umfanges und Bestandes[9]) und anscheinend eine verwandte größere Arbeit[10]) vor. Ein Kloster hat über der Höhle des Meisters sein Schüler Job (bezw. Ajjôb(h) oder Àḥôb(h)?) gegründet, der Sohn eines persischen Perlen- und Edelsteinhändlers aus Rêwardàšir, der auf einer Geschäftsreise nach dem römischen Gebiete in einem Kloster bei Nisibis, von schwerer Krankheit daniedergeworfen, das Gelübde gemacht hatte, im Falle seiner Genesung sich dem Asketenleben zu widmen, auch mit dem Klosterleben auf dem Izlà vertraut geworden war und gleich der Regel A.s v Kaškar auch die Abhandlungen des A. Nat(h)pĕràjà ins Persische übersetzte,[11]) von einem syrisch

---

[1]) N-Dsém 90. Séert 65. XV°. 68. 3°. VtB 81. Mard 50. Ag (mit Übs): J-BChabot, RAL 7, 24/46. Ein überarbeiteter Text beider Regeln auch im Nomokanon des 'Aï. Ag (mit Übs): AMai, Script. Vet. Nov. Coll. 10, 290/5 (127/32). Übs derjenigen A.s: EAWBudge, The Book of Governors 1, CXXXIV CXL.   [2]) LC § 70. Duval³ 224.   [3]) Hs: Séert 68. 4°.

[4]) LC § 43. Anonyme Biographie in einer Hs der jakobitischen Patriarchatsbibliothek zu Mardin (J 1471 2): StS 1, 36,8 (36/8). ChrS 2, 172f. MbS 52 (45f). 'Aï § 122. BO 1, 463f. 3ı, 191. EAWBudge, The Book of Governors 2, 191 Ak. 2. Wright 111f. Duval³ 223.

[5]) So durch MbS. In gleiche Richtung weist es, wenn man seinen Beinamen von einem Orte Neppar im Gebiete von Kaškar abzuleiten versuchte. Vg. Payne-Smith, Thes. Linguae Syr. 2420.   [6]) So allgemein 'Aï.   [7]) Nach dem Anonymus von Mardin: StS 1, 38 (37).

[8]) Der sonst dem Narsai-Verwandten Jôḥannàn beigelegten für die Nacht des Freitags (S. 116 Ak. 19) nach der Hs CmbrOo 1. 22. 3° k.

[9]) Hss von je 3 Nrn: VtS 122 (J 769) VII°. BrM 817 (Add 14614. fol 1/79. 10. Jh) 3° bzw. 785 (Add 12167. J 875,6) XIV°, von 5 Nrn: VtS 123 (8. Jh) III°. BrM 797 (Add 17180. 11. Jh) 1°, von 6 Nrn: CmbrAdd 2019 (J 1452), von 7 Nrn: VtS 126 (J 1223) XI°. 377, von 10 Nrn: VtS 413 (J 1572/3) fol 245 v°, 268 r°, vereinzelter Stücke: Katalog KWHiersemann 487. Nr 255 a (8/9. Jh) 22°. 255 b (J 882) 11°. BrM 797 (Add 18814. fol 103/262. 9. Jh) 4°. 819 (Add 14738. fol 85/9. 13/4. Jh) 4°. Brl 198 (Sach 352. 13. Jh?) fol 165° v/172° v. 177 (Sach 60) 4°. Séert 76 (13. Jh). Anh. 2°. 77. ebenso; von Azz: CmbrAdd 2016 (13. Jh) 28°. N-Dsém 24 (J 1697/S) 1°. Mos 103. 1°, fälschlich unter dem Namen des Euagrios: BrM 781 (Add 14623. J 823) 12°. Ag einer Abhandlung über die Identität des Kreuzesopfers und des Meßopfers: PBedjan. Mar Isaacus Ninivita de perfectione religiosa (Pr-Lpz 1909) 629,32.   [10]) Hs: BrMOr 6714 (9, 10. Jh) fol 73° v/101° n. Vg. FNau, PO 9, 495. Oder handelt es sich auch hier etwa nur um die Zusammenfassung einer Reihe von Einzelabhandlungen?

[11]) LC § 44. ChrS 2, 173/5. MbS 52 (46). BO 3ı, 431 f.

schreibenden fruchtbaren Exegeten J. oder Aḇóḇ(h) aus Bêt(h) Qaṭràje dagegen scheint unterschieden werden zu müssen.[1]) Auch für die Gleichsetzung eines anderen Jüngers A.s, Eliša',[2]) mit einem E. b Sap(h)nin oder b Sàb(h)it(h)a (bzw. Salliṭa), dem außer Sammlungen von Sentenzen und Rätseln ein Ps-Kommentar beigelegt wird,[3]) scheint ein zureichender Grund nicht ersichtlich zu sein.

c) Bàb(h)ai b Nĕsib(h)nàje,[4]) so oder schlechthin „der Nisibener“ nach der Herkunft seiner Familie aus Nisibis bzw. „der Kleine“ als Archimandrit eines „kleinen“ Klosters genannt,[5]) das er auf dem Ízla neben dem „großen“ Abrahams gründete, war Schüler des letzteren gewesen, hatte dann zunächst als Einsiedler in einer Höhle bei Arbela und zeitweilig auch in dem Kloster Zinais gelebt. Von den Jüngern B.s d. Gr. (§ 22 h) hart angefeindet, entfaltete er eine allem Anscheine nach nicht unbedeutende schriftstellerische Tätigkeit vorwiegend asketischen Charakters. Doch ist sein Nachlaß vielleicht frühzeitig nicht scharf genug von demjenigen eines jüngeren gleichnamigen Reformators der nestorianischen Kirchenmusik unterschieden werden. Erhalten haben sich unter seinem Namen zwei der ihm schon durch ein altes Zeugnis[6]) beigelegten Mēmrē „der Buße“[7]) und wiederum mehrere Tešbĕḥàt(h)ā.[8])

d) Bàb(h)ai, genannt „der Schreiber“ v Mĕ'arrē,[9]) aus einem Orte Beḥqàwàd(h) bei Ḥirtā gebürtig, muß gleichfalls noch der vorislamischen Zeit angehört haben, da sein Beiname neben dem Orte seines Asketenlebens auf die Tatsache zurückgeht, daß er ursprünglich das Amt eines Sekretärs bei dem persischen Marzĕb(h)àn von Ḥirtā begleitete. Als Einsiedler soll er in einem Alter von 103 J.J gestorben sein. Ein von ihm verfaßtes Werk asketischen Inhaltes wird unter dem Titel eines „Bes der Unterscheidung der Gebote“ angeführt.[10]) Zu unterscheiden

——   · ——

[1]) 'Aī § 107. BO 3ɪ, 175. Duval, Prooem. XIX. J-BChabot, JA[10] 8, 273f. Bezeugt wird für ihn eine Kommentierung des ganzen NTs, des Pentateuchs und „aller Propheten“ „außer der Erklärung der Bêt(h) Mant(h)ĕb(h)c̄“ (= Jos, Richt, Sam, Kge, Ruth und Weisheitsbücher) d. h. entweder neben einer solchen auch dieser BB oder vielmehr „der Propheten“ mit Ausschluß derselben. Zitiert wird er bei BB, in dem AT-Kommentar vielleicht des Sab(h rišó' b Paulôs (§ 46 g) und der Selbstkommentierung des Isḥàq (E'sbad̠ḥ·nàjā (§ 54 b). Ein Traktat über die Ps liegt unter seinem Namen in den Hss Mos 20 (J 1875) 1°, N-Dsém 20 (J 1684) 1°, 21 (1893) 1° und einer solchen im Privatbesitze BVandenhoffs vor. Ag: BVandenhoff, Exegesis psalmorum imprimis messianicorum apud Syros Nestorianos (Rheine 1893) 3,9 (17 20). Mit der Möglichkeit ist ferner zu rechnen, daß ihm ein anonymer Kommentar der Hs Séert 27 (12. Jh) zum NT gehören sollte, der durch eine Erklärung schwieriger Worte in persischer Sprache auffällt. Vg. KatScher 18f. Die namhaft gemachten Autoritäten würden auch der von JSAssemani nicht näher begründeten Ansetzung J.s unter K Màr.j) II. (§ 88e) d. h. ins 10. Jh nicht widersprechen. Jene Eigentümlichkeit scheint aber doch noch in vorislamische Zeit zu weisen.

[2]) ChrS 2, 174. MbS 50 (44).   [3]) 'Aī § 155. BO 3ɪ, 224f. mit der fraglichen Identifizierung. [4]) ChrM 24 (21f.). LC § 17. ChrS 2, 134/6. 'Aī § 113. BO 3ɪ, 177,81. Wright 184f. unter Verwechslung mit dem Reformator der Musik. Duval[3] 379 Ak. 2. AScher, ROC 11, 18f.   [5]) Vg. KatWright-Cook 1151f.   [6]) ChrM.   [7]) Hss: Séert 109 (J 1609) 11°. N-Dsém 116. 3°. Mos 100. 3°.

[8]) Für die Sonntage nach Epiphanie und zwei „des Gebetes“, die an den Tagen des Ninivitenfastens oder den Freitagen der Quadragesima zur Verwendung kommen. Hss der ersteren: BrM 186. 2°k ɣ'. CmbrAdd 2036. 3°m ɣ'. 1966. 3°m ɣ'. Pr 24. 3°s. Brl 29. 3°m X, der letzteren: CmbrAdd 2036. 3°m ʒ. 1966. 3°m ε' ʒ. Brl 29. 3°m XII, XIII, einer derselben: BrM 191. 3°t. Pr 24. 3°t, ungewiß, welcher: Séert 48. 2°. Vg. S. 112 Ak. 4. Agg des Sonntagstextes: EAW Budge, The Book of Governors 2, 300. BrCh 1, 120. K d(h)aqdam wad(h)bàt(h)ar 143f., der Fastentexte: BrCh 1, 183. 2, 99f. K d(h)aqdam wad(h)bàt(h)ar 181 bzw. BrCh 1, 204. K d(h)aqdam wad̠ḥ'bàt(h)ar 181f. Übss der Reihe nach: JAMaclean a. a. O. 157f. 226. 226f., des ersten Fastentextes: JMSchönfelder, TQs 48, 193f.   [9]) LC § 75. ChrS 2, 226/9. 'Aī § 119. BO 3ɪ, 188. Duval[3] 225. AScher, ROC 11, 19.   [10]) 'Aī. Dazu ein Zitat

von ihm ist, auch wenn er zu Unrecht mit einem als Zeitgenosse des K Ḥĕnânišô' II. (§ 33 h) bezeugten Men von Rêwardàšîr identifiziert worden sein sollte, ein B. „d e r P e r s e r“,[1]) der als Verfasser „verschiedener Widerlegungen“ (?) bezeichnet und vielfach in späterer exegetischer Literatur angeführt wird.[2])

e) M Šûb(h)ḥālĕmâran v Kark(h)ā d(h)ĕ Bêt(h) Sĕlôk(h),[3]) Zeitgenosse des K Grîg(h)ôr I. und in der Verfolgungszeit nach dessen Tod von K(h)osrau II. in die Verbannung geschickt, widmete zahlreiche Schriften der monastischen Askese und der konfessionellen Polemik gegen den mächtigen monophysitischen Hofarzt Gabriel v Šîngar.[4]) Davon werden neben Briefen, deren „Nützlichkeit“ eine Hervorhebung erfährt, im einzelnen eine Sammlung asketischer Sentenzen nach Art derjenigen des Euagrios und ein „B der Teile“ namhaft gemacht.[5]) Das letztere handelt in näherhin drei Teilen über die von Christus gelehrte Demut, über die Art, wie die Gnade einen jeden beruft, und über den Verkehr der „Brüder“ miteinander im Einsiedler- wie im klösterlichen Gemeinschaftsleben.[6]) Anführungen eines Š. in späterem exegetischem Schrifttum[7]) würden, wenn sie nicht auf einen anderen Schriftsteller gleichen Namens gehen, eine literarische Beschäftigung auch mit Pentateucherklärung beweisen.

f) Ein Bâ'ût(h)[8]) ist als Zeitgenosse des K Îšô'jahb(h) I. und Gründer eines Klosters in Bêt(h) Nûhad(h)rā bezeugt und könnte wohl mit dem gleichnamigen Verfasser je eines Gedichtes über die Erscheinung Christi und die durch sie erfüllten Weissagungen der Propheten bzw. gegen die Leugner der Auferstehung identisch sein.[9]) Im übrigen scheinen die Koryphäen des altnestorianischen Mönchtums von poetischen Gattungen lediglich diejenige der Tĕšbôḥtā (S. 52) gepflegt zu haben. So erscheinen als Dichter von Hymnen dieser Art aus dem Kreise sicher hierher gehöriger Gestalten noch an Ja'qôb(h), dem hochgefeierten Gründer des späterhin zu besonderer, nicht zuletzt literarischer Bedeutung gelangten Klosters Bêt(h) 'Àb(h)ĕ,[10]) einer der hervorragendsten Jünger Abrahams v Kaškar und ein Ab(h)imalk, der durch einen Men Elijā v Nisibis als Exeget an eine dort durch einen Diakon Elîša' bei einem Martyrium neubegründete Schule berufen wurde und in Verbindung mit derselben ein Kloster ins Leben rief.[11]) Auch ein Exeget Jazdin der „Große“ (oder „Ältere“),[12]) ein Klostergründer Isḥâq,[13]) ein Lehrer

---

darans über die Dämonenvision eines sterbenden Mönchs aus Dâd(h)išô' v Bêt(h) Qaṭrâjŭ (§ 35g): A Scher, JA[10] 7, 107.   [1]) 'Ai § 110.   BO 3ɪ, 176 mit der berührten Identifikation, für die irgendeine Stütze nicht geboten wird.

[2]) Durch Íšô'dâd(h) v Merw (§ 37d), in dem vielleicht auf Job v Bêt(b) Qaṭrâjŭ zurückgehend Kommentar zum NT. der Pentateuch- und Prophetenerklärung vielleicht des Sab(h)rišô' b Paulos (§ 46g), der Selbstkommentierung des Isḥâq (E)šbad(h)nâjā (§ 54b) und einem arabischen Mt-Kommentar der Hs Brl 109 (Sach 16. 14. Jh). Vg. KatSachau 376.

[3]) ChrM 22 (20). LC § 58. ChrS 2, 209. 218f. 'Am 57 (33). 'Ai § 120. BO 3ɪ, 189. D u v a l[3] 224.   [4]) LC.   [5]) Durch 'Ai.   [6]) Hs: BrMOr 6714 (9/10. Jh). Vg. F N a u, PO 9, 494f.

[7]) Näherhin der Pentateucherklärung vielleicht des Sab(h)rišô' b Paulos (§ 46g).

[8]) LC § 104. 'Am 49 (29). BO 3ɪ, 439. LTh 76,8 mit J 600 als Todesdatum.   [9]) Hss des ersteren: VtS 90 (J 1570/1) 5°, Séert 55 (17. Jh) XIV°, des letzteren: Séert 55. LXIII°. Ag eines Stückes des ersteren: LTh 76f.   [10]) ThM 1 20,3. LC § 34. Ihm zugeschrieben wird eine T. zur Komplet. in den Hss: BrM 186. 2°kɛ'. Séert 48. 2°.

[11]) LC § 41. Notiz der Hs CmbrOo. 1. 22: KatWright-Cook 1083. Er gilt als Verfasser der in allen für die Gattung überhaupt in Betracht kommenden Hss (in Brl 29 mit der Namensvariante: Aḥimalk) auftretenden Nacht-T. für den Mittwoch. Ag: BrCh 43 (jedes Bandes). K d(h)aqdam wad(h)bât(h)ar 89. Übs: J A M a c l e a n a. a. O. 99.

[12]) Verfasser einer Kommunion-T. für Herrenfeste. Hss: BrM 191. 3°i. 7156 Rich fol 156 v°. CmbrAdd 2036. 3°i. 2037. 3°j. 1966. 3°i. Pr 24. 3°h. Brl 29. 3°i und gewiß auch Dijarb 36

Adda,[1]) Gabriel v Šustrin,[2]) Emmanuel v Dōqa oder Sargōna,[3]) von denen ein Gleiches gilt, mögen diesen und anderen bekannten Tešbĕḥāt(h)ā-Dichtern zeitlich nahegestanden haben.

g) Der Mönch Ḥĕnàniŝō‘,[4]) vor seinem Eintritte auf dem Īzlā ‘Amr(i) genannt, war aus Ḥirta gebürtig und Verwandter des Araberkönigs Mundar ibn Na‘man, begleitete 612 den Blutzeugen Giwargīs (§ 22 h) an den Sassanidenhof und wirkte später als Missionär und Klostergründer zu Darab(h)ad h) in Bét(h) Garmai. In einer Streitschrift hat er sich gegen die „chalkedonensische“ d. h. wohl unter dem Einflusse Ḥĕnanas stehende Lehre eines Iŝa‘jā v Taḥal und Meskēnā v Bét(h) ‘Arbàje gewandt.[5])

§ 22. Auch an einer Pflege der Geschichtschreibung hat es in der syrisch-nestorianischen Literatur der vorislamischen Zeit nicht gefehlt. Ein Adiabener Mĕšiḥā-zĕk(h)ā und der unbekannte Verfasser einer „Geschichte von Kark(h)ā d(h)ĕ Bét(h) Sĕlôk(h)“ erscheinen als dankenswerte Vertreter lokaler, ein Barsahdĕ als frühester Urheber einer allgemeinen Kirchengeschichte, während die Übersetzer-tätigkeit eines Šem‘ôn Barqàjā den Zusammenhang mit der chronographischen Literatur des Griechentums vermittelte. Der Geschichte der theologischen Schulgründung und derjenigen der großen Glaubenskämpfe des 4. bis 6. Jhs ist die Betätigung zweier verschiedener Schriftsteller des Namens Barḥad(h)bĕšabbā zugewandt. Neben einem Weiterleben der literarischen Gattung der Martyrerakten macht sich die verwandte von Einzelbiographien hervorragender Kirchenmänner geltend. Ebensowohl mit einer höchst umfassenden monographischen Bearbeitung geschichtlicher Stoffe als mit literarischer Förderung theologischer Gelehrsamkeit beschäftigt zeigt sich endlich an Bâb(h)ai d. Gr. der bedeutendste aus dem altnestorianischen Mönchtum hervorgegangene Schriftsteller, dessen imponierende Erscheinung bis in die letzten Jahrzehnte des Sassanidenreiches herabführend einen würdigen Abschluß der einst vom Kreise Hib(h)ās eröffneten literarischen Entwicklung bildet.

a) Mĕšiḥàzĕk(h)à,[6]) der nicht mit irgendwelchen jüngeren Mönchen vielmehr des Namens Īšô‘zĕk(h)ā oder Zĕk(h)āīšô‘ zusammengeworfen werden darf, verfaßte

(12. Jh) Anh. 1°. Agg: Missale Chaldaicum (R 1767) 300. Liturgia SS. apost. Adaei et Maris usw. (Urmia 1890) 28. Missale iuxta rit. Eccl. Syr. Oriental. (Mosul 1901) 47. 397. BrCh 346* jedes Bandes. Übss: G Bickell in: D. kathol. Orient (Münster 1874) 45. F E Brightman, Liturgies Eastern and Western 1, 300. Vg. ein Zitat des Textes ohne Verfasserangabe in der Liturgie-erklärung des (Ps?- Georgios v Arbela (§ 38 c) IV 26..

[13]) Als T.-Dichter in der Hs: Séert 48. 2°.   [1]) Als Verfasser einer Wochentags-T. in der Hss: Dijarb 36. 2°.   [2]) Als T.-Dichter in der Hs: Séert 48. 2°.

[3]) Hs einer zwischen beiden strittigen T.: Séert 48. 2°. Ein Bruchstück wohl dieses Textes ist unter dem Namen E.s außerdem in der Vatikana erhalten. Über das betreffende Blatt vielleicht schon des 8. Jhs M Ugolini, OC 2, 179/86. Ag des fragmentarischen Textes (mit Übs): a. a. O. 182f.

[4]) Bâb h)ai d. Gr. (§ 22 b): P Bedjan, Histoire de Mar-Jabalaha usw. 514. Brief Īšô‘jahb(h)’s III. (§ 30f.): CSCO Scr. II. 64, 5f. (9f.): BO 3ı, 118. ROC 11, 20.   [5]) Hss eines Schreibens gegen den ersteren: Brl 88 (Peterm 9. J 1259/60) 31°, von Kapp. einer „Disputation gegen Häretiker“: Séert 87 (J 1609) VI°.   [6]) ‘Ai § 147. BO 3ı. 216. E Sachau in der sofort anzuführenden Publikation 68. Duval² 204. 319f.

nach einer Rückkehr Mār(j) Āb(h)ās aus der Susiana und vor dem Tode des Narsai-Verwandten Abraham d. h. zwischen 540 oder 551 und 569 eine zu Anfang und am Ende unvollständig erhaltene „Kirchengeschichte" speziell der Adiabene in Form einer Art von Liber pontificalis ihrer Metropole Arbela.[1]) Aufschlüsse über die Anfänge des Christentums auf dem linken Tigrisufern durch welche das Werk eine erstklassige Bedeutung gewinnt, scheinen vorzugsweise auf der ältere Arbeit eines Lehrers Ḥāb(h)el zu beruhen, der über die Arsakidenzeit offensichtlich noch ausgezeichnet unterrichtet war, auf dieselbe aber schon als auf eine abgeschlossene Vergangenheit zurückblickte, näherhin sogar erst rund zwei Menschenalter nach 351 gelebt hat, falls auf ihn auch die Bemerkung zurückzuführen ist, daß „die Söhne ihrer Söhne bis auf diesen Tag" das Ende der vor jenem J gefallenen ersten Opfer der großen Christenverfolgung Šāb(h)ôrs d. Gr. beweinen.[2])

b) „Geschichte von Kark(h)ā d(h)ē Bêt(h) Sělôk(h) und seiner Martyrer" betitelt sich eine anonym überlieferte Schrift, die in gewissem Grade für die Metropole der Kirchenprovinz Bêt(h) Garmai ein Seitenstück der „Kirchengeschichte" Měšiḥāzěk(h)ās darstellt.[3]) Eine abrißweise Geschichte der Stadt von ihrer Gründung durch die Assyrier an dient einer solchen ihrer christlichen BB und diese wieder einer ausführlichen Erzählung über die Leiden der Christen zur Einleitung, deren Schauplatz sie 446 unter Jazdgerd II. war. Die endgültige Redaktion des Ganzen scheint auch hier bereits in das 6. Jh herabgerückt werden zu müssen.

c) Bar Saḥdē[4]) aus Kark(h)ā d(h)ē Bêt(h) Sělôk(h) war Verfasser einer antizoroastrischen Streitschrift und einer Kirchengeschichte, aus welcher sich ein Bericht über die himjaritische Christenverfolgung erhalten hat.[5]) Die wenigen sonst noch begegnenden Anführungen aus dem letzteren Werke[6]) weisen nicht über die vorislamische Zeit herab, in welcher das erstere im Grunde genommen allein denkbar ist.[7])

d) Šem'ôn Barqājā oder Garměqājā d. h. aus Bêt(h) Garmai[8]) schuf unter dem Sassaniden K(h)osrau Pērôz (590 628) eine in der Folgezeit für nestorianische Kreise maßgeblich gebliebene Übs eines griechischen chronographischen Werkes, in welchem dieselben die Chronik des Eusebios glaubten erkennen zu dürfen.[9]) Daß es vielmehr das auf dem griechischen Mutterboden verschollene

---

[1]) Hss: eine alte im Orient. BrlOrfol 3126 (wohl Abs der vorigen). Ag (mit Übs): A Mingana, Sources syriaqnes 1 (Lpz 1908). Übs (mit vorzüglicher Einleitung): E Sachau, D. Chronik v. Arbela. Ein Beitrag zur Keuntnis d. ältest. Christentums im Orient (Brl 1915 Abhdl. PAW 1915 Nr 6). Vg. A Allgeier, Katholik 96, 393,401. 99, 224/41. 289,300. E Sachau, Vom Christentum d. Persis SbPAW 1916, 958,80. H Dieckmann, D. kathol. Missionen 49, 89 91. [2]) Sachau a. a. O. 8 12.

[3]) Hss: Dijarb 96. 35° und Abs. BrM 7200 Rich 1° (vg. S. 55 Ak. 5). Pr 295 (J 1715) 7°. 309 (J 1869) 11°. VtB 91 (J 1869). Brl 75 (Sach 222. J 1881) 12°. N-Dsém 112 (J 1885). Agg: G Mösinger, MonS 2, 63,75. AMS 2, 507 35. Unvollständige: C Brockelmann 51*,69*. 50*,65*. Übs: G Hoffmann, Auszüge aus syr. Akten pers. Märtyrer 43,60. Unvollständige: O Braun, BKv² 179,87.

[4]) 'Ai § 164. BO 3),. 229. Duval² 379 f. [5]) Hss: Dijarb 96. 43°. Brl 75 (Sach 222) 34°. Ag einer Textprobe: JA¹⁰ 10, 400f. Ak. 1. [6]) Ebš z. J 795. ChrS 1, 219. 2, 93 f.

[7]) Durchaus unglaubhaft ist deshalb Assemanis ohne irgendwelchen Quellenbeleg vorgetragene Ansatz erst unter den K Pet(h)jôn (731 41).

[8]) Ebš 2, 99 (111) mit der ersteren, 'Ai § 91 mit der letzteren Bezeichnnng. [9]) Vielleicht geht auf dieselbe der Eusebiosstoff bei Ps.-Dionysios v Tellmaḥrē, die sog. syrische Epitome der Eusebianischen Chronik (§ 43i), zurück. Nähere Untersuchungen über das gesamte Nachwirken der Eusebios-Chronik im syrischen Sprachgebiete sind von P Keseling in einer Bonner Diss. zu erwarten, deren Drucklegung die Zeitverhältnisse hintauhielten.

Werk eines Andronikos aus dem Justinianischen Zeitalter gewesen sei, das in der Tat syrisch mehrfach nachwirkt.[1]) kann aus einer zufälligen Erwähnung des A. unmittelbar hinter S. nicht zuverlässig geschlossen werden.[2])

e) Ein B Barhad(h)bĕsabba von Halwân,[3]) der 605 an der Synode des K Grîg(h)ôr teilnahm, ist Verfasser einer Schrift über „die Ursache der Gründung der Schulen",[4]) die in der Behandlung ihres Themas bis auf die Unterweisung Adams durch Gott zurückgreift und einen hervorragenden, wenn auch nicht uneingeschränkten Wert in ihrer der Geschichte der Schule von Nisibis gewidmeten Schlußpartie gewinnt. B. bezeichnet sich selbst als Schüler Hênânâs und schrieb, während dieser die Leitung der Schule inne hatte, und noch ohne irgendeine Kunde von einem um dessen Person entbrannten Streite zu haben. Von ihm zu unterscheiden ist ein B. aus Bêt(h) 'Arbâjê,[5]) der außer einem dreibändigen „B der Schätze" von nicht näher bezeichnetem Inhalt, einer Widerlegung aller — nichtchristlichen und häretischen — Kulte, Kommentaren zum Mk-Evangelium und zum Psalter und einem Festtraktat über den Gedächtnistag der „griechischen Lehrer"[6]) eine anscheinend allein erhaltene Kirchengeschichte in 32 Kapp. verfaßte, deren Überschrift ihn als Bâd(h)ôqâ der nisibenischen Schule bezeichnet.[7]) Denn dieses Werk, genauer eine „Geschichte der um der Wahrheit willen verfolgten Väter" von den arianischen Wirren bis auf Abraham aus dem Hause Narsais gerät bezüglich der Geschichte der Schule von Nisibis mit der Schrift über die Schulgründungen in unüberbrückbaren Widerspruch.[8])

f) Von Martyrerakten[9]) behaupten diejenigen der 542 unter K(h)osrau I. hingerichteten Blutzeugen Grîg(h)ôr und Jazdpânâh[10]) den Wert geschichtlicher, wenn

---

[1]) Bei EbŠ selbst und M. Dazu ein auf A. zurückgeführter denjenigen des sog. Liber generationis, der Osterchronik und der Excerpta Barbari Scaligers entsprechender Abschnitt über die Verteilung der Erde unter die Nachkommen Noës. Hss: Dijarb 95 (J 1697/8) 42°. BrM 922 (25875. J 1709) 6°. Ag: WEBrooks, ChrM 351/4 (277/80). Ein Stück verwandten Inhalts unter dem Namen des Eusebios: BrM 912 (Add 14541. fol 52). Ag: a. a. O. 355,7 (281/3).

[2]) Zu unterscheiden von dem syrischen Bearbeiter der Eusebios(?)-Chronik ist ein durch 'Aî § 166 gleichfalls als Verfasser eines chronographischen Werkes bezeugter Š. v Kark h)â, der nach JSAssemani, BO 3₁, 230 B einer der Städte dieses Namens in der Zeit des K Timotheos I. d. h. erst um die Wende vom 8. zum 9. Jh gewesen wäre.

[3]) ChrM 22 (20). SynOr 214 (419). OBraun, D. Buch d. Synhados 306. Duval³ 204.

[4]) Hss: N-Dsém 52 (15. Jh) 7°. Séert 82 (16. Jh) 4°. 100 (J 1609) III°. Eine solche einer Gûrjâ-Kirche der Diözese Séert. Agg: AScher, PO 4, 314/97, des Schlußteiles: AMingana, Narsai doct. homil. et carmina 1, 32 9. Übs dieses Teiles mit Würdigung seines geschichtlichen Wertes: J-BChabot, JA¹⁰ 6, 157/77.

[5]) 'Aî § 93. BO 3₁, 169. AScher, ROC 11, 15. FNau, PO 9, 493 f., beide unter Gleichsetzung mit dem B v Halwân.   [6]) Alles bei 'Aî. Über ein Zitat aus dem „B der Schätze": AScher, JA¹⁰ 7, 106. Zitate exegetischen Inhalts bei Išô'dâd(h) v Merw (§ 37 d), in der Gannat(h) Bûssâmê (§ 50 a) und in einem anonymen Kommentar zum NT (oben S. 132 Ak. 1).

[7]) Hs: BrMOr 6714 (9/10. Jh) fol 101° r/178 r°. Ag der Vorrede, des Kapp.verzeichnisses und der Kapp. 21/32: FNau, PO 9, 498/500. 503/631.

[8]) Vg. oben S. 109 Ak. 9. 110 Ak. 1. 114 Ak. 6 f. Allerdings ist mit der Unterscheidung zweier gleichzeitiger Schriftsteller desselben Namens das Rätsel jenes Widerspruches noch nicht gehoben, da es befremden muß, wie im Kreise der nisibenischen Schule schon gegen Ende des 6. Jhs überhaupt Meinungsverschiedenheiten über die Reihenfolge und Chronologie ihrer bisherigen Vorsteher möglich sein konnten.

[9]) Über die Haupthss Dijarb 96 (bzw. deren Abs) und BrM 7200 Rich oben S. 55 Ak. 5.

[10]) Hss: Dijarb 96. 33°. 34°. BrM 7200 Rich 9°. 8°. Ag: PBedjan, Histoire de Mar Jabalaha, de trois autres patriarches, d'un prêtre et deux laïques nestorieus (Pr 1895) 347/415. Vg. GHoffmann, Auszüge 78/91.

auch nicht mehr streng zeitgenössischer Berichte. Eine Reihe legendarischer Erzählungen, deren Entstehung etwa in das 6. Jh verlegt werden darf, beschäftigt sich demgegenüber mit Episoden der großen Verfolgung Šāb(h)ôrs II. Durchweg handelt es sich bei ihren Helden um Vertreter, welche das Christentum in den vornehmsten persischen Kreisen, ja im Herrscherhause selbst gefunden hätte, während mehrfach ihr Abschluß die Texte zugleich als Gründungslegenden bestimmter Klöster erweist. Obenan steht hier durch ihren Reichtum an topographisch und historisch wertvollen Einzelheiten die Geschichte des bekehrten adiabenischen Gouverneurs Qardāg(h) und seines Lehrers ʿAb(h)dîšôʿ.[2]) Zu den Akten des Prinzen Gûbarlāhā und seiner Schwester Qazô[1]) liegt das Bruchstück eines Parallelberichtes in demjenigen des Martyrums eines Dād(h)û vor.[3]) Des weiteren gehören hierher die Biographien des Mār(j) Muʿain[4]) und Mār(j) Šāb(h)ā-Pirgûšnasp.[5]) Auch die Lebensgeschichte eines erfolgreichen Missionärs Šāb(h)ā-Gûšnjazdād(h), der 487 8 als Blutzeuge endete, ist erst rund anderthalb Jhh später, nämlich nicht vor der Thronbesteigung des Šerôwai b K(h)osrau (628) redigiert worden.[6])

g) **Biographien** wurden seit Mitte des 6. Jhs auch zwei hervorragenden Oberhäuptern der nestorianischen Kirche gewidmet, die nicht die Palme des Martyriums erlangt hatten. Das Leben Mār(j) Ab(h)ās I. hat ein Unbekannter äußerlich in der Form einer gesprochenen Rede geschildert.[7]) Sab(h)rîšôʿ I. hat einen Biographen an einen Mönche (oder Einsiedler?) Petros gefunden, dessen Lebenszeit sich darnach bestimmen läßt, daß er in seiner Jugend durch den Helden seiner Erzählung wunderbar geheilt worden zu sein glaubte.[8])

h) **Bāb(h)ai d. Große**,[9]) Sohn begüterter christlicher Eltern aus dem Dorfe Bêt(h) ʿAināt(h)ā in Bêt(h) Zab(h)dai, entfaltete nach 15 jährigem Studium an der dortigen Hochschule zunächst im Xenodochion zu Nisibis eine eigene Lehrtätigkeit, trat dann aber unter Abraham v Kaškar im Kloster auf dem Îzlā ein, um später in der Heimat auf dem väterlichen Grunde und Boden ein solches zu gründen. Nach dem Îzlā zurückgekehrt, wurde er hier Nachfolger Dād(h)îšôʿs und übernahm, als nach dem Tode des K Grîg(h)ôr der Großherr die Wahl eines Nachfolgers verbot, auf Drängen der angesehensten BB in Verbindung mit dem Archidiakon des Verstorbenen die stellvertretende Leitung der Kirche. Als 627/8 endlich eine Neuwahl zustande kam, hat er die Annahme der zunächst auf ihn gefallenen Wahl abgelehnt und ist bald darauf im Alter von 77 JJ gestorben. Der Umfang seines schriftstellerischen Nachlasses wird auf nicht weniger als 83 oder 84 Bde angegeben.[10]) Davon liegt in einer verhältnismäßig reichen Überlieferung

---

[1]) Hss: Dijarb 96. 29°. Pr 295 (J 1705) 9°. 309 (J 1869) 12°. 326 (19. Jh) 3°. Brl 76 (Oroct 337. J 1746). 75 (Sach 222. J 1881) 12°. VtB 91 (J 1869). N-Dsém 112 (J 1885). BrMOr 4404 (19. Jh) fol 141° r ff. Urm 84. 179. 14°. 159. 11° (sämtlich 19. Jh). Agg: J-BAbbeloos, AB 9, 11,103 (mit Übs). AMS 2, 442 507. H Feige, D. Gesch. d. Mar ʿAbdišôʿ u. seines Jüngers Mar Qardagh (Kiel 1890). Vg. ThNöldeke, ZDMG 44, 529/35.

[2]) Hs: Dijarb 96. 23°. Ag: AMS 4, 141/43.   [3]) Hs: BrM 7200 Rich. Ag: AMS 4, 210/21. Vg. Hoffmann 33 f.   [4]) Hs: BrM 966 (Add 12174) 67°. Vg. Hoffmann 28/33.

[5]) Hs: BrM 7200 Rich 5°. Ag: AMS 4, 222,49. Vg. Hoffmann 22/8.   [6]) Hss: BrM 952 (Add 14645. J 935,6) 13°. 7200 Rich 4°. N-Dsém 102 (14. Jh). Pr 295. 11°. VtB 39 (J 1869). Brl 75. 31°. Urm 189 (19. Jh). Ag: AMS 2, 635,80. Vg. Hoffmann 68/78.

[7]) Hs: Dijarb 96. 45°. Ag: Bedjan, Hist. de Jabalaha 206,87. Übs: OBraun, BKv² 37, 188/220.   [8]) Hs: Dijarb 96. 47°. Ag: Bedjan a. a. O. 283/321.

[9]) ChrM 23 f. (21 f.). ThM I 7 f. 27 9. 35. LC § 39. ChrS 2, 210/4. MbS 61 (54). ʿAm 52 (30). ʿAi § 66. BO 3₁, 88/97. Wright 167,9. KdP 31 f. Labourt 224 f. 237 f. 319. J-BChabot, JA⁰ 8, 82/5. Duval³ 212 f. Lübeck 106. 109.   [10]) Letztere Zahl bei ThM I. 28, erstere bei ʿAi, der allein die im folgenden zugrundeliegenden einzelnen Angaben macht.

ein dogmatisches Hauptwerk zur Verteidigung der nestorianischen Christologie vor.[1]) Mit einer Schrift „an die Anfänger" im asketischen Leben dürfte eine Sammlung von „Maximen" identisch sein.[2]) Von zwei Kommentaren über die Centurien des Euagrios[3]) und die Abhandlungen des Asketikers Markos[4]) ist mindestens der erstere, von den hagiographischen Arbeiten B.s die Geschichte eines 612 als Martyr gestorbenen Mönchs Giwargis[5]) und einer Blutzeugin Christina[6]) erhalten. Solche über Abraham v Kaškar,[7]) einen Gabriel Qaṭrājā und einen Wandermönch Mattai werden auch noch anderwärts, nur durch B. selbst werden im Anfang der Biographie des Martyrers Giwargis[8]) als vor dieser und nach derjenigen Abrahams v Kaškar abgefaßt Einzelschriften bezeugt über Dāḏ(h)išô‘, die beiden Prr Jôḥannān aus Margā und Râmišô‘ aus Kaškar, einen aus Kark(h)ā d(h)ĕ Bêṯ(h) Sĕlôk(h) stammenden Îšô‘sab(h)ran genannt Hāję lě‘emmeh, einen Pr und Martyrer Ab(h)imalk aus Qardû,[9]) einen Jôḥannān den Araber aus Ḥîrtā, einen Pr und Archimandriten Daniel aus Babylon, die Schwester des Martyrers Giwargis mit Namen Marjam und Grig(h)ôr v Nisibis sowie ein umfassendes Werk über alle im Rufe der Heiligmäßigkeit verstorbenen „Brüder" der „Genossenschaft" des Îzlā. Auf einen Zeitraum von mindestens 33 JJ erstreckte sich die Entstehung dieser gesamten Schriftenmasse. An poetischen Stücken begegnen unter dem Namen B.s mehrere Tešbĕḥāt(h)ā[10]) und ein Hymnus auf die „griechischen Lehrer",[11]) in dem vielleicht eine für ihn bezeugte „Geschichte des Diodoros und seiner Genossen" wiederzuerkennen ist. Auch als Erklärer des gesamten Bibeltextes und Verfasser von „Kanones" über das Mönchsleben lernen wir ihn kennen. Verschiedene mit seinem Namen verknüpfte Titel aus der literarischen Sphäre der Festtraktate[12]) scheinen auf ein einziges einschlägiges Werk umfassenden Charakters bzw. auf Teile eines solchen zu gehen, Briefe an oder gegen Jâusep(h) Ḥazzājā (§ 35 c) aus chronologischen Gründen einen der jüngeren Schriftsteller gleichen Namens zum Verfasser haben zu müssen. Dagegen darf B. wohl als der tatsächliche Urheber einer 612 von den nestorianischen BB an den

---

[1]) ‘Ai: „Üb. d. Union." Hslich betitelt: „Gegen diejenigen, welche sagen, daß, wie Seele und Leib eine Person sind, so Gott das Wort und der Mensch eine Person sind" oder: „Über die Gottheit und über die Menschheit und über das πρόσωπον". Hss: VtS 178. X⁰. Urm 37 (13. Jh). BrMOr 5441 (14. Jh). N-Dsém 37 (J 1888). BrlOrqu 1168 (J 1895), hergestellt auf Grund von Urm 37, einer rund 800 JJ alten Hs eines Prs Denḥā in Rûstaq und einer im Besitze des Klosters Mâr(j) Jâunan in der Stadt Êl befindlichen, von Bruchstücken: Séert 87 (J 1608/9) VIII⁰. Ag: A A Vaschalde, CSCO Ser. II. 61, einer Textprobe: KdP 32f. Vg. Labourt 280/7.   [2]) Hss: Séert 109 (J 1609) IV⁰. N-Dsém 116. 2⁰. Mos 100. 2⁰.

[3]) Hs: VtS 178. I⁰ IX⁰. Ag (mit Übs): W Frankenberg, Euagrius Ponticus 8,471.

[4]) Möglicherweise unvollständig erhalten in der Hs BrM 605 (Add 17270. 9. Jh). Vg. Kat Wright 482.

[5]) Hss: Dijarb 96. 48⁰. BrM 7200 Rich 3⁰. Ag: PBedjan. Hist. de Mar Jabalaha 416,571. Übs: OBraun, BKv² 37, 221/77. Vg. Hoffmann 91/121.

[6]) Hs eines unvollständigen Textes: Dijarb 96. 49⁰. Ag: AMS 4, 201/7.   [7]) Als Quelle zitiert in einer anonymen Biographie desselben: Brl 175 (Sach 329. J 1826) 67⁰. Vg. KatSachau 558. [8]) A. a. O. 421,8. OBraun 221f.

[9]) Vg. LC § 41. Er gilt als Verfasser der Tešbôḥtā für das nestorianische Nachtoffizium des Mittwoch. Vg. oben S. 133 Ak. 11.

[10]) Für Advent und Weihnachtszeit, für die Quadragesima und für die Sonntagskomplet. Über die Hss S. 112 Ak. 4. Agg der beiden ersten: BrCh 1, 57f. 67f.   [11]) In der Gazzā-Hs CmbrAdd 1980 (J 1722/3) 8⁰a. Vg. KatWright-Cook 154.

[12]) „B, in dem er angeordnet hat die cyklischen Triumphe der Herrin Marjam u. des Jôḥannān u. die übrigen Feste u. Gedächtnistage", „B. der causae" und je eine einzelne „causa" des Palmsonntags und des Kreuzfestes.

sassanidischen Großherrn gerichteten Eingabe und des ihr beigefügten Glaubensbekenntnisses gelten.[1])

III. Die Literatur der monophysitischen Bewegung.

Das auf Antiocheia zurückgehende Extrem der nestorianischen wurde durch
das eine Überspannung alexandrinischer Gedanken darstellende der monophysitischen Christologie abgelöst, für das Gottheit und Menschheit in der Erscheinung
des Erlösers zu einer einzigen gottmenschlichen Natur verschmilzt. Seine Ver-
dammung durch das allgemeine Konzil von Chalkedon ist im Orient auf einen
noch ungleich hartnäckigeren und allgemeineren Widerspruch gestoßen, als er der
dogmatischen Entscheidung von Ephesos beschieden gewesen war. Vorübergehend
zur offiziellen Herrschaft in der oströmischen Reichskirche gelangt, hat derselbe
späterhin in verschiedenen Schattierungen im weitaus größten Teile der gesamten
sprachlich nichtgriechischen östlichen Christenheit sich dauernd behauptet.
Näherhin die Frage nach dem Umfange, in welchem der Gottmensch seiner Leib-
lichkeit nach über die Armseligkeit gemeinen Menschenschicksals erhaben gewesen
sei, betraf hier der zwischen den Lehranschauungen des Julianos v Halikarnassos
und Severus v Antiocheia bestehende Gegensatz. Die JJ 512/8, in welchen der
letztere als P seiner hellenistischen Metropole waltete, bezeichnen für Syrien den
Übergang zu einer Epoche gewaltsamer Verfolgung des monophysitischen Gedankens. An derjenigen der sog. jakobitischen Kirche hat dieser alsdann in seiner
durch Severus vertretenen gemäßigteren Fassung die äußere Erscheinungsform
einer von vornherein wesenhaft dem ostaramäischen Sprachgebiete angehörenden
nationalkirchlichen Organisation gewonnen, in deren Rahmen ein dem nestorianischen an Bedeutung nicht nachstehendes literarisches Leben pulsierte. Von einem
Schrifttum auch einer entsprechenden julianistischen Aramäerkirche sind dagegen
sichere Spuren wenigstens kaum mehr nachweisbar.

Den Schauplatz ihrer Entwicklung hat die syrisch-monophysitische Literatur
des vorislamischen Zeitalters vorwiegend auf römischem Boden gehabt. Doch hat
literarische Produktion alsbald auch die Vorstöße begleitet, welche monophysitische
Propaganda nicht ohne nennenswerten Erfolg frühzeitig selbst nach dem sassanidischen Osten mit seiner Mischung aramäischer und iranischer Elemente machte.

§ 23. Ungleich weniger stark als diejenige der nestorianischen hat die
Literatur der monophysitischen Bewegung des ostaramäischen Sprachgebiets von
vornherein im Zeichen eines Anschlusses an das Griechentum gestanden. Schon
im 5. Jh bekundet sich ein solcher hier nur in einer Übertragung griechischer
Konzilsakten und in siegreichem Vordringen gegen eine ältere bodenständig

---

[1]) Hss: diejenigen der Synodensammlung. Agg: SynOr 562/98, der Einleitung u. des
Symbols: SGiamil, OC 1, 61/79. Übs: OBraun, D. Buch d. Synhados 307/31.

aramäische Eigenart im Rahmen der Liturgie. Derartiges verschwindet vollends neben der ins 6. Jh hinüberführenden machtvollen Gestalt eines Meisters original-syrischer Prosa wie Philoxenos, der streitbare B von Hierapolis. Unter dessen Zeitgenossen hat dann allerdings das monophysitische Syrertum an dem Chorepis-kopos Polykarpos seinen ersten hervorragenden Übersetzer aus dem Griechi-schen, daneben aber an Semʿôn v Bêt(h) Aršam seinen ersten auch literari-schen Vorkämpfer im Sassanidenreiche und vielleicht an einem Styliten Išôʿ seinen ersten Geschichtschreiber gefunden.

a) Von griechischen **Konzilsakten** des 5. Jhs hat sich in syrischer Übs vor allem das Protokoll über die Sitzung der ephesinischen sog. Räubersynode am 22. 8. 449 erhalten.[1]) Nur spärliche Splitter weisen auf diejenigen des allgemeinen Konzils von Ephesos hin. Neben einigen anderen Azz[2]) kommt besonders eine Sammlung von „Χρήσεις“ desselben in Betracht.[3]) in welcher Zitate des Originals[4]) aus Attikos und Amphilochios durch ein längeres Kyrillosexzerpt ersetzt sind.

b) Unter den **Liturgiedenkmälern** Syriens behauptet eine einzigartige Stellung das auf zwei Blättern anscheinend des 6. Jhs erhaltene Bruchstück einer ausführlichen original aramäischen Anaphora. deren Struktur sich nahe mit der-jenigen der späteren nestorianischen „Apostelliturgie“ berührt.[5]) Seine Bedeutung besteht darin, daß es den denkbar unmittelbarsten Einblick in eine Eigenart eucharistischen Hochgebetes gewährt, die sich hier als die ursprüngliche auch monophysitischer Kreise Mesopotamiens erweist. Einem in den kirchlichen Ver-hältnissen schon der zweiten Hälfte des 5. Jhs wurzelnden Einfluß Jerusalems auf jene Kreise verdankt demgegenüber die palästinensische Jakobos-Anaphora ihre Verbreitung im ostaramäischen Sprachgebiet. Von zwei syrischen Texten derselben hat sich der eine als das eucharistische Normalformular der Jakobiten erhalten, das gleich der bunten Menge jüngerer Anaphoren derselben späterhin auch von den Maroniten übernommen wurde.[6]) Der andere ist zur Grundlage eines armeni-

---

[1]) Hs: BrM 905 (Add 14530. J 535). Agg: S G F Perry, Secundam synodam Ephesinam nec non excerpta quae praesertim ad eam pertinent ed. (Ox 1875). J Flemming, Akten d. Ephesin. Synode v. J 449 (Brl 1917 = Abhdl. GWG 15¹). Übss: G Hoffmann, Festschr. Herrn Dr. Justus Olshausen zu seinem fünfzigjähr. Doctorjubiläum . . . gew. von d. Universität Kiel (Kiel 1873), wiederabgedruckt bei Flemming a. a. O. P Martin, Revue des sciences ecclésiastiques 29, 505,44. 30, 305/39. 385/410. 518,43. S G F Perry. The second synod of Eph. together with certain extracts relating to it from Syr. MSS . . . now first ed. (Dartford 1881). Vg. auch schon Ders., An ancient syriac document synod of Ephesus and disclosing historical Matter, interesting to the church at large (Ox 1867).

[2]) Hss: Pr 62 (Suppl. 29. 9. Jh) 48°. BrM 854 (Add 17195. 10. Jh) fol 58 v°.   [3]) Hs: BrM 856 (Add 14529. 7,8. Jh) 2°. Andere auf dem Konzil verlesene Χρήσεις: 728 (Add 14610. Ums J 533/4).

[4]) Labbé, Sacrosanct. Concil. 4, 1051 63.

[5]) Hs: BrM 255 (Add 14669. fol 20 f.). Übs: G Bickell 71 3, wiederabgedruckt bei F E Brightman, Liturgies Eastern and Western 1, 511/8.

[6]) Hss: BrM 286 (Add 14493. 10. Jh) 1°. 293 (Add 14499. 10,1. Jh) 3°. 290 (Add 17128. 10,11. Jh) 2°b. 294 (Add 14500. 11. Jh). 295 (Add 14498. J 1133) 1°b. 261 (Add 14690. J 1182) 1°. 263 (Add 17229. fol 1/47. J 1218) 6°. 264 (Add 14691. fol 1/109. J 1230) 1°. 266 (Add 14694. fol 1,43. 13. Jh) 1°. 272 (Add 14693. fol 1/141. 13,4. Jh). Or 2295 (J 1481,2). Pr 70 (Anc fonds 32. J 1059) 2°. 71 (Suppl. 16. J 1454) 7°. 72 (Anc fonds 64. J 1462) 2°. 114 (Suppl 23. 15. Jh) 8°. 75 (Anc fonds 36. J 1524) 2°. 78 (Snppl 54. J 1555) 6°. 81 (Anc fonds 65. 16. Jh) 14°. Ox 65 (Dawk 58. J 1238) 3°. VtB 159 (vor J 1294 5). VtS 25 (J 1481,2) 2°. 26 (J 1484) 2°. 35 (J 1518,9) 1°. 292. 6°. 293 (18. Jh) 14°. 297 (18. Jh) 1°. Brl 151 (Sach 185. 196. 152. J 1279,80 mit Ergänzungen des 17,8. Jhs) 1°. JerMkl 10 (J 1427/8) A 1°. 11 (15. Jh) B 1°. 12 (J 1579,80) 1°.

schen geworden, also wohl bei den syrischen Julianisten im Gebrauche gewesen.[1]) Einem gemischtsprachigen Gebiete mit nebeneinander fungierenden griechischen und syrischen Diakonen entstammt endlich ein interessanter Ordo der Begrüßung des eine Stadt besuchenden Bs und des voranaphorischen Meßteiles, wohl gleichfalls eher noch des ausgehenden 5. Jhs.[2])

c) Philoxenos,[3]) von Hause aus mit der aramaisierten Form dieses Namens Ak(h)sĕnājā genannt, war auf persischem Gebiete in dem Dorfe Tahal in Bēt(h) Garmai geboren. Unfreie Abstammung hat ihm vielleicht, den Mangel eines Empfangs der Taufe gewiß nur der Haß kirchlicher Gegner angedichtet. Mit seinem Bruder Addai zusammen an der Perserschule in Edessa gebildet, scheint er sowohl im nördlichen Mesopotamien, als auch in der Umgebung von Antiocheia gegen Nestorianer und Chalkedonensier gewirkt zu haben. Aus dem antiochenischen Sprengel durch P Kalandion verwiesen, wurde er nach dessen Absetzung durch Petros den Walker 485 zum B von Mabbôg(h)-Hierapolis erhoben.[4]) Im 5. 498 hat er in Edessa gegen die Saturnalienfeier gepredigt und ist dann der erbittertste Gegner des in diesem J auf den antiochenischen Stuhl berufenen Flavianus gewesen, ein Kampf, der ihn zweimal, wohl 499 und 506, nach Konstantinopel führte. Nachdem er im 11. 512 der Synode präsidiert hatte, durch die sein Gesinnungsgenosse Severus an die Spitze des antiochenischen Patriarchats gestellt wurde, teilte er im 9. 519 mit demselben und einem starken halben Hundert anderer monophysitisch denkender BB das Schicksal, von seinem Sitze vertrieben zu werden, und wurde zuerst nach dem thrakischen Philippopel, wo er noch 522 lebte, und dann nach Gangra in Paphlagonien deportiert, wo er wahrscheinlich im folgenden J den gewaltsamen Tod einer Erstickung durch heiße Dämpfe fand. Von seinen bedeutendsten literarischen Arbeiten eröffnet ein nur sehr unvollständig erhaltener großer Evangelienkommentar die exegetische Literatur des aramäischen Monophysitismus.[5]) Die zusammenfassende Darlegung seines dogmatischen Standpunktes bieten ein Werk über die Trinität in 3. und das von einer Sammlung patristischer Beweisstellen gefolgte

---

Unkatalogisierte (16/7. Jh) 1°. CmbrAdd 2973 (J 1806) 5°. DamErzb 5. Pfk 4 (17/8. Jh). 3 (18. Jh), unvollständige: BrM 284 (Add 14494. 9,10. Jh) 1°a. 285 (Add 14518. 9/10. Jh) 1°, des Bruchstücks einer stark abweichenden Fassung: BrM 256 (Add 14523. fol 1/7. 8/9. Jh). Palimpsesttext des 8. Jhs in 824 (Add 14615. 10,11. Jh). Über eine als die „griechische" bezeichnete Sonderrezension vg. § 40 e. Agg: MCh (R 1594) 187,204. CodL 5, 131/226. MS 103,118. Übss: Ren 2, 29/42. Brightman 83,106.

[1]) Ag des armenischen Textes: Catergian-Dashian, D. Liturgien bei d. Armeniern (Wien 1897) 435,50. Übs mit Untersuchung des Verhältnisses zum syrischen und griechischen Texte: A Baumstark, OC² 7/8, 1 32.   [2]) Hs in Mad(h)jad(h) im Ṭûr 'Ab(h)din (8,9. Jh). Ag: Ign E Rahmani, StS 3. 4 10 (1,22).

[3]) Brief an die Mönche von Sĕnûn: BO 2. 12. 14 f. „Josua Stylites" (Ag Wright) 25. Šem'ôn v Bēt(h) Aršām (BO 1, 352 f.). ChrEd z. J 830. Ps.-Z. VII 12. VIII 5. Ps.-D. z. J. 829. M 226 (2, 171). B'EKg 1, 183 f. 195,8. Biographische Notiz der Hs VtS 155: A A Vaschalde, Three letters of Philoxenus bishop of Mabbôgh (485—519) (R 1902) 175. Euagrios Kg III 31. 33. IV 4. Theodoros Anagnostes: PG 86. 216 ff. Theophanes: PG 108, 325 ff. Kedrenos: PG 121, 676. Victor Tunnuensis: PL 68, 949. BO 2, 10/46. F Nau, ROC 8, 630,39. Wright 72/6. Duval³ 221 f. 354,6. E A W Budge, The Discourses (s. unten S. 142 Ak. 2) 2, XVII/LXVI. Vaschalde. Three letters 1/79. CSCO Ser. II. 27 (Übs) 1/5.

[4]) Nicht erst 488, wie die biographische Notiz des VtS 155 angibt. Vg. Vaschalde, Three letters 14.

[5]) Hss zu Mt 18. 1 f. Lk 1.1—3.22: BrM 674 (Add 17196. J 510/1), zu Jo 1. 1/18: 675 (Add 14534. 6. Jh), von Azz der Mt-Erklärung: 683 (Add 14649. fol 180/205. 9. Jh) 3°, von Bruchstücken des Lk-Kommentars: 845 (Add 17267. fol 13,99. 13. Jh) 3°. 848 (Add 14727. 13. Jh) 2°. 6. Vg. A Baumstark, OC 2, 161 ff.

„darüber, daß einer aus der hl. Dreiheit Fleisch geworden ist und gelitten hat" in 10 BB.[1]) Eine Darstellung der christlichen Tugendlehre in 13 BB zeigt den leidenschaftlichen Wortführer konfessionellen Kampfes im friedlichen Dienste asketischen Strebens nach Vollkommenheit.[2]) Bald die dogmatische, bald die asketische Richtung waltete in einer ausgedehnten Korrespondenz des Ph. vor, von der Briefe an Kaiser Zenon,[3]) an die Mönche von Bēt h) Gaugal,[4]) Amida,[5]) Tell'adda,[6]) Sēnūn[7]) und eines ungenannten Klosters,[8]) die Prr Abraham und Orestes[9]) und den Reklusen Patrikios von Edessa,[10]) eine ganze Reklusengemeinschaft,[11]) den Anagnosten Maron von Anazarba,[12]) einen befreundeten Klosteroberen,[13]) einen als Mönch unter sinnlichen Versuchungen leidenden ehemaligen Scholastikos,[14]) einen Novizen,[15]) einen „Schüler"[16]) und einen Konvertiten vom Judentum,[17]) das Antwortschreiben auf ein ihm (anscheinend von Joannes II. v

[1]) Hss des ersteren: VtS 137 (J 564), des letzteren: VtS 138 (J 581). BrM 676 Add 12164. 6. Jh), von Azz daraus: 751 (Add 14663. 6,7. Jh 3°g α' ε'. Ag des ersteren: A A Vaschalde, CSCO Ser. II. 27.

[2]) Hss: BrM 764 (Add 14598) I (7. Jh) 1°. Pr 201 (Suppl 34. 13. Jh) 1°, der BB 19: BrM 677 (Add 12163. 6. Jh). 679 (Add 17158. 9. Jh). 1,8: 680 (Add 14596. 6 7. Jh), 8 13: 678 (Add 14595. 6,7. Jh), 1/11: 689 Add 14625. 10. Jh), 9 u. 11: 779 (Add 14621. J 802) 1° a b. 12: 795 (Add 14601. 9. Jh) 11°, 8: 813 (Add 14611. 10. Jh) 12°, von Azz: 452 Add 14582. J 816) 10°. 793 (Add 14577. 9. Jh) 11°. 822 (Add 17185. 10,1. Jh) 1° a. CmbrAdd 2016 (13. Jh 22°. Ag: E A W Budge, The Discourses of Philoxenus bishop of Mabbōgh Lo 1894). Vg. Th Nöldeke, Lit. Centralbl. 1894. 677 9.

[3]) Geschrieben bald nach Empfang der Bsweihe. Hs: VtS 135 (7 8. Jh IV°. Ag: Vaschalde 163/73 (118,26). Vg. BO 2, 34 f. Vaschalde a. a. O. 90,2.

[4]) Zwei Hss des (wohl Anfang 485 geschriebenen) ersten: VtS 135 (J 718) V°, des zweiten: VtS 136 (6. Jh) III°. Ag des ersten: Vaschalde a. a. O. 146,82 (105,18). Vg. BO 2, 35 ff. Vaschalde 87,9.

[5]) Hss von Bruchstücken und Azz: VtS 126 (J 1293) XXV°. Pr 62 (Suppl 29. 9. Jh) 28°. BrM 861 (Add 17193. J 874, 78°. CmbrAdd 2023 (13. Jh) 22° a. Übs des Pariser Textes: FNau, ROC 14, 37 f.

[6]) Wahrscheinlich 520 geschrieben. Hss: VtS 136 I°. 11°. NDsém 96. Anh. 1°, von Azz: BrM 751. 3°g≈. Agg: IgnGuidi. RAL 12, 446/506, von Azz: Gismondi² 130,40.　　[7]) Geschrieben 528 in Philippopel. Hs: BrM 73 (Add 14597. J 569 2a. VtS 136. VI°. Ag von Azz: BO 2, 12. 14 f. 38/45. Übs des auf Nestorios Bezüglichen: FNau, Le livre d'Héraclide 370 2.

[8]) Geschrieben nach 477, wahrscheinlich zw. 499 u. 513. Hss: VtS 138 (J 581) IV°. 136 (6. Jh) II°. 135 (7 8. Jh) III°. Ag: Vaschalde a. a. O. 127 45 (93,105). Vg. BO 2. 38 (wo mit dem II. Briefe nach Tell addā verwechselt). Vaschalde 83,7.　　[9]) Hs: VtS 107 (7. Jh) 11°. Ag: A L Frothingham, Stephen Bar Sudaili (vg. § 26 b) 28'48. Vg. BO 2, 80,3. Vaschalde 33 f.

[10]) Hss: BrM 779 (Add 14621. J 802) 1° c. 781 (Add 14623. J 823) 15°. 783 (Add 14580. J 866) 3°. 785 (Add 12167. J 875,6) VII° 1. 683 (Add 14649. fol 180,205. 9. Jh) 1°. 822 (Add 17185. 10,1. Jh) 1° b. VtS 125 11°. Eine in Šarfah. Brl 199 Sach 111. Vor J 1378/9), von Azz: CmbrAdd 2023. 35°. Ag von Azz: IgnERahmani, StS 4, 90/3 (70,3), einer griechischen Übs unter der falschen Flagge eines Briefes Ishāqs v Ninive (§ 35 d) πρὸς τὸν ὅσιον πατέρα Συμεών τὸν θαυματοργον: A Mai, Nov. Patr. Bibl. 8 in, 157,87. Joak 8 petsieri, Τοῦ ὁσίου πατρὸς ἡμῶν Ἰσαάκ ... τὰ εὑρεθέντα Ἀσκητικά 366,95. Vg. J-B Chabot, De S. Isaaci Ninivitae vita usw. 14 f.

[11]) Hs: BrM 795 (Add 14601. 9. Jh) 4°.　　[12]) Hs: BrM 815 (Add 14726. fol 1 86. 10. Jh) 5°.　　[13]) Über das Mönchsleben. Hss: BrM 837 (Add 17282. 12. Jh) 5°. Brl 199 (Sach 111. Vor J 1379) 4°. 200 (Sach 262. 903. 15/6. Jh) 3°. CmbrAdd 1999 (J 1573) 11°. N-Dsém 115 (J 1840). Davon verschiedene Regeln für das Mönchsleben: BrM 837. 8°.　　[14]) Hs: BrM 785 XIII°.

[15]) Hss: BrM 770 (Add 14617. 7 8. Jh) 5° a. 683. 2°. 793 (Add 14577. 9. Jh) 38°.

[16]) Hss: BrM 785. VII° 2. 801 (Add 18817. 9. Jh) 12°, von Azz: CmbrAdd 2023. 35°. Verschieden davon ist eine asketische Abhandlung an einen solchen: BrM 839 (Add 14729. fol 124,92. 12,3. Jh) 2°. 840 (Add 14728. fol 76,137. 12,3. Jh 2°.　　[17]) Hs: BrM 815 (Add 14726. fol 1,86. 10. Jh) 5°.

Alexandreia) übersandtes Glaubensbekenntnis[1]) eine ebenso stattliche als abwechslungsreiche Reihe teilweise auch literaturgeschichtlich interessanter Proben bilden, während die Echtheit eines Briefes an den arabischen „Stratelaten" Abû Nafir von al-Hirah[2]) ernsten Bedenken unterliegt und eine angebliche „Paränese[3]) auch als Brief Ja'qôb(h)s ʳ Sĕrûg(h) überliefert ist.[4]) Einige weitere kürzere Traktate dogmatisch-polemischen Charakters[5]) gesellen sich zu einem Glaubensbekenntnis[6]) und zu einem Dialog mit einem Nestorianer über die Worte: „Der Gott unseres Herrn Jesus Christus".[7]) Eine Abhandlung erörtert die Folgen von Sünde und Reue für das Wohnen des Hl. Geistes in der Seele,[8]) eine andere handelt, an Mönche gerichtet, von Schweigen beim Gottesdienst und Klosterordnung.[9]) Eine Predigt über Mariä Verkündigung[10]) und eine ins Begräbnisritual übergegangene Leichenrede[11]) lehren die geistliche Beredsamkeit des Ph. kennen. An Liturgischem werden neben einzelnen Gebeten[12]) drei jakobitische Anaphoren[13]) und ein Formular zur Spendung der Taufe in Todesgefahr[14]) auf

---

[1]) Hs: BrM 750 (Add 14670. fol 19/22) 2⁰.

[2]) Hss: BrM 856 (Add 14529. 7/8. Jh) 6⁰, von Azz: 861. 97⁰. 421 (Add 17134) 48⁰ (von späterer Hand). Agg: P Martin, Syro-Chaldaicae Institutiones (Pr 1873) 71/8. Vg. Vaschalde a. a. O. 29,33, mit Übs: J Tixeront, ROC 8, 623/30. Der hier gebotene geschichtliche Abriß des Verlaufes der christologischen Glaubenskämpfe ist stark mit historischen Irrtümern belastet.

[3]) Hs: BrM 831 (Add 17206. 11/2. Jh) 7⁰.   [4]) Hs: BrM 837 (Add 17269. 12. Jh) 15⁰ b.

[5]) „Über den Unterschied der Häresien" des Manes, Markion, Nestorios und Eutyches bezüglich der Inkarnationslehre. Hss: BrM 856. 6⁰ b. Pr 112 (Suppl 38. J 1238,9) 48⁰. Gegen jeden Nestorianer in 7 Kapp. Hss: BrM 856. 6⁰ c, vielleicht auch: 761 (Add 14604. 7. Jh) 5⁰. Anweisung, wie der Monophysite seinen Glauben zu vertreten habe. Hs: BrM 856. 6⁰ f. 12 Kapp. gegen die Dyophysiten im allgemeinen. Hss: BrM 730 (Add 14597. J 596) 2⁰ b, des Anfangs: 749 (Add 17201. fol 1/15. 6/7. Jh) 6⁰. 20 Kapp. gegen Nestorios. Hs: BrM 730. 2⁰ c. 10 Kapp.: Gegen „diejenigen, welche unseren Herrn nach der untrennbaren Vereinigung teilen". Hs: BrM 730. 2⁰ d. Ag aller dieser Stücke: E A W Budge, The Discourses 2, XCVI/CXXXVIII, des ersten: F Nau, PO 13, 247/51. 7 Kapp. gegen diejenigen, welche nur die einzelne falsche Lehrmeinung eines Häretikers, nicht ihn selbst und seine Gesamtlehre anathematisieren wollen. Hs: BrM 761. 15⁰. Eine „Schwierigkeit" gegen Nestorios. Hs: Ox 142 (Marsh 101) 14⁰.

[6]) Hss: BrM 749. 4⁰. 856. 6⁰ d. 769. 4⁰. 684 (Add 17216. fol 32,3. 13. Jh). Or 2307 (17. Jh). Pr 112. 49⁰. VtB 147 (J 1480) 3⁰. VtS 159 (J 1628/32) V⁰. CmbrAdd 2012 (15. Jh) VII⁰ b. Ox 142. 13⁰. Ag: Budge a. a. O. 2, XLVIIIf. (XXXIII/XXXVI). Vg. BO 2, 33f.

[7]) Hs: VtS 135. XI⁰. XII⁰. Dazu gehörten nach Kat Wright 533 auch die Reste eines Dialoges des Ph. zwischen Nestorios und der Kirche: BrM 682 (Add 14628. fol 9/20. 6/7. Jh).

[8]) Hs: BrM 861. 42⁰.   [9]) Hss: BrM 761. 8⁰. 770. 5⁰ b. 815. 6⁰.   [10]) Hs: BrM 844 (Add 14727. 13. Jh) 2⁰ a.   [11]) Hs: BrM 451 (Add 14520. 8,9. Jh) 9⁰ b ʳ.

[12]) Ein Reuegebet: BrM 779. 8⁰. Zwei Kommuniongebete: 175 (Add 17125. 9/10. Jh) 3⁰ b c. Ein allgemein gehaltenes: 837. 6⁰. Ein Lobgebet: CmbrAdd 2019 (J 1452) 15⁰. Ph erscheint ferner unter den angeblichen Verfassern jakobitischer Tagzeitengebete. Vg. § 45 e.

[13]) Hss: BrM 263 (Add 17229. fol 1/47. J 1218) 2⁰. 267 (Add 14694. fol 44/106. 13. Jh). 272 (Add 14693. fol 1/141. 13/4. Jh). VtB 159 (vor J 1294/5). Pr 71 (Suppl 16. J 1454) 6⁰. 72 (Anc fonds 61. J 1462) 9⁰. 81 (Anc fonds 65. 16. Jh) 6⁰. JerMkl 10 (J 1427/8) A 28⁰. 11 (15. Jh) A 6⁰. 13 (J 1591) 9⁰. 14 (16,7. Jh) 15⁰. CmbrAdd 2887 (J 1843,38⁰, unter dem Namen des Proklos ʳ Konstantinopel: Pr 75 (Anc fonds 36. J 1524) 9⁰. 78 (Suppl 50. 16. Jh) 16⁰. VtS 293. 8⁰, Hs zu Krêm 17⁰, einer zweiten: BrM 261 (Add 14690. J 1182) 12⁰. VtB 159. VtS 25 (J 1481/2) 17⁰. 26 (J 1484) 14⁰. JerMkl 10 A 19⁰. 11 A 1⁰. Pr 78 (Suppl 50. 16. Jh) 16⁰, JerMkl unkatalogisierte Hs (16/7. Jh) 31⁰, einer dritten: VtB 159. BrM 265 (Add 17229. fol 48,77. 13. Jh) 2⁰. JerMkl 10 A 29⁰. 11 A 5⁰. Ag der ersten (unter dem Namen des hl. Basileios): MS 155,61. Übs der beiden ersten: Ren 2, 300,6. 309,19.

[14]) Hss: BrM 293 (Add 14499. 10,1. Jh) 4⁰. PalMedOr 44. CmbrAdd 1987 (J 1646/7) 4⁰ und das Rituale Michaels d. Gr. (§ 48 b). Ag: CodL 2, 302,4 (Neudruck: 307/9).

ihn zurückgeführt. Mag hier allerdings wie bei einem vereinzelten, auch unter dem Namen Ap(h)rems überlieferten Gedichte [1]) die Echtheit keinesfalls als gesichert gelten können, so ist schließlich das Gesamtbild seines Nachlasses auch noch um eine Reihe nicht erhaltener Stücke zu vervollständigen. So erfahren wir von „zwei großen BB" gegen die Kanones des Nestorianers Barṣaumā [2]) und zwei weiteren dogmatisch-polemischen Abhandlungen [3]) und lernen durch Zitate ein „B der Meinungen" oder „Sentenzen", [4]) eine Mehrzahl weiterer Briefe, [5]) Reden [6]) und Abhandlungen [7]) und ein anscheinend umfängliches Werk gegen einen Salbenhändler Habbīb(h) über die Inkarnation [8]) kennen.

d) Polykarpos hat, als Chorepiskopos dem Klerus der Diözese Mabbōg(h)-Hierapolis angehörend, Philoxenos eine auf dessen Anregung unternommene Bibelübs aus dem Griechischen gewidmet, [9]) von der zunächst, wenn auch nicht mit schlechthiniger Sicherheit, einige wenige einzelne Lesarten der Paulusbriefe bekannt werden. [10]) Als Gegenstand derselben werden ausdrücklich nur das NT und der Psalter bezeichnet. [11]) Doch scheint sie sich, wenn anders ein vereinzeltes Scholion Vertrauen verdient, [12]) auch auf andere Teile des ATs erstreckt zu haben und dann ein immer noch recht dürftiger Rest gerade dieser Partien des Werkes an den 28.3 7, 42.17 49.18, 56.11 23 umfassenden Bruchstücken eines auf eine lukianische Vorlage zurückgehenden Is-Textes erhalten zu sein. [13]) Ihr Evangelientext, dessen Entstehung urkundlich auf 507,8 datiert ist, [14]) wollte in einer Florentiner, [15]) einer römischen [16]) und einer aus dem Tūr 'Ab(h)din über

---

[1]) Mit Gebetsinhalt (Bitte um ein reines Herz). Hs: Brl 200 Sach 202,3. 15,6. Jh' I° 8. II° 10, unter dem Namen A.s: 165 (Sach 162. J 1582,3 3° und eine in Šarfah(?). Unter dem letzteren zitiert wird das Stück auch Brl 20 (Sach 165. 14. Jh) fol 21 v°. Der Gebrauch des Reims läßt kaum einen Zweifel an der Unrichtigkeit beider Verfasserangaben zu. Ag unter dem Namen A.s: Rahmani (vg. S. 32 Ak. 7) 2, 29,32.   [2]) Durch Mārūt(h'ā v Tag'h)rit,h) (§ 39 b) bei M 427 (2, 440).   [3]) Gegen Nestorianer und Eutychianer bzw. über das Petruswort Apg 2. 22, genannt in VtS 136 hinter dem Texte des Briefes an die Mönche von Sēnūn. Vg. BO 2, 45.   [4]) BrM 855 (Add 17214. 7. Jh) fol 88 r° = 864 (Add 17191. 9/10. Jh) 65°. Vg. KatWright 917.

[5]) An einen Scholastikos Awrn (?): BrM 857. fol 16 r°. 74 v°. Gegen Flavianus v Antiocheia: 857 fol 41 r°. 858 fol 7 v°. An die Archimandriten Theodoros, Mammas und Severus über einen Brief des Fl. an Kaiser Zenon: 857 fol 41 r°. 858 fol 8 r°. An Jōḥannān den Araber: 857 fol 74 v°. An die „rechtgläubigen" Mönche in der Verbannung: 859 fol 169 v°. An die orientalischen Mönche: 859 fol 50 v°. 184 r°. An die palästinensischen Mönche: 858 fol 178 v°. An der Spitze des Synodikons von Ephesos: 859 fol 168 r°. An die (Mönche?) von Arzōn: Vg. BO 2, 45 f.

[6]) Predigt über Jo 6. 52: BrM 857 fol 76 r°. 858 fol 67 r°. Rede über das Trishagion: 857 fol 75 r°. 120 v°. 858 fol 64 r°.   [7]) Widerlegung der dogmatischen Beschlüsse von Chalkedon: BrM 857 fol 117 v°.   [8]) Zitat eines B 7: BrM 856 fol 14 v°. 15 r°. Vg. BO 2, 46.

[9]) Mōšē v Aggel (§ 25 b): BO 2, 83. Die Subskriptionen der Übs des Thomas v Ḥarqel (§ 29 b). B'EKg 1, 267 f. J G Ch Adler, Novi Test. versiones syr. simplex, Philoxeniana et Hierosolymitana (Kopenhagen 1789). F Uhlemann, De vers. N. T. Syriacarum usu critico (Brl 1850). G Bernstein, De Hharklensi N. T. translat. Syriaca (Breslau 1837. ²1854) Bickell 9. Wright 13 f. Duval³ 50 J Gwynn, Remnants of the later syriac versions of the Bible. In two parts (Lo 1909). Part I: New Testament XXVII,XXXI. J Lebon, Rev. d'Hist. Eccl. 12, 416 33.

[10]) Durch masoretische Hss zu Röm 6. 20, I Kor 1. 28, II Kor 7. 13, 10. 4, Eph 6. 2. Gesammelt: N Wiseman, Horae syriacae (R 1828) 178 Ak. 11.   [11]) Durch Mōšē v Aggel.

[12]) In der Hs Ambrosian. C 313 fol., das Is 9. 6 f. nach ihr zitiert.

[13]) Hs: BrM 48 (Add 17106. fol 74,78. Ag: A M Ceriani, Mon. Sacra et Profana (Mailand) 5i, 1,40. Vg. Ders., Le Edizioni e i Manoscritti Siriache delle Versoni del Vecchio Testamento (Atti del R. Instit. Lombardo 1869) 17.   [14]) Durch die Subskriptionen des Thomas.   [15]) Laur MedOr 3 (J 757), nach Adler a. a. O. 55.   [16]) Bibl. Angelica A. 2. 18 (11,2. Jh), nach Bernstein, D. heil. Evang. d. Joh. syr. in harklens. Übs. (Lpz 1853) 3.

Beirut in den Besitz des Union Theological Seminary in New York gelangten
Hs[1]) gefunden werden. Mit größerer Bestimmtheit läßt sich auf sie der ältere
von zwei syrischen Texten der Apok zurückführen.[2]) Das Gleiche gilt von dem
seit der Pariser Polyglotte in die Druckagg des syrischen NTs aufgenommenen
Text der vier kleineren Katholischen Briefe,[3]) von dem eine alte arabische
Weiterübs[4]) neben zwei Gruppen syrischer Überlieferungszeugen tritt.[5]) Strittig
bleibt indessen, welche dieser beiden Gruppen die ursprüngliche Textgestalt treuer
bewahrt hat,[6]) und selbst die Zugehörigkeit dieser NTlichen Stücke zu dem Werke
des P. ist neuerdings überhaupt sehr entschieden in Abrede gestellt worden.[7])

e) B Šem'ôn v Bêt(h) Aršâm,[8]) † in Konstantinopel spätestens vor 548,[9])
verdankte den Beinamen des „persischen Disputators" der von ihm entwickelten
eifrigen monophysitischen Propaganda im sassanidischen Osten. Seine Erhebung
zur bischöflichen Würde erfolgte im Anschluß an ein Religionsgespräch, bei
welchem er sich gegen den K Bâb(h)ai siegreich behauptete, also zwischen 497 und
502,3. Ein chronologischer Ansatz auf 509,10[10]) bezeichnet vielleicht das J des
Martyriums dreier von ihm zum Christentum bekehrter Magier. Dreimal hat er
in Konstantinopel und wiederholt in Hîrtâ geweilt, von wo er 524 an einen Šem'ôn
v Gabbûlâ einen Brief über das Ende der himjaritischen Blutzeugen richtete, die
im J zuvor dem Fanatismus des jüdischen Königs D(h)û Nuwâs von Jemen zum
Opfer gefallen waren.[11]) Außer demselben hat sich von ihm noch ein zweites

---

[1]) Des 8. Jhs. Vg. JHHall, PAOS Oct. 1877 XVI XXI. Mai 1882 III f. bzw. JBL 2, 3/26.
Ders.. Syr. Manuscript., Gospels of a pre-Harkleusian Version usw.: Philadelphia 1884.

[2]) Hss: Crawford 2 (12. Jh), jetzt im Besitze der John Rylands Library in Manchester,
eines Bruchstückes: BrM 861(Add17193. J874)34°. Ag: JGwynn, The Apoc. of St. John in a
Syr. version hitherto unknown (Dublin 1897). Vg. Ders., Trans. of the R. Ir. Acad. 30, 347/418
bzw. Hermathena 10, 227/45 und Remnants usw. Part. II 154 f.

[3]) Erste Ag: EdPococke, Ep. quatuor, Petr. sec., Joh. sec. et tertia et Judae fratris
Jacobi nua ex Bibl. Bodl. Oxon. Msc. nunc prim. deprompta (Leyden 1630).   [4]) Hs: SinAr 154.
Ag mit ansführl. Kommentar: AMerx, ZA 12, 240,52. 348,S1. 13, 1,2S.

[5]) Hss der älteren Gruppe: BrM 781(Add14623. J823)7°; 132(Add14473. 11. Jh); Crawford 2
(12. Jh); Pr 29(Suppl27. 12. Jh) bzw. CmbrOo 1. 2 (12. Jh), der jüngeren: BrM 7162 Rich (14. Jh).
Ox 35 (BodlOr 119. 16. Jh). Ox 34 (Dawk 23. 17. Jh). Pr 60 (Anc fonds 31. J 1582). 5 (Suppl 79.
J 1675). Dubl. Trin. Coll. B 5, 16 (J 1625), eine Mittelstellung einnehmende: BrM 121(Add14474.
12. Jh). 123(Add14681. 13. Jh). 124(Add17226. 13/4. Jh). Amsterdam, Seminary of Remonstrands
184 (J 1470). Privatbesitz: RSWilliams (J 1471), Lord Peckover (J 1475), JRHarris (19. Jh) bzw.
Sin 5 (18. Jh), eines nicht klassifizierbaren Bruchstückes: BrM 96(Add17115. 9,10. Jh). Sonderag:
JGwynn, Remnants usw. Part. II 1,83. 87/145. 157/61 mit Rückübs der zugrunde liegenden
griechischen Textgestalt, Kommentar und syr.-griech. Glossar. Vg. Ders., Hermathena 16, 281/314
bzw. Remnants XIX,XXVII. XXXII LXIX.

[6]) Für die ältere tritt Gwynn, für die jüngere mit Rücksicht auf die arabische Übs
Merx ein.   [7]) Durch Lebon a. a. O., der dasselbe auf das NT beschränkt gewesen sein läßt
und jede Erhaltung einer sicheren Spur von ihm in Zweifel zieht.

[8]) Jôḥannân v Ephesos, der Š. persönlich kannte: JPNLand, AnecdS 2, 76,88. (Darnach die
folgenden Einzelangaben.) Ps-D. z. J 821. B'EKg 2, 85f. BO 1, 341/86. IgnGuidi, RAL[3]
17, 471/515. Wright 79,81. Duval[3] 136,9. 358f. Labourt 158. Lübeck 77 f.

[9]) Weil noch vor dem Tode der Kaiserin Theodora, zu deren Besuch er nach Konstantinopel gekommen war, wahrscheinlich aber sehr erheblich früher.   [10]) Ps-D.

[11]) Hss eines selbständigen Textes: BrM 949(Add14641. J875)17°. VtB 91 (J 1869), eines Azs:
918(Add14650. 6. Jh)4°f. Indirekt überliefert ist das Stück ferner im 3. Teile des Ps-D. nach Jôḥannân
v Ephesos und bei Ps-Zacharias v Mytilene VIII 3. Agg nach Ps-D.: BO 1, 364/79, abgedruckt
von JDMichaelis 22/39, der selbständigen Überlieferung: Guidi a. a. O., abgedruckt AMS
1, 372,97, des Textes bei Ps-Z.: JPNLand, AnecdS 3, 235/42. Ein hagiographischer Text über

Schreiben erhalten, das, an einen Unbekannten gerichtet, das Wirken des Barṣaumā und die Nestorianisierung der offiziellen persischen Reichskirche zum Gegenstande hat.[1]) Auch eine jakobitische Anaphora scheint gelegentlich ihm beigelegt zu werden.[2])

f) Išôʿ, der Stylite,[3]) Pr im Kloster Zuqnin bei Amida, wäre nach einer von JSAssemani begründeten Anschauung der Verfasser einer anscheinend während des Winters 506/7 abgefaßten ausgezeichneten Chronik der Zeit von 494,5 bis 28. 11. 506, die unter dem Titel einer „Geschichtschreibung der Zeiten der Bedrängnis, die über Edessa, Amida und ganz Mesopotamien kam“, im 8. Jh ein Mönch jenes Klosters[4]) seiner eigenen umfassenderen universalhistorischen Kompilation wörtlich einverleibte.[5]) Indessen wird jener Verfassernamen nur von einem Abschreiber Elišaʿ hinter seinem eigenen Namen in einer zusammenhangslos allerdings in den Text des älteren Werkes eingeschobenen Bemerkung genannt, ohne daß es sich verböte, dabei vielmehr an den Autor der jüngeren Kompilation zu denken.[6]) Daß der Wortlaut der Notiz an und für sich wohl die Beziehung auf den Chronisten von 506/7 näher legen würde, ist zuzugeben. Andererseits hat dieser seine einem Archimandriten Sargîs gewidmete Arbeit unverkennbar tatsächlich in Edessa abgefaßt, wo er möglicherweise als Ökonom des großen Hospizes lebte. Er könnte also höchstens aus dem Kloster Zuqnin dorthin übergesiedelt sein oder später sich in dasselbe zurückgezogen haben.

§ 24. Nicht minder Bedeutsames als auf demjenigen originaler Prosa hat das altmonophysitische Schrifttum in syrischer Sprache auf dem Gebiete der Dichtung aufzuweisen. An zwei Edessener des Namens Isḥāq, von denen der zweite zur chalkedonensischen Orthodoxie überging, und vielleicht einen Jôḥannān reiht sich hier als klassischer Vertreter vor allem des Mēmrā Jaʿqôb(h) v Sĕrûg(h), den die bewundernde Verehrung auch der Maroniten irrtümlicherweise für den eigenen dogmatischen Standpunkt in Anspruch genommen hat. Von gewiß nicht wenigen Meistern bescheideneren Ranges, die gleichzeitig eine sangbare Poesie pflegten, deren Erzeugnisse sich im Rahmen der Liturgie erhalten haben, ist daneben an Šemʿôn dem Töpfer wenigstens einer auch dem Namen nach bekannt geblieben, während ein Schüler Jaʿqôbhs namens Georgios die Traditionen seiner Mēmrā-Dichtung weitergepflegt haben soll.

a) Von den Isḥāq genannten beiden Dichtern aus Edessa,[7]) deren Nachlaß mit demjenigen des aus Amida gebürtigen „Antiocheners“ zusammengeflossen ist,

die himjaritischen Martyrer in den Hss Pr 234 (Anc fonds 143. 13. Jh) 1°. 29. 295 (J 1705) 6°. 309 (J 1869) 10°. Ag: Knös 37/54.

[1]) Hs: Vt S 135 (J 718) VI°. Ag: BO 1, 346/58, abgedruckt: Michaelis a. a. O. 1/15.

[2]) Die erste der sonst Philoxenos zugeschriebenen (S. 143 Ak. 13). Vg. BO 1, 345.

[3]) BO 1, 260/83. Bickell 24f. Wright 77f. Duval³ 177f. FHaase, D. Chronik d. Josua Stylites, OC² 9, 62/73.   [4]) Ps-D.

[5]) Über die Hs vg. § 43i. Inhaltsangabe: BO 1, 262/83. Agg (mit Übss): PMartin, Chronique de Josué le Stylite écrite vers l'an 515. Texte et traduction (Lpz 1876 = Abhdl. f. Kunde d. Morgenlands 6ı.). WWright, The chronicle of Josue the Stylite composed in Syriac a. D. 507 with translation into English and notes (Cmbr 1882).

[6]) Auf diesen bezieht ihn tatsächlich FNau, ROC 2, 41/68. Bulletin Crit. 18, 54,8, dem sich ThNöldeke, Lit. Centralblatt 1898, 190f., RDuval³ 177, CBrockelmann 37 anschlossen. Dagegen Haase a. a. O.   [7]) Brief Jaʿqôb(h)s v Edessa: oben S. 63 Ak. 3.

war der bald als Pr der edessenischen Kirche, bald als Archimandrit bezeichnete ältere [1]) in monophysitischem Sinne schon um 451/2 tätig und hat unter Petros dem Walker (463/86), offenbar nur vorübergehend in Antiocheia anwesend, in den Streit um den Trishagionzusatz: δ $\sigma\tau\alpha\nu\varrho\omega\vartheta\epsilon\iota\varsigma$ $\delta\iota'$ $\dot{\eta}\mu\tilde{\alpha}\varsigma$ mit einem riesenhaften Mēmrā über einen abgerichteten Papagei eingegriffen, den er den erweiterten Text in den Straßen der Stadt rufen hörte. Der jüngere [2]) hat unter dem edessenischen B Paulos (510/9) gleichfalls die monophysitische Christologie vertreten, aber unter dessen Nachfolger Asklepios (520/5) sich auf den Boden der chalkedonensischen Entscheidung gestellt. Sicheres Eigentum des ersteren sind außer demjenigen über den Papagei [3]) an Stücken, die gleich diesem in die I.-Ag des Pen Jôḥannân b Ṣûšân keine Aufnahme fanden, einige weitere wohl durchweg christologischer Polemik dienende Gedichte anscheinend verwandten Charakters und zwei in der Überlieferung enge mit dieser Gruppe verbundene Mēmrē über die Himmelfahrt Christi und gegen die Geldgier. [4]) An ihn oder an die monophysitische Periode des jüngeren Edesseners kann gedacht werden, wo etwa sonst noch monophysitische Überzeugung unter dem Namen eines Dichters I. zum Ausdruck kommen sollte. Aus der chalkedonensischen Periode des letzteren stammen Gedichte, in denen nicht nur allgemein eine Bekämpfung des Nestorios und Entyches, sondern eine ausdrückliche Verwertung und Verteidigung des in Chalkedon geprägten dogmatischen Formelschatzes, ja geradezu eine Bezugnahme auf das Henotikon Zenons zu beobachten ist. [5]) An einen der beiden Edessener ist ferner zu denken, wo in Dichtungen, die der Kritiker des 11. Jhs für den Amidener glaubte in Anspruch nehmen zu können, der Verfasser sich vielmehr als im mesopotamischen Osten bzw. geradezu als in Edessa wohnhaft erweist, [6]) und in einem Stücke, dessen Dichter sich als nur vorübergehend in Antiocheia anwesend bekundet. [7]) Näherhin nur dem älteren Dichter können dabei wiederum zwei Mēmrē auf eine um 457 erfolgte Verwüstung der Stadt Bêt(h) Ḥûr durch die Araber gehören. [8])

b) Ein Jôḥannân, unter dessen Namen ein Mēmrā in siebensilbigem Metrum auf die Darstellung Jesu im Tempel begegnet, [9]) wird als Schüler eines in die christologischen Wirren der Mitte des 5. Jhs verwickelten monophysitischen Mönchs Barṣaumā [10]) bezeichnet, müßte also etwa ein jüngerer Zeitgenosse des älteren der beiden Edessener Isḥāq gewesen sein. Ob freilich der ganzen

---

[1]) ChrE z. J 763. al-Mākîn (unter Verwechslung mit dem Amidener): S. 63 Ak. 2.

[2]) Außer dem Jaʿqôb(h)-Briefe M 185 (2, 36) aber unter Verwechslung mit dem älteren Edessener und darum schon unter B Nonnos, d. h. zwischen 457 und 470/1 angesetzt, weil die ChrE dessen Ordination unmittelbar hinter dem chronologischen Ansatze des Dichters vermerkt.

[3]) Hss: BrM 748 (Add 14592. 6/7. Jh) 1º 1. BrlOrqu 941 (hinter der Sammlung des J.bŠ). Agg: Bickell 1, 84/175. Bedjan 737/88.   [4]) Hs: BrM 748. 1º 2º/8º.

[5]) Ersteres bei zwei durch die Homiliarhs VtS 368 erhaltenen Stücken. Agg: Bickell 1, 1/25. 32/49. Bedjan 789/800. 805/814. Übs: Landersdorfer 115/38. Letzteres bei Nr 9 der Sammlung des J.bŠ. Agg: Bickell 1, 54/79. Bedjan 712/25. Übs: Landersdorfer 139/50.

[6]) So abgesehen von denjenigen auf Bêt(h) Ḥûr in den Nrn 9 und 25. Vg. vv. 526f. (Missionierung durch den Apostel Thomas) bzw. 226/30 (Schwören bei der edessenischen Grabkirche desselben). Agg von Nr 25: Bickell 1, 175/204. Bedjan 454/68. Übs: Landersdorfer 171/87.

[7]) „Über die Nachtwachen in Antiocheia." Hss: BrM 740 (Add 14591. 6. Jh) 1º b. VtS 117. Agg: Bickell 1, 294/307. Bedjan 815,21. Übs· Landersdorfer 210/16. Vg. die Einleitungsverse.   [8]) Die Nrn 37 f. der Sammlung des J.bŠ. Agg: Bickell 1, 206/51. Bedjan 587/612. Zur Datierung vg. die vv. 399f. des ersten Gedichtes (mißverstanden bei Bedjan, Avant-propos VIIf.) bzw. BO 1, 225.

[9]) Hs: Pr 196 (Anc fonds 112. 14. Jh) 13º.   [10]) Über diesen und seine Prosabiographie § 28 a.

Überlieferung Glauben geschenkt werden kann, dürfte bei dem geringen Alter der einzigen in Betracht kommenden Hs nicht unerheblichen Bedenken unterliegen.

c) Ja'qôb(h) v Sĕrûg(h),[1]) † 521 im Alter von 70 JJ, stammte aus dem Dorfe Kûrtâm am Euphrat, soll seine theologische Bildung an der Perserschule in Edessa erhalten[2]) und seine dichterische Laufbahn, 22 JJ alt, mit dem Mēmrā über die Cherubvision Ezechiels eröffnet haben, die ihn die Legende[3]) auf die Aufforderung einer Gruppe ihn besuchender BB aus dem Stegreife vortragen läßt. Im J 502/3 finden wir ihn als Periodeutes zu Haurā in Sĕrûg(h), ein kirchliches Amt, das er erst 518/9 mit der Würde eines Bs von Baṭnā(n) vertauschte. Sein Begräbnistag war der 29. 11. J. ist nicht nur Dichter gewesen. Prosahomilien von ihm auf bestimmte Tage des Kirchenjahres sind sowohl in geschlossener Sammlung, als im Rahmen jakobitischer Homiliare überliefert,[4]) während einzelne prosaische Leichenreden Eingang in jakobitisches Begräbnisritual fanden.[5]) Eine unvollständig erhaltene Auswahl von 41 und eine sich mit ihr berührende von 34 Nrn seiner ausgedehnten Korrespondenz (einschließlich eines an ihn gerichteten Briefes)[6]) wird durch eine Reihe in Sonderüberlieferung vorliegender Stücke ergänzt.[7]) Daß er als Übersetzer oder Erklärer sich mit Euagrios

[1]) Mēmrā angeblich seines Schülers Georgios auf ihn (vg. e). Zwei kurze anonyme Prosabiographien in den Hss: BrM 960 (Add 12145. J 1197) 46°. VtS 37 (J 1626/7) 12°. (Ag der zweiten: BO 1, 286/9. Wenig 43f.) Išô' Stylites (Ag Martin) 46f. (XLVIII). Biographie des Jôhannân b Kûrsôs (§ 28a) 31. M 260f. 507 (2, 161f. 3, 55). B'EKg 1, 190/2. ChrS 2, 29f. MbS 44 (42). BO 1, 283/340. H Matagne, Acta Sanctorum Octobris 12, 824,31. J-B Abbeloss, De vita et scriptis S. Jacobi Batnarum Sarugi Episcopi (Löwen 1867) mit Ag der Quellen. P Zingerle, ZKT 11, 92/108. Bickell 25f. Ders., Ausgew. Ged. d. syr. Kirchenväter Cyrillonas usw. 195/227. LTh 13/7. P Martin, Rev. des sciences ecclés. 34, 309/52. 385/419. Wright 67/72. Duval³ 351/4. P Bedjan, Homiliae selectae (vg. S. 149 Ak. 9) 1, Avant-propos V/XVII. S Landersdorfer, BKr² 6, 251/70.

[2]) ChrS und MbS. Daß er, wie hier behauptet wird, ursprünglich nestorianisch gesinnt gewesen sei, würde daraus noch keineswegs folgen.   [3]) Im Mēmrā des Georgios und in der römischen Prosabiographie.

[4]) Hss der ersteren (bestehend aus Texten auf Weihnachten, Epiphanie, Quadragesima, Palmsonntag, Karfreitag, Ostersonntag): BrM 672 (Add 14587. J 606) 35°. 121 (Add 14474. 11/2. Jh) B° 1. VtS 109 (Vor J 691/2) 11°/16°, einzelner Stücke derselben: BrM 453 (Add 17207. 8/9. Jh) 5°. 817 (Add 14614. fol 1/89. 10. Jh) 5°. Brl 28 (Sach 220. 8/9. Jh) fol 11 r°. 29 r°. VtS 253. 11°. 12°. 16°, einer weiteren paränetischen über die Sünde: BrM 779 (Add 14621. J 802) 7°. 813 (Add 14611. 10. Jh) 16°. S25 (Add 12165. J 1015) 52°. 848 (Add 14727. 13. Jh) 4°, einer auf den Freitag der dritten Fastenwoche angesetzten paränetischen: 825. 32°. Ag der Osterhomilie: P Zingerle, MonS 1. 91/6. Übs der geschlossenen Sammlung: Ders., Sechs Homilien d. heiligen Jacob v. S. (Bonn 1867).

[5]) Hs: BrM 451 (Add 14520. 8/9. Jh) 9° b ܕ/ܙ܏. 453 (Add 17207. 8/9. Jh) 12°.

[6]) Hss der ersteren (mit noch 11 ganzen Nrn und Bruchstücken zweier weiterer): BrM 673 (Add 17163. fol 1/46. 7. Jh), der letzteren: 672. 1°/34°, einzelner Nrn daraus: 737 (Add 17166. 6. Jh) 2° (= 673. 9°). 747 (Add 14607. 6/7. Jh) 5° (= 672. 34°). 815 (Add 14726. fol 1/86. 10. Jh) 2°. 3° (= 672. 15°. 31°). 837 (Add 17262. 12. Jh) 15° a c d (= 673. 9°. 672. 34°. 22°). VtS 107 (7. Jh) 10° (= 673. 8°). 109. 18°. 126 (J 1223) XXII° (= 673. 11°). Brl 188 (Sach 352. 13. Jh) fol 112 v° (anscheinend = 672. 24°). Agg von Briefen an die Mönche eines Bassosklosters (672. 11°/14°) und B Paulos v Edessa (672. 29°): P Martin, ZDMG 30, 217/75, an die verfolgten himjaritischen Christen (672. 15°) R Schröter, ZDMG 31, 360/405, an den Pantheisten Stephanos b Sûd(h)ailê (673. 8° = 672. 1°): A L Frothingham, Stephen b Sudaili 10/27, an die Mönche von Arzôn: P Bedjan, S. Martyrii qui et Sahdona, quae supersunt omnia (Pr-Lpz 1902) 605/13.

[7]) Hss eines Briefes an Samuel, Abt des Isḥâq-Klosters von Gabbûlā: VtS 107. 9°. 135 (7/8. Jh) XVI°. BrM 815. 7°. PalMedOr 68, einen Mönch Paulos: BrM 781 (Add 14623. J 823) 3° a. Brl 198 fol 110 r°, je eines asketisch-paränetischen: Katalog KW Hiersemann 487 Nr 255 b (J 882) 3°. VtS 126. XXI°. Brl 199 (Sach 111. J 1378,9) 6° bzw. Katalog KW Hiersemann 487 Nr 255 b. 17°.

beschäftigt habe, ist glaubhaft bezeugt.[1]) Nicht minder ist er in dem „Lehrer J.",
den die prosaischen Biographien der Asketen Daniel v Galaš († 2. 5. 439) und
Hanninâ († 3. 491 oder 500) zum Verfasser haben, mit Sicherheit zu erkennen.[2])
Auch als Dichter hat er sich in verschiedenen Gattungen versucht. Mad(h)râšê
unter seinem Namen liegen abgesehen von der liturgischen, auch in einer literarischen Überlieferung vor. deren Alter eine Anzweifelung ihrer Echtheit aus-
schließen dürfte.[3]) Zu denselben gesellen sich nicht wenige, wiederum teils literarisch überlieferte Sôg(h)jât(h)ā,[4]) als „paränetische Strophen" oder „Antiphone"
bezeichnete Dichtungen erbaulichen Inhalts,[5]) die durch eine Refrainstrophe als
zu gesanglichem Vortrage bestimmt erwiesen werden, ein Klagelied über die Welt
von gleicher Anlage,[6]) Kommunionlieder ($\pi\varrho o\sigma\varphi o\varrho\iota\varkappa o\iota$)[7]) und ein als Tešbôhtā
bezeichneter Morgenhymnus im siebensilbigen Metrum.[8]) Im wesentlichen verdankt
aber J. seinen bei Jakobiten und Maroniten höchstens von demjenigen Ap(h)rems
überstrahlten Ruhm seiner Mêmrê-Dichtung, in welcher er sich ausschließlich des
distichisch verwendeten zwölfsilbigen Langverses bediente.[9]) Nicht weniger als
763 zum Teile ungemein umfangreiche Nrn der Gattung soll er von dem Jugend-
werke über die Ezechielvision[10]) bis zu einem unvollendet von ihm hinterlassenen
Gedichte über die Gottesmutter unter dem Kreuze ihres Sohnes[11]) geschaffen
haben. Noch nicht die Hälfte dieser Masse hat sich teils in alten Auswahlsammlungen,[12]) teils im Rahmen rein original-syrischer jakobitischer Homiliare wesentlich

---

BrM 818 (Add 14637. 10. Jh) 7°. VtS 126. XXIII 1°, weiterer: BrM 769 (Add 14531. 7/8. Jh) 10°. 781. 3°b. 797 (Add 18814. fol 103,262. 9. Jh) 3°. 822 (Add 17185. 10. Jh) 6°. 961 (Add 14733. J 1199) 5°. Brl 190. 6°. 7°. [1]) B'EKg 1. 191. Vg. Landersdorfer. BKv² 6, 252.

[2]) Hss der ersteren: Pr 235 Anc fonds 144. 13. Jh) 21°, des letzteren: BrM 952 (Add 14645. J 935,6) 14°. 960 (Add 12174. J 1196,7) 16°. Pr 235. 20°. Inhaltsangaben: FNau, ROC 15, 604.

[3]) Hss: BrM 748 (Add 14592. 6,7. Jh) 11° 1. 4g bzw. liturgischer Überlieferung: besonders die Choralbb BrM 451 (Add 14520) und 453 (Add 17207) des 8,9. Jh.

[4]) Hs einer solchen über die Abgargesandtschaft an Christus: BrM 651 (Add 17158. fol 49'56. 8. Jh) 2°. Ag: WCureton, Ancient Syr. Doc. 107 f. (106 f.). Hss anderer: BrM 773 (Add 14614. fol 80 127. 8. Jh) 8°. 450 (Add 17141. 8,9. Jh) 26° h/j. p,u. 781 (Add 14623. J 823) 16°. VtS 36 (J 1584) 6°. Brl 190 (Sach 8) Anhang A° (16 7. Jh). Ferner finden sich solche mit bestimmter Verfasserangabe in den Choralbb: BrM 307 (Add 17190. J 893). 306 (Add 14515. J 898). 324 (Add 14501. 11. Jh). Ag einer solchen über Kirche und Synagoge (BrM 450. 26° j): BKirschner, OC 6, 22/43 nach den sie anonym überliefernden Hss Pr 293 (12. Jh). Brl 20 (Sach 356. 14 5. Jh). 20 (Sach 236. Ums J 1568). Vg. auch ein poetisches Gebet mit alphabetischer Akrostichis, das er als Knabe verrichtet haben soll. Hs: Ox 136 (Hunt 382 fol 1,18). Agg: Overbeck, S. Ephraemi . . . alior. op. sel. 382 f. Gismondi² 119 f.

[5]) Hss: BrM 762 (Add 17173. 7. Jh) 16°. 780 (Add 17172. Zwischen 818,9 u. 829,30) 8°. [6]) Hs: BrM 762. 19°. [7]) Hss: BrM 453 (Add 17207. 8,9. Jh) 2°. 431 (Add 17273. 11. Jh) 2°. [8]) Hs: BrM 746 (Add 17158. fol 1/48. 6,7. Jh) 1° e.

[9]) BO 1. 305,40: Verzeichnis von 231 Nrn einschließlich zweier Assemani nur in arabischer Übs bekannter. Agg von 11 Nrn: PBedjan, S. Martyrii usw. 614/865, von 195 Nrn: Ders., Jacobi Sarugensis Homiliae selectae. 5 Bde (Pr-Lpz 1905/10). Vorausgegangen waren solche einzelner Nrn bzw. bloßer Azz namentlich von PZingerle, ZDMG 12, 117,31. 13, 44/58. 14, 679/91. 15, 629,47. 20, 511/26. MonS 1, 21 90 und Chrestomath. Syr. 360/86. JJOverbeck, S. Ephremi Syri . . . aliorum op. selecta 382/408. Abbeloos a. a. O. 203,301. LTh 13/7. Übs von 4 Nrn: Bickell, Ausgew. Ged. 228,67, von 10 Nrn: Landersdorfer a. a. O. 271/431. Proben einer metrischen: JBabakhan, ROC 17, 410,26; 18, 42 52. 147,67. 252,69. 358,74; 19, 61/5. 143,54.

[10]) Hss: BrM 759. I 5°. 777. 2°p. Or 4407 (J 1575/76). VtS 117. 1°. Agg: GMösinger, MonS 2, 76/167 (zusammen mit einer arabischen Übs). Bedjan 4, 543,610 (Nr 125), von Textproben: Wenig 155,9. LTh 13/5. [11]) Bezeugt durch die römische Prosabiographie (BO 1. 89). [12]) Hss bzw. Bruchstücke solcher: BrM 636 (Add 17157. J 565). VtS 251 (Vor J 637/8). 252 (Vor

erst des zweiten Jahrtausends.[1]) teils vereinzelt in mannigfachstem Zusammenhange erhalten,[2]) wobei naturgemäß die erste Art der Überlieferung die weitaus stärkste Bürgschaft für die Echtheit der betreffenden Texte bietet, die dritte zumal bei geringem Alter der Hss zu Zweifeln an derselben von vornherein nicht geringen Raum gibt. Von einzelnen Gedichten haben ein solches über den vom Apostel Thomas in Indien erbauten Palast [3]) und wegen seiner Bezugnahmen auf syrisches Heidentum ein solches „über den Sturz der Götzenbilder"[4]) frühzeitig besondere Aufmerksamkeit gefunden. Das erstere gehört einer Gruppe von dichterischen Bearbeitungen apokrypher Apostellegenden [5]) und anderen Apokryphenstoffes wie der Abgarsage.[6]) der Überlieferung von Tode Mariä [7]) und der

J 932). 116 (J 857). VtS 114. BrM 637 (Add 17161) des 6., 638 (Add 14584). 639 (Add 17155). 640 (Add 14574. fol 34/40). 641 (Add 17184) des 6/7., 645 (Add 17159. fol 1/36). 650 (Add 17160. fol 1 18). 759 (Add 12162) I° des 7., VtS 115 des 7/8., BrM 651 (Add 17158. fol 49/56) des 8., 636 (Add 14584). 777 (Add 14590) 2° des 8 9., 654 (Add 17162. fol 15 27). 656 (Add 14634. fol 3/49) des 9., 803 (Add 14588) II° des 9/10. Jhs. Dazu die ganz kleinen Hss-Fragmente BrM 642/4. 616 9. 652 f. 655. 657 71.

[1]) Hss: VtS 118 (10. Jh). 117 (12. Jh. Jedenfalls vor J 1476). JerMkl 43 (Näher an 1143 4 als 1483 4). Pr 196 (Anc fonds 112. 14. Jh). Ox 135 (Poc 404. J 1640 1). Daneben finden sich Dichtungen J.s auch in den gemischten gräco-syrischen Homiliaren: Brl 28 (Sach 220. 8 9. Jh). BrM 825 (Add 12165. J 1015) und in Festbrevierhss wie JerMkl 44 (J 1413 4). Über liturgisch orientierte Sammlungen speziell von Toten-Mēmrē unten S. 157 Ak. 9.

[2]) Hss: BrM 728 (Add 14610. J 533 4 ?) 7°. 747 (Add 14607. 6 7. Jh). 746 (Add 17158. fol 1/48. 6 7. Jh) 1°. 760 (Add 14608. fol 98 124. 7. Jh) 1°. 761 (Add 14604. 7. Jh) 2°. 768 (Add 14618. 7 8. Jh) 5°. 781 (Add 14623. J 823) 8°. 948 (Add 14651. J 850) II° 1. 3. 5. 783 (Add 14580. J 866) 4°. 764 (Add 14598) II° (9. Jh) 6 a. 791 (Add 14624. 9. Jh) 3°. 792 (Add 17168. fol 1/113. 9. Jh). 801 (Add 18817. 9. Jh) 6°. 9°. 811 (Add 14656. 10. Jh) 2°. 812 (Add 17183. 10. Jh) 2°. 5°. 822 (Add 17185. 10/11. Jh) 9°. 13°. 823 (Add 17215. fol 35 43. 10/11. Jh) 1°. 830 (Add 14589. 11 2. Jh). 834 (Add 14730. fol 1/111. 12. Jh) 9°. 835 (Add 14739. fol 1 6. 12. Jh) 3°. 837 (Add 17269. 12. Jh) 31°. 34°. 958 (Add 14735. fol 72 173. 12. Jh 2°. 7190 Rich (13. Jh) 67° 9°. Or 2732 (18. Jh). Brl 143 (Peterm I 25. 14 5. Jh) fol 120 v°. 167 (Sach 315. J 1480 1) 2°. 4° 6°. 180 (Sach 189) II°. IV°. 200 (Sach 202 3. 15 6. Jh) I° 4. 168 (Sach 92. 17. Jh) 6°. 155 (Oct 254. Gegen 1686) fol 187. 94 (Sach 5. 17 8. Jh) 6°. 164 (Sach 113. J 1803) 3° e. 5°. 6°. 10°. 12° 5°. 17°. 19° 21°. 166 (Sach 190. J 1860) IV°. 178 (Sach 83. J 1662 6°. 176 (Sach 161. 19. Jh). Pr 195 (Suppl 74. J 1469 70). 177 (Anc fonds 83. J 1520 1) 4°. Ox 138 (BodlOr 19. 13. Jh). 136 (Hunt 595. 15. Jh). 16 (Poc 10. 15. Jh) 16°. 22° 4°. 144 (Marsh 392. 16. Jh) 19°. 142 (Marsh 101) 25° 7°. CmbrAdd 2066 (15 7. Jh) 2°. Dijarb 97 (15. Jh) 1°. 77 (J 1501) 3°. 95 (J 1697 8) 22°. 98. 10°. Séert 90 (J 1611 2) Anh. VtS 96 (J 1352 3) 16°. 17°. 27°. 44°. 253. 7°. 19°. VtB 143 (17. Jh) 2°. 128 (J 1720). Urm 143 (J 1711 2).

[3]) Hss: VtS 251. 13°. 118. 76°. 117. 217°. BrM 777. 2° k. JerMkl 43 IV° 30. Agg: R Schröter, ZDMG 25, 321 77. 28. 584 626. Bedjan 3, 763 95 (Nr 100).

[4]) Hss: BrM 747. 1° b. 791. 3° a. VtS 251. 11°. 117. 210°. JerMkl 43 IV° 13. Ox 135. 86°. Agg: P Martin, ZDMG 29, 107 47. Bedjan 3, 795 823 (Nr 101). Übs: Landersdorfer 406/31. Vg. Ders., D. Götterliste d. Mar Jakob v. Sarug usw. Programm des Kgl. Gymnasiums im Benediktinerkloster Ettal 1913/4. B Vandenhoff, OC² 5, 234 62.

[5]) Weitere Stücke in den Hss VtS 117. 214°. BrM 777. 2° d. JerMkl 43 IV° 14. Ox 135. 58° über das Wirken der Apostel Petrus, Johannes und Paulus in Antiocheia, JerMkl 43 IV° 15. Ox 135. 87° über dasjenige des Petrus in Rom. JerMkl 43 IV° 18. Ox 135. 80° bzw. JerMkl 43 IV° 19 aus dem Stoffkreise der Thomasakten. Über das erste dieser Stücke A Baumstark, D. Petrus- u. Paulusacten in d. literar. Überlief. d. syr. Kirche 27 9.

[6]) In Stücken über den Briefwechsel zwischen Abgar und Jesus, über das Wirken Addais in Edessa und über „Edessa und Jerusalem". Hss: JerMkl 43 IV° 23 bzw. IV° 24. VtS 117. 108° bzw. eine solche in Mosul. Ag des dritten Gedichtes: Bedjan 5, 731 47 (Nr 180).

[7]) Hss: BrM 825. 99°. JerMkl 43 IV° 5. 44 fol 240 v° 4 v°. Pr 196. 78°. Ox 136. 6°. 135. 70°. CmbrAdd 2001 (J 1480 1) II°. VtB 128. Ag: P Bedjan. S. Martyrii 709 19. Übs: A Baumstark, OC 5, 82/99.

Kreuzauffindungslegende [1]) an. Eine andere Klasse von Stücken ist der Verherrlichung späterer Heiligengestalten gewidmet.[2]) Weitaus die meisten behandeln A
oder NTliche Stoffe oder sind dogmatisch oder paränetisch lehrhaften Inhalts.
Nicht selten begegnen hier zusammenhängende Reihen von Nrn, die sich mehr
oder weniger zu einer Art von Epos in mehreren Gesängen verbinden, oder es
werden Riesengedichte von über 3000 Versen in eine Mehrzahl verselbständigter
Teil-Mēmrē zerlegt. So erfährt ein solches „über den Glauben" eine Teilung in
10 derartige Nrn.[3]) Ebensoviele Mēmrē handeln über die Geschichte des ägyptischen Joseph.[4]) Auch über Moses hat J. in einer geschlossenen Zehnzahl von
Gedichten gehandelt.[5]) Für eine poetische Behandlung des Sechstagewerkes der
Schöpfung war eine Einteilung in 7 Abschnitte das von vornherein Gegebene.[6])

[1]) Hss zweier Gedichte über dieselbe: BrM 825. 101°. VtS 117. 220°. JerMkl 43 IV° 8.
Pr 196. 80°. Ox 135. 88° bzw. Pr 196. 81°.

[2]) Gûrjā und Šĕmônā. Hss: BrM 746. 1°b. VtS 117. 224°. JerMkl 43 XVI° 3. Agg:
WCureton, Anc. Syr. Doc. 96/107 (96/106). AMS I, 131/43. Übs: Bickell a. a. O. 275/87
Landersdorfer 374,86. — Ḥabbib(h). Hss: BrM 746. 1°d. VtS 117. 235°. JerMkl 43 XII 5°.
Agg: Cureton 86,96 (86,96). AMS 1, 160/72. EManna, Morceaux choisis de littérature araméenne 1
(Mosul 1901) 290/307. — Šarbil. Hss: JerMkl 43 XII° 4. Ox 135. 82°. VtB 128. 6°. Ag: GMösinger,
MonS 2, 52,63. — Vierzig Martyrer von Sebaste. Hss: VtS 118. 42°. 117. 119°. BrM 825. 35°. Pr
196. 33°. Ox 135. 26. Ag: AMS 6, 662/89. — Sergios u. Bakchos. Hss: VtS 117. 227°. JerMkl
43 IV° 39. Pr 196. 83°. Ox 135. 81°. Ag: AMS 6, 650/61. — Dometios. Hss: JerMkl 43 IV° 32.
Pr 196. 82°. — Georgios. Hss: JerMkl 43 XII° 1. Ox 135. 85°. Urm 136 (J 1715/6). — Laurentios,
Agrippa u. Genossen. Hss: JerMkl 43 XII° 2. — Šem'ôn Stylites. Hss: BrM 646 (Add 17159. fol
64/93. 7. Jh) 2°. VtS 117. 223°, eines zweiten Gedichtes: JerMkl 43 IV° 33, ungewiß welches: VtB
128. 6°. Agg des ersten: Assemani, Act. Mart. 2, 230/44. AMS 4, 650/65. CBrockelmann
103*/23*. ³102*/22*, unvollständige mit Übs: PZingerle, ZDMG 14, 682/91. Bloße Übss:
IPizzi, Bessarione 12, 18/29. Landersdorfer 387/405. — Jôḥannân Sâb(h)ā. Hss: BrM 837.
34°. CmbrAdd 2016 (13. Jh) 23°. Ox 16. 23°. 135. 84°. — Ap(h)rem. Hss: Pr 195. 1°j. 196. 19°.
Ag: AMS 3, 665/79. Dazu kommen zwei Dichtungen auf die Martyrer im allgemeinen. Hss: VtS
115. 13°. BrM 803 II° 10. Pr 196. 85°. Ox 135. 66° bzw. Pr 196 84°. Ag der ersteren: Bedjan
2 636/49 (Nr 56), eines Bruchstückes: Zingerle 375f.   [3]) Hss des einheitlichen Textes: BrM
839. 6°. VtS 115. 18°. 117. 195.° Ox 135. 33°, der drei letzten Nrn des zerlegten: JerMkl 43 II° 1/3.
Ag: Bedjan 3, 581/646 (Nr 94).   [4]) Hss aller mit Ausnahme von Nr 5: VtS 117. 173°/81°, der
Nrn 7/10: 252. 22°/5°, 9: BrM 638 (Add 14584. 8/9. Jh) 4°. 761. 7°a, 9f.: JerMkl 43 XI° 1. 2, je eines
anscheinend mit keiner identischen Josephsgedichtes: BrM 803 II° 6 bzw. VtS 217. 8°.

[5]) Nach dem Zeugnis des Georgios. In der Überlieferung konkurrieren Zusammenstellungen
teilweise sich deckender Mēmrē „über Moses" und „über Moses und Christus". Hss der 10(?)
ersteren: VtS 114. 1°, von Nrn 1/9 der letzteren: JerMkl 43 VI° 2/10, der beiden Serien gemeinsamen Nr 8 (bzw. 7: über Ex 33. 18): VtS 252. 17°. 117. 3°, der Nrn 1 (Kindheitsgeschichte),
5 (Amalekiterschlacht), 6 (Beschneidung), 7 („über die ehebrecherische Synagoge") und 9 (10?:
Begräbnis) der ersten Serie: VtS 117. 28° bzw. 222°. Ox 135. 75° bzw. VtS 252. 4° bzw.
VtS 117. 185°. JerMkl 43 X° 4 bzw. VtS 117. 51° und in liturgischer Überarbeitung für den
Begräbnisritus von Priestern: BrM 766. 2°1, der Nrn 6 (Herabsteigen Gottes auf den Sinai),
8 (Mosaische Speisegesetze), 9 (Phinees) der zweiten: BrM 636. 7°. VtS 252. 14°. 117. 4°. Ox
135. 91° bzw. VtS 114. 9° bzw. 114. 4°. 252. 9°. Agg der Nrn 5 und 8 der ersten und 8 der
zweiten: Bedjan 5, 290/306. 1, 38/48. 3/38 (Nrn 158 bzw. 3 und 2). Hss einer von Nrn 5 der
ersten verschiedenen Behandlung desselben Themas: JerMkl 43 IV° 7. Pr 196. 79°, einer BO 1,
334 (irrig?) als Nr 9 derselben gerechneten Dichtung vom „Schleier über dem Angesichte M.s":
VtS 114. 2°. 117. 8°. Ag der letzteren: PZingerle, MonS 1, 75/90. Bedjan 3, 283/305
(Nr 79). Übs: Bickell, Ausgew. Ged. 259/74. Landersdorfer² 314/60.

[6]) Mit Einschluß der Sabbatruhe Gottes. Hss: BrM 638. 1°. 759. 1°. Ox 135. 58°, der
beiden ersten Mēmrē: VtS 115. 28°f. Ag: Bedjan 3, 1/151 (Nr. 71).

Nach Maßgabe der Überlieferungslage gesichert scheint die Ursprünglichkeit einer Zusammenfassung von mindestens 5 Nrn über das Weltende zu sein;[1] 7 sind „gegen die Juden" gerichtet;[2] 5 handeln „über die Schauspiele im Theater".[3] Eine Zerlegung in mehr als 5 Abschnitte hat im Gegensatze zu einer kaum minder umfangreichen über Job[4] eine Dichtung über Jonas gelegentlich erfahren.[5] Zyklen von je 4 Gedichten über Kain und Abel[6] bzw. über Sodoma[7] stehen solche von mindestens 3, 6 und 5 Nrn über Elias,[8] Elisäus[9] und Daniel und die drei Jünglinge[10] gegenüber. In 6 oder 7 auf die einzelnen Tage der Karwoche verteilte Einzelgedichte pflegt liturgische Textesüberlieferung endlich eine Riesendichtung „über das Leiden" oder „die Kreuzigung" aufzulösen,[11] die einmal selbst wieder dem weiteren Rahmen einer 4 oder 7 Nrn umfassenden Folge von Schöpfungen über den gleichen Gegenstand[12] eingeordnet erscheint.

---

[1] Hss der Nrn 1/5: BrM 639. 5°, Nr 1: BrM 777. 2°g, Nr. 2: 761, 7°b. 766. 2°f. VtS 251. 25°. 117. 138°, Nr 3: 251. 28°. 117. 62°. Pr 196. 88°, Nr 4: BrM 650. 1°, Nr 5: VtS 117. 117°. Ag: Bedjan 5, 836/72. 2, 858/72. 5, 873/99 (Nrn 192 f. 68. 194 f.). Hss weitererer Behandlungen desselben Gegenstandes: VtS 117. 61°. 90° bzw. 251. 27°. 117. 91°. BrM 812. 2°c bzw. VtS 251. 24°. 115. 22°. 117. 118°. BrM 759. 3° bzw. BrM 801. 6°b bzw. BrM 766. 2°i. VtS 117. 100° und Brl 164. 10°. BrM 823. 1°a. Ox 138. 10°, eines inhaltlich verwandten Stückes über Himmel und Hölle: VtS 117. 115°. BrM 834. 9°. Brl 180. IV°. Agg der drei ersten Texte: Bedjan 2, 836/58 (Nr 67). 1, 713/20 (Nr 32). 698/713 (Nr 31).

[2] Hss: VtS 117. 143°/9°, der Nrn 1/5: BrM 637. 7°, Nr 5f.: JerMkl 43 II° 4. X° 3, Nr 6: Pr 196. 46°.   [3] Hss: BrM 746. 1°a.

[4] Hss eines durchweg mehr oder weniger unvollständigen Textes: BrM 638. 3°. 751 I° 8. 777. 2°a. VtS 252. 5°. JerMkl 43 XI° 4. VI° 1. Ag des Erhaltenen: Bedjan 5, 202/98 (Nr 157).

[5] Hss des einheitlichen Textes: BrM 638. 2°. 781. 8°. VtS 117. 45°, eines in Abschnitte zerlegten, von welchen 5 erhalten sind: BrM 759. 2°, von Azz: Pr 196. 14°. Ag: Bedjan 4, 368/490 (Nr 122).   [6] Hss: VtS 252. 26°/9°. 117. 160°/72°. Eine solche in Mardin, der Nrn 1 f.: BrM 777. 8°qr, Nr 1: 825. 63°. Ag: Bedjan 5, 1/61 (Nr 147/50).

[7] Hss: Eine in Mardin, eines Bruchstückes von Nr 1: BrM 648 (Add 14670. fol 26, 9. 6 7. Jh). Ag: Bedjan 5, 61/153 (Nrn 151/4).

[8] Hss von Nrn 1/3: BrM 641. 1°. JerMkl 43 VI° 17. XIV° 1. 2 XVI°, der Nr 2: BrM 657 (Add 17 213 fol. 11. 9 10. Jh) 1°. Nr 3: BrM 638. 9°. 777. 2°c. JerMkl XIV° 2. XVI°. Ag der beiden letzteren: Bedjan 4, 133/207 (Nrn 112 f.). Hss weiterer E.-Dichtungen (d. h. wohl der beiden letzten Nrn einer ursprünglich vielmehr fünfgliedrigen Folge): VtS 252. 6°. BrM 777. 2°f. 657. 2° (König Ochozja). BrM 637. 1°. JerMkl 43 VII° 1 und solche in Mardin und Beirut (Himmelfahrt). Agg der beiden Texte: Bedjan 4, 207/61 (Nrn 114 f.).

[9] Hss von Nr 1/6: BrM 641. 2°, der Nrn 1/3: 637. 2°, Nr 2 (hier: „1"): JerMkl 43 VII° 2, Nr 3: VtS 252. 7°. 115. 1°, Nr 4 (hier: „2"): JerMkl 43 VII° 3, Nr 5: BrM 656. 6°, Nr 6: Br 777. 2°i und (hier: „3"): JerMkl 43 VII° 4, einer weiteren E.-Dichtung (über die Totenerweckung): Ox 135. 90°. Ag: Bedjan 4, 261/367 (Nrn 116/21). 2, 77/90 (Nr 35).

[10] Hss von Nrn 1/4: BrM 637. 4°, der Nr 2: 777. 2°m, des Schlusses einer Nr 5: 640. 2°. Ag der Nrn 2 f.: Bedjan 4, 491/543 (Nrn 123 f.). Hss eines weiteren Gedichtes über D. und die drei Jünglinge: VtS 115. 21°. JerMkl 43 XIII° Ox 135. 89°. Ag: Bedjan 2, 94/137.

[11] Hss: BrM 631 (Add 14585. 7. Jh). 759. 4°. 633 (Add 14586. 7 8. Jh). 632 (Add 17198. 9 10. Jh). 635 (Add 17242. fol 1/104. 11/12. Jh) 1°. 7190 Rich 69°. VtS 118. 64°/70°. 117. 157°/62°. Pr 196. 73° IIa/f. Ox 135. 62°, der Nrn 5f: VtS 253. 19°, von Azzen: BrM 825. 64°. 68°. 72°. 76°. 83°. 86°. Ag: Bedjan 2, 447/610. Vg. M Kmosko, OC 8, 95/9.

[12] Hss von Nrn 1/7: VtS 117. 196°/202°, der Nrn 2 („über die Flucht der Jünger") und 4 neben einer Pr 196. 68° wiederkehrenden weiteren und der großen Passionsdichtung (als Nrn „1/4"): 118, 61°/4°, Nr 1: BrM 728. 7°a. Ox 135. 62°, Nr 2: BrM 728. 7°a. Pr 196. 67°. Nr 3 („über die Verlengnung Petri"): VtS 118. 57°. BrM 825. 82°. Pr 196. 69 f. Ox 135. 63°, Nr 5 („über Cherub und Schächer"): Pr 196. 72°. JerMkl 44 fol 168r°/76r°. Ox 135. 64°. Agg der Nrn 3

Zahlreiche Einzeldichtungen sind daneben den mannigfachsten Gestalten und Ereignissen der ATlichen Geschichte und deren typologischer Deutuug,[1]) einzelne in gleichem Sinne gewissen Bestimmungen des mosaischen Ritualgesetzes,[2]) andere prophetischen Handlungen und Gesichten[3]) gewidmet. Von NTlichen Stoffen erfahren Wundertaten[4]) und Gleichnisreden des Herrn[5]) dieselbe Berücksichtigung.

und 5: Bedjau 1, 506,31. 5, 658/87 (Nru 21. 177). Übs der Nrn 1 und 2: PZingerle, Katholik 1875 i, 269,76. 1876 i, 247/56. Zu Nr 3 vg. MKmosko, OC 3, 99,101.

[1]) Erschaffung Adams und Auferstehung der Toten. Hss: BrM 759 II° 1 c. VtS 117. 50°. Ox 135. 30°. Ag: Bedjan 3, 152/75 (Nr 72). — Angebliche Engeleben (Gn 6. 1 4). Hs: VtS 252. 21°. — Sintflut. Hss: BrM 636. 2°. 759 1° 9. 777. 2"j, des Schlusses: 656. 1°. Ag: Bedjan 4, 1;61 (Nr 108). — Babylonischer Turmbau. Hss: VtS 252. 18°. 215. 3°. Ag: Bedjan 2, 1/27 (Nr 33). — Abraham und Isaak. Hss: VtS 115. 19°. 118. 53°. 117. 167°. Pr 196. 60°. Ag: Bedjan 4, 61/103 (Nr 109). — Melchisedek. Hss: VtS 251. 15°. 252. 19°. Ag: Bedjan 5, 154/80 (Nr 155). — Rebekka. Hss: VtS 115. 4°. 117. 34°. — Segnung Jakobs durch Isaak. Hs: BrM 645. 3°. Ag: Bedjan 3, 175/91 (Nr 73). — Traum Jakobs. Hs: VtS 117. 4°. Agg: PZingerle, MonS 1, 21,32. Bedjan 3, 192/207 (Nr 74). Übs: Bickell, Ausgew. Ged. 247/58. Landersdorfer 332/43. — Rahel und Lea als Typen von Kirche und Synagoge. Hs: VtS 117. 5°. Agg: PZingerle, MonS 1, 33/45. Bedjan 3, 208/23 (Nr 75). — Stäbe Jakobs als Typus des Kreuzes. Hs: JerMkl 43 II° 5. — Thamar als Typus der Kirche. Hss: VtS 252. 12°. 117. 3°. Ag: JZingerle, Sermo de Thamar (Innsbruck 1871). — Eherne Schlange. Hss: VtS 114. 5°. 118. 54°. 117. 187°. BrM 825. 67°. Pr 196. 61°. Ag: Bedjan 1, 49/67 (Nr 4). — Balaam und Balak. Hss: VtS 114. 3°. 117. 20°. — Josue. Hss zweier Nrn: VtS 114. 1°. 2°, der ersten: JerMkl 43 VI° 11, ungewiß, welcher einzigen: BrM 803 II° 15. — Rahab. Hs: VtS 114. 10°. — Diebstahl Achans. Hs: VtS 116. 2°. — Gedeon. Hs: VtS 114. 13°. — Tochter Jephthas. Hss: VtS 114. 27°. 117. 41°. BrM 638. 5°. JerMkl 43 VI° 12. Ag: Bedjan 5, 306/30 (Nr 159). — Samson. Hss zweier Nrn: VtS 114. 14°. 16°. 117. 168°. 186°, der Nrn 1: 252. 11°. Ox 135. 57°. Ag beider: Bedjan 5, 330,67 (Nrn 160 f.). — Bundeslade von den Philistern erbeutet. Hss: VtS 252. 8°. 114. 16°. JerMkl 43 VI° 13. — David und Goliath. Hss: VtS 114. 13°. 117. 51°. BrM 654. 1°. JerMkl 43 VI° 15. Ag: Bedjan 2, 28,76 (Nr 34). — Oza. Hss: VtS 114. 17°. JerMkl 43 VI° 14. — David und Uria. Hss: VtS 114. 19°. BrM 640. 3°. 777. 2°n. Ox 135. 36°. Ag: Bedjan 5, 367,93 (Nr 162). — Volkszählung Davids. Hs: VtS 114. 20°. — Salomonsurteil. Hs: BrM 645. 6°. Ag: Bedjan 4, 116/38 (Nr. 111). — König Asa. Hs: VtS 116. 3°. — König Ozia und der Prophet Isaias. Hss: VtS 252. 4°. 117. 142°. JerMkl 43 VIII° 2. Ag: Bedjan 5, 393/429 (Nr 163). — Martyrium der makkabäischen Brüder und ihrer Mutter. Hs: JerMkl 43 IV° 36. — Nur in arabischer Übs scheint ein durch Mōšē b Kēp(h)ā (§ 45c) zitierter Mēmrā über die Vertreibung aus dem Paradiese sich erhalten zu haben. Vg. BO 1, 339 (unter Nr 229). Zusammenfassend handeln über die ATlichen Typen Christi zwei verschiedene Gedichte. Hss: Pr 196. 58° bzw. Ox 135. 76°, ungewiß, welches: 142. 27°. Ag des zweiten: Bedjan 3, 305/21 (Nr 80).

[2]) Gesetzliches Pascha. Hs: Eine in Mosul. Ag: Bedjan 5, 631/41. — Zwei Sperlinge. Rote Kuh. Sündenbock. Hss: VtS 114. 6°. 8°. 7°. 118. 59°. 55°. 56°. 117. 124°. 132°. 123°. Pr 196. 64°. 62. 63°. Ox 135. 92°. 94°. 93°, des ersten Stückes: VtS 252. 20°. Agg: Bedjan 3, 224,83 (Nr 76/8), des ersten und dritten Stückes: PZingerle, MonS 1, 45/74.

[3]) Os 1. 2,9. Hss: BrM 636. 1°. VtS 114. 21°. 252. 12°. — Ez 37. 1/14. Hss: JerMkl 43 VIII° 1. — Ez 47. 6,12. Hss: VtS 251. 20°. 252. 2°. 117. 33°. Ox 135. 20°. Ag: Bedjan 5, 430/47 (Nr 164).

[4]) Wunder Christi im allgemeinen. Hs: VtS 117. 77°. — Als Bilder der geistigen Heilung der Welt. Hss: VtS 118. 33°. JerMkl 43 IX° 2. Ag: Bedjan 4, 666,83 (Nr 129). — Warum erst nach 30jährigem verborgenem Leben gewirkt. Hss: VtS 251. 2°. 117. 22°. Pr 195. 1°b. Ox 135. 78°. Ag: Bedjan 3, 321/34 (Nr 81). — Kanawunder. Hss: BrM 636. 8°. VtS 117. 67°. Pr 196. 15°. Ag: Bedjan 5, 480 94 (Nr 167). — Die drei Totenerweckungen. Hss: VtS 118. 33°. 117. 120°. JerMkl 43 IX° 4. Pr 196. 47°. Ox 135. 40°. Ag: Bedjan 2, 334,47 (Nr 48).

Neben einigen weiteren durch die Zeit seiner Lehrtätigkeit und seines Leidens gelieferten Motiven [1] stehen sodann naturgemäß die im kirchlichen Festjahre zur Wiedervergegenwärtigung gelangenden Hauptmomente der Erlösungsgeschichte [2])

— Tochter des Jairus. Hss: VtS 118. 45°. Ox 135. 47°. Ag: Bedjan 3, 530,45 (Nr 91). — Jüngling v Naim. Hss: BrM 645. 4°. 766. 2°j. 803 II° 13. VtS 118. 29°. 117. 139°. JerMkl 43 IX° 1. Pr 196. 41°. Ag: Bedjan 3, 546,63 (Nr 92). — Lazarus. Hss: BrM 651. 1°. 825. 56°. VtS 118. 31°. 117. 152°. Pr 196. 52°. Ox 135. 48°. Ag: Bedjan 3, 564,81 (Nr 93). — Blutflüssige. Hss: VtS 251. 1°. 118. 30°. 117. 40°. Pr 196. 35°. Ox 135. 35°. Ag: Bedjan 6, 525/52 (Nr 170). — Kanaanäerin. Hss: BrM 803 II° 7. VtS 117. 101°. Pr 196. 34°. Ox 135. 42°. Ag: Bedjan 1, 424/49 (Nr 17). — Brotvermehrung. Hs: BrM 637. 5°. VtS 117. 125°. Ox 135. 50°. Ag: Bedjan 3. 425/62 (Nr 87). — Aussätzige. Hss: VtS 118. 27°. Pr 196. 21°. Ox 135. 43°. Ag: Bedjan 2, 244/64 (Nr 44). — Legiontenfel. Hss: VtS 118. 48°. Pr 196. 27°. Ox 135. 41°. Ag: Bedjan 4, 683/700 (Nr 130). — Hauptmann v Kapharnaum. Hss: VtS 118. 44°. Ox 135. 46°. Ag: Bedjan 2, 265/80 (Nr 45). — Gekrümmte Frau. Hss: VtS 252. 2°. 117. 124°. Ag: Bedjan 5, 506/25 (Nr 169). — Gichtbrüchiger. Hss: VtS 118. 28°. Pr 196. 26°. Ag: Bedjan 4. 701,24 (Nr 131). — Verfluchter Feigenbaum. Hss: VtS 251. 3°. 117. 156°. Ag: Bedjan 4, 724,39 (Nr 132). — Steuermünze im Fische. Meereswandel. Timaios. Hss: Pr 196. 38° bzw. JerMkl 43 IX° 5 bzw. Ox 135. 44°.

[5]) Kluge und törichte Jungfrauen. Hss: BrM 636. 5°. 777. 2°n. 948 II° 5. VtS 251. 6°. 115. 16°. 117. 164°. Pr 196. 56°. Ox 138. 8°. 135. 29°. Ag: Bedjan 2, 375/401 (Nr 50). — Verlorener Sohn. Hss zweier Gedichte: VtS 117. 114°f. des ersten: BrM 636. 4°. 801. 9°. 777. 9°c. Pr 196. 28°, des zweiten: VtS 115. 11°. 118. 46°. BrM 783. 4°f. 812. 5°c. 822. 9°b. 830. 4°a. Ag beider: Bedjan 3, 500,29 (Nr 90), 1, 267/94 (Nr 12). — Arbeiter im Weinberge. Hss: BrM 638. 7°. 777. 2°c. VtS 118. 35°. 117. 103°. Pr 196. 36°. 195. 1°i. Ox 135. 34°. Ag: Bedjan 1, 320,44 (Nr 14). — Hochzeitsmahl. Hss: BrM 636. 6°. 825. 23°. VtS 251. 5°. 118. 34°. 117. 165°. Pr 96. 57°. Ox 135. 21°. — Armer Lazarus u. reicher Prasser. Hss: BrM 759. I° 7. 656. 5°. 830. 4°b. VtS 118. 47°. 117. 95°. Pr 196. 29°. Ox 135. 52°. Ag: Bedjan 1. 364/424 (Nr 16). — Senfkörnlein. Hss: VtS 251. 2°. 117. 113°. JerMkl 43 I° 2. Pr 196. 44°. Brl 164. 20°. Ag: Bedjan 4, 632,49 (Nr 127). — Pharisäer und Zöllner. Hss: VtS 115. 2°. 118. 38°. 117. 106°. Pr 196. 32°. Ox 135. 55°. Ag: Bedjan 1. 299,319 (Nr 13). — Barmherziger Samaritan. Hss: VtS 118. 40°. 117. 121°. Pr 196. 40°. Ox 135. 31°. Brl 164. 6°. Ag: Bedjan 2, 312,33 (Nr 47). — Sauerteig. Hss: VtS 251. 3°. 118. 36°. 117. 79°. BrM 825. 51°. Ag: Bedjan 3, 411/24 (Nr 86). — Weinberg. Hss: BrM 791. 3°c. VtS 118. 52°. 117. 163°. Pr 196. 55°. Ag: Bedjan 4, 740,66 (Nr 133). — Verborgener Schatz. Hss: VtS 251. 4°. 117. 122°. Ag: Bedjan 5, 494,506 (Nr 168). — Talente. Hs: VtS 464 fol 335r°ff. Ag: Bedjan 5, 587,613 (Nr 173). — Verlorene Drachme u. verlorenes Schaf. Hs: VtS 117. 93°.

[1]) Samariterin am Jakobsbrunnen. Hss: VtS 252. 1°. 117. 35°. Ox 135. 41°. Brl 164. 21°. Ag: Bedjan 2, 281/312 (Nr 46). — Gespräch mit dem reichen Jüngling. Hss: VtS 118. 49°. 117. 112°. BrM 825. 43°. Pr 196. 30°. Ox 135. 56°. Ag: Bedjan 1, 248/67 (Nr 11). — Zachäus. Hss: BrM 747. 2°a. 645. 9° (9 10. Jh). 646. 1°. VtS 117. 102°. Pr 196. 37°. Ag: Bedjan 1, 347,64 (Nr 15). — Petrusbekenntnis bzw. die Szene Mk 8. 31,3. Hss: JerMkl 43 X° 1f. Ox 135. 96f., des zweiten Stückes: Pr 196. 39°. Ag beider: Bedjan 1, 460/506 (Nrn 19f.). Übs des ersten: Landersdorfer 316/32. — Die Szene Mt 19. 27,30 bzw. die Groschen der Witwe. Hs: Ox 135. 14°. 53°. Ag: Bedjan 2, 689,704 (Nr 59). 3, 483/500 (Nr 89). — Salbung durch die Sünderin. Hss: VtS 116. 1°. 118. 41°. 117. 189°. BrM 803. II° 14. 825. 37°. Pr 196. 65°. Ag: Bedjan 2, 402,28 (Nr 51). — Guter Schächer. Hss: VtS 118. 58°. Pr 196. 71°. Ox 135. 45°. Ag: Bedjan 2, 428/46 (Nr 52).

[2]) Verkündigung an Zacharias. Hss: VtS 118. 2°. 117. 9°. Pr 196. 1° 195. 1°a. Ox 135. 3°. Ag: Bedjan 2, 137,58 (Nr 37), eines Bruchstücks: PZingerle 378,80. — Mariä Verkündigung. Hss: VtS 117. 12°. Pr 196, 2°. Ag: PBedjan, S Martyrii usw. 639/61. — Heimsuchung. Hss: BrM 655. 2°. 656. 2°. VtS 117. 13°. Ox 135. 8 (?). Ag: a. a. O. 661/85. — Jordantaufe. Hss: BrM 638. 11°. 760. 1°a. 803 II° 2. 812. 5°b. 825. 11°. VtS 118. 12°. 117. 31°. Pr 196. 8°. Ox

im Vordergrunde des Interessens, wobei mindestens auf Geburt[1]) und Auferstehung[2]) eine Reihe verschiedener Texte entfällt. Wie einzelne Herrenworte,[3]) haben auch einzelne Worte des Völkerapostels[4]) oder ATliche Texte[5]) den an den Vorspruch des Prosapredigers erinnernden Vorwurf von Dichtungen geliefert. Das Vaterunser und die Seligpreisungen der Bergpredigt finden poetische Kommentierung.[6]) Der kanonischen Apg sind wenigstens einige Gegenstände entnommen.[7])

135. 18°. Ag: Bedjan 1, 167/93 (Nr 8). — Darstellung im Tempel. Hss zweier Nrn: VtS 118. 16°f. 117. 48°f., der ersten: BrM 645. 2°. 661. 669. 803 II° 4. 825. 15°. Pr 196. 13°, ungewiß, welcher: BrM 653. 1°. Ox 135. 24°. Ag beider: Bedjan 5, 447/80 (Nr 165f.), eines Bruchstücks der ersten: PZingerle 381/3. — Versuchung. Hss zweier Nrn: VtS 118. 21°. Pr 196. 51°. Ox 135. 27° bzw. VtS 251. 25°. 117. 150° und eine in Mosul. Agg: Bedjan 3, 335/63 (Nr 82). 4. 610/31 (Nr 126). — Verklärung. Hss: BrM 759 I° 6. VtS 117. 219°. JerMkl 43 IV° 4. Pr 177. 4°f. Ag: Bedjan 2, 347/75 (Nr 49). — Einzug in Jerusalem. Hss zweier Nrn: Ox 135. 60°, der ersten: BrM 654. 2°. 769 II°10. 803 II°11. 825. 59°. VtS 115. 14°. 117. 155°. 253. 7°. Pr 196. 54°a. Ox 135. 60°, der zweiten: Eine in Mosul. Agg: Bedjan 1, 445/59 (Nr 18). 5, 613/31 (Nr 174). — Höllenfahrt. Hss: VtS 118. 71°. Pr 196. 70°. Dazu eine in an die dialogischen Stücke der „Nisibenischen Gedichte“ Ap(h)rems erinnernde Dichtung über „Tod und Teufel“. Hss: BrM 638. 10° und eine in Mardin. Ag der letzteren: Bedjan 5, 641/58 (Nr 176). — Der ungläubige Thomas. Hss: VtS 251. 21°. 118. 75°. 117. 211°. JerMkl 43 III° 2. Pr 196. 74°. Ox 135. 67°. Ag: Bedjan 2, 649/69 (Nr 57). — Erscheinung des Auferstandenen am See Tiberias. Hss: VtS 118. 74°. JerMkl 43 I° 3. Eine in Mardin. Ag: Bedjan 5, 687/707 (Nr 178). — Himmelfahrt. Hss: BrM 647. 648. 825. 96°. VtS 118. 77°. 117. 212°. JerMkl 43 IV° 1. Ox 135. 68°. Ag: PBedjan, S. Martyrii usw. 808/32. — Pfingstwunder. Hss: BrM 948 II° 1 c. 825. 184°. VtS 117. 213°. JerMkl 43 IV° 2. Pr 196. 76°. Ox 135. 69°. Ag: Bedjan 2, 670/89 (Nr 58). Übs: Landersdorfer 271/85.

1) Hss von vier Nrn: VtS 117. 14°/7°, der beiden ersten: VtS 115. 7°. 17°. Pr 196. 8°f., der ersten: VtS 118. 3°. BrM 825. 3°. Ox 135. 9°(?), der zweiten: BrM 639. 4°h. 812. 5°a, der dritten: 639. 4°a. 655. 1°. VtS 118. 4°, der vierten („über den Stern d. Magier u. den Kindermord“): VtS 115. 20°. 118. 11°. Ox 135. 10°, eines Bruchstückes: BrM 642. Ag der drei ersten: PBedjan, S. Martyrii 720/808, der vierten: Bedjan 1, 84/152 (Nr 6), eines Bruchstückes daraus: PZingerle 380f. Eine von deren zweitem Teile verschiedene Dichtung über den Kindermord liegt in VtS 117. 27° und vielleicht doch auch (entgegen den Angaben des Katalogs) BrM 825. 8°. Pr 196. 6° vor.   2) Hss dreier Nrn: JerMkl 43 IV° 1/3, der beiden ersten: BrM 825. 89°. 92°, der ersten: BrM 637. 3°. VtS 117. 204°. Pr 196. 73 II° g. Ox 135. 65°, der dritten: BrM 728. 7°b. VtS 117. 203°. Ag der ersten und dritten: Bedjan 2, 611/35. (Nr 54f.)

3) Mt 5. 14. Hss: Br 658. 792 1°a. 803 II° 8. VtS 117. 72°. Brl 167. 2°. Ag: Bedjan 3, 375/95 (Nr 24). — Mt 8. 20. Hss: VtS 118. 39°. BrM 825. 39°. Pr 196. 43°. Ag: Bedjan 3, 395/400 (Nr 85). — Mt 16. 26. Hs: Ox 135. 23°. — Mt 16. 28. Hss: BrM 783. 4°d. 825. 49°. VtS 118. 23°. 117. 78°. Pr 196. 31°. Ag: Bedjan 1, 683/98 (Nr 30). — Mt 19. 21 (Mk 10. 25). Hs: VtS 117. 109°. Ag: Bedjan 4, 649/66 (Nr 128). — Lk 11. 24. Hss: VtS 117. 92°. Pr 196. 45°. — Lk 20. 29. Hss: BrM 759 II° 1b. VtS 115. 15°. Ox 135. 95°. Ag: Bedjan 5, 569/87 (Nr 172). — Jo 21. 17. Hs: Ox 135. 73°. Ag: Bedjan 4, 789/803 (Nr 135).

4) Gal 6. 14. Hs: VtS 117. 208°. — Kol 3. 1f. Hss: BrM 825. 53°. Brl 178. 6°. Ag: Bedjan 3, 876/92 (Nr 103). — I. Tim 2. 5. Hss: VtS 251. 14°. 117. 206°.

5) Gn 1. 26. Hss: VtS 251. 18°. 117. 21°. — Dt 18. 15. Hs: Pr 196. 59°. Ag: Bedjan 4, 101/16 (Nr 110). — Is 7. 14. Hss: VtS 118. 5°. 117. 18°. Ox 135. 6°. Ag: Bedjan 2, 184/96 (Nr 40). Is 9. 6. Hss: VtS 251. 17°. 118. 6°. 117. 19°, eines Bruchstückes: BrM 668. — Ps 98 (97). 1. Hs: BrM 825. 47°. Ag: Bedjan 3, 892/906 (Nr 106). — Ps 109 (110). 4. Hss: BrM 639. 3°. VtS 251. 16°. Ag: Bedjan 2, 197/209 (Nr 41). — Prd 1. 1. Hs: VtS 117. 128°. Ag: Bedjan 3, 858/75 (Nr 104).

6) Hss: BrM 636. 3°. 638. 8°. 764 II° 6a. VtS 118. 27°. 117. 111°. Pr 195. 1°c. Ox 135. 54°, eines Azs: Pr 196. 53° bzw. BrM 825. 31°. Agg: Bedjan 1, 212/48 (Nr 10). 3, 363/74 (Nr 83).

7) Heilung des Gichtbrüchigen durch Petrus und Johannes. Hss: JerMkl 43 IV° 3 und

Die Gottesmutter,[1]) der Vorläufer,[2]) der Liebesjünger[3]) und der Völkerapostel[4]) werden in panegyrischen Texten gefeiert. Mit der ersteren beschäftigen sich auch zwei[5]) der auf das Gebiet dogmatischer Erörterung hinüberführenden Gedichte J.s,[6]) von denen vor allem ein gegen das Konzil von Chalkedon gerichtetes mit Schärfe in den christologischen Glaubenskampf seiner Zeit eingreift.[7]) Auf dem Boden poetischer Paränese stehen neben allgemein Gehaltenem[8]) und den üblichen Bußreden[9]) Bekämpfungen einzelner Laster.[10]) Aufforderungen zu werk-

---

eine in Mosal. Ag: Bedjan 5, 708/31 (Nr 179). — Annanias und Saphira. Hs: JerMkl 43 IV° 12. — Stephanus. Hss: VtS 115. 6°. 118. 10°. 117. 43°. BrM 835. 3°. Pr 196. 12°. Ox 135. 13°. Ag: Bedjan 3, 710/23 (Nr 98). — Pauli Bekehrung. Hss: VtS 251. 12°. 115. 5°. 117. 215°. JerMkl 43 IV° 21. Ox 135. 16°. Ag: Bedjan 2, 707/47 (Nr 61).

[1]) Hss: BrM 803 II° 1. 825. 5°. VtS 118. 8°. 117. 23°. Pr 196. 5°. Ox 135. 11°. Agg: Abbeloos, De vita usw. 202/55. PBedjan, S. Martyrii usw. 614/34. Übs: Bickell, Ausgew. Ged. 228/46. Landersdorfer 285/303.

[2]) Hss: BrM 645. 1°. 803 II° 3. 825. 14°. VtS 118. 14°. 117. 41°. Pr 196. 11°. 177. 4°l. Ox 135. 17°, eines anderen Gedichtes über die Enthauptung des Täufers: BrM 656. 3°. VtS 118. 15°. 117. 40°. Pr 196. 10°. Ox 135°. 71. Ag beider: Bedjan 3, 687 710 (Nr 97). 664/87 (Nr 96) eines Bruchstückes des zweiten: PZingerle 384/6.

[3]) Hss: Pr 177. 4°i. Ox 135. 95°. Ag: Bedjan 2, 705/17 (Nr 60).

[4]) Hss: VtS 251. 13°. 117. 216°. JerMkl 43 IV° 21. Ag: Bedjan 2, 747 69 (Nr 62). Dazu ein Panegyrikus auf die Apostel im allgemeinen: JerMkl 43 III° 11.

[5]) Immerwährende Jungfräulichkeit. Hs: VtS 118. 8°. Agg: Abbeloos, De vita usw. 256/301. PBedjan, S. Martyrii usw. 685/708. Gegen die Grübler. Hss: VtS 118. 9°. 117. 25°. Ox 135. 18°. Ag eines Azs: BO 1, 310f.

[6]) Gegen die Grübler und über die Kirchweihe. Hss: VtS 118. 1°. 117. 2°. Ox 135. 2°. Ag: Bedjan 4, 767/89 (Nr 134). Hs dreier weiterer Gedichte gegen die Grübler: Pr 196. 48°/50°. — Identität des Gesetzgebers beider Testamente. Hss: BrM 650. 4°. 792. 1°b. Brl 167. 6°. Ox 135. 77°. Ag: Bedjan 4, 803/18 (Nr 136). — Liebe Gottes. Hss: BrM 783. 4°c. 822. 9°a. 958. 2°. 759 II° 1a. VtS 115. 12°. 118. 26°. BrM 783. 4°r. 822. 9°a. 958. 2°. 759 II° 1a. 825. 84°. Pr 195. 1°e. 196. 24°. Ox 16. 24°(?). Ag: Bedjan 1, 606/27 (Nr 26), eines Bruchstückes: PZingerle 374f. — Liebe Gottes zu den Menschen und der Gerechten zu Gott. Hss: JerMkl 43 II° 6. Pr 177. 4°c. Ox 135. 98°(?). Ag: Bedjan 2, 769/92 (Nr 63). — Die drei Taufen des Gesetzes, des Johannes und der Apostel. Hss: BrM 639. 1°. VtS 251. 7°. 117. 32°. Ag: Bedjan 1, 153/67. — Sakrament der Taufe. Hss: VtS 118. 13°. Pr 196. 9°. Ox 135. 19°. Ag: Bedjan 1, 183/211 (Nr 9). — Nur in arabischer Übs erhalten ist eine Behandlung der Frage, ob Adam sterblich oder unsterblich erschaffen worden sei. Vg. BO 1, 339 (unter Nr 230).

[7]) Hss: BrM 948 II° 1b. VtS 117. 47°. Auch das zwischen Julianisten und Severianer strittige Problem der Leidensfähigkeit des Leibes Christi vor der Auferstehung hat J. behandelt. Hss: VtS 251. 10°. 117. 203°. Mit christologischen Fragen berühren sich ferner gleich den Gedichten über Gn 1. 26, Is 7. 14 und 9. 6 solche über Jo 1. 1, das „eingeborene Wort" und die Unerforschlichkeit der Ökonomie Christi. Hss: Ox 135. 5° bzw. BrM 783. 4°c. Ox 135. 4° bzw. VtS 118. 7°. Ox 135. 5°. Ag der beiden ersten: Bedjan 2, 158/84 (Nr 38f.). Ein Seitenstück zu demjenigen gegen das Konzil von Chalkedon bildet ein Mēmrā über das Konzil von Nikaia und seine dogmatische Entscheidung. Hss: BrM 948. 1°a. VtS 117. 30°. Pr 196. 7°. 195. 1°k. 196. 7°. Agg: JJOverbeck, S. Ephraemi . . . . . alior. op. selecta 392/408. PBedjan, S. Martyrii usw. 842/65.

[8]) Hss von vier einschlägigen Stücken: VtS 117. 83° bzw. VtS 464 fol 317 ff. Brl 167. 4° bzw. VtS 118. 22°. 117. 74°. BrM 825. 45° bzw. VtS 117. 130°. Agg der drei ersten: Bedjan 1, 1 f. (Nr 1). 627/46 (Nr 27). 5, 771/80 (Nr 182). Verwandten Charakters sind wohl auch zwei Stücke „über die Glocke" und eines „über die (Heils)wissenschaft" in der Hs VtS 96. 17°. 44°. 27°. Ungenügend beschrieben sind wie diese auch die Texte: Ox 16. 16°. 22°. 142. 25°/7°.

[9]) Hss dreier Stücke: BrM 768. 5°. VtS 117. 80° bzw. VtS 118. 43°. 117. 107°. BrM 825. 29°

tätiger Nächstenliebe,[1]) drei dem quadragesimalen Fasten gewidmete [2]) und ebenso viele sich mit der Eucharistie und deren würdigem Empfange befassende Stücke.[3]) Auch die Gedanken mönchischer Askese finden Verherrlichung.[4]) Der rastlose Wechsel von Tag und Nacht mit ihrer Arbeit und Ruhe,[5]) Abend und Morgengebet[6]) und das Tischgebet nach der Mahlzeit[7]) beschäftigen den Dichter, und häufiger, als es nach Maßgabe der hier nur eine einzige sichere Probe[8]) aufweisenden Überlieferungslage scheinen möchte, haben es wohl auch Zeitereignisse getan. Zu bleibendem Gebrauche im Rahmen des Begräbnisrituals gelangten auch J.s Toten-Mêmrê.[9]) Eine „Läufer" genannte Dichtung hat einen Platz im jakobitischen

---

bzw. VtS 118. 24°. 117. 86°. BrM 825. 27°. Pr 196. 23°. 195. 1°d, ungewiß, welcher zwei: Ox 135. 22°. Ag der beiden ersten: Bedjan 1, 646,82 (Nrn 28 f.).

[10]) Ehrgeiz. Hss: VtS 251. 19°. 117. 14°. BrM 948 II° 3. 825. 86°. Pr 196. 25°, eines Bruchstücks: BrM 659. Ag: Bedjan 2, 793/305 (Nr 64). — Trunksucht. Habsucht. Hss: BrM 650. 2°. Pr 196. 20° bzw. VtS 117. 127°. Ag: Bedjan 3, 824,58 (Nr 102 f.). — Hochmut. Hs: VtS 117. 85°. Ag: Bedjan 2, 806/16 (Nr 65). — Unkeuschheit. Hs: Ox 136. 2°. Agg: J J Overbeck, S. Ephr. . . . op. sel. 384/91. P Bedjan, S. Martyrii usw. 832/42. — Gotteslästernug. Hss: BrM 761. 2°. VtS 117. 96", eines Bruchstücks: BrM 777. 2°b.

[1]) Hss eines Stückes über „die Liebe zu den Armen" oder den „Baum d. Erkenutnis und das Almosen" BrM 783. 4°a. VtS 118. 25°. Brl 164. 5°. Ag: Bedjan 2, 816/36 (Nr 66). Dazu eine „Paränese über die Armut" und ein Stück „über das Seufzen des Armen" in den Hss: VtS 117. 126° bzw. BrM 803 II° 16. VtS 117. 129°. Brl 167. 5° und (anonym) 180 II°.

[2]) Hss: BrM 637. 6°a,c. S25. 17°. 19°. 21°. VtS 118. 18°/20°. 117. 68°/70°. Pr 196. 16°. 18°. 17°. 195. 1°f,b, des ersten Stücks: BrM 638. 6°. 803 II° 5, der beiden anderen: 830. 4°cd, ungewiß, welches: Ox 135. 25°. Ag: Bedjan 1, 551 606 (Nrn 23/5).

[3]) Hss: VtS 117. 123°. 207°. 209°, der ersten Nr: 251. 9°, der beiden anderen: JerMkl 43 III° 1. II° 7. Pr 177. 4°cd, der zweiten: BrM 783. 4°b, der dritten: VtS 115. 9°. BrM 825. 41°, ungewiß, welcher: VtS 96. 16°. Ag: Bedjan 2, 228/44 (Nr 43). 209/28 (Nr 42). 3, 646/63 (Nr 95). In diesen Kreis gehört ferner ein Mêmrâ über den Nutzen der Darbringung des eucharistischen Opfers für die Verstorbenen. Hss: VtS 116. 4°. 117. 66°. Pr 196. 87°. Agg: AMS 5, 615/27. Bedjan 1, 535/50. Übss: Landersdorfer 304/15. R H Connolly, Doumcide Review 21. Dez. 1910.

[4]) Hss zweier Nrn: BrM 837. 31°ab. Ox 135. 37°, der ersten: BrM 801. 6°a. Brl 200. I° 4. Ag: Bedjan 4, 828/71 (Nr 136 f.).   [5]) Hss: VtS 251. 29°. BrM 766. 2°m. Ox 138. 7°(?).

[6]) Hs: BrM 746. 1°c. Ag: Bedjan 3, 907/12 (Nr 107).   [7]) Hs von 8 Nrn: in Mardin und Beirut. Ag: Bedjan 4, 872/914.

[8]) Auf eine Zerstörung von Amida, von Georgios in einen legendarischen Zusammenhang mit der Erstlingsdichtung über die Wagenvision Ezechiels gebracht. Hs: BrM 803 II° 9. Mit einer bestimmten Bischofsversammlung wird daneben das Gedicht über Jo 21. 17 (S. 155 Ak. 3) verknüpft. Von vielmehr sangbaren Dichtungen über eine Heuschreckenplage weiß Išô' Stylites.

[9]) Hss geschlossener Gruppen: BrM 766 (Add 14608. fol 1/97. 7/8. Jh) 2°. 813 (Add 14611. 10. Jh) 13°. VtS 92 (J 823) 25°/37°. Brl 25 (Sach 214. J 1248) 4°. Pr 122 (Anc fonds 56. 15. Jh) 5°. Agg von BrM 766. 2°a (= VtS 92. 26° bzw. Katalog K W Hiersemann 487. Nr 255b (J 882) 9°), b (= 813. 13°b. VtS 92. 29°), c (= VtS 92. 31°. Brl 164. 15°), d (= VtS 92. 30°. Brl 164. 13°), g (= VtS 92. 28°. Brl 164. 12°), h (= BrM 728. 7°c. 656. 4°. 830. 4°c), k (= VtS 92. 33°), n (= 825. 106°. VtS 92. 37°. 117. 50°): Bedjan 5, 781/95. 817/20 (Nrn 183/6. 190). AMS 6, 674,89. Bedjan 5, 821/36. 2, 877/86 (Nrn 191. 70), der beiden ersten Nrn: P Zingerle, ZDMG 20, 517/24, von VtS 92. 32° (= BrM 830. 2°. VtS 117. 64°. Brl 25. 4°. 164. 14°) und 34° (= Pr 122. 5°h): Bedjan 5, 796/800. 804/16 (Nr 187. 189). Eine verhältnismäßig reichere hsliche Überlieferung haben neben einer in drei Einzel-Mêmrê aufgelöst erscheinenden Dichtung über Aaron, die im Begräbnisritus für Priester Verwendung findet, zwei allgemeine Verstorbenen-Mêmrê und ein solcher speziell auf in der Fremde gestorbene Tote. Hss: VtS 117. 55°. Brl 25. 4°. 164. 19°. Pr 122. 5°a. 1. 2 bzw. BrM 645. 5°. 759. II° 1d. 812. 2°a. 813. 13°a. 825. 107°. VtS 117. 63°. Pr 122. 5°c bzw. BrM 813. 13°d. Ox 136. 5°. Brl 168. 6° bzw. BrM 811. 2°. 823. 1°b. Ox 138. 9°(?). 136.

Trauungsritual gefunden.[1]) Bedenken gegen ihre Echtheit erwecken besonders bald anonym, bald unter dem Namen J.s überlieferte Stücke wie diejenigen über die Taufe Konstantins[2]) und die Siebenschläferlegende.[3]) Bezüglich der Ba'wāt(h)ā in zwölfsilbigem Metrum und der entsprechenden Stücke der „Leitern" und ähnlicher Sammlungen liturgischer bzw. zu liturgischer Verwendung zurechtgemachter Poesie, die durchweg unter dem Namen J.s erscheinen, ist ebenso wie über die ihnen zur Seite gehenden Texte des sieben- und fünfsilbigen Versmaßes unter demjenigen Ap(h)rems bzw. Bālais zu urteilen.[4]) Noch ungünstiger dürfte schließlich die Echtheitsfrage bezüglich mehrerer ihm zugeschriebener vollständiger liturgischer Formulare in Prosa liegen: einer Dreizahl von Anaphoren,[5]) zu denen sich noch ein viertes in äthiopischer Sprachform vorliegendes Formular gleicher Art gesellt,[6]) und bei einem wohl nur in maronitischer Überlieferung auftretenden Taufritual.[7])

d) Šem'ôn, der „Töpfer" (Qūqājā),[8]) nach dem von ihm ausgeübten weltlichen Gewerbe genannt, war Diakon des Landortes Gēšir und Zeitgenosse Ja'qôb(h)s v Sĕrūg(h), der ihn persönlich aufgesucht und seine dichterische Begabung bewundert haben soll. Von seinen einer Gattung der „Antiphone" zugerechneten Schöpfungen, die irrtümlich bald jenem, bald dem Sektenhaupte Ja'qôb(h) Būrdĕ'ānā, bald endlich einer Mehrzahl namenloser Qūqājē beigelegt wurden,[9]) den Qūqājāt(h)ā („Töpferliedern"), spielen, wenn nicht die Texte, so doch die Melodien eine bedeutsame Rolle in späteren liturgischen Choralbb.[10]) Ausdrücklich für ihn bezeugt sind neun Weihnachtslieder.[11]) Dagegen hat die durch eine äthiopische Überlieferung nahegelegte Vermutung, daß auf ihn ein ursprünglich syrisches

4⁰(?). Brl 166 IV⁰. Agg der beiden ersten Stücke: Bedjan 1, 68/84. 2, 873/77 (Nrn 5. 69), des zweiten: PZingerle, ZDMG 12, 118. 20, 513,6, des Anfangs des dritten: Zingerle 376,8. Vereinzelte Gedichte in den Hss BrM 812. 2⁰b. VtS 117. 52⁰. JerMkl 43 IV⁰ 35. Ox 144. 19⁰, unsicher, welches: Ox 135. 79⁰. Ag des ersten: Bedjan 5, 800,3 (Nr 188).

[1]) Gewiß nicht nur in der einzigen Hs: Brl 153(Sach 157. 16 7. Jh), fol 16 v⁰.   [2]) Hss mit dem Namen J.s: BrM 803 II⁰ 12. Vt 117. 221⁰, mit anonymem Text: JerMkl 43 IV⁰ 25. Ag: ALFrothingham, RAL³ 8. 217/41.

[3]) Hss mit dem Namen J.s: VtS 115. 10⁰, mit anonymem Text: JerMkl 43 IV⁰ 37. VtS 217. 10⁰. Ag bei IgnGuidi, Testi orientali inediti sopra i sette Dormienti di Efeso. RAL³ 12, 343,445. Übs: AAllgeier, OC² 5, 43/53. Nach Allgeier a. a. O. 53/9 wäre der anonyme Text mindestens der zweiten römischen Hs Überarbeitung eines in der älteren vorliegenden echten Mēmrā.

[4]) An Hss kommen durchweg dieselben wie bei Ap(h)rem iu Betracht. Vg. § 8f. Ag einschlägigen Materials: PZingerle 360/74. Ders., ZDMG 12, 119/30. 13, 44/54. 14, 679/81.

[5]) Hss: BrM 261 (Add 14690. J 1181/2) 11⁰. 263 (Add 17229. fol 1/47. J 1218) 3⁰. 273 (Add 14692. fol 25/99. J 1347) 4⁰. 7180 Rich (J 1657,8) 13⁰. JerMkl 10 (J 1427/8) A 17⁰. 11 (15. Jh) A 10⁰. 13 (J 1591) 6⁰. 14 (16,7. Jh) 10⁰. Pr 71 (Suppl 16. J 1454) 4⁰. 74 (Anc fonds 66. J 1516) 7⁰. 76 (Anc fonds 68. 16. Jh) 21⁰. 77 (Suppl 61. 16. Jh) 3⁰. VtS 25 (J 1481/2) 12⁰. 295. 1⁰. 297. 19⁰. 414 8. 113, eines zweiten Formulars: JerMkl 10 A 18⁰. Pr 76. 6⁰, eines dritten: JerMkl 11 A 7⁰, ungewiß welches: VtB 159 (vor J 1294/5). Ox 66 (Poc 85. J 1623) 3⁰. 1a'. BrMOr 2293 (J 1729,30). Übs des ersten: Ren 2, 356,66.   [6]) Vg. Brightman, Lit. East. and West. LXXIV.

[7]) Vg. § 56a. Ob die eine jakobitische Hs: VtB 5 (19. Jh) 3⁰. ein wirkliches Leben des Stückes auch in jakobitischer Überlieferung zu erhärten vermag, ist mehr als fraglich.

[8]) Brief Ja'qôb(h)s v Edessa an Jôhannān den Styliten: KatWright 602f. M 261 (2, 162). B'EKg 1, 191/4. Ethik I 5 § 4. Bickell 24. Wright 79. Duval³ 354.

[9]) Ersteres durch Ungenannte, deren Meinung a. a. O. zurückgewiesen wird. Letzteres durch B'E, Ethik a. a. O.

[10]) Vg. ABaumstark, Festbrevier u. Kirchenjahr d. syr. Jakobiten 64.

[11]) Hs: BrM 451 (Add 14520. 8/9. Jh) 1⁰b. Ag (mit Übs): SEuringer, OC² 3, 221/35.

Original der unter dem Namen des Weddase Marjam äthiopisch wiederkehrenden
koptischen Theotokia zurückgehe,[1]) sich nicht bestätigt.[2])

e) Ein Georgios, Schüler J.s v Sĕrûg(h),[3]) soll der Verfasser eines auf diesen
selbst gedichteten Mēmrā im zwölfsilbigen Metrum sein, der durch seine Aufnahme
in liturgische Mēmrē-Sammlungen vor dem Untergange bewahrt wurde,[4]) doch
unterliegt die Richtigkeit dieser nicht einmal unwidersprochenen Angabe von vornherein ernsten Bedenken.[5])

§ 25. Eine der schon ein Jh früher an der edessenischen Perserschule ge-
übten altnestorianischen ebenbürtige theologische Übersetzungstätigkeit aus dem
Griechischen ins Syrische hat auch auf monophysitischer Seite in der mit dem
J 518 beginnenden Periode äußeren Zusammenbruches der eigenen Sache eingesetzt. Namentlich scheinen es die durch die oströmische Gewaltpolitik von
ihren Sitzen vertriebenen severianischen BB gewesen zu sein, die sich in der unfreiwilligen Muße ihrer Zufluchtstätten als syrische Übersetzer mit dem literarischen
Nachlasse der von ihnen als Wortführer der eigenen Lehrmeinung verehrten
griechischen Theologen beschäftigten. So hat ein Paulos v Kallinikos um
denjenigen des Severus v Antiocheia sich ein grundlegendes, ein Môšē v Aggel
um denjenigen des Kyrillos v Alexandreia mindestens ein hervorragendes Verdienst erworben. Neben dem letzteren fanden auch andere gleichzeitige Gegner
des Nestorios und von späteren Alexandrinern Timotheos Ailuros und
Joannes Philoponos Beachtung. Nicht zuletzt war es schließlich eine eigentümliche Schicht apollinaristischer Fälschungen, die man ebenso begierig als gutgläubig übernahm. Wie sehr neben allem dem der einmal rege gewordene Übersetzungseifer auch literarischen Erscheinungen griechischer Theologie zugute kam, die sich nicht durch eine aktuelle Bedeutung für den christologischen Meinungsstreit des Augenblicks empfahlen, lehrt das Beispiel eines
Barlāhā und seines Freundes Šem'ôn. Insbesondere war, was hier in Betracht

---

[1]) S Euringer, D. mutmaßl. Verfasser d. kopt. Theotokien n. d. äthiop. W. M., OC² 1, 215/26.

[2]) Vg. A Baumstark, OC² 9, 36/61, wo zunächst für drei Vierzeiler des dritten Gesanges
der Dienstags-Theotokia ein vollständig auf Papyrus und teilweise auch noch im heutigen griechischen Offizium erhaltenes vielmehr griechisches Original nachgewiesen ist, von dem eine lateinische
Übs im ambrosianischen Ritus Mailands fortlebt.

[3]) B'EKg 1, 191, wonach J. seinen Euagrioskommentar auf Anregung eines mit dem
späteren gleichnamigen Araberb (§ 41 c) identifizierten Schülers G. abgefaßt hätte. BO 1, 340.
H Matagne, Études religieuses, historiques et litéraires (Pr 1869) 151. LTh 37/9 mit willkürlicher
Angabe des Js 560 als Todesjahr. G Bickell(-S Landersdorfer), BKv² 6, 252/5.

[4]) Hss: VtS 117 (12. Jh) 42°. JerMkl 43 (Zwischen den JJ 1143/4 und 1483/4) IV° 28. Agg
mit Übs: J-B Abbeloos, De vita et scriptis s. Jacobi Batnarum Sarugi in Mesopotamia episcopi
(Löwen 1867) 24/85, von Azz: BO 1, 266/8. LTh a. a. O.

[5]) Auf einen Edessener Ḥabbīb(h) bzw. P Jôḥannān X b Sûšān (§ 47d) als Verfasser raten
zwei verschiedene spätere Randnotizen in der Jerusalemer Hs, die im Gegensatze zu der allein
G. nennenden römischen den Text von Hause aus anonym überliefert. In der Tat scheint der
Dichter sicher der Diözese Sĕrûg(h) anzugehören, aber kaum wirklich ein unmittelbarer Schüler
seines Helden sein zu können, weshalb Bickell a. a. O. in ihm den als Adressat eines Briefes
Ja'qôb(h)s v Edessa (§ 40b) bekannt werdenden B G. v Sĕrûg(h) vermutet.

kam, das selbst immer weiter anwachsende asketische Schrifttum der Griechen.

a) B Paulos v Kallinikos,[1]) der von seinem Sitze vertrieben sich in Edessa gelehrter Tätigkeit widmete, hatte vor dem 4. 528 folgende Schriften des Severus übertragen:[2]) seinen Briefwechsel mit Julianos v Halikarnassos über $\dot{\alpha}\varphi\vartheta\alpha\varrho\sigma\acute{\iota}\alpha$ oder $\varphi\vartheta\varrho\acute{\alpha}$ des Leibes Christi vor der Auferstehung und einen in dieser Frage gegen J. gerichteten umfangreichen $\lambda\acute{o}\gamma o\varsigma$,[3]) eine Widerlegung von 8 „häretischen“ Einwänden gegen diesen,[4]) einen „Brief an die orientalischen Mönche“,[5]) die Erwiderung auf „Zusätze“ des J. in 43 Kapp.,[6]) die deren eigenen Text mit einschließende Beantwortung von Anathematismen desselben,[7]) den gegen B Joannes, genannt Grammatikos, v Kaisareia gerichteten $\Phi\iota\lambda\alpha\lambda\acute{\eta}\vartheta\acute{\eta}\varsigma$ samt der in demselben bekämpften Apologie des „Grammatikers“ für das Konzil von Chalkedon,[8]) eine Apologie dieses Werkes[9]) und ein solches gegen die Manichäer. Von diesen zahlreichen Übss hat nur diejenige des letztgenannten Stückes sich nicht erhalten. Mit ziemlicher Sicherheit wird man für P. dagegen weiterhin in Anspruch nehmen dürfen und dann späterer Zeit zuzuweisen haben: Übss eines zweiten Werkes „gegen den gottlosen Grammatikos“ J. in mindestens 3 BB,[10]) des Briefwechsels mit dem Grammatiker Sergios,[11]) wohl auch sonstiger Briefe[12]) und einer Schrift in 33 Kapp. gegen eine letzte Apologie des Julianos[13]) sowie eine ältere in 4 Bände zerfallende Übs der von S. in Antiocheia in den JJ 512,8 gehaltenen und zu einer chronologisch geordneten Sammlung von 125 Nrn vereinigten $\dot{o}\mu\iota\lambda\iota\alpha\iota$ $\dot{\epsilon}\pi\iota\vartheta\varrho\acute{o}\nu\iota o\iota$.[14]) Eine der Übs der Schriften gegen Julianos vorangestellte Erörterung über die verschiedene Bedeutung des Begriffes $\varphi\vartheta o\varrho\acute{\alpha}$[15]) ist demgegenüber die einzige Probe einer selbständigen literarischen Betätigung des P.

b) B Môšê v Aggel[16]) verfaßte nach dem Tode des Philoxenos und seines

---

[1]) Subscriptio der Hs VtS 140 (KatAssemani 3, 232). Ps-D. z. J 818 u. 830. BO 2, 46 ff. Wright 94 f. Duval[3] 316. 360.   [2]) Nach der genannten Subscr.

[3]) Hss: VtS 140 (Autograph?) II°/VIII°. 255 (J 932) I°. II°. BrM 689 (Add 17200. 7. Jh). [4]) Hss: VtS 140. IX°. 255. III°.   [5]) Hss: VtS 140. X°. 255. IV°.   [6]) Hss: VtS 140. XI°. BrM 690 (Add 12158. J 587/8) I°.   [7]) Hs: VtS 140. XII°.   [8]) Hs: VtS 139 (8. Jh).

[9]) Hs: VtS 140. XIII°.   [10]) Hss von B 1 (?): Dijarb 30 (11,2. Jh) 2°, von B 2 Kap. 2,21: BrM 687 (Add 17210/11. 9. Jh), von B 3: 688 (Add 12157. 7,8. Jh) 1°.   [11]) Hs: BrM 691 (Add 17154. 7. Jh).

[12]) So eines solchen an einen Diakon und Archimandriten Elisaios. Hs: BrM 688. 2°. Briefe des S. in einer älteren als der Übs eines Athanasios (vg. § 41 g) liegen ferner vor: 739 (Add 17149. 6. Jh) II° 1 (an die Emesener) II° 2 (an Joannes Scholastikos) und wohl auch: 753 (Add 14612. 6/7. Jh?) 17° (an eine ungenannte Adressatin). Möglicherweise kommen für diese in Betracht die Volltexte eines Briefes an Nonnen: 769 (Add 14531. 7/8. Jh) 9°, eines solchen an Eupraxios: 857 (Add 12155. J 746/7?) XII° und derjenigen an d. Diakonissin Anastasia u. d. Comes Oikumenios: 795 (Add 14601. 9. Jh) 13° a, endlich Briefexzerpte: 857. XXVI°. XXVIII°. 859 (Add 14533. 8 9. Jh) 57°. 860 (Add 12154. 8/9. Jh) 20°. 21°. 861 (Add 17193. J 874) 25°. 44°. 46°. 60° a. 864 (Add 17191. 9,10. Jh) 27° a b. 33° c. 35° a/e. 40°. 64°. 71°. 76°. 77°. 863 (Add 14538. 10. Jh) 2° l. 286 (Add 14493. 10. Jh) 5° h.

[13]) Hs: BrM 690. 2°.

[14]) Hss der Nrn 31,69 (= Bd 2): BrM 686 (Add 14599. J 569), der Nrn 73/100 (= Bd 3, zu Anfang defekt): VtS 142 (vor J 576), der Nrn 101,25 (= Bd 4): 143 (J 563). 256 (beträchtlich vor J 932). Vg. A Baumstark, RQs 11, 33 f. Noch zu untersuchen wäre, welcher Text der Nrn 30, 86, 99, 20, 24, 25 in BrM 795 (Add 14601. 9. Jh) 12° b β'-η' vorliegt und wohin die Übs einer $\pi\varrho o\sigma\varphi\acute{\omega}\nu\eta\sigma\iota\varsigma$ an orientalische Archimandriten u. Mönche 859. 15° gehören dürfte. Agg und Übss der Nrn 52: RLBensley-WEBarnes, The fourth book of Maccabees (Cmbr 1895) 75/88, Nrn 119 u. 123: IgnERahmani, StS 4, 5/89 (5,69), von Bruchstücken der Nrn 74, 84, 12, 125: Rahmani a. a. O. 3, 35/40 (73/82).   [15]) Hs: VtS 140. I°.

[16]) Vorrede der $\Pi\lambda\eta\varrho o\varphi\varrho\acute{\alpha}$-Übs. BO 2, 82 f. Wright 112 f. Duval[3] 364 f.

Chorbischofs Polykarpos seine einem Paphnutios gewidmete Übs der *Γλαφυρά* des Kyrillos,[1] während andererseits eine von ihm herrührende Übertragung der Legende von Joseph und Aseneth bereits um 568,9 in eine damals entstandene historische Kompilation Aufnahme finden konnte.[2] Ob und welche weitere Werke des K. gleichfalls durch ihn übersetzt wurden, entzieht sich selbst einer Vermutung, bevor die in Betracht kommenden Texte eine nähere Untersuchung nach Sprachgebrauch und Übersetzungstechnik erfahren haben. Jedenfalls müßten fast durchgehends spätestens seiner Zeit auch die übrigen Übss nicht mit dem christologischen Kampfe zusammenhängender Arbeiten des Alexandriners entstammen, so eine vor 553 entstandene der 17 BB περὶ τῆς ἐν πνεύματι καὶ ἀληθείας προσκυνήσεως καὶ λατρείας,[3] diejenigen der βίβλος τῶν θησαυρῶν περὶ τῆς ἁγίας καὶ ὁμοουσίου Τριάδος[4] und der in solcher relativer Vollständigkeit nur syrisch vorliegenden Lk-Homilien[5] sowie die vielmehr bis auf mehr oder weniger dürftige Splitter untergegangenen, die man auch für den Is-Kommentar[6] und die Apologie gegen das Galiläerwerk des Julianus Apostata anzunehmen immerhin berechtigt sein wird.[7]

c) Von zeitgenössischen Gegnern des Nestorios ist naturgemäß nicht nur Kyrillos durch den syrischen Monophysitismus des 6. Jhs im Sinne des eigenen Standpunktes in Anspruch genommen worden. Dieser Tatsache dürfte der eine von zwei syrischen Texten, in welchen der Brief des Proklos v Konstantinopel an die Armenier vorliegt,[8] die Übs einer ihm beigelegten „Abhandlung über den Glauben"[9] und diejenige eines 3 BB umfassenden dialogischen Werkes des Theodotos v Ankyra gegen Nestorios[10] ihre Entstehung verdanken. Fraglich bleibt es dagegen, ob gleichfalls schon in dieser oder erst in einer erheblich

---

[1] Hs (die sich ergänzenden Teile einer einzigen des 6/7. Jhs): VtS 107. 15°. 16°. BrM 604 (Add 14555). Vg. IgnGuidi, RAL⁴ 2, 399,415.

[2] Ps-Zacharias v Mytilene (§ 28 e). Hss eines selbständigen Textes: BrM 7190 Rich (13. Jh). Brl 174 (Sach 70. J 1820,1) IV°. Agg des letzteren: GOppenheim, Fabula Josephi et Asenethae apocrypha (Brl 1886), des Textes des Ps-Zacharias: JPNLand, AnecdS 3, 1546.

[3] Hss der BB 1 8 mit Lücken (= Bd 1): BrM 617 (Add 18818. 7. Jh), der BB 1 5: 618 (Add 14533. 6,7. Jh), der BB 6,8 mit Lücken: 619 (Add 17151. 7. Jh), des B 8: 987 (Add 17192. 9. Jh)8°, der BB 9/12 (= Bd 3): 620 (Add 12166. fol 155 258. J 553), der BB 14 17 (= „letzter Bd"): 621 (Add 14554. 9. Jh), von Azz: 753 (Add 14612. 6/7. Jh). Der Widerspruch iu der Bde-Zählung zwischen 617 und 620 könnte entsprechend dem bei Gregorios v Nazianz und den Severushomilien zu beobachtenden Sachverhalt auf eine Zweizahl verschiedener Übss hinzuweisen scheinen.

[4] Hss der Kapp. 1,20 mit Lücken (= Bd 1): BrM 613 (Add 12135. fol 44/207. J 611), der Kapp. 21/35 unvollst. am Anfaug (= Bd 2): 614 (Add 14556. 6,7. Jh).

[5] Hss der Nrn 1/80 mit Lücken (= Bd 1): BrM 611 (Add 14551. 8. Jh) mit einem weiteren Bruchstück BrMOr 1272. 2°, der Nrn 81/156 mit Lücken (= Bd 2): BrM 612 (Add 14552. 7/8. Jh), der Nrn 27/9. 33 mit Lücken: Brl 28 (Sach 220. 8,9. Jh), der Nrn 2. 11. 10. 130. 131. 140. 146. 141: BrM 825 (Add 12165. J 1015) 2°. 10°. 13°. 57°. 61°. 66°. 70°. 74°. 81°. Agg: RPayneSmith, S. Cyrilli Alexandrini archiepiscopi comment. in Luc. evang. quae supersunt syr. (Ox 1858). WWright, Fragments of the homilies of C. of Alexandria on the gospel of S. Luke (Lo 1874). J-BChabot, CSCO Ser. IV. 1. Übs: RPayneSmith, A Commentary upon the Gospel according to Luke by S. Cyril Patr. of Alex. (Ox 1859). Vg. AdRücker, D. Luk.-Hom. d. hl. Cyrill v. Alexandrien. Ein Beitrag z. Gesch. d. Exegese (Breslau 1911).   [6] Azz: BrM 861 (Add 14193. J 874) 58°. 79°.

[7] Azz abgesehen von den Zitaten in dogmat. Katenen: BrM 861. 11°. 68°. 864 (Add 17191. 9/10. Jh) 32°. 36°. Ag: ENestle bei CJNeumann, Juliani imperatoris librorum contra Christianos quae supersunt (Lpz 1880) 42,63.

[8] Hs: BrM 758 (Add 14557. 7. Jh) 4°. Der andere bildet 729. 12°c einen Bestandteil des „Bs des Timotheos". Vg. S. 162 Ak. 2.   [9] Hs: BrM 728 (Add 14610. J 550,1?).   [10] Hs: BrM 756 (Add 17148. 7. Jh) 1°, B 2 unvollst. und B 3 enthaltend.

späteren Epoche, was unter den Namen beider an Predigten in jakobitischen Homiliarien begegnet,[1]) zur Übertragung gelangte.

d) **Timotheos Ailuros** ist wenigstens in der Hauptsache der wirkliche Urheber der Stücke, die zu einem ihm beigelegten „B gegen die gottlose Synode von Chalkedon" vereinigt, vor 561/2 übersetzt wurden.[2]) Im einzelnen werden hier als sein persönliches Eigentum neben einer Anzahl teils vollständig, teils im Auszuge aufgenommener Briefe, einem Gebete über Konvertiten zum Monophysitismus und einem durch den Comes Rusticus an Kaiser Leo übersandten Glaubensbekenntnis eine zahlreiche patristische Zeugnisse aufführende Schrift „gegen die Dyophysiten" und je ein verwandten Charakter tragender Traktat gegen die Entscheidung von Chalkedon und den Tomos Leo's d. Gr. ausdrücklich bezeugt.[3]) Eine zweite umfängliche Sammlung von Väterzitaten zugunsten vor allem des Θεοτόκος-Titels[4]) und eine Auswahl von Stellen aus den Schriften des Diodoros, Theodoros v Mopsuestia und Nestorios,[5]) von denen nicht dasselbe gilt, gehören gleichfalls der Literatur dogmatischer Katenen an, von denen noch mehrere syrisch erhaltene nach Ausweis ihrer strengen Beschränkung auf griechische Autoritäten als fertiges Ganze übersetzt worden sein dürften.[6]). Über zwei Anaphoren unter dem Namen des T. vg. § 42 c.

e) **Joannes Philoponos** erlangte vermöge seines christologischen Standpunktes für die spätere jakobitische Schultheologie eine nur hinter derjenigen des Kyrillos und Severus zurückstehende Autorität,[7]) die seine tritheitische Trinitätslehre praktisch in Vergessenheit geraten ließ. Dementsprechend haben sich von seinem theologischen Schriftennachlaß syrisch der *Διαιτητἠς ἠ περὶ ἑνώσεως* in Volltext[8]) und einem Auszug, zwei Apologien dieses Hauptwerkes, eine Abhandlung über die trotz der hypostatischen Union in Christus anzunehmenden Unterschiede von Göttlichem und Menschlichem und zwei Briefe an Kaiser Justinianus erhalten.[9]) In eine dogmatische Katene, die auch syrische Originalliteratur berücksichtigt, also nicht schon auf griechischem Boden zusammengestellt sein kann,[10]) sind Zitate weiterer Werke wenigstens möglicherweise aus Vollübss derselben übergegangen. Ein solches gegen Aristoteles[11])

---

[1]) Vg. § 42 b.   [2]) Hs: BrM 729 (Add 12156. Vor J 561/2).   [3]) A. a. O. I° 3/7 bzw. 2. 12° b d. 1. 10. 11. Ag einer Partie der Schrift gegen die Dyophysiten, der ganzen Schrift gegen das Chalcedonense, des Gebetes und des Glaubensbekenntnisses durch Rusticus: F Nau, PO 13, 202/47.   [4]) I° 13.   [5]) Vg. § 15 g.

[6]) So in den Hss: BrM 856 (Add 14529. 7/8. Jh) 4° (geg. „8 Kapitel" d. Julianos v Halikarnassos); 857 (Add 12155. J 746/7) V11° (Werk in 13 Kapp., von denen 1. geg. Agnoëten, 2. geg. Arianer, 3. allgem. christolog. Inhalts, 4/7. geg. das Chalcedonense, 8. üb. die Verurteilung des Theodoretos durch das II. Ephesinum, 9/13. geg. Julianos v Halikarnassos). 858 (Add 14532. 8. Jh) 4° c bzw. mit einigen Zusätzen 863 (Add 14538. 10. Jh) 3° d (Tomos geg. Joannes Grammatikos); 859 (Add 14533. 8,9. Jh) 1° (geg. verschiedene „Häretiker" bes. Nestorios, Leo d. Gr., Diodoros, Theodoros v Mopsuestia, Theodoretos); 860 (Add 12154. 8/9. Jh) 1° „πληροφορία d. h. Verteidigung d. orthodoxen u. apostol. Glaubens" geg. Nestorios) 11° („andere Beweisstellen über die Menschwerdung Christi" in 15 Kapp.) und wohl auch 857 (Add 12155. J 746/7) 1° (κεφάλαια θεολογίας Nr 1/108), wo das vielleicht ursprüngl. griechisch abgefaßte Werk des Petros v Kallinikos geg. Damianos, und III° (Kapp. 1/23 ohne besonderen Titel), wo der Brief d. Hib(b'ā an Mārī möglicherweise nach der griechischen Übs angeführt wird. Vg. KatWright 919. 965f. bzw. 1007. 967f. 976/8. 978f. 921/3. 926f. Ag von Azz aus BrM 857 III°. V11°: F Nau, PO 13, 197/202. 181f. bzw. 186/97.

[7]) Bezeichnend ist in diesem Sinne seine Berücksichtigung in masoretischen Hss. Vg. § 41 h.   [8]) Hss: VtS 144. 1°, der Kapp. 1f. (unvollst.): BrM 701 (Add 12171. fol 1/64. J 815).

[9]) Hs: VtS 144. 11°/V11°.   [10]) Hs: BrM 855 (Add 17214. 7. Jh).

[11]) In tatsächlich mindestens 8 BB, während arabische Überlieferung nur 6 BB kennt. Vg.

führt hier zu den philosophischen Studien des alexandrinischen Grammatikers hinüber, von deren literarischen Früchten ein Kommentar zur $Eἰσαγωγή$ des Porphyrios für die syrische Erläuterungsliteratur zu dem Schriftchen grundlegende Bedeutung nicht nur auf monophysitischer Seite gewonnen zu haben [1]) und insbesondere auch hinter einem anonym überlieferten Scholienkorpus etwa des 8. Jhs zu stehen scheint.[2]) Von anderen griechischen Aristoteleskommentatoren der Spätzeit ist neben Stephanos v Alexandreia durch den gelegentlich der Einfluß des $Eἰσαγωγή$-Kommentares des Philoponos vermittelt erscheint,[3]) den Jakobiten Olympiodoros vertraut gewesen, von dessen Scholien zum Organon ein Bruchstück der Einleitung syrisch erhalten ist,[4]) während eine seinen Namen tragende Abhandlung über Meteorologie in der vorliegenden Gestalt erst nach Dionysios b Ṣalib(h)i entstanden sein kann, da dieser in ihr neben Aristoteles, Anaxagoras und Nikolaos v Damaskos zitiert wird.[5]) Vg. auch § 36 c.

f) Von apollinaristischen Fälschungen [6]) sind als selbständiges Ganzes zunächst die Gregorios Thaumaturgos zugeschriebene $κατὰ μέρος πίστις$[7]) und die ps.-athanasianische Epiphaniepredigt $ὅτι εἷς ὁ Χριστός$[8]) ins Syrische übergegangen. Sogar zwei Übss werden von einem angeblichen literarischen Nachlasse des Papstes Julius I. greifbar, der in einer derselben eine Folge von mindestens 5 numerierten „Briefen“ bildete. Im einzelnen sind hier in beiden Übss die Abhandlungen $περὶ τῆς ἐν Χριστῷ ἑνώσεως τοῦ σώματος πρὸς τὴν θεότητα$[9]) und (wenigstens teilweise) $πρὸς τοὺς κατὰ τῆς θείας τοῦ λόγου σαρκώσεως ἀγωνιζομένους προφάσει τοῦ ὁμοουσίου$,[10]) nur je in einer sind zwei im griechischen Original nicht erhaltene Stücke[11]) überliefert. Was daneben an Fragmenten dieses Schrifttums in syrischer Sprache auftaucht,[12]) gehört der Zitatenmasse der Severus-Schriften und der Literatur der anonymen dogmatischen Katenen an, gibt also keine Gewähr für einstmaliges Vorhandensein von wirklichen Vollübss der be-

Q 356 Z. 17. Außerdem werden das 1. B eines Hexaëmeron und ein Werk in mindestens 4 BB gegen einen Andreas Arimóniṭā(?) angeführt.

[1]) Vg. A Baumstark, Aristoteles bei d. Syrern vom V.—VIII. Jh 1, 156,223. In Betracht kommen zunächst eine anonyme „Erklärung d. Lebensgeschichte d. Porphyrios“, B 2, II 1 u. 4 der Dialoge des Severos b Šakkû (§ 50 d) und das Definitionenbuch eines Nestorianers Bâzûd(h) (§ 20 h). Hss der ersteren: VtS 158 (8,9. Jh) und Tochterhss. Vg. S. 102 Ak. 5. Ag: A Baumstark a. a. O. 12/15 (177,81).

[2]) Hss: die vorigen. Ag (u. Übs): a. a. O. 36/65 (227/57).   [3]) So bei Severos b Šakkû.
[4]) Hs: BrM 786 (Add 18821. 9. Jh) 2°. Ag einer Textprobe: KatWright 775 f.   [5]) Hs: Pr 346. 7°. Vg. FNau, ROC 15, 230/2.

[6]) HLietzmann, Apollinaris v. Laodicea u. seine Schule. Texte u. Untersuchungen 1 (Tüb. 1904). JobFlemming-HLietzmann, Apollinarist. Schriften syr. mit d. griech. Texten u. einem syr.-griech. Wortregister, Abh. GWG² 7 iv.

[7]) Hs: BrM 730 (Add 14597. J 569) 4°a. Agg: PdeLagarde, AnS 31/42. PMartin, AnSacr 4, 81/93. Flemming-Lietzmann 1/15.

[8]) Hs: BrM 769 (Add 14531. 7,8. Jh) 5°. Ag: Flemming-Lietzmann 43/9.

[9]) Hs: BrM 730. 3° (= „Brief 5“) bzw. 761 (Add 14604. 7. Jh) 12°b. Agg der ersten Übs: Lagarde 75,9. JFAVeith, Epistolae nonnullae sub J. I nom. divulg. emend. vocal. not. instruct. lat. vers. (Diss. Breslau 1862) XIV/XX (21/5), beider Übss: Flemming/Lietzmann 16,24.

[10]) Hss (von § 3/7. 8. 9 = „Brief 2“): BrM 760 (Add 14608. 7. Jh) 5°a b. 812 (Add 17183. 10. Jh) 21°a b bzw. (des ganzen Textes): 761. 12°a. 763 (Add 18813. 7. Jh) 3°. Agg der ersten Übs: Lagarde 74f. Veith XI/XIV (19f.), beider Übss: Flemming-Lietzmann 24,32.

[11]) „Üb. d. Glauben“ und „Brief 3“. Hss: BrM 609 (Add 14555. fol 43 f. 9. Jh) bzw. 760. 5°c. 812. 21°c. Agg: Flemming-Lietzmann 51/4 bzw. Lagarde 67/72. Flemming-Lietzmann 49,51. [12]) Agg: PZingerle, Mon8 1, 1/5. Veith VII/XI (17f.). Flemming-Lietzmann 41 f., 51/56.

treffenden Stücke. Auch drei weitere vollständige Nrn, die „Julius“-Briefe an
Dionysios und Prosdokos und das ps.-athanasianische Glaubensbekenntnis an Jovianus liegen nur im Rahmen der großen Dokumentensammlung des Timotheos
Ailuros vor.[1] Mit dem Ansehen, das seinem Namen die apollinaristischen
Fälschungen verliehen, hängt schließlich eine Anaphora zusammen, die „Julius v
Rom“ schon in den ältesten jakobitischen Missalien beigelegt wird,[2] während die
Zurückführung einer nicht minder alten auf Coelestinus I. sich aus der Hochschätzung erklärt, die diesem Papste auf monophysitischer Seite seine Haltung
gegenüber Nestorios sicherte.[3]

g) **Barlāhā**, Rekluse in einer Lawra des hl. Elisaios genannt Markab(h)tā
forderte in einem Briefe an Sem'ōn, den Abt des Likiniosklosters im „Schwarzen
Gebirge“ diesen auf, sich der Übs griechischer Psalmenkommentare zu widmen.[4]
Er selbst beschäftigte sich mit demjenigen des Athanasios und könnte mithin der
Urheber einer spätestens im Verlaufe des 6. Jhs entstandenen Übs desselben gewesen sein, von der sich umfangreiche Bruchstücke erhalten haben.[5] Sem'ōn
seinerseits hat, wie wir aus seinem Antwortschreiben erfahren,[6] tatsächlich die
Übertragung einer Sammelhs unternommen, welche die Basileioshomilie über Ps 1.
eine Abhandlung des Eusebios über den $\sigma\varkappa\acute{o}\pi o\varsigma$ jedes einzelnen Psalms. Abhandlungen des Didymos und Origenes und ein $\varkappa\varepsilon\varphi\acute{a}\lambda\alpha\iota o\nu$ des Athanasios über die
Psalmen enthielt, wobei das letztere Stück mit dem Briefe an Markellinos identisch gewesen sein dürfte, der tatsächlich in syrischer Übs vorliegt,[7] und auch
das Origenes zugeschriebene in einer solchen sich erhalten zu haben scheint.[8]
Ähnliche Sammelhss werden übrigens wohl auch in anderen Fällen den Gegenstand syrischer Übstätigkeit gebildet haben. Vereinzelte Stücke wie ein $\varkappa\varepsilon\varphi\acute{a}\lambda\alpha\iota\alpha$
$\varkappa\alpha\tau\grave{\alpha}\ '\mathit{A}\varrho\varepsilon\iota\alpha\nu\tilde{\omega}\nu$ betitelt gewesenes Schriftchen,[9] durch das Didymos, eine Predigt
über die Trennung von Seele und Leib[10] und ein Brief an das Pachomioskloster,[11] durch die Theophilos v Alexandreia in der erhaltenen griechisch-
syrischen Übsliteratur vertreten ist, können kaum anders ihren Weg in das ostaramäische Sprachgebiet gefunden haben.

h) **Das asketische Schrifttum** in syrischer Sprache hat die monophysitische
Übersetzertätigkeit des 6. Jhs abgesehen von bloßen Neuübss. wie sie vorläufig für die „Historia monachorum“ greifbar werden dürften, vor allem um den

---

[1] Hs: BrM 729. 1°i. 7°c. Agg: Flemming-Lietzmann 35,9. 39,43. 33f. Übs des
dritten Stückes: BHCowper, Syriac Miscellanies (Lo 1861) 22/4.

[2] Hss: BrM 286(Add 14493. 10. Jh)1°f. 287(Add 14496. 10. Jh)1°d. 261(Add 14690. J 1182)5°.
263(Add 17229. fol 1/47. J 1218)1°. VtB 159. JerMkl 10 A°(J 1427 8)23°. 12(J 1579,SO)6°. 13(J 1591)12°.
Pr 78(Suppl 50. 16. Jh)17°. 81(Anc fonds 65. 16. Jh)5°. DamEzb 5 (17. Jh?), in maronit. Überlieferung: VtS 297. 3°. Auaphorensammlung von Krêm Nr 13. Übs: Ren 2, 227/32. [3] Hss:
BrM 286. 1°d. 287. 1°c. 261. 10°. VtB 159. VtS 25 (J 1481/2)10°. JerMkl 10 A 11°(11/15. Jh) B 4°.
CmbrAdd 2887(J 1843)32°. Ag: WWright, JSL⁵ 1, 225,32. [4] Hs: VtS 135 (7/8.Jh)I°.

[5] Hs: BrM 531(Add 14568. J 598,9), enthaltend den Kommentar zu Ps 17, 21/5, 34f., 39/41,
47f., 57f., 67f., 70/2, 74/6, 88, 93, 100/8, 110/16. 118, 148/50 in einer gegenüber der erhaltenen
griechischen erheblich kürzeren Redaktion. [6] Hs: VtS 135 II°.

[7] Hss: Dijarb 36 (12. Jh), eines unvollständigen Exzerptes mit syro-hexaplarischem Text:
BrM 54(Add 14434. fol 1/79. 8. Jh). [8] Hs: Dijarb 36.

[9] Hs der §§ 16/26 desselben: BrM 749(Add 17201. fol 1/15. 6/7.Jh)1°. Unklar bleibt das
Verhältnis zu den von Hieronymus bezeugten „contra Arianos libri II“ des D.

[10] Hss: VtS 142 (vor 576). BrM 753(Add 14612. 6/7.Jh)16°. 752(Add 14582. J 816)8°. 453
(Add 17207. 8/9. Jh)11°. 451(Add 14520. 8/9. Jh)9°b α'. 793(Add 14577. 9. Jh)2°. 817(Add 14614. fol
1—79. 10. Jh)7°. 468(Add 17132. 12/3. Jh)2°. 843(Add 14798. fol 138/207. 13. Jh)5°. Ag: MBrière,
ROC 18, 78/83. [11] Hss: Brl 26(Sach 321. J 741)5°. BrM 752(Add 14582. J 816) fol 254 f. Ag des
Anfangs: KatWright 695.

Nachlaß des Isaias v Skete[1]) vermehrt, der, mit seinen letzten Lebensjahren der Regierungszeit des Kaisers Zenon angehörend, selbst eine der führenden Gestalten des monophysitischen Mönchtums griechischer Zunge gewesen war. An 28 Nrn umfaßt derselbe in der syrischen Textgestalt, wenn auch gelegentlich mit anderer Abteilung, wesentlich denselben Bestand einzelner Traktate wie in der bislange vollständig nur in lateinischer Übertragung[2]) allgemein zugänglichen griechischen Originalüberlieferung, die von dem Ansehen Zeugnis ablegt, dessen sich I. auch auf orthodoxem Boden erfreute, während die syrische Übs bald höchste Wertschätzung nicht minder auch auf nestorianischer Seite gefunden hat.[3]). Nur auf der monophysitischen lebt dagegen in syrischer Überlieferung ein Grieche Markianos, der „Mönch“, als unbestrittener Verfasser von fünf nur teilweise im engeren Wortsinne asketischen Abhandlungen fort,[4]) während bei zwei weiteren asketischen Traktaten und einer antiapollinaristischen Streitschrift die auf ihn lautende Verfasserangabe aus einer vielmehr einen „Markellinos“ nennenden korrigiert ist, die selbst schon nicht von der Hand des ursprünglichen Schreibers herzurühren scheint.[5]) Zu nennen ist hier ferner ein „B der Stufen“ in 31 Abschnitten,[6]) wenn anders es nicht, wie unter Hinaufrückung seiner Entstehung bis in das Zeitalter der letzten Apostelschüler behauptet wird, eines der ältesten Denkmäler christlich-syrischer Originalliteratur,[7]) sondern mit einem gleichbetitelten naturgemäß griechisch abgefaßten Werke eines Romanos identisch ist, gegen das Severus v Antiocheia offenbar als gegen dasjenige eines Zeitgenossen polemisierte.[8]) Nicht zu verwechseln ist es jedenfalls mit der $K\lambda \tilde{\iota}\mu\alpha\xi$ des Sinaïten Joannes,

---

[1]) Biographie. Vg. § 28 e. 'Ai § 41. BO 3 1, 46.   [2]) PG 40, 1105/1206.

[3]) Hss der ganzen Sammlung bzw. Bruchstücke solcher: BrM 575 (Add 12170. fol 1/135. J 604). 576 (Add 14575. 7. Jh). 577 (Add 14576). 579 (Add 14670. fol 8/13. 9. Jh). 580 (Add 12172. 10. Jh). VtS 109 (vor 691/2) 1°. JerMkl 3* (J 807) 1°, von vornherein nur einzelner Traktate oder bestimmter Gruppen oder Sondersammlungen solcher: BrM 753 (Add 14612. 6/7. Jh) 13°. 762 (Add 17173. 7. Jh) 8°. 764 (Add 14598. 7. Jh) 4°. 770 (Add 14617. 7 8. Jh) 8° b. 752 (Add 14582. J 816) 4°. 785 (Add 12167. J 875/6) X°. 792 (Add 17168. fol 1 113. 9. Jh) 3°. 793 (Add 14577. 9. Jh) 1°. 5°. 14°. 828 (Add 17178. 11/2. Jh) 16°. 829 (Add 17179. 11/2. Jh) 3°. 837 (Add 17262. 12. Jh) 10° d/g. 839 (Add 14729. fol 124/92. 12/13. Jh) 1°. VtS 122 (J 769) II°. 126 (J 1223) V°. Katalog KWHiersemann 487. Nr 255 a (8/9. Jh) 2°. Brl 198 (Sach 352. 13. Jh?). Bl 23 r°/30 r°. 106 r°. 199 (Sach 111 vor J 1378/9) 14°. 200 (Sach 202/3. 15/16. Jh?) II° 14, ungenügend beschriebene: BrMOr 2312 (15/6. Jh). Sin 26 (9. Jh). 38 (10. Jh). 58 (11. Jh), von Azz: BrM 770. 8° a c. 820 (Add 14466. fol 43/59. 11/2. Jh) 2° b. 837. 10° a/c. 843 (Add 14728. fol 138/207. 13. Jh) 20°. CmbrAdd 2016 (13. Jh) 20°. Gebete unter dem Namen des I. spielen in einer Schicht späterer wohl durch arabische Vermittlung vielleicht durchgängig auf koptische Vorlagen zurückgehender Gebetstexte eine Rolle. Vg. § 45 e.

[4]) Hss: BrM 741 (Add 12169. fol 179/218. 6. Jh) 2° a/d. 806 (Add 14613. 9/10. Jh) 8°.   [5]) Hs: BrM 735 (Add 14581. 6. Jh) 3° a/c.

[6]) Hss: Pr 201 (Suppl 34. 13. Jh) ohne den Schluß von Kap. 30 u. Kap. 31, der Kapp. 20. 2. 14. VtS 123 (J 769) IV°. der Kapp. 21. 26. 15: BrM 806 (Add 14613. 9/10. Jh) 1°, der Kapp. 19. 2. von Azz aus 13. 1 und des Kap. 14: BrM 828 (Add 17178. 11/2. Jh) 13° des Kap. 2. 842 (Add 14228. fol 1/75. 13. Jh) 4°, des Kap. 20: 753 (Add 14612) 20° und Katalog KWHiersemann 487. Nr 255 a. 14°. Bs: Kat Zotenberg 150/2. Eine Ag wurde für die PS gedruckt, kam aber nicht zur Veröffentlichung.

[7]) So in BrM 806, während 861 (Add 17193. J 874) 5° ein Zitat unter dem Namen eines Eusebios Monachos steht. Mit Bestimmtheit als von einem Zeitgenossen Ap(h)rahaṭs redet von dem unbekannten Verfasser IgnERahmani, I fasti della chiesa patriarc. Antiochena (R 1920) 21, wobei er eine nicht näher bezeichnete Hs des Werkes, von welcher er eine photographische Wiedergabe besitzt, dem 6/7. Jh zuweist und dasselbe als Fundgrube über die Pĕšiṭtā hinaufweisender NTlicher Zitate bewertet.

[8]) Hom. 119 IgnERahmani, StS 4, 5/47 (5/37) mit zahlreichen Zitaten, die sich sachlich durchaus dem Rahmen des syrisch erhaltenen Werkes einfügen.

die nach Maßgabe seiner eigenen Lebenszeit, vielmehr frühestens erst um die Mitte des 7. Jhs gleichfalls ins Syrische übertragen wurde, wobei es fraglich bleibt, ob diese Übertragung durch einen Jakobiten erfolgte oder hier einmal eine Frucht melkitischer Übersetzertätigkeit von jakobitischen Kreisen adoptiert wurde.[1]) Erst in späterer Zeit mag auch übersetzt worden sein, was syrisch an Asketischem über die beiden Mönchsregeln hinaus wiederum nur in monophysitischer Textüberlieferung unter dem Namen des Basileios begegnet, da es sich dabei um Stücke handelt, die einer von Photios gelesenen Rezension seiner Ἀσκητικά noch fremd waren.[2])

§ 26. Für das Verhältnis des aramäischen Monophysitentums zur griechischen Profanwissenschaft und ihrer Literatur ist ein Doppeltes bezeichnend: daß einerseits neben aristotelischer Logik die neuplatonische Metaphysik einen starken Einfluß ausübte, andererseits neben philosophischem auch medizinisches und sonstiges den Bedürfnissen des praktischen Lebens entgegenkommendes Schrifttum Übernahme fand. Zeitgenossen des Philoxenos und Ja‘qôb(h) v Serûg(h) waren hier die Mönche Jôhannàn v Apameia und Stephanos b Ṣûd(h)ailê, bei denen eine sich in neuplatonischen Bahnen bewegende philosophische Spekulation zersetzend auf das christliche Dogma einwirkte. Einigermaßen berührt sich mit ihrer Gedankenwelt als Übersetzer der Ps.-Areiopagitika auch der jüngere Pr und Staatsarzt Sargîs v Rîš‘ainā. Im übrigen hat die Richtung, die in ihm ihren hervorragendsten, wenn auch gewiß keineswegs einzigen Vertreter fand, dem Syrertum ohne irgendeine Beziehung zur Theologie von Aristoteles und Galenos über populärphilosophische Lebensweisheit bis zum sog. „Physiologos“ und griechischer Landwirtschaftslehre mannigfachstes Erbe der Antike erschlossen. Auch die gleichfalls ein solches Erbe darstellenden Grundlagen syrisch-arabischer Alchemie dürften von ihr gelegt worden sein.

a) Jôhannàn v Apameia am Orontes,[3]) Mönch vielleicht im Kloster Šem‘ôns des Styliten zu Tellnešîn, ist durch die Tatsache datiert, daß Philoxenos einen erbitterten Kampf gegen ihn führte, der in einer Verbrennung seiner Schriften zu sinnbildlichem Ausdruck gelangte. In Alexandreia in Medizin und Logik (oder Rhetorik?) gebildet, vertrat er in diesen, von welchen ein „Fundament“ oder „Fundamente“ betiteltes Werk ausdrücklich namhaft gemacht wird,[4])

---

[1]) Hss: Sin 56 (8. Jh). BrM 703 (Add 12159. fol 1 178. 8 9. Jh). 704 (Add 14593. J 817), der Kapp. 16. 19: 767 (Add 18814. fol 1/102. 7 8. Jh) 2⁰, 20: 753 (Add 14612. 7. Jh?) 20⁰, von Azz: Katalog KWHiersemann 487 Nr 255 a. 16⁰. 255 b. (J 852) 6⁰.

[2]) Λόγος περὶ ἀσκήσεως, πῶς δεῖ κοσμεῖσθαι τὸν μοναχόν (PG 31, 647/52). Hss: BrM 760 (Add 14608. fol 98/124. 7. Jh) 2⁰. 770 (Add 14617. 7/8. Jh) 4⁰ b. 800 (Add 14620. 9. Jh) 8⁰. 812 (Add 17183. 10. Jh) 3⁰. 822 (Add 17185. 10/1. Jh) 2⁰ b. VtS 126 (J 1222) XX⁰. Λόγος ἀσκητικός. Inc. Ὁ ἀσκητικὸς βίος ἕνα σκόπον ἔχει (PG 31. 831/8). Hs: BrM 812 (Add 17183. 10. Jh) 7⁰ b. Dazu Κεφάλαια παραινετικά (?), in der Hs VtS 125. XIX⁰ und ein Text des Briefes Nr 22 als ὁμιλία περὶ τελειότητος βίου BrM 812. 7⁰ c.

[3]) Theodoros b Kônî 2, 331 f. M 313 (2, 250 f.). B‘EKg 1, 221/4. ‘Ai § 47. A Baumstark, Zur Vorgesch. d. Theol. d. Aristoteles, OC 2, 187/91. J-B Chabot, JA¹⁰ 8, 261 f.

[4]) Theod. b Kônî.

eine äußerliche Christianisierung neuplatonischer Spekulation, in deren System Melchisedek und Abraham eine Hauptrolle spielten. Wenn nicht mit ihm identisch, so doch ihm geistesverwandt war der Unbekannte, der eine anderweitig [1]) bezeugte teilweise syrische Übs der ἐννεάδες des Plotinos zu dem Werke verarbeitete, das unter dem pseudepigraphen Titel einer „Theologie des Aristoteles“ durch den Emesener ‘Abd al-Masiḥ ibn ‘Abdallāh Nā‘ima zum Gegenstande einer erhaltenen Übertragung ins Arabische gemacht wurde.[2]) Über einen späteren Nestorianer J. aus dem mesopotamischen Apameia vg. § 35 e.

b) **Stephanos b Ṣûd(ḥ)ailē**,[3]) dessen Lebenszeit durch die an bzw. gegen ihn gerichteten Briefe des Ja‘qôb(h) v Sĕrûg(h) und Philoxenos sicher‘ gestellt wird, stammte aus Edessa, wo er als Mönch von hervorragender„ persönlicher Frömmigkeit lebte. In seiner Jugend hatte auch er einige Zeit in Ägypten zugebracht, und war dort als Schüler eines Johannes augenscheinlich mit den Gedanken des Origenes vertraut geworden, die er später, ausgehend von der Leugnung der Höllenstrafen und der ἀποκατάστασις-Lehre im Sinne eines rückhaltlosen Pantheismus ausbaute. Um seiner Anschauungen willen aus der Heimat vertrieben, fand er eine Zufluchtstätte in einem palästinensischen Kloster, von wo aus er dauernd in Beziehungen mit mesopotamischen Gesinnungsgenossen stand. Unter dem wohl von ihm selbst erfundenen Namen eines Hierotheos, den Dionysios der Areiopagite zum Lehrer gehabt haben sollte, hat er in einem „B über die verborgenen Geheimnisse des Gotteshauses“ eine systematische Darlegung seiner Gedankengänge unternommen[4]) und in psalmenartigen „Lobgesängen“[5]) für dieselben geworben. Auch Briefe, einzelne Abhandlungen und mystische Schrifterklärung haben ihm zu ihrer Vertretung gedient, ohne daß sich auch davon etwas erhalten hätte.

c) Auch **Sargis**, Pr und Archiatros in Riš‘ainā (Theodosiopolis),[6]) hatte in Alexandreia seine gelehrte Bildung empfangen und stand theologisch von Hause aus auf monophysitischem Boden, scheint aber von jeher auch mit nestorianischen Kreisen friedliche Beziehungen unterhalten zu haben, wenn anders in einem Theodoros, dem er mehrere seiner literarischen Arbeiten widmete, der gleichnamige nestorianische B von Merw erblickt werden darf. Im chalkedonensischen Lager zeigen ihn die letzten Ereignisse seines Lebens. Um gegen seinen B Askolios Klage zu führen, erschien er in Antiocheia vor dem 526 an Stelle des Severus getretenen Pen Ephraim und wurde von diesem mit einer Botschaft an Papst Agapetus I. betraut. In dessen Gefolge ist er am 20. 2. 536 nach Konstantinopel gekommen, wo ihn noch vor dem 22. 4. der Tod ereilte. Einer ihm zukommenden führenden Bedeutung auf dem Gebiete profaner griechisch-syrischer Über-

---

[1]) Q 258.   [2]) Ag: F Dieterici, D. sog. Theol. d. A. Aus arab. Hss. Z. ersten Male hgeg. u. übs. (Lpz 1882 f.). Grundlagen sind die BB 4/6 der ἐννεάδες, wozu es paßt, daß nach Q nur „einiges“ von Pl. ins Syrische übersetzt war.

[3]) Brief d. Philoxenos an Abraham u. Orestes (S. 142 Ak. 9). ChrAn 2 (Ag Chabot) 2, 258. B‘EKg 1, 221/2. BO 1, 303. 2, 30,3. A L Frothingham, Stephen bar Sudaili the Syrian Mystic and the book of Hierotheos (Leiden 1886). A Merx, Ideen und Grundlinien einer allgem. Gesch. d. Mystik (Akadem. Rede. Heidelberg 1893). Wright 76 f. Duval³ 356,8.   [4]) Hs: BrM 7189 Rich (J 1268,9). B.s bei Frothingham. Vg. V Ryssel, Zeitschr. f. Kirchengesch. 10, 156/8, der allerdings die Autorschaft des St. in Zweifel zieht.   [5]) Az: BrM 864 (Add 17191. 9/10. Jh) 63°.

[6]) Ps.-Z. IX. 9. ChrM 224 (170). ElŠ z. J 847 Gr. U5 1, 109. 185. 189. 204. M 283 f. (2, 199 f.). B‘EWg (Ag Bruns-Kirsch) 62 (59); Kg 205,8; Hist. dyn. (Ag Pococke) 150. ‘Ai § 64. BO 31, 87. A Baumstark, Lucubrationes Syro-Graecae (Lpz 1894 = Fleckeisens Jahrbb. 21, 353/524). Cap. 1. De S. Resaïnensi librorum Graecorum interprete Syro, wo ich in der Gleichsetzung mit allen möglichen Trägern d. Namens Sergios stark zu weit gegangen bin. Wright 88,93. Duval³ 247,9. 270. 278. 314. 363 f.

setzungsliteratur sind sich noch arabische Zeugen bewußt. Die Beschuldigungen der Sittenlosigkeit, Schwelgerei und Geldgier, die gegen ihn laut werden, können wenigstens in der Erbitterung der strengen Monophysiten gegen den Renegaten ihren Grund haben. Sein ursprüngliches christologisches Bekenntnis hat S. in einer nicht erhaltenen „Rede über den Glauben" [1]) und in dem Vorwort seiner Übs der Schriften des Ps.-Dionysios Areiopagites [2]) niedergelegt. Ebenbürtig neben derselben steht das Originalwerk einer Darstellung der aristotelischen Logik in 7 sich an das Organon anschließenden BB.[3]) Außer diesem sind an Arbeiten philosophischen Inhalts unter seinem Namen überliefert: eine Übs der ps.-aristotelischen Schrift $\pi\epsilon\varrho\grave{\iota}$ $\varkappa\acute{o}\sigma\mu o\nu$ $\pi\varrho\grave{o}\varsigma$ $\mathit{A}\lambda\acute{\epsilon}\xi\alpha\nu\delta\varrho o\nu,$[4]) eine gleich dem Hauptwerke Theodoros gewidmete Abhandlung „über das All nach der Ansicht des Aristoteles",[5]) eine solche über Gattung, Art und Individuum,[6]) eine Schrift über die $K\alpha\tau\eta\gamma o\varrho\acute{\iota}\alpha\iota$ an einen Philotheos,[7]) ein an einen Unbekannten gerichtetes Sendschreiben über $\pi\epsilon\varrho\grave{\iota}$ $\acute{\epsilon}\varrho\mu\eta\nu\epsilon\acute{\iota}\alpha\varsigma$ Kap. 3, das Verhältnis der $\mathit{A}\nu\alpha\lambda\nu\tau\iota\varkappa\grave{\alpha}$ $\pi\varrho\acute{o}\tau\epsilon\varrho\alpha$ zu den übrigen Schriften des Aristoteles und den Begriff des $\sigma\chi\tilde{\eta}\mu\alpha$ in den $\mathit{A}\nu\alpha\lambda\nu\tau\iota\varkappa\grave{\alpha}$ $\pi\varrho\acute{o}\tau.$ I. Kap. 7.[8]) Vermuten läßt sich nach Maßgabe der hslichen Überlieferungsverhältnisse seine Verfasserschaft ferner für Übss der $E\grave{\iota}\sigma\alpha\gamma\omega\gamma\acute{\eta}$ des Porphyrios,[9]) der $K\alpha\tau\eta\gamma o\varrho\acute{\iota}\alpha\iota,$[10]) und einer im griechischen Original nicht erhaltenen Aristoteles zugeschriebenen Schrift $\pi\epsilon\varrho\grave{\iota}$ $\psi\nu\chi\tilde{\eta}\varsigma,$[11]) eine „philosophische" Erörterung über die Redeteile[12]) und je einen Traktat über Bejahung und Verneinung[13]) und den Begriff der $o\grave{\nu}\sigma\acute{\iota}\alpha.$[14]) Von Galenos hat eine Mehrzahl der in orientalischen Ärztekreisen als Grundlage des medizinischen Studiums zu kanonischer Geltung gelangten Schriften[15]) im 9. Jh in syrischen Übss des S. die Grundlage einer Weiterübertragung ins Arabische gebildet.[16]) Ein Gleiches gilt von einzelnen Stücken, die den Namen des Fürsten der griechischen Ärzte zu Unrecht trugen.[17]) Erhalten sind die BB 6/18 $\pi\epsilon\varrho\grave{\iota}$ $\varkappa\varrho\acute{\alpha}\sigma\epsilon\omega\varsigma$ $\tau\tilde{\omega}\nu$ $\acute{\alpha}\pi\lambda\tilde{\omega}\nu$ $\varphi\alpha\varrho\mu\acute{\alpha}\varkappa\omega\nu$[18]) in einer wiederum Theodoros gewidmeten Übertragung, und ein Vergleich mit diesem Texte gestattet.

---

[1]) Bezeugt durch Ps.-Z.

[2]) Ebenso. Hss: Sin 52 (7. Jh). BrM 625 (Add 12151. J 804). 626 (Add 12152. J 837). 627 (Add 14539. 9. Jh). 628 (Add 14540. 9. Jh). 629 (Add 22370. 14/5. Jh). Or 2306 (J 1547 8 nach Vorlage von 766/7). JerMkl 2* (J 1289, 90?); nur der Vorrede u. der 5 ersten Kapp.: Mos 92 (18. Jh) III°. von Bruchstücken: VtS 107 (7. Jh) 29°, von $\pi\epsilon\varrho\grave{\iota}$ $\vartheta\epsilon\acute{\iota}\omega\nu$ $\grave{o}\nu o\mu\acute{\alpha}\tau\omega\nu$: 254 (vor 932).

[3]) 'Ai. Hss: Séert 91 (J 1186/7). Pr 354 (J 1224); ohne B 1 und mit Lücken in den übrigen BB: BrM 987 (Add 14658. 7/8. Jh). Außerdem ein Splitter aus B 3: BrM 857 (Add 12155. J 746,7?) XXI° 2. Anonyme Bruchstücke eines ähnlichen Werkes: BrM 992 (Add 14670. fol 15 8. 7. Jh). Vg. auch Traktate aus dem Kreise aristotelischer Philosophie in den Hss: VtS 190. III°. Urm 161 (J 1777/8) 9°.   [4]) Hs: BrM 987 (Add 14658. 7. Jh) 8°. Agg: P de Lagarde, AnS 134,58. Vg. V Ryssel, Üb. d. textkrit. Werth d. syr. Übss. griech. Klassiker (Programm d. Nicolai'schen Gymnasiums. Lpz 1880) 7/48 (1881) 10/29.

[5]) Hs: BrM 987. 7°.   [6]) Hs: BrM 987. 10°.   [7]) Hss: Brl 88 (Peterm 9. J 1259,60) 21°. N-Dsém 49 (17. Jh) 3°. 50 (ebenso).   [8]) Hss des dritten Teiles unter dem Namen des S : BrM 988 (Add 14660), des ganzen anonym: Brl 88. 18°.

[9]) Hs: BrM 987. 2°. 3°. Vg. A Freimann, D. Isagoge d. Porphyrius in d. syr. Übersetzung (Erlanger Diss. Brl 1897).   [10]) Hs: Ebenda 4°.   [11]) Hs: Ebenda 9°. Bs: KatWright 1157. [12]) Hs: Ebenda 5°.   [13]) Hs: Ebenda 6°.   [14]) Hs: Ebenda 19°.

[15]) Aufgezählt Fihr 289 Z. 19,290 Z. 2. Q 129 Z. 3/16 und danach von M Steinschneider, Archiv f. patholog. Anatomie u. Physiologie u. für klin. Medizin 124, 279,83.   [16]) Uṣ 1, 189. Vg. Steinschneider a. a. O. 279.

[17]) So von einem Kommentare zur Hippokratesschrift über die Embryonen nach Uṣ 1, 99. Vg. Steinschneider 130, nach dem der von der Kritik des 9. Jhs vermutete wirkliche Verfasser vielleicht des Hippokrates Sohn Thessalos gewesen wäre.

[18]) Hs: BrM 1004 (Add 14661. 6/7. Jh). Ag: A Merx, ZDMG 39, 237/305.

des weiteren die Hand des S. auch in Bruchstücken von Übss der *Τέχνη ἰατρική* [1]) und der BB *περὶ τροφῶν δυνάμεων* [2]) zu erkennen. An *περὶ κρισίμων ἡμερῶν* schließt sich eine letzte an Theodoros gerichtete Abhandlung „über den Einfluß des Mondes nach der Ansicht der Astrologen“ an, [3]) zu der sich ergänzend ein kurzes anonym überliefertes Stück über die Bewegung der Sonne gesellt. [4])

d) Von populärphilosophischer Literatur [5]) zeigen namentlich Übss von Plutarchos *περὶ ἀοργησίας*, [6]) *πῶς ἄν τις ὑπ' ἐχθρῶν ὠφελοῖτο* [7]) und *περὶ ἀσκήσεως*, [8]) Lukianos *περὶ τοῦ μὴ ῥᾳδίως πιστεύειν διαβολῇ* [9]) und Themistios *περὶ φιλίας* [10]) und *περὶ ἀρετῆς*. [11]) von denen die dritte und sechste im Original verlorengegangene Stücke erhalten haben, in Sprache und Übstechnik so nahe Berührungen mit den sicheren Arbeiten des S., daß es naheliegt, in ihm selbst ihren Urheber zu suchen. Leichte Abweichungen des Sprachgebrauches läßt diejenige der Isokrates zugeschriebenen Mahnrede *πρὸς Δημόνικον* erkennen. [12]) Derselben Sphäre gehören weiterhin zunächst noch die syrischen Texte eines wiederum im Original nicht erhaltenen Dialogs *Σωκράτης*, [13]) die Geschichte des Philosophen Sekundos des Schweigsamen [14]) und — trotz einer jungen und anscheinend nur nestorianischen Überlieferung — vielleicht auch diejenige der Rede über die Weisheit eines Apollonios (von Tyana?) an. [15]) Bezüglich der syrischen Menandrossentenzen [16]) ist die allerdings stark sich aufdräugende Annahme ihrer Herkunft aus Übss ganzer Dramen des attischen Komikers, die alsdann wohl noch dem vorchristlichen Schrifttum des ostaramäischen Sprachgebietes angehören müßten, vielleicht doch abzuweisen. [17]) Neben

---

[1]) Kap. 23 f. 28 31. Hs: BrM 1005 (Add 17156. 8/9. Jh) fol 13 f. Ag: ESachau, InedS 88.94. Vg. ABaumstark a. a. O. 470/2.

[2]) B 2 Kap. 58/61. Hs: BrM 1005 fol 15. Ag: a. a. O. 94.7. Vg. ABaumstark a. a. O. 472.

[3]) BrM 987. 12°. Ag: a. a. O. 101,24.   [4]) Hs: Ebenda 13°. Ag: a. a. O. 125 f.

[5]) VRyssel, Üb. d. textkrit. Werth d. syr. Übss. griech. Klassiker (Lpz 1880,81). ABaumstark a. a. O. 438/70. Duval³ 264.7.   [6]) Hss: Sin 16 (6/7. Jh). BrM 1003 (Add 17209. 9. Jb) 1°b. Ag: PdeLagarde, AnS 186,95. Vg. VRyssel a. a. O. 2, 55f. ABaumstark a. a. O. 496f.

[7]) Hs: Sin 16. Ag (mit Übs): ENestle, StSin 4 (Lo 1894) 1 18 (1 13). Übs: VRyssel, RhM² 51, 9/20.   [8]) Hss: Sin 16. BrM 1003. 1°a. Ag: a. a. O. 177 86. Übs: JGildemeister, RhM² 27, 524/38.

[9]) Hs: BrM 1003. 2°. Ag: ESachau, InedS 1,16. Vg. VRyssel, Üb. d. textkrit. Werth 2, 45,54. ABaumstark a. a. O. 453/64.

[10]) Hs: BrM 1003. 3°b. Ag: a. a. O. 48,65. Vg. VRyssel a. a. O. 54. ABaumstark a. a. O. 464/8.   [11]) Hs: BrM 1003. 3°a. Ag: a. a. O. 17/47. Übs: JGildemeister a. a. O. 439/62.

[12]) Hss: BrM 987. 16°. 800 (Add 14621. 9. Jh) 4°, eines Azs: 773 (Add 14614. fol 80,124. 7/8. Jh) 4°a. Ag: PdeLagarde, AnS 167 77. Vg. VRyssel a. a. O. 2, 29/44. ABaumstark a. a. O. 438/53.   [13]) Mit einem Erostrophos (?). Hs: BrM 987. 15°. Ag: a. a. O. 158,67. Übs: VRyssel, RhM² 48, 175,95.   [14]) Griech. bei JLOrelli, Opuscula Graecor. Vet. sententiosa et moralia 1, 208,13. Hs (eines am Anfang defekten Textes): BrM 800 (Add 14620) 3°. Ag: ESachau, InedS 84,8.

[15]) Hs: BrMOr 4398 (J 1890).

[16]) Hs einer umfangreichen aus der Fusion zweier älterer Florilegien entstandener Sammlung: BrM 987. 18°, eines kleineren Stockes: 773. 4°b. Ag der ersteren: JPNLand, AnecdS 1, 64,73 (156 164), des zweiten: ESachau, InedS 80f. Neuübss mit Untersuchung des gesamten Materials: ABaumstark a. a. O. 473 90; mit Textverbesserungen: FSchultheß, ZAtW 32, 199,224.

[17]) Vertreten von Baumstark a. a. O. Noch entschiedener abzulehnen ist aber jedenfalls die von WFrankenberg, ZAtW 15, 226,77 ausgesprochene und von ESchürer, Gesch. d. jüd. Volkes im Zeitalt. J. Christi 3⁴ (Lpz 1909) 622 f. mindestens ernsthaft in Erwägung gezogene Annahme jüdischen Ursprungs des Originals. Vg. OStählin bei (WChrist-) WSchmid, Griech. Litteraturgeschichte 2⁶ (Münch 1920) 623.

ihnen stehen Sprüche des Pythagoras [1]) und der Pythagoräerin Theano [2]) und zwei
Sammlungen „platonischer" ὅροι.[3]) an die sich ein kurzes apokryphes Gespräch
Platons mit einem Schüler anschließt.[4]) Teils als Ganzes aus dem Griechischen
übersetzt, teils aus einschlägigem Material wohl erst auf syrischem Boden zusammengestellt sind einige kleinere Gnomologien von Sprüchen verschiedener Autoren.[5])
Besonderer Beliebtheit erfreuten sich nach Ausweis der reichen hslichen Überlieferung in mindestens zwei verschiedenen Übss die griechisch unter dem Namen eines
Sextos gehenden Prosasprüche.[6]) Mit einem im Abendlande schon von Hieronymus bekämpften und von Augustinus zeitweilig geteilten Mißverständnis dem
Martyrerpapste Xystos (= Sixtus II.) zugeschrieben, haben sie dessen Gestalt so
volkstümlich gemacht, daß eine ihm beigelegte Anaphora seit dem 13. Jh ein
Lieblingsformular jakobitischer und maronitischer Meßliturgie wurde.[7])

e) Vom Physiologos [8]) steht auf syrischem Boden das 32 Kapp. umfassende
Exzerpt einer alten enge mit den besten Textzeugen des ursprünglichen griechischen Tierbuches zusammengehenden Übs [9]) zwei jüngeren Kompendien volkstüm-

---

[1]) Hs: BrM 987. 20°. Ag: P de Lagarde, AnS 195,201. Vg. J Gildemeister, Hermes
4, 81/98. [2]) Hs (eines lückenhaften u. am Schlusse unvollst. Textes): Ebenda 26°. Ag:
E Sachau a. a. O. 70,5.

[3]) Hss: BrM 987. 23°. 861 (Add 17193. J 874)32° bzw. 987. 25°. 773. 32°. Ag: E Sachau
a. a. O. 66 f. bzw. 69 f. [4]) Hss: BrM 987. 24°. 768 (Add 14618) 9°. 773. 6°. Ag: a. a. O. 67,9.

[5]) Hss: Sin 16. BrM 768. 7°. 8°. 773. 4°c. 5°. 828 (Add 17178. 11/2. Jh)6°. Katalog
KWHiersemann 487 Nr 255a (8,9. Jh) 4°. VtS 144 (9. Jh) IX°. OxfNewColl 331. CmbrAdd 2012
(14. Jh). Dijarb 114 (J 1698). Mard 81 (17. Jh)2°. Agg der Sin-Hs: A Smith Lewis. StSin 1,
26,38, des Londoner Materials: E Sachau a. a. O. 76,83, der Oxforder Hs: ebenda V f. Übs:
V Ryssel, RhM² 51, 529/43, des in BrM 76S enthaltenen Stoffes: B H Cowper, Syriac Miscellanies
(Lo 1861) 43 S. Über eine in diesem Zusammenhange als „Rede eines Philosophen über die
Seele" überlieferte Schrift des Gregorios Thaumaturgos vg. oben S. 76 Ak. 6.

[6]) ʿAî § 44 mit Unterscheidung zweier BB desjenigen „der Mēmrē" und eines „der Gott
Liebenden". Hss (anscheinend ursprünglich einer Sammlung in 3 BB): BrM 737 (Add 17166. 6. Jh) 4°.
741 (Add 12169. fol 179,218. 6. Jh)1°. 742 (Add 12166. fol 1/154. 6. Jh)2°. 744 (Add 14616. 6/7. Jh) 2°. 942
(Add 12160. fol 109 85. 7. Jh) II°2. 785 (Add 12167. J 876) II°. 788 (Add 17168. fol 114,53. 9. Jh)2°. 793
(Add 14577. 9. Jh)6°. 801 (Add 18817. 9. Jh)2°. 802 (Add 17218. fol 70,83. 9. Jh)1°. 929 (Add 14583.
11. Jh)2°. 837 (Add 17262. 12. Jh)13°. 849 (Add 14738. fol 85,9. 13,4. Jh) 5°. Vt 126 (J 1223) XIII°.
377. 3° (Abs der vorigen), von Azzeu: BrM 753 (Add 14612. 6,7. Jh)3°. 762 (Add 17173. 7. Jh 4°. 10°.
798 (Add 14535. 9. Jh) 7°. 806 (Add 14613. 9/10. Jh)25°. Pr 201 (Suppl 34. 13. Jh)4°. Auch die von Hause
aus einen Volltext bietenden sind vielfach mehr oder weniger defekt. Ag: P de Lagarde, AnS
2/31. Übs bei J Gildemeister, Sexti sententiarum recensiones (Bonn 1873). Vg. V Ryssel,
ZWT 38, 617/30. 39, 568,624. 40, 131,48. Textkritische Verwertung bei A Elter, Gnomica I.
Sexti Pythagorici, Clitarchi, Evagrii Pontici sententiae (Lpz 1892). Vg. Ad Harnack 2 u, 1902.

[7]) Hss: BrM 263 (Add 17220. fol 1/47. J 1218) 7°. 264 (Add 14691. fol 1 109. J 1231) 7°. 267 (Add
14691. fol 1/43. 13. Jh)6°. 272 (Add 14693. fol 1 141. 13 4. Jh)4°. 283 (Harl 5512. J 1549)4°b. 7180 Rich
(J 1657/8)8°. Or 2294 (J 1704,5. 2293 (J 1729,30). Add 10042 (J 1737 3°. Ox 65 (Dawk 58. J 1238)6°.
66 (Poc 85. J 1623) 3° f. VtB 159 (J 1294,5). 156 (J 1641) 50. VtS 25 (J 1481,2) 25°. 28 (15. Jh)3°. 32
(15. Jh)4°. 29 (J 1539) 4°. 31 (J 1564) 2°. 292. 9°. 293 (nach J 1736)6°. 297. 12°. Brl 152 Sach 151.
14/5. Jh)6°. JerMkl 10 A (J 1427,8)24°. 11 (15. Jh) A 4°. 12 (J 1579/80)5°. 13 (J 1591)18°. 14 (16,7. Jh)5°.
Par 72 (Anc fonds 64. J 1462) 4°. 73 (Suppl 25. J 1508,9) 3°. 75 (Anc fonds 86. Vor J 1524 5)15°. 78
(Suppl 50. 16. Jh)2°. 79 (Suppl 54. J 1554/5) 2°. 80 (Suppl 55. J 1556,7) 2°. 86 (Suppl 40. 17. Jh) 3°. 93
(Anc fonds 70. 18. Jh)6°. CmbrAdd 2917 I° (16. Jh)5. 2973 (J 1869) 7°. DamErzb 6. Hs von Krēm 12°.
Agg: MCh 67/88. MS 19/37 (in Verbindung mit Teilen des „Ordo communis"). Übs: Ren 134 42.

[8]) F Lauchert, Gesch. d. Physiologus (Straßburg 1889) 81 6. K Ahrens, Zur Gesch. d. sog.
Physiologus (Gymnasialprogramm. Ploen 1885). Duval² 274 f. [9]) Hs: VtS 217 (16. Jh) XIII°.
Ag: O G Tychsen, Physiologus Syrus seu Hist. animal. XXXII in S. S. memoratorum (Rostock 1795).

licher Naturkunde gegenüber, in welchen der Stoff desselben um verschiedenartige
Zutaten bereichert ist. Auch die allegorischen Deutungen ($\vartheta\epsilon\omega\varrho\iota\alpha\iota$), die in der
ersteren schwerlich von jeher gefehlt haben, bot eine Bearbeitung, deren Erweiterungen durch ihre starke Abhängigkeit von den Hexaëmeron-Homilien des Basileios veranlaßt haben mag, diesen als Verfasser des Ganzen zu bezeichnen. In
ihrer primären Gestalt nicht erhalten, wird sie durch eine 81 Kapp. starke Neuredaktion kenntlich, die auf Grund eines unvollständigen Exemplars unter Veränderung der Reihenfolge der einzelnen Kapp. durchgeführt wurde.[1]) Eine auf
nestorianischer Seite von dem Lexikographen Bar Bahlûl (§ 38 i) benützte Rezension in 125 Kapp. läßt dagegen jene Schicht theologischen Einschlages wieder
vermissen, behandelt aber neben Tieren auch Bäume und Steine und in der geschlossenen Gruppe der Kapp. 80,9 selbst geographischen Stoff. Selbständig ist
daneben die Übs einer $\Sigma\varkappa\acute{\alpha}\varrho\iota\varphi o\varsigma$ $\tau\tilde{\eta}\varsigma$ $o\grave{\iota}\varkappa o\nu\mu\acute{\epsilon}\nu\eta\varsigma$ betitelten Erdbeschreibung
überliefert, die ihre Entstehung der Zeit und Anregung des ägyptischen Königs
Ptolemaios Philometor verdankt haben soll,[3]) während eine Probe entsprechender
volkstümlicher Kleinliteratur auch historischen Inhalts an einer Darstellung der
Gründungssage Roms unter dem Namen des angeblich schon von dem ältesten
römischen Annalisten Fabius Pictor als Quelle benützten Diokles von Peparethos
in doppelter Rezension vorliegt.[4])

f) Die syrischen Geoponika[5]) waren in ihrer ursprünglichen Gestalt eine Übs
der 12 BB umfassenden $\sigma\nu\nu\alpha\gamma\omega\gamma\grave{\eta}$ $\gamma\epsilon\omega\varrho\gamma\iota\varkappa\tilde{\omega}\nu$ $\grave{\epsilon}\pi\iota\tau\eta\delta\epsilon\nu\mu\acute{\alpha}\tau\omega\nu$ eines dem 4. oder
5. Jh angehörenden Vindanios Anatolios aus Berytos, die in einem als B 13 bzw.
14 gezählten doppelten Anhang zur Tierzucht und zum Pflanzenbaue möglicherweise eine Ergänzung aus einem zweiten tierarztneikundlichen Werke desselben
griechischen Schriftstellers erfahren hatte.[6]) Der höchst unbefriedigend erhaltene
Text, dem im Gegensatz zu der Hinzufügung jener beiden BB ein B 1 vollständig fehlt, dürfte einen Versuch darstellen, in die durcheinander geratenen
bloßen Bruchstücke einer Vorlage wieder eine gewisse Ordnung zu bringen. Eine
Verknüpfung des Werkes mit S. v Riš'ainā konnte sich nur nahelegen, wenn
man in ihm die Grundlage für ein arabisches „B der griechischen Landwirt-

---

[1]) Hs: Leyden 66(14.Jh)2°. Ag: JPN Land, AnecdS 4, 33,102 (31/98. Mit Anmkk. 115/76).

[2]) Hs: BrM 1008(Add 25878. fol 1/70. 16. Jh). Ag: K Ahrens, D. Buch d. Naturgegenstände (Kiel 1892). Kaum auch noch irgendwie in diesen Zusammenhang gehört ein kurzes Exzerpt „über Naturdinge“ aus Alexandros v Aphrodisias: 857(Add 12155. J 746/7) XX1°2.

[3]) Hss: BrM 919(Add 17202. 6,7. Jh)4°. 800(Add 14620. 9. Jh)12°. Ag: Land a. a. O. 3, 327/40.

[4]) Hss: BrM 636(Add 12152. J 837). Abs einer solchen in Koi Kerkûk (14. Jh) im Besitze
Nöldekes. Dijarb 113 (16. Jh). N-Dsēm 93 (J 1682/3). Agg: P de Lagarde, AnS 201/5. Ign
Gnidi, ChrM 359,70 (285,95). Übs: BH Cowper, Syr. Miscellanies 48,53. Nur mehr durch die
Geschichtswerke des Ps.-Zacharias v Mytilene (§ 28 e) und M wird anscheinend eine zweifache Übs
auch einer knappen Rombeschreibung, des sog. Breviariums, bekannt. Vg. Ign Guidi, Bulletino
della Comm. archeol. comunale di Roma 1885, 218,37. 1891, 61,9. A Baumstark, OC 1, 382 f.

[5]) Hs: BrM 1006(Add 14662. 8 9. Jh). Ag: P de Lagarde, Geoponicorum in serm. Syriacum
vers. quae supersunt (Lpz 1860). Vg. ders., Gesammelte Abhdll. (Lpz 1866) 120/46. W Gemoll,
Untersuchungen üb. d. Quellen, d. Verfasser u. d. Abfassungszeit d. Geoponica (Brl 1884).
G Sprenger, Darlegung d. Grundsätze, nach denen d. syr. Übertragung d. griech. Geoponika
gearbeitet worden ist (Lpz 1889). E Oder, RhM² 45, 58/99. 212/222. 48, 1 40. Ders., 7. Supplementbd. des Philologus 240,66 bzw. Anecdota Cantabrigiensia 1 (Programm d. Friedrichs-Werderschen Gymnasiums zu Berlin 1896). A Baumstark, Lucubrationes Syro-Graecae. Cap. I. 2. De
versione, quae dicitur, Geoponicorum Syriaca. Duval² 276 f., Prooem XVII. J Ruska, Cassianus
Bassus Scholasticus u. d. arab. Versionen d. Griech. Landwirtschaft, D. Islam 5, 174,9. E Fehrle,
Studien zu d. griech. Geoponikern (Lpz-Brl 1920.

[6]) In diesem Sinne Baumstark a. a. O. 398/400. Bedenken äußert Fehrle 38.

schaft" erblickte, von welchem eine Reihe auf verschiedene Übersetzer zurückgeführter Rezensionen im Umlaufe war.[1] Nunmehr erweist sich dieses jedoch
als Wiedergabe der περὶ γεωργίας ἐκλογαί eines jüngeren Griechen Kassianos
Bassos Scholastikos, und im Gegensatze zu einer aus dem Persischen übersetzten ist die eine von zwei erhaltenen Textgestalten desselben eine unmittelbar
aus dem Griechischen geflossene Arbeit und der als ihr Schöpfer bezeichnete
„Romäer" Sergios, Sohn eines Elias (Sirgis ibn Hilijā er-Rūmi) mithin als arabischer, nicht als syrischer Übersetzer tätig gewesen.[2] Die Beziehungen des arabischen und des syrischen Werkes zueinander und zu den griechischen Geoponika
der Enzyklopädie des Kaisers Konstantinos Porphyrogennetos erklären sich daraus,
daß auch den letzteren die ἐκλογαί des Kassianos zugrunde liegen, in denen die
συναγωγή des Anatolios mit den Γεωργικά eines Didymos zusammengeschweißt war.[3]

g) Mit alchemistischer Literatur [4] wird der Name des S. v Kiš'ainā selbst
in arabischer Überlieferung ausdrücklich verbunden.[5] Doch handelte es sich
dabei möglicherweise um ein pseudepigraphes Stück original arabischen Charakters.[6]
Was an Texten syrisch u. zw. in jakobitischer Überlieferung sich erhalten hat,
verrät im Gegensatze zu bloßen Karš-Texten erst dem zweiten Jahrtausend entstammender magischer Kleinliteratur arabischer Schwarzkunst [7] eine nüchterne
Richtung wirklicher chemischer Wissenschaft und metallurgischer Technik. Es
sind unmittelbar in mehr oder weniger tiefgreifenden Bearbeitungen des 7/9. Jhs
vorliegende Übss nur teilweise auch im Original erhaltener griechischer Schriften,
die mithin selbst spätestens im 6. entstanden sein können. Neben einer ursprüng-
licheren [8] steht eine stark überarbeitete Rezension der letzten Endes vielleicht
bis ins 1. Jh n. Chr. zurückgehenden „Gold- und Silbermachekunst" des Ps.-
Demokritos.[9] Denselben Verfassernamen trägt weiteres Material, das einerseits,

---

[1] So Baumstark a. a. O. 374,8 bzw. MSteinschneider, Beihefte z. Centralblatt f.
Bibliothekswesen 12, 14 f.   [2] Nach den entscheidenden Feststellungen von Ruska a. a. O. bzw.
von Fehrle a. a. O. 40,50.

[3] Außer den beiden erhaltenen arabischen Texten des „Bs d. griech. Landwirtschaft", von
denen der aus dem Persischen geflossene jüngere letzten Endes auf eine zwischen Kassianos
Bassos und den Geoponika der Porphyrogennetos-Enzyklopädie liegende Stufe der literarischen
Entwicklung in griechischer Sprache zurückweist, sind noch drei weitere bezeugt, als deren Urheber Qusṭā b Lūqā. ein Eustat(h)ios und Abū Zakarjā Jahjā b 'Adi namhaft gemacht werden.
Es wäre wohl denkbar, daß mindestens einer derselben eine Übs aus dem Syrischen gewesen wäre und auf diesen alsdann wieder der den syrischen Geoponika näher als den griechischen und den beiden erhaltenen arabischen stehende armenische Text der griechischen Landwirtschaftslehre zurückginge. Über diesen und die Literatur zu ihm vg. AVardanian bei
Fehrle 2 f.

[4] Vg. GHoffmann in ALadenburg, Handwörterbuch d. Chemie (Breslau 1884) 2, 516,30.
MBerthelot, La chimie un moyenâ-ge. 2 (Pr 1893). Duval³ 282f. MBerthelot, D. Chemie
im Altertum u. im Mittelalter. Aus d. Französ. übertragen von EKalliwoda, durchgesehen,
eingeleitet u. mit Anmkk. von FrSturz (Lpz-Wien 1909) 34 49. EdmOvLippmann, Entstehung u. Ausbreitung d. Alchemie (Brl 1919).

[5] Fihr 354, 19: „B des S. von Ra's al-'ain an Qnwairi B. v Edessa." Daneben (24 f. 28)
ein „B des Mönches S. über die (große) Kunst" und ein „B des S. über die (große) Kunst". Ein
„Mönch" S. erscheint übrigens auch als Verfasser eines asketischen Schreibens. Hs: CmbrAdd
2019 (J 1452) 7°.   [6] GHoffmann a. a. O. 517. EdmOvLippmann 298. 355. 389.

[7] Hss: BrM 1007 (Egerton 709. 16. Jh). Or 1593 (gleichen Alters). Ag und Übs: RDuval
bei Berthelot, La chimie usw. 2, 61/104 (141/201).   [8] Mit einem Anhang über den Stein
der Weisen. Hss: BrM 1007. Or 1593. Ag und Übs: RDuval a. a. O. 10,5 (19/30). Vg.
vLippmann 41/3.

[9] Hs: CmbrMm 6. 29 (16. Jh) 3°. Bs: Duval a. a. O. 267/73. Vg. vLippmann 48 f.

als BB 3 10 gezählt, eine Fortsetzung der ersteren bildet,[1]) andererseits in einem
kürzeren und einem 3 BB umfassenden längeren Traktat in selbständiger Überlieferung vorliegt.[2]) Zosimos, einem anscheinend gnostischen Christen des 3. Jhs,
wird außer einem in 12 BB gegliederten Werke über die Bearbeitung der Metalle einschließlich der Gewinnung des Quecksilbers und der Herstellung verschiedener Legierungen[3]) ein gleich jenem an eine „Königin" Theosebeia gerichteter „pharmazeutischer Traktat" über medizinische Anwendung der „nützlichen Stoffe" zugeschrieben, dessen in die Form einer Beschreibung angeblicher
Reisen des Verfassers gekleidete Darlegungen sich als auf Dioskurides und Galenos
beruhend erweisen.[4]) Die angebliche Auffindung und den Inhalt der persisch
abgefaßten Geheimschrift eines sagenhaften Ostanes betrifft ein Briefwechsel zwischen den gleichfalls legendarischen Gestalten des Ägypters Pibechios und eines
Persers Osrön.[5]) Technische Rezepte gehen ferner unter dem Namen Ezras, „des
Schreibers".[6]) Dazu gesellen sich von anonymem Gute ein Register von Metallen
und anderen chemisch verwendeten Stoffen mit ihren Namen und astrologischen
Zeichen.[7]) eine größere Schrift in 2 BB[8]) und eine Reihe kleinerer Bruchstücke.[9]) In ihrem literarischen Charakter berühren sich schließlich mit diesem
Schrifttum, ohne daß die in ihnen vorgetragene Geheimwissenschaft selbst gerade
den alchemistischen Kreise angehörte, die Fragmente einer vorgeblichen Schrift
des Babyloniers Beros'os) an seinen „Sohn" Theon.[10])   .

§ 27.   Die durch Männer wie den Bekennerbischof Jôḥannān r Tellā
vorbereitete, vor allem durch Jaʿqôb(h) Bûrdĕʿānā ins Werk gesetzte, Reorganisation des nationalsyrischen Monophysitentums severianischer Richtung war
naturgemäß eine Sache praktischer kirchlicher Wirksamkeit, hinter welcher literarisches Schaffen an und für sich in den Hintergrund trat. Zwei Urkundensammlungen und eine breite Schicht dogmatischer Katenen spiegeln denn
auch durchaus die aktuellen Interessen organisatorischer Aufgaben und theologischer Meinungsstreite wieder, welche die beteiligten Kreise beherrschten. Mag es
hier von Fall zu Fall zweifelhaft sein, wie weit die einzelnen Stücke schon von
Hause aus syrisch abgefaßt oder aus dem Griechischen übersetzt wurden, so ist
eine ähnliche Unsicherheit über seine sprachliche Originalform wenigstens teil-

---

[1]) Hss: BrM 1007. Or 1593. Ag und Übs: Duval a. a. O. 15/59 (31/106). Vg. Berthelot,
La chimie 2, IX/XII.   [2]) Hs: CmbrMm 6. 29. 4°. Bs: Duval a. a. O. 273 93. Vg. Berthelot
a. a. O. XXXVf.   [3]) Hs: CmbrMm 6. 29. 2°. Bs (mit Azz in Übs): Duval a. a. O. 210/66.
Vg. Berthelot XXV/XXXV. Berthelot-Kalliwoda 43/8. r Lippmann 88/92.

[4]) Hs: CmbrMm 6. 29. 6° Bs (ebenso): Duval a. a. O. 297/308. Vg. Berthelot XXXVllf.
r Lippmann 92f.   [5]) Hs: CmbrMm 6. 29. 7°. Übs: Duval a. a. O. 309,13. Vg. Berthelot
XXXVIllf. r Lippmann 95.

[6]) Hs: CmbrMm 6. 29. 5°. Bs: Duval a. a. O. 294,6. Vg. Berthelot XXXVI.

[7]) Hss: BrM 1007. Or 1543. Ag und Übs: Duval a. a. O. 1/10 (1/18). Vg. Berthelot
XIII/XVI.   [8]) Hs: CmbrMm 6. 29. 1°. Bs: Duval a. a. O. 203,9. Vg. Berthelot XXV.

[9]) Darunter u. a. ein Bruchstück anscheinend der Ἰνδικά des Ktesias und eine interessante
noch heidnische Beschwörung. Hs: CmbrMm 6. 29. 8°. Übs: Duval a. a. O. 313/31. Vg. Berthelot XXXIX/XLIlI.

[10]) Hs: VtS 217 IIl°. Ag: G Levi della Vida, RStO 3, 7/43. 611f. Das vollständige Werk
dürfte in seiner Hauptrichtung vielmehr astrologischen Inhalts gewesen sein, wie sich aus Berührungen der Bruchstücke mit der astrologischen Partie einer großen medizinischen Kompilation (§ 38b) nahe legt. Vg. Levi della Vida, RStO 6, 772f.

weise auch bezüglich der schriftstellerischen Betätigung zweier der frühesten PP des neuen „jakobitischen“ Kirchentums, Petros v Kallinikos und Julianos, nicht von der Hand zu weisen, während die dem sassanidischen Osten angehörende unverkennbar bedeutende Schriftstellerpersönlichkeit eines Aḥûd(h)ĕemmeh ursprünglich auf dem nestorianischen Boden erwachsen und erst nachträglich auf den monophysitischen übergetreten zu sein scheint. Daß es aber auch auf dem letzteren rund um die Mitte des 6. Jhs an einer nicht von den unmittelbaren Tagesfragen beherrschten literarischen Regsamkeit keineswegs fehlte, wird für das Gebiet der Predigt durch eine Reihe anonymer Texte, für dasjenige der Exegese vorzugsweise durch Daniel v Ṣalaḥ bezeugt.

a) B Jôhannàn b Kûrsôs v Tellā,[1]) ord. 519, † 9. 2. 538 im Alter von 55 JJ, war aus dem Heeresdienst ins Kloster eingetreten, wurde 521 von seinem Sitze vertrieben, besuchte 533 Konstantinopel, hielt sich später im Gebirgslande von Šig(h)àr verborgen, wurde aber hier ergriffen und über Nisibis nach Antiocheia geschleppt, wo er als Blutzeuge des Monophysitismus ein gewaltsames Ende fand. Ein an die Klöster in der Umgebung von Tellā gerichtetes Glaubensbekenntnis,[2]) die in 48 Kanones gegliederte Beantwortung hauptsächlich auf die Eucharistie bezüglicher Anfragen eines Sargîs,[3]) eine Folge von weiteren 28 teilweise nicht wenig liturgiegeschichtlich interessanter Kanones „an die Kleriker“, ein Sendschreiben speziell über die Amtspflichten des Diakons[5]) und eine Erklärung des Trishagions[6]) bilden den gesicherten Nachlaß des unbeugsamen Bekenners severianischer Christologie.[7])

b) Ja‘qôb(h) Bûrdĕ‘ānā (Βαραδαῖος, der „Filzene“),[8]) † 30. 7. 578, dessen Verdienste um die Begründung der syrischen Nationalkirche severianischen Bekenntnisses ihr den Namen der jakobitischen eingetragen haben, verdankt seinen eigenen Beinamen dem rauhen Stoffe, mit welchem er als Jünger strenger mönchischer Askese sich zu kleiden pflegte. Der Sohn eines Prs Theophilos b Ma‘nû aus Tellā, trat er nach einer vorzüglichen Erziehung in dem bei einem Dorfe Gûmmĕt(h)ā im Îzlā-Gebirge gelegenen Kloster Pĕsiltā ein, wurde um 527/8 zusammen mit einem anderen Mönche Sargîs zur Vertretung monophysitischer Interessen nach Konstantinopel geschickt, wo es ihm gelang die Gunst der Kaiserin

---

[1]) Biographie des Elijā (§ 28 a). Ps.-Z. VIII 5. ChrM 144 (111). Ps.-D. zu den JJ 829 und 849. M 267. 309 f. (2, 172. 244 f.). B'EKg 1, 213 f. BO 2, 53 f. Wright 81,3. Duval³ 359.

[2]) Hs: BrM 556 (Add 14549. 8/9. Jh) III°.

[3]) Hss: Pr 62 (Suppl 29. 9. Jh) 51°. BrM 807 (Add 14631. fol 45/53. 9/10. Jh) 2°. 286 (Add 14493. 10. Jh) 5° b. VtB 133 11° (J 1224) 6. Ag: Th J Lamy, Dissertatio de Syr. fide et disciplina in re Eucharistica (Löwen 1859) 62/97.

[4]) Hss: BrM 907 (Add 14826. fol 1/39; bald nach J 641) 14°. 857 (Add 12155. J 746/7?) XXVII° 18. 286. 5° c. 909 (Add 14527. 11. Jh) 5°. CmbrAdd 2023 (13. Jh) 26° a. Ag: CKuberczyk, Canones Johannis bar Cursus, Tellae Mauzlatae ep. e codd. syr. Parisino et quattuor Londinens. editi (Breslauer Diss. Lpz 1901).

[5]) Hs eines Azs (bezüglich seines Dienstes bei der eucharistischen Feier): CmbrAdd 2023. 26 b°.   [6]) Hss: VtS 159. XIX°. Ox 142 (Marsh 101) 20°.   [7]) Dazu ein Az aus einer nicht näher bezeichneten Schrift: BrM 861 (Add 17193. J 874) 120°. Ag: KatWright 1001.

[8]) Jôhannàn v Ephesos (§ 28 b) Kgesch. 3. Teil IV 14/20. 22. 33/5; Biographie des Ps.-Jôhannàn (§ 28 a); Ps.-D. z. J 869; ChrM 323 (245); M 309 f. 323. 341. 353 f. 356 f. 362. 365. 367 (2, 245 f. 268. 300. 319 f. 323/5. 337. 339). B'EKg 1, 216/8. 235/40; BO 2, 62/9; HGKleyn, Jacobus Baradaeus, de Stichter der Syrische Monophysietische Kerk (Leyden 1882); Wright 85/8. Duval³ 360/62.

Theodora zu gewinnen, und blieb in der Reichshauptstadt, bis 542,3 der Araber-
könig Hârit(h) ibn Jahballâh anläßlich seiner eigenen Anwesenheit in derselben
die Entsendung zweier severianischer Diasporabischöfe nach den östlichen Grenzgebieten der römischen Macht erwirkte. Durch den verbannten Pen Theodosios v
Alexandreia wurde zu diesem Zwecke ein Theodoros mit dem Titularsitze von
Bostra für Palästina und Arabien und J. mit demjenigen von Edessa für Syrien
und (Klein)asien ordiniert. In rastlosem Wanderleben hat der Unermüdliche sich
seitdem dem Werke einer weiteren Wiederherstellung der severianischen Hierarchie
Syriens gewidmet, das schon 544 durch die Ordination seines alten Freundes
Sargîs als P von Antiocheia einen vorläufigen Abschluß erfuhr. Innere Streitig-
keiten, die seit dessen schon 547 erfolgtem Tode den syrischen Monophysitismus
zerwühlten und bei denen die Persönlichkeit seines Nachfolgers Paulos v Bêt(h)
Ûkkâmê im Vordergrund stand, stellten J. vor neue und wenig erfreuliche Aufgaben. Auf einer in diesem Zusammenhange unternommenen Reise zu dem
alexandrinischen Pen Damianos ereilte den Hochbetagten an der Grenze Ägyptens
in dem Romanos-Kloster von Kasion der Tod. Einige Briefe von ihm sind durch
die erste der beiden alsbald näher zu berührenden Urkundensammlungen erhalten
und ursprünglich griechisch abgefaßt gewesen.[1]) Von weiteren Stücken unter
seinem Namen tritt eine Anaphora ziemlich selten auf,[2]) während eine denselben
gewiß mit Unrecht tragende Homilie auf Mariä Verkündigung nur in einem
arabischen,[3]) ein nicht besser zu beurteilendes Glaubensbekenntnis nur in einem
solchen[4]) und einem aus ihm geflossenen äthiopischen Texte[5]) erhalten ist.

c) Von den beiden Urkundensammlungen, welche über die Geschichte des
Monophysitismus im 6. Jh wertvolles Licht verbreiten, bietet die eine mit dem
Austausch von Synodalschreiben zwischen Theodosios v Alexandreia und Severus
v Antiocheia beginnend, mit demjenigen zwischen Paulos v Bêt(h) Ûkkâmê und
Theodoros v Alexandreia schließend in wesentlich chronologischer Reihenfolge
nicht weniger als 44 Nrn,[6]) von denen einzelne Urkunden des Theodosios v Alexandreia sogar in doppelter Übs eine selbständige Nebenüberlieferung besitzen.[7])

---

[1]) Über die Hs vg. Ak. 6. Sonderag: Kleyn a. a. O. 164,94.

[2]) Hss: Brl 152 (Sach 151. 14,5. Jh) 8°. Vt 25 (J 1481/2) 11°. Pr 74 (Anc fonds 66. J 1515/6) 5°.
76 (Anc fonds 68. 16. Jh vor 1595,6) 19°. 77 (Suppl 61. 16. Jh) 10°. JerMkl 14 (16/7. Jh) 9°. Ox 66 (Poc 85.
J 1623) 3° ι ε'. DamPfk 4. CmbrAdd 2887 (J 1843) 28°. Übs: Ren 2, 333/41.

[3]) Hss: VtS 97 (J 1491/2) 16°. 424 (16. Jh). Ox 140 (Hunt 199). In dem ältesten Exemplar wird
die nach BO 2, 66 sicher ein arabisches Original darstellende Predigt ausdrücklich als eine im
J 1491,2 in Mosul durch den Pen Nûh (§ 53 f.) gehaltene bezeichnet, dessen Autograph die Hs ist.
Vg. BO 2, 468. KatAssemani 2, 526. FCöln, OC 4, 35 f.

[4]) Hss: Ox 141 (Poc 79) und die beiden die Homilie unter J.s Namen bietenden. Ag: Kleyn
121/39 (139,63). Über die Unechtheit auch dieser, vielmehr wohl gleichfalls von Nûh herrührenden
sog. „Catechesis" BO 2, 66. FCöln a. a. O. 36,9.   [5]) Ag: KHCornill, ZDMG 30, 417/66.

[6]) Hs: BrM 754 (Add 14602. 6,7. Jh). Bs: HGKleyn, Jacobus Baradaeus, de Stichter usw.
164/94 (Aanhangsel IV). Agg: J-BChabot, CSCO Ser. II. 37, eines Glaubensbekenntnisses arabischer Klosteroberen daraus Lamy, Actes XI Congr. Orient. 4. Sect. 117/37, der Unterschriften
mehrerer Urkunden: KatWright 704 f. 706/14. Zu dem geographischen Material dieser Unterschriften ThNöldeke, ZDMG 29, 419/44.

[7]) Eine von ihm in Konstantinopel gehaltene Ansprache christologischen Inhalts und Stücke
einer auf denselben bezüglichen Korrespondenz. Hss: BrM 699 (Add 14541. fol 39,49. 8,9. Jh). 857.
XXXI° 13 bzw. (in anderer Übs) 4° f., weitere von 5 in diesem Zusammenhange erlassenen
Kanones: Pr 62 (Suppl 29. 9. Jh) 48°. BrM 909 (Add 14527. 11. Jh) 10°. Übs: PG 86 ι, 279,86 (nach
arabischer Afterübs in Ar 101). FNau, ROC 14, 120/3. In BrM 699 werden die Texte als zu
einem umfassenden „Buche" des Th. gehörig eingeführt, das demjenigen des Timotheos Ailuros

Die andere Sammlung umfaßt in schwankendem Bestande eine kleinere Reihe der Zeit von 535 bis zur Jhmitte entstammender Stücke,[1] von denen das erste, die Beantwortung von Anfragen ostsyrischer Monophysiten durch die in Konstantinopel weilenden Parteihäupter eine liturgiegeschichtliche Quelle von nicht geringer Bedeutung darstellt.[2] Eines interessanten Einzelstückes mag daneben in diesem Zusammenhange an der Übs des von den Unterschriften der anwesenden BB gefolgten Textes der Ansprache gedacht werden, mit der Severus von dem antiochenischen Patriarchenstuhle Besitz ergriffen hatte.[3]

d) **Was an dogmatischen Katenen** in jakobitischen Klöstern des 8,10. Jhs Abschrift und gelegentliche Weiterbildung fand, erweist sich in seiner Hauptmasse durch mehr oder weniger ausgiebige Berücksichtigung auch syrischer Autoritäten wie Ap(h)rem, Isḥâq, Philoxenos, Ja'qôb(h) v Sĕrûg(h) und der „Lehre des Addai" als unmittelbar auf aramäischem Sprachboden entstanden. Doch gibt selbstverständlich auch hier der Zettel von Stellen griechischen Schrifttums, dem jener Einschlag eingefügt wurde, keineswegs eine Gewähr dafür, durchweg oder auch nur vorwiegend aus Vollübss der betreffenden Werke zu stammen. Vielmehr wird in weitem Umfange mit der Möglichkeit zu rechnen sein, daß die Schicht als Ganzes aus dem Griechischen übertragenen Florilegien übernommen wurde. Eine systematische Durchforschung des weitschichtigen Stoffes wäre ein dringendes Bedürfnis und würde erst über die literarischen Zusammenhänge und damit über das genauere Alter der einzelnen Stücke die notwendige Aufklärung zu bringen vermögen. Daß aber mindestens die Grundlage der ganzen Literatur auch, soweit es sich um solche von gemischtem Autoritätenbestande handelt, noch im 6. Jh gelegt wurde, kann im Hinblick auf die beherrschend hervortretenden theologischen Problemstellungen schon heute keinem Zweifel unterliegen. Im einzelnen sind an christologischen neben einer Gruppe meist eng miteinander verwandter Sammlungen allgemeinen Charakters[4] eine längere[5] und eine kürzere gegen die Julianisten gerichtete[6] und eine Widerlegung der Nestorianer in ursprünglich 9 Kapp.[7] hervorzuheben. Je eine weitere ist der Trinitätslehre,[8] der Auferstehung des Fleisches[9] und der „Lösung" von „Fragen" eines Tritheïten[10] ge-

entsprochen und etwa auch eine vor der Kaiserin Theodora gehaltene Rede über Mk 13. 32 enthalten haben mag, von der umfangreiche Azz in der Hs BrM 860. 15° stehen.

[1] Hss: BrM 857. XXVll°. 286 (Add 14494. 10. Jh) 5° d. g. 909 (Add 14527. 11. Jh) 6°/11°. Pr 62. 34°. 36°/40°. 44°. CmbrAdd 2023 (13. Jh) a b. VtB 148 (J 1576) 14°. Übs: F Nau, ROC 14, 39/49. 113/24. Ag eines Briefes des Anthimos an Ja'qôb(h) Bûrdĕ'ânā daraus: IgnERahmani, StS 3, 23/5 (66/72).

[2] Es bietet u. A. den vollständigen Text der Gebete über Katechumenen u. Büßer vom Ende der Katechumenenmesse. Hss: alle außer VtB 148. Ag: IgnERahmani a. a. O. 5/23 (23/47): Übs: F Nau a. a. O. 39,48.

[3] Hs: BrM 859 (Add 14533. 8,9. Jh) 15°. Ag: MAKugener, OC 2, 265/82.

[4] Hss: VtS 135 (7,8. Jh) IX°. X°. XIV°. BrM 857 (Add 12155. J 746/7) IV° (in 34 Kapp.). II° (in 84 Kapp.) wesentlich = 858 (Add 14532. 8. Jh) 1° bzw. vermehrt um je ein Kap. zu Anfang und Ende 863 (Add 14538. 10. Jh) 3° a; 859 (Add 14533. 8/9. Jh) 2°/4° (= 858°. 1° mit anderem Schlußteil + Schlußteil von 858. 3° + 857° I°). Bss: KatWright 927/9. 923/6 (961,4. 1007). 968.

[5] In 100 bzw. 99 Kapp. Hss: BrM 857. V°. 858. 2°. 859. 6°. 863. 3° b. Bs: a. a. O. 929 33 bzw. 958/61.

[6] Hs: BrM 857. VIII°. Bs: a. a. O. 939,41.   [7] Hs der Kapp. 6,9: BrM 798 (Add 14535. 9. Jh) 1°. Bs: a. a. O. 976,8.   [8] Hss: BrM 859. 7°, vermehrt um Stoff aus 859. 3° : 858. 3° = 863. 3° c. Bs: a. a. O. 961/4. 969.

[9] Hs: BrM 858. 4° e. Bs: a. a. O. 966 f. Die Zitate sollen aus einem offiziellen tritheïtischen Schriftstücke übernommen sein, durch welches die Sekte den „Jôḥannân Grammatikos" (= Joannes Philoponos) bannte.   [10] Hs: BrM 859. 8°. Bs: a. a. O. 969 f.

widmet. Vermischten Inhaltes sind zwei besonders umfangreiche Nrn.[1]) Eine meist nur „dem Sinne nach“, nicht wörtlich erfolgende Anführung der Texte gibt einer anderen ihr eigentümliches Gepräge.[2]) Gegen Paulos v Bêt(h) Ûkkāmē sind drei kürzere Nrn gerichtet.[3]) Neben diesen patristischen stehen mehrfach auch ausschließlich biblische Florilegien.[4]) Nur für eines der ersteren wird an demjenigen eines Sargîs v Ḥûzrai(?) der Name seines Urhebers bekannt.[5])

e) Petros v Kallinikos,[6]) † 22. 4. 591 im Kloster Gûbbā Barrājā, war 577/8 in einem Ananiaskloster am Rande der Wüste durch die ostsyrischen Anhänger des severianischen Monophysitismus im Einverständnis mit den ägyptischen Monophysiten als P an Stelle des Paulos erhoben worden, späterhin selbst nach Ägypten gekommen, aber bald mit dem alexandrinischen Pen Damianos in einen erbitterten theologischen Streit geraten, in dem ein 586/7 gemachter Aussöhnungsversuch erfolglos blieb. Der syrischen Literaturgeschichte gehört er unmittelbar mindestens durch einen im siebensilbigen Versmaß abgefaßten Mēmrā über die Kreuzigung an.[7]) Auch ein Schreiben an die BB des mesopotamischen Ostens[8]) ist füglich nur als ein syrisches Original denkbar, und so wird man den an und für sich nicht von vornherein ausgeschlossenen Gedanken an ursprünglich griechische Abfassung wohl doch auch für ein umfangreiches Werk gegen Damianos,[9]) ein solches gegen einen Jôḥannân Barbûr und dessen Gesinnungsgenossen, einen Archimandriten Prôb(h)ā und einen Sophisten Stephanos,[10]) eine Abhandlung gegen die Tritheïten[11]) und ein Schreiben an die in Alexandreia weilenden Syrer über das Scheitern der Versöhnungsverhandlungen mit Damianos[12]) ablehnen müssen. Auf den Fall des Jôḥannân Barbûr und Prôb(h)ā,[13]) die, wegen christologischer Sonderlehren durch Damianos aus Ägypten verwiesen, dieselben in Syrien zu verbreiten suchten, beziehen sich auch noch einige weitere erhaltene Stücke theologischer Streitschriftenliteratur: so die beiden letzten von 8 τόμοι (oder χάρται), in denen ebensoviele von ihnen bei einer Disputation nach dem Tode des P. vorgelegte durch antiochenische Mönche beantwortet waren,[14]) 5 Kapp. von Schwierigkeiten, die nach jener in Antiocheia abgehaltenen Disputation von den Mönchen des Mârônklosters in Armanâz bei Aleppo geltend gemacht wurden,[15]) und deren Widerlegung durch einen Theodoros.[16]) Wenigstens ein Az liegt auch von einem Briefe asketischen Inhalts vor, der — nicht ohne Widerspruch

---

[1]) Hss: BrM 855 (Add 17214. 7. Jh) enthaltend die Kapp. 17/53. 55. 57. 64f. 82f. 120. 129 des betreffenden Werkes. 862 (Add 17194. J 885/6). Bss: a. a. O. 915ff. 1002f. Ag eines Traktates für die Theotokos-Würde Marias aus 862: MKmosko, OC 2, 39/57.

[2]) Hs: BrM 860 (Add 12154. 8/9. Jh) 979f.   [3]) Hs: BrM 958. 43°. 44°. 46°.

[4]) Hss: BrM 860. 34° (aus dem AT geg. Juden u. „andere Ungläubige“). 861 (Add 17193. J 874) 100/3 (christologischer Richtung). 854 (Add 17195. 10. Jh) 1° (vermischten Inhalts mit LXX- neben Pšiṭṭāzitaten).   [5]) Hs: BrM 857. VI°.

[6]) Ps.-D. und EbŠ z. J. 902. ChrS 2, 152. M 370. 371. 378f. 387 (2, 345f. 348. 360f. 372). B'EKg 1, 249,60. Severus b Muqaffa (Ag CFSeybold. Hamburg 1912) 91f. (bzw. PO 1, 475/7). BO 2, 69,82. Wright 113f. Duval³ 365f.   [7]) Hs: BrM 740 (Add 14591. 6. Jh) 4°.

[8]) Zitiert in der dogmatischen Katene BrM 857. IV° (KatWright 929).

[9]) Hss von B 1 Kap. 2,5. 10f. 14f. 84. 88: VtS 107 (7. Jh), B 2 Kap. 1/25: BrM 700 (Add 14603. 7. Jh), B 2 Kap. 26/49: VtS 108 (Fortsetzung der vorigen), von Kap. 40/2 eines nicht angegebenen B.s: Brl 1 (Sach 201) B (7. Jh), von B 1 Kap. 15 Eude/38, B 2 Kap. 5 Ende/B 3 Kap. 15 und B 3 von Kap. 38 an: BrM 7191 Rich (10. Jh), von B 3 Kap. 42,8: 7192 Rich (10. Jh). von Azz: 859. 31°. Azz: BO 2, 378,82.   [10]) Vg. M 381 (2, 363).   [11]) Hs: BrM 857. XXXIII°. Bs: KatWright 951f.   [12]) Az: M 382/5 (2, 364/71).

[13]) Echtes Bruchstück der Kgesch. des Dionysios v Tellmaḥrē (§ 44a). M 380,2 (2, 352,4). ChrAn (Ag Chabot) 2, 259. B'EKg 1, 253/7.   [14]) Hss: BrM 857. X°. 859. 18°. Bs: KatWright 943f.   [15]) Hs: BrM 857. XVI°. 1.   [16]) Hs: BrM 857. XVI. 2°. Bs: KatWright 945f.

— auf J. Barbūr zurückgeführt wurde.[1]) Eine P. zugeschriebene Anaphora begegnet nur vereinzelt im 15. Jh unter den Formularen jakobitischer Meßliturgie.[2])

f) P **Julianos**,[3]) ord. anscheinend unmittelbar nach dem Tode des Petros, † (vor 1. 10.) 594 nach einer Amtsführung von 3 JJ und 5 Monaten, war aus dem Kloster Qenneśrē hervorgegangen und Synkellos seines Vorgängers gewesen. Gegen eine wohl auch selbst zu literarischem Ausdruck gekommene Bekämpfung durch B Sargis, den „Armenier“, von Edessa und dessen Bruder Jōḥannān hat er denselben und seinen christologischen Standpunkt in einer Verteidigungsschrift in Schutz genommen, von der sich wenigstens einzelne Splitter erhalten haben.[4])

g) Ein **Aḥûd(h)ēemmeh**[5]) unterschrieb 554 als B von Nisibis die Beschlüsse der nestorianischen Synode des K Jāusep(h). Bei der außerordentlichen Seltenheit des Namens wird man nicht umhin können, ihn dem Träger desselben gleichzusetzen, der nach jakobitischer Überlieferung durch den armenischen K Christophoros I. (538,9—544,5) als B von Bēt(h) ‘Arbājē ordiniert worden war. Dieser hat später als Vertreter monophysitischer Anschauungen in einem Religionsgespräche vor dem persischen Großherrn sich dem nestorianischen K gegenüber siegreich behauptet, wurde 538/9 durch Ja‘qōb(h) Būrdē‘ānā als M an die Spitze einer monophysitischen Missionsorganisation auf sassanidischem Gebiete gestellt und am 2. 8. 575 auf Befehl K(h)osraus I. enthauptet, nachdem er einen Sohn desselben zum Christentum bekehrt und unter dem Namen Giwargis (Georgios) getauft hatte. Ein Eingreifen armenischer Ordinationsgewalt in die verworrenen Verhältnisse der ostsyrischen Christenheit, ein zeitweiliger Anschluß eines von Hause aus dissidenten Bs an die offizielle persische Reichskirche und sein schließlicher Übergang zu der jungen nationalkirchlichen Neubildung des Jakobitentums hat in der Tat für das 6. Jh nichts Befremdliches, am wenigsten, wenn man etwa zum Vergleiche die Leichtigkeit heranzieht, mit der bis in die Gegenwart hinein orientalische Prälaten ihre Stellung zur Union mit Rom wechseln. Als Schriftsteller scheint A. eine sehr bemerkenswerte Tätigkeit vorzugsweise in philosophischer Richtung entfaltet zu haben. Noch in späterer Zeit kannte man auf nestorianischer Seite von ihm neben nicht näher charakterisierten „Lehren“ je ein B gegen die Philosophen und die Magier, ein solches über die Logik, eine Sammlung von Definitionen, „Mēmrē“ über die Frage der Willensfreiheit, (einen doppelten) über die Natur und „über die Zusammensetzung der Person“, sowie ein B „über den Menschen als Mikrokosmos“.[6]) Die beiden letzten Nrn könnten, falls nicht die erstere christologischen Inhalts war und dann aus der nestorianischen Periode A.s stammte, untereinander und mit einer unvollständig erhaltenen Prosaabhandlung „über die Zusammensetzung des Menschen“ aus Körper und Seele identisch sein, die auf aristotelischer Grundlage nicht ohne Eigenart weiterbaut.[7])

---

[1]) Hs: BrM 857. XXVº.　　[2]) Hss: JerMkl 10 A (1427,8) 21º.　BrMOr 2295 (J 1481,2).

[3]) M 377 f..(2, 372/4). ChrAn (Ag Chabot) 2, 258 f. B‘EKg 1, 259 f. BO 2, 333.

[4]) Hss: BrM 857. IXº. 8. 859. 28º. Aus ihr stammen wohl auch die anonymen Azz gegen Sargis und Jōḥannān: 857. IXº. 2. XXIVº. 1. Vg. einen kurzen anonymen Traktat gegen die Genannten und anonyme „Fragen und Antworten“ gegen S. den Armenier. Hss: BrM 857. IXº. 2 bzw. 857. XXIVº. 1. 859. 20º.

[5]) SynOr 109 (366). ‘Ai § 125. Biographie (§ 28 a). Jōḥannān v Ephesos, Kgesch. 3. Teil VI, 20. M 313. 367 (2, 251. 339). B‘EKg 2, 99,102. BO 2. 414. 3 r. 192 ff. Wright 97 f. Duval³ 364. Labourt 198. 217. F Nau, PO 3, 7/13. A Scher, ROC 11, 11 f. Letzterer möchte den mit dem nestorianischen B identifizierten Schriftsteller von dem A. der jakobitischen Tradition unterscheiden.

[6]) ‘Ai a. a. O.　　[7]) Hs: BrM 800 (Add 14620. 9. Jh) 11º. Ag: F Nau, PO 3, 97/115.

h) **Die original-syrische Predigt** wird im monophysitischen Schrifttum des 6. Jhs abgesehen von den Prosapredigten Ja'qôb(h)s v Sĕrûg(h) vor allem durch ein stattliches Korpus von Ansprachen eines Klosteroberen bei verschiedenen Anlässen des klösterlichen Gemeinschaftslebens, zu Weihnachten und Epiphanie,[1] sowie durch eine Texte auf diese beiden Feste und über Lk 7. 36/50 enthaltende Homiliensammlung[2] vertreten. Wenn auch wohl sicher ursprünglich unter bestimmten individuellen Verhältnissen wirklich gehalten, sind mindestens die ersteren Stücke als Formulare zu beliebiger Wiederverwendung überliefert. Gleichen Charakter tragen diejenigen zweier weiterer Sammlungen, von welchen die eine Ansprachen bietet, die durch Presbyter oder Archidiakon anscheinend durchweg bei Wohltätigkeitskollekten vorzutragen sind,[3] die andere Formulare ähnlicher Art durch dasjenige einer für jeden Verstorbenen verwendbaren Grabrede ergänzt. Endlich gehören hierher zwei gleich allem dem anonym vorliegende merkwürdige Prosareden, in denen an einen an die Zuhörer gerichteten emphatischen Friedensgruß unvermittelt ein in der Weise der Sôg(h)it(h)ā - Dichtung gehaltener Dialog zwischen Himmel und Erde bzw. zwischen Gnade und Gerechtigkeit sich anschließt. Um ein syrisches Original, allerdings möglicherweise erst erheblich späterer Zeit, dürfte es sich auch bei einer Predigt über die makkabäischen Brüder und deren Mutter handeln, welche dieselben zu Bekennern des Glaubens an Christus umstempelt.[6]

i) **Daniel v Ṣalaḥ**[7] wurde zu Unrecht mit einem erst um die Wende vom 7. zum 8. Jh lebenden Korrespondenten Ja'qôb(h)s v Edessa verwechselt. Nach seinem Selbstzeugnis hat er vielmehr schon 541/2 an seinem in 3 Bände zerfallenden großen Ps-Kommentare in Homilien geschrieben,[8] der einem Jôḥannān, Abt eines Eusebios-Klosters zu Kĕphar Bartā im Gebiete von Apameia gewidmet ist und eine Ergänzung mindestens noch durch einen Prd-Kommentar[9] und eine Arbeit über die ägyptischen Plagen fand.[10] Aus ungefähr der gleichen Zeit stammen nach Maßgabe ihres anscheinend verwandten Gesamtcharakters die auf die Kapp. 3 f., 6 und 8 entfallenden Bruchstücke eines anonymen Gn.-Kommentars,[11] eine Abhandlung über die Rückkehr aus dem Exil und die Jahrwochen Daniels,[12] deren als *νοσοκόμος* im großen *ξενοδοχεῖον* zu Edessa bezeichneter Ver-

---

[1] Hs: BrM 738 (Add 17181. 6. Jh) 1°, 13°.   [2] Hs: BrM 738. 18°/21°.   [3] Hs: BrM 873 (Add 14636. fol 57/76. 10. Jh).   [4] Hs: BrM 874 (Add 14636. fol 77,82. 10. Jh).   [5] Hs: BrM 744 (Add 14616. 6,7. Jh) 5° b c.   [6] Hs: Pr 234 (Anc fonds 143. 13 Jh) 1°, 31°. Ag und Übs: R L Bensly - W E Barnes, The fourth book of Maccabees (Cmbr 1895) 103,15 (XXXV/ XLIV).   [7] BO 1, 487. 495. Bickell 40 f. (ohne Kenntnis des Namens). Wright 159 f. (mit der irrigen Spätdatierung). Duval³ 65. IgnERahmani, StS 1, 61.   [8] Hss: in Ṣurfaḥ, von Bd 1 (zu Ps 1/50): BrM 708 (Add 17187. 10. Jh), von Bd 2 (zu Ps 51/100): 710 (Add 14679. J 1102), von Bd 3 (zu Ps 101/50) in arab. Übs: Brl 250 (Sach 55. J 1787), von Bruchstücken: VtS 155 (J 1515) 25° (zu Ps 1,68), BrM 709 (Add 14688. fol 37 ff. 9/10. Jh: zu Ps 51, 58, 62), eine durch G Bickell von Khajjāt 1869 in Rom erworbene (zu Ps 79/125), eines unvollständigen (bis Ps 129) Azs: BrM 175 (Add 17125. 9/10. Jh), eines jüngeren zur Zeit und im Kreise B'Eb(h)rājās entstandenen: Harris Syr. 65 (J 1754). Vg. GDiettrich, Eine jakobit. Einleit. in d. Psalter in Verbindung mit zwei Homilien aus d. großen Pskomm. d. D. v S. zum ersten Male hgeg. (Gießen 1912 = Beihefte zur ZAtW 5). LLazarus, WZKM 9, 85/108. 149/224. Agg von Textproben des Originalwerkes: ENestle 86/90. Diettrich a. a. O. 130,67 (Homilien 1. 2 mit Übs). LLazarus a. a. O. (Homilien 83. 95. 115). IgnERahmani, StS 1, 27 f. (26 f.) (Bruchstücke des einleitenden Briefwechsels zwischen J. und D. und der Homilien 83 und 150), der Einleitung des jüngeren Azs: Diettrich 2,127 (mit Übs).   [9] Zitiert in der Katene des Mönches Severus (§ 44 j). Vg. KatWright 909.   [10] Vg. Selbstzeugnis bei Diettrich XVII.   [11] Hs: BrM 865 (Add 17189. fol 17/21. 6. Jh). Ag einer Textprobe: KatWright 1016.   [12] Hs eines lückenhaften Textes: BrM 712 (Add 12172. fol 55/64. 9. Jh).

fasser Šem'ōn jedenfalls nicht mit einem erst 760/1 ordinierten gleichnamigen B der Stadt identisch ist,[1] und ein mit zahlreichen Zitaten aus Flavius Josephus durchzogenes polemisches Sendschreiben eines vielleicht aus der Gegend von Emesa stammenden „Styliten" Sargis an einen Juden, das als einziges erhaltenes Denkmal christlich-jüdischer Streitliteratur in syrischer Sprache besondere Beachtung verdient.[2]

§ 28. Das Erstarken griechischen Einflusses bekundet während des 6. Jhs auch in der erzählenden Prosa des monophyisitischen Syrertums eine von aramäischen Originalen ausgegangene Entwicklung. Selbständige Einzelbiographien stehen in dieser an der Spitze. Von ihnen führt Jôḥannàn v Ephesos über die Zwischenstufe der Zusammenfassung biographischer Skizzen zu einer literarischen Einheit erstmals auf die Höhe einer kirchengeschichtlichen Darstellung großen Stiles. Auf diese hat sich neben ihm mindestens noch ein Qûrā bewegt, während an dem sog. Julianosroman eine dem Gebiete legendarischer Prosadichtung angehörende Erscheinung von der Folgezeit gutgläubig als vertrauenswürdige Geschichtsquelle gewertet wurde. Dem gegenüber ist griechischen Arbeiten vor allem des Zacharias v Mytilene und Joannes Ruphos bzw. ihres im palästinensischen Mönchstum wurzelnden Kreises eine Übersetzungstätigkeit zugute gekommen, von deren Trägern an Sargîs b Karjā wenigstens einer auch dem Namen nach bekannt wird.

a) **Originalsyrische Einzelbiographien** hervorragender Kirchenmänner würden aus monophysitischen Kreisen schon des 5. Jhs erhalten sein, falls zwei einschlägige Texte sich mit Recht als Erzeugnisse persönlicher Schüler des Prs und Archimandriten Barṣaumā († 1. 2. 458) einführten, der auf der ephesinischen Räubersynode von 449 der Rehabilitierung des Eutyches zustimmte, in führender Rolle sich an der tätlichen Mißhandlung des Pen Flavianus v Konstantinopel beteiligte und in Chalkedon zur Unterwerfung innerhalb einer Frist von 30 Tagen aufgefordert wurde. Aber weder die aus einer langen Reihe numerierter Wunderberichte aufgebaute Lebensgeschichte B.s selbst,[3] die einem Samuel, noch diejenige seines Lehrers, eines angeblich aus Konstantinopel stammenden Klostergründers der Euphratesia, Abraham „vom hohen Berge" († 8. 4. 406), die einem B Stephanos zugeschrieben wird,[4] erweckt in diesem Sinne gegründetes Vertrauen. Eine um so wertvollere Geschichtsquelle ist die Biographie des Jôḥannàn v Tellā, die ein Elijā nach der 542 erfolgten Eroberung von Kallinikos durch die Perser verfaßte.[5] Eine bei stark rhetorischer Mache ungemein geringere Lebensfrische aufweisende Arbeit[6] hat ein ungenannter Jünger desselben einem Archi-

---

[1] Wie Kat Wright 608 vermutet. Denn der spätere B war bis zu seiner Ordination vielmehr Rekluse in einem Kloster Bêt(h) Qeddànā. Vg. Ps.-D. z. J 1072.

[2] Hs: BrM 715 (Add 17199. 8. Jh).

[3] Hss: BrM 967 (Add 14734. fol 1/176. J 1085). 963 (Add 14732. fol 1,227. 13. Jh) 14°, unvollst.: 960 (Add 12174. J 1197) 1°. Ag einer äthiop. Übs: S Grébaut, ROC 13, 337/45. 14, 135/42. 264/75. 409/13, von Azz des Originals: F Nau, ROC 18, 272/76. 379/89. 19, 113/34. 278/89. Vg. BO 2, 296.

[4] Hss: BrM 960. 36°, eines Azs: Pr 234 (Anc fonds 143. 13. Jh) 9°. Bs: F Nau, ROC 19, 414/9, Ag des Azs: Ders., PO 5, 767/73.

[5] Hss: Brl 26 (Sach 321. J 741) 12°. BrM 978 (Add 14622. 9. Jh). 960. 17°. Agg: H G Kleyn, Het leven van Johanues van Tella door Elias (Leiden 1882). E W Brooks, CSCO Ser. III. 25. 29/94 (21/60).   [6] Hs: BrM 960. 7°. Ag und Übs: F Nau, ROC 6, 97/135.

mandriten Joannes, Sohn des Aphthonios, († 4. 11. 537) gewidmet, der um 531, mit seinen Mönchen aus einem Thomaskloster zu Seleukeia am Orontes vertrieben, am rechten Euphratufer gegenüber von Europos dasjenige von Qennešrē gründete und selbst eine literarische Betätigung offenbar nur in griechischer Sprache entwickelt hat.[1]) Einen falschen Verfassernamen trägt an demjenigen des J. v Ephesos eine Lebensbeschreibung des Ja'qôb(h) Bûrdě'ānā an der Stirne.[2]) Doch mag auch sie noch dem ausgehenden 6. Jh entstammen. Erst zwischen 628 und dem Ende des Sassanidenreiches erfuhr sie dagegen eine Ergänzung durch einen Bericht über die 622 auf Veranlassung des Bs Zak h)ai v Tellā erfolgte Entführung seiner Gebeine durch Mönche des Klosters Pěsîltā,[3]) der durch eine Variante der hslichen Überlieferung[4]) zu Unrecht einem Men Kyriakos v Amida (ord. 577; † 622(3),[5]) durch eine andere[6]) vielmehr einem nicht weiter bekannten B K. von Mardin zugeschrieben wird und in der Tat vielleicht einen B K. v Tellā zum Verfasser hat.[7]) Jedenfalls nicht weniger weit wird man auch mit einer in die Predigtform gekleideten Lebensgeschichte des Aḥûd(h)ěemmeh herabzugehen haben.[8])

b) Jôḥannâu v Ephesos[9]) (od. v Asien), so genannt nach dem Hauptschauplatze seines späteren Wirkens und Leidens, war vielmehr zu Amida in den ersten JJ des 6. Jhs geboren. Im dortigen Johanneskloster 528,9 zum Diakon geweiht, weilte er bei Ausbruch der großen Pest 534 in Palästina, erschien im folgenden J in Konstantinopel und erfreute sich 30 JJ lang der höchsten Huld Justinians, so daß er nach dem Tode des Pen Anthimos die Würde eines monophysitischen Bs der Hauptstadt und als solcher die Vermögensverwaltung für alle monophysitischen Gemeinden des Reiches erlangte. Nachdem er in Verbindung mit seinem Freunde Demetrios unter reichen Erfolgen für die Ausbreitung des Christentums im inneren Kleinasien gewirkt hatte, wurde er 546 sogar mit einer Inquisitionstätigkeit zur Aufdeckung heidnischer Konventikel in Konstantinopel und Umgebung betraut. Um so rücksichtsloser hat er seit 572 die ganze Schwere der Verfolgung des Monophysitismus durch Justinos II. zu fühlen gehabt, während deren er wiederholte Einkerkerung und eine mehr als zweijährige Verbannung erfuhr und im übrigen sich zu einem unstäten Wanderleben genötigt sah. Unter Maurikios ist er etwa 586 gestorben. Schon 566 7 ist nach Maßgabe der bis zu diesem J geführten abschließenden Geschichte des amidener Johannesklosters das ältere seiner beiden Werke verfaßt bzw. vollendet worden, das unter dem Titel einer

---

[1]) Biographie. Ps.-D. z. J 849. BO 2, 54 f. Wright 84 f. Griechisch abgefaßt waren die Dichtuugen des J., die in das Kirchengesangbuch des Severus (§ 29 e) Aufnahme fanden. Das Gleiche gilt naturgemäß auch von einem Kommentar zum HL der in der Severus-Katene (§ 44 j) angeführt wird. Vg. KatWright 906.

[2]) Hss: Brl 26. 13°. BrM 960. 47°. Pr 235 (Anc fonds 144. 13. Jh) 33°. Agg: JPNLand, AnecdS 2. 364,83, eines Azs: Brockelmann 123*,30*. ²122*,9*. Übs: WGvDouwen-JPNLand, Johannis Ephesini Commentarii de Beat. Oriental. et hist. eccl. fragmenta (Amsterdam 1889) 203,15. Vg. Kleyn, Jacobus Baradaeus 105,9.

[3]) Hss: Brl 26. 14°. BrM 960. Ag: MAKugener, ROC 7, 186/217.   [4]) Brl 26.

[5]) Ps.-D. z. J 889 n. 934. BO 2, 90. Kanones von ihm werden durch B'E in dessen Nomokanon angeführt.   [6]) BrM 960.

[7]) Ein solcher erscheint als Verfasser spätestens vor dem 10. Jh entstandener Gebete teilweise mit alphabetischer Akrostichis in den Hss: BrM 288 (Add 14525. fol 56,75. 10. Jh) 4°. 502 (Add 14517. 10 1. Jh). Fol 64 v° und vielleicht 284 (Add 14494. 9/10. Jh). Fol 107 v°.

[8]) Hs: BrM 952 (Add 14645. J 935,6) 17°. Ag: FNau, PO 3, 15,51.

[9]) Kgesch. 3 Teil I 17. 41. 44. II 4,7. 41. 44. 85. III 36 f. V 1. M 377 (2, 305 f.). B'EKg 1, 195 f. BO 2, 83,90. JPNLand, Joannes Bisch. v. Eph., der erste syr. Kirchenhistoriker (Leiden 1856). Bickell 41. Wright 102,7. Duval³ 181,4. 362 f. ADjakonov, Johannes v. E. u. seine kirchenhistor. Werke (Petersburg 1908. Russisch). FHaase. OC² 6. 70,3.

„Geschichte der morgenländischen Seligen" eine Folge in ihrer einfachen Lebenswahrheit kulturgeschichtlich unschätzbarer Bilder aus der oft genug gar wunderlichen Welt mesopotamischen Asketenlebens bietet.[1]) In den schriftstellerischer Betätigung denkbar ungünstigsten Verhältnissen der Verfolgungszeit ist seine Kirchengeschichte entstanden, von deren drei Teilen zu je 6 BB der erste bei offenbar nur summarischer Behandlung der vorkonstantinischen Zeit[2]) von Julius Caesar bis zur ephesinischen Synode des Js 449, der zweite von dieser bis zum 6. Regierungsjahre Justinos' II. führte,[3]) während der allein in direkter Überlieferung wesentlich vollständig erhaltene dritte unter vielfachem Zurückgreifen auf Früheres die Ereignisse der JJ 575/85 behandelt.[4])

c) Qûrä (Kyros) aus Baṭnā schrieb als Pr in Edessa eine die Regierungszeit der beiden Kaiser Justinos II. und Tiberios II. (565/82) in 14 BB behandelnde, also offenbar sehr ausführliche Kirchengeschichte, die neben derjenigen des J. v Ephesos bei M mittelbar nachwirkt.[5]) Ungleich bescheidenerer Art sind zwei vielmehr auf antiochenischem Boden erwachsene Quellen des 6. Jhs gewesen, deren Nachhall in einer auch des mindesten schriftstellerischen Eigenwertes entbehrenden historischen Kompilation des 8. fortlebt, die nach einem sie abschließenden Chalifenverzeichnis so unpassend, wie möglich, als „Liber chalipharum" bezeichnet zu werden pflegt.[6]) Die eine, deren letztes vom Kompilator entnommenes Datum dem J 570 angehört, hat demselben vor allem anscheinend auf zeitgenössischen Berichten des 5. Jhs beruhende Schilderungen der beiden großen antiochenischen Erdbeben vom 14. 9. 456 u. 19. 6. 460 vermittelt.[7]) Eine der anderen entstammende geschlossene Reihe von knappsten Daten bis zum J 529 setzt mit der Stuhlbesteigung des Apostelfürsten Petrus als antiochenischer B ein,[8]) und es

---

[1]) Hss: BrM 945 (Add 14647. J 688) I°.   Urm 49 (18/9. Jh), einzelner Heiligenleben daraus: BrM 948 (Add 14677. J 880) 4°. 6°.   949 (Add 14650. J 875) 18°.   960. 42°.   958 (Add 14735. fol 72, 173. 12. Jh) 12°. 15°.   959 (Add 14730. fol 112/64) 1°/3°.   7190 Rich (13. Jh) 74°/76°.   Pr 234. 2°. 5°f.   235. 33°. Ag: L a u d , AnecdS 2. 1/288.   Übs: v D o u w e n - L a n d a. a. O.

[2]) Da M das Werk erst mit Konstantinos d. Gr. beginnen läßt, während das tatsächliche Beginnen mit Julius Caesar von J. selbst 3. Teil I 3 ausdrücklich bezeugt ist.

[3]) Benützt von Ps.-D. (§ 48 i), ohne daß allerdings dessen 3. geradezu dem 2. Teil des J. schlechthin sachlich gleichgesetzt werden dürfte. Hss von Bruchstücken: BrM 945. II°. 949. 19°. 860 (Add 12154. 8/9. Jh) 33° c. ß'.   Ag der Bruchstücke: L a n d a. a. O. 289/329. 385/91.   Über das Verhältnis zu Ps.-D. vg. F N a u , ROC 2, 41/68. 455/93.   JA° 8, 346/58.   F H a a s e a. a. O. 74/90.

[4]) Hs: BrM 920 (Add 14640. 7. Jh) bis auf 41 hier und da teilweise oder vollständig verlorene Kapp.   Ag: W C u r e t o n . The third part of the eccl. hist. of John bishop of Eph. Now first ed. (Oxf 1853).   Übss: R P a y n e S m i t h , The third part usw. Now first transl. (Oxf 1860).   J M S c h ö n - f e l d e r , D. Kirchengesch. d. Johannes v. Eph. Aus d. Syr. übs. Mit einer Abhandl. üb. d. Tritheiten (München 1862).   Vg. J P M a r g o l i o u t h , Extracts from the eccl. hist. of J. bish. of Eph. ed. with grammatical, historial and geographical notes in English and German (Leiden 1909).

[5]) Dionysios v Tellmahrē bei M 378 (2, 358). Anonyme Notiz ebenda 377 (2, 356). Zitate: 357. 362 (2, 325. 332).   Umfangreiche anscheinend auf eine tritheïtische Quelle zurückgehende Partien in M.s Darstellung der Geschichte des Paulos v Bēt(h) Ûkkāmē sind, auf das Werk Q.s zurückzuführen nach J G e r b e r , Zwei Briefe Barwahbuns. Nebst einer Beilage: D. Schisma d. Paulus v. Beth Ukkame (Diss. Halle 1911) 73/90 und A D j a k o n o v , Khristianskoe Čtenie 1911, 1294/1320. 1450/62. 1912, 88/117.

[6]) Nach dem Vorgange von J P N L a n d , der AnecdS 1, 2/22 (103,21. Vg. 165/77) zuerst Teile davon veröffentlichte. Vg. § 48 i.   Hs: BrM 913 (Add 14643. 8. Jh).   Ag: E W B r o o k s (-J-B C h a b o t), ChrM 77/156 (61/119).

[7]) AnecdS 1, 10/3 (110,2).   ChrM 139 Z. 20, 143, Z. 22 (108 Z. 27/111 Z. 20).

[8]) AnecdS 1, 17/9 (116/8). ChrM 148 Z. 10, 150 Z. 9 (114 Z. 23/116 Z. 2). Übs auch: B H C o w p e r , Syriac Miscellanies (Lo 1861) 86/8.

liegt nahe, auf die offenbar wesentlich kircheugeschichtliche Arbeit auch die weiterhin sich anschließcuden ausführlicheren speziell konziliengeschichtlichen Nachrichten zurückzuführen.[1])   Die schroffe Ablehnung, welche hier die dogmatischen Beschlüsse von Chalkedon erfahren, verbürgt wie im ersteren Falle eine Datierung nach Severus r Antiocheia das monophysitische Bekenntnis des unbekannten Verfassers.

d) Als **Julianosroman** pflegt in erster Linie ein dreiteiliges Werk bezeichnet zu werden, in dem angeblich ein Hofbeamter des Kaisers Jovianus namens Aplôris oder Aplôlàrîs (= Apollinarios?) auf Wunsch eines Archimandriten ‘Ab(h)dèl r Sûd(h)rûn(?) Māḥôzā die Geschichte Konstantinos’ d. Gr. und seiner drei Söhne, der von einem römischen B Eusebios unter Julianos dem Abtrünnigen ertragenen Leiden und der Schicksale des Jôb(h)iùjānôs (= Jovianus) unter jenem und während seiner eigenen kurzen Regierung erzählt.[2])   Die in der Tat durchaus romanhafte, von Übertreibungen und freien Erfindungen strotzende Darstellung hat in arabischer Übs von aṭ-Ṭabarî und al-Jaʿqûbî angefangen auch auf die arabisch-mohammedanische Geschichtsschreibung Einfluß gewonnen.[3])   Der wirkliche Verfasser, in dem nestorianische Kreise den Kirchenhistoriker Sokrates vermutet zu haben scheinen,[4]) dürfte ein edessenischer Mönch gewesen sein, der wahrscheinlich zwischen 502 und 532 geschrieben und dann wohl entschieden auf monophysitischem Boden gestanden hat.   Eine zweite vermutlich etwas jüngere und literarisch erheblich tiefer stehende romanhafte Behandlung der Geschichte des Julianus mag immerhin gleichfalls noch dem 6. Jh entstammen.[5])

e) **Zacharias**, Rhetor oder Scholastikos [6]) nach dem Berufe eines Sachwalters genannt, den er in Konstantinopel ausübte, ist späterhin B von Mytilene geworden.   Während von seinen literarischen Arbeiten ein Dialog Ἀμμώνιος und eine Ἀντίρρησις gegen die Manichäer noch im griechischen Original vorliegen, wird eine Reihe in syrischer Übs erhaltener durch eine in Konstantinopel abgefaßte Biographie des Isaias r Skete eröffnet.[7])   Zwei entsprechende Lebensbilder hatte Z. ebenda noch vor ihr einem Theodoros r Antinoë und dem 488 als B von Maiuma bei Gaza verstorbenen Klostergründer Petros dem Iberer gewidmet, dessen Kreis er selbst früher in Palästina angehört hatte, und wenigstens von dem letzteren scheint gleichfalls ein Splitter syrisch sich gerettet zu haben.[8])   Wiederum vollständig erhalten ist dagegen die syrische Übs einer in ein dialogisches Rahmenwerk eingespannten Rechtfertigung des Vorlebens des Severus bis zu seiner Erhebung auf den antiochenischen Patriarchenstuhl, die mit dem intimen Reiz ihrer memoirenhaften Anschaulichkeit wesenhaft auf Erinnerungen an ge-

---

[1]) AnecdS 1, 19,22 (118/21).   ChM 150 Z. 10,155 Z. 28 (116 Z. 3,119 Z. 5).   Übs: B H C o w p e r u. a. O. 88,92.   [2]) Hs: BrM 918 (Add 14641. 6. Jh mit Ergänzungen des 9,10.) 1º,3º.   Agg: J G E H o f f m a n n, Julianos d. Abtrünnige. Syr. Erzählungen (Leiden 1880), von Textproben G i sm o n d i² 140,7.   C B r o c k e l m a n n 47*,9*.   R G o t t h e i l, A selection from the syriac Julian Romance ed. with a complet glossary in English and German (Leiden 1906 = Semitic study Series Nr 7).   Vg. T h N ö l d e k e, ZDMG 28, 263,92.   A A s m u s, Julians autobiogr. Mythus als Quelle d. Julianusromans, ebenda 68, 701 4.   W r i g h t 99f. 101.   D u v a l³ 180f.

[3]) Vg. W r i g h t 100.   [4]) Nach ‘Aî § 28.   [5]) Hs des allein erhaltenen Schlusses: BrM Add 7192 (7. Jh).   Ag: H o f f m a n n a. a. O.   Vg. auch eine „Geschichte vom Tode des Konstantios, Sohn Konstantins d. Gr.“: VtS 37 (J 16267) 13º.

[6]) BO 2, 54/62.   W r i g h t 107f.   D u v a l³ 184/7.   S i k o r s k i, Jahresber. d. Schlesischen Gesellschaft f. vaterländ. Cultur 1914. IV. Abteil. Philol.-archäol. Sektion 1,17.

[7]) Hss: Brl 26. 7º.   BrM 960. 15º.   Agg: J P N L a n d, AnecdS 3, 346,56.   E W B r o o k s, CSCO Ser. III. 25, 1,16 (1/10).   Übs: K A h r e n s-G K r ü g e r, D. sog. Kirchengesch. d. Z. Rhetor in deutscher Übersetzung Lpz 1899) 263,74.   Vg. M A K u g e n e r, BZ 9, 464,70.   K r ü g e r a. a. O. 385/7.   [8]) Hs: Brl 26 fol 105 rº.   Ag: E W B r o o k s a. a. O. 3 (3).

meinsam verlebte Studienjahre beruht.[1]) Endlich bildet die Übs einer auf griechischem Boden durch Euagrios zitierten Kirchengeschichte des Z. die den JJ 436/91 gewidmeten BB 3/6 einer kirchengeschichtlichen Kompilation, deren unbekannter Verfasser, in Wirklichkeit wohl ein in Amida lebender Mönch, durch die spätere syrische Überlieferung mit dem von ihr irrtümlich zum B von Melitene gemachten Z. selbst verwechselt wurde. Jenem Kerne seines Werkes hat derselbe in den BB 1 f. eine zusammenhangslose Folge legendarischer Texte vorausgeschickt und in den BB 7 12 den Faden der Erzählung unter Einfügung verschiedener Urkunden bis 568,9 weitergeführt.[2])

f) **Joannes Ruphos**, Nachfolger Petros' des Iberers auf dem bischöflichen Stuhle von Maiuma, hat zwischen 512 und 518 unter dem Titel Πληροφορίαι eine Sammlung von Anekdoten und Wunderberichten zum Nachweise der Gottlosigkeit der chalkedonensischen Glaubensentscheidung verfaßt, die, auch im koptischen Sprachgebiete nicht unbekannt, im syrischen vollständige Erhaltung erfuhr.[3]) Wenn auch nicht geradezu in seiner Person, so doch in seiner Sphäre wird ferner der unbekannte Verfasser zweier weiterer syrisch erhaltener Stücke zu suchen sein: einer als zeitgenössisches Sittengemälde unschätzbaren Biographie seines Vorgängers und Lehrmeisters Petros[4]), und eines nach dieser entstandenen Berichts über den Tod des Theodosios v Jerusalem und eines Mönchs Romanos.[5]) Von denselben dürfte die erstere gleich einer in doppelter Fassung georgisch vorliegenden letzten Endes auf einer solchen beruhen, die Z. v Mytilene gleich älteren nach seinem Selbstzeugnis in Berytos entstandenen Lebensbeschreibungen des Isaias und Theodoros noch vor dem Tode Kaiser Zenons entworfen hatte.[6]) Mit Unrecht ist dagegen ein Verhältnis literarischer Abhängigkeit schon von dem Werke des J. bei einer Biographie des Dioskuros vermutet worden,[7]) die vielmehr von dessen Diakon Theopistos noch im letzten Viertel des 5. Jhs verfaßt wurde und bei ihrer zwischen 512 und 518 erfolgten Übertragung ins Syrische gewisse Einschübe erfahren haben muß.[8])

g) **Sargîs b Karjā**,[9]) der später als B von Ḥarrān ein im Az erhaltenes Schreiben erließ,[10]) hat noch als Abt eines nicht näher bezeichneten Klosters eine

---

[1]) Brl 26. 10°. Agg: JSpanuth, Z. Rhetor: D. Leben d. S. v Antiochien in syr. Übs. (Göttingen 1893). MAKugener, PO 2, 1/115. Übs: FNau, ROC 4, 543 71. 5, 74 98. 293/302.

[2]) Hss der BB 1/10 u. 12 mit Lücken in 10 u. 12: BrM 919 (Add 17202. 6/7. Jh), von Azz: VtS 145 IV°. BrM 860 (Add 12154. 8/9. Jh) 17°. 22°. 800 (Add 14620. 9. Jh) 6°. Ag: Land, AnecdS 3, 2/340. Übss: Ahrens-Krüger a. a. O. FJHamilton-EWBrooks, The syriac Chronicle known as that of Z. of Mitylene transl. into Engl. (Lo 1899). Vg. MAKugener, ROC 5, 201,14. 461/80.

[3]) Hss: BrM 949 (Add 14650. J 874,5) 11°. 933 (Add 14631. fol 17 44. 10. Jh). Azz: Ps.-D. M 203/15 (2, 69/88). Übs: FNau, ROC 3, 232 59. 337,92. Ag: Ders., PO 8, 404 608 (mit Übs. von Brière). Vg. Ders., Actes XI. Congr. Orient. Sect. 4, 99/112. ChClermont-Ganneau, La Palestine au commencement du VI° siècle et les Plér. de J. Rufus évêque de M. (Recueil d'archéologie orientale 3, 223/42).

[4]) Hss: Brl 26. 7°. BrM 960. 3°. Ag: RRaabe, Petrus d. Iberer. Ein Charakterbild zur Kirchen- u. Sittengesch. d. fünften Jhs (Lpz 1895).

[5]) Hs: BrM 960. 14°. Agg: JPNLand, AnecdS 3, 341/3. Brooks a. a. O. 18 27 (13/19). Übs: Ahrens-Krüger a. a. O. 257/63. Vg. Krüger a. a. O. 384 f.   [6]) Vg. Sikorski a. a. O. 4,17.   [7]) KatAssemani 3, 497.

[8]) Hss: Pr 234 (Anc fonds 143. 13. Jh) 1°. 4. OxHunt 199. fol 441 75, von Bruchstücken: BrM 972 (Add 14631. fol 1 16. 10. Jh) 1°. 963 (Add 14732. fol 1/287. 13. Jh) 16°. Karš: VtS 208 fol 3 28. Ag: FNau, JA[10] 1, 1/108. 241/310. Vg. FHaase, Kirchengeschichtl. Abhandlungen. Hgeg. von MSdralek 6, 145/62.

[9]) KatWright 994, Sachau 98. FNau, ROC 7, 104 S.   [10]) Hs: BrM 861 (Add 17193. J 874) 59°.

vor 544 bald nach dessen Tode entstandene vollständige Biographie des Severus v Antiocheia übersetzt, in deren erstem Teile die einschlägige Arbeit des Z. v Mytilene benutzt ist.[1]) Während er selbst möglicherweise in dem gleichnamigen Abte näherhin eines „Klosters der Araber“ wiederzuerkennen ist, von dem ein gegen Paulos v Bêt(h) Ûkkāmē und dessen Anhang gerichtetes Schriftstück ($\chi\acute{\alpha}\varrho\tau\eta$) wiederum nur noch im Az vorliegt,[2]) scheint der als „Jôḥannān Archimandrit des Klosters Bêt(h) Ap(h)tônjā“ bezeichnete Verfasser jener durch den Wunsch eines Mönches und späteren Bs Dometios veranlaßten Biographie einem Joannes Psaltes (oder Kalligraphos?) gleichgesetzt werden zu sollen, von dem ursprünglich griechische Liedstrophen sich im Kirchengesangbuche des Severus finden und der hier ausdrücklich als Archimandrit von Qenneŝrê eingeführt wird.[3]) Jedenfalls ist er mit dem schon kurze Zeit vor Severus verstorbenen J. Sohn des Aphthonios zu Unrecht identifiziert worden.[4])

§ 29. Die erste Hälfte des 7. Jhs zeigt eine Mehrzahl hervorragender Vertreter jakobitischen Geisteslebens im äußersten Westen mit literarischer Arbeit beschäftigt. Angeregt durch P Athanasios I., haben auf ägyptischem Boden Paulos v Tellā und Thomas v Ḥarqel sich um die Schaffung eines neuen möglichst eng an griechische Vorlagen sich anschließenden Bibeltextes bemüht, während für die etwa gleichzeitig hier entstandene medizinische Kompilation eines Prs Ahrôn vielleicht zu Unrecht in den Kreisen arabischer Gelehrsamkeit das Syrische als Ursprache angenommen wurde. Auf Cypern setzte der Edessener Paulos die ruhmvollen Traditionen theologischer Übersetzungsliteratur fort. Eine sichere Pflege syrischer Originalliteratur läßt sich daneben zunächst wenigstens für die beiden Gebiete der exegetischen Prosa und der Mēmrā-Dichtung belegen, und auch auf demjenigen des erbaulichen Prosaromanes einer in freiem dichterischem Spiele mit ihren Gestalten schaltenden Legende dürfte literarische Tätigkeit jakobitischer Kreise in der letzten vorislamischen Zeit nicht unfruchtbar gewesen sein.

a) P Athanasios I. mit Beinamen Gammālā,[5]) ord. 594/5, † 630/1, war aus Samosata gebürtig und Mönch in Qenneŝrê gewesen, während er als P in einem Kloster Mār(j) Zāk(h)ai bei Kallinikos zu residieren pflegte. Die Aussöhnung mit der monophysitischen Schwesterkirche Ägyptens hat er 609/10 in Alexandreia zum Abschluß gebracht, wo er im Winter 616/7 anscheinend aufs neue weilte. Ergebnislos verliefen dagegen die dogmatischen Verhandlungen, welche er 621 in Mabbôg(h) an der Spitze eines Gefolges von 12 BB mit Kaiser Herakelios pflog. Eine damals diesem eingereichte[6]) und mehrere auf die ägyptischen Unionsver-

---

[1]) Hs: Brl 26. 11°. Zitat bei Môŝē b Kēp(h)ā (§ 45 c): BrM 827 (Add 14731) fol 31 r° (Kat Wright 855). Ag: M A K u g e n e r, PO 2, 203/400.

[2]) Hs: BrM 857 (Add 12155. J 746/7?) IX° 1.   [3]) Vg. PO 7, 799, 801 und die Überschriften der betreffenden Nrn. M A K u g e n e r, BZ 21, 263 f. bzw. über die fragliche Quelle unten § 29 e. 40 e.

[4]) So durch Môŝē b Kēp(h)ā a. a. O. und mit irrtümlicher Umkehrung des chronologischen Verhältnisses durch W r i g h t 84 f.

[5]) EbŜ z. J 10 H. ChrS 2, 222,5. 314. M 387/9 (2, 374,7). 402 (2, 399). 409 f. (2, 412. 414). B'EKg 1, 262,76.   [6]) Der Text, in welchem dies geschah, war dabei naturgemäß ein griechischer, demgegenüber der M 405/9 (II 405 8) mitgeteilte, entweder eine Übs oder noch das selbst zum Zweck der Übergabe an den Kaiser übersetzte Konzept darstellt.

handlungen bezügliche Urkunden sind — teilweise nur auszüglich — in syrischem Text,[1] eine von ihm verfaßte Biographie des Severus v Antiocheia ist neben Bruchstücken einer koptischen vollständig in einer äthiopischen Übs erhalten.[2] Für eine frühestens unter P Theodoros (649/67) verfaßte Geschichte seines eigenen Lebens[3] und seiner angeblichen zahlreichen posthumen Wunder erscheint als Autor (oder Gewährsmann?) ein teils als B von Edessa, teils als solcher von Aleppo eingeführter Daniel, wobei, die Richtigkeit der zweiten Angabe vorausgesetzt, an einen für Aleppo durch P Kyriakos (793/817) ordinierten Träger des fraglichen Namens gedacht werden könnte.[4]

b) B **Paulos v Tella**[5] erscheint zunächst mit Übss liturgischer Texte beschäftigt, von denen bereits eine Neuübs der auf Severus v Antiocheia zurückgeführten Taufliturgie urkundlich für ihn bezeugt ist.[6] Auch ein ihm zugeschriebener liturgischer Originaltext begegnet gelegentlich.[7] Vor allem aber glaubte die Gelehrsamkeit späterer Zeit[8] in ihm den schlechthinigen Urheber einer Neuübs des ATs aus dem Griechischen erblicken zu dürfen, die auf Anordnung Athanasios' I. um die JJ 615/7 in Alexandreia bzw. einem am neunten Meilensteine von der Stadt ($\dot{\epsilon}\nu$ $\tau\tilde{\omega}$ $\dot{\epsilon}\nu\dot{\alpha}\tau\omega$) gelegenen Kloster unter Zugrundelegung bester hexaplarischer Hss durchgeführt wurde.[10] Doch ist diese sog. Syro-Hexaplaris, die mindestens in einer Auswahl aus ihren Vorlagen auch die Randnotierungen hexaplarischer Varianten übernommen hat, tatsächlich wohl gewiß aus dem Zusammenwirken einer Mehrzahl von Mitarbeitern hervorgegangen, unter denen der Synkellos des Pen, ein Diakon Thomas, eine hervorragende Stellung eingenommen zu haben scheint, und für P. selbst urkundlich vorerst nurmehr die Urheberschaft an der im 2. 616 entstandenen Übs von 4(2) Kge bezeugt. Späterhin nur noch in Gelehrtenkreisen benützt, hatte das Werk nach Ausweis der Perikopennotierungen einzelner Hss ursprünglich selbst praktische Verwendung in der Liturgie erfahren.[11] Erhalten blieb neben vielfach mehr oder weniger defekten Exemplaren einzelner BB[12] der zweite Band eines Gesamtexemplares,[13] dessen

---

[1] Eine Enzyklika an die ostsyrischen BB über den Vollzug der Union: M 400,2 (2, 394 9); ein Schreiben an B Kyriakos v Amida über den Verlauf der Verhandlungen: gegen Ende im Az M 392,9 (2, 381,94); ein Schreiben an die Mönche von Mâr(j) Mattai bei Mosul: im Az M 411/3 (2, 414/7). Durchweg handelt es sich hier wohl sicher um syrische Originale.

[2] Ag: EJGoodspeed, PO 4, 578/718, mit einer solchen auch der koptischen Fragmente durch WECrum. Die Tatsache einer Übs ins Koptische legt übrigens auch hier den Gedanken an ein griechisches Original nahe.

[3] Hs: Brl 167 (Sach 315. J 1480/1) 14°. Bs: KatSachau 523 f.   [4] Vg. M (3, 452) im Anhang III Nr XVl 62.   [5] Bickell 10f. Wright 14,6. Duval³ 50/2.

[6] Hss: BrM 291 (Add 14495. 10/1. Jh) 1°g. 293 (Add 14499. 10/1. Jh) 9°.   [7] So in der Hs Pr 75 (Anc fonds 36. Vor J 1523/4) 22°.   [8] Nach B'E Vorrede zur „Scheune d. Geheimnisse": Kirsch-Bernstein 145. Abbeloos-Lamy Ag der Kg 1, 419f. Ak. 1.

[9] Laut Subscriptionen in den Hss BrM 49. 51. 52. 53. Pr 27. Vg. KatWright 30. 32/4. Middeldorpf (Vg. S. 187 Ak. 2) 66 (465f.). Dazu die eingehende Bs einer Hs eines zweifellos mit diesem jakobitischen identischen syro-hexaplarischen Textes und der Herstellung dreier weiterer Exemplare desselben in nestorianischen Kreisen des 8. Jhs in einem Briefe des K Timotheos I. (§ 34 b): OC 1, 300/5. Vg. CRGregory, Theol. Lit.blatt 23, 361/6. ENestle ebenda 398 f.

[10] Das alles nach der Subscriptio der Hs: Pr 27: Middeldorpf a. a. O.

[11] Über jene Perikopennotierungen ABaumstark, Nichtevangel. syr. Perikopenordnungen d. ersten Jahrtausends (Liturgiegeschichtl. Forschungen 3. Münster i. W. 1921) 88 110.

[12] BrM 48 (Add 14442. fol 1/46. 7. Jh): Gn (lückenhaft). 49 (Add 12134. J 697): Ex. 50 (Add 14437. fol 1/46. 8. Jh): Nm (lückenhaft). 51 (Add 12133. fol 109/69. 8. Jh): Jos (lückenhaft). 52 (Add 17103. 8. Jh): Richt. Ruth. 53 (Add 14437. fol 47/124. 8. Jh): 3 (1) Kge. Pr 27 (Anc fonds 5) 1° (8. Jh): 4 (2) Kge. BrM 57 (Add 17213. 9. Jh): Bruchstücke von Is (mit Pešittā-Text in Parallelkolumnen)

erster Band in der zweiten Hälfte des 16. Jhs im Besitze des Andr. Masius[1]) war, dann aber verschollen ist.[2]) Ergänzt wird die syrische Originalüberlieferung mindestens durch eine arabische Übs von Pentateuch und Weish, die noch im J 1486 ein Ḥārit̠ ibn Sinān nach dem syrischen Werke des 7. Jhs fertigte.[3]) Schließlich wird auch für einen häufiger auftretenden syrischen Text der allen syrischen Evangelienübss von Hause aus fremden Perikope von der Ehebrecherin (Jo 7.53 8.12)[4]) als Urheber ein „Abbas P." genannt, der das Stück „in Alexan-

---

58 (Add 14668. fol 26,9. 8. Jh): Ez von 47.23 an. 59 (Add 14668. fol 4,11. 8. Jh): Os 1.1/5.15. 54 (Add 14434. fol 1/7.9.8. Jh). 55 (Add 14434. fol 80 128. 8. Jh). Pr 9 (Anc fonds 3. 13. Jh): Ps. BrM 56 (Add 17257. fol 34,94. 13. Jh): Ps 59.2 62.7. 101.1,102.17. Pr 11 Anc fonds 6 A): 1 (3) Ezr und Tob 1. 1 7. 11. Dazu für diese beiden Stücke die Vollexemplare der Pěšiṭṭā des ATs (S. 25 Ak. 2) und für das Tob-Stück: VtB 118. Dazu abgesehen von Zitaten ein einzelnes Blatt mit Gn 26.26,31 (9. Jh) in BrM 7145 Rich und ein Text von Lv 26.42,6 in dem Lektionar BrM 224 (Add 12139. J 1000) 1°.

[13]) AmbrC 313. Fol (9. Jh): Ps, Job, Weisheitsbb, Propheten einschließlich von Bar, Klgl, Brief Jer und Dn-Zusätzen.   [1]) Der daraus Jos bearbeitete: Jos. imperatoris historia illustrata atque explicata (Antwerpen 1574).

[2]) Er enthielt von Dt 15.7 die Geschichtsbb einschließlich von Ezr, Esth, Jud und Tob 1.1,7.11. Agg von 4 (2) Kg 9: J G Hasse, Libri IV Reg. syro-hexapl. specimen (Jena 1782., von Jer, Ez: M Norberg, Codex syriaco-hexapl. Ambrosiano-Mediolanensis ed. et lat vers. (Lund 1787), von Dn: C Bugati, Daniel sec. ed. LXX interpret. ex Tetraplis desumpt. e Cod. syo-estranghelo Bibl. Ambros. Syr., ed. (Mailand 1788), der Ps: Psalmi sec. edit. LXX interpretum usw. (Mailand 1816, besorgt von P Cighera), von 4 (2) Kge, 12 Propheten, Spr, Job, HL, Klgl und Pred: H Middeldorpf. Cod. Syriaco-Hexaplaris usw. (Brl 1835), Richt, Ruth: S k a t R ö r d a m, Libri Jud. et Ruth. sec. vers. syriaco-hexapl. ex. cod. musei britannici nunc prim. e·l. (Kopenhagen 1859,61), von Bar, Klgl und Brief Jer: A M Ceriani. Mon. Sacr. et Profana ex. eodd. praes. bibl. Ambros. 1 i (Mailand 1861), des von Gn und Ex in BrM 48f. Erhaltenen: Ders. ebenda 2 (Mailand 1863), der Is-Fragmente: Ders. ebenda 5 i (Mailand 1873), der ganzen Mailänder Hs in photolithogr. Wiedergabe: Ders. ebenda 7 (Mailand 1874, der Texte von BrM 49,51. 53. Pr 27. P de Lagarde. Vet. Test. ab Origene recensiti fragm. ap. Syros serv. quinque (Göttingen 1880), derselben vermehrt um die Gn-Fragmente von BrM 48: Ders., Bibliothecae Syriacae quae ad philolog. sacr. pertinent (Göttingen 1892. besorgt von A Rahlfs. der eine Bearbeitung der Angaben des A Masius zu Jos und Dt 17,34 beifügte) 1/256, von Bruchstücken von Lv und Dt aus B 'Eb(ʿb)rājās „Schenne d. Gebeimnisse": G Kerber, ZAtW 16, 249,64, von solchen von 1 (3) Ezr, Neh aus der Katenenhs BrM 852 (Add 12168) (Vg. unter f.): Ch C Torrey, AJSL 23, 65,74, der Fragmente Gn 26. 26,31 und Lv 26. 42,6 und der durch jene Katenenhs aus Chr und Neh erhaltenen: J Gwynn, Remnants of the later Syr. Versions of the Bible. 2 (Lo 1909). Part II. 1 75 (mit Rückübs ins Griechische und Akk.). Vg. die Praefatio und den Kommentar (401 658) von Middeldorpf. F Field, Otium Norvicense (I) sive tentamen de reliqu. Aquilae, Symmachi, Theodotionis e lin. syr. in gr. convertendis (Ox 1864). E Nestle, RePTK[3] 175f. Duval[3] 50 2. J Gwynn a. a. O. IX XVIII. (F Kaulen-) G Hoberg, Einleit. in d. Heil. Schrift d. A. u. N. Tests[3] 1. 187,9.

[3]) Mit wichtiger Vorrede. Hss des Pentatenchs: VtAr 1. 2. Ox Bodl Land A 137 (J Uri, Catal. Bibl. Codd. mss. oriental. Pars I Nr 2. 3), der Weish: PalMedOr 18. Vg. E Nestle. ZDMG 31, 468 471. Höchst wahrscheinlich gehören hierher auch die Bruchstücke eines arabischen Job-Textes in einer Hs schon des 9. Jhs BrM Ar 1475 (Add 26116). Ag: W G F T v Baudissin. Translationis ant. arab. libri Jobi quae supersunt (Lpz 1870).

[4]) Hss: die harqlensischen Pr 54. 56. 59. OxNewColl 334 in Verbindung mit dem vermutlich philoxenianischen Texte der kleinen Katholischen Briefe: Dubl. Trin. Coll. B. 5. 16. Pr 60. 5 (vg. S. 145 Ak. 8) und die Pěšiṭṭā-Hs BrM 63 (Add 14470) der Evangelien, wo das Stück fol 1 v° von einer jüngeren Hand (9. Jh) beigefügt ist. Mitgeteilt wird dieser in einzelnen Hss allerdings nicht unerhebliche Varianten aufweisende Text auch im Evangellenkommentar des Dionysios b Salib(ʿb)i (§ 48 a. Kritische Ag: J Gwynn, Remnants usw. Part II 39,49.

dreia gefunden" hätte,[1]) und es liegt mindestens nahe genug, in demselben -P.
v Tella wiederzuerkennen,[2]) während ein B Mārā v Amida († um 527) nicht sowohl der Urheber -einer schon älteren Übs des Abschnittes,[3]) als vielmehr lediglich
der Eigentümer der griechischen Hs gewesen sein dürfte, nach welcher dieselbe
geschaffen war.[4])

     c) Thomas v Harqel[5]) hatte in Qenneŝrē griechischen Studien obgelegen
und als Mönch in einem Kloster Tar'il gelebt. Zum B von Mabbôg(h) erhoben,
war er unter Kaiser Maurikios, also vor 602 von seinem Sitze vertrieben worden,
was seine Verwechselung mit einem 528 unter Justinos I. von dem nämlichen
Schicksale betroffenen B Th. v Germanikeia zur Folge hatte. In Ägypten, wo
er eine Zufluchtstätte fand, scheint ihm eine maßgebliche Vermittlerrolle bei den
Unionsverhandlungen von 609/10 zugefallen zu sein, wie er sich auch bei den
Verhandlungen mit Herakleios im Gefolge des Pen befand. In Verbindung mit
einer Mehrzahl nicht genannter Mitarbeiter stellte er 615/6 gleichfalls in dem
alexandrinischen Kloster ἐν τῷ ἐνάτῳ eine Rezension des syrischen NTs (die sog.
„Heraclensis") fertig, wobei man neben dem Text der Philoxeniana für die Evangelien drei, für die Paulusbriefe zwei, für Apg und Katholischen Briefe wenigstens eine empfehlenswerte griechische Hs zugrundelegte. Obschon eine Gleichsetzung ihres Haupturhebers mit dessen. Synkellos durch die Verschiedenheit
ihres Weihegrades ausgeschlossen wird, hat man gewiß auch diese Arbeit auf die
Anregung des Pen Athanasios zurückzuführen und in ihr das bewußte Seitenstück
zur syro-hexaplarischen Version des ATs zu erblicken. Ihre Identität mit dem
in denselben enthaltenen, für die Evangelien vielfach zu nicht geringer liturgischer
Bedeutung gelangten Texte wird durch zahlreiche Hss ausdrücklich bezeugt,[6])

---

[1]) In den Hss Pr 54 und 56. BrM 63. Vg. KatWright 40f. JGwynn a. a. O. 41f.

[2]) So WWright, Kat 1313. JGwynn, Transact. of the Roy. Ir. Academy 27. 289.
Ders., Remnants. Pars II, LXXIf.

[3]) Mitgeteilt durch Ps.-Z VIII 7 (JPNLand, AnecdS 249,52) und (darnach) in der Hs:
BrM 861 (Add 17193. J 874) 3°.   [4]) Vg. Wright 83. JGwynn a. a. O. LXXII.

[5]) Die Subscriptionen der „Heraclensis" (am vollständigsten KatWright-Cook 7f. 11f. 13f.).
Kurze „Biographie" einer vatikanischen Hs (BO 2, 90f.). M 391 (2, 381). B'EKg 1, 267f. BO
2, 90,5. Bickell 10. Wright 16. Duval³ 65 Ak 3. 359f.

[6]) Hss (mindestens die mit * bezeichneten mit einem harmonistischen Text der Leidens-
geschichte hinter den vier Evangelien) des ganzen NTs: VtS 266 (7. Jh?). OxNewColl 333 (11. Jh).
334 (11. Jh). CmbrAdd 1700 (1169/70)*. N-Dsém 9 (13. Jh). Mos 9 (13. Jh), der Evangelien:
im Besitze der jakobit. bischöfl. Kirche zu Homs (J 840/1. Vg. LDelaporte, Nouv. Arch. des
Miss. scientifiques et littéraires 18. 42,5. Ders., RB² 4, 254/8). VtS 268* (nicht Autograph, aber
doch gewiß eine der ältesten). 267 (8. Jh). 271 (J 1482). Pr 57 (Suppl 14. J 1264 bzw. Abs einer
Vorlage vom J 840/1 aus diesem J d. h. wohl sicher des Exemplars von Homs). 52 (Suppl 87.
J 1164/5)*. 53 (Anc fonds 20. 12. Jh). 54 (Anc fonds 23. J 1192). 55 (Suppl 86. J 1202/3). 56 (Anc fonds 12.
J 1263/4). 58 (Suppl 77. J 1480). BrM 7163 Rich (8/9. Jh. Bruchstücke!). 120 (Add 14469. J 935/6). 7164
Rich (11/12. Jh). Or 2291 (12/3. Jh mit arab. Übs). 65 (Add 17124. J 1233/4 mit folgendem Pešiṭṭā-
Text des übrigen NTs). 7165 Rich (13. Jh mit Lücken). 7166 Rich (15. Jh. Ebenso). 7167 (16. Jh.
Bruchstücke!). Dijarb 7 (J 1052/3). Mard 3 (12. Jh). Ox 24 (CanonOr 130. 12. Jh). 28 (BodlOr 361.
14. Jh). Urfa 1 (J 1240). Brl 10 (DiezAOct 161. 14. Jh), des Jo allein: VtS 18 (J 1481), Evan-
gelistare: Séert 17 (11. Jh). Pr 51 (Anc fonds 22. J 1138). BrM 7171 Rich (J 1173). JerMkl 6 (J 1222).
Ŝarfah 11 (J 1480), mit Beimischung von Pešiṭṭā-Perikopen: Pr 59 (Anc fonds 37. Vor J 1235/6).
Brl 33 (Fol 354. 13. Jh mit Ergänzungen des 17/8.). BrM 7170 Rich (13. Jh). 7172 Rich (14. Jh).
Or 4056 (J 1788), mit vorwaltendem Pešiṭṭā-Text: JerMkl 5 (J 1212). 7 (J 1560/1), von Bruchstücken: Brl 13 (Sach 14. 9/10. Jh). BrMOr 4824 (11/12. Jh). Über solche eines Volltextes (7/8. Jh),
eines reinen und eines gemischten Evangelistars im Besitze der ehemaligen Kaiserl. Archäol.
Ges. in Moskau RWagner, ZNtW 6, 284/92. Dazu kommen die S. 144 Akk. 15f. 145 Ak. 1

und Abweichungen, die ihnen gegenüber masoretische Zitate des Werkes aufweisen,[1]) sind kaum belangreich genug, um ernste Zweifel an der Glaubwürdigkeit jenes Selbstzeugnisses zu rechtfertigen.[2]) Ihr zu entstammen scheint auch der jüngere der beiden syrischen Texte der Apok.[3]) Dagegen verdient die erst seit dem 15. Jh auftretende Zuweisung einer Anaphora an Th. „von Ḥarqel" oder „von Germanikeia" [4]) um so weniger Beachtung, als eine ältere Überlieferung sie vielmehr unter den Namen des Apostels Th. stellt.[5])

d) Der alexandrinische Pr A h r ô n [6]) verfaßte unter Kaiser Herakleios (610–41) ein medizinisches Sammelwerk in 30 BB, das unter Hinzufügung zweier weiterer BB durch den syrisch redenden persischen Juden Māsirġôjah aus dem Syrischen ins Arabische übersetzt wurde [7]) und in der damit erhaltenen Gestalt den Ruf genoß, die beste Arbeit seiner Art aus älterer Zeit zu sein. Der syrische Text galt den Arabern als Original, während ein wohlunterrichteter Syrer [8]) sich nur dahin äußert, daß das Werk „bei uns syrisch existiere", was die Möglichkeit offen zu lassen scheint, daß schon die Vorlage des arabischen Übersetzers nur die Übs eines Πανδέκτης, Σύνταγμα oder Συναγωγή betitelten vielmehr griechischen Originals gewesen wäre.

--

genannten Hss. Jedenfalls nicht hierher gehört der vielmehr Pěšiṭṭā-Text enthaltende VtS 272 (J 1487 8). Vg. J Lebon, RHE 12, 425 Ak. 5. Agg: J White, Sacr. Evangelior. versio syr. Philoxeniana ex. codd. mss. Ridleianis in bibl. coll. Nov. Oxon. repositis nunc pr. ed. (Ox 1778). Act. Ap. et Epist. tam cathol. quam paulin. vers. syr. Philox. ex. cod. ms. Ridleiano nunc pr. ed. (Bis Hebr 11. 27. — Ox 1799,803). G H Bernstein, D. heil. Evangelium des Johannes syr. in harklens. Übs mit Vocalen usw. nach einer vatican. Hs nebst krit. Anmkk. (Lpz 1853). J H Hall, The Syrian Antilegomena Epistles (Baltimore 1886. Photogr. Wiedergabe einer Hs vom J 1471). R L Bensly, The Harklean Vers. of the Ep. to the Hebrews Chap. XI 28—XIII 25 (Cmbr 1889). Kollation von 4 Hss zu den kleinen katholischen Briefen: J Gwynn, Remnants usw. Part II 146 53. Vg. G H Bernstein, De Charklensi N. T. translatione Syr. commentatio (Brl 1837. ²1854). A Hilgenfeld, Th. v. Heraklea u. d. Apostelgeschichte ZWT 43, 401/22 bzw. die in Ak. 2 von S. 189 verzeichnete Literatur.

[1]) So z. B. in den Marginalien der Hs BrM 162 (Add 1217 S. 9 10. Jh). Starke Varianten zu Apg 2. 1,11. Hebr 1. 11 auch am Rande des Hsbruchstücks CmbrAdd 2053 (12/3. Jh). Vg. Kat Wright-Cook 1193.

[2]) Vg. P Corssen, ZNtW 2, 1/12. L Delaporte, RB² 9, 391,402 im Gegensatze zu H Greßmann, ZNtW 5, 248 52, nach dem die Hss den Text einer anderen, vermutlich späteren Übs enthielten, eine Meinung, die J Lebon, RHE 12, 424/7 sich zu eigen gemacht hat, während O Klein, Syr.-griech. Wörterbuch zu d. vier kanon. Evangelien nebst einleitenden Untersuchungen (Gießen 1916) 3 8, mit Rücksicht auf die fragliche Diskrepanz in dem von White herausgegebenen Texte das von Th. noch nicht überarbeitete Werk des Polykarpos erblicken möchte.

[3]) Hss: Verschollene früher in Florenz (J 1582). Leyden Ms. Hebr. Scaligeri 18 (16. Jh). Dubl. Trin. Coll. B. 5. 16 (J 1625). Pr 5 (Suppl 79. J 1695). Agg: L de Dieu, Apocal. s. Joh. ex. ms. exemplari e bibl. cl. viri J. Scaligeri deprompto ed. usw. (Leiden 1627) und danach in d. Pariser u. Walton'schen Polyglotte und in den landläufigen Agg des syrischen NTs. Vg. J Gwynn, The Apoc. of St. John in Syriac S. XIV ff. XCIII. Ders., Remnants. Part II 154 f.

[4]) Hss: VtB 159 (?). JerMkl 10 A (J 1427/8 31°. 11 (15. Jh) A 3°. VtS 83 (J 1467). Pr 76 (Anc fonds 68. 16. Jh) 4°. Übs: Ren 2, 383,88.

[5]) Hss: BrM 263 (Add 17229. fol 1 47. J 1218). 273 (Add 14692. fol 25,99. J 1347) 2°. Brl 151 (Sach 185. 196. 152. J 1279,80) 10°, in den beiden letzteren mit nachträgl. Korrektur d. Verfasserangabe auf Th. v H. Auch Pr 76 ist die ältere Überlieferung in d. Subscr. noch erhalten. Der P Ignatios b Wahib (§ 51 g), auf den als tatsächlichen Verfasser hier eine Notiz hinzuweisen scheint, kann als solcher aus chronologischen Rücksichten nicht in Betracht kommen.   [6]) Uṣ 1, 109. 163. Q 80 Z. 11 f. B'E Hist. dyn. (Ag Pococke) 159 (99). 189 (127).   [7]) So ausdrücklich Uṣ 1, 109. [8]) B'E, der sich als nicht nur von Q abhängig durch die nur ihm eigentümliche Zeitangabe erweist.

e) B Paulos v Edessa,[1]) ord. um 602, floh vor den Persern, als diese 619 die Stadt eroberten, nach Cypern und übersetzte hier mit strenger Wahrung der für den metrischen Charakter des Originals maßgeblichen Silbenzahl der einzelnen Verse, also von vornherein zu praktischem kirchenmusikalischem Gebrauche ein aus den liturgischen Dichtungen (ἀντίφωνα) des Severus v Antiocheia und anderer Verfasser offenbar im Thomaskloster von Qenneŝrē zusammengestelltes Kirchengesangbuch,[2]) das erst in einer sekundären Anordnung nach den 8 Kirchentönen die Bezeichnung als Oktoëchos rechtfertigt.[3]) Da er im jakobitischen Heiligenkalender unter dem ehrenden Beinamen eines „Übersetzers der Bücher" fortlebt,[4]) ist jene Arbeit keinesfalls die einzige ihrer Art aus seiner Feder gewesen und er mit Bestimmtheit in einem vermeintlichen Abte P.[5]) wiederzuerkennen, der 624 gleichfalls auf Cypern eine bis in nestorianische Kreise hinein zu maßgeblichem Ansehen gelangte zweibändige Neuübs der Reden des Gregorios v Nazianz mit Einschluß der beiden Schreiben an Kledonios lieferte.[6])

f) Die exegetische Arbeit eines unbekannten Jakobiten aus der letzten vorislamischen Zeit hat sich an einem Katenenkommentar zum größten Teile des ATs, den Paulusbriefen und Evangelien erhalten.[7]) Die Entstehung des Werkes scheint für die JJ 617/51, näherhin wohl eher schon für die zweite, als noch für die erste Hälfte dieses Zeitraumes durch einen an die Erklärung der ATlichen Geschichtsbücher angefügten Abschnitt über die Dauer der einzelnen Dynastien[8])

---

[1]) ChrM 324 (248). PO 7, 801 (Nachwort Ja'qôb(h)s v Edessa zu seiner Revision der „Oktoëchos"-Übs). M 378 (2, 374). BO 2, 47 f. (unter Verwechslung mit P. v Kallinikos). Wright 137 f. A Baumstark, Festbrevier u. Kirchenjahr d. syr. Jakobiten 45 (mit irriger Bezeichnung als „Abt.").

[2]) Hss dieser Übs sind naturgemäß sämtliche in denen eine Spur der Textrevision Ja'qôb(h)s v Edessa (§ 40 e) fehlt. Vg. E W Brooks, BZ 21, 263. In Betracht kommen rund 40 meist unvollständige Exemplare des 9/14. Jhs. Vg. KatWright 339/59 und über das Kirchengesangbuch selbst als Liturgiedenkmal A Baumstark a. a. O. 45,8. Ders., Wissenschaftl. Beilage zur Germania 1912, 129/34 bzw. D. frühchristl. Kommunionlied d. antiochen. Patriarchats, Gottesminne 7, 2/20 und: Konstantin ‚d. Apostelgleiche' u. d. Kirchengesangbuch d. S. v. A., bei F J Dölger, Konstantin d. Gr. u. seine Zeit (FrbgB 1913) 248/54. Der Text ist der Ag der Rezension Ja'qôb(h)s zu entnehmen.   [3]) Hss: BrM 448 (Add 14723. fol 3/65. 13. Jh). VtS 325 (17. Jh) und teilweise VtS 94 (11. Jh). Vg. Festbrevier u. Kirchenjahr 46.

[4]) PO 10, 84. 124. Ausgeschlossen ist es natürlich, bei diesem am 23. 8. gefeierten P. mit J S Assemani, BO 1, 409 an den ersten edessenischen B dieses Namens zu denken, der 526 sich die Rückkehr aus einer Verbannung nach Euchaïta durch Unterwerfung unter die Entscheidung von Chalkedon d. h. durch Verrat an der monophysitischen Christologie erkaufte.

[5]) Titel bzw. Subscriptio der G.-Übs (Die BO 1, 171 f. mitgeteilte ist fehlerhaft wiedergegeben diejenige der von Assemani im Dêr es-Surjān gesehenen heutigen Hs BrM 555 und nach KatWright 427 f. zu verbessern!). Ein Brief des K Timotheos I (OC 2, 8 f.). B'E Nomok. (BO 2, 302). W Lüdtke, OC² 3, 265/7. Das „Abbas" der Subscr. bezeichnet die bischöfliche Würde.

[6]) Hss des 1. Bandes (mit 30 Reden): BrM 553 (Add 14548. J 790). 555 (Add 12153. J 844/45). 557 (Add 14547. 9. Jh). 7187 Rich (10. Jh), des 2. Bandes (mit 17 Reden): BrM 556 (Add 14549. 8/9. Jh) I°. Wenn B'E a. a. O. zu „Band 2" auch noch 31 Briefe rechnet, so war in dem ihm vorliegenden Exemplar eine Sammlung von so vielen Nrn, die sich in anderem Zusammenhange tatsächlich erhalten hat, an den 2. Band der P.-Übs angeschlossen, wie hier hinter dem ausdrücklichen Explicit derselben eine solche von 37 bzw. (nach Abzug von 8 Basileios-Briefen) 29 Nrn folgt. Vg. über die fragliche Reihe von 31 Briefen S. 77 Ak. 9. Ag der Predigt über die Makkabäer: R L Bensly - W E Barnes, The fourth Book of Maccabees (Cmbr 1895) 55/74 XXVII/XXXIV.

[7]) Hs: BrM 852 (Add 12168. 8/9. Jh, jedenfalls vor 932). Bs: KatWright 901/8. Vg. J Gwynn, Remnants of the later syriac versions of the Bible (Lo 1909). Part II. XVII/XX.   [8]) Fol 67 r°.

gesichert zu werden, der einerseits noch vor dem Ende des letzten Sassaniden geschrieben, andererseits aber bereits mit dem syro-hexaplarischen Bibeltexte vertraut ist. An Autoritäten sind vor allem Chrysostomos, die Kappadokier, Kyrillos, Severus, Ap(h)rem und Isḥāq „ⲅ Antiocheia“ benützt, zu denen sich noch vereinzelt Proklos, für die Ps Athanasios, für Job und Prd Olympiodoros und zum HL Joannes, Sohn des Aphthonios, gesellen.

g) Die Mēmrā-Dichtung monophysitischer Kreise der ersten Hälfte des 7. Jhs wird mit ziemlicher Sicherheit in einem Stücke kenntlich, das als Behandlung eines nicht religiösen Stoffes eine einzigartige Stellung in der gesamten erhaltenen Masse epischer Poesie in syrischer Sprache einnimmt. Es ist dies ein mit Unrecht Ja‘qôb(h) ⲅ Sērūg(h) beigelegtes, tatsächlich anscheinend innerhalb der JJ 628,37 in vierzeiligen Strophen des zwölfsilbigen Metrums abgefaßtes Alexanderlied, in dem die Erinnerung an den gewaltigen Makedonen und seinen Indienzug von christlicher Sage umrankt erscheint.[1] Anderes darf wohl mindestens vermutungsweise als etwa gleichaltrig in Anspruch genommen werden. Ein Mēmrā auf das Entschlafen der Gottesgebärerin ist zwischen einem B I w a n - n i s ⲅ B i r t ā und einem M T i m o t h e o s ⲅ G a r g a r strittig,[2] den eine Randnotiz als Dichter eines zunächst anonym überlieferten, wieder im zwölfsilbigen Maße gehaltenen auf die „ägyptischen Väter“ Makarios, Maximos, Dometios und Joannes Kolobos bezeichnet.[3] Von weiteren anonymen Dichtungen der letzteren Form wären eine spätestens jedenfalls vor dem 9./10. Jh entstandene über den hl. Eugenios[4] und eine solche auf Šallīṭā, den Apostel der Gordyene,[5] wegen ihres Verhältnisses zu den nestorianischen Prosalegenden des sagenhaften Patriarchen des ostsyrischen Mönchtums und seines Kreises von einem eigentümlichen Interesse. Nur vermutungsweise kann für die jakobitische Literatur eine solche über die makkabäischen Brüder in Anspruch genommen werden, über deren Überlieferung ein merkwürdiges Dunkel liegt.[6]

h) Auf dem Gebiete legendarischer Prosa findet die bodenständig griechische, in deutscher Kunst und Poesie durch den Pinsel EdSteinles und den Schwanengesang ClBrentanos verherrlichte Geschichte der hl. Marina[7] an der-

---

[1] Hss: BrM 791 (Add 14624. 9. Jh) 3° b. Pr 13 (Anc fonds 6) 30°. 243 (Suppl 57. J 1610) 4°. Brl 169 (Sach 182. 18. Jh?) 4°. Agg: Knös 66 107. EAWBudge, ZA 6, 357/404. Gismondi² 80,93. CHunnins, ZDMG 60, 169,209. 558 89. 802,21. Übss: AWeber, D. Mor Yakûb Ged. üb. d. gläubigen König Aleksandrus usw. (Brl 1852) und bei Hunnius. Vg. CHunnius, D. syr. Alexanderlied (Diss. Göttingen 1904).

[2] Hss unter dem Namen des ersteren: JerMkl 43 (12 3. Jh) IV° 6, des letzteren: Pr 177 (Anc fonds 83. J 1521/2) 4° g, wohl auch = der Rede „sur l'Assomption“ eines angeblichen Bs T. ⲅ Gangra VtB 128 (J 1720) 4°. Ag unter dem Namen letzteren: LTh 145,59, des ersteren mit Übs: ABaumstark, OC 5, 100,25. Über T. ⲅ Gargar GCardahi, LTh 144 9, der als Todesdatum erst das J 1069 angibt.   [3] Hs: JerMkl 43 IV° 30.

[4] Hs: BrM 804 (Add 14653. 9, 10. Jh) 2°. In derselben Hs folgt (3°) ein gleichfalls anonymer Mēmrā über den Verlorenen Sohn.

[5] Brl 176 (Sach 161. 19. Jh?) B. Inhaltlich in dieselbe Sphäre gehört ein anonymer Mēmrā im siebensilbigen Metrum über den jakobitischen Klostergründer Mâr(j) Mattai: Brl 178 (Sach 83. J 1862) 2°. Die letztere Form zeigt auch ein solcher auf einen hl. Palqid(h)ā und seine zwei Söhne: Ox 138 BodlOr 19. 13. Jh) 1°, das zwölfsilbige Versmaß einer auf den hl. Nikolaos: JerMkl 43 IV° 26. Für eine auch nur vermutungsweise Datierung fehlt hier jede Handhabe.

[6] Ag und Übs: RLBensly-WEBarnes, The fourth book of Makkabees (Cmbr 1895) 145,54 (XLVIII LXXII) nach drei Hss, von denen sich nach den hinterlassenen Papieren nur eine als mit der jungen malabarischen Ox 134 (BodlOr 624) identisch feststellen ließ.

[7] Syrische Texte derselben außerhalb des „Paradieses der Väter“ (§ 31 a`: Sin 30 (J 778). BrM 950 (Add 14649. fol 1 /179. 9. Jh) 13°. 954 (Add 12172. fol 25/54. 10 Jh) 3°. Pr 234 (Anc fonds 143.

jenigen von Hilaria, der als Mönch Johannes in ägyptischer Klostereinsamkeit lebenden Tochter Kaiser Zenons,[1]) und von der als Abt einem Mönchsklöster vorstehenden Königstochter Onesima[2]) zwei wohl sicher original syrische Seitenstücke, deren Entstehung durch die hsliche Überlieferung unmittelbar für die vorislamische Zeit gesichert erscheint. Allerdings sind diese Legenden auch auf nestorianischer Seite bekannt. Ein Gleiches gilt von der auf koptischem Boden zum Gegenstande dramatisch belebter Dichtung gewordenen und in Prosa arabisch und äthiopisch wiederkehrenden Geschichte von Archelides, der, aus der Weltstadt Rom hinter Klostermauern Palästinas geflüchtet, lieber stirbt, als unter Bruch seines Gelübdes in der Person der eigenen Mutter noch einmal im Leben ein Weib zu sehen.[3]) Aber mindestens für die Hilaria-Sage steht eine Entstehung auf jakobitischem Boden von vornherein außer Zweifel, da nur hier eine Neigung bestehen konnte die Familie des Fürsten, der durch den Erlaß des Henotikons als Gegner der chalkedonensischen Beschlüsse in die dogmatischen Händel des 5. Jhs eingegriffen hatte, mit dem Glorienscheine frommer Sage zu umgeben. Mit den naturgemäß im äußersten Südwesten Syriens, wo nicht in syrischen Mönchskreisen Ägyptens entstandenen Stücken berührt sich in seinem literarischen Charakter in etwas der offensichtlich dem äußersten Osten des jakobitischen Kirchengebietes entstammende Roman von Behnâm und Sârû, den Kindern eines Assyrerkönigs Sanḥirib(h) in der Zeit des Apostaten Julianus.[4])

13. Jh) 1°. 18. VtS 427 (16. Jh) fol 92 v°. Urm 178 (17. Jh). 103 (J 1715), einer arabischen Übs (nach Vorlage vom J 1178): JerMkl 38* (J 1732/3) 12°. Agg: AMS 1, 366/71, mit Übs: F Nau, ROC 6, 276/90. 354/78. A Smith Lewis, StSin 9, 48/71 (10, 36/45). Eine verwandte Erzählung ohne Nennung des Namens der Heldin: Pr 309 (J 1869) 20°. Weitere ursprünglich griechische Legenden des ägyptischen Asketenkreises, die in selbständigen syrischen Texten auftreten, sind diejenigen von Maria Aegyptiaca, von Martinianos und von Markos und seinem Begräbnis durch Serapion. Hss der ersten: BrM 950. 1°. Pr 234. 1°. 6, der zweiten: BrM 945 (Add 14647. J 687/8) III° 2. 952 (Add 14645. J 935/6) 15°. 811 (Add 14656. 10. Jh) 6°. 960 (Add 12174. J 1197) 25°. Pr 234. 22°. 235 (Anc fonds 174. 13. Jh) 14°. VtB 39 (16. Jh). N-Dsém 113, der dritten: BrM 959 (Add 14730. fol 112/64. 12. Jh) 12°. 842 (Add 14728. fol 1/75. 13. Jh) 5°. 963 (Add 14732. fol 1/227. 13. Jh) 10°. Or 2732 (18. Jh). CmbrAdd 2016 (13. Jh). JerPatr 17 (Vor J 1612) δ'. Brl 74 (Sach 9. J 1694/5) 13°. 177 (Sach 60. J 1895) 2°. Pr 309 (J 1869) 5°, einer arabischen Übs derselben (nach Vorlage vom J 1178): JerMkl 38* 8°. Agg der ersten: AMS 5, 342/85, der dritten: V Scheil, ZA 12, 162/70.

[1]) Hss: BrM 949 (Add 14650. 6/7. Jh) 20°. 948 (Add 14651. J 850) 4°b. 950. 25°. 954. 4°. 918 (Add 14641. 10/1. Jh) 4°b. 958 (Add 14735. fol 72/173. 12. Jh) 10°. 7190 Rich (13. Jh) 81°. JerPatr 17 δ', einer arabischen Übs (nach Vorlage vom J 1178): JerMkl 38* 110°. Ag und Übs: A J Wensinck, Legends of Eastern Saints chiefly from syriac sources. 2 (Leyden 1913). Bs nach der Karšûni-Hs Brl 110 (Sach 7) 10°: KatSachau 381 f. [2]) Hss zweier verschiedener Rezensionen: BrM 949. 21°. 950. 16°. 9170 Rich 77°. Sin 30. Pr 236 (Suppl 28. J 1193/4) 19°. 235. 25° bzw. Katalog Hiersemann 487. Nr 255 a (8/9. Jh) 21°. Brl 74. 10°. BrMOr 4526 (J 1726/7), ungewiß, welcher: N-Dsém 112 (J 1885), einer arabischen Übs (nach Vorlage vom J 1178): JerMkl 38* 107°. Agg der ersten Rezension: AMS 4, 405/21. A Smith Lewis, StSin 9, 81/93 (10, 60/9). Bs der ersten: KatSachau 285, der zweiten nach der Karš.-Hs Brl 110 (Sach 7) 3°: ebenda 378. Eine poetische Bearbeitung späterer Zeit in der Hs VtS 90 (J 1570/1) 13°. [3]) Hss: BrM 950. 19°. 918. 4°. 957 (Add 14655. 11. Jh) 2°. 958. 7°. 7190 Rich 82°. Pr 236. 14°. 234. 1°. 17. 235. 10°. Dijarb 98. 1°, einer (von der edierten verschiedenen) arabischen Übs (nach Vorlage vom J 1178): JerMkl 38* 11°. Ag und Übs (auch eines arabischen und des äthiopischen Textes): A J Wensinck a. a. O. 1 (Leyden 1911), der koptischen Dichtung: H Junker, OC 7, 158/75. Zu der Ag Wensincks vg. W Weyh, ZDMG 66, 758/67, der nachdrücklich gegen die Annahme einer Übs aus dem Griechischen eintritt, zu einer Stelle des edierten arabischen Textes: A Baumstark ebenda 67, 126/8. [4]) Hss: BrM 960. 70°. 961 (Add 14733. J 1199) 1°. 964 (Add 17267. fol 50/75. 13. Jh) 3°. 969 (Add 14735. fol 51/71. 13. Jh). 7200 Rich (18. Jh) 13°. Or 4404 (19. Jh) fol 26 r°. Pr 234. 1°. 3. 295 (J 1705) 2°.

Ausmündend in die Gründungssagen einer Mehrzahl späterhin von jakobitischen
Mönchen bewohnter Klöster Mesopotamiens, führt er zu einer Gruppe gern in
Häufung genauer Datierungen mit einer gekünstelten Urkundlichkeit prunkender
Biographien legendarischer Stifter solcher Klöster hinüber, denen die durchsichtige
Tendenz zugrunde liegt. die Entstehung tatsächlich wohl weit jüngerer Hochburgen
monophysitischen Mönchtums im Osten bis ins 5., 4. oder gar 3. Jh hinaufzurücken. Es sind die Lebensgeschichten des Mâr(j) Mattai († angebl. 18. 9. 311).[1] dem
das nach ihm benannte Kloster auf dem Berge Ep(h)ep(h) bei Mosul, eines Ahrôn
aus Serûg(h) († angebl. 28. 5. 337),[2] dem ein solches auf dem „gesegneten“ Berge
bei Melitene, sein Dasein verdanken soll, eines in die Zeit des Kaisers Valens
verlegten „Arztes“ Dometios[3] und eines „Ägypters“ Ja‘qôb(h) († angebl. 20. 9.
421).[4] der als Verpflanzer ägyptischen Eremitentums nach Mesopotamien ein Konkurrent des hl. Eugenios nestorianischer Legende ist. Auch die Geschichte eines
aus einem Kloster in der Nähe von Edessa hervorgegangenen Sem‘ôn r Kĕp(h)ar
‘Ab(h)din dürfte in diesen Kreis gehören.[5] Eher einen gewissen geschichtlichen
Wert scheint dagegen diejenige eines Ahā zu besitzen.[6] deren Held. als Zeitgenosse erst des Kaisers Markianos bezeichnet, von einem älteren mesopotamischen
Klostergründer gleichen Namens zu unterscheiden ist,[7] mit dessen Kreise das
Martyrium eines Pinhās sich berührt.[8] Läßt sich bei allen diesen Texten die
hsliche Überlieferung mit Sicherheit nie bis in vorislamische Zeit hinauf verfolgen,
so scheint doch ihre Entstehung am besten sich der Epoche siegreichen Vor-
dringens der jakobitischen Propaganda im Sassanidenreiche einzufügen, welche
die letzten Jahrzehnte seines Bestehens bezeichnen.[9] Gleichzeitig mag auch
schon das Lebensende des Kaisers Maurikios († 602) eine legendarische Ausschmückung erfahren haben.[10]

326. 5°. VtB 91 (J 1869). Brl 75 (Sach 222. J 1881) 11°. N-Dsêm 112 (J 1885). 113. Urm 179 (19. Jh) 6°.
Ag: AMS 2, 397/441.   [1] Hss: JerPatr 17×,β'. Brl 178 (Sach 83. J 1862) 1°. Bs: KatSachau 575 f.
[2] Hs: BrM 960. 7°, einer arabischen Übs (nach Vorlage vom J 1178): JerMkl 38* 24°. Ag: F Nau,
PO 5, 701,49.   [3] Hss: BrM 952. 12°. Pr 235. 28°, des Schlusses einer Predigt auf ihn: BrM
973 (Add 17201. fol 22,5. 7 8. Jh), einer arabischen Übs (nach Vorlage vom J 1178): JerMkl 38* 21°.
Ag: AMS 6, 536,56. Dazu die Geschichte eines hl. Einsiedlers und Mönches Asjā („Arzt“ schlecht-
hin?,: BrM 960. 4°. Bs: F Nau, ROC 20, 17 20.   [4] Hss: BrM 960. 71°, eines Bruchstückes:
963. 22°. Bs: KatWright 1136. Vg. die Geschichten eines J. „des Wanderers“ oder „des Lahmen“:
BrM 945 (Add 14647. J 687 8) III° 1. 949. 13°. Pr 235. 19°. JerPatr 17 γ bzw. eines „Reklusen J.“:
BrMOr 4528 (J 1736,7) und die arabischen Übss dieser beiden Stücke (nach Vorlage vom J 1178):
JerMkl 38* 28°. 47°. Bs des zweiten: F Nau a. a. O. 1,12.   [5] Hss: BrM 950. 20° bzw. einer
arabischen Übs (nach Vorlage vom J 1178): JerMkl 38* 18. Bs: F Nau, ROC 19, 420,21.
[6] Hs: VtS 37 (J 1626,7) 15°. Bs: KatAssemani 2, 249.   [7] Vg. ChrS 1, 140, wo er
als Schüler des hl. Eugenios erscheint.   [8] Da es in die Zeit Šâb(h)ôrs verlegt wird. Hss:
BrM 961. 4°. JerPatr 17 ζ'. Ag: AMS 4, 208,18.   [9] Dunkel bleiben die Geschichten eines
„vollkommenen Einsiedlers“ Rûb(h)il und seiner Genossen unter Traianus und eines Mâr(j) Šebhai.
Hss: BrM 950. 26°. Ox 163 (Marsh 13. J 1176/7) 4°. CmbrAdd 2016 (13. Jh) 18° bzw. Ox 163. 3°,
einer arabischen Übs der ersteren (nach Vorlage vom J 1178): JerMkl 38* 19°. Auch bei
erst verhältnismäßig spätem Einsetzen der hslichen Überlieferung mit einem erheblich
höheren Alter derartiger Texte zu rechnen berechtigt beispielsweise die Tatsache, daß von der
recht untergeordneten Geschichte eines angeblich im J 420/1 geborenen Kindes, das zweijährig
von dem noch als Heide vorausgesetzten Magistraten von Byblos mit seinen Eltern getötet
worden wäre, BrM 960. 73°, ein Bruchstück schon in 984 (Add 14670. 6,7. Jh) vorliegt. Bs: F Nau,
ROC 20, 15 f.   [10] Hss (darunter allerdings auch nestorianische): CmbrAdd 2016. 16°. JerPatr
17 ζ'. Pr 309. 16°. N-Dsêm 113. Ag: F Nau, PO 5, 773 8.

B. Die Literatur der islamischen Zeit.

Im Gegensatze zur syrischen Literatur des vorislamischen Zeitalters, die der unmittelbare Ausdruck für das Geistesleben eines, wenn auch wesenhaft kirchlich-religiös gebundenen und in seinen Schicksalen durch theologische und kirchengeschichtliche Bewegungen beherrschten Volkstums gewesen war, stellt sich diejenige der islamischen Jahrhunderte von vornherein als das Schrifttum verschiedener, wenn auch in ihrer Kultus- und Gelehrtensprache übereinstimmender Kirchen dar. Selbst sprachlich bzw. graphisch ist dabei zwischen nestorianischer und jakobitischer Literatur der Unterschied gegeben, daß die erstere, für deren Entwicklung dauernd das nordöstliche, mittlere und südliche Mesopotamien und die Gebiete östlich des Tigris den geographischen Schauplatz bildeten, mit der sprachgeschichtlich älteren ostsyrischen Aussprache ein von griechischer Schrift unabhängiges System der Vokalbezeichnung verband. während das mehr nach dem Westen hin gravitierende Jakobitentum zur Bezeichnung eines durch eine eigentümliche westsyrische Lautverschiebung gegangenen Vokalismus sich der griechischen Vokalbuchstaben zu bedienen beliebte. Solchen Äußerlichkeiten gegenüber wies allerdings der innere Charakter der beiden Kirchenliteraturen keine allzu tiefgehenden Unterschiede auf. Insbesondere wurde auf beiden Seiten das Mönchtum immer ausschließlicher wie überhaupt die führende Macht innerhalb der Kirche, so auch der Träger des literarischen Lebens. Auch ein Verfall dieses Lebens hat sich hüben wie drüben als eine unmittelbare Folge der durch die politischen Umwälzungen des 7. Jhs geschaffenen neuen Verhältnisse nicht geltend gemacht.

I. Die nestorianische Literatur bis zur Jahrtausendwende.

Insbesondere die nestorianische Literatur bietet rund von der Mitte des 7. bis gegen Ende des 10. Jhs das Bild eines ebenso reichen als wesenhaft bodenständigen Lebens, in dem neben dem fortdauernden Einschlag iranischen nunmehr zuweilen in vielleicht nicht zu unterschätzender Weise ein solcher arabischen Blutes sich geltend machte. Eine neue Welle griechischen Einflusses, die auf theologischem Gebiete eine Bewegung nach Revision des dogmatischen Standpunktes in alexandrinischem Sinne bezeichnete, ist hier überwunden worden. Eine erneute griechisch-syrische Übersetzungstätigkeit profanwissenschaftlichen Charakters, zu welcher die kulturellen Bedürfnisse der islamischen Umwelt im 8. und 9. Jh den Anstoß gaben, ist nicht über die an ihr beteiligten Gelehrtenkreise hinaus von Wirkung auf die allgemeine innersyrische Literaturentwicklung geworden, und so gehört denn nächst dem Nachlasse eines Ap(h)rahaṭ und Ap(h)rem, der Prosa eines Philoxenos und der Poesie eines Ja'qôb(h) v Sĕrûg(h) diese nestorianische Kirchenliteratur des früheren Mittelalters zu den am meisten den Charakter semitisch-orientalischer Eigenart zum Ausdruck bringenden Schichten syrischen Schrifttums.

§ 30. Die Katastrophe der Überrennung des Sassanidenreiches durch die siegreichen Scharen des Islams fiel für die nestorianische Kirche in die Zeit des K Îšô'jahb(h) II., der sich selbst gleich seinen Zeitgenossen Barṣaumā v Kark(h)ā, Kyriakos v Nisibis, Sûrin und Silwânôs v Qardû schriftstellerisch in den Bahnen der bisherigen gelehrten Theologenliteratur bewegte. Eine auch literaturgeschichtliche Epoche von einschneidender Bedeutung bezeichnet erst sein zweiter Nachfolger Îšô'jahb(h) III. vermöge einer großzügigen Redaktionstätigkeit, welche für die Gestaltung der gesamten nestorianischen Liturgie maßgeblich geworden ist. Im einzelnen wurden als Früchte derselben von der Folgezeit einerseits das Chorgesangbuch des Ḥûd(h)rā, andererseits eine Reihe von Formularen gewertet, die griechisch gesprochen als solche eines nestorianischen Euchologions zu bezeichnen sein würden. Eine alsbald einsetzende kommentatorische Beschäftigung mit ihren Ergebnissen hat an dem vielseitigen Gelehrten Gabriel v Bêt(h) Qaṭrājē einen führenden Vertreter gehabt.

a) K Îšô'jahb(h) II.[1]) aus Gĕd(h)ālā in Bêt(h) 'Arbājē, ord. zwischen 11. 5. und 30. 9. 628,[2]) † zwischen 19. 11. 643 und 5. 11. 644[3]) oder zwischen 28. 10. 645 u. 16. 16. 646,[4]) hatte zu den 300 Studierenden gehört, die in Opposition gegen Ḥĕnānā Nisibis verließen, war dann selbst in Bālad(h) als Lehrer tätig gewesen und, obgleich verheiratet, dort B geworden. Mit einem Stabe von ihm ausgewählter BB erschien er zu Anfang seines Pontifikats als persischer Gesandter[5]) vor Kaiser Herakleios, den er in Aleppo antraf. Durch Ablegung eines Glaubensbekenntnisses, das starke Zugeständnisse an die chalkedonensische Orthodoxie machte, erkaufte er sich hier Zulassung zur kultischen Gemeinschaft mit den Griechen, was ihm

---

[1]) ChrM 29/31 (25,7). ThM I 35. II 4. ChrS 2, 234/62. 280/305. EbŠ 1, 53 (30) und zu den JJ 7 und 23 H. MbS 61 f. (54 f.). 'Am 52/5 (30,2). M 776 (3, 521). B'EKg 2, 113/6. 127 f. 'Ai § 71. BO 2, 416/8. 3ı, 105/8. J-BChabot, JA⁹ 8, 85 f. Wright 169 f. Duval³ 369 f. Labourt 236/46.

[2]) Nämlich 7 H. nach EbŠ, 939 Gr nach 'Am.   [3]) 23 II. nach EbŠ zu diesem J, wozu die 1, 53 (30) von ihm gemachte Angabe von einer 17 jährigen Regierung (einschließlich des Ordinations- und Todes-Js) stimmt.

[4]) 25 II. nach EbŠ 1, 53 (30), wozu die Angabe 'Ams von einer 19 jährigen bzw. der ChrM von einer 18 jährigen Regierung gehören dürfte.

[5]) Des schon im 9. 628 verstorbenen Šĕrój nach ThM II 4, seiner Gemahlin und Schwester Bôrān, die nach zwei kurzen Zwischenregierungen im Frühjahre 630 die Herrschaft übernahm nach ChrM und MbS. Richtig kann nur das Erstere sein, da Herakleios tatsächlich 628 in Syrien stand.

seitens der strengen Nestorianer herbe Vorwürfe zuzog. Vor den heranrückenden arabischen Heeren zog er sich nach Kark(h)ā dhĕ Bêt(h) Sĕlôk(h) zurück. Erst spätere Quellen wollen davon wissen, daß er sich durch Vermittlung eines christlichen Fürsten des Negrān und des dortigen Bs an Mohammed gewandt und von ihm einen Schutzbrief erlangt[1] oder daß er einen solchen durch Omar ausgestellt bekommen habe.[2] Sein literarischer Nachlaß umfaßte[3] nächst einem Ps-Kommentar „Geschichten" wohl hagiographischen oder mönchsgeschichtlichen Inhalts, Mēmrē, in denen man eher Dichtungen als prosaische „Reden" zu vermuten haben dürfte, und Briefe. Von letzteren hat sich einer an einem den nestorianischen Standpunkt folgerichtig festhaltenden dogmatischen Sendschreiben an einen Rabban Abraham von Bêt(h) Mād(h)ai im Original,[4] das Herakleios eingereichte Glaubensbekenntnis hat sich in arabischer Übs erhalten.[5] Vereinzelt erscheint ferner unter dem Namen Î.s die sonst Bāb(h)ai beigelegte Tešbôḥtā der Sonntags-Komplet.[6]

b) B **Barṣauma** v **Kark(h)ā d(h)e Lād(h)en**[7] in der Susiana gehörte zu denjenigen, welche Îšô'jahb(h) II. sein Verhalten auf der Gesandtschaftsreise zu Herakleios heftig vorwarfen. Zwei an denselben gerichtete Briefe haben sich in arabischer Übs erhalten.[8] Ein theologisches „B der Leber", Leichenreden,[9] Mēmrē und „Dankgebete" wohl zum Schlusse des eucharistischen Gottesdienstes[10] bildeten seinen weiteren literarischen Nachlaß. Wohl von ihm zu unterscheiden ist ein nach Maßgabe der hslichen Überlieferung eher jakobitischer B. **Hûzājā** (= „der Susianer"), Verfasser einer Abhandlung über die Auferstehung der Toten.[11]

c) M **Kyriakos** v **Nisibis**[12] gehörte zu den BB, welche Bāb(h)ai um die Übernahme der Kirchenregierung ersuchten, und begleitete später Îšô'jahb(h) II. auf der Gesandtschaftsreise zu Herakleios. Er wird als Verfasser einer Erklärung des Glaubensbekenntnisses und der Meßliturgie, zweier Festtraktate auf Weihnachten und Epiphanie und eines Kommentars zu den Paulusbriefen genannt.

d) **Sûrîn**[14] war Exeget an der Schule von Nisibis, während der Nachfolger Bāb(h)ais d. Gr. dem Hauptkloster des Îzlā und der Nachfolger Bāb(h)ais des Nisibeners dem von diesem gegründeten Kloster vorstand. Ein von ihm verfaßtes antihäretisches Werk hatte einen eigentümlichen, anscheinend durch einen Anschluß an die Methode „griechischer" d. h. aristotelischer Philosophie bedingten Charakter. Ein Mēmrā, den er Narsai und dessen blutsverwandten Schülern

---

[1] ChrS. MbS. 'Am. B'E. Der gewiß apokryphe Text einer doppelten einschlägigen Urkunde: ChrS 2, 282/90. 290/8.   [2] ChrS. MbS. Der angebliche Text: ChrS 2, 300,3.   [3] Nach 'Ai.
[4] Hss: Séert 65 (17/8. Jh) 5°. VtB 82. 23°. N-Dsém 90. Mard 50. Vg. Labourt 243. Ak. 4.
[5] 'Am 53f. (31).   [6] Hs: BrM 186 (Add 14675. 13. Jh) 2ⁿ k α'. Vg. S. 138 Ak. 10.   [7] ChrS 2, 240/58. 316. B'EKg 2, 115f. 'Ai § 102. BO 3ɪ, 173, wo fälschlich als Bischofssitz B.s K. d b)ĕ Bêth Sĕlôk(h) angenommen und er in die Zeit des K Pet(h)jôn (d. h. die erste Hälfte des 8. Jhs) herabgedrückt wird. A Scher, ROC 11, 21.   [8] ChrS 2, 242,9. 250,6.   [9] ChrS. 'Ai. Die letzteren scheinen nach ChrS 2, 240 irgendwie in ihrer Weise bahnbrechend gewesen zu sein. Neben dem ersteren nennt ChrS 2, 316 das gegen Jakobiten und Melkiten gerichtete B eines „Lehrers" Birô (oder Bizô?).   [10] 'Ai allein.   [11] Hss: BrM 804 (Add 14653. 9,10. Jh).   [12] ChrM 30 (26). ThM I 27. II 4. ChrS 2, 262. 279. 'Ai § 145. BO 3ɪ, 215. Duval³ 381.

[13] Wörtlich: „des Glaubens und der Mysterien". Man möchte an Katechesen einschließlich mystagogischer, nach Art derjenigen des Kyrillos v Jerusalem, denken, wenn Katechumenat und Erwachsenentaufe in der nestorianischen Kirche des 7. Jhs noch eine nennenswerte Rolle sollten gespielt haben können.

[14] Jâusep(h) Ḥazzājā, B. der Fragen u. Antworten Kap. 2 (noch unediert). 'Ai § 92. BO 3ɪ, 168f., wo er unzutreffend mit demjenigen Träger des Namens gleichgesetzt wird, der nach MbS 67 (59). 'Am 62f. (36) im J 754 nach dem Tode des K Mār,j) Ab(h)ā II. unter dem Drucke mohammedanischer Waffengewalt als dessen Nachfolger eingesetzt wurde. Duval³ 380f. 411. A Scher, ROC 11, 22f. Über ein S.-Zitat in späterer gelehrter Literatur: KatSachau 316.

Abraham und Jôḥannān widmete. erscheint gelegentlich in die zu liturgischem
Gebrauche angelegte Sammlung der Mēmrē desselben aufgenommen.[1] eine Ehre,
die ebenso demjenigen eines nicht weiter bekannten D a w i d E s k ô l ā j ā aus
Kĕp(h)ar'azzā auf Kreuzauffindung zuteil wird.[2]

e) B Silwânôs r Q a r d û (Gordyene)[3] kann über die erste Hälfte des 7. Jhs
nicht herabgerückt werden. da er mit Rabban Hôrmîzd, dem späteren Gründer
des nach ihm benannten Klosters bei Alqôš zusammentraf, während dieser als
noch junger Mönch in demjenigen des damals bereits verstorbenen Bar 'Id(h)tā
weilte. Erhalten haben sich von ihm eine Schrift gegen die Astrologie und die
abergläubischen Gebräuche unter den Christen und eine solche über die griechische
Philosophie, welche den Inhalt von $Εἰσαγωγή$, $Κατηγορίαι$ und $περὶ ἑρμηνείας$ sowie der aus dem neuplatonischen Studienbetrieb hervorgegangenen $προλεγόμενα$ zu
den beiden ersten behandelt.[4]

f) K Îšô'jahb(h) III.,[5] ord. 650 1[6] oder 647 8,[7] † 657 8,[8] war als Sohn
eines begüterten Persers Basṭûhmāg(h) zu Kûp h)lānā (oder Kûp(h)aljā) in der
Adiabene geboren. Schüler Ja'qôb(h)s r Bêt(h) 'Ab(h ē gewesen. zu dessen treuen
Verehrern schon sein Vater gehört hatte. und in Nisibis wissenschaftlich gebildet.
Durch Îšô'jahb(h) II. zum B von Ninive-Mosul erhoben. hatte er ihn auf seiner
Gesandtschaftsreise begleitet und war später M von Arbela geworden. Als K
hat er mit einer durch den Men Šem'ôn r Rēwardàšir vertretenen traditionellen
Unabhängigkeitsbestrebung der persischen Kirchenprovinz zu kämpfen gehabt,
dabei den kirchlichen Frieden wiederherzustellen gewußt, indem er persönlich
seinen Gegner aufsuchte, dagegen unter dem Drucke von Schwierigkeiten auch
mit der neuen mohammedanischen Obrigkeit Seleukeia-Ktesiphon verlassen und
im Kloster von Bêt(h) 'Ab'h)ē seine Residenz aufgeschlagen. Eine theologische
Schule, die er hier zu gründen versuchte. zwang ihn der Widerstand der in
einseitig asketischer Richtung wissenschaftlichen Bestrebungen abholden Mönche
vielmehr nach seinem Heimatorte zu verlegen. Das Bild seiner Tätigkeit als
B. M und K spiegelt sich in einer nach diesen drei Stufen seiner hierarchischen Laufbahn geordneten Sammlung von Briefen.[9] Außer dieser hat
sich von seinem nichtliturgischen Nachlasse an Prosaischem die Biographie
eines Mönches Îšô'sab'h)ran erhalten. der im J 620 als letzter hervorragender
Blutzeuge des Sassanidenreiches gestorben war.[10] Von den übrigen Stücken
desselben war ein K d h)ē hûppàk(h) hûššab h)ē („B des Umsturzes der Mei-

---

[1] Hss: Dijarb 70 (J 1327 8) 10° und wohl auch (ohne Nennung seines Namens): Brl 57
(Sach 174 6) 10° bzw. Nr 6 der von Diettrich beschriebenen. Ag eines darin eingeschobenen Abschnittes über die Geschichte der Schule von Nisibis: A Scher, PO 4, 400/2.   [2] Hss: Brl 57. 25°.
Diettrich Nr 6.   [3] Biographie des R. Hôrmizd von Šem'on (Ag E A W Budge) 37 9 (55,9 = Ders.,
The Book of Governors I, CLVIII f.). E S a c h a u, $Γενεθλιακόν$ zum Buttmanstag (Brl 1899) 63 f.
[4] Hss: BrlOrqnart 871. fol 650 r° 93 r°. 620 r°,50 r°.   Urm 138 (J 1886) 5°. 6°.
[5] ThM I 24. II 4 f. 7,10.   ChrS 1, 85. 2, 316.   EbŠ 54 (30).   MbS 62 f. (55). 'Am 56 f.
(32 f.). B'EKg 2, 127 32. 'Ai § 74. BO 3₁, 113 43. J-B Chabot, JA⁹ 8, 87,90. W r i g h t 169 f.
D u v a l³ 370.   [6] Nach 'Am: 962 Gr. (Supp. Pasch. 5. 10. 3).   [7] Nach EbŠ: im 4. J Othmans.
[8] Nach EbŠ im 3. J Alis, nachdem er nach diesem 9, nach 'Am 7 JJ und 3 Monate K
gewesen war.
[9] Hss: VtS 157 (8. oder 10. Jh?). Mos 112 (J 1696. Abs der vorigen). Pr 336 (J 1896.
Abs der vorigen). Mard 78 (J 1868, wohl gleichfalls Abs der Mosuler). Eine solche im Privatbesitze von EAWBudge. Agg: Ph Scott-Moncrieff, The book of consolations: or the pastoral
epistles of Mâr Isho-yabh of Kuphlāna in Adiabene 1 (Lo 1904, mit Übs: R Duval. CSCO
Ser. II. 64, einzelner bzw. von Azz solcher: BO 3₁, 114,36. Wenig 95 113. Ein Verzeichnis
der Briefe: BO 3₁, 140,3.   [10] Hss: VtS 161 (9. Jh) 36°. VtB 161 (9. Jh). Ag: J-B Chabot,
Nouvelles Archives des missions scient. et litt. 7, 485,584.

nungen") betiteltes antihäretisches Werk,[1] das eine Ergänzung durch weitere Kontroversschriften fand,[2] einem M Jôḥannân r Bēt(h) Lâp(h)âṭ gewidmet. Eine Sammlung von Predigten[3] entsprach anscheinend derjenigen der Briefe und hat vielleicht die besonders gerühmten Leichenreden[4] enthalten. Eine der asketischen Sentenzenliteratur angehörende paränetische Schrift war an Novizen des Mönchslebens gerichtet.[5] Dichterische Produktionen, welche im kirchlichen Tagzeitengebet einen dauernden Platz erhalten haben sollen, gehörten den Gattungen des Mēmrā und des Mad(h)râšā an,[6] sind also möglicherweise zum Teil unter den Mad(h)râšē zu suchen, welche die Maut(h)ĕb(h)ē („Sessionen") genannten Teile des nestorianischen Nachtoffiziums beschließen.

g) Ḥûd(h)râ („Kreislauf"),[7] eigentlich Penqid(h)tā (πιναzίδιον, „Tafel") der Kanones des ganzen Jahreskreislaufes" heißt das große Choralbuch des nestorianischen Ritus, das auf die Sonn- und Festtage des Kirchenjahres und die Werktage des Ninivitenfastens und der vorösterlichen vierzigtägigen Fastenzeit die älteren wechselnden Gesangstücke für das kirchliche Tagzeitengebet und die Eucharistiefeier enthält. Seine von ihm noch als M von Arbela mindestens begonnene und mit Hilfe des gelehrten Mönches 'Ĕnânîšô' (§ 31a) durchgeführte Redaktion gilt allgemein als das liturgische Hauptverdienst Î.s III.[8] Insbesondere wird auf diesen die der Anordnung des Ganzen zugrunde liegende Einteilung des nestorianischen Kirchenjahres in die acht „Wochen" bzw. Wochenreihen der Verkündigung und Geburt, der Erscheinung, des Fastens, der Auferstehung, der Apostel, des Sommers, des Elias, des Moses und der Kirchweihe zurückgeführt. Den Grundstock des Inhaltes bilden die 'Ônjât(h)ā („Responsorien." — Sing.: 'Onît(h)ā) genannten, meist poetischen Texte, die unter Zusammenwirken zweier Halbchöre und ihrer Vorsänger in Verbindung mit einzelnen Psalmversen bzw. der bestimmte Gruppen von Psalmversen abschließenden trinitarischen Doxologie zum Vortrage gelangen. Was hier, wie durchweg bei den liturgischen BB der Nestorianer, in den Exemplaren des zweiten Jahrtausends kenntlich wird, ist allerdings erst eine zu maßgeblicher Geltung gelangte spezielle Rezension eines bei Mosul gelegenen „oberen Klosters der hll. Gabriel und Abraham".[9] Über diese hinauf führen vielleicht einige aus Chinesisch-Turkestan nach Berlin gelangte Bruchstücke, deren ältestes und umfangreichstes dem 9 10. Jh soll angehören können.[10] Eine Ergänzung bildet der das ungleich bescheidenere entsprechende Textmaterial für die Werktage des Jahres außerhalb der Quadragesima enthaltende Kaškul.[11] Über eine dritte in diesen Kreis gehörige Erscheinung, diejenige des Gazzā, vg. § 49a.

---

[1] ChrS 2, 315. 'Aî. 'Am.   [2] 'Aî: „Disputationen gegen (gewisse) Leute". 'Am: „B von Mahnung und Tadel".   [3] Genauer nach 'Am: „Homilien".

[4] 'Aî: „Trostreden, die sehr schön".   [5] 'Aî: „Paränese an gewisse Anfänger". 'Am: „B der κεφάλαια."   [6] So 'Am. Nur Mad(h)râšē nennt 'Aî.

[7] G P Badger, The Nestorians and their rituals (Lo 1852) 2, 22. A J Maclean, East Syrian daily Offices. Transl. from the Syriac. With introd. notes and indices (Lo 1894).

[8] ThM II 11. 'Aî. 'Am: Traktat eines Bĕrik(h)îšô' (§ 52d) und die verschiedenen umfassenden nestorianischen Liturgieerklärungen.

[9] Hss: Séert 33 (angeblich des 11. Jhs). 34 (J 1611). Mard 22 (J 1287 21 (J 1510). Urm 194 (J 1290). 209 (18. Jh). Mos 45 (14. Jh). 46 (J 1776,7). BrM 7177 Rich (J 1484). 7179 Rich (15. Jh). 7178 Rich (J 1545). VtS 83 (J 1539). 86 (16. Jh). VtB 85 (modern). JerPatr 3 (J 1560). CmbrAdd 1989 (J 1607). BrlOrquart 1160 (Abs einer Vorlage vom J 1685). N-Dsêm 61 (J 1704,5). 62 (J 1714,5), des von Ostern bis Schluß des Kirchenjahres reichenden letzten Bandes eines dreibändigen Exemplars: VtS 87 (15. Jh), fragmentarische: Brl 47 (Sach 354. 17. Jh). Beste Bs: KatWright-Cook 168,84. Ag des Großteils der Texte im BrCh.

[10] ESachau, SbPAW 1905, 964,78 (mit Ag von Textproben). ABaumstark, OC² 329f.

[11] G P Badger a. a. O. 22. Hss: Pr 183 (Anc fonds 78. 15. Jh). VtS 85 (J 1562). 84 (J 1571)

h) Dem griechischen **Euchologion** entspricht für die nestorianische Liturgie
der Ṭak(h)sā (*Τάξις*) oder T. d(h)ē k(h)ahnē) (Priester-*τάξις*) wesentlich ¹) nur mit
Bezug auf diejenigen Funktionen, deren Vollzug nicht nur dem Bischof, sondern
auch dem einfachen Priester zusteht. Speziell sind es der außeranaphorische
Meßordo, die drei Anaphoren „der Apostel", des Theodoros und Nestorios, die
Taufliturgie, die Rekonziliation der Büßer, die Riten der Wasserweihe, der „Erneuerung des Fermentum" und einer Altarweihe ohne Verwendung von Öl, die
sich mit den vom Priester in Matutin und Vesper zu sprechenden Gebeten zu
einem Normalbestand eines Inhaltes zusammenschließen, der verschiedenartige Erweiterung namentlich durch Sammlungen von Gebeten für mannigfache Anlässe
erfährt. Von jenen Stücken werden Taufliturgie und Rekonziliationsritus ausdrücklich auf I. III. zurückgeführt.²) Doch haben selbst diese keinesfalls die
ihnen von ihm gegebene Gestalt unverbrüchlich streng festgehalten. So erscheint
die bislang allein näher untersuchte Taufliturgie ³) in einer Mehrzahl verschiedener Rezensionen, von denen eine gelegentlich einem K Jahb(h)allāhā beigelegt wird.⁴) Daß die organisatorische Tätigkeit des großen K sich auch auf
die eucharistische Liturgie erstreckt habe, wird von den späteren Liturgie-
erklärern allgemein vorausgesetzt. Näherhin wird ihm einerseits die das Verbot
eines weiteren Gebrauches sonstiger bisher üblich gewesener Formulare einschließende Kanonisierung der genannten drei Anaphoren zugeschrieben.⁵) Andererseits erfährt man,⁶) daß er einen ungebührlich lang gewesenen Text einer kürzenden Bearbeitung unterzogen habe, und wenn dabei die „Messe des Nestor⟨ios⟩"
genannt wird, so kann dies angesichts der breiten Ausführlichkeit gerade dieses
Formulares nur auf einem Mißverständnis beruhen und es muß vielmehr an die
Apostelanaphora gedacht werden, deren überlieferter Text in der Tat den Eindruck starker Kürzung macht.⁷) Freilich läßt sich auch dieser nicht uneinge-

<hr>

Mard 23 (J 1568). Jer 29 (J 1571).   16 (16. Jh). Nr 8 der von Diettrich beschriebenen (J 1659).
Urm 15 (J 1663). N-Dsém 67 (J 1727/8).   Brl 4S (Or fol 1199. J 1743). Orfol 3181 (J 1778). Unvollständige Ag auch hier im BrCh.

¹) G P Badger a. a. O. S. 24. Hss: Séert 38 (13. Jh). 50 (J 1461). 37 (16. Jh). 40 (J 1613).
Mos 36 (J 1331/2). 40 (J 1599/1600). 41 (J 1684/5). 38 (J 1696/7). 39 (1708/9). 27 (1725/6). 42 (18. Jh).
Dijarb 48 (15. Jh). Brl 38 (Sach 167. J 1496). 40 (Sach 64. 17. Jh). 39 (Orquart 804. J 1784/5). 41 (Orquart
565. J 1834).   BrM 7181 Rich (J 1570). Or 4060 (16. Jh). Mard 19 (Vor J 1573/4). 18 (J 1605).
31 Anh. 1⁰ (J 1753). N-Dsém 53 (J 1577/8). 57 (17. Jh). 56 (J 1715 6). 55 (J 1850). Urm 95 (16. Jh).
17 (J 1737/8). VtS 42 (J 1603). JerPatr 48 (J 1645). 44 (J 1670). 13 (J 1710). Pr 283 (J 1683/4).
CmbrAdd 2045 (J 1685/6). 1984 (J 1707). 2046 (19. Jh). Ag: Liturgia SS Apostolorum Adaei et Maris.
Cui acced. 2 aliae in quibusd. festis et feriis dicendae: necnon ordo Baptismi (Urmia 1890).

²) Durch 'Ai und meist auch durch hslichen Vermerk zu den Texten selbst.

³) Agg: Liturgia usw. 56/75; unzuverlässige: CodL 1, 174/201. 2, 211/3. 3, 136/45. Übss:
G P Badger, The Nestorians and their rituals 2, 195 212. II Denzinger, Ritus orientalium 1, 364/83;
mit eingehender Untersuchung: G Diettrich, D. nestorian. Taufliturgie ins Deutsche übs. u.
unter Verwendung d. neuesten hslichen Funde histor.-krit. untersucht (Gießen 1903).

⁴) Hs: Brl 40.   ⁵) ChrS 1, 85.   ⁶) M 776 (3, 521).

⁷) Weitere Hss der drei Anaphoren (außerhalb eines vollständigen Ṭak(h)sā (oder Pontificale): Séert 41 (J 1611). 42. Dijarb 47 (J 1651). JerPatr 22 (J 1665). Urm 119 (J 1726/7). 121 (J
1887). Pr 310 (J 1744). Mard 20. Eine aus Jerusalem stammende in amerikanischem Privatbesitz (J 1710. Vg. J Hall, PAOS 1887/8. CCLXXXVI/XC), nur der Apostelliturgie in uniert-
„chaldäischer" Überlieferung: VtS 44 (J 1691). Ox 64 (Ouseley 267. 18 Jh). Vg. auch S. 120 Ak. 4.
Agg (mit Einschluß des außeranaphorischen Meßordos): Liturgia usw. 1—31. Missale iuxta ritum
ecclesiae Syrorum Orientalium (Mosul 1901) 5 67 bzw. in einer doppelten Missale-Ag der Lazaristen
(Urmia 1876. ²1906), einer „chaldäischen" Rezension: Missale chald. ex decreto s. congreg. de
Propag. Fide ed. (R 1767), derjenigen der Malabarküste: Ordo chald. missae beator. Apost. iuxta

schränkt für Î. in Anspruch nehmen, da seiner nicht über das 15. Jh zurückzu-
verfolgender Vulgärgestalt eine noch im 13. und 14. gebräuchlich gewesene alter-
tümlichere Form gegenübersteht.[1]) Nur ganz ausnahmsweise begegnet im Rahmen
des T. das Formular einer Altarweihe auch unter Benützung heiligen Öles,[2]) in
dem der allein erhaltene Hauptteil eines[3]) gleichfalls auf Î. zurückgeführten
Rituals der Kirchweihe, wo nicht geradezu dieses selbst, zu erblicken sein dürfte.[4])
Häufiger zeigt eine Art von Pontificale[5]) jenes Stück,[6]) aber auch einen Rekonziliationsritus,[7]) seltener die Altarweihe ohne Öl[8]) und die eucharistische Liturgie[9])
mit einem Ordinationsrituale verbunden, das wiederum ganz oder doch teilweise
für Î. in Anspruch genommen wird.[10])

i) **Gabriel** aus Bêt(h) Qaṭrājē[11]) hat als Lehrer an der theologischen
Hochschule von Seleukeia gewirkt und hier u. A. den späteren K Ḥěnàníšô' I.
(§ 32 f) zu seinen Schülern gezählt. Während von ihm eine Abhandlung über die
Vereinigung von Gottheit und Menschheit in Christus und Lösungen von Fragen
in Sachen des Glaubens nurmehr erwähnt werden,[12]) sind unter seinem Namen
zunächst 5 BB über das feriale und sonntägliche kirchliche Offizium erhalten,[13])
die möglicherweise mit den demselben Gegenstande gewidmeten BB 1 5 einer Gesamt-
erklärung der Liturgie in 9 BB identisch sind, deren Anfang anonym überliefert ist.[14])

---

rit. eccl. Malabaricae (R 1774). Kět(h)àb(h) ṭukkàsē wěqerjànē — — a(j)k(h) ṭak(h)sā k'h'aldàjā
d(h)ě Malàb(h)àr (R 1844). Anhang. Missale chaldaico-malabaricum (R 1857. Vg. E Nestle, Lit. 31).
Übss: Ren 2, 578/92. FE Brightman, Liturgies Eastern and Western 1, 245/305. Weitere
verzeichnet bei Brightman LXXVIIf.   [1]) Hss: Séert 38. Brl 38.

[2]) Hss: Mos 36. Brl 38. 40. 41. Ag: Liturgia usw. 134/50.   [3]) Durch 'Ai.

[4]) Ein vollständiges Formular der Kirchweihe liegt fragmentarisch in dem Berliner Turfan-
Bruchstück des 9/10. Jhs vor. Vg. oben S. 198 Ak. 10 bzw. A Baumstark, OC² 3, 330.

[5]) Hss: Séert 45 (15. Jh). 46 (J 1503/4). 47 (J 1702). Urm 18 (15. Jh). 26 (J 1714). VtS 66 (J 1529).
45 (J 1556). VtB 21 (16. Jh). 32 (J 1756). CmbrAdd 1988 (J 1538). Mos 55 (J 1567 8). Dijarb 59
(J 1569), von Bruchstücken: Urm 80 (16. Jh). Séert 110. Anh. 1°, „chaldäischen" Ursprungs: VtS
43 (J 1701). 291 (J 1766). 306/7 (18. Jh).

[6]) Hss: Séert 45. 47. 2°. VtS 45. 1°. Mos 55. 1°. Dijarb 59. 1°. VtS 43. 1°. 306. 1°.

[7]) Hss: VtS 66. 2°. CmbrAdd 1988. 42°. Mos 55. 37°. Dijarb 59. 23°. Séert 47. 1°. VtS
43. 16°/8°. 66. 2°. Ob hier aber überall dasselbe Stück wie in den Ṭak(h)sā-Hs unter dem Namen
Î.s III. vorliegt? Ag des letzteren: Liturgia 111/13. Übs: GP Badger a. a. O. 155/60. Denzinger a. a. O. 468/71.   [8]) Hss: VtS 45. 3°. Mos 55. 2°. Dijarb 59. 1°. Séert 47. 3°. Ag:
Liturgia 119/33.   [9]) Hss: VtS 66. 22°. 23°. Urm 26. VtS 43. 3°. 291.

[10]) Ersteres durch 'Ai. Hslich wird Î. III. neben anderen und, soweit ausdrücklich
Namen genannt werden, jüngeren Autoren als an der Redaktion dieser Formulare beteiligt eingeführt, z. B. in CmbrAdd 1988. Dijarb 59. Urm 26. Speziell wird auf ihn in der ersteren
Hs unter 3° ein solches für die Weihe blinder Diakone und Priester zurückgeführt. Ag eines
eklektisch aus den römischen Hss zusammengestellten Textes: CodL 13. Übss: GP Badger
a. a. O. 2, 322/50. H Denzinger a. a. O. 2, 226/73.

[11]) Gabriel v Bàṣrā (§ 37 e) in der Hs Séert 67. BB 491. 22. 'Ai 101. BO 3ı, 172, wo er
fälschlich zu einem Zeitgenossen erst des K Pet(h)jòu gemacht wird. R Duval, Prooem. XVI.
A Scher, ROC 11, 17 f.   [12]) Durch 'Ai.   [13]) Hs: BrMOr 3336 (J 1267/8).

[14]) Einleitung und B 1 Kap. 1/11. Hs: Nr 2 der von G Diettrich, NGWG 1909 beschriebenen fol 149/73. Vg. ebenda 174/82 (mit Ag und Übs einer Textprobe). Es handelte hier
B 1 über das Offizium der Festtage, B 2 über die Vesper der Ferialtage, B 3 über Matutin und
sonstige Liturgie der Ferialtage, B 4 über die Fastenliturgie, B 5 über Vesper und Vigilien der
Sonntage, B 6 über die eucharistische Liturgie, B 7 über die Taufliturgie, B 8 über die Kirchweihe und B 9 über das Begräbnis. Verbieten würde sich allerdings die Identifikation des Verfassers mit G. falls nahe Beziehungen, die zwischen dem anonymen Werke und demjenigen des sog.
Giwargis v Arbela (§ 38 c) bestehen, sich durch Abhängigkeit des ersteren von letzterem erklären sollten.

Wenn er daneben weiterhin verschiedentlich in späterer exegetischer Literatur angeführt wird,[1] so müßte dies, auch wenn dieselbe dabei nicht ausdrücklich behauptet würde,[2] den Gedanken seiner Identität mit einem G., genannt Arjā („Löwe")[3] nahelegen, der als Verwandter des asketischen Schriftstellers Isḥâq v Ninive (§ 35 d) und Verfasser eines Erklärungswerkes über ausgewählte Bibelstellen bezeichnet wird. Ein Landsmann G.s, der ihm wahrscheinlich auch zeitlich nahe stand, war ein weiterer Liturgieerklärer Abraham b Lîp(h)eh.[4]

§ 31. Von der redaktionellen Tätigkeit Îśô'jahb(h)s III. auf liturgischem Gebiete führt der zur Mitarbeit bei derselben herangezogene 'Ênàniśô' zu einer Mönchsliteratur vorwiegend erbaulich erzählenden Inhalts hinüber, die in der zweiten Hälfte des 7. Jhs im Kloster Bêt(h) 'Àb(h)ē zwar nicht ihre einzige, aber doch offenbar ihre weitaus hervorragendste Pflegestätte hatte. Leben und Aussprüche der alten ägyptischen „Väter" und die Geschichte der Vorbilder, welche der asketischen Frömmigkeit auf mesopotamisch-persischem Boden im Schoße der nestorianischen Kirche selbst in jüngster Vergangenheit zahlreich erstanden waren, bildeten die Gegenstände, an denen sie den Geist weltflüchtiger Selbstzucht sich stärken ließ. Unter ihren weiteren Vertretern ist von einem gleichnamigen älteren „Perser" ein Jôḥannàn aus Bêt(h) Garmai zu unterscheiden, der gleich seinem Landsmanne Sargîs, einem Iśô'zĕkhā und dem Klostergründer Ap(h)nimàran aus Bêt(h) 'Àb(h)ē selbst hervorging, wo auch Sab(h)riśô' Rôsṭàm vorübergehend weilte. Der von ihr entwickelte Stil prosaischer Einzelbiographie wird in der erhaltenen Arbeit eines Šem'ôn unmittelbar kenntlich. Sammlungen kürzerer Lebensbilder, die zu den zusammenfassenden einschlägigen Werken späterer Zeit überleiten, haben Šĕlêmôn b Gàràp(h) und ein B Dawid geschaffen, der gleich einem Màr(j) At(h)qen bereits dem 8. Jh angehört.

a) 'Ênàniśô'[5] war zusammen mit seinem Bruder Îśô'jahb(h), späterem B von Šennā in Bêt h) Ràmàn, Mitschüler Îśô'jahb(h)s III. in Nisibis gewesen und Mönch auf dem Îzlā geworden. Von einer Pilgerfahrt nach Jerusalem und der Skete-Wüste zurückgekehrt, hat er in Bêt(h) 'Àb(h)ē seine bleibende Heimstätte

---

[1] In der Pentateucherklärung vielleicht des Sab(h)riśô' b Paulos (§ 46 g), einem NT-Kommentar der Hs Séert 27, dem Kommentar eines Isḥàq Eśbad(h)nàjā zu dessen theologischem Lehrgedicht (§ 54 b) und der Gannat h) Bûssàmē betitelten Perikopenerklärung (§ 50 a). Vg. KatWright-Cook 442 f. bzw. KatSachau 316 AScher, Kat. Séert 19 bzw. Register. Ders, JA[10] 7, 487. J-BChabot, Oriental. Studien Nöldeke gew. 495.   [2] In der Gannath Bûssàmē.

[3] 'Ai § 81. BO 3₁, 153. Duval³ 72. 411. AScher, ROC 11, 17 f.

[4] 'Ai § 129. BO 3₁. 196 f., wo er ohne zureichenden Grund mit A. b Dàsandàd(h) (§ 33 d) gleichgesetzt wird. AScher, ROC 11, 9, der ihn schon in dem Festtraktate des Îśai über die Martyrer (§ 18 f.) erwähnt sehen möchte. Wright 186 Ak. 5. EAWBudge, The Book of Governors 2, 380 Ak. 3. RHConnolly, CSCO Scr. II. 92 (Text) 159 f. Hss seiner sehr kurzen „Erklärung der Offizien": N-Dsém 93 (J 1682 3) 11°. 82 (J 1894) 2° und eine (noch unkatologisierte) in Séert, eines Azs: Dijarb 113 (16. Jh) 17°. Ag derselben: RHConnolly, CSCO Ser. II. 92, 159/80. Als Entstehungszeit scheint spätestens das 8. Jh in Betracht kommen zu können. Vg. RGraffin, Compte rendu du congr. scient. internat. des catholiques (Pr 1891) 2ᵉ sect. 203,8.

[5] ThM II 11. 15. 'Ai § 75. BO 3₁, 144,6. J-BChabot, JA⁹ 8, 20 f. Wright 174,6. Duval³ 143,5. 253. 295 f. 371.

gefunden. Von seinen in der Textesüberlieferung eng mit der entsprechenden Arbeit des Ḥunain ibn Isḥāq verbundenen Lexikon konsonantisch gleichgeschriebener, aber in verschiedener Bedeutung mit verschiedenen Vokalen zu sprechender Worte (sog. aequilitterae)[1] ist eine für ihn bezeugte Schrift zur Erklärung dunkler Worte und Wendungen in den Werken der Väter zu unterscheiden.[2] Eine Sammlung philosophischer ὅροι und διαιρέσεις, in der Stille seiner Zelle entstanden, hat er auf Veranlassung seines Bruders auch für die Öffentlichkeit bearbeitet und demselben gewidmet.[3] Während Îšô'jahb(h) III. sich seiner Mithilfe bei der Redaktion des Ḥûd(h)rā bediente,[4] verdankte er dessen Nachfolger Giwargîs I. (§ 32 c) den Anstoß zu seinem bedeutendsten Werke: einer Kodifikation mönchsgeschichtlicher Legende und Spruchweisheit des ägyptischen Kreises unter dem Titel des „Paradieses der Väter".[5] Sie ist in einer Mehrzahl von Rezensionen teils vollständig, teils nur zur Hälfte oder bruchstückweise erhalten und zerfällt in eine Sammlung der „Geschichten" und eine solche der „Aussprüche der Väter". Die erstere umfaßt als drei BB mindestens die „Historia Lausiaca", ein zweites gleichfalls dem Palladios beigelegtes Korpus von Erzählungen und die unter dem Namen des Hieronymus stehende „Historia monachorum". Die letztere setzte sich in ihrem ursprünglichen Bestande aus gleichfalls drei Schichten zusammen: einer Folge in 14 Kapp. sachlich geordneter Nrn in einer Gesamtzahl von 615, einer solchen von 430 weiteren über alle Arten von Vollkommenheiten handelnden Nrn und einer letzten auch einer Numerierung der einzelnen Apophthegmen entbehrenden Stoffmasse, in der u. A. die Chrysostomoshomilie in Matth. 8 und Azz aus dem Nachlasse Abrahams v Net(h)par (§ 21 b) Aufnahme gefunden hatten. Fraglich bleibt, ob das Ἀσκητικόν des Pachomios, ein auf die Hist. Laus. zurückgehendes Kap. über Euagrios und die Hieronymianischen Lebensbeschreibungen des Paulos und Malchos von vornherein zum Bestande des 2. Bs des „Geschichten"-Teiles gehörten.[6] Jedenfalls erst eine eigentümliche sekundäre Überarbeitung des

---

[1] 'Ai an erster Stelle. Hss einer längeren Rezension von Azzen aus den beiden verwandten Schriften: Brl 69 (Sach 72. 16/7. Jh) XV° und eine im Besitze des Union Theol. Seminary in New York, einer kürzeren: India Office Fol 162 V (J 1712), anscheinend einer dritten mit neusyrischer Übs: CmbrAdd 2015 (17. Jh), ungewiß, welcher: VtS 419 (J 1571/2). Séert 107 (16. Jh) 4°. 108 (17. Jh) 7°. N-Dsém 139 (16. Jh) 1°. 142 (J 1678/9) 1°. 140 (18. Jh) 1°. JerPatr 47 (18. Jh). Urm 125 (J 1887/8). 219 (J 1893). Mos 111. 1°. Agg der ersten: R Gottheil, A treatise of Syr. Gramm. by Mâr(j) Eliā of Ṣôb(h)ā (Lpz 1886) 61*/7*, der zweiten: G Hoffmann, Opusc. Nestor. 2,49, von Textproben der Cambridger Hs: KatWright-Cook 545f.

[2] 'Aî an zweiter Stelle. Vg. ThM I 11. BO 3r, 146 Ak. 2. Hs: N-Dsém 138 (J 1478/9) 5°.

[3] ThM II 11. Vg. A Baumstark, Aristoteles bei d. Syrern 1, 212. Eine solche Doppelsammlung in jakobitischer Überlieferung in der Hs BrM 860 (Add 12154. 8/9. Jh) 32°. Bs: Kat Wright 986.   [4] Vg. oben S. 198.

[5] ThM II 15 mit den im Folgenden wiedergegebenen Aufschlüssen über den Aufbau des Werkes.

[6] Hss des „Geschichten"-Teiles: Mos 94 (J 713/4) und wohl auch 95 (16. Jh. Oder sollte dies die von EAWBudge gesehene Hs des ganzen Werkes sein?). 'Pr 317 (18. Jh), des Apophthegmen-Teiles in wieder zwei Teilen zu je 11 (= 1,11 der 14 sachlich geordneten) und 10 (bzw. 9) Kapp. (= 12/14 der sachlich geordneten; die noch gezählten über „alle Arten von Vollkommenheiten; Chrysostomos-Homilie; Azz aus Abraham v Net(h)par; vier weitere): BrM 928 (Add 17174. J 929). 884 (Add 14730. fol 1/111. 12. Jh) 1°. 4°, ohne die Chrysostomos-Homilie: 929 (Add 14583. 11. Jh) 1°, des Gesamtwerkes in nestorianischer Überlieferung (ohne Chrysostomos-Homilie und Azz aus Abraham v Net(h)par und mit schwankender Abteilung des sonstigen Stoffes hinter den Kapp. 1/15 des Apophthegmenteiles): von Budge im Besitze des chaldäischen Patriarchalvikars zu Mosul gesehene (14/5. Jh?) bzw. Abs derselben (beschrieben von Budge, The Book of Governors 2, 193/206). N-Dsém 126,7, in jakobitischer Überlieferung (auch ohne Euagrios-Kap.,

Werkes in 177 Kapp. hat eine Bereicherung auch um Stoffe der mesopotamischen
Asketengeschichte erfahren, für die neben Bâb(h)ais d. Gr. Biographie Abrahams
v Kaškar das Werk eines Mâr(j) Zakkē über dessen Schüler ausdrücklich als
Quelle namhaft gemacht wird.[1])

    b) **Jôḥannân, der Perser**,[2]) der wohl hochbetagt noch den Regierungs-
antritt Îšô'jahb(h)s III. erlebte, war ein Schüler des seinerseits aus der Schule
Abrahams v Kaškar hervorgegangenen Bar 'Id(h)tā († 8. 1. 611), der am 24. 4.
561 die Gründung seines Klosters bei Bêt(h) Gûbbâq auf dem linken Tigrisufer
begonnen hatte, und hat demselben eine Lebensbeschreibung in Prosa gewidmet,
die einleitend auch von seinem Lehrer Abraham handelte.[3]) Diese ist einerseits
späterhin die Grundlage einer „poetischen“ Bearbeitung in siebensilbigem Metrum
geworden, die ein **Abraham v Zāb(h)ē** auf Anregung eines dortigen Men
'Ab(h)dišô' vielleicht im 11. Jh schuf.[4]) Andererseits gehen auf sie auch die
Zitate einer „Geschichte des Rabban Bar 'Id(h)tā“,[5]) in der man irrtümlich ein
umfassendes mönchsgeschichtliches Werk jenes älteren oder eines jüngeren Bar
'Id(h)tā erblicken wollte,[6]) der unter K Ḥĕnânîšô' I. (§ 32 f) d. h. gegen Ende
des 7. Jhs Mönch in einem Kreuzkloster bei Heg(h)lā war.[7])

    c) **Jôḥannân aus Bêt(h) Garmai**,[8]) Schüler Ja'qôb(h)s v Bêt(h) 'Ab(h)ē und
von diesem zu seinem Nachfolger bestellt, entwich nach wenigen Monaten dieser
Amtsführung in seine Heimatprovinz, wo er sich in eine Höhle südlich von
Dāqôq(ā) zurückzog, und ist in einem Kloster gestorben, das später bei derselben
durch Ḥazqîêl, einen Schüler des gelegentlich als Dichter mindestens einer
Tešbôḥtā begegnenden Rabban K(h)ûd(h)āhwî v Bêt(h) Ḥālē, eines Zeit-

---

Hieronymianisches Leben des Malchos und Ἀσκητικόν des Pachomios in B 2 und mit Einteilung
des als B 4 gezählten Apophthegmenstoffes in 18 Kapp.): VtS 126 (J 1223) I°/IV°. 372/4 (Abs der
vorigen), anscheinend nur der Hist. Laus. als B 1 (mit 62 gegen sonst 65 oder 68 Kapp.), des
Ἀσκητικόν als B 2 (mit 21 gegen sonst 22 Kapp.) und des Apophthegmenstoffes (einschließlich der
Chrysostomoshomilie?): Urm 193 (J 1891 nach Vorlage von 1704/5), von Azz aus dem Apophthegmenteile: BrM 834. 3°. 837 (Add 17262. 12. Jh) 21°. CmbrAdd 2019 (J 1452) 1°. Agg nach seiner Abs
der Mosuler Vorlage (mit Übs): E A W B u d g e, The book of Paradise being the histories and
sayings of the monks and ascetics of the egyptian desert by Palladius, Hieronymus and others.
The syr. texts accord. to the recension of 'Anân-Ishô of Béth 'Abhê ed. w. engl. transl. (2 Bde.
Lo 1904), nach den Hss in Rom, Paris (Berlin) und London: P B e d j a n, AMS 7. Übs: E A W B u d g e.
The Paradise of the holy Fathers being usw. (2 Bde. Lo 1907).

    [1]) Hs: Brl 175 (Sach 329. J 1826). Bs: KatSachau 553,66. Agg der Kapp. 30 u. 63: a. a. O.
554f. 556f. (mit Übs) der Kapp. 30: IgnERahmani, StS 1, 35f. (34f.). 66,8: F Nau, ROC
20. 24/32. 21, 161,72.   [2]) Metrische Biographie Bar 'Id(h)tās. ThM I 4. Wright 177. Duval³
214. 371. E A W B u d g e, The book of Governors 1, LXXVII, wo unter Verwechslung mit J.
v Bêt(h) Garmai auf Grund einer mißverständlichen Deutung der Stelle bei ThM jenem ge-
sonderte Biographien Abrahams und Bar 'Id(h)tās beigelegt worden. A Scher, ROC 12, 12f. Ak. 3.

    [3]) Eine in N-Dsém gewesene Hs derselben ist verschollen. Vg. A Scher a. a. O. 402.

    [4]) Hss: N-Dsém 104 (J 1891), je eine solche im Besitze der Universitätsbibliothek in Straß-
burg (J 1897), an sie durch den Verfasser 1917 verkauft, und des BrM oder im Privatbesitze von
EAWBudge. Ag (mit Übs): E A W B u d g e, The Histories of Rabban Hôrmizd the Persian and
Rabban Bar 'Idta (Lo 1902) 1, 114,201 (2, 164 303). Bss: A B a u m s t a r k, RQs 15. 115,23. A Scher,
ROC 11, 403,23. 12, 9,13.   [5]) ThM 1 23. 34.

    [6]) Ersteres geschah durch W r i g h t 131 f., letzteres durch H G o u s s e n, Martyrius-Sahdona's
Leben u. Werke 13 Ak. 1. Beide Träger des Namens sind in diesem Zusammenhange nicht unterschieden BO 3₁, 458.

    [7]) ThM I 28. Das Mißverständnis aufgeklärt durch A Scher, ROC 11, 13f.

    [8]) ThM I 31. 'Ai § 137. BO 3₁, 203f. Wright 176f. B u d g e a. a. O. LXXVI LXXXII.
Duval³ 214. 371. unter Verwechslung mit J. dem Perser.

genossen des K Giwargis I. (§ 32 e).[1]) gegründet wurde. Eine Biographie dieses K(h)ûd(h)ähwî wird neben einer Sammlung asketischer Sentenzen, einer Novizenordnung, einem „Chronikon", d. h. wohl eher einer Arbeit über Kalenderkunde und kirchliche Zeitrechnung als einer wirklichen Chronik und nicht näher gekennzeichneten Mēmrē und Mad(h)rāšē als Teil seines beachtenswerten literarischen Nachlasses genannt.[2])

d) **Sargîs aus Bêt(h) Garmai.**[3]) in verschiedenen Schulen, besonders in derjenigen eines Dorfes Rāstag in der Gegend von Margā gebildet und als Askete gleichfalls Jünger Ja‘qôb(h)s v Bêt(h) ‘Āb(h)ē, lebte schon zu dessen Lebzeiten in den Bêt(h) ‘Aināt(h)ā genannten Einsiedlerzellen der Gegend von Bêt(h) Gazzā. Noch auf Anregung des Meisters hin hat er auch unter dem Titel eines „Stürzers der Gewaltigen" ein eigentümliches asketengeschichtliches Werk geschrieben, das unter Nichtberücksichtigung aller Größen des kirchlichen Lebens die schlichten Vertreter eines in Vaterhaus und Dorfgemeinde geführten asketischen Wandels behandelte, die seine Heimatprovinz hervorgebracht hatte.

e) **Îšôzĕk(h)ā,**[4]) von dem eine historische Arbeit bezüglich der Chronologie des dortigen Stifters zitiert wird, war unter Îšô‘jahb(h) III. Mönch in Bêt(h) ‘Āb(h)ē und darf mit einem älteren Klostergründer gleichen Namens[5]) nicht verwechselt werden.[6]) Dagegen wird allerdings wohl an den letzteren, einen Zeitgenossen Ja‘qôb(h)s v Bêt(h) ‘Āb(h)ē, zu denken sein, wenn ein Î. in der Reihe der Tešbĕḥāt(h)ā-Dichter erscheint.[7])

f) **Ap(h)nîmāran**[8]) aus Kark(h)ā d(h)ē Bêt(h) Sĕlôk(h) empfing von Abt Qāmîšô‘ († 652 3) in Bêt(h) ‘Āb(h)ē das Mönchskleid und gründete nach langen Wanderungen durch verschiedene Klöster und Einsiedeleien das nach ihm benannte Kloster im Gebirge von Bêt(h) Nûhad(h)rā, wo er als Hundertjähriger starb. Von seinem umfangreichen und verschiedenartigen literarischen Nachlaß, der u. A. auch Stücke liturgischer Dichtung umfaßte,[9]) wirkt eine Reihe von Biographien hervorragender Asketen in der späteren einschlägigen Literatur nach: so eine Geschichte der Brüder Abraham und Jāusep(h).[10]) eine kurzgefaßte Lebensbeschreibung des Gründers von Bêt(h) ‘Āb(h)ē[11]) und eine besonders rhetorisch gefärbte des Mār(j) Jaḥb(h),[12]) der als Einsiedler zuerst in Rešā im Gebirge von Bêt(h) Nûhad(h)rā und dann mit einem Daniel zusammen im Gebirge von Ôrôk(h) gelebt und angeblich neben zahlreichen anderen Schriften einen Brief „über Gott und seine Geschöpfe" hinterlassen hatte.[13]) Mit dem über diesen Brief des letzteren von A. verfaßten Kommentar[14]) identisch ist vielleicht ein solcher zu einer asketischen Sentenzensammlung. dessen Schlußteil sich erhalten hat.[15]) Auch ein, doch wohl poetischer, Mēmrā A.s über Jôḥannān v Bêt(h) Zab(h)dē. einen Schüler des legendarischen hl. Eugenios, wird angeführt.[16])

g) **Sab(h)rîšô Rôstām**[17]) aus Ḥĕrem in der Adiabene war unter Narsai, dem Nachfolger Bāb(h)ais, Mönch auf dem Îzlā und siedelte nach vorübergehendem

---

. [1]) ThM II 13. LC § 79. Hs der betreffenden Tešbĕḥāt(h)ā-Sammlung: Séert 48. 2⁰. Ag je eines ihm oder Abraham v Net h'par bzw. ihm oder Barṣaumā zugeschriebenen Textes: K daqĕd(h)am wad b'ĕbāt(h)ar (Urmia 1901) 91. 181. Übs: J A Maclean, East syr. daily off. 100. 226.

[2]) Durch ‘Ai a. a. O.   [3]) ThM I 33. BO 3₁, 440. Duval³ 213.

[4]) ThM I 33. BO 3₁. 216. Duval 349f.   [5]) LC § 47.   [6]) Wie es BO und bei Duval a. a. O. geschieht.   [7]) In der Hs Séert 48. 2⁰. Vg. S. 112 Ak. 4.   [8]) Išô‘jabb(h) Brief 18 = CSCO Ser. II 64, 30 (27). LC § 94. ThM II 3. ‘Am 57 (33). ‘Ai § 117. BO 3₁, 187. Duval³ 214.

[9]) ThM redet von: „vielen Werken und Lehrschriften und ‘Ônjāt(h)ā von allerhand Art". [10]) ThM I 32.   [11]) ThM I 24.   [12]) ThM I 19.   [13]) LC § 40. ThM I 18f. ChrS 2, 138f. ‘Ai § 117. BO 3₁, 186f.   [14]) Bezeugt durch ChrS. ‘Ai.   [15]) Hs: Séert 29.   [16]) ChrS 1. 139.

[17]) ThM II 17. BO 3₁, 454f. Wright 178. Duval³ 213.

Aufenthalte in Bêt(h) 'Àb(h)ē auf Einladung der dortigen Mönche nach dem neuen Kloster Bêt(h) Qôqā am oberen Zàb(h) über, wo er noch zum persönlichen Jüngerkreise des unter K Giwargis I. d. h. vor 680,1 gestorbenen gleichnamigen Gründers gehörte, denselben aber überlebte. Noch im Izlā-Kloster verfaßte er einen Festtraktat über den „Goldenen Freitag" und eine antihäretische Polemik mit anscheinend mystischer Spekulation verbindende Schrift. In Bêt(h) Qôqā entstanden alsdann ein Werk in 8 BB über das Leben Jesu und die Missionstätigkeit der Apostel, ein solches über monastische Askese und von Asketenbiographien neben solchen eines Išô'zěk(h)ā aus dem Kloster Gaṣṣā, des Abtes Qàmišô' v Bêt(h) 'Àb(h)ē und seines Nachfolgers Abraham,[1] des Abraham v Net(h)par und seines Schülers Ijjôb(h) endlich diejenige seines eigenen Meisters Sab(h)rišô' v Bêt(h) Qôqā, welche als Hauptquelle einem um die Wende vom 8. zum 9. Jh entstandenen Mēmrā des zwölfsilbigen Metrums über die Geschichte jenes Klosters zugrunde liegt.[2]

h) Šem'ôn, Schüler eines Rabban Jôzàd(h)àq d. Gr. (oder „Älteren"?), der im 7. Jh ein Kloster im Gebirge von Qardû gründete,[3] hat dem mit diesem seinem Meister eng verbundenen Gründer desjenigen von Alqôš, Rabban Hôrmizd, eine Lebensgeschichte gewidmet, die als einziges erhaltenes Beispiel der ganzen literarischen Gattung älterer asketengeschichtlicher Einzelbiographien in Prosa einen naturgemäß mehr als individuellen Wert besitzt.[4]

i) Šělêmôn b Gàràp(h)[5] schrieb unter K Hěnànišô' I. in rhetorischem Stile, dessen sprachliche Eleganz hervorgehoben wird, die Geschichte berühmter Asketen, die vor seiner eigenen Zeit an verschiedenen Orten gelebt hatten.[6]

j) Dawid, erst Mönch in Bêt(h) 'Àb(h)ē und später B des Kurdenstammes der Kartû'àjē,[7] verfaßte schon nach der Zeit des K Hěnànišô' I., unter welchem die Asketen lebten, bezüglich deren er zitiert wird, ein zusammenfassendes mönchsgeschichtliches Werk unter dem Titel des „kleinen Paradieses", durch welchen es sich offenbar als ein jüngeres, dem einheimisch mesopotamischen Mönchtum gewidmetes Seitenstück zu der großen Arbeit 'Ěnànišô's einführte.[8] Auf dasselbe dürfte

---

[1] Daraus Zitate ThM I 4. II 19.

[2] Hss: N-Dsēm 107 (J 1695,6). Univ.-Bibliothek Straßburg (J 1897), derselben 1917 aus dem Privatbesitze des Verfassers verkauft. Bss: A Baumstark, OC 1, 387/9. A Scher, ROC 11, 182,97. Ag: A Mingana, Sources syriaques 1, 171,220 (221,67). Die von Wright angenommene Abfassung einer Biographie auch des Brüderpaares Abraham und Jànsep(h) durch S. braucht aus ThM I 32 nicht mit Notwendigkeit erschlossen zu werden, ist vielmehr sogar im höchsten Grade unwahrscheinlich, da nicht abzusehen ist, warum ThM, falls er eine solche gekannt hätte, sie II 17 nicht mit den übrigen Schriften S.s zusammen sollte erwähnt haben.

[3] Bemerkung in den Hss CmbrAdd 2002. 2000. VtB 30 (KatWrightCook 491. 584. JA[10] 13, 259). Vg. LC § 9. Duval[3] 207.   [4] Hss: VtB 39 (16. Jh). 38 (J 1700) 3°. CmbrAdd 2002 (J 1669). 202 (J 1697) 1°. Urm 103 (J 1715) 1°. Ag: E A W Budge, The life of Rabban Hormizd (Brl 1894), mit Übs: Ders., The Histories of Rabban Hôrmizd the Persian and Rabban Bar Idtà (Lo 1902) 1. 3,107 (2 1, 1/160), eines Azs: Ders., The Book of Governors 1, CLVIII,CLXVI.

[5] ThM I 18. BO 2, 459. Duval[3] 214.   [6] In diesem Werke — denn eine einzige zusammenfassende Arbeit, nicht eine Mehrzahl von Einzelbiographien ist offenbar anzunehmen — war nach ThM I 24 u. a. auch über Ja'qôb(h) v Bêt(h) 'Àb(h)ē gehandelt. Eine Erzählung über Màr(j) Jahb(h) und eine Jungfrau wird daraus ebenda I 19 mitgeteilt.

[7] ThM II 20. 24. Vielleicht schon bei 'Ai § 173 ist, wie im Anschluß an diese Stelle BO 3₁, 254 Ak. 1 und Wright 183f., mit ihm ein Jakobite D. dě Bêt(h) Rabban (= D. b Paulôs) verwechselt. Vg. Duval[3] 214. Über den Jakobiten vg. § 43g.

[8] Eröffnet wurde das Werk erst durch die Biographie des Abtes Giwargis b Ṣajjàd(h)ē v Bêt(h) 'Àb(h)ē eines Zeitgenossen des Hěnànišô' I., der nach BO 3₁, 217 mit einem G. aus Nesrā

auch die Anführung eines Bs D. in der metrischen Geschichte des Klosters Bêt(h) Qôqā zu beziehen sein.[1]

k) Ein Mâr(j) At(h)qen, Mönch im Kloster des Ap(h)nimâran, hat die Lebensgeschichte des mit dem K Sĕlîb(h)āzĕk(h)ā (714,29) gleichzeitigen Abtes Jàusep(h) von Bêt(h) 'Ab(h)ē geschrieben.[2] Er scheint in jedem Falle von dem vielmehr als Mönch des „Großen Klosters" auf dem Îzlā bezeichneten gleichnamigen Verfasser einer Kirchengeschichte unterschieden werden zu müssen, die bezüglich der um ein halbes Jh weiter zurückliegenden Zeit des K Gîwargîs I. zitiert wird.[3] Völlig ungewiß bleibt dagegen, welcher der beiden oder ob ein allenfalls von beiden zu unterscheidender aus Bêt(h) Garmai stammender Stifter eines Klosters im Gebirge von Bêt(h) Nûhad(h)rā[4] „neben anderem" — ein Ausdruck, der ebensogut von der asketengeschichtlichen Biographie, als von der Kirchengeschichte verstanden werden könnte, — ein „Disputation eines (oder: „des"?) weisen Bruders" betiteltes Werk und zahlreiche Briefe über das (Mönchs)leben verfaßte.[5]

§ 32. Neben dem asketengeschichtlichen hat im Rahmen einer mit der Mitte des 7. Jhs unverkennbar einsetzenden neuen Blüte des nestorianischen Schrifttums ein allgemein kirchengeschichtliches und ein juristisches Interesse sich geltend gemacht, ohne daß freilich andere Gebiete wie diejenigen der Exegese oder der asketischen Spekulation, der Philosophie und Medizin vernachlässigt worden wären. Schon an Zeitgenossen Îšô'jahb(h)s III. erscheinen neben seinem Widersacher Šem'ôn r Rĕwardàšîr mindestens Daniel b Marjam, Mîk(h)ā r Bêt(h) Garmai und der M Elijā r Merw als bezeichnende Vertreter dieser neuen Richtung gelehrter Literatur. Noch mehr als sein unmittelbarer Nachfolger Gîwargîs I. hat sodann späterhin der K Ḥĕnànîšô' I. eine reiche literarische Tätigkeit entfaltet, worin von drei Zeitgenossen Šem'ôn dĕṭaib(h)ût(h)ā, Jôḥannàn Azraq und Jôḥannàn b Penkàjē wenigstens der dritte hinter ihm kaum erheblich zurückstand. Auch ein antimohammedanischer Polemiker Abraham r Bêt(h) Ḥàlē ist vielleicht schon hier einzuordnen.

a) M Šem'ôn r Rĕwardàšîr[6] stand geraume Zeit Îšô'jahb(h) III. in offener Auflehnung gegenüber, bis dieser ihn auf einer persönlichen Reise nach der persischen Hyparchie zur Unterwerfung vermochte. In der syrischen Übersetzung eines unbekannten Mönches aus Bêt(h) Qaṭràjē erhalten ist ein von ihm

---

identisch wäre, nach 'Aî § 143 dem Verfasser eines „Bs des Gehorsams" in dem gleichfalls eine zusammenfassende asketengeschichtliche Arbeit, allerdings ebensogut aber auch eine direkt asketische Schrift zu erblicken sein könnte.   [1] A Baumstark, OC 1, 388 f. A Scher, ROC 11, 188.

[2] ThM II 29.   [3] ThM II 13. 16.

[4] LC § 120. Daß dieser aus dem Îzlā-Kloster hervorging. könnte allerdings zu Gunsten seiner Identität mit dem Kirchenhistoriker ins Feld geführt werden, aber auffallen müßte dann doch, daß ThM diesen, der wohl inzwischen bereits zum berühmten Klostergründer und Oberen des von ihm gegründeten Klosters geworden bzw. als solcher gestorben wäre, konstant als einfachen „Mönch des Großen Klosters" bezeichnete.

[5] 'Aî § 148. Ein einziger Schriftsteller Mâr(j) At(h)qen wird unter Nichtberücksichtigung aller Schwierigkeiten BO 3ɪ, 216 f. und von Duval³ 204 bzw. 214 angenommen.

[6] Sieben Briefe Îšô'jah(b)hs: Ag R Duval 247,83 (179,204) bzw. E A W Budge, The Book of Governors 2, 154/74. MbS 62 (55). BO 3ɪ, 704. Duval³ 170. A Rücker, D. Canones d. Simeon von R. (Breslauer Diss. Lpz 1908) 14,21. E Sachau, Syr. Rechtsbücher 3, XVII,XXII.

persisch abgefaßtes Rechtsbuch in Form eines Sendschreibens an einen Ungenannten, das einer Serie von 22 Entscheidungen durch den Adressaten ihm unterbreiteter Fälle des Familien- und Erbrechtes eine allgemeine Einleitung über die Fragen voranschickt, weshalb Christus die kirchlichen Rechtssatzungen nicht selbst gegeben habe, warum man sie nicht dem Mosaïschen Gesetze und mit welchem Rechte man sie der Tradition entnehme.[1]

b) **Daniel b Marjam**,[2] als Zeitgenosse Îšô'jahb(h)s III. ausdrücklich bezeugt, verfaßte — vielleicht neben einem Handbuche der Zeitrechnung oder Kalenderkunde[3] — eine Kirchengeschichte in vier Teilen, die als Hauptquelle in der ChrS nachzuwirken scheint.[4] Auch auf die verschiedenartigsten anderen Gebiete hätte sich sein Nachlaß erstreckt, falls von ihm, was allerdings chronologischen Bedenken begegnet, ein D. b Ṭûb(h)ànit(h)ā. B von Tâhàl,[5] nicht zu unterscheiden sein sollte,[6] für den neben Leichenreden, Homilien, Dankgebeten nach der Kommunion und metrischen Mēmrē etwas wie eine poetische Anthologie oder eine Glossensammlung,[7] eine Sammlung teilweise auf biblische Fragen gehender Rätsel, ein Euagrioskommentar und eine kritische Arbeit gegen den fünften Band der Schriften Isḥâqs r Ninive (§ 35 d) bezeugt werden. Gleichfalls Zeitgenosse Î.s war andererseits, wenn er etwa mit dem gleichnamigen Adressaten eines von demselben noch als B, d. h. vor 647 geschriebenen Briefes[8] identisch ist, ein zweiter Kirchengeschichtschreiber Allâhāzĕk(h)ā,[9] aus dessen Werke Anführungen auf die Ereignisse des Zeitraumes zwischen den JJ 595 6 und 605,6 gehen.[10] Eine etwas ältere historische Arbeit höheren literarischen Ranges hat endlich in einem Kloster wohl des südlichen Mesopotamiens ungefähr im achten Jahrzehnt des 7. Jhs ein unbekannter Mönch seinen „verschiedenen Erzählungen aus der Kirchen- und Weltgeschichte“ vom Tode Hôrmizds IV. bis zum Untergange des Sassanidenreiches zugrunde gelegt, die bei höchster schriftstellerischer Anspruchslosigkeit als Geschichtsquelle für den ereignisreichen Zeitraum einen nicht geringen Wert besitzen.[11]

c) Ein **Mik(h)ā** aus **Bèt(h) Garmai**,[12] der als Zeitgenosse Îšô'jahb(h)s III.

---

[1] Hss: N-Dsém 90 (Vor 14. Jh) 1°. Séert 65 (17,8. Jh) 23°. Mard 50. VtB 81. 2°. Agg (mit Übs): Sachau a. a. O. 203/53, des speziellen Teiles: Rücker a. a. O. 29,66. Bs des allgemeinen Teiles: Rücker 23,9. Vg. über dieses und die Rechtsbb nestorianischer KK des 7,9. Jhs vom rechtsgeschichtlichen Standpunkte aus JPartsch, Ztschr. d. Savignystift. f. Rechtsgesch. Roman. Abt. 30, 355,9S bzw. dagegen VAptowitzer, Anzeigen der AWW 47, 42 7.

[2] 'Am 56 (33). 'Ai § 169. BO 2, 420. 3ɪ, 231. Wright 180. Duval³ 204.

[3] 'Ai: „B der Erklärung des Chronikon“. Ein Zitat in der Liturgieerklärung des (Ps?)-Giwargis r Arbela I 6 (Ag Connolly 1, 38 bzw. BO 3ɪ, 521) über Chronologisches stammt indessen aus der Kirchengeschichte, so daß mit der Möglichkeit zu rechnen ist, daß die Angabe auf einem Mißverständnisse beruht.   [4] ESachau, SbPAW 1916, 963. Ausdrückliche Zitate 1, 11. 79. 143. 197. 213.   [5] LC § 125. 'Ai § 105. BO 3ɪ, 174, wo er vielmehr dem Adressaten der großen Liturgieerklärung des angeblichen Giwargis r Arbela gleichgesetzt wird. Wright 23 f. Duval³ 225. 227.   [6] Wie J-BChabot, RS 4, 257 annimmt.

[7] „B der Blüten“ (K d(h)ě habbâb(h)ē) bei 'Ai. Die erstere Deutung: BO a. a. O. Vielmehr die letztere könnte der Umstand nahelegen, daß ein gewiß mit diesem identischer D. Garmàjā B von Tâhàl durch BB 3 (Prooem. XI) als eine seiner Hauptquellen namhaft gemacht wird.

[8] Ag: RDuval 60,2 (48,50).   [9] Wright 182 f. Duval³ 203.   [10] EbŠ zu den JJ 907. 911. 912. 917 Gr.

[11] Duval³ 193. Hs: N-Dsém 90. Séert 65. 11°. VtB 82. Mard 49 (Vg. S. 54 Ak. 11). Agg: IgnGuidi, Actes VIII. Congr. Orient. Sect. sém. (b) 1,36, mit Übs: IgnGuidi-J-BChabot, ChrM 15 39 (13/32). Übs mit gelehrten Anmerkungen: ThNöldeke, SbAWW 128 IX. Nr 1 (1893).

[12] 'Am 56 (33). ThM II 33. 'Ai § 94. BO 3ɪ, 169 f. Duval³ 346. AScher, ROC 11, 21 f.

bezeugt wird, ist wohl einerseits mit dem gleichnamigen Verfasser einer[1]) für Ereignisse der J.J 594/5—604/5 zitierten Kirchengeschichte, andererseits mit demjenigen eines Mēmrā auf „Sab(h)rišô‘ v Lāšôm“ d. h. den K S. I.[2]) und eines von einem „Lehrer M.“ auf „eine andere Person“ gedichteten identisch, der in Bēt(h) ʼAb(h)ē ursprünglich am Feste des Stifters benützt wurde.[3]) Demgemäß wird ihm weiterhin zunächst noch eine[4]) neben der ersteren dieser beiden Dichtungen namhaft gemachte auf einen Qanṭrôpôs zuzusprechen sein, und dann auch nur ein fünfteiliges Werk über Schulgründungen (oder die Bēt(h) Maut(h)ēb(h)ē genannten Teile des ATs?) und eine Erklärung der Kge vielmehr dem älteren Hib(h)ā-Schüler M. beizulegen,[5]) scheint durch nichts berechtigt.

d) M Elija v Merw[6]) war einer der Kirchenfürsten, die am Sterbebette Îšô‘jahb(h)s III. standen. Neben einer einbändigen Kirchengeschichte, deren Zuverlässigkeit hervorgehoben wird, hatte er einen Kettenkommentar zu den vier Evangelien, weitere exegetische Arbeiten zu Gn, Ps und allen Weisheitsbbn, Homilien, Grabreden, Briefe und anscheinend eine Schrift über Schulgründungen hinterlassen.[7]) Ein M Jazdap(h)anāh v Kaškar, der neben ihm am Sterbelager des großen K weilte,[8]) ist wohl mit dem gleichnamigen Verfasser einer Tešbôḥtā identisch, die dieser gedichtet haben soll, „als er“ — man hört nicht, wofür — „Buße tat“.[9]) Dagegen ist er kaum zutreffend einem aus Bēt(h) Qaṭrājē stammenden anscheinend .nicht wenig bedeutenden Schriftsteller Îšô‘panāh gleichgesetzt worden, der immerhin dieser Zeit angehört haben könnte.[10]) Von dem letzteren werden im einzelnen Kommentare „zu den Zenturien“ (des Euagrios?) und einem „Geistes-Philosophen“, eine durch alphabetische Akrostichis zusammengehaltene Sammlung von Klagegesängen, Homilien, Leichenreden, paränetische und sonstige Mēmrē namhaft gemacht, von denen einer oder zwei sich erhalten zu haben scheinen.[11])

e) K Gîwargîs I.[12]) († 680/1), der Sohn reicher Eltern aus Kap(h)rā in dem zu Bēt(h) Garmai gehörigen Bezirke Bēt(h) Gāwājā, hatte sich schon, als derselbe noch B von Ninive war, enge an Îšô‘jahb(h) III. angeschlossen, der ihn zu seinem Nachfolger als M der Adiabene machte und auf dem Totenbette auch für das Katholikat empfahl. Gegen die Ansprüche zweier gleichnamiger anderer MM, welche die Äußerung des Sterbenden auf sich bezogen, hat er sich siegreich durchgesetzt und im 5. 676 auf Dîrîn, der größten Insel der Bahrein-Gruppe eine Synode abgehalten, deren Kanones gleich einem Sendschreiben christologischen Inhaltes an einen persischen Priester und Chorepiskopos Minā vom J 679 80 in der Sammlung nestorianischer Synodalakten Aufnahme fanden.[13]) Als Werke seiner Hand werden ferner nächst einigen nicht näher charakterisierten Mēmrē die in metrischer Form gehaltenen diakonalen Proklamationen der Tage des Ninivitenfastens bezeugt.[14]) Von einem seiner beiden Gegenkandidaten, dem M G.

---

[1]) Durch EbŠ zu den J.J 906. 907. 916 Gr.   [2]) Bezeugt durch ‘Aî.   [3]) Nach ThM.

[4]) Durch ‘Aî gleich den beiden folgenden Prosawerken.   [5]) Für den JSAssemani den gesamten von ‘Aî erwähnten Nachlaß in Anspruch nahm.   [6]) ‘Am 56 (33). ‘Aî § 79. BO 3ı, 148. Wright 179f. Duval³ 372.   [7]) Erhalten zu haben scheinen sich nur einige Zitate seines exegetischen Nachlasses in der sog. Ganuat(h) Bûssāmē (§ 50a). Vg. AScher, Kat Séert 19.   [8]) ‘Am a. a. O.   [9]) Hs: CmbrAdd 1981 (J 1686) 42°.   [10]) ‘Aî § 118. BO 3ı, 188, wo die angedeutete Gleichsetzung unbedenklich gewagt wird.

[11]) Hs: Séert 112 (15. Jh) X11°.   [12]) ThM II 12. 14. 16. EbŠ 54 (31). MbS 63 (55). ‘Am 57 (33). B’EKg 2, 131/4. LTh 71f. BO 3ı, 149/53. OBraun, D. Buch d. Synhados 331/3. Duval³ 371.   [13]) Hss: die S. 54 Ak. 11 genannten. Agg: SynodOr 215,45 (223. 229f.) bzw. Braun a. a. O. 348/71.

[14]) Hss: die S. 112 Ak. 7 genannten. Agg: BrCh 1, 183f. 205. 223. 229f. K d(h)aqdam wad(h)bāt(h)ar (Urmia 1901) 144f. Übs der ersten: JMSchönfelder, TQs 48, 198/200.

v Elam.[1]) ist wohl ein erheblich jüngerer gleichnamiger Amtsnachfolger zu unterscheiden, dem vereinzelt ein sonst dem Hauptautor desselben zugeschriebener Hymnus des Wardā-Bs auf das Ninivitenfasten beigelegt wird.[2]) Der andere, M G. v Nisibis,[3]) ein Perser von Abstammung ist als Dichter einer Tešbôḥtā auf den (ersten) Kirchweihesonntag so vorzüglich bezeugt, daß der Einzelfall auch zugunsten anderer für bestimmte Textstücke nestorianischer Liturgie auftretender Autorenangaben nicht wenig ins Gewicht fallen muß.[4])

f) K Ḥěnánišôʻ I. Ḥěg(h)irā („der Lahme“),[5]) ord. 685 6, † 699 700 an der Pest in einem Jonaskloster bei Ninive, wohin er, durch den Men Jôḥannān v Nisibis als siegreichen Gegenpatriarchen gestürzt, im siebten J seiner Regierung verwiesen worden war, scheint ein ebenso fruchtbarer als vielseitiger Schriftsteller gewesen zu sein. Vollständig erhalten hat sich ein von späterer Hand zusammengestelltes 25 (bzw. 24) Nrn starkes Korpus seiner Rechtsentscheidungen, in das an den Nrn 1 3. 6. 16 f. auch einige Schreiben nicht juridischen Inhaltes Aufnahme fanden,[6]) während ein von ihm den Evangelien des Kirchenjahres gewidmeter Kommentar wenigstens in einigen Azz noch näher kenntlich wird.[7]) Außerdem werden für ihn neben je einer Sammlung von Homilien,[8]) Leichenreden,[9]) Briefen[10]) und metrischen Mêmrē[11]) Beantwortungen zahlreicher Fragen, „Lehren“, „Dankgebete“, eine Geschichte seines Zeitgenossen Sargis Dûd(h)ā, ein Kommentar zu den aristotelischen Ἀναλυτικά,[12]) ein Werk unsicheren Titels und Inhaltes[13]) bzw. ein mit diesem vielleicht identisches „B der Ursachen des Existierenden“[14]) bezeugt. Ein von ihm selbst herausgegebenes Rechtsbuch zitiert er in Nr. 9 seiner „Entscheidungen“. Erhalten zu sein scheint von dem allem nur noch ein Mêmrā auf den von ihm als Lehrer verehrten I. III,[15]) neben dem ihm gelegentlich auch eine Tešbôḥtā beigelegt wird.[16]) Fraglich bleibt, ob von ihm oder erst von Ḥ. II. ein Werk polemischen Inhaltes gegen Heiden und Häretiker herrührte, aus dem Azz sich gerettet haben.[17])

g) Šemʻôn děṭaibût(h)ā.[18]) Mönch und Arzt unter Ḥ. I., verdankte seinen

---

[1]) MbŠ. ʻAm a. a. O. Vorrede des Rituals der K-Weihe in der Hs CmbrAdd 1988 fol 103 r° (KatWright-Cook 337).   [2]) Hs: CmbrAdd 1983 (J 1549,50).   [3]) ThM II 12 f. BO 3 1, 456. JA⁹ 3, 102.

[4]) Durch ThM. Hss wohl fast alle mit Tešběḥát(h)ā (S. 112 Ak. 4) und ein noch anscheinend aus der ersten Hälfte des 8. Jhs im Vatikan. Vg. MUgolini, OC 2, 179 86. Das Stück erscheint auch als Sôg(h)it(h)ā des Donnerstags im maronitischen Ferialoffizium und unter dem Namen Ap(h)rems. Agg: BrCh 3, 196 f. K d(h)aqdam wad(h)bât h'ar 150 f. Officium feriale iuxta ord. eccl. Syrorum Maronitarum (R 1863) 346 f. Ops Ap(h)reius 3, 532 f. (als Paraen. 62). LTh 72, des vatikanischen Bruchstücks: Ugolini a. a. O. Übss: JMSchönfelder, TQs 48, 194 f. AJMaclean, East syr. daily off. 158 f.

[5]) EbŠ 55 (31) und zu den JJ 67. 74. 82 H. MbŠ 63,5 (55,7). ʻAm 58 60 (34 f.) BKg 2. 133 f 139 f. ʻAi § 82. BO 3 1, 154. ESachau, Syr. Rechtsbücher 2. VI, XVII.

[6]) Hss: N-Dsém 90 (Vor 14. Jh. Séert 65 (17 8. Jh) 17°. VtB 82 (K VI 4) 31°. Mard 50. Agg: ESachau a. a. O. 2, 1 49, eines einzelnen Schreibens: Gismondi² 57 f. Vg. die S. 207 Ak. 1 angeführten Arbeiten von JPartsch und VAptowitzer.

[7]) Hs: Dijarb 113 (16. Jh) 14°. Das ganze Werk liegt möglicherweise mit arabischer Übs in den Hss Mos 23 (17. Jh) und 24 (J 1696) vor.

[8]) ʻAi a. a. O. und Nomokanon VI 3. ʻAm. Nach dem letzteren 40 an der Zahl.

[9]) ʻAi ebenso ʻAm.   [10]) ʻAi. ʻAm. Letzterer redet ausdrücklich von einem geschlossenen B derselben.   [11]) ʻAi. ʻAm ebenso.   [12]) Dies alles nur durch ʻAi bezeugt.

[13]) ʻAi: „Über den doppelten Nutzen der Schule“ oder „Über die zwei Gründe der Erkenntnisse“?   [14]) ʻAm.   [15]) Hs: CmbrAdd 2818 (18. Jh) IV°.   [16]) In der Hs Dijarb 36 (12. Jh) 12°. [17]) Hs: Séert 109 (J 1600) XII°.

[18]) LC § 28 (Ag J-BChabot 17. Übs 240). I'- 1, 109. B'EWg 62 (59). Kg 2. 139 f. Ai § 114. BO 3 1, 181. Duval, Prooem XXIV.

Beinamen dem Titel eines seiner Werke, näherhin offenbar desjenigen über die Heilkunde, das neben einem solchen „über den" — wohl asketischen — „Lebenswandel" und einer „Erklärung der Geheimnisse der (Mönchs)zelle" namhaft gemacht wird.[1]) Mit einem der beiden letzteren Werke dürften Sentenzen eines als Schüler eines Mâr(j) Sâb(h)ôr bezeichneten S. genannt Lukas zusammenhängen,[2]) dessen Identität mit S. dĕṭaibût(h)â ausdrücklich bezeugt ist.[3]) Nicht ohne Bedenken läßt sich dagegen einem derselben ein solches asketischen Inhaltes in 7 BB zu je 100 Sentenzen gleichsetzen,[4]) als dessen Verfasser ein Mâr(j) Sem'ôn, geistiger Sohn vielmehr eines Rabban Îšô', bezeichnet wird, der seinerseits ein Jünger des Rabban Ap(h)nîmâran (§ 31 f.) war.[5]) Sicher von dem Autor der medizinischen Schrift zu unterscheiden ist ein als Verfasser von poetischen (?) Mêmrê und Predigten (Tûrgâmê) bezeugter S. Qûrdĕlaināja,[6]) vielleicht der Gründer eines Klosters bei Sennâ am Tigris,[7]) das gegen Ende des 8. Jhs bereits bestand.[8]) Völlig dunkel bleibt vollends ein S. „der Verfolgte", dessen Namen ein erhaltenes Werk über die Inkarnation trägt.[9])

h) B Jôḥannân Azraḳ oder Zârôḳâ („der Blaue") von Ḥîrtâ [10]) wird einerseits als Zeitgenosse Ḥ.s I. bezeugt, unter dem er das von den Nestorianern an drei Tagen der Zeit nach Epiphanie begangene „Fasten der Jungfrauen" erneuert haben soll. Andererseits ist er noch 730/1. ja sogar noch 741,2 am Leben gewesen. Ein „B der Ermahnung", ein solches „der Wegweisung" und eine Sammlung von 280 Briefen, die ihm beigelegt werden,[11]) scheinen verschollen zu sein. Dagegen tritt unter seinem Namen eine Folge von rund 80 Rätselfragen anscheinend durchweg im Anschluß an biblische Stoffe beider Testamente auf.[12])

i) Jôḥannân b Penkâjê,[13]) nach seiner Heimat, dem Dorfe Penek(h) in Bêt(h) Zab(h)dai benannt, lebte als Mönch in dem Kloster eines Jôḥannân Kâmûlâjâ und als Einsiedler in der Nähe desjenigen eines Mâr(j) Bassîmâ, um angeblich zuletzt in ein solches von Bêt(h) Dâljât(h)â überzusiedeln. Von seinen Prosaschriften führt das „B der Hauptpunkte der Geschichte der Welt der Zeit". eine eigenartige, zwischen Weltgeschichte und theologisch orientierter Geschichtsphilosophie die Mitte haltende Arbeit in 15 BB, bis auf das J 686 herab.[14]) Die Nachrichten über die

---

[1]) 'Aî. Das medizinische Werk allein auch B'EWg. Aus demselben stammen Anführungen bei BB 36, 25. 83, 24. 463, 12. 1168, 3. 2013, 22.

[2]) Vg. S. 61 Ak. 4.   [3]) Durch LC.

[4]) Hss der BB 3/7 mit einem Kommentar: Mos 97 (12. Jh) 1⁰. 11⁰. eines Zitates oder kurzen Exzerptes: CmbrAdd 2023 (13. Jh) 6⁰.   [5]) Angabe am Kopfe der Hs bzw. LC § 112. Vg. AScher, KatMosnl 30.   [6]) 'Aî § 157. BO 3₁, 225f.

[7]) So nach JSAssemani a. a. O. Über jenen selbst LC § 68, wonach von ihm Ap(h)nîmâran das Mönchskleid erhielt.   [8]) Nach ThM V 12. 16.   [9]) Hs: Urm 31 (11. Jh?). Ag einer Textprobe: KdP 317/9.

[10]) K Jôḥannân V. bei Elijâ Ġauhari: BO 2, 427,9. Notiz liturgischer Hss: KatWright-Cook 169f. MbS 66 (58). 'Am 60 (35). B'EKg 2, 139/42. 'Aî § 115. BO 3₁, 182.   [11]) 'Aî.

[12]) 'Aî. Hss: Dijarb 113 (16. Jh)15⁰. 112 (18. Jh) 7⁰. N-Dsém 142 (J 1678/9) 8⁰. 93 (J 1682 3)5⁰. Urm 76 (J 1793/4). BrMOr 2084 (19. Jh). Mos 110. 5⁰.

[13]) Biographie in der Berliner „Väterparadies"-Rezension in 177 Kapp. (S. 203 Ak. 1), als Notiz auch in Hss des J. Dâljât(h)â zu Séert und in der jakobit. Patriarchatsbibliothek zu Mardin: KatSachau 564f. bzw. IgnERahmani, StS 1, 35f. (34f.). 'Aî § 121. BO 3₁, 189f. LTh 35. KdP 254. Duval³ 229/30. AScher. ROC 11, 23. Rahmani a. a. O. 65. AMingana, Sources syriaques 1 (Lpz 1908) I/VIII.

[14]) 'Aî an zweiter Stelle. Hss: Mos 26 (J 1874/5). N-Dsém 25 (J 1882). Urm 218 (J 1889, nach Vorlage vom J 1261/2). 140 (J 1890). Der Universitätsbibliothek in Straßburg (J 1897), ihr vom Verfasser verkauft im J 1917. Eine von GDiettrich, NGWG 1909, 161 erwähnte (nach derselben Vorlage wie Urm 218). Bs: ABaumstark, RQs 15, 273/80. Agg des zweiten Teiles

anderen lassen an Klarheit zu wünschen übrig. Neben Briefen und der Beantwortung von Fragen [1]) scheinen unterschieden werden zu können: ein asketisches Hauptwerk in 7 Bänden, von welchen die beiden letzten nachträglich als „Ergänzung" angefügt wurden,[2]) ein „B der sieben Handelsreden" (= „der sieben Augen des Herrn"?)[3]) von gleichfalls monastisch-asketischem Inhalt, ein zweibändiges „B gegen die (nichtchristlichen oder häretischen?) Kulte"[4]) und ein B über Kindererziehung.[5]) Eine Schöpfung poetischer Form ist an einem Mēmrā des siebensilbigen Metrums gegen sittliche Verfallserscheinungen des Mönchtums oder „über die Gottesfurcht" (= „über die Vollkommenheit des göttlichen Wandels") wiederum erhalten.[6]) Auf einer Verwechslung mit J. v Dàljàt(h)ā (§ 35 e) beruht es, wenn für J. b P. auch der asketische Schriftennachlaß des sog. „geistlichen Alten" in Anspruch genommen wurde.[7]) Gleichfalls von ihm zu unterscheiden ist ein J. Dailômàjā.[8]) † 737,8 im Alter von angeblich 122 JJ, der aus Ḥēd(h)attā gebürtig und in früher Jugend ins Kloster eingetreten, im späteren Alter von Räubern nach dem Lande Dailàm am Kaspischen Meer entführt wurde, wo er ein Syrerkloster gründete. Verfasser von „(acht oder) neun Mēmrē" wohl gewiß asketischen Inhaltes,[9]) die sich nicht erhalten zu haben scheinen, begegnet er in hslicher Überlieferung als solcher auch einer Tešbôḥtā[10]) und diakonaler Litaneiformulare,[11]) während seine eigene Lebensgeschichte den Gegenstand eines aus unbekannter Zeit stammenden anonymen Mēmrās im zwölfsilbigen Metrum bildet.[12])

j) **Abraham v Bêt(h) Ḥâlē**[13]) würde mit einem „B gegen die Araber" der älteste bekannte Vertreter christlicher Polemik gegen den Islam sein,[14]) falls in ihm ein unmittelbarer Schüler des Gründers jenes Klosters, des Rabban K(h)ûd(h)àhwi erblickt werden dürfte. Allein tatsächlich scheint die Berechtigung dieser Kombination nicht erweislich und so lediglich an dessen rund ums J 660 erfolgter Klostergründung ein Terminus post quem für die Blütezeit A.s gegeben zu sein.

§ 33. Das 8. Jh hat einerseits die vielseitige Angeregtheit der nestorianischen Literatur der zweiten Hälfte des 7. übernommen, andererseits vielfach speziell

(BB 10/15): A Mingana, Sonrces syriaques 1, 1*/171*, eines Abschnittes des ersten: KdP 295,302, eines Teiles des 15. Bs: Gismondi² 148/58. Ûbs des 15. Bs: Mingana a. a. O. 172*/97*.   [1]) 'Ai.

[2]) Biographie. Bei 'Ai scheint das an fünfter Stelle genannte K d(h'essàrē wad(h)ēšûmlàjā („de vinculis et de perfectione?") zu entsprechen, wobei der zweite Teil des Titels dann durch „und der Ergänzung" wiederzugeben wäre. Azz daraus sind vielleicht zwei „discours sur la Cellule et le Trisagion" in der Hs: Sêert 123. Anh. 2°.

[3]) Der erstere Titel in der Biographie, der letztere an vierter Stelle bei 'Ai.   [4]) Ai an dritter Stelle.   [5]) 'Ai an erster Stelle.

[6]) Hss: JerPatr 40 (J 1531) ⌐'. 26 (J 1551) ⌐'. 24 (J 1649) ⌐'. BrMOr 2450 (J 1569/70). X-Dsêm 123 (J 1662/3). 122 Anh (J 1757 8) 2°. 116. 10°. VtB 1 (J 1674) 2°. CmbrAdd 2018 (J 1677) II°. Brl Oroet 1132 (17. Jh?). Mos 100. 10°. Ag: EMillos, Directorium spiritnale (R 1868) 162/71, dreier Textproben: LTh 35/7. Jünger als J. b Penkàjē ist ein ihn zitierender anonymer Traktat christologischen Inhalts. Hs: VtS 179 (J 1703) X°.

[7]) So in Hss in denen seine Biographie als Vorsatzstück desselben erscheint.   [8]) ThM II 22/5. LC § 117. 'Am 60 (35). 'Ai § 116. BO 3₁, 182 5.   [9]) Nach 'Ai.   [10]) Hss: Dijarb 36 (12. Jh). CmbrAdd 1981 (J 1607) 20°. Sèert 48 (17. Jh).

[11]) Hs: Mos 54 (J 1577/8).   [12]) Hss: CmbrAdd 2020 (J 1697) 11°. VtB 39. Vg. KatWright-Cook 586.

[13]) 'Ai § 138. BO 3₁, 205.   [14]) Hs: offenbar Dijarb 95 (Vor J 1697,8) 35°: Diskussion eines Mönches v Bêt(h) Ḥâlē mit einem Muhammedaner.

das Werk Îšô‘jahb(h)s III. auf dem Gebiete der Liturgie ergänzend ausgebaut. In letzterer Richtung hat sich unter den Zeitgenossen des selbst literarisch nicht hervorgetretenen K Şĕlib(h)āzĕk(h)ā der Reformator der nestorianischen Kirchenmusik, Bāb(h)ai v Gĕb(h)iltā, auch durch Schaffung neuer Texte betätigt. Ein Gleiches ist von einzelnen Kirchenfürsten geschehen, deren literarische Produktion sich darin keineswegs erschöpfte. Daneben hat das asketische Schrifttum an Abraham b Dašandād(h) einen Vertreter gehabt, dem im Gegensatze zu seinen hervorragendsten Größen in dieser Zeit irgendwelche heterodoxe Neigungen anscheinend nicht zum Vorwurfe gemacht werden konnten, und auch die Geschichtschreibung eine gewisse Pflege gefunden. Unter den KK. deren Regierungszeit voll dem Jh angehört sind an Mâr(j) Ab(h)ā II. und Hĕnānišô‘ II. zwei zugleich beachtenswerte theologische Schriftsteller gewesen, wobei neben dem ersteren an Šahdôst v Ṭirḥān ein wohl ebenbürtiger, neben dem letzteren an Îšô‘b(h)ôk(h)t v Rēwardašír ein eher sogar noch bedeutenderer Zeitgenosse steht.

a) Von **Zeitgenossen des K Şĕlib(h)azĕk(h)a** (ord. 713 4, † 727,8) wird der M Sab(h)rîšô‘ v Nisibis,[1] der schon vor seiner Erhebung zur höchsten kirchlichen Würde sein Gönner gewesen war und bei derselben einen maßgeblichen Einfluß geltend machte, in dem Verfasser einer über das Haupt der Braut zu sprechenden Dichtung wiederzuerkennen sein, die im nestorianischen Trauungsritual begegnet.[2] Gabriel, Raqqôd(h)ā („Tänzer“) mit Beinamen,[3] der von ihm zum Men von Kark(h)ā d(h)ē Bêt(h) Sĕlôk(h) gemacht wurde, war vorher Mönch in Bêt(h) ‘Ab(h)ē gewesen, wo er durch übermäßige Bußübungen sich derartig zerrüttet hatte, daß er zeitweiligem Irrsinn verfiel. Ein in der Folgezeit dort in der Tagesliturgie des Gründers Ja‘qôb(h) verwendeter poetischer Mēmrā auf diesen, war sein Werk und sollte von ihm sogar improvisiert worden sein.[4]

b) Bāb(h)ai aus Gĕb(h)iltā in Ṭirḥān,[5] der Zeitgenosse Şĕlib(h)āzĕk(h)ās, der niemals hätte mit dem älteren B. b Nĕsib(h)nājē identifiziert werden sollen, gründete in der Adiabene zahlreiche kirchenmusikalische Schulen, die er von der ältesten derselben in Kĕp(h)ar Ûzêl aus leitete und jährlich visitierte. Im Greisenalter in seine Heimatstadt zurückgekehrt, ist er dort gestorben. Neben Mēmrē, Lehrschriften, Briefen an verschiedene Adressaten[6] und einem K S. gewidmeten B vermischter „Fragen“[7] in großer Zahl hinterließ er zu liturgischer Verwendung bestimmte poetische Texte mannigfacher Art, bei denen die alphapetische Akrostichis als Bindung teils der einzelnen Nrn einer Gruppe gleichartiger Stücke teils der Strophen längerer Einzeltexte eine hervorragende Rolle gespielt zu haben scheint. Von seinen ‘Onjāt(h)ā lassen sich dabei einzelne noch im Textematerial des kirch-

---

[1] ‘Am 60 f. (35).

[2] Hss: VtS 89 (16. Jh). JerPatr 50 (J 1654). Urm 29 (J 1695). 132 (17/8. Jh). Mard 32 (17. Jh). VtB 151 (J 1748). 11 (J 1752) 8°. Brl 50 (Oroct 251. J 1761). 51 (Oroct 262. J 1837). 52 (Peterm 11. Nachtr. 15. J 1855). Oroct 1020. Séert 44 (18. Jh). CmbrOr 11 (18. Jh). BrMOr 4440 (J 1847), unvollständige: CmbrAdd 2044 (18. Jh). BrMOr 2343 (19. Jh), einer unierten „chaldäischen“ Rezension: BrM 305 (Egerton 703. J 1683). VtS 307 (18. Jh) 3°/11°. Das Vorkommen der fraglichen Dichtung steht zunächst für Mard 32 fest. Vg. KatScher 15.

[3] ThM II 33. BO 3ı, 460/2. J-B Chabot, JA° 8, 92.   [4] Mitteilungen daraus ThM I 24.

[5] ThM III 2/4. BO 3ı, 177/81. Wright 184 f. unter Verwechslung mit B. dem Nisibener. Duval³ 379. A Scher, ROC 11, 18 f.   [6] ThM III 4.   [7] ThM III 2.

lichen Tagzeitengebetes nachweisen.[1]) Ein Gleiches würde von „Segnungen“ vielleicht für besonders umfangreiche des Bräutigams und der Braut bei genauerer Durchforschung desselben im Trauungsritual der Fall sein. Als eine solche von Tûrgâmē wird eine Sammlung von 22 am Palmsonntag durch Knabenstimmen vorzutragender Texte bezeichnet, und wie hier der von Hause aus die Homilie bezeichnende Name erstmals auf ein sangbares Stück liturgischer Poesie übertragen erscheint. so wird man auch denjenigen der Bûjjà’ē in diesem Zusammenhange wohl eher von irgendwelchen funeralen Gesängen als. wie gewöhnlich. von prosaischen Leichenreden zu verstehen haben.[2])

c) Am Ausbau der Liturgie beteiligt erscheinen des weiteren zwei Schriftsteller. die von JSAssemani unter K Pet(h)jôn (ord. 790/1, † 740,1) angesetzt werden, ohne daß sich vorerst im zweiten Falle die Berechtigung dieser im ersten gut bezeugten Datierung nachprüfen lassen dürfte. Beide haben Gebetsformulare hinterlassen. die im kirchlichen Tagzeitengebet einen Platz zu Anfang des festtäglichen Morgengottesdienstes erhielten.[3]) Der eine ist B Paulos von Anbar,[4]) für den daneben eine Streitschrift gegen nicht ausdrücklich genannte Gegner, zahlreiche Briefe. sowie Leichenreden und Homilien bezeugt werden. deren Studium um die Mitte des 9. Jhs K Theodosios dem Klerus zur Pflicht machte. Der andere. B Salliṭā r Riš‘ainā,[5]) hat gleichfalls Homilien und Leichenreden hinterlassen. aber sich auch mit Juristischem beschäftigt, an „metrischen Kapiteln, die an den Schranken des Altarraumes gesprochen werden“ und analogen „nicht metrischen Kapiteln“ selbst weitere liturgische Texte geschaffen und in einem Kommentar zu zwei ‘Onjāt(h)ā sich als Erklärer solcher betätigt. Von Hause aus zu liturgischer Verwendung bestimmt war wohl auch mindestens ein Mad(h)rāšā über Diodoros, Theodoros r Mopsuestia und Nestorios der neben einem solchen „über den Glauben der Kirche“ und einer exegetischen Arbeit zu den Spr einem Ja‘qôb(h) Qal‘tājā[6]) zugeschrieben wird, den Assemani mit einem als Zeitgenosse Pet(h)jôns[7]) ausdrücklich bezeugten J. „dem Araber“ gleichsetzt. Jünger war M Kyprianos r Nisibis.[8]) ord. 740,1, † 767, dessen Name mit dem Baue der ersten nestorianischen Kirche in der monophysitischen Hochburg Tag(h)rit(h) und einem Neubaue seiner eigenen nisibenischen Kathedrale verknüpft ist, und der wie als Übersetzer oder Kommentator des Gregorios r Nazianz,[9]) so auch als maßgeblich an der Redaktion des nestorianischen Ordinationsrituals beteiligt und zwar in besonders alten Hss desselben an führender Stelle genannt wird.[10])

---

[1]) So eine auf Nestorios, Inc: Bašěb(h il kūnē („Auf dem Pfade der Gerechten“). Hs: Cmbr 1980 fol 229 r°. Brl 43 (Fol 620. 16. Jh) A 3° (zusammen mit einer zweiten ; eine solche der Totenliturgie. Inc: Hā lěmit(h ē („Siehe. die Toten“): BrCh 214* jedes Bandes. Vg. ThM III 3. Hier werden ferner erwähnt 22 ‘Onjât(h)ā, jede mit einem anderen Buchstaben des Alphabets beginnend. auf Ja‘qôb(h) r Bēt(h) ‘Āb(h ē.   [2]) Für alles dies ThM a. a. O.

[3]) Später aufgenommen in das Abû Ḥalim-B. Vg. § 46 e. Hss: CmbrAdd 1978 (J 1785) und gewiß nicht wenige weitere der a. a. O. genannten. Agg von Gebeten des Paulos: BrCh 2, 353 f. 448 f. 3, 71 f. K d(h)aqdam wad(h bāt(h)ar (Urmia 1901) 387 f., des Šalliṭā: BrCh 1, 93 f. 198. 369 f. 443. 474 f. 489 f. 504. 2, 141 f. 336. 346. 388. 439. 449. 517 f., K d(b)aqdam wad(h)bāt(h)ar 283/5. 290 f. 296. 300 f. 302 f. 314. 319 f. 322 f. 327 f. 330 f. 333 f. 336 f. 340. 353 f. 378 f. 379 f. 393 f.. wobei im BrCh jeweils die betreffenden Stücke an der Hand von KatWright-Cook 121 40 leicht zu identifizieren sind, während der orientalische Druck eine ausdrückliche Verfasserangabe macht.

[4]) ‘Am 60 (36). Ai § 100. BO 3i, 172.

[5]) ‘Ai § 109. BO 3i. 176.   [6]) ‘Ai § 102. BO 3i, 173.

[7]) ‘Am 60 (36).   [8]) Ebš zu den JJ 123. 141. 150 H. B‘EKg 2. 157,8. Ai § 73. BO 3i, 111/3.   [9]) Ai.

[10]) ‘Ai bzw. die Hss CmbrAdd 1988. Dijarb 59. Urm 26 und gewiß noch zahlreiche andere. Vg. S. 200 Ak. 5. Weitere Hss des Ordinationsrituals außer den dort genannten: Brl 38 Saeb

d) **Abraham b Dāšandād(h)**,[1] genannt „der Lahme", aus Bēt(h) Sajjād(h)ē war als Kind von seiner Mutter zu Bāb(h)ai v Gēb(h)iltā gebracht worden, damit dieser über den verkrüppelten bete. Als Exeget an einer Schule zu Bašoš hat er eine Reihe bedeutender Kirchenmänner zu seinen Schülern gezählt. Aus seiner reichen Bibliothek sind wertvolle Nrn in den Besitz des K Timotheos I. (§ 34 b) übergegangen. Ein unvollständig erhaltener Kommentar zu den Schriften des Asketikers Markos[2] ist vielleicht der von ihm denselben gewidmete, neben dem ein „B der Ermahnung", ein „B des königlichen Weges", Mēmrē der Buße und Briefe über verschiedene Gegenstände als weitere Stücke seines soweit offenbar wenigstens vorwiegend asketisch gerichteten literarischen Nachlasses namhaft gemacht werden.[3]

e) Die **Geschichtschreibung** wird in der zweiten Hälfte des 8. Jhs zunächst durch die doch wohl kaum ausschließlich über das Konzil von Chalkedon handelnde Kirchengeschichte eines Šem'ōn b Ṭabbāḥē vertreten,[4] in dem mit Bestimmtheit der Ibn aṭ-Ṭabbāḥ genannte und aus Kaškar stammende christliche Schatzmeister des Khalifen al-Manṣūr[5] sich erkennen läßt. Durch den letzteren Herrscher gefangen gesetzt und nach dem Kloster Bēt(h) Ḥālē verwiesen, wo er 3 JJ festgehalten blieb, wurde der nach weiteren 7 JJ verstorbene B Šēlēmōn v Ḥēd(h)attā, für den neben einem Werke „über den Weg des Klosterlebens" gleichfalls eine Beschäftigung mit geschichtlichem Stoffe bezeugt wird.[6] Auch die nicht näher gekennzeichnete historiographische Arbeit eines **Abtes des „Großen Klosters"**, die für Ereignisse der JJ 740/3, und die Kirchengeschichte eines **Pet(h)jōn**, die für solche der JJ 765/69 zitiert wird,[7] dürften wohl nicht allzu weit von diesen Zeitgrenzen selbst entstanden sein. Über die Kirchengeschichte eines Dēnaḥīšō' vg. § 37 c.

f) **K Mār(j) Àb(h)ā II.**,[8] oder Àb(h)ā, wie er sich aus Demut zur Unterscheidung von M. I nannte, der Sohn eines Bērīk(h)šeb(h)jāneh aus Kaškar ord. 741,[9] † 751 (vor 30. 7)[10] im Alter von 110 JJ und nach einer Regierung von 10 JJ und einem Monat, war B seiner Heimat gewesen. Durch einen persönlichen Besuch bei demselben in al-Kūfah erwarb er sich die besten Beziehungen zu dem sonst christenfeindlichen Emir Jūsuf ibn Omar aṭ-Ṭaqafi, wandte sich infolge eines Zerwürfnisses mit dem Klerus von Seleukeia-Ktesiphon unter Zurücklassung zweier Vikare wieder nach Kaškar, kehrte aber, nach dem er dort ein J lang in dem Kloster Wāsiṭ gelebt hatte, auf Bitten ihrer Gemeinde wieder nach seiner amtlichen Residenz zurück. Eine Reihe von ihm hinterlassener Schriften soll von seinen Schülern durch Interpolation gefälscht worden sein.[11] Ausdrücklich genannt werden ein „B der Strategen" (K d(h)esṭrāṭig(h)ē),[12] eine „Erklärung"

<hr>

167) 11°. CmbrOo 1. 15 (J 1691). Oo 1. 29 I°. Vg. über dasselbe: B a d g e r, The Nestorians and their rituals 2, 322/36.   [1] ThM III 4. MbS 75 (66). 'Am 66 (38). Brief des K Timotheos an Sargis v Elam: OC 3, 10 f. BB 3 (Prooem XI). 'Ai § 126. BO 3ı, 194. W r i g h t 185 f. D u v a l³ 380. Ders., Prooem XV.

[2] Hs: BrM 605 (Add 17270. 9. Jh).   [3] Ai a. a. O. Vielmehr auf irgendwelche philologisch gelehrte Arbeit könnte es zu weisen scheinen, daß BB ihn als eine seiner Hauptquellen nennt.

[4] 'Ai § 146. Notiz der Hs BrM 860 (Add 12154) fol 153 r°, die speziell von einem Werke, „über diejenigen, welche sich in Chalkedon versammelten" redet. BO 3ı, 215.   [5] MbS 68 (60).
[6] ThM IV 5/7. MbS 68 f. (60 f.) 72 (63). 'Am 64 f. (37). 'Ai § 139. BO 3ı, 205/10. O B r a u n OC 1, 141.   [7] EbŠ zu den JJ 122. 123 bzw. 148. 151 H. W r i g h t 194 f.

[8] EbŠ 1, 56 f. (31 f.) und zum J 123 H. BB 1063, 24. MbS 66 f. (58 f.). 'Am 62 (36). B'EKg 2, 153/6. 'Ai § 85. BO 2, 431. 3ı, 157 f. W r i g h t 186 f. D u v a l³ 380.

[9] Nach EbŠ: 128 H = 1052 Gr., nach 'Am 1053 Gr., was da das genannte H-J 26. 11. 740 begann, wohl auf 741 führen dürfte.   [10] Nach 'Am 133 H. = 1063 Gr. Richtig ist wohl das H-J, das nach EbŠ vielmehr mit dem 29. 7. 1062 Gr. (= 751) schloß.   [11] MbS 67 (59).

[12] 'Ai. Nach W r i g h t „perhaps a chronicle of the Muhammedan governors of al-'Irāḳ".

der Reden des Gregorios v Nazianz,[1]) gedankenreiche Homilien,[2]) Kommentare
zu mehreren BB des aristotelischen Organons[3]) und ein wohl poetischer Mēmrā
auf einen Martyrer Mâr(j) Zâk(h)ê.[4]) Erhalten hat sich ein Schreiben an die
Studierenden der Schule von Seleukeia in der Angelegenheit seines Zerwürfnisses
mit dem hauptstädtischen Klerus.[5])

g) B Šahdôst v Ṭirhân [6]) war einer der beiden von Mâr(j) Àb(h)â 11. zurück-
gelassenen Patriarchalvikare. Eine „Synodalrede", Briefe mit angeschlossenen
Kanones oder kanonistischen Inhaltes, Mēmrē, deren Kürze hervorgehoben wird,
und Homilien werden als Bestandteile seines literarischen Nachlasses genannt.[7])
Erhalten haben sich Reste einer Schrift von ihm „über die Frage, warum wir
von den Okzidentalen getrennt sind".[8]) Auf liturgiegeschichtliche Studien, deren
literarischen Niederschlag man in weiterem Umfange gerettet wünschen möchte,
weist es hin, wenn er als Zeuge dafür angeführt wird, daß ein bestimmtes Gesang-
stück der Weihnachtsvesper[9]) einen der Väter des Konzils von Nikaia zum Verfasser habe.[10])

h) Hênânišô' II.,[11]) 773/4 heimlich und ohne Mitwirkung des Men von Kaškar
ord., † 779/80 an Gift, das ihm der Leibchirurge des Abû-l-'Abbâs aṭ-Ṭûsî bei-
gebracht hatte, war früher B von Lâšôm gewesen und ist zu allgemeiner Anerkennung — anscheinend 775/6 [12]) — erst gelangt, nachdem er die dem Men von
Kaškar bei der Wahl des K zustehenden Rechte ausdrücklich bestätigt hatte.
Da die betreffende Urkunde die unschätzbare Sammlung der Akten und Beschlüsse älterer nestorianischer Synoden beschließt, in die andererseits schon die
Synodalkanones seines Nachfolgers keine Aufnahme mehr fanden, muß diese durch
ihn oder doch unter seiner Regierung ihre abschließende Redaktion erfahren
haben.[13]) Dagegen scheint von den Briefen, Leichenreden und den fünf Bände
füllenden Mēmrē, die neben einer Beantwortung von zehn „Fragen" als Teile
seines literarischen Nachlasses erwähnt werden,[14]) nichts übrig geblieben zu sein.

i) M Îšô'bôk(h)t v Rēwardašir,[15]) ord. von einem K Hênânišô', in dem
gewiß der zweite dieses Namens zu erkennen ist, hinterließ neben einem Werke „über
das All", von dem ein Az erhalten ist[16]) in erster Linie ein ursprünglich persisch
abgefaßtes über die kirchlichen Rechtsentscheidungen, das in einer nach dem Tode
des Verfassers auf Veranlassung des K Timotheos I. (§ 34 b) gefertigten syrischen
Übs vorliegt und in 6 BB nach einer allgemeinen Einleitung das Ehe-, Erb-
und Obligationenrecht behandelt.[17]) Außerdem wird für ihn eine Schrift anscheinend über Witterungsvorzeichen ausdrücklich bezeugt,[18]) während Zitate in

---

[1]) MbS. B'E. Wohl = einer „Erklärung" schlechthin bei 'Ai.   [2]) 'Ai und ohne den
lobenden Zusatz auch MbS.   [3]) MbS.   [4]) BB.

[5]) Hss: N-Dsém 90 (Vor 14. Jh). Séert 65 (17/8. Jh) 3°. VtB 82 (K VI 3) 21°. Mard 50. Ag
und Übs: J-BChabot, Actes XI. Congr. des Or. Sect. 4, 295/335.

[6]) 'Am 66 (36). 'Ai § 111.   [7]) 'Ai.   [8]) Hs: Séert 87 (J 1609) 1°.   [9]) Die sog. 'Ônit(h)ā
d h aqdâm, Inc. Lējaldā t(h)ēmihā („Das wunderbare Kind"). Ag: BrCh 1, 321.   [10]) ChrS I, 70.

[11]) EbŠ 58 (32) und zum J 159 H. MbS 70f. (62f.). 'Am 63f. (37). B'EKg 2, 163/6. 'Ai § 84.
BO 3ı, 155ff. OBraun, D. B. d. Synh. 371/3. Duval³ 381.

[12]) Da dieses J gegenüber dem anderen von 'Am bezeugten durch EbŠ als solches seines
Regierungsantritts bezeichnet wird.

[13]) Hss, Ag und Übss: s. S. 54 Ak. 11. Das Schreiben H.s: SynOr 245/50 (515/24). OBraun,
D. Buch d. Synhados 373/81.   [14]) 'Ai a. a. O.

[15]) 'Ai § 127. BO 3ı, 194f. Duval³ 171. 254. 280. ESachau, Syr. Rechtsbücher 3, VIII/XVII.
SbPAW 1916, 977.   [16]) 'Ai. Hss: VtB 39 (16. Jh). N-Dsém 24 (J 1697/8) 3°. Mos 103. 3°.

[17]) 'Ai. Hss: N-Dsém 90. Séert 65. 24°. VtB 81 (K VI 3) 3°. Mard 50. Ag (mit Übs):
Sachau, Syr. Rechtsbücher 3, 1/201.   [18]) Durch 'Ai.

späterer exegetischer Literatur [1]) für ihn eine Beschäftigung auch mit Schrifterklärung zu erhärten scheinen und als Früchte einer solchen mit aristotelischer Logik Stücke über die Kategorien [2]) und über den Begriff der Möglichkeit [3]) sich erhalten haben.

§ 34. Die Wende vom 8. zum 9. Jh bezeichnet den Augenblick der größten äußeren Ausbreitung des nestorianischen Christentums für die nach Osten das bekannte syrisch-chinesische Denkmal von Singanfu das ragende Wahrzeichen bildet. Sie bezeichnet nicht minder in seinem inneren geistigen Leben und in dessen literarischem Ausdruck einen unverkennbaren Höhe- und Wendepunkt. Mit dem großen K Timotheos I., in dessen erstem Regierungsjahre die Errichtung des chinesischen Monumentes erfolgte, schließen sich zunächst seine Zeitgenossen Abû Nûḥ, Ap(h)rem v Elam und Theodoros b Kônî, sein Nachfolger Îšô' b Nûn und dessen Schüler Denḥā zu einer Gruppe vorwiegend theologischer Prosaschriftsteller zusammen, deren Bedeutung genügen würde, um die Zeit ihres Schaffens unmittelbar als diejenige einer Hochblüte literarischer Betätigung erscheinen zu lassen. Das starke Hervortreten einer Beschäftigung mit dem Gebiete der kirchlichen Gesetzgebung, des kirchlichen oder doch durch die kirchliche Obrigkeit gepflegten Rechtes ist dabei einerseits. ein verschiedentlich sich bekundendes Interesse auch für aristotelische Philosophie andererseits des näheren für die Richtung dieser Theologen charakteristisch, unter deren patristischen Fundamentalautoritäten neben Theodoros v Mopsuestia der Kappadokier Gregorios v Nazianz den führenden Ehrenplatz eingenommen zu haben scheint.

a) Das **Monument von Singanfu,**[4]) das durch einen Pr und Chorepiskopos Jazdbôzîd(h) errichtet und am 4. 2. 781 dediziert wurde, gehört der syrischen Literaturgeschichte nur in einem äußerst bedingten Sinne an. Einen eigentlich literarischen Wert kann nur der umfangreiche chinesische Teil seines inschriftlichen Textes beanspruchen, der an einen Abriß der christlichen Lehre eine gedrängte Darstellung der Geschichte der nestorianischen Mission in China seit dem Auftreten eines Glaubensboten Jahb(h)allāhā im J 636 anschließt und beiläufig

---

[1]) In der Gannat(h) Bûssāmē. Vg. J-BChabot, Oriental. Studien Nöldeke gew. 495f.
[2]) Hss: N-Dsém 52 (15. Jh) 5°. 142 (J 1678,9) 4°. Mos 110. 4°. CmbrAdd 2812 (J 1806) VII°.
[3]) Hs: Brl 88 (Peterm 9. J 1259/60) 32°.
[4]) AthanKircher, Prodromus Coptus sive Aegyptiacus (R 1636) 50/85. Ders., Sina illustrata (Antwerpen/Amsterdam 1667) 1/45. AMüller, Dissertatio de Monumento Sinico (Brl 1662). ERenaudot, Anc. Relations des Indes et de la Chine de deux Voyageurs Mahometans, qui y allèrent dans le neuvième Siècle (Pr 1718) 228/71. BO 2, 255/7. Ak. 2. 3ii, 482. 538/52. KFNeumann, ZDMG 4, 33/43. JHHall, AJSL 12, 118/25 bzw. PAOS 13, CXXIVf. JHeller, ZKT 9, 74/123. Ders., Verhandll. VII. Or. Kongr. Wien 1886. 5, 37,48 bzw. Wissenschaftl. Ergebnisse der Reise des Grafen Széchenys in Ostasien. 2 (Budapest 1897) 435/95. HHavret, La stèle chrétienne de Si-nganfū (Variétés sinologiques. Nr 7. 12. 20. Shanghai 1895/1902). FHolm, The nestorian Monument (Ed. by PCarus. Chicago 1909). PYSaeki, The Nestorian Monument in China. With an introduct. note by Lord W. Gascoyne-Cecil and a preface by the Rev. Prof. AHSayce (Lo 1916), mit Berücksichtigung auch der einschlägigen chinesischen und japanischen Forschungsarbeit. Einige weitere neuere Literatur verzeichnet ENestle. Allgem. Missionszeitschrift 32, 205/8.

wertvolle Erkenntnisse über den nicht geringen Umfang einer syrisch-chinesischen kirchlichen Übersetzungsliteratur vermittelt. Syrisch sind demgegenüber nur eine kürzere Dedikationsinschrift und ein Verzeichnis von 70 Mitgliedern des nestorianischen Klerus in China einschließlich eines Bs Jôḥannàn.[1]

b) K Timotheos I.,[2] ord. 1. 5. 780, † 9. 1. 823 im 95. Lebensjahre, war nach Beendigung seiner bei Abraham dem Lahmen gemachten Studien Mönch in einem Georgskloster und später B von Bêt(h) Baggāš gewesen. Zur höchsten kirchlichen Würde auf einer Wahlsynode im Herbste 779 durch simonistische Umtriebe gelangt, vermochte er nur allmählich allgemeine Anerkennung zu gewinnen. In hoher Gunst bei den Khalifen al-Mahdî und Hārûn ar-Rašîd stehend, förderte er erfolgreich die Missionstätigkeit in Indien, Turkestan, China, Jemen und am Kaspischen Meere, baute die nestorianische Hierarchie durch Errichtung von 6 neuen Kirchenprovinzen aus, von denen wenigstens die beiden von Armenien und Syrien dauernden Bestand hatten, brachte die persische Hyparchie in engere Abhängigkeit vom Katholikat und ist auf zwei allgemeinen Synoden in den JJ 790/1 und 804 für die Reinheit des nestorianischen Glaubensbekenntnisses eingetreten.[3] Von ihren den Inhalt der „synodalen τόποι" des T. bildenden 98 bzw. 32 Kanones[4] zu unterscheiden sind ein Schreiben an den B Ap(h)rem mit 4 auf einer Partikularsynode angeblich schon des Js 786 erlassenen Kanones und ein Protokoll über die Rechtfertigung eines „messalianischer" Haeresie bezichtigten Bs,[5] die in einer Sammlung von rund 200 zum Teile hochinteressanten Briefen des K[6] ihren Platz fanden. Von den im engeren Sinne literarischen Arbeiten desselben haben sich ein im J 804/5 abgefaßtes Werk über „kirchliche Rechtsentscheidungen und Erbteilungen" in 99 §§[7] und der Bericht über ein Religionsgespräch mit al-Mahdî[8] erhalten. Außerdem hat er ein B über Sterndeutung,[9] zwei anscheinend konfessioneller Polemik gewidmete Reihen von Beantwortungen verschiedener Fragen,[10] Mêmrê auf die Herrenfeste des ganzen Kirchenjahres und einen Kommentar zu Gregorios v Nazianz verfaßt,[11] für den er

[1] Agg des syrischen Textes Kircher, Prodromus 77,85. BO 2, 255,7. 3 u, 482 bzw. 542,52. Hall AJSL a. a. O. J Heller, Wissenschaftl. Ergebnisse 468/71. Saeki 260,70 (162,80).

[2] ThM IV 3. EbŠ 58 (32). MbS 71/5 (63,6). Am 64,6 (37 f.). B'EKg 2, 166,72. 179,82. Ai § 86. BO 3i, 158,64. Wright 191,4. O Braun, OC 1, 138,52. W Labourt, De Tim. I. Nestorianor. patriarcha et christian. or. condicione sub chaliphis Abbasidis (Pr 1904). Duval³ 382.

[3] Nach 'Ai Nomokanon IX 6.   [4] 'Ai § 86. 'Am 66 (3S) bezeugt 98. Kanones der ersten Synode in Form von Frage und Antwort. Ibn aṭ-Ṭajjib (A Mai, Script. Vet. Nov. Coll. 4, 26, im ganzen 130 Kanones. Arabischer Az aus ihnen bei dem letzteren.

[5] Hss: Pr 332 (J 1895) 15° und diejenigen der Briefe, unter denen die beiden Stücke als Nrn 50 f. stehen. Agg: O Braun, OC 2, 283,311. J-B Chabot, Syn. Or. 599 608. Das Datum der Partikularsynode gibt eine Randnotiz der Pariser Hs.

[6] Hss von 57 Briefen: N-Dsêm 90 (Vor 14. Jh) 6°. 8°. Sêert 65 (17/8. Jh) 28° (die Angabe 37 des Kats ist sicher Druckfehler!). VtB 81 (K VI 3) 5°a,c e f. Mard 50. Vg. das Verzeichnis bei O Braun, OC 1, 149,51. Ag und Übs einzelner (außer den beiden schon genannten Stücken): Ders. ebenda 1, 299,313. 2, 1/82. 31/16.

[7] Vg. 'Ai in der Einleitung zu Nomokanon III. Hss: N-Dsêm 90. Sêert 65. 18°. VtB 82. 32°. Mard 50. Ag und Übs E Sachau, Syr. Rechtsbücher 2, 53,117. Vg. ebenda XVII XXI und die S. 207 Ak. 1 verzeichneten Arbeiten von J Partsch und V Aptowitzer.

[8] 'Ai § 86. Hss: N-Dsêm 96. 7°. Sêert 65. 27°. VtB 81. 5°d. Mard 50. Ag einer arabischen Übs: L Cheikho, al Mašriq 19, 359/74. 408 18.   [9] „Buch d. Sterne." 'Ai a. a. O. MbS. B E.

[10] 'Ai a. a. O. Eine davon vielleicht identisch mit einer Disputation, die nach B'EKg 2, 181 f. der jakobitische P Georgios v Bě'eltân mit ihm hatte. Hs von Azz: anscheinend Sêert 109 (J 1609) XII°.   [11] Nach Ai a. a. O. B'E. Der G.-Kommentar wird mit Unrecht von Braun, OC 1, 147 f. für unwahrscheinlich gehalten.

wie für aristotelische Philosophie, Bibelstudium und kirchenrechtliche Fragen ein reges Interesse auch in seinen Briefen bekundet.

c) **Abû Nûḥ**, gleichfalls Schüler Abrahams des Lahmen, war Sekretär seines Mitschülers T., dessen Zensur er, was von demselben rühmend anerkannt wurde, seine literarischen Arbeiten unterbreitete. Als solche werden eine Widerlegung des Korans, ein Werk „gegen die Häretiker" d. h. wohl die Monophysiten und „andere nützliche Schriften" genannt,[2] zu denen u. a. eine Biographie des Jôḥannân Dailômâjâ oder ein dessen Leben mit besonderer Ausführlichkeit behandelnder umfassenderer Beitrag zur Mönchsgeschichte gehörte.[3]

d) **M Ap(h)rem v Elam**[4] hatte die Wahl T.' I., bei der er selbst als Gegenkandidat in Betracht gekommen war, zunächst nicht anerkannt, stand aber seit etwa 782 mit ihm in den besten Beziehungen, nachdem T. unter Anerkennung der seinem Stuhle bei der Bestellung des K zustehenden Ehrenrechte sich einer Art von Wiederordination durch ihn unterworfen hatte. Ein Werk in zwei Bänden, in dem er „eine $\tau\acute{a}\xi\iota\varsigma$ der Gebote" „über den Gegenstand des Glaubens" aufstellte,[5] war vielleicht eine den kanonistischen Sammlungen der Zeit entsprechende Sammlung synodaler Entscheidungen und autoritativer patristischer Aussagen auf dogmatischem Gebiete. Erhalten hat sich von ihm ein gegen den Empfang der Kommunion aus der Hand von Griechen und Jakobiten gerichteter Brief an Gabriel b Bôk(h)tišô' (§ 36 a).[6] Von dem letzteren verschieden war zweifellos ein Gabriel, der unter T. I. eine Neuübs der jambischen Gedichte Gregorios des Nazianzeners geliefert hat.[7]

e) **Theodoros b Kônî** (oder: Kêwânî = Saturninus)[8] aus Kaškar wurde fälschlich einem Th. gleichgesetzt, den dessen Oheim K Jôḥannân IV. im 7. 893 als B von Lâšôm ordinierte,[9] da er vielmehr im J 791/2 als einfacher „Lehrer" an seinem einem „Bruder" Jôḥannân gewidmeten „Scholion-B" (K d(h)eskôljôn) arbeitete,[10] das in 11 Mêmrê mit einer zetematischen Behandlung der ganzen Bibel einerseits diejenige logisch-grammatischen, spekulativ-theologischen und antihäresianischen Stoffes, insbesondere eine katechismusartige apologetische Darstellung der christlichen Lehre und eine wertvolle Übersicht über häretische Lehrmeinungen einschließlich des chaldäischen, griechischen und persischen Heidentums verbindet.[11]

---

[1] MbS 71 f. (63). 'Am 66 (38). 'Aî § 141 und Nomokanon IX 6. BO 3 ɪ, 212. 163 Ak. 2 (auf 164).   [2] Durch 'Aî.   [3] Zitiert ThM II 23.

[4] MbS 71/3 (63 f.). 'Am 64 f. (37). 'Aî § 87. BO 3 ɪ, 163 f. O Braun, OC 1, 139/41. [5] 'Aî.   [6] Hss: N-Dsém 90 (Vor 14. Jh) 9°. Séert 65 (17/8. Jh) 29°. VtB 81 (K VI 3) 6°. Mard 50.   [7] Brief des T. an Sargis: OC 1, 197 f. Vg. J-BChabot, JA° 11, 542/6, der mit Unrecht in der Übs G.s die tatsächlich erhaltene erblickt. Gegen diese Annahme Duval³ 310. A Baumstark, OC² 2. 347. W Lüdtke. OC² 3, 269 bzw. § 44 b.

[8] Subscriptio in Mêmrâ IX. des „Scholion-Bs". 'Aî § 133. BO 2, 440. 3 ɪ, 188. Wright 222. KdP 129. Duval³ 204. 368 f. A Scher. ROC 11, 26 f. A Baumstark, D. Bücher I—IX des Kḏâšâ desköljôn des Th. h K., OC 1, 173/8. B Vandenhoff, ZDMG 70, 126/32. Die Korrektur des Vaternameus vermutet E Sachau, *Γενεθλιακόν* zum Buttmanstage (Brl 1899) 64.

[9] 'Am 80 (47). Die zuerst von G Hoffmann, Opusc. Nestor. XXIII angefochtene, aber noch von Wright 222 unbedenklich festgehaltene Gleichsetzung wird neuerdings von Vandenhoff mit dem Hinweise darauf verteidigt, daß Th. den um die Mitte des 9. Jhs lebenden Išô'dâd(h) v Merw (§ 37 d) ausschreibe. Aber das Verhältnis der beiden Schriftsteller zueinander ist augenscheinlich vielmehr auf Benützung einer gemeinsamen Hauptquelle zurückzuführen.

[10] Dieses bestimmte Datum in der angeführten Subscriptio. Durchaus unzulässig ist auch der von Lewin (s. Ak. 11) XIV/XVI gemachte Versuch, die Lebenszeit Th.s um etwa zwei Jhe noch weiter hinaufzurücken.

[11] Näher bekannte Hss: Séert 24 (alte auf Pergament). 23 (J 1538/9). Dijarb 21 (J 1698). N-Dsém

andererseits jene sachliche Erklärung ausgewählter Bibelstellen grundsätzlich für jedes B durch knappe Beiträge zur Worterklärung ergänzt, wie sie aus islamischer Zeit auch in zwei selbständigen anonymen Korpora vorliegen, von welchen das zweite sich ausdrücklich als ein bloßes Exzerpt zu kennzeichnen scheint.[1] Außer demselben sind für Th. noch Leichenreden und eine Kirchengeschichte bezeugt.[2]

f) K Îšô‘ b Nûn,[3] ord. 6. 7. 823, † 1. 4. 828, war Mitschüler des T. bei Abraham dem Lahmen, zeitweilig Leiter der Schule in Seleukeia, dann Mönch auf dem Îzlā und nach einem Zerwürfnis mit der dortigen Kommunität bei einem reichen Gorǧīs Māsôjah Hauslehrer seines Sohnes gewesen, um zuletzt in einem Eliaskloster in Mosul eine bleibende Stätte zu finden. Von T. zum Diakon geweiht, hatte er schon zu dessen Lebzeiten gegen ihn geschrieben. Dank der Unterstützung gewisser bei Hofe als Ärzte und Sekretäre einflußreicher Glaubensgenossen zu seinem Nachfolger erhoben, tilgte er sogar den Namen des Vorgängers aus den Diptychen, bereute aber auf dem Sterbebette sein leidenschaftliches Vorgehen. Von seinen zahlreichen und verschiedenartigen Werken haben sich Quästionen über den Bibeltext[4] und der 133 §§ umfassende Rechtsspiegel seiner „Kanones und Gesetze“[5] vollständig, eine Sammlung von Leichenreden hat sich in jakobitischer Überlieferung wenigstens zum guten Teile erhalten.[6] Seine Homilien las die Folgezeit anscheinend mit denjenigen zweier anderer Verfasser zu einer solchen für das ganze Kirchenjahr vereinigt, deren Studium den Priestern zur Pflicht gemacht wurde.[7] Eine Notiz über Beziehungen Î.s zum Gebiete der liturgischen Poesie[8] entbehrt leider der wünschenswerten Klarheit. Von seinen Briefen[9] liegen die Beantwortungen liturgischer Anfragen eines Periodeutes Isḥāq v Bêt(h)

26 J 1884). Urm 137 8 (J 1886). BrlOrqu 871 (Abs der vorigen, jetzt verschollen und durch eine nichtnumerierte Abs einer Vorlage in Persien aus dem J 1912 ersetzt). Eine im Privatbesitze des Verfassers (Ums J 1897 in Alqôš geschrieben), nur des antibäresianischen Mēmrā XI: im Besitze der Universitätsbibliothek Straßburg (von HGoussen ihr verkauft), von Azzen logisch-grammatischen Inhaltes offenbar aus Mēmrā VI: CmbrAdd 2812 (19. Jh). Agg: AScher, CSCO Sér. II. 65 6 (Vg ABaumstark, OC² 3. 149/51, von Azzen nach einer unbekannten Hs, die nicht gleich allen besser bekannten eine umfangreiche Lücke vor allem in der Evangelienerklärung aufweist: KdP 130 32. 210 21, von Abschnitten aus den Mēmrē I/III mit Übs u. Erläuterung: MLewin, D. Scholien des Theodor b K. zur Patriarchen-Geschichte (Diss. Brl 1905, des größten Teiles von Mēmrā XI nach orientalischen Hss: HPognon, Inscriptions mandaites des coupes de Khouabir (Pr 1899) 105/38, von Ergänzungen hierzu mit Übs und Erläuterung: ThNöldeke, Bar Chōnē üb. Homer, Hesiod u. Orpheus, ZDMG 53, 501 7, ChClermontGauneau, Empédocle, les Manichéens et les Catarhes, JA⁹ 15, 179/86. VMAKugener bei FCumont, La Cosmogonie manichéenne d'après Théodore b K. (Brüssel 1908). ABaumstark, Griech. Philosophen u. ihre Lehren in syr. Überlieferung, OC 5, 1/25. Es enthalten die Mēmrē I/V die Erklärung des A, VII/IX diejenige des NTs, VI ist logisch-grammatischen und spekulativ-theologischen Inhalts; in IX ist ein Abschnitt über kirchliche Gebräuche eingelegt und je ein antibäretischer gegen Monophysiten und Arianer angehängt, in X (dem Katechismus) unter der Maske einer Art von Judentum vielleicht tatsächlich vielmehr der Islam bekämpft.

[1] Hss: India Office Fol 162 V (J 1712). VtS 187. Ag: GHoffmann, Opuscula Nestoriana (Kiel 1880) 85/122 bzw. 122/63. [2] Durch ‘Ai. Dazu Zitat der letzteren ChrS 2, 193.

[3] EbŠ 59 (32). MbS 75f. (66f.). Am 66,9 (38/40). B'EKg 2, 181,8. 'Ai § 89. BO 3 i. 165f. Wright 216 8. OBraun, OC 1, 146. Duval² 387f. Ders, Prooem. XIX. ESachau, Syr. Rechtsbücher 2, XXI/XXIII. [4] ‘Ai. Hs: CmbrAdd 2017 (J 1706 1°.

[5] ‘Ai. Hss: CmbrAdd 2023 (13. Jh) 3°e. N-Dsém 90 (Vor 14. Jh). Séert 65 (17 8. Jh) 11°. VtB 82 (K VI 4) 33°. Mard 50°, vielleicht eines Bruchstückes: CmbrAdd 2022 (17. Jh). Anh. 2°. Ag: Sachau a. a. O. 119/47. Vg. die S. 207 Ak. 1 angeführten Arbeiten von JPartsch und VAptowitzer. [6] Ai. Hs: BrM 716 (Add 17217. fol 1/19. 9/10. Jh).

[7] Ai a a. O. bzw. Nomokanon VI 3 (Konstitution des K Theodosios). [8] Bei ‘Ai. [9] Ai

Qaṭrāje[1]) und eines Diakons Makarios,[2]) sowie diejenigen von 9 Fragen eines Ungenannten speziell über das kirchliche Tagzeitengebet vor,[3]) und die letzteren mögen Veranlassung dazu gegeben haben, dem Verfasser die „Abteilung der Offizien" selbst d. h. wohl eine organisatorische Tätigkeit bezüglich jenes Tagzeitengebetes zuzuschreiben.[4]) Auf ein „Theologie" betiteltes Werk[5]) mögen Azz polemischen Inhaltes gegen Heiden und Häretiker zurückgehen.[6]) Ein Gleiches kann nicht ohne weiteres von einem „Abschnitt über Gestirne und Engel" gesagt werden,[7]) dessen Verfasser als „in der Wüste lebender Einsiedler" bezeichnet wird und mithin vielleicht vielmehr mit einem wohl wesentlich jüngeren Asketen Î. b N. identisch ist, der im Kloster des Rabban Hôrmizd bei Alqôš sein Noviziat durchmachte.[8]) Auch als grammatischen Schriftsteller lehrt endlich den K ein Traktat über die „aequilitterae" kennen.[9])

g) Ein Denḥā,[10]) dessen wirkliche Lebenszeit im Gegensatze zu einer irrigen Verlegung schon in die erste Hälfte des 8. Jhs[11]) sich aus der gut bezeugten[12]) Tatsache seines Schülerverhältnisses zu Î. b N. ergibt, hinterließ neben Grabreden und Schriften kirchenrechtlichen Inhalts je einen Kommentar zum Psalter, den Reden des Gregorios v Nazianz in der Übs des Paulos und der aristotelischen Logik.[13]) Von diesen Werken liegt noch der auf Theodoros v Mopsuestia beruhende Ps-Kommentar, vielleicht aber nur in späterer Bearbeitung durch einen Mönch Grîg(h)ôr v Gamrē vor, den eine Überlieferungsvariante statt D.s als Verfasser bezeichnet.[14])

§ 35. Eine besondere innerkirchliche Bedeutung verleiht der Epoche Timotheos' I. weiterhin die endgültige lehramtliche Überwindung einer starken Strömung asketischer Literatur, in welcher noch immer der durch Ḥēnānā auf nestorianischen Boden verpflanzte Geist des Origenismus fortgefahren hatte, den altnestorianischen Bekenntnisstand zu gefährden. Sahdônā, dessen offener Abfall zur chalkedonensischen Lehre an Gabriel Tàurêt(h)ā einen anscheinend schriftstellerisch nicht unbedeutenden Verteidiger der antiephesinischen Christologie auf den Plan gerufen hatte, Jàusep(h) Ḥazzàjā, die beiden nicht zuletzt durch eine mannigfache Übs ihres Nachlasses zu literarischer Fernwirkung in monophysitischen bzw. orthodoxen Kreisen gelangten Klassiker asketischen Schrifttums in syrischer Sprache, Isḥàq v Ninive und Jôḥannàn v Dàljàt(h)ā, ein

---

[1]) Hss: N-Dsém 90 (Vor 14. Jh) 10°. Séert 65 (17,8. Jh) 30°. VtB 81 (K VI 3) 7°. Mard 50.
[2]) Hss: N-Dsém 93 (J 1682/3) 9°. VtS 187 (J 1669) IV°. 150 (J 1708/9) IX°. VtB 81 (K VI 3) 34°. Mard 50. Ag der Einleitung: Gismondi[2] 58 f. [3]) Hs: VtS 88 (J 1557) 5°. [4]) Wie es 'Ai tut. [5]) 'Ai. [6]) Hs: Séert 109 (J 1609) XII°. [7]) Hss: N-Dsém 24 (J 1697/8) 6°. VtB 88 (K VI 12. J 1868) 5°. Mos 108. 6°. Die Herkunft aus dem „B der Theologie" vermutet PCersoy, ZA 9, 375.
[8]) Nach Jôḥannàn b Kaldûn (§ 38 f.): ROC 3, 178/81. [9]) Hss: N-Dsém 138 (J 1478/9) 6°. Séert 108 (17. Jh) 5°. Mos 109 (J 1678/9) 1°.
[10]) Jôḥannàn b Zô'bi: KatWright-Cook 667. 'Ai § 108 (mit der üblichen Variante: Ḥib(h)ā). BO 3₁, 24. 175. Wright 218 f. KdP 307/9. Duval[3] 388. [11]) Nämlich unter K Pet(h)jôn: JSAssemani, BO 3₁, 175. [12]) Durch Jôḥannàn b Zô'bi. [13]) 'Ai.
[14]) Hss: Séert 29 (J 1252). Mos 20 (J 1875). Brl 79 (Sach 215. J 1882). N-Dsém 20 (J 1884). 21 (J 1893). Pr 351. Eine im Privatbesitze BVandenhoffs. Vg. HDelaporte, Nouv. Arch. des Miss. Scient. 17, 47. Agg des Textanfangs: KatSachau 295, der Erklärung von Ps 67 (68): KdP 309/15, umfänglicherer Azz: BVandenhoff, Exegesis psalm. praec. messianicorum (Rheine 1899) 19/63 (30/58). FBaethgen, ZAtW 5, 53/101. 7, 1/60. Davon zu unterscheiden ist wohl ein anonymer Ps-Kommentar in den Hss Urm 55 (9/11. Jh?). N-Dsém 28 (J 1708/9).

Jôḥannān v Apameia und der B Nestorios v Bêt(h) Nûhad(h)ra waren
seit den Tagen Îšô‘jahb(h)s II. im Laufe von mehr als anderthalb Jhen die teilweise ganz hervorragenden Vertreter dieser Strömung. Auch die Beschäftigung
eines Nestorianers Dâd(h)išô‘ v Bêt(h) Qaṭrājē mit dem monophysitischen
Asketiker Isaias v Skete scheint sich dem Gesamtbilde dieser literarischen Erscheinungen einzufügen.

a) **Sahdônā** (Martyrios, mit einer anderen Wiedergabe dieses griechischen
Namens auch Bar Sahdē genannt)[1] stammte aus Halmôn in Bêt(h) Nûhad(h)rā,
studierte in Nisibis und wurde durch Ja‘qôb(h) v Bêt(h) ‘Ab(h)ē in dessen junge
klösterliche Familie aufgenommen. Die Nachrichten über seine weiteren Lebens-
schicksale und seine Stellungnahme im Sinne der chalkedonensischen Christologie
sind widersprechend und mit chronologischen Schwierigkeiten belastet.[2] Seit 628
bald formell von der nestorianischen Kirche getrennt, bald wieder in dieselbe aufgenommen, hat er zeitweilig die Würde eines chalkedonensischen Bs von Edessa
bekleidet. Als nestorianischer B von Maḥôzē d(h)Arêwân in Bêt(h) Garmai ist er
unter K Māremmeh, d. h. zwischen 647 und 650, durch einen Synodalbeschluß
abgesetzt worden, der endgültig den Bann gegen ihn aussprach.[3] Einer noch-
maligen Rehabilitierung des früher mit ihm Befreundeten hat sich als damaliger
M von Arbela Îšô‘jahb(h) III. entscheidend widersetzt. Als reuiger Büßer soll
er in einer Höhle bei Edessa seine Tage beschlossen haben. Aus seinem verschiedenartigen schriftstellerischen Nachlaß werden zunächst Leichenreden hervorgehoben,[4] von denen im einzelnen diejenigen auf Ja‘qôb(h) v Bêt(h) ‘Ab(h)ē und
dessen Nachfolger Jôḥannān angeführt werden.[5] Von einem asketischen Hauptwerke über das Mönchsleben,[6] das er noch in Bêt(h) Ab(h)ē, näherhin im Alter
von 28 JJ verfaßte,[7] liegen mindestens neben einem früheren Bruchstück der Schluß
von Kap. 17 und die Kapp. 18,22 eines ersten und der 14 Kapp. umfassende
zweite Teil vor.[8] Seine schon hier[9] zur Schau getragene dogmatische Sonderstellung hat S. späterhin noch mehrfach verfochten,[10] während, im Originaltext erhalten, fünf umfangreiche Briefe[11] und der Anfang einer Folge sentenzenhafter

---

[1] Die Briefe II 28. 30. III 5 Îšô‘jah_b)hs III. LC § 128. ThM I 34. II 4. 6. ChrS 2,
315f. BB s. v. Mâr(j) Tūris. B‘EKg 113. BO 31. 453f. EAWBudge, The Book of Governors 1,
LXXXVII LXXXIX. J-BChabot, JA° 8. 86r. HGoussen, Martyrios-Sahdona’s Leben u. Werke.
Ein Beitrag zur Gesch. d. Katholizismus unter d. Nestorianern (Lpz 1897). Duval² 230f.

[2] Unglaubwürdig ist gegenüber der dogmatischen Stellungnahme schon des asketischen
Hauptwerkes insbesondere die Überlieferung, daß S. schon als B an der Gesandtschaftsreise
Îšô‘jahb(h)s II. im J 628 teilgenommen und auf derselben, in Apameia allzu leidenschaftlich um
die Bekehrung chalkedonensischer Mönche zum Nestorianismus bemüht, vielmehr von ihnen zu
ihrer eigenen Lehre bekehrt worden sei.

[3] LC, wozu die Briefe Î.s zu stimmen scheinen. Dagegen hätte nach ThM II 6 erst dieser
als K den ehemaligen Freund [endgültig exkommuniziert.　　　[4] ThM I 34. Dazu ebenda eine
„Geschichte unseres Meisters“ d. h. wohl gleichfalls]Î.s und ein umfassendes Werk über die Heroen
des ostsyrischen Mönchtums, das I 4 für die Biographie Abrahams v Kaškar zitiert wird.

[5] Ebenda I 31.　　　[6] LC. ThM I 34.　　　[7] Nach II 14.　　　[8] Hs: der Universitätsbibliothek
in Straßburg. Agg: PBedjan. S. Martyrii, qui et Sahdona, quae supersunt, omnia (Pr 1902)
1485, von II 6: Goussen a. a. O. III/XIV (21,9, von II 2: PBedjan, Lib. Superiorum seu hist.
monast. auctore Thoma Ep. Margensi usw. 673,76. Fraglich bleibt, ob diesem oder dem asketengeschichtlichen Werke ein Stück über die „Leiden und Bedrängnisse“ der „alten Väter“ entstammt. Hs: Kat. KWHiersemann 487 Nr. 255a (8/9. Jh) 1°.　　　[9] II 2.

[10] ThM II 6. Nach einem nicht erhaltenen Briefe Î.s erwähnt LC speziell ein wieder zwei
Teile umfassendes Werk gegen die nestorianische Christologie.　　　[11] Hs: in Straßburg. Agg:
PBedjan. S. Martyrii usw. 486,600. des zweiten: Goussen XIV XIX (303).

„Ratschläge" „über die Geisteserkenntnis"[1]) das Bild seiner asketischen Schriftstellerei ergänzen. Daneben stehen in arabischer Übs ein Brief und ein Az aus einem größeren Kontext.[2])

b) **Gabriel** mit Beinamen T a u r ĕ t (h) ā („die Kuh")[3]) aus Širzór (oder Siarzór), auf der Schule von Nisibis gebildet und Mönch ursprünglich auf dem Îzlā, siedelte später nach Bēt(h) 'Ab(h)ē über und war hier Abt nach einem mit dem K Ḥĕnānîšó I. gleichzeitigen Barṣaumā. Sahdóna ist er, um mit ihm zu disputieren, nach Edessa nachgereist, während jener dort des bischöflichen Amtes waltete. Entsprechend hat er sich gegen die Mönche des jakobitischen Klosters Qarṭĕmin in anscheinend zwei Streitschriften gewandt, die gleich seiner Biographie eines gleichfalls nach Bēt(h) 'Ab(h)e übergesiedelten ehemaligen Abtes des Îzlā-Klosters Mār(j) Narsai verloren sein dürften.[4]) Erhalten haben sich dagegen sein späterhin zu Bēt(h) 'Ab(h)ē am Gründonnerstag liturgisch verwendeter Mēmrā auf die Fußwaschung[5]) und seine Prosadarstellung der Legende der Martyrer des Ṭûr Bĕrāin: der Fürstentochter Ṣūltān Mahdôk(h)t und ihrer Brüder Ad(h)ôrparwā und Mihranarsē, die im neunten Regierungsjahre Šāb(h)ôrs II. (318) den Tod erlitten haben sollten.")

c) **Jāusep(h)**, genannt Ḥazzājā („der Seher"),[7]) verdankte diesen Beinamen vielleicht seiner eigentümlichen Lehre von einem ekstatischen Schauen Gottes mit leiblichen Augen, neben der die Behauptung der Präexistenz der Seele und diejenige, daß mündliches Gebet und Handarbeit auf der höchsten Stufe der Vollkommenheit überflüssig seien, als die ihm zum Vorwurfe gemachten Häresien erscheinen. Perser von Abstammung und Sohn eines Magiers, war er als siebenjähriger Knabe bei der Eroberung seiner Vaterstadt Nemrôd(h) durch die Araber Omars in Kriegsgefangenschaft geraten und zuerst einem Muslim und nach dessen Tode einem Christen Kyriakos als Sklave verkauft und von dem letzteren nach Empfang der Taufe freigelassen worden. Unter einem gleichfalls K. genannten späteren B von Bālād(h) begann er als Mönch im Kloster eines Abbā Ṣēlib(h)ā seine asketische Laufbahn, war dann lange Zeit Einsiedler und weiterhin Abt des Klosters eines Mār(j) Bassîmā im Lande Qardû, bzw. nach neuerlichem Einsiedlerleben desjenigen eines Rabban Bôk(h)tišô', in welchem er in hohem Greisenalter starb. Der Umfang seines literarischen Nachlasses wird auf nicht weniger als 1900 Textabschnitte angegeben.[8]) Ein „Paradies der Orientalen" betiteltes asketengeschichtliches Werk in zwei Teilen[9]) gab sich schon durch seinen Titel als ergänzendes Gegenstück zu demjenigen 'Ēnānîšó's zu erkennen. Eine andere Arbeit scheint Überlieferungen gleichfalls speziell mönchsgeschichtlichen Charakters mit allgemeiner Kirchengeschichte verbunden zu haben.[10]) Von einer Reihe von Kommentaren vorwiegend zu älterer asketischer Literatur hat sich zunächst ein solcher über Sentenzen nicht nur des Euagrios in 28 Mēmrē zu je 100 Sentenzen erhalten.[11]) Darf in einem

---

[1]) Hs: ebenso. Agg: B e d j a n a. a. O. 601 f. G o u s s e n XX (34). [2]) Hs: Pr 239 (Anc fonds 145. J 1492/3) 63°. 64°. [3]) ThM II 18. B u d g e, The Book of Governors 1, CII f. BO 3₁, 456/8. J-B C h a b o t, JA⁹ 8, 91 f. KatSachau 289. W r i g h t 180 f. D u v a l³ 120. 214.

[4]) Doch vg. den in der Hs: VtS 457 fol 352/60 vorliegenden „liber m a r - G a b r i e l i s contra haereticos, qui in Christo profitentur unam natnram, auctore S a b a r j e s u" (sic!).

[5]) Hs: Dijarb 70 (J 1328) 26°.

[6]) Hss: BrM 960 (Add 12174. J 1197) 59°. BrI 75 (Sach 222. J 1881) 15°. Ag: AMS 2. 1 39. Übs im Az: G H o f f m a n n, Auszüge aus syr. Akt. pers. Märtyrer 9/16.

[7]) LC § 126. Abû-l-Faraǧ ibn aṭ-Ṭaijib: BO 3₁, 100 f. Ak. 1. 'Aî § 68 und Nomokanon IX 6. BO 3₁, 100/3. W r i g h t 127/9. D u v a l³ 227. J-B C h a b o t, JA¹⁰ 8, 265/7. A S c h e r, RStO 3. 45/63.

[8]) Durch 'Aî. [9]) 'Aî. „B der Geschichten des Paradieses der Orientalen, zwei Teile."

[10]) 'Aî (unmittelbar hinter dem vorigen): „ein B dem ἐκκλησιαστική beigemischt (ist)". Oder sollte dies eine noch zu der Notiz über das „Paradies der Orientalen" gehöriger weiterer Zusatz sein? [11]) 'Aî: „Erklärung der Kapp. der Erkenntnis." Hs: Séert 78 (16. Jb) 1°.

anderen zu dem „B des Kaufmanns"[1]) eine Erklärung der Abhandlungen des
Isaias v Skete erkannt werden, der in der Welt das Kaufmannsgewerbe ausgeübt
hatte, so läge es nahe in J. den Verfasser auch eines von demjenigen des Dàd(h)išōʿ
verschiedenen Kommentares zu jenen zu erblicken, von dem Bruchstücke mehrfach in jakobitischer Überlieferung begegnen.[2]) Als weitere Gegenstände hierher
gehöriger Arbeiten werden eine Ezechielvision, ein „Gesicht des Mönches Gregorios"
und die Ps-Areiopagitika namhaft gemacht.[3]) Wenn J. vielfach seine Lehren in
einer Weise, die unwillkürlich an die Gepflogenheiten des Sokratischen Kreises
erinnert, seinem Bruder 'Ab(h)dišōʿ in den Mund gelegt haben soll,[4]) so traf das
mindestens bei einem wiederum in einer Mehrzahl von Exemplaren erhaltenen
Werke in Frage- und Antwortform zu, aus dessen Inhalt eine Behandlung
des Problems von Schicksalsschlägen und göttlichen Strafgerichten hervorgehoben
wird.[5]) Von weiteren Texten, die neben 24 Gebeten und einem „Gespräch unseres
Herrn mit dem Jünger Kleophas"[6]) hslich vorliegen, könnten angebliche „Betrachtungen" über das Leben Jesu[7]) mit einem Zyklus von Festtraktaten.[8]) eine
„Abhandlung über die göttliche Natur, die Trinität, Schöpfung, Inkarnation
usw."[9]) könnte schon weniger leicht mit einer „über die $\vartheta\varepsilon\omega\varrho i\alpha$ und die Art
(zu ihr zu gelangen?)"[10]) identifiziert werden, die man eher der Lehre von der
Gottesschau gewidmet denken möchte und neben der schließlich auch für J. noch
Briefe asketischen Inhalts bezeugt werden.[11])

d) Isḥàq v Ninive,[12]) so genannt, weil er durch K Giwargis I. in Bêt(h)
'Àb(h)ē zum Inhaber jenes bischöflichen Sitzes ordiniert wurde, stammte aus
Bêt(h) Qaṭràjē, legte nach nur fünfmonatlicher Führung des bischöflichen
Amtes dasselbe nieder und zog sich als Einsiedler in das Randgebirge der Susiana
zurück. Hier lebte er später im Kloster eines Rabban Šàb(h)ôr, zuletzt infolge
der Überanstrengung seiner Augen durch Lektüre und Studium erblindet. Drei
von ihm vertretene Thesen stießen auf Widerstand, der sich zu einer literarischen
Bekämpfung durch Daniel b Ṭùb(h)ànit(h)ā (§ 34 b) verdichtete. Sein literarischer
Nachlaß wird auf 7 Bände beziffert, in denen er „über das geistliche Leben und
über die göttlichen Geheimnisse und Gerichte und die Versuchung" gehandelt
hätte.[13]) Hiervon begegnen in der hslichen Überlieferung vor allem die rund 70
asketischen Abhandlungen, Briefe und Dialoge des ersten Bandes einer Normalrezension.[14]) Seltener scheinen neben einzelnen Gebeten[15]) und Dichtungen[16]) unter

---

[1]) 'Ai.   [2]) Hss: BrM 837 (Add 17262. 12. Jh). Brl 198 (Sach 352. 13. Jh) 30 rº/44 rº. 199
(Sach 111, Vor J 1378/9) 13º. 14º. 205 (Sach 335. 18. Jh) 5º.   [3]) Durch 'Ai.   [4]) Nach LC.

[5]) 'Ai: „B des Schatzes, enthaltend die Lösung verborgener und über Zufälle und Züch-
tigungen (handelnder) Fragen." Hss: Séert 79 (J 1532). Dijarb 100 (16. Jh), von Azzen: Dijarb
112 (18. Jh) 3º. Mos 103. 3º. Die Identität wird dadurch gewährleistet, daß das hslich vorliegende
„B der Fragen und Antworten, die zum Urheber haben den Màr(j) 'Ab(h)dišōʿ, den Einsiedler (aller)
Einsiedler und Seher und Gnostiker" in seinen fünf Mēmrē u. a. auch über die Ursachen der göttlichen Strafgerichte handelt. Kurze Bs: AScher, KatSéert 59. JA[10] 10, 403.   [6]) Hs: Séert 78.
2º c b.   [7]) Hs: Séert 78. 2º a.   [8]) Bei 'Ai erwähnt.   [9]) Hs: Séert 78. 2º d.   [10]) 'Ai an erster Stelle unter
den „nützlichen" d. h. nicht wegen Häresie verurteilten Schriften.   [11]) 'Ai an letzter Stelle.

[12]) LC § 125. Notiz einer Hs der jakobitischen Patriarchatsbibliothek in Mardin (J 1471/2):
StS 1, 33 (32 f.). Abu-l-Barakāt (Ag Riedel) 647 (676). Gefälschte jakobitische Biographie an
der Spitze der arab. Übs: BO 1, 444 f. 'Ai § 70. BO 1, 444/63. 3₁, 104. GBickell, Ausgew.
Schriften d. syr. Kirchenväter Aphraates usw. 275/80. J-BChabot, De S. Isaaci Ninivitae vita,
scriptis et doctrina (Pr 1892). Wright 110 f. Duval[3] 225 f.   [13]) 'Ai.

[14]) Hss (mit starken Schwankungen in Bestand und Anordnung der einzelnen Stücke): BrM
694 (Add 14633. 10. Jh). 695 (Add 14632. 13. Jh). Mard 46 (J 1235). Séert 76 (13. Jh). 77 (Abs der
vorigen). VtS 124 (14. Jh) 1º. 125. 1º. BrlOroct 1258 (J 1890). Oroct 1159, einer Auswahl: BrM
696 (Add 14728. fol 208/38. 12 3. Jh) 2º, einzelner Stücke: Kat. KWHiersemann 487 Nr 255 a (8/9. Jh) 5º.

dem Namen I.s mit jenem ersten Bande inhaltlich nicht sich deckende Teile abweichender Rezensionen seines Nachlasses[1]) oder andere Teile der Normalrezension.[2]) so vor allem wenigstens teilweise der von D. angegriffene, das Wirken der göttlichen Vorsehung behandelnde fünfte Band[3]) sich erhalten zu haben, wobei der Verfasser des letzteren vielleicht gelegentlich als „I. Mönch im Kloster des Rabban Îšô‘“ bezeichnet wird,[4]) was mit den sonstigen Nachrichten über den Lebenslauf I.s v Ninive allerdings nicht übereinstimmt. Wenn nicht in einem „I. von den Kellien“,[5]) ist möglicherweise der resignierte nestorianische B des 7. Jhs ferner in einem „I. von Skete“ [6]) zu erkennen, da eine ungeschichtliche jakobitische Tradition den von ihr zum Jakobiten gestempelten B von Ninive, dessen Lebenszeit sie ins frühe 6. Jh verlegt, tatsächlich in der Skete-Wüste seine Tage beschließen läßt. Nicht minder als verehrungswürdig gilt auf griechisch-orthodoxem Boden der hier zum Korrespondenten eines Συμεώνης ὁ θαυματουργός

BrM 832 (Add 14729. fol 1/115. J 1172/3) 3°. 836 (Add 14732. 12. Jh) 3°. 837 (Add 17262. 12. Jh) 20°. 839 (Add 14729. fol 124/92. 12/3. Jh) 7°. 840 (Add 14728. fol 76/137) 1°. Brl 190 (Sach 352. 13. Jh) Fol 1 12 r°. 200 (Sach 202/3. 15. Jh) 1°. 7°. II 7°. Agg: P Bedjan, Mar Isaacus de perfectione religiosa (Pr 1909 I/581. der Nrn 43. 45. 28 bzw. 44. 34 dieser Sammlung: Chabot a. a. O. im Anhang. P Zingerle. MonS 1. 97/101. Übs der Nrn 1.6. 34. 44 (bei Bedjan): G Bickell a. a. O. 291/399.

[15]) Hss: Kat. KWHiersemann 487 Nr 255a (8/9. Jh) 8°. 10°. BrM 207 (Add 14723. fol 66/113. 13. Jh) fol 111 r°. CmbrAdd 2012 (14. Jh) 20°. 21°. Pr 178 (Anc fonds 71. J 1489/90) 5° i j. 180 (Snppl 63. J 1535/6 4° a. 16 (Anc fonds 11. 16. Jh) 12°/14°. Brl 143 (Peterm I 25. 14/5. Jh) Fol 98 v°. 200. II 1° F 1.4.5.

[16]) Hss je einer solchen im zwölfsilbigen Metrum über die göttliche Natur: Séert 109 (J 1609) 11°. N-Dsém 106 (Abs d. vorigen) 5°. Mos 100. 5°, über die tugendhaften Mönche: Dijarb 95 (J 1697/8) 1°, einer solchen im siebensilbigen Seligpreisungen enthaltend: BrM 793 (Add 14577. 9. Jh) 27°. „über die verschiedenen Bestandteile des Menschengebildes“: 850 (Or 1017. J 1364) 3°. über die Hymnen des Nachtgottesdienstes der Mönche: Ox 136 (Hunt 595. 15. Jh) 9°, eines gewöhnlich unter dem Namen Ap(h)rems gehenden Stückes (vg. S. 51 Ak. 2): Brl 200. II 1° H 10. Übs des fünften Stückes: G Bickell a. a. O. 400/8. Darnach deutsche Nachdichtung: E Krebs. Heliand 3. 1 f. 193 f. 353 f. bzw. Grundfragen d. kirchl. Mystik (FrbgB 1921) 75/8. Verwechselung mit I. „v Antiocheia“ vermutet für das dritte und vierte Bickell a. a. O. 288. Tatsächlich um solche handelt es sich bei zwei KdP 155/67. 251/7 gedruckten Stücken (= Ag Bedjan Nr 1 und 21).

[1]) Hss eines langen Briefes, einer Vierzahl von Mēmrē zu je 100 §§ und zahlreicher kürzerer Abhandlungen: von Bedjan aus Urmia bezogene, desselben Typs zu Anfang unvollständig: Pr 298 (Vor J 1468/9, wahrscheinlich 9. Jh). Urm 231 (19. Jh), einer Folge von 7 Mēmrē zu je 100 §§ und eines Briefes: nicht näher bezeichnete in Mosul. Ag von Proben dieser Sonderüberlieferung: P Bedjan, S. Isaacus usw. 582/600. 601/28.   [2]) Hss zweier „Teile“ zu Anfang und Schluß unvollständig: VtS 367 (8. Jh?), eines der Normalrezension des ersten Bandes fremden Einzelstückes: Kat. KWHiersemann 487 Nr 255b (J 882) 8°.

[3]) Hss eines anscheinend hierhergehörigen Textes in zwei Teilen zu 8 bzw. 18 Kapp: Mos 97 (12. Jh) III 1°, von ausdrücklichen Azz: Séert 109 (1609) 1°. N-Dsém 116. 1°. Mos 100. 1°. vielleicht hierhergehörigen Stoffes: Dijarb 25 (14. Jh). Ungenügend beschrieben ist die zu Anfang und Ende unvollständig „die Werke“ I.s enthaltende Hs Sin 24 (10. Jh). Azz „aus dem B“ I.s v Ninive endlich: BrM 7190 Rich (13. Jh) 71°. 338 (Add 14504. 9. Jh) fol 164 v° (von jüngerer Hand).

[4]) Hss eines gegenständlich hierher gehörigen Textes unter dieser Verfasserangabe: N-Dsém 36 (J 1884) und eine dem Verfasser von SGiamil zum Kaufe angeboten gewesene (J 1898). Derselbe Text anonym auch in Dijarb 25.   [5]) Hss vereinzelter Texte mit dieser Bezeichnung des Verfassers: Pr 195 (Snppl 74. J 1469/70) 7°. Brl 200. II 13°. Dieselben wollen wohl als Erbe eines in der asketischen Apophthegmenliteratur begegnenden I. „Presbyters der Kellien“ aus dem 4. Jh betrachtet sein, ohne dann aber eine Gewähr für ihre Echtheit zu bieten.

[6]) Hs zweier Gebete mit dieser Autorangabe: BrM 832 (Add 14729. fol 1/115. J 1172/3) 2°. Dazu je ein Dialog zwischen Lehrer und Schüler unter dem Namen eines I. schlechthin in den Hss: BrM 793 (Add 14577. 9. Jh) 6°. 856 (Add 14529. 7/8. Jh) 7° (von jüngerer Hand).

d. h. vermeintlich des in der zweiten Hälfte des 6. Jhs lebenden jüngeren Styliten Symeon gemachte Nestorianer, dessen asketischer Schriftennachlaß durch Übss ins Arabische,[1]) Griechische [2]) und ~thiopische zum Gemeingut des orientalischen Mönchtums geworden ist.

e) Jôḥannân v Dâljât(h)ā [3]) war gebürtig aus Ardâmût(h), einem Dorfe in Bêt(h) Nûhad(h)ra und empfing das Mönchskleid im Kloster eines Mâr(j) Jôzad(h)āq im Qardû-Gebirge. In geradlinigem Schulzusammenhange steht er durch dessen Schüler Stephanos, an welchen er sich alsdann anschloß, mit Jâusep(h) Ḥazzâjâ. Als Einsiedler hat er lange Zeit in der unwegsamen Gebirgswildnis einer Bêt(h) Dâljât(h)ā genannten Örtlichkeit gelebt, wo Šêlêmôn v Ḥêd(h)attā vor seiner Erhebung zur bischöflichen Würde vorübergehend die Strenge seines As-ketendaseins zu teilen versuchte, und erst im Greisenalter bei dem benachbarten Dorfe Argôl (oder Râg(h)ûl) ein Kloster gegründet, bzw. ein schon früher von einem Ja'qôb(h) gegründetes erneuert, wobei die von ihm der jungen Kommunität gegebenen Satzungen bezeichnenderweise mit denjenigen jakobitischen Mönchtums übereingestimmt haben sollen. Auf jakobitischer Seite hat auch, was neben einer Schrift über die Trinitätslehre [4]) und einzelnen Gebeten [5]) seinen literarischen Nach-laß bildete, dauernd das höchste Ansehen genossen. Es ist dies eine Doppel-sammlung von 25 Abhandlungen und 51 Briefen über Fragen mönchischer Askese, mit deren Entstehung die Namen seiner beiden leiblichen Brüder Sargis und Theodoros verknüpft sind.[6]) Eine arabische und eine aus dieser geflossene äthio-pische Übs geben neben der originalen Textüberlieferung von der merkwürdigen Fernwirkung Zeugnis, die auch diesem Nestorianer jenseits der Grenzen seiner eigenen Konfession beschieden war.[7]) Er selbst ist hier unter dem Namen J.s

---

[1]) Von dem Diakon 'Abdallâb ibn al-Fadl (? Vg. § 10g), in vier BB zu 28, zweimal je 44 und 18 Kapp. wovon das ganze erste und etwa ein Viertel des Stoffes der drei übrigen im syri-schen „ersten Bande" keine Deckung finden. Karš-Hss: VtS 198. Bs: BO 1. 446'60 bzw. Kat 3. 428/41. Vg. G Graf, D. christl.-arab. Literatur bis zur fränk. Zeit (FrbgB 1905) 69.

[2]) Aus dem Arabischen von Patrikios und Abramios. Ag: Nikephoros Theotokios, Τοῦ ὁσίου πατρὸς ἡμῶν Ἰσαὰκ Ἐπισκόπου Νινευὶ τὰ εὑρεθέντα ἀσκητικά (Lpz 1770) ⁴besorgt von Joak. Spetsieri (Athen 1895), einer einzelnen, Abhandlung (περὶ λογισμῶν): PG 86, 885/8. Dazu sonst nicht nachgewiesene Κεφάλαια διάφορα — — — ἐπιλεγόμενα τοῦ ἁγίου Ἰωάννου τοῦ Χρυσοστόμου (in dieser Allgemeinheit mindestens unrichtig!) διάφορα καὶ πᾶν ὠφέλιμα, in denen u. a. die Didache benützt ist, und bslich ein Bruchstück über die Taufe ἐκ τῆς μεγάλης ἐπιστολῆς l.s. Ag der ersteren: M Besson. OC 1. 16,60. 288/98. Aus der griechischen Übs geflossen ist ein nur etwa die Hälfte derselben wiedergebender lateinischer Text „De contemptu mundi", erstmals gedruckt Ven 1506 nud gewöhnlich irrigerweise I. „v Antiocheia" beigelegt. (Letzte) Ag: PG 86, 811/86.

[3] LC § 127. Notiz der Hs der jakobit. Patriarchatsbibliothek in Mardin: StS 1. 34 (33 f.). Dawid d. Phönizier (§ 53g): ebenda 40/3 (39/42). Ai § 69 und Nomokanon IX 6. Abû-l-Furaǵ ibn aṭ-Ṭajjib: BO 3r, 100f. Abû-l-Barakât (Ag Riedel) 648 (677). BO 1. 433/44. 3r, 102f. Wright 109f. Duval² 229f. Ign E Rahmani, StS 1. 65. J-B Chabot, JA¹⁰ 8, 267f.

[4]) Bezeugt durch die anonyme Notiz der Hs in Mardin.   [5]. Hss: CmbrAdd 2012 (14. Jh) 23°. Brl 200 (Sach 202 3. 15. Jh) 11 1°⸴. 8°.

[6]) Hss: Sëert 81 (J 1472/3) 1°. CmbrAdd 1999 (J 1573). Eine solche in Šarfab (J 1576). mehr oder weniger unvollständige: BrM 832 (Add 14729. fol 1/115. J 1172/3). Or 4074 (15. Jh). N-Dsém 114 (J 1881), nur der Mēmrē: VtS 124 (14. Jh) 11°. 125 (anscheinend Vorlage der vorigen) 111°. Br 198 (Sach 252. 13. Jh) Fol 114/47 r°, der Mēmrē 1 14: Brl 200. 11 15°, von 13 Mēmrē: VtS 377, des Mēmrā 10: Brl 205 (Sach 335. 18. Jh) 3°, einer umfangreichen Auswahl: BrM 697 (Add 14725. fol 239/86). 837 (Add 14729. fol 199/234) beide des 12/3. Jbs, einer weit geringfügigeren: 837 (Add 17262. 12. Jh) 16°. Beste Bss: BO 1, 435/44. KatWright-Cook 445/69. Ag der Nr 6 und eines Anhangs von Nr 15 der Mēmrē (nach BO): P Zingerle, MonS 1. 102/4.

[7]) Die Hss der ersteren verzeichnet OC² 2, 318. In griechischer und aus dieser geflossener

„des Alten" (Sâb(h)ā) oder „des geistlichen Alten" (Sâb(h)ā rûḥānāja; eš-šch er-rûḥāni) zu einer Art legendarischer Persönlichkeit geworden, über deren Zeit und Lebensumstände man jedes beglaubigten Wissens entbehrte, während er auf dem nestorianischen Boden das Schicksal J. Ḥazzājās teilte, noch im Tode seine Schriften der kirchlichen Zensurierung durch Timotheos I. verfallen zu sehen.

f) Ein **Jôḥannān v Apameia** in Mesopotamien[1]) scheint von dem aus der syrischen Stadt gleichen Namens stammenden Pantheisten des 6. Jhs (§ 26 a) an einem offenbar nestorianischen Schriftsteller unterschieden werden zu müssen, dessen Schriften von T. I. zusammen mit denjenigen des Jausep(h) Ḥazzājā und J. v Dāljāt(h)ā verurteilt wurden und unter dessen Namen vereinzelt eine Tesbôḥtā erscheint.[2]) Wenn bis auf diese sein literarischer Nachlaß völlig verschollen ist, so dürfte dies dahin zu deuten sein, daß der Verfasser jener Verurteilung, wenn er sie nicht geradezu erlebte, jedenfalls zeitlich zu nahe stand, als daß er sich bereits gleich den beiden älteren Asketikern eines auch durch sie nicht mehr zu entwurzelnden Ansehens erfreut hätte.

g) B **Nestorios v Bêt(h) Nûhad(h)rā**,[3]) ord. 790,1 nachdem er sich von dem Verdachte des Messalianismus gereinigt hatte, hat immerhin seine Zugehörigkeit zu einer in ihren letzten Konsequenzen schwärmerischem Sektentum nicht mehr ferne stehenden Richtung durch eine Biographie des Jausep(h) Ḥazzājā bekundet.[4])

h) **Dâd(h)îšô' v Bêt(h) Qaṭrājā**,[5]) der als Mönch der Reihe nach in einem Kloster Rab(h)kennārē, einem Apostelkloster und demjenigen des Rabban Sâb(h)ôr lebte, hat vor allem einen Kommentar zu den Schriften des Isaias v Skete[6]) und einen solchen zum „Väterparadies" des 'Enānîšô'[7]) hinterlassen. Das letztere in Form eines Dialoges zwischen „Brüdern" und ihrem „Lehrer" gehaltene Werk fand nicht geringe Beachtung auch auf jakobitischem Boden, wo eine gekürzte Bearbeitung desselben unter den Namen des Philoxenos gestellt wurde, um unter dieser falschen Flagge über die Zwischenstufe einer arabischen Übs[8]) bis in die äthiopische Literatur überzugehen.[9]) Aus selbständigen asketischen Prosaschriften D.s[10]) dürften „Ermahnungen" stammen, die unter seinem Namen hinter der von Einsiedlern in ihren Zellen zu verrichtenden Form des nestorianischen Tagzeitengebetes begegnen,[11]) woferne nicht an diesen Text, sondern an eine im Ritus der Einweihung solcher Eremitenzellen zur Verwendung kommende liturgische Dichtung bei einem „Mēmrā der Zellenweihe" zu denken ist, der schließlich neben Stücken elegischer Poesie noch für ihn bezeugt wird.[12]) Wenn sein Name vereinzelt einmal

lateinischer Übs sind Stücke J.s versehentlich unter das Erbe Isḥāqs v Ninive geraten, so die Kapp. 28 f. 53 „De contemptu mundi": PG 86, 857/9. 885 f.

[1]) LC § 124. 'Aî Nomokanon IX 6. Abû-l-Farraǧ ibn aṭ-Ṭajjib: BO 3ı, 100 f. J-B Chabot, JA¹⁰ 8, 262/5.   [2]) Hs: Séert 48. 2°.   [3]) Brief des T. I: O Braun, OC 2, 309/11. LC § 126. Braun a. a. O. 1, 144.   [4]) Bezeugt im LC.

[5]) Einleitung zu Mēmrā 13 und andere Stellen seines Isaias-Kommentars. Aî § 67. BO 3ı, 98 f. Duval³ 232. A Scher. ROC 11, 25. Ders., JA¹⁰ 7, 103/18.

[6]) 'Aî. Hss von 15 Mēmrē zu ebenso vielen Nrn der Schriftensammlung des Isaias: Séert 74 (14. Jh). N-Dsêm 129 (Abs der vorigen). Bs: A Scher. JA¹⁰ 7, 114/18.

[7]) 'Aî. Hss: BrM 930 (Add 17264. 13. Jh), wo in der Subscriptio sein und der Name seines Klosters offenbar wegen seines nestorianischen Bekenntnisses ausgelassen sind bzw. in der Vorlage getilgt waren, des vierten Teiles: 931 (Add 17263. 13. Jh), von Bruchstücken: Or 2311 (11. Jh). 830 (Add 14589. 11/2. Jh) 3°, unvollständige eines Kompendiums daraus: 932 (Add 17175. 10. Jh).

[8]) Hs: Brl 244 (Sach 45. Vor 18. Jh) 1°.   [9]) Hier führt sie den Namen des Fêlĕksĕjûs-Bs. Vg. Wright 76 Ak. 7 (von S. 75). A Baumstark, Die christl. Literaturen d. Orients 2, 55.

[10]) Einschließlich von Briefen bezeugt durch 'Aî.   [11]) Hs: JerPatr 21 (J 1593) und gewiß auch noch andere gleicher Art.   [12]) Durch 'Aî.

auch in exegetischer Literatur angeführt erscheint,[1] so könnte es sich um Verwechslung mit einem gleichnamigen Exegeten handeln, dem Kommentare zu Kge,
Dan und Sir beigelegt werden,[2] oder es könnte umgekehrt geradezu die Unterscheidung der beiden Schriftsteller auf einem Irrtum beruhen.

§ 36. Wie nach rückwärts durch die endgültige Überwindung der auf Hĕnânâ
zurückweisenden häretischen Strömungen, so zeigt die Zeit Timotheos' I. nach
vorwärts darin einen epochalen Charakter, daß seit ihr das christliche Syrertum
zunächst und in stärkstem Maße nestorianischen Bekenntnisses seine im Gesamtrahmen menschlicher Geistesgeschichte wohl wichtigste Aufgabe zu erfüllen beginnt: der neuen mohammedanischen Kulturwelt das profanwissenschaftliche Geistes-
erbe der griechischen Antike zu vermitteln, das von jener aus, vielfach durch
jüdische Vermittlung, wieder das christliche Abendland befruchten sollte. Auch
für das syrische Schrifttum blieb die Bewegung nicht bedeutungslos. Die bei
jener Mittlerrolle maßgeblichen Kreise christlicher Ärzte, zu denen unter den
Zeitgenossen des Timotheos Gabriel, ein Sprosse der berühmten persischen
Ärztefamilie Bôk(h)tišô', hinüberführt, bedienten sich zwar in ihrer fachwissen-
schaftlichen Originalschriftstellerei fast durchweg des Arabischen, und vollends die
Erschließung gelehrter griechischer Literatur an die islamische Zivilisation mußten
sie durch deren Übertragung ins Arabische vollziehen. Doch hat vor allem ihr
weitaus hervorragendster Vertreter Ḥunain ibn Isḥâq daneben nicht nur bei selb-
ständigem literarischen Schaffen auch das Syrische gebraucht, sondern ganz besonders noch den Bestand griechisch-syrischer Übsliteratur in bedeutsamer Weise
vermehrt, und vor allem das Letztere ist auch durch andere nestorianische Gelehrte gleicher Richtung geschehen. Besondere Anregung hat sodann durch die
Bedürfnisse einer Zeit, für welche das Syrische mehr und mehr zur toten Sprache
wurde, die Lexikographie erfahren, die einerseits gleichfalls in den Ärztekreisen besondere Pflege genoß, während andererseits Ḥĕnânišô' b Sarôšwai
lexikographisches mit theologischem und historischem Interesse verband.

a) Gabriel, Sohn des Bôk(h)tišô' b Gîwargis, † 828,[3] wurde durch Timotheos I.
exkommuniziert, soll dann jedoch nach einem Unfalle vom Himmel wunderbarer
Heilung gewürdigt worden sein. Seit 805 Hofarzt Hârûn ar-Rašîds. ist er auch
bei diesem mehrfach vorübergehend in Ungnade gefallen. In seinen medizinischen
Werken hat er sich des Arabischen bedient, durch ein syrisches Lexikon aber,
das eine der ältesten Arbeiten seiner Art dargestellt haben müßte,[4] vielleicht
sich einen Platz auch in der Geschichte des syrischen Schrifttums gesichert.

b) Abû Zaid Ḥunain ibn Isḥâq ibn Sulaimân ibn Ajjûb al-'Ibâdi,[5] geb.

---

[1] Zu Mt in der Gannat(h) Bûssâmê. Vg. J-B Chabot, Oriental. Studien Nöldeke gew. 496.
[2] 'Ai § 144. BO 3 ı, 214.
[3] MbS 74 (65. B'EWg 130 f. 170. Hist. dyn. (Ag Pococke) 235 (264). Q 132/46. Uṣ 1,
127,38. 'Ai § 176. BO 3 ı, 258 Ak. 2. F Wüstenfeld, Gesch. d. arab. Ärzte u. Naturforscher
(Göttingen 1840) 15 f. Duval³ 271 f. 385.
[4] Anscheinend bezeugt durch Ai nach BO. Dagegen Duval³ 272.
[5] 'Am 73 (42). B'EKg 2, 197/200. Wg 170 (173). Hist. dyn. (Ag Pococke) 263,6 (171/5).
Fihr 294 f. Uṣ 184/200. Q 171 7. Ibn Ḥallikân (Ag Wüstenfeld) 2, 109 f. (Übs de Slane 1, 478 f).

809,10,[1]) † 1. 12. 876,[2]) Arzt und Diakon, war als Sohn eines Apothekers in Hīrtā geboren und in Bagdad Schüler des gefeierten christlichen Mediziners Abū Zakarjā Jaḥjā oder Jūḥanna ibn Māsōjah gewesen. Diesem durch die Unerbittlichkeit seines Wissensdranges lästig geworden, erwarb er sich während eines zweijährigen Aufenthaltes auf byzantinischem Gebiete eine vollständige Vertrautheit mit dem Griechischen. Nach Bagdad zurückgekehrt, wandte er sich nunmehr nach Persien und nach Bāṣrā, wo er in der Schule eines Halīl ibn Aḥmad seine arabischen Sprachkenntnisse verfeinerte. Erst jetzt eröffnete er selbst in Bagdad eine medizinische Lehrtätigkeit und wurde durch den Khalifen al-Mutawakkil unter Aussetzung eines hohen Gehaltes zu seinem Leibarzte berufen. Unter dessen Sohn al-Mu'tamid[3]) ist er der Intrige eines Neiders Ibn at-Taifūrī zum Opfer gefallen, der die Gegnerschaft H.s gegen die Bilderverehrung dazu mißbrauchte, ihn zu einer gröblichen Verunehrung eines Christusbildes zu verleiten und ihn dann wegen dieser beim Khalifen anzuklagen, der seinerseits die Sache an den K[4]) verwies. Von dem letzteren aus der Kirchengemeinschaft ausgeschlossen, ist er bald darauf über Nacht an gebrochenem Herzen eines natürlichen Todes gestorben oder hat durch Gift seinem Leben ein Ende gemacht. Aus einem christlichen Araberstamme hervorgegangen, gehörte H., der „Johannicius“ arabisch-, bzw. hebräisch-lateinischer Übsliteratur des abendländischen Mittelalters, wie schon sein Name lehrt, von vornherein der arabischen Sprach- und Kulturwelt an und hat dementsprechend in arabischer Sprache den weitaus größeren Teil seiner selbständigen literarischen Tätigkeit wie seiner Wirksamkeit als Übersetzer entfaltet,[5]) über deren staunenswerten Umfang er selbst in einer zwei BB umfassenden arabischen Schrift Rechenschaft ablegte. Nach beiden Richtungen gehört er aber auch der syrischen Literaturgeschichte an. In der letzteren hat er sich hier zunächst durch Verbesserung der älteren Galenosübss des Sargis v Rīš'ainā betätigt,[6]) und um entsprechende Arbeiten mag es sich teilweise auch bei seinen sonstigen Übss ins Syrische gehandelt haben. Als Gegenstände solcher werden im einzelnen zunächst von Medizinischem der „Schwur“ des Hippokrates mit dem Kommentare des Galenos[7]) und ein 70 Traktate umfassendes Werk des Oribasios,[8]) der Kommentar des letzteren zu Hippokrates περὶ ἐπιδημιῶν B 2 (oder 3).[9]) an Philosophischem die Aritotelesschriften περὶ ἑρμηνείας,[10]) περὶ

al-Mas'ūdī, Murūǧ aḏ-ḏahab 9, 173f. Abū-l-Fidā (Ag Reiske-Adler) 244. Ai § 88. M Casiri, Bibliotheca Arabico-Hispana Escurialensis (Madrid 1760) 1, 286/9. F Wüstenfeld a. a. O. 269. J G Wenrich, De auctor. graec. vers. et commentar. syr., armen., persicisque commentatio (Lpz 1842) 95f. Wright 211/3. Duval² 272f. 386. Ders., Prooem. XVIIIf. G Bergsträßer, Ḥunain ibn Isḥāq u. seine Schule. Sprach- u. literargeschichtl. Untersuchungen zu d. arab. Hippokrates u. Galen-Übersetzungen (Leiden 1913).   [1]) 194 H: nach Uṣ 1. 190.

[2]) 1188 Gr. („= 266 H“) nach Uṣ a. a. O., 1184 Gr. („= 264 H“) nach Am, was schon 872 ergäbe. Die H-Gleichung bei letzterem stimmt vielmehr nach Ebš 2. 42 mit der Angabe des ersteren und nur diese unter Zugrundelegung von H-JJ. mit seiner weiteren Notiz, daß H. ein Alter von 70 JJ erreicht habe.   [3]) Die anekdotische Überlieferung bei B'E Hist. dyn. (Ag Pococke) 265f. (173). Uṣ 190 (nach Ibn Ǧulǧul). Q 172 nennt vielmehr noch al-Mutawakkil († 9,10. 12. 861), eine Angabe, bei deren Richtigkeit mehr als ein Jahrzehnt zwischen den Ereignissen und dem Tode H.s verstrichen wäre.

[4]) Sargis, der vom 21. 7. 860 bis 25. 9. 872 regierte, wie 'Am angibt.   [5]) Über die erstere im einzelnen Fihr 294f. Q 173f. und erschöpfender Uṣ 1, 198/200.   [6]) Uṣ 1, 204.

[7]) Fihr 288 Z. 9. Q 94 Z. 10. Vg. M Steinschneider, Archiv f. pathol. Anatomie u. Physiologie u. klin. Medizin 124, 119.   [8]) Selbstzeugnis in der Hs Arab. Escur. 801: M Casiri, Bibliotheca Arabico-Hispana Escurial. 1, 251f. J G Wenrich, De auctor. graecor. vers. 250. L Leclerc, Hist. de la médicine Arabe. 1 (Pr 1876) 149. M Steinschneider a. a. O. 127.

[9]) Fihr 292 Z. 16. Q 74 Z. 7f. Vg. Wenrich 295. Steinschneider 477.   [10]) Fihr 249 Z. 1

γένεσεως καὶ φθορᾶς[1]) und περὶ ψυχῆς,[2]) B 2 der Physik mit dem Kommentar des Alexandros v Aphrodisias[3]) und B 11 der Metaphysik[4]) mindestens noch bekannt, während sich an dem Werke des Nikolaos v Damaskos περὶ Ἀριστοτέλους φιλοσοφίας ein im Original verlorenes in seiner Übs wenigstens in umfangreichen Azz syrisch erhalten hat.[5]) Nur teilweise hat Ḥ. auch die Ἀναλυτικά und Ἀποδεικτικά des Aristoteles,[6]) drei von den 5. BB des Galenos περὶ ἰατρικῶν ὀνομάτων[7]) und nur Bruchstücke der BB 2. 3. 4 und 9. deren er nach langem Suchen in Mesopotamien, Syrien und Palästina endlich habhaft zu werden vermocht hatte, hat er von einem wiederum im Original heute vollständig verlorenen Werke des großen Arztes über das syllogistische Beweisverfahren ins Syrische übertragen,[8]) syrisch und arabisch den Κατηγορίαι-Kommentar eines Theon[9]) und die Schrift des Galenos περὶ ἀρίστης κατασκευῆς τοῦ σώματος ἡμῶν[10]) übersetzt. An syrischen Originalen werden aus seiner Feder eine wohl im Sentenzenstil des Euagrios gehaltene asketische,[11]) eine auf den Griechen Galenos und Ruphos fußende medizinische Schrift über Greisendiät,[12]) eine Grammatik und ein „kurzgefaßtes" Lexikon bezeugt.[13]) Man wird den letzteren Ausdruck wohl eher auf eine lexikographische Arbeit zu beziehen haben, die durch den Titel einer „Erklärung der griechischen Nomina durch syrische" sich als eine wesenhaft der Fremdwörterkunde gewidmete einführte und[14]) einem erhaltenen einschlägigen Werke der Folgezeit einen Hauptstock seines Materials geliefert hat,[15]) als auf eine Schrift über die in ihrem Konsonantenbestande zusammenfallenden, aber mit verschiedener Vokalisation zu sprechenden Worte, von der Azz sich mit solchen aus dem gleichartigen älteren Werke des 'Enānīšō' verbunden erhalten haben.[16]) Nur vermutungsweise wird endlich der Name Ḥ.s mit einer großen Kompilation medizinischen und astrologischen Inhaltes zusammengebracht, die sich aus mindestens drei wohl ursprünglich selbständigen Bestandteilen aufzubauen scheint:[17]) einem aus griechischen

(A Müller, D. griech. Philosophen in d. arab. Überlieferung (Halle 1873) 14). Q 35 Z. 17 Vg. Wenrich 275. M Steinschneider, Beihefte zum Centralblatt f. Bibliothekswesen 12, 40.

[1]) Fihr 251 Z. 3 (Müller a. a. O. 19). Q 40 Z. 16 f. Vg. Steinschneider a. a. O. 57. [2] Fihr 251 Z. 11 (Müller 19 f.). Wenrich 129. Steinschneider 60. [3]) Fihr 250 Z. 11 (Müller 17). Q 35 Z. 17. Vg. Wenrich 126. Steinschneider 40. [4]) Fihr 251 Z. 29. Q 42 Z. 3 f Vg. Wenrich 129. Steinschneider 67.

[5]) Fihr 264 Z. 26 f. ohne, B'E Hist. dyn. (Ag Pococke 140 (88) mit Nennung Ḥ.s als Urhebers der syrischen Übs. Vg. Fihr 254 Z. 2 f. (Müller 25). Q 336 Z. 8,10. F Susemihl, Gesch. d. Griech. Litteratur in d. Alexandrinerzeit (Lpz 1892) 318 21. Steinschneider 101 f. Hss von Azz der BB 1/12, die sich auf φυσικὴ ἀκρόασις bis περὶ ζῴων beziehen: CmbrGg. 2. 14 (15,6. Jh) 11⁰. Bs: KatWright-Cook 1017 21.

[6]) Fihr 249 Z. 7. 11 f. Müller 14 f.). Q 36 Z. 5. 12. Vg. Wenrich 126. Steinschneider 41. 43. [7]) Notiz der Leydener Hs Ar. 1300. Vg. Uṣ 1. 100. Steinschneider, Archiv 124, 458. [8]) Uṣ 1, 100. Steinschneider a. a. O. 294. [9]) Fihr 248 Z. 21 (Müller 13). Q 35 Z. 6. Vg. Müller 50. Steinschneider, Beihefte 12. 36.

[10]) Fihr 290 Z. 17. Q 130 Z. 14. Vg. Wenrich 255. Steinschneider, Archiv 124. 287. [11]) Durch Ai. [12]) Daraus ein arabischer Az von Ibn al-Ḥammār (s. unter e. Uṣ 1. 323. Steinschneider a. a. O. 468.

[13]) Durch 'Ai. Zitate aus der ersteren in derjenigen des K Elijā I. Ag Baethgen) 34. B Ebṯh̬rājā „Scheune der Geheimnisse": G Hoffmann, ZDMG 32, 741.

[14]) Vg. Loew, ZDMG 40. 764. Ders., Aramäische Pflanzennamen Lpz 1881) 17. Ak. 2. [15] Es entstammen dieser Quelle nach dessen eigener Angabe die ohne Quellenvermerk gebliebenen Artikel im Lexikon des BB. [16]) Hss und Agg: die oben S. 202 Ak. 1 genannten. Eine nur teilweise mit diesem Mischtexte sich deckende Synonymensammlung unter dem Namen Ḥ.s in der Hs: Brl 97 (Sach 130. J 1681 IV⁰.

[17]) Hss: N-D̮ém 153 J 1883). BrlOrfol 319 Eine solche im Privatbesitze von EAWBudge.

Quellen geflossenen original syrischen Lehrbuche der Anatomie, Pathologie und Therapeutik, von dem nurmehr die Kapp. 3/21 mit Lücken erhalten sind,[1]) einer breiten Schicht astrologischer Gelehrsamkeit,[2]) einer „B der Landes- (d. h. der einheimischen) Medikamente" betitelten Rezeptensammlung mit einem teilweise wieder in das Gebiet des Aberglaubens führenden Anhang über Tiere und Wurzeln und deren medizinische Verwertung,[3]) an welchen sich endlich eine alphabetisch geordnete Erklärung der „in diesem B" vorkommenden Heilmittelnamen durch ihre arabischen Äquivalente anschließt.[4])

c) Von anderen Übersetzern, die in der Hauptsache vielmehr ins Arabische übertrugen, hat Ḥunains Sohn Isḥāq ibn Ḥunain († im 12. 910 oder 911)[5]) die von seinem Vater unvollendet gelassenen syrischen Übss der Ἀναλυτικά und Ἀποδεικτικά des Aristoteles vervollständigt[6]) und ihnen eine solche der Τοπικά hinzugefügt.[7]) Ein Ajjûb mit dem Beinamen „der Gefleckte"[8]) oder ein von ihm verschiedener Edessener gleichen Namens[9]) hat die Kommentare des Galenos zu Hippokrates περὶ ἐπιδημιῶν B 1 und 6,[10]) der arabische Übersetzer der Theologie des Aristoteles" ʿAbd al-Masîḥ ibn Nāʿima[11]) gleich dem schon weit ins 10. Jh hinab führenden Abû Baṣr Mattä ibn Jûnas († 940 1)[12]) die Σοφιστικοὶ ἔλεγχοι,[13]) der letztere auch den Kommentar des Themistios zur φυσικὴ ἀκρόασις[14]) syrisch wiedergegeben, ohne daß natürlich durch diese zufällig erhaltenen Nachrichten die einschlägigen Verdienste dieser Männer oder noch weiterer Zeitgenossen erschöpft sein dürften. Nicht wenige beiläufig ausdrücklich zur Erwähnung kommende syrische Übsarbeiten teilweise recht überraschenden Gegenstandes, für die bestimmte Urheber nicht namhaft gemacht werden, mögen gleichfalls erst dieser mit der Hochblüte arabischer parallel gehenden Nachblüte syrischer profanwissenschaftlicher Übstätigkeit ihre Entstehung verdanken. Hierher gehören syrische Texte mindestens einer einzelnen Schrift des Atomisten Demokritos,[15]) der Poetik,[16]) vielleicht der Μετεωρολογικά,[17]) der gesamten zoologi-

---

anscheinend sämtlich Abss einer in Alqôš befindlichen des 12. Jhs, und wohl auch Urm 81 (19. Jh), nur des dritten Bestandteiles: Pr 325 (19. Jh) 1°. Ag: E A W Budge, Syrian Anatomy, Pathology and Therapeutics or „The Book of medicines". The syr. text. ed. from a rare manuscript with an engl. transl. (Ox 1913). Vg. Löw, ZDMG 70, 525/31. Ḥ. wird als Verfasser von ASCher, JA[10] 8, 78 vermutet und von dem Verzeichnis der Neuerwerbungen der Berliner Staatsbibliothek unterstellt.   1) Ag: Budge 1, 1/445 (2, 1/319).

2) Ag Budge 1, 446/553 (2, 520/655). Damit zu vergleichen sind eine Schrift über „Vorzeichen aus Sonne, Mond und Sternen nach der Anschauung der Chaldäer" und andere anonyme astrologische Stücke in den Hss Urm 76 (J 1793/4). 85 (19. Jb) bzw. CmbrOo. 1. 29 (17/8. Jh) IV°. XVI°, Azz aus einem astrologischen „B des Siegers und des Besiegten" unter dem Namen des Aristoteles in Pr 76 (Auc fonds 164. J 1652/3) und ein Vorzeichenbuch unter demjenigen des Propheten Daniel in BrMOr 2084 (19. Jh).   3) Ag Budge 1, 554/89 (2, 656/702) bzw. 1, 589/601 (2, 702/14).   4) Ag Budge 1, 601 11 (2, 715/26).   5) Uṣ 1, 200f. Q 80. Wüstenfeld, Gesch. d. Arab. Ärzte 29.

6) Vg. die S. 228 Ak 8 angeführten Belegstellen.   7) Fihr 249 Z. 15 (Müller 15). Q 36 Z. 12. Vg. Wenrich 132. Steinschneider, Beihefte 12, 44.   8) Uṣ 1, 170. 204.   9) Uṣ 1, 204.

10) Nach dem S. 228 Ak. 8 berührten Zeugnis Ḥunains.   11) Vg. Uṣ 1, 204. Vg. Wüstenfeld 18 und oben § 26 a.   12) Fihr 263. Q 235. Ibn Ḥallikān (Ag Wüstenfeld) 8/9, 72 f. (Übs de Slane 4, 310). Abû-l-Fidā 2, 417. B'E Hist. dyn. (Ag Pococke) 304 (200). Wüstenfeld 53.

13) Fihr 249 Z. 26 (Müller 16). Q 37 Z. 14. Vg. Wenrich 133. Steinschneider 47.

14) Fihr 250 Z. 22f. (Müller 18). Q 39 Z. 7f. Steinschneider 54.

15) Q 182 Z. 6f. nach Ibn Ǧulǧul. Vg. B'E Hist. dyn. (Ag Pococke) 85 (53). Wenrich 94. Steinschneider 11.   16) Fihr 250 Z. 4 (Müller 17). Q 38 Z. 4. Vg. Wenrich 133. Steinschneider 49.   17) Fihr 265 Z. 9, wo der Name des Verfassers des von Ibn al-Ḥammār aus dem Syrischen ins Arabische übersetzten Werkes allerdings nicht genannt ist. Vg. Steinschneider 59.

schen Schriften des Aristoteles,[1]) speziell der 4 BB περὶ ζῴων μορίων mit dem
Kommentare des Joannes Philoponos,[2]) an weiteren Aristoteleskommentaren derjenigen des Alexandros v Aphrodisias zu den Μετεωρολογικά,[3]) des Themistios zu
einer Ethik,[4]) des Olympiodoros und des Simplikios zu περὶ ψυχῆς,[5]) des Joannes
Philoponos zu περὶ γενέσεως καὶ φθορᾶς[6]) und nicht näher bezeichneter des
Jamblichos,[7]) ferner von Μεταφυσικά, Μετεωρολογικά,[8]) Προβλήματα[9]) und vielleicht der Χαρακτῆρες des Theophrastos[10]) und einer pseudoaristotelischen Schrift
περὶ ἀρετῆς.[11]) Wie schon hier in weitem Umfange so entstanden syrische Übss
heute verlorener griechischer Originale möglicherweise erst im 9. Jh an solchen
mindestens des 4. Bs der Φιλόσοφος ἱστορία, des 1. Bs eines Werkes περὶ στοιχείων
und einer Streitschrift anscheinend περὶ νοήματος καὶ νοητοῦ in 7 BB des Porphyrios[12]) und von Kommentaren des Proklos zu den Χρυσᾶ ἔπη des Pythagoras,
dem Gorgias, Phaidon und wohl dem 10. B der Πολιτεία Platons.[13]) Noch erheblich vermehren würde sich auf indirektem Wege die Liste syrischer Übss hel-
lenischen Geisteserbes, deren Existenz für das 10. Jh gesichert ist, wenn mit Bestimmtheit angenommen werden dürfte, daß die sämtlichen arabischen Übss des
Jakobiten Abû Zakarjâ Jaḥjâ ibn ‘Adi († 13. 8. 974) auf syrischen Vorlagen be-
ruhten.[14]) Erhalten haben sich von hierher gehörigen Stücken eine Übs der Ἀφορισμοί
des Hippokrates[15]) und von einer solchen der Στοιχεῖα des Eukleides die Kapp. 1/23
und 37 40 des 1. Bs.[16]) An syrischen Originalen profanwissenschaftlichen Inhalts,
die aus den nestorianischen Gelehrtenkreisen des 9. Jhs hervorgegangen waren,
werden zwei zusammenfassende medizinische Werke eines Jôḥannân b Serapion bekannt, von welchen das eine 12, das andere 7 BB umfaßte.[17])

    d) Die **Lexikographie** war im literarischen Nachlasse der nestorianischen
Ärzte des 9. Jhs neben der Arbeit des auch hier grundlegendem Ḥunain mindestens

---

[1]) 19 BB. d. h. vielleicht noch mit Einordnung von περὶ ζῴων πορείας zwischen Kap. 9 und
10 des 4. Bs der „Tiergeschichte“, wo das fälschlich verselbständigte Stück nach Prantl, De
Aristot. libror. ad histor. animal. pertinent. ordine (München 1819) 35 seine ursprüngliche Stelle
hatte. Fihr 251 Z. 21 (Müller 20). 264 Z. 25. Q 41 Z. 17 f. Vg. Steinschneider 64. Hs eines Azs:
Urm 78 (J 1628).   [2]) Fihr 264 Z. 26. Vg. Steinschneider a. a. O.

[3]) Fihr 251 Z. 9 f. (Müller 19). Vg. Steinschneider 12. 59.   [4]) Fihr 252 Z. 3 f. (Müller
21). Vg. Wenrich 287. Steinschneider 70.   [5]) Fihr 251 Z. 13,5 (Müller 20). Q 41 Z. 1 f.
Vg. Steinschneider 61.   [6]) Fihr 251 Z. 7 (Müller 19). Q 40 Z. 21/41.2. Vg. Steinschneider 58.

[7]) Q 60 Z. 5/7. Vg. Wenrich 293. Steinschneider 106.   [8]) B'E Hist. dyn. (Ag
Pococke) 94 (61). Vg. Wenrich 175. Steinschneider 92.   [9]) Fihr 265 Z. 10. B'E Hist.
dyn. a. a. O. Vg. Wenrich und Steinschneider a. a. O.

[10]) Nach denselben Zeugen. Ebensogut ließe sich allerdings an verlorene Ἠθικά denken.
[11]) Hs einer aus dem Syrischen geflossenen arabischen Übs: Brl 88 (Peterm 9. J 1259,60) 25°.

[12]) Fihr 253 Z. 17 f. (Müller 25). Q 257 Z. 6,8. Vg. Wenrich 281, der bei dem zweiten
Titel an das anderweitig wenigstens bezeugte Werk περὶ ἀρχῶν denken möchte, Steinschneider
a. a. O.   [13]) Fihr 252 Z. 17. 20,2 (Müller 23). Q 89 Z. 12 (nur mit Bezug auf den Gorgias-
Kommentar). Vg. Steinschneider 92 f.   [14]) Das in Betracht kommende zusammengestellt
bei Steinschneider, ZDMG 50, 373, der jene Voraussetzung vertritt.

[15]) Hs: im Privatbesitze Pognons (J 1205). Ag: H Pognon. Une version syriaque des aphorismes d'Hippocrate. Texte et traduction. 1e Partie (Lpz 1903).   [16]) Hs: CmbrGg. 2.14,15,6. Jh) 111°.
Ag einer Textprobe: KatWright-Cook 1022, wo 1021 als Urheber der Übs Ḥunain vermutet wird.

[17]) Us 1, 109. Vg. Wüstenfeld 49. L Leclerc, Hist. de la médecine arabe 1, 1137.
M Steinschneider. D. hebräischen Übss des Mittelalters (Brl 1893) 736 f. Beide Werke wurden
mehrfach ins Arabische übertragen. Eine lateinische Übs des kürzeren aus dem Arabischen
lieferte Gerardus v Cremona. Ag unter dem Titel „Practica sive Breviarium“. Einen sehr umfangreichen vielleicht original-syrischen Text medizinischen Inhalts bietet als Unterschrift eines
Palimpsests eine syrisch-melkitische Paraklitiki-Hs vielleicht noch des 11. Jhs (§ 55 b).

durch diejenigen zweier weiterer gleichmäßig aus Merw stammender Verfasser vertreten. die neben jener in den erhaltenen beiden großen Wörterbüchern des 10. Jhs
nachwirken. Von ihnen ist der hier[1] mit seinem Taufnamen Zĕk(h)arjā Genannte,
wohl identisch mit einem Abû Jaḫjâ.[2] Arzt in Bagdad und Lehrer des Abû Baʿr
Mattâ ibn Jûnas, der in der Welt gleichzeitiger christlich-syrischer Ärzte dadurch
eine beachtenswerte Stellung einnimmt. daß er seine Schriften über Logik und
andere Gegenstände. von denen ein Kommentar zu den Ἀποδειτικά des Aristoteles
ausdrücklich genannt wird,[3] syrisch abfaßte. Der andere, Namens Īʿôʿ.[4] muß
jedenfalls von einem aus Merw gebürtigen Arzte unterschieden werden. der um
560/7 schon am Sassanidenhofe sich hohen Ansehens erfreute,[5] dürfte dagegen
in einem ʿĪsâ ibn Jaḫjâ wiederzuerkennen sein,[6] der Schüler Ḥunains war
und gemeinsam mit ihm oder selbständig neben ihm das Werk des Oribasios übersetzte.[7] Gleichen Alters mag sodann noch ein Jônân aus Gorgân gewesen sein.
der in der lexikographischen Literatur speziell für Botanisches angeführt wird.[8]

e) B Ḥĕnânîšôʿ b Sarôšwai v Ḥirtā,[9] bei dem gegen einen Ansatz in die
zweite Hälfte des 9. Jhs mindestens nichts spricht, verfaßte neben seinem als
„Χρήσεις (= Glossen) und Erklärungen“ bezeichneten Lexikon.[10] welches dasjenige des Ḥunain ergänzte, seinerseits ein Quästionenwerk über den Bibeltext
und die göttliche Heilsökonomie.[11] Andererseits werden von ihm ein Enkomium
auf den hl. Ap(h)rem[12] und für Ereignisse aus den JJ 770/1 bis 774/5 ein chro-
nistisches Geschichtswerk zitiert.[13]

§ 37. Die Blütezeit einer profanwissenschaftlichen literarischen Betätigung
der syrischen Nestorianer vorwiegend im Dienste der neuen arabisch-moham-
medanischen Kultur hat auch das bisher so rege Leben ihres kirchlichen Schrifttums keineswegs stillgelegt gesehen. Immerhin ist bezeichnenderweise für keinen
einzigen K des 9. Jhs eine über amtliche Erlasse hinausgehende schriftstellerische
Tätigkeit bezeugt, und was aus demselben an Arbeiten einiger anderer Kirchenfürsten sich erhalten hat oder greifbar wird, trägt unverkennbar den Charakter
abschließender Zusammenfassungen des auf bestimmten Einzelgebieten von der
bisherigen Entwicklung Geleisteten, wie sie beim Erlahmen frischer literarischer
Lebenskraft aufzutreten pflegen. Vertreter dieser mehr oder minder epigonen-
haften Richtung sind für die Mönchsgeschichte Thomas v Margā, für jene

---

[1] BB 3 (Prooem XI) und häufig im Texte seines Werkes, für welches er eine Haupt-
antorität ist. Vg. Duval³ 297. Ders., Prooem VIII. XX.   [2] Fihr 249 Z. 14 (Müller 15) 263. Uṣ
1, 234 f. Q 435. Vg. Wüstenfeld 53. Steinschneider, Beihefte 12. 43.   [3] Fihr 249 Z. 14.
[4] Dessen Werk eine der beiden Hauptquellen für dasjenige B ʿAlis (§ 38 i) geworden ist.
G Hoffmann, Syr.-arab. Glossen 2 (Übs: Duval, Prooem IX). BO 3₁. 258. 436. W Gesenius.
De B Alio et B Bahlulo (Lpz 1834) 8. Wright 215, wo vielmehr er mit Abû Jaḫjâ gleichgesetzt
wird, während Duval ihn mit Z. selbst identisch sein läßt, wie schon ʿAi § 176 irrtümlich nur von
einem „Merwer“ schlechthin als Lexikographen redet.   [5] Nach ʿAm 43 (25).   [6] Uṣ 1. 204 f.
[7] Vg. die S. 228 Ak. 8 angeführten Belege.   [8] BB 702, 9. 16. 704. 14. 22. 705. 2. 755. 3.
Duval, Prooem XX.
[9] BB 3 (Prooem IX). ʿAi § 178. BO 3₁, 261, wo er uns J 900 angesetzt wird. weil Elijā
v Anbar (§ 38 a) in seinem großen Gedicht ihn zitiere, worüber jedoch aus den Bss desselben in
den Katt. Sachau und Wright-Cook nichts zu entnehmen ist. Wright 228. Duval³ 298.
[10] Einer weiteren Hauptquelle BBs.   [11] Hs: VtS 150 (J 1708,9) VIII°. Daraus nach
J-B Chabot. Studien Nöldeke gewidm. 494 die Zitate eines Ḥ. zu den Evangelien in der Gannat h)
Būssāmē (§ 50 a).   [12] ChrS 1, 185 f.   [13] Durch EbŠ zu den JJ 154 und 158 H.

und die allgemeine Kirchengeschichte Îšô'dĕnaḥ v Baṣrā, für die Exegese Îšô'dād(h) v Merw, für das kirchliche und bürgerliche Recht Gabriel v Baṣrā und der schon das 10. Jh eröffnende K Jôḥannān V. Eine ihren gelehrten Kodifikationen entsprechende Erscheinung ist es endlich auch, wenn gleichzeitig der Legendenkreis des sagenhaften hl. Eugenios, in dem die Folgezeit den Patriarchen des ostsyrischen Mönchtums verehrte, seine entscheidende literarische Formung erfuhr.

a) Drei nestorianische Kirchenhäupter des 9. Jhs. sind Urheber kulturgeschichtlich interessanter Erlasse, die sich in indirekter Überlieferung erhalten haben. K Sab(h)rîšô' II.,[1] ord. 6. 8. 831, † 10. 11. 835, aus Bêt(h) Nûhad(h)rā stammend und früher B von Ḥarrān und M von Damaskus, ist von denselben der Verfasser eines Berichtes über eine von ihm vorgenommene Visitation der kirchlichen Schulen und einer durch dieselbe veranlaßten Verfügung über deren Betrieb.[2] K Abraham II.,[3] ord. 23. 7. 837 (oder 840?), † 16. 9. 850 (oder 852?),[4] früher Mönch und Abt in Bêt(h) 'Ab(h)ē bzw. B von Ḥĕd(h)attā, hat in einer entsprechenden Konstitution die von älteren Laien jedes Standes zu pflegende Lektüre,[5] K Theodosios,[6] ord. 23. 7. 853, † 6. 11. 858, der während seiner kurzen Regierung 3¹⁄₂ JJ durch den Khalifen Mutawakkil gefangen gehalten wurde, in je einer die erbauliche Lektüre des Klerus, der Ärzte und Buchschreiber geregelt und alle 4 JJ abzuhaltende Metropolitansynoden vorgeschrieben.[7]

b) B Thomas v Marga.[8] Sohn eines Ja'qôb(h) und Bruder des K Theodosios aus dem Dorfe Bêt(h) Šârônājē im inneren Teile der Diözese Sĕlāk(h), war als noch junger Mann im J 882 im Kloster Bêt(h) 'Ab(h)ē eingetreten, hat dem K Abraham II. als Sekretär gedient und wohl von ihm, also wahrscheinlich vor 850, allerspätestens vor 852 nicht nur die bischöfliche, sondern auch noch die Würde eines M von Bêt(h) Garmai erhalten.[9] Noch vor Erreichung dieser letzten Stufe seiner hierarchischen Laufbahn verfaßte er seine „B der (Kloster)vorsteher" (K d(h)ĕrešānē) betitelte Geschichte „der hll. Männer und Mönche des Klosters Bêt(h) 'Ab(h)ē", von deren 6 Mēmrē der erste einleitend bis auf die Gründung des Îzlā-Klosters durch Abraham v Kaškar zurückgreift, während der letzte, über den Rahmen des bisherigen Gegenstandes hinausgreifend, der Gründungsgeschichte des gleichfalls in der Diözese Margā gelegenen Klosters Birtā gewidmet ist.[10] Ein

---

[1] EbŠ 60 (32). MbS 76 f. (67 f.). 'Am 69 f. (40 f.). B'EKg 2, 110. BO 3ı, 505/8.   [2] Erhalten durch Ai, Nomokanon VI 3. Sonderagg: BO 3ı, 506 f. (mit Übs). Knös 13/6. Wenig 82 f.

[3] EbŠ 61 33). MbS 89 f. (68 f.). 'Am 70 f. (41). B'EKg 2, 189/92. BO 3ı, 508 f.

[4] Die ersteren Jahreszahlen gibt EbŠ, die abweichenden würden sich nach Am ergeben. Nach dem letzteren wurde A. zu Anfang seiner Regierung nicht allgemein anerkannt, was wenigstens die Differenz bezüglich der Regierungsdaner erklären könnte.

[5] Ai, Nomokanon VI 3. Vg. BO 3ı, 341 f.   [6] EbŠ 61 f. (33). MbS (69/71). 'Am 71 f. 41 f., B'EKg 2, 191/8. BO 3ı, 509/12.   [7] 'Ai, Nomokanon VI 3. VIII 19. Vg. BO 3ı, 341 f. 347.

[8] I 40. II 32 seines Werkes. MbS 80 (70). BO 3ı, 463/501. E A W Budge, The Book of Governors 1. XVII/XL1. Wright 219 f. KdP 288 f. Duval³ 206 f.

[9] Dafür, daß er tatsächlich schon als M an der Ordination seines Bruders Theodosios als M von Gundisābūr oder als K beteiligt gewesen sei, führt J S Assemani, BO 3ı, 210 das ausdrückliche Zeugnis des von ihm mit 'Am verwechselten MbS an. Doch fehlen die betreffenden Worte im Texte der Ag Gismondis.

[10] Hss: Dijarb 113 (16. Jh) 9°. VtS 165 (J 1663). 381,2 (Abs der vorigen). Pr 286 (ebenso). N-Dsém 109 (J 1700,1). 110 (J 1880). Brl 77 (Sach 179. J 1882). Zwei im Privatbesitze von EAW Budge (J 1888), unvollständige: BrMOr 2316 (17 8. Jh), einer Erklärung schwieriger Worte daraus: Dijarb 113. 1°a. Be: BO 3ı, 464/501. Agg: P Bedjan, Lib. Superiorum seu hist. monast. anctore

an den Schluß des dritten gestellter poetischer Memra im zwölfsilbigen Metrum auf den aus Bêt(h) ʿAb(h)ē hervorgegangenen M Māranʿammeh v Arbela lehrt den Verfasser auch als Dichter bzw. Versifikator kennen. Ein von ihm verfaßtes „anderes", offenbar prosaisches Werk, gleichfalls mönchsgeschichtlichen Inhalts wird nurmehr durch ein gelegentliches Selbstzeugnis [1] bekannt.

c) M Īšôʿdēnaḥ v Bāṣrā ist [2] der Verfasser eines Abrisses der mesopotamisch-persischen Asketengeschichte, der unter dem Titel des „Bes der Keuschheit" (K d(h)ēnak(h)pût(h)ā) kurze Biographien vor allem von Klostergründern und asketischen Schriftstellern, aber auch anderer hervorragender Asketen bietet [3] und nach 849/50 geschrieben sein muß, in welchem J eine darin berichtete Übertragung von Reliquien stattfand.[4] Nur bis zum J 95 H. (= 713 4) reichen dagegen auffallenderweise die wenigen Anführungen, die aus seiner dreiteiligen Kirchengeschichte begegnen.[5] woferne nicht mit ihr die für das Ende des 8. Jhs einmal vielmehr unter dem Namen eines Dēnaḥīšôʿ zitierte [6] identisch ist. Außerdem werden für ihn ein Kommentar zur Logik, Homilien, Leichenreden, Mad h)rāšē und Mēmrē bezeugt.[7] und wenigstens von seiner Mēmrē-Dichtung hat sich eine Probe an der poetischen Bearbeitung der Legende eines hl. Jaunau erhalten. der im 4. Jh das Kloster von Anbar am Euphrat gegründet haben soll. einer Art von Epos in 22 durch alphabetische Akrostichis ihrer Anfänge miteinander verbundenen Gesängen.[8]

d) Îšôʿdàd(h) v Merw,[9] B von Ḥēd(h)attā, war nach dem Tode des K Abraham II. für dessen Nachfolge ausersehen und hatte es der Gegnerschaft des am Khalifenhofe mächtigen Arztes Bôk(h)tīšôʿ zu verdanken. wenn er sie Theodosios überlassen mußte. Seine Kommentare zum A und zum NT,[10] von denen der erstere in seiner eigentümlichen Gesamthaltung wesentlich durch eine Abhängigkeit von Ḥēnānā beeinflußt sein dürfte. haben nicht nur eine bedeutsame Vermittlerrolle zwischen der älteren exegetischen Literatur und dem späteren Schrifttum der Nestorianer gespielt, sondern einen starken Einfluß auch nach jakobitischer Seite hin ausgeübt.

Thoma, Episcopo Margensi (Pr 1901. 1,436), mit Übs: E A W Budge, The Book of governors: beeing the Hist. Monast. of Thomas bishop of Margâ A. D. 840 (2 Bände, Lo 1893). von Azzen BO 3ı (passim!). Knös 8,12. Wenig 56,9. Budge, The book of Paradise LX LXII. KdP 289 93. J E Mauna, Morceaux choisis de littérature araméenne (Mosul 1902) 55,68.

[1] VI 15. — Dazu Azz asketischen Inhaltes eines Mâr(j) Thomas in der Hs Brl 198 (Sach 352. 13. Jh) Fol 173 v°. 199 r°/200 v°.   [2] Ai § 128. Wright 195. KdP 319 f. Duval³ 205 f.

[3] ʿAi. Hss: Urm 226 (J 1891 nach Vorlage des 9/11. Jhs). Mard 83 (J 1890) 2°. N-Dsēm 144 (19. Jh) 10°. Pr 333 (Abs einer Vorlage in Séert?). Je eine in Löwen (jetzt wohl vernichtet. Straßburg und im Privatbesitze von J-BChabot und PBedjan. Agg: J-BChabot, Mélanges d'archéol. et d'hist. 16, 225,91 und 80 S. syr. Text (mit Übs). PBedjan, Lib. Superiorum 437 517. von Azz mit Kommentar: KdP 320,30.

[4] Vg. § 47. Labourt 308.   [5] ʿAi. Zitate bei Ebš 45 (27) und zu den JJ 561 Gr. 17. 32. 34. 36. 39. 67. 74. 76. 82. 95 H.   [6] Durch M 489 (3. 20), darnach BʿEKg 1, 333.

[7] Durch ʿAi a. a. O.   [8] Hss: Séert 62 (J 1570). CmbrAdd 2042 (16. Jh)a°. Ag eines Azs: IgnGuidi, ZDMG 46, 757 f.

[9] MbS 78 (69). ʿAm 72 (42). Ai § 140. BO 3ı, 210,2. Wright 220 f. Duval³ 73.

[10] Hss zum AT: JerPatr 10 (J 1379). BrMOr 4524 (17/8. Jh). zu Gn und Ex: VtS 457 und im Privatbesitz BVandenhoffs befindliche (Abs der vorigen), eines Azs aus dem Pentatenchkommentar: Dijarb 95 (J 1697/8) 41°, aus dem Kommentar zu Gn und Ex: CmbrAdd 1973 (J 1687) I°. zum NT: Séert 26 (13. Jh). 25 (14. Jh). Brl 81 (Sach 311. 16,7. Jh mit Ergänzungen J 1883). CmbrAdd 1973 (J 1687'. N-Dsēm 24 (J 1697,8). 23 (18. Jh). Urm 9 (J 1739,40). Harris Syr 130 (Abs der vorigen : Mos 19 J 1874). Im Privatbesitze von MDGibson, zu Mt teilweise: Urm 223

e) M **Gabriel v Bāṣrā**,[1] der 14. 9. 884 an der Ordination des K Jôḥannàn III. teilnahm und sieben JJ später diejenige J.s IV. vollzog, schuf eine von einem Zusatze eigener Untersuchungen begleitete Sammlung von Synodalkanones in zwei Teilen. Dieselbe kann mit schlechthiniger Sicherheit in einem tatsächlich zweiteiligen anonymen Werke gleichen Inhaltes wiedererkannt werden, dessen Verfasser angibt, daß er unter K Abraham zum Diakon, durch Theodosios zum Priester, durch dessen Nachfolger Sargis zum B und durch den nächstfolgenden K Anôš (Enos) zum M geweiht als solcher an der Ordination J.s III. beteiligt gewesen sei. Ein von dem erwähnten K verschiedener **Anôš**, B von Anbar, Verfasser von Mêmre, Leichenreden und anderem, hätte als Zeitgenosse G.s zu gelten, wenn er mit Recht von JSAssemani unter J. III. angesetzt wird.[2]

f) K **Jôḥannàn V.** b A b(h)g à r e (oder Ḥ ě g (h) î r ë).[4] Sohn eines Îšô‘ aus Bagdad, ord. im Sommer 900. † 16. 5. 905, war durch J. III., also zwischen 884 und 891 zum B der Zāb(h)-Gegend erhoben worden und der erste K, der sich durch eine künftig von jedem Nachfolger zu vollziehende Art schriftlicher Wahlkapitulation zu tadelloser Führung seines Amtes verpflichtete. Von den Kanones einer von ihm im 10. 900 abgehaltenen Synode hat sich neben Zitaten des Urtextes[5] eine arabische Übs,[6] im syrischen Original haben sich seine „Kanones“ oder „Vorkehrungen“ (Zûhhārē) „des Altardienstes“ erhalten.[7] Von ihm erteilte Antworten auf „kirchliche Fragen“[8] dürften mindestens teilweise wie das Schreiben an einen Abû-l-‘Abbās al-Faḍl ibn Sulaimān über das Ninivitenfasten (vom J 903)[9] von vornherein arabisch abgefaßt worden sein.[10] Ein für ihn bezeugtes Werk über „Rechtsentscheidungen und Erbteilungen“ läßt sich mit Sicherheit in jakobitischer Überlieferung wiedererkennen,[11] während die „kirchlichen Kanones“ eines K Jôḥannàn, Nachfolgers eines Iwannís,[12] auch schon seinen Vorgänger J. IV (ord. 903, † 8. 9. 08) oder erst J. VII (ord. 19. 1. 1013. † 28. 7. 1032) zum Urheber haben könnten.

g) Der **Legendenkreis des hl. Eugenios**, den ein ursprünglich wohl mono-

---

(19. Jh), zu Apg und Briefen: Petersb 622 J 1490), eines Azs aus dem Evangelienkommentar: Dijarb 95. 40°. Agg (mit Übs) von Teilen des AT-Kommentars: GDiettrieb, Îšô‘dadḥs Stellung in d. Auslegungsgesch. d. Alt. Test.s an seinen Commentaren zu Hosea, Joël, Jona, Sacharja 9—14 u. einigen augehängten Psalmen veranschaulicht (Gießen 1902. Beih. ZAtW 6). JSchliebitz, I.s Kommentar zum B Hiob. I. Teil: Text u. Übs (Gießen 1907. Beih. ZAtW 11), des ganzen NT-Kommentars: MDGibson, The commentaries of Isho‘dad of Merv, bisb. of Ḥadatha (c. 850 A. D.) Cmbr 1911,13. HorSem 5,7. 10). Vg. ABaumstark, Griech. u. hebr. Bibelzitate in d. Pentateucherkl I.s v. M., OC² 1. 1 19 bzw. Besprechung von Diettrich ebenda¹ 2. 451 8. BVandenhoff, Theol. Rev. 11, 410f.

[1] MbS 82 (73). 83 (74). ‘Am 75 (43). ‘Ai § 136. 192. BO 3ı. 202f. Duval² 166.   [2] Hss: Séert 67 (15. Jh), anscheinend des zweiten Teiles: VtB 78 · K VI 1 · 9°. Vg. AScher, KatSéert 51.   [3] ‘Ai § 150. BO 3ı, 219.   [4] MbS 85.9 (75,9). ‘Am 81/3 (47f.). B‘EKg 2. 221/30. ‘Ai § 172. BO 3ı, 232 54. Duval² 171f. GGraf, D. christl. arab. Lit. bis zur fränk. Zeit 39f.   [5] Im Nomokanon des ‘Ai V 6f. 10. 13f. 22. 24. VI 6. Vg. ‘Ai § 172: „Kanones“.   [6] Durch die Kanonessammlung des Abû-l-Farağ ‘Abdallāh ibn aṭ-Ṭajib (VtAr 153. 16°.   [7] ‘Ai: „Zûhhārū“. Hss: Séert 67 (15. Jh) Anh. 4°. N-Dsêm 97 (J 1689,90). VtS 150 (J 1708,9) VII°, vielleicht auch (eines anonymen Textes): Dijarb 111 (J 1513) Anh. 112 (18. Jh) 9°. BrMOr 4398 J 1890). VtB 78 (K VI 1) 1°. Ag (mit Übs): BO 3ı, 238/48.   [8] ‘Ai.   [9] Erhalten durch den Nomokanon des Elijā Gauhari. Hs: VtAr 157. 18°. Ag (mit Übs): BO 2. 426,9.   [10] Oder sie sind identisch mit der arabisch ebenda (19“) vorliegenden Beantwortung von 28 Fragen eines Ungenannten aus Jemen. Bs: BO 3ı. 249,54.   [11] ‘Ai. Hs: CmbrAdd 2023 (13. Jh) 2°. Das hier einem „Patriarchen Jôḥannàn“ beigelegte Werk über „Erbteilungen nach den kirchlichen Kanones“ behandelt in 107 von 121 sämtlich dem bürgerlichen Rechte gewidmeten Abschnitten speziell das Eherecht.   [12] Hs: VtB 78 (K VI 1). Vg. PCersoy ZA 9, 364f.

physitisches Kloster des Ṭûr 'Ab(h)din als seinen ersten Stifter verehrte, hat zur naturgemäßen Voraussetzung seiner Entwicklung die anscheinend um die Wende vom 7. zum 8. Jh erfolgte Neubegründung des in Ruinen liegenden durch einen Nestorianer Abraham aus Mě'arrē, dessen erster Nachfolger durch den K Sělibh ā-zěk(h)ā zum Men von Nisibis erhoben wurde.[1] Durch Thomas r Marga wird er noch nicht berücksichtigt, während Išô'dĕnah v Baṣrā sich bereits mit allen seinen Helden und deren angeblichen Lebensschicksalen vertraut zeigt.[2] Er mag daher etwa um die Mitte des 9. Jhs seine maßgebliche Ausgestaltung erlebt haben, was natürlich nicht ausschließt, daß einzelne Texte ihre endgültige Form sogar in noch erst erheblich späterer Zeit erhielten. In einer Mehrzahl von Rezensionen, von denen eine in jakobitischer Überlieferung erhaltene sie als Werk seines Schülers Michael einführt, liegt zunächst die Biographie des Mâr(j) Augên (Eugenios) selbst vor,[3] der ihr zufolge, aus Ägypten eingewandert, in der ersten Hälfte des 5. Jhs das pachomianische Mönchtum nach den westlichen Grenzgebieten des Sassanidenreiches verpflanzt hätte. Ihr zur Seite tritt die angeblich von dessen „geistigem Bruder“ Elîša' verfaßte seines Schwestersohnes Malkē (Malchos) aus Klysma.[4] Weitere Stücke des Zyklus sind einem Daniel, mit dem Beinamen „der Arzt“, der ein Kloster zu Tell Ḥašš gegründet hätte, und einem Ṡalliṭā gewidmet, der Vater des Mönchtums in Bêt(h) Zab(h)dai geworden wäre, nachdem beide als Gefährten Augêns ihre ägyptische Heimat verlassen hätten.[5] Gleichfalls schon in Ägypten soll, wie selbstverständlich ein Alexandriner Jâret(h)[6] und ein „Ägypter“ Ḥabbib(h),[7] sein Schüler ein aus Cypern stammender Jaunân geworden sein, der legendarische Patriarch des Wüstengebietes südlich von Anbar, dessen wiederum in mindestens zwei verschiedenen Rezensionen vorliegende Lebensgeschichte von einem Zâd(h)ôj, Pr und Mönch in einem Thomaskloster des „Landes Indien“ verfaßt sein will, der sich noch des persönlichen Umgangs mit dem Helden seiner Erzählung erfreut hätte.[8] Von den Biographien zweier aus Bêt(h) Nûhad(h)rā stammender Eugeniosschüler, die sich erst im Orient dem Meister angeschlossen hätten, beansprucht diejenige eines Benjamin nicht minder, von einem persönlichen Jünger desselben herzurühren,[9] während diejenige eines Mik(h)a in ihrer vorliegenden Gestalt durch ihre Widmung an einen K Šem'ôn, Nachfolger eines Denḥā, sich

<hr>

[1] Labourt 302/15. Vg. LC § 107 f.   [2] LC § 1/7.

[3] Hss mit der fraglichen Verfasserangabe: BrM 960 (Add 12174. J 1197) 41°, sonstige: 804 (Add 14653. 9,10. Jh) 1°. Séert 59 (J 1567). VtB 162 (16. Jh). N-Dsém 103 (J 1697,8). Brl 75 (Sach 222. J 1881) 28°, eines Bruchstückes: Urm 200 (18. Jh), einer arabischen Übs (nach Vorlage vom J 1178): JerMkl 37* (J 1732,3) 40°. Ag (nach BrM 960 und Brl): AMS 3, 376/480.

[4] Hss: Pr 236 (Suppl 28. J 1193,4) 7°. BrM 961 (Add 14733. J 1299) 7°. VtB 89 ,16. Jh. der Patr 17 (Vor J 1612) ,. Urm 103 (J 1715) 6°. N-Dsém 96 (Nach J 1887), einer arabischen Übs (nach Vorlage vom J 1178): JerMkl 37*. 41°. Ag: AMS 5, 421/69.

[5] Hss: Ox 163 (Marsh 13. J 1176/7). BrM 961. 2°. Or 4404 (19. Jh) Fol 98 r°. Pr 235 (Anc fonds 144. 13. Jh). 295 (J 1705) 8°. 309 (J 1869) 7°. VtB 39. 91 (J 1689). CmbrAdd 2020 (J 1697) 14°. Brl 75. 32° bzw. BrM 922 (Add 25875. J 1709,10) 10°. Urm 110 (19. Jh). Agg: AMS 3, 481/510 bzw. 1, 424/65.

[6] Hss der Biographie des angeblich im J 191 2 (!), geborenen: BrM 960. 40°. VtB 39. CmbrAdd 2020. 8°, einer arabischen Übs ,nach Vorlage vom J 1178': JerMkl 37*. 43°. Bs: F Nau, ROC 19, 432/40.

[7] Hs seiner Biographie: BrM 961. 6°.

[8] Hss: VtB 89. 91. Pr 295. 8°. Brl 75. 29°, einer abweichenden und kürzeren Rezension Urm 51 (J 1693,4) oder 52 (J 1725,6) bzw. 118 (J 1887) und Abs der betreffenden im Privatbesitze Bedjans, ungewiß welcher: Séert 62 (J 1570). N-Dsém 113 und zwei andere in Séert. Ag: AMS 1, 466/525. Vg. Ign Guidi, ZDMG 46, 750/6.

[9] Hss: BrM 961. 3°. VtB 89. Ag: V Scheil, ZA 12, 62/96. Übs: Ders., ROC 2, 245/70.

offen als ein Erzeugnis frühestens erst des 13. Jhs bekundet.[1] Schüler Augêns
soll ferner ein Ḥazqiêl, Gründer eines Klosters bei Dāqôq gewesen sein.[2] Wenigstens von ihrem Helden im persischen Osten aufgesucht werden läßt Augên schließlich die Legende eines Isaias r Aleppo.[3] Durchaus verwandten Charakters sind
dann noch zwei außerhalb des engeren Eugenioskreises stehende Legenden an der
Biographie eines angeblich aus Palästina nach der Gegend von Mosul gekommenen
und im J 431/2 im Alter von 122 JJ verstorbenen Asketen Zaiʿā[4] und an dem
nach seinen Eingangsworten sicher erst geraume Zeit nach dem Untergange des
Sassanidenreiches entstandenen Martyrium eines ʿAbd al-Masiḥ, des ursprünglich
Asôr genannten Sohnes eines Juden Lewi aus Sig(h)ār, dessen Tod ins J 389/90
verlegt wird.[5] Etwa gleichaltrig mit allem dem dürfte auch eine anonyme poetische
Bearbeitung der Geschichte eines persischen Martyrers Bassos sein.[6]

§ 38. Im Laufe des 10. Jhs ist die Bedeutung des Arabischen als wirklich
lebender Sprache der nestorianischen Christenheit naturgemäß unaufhaltsam ge-
wachsen. Gleichwohl hat auch dieses keineswegs einen raschen oder gar vollständigen Verfall des angestammten syrischen Schrifttums gebracht. Im Gegenteil zeitigte es an der Lehrdichtung eines Elijā r Anbar und Emmanuel
(aṣ-Ṣahhār?) sogar noch einmal eine neue Erscheinung, der vom Standpunkte des
mittelalterlichen Syrers, wenn auch nicht von demjenigen moderner Ästhetik aus eine
eigentümliche Größe nicht abgesprochen werden kann. Daneben stehen als Vertreter einer prosaischen Theologenliteratur teils gelehrter, teils liturgischer, teils
praktisch-rhetorischer Art Gîwargîs r Arbela und der K ʿAb(h)dišôʿ I.
im hohen Klerus nicht allein. Die asketische Prosa hat durch Jôḥannān b
Kaldûn und ʿAb(h)dmešiḥā r Ḥirtā ihre letzte bedeutsame Pflege erfahren.
Auch ein Historiker Ahrôn kann wenigstens mit hoher Wahrscheinlichkeit für
die nestorianische Literatur dieses Jhs in Anspruch genommen werden, die Ab-
schließendes endlich auf dem Gebiete der Lexikographie hervorgebracht hat.

a) B Elijā r Anbar,[7] dem sassanidischen Pêrôzšab(h)ôr, der im J 310 H
(1. 5. 922/19. 4. 923) vor dem K Abraham III. die bisher von ihm vertretene
Lehre, daß Christus beim Abendmahle selbst von der Eucharistie nicht genossen
habe, als irrig abschwor, verfaßte[8] in Prosa Grabreden, Briefe, Homilien und
eine Apologie d. h. wohl eine auch literarische Zurücknahme der berührten theologischen Sondermeinung. Erhalten hat sich unter dem wenig bezeichnenden
Titel eines „Bes des Studiums" (K d(h)ēd(h)ûrrāšā) oder „der Zenturien" ein von

[1] Hss: Brl 75. 30°. N-Dsêm 112 (J 1885). BrMOr 4404 (19. Jh) Fol 46 v°. (Urm 179 (19. Jh).
Ag: AMS 3. 510/32.

[2] Hs seiner Biographie: N-Dsêm 128 (J 1887) Anh. 1°.   [3] Hss: BrM 960. 39°. Pr 234
(Anc fonds 143. 13. Jh) 1°;. VtB 39. Brl 75. 33°, einer arabischen Übs (nach Vorlage vom J 1178):
JerMkl 37*. 42°. Ag: AMS 3, 534/71.   [4] Hss: VtS 303 (J 1608/9). Urm 103 (J 1715) 5°. 152
(J 1852). 46 (19. Jh). 102 (19. Jh). Ag: AMS 1, 398/423.

[5] Hss: BrM 960. 54°. 964 (Add 17267. fol 50/75. 13. Jh) 2°. Agg: AMS 1, 173/201 und (mit Übs):
J Corluy, AB 5, 9/52.   [6] Hs: Pr 276 (Anc fonds 164. J 1652/3) 7°. Agg: J-B Chabot, La
légende de Mar Bassus, martyr persan, suivie de l'histoire de la fondation de son couvent à
Apamée. Texte syr. trad. et annot. (Pr 1893). AMS 4, 471/99.

[7] EbŠ zum J 310 H. ʿAî § 177. BO 3r. 258/60. LTh 72,6 mit sicher viel zu später Angabe des Todesjahres auf 1020. Wright 230. KdP 257. Duval² 393.   [8] Nach ʿAî.

ihm noch als Diakon verfaßtes Korpus theologischer Lehrdichtung von künstlichem Aufbaue und einem Umfange von 40000 gereimten Versen des siebensilbigen Metrums.[1]) Inhaltlich von kurzer Sentenz bis zu ausführlicher gelehrter Darstellung fortschreitend, zerfällt dasselbe in drei Teile, von welchen jeder der beiden ersten drei, der letzte vier Mēmrē umfaßt, wobei in den einzelnen Mēmrē der Reihe nach die Zahl in ihnen enthaltener Zenturien von Strophen von 10 bis 1 sinkt und umgekehrt der Umfang der einzelnen Strophe von 1 bis zu 10 Vierzeilern steigt. Ein Epilog von 5 Strophen des größten Umfanges bildet den Schluß des Ganzen. Eine Erklärung schwieriger Worte im „Paradiese" des 'Ěnániśô' und ein Bericht über ein Religionsgespräch zwischen einem Nestorianer und einem Jakobiten, die vielleicht durchweg in der hslichen Überlieferung sich an Teil I anschließen, dürften mit dem Dichter ebensowenig zu tun haben als 5 ihnen hier unmittelbar vorangehende apokryphe Psalmen.[2])

b) Ein Emmanuel aš-Šahhār,[3]) der 963 an der Erhebung des K 'Ab(h)diśô' I. beteiligt war und dessen arabischer Beiname als Wiedergabe eines syrischen „b Sahhārē" zu fassen wäre, pflegt einem E. gleichgesetzt zu werden, den die Hss seines Hauptwerkes als Exegeten an der Schule des „Oberen Klosters" bezeichnen. Jenes Werk ist eine Dichtung in 28 Mēmrē teils des sieben-, teils des zwölfsilbigen Metrums, die unter dem Titel eines „Bes des Sechstagewerkes" nach einer Einleitung über Jo 1. 1 (M. 1) eine Behandlung des biblischen Schöpfungsberichtes (MM. 2 12) einschließlich des Sündenfalles (MM. 13 f.) und der Sabbatruhe Gottes (MM. 15 f.) durch eine solche der gesamten Heilsökonomie (MM. 17/25) bis zu den letzten Dingen (MM. 26 8) ergänzt.[4]) Hslich wird es gelegentlich als „vierter Band" wohl der Gesamtausgabe eines mithin noch erheblich umfangreicheren poetischen Nachlasses des Dichters eingeführt,[5]) dessen Namen in der Tat auch ein Mēmrā des siebensilbigen Metrums über die Taufe,[6]) eine Tešbôḥtā [7]) und ein in Hûd(h)-rāhss [8]) auftretender Marienhymnus an der Stirne tragen, während an Prosaischem für ihn noch „Lehren" ungewiß welches literarischen Charakters und Kommentare bezeugt werden.[9]) Als Bruder E.s ist man gewohnt trotz der phonetischen bzw. orthographischen Schwierigkeit einen 'Ab(h)dîśô' b Ša''ārah [10]) zu betrachten, der als Mönch in dem gleichfalls in der Nähe von Mosul gelegenen Kloster eines angeblichen Eugeniosschülers Michael lebte und denselben in einer poetischen Bearbeitung seiner Legende verherrlichte.[11]) Doch scheint diese, der Gattung der

---

[1]) Hss: Mos 74. 111° (J 1520/1). 75. JerPatr 8 (J 1554). N-Dsém 152 (16. Jh). Séert 120 (J 1605). Dijarb 101 (J 1698). BrMOr 4077 (17. Jh). 4419 (J 1882). CmbrAdd 1995 (Ende des 17. Jhs). VtS 183 (J 1703). Brl 60 (Sach 132. J 1880). Orfol 3120. Urm 222 (J 1894), von Azz: N-Dsém 138 (J 1478,9) 12°. Séert 109 (J 1609) 20°. Bss: BO 3 ı a. a. O. KatSachau 205/10. Wright-Cook 405/23. Agg von Textproben: BO 3 ı, 260. Wenig 162 f. LTh a. a. O. KatSachau 205/7. KdP 258/66. 336/46. [2]) Vg. § 4 f.

[3]) MbS 101 (89). 'Aî § 187 mit der Bezeichnung: „E. der Lehrer". BO 3 ı, 277 bzw. 200. LTh 68/71 mit Verlegung des Todes ins J 980. Wright 231/2. KdP 168. Duval³ 283. 393.

[4]) Hss anscheinend sämtlich ohne Mēmrā 2: JerPatr 34 (J 1288). Urm 33 (13/4. Jh). Séert 119 (J 1437). Brl 62 (Sach 310/9. 16/7. Jh). 61 (Sach 170/69. J 1882). BrMOr 1300 (J 1685). CmbrAdd 1994 (J 1701). VtS 182 (J 1706). N-Dsém 35 (J 1875). Mos 73 (J 1891/2), ohne Mēmrē 1/3: BrMOr 4072 (17. Jh). Vg. F Nau, ROC 19, 101/3 (über die Londoner Hs). Bss: KatSachau 212/5. Wright-Cook 392/400. Agg von Textproben: LTh a. a. O. KdP 168/80.

[5]) So in JerPatr 34. BrMOr 1300. 4072. [6]) Hss: CmbrAdd 1994. VtS 182. N-Dsém 35. Brl 61 hinter dem Hauptwerke. [7]) Hs: Séert 48 (17. Jh). [8]) Z. B. CmbrAdd 1981 (J 1607) 6°. Vg. KatWright-Cook 109. [9]) Durch 'Aî.

[10]) BO 3 ı, 540. LTh 136/8 sogar mit einer genauen Datierung des Todes ins J 971. Duval³ 393. [11]) Hss (des Wardā-Bes. Vg. § 49 e): VtS 184. X°. Brl 63. 136°. 64.

‘Onit(h)ā zugerechnet, eher erst der letzten Blütezeit nestorianischer Kirchendichtung (im 13./4. Jh) zu entstammen, während die Entstehungszeit der Dichtung über das „Sechstagewerk“ in der Tat kaum derjenigen der Zenturien des Elijā v Anbar allzuferne gelegen haben dürfte.

c) **Giwargîs**, M von **Arbela**[1]) und Mosul d. h. der assyrischen Kirchenprovinz, war zu dieser Würde durch den K Emmanuel (ord. 13. 2. 938, † 8. 4. 960) erhoben worden und trat nach dessen Tode und später noch zweimal bei den Wahlen der JJ 963 und 987 als Bewerber um die höchste kirchliche Würde auf. Unter den maßgeblichen Kanonisten seiner Kirche hat er sich einen Platz durch ein Kompendium des Erbrechts gesichert.[2]) Auf dem Gebiete der Liturgie ist er als Redaktor des Tagesoffiziums für das Verklärungsfest des 6. 8.[3]) und als Verfasser einzelner Gebete schöpferisch tätig gewesen, die neben denjenigen des Paulos v Anbar und Šalliṭā v Riš‘ainā im festtäglichen Morgenoffizium fortleben.[4]) Dafür daß er sich in gelehrter Arbeit mit demselben beschäftigt habe, bieten, da er als Autor nur von einer späten maronitischen Hand bezeichnet wird, Beantwortungen von „Fragen über den Dienst des Altares“.[5]) sowie von solchen über Taufe und Osterkommunion keinen sicheren Beleg.[6]) Nur in unzuverlässiger Verbindung erscheint sein Name auch mit einer meist vielmehr anonym überlieferten großen „Erklärung der kirchlichen Dienste“, die trotz des beherrschenden Vorwaltens symbolischer Ausdeutung eine unschätzbare Quelle zur Kenntnis der geschichtlichen Entwicklung des nestorianischen Ritus ist.[7]) Lange unbedenklich angenommen, wird deshalb seine Autorschaft an diesem erstklassigen Werke neuerdings nachdrücklich in Zweifel gezogen.[8])

d) K **‘Ab(h)dišō‘ I. b Aqrē**,[9]) ord. 22. 4. 963, † 2. 6. 986, der aus Kark(h)ā d(h)ē Geddān in Bēt(h) Garmai stammte, im „Oberen Kloster“ bei Mosul erzogen und unter K Emmanuel B von Mě‘altāiā geworden war, erscheint als Verfasser von Tūrgāmē, unter denen wohl nicht schon Dichtungen dieses Namens, sondern noch prosaische Predigten zu verstehen sind, sowie anscheinend einer Sammlung von Festtraktaten nach Art der früher aus dem Kreise der Schule von Nisibis hervorgegangenen.[10]) Zwei auf ihn zurückgeführte Gebetstexte stehen neben denjenigen des Giwargis v Arbela, Paulos und Šalliṭā.[11]) Von ihm zu unterscheiden ist ein gleichnamiger fruchtbarer Schriftsteller, in dem vielleicht ein Mönch ‘Ab(h)dišō‘ erkannt werden darf, der 938 in einem Josephskloster bei Bālad(h) lebte.[12])

CmbrAdd 1982. 34°f. Séert 55 (17. Jb). Mard 41. 42. Bs: KatSachau 238. Ag einer Textprobe: LTh a. a. O.

[1]) MbŠ 99. 101. 106f. (88f. 94). ‘Am 92,4 (53/5). ‘Ai § 192. BO 3ı, 200. 518,40. Wright 230/1. KdP 40f. Duval³ 393. [2]) Hss: N-Dsēm 90 (Vor 14. Jb) 13°. Séert 112 (14. Jb) XIX°. VtB 81 (K VI 3) 11°. Mard 50, kanonistischer Azz von ihm: CmbrAdd 2022 (17. Jh) 4°. Ag (doch kaum des ganzen): Gismondi² 73f. [3]) Nach einer Notiz der Gazzā-Hs CmbrAdd 1980. Fol 408 r°: KatWright-Cook 161.

[4]) Hss: CmbrAdd 1978 und andere des Abū Ḥalim-Bes (§ 46 e). Agg der meisten: BrCh 1, 200. 2, 118. 335f. 341. 3, 508f. Ag des K d(b)aqdam wad(b)bāt(h)ar 355f. 399f. 402, eines einzelnen Gismondi² 72f. [5]) Hs: VtS 150 (J 1708,9) 1°. Die Autorangabe am Rande. [6]) Hs: VtS 150. II°. III°.

[7]) Hss: VtS 148 (J 1267). 149 (J 1561/2). 153 (J 1707). VtB 84 (K VI 7. 19. Jb). Zu Alqôš (J 1317). Séert 57 (16. Jh). Mos 58 (J 1628/9). 59 (J 1695/6). 60 (J 1893). N-Dsēm 79 (J 1887), wahrscheinlich auch: Urm 20 (13/4. Jh), von Azz: N-Dsēm 82 (J 1894) 5°. Bs: BO 3ı, 519/40. Ag: R H Connolly, CSCO Ser. II. 91,2 (Anonymi auctoris exp. offic. eccl. Georgio Arbelensi vulgo adscripta. Pr-Lpz 1911/8), von Azz: KdP 41/5. 187/95. 374,88. [8]) Durch den Herausgeber.

[9]) MbŠ 99/101 (88/92). ‘Am 93f. (54). B‘EKg 2. 251/6. ‘Ai § 134. BO 3ı, 199/201.

[10]) ‘Ai. [11]) Hss wie bei Giwargis. Ag: BrCh 2, 187. 341. [12]) ‘Am 89 (52). Ai § 124. BO 3ı, 191 f.

Eine asketische Paränese, Grabreden, Homilien, eine Sentenzensammlung, Rätsel und allegorische „Reden“ oder „Gleichnisse“ d. h. vielleicht eine Sammlung von Fabeln werden für diesen alsdann älteren Autor bezeugt.[1]

e Von weiteren nestorianischen Kirchenfürsten des späteren 10. Jhs ist ein B Elija v Kaškar,[2] der 987 starb unmittelbar bevor er zum K erhoben werden sollte, Verfasser eines Kommentars zu den Reden des Gregorios v Nazianz[3] und möglicherweise mit einem E. b Kanūs[3] identisch gewesen, für den Segensgebete, Mēmrē und je eine Schrift „über den Nutzen der Psalmen“ und „über die kirchlichen Mysterien“ bezeugt werden.[4] Ein M Abraham v Bāsrā,[5] der zu dieser Würde durch den K Mār(j) II. (ord. 10. 4. 987. † 28. 12. 1000 oder 999) gelangte, nachdem er zuvor B v Šahrazūr gewesen war, wird als Verfasser von Briefen und einer Erklärung ausgewählter Stellen des Theodoros v Mopsuestia genannt. Einen Gabriel, B des persischen Šabbūk(h)ōšt,[6] der nicht ohne jedes Bedenken hierher gezogen werden kann,[7] werden „Fragen“, „Lehren“, „Disputationen“, Homilien und Leichenreden beigelegt.

f) Jōhannān b Kaldūn,[8] den jüngste Legendenfassung unter die sagenhaften Eugeniosschüler versetzt,[9] wird als tatsächlicher Schüler eines Rabban Mōšē v Bēt(h) Sajjād(h)ē bezeichnet, der seinerseits neben einem Rabban Šūb(h)hālīšō‘ und einem Rabban Jaldā als Urheber einer von Wandermönchen und Einsiedlern zu benützenden Fassung des kirchlichen Tagzeitengebetes bezeugt ist.[10] Andererseits erweist er sich selbst als solchen eines im J 979 als Mönch im Kloster Rabban Hōrmīzd verstorbenen Jāusep(h) Būsnājā, dem er eine Anekdoten auch über andere Mönche jenes Klosters enthaltende und mit einem Traktat über Mystik schließende umfangreiche Lebensbeschreibung in Prosa gewidmet hat.[11] Außer dieser begegnet in hslicher Überlieferung unter seinem Namen nur eine Sammlung von 33 Sprüchen im zwölfsilbigen Metrum.[12] Demgegenüber erscheint ein als „sein“ B schlechthin eingeführtes unter den Literaturdenkmälern, welche von den Jesuiten im Besitze der indischen „Thomaschristen“ vorgefunden und 1599 teils vernichtet, teils von häretischen Anschauungen purgiert wurden.[13] Man wird darin eines von anscheinend zwei für ihn bezeugten Werken wohl gleichmäßig asketischen Inhaltes zu erkennen haben, einem „großen B der Untersuchung“ und demjenigen „der Schönheit der Schönheiten und des Handels des Mönchtums“.[14]

---

[1] Durch ‘Aî.

[2] MbS 106 (94). ‘Am 94 (55). BO 3ı, 262 Ak. 1.   [3] MbS 20 (17).   [4] ‘Aî. BO 3ı, 262. Die Identität vertritt JSAssemani a. a. O.   [5] ‘Am 94 (55). ‘Aî § 106. BO 3ı, 175.

[6] ‘Aî § 188. BO 3ı, 277.   [7] Nämlich nur falls JSAssemani mit Recht in ihm einen gleichnamigen Men der Persis wiedererkennt, der nach MbS 101 (89). B‘EKg 3, 250 an der Wahl ‘Ab(h)dišō‘s I. beteiligt war.

[8] Notiz der Hūd(h)rā-Hs Vt 83 Fol 437 (Kat 2, 464). ‘Aî § 182. Thomas a Jesu, Thesaurus sapientiae divinae in gentium omnium salute procuranda (Antwerpen 1613. ²1652. Köln 1684; 354. BO 3ı, 265 f. LTh 78/80. Duval³ 212.   [9] Vg. die Eugeniosbiographie in Brl 75 (Sach 222. J 1881): AMS 3, 472 f. bzw. Labourt 310 Ak. 4.

[10] In der Hs N-Dsēm 71 (J 1816 7). Vg. AScher, JA¹⁰ 7, 505 Ak. 1. Weitere Hss desselben Typs: Séert 46 (J 1504). 43 (J 1601). JerPatr 21 (J 1593). 32 (J 1604 5). 36 (Vor J 1682 3. Mard 31 (J 1728).   [11] Hss: N-Dsēm 95. Übs: J-BChabot, ROC 2, 347/405. 3, 70 121. 168 90. 292 327. 458/80. 4, 380 415. 5, 118/43. 182/200.

[12] Hs: VtS 90 (J 1570,1) 11°. Ag einiger: LTh a. a. O.   [13] Synodo diocesano da igreja e bispado de Angamale fol 12 v° bei AGouvea, Jornada do Arcebispo de Goa (Coimbra 1606) bzw. Thomas a Jesu a. a. O.

[14] ‘Aî. Über die Unmöglichkeit einer Identifizierung mit dem weit jüngeren Dichter J. v Mosul § 49 b.

g) **'Ab(h)dmĕšiḥā v Hîrtā**[1]) ist der Verfasser eines Bes von Ermahnungen an Mönche, dessen reiche Erudition rühmende Hervorhebung erfährt,[2]) näherhin einer Sammlung von 55 asketischen Abhandlungen und Briefen,[3]) in denen er u. a. den K 'Ab(h)dišô' I., eine Biographie des Môšē v Bêth Ṣajjâd(h)ē und diejenige des Jàusep(h) Bûsnâjā von Jôḥannân b Kaldûn zitiert.[4]) Ist es mithin nicht angängig, ihn einem für die Zeit Mâr(j) Ab(h)âs I.[5]) bezeugten 'A. v Hîrtā gleichzusetzen,[6]) so widerrät mit ihm erheblich über die Zeit jener Autoritäten herabzugehen schon die noch durchweg griechische und persische Nomenklatur der Adressaten seiner Briefe.[7]) In Frage kommen könnte unter diesen Umständen allenfalls seine Identität mit einem gleichnamigen B von Hîrtā, der durch den K Emmanuel gegen Ende seines Lebens zum Men von Bâṣrā ordiniert wurde,[8]) obgleich es unter Voraussetzung derselben immerhin befremden müßte, ihn in der hslichen Überlieferung seines mindestens teilweise nach dem Tode Emmanuels erwachsenen Nachlasses nicht als Titular dieses späteren Sitzes bezeichnet zu sehen.

h) **Ahrôn b . . r . . . dā**[9]) verfaßte noch vor der Jahrtausendwende ein die byzantinische Kaisergeschichte berücksichtigendes Geschichtswerk, das[10]) für ein Ereignis des Js 886/7[11]) zitiert wird, kann also nur gegen Ende des 9. oder, was wohl wahrscheinlicher ist, im 10. Jh geschrieben haben. Auch die Annahme seiner Zugehörigkeit zur nestorianischen Kirche wird durch das Auftauchen jenes einzigen Zitats gerade in nestorianischer Literatur mindestens nahegelegt.

i) Die nestorianische **Lexikographie** des ersten Jahrtausends ist in den beiden großen Werken der Ärzte **Îšô' b 'Alî** († 28. 3. 1001)[12]) und **Abû-l-Hasan b Bahlûl**[13]) zum Abschluß gekommen.[14]) Von ihnen hat der letztere, aus Awâna in der Diözese Ṭirhân stammend, im J 963 zuerst die Wahl 'Ab(h)dišô's zum K in Vorschlag gebracht.[15]) Der erstere, der besonders als Augenarzt berühmt und literarisch als solcher in arabischer Sprache tätig war, kann nicht, wie von zwei Überlieferungsvarianten die eine[16]) behauptet, noch ein Schüler des Ḥunain ibn Isḥâq, sondern erst, wie die andere[17]) angibt, ein solcher des Jaḥjâ ibn 'Adî gewesen sein, und entsprechend wurden zu Unrecht[18]) in den Brüdern 'Alî und Dâ'ûd, Söhnen eines 'Îsâ, die zwischen den J.J 834/5 und 848/9 der K Sab(h)rišô' II. mit der Leitung einer von ihm beim Pet(h)jôn-Kloster in Bagdad neubegründete Schule betraute,[19]) sein Vater und Oheim erblickt. Von den beiden Wörterbüchern ist dasjenige des B 'Alî einem Diakon Abraham gewidmet und hat durch diesen schon unmittelbar nach dem Tode des Verfassers gewisse Zusätze erfahren.[20])

---

[1]) 'Ai § 132. BO 3ı, 198. AScher, ROC 11, 27. Duval³ 232 mit vermutungsweiser Datierung erst nach dem 10. Jh.   [2]) Durch 'Ai.

[3]) Hss: Dijarb 162 (J 1501). VtS 185 (J 1703) I°. Séert 75 (J 1753/4). N-Dsém 123 (J 1887), zweier vereinzelter Briefe: Séert 112 (15. Jh) XI°, eines solchen an einen Bôk(h)tišô': VtS 150 (J 1708,9) XII°.   [4]) AScher, JA¹⁰ 8, 70. 10, 405.

[5]) Durch MbS 5. 26 (4. 22).   [6]) Wie JSAssemani a. a. O. tut.   [7]) Vg AScher, JA¹⁰ 8, 70.   [8]) MbS 97 (86).   [9]) Der Vatername ist hslich nicht vollständig erhalten.

[10]) Durch EbŠ.   [11]) Das Ende des Kaisers Basileios I. und die Thronbesteigung Leons VI.

[12]) 'Ai § 176. Uṣ 1, 203. Q 244f. (mit Angabe des Todesdatums). BO 3ı, 257. Wüstenfeld, Gesch. d. Arab. Ärzte 39. Wright 215f. Duval³ 297f.   [13]) MbS 101 (89). B'EKg 3, 251. 'Ai § 176. Uṣ 1, 100. BO 3ı, 257, wo fälschlich auch für ihn der Taufname Îšô' unterstellt wird. Wright 228. Duval³ 298f. Ders., Prooem. X/XII.

[14]) Vg WGesenius, De Bar Alio et Bar Bahlulo commentatio (Lpz 1834).   [15]) Nach MbS bzw. B'EKg.   [16]) Vertreten durch Uṣ und eine Notiz in der Hs VtS 227: Kat. Assemani 3, 504.   [17]) Vertreten durch Q.   [18]) Durch JSAssemani und WWright.   [19]) Nach MbS 77 (68).

[20]) Hss einer westsyrischen Redaktion: Ox 185 (Marsh 172. J 1482). 186 (Marsh 271. J 1488). 181 (Poc 167. 15. Jh). Pr 252 (Anc fonds 167. Ums J 1556/7). 253 (Suppl 1. 17. Jh). VtS 194 (ums J 1600 nach Vorlage von 1245/6) VII°. BrMOr 2315 (17/8. Jh). Brl 229 (Sach 194. 19. Jh), 254 (Suppl. 10.

Von vornherein auch auf die Erklärung griechischer Fremdworte eingestellt und um sachliche Gelehrsamkeit philosophischer, naturwissenschaftlicher und theologischer Natur bereichert war das durch genaue Quellenzitate besonders wertvolle Werk B Bahlûls, mit welchem späterhin das andere vielfach verschmolzen erscheint.[1] Auch ein erheblicher Einschlag westsyrischer Gelehrtentradition machte sich naturgemäß in der verwickelten Textgeschichte dieser Kodifikation ostsyrischer Lexikographie geltend, seit dieselbe begierig auch von jakobitischen und maronitischen Kreisen übernommen wurde.[2] Einen grundsätzlich die Fremdwörtererklärung ausscheidenden Az aus B Bahlûl hat noch ums J 1724 der Map(h)rĕjân Šem'ôn aṭ-Ṭûrânî veranstaltet.[3]

II. Die jakobitische Literatur bis zur Jahrtausendwende.

Ungleich stärker als die nestorianische hat die jakobitische Literatur auch seit den über das Schicksal Vorderasiens entscheidenden Siegen der mohammedanisch-arabischen Waffen unter dem Einfluß des Griechentums gestanden. Eine noch immer fortschreitende Übernahme griechisch-christlichen literarischen Gutes läßt in ihr syrisches Schrifttum wesenhaft als ein christlich-hellenistisches in aramäischem Sprachkleide erscheinen. Mit dem daraus sich ergebenden Mangel an wurzelhaft völkischer Verankerung des literarischen Lebens in der ererbten Sprache der Väter hängt es wohl zusammen, das dieses Leben im Schoße der jakobitischen Kirche doch merklich rascher als in demjenigen der nestorianischen zugunsten eines schriftstellerischen Gebrauches des Arabischen zurücktrat. Nur hier ist so gegen Ende des ersten Jahrtausends geradezu ein erstmaliges Absterben der lite-

17. Jh). einer ostsyrischen in doppelter Gestalt: Ox 183 (Hunt 163. J 1363/4) bzw. Gotha 1091 a (J 1576/7), einer gekürzten: Leyden 102 (von der Hand JScaligers). Brl 227 D E (Orfol 545 von der Hand GHBernsteins). CmbrAdd 3174 (19. Jh), nur bis Buchstabe Nûn reichend: Leyden 219 (J 1554), ungewiß, welcher: Pr 299 I⁰ (J 1499). Šarfah 24, eines Bruchstückes: CmbrAdd 2057 (16/7. Jh) 3⁰. Agg bis Buchstabe Mîm: G Hoffmann, Syr.-arab. Glossen (Kiel 1874), des Restes: R Gottheil, The syr.-arab. glosses of J. b. 'A. Part II ed. from the mss in Oxford, London, Paris, Leyden and Rome (R 1901). Vg. R Gottheil, PAOS 1888/9. CLXXXV/CXCIII.

[1] Hss jakobitischer Überlieferung, sämtlich Abs einer solchen in Qôzḥàjà im Libanon: Ox 187 (Hunt 157. J 1654. Davon Abs: Brl 227 A. Orfol 543). Zwei aus dem Besitze ASocins in die Bibliothek der DMG gelangte (J 1796 bzw. 1214). Pr 318 (J 1886), maronitischer: Ox 188 (Marsh 198. J 1597. Davon Abs: Brl 227 B. Orfol 543), CmbrMm 418 (J 1601), PalMedOr 327/8 (J 1635. Davon Abs: Brl 227 C. Orfol 544), nestorianischer: Brl 101 (Sach 212/3. 17/8. Jh). VtB 165/8, eines Mischtypus mit der Vorrede B'A.s: Ox 182 (Hunt 25. J 1529/30). Pr 255 (Anc fonds 168. J 1668). Brl 100 (Sach 324. J 1731/2). 231 (Sach 325. J 1885). Der Universitätsbibliothek Leipzig (aus dem Besitze Socins, J 1881), mit derjenigen BBs: Brl 228 (Sach 305. J 1839). 230 (Sach 171. J 1883). BrMOr 2441 (J 1878). 4098 (J 1883). 4406 (J 1885/6). 4097 (J 1886), ungewiß welcher Gestalt: Dijarb 108 (J 1606). VtB 48 (J 1616). JerMkl 28* (17. Jh mit Ergänzungen vom J 1892). 29* (J 1789/90). Mos 108 (J 1812). Urm 227 (J 1845/6). 208 (19. Jh). Mard 70,1 (J 1889). N-Dsém 141, von Bruchstücken: CmbrAdd 2070, eines anonymen, besonders auch griechische Fremdworte erklärenden Lexikons: VtS 418 (J 1469/70). Ag: R Duval, Lexicon Syr. anctore Hassan Bar Bahlul (Pr 1886/1903). Vg. A Rahlfs, Götting. Gel. Anzeigen 1893. 960/1010. R Duval, JA⁰ 8, 142/56. H Hyvernat, The catholic Univ. Bull. 8, 483/93.

[2] Daher auch Zitate B'Eb(h)râjâs in BB-Hss. [3] Hs: BrMOr 4097 (J 1886).

rarischen Produktion in syrischer Sprache zu beobachten, dem gegenüber nach der Jahrtausendwende ein völliges Wiederanknüpfen abgerissen gewesener Fäden festzustellen ist. Nur hier zeigt auch schon die Literatur des ersten Jahrtausends Spuren eines Abhängigwerdens von arabischem Schrifttum, wie es dann einen der bezeichnendsten Züge für das neuerstarkte literarische Leben des zweiten ausmachen sollte. Endlich machte die eigene allmähliche literarische Verarmung jakobitische Kreise naturgemäß in steigendem Grade für nestorianischen Einfluß aufnahmefähig, und es bildete sich so eine Lage der Dinge, in welcher die konfessionellen Schranken für die literarische Entwicklung vieles von der Bedeutung verlieren mußten, die ihnen seit den dogmatischen Kämpfen des 5. und 6. Jhs selbst hier geeignet hatte.

§ 39. Auf jakobitischer Seite steht an P Jôḥannàn I. auf der Schwelle des islamischen Zeitalters gleichfalls eine, dem Nestorianer Îšô‘jahb(h) III. allerdings nicht ebenbürtige, Erscheinung von speziell liturgiegeschichtlicher Bedeutung. Auch der Literaturgeschichte gehört ferner der Name des Mârût(h)ā v Tag(h)rît(h) an, mit dem der wenige JJ vor der mohammedanischen Eroberung erfolgte endgültige Ausbau der Hierarchie in dem bisher persischen östlichen Missionsgebiete der jakobitischen Kirche verknüpft ist. Überhaupt beginnt nunmehr entsprechend einer allgemeinen Stärkung, welche die jakobitischen Positionen dort in der letzten Zeit der Sassanidenherrschaft erfahren hatten, jenes Gebiet literarisch stärker hervorzutreten. Zeugen dessen sind nicht nur auf dem Felde grammatischer Studien ein Sab(h)rôj und seine Söhne. Persischer Abkunft war nach Ausweis seines Beinamens selbst Severus Sēb(h)ôk(h)t, mit dem eine neue den Höhepunkt kultureller Hellenisierung auch des jakobitischen Syrertums bezeichnende Blüte griechischer Studien anhebt. In nicht geringer Zahl scheinen auch die Ereignisse einer von unerhörten Erschütterungen erfüllten Zeit schlichte klösterliche Chronisten an die Arbeit gerufen zu haben, von denen an einem Pr Thomas wenigstens einer nicht nur durch sein bescheidenes Werk, sondern auch mit seinem Namen bekannt wird, während der Name eines Prs Šem‘ôn mit einem Echo verknüpft ist, welches der monotheletische Streit auch im jakobitischen Lager fand.

a) P Jôḥannàn I.,[1]) ord. 630,1. † 14. 12. 648, war aus dem Euseb(h)ônā-Kloster hervorgegangen, das zeitweilig eine der hauptsächlichsten Blütestätten klösterlicher Kultur im römischen Syrien gewesen zu sein scheint. Außer einem Schreiben an Mârût(h)ā v Tag(h)rit(h)[2]) haben sich von ihm zunächst zwei dogmatische Katenen erhalten, von welchen die umfangreichere in die Form eines Hirtenschreibens an die gesamte jakobitische Kirche gekleidet, die kürzere für einen „Diakon und Chorepiskopos" Theodoros zu dessen persönlichem Gebrauche zusammengestellt ist.[3]) Auch bei einer Predigt über die Myronweihe, als deren

---

[1]) Ps-D. z. J 961. ChrS 2, 314. M 414. 428 (2, 419. 443). B'EKg 1, 275 f. 279 f. Notiz in BrM 850 (Or 101. J 1364): KatWright 900. BO 2, 335. Wright 139. Duval³ 371.

[2]) Mitgeteilt von M 423 f. (2, 433/5).

[3]) „Πληροφορία des orthodoxen und apostolischen Glaubens" bzw. „Π. oder Beweis des

Verfasser ein „P J. von Antiochcia“ bezeichnet wird,[1] dürfte als solchen an ihn zu denken sein. Die Redaktion des liturgischen Formulares der Myronweihe selbst und eines solchen der Wasserweihe in der Epiphanienacht wird ihm durch nestorianische Überlieferung beigelegt.[2] Vor allem aber wird er durch den ständigen Beinamen „des (Verfassers) der Sed(h)rē“ in engste Beziehung zu der Entwicklung einer bestimmten Gattung liturgischer Texte gesetzt, die im jakobitischen und maronitischen Ritus eine Hauptmasse des vom zelebrierenden B oder Priester zu rezitierenden Gebetswortes ausmachen.[3] Meist nehmen dieselben die Stelle eines früheren litaneiartigen allgemeinen Fürbittengebetes ein, an dessen Struktur noch der speziell an dem Hauptteil des Ganzen haftende Name des Sed(h)rä („Reihe“) erinnert, während der stark formelhaft gebundene Einleitungsteil des Prūmjōn („Prooimion“) in etwa an die Präfationen abendländischer Meßliturgie gemahnt und der abschließende ʿEṭrā („Inzens“) einen regelmäßig mit dem Vortrag der Stücke verknüpften Räucherungsakt zu begleiten bestimmt ist. Auf J. selbst werden neben einzelnen Formularen solcher Art[4] an Liturgischem in hslicher Überlieferung ferner zwischen die Psalmodie des kirchlichen Tagzeitengebets einzuschiebende Gebete[5] und eine Anaphora zurückgeführt.[6] An Gesangstücken des jakobitischen Gottesdienstes dürften wohl gleichzeitig mit den Sed(h)rē die im Gegensatze zu den jüngeren Übss griechischer Kanones des 8. Jhs als die „alten“ oder die „syrischen“ bezeichneten ʿEnjānē („Responsorien“) sich entwickelt haben:[7] ursprünglich wohl durchweg durch einen Refrain verknüpfte Strophenreihen, die in Verbindung mit bestimmten Psalmen und biblischen Kantika vorgetragen werden und gleichfalls eine

wahren Glaubens“. Hss: BrM 778(Add 14629. fol 1/24. 8,9. Jh) 2° bzw. 857(Add 12155, wahrscheinl. J 746/7)IX°.16. Verzeichnis der in der ersteren angeführten Autoritäten KatWright 755.

[1]) Hss: BrM 825(Add 12165. J 1015)77°. 846(Add 17267. fol 23/33. 13. Jh)2°.

[2]) ChrS. — Hss des jakobitischen Rituals der Myronweihe: Pr 112(Suppl 38. J 1238/9)19°. 113(Suppl 29. Vor J 1578/9)9°. VtS 173(14. Jh)11° und das Rituale Michaëls d. Gr. (§ 48b): VtS 51. 1° bzw. 304. 1°, solche des Wasserweiherituals, bei welchen im Gegensatze zu einer auf Jaʿqōb(h) v Edessa zurückgeführten (§ 40e) an die Rezension des Pen J. gedacht werden könnte: BrM 298(Add 17667. fol 13/6. 9/10. Jh)1°. 285(Add 14518. 10. Jh)4°. 286(Add 14493. 10. Jh)3°. 288 (Add 14525. fol 56/75. 10. Jh) 5°. 291 (Add 14425. fol 29/38. 10/1. Jh) 1°f. 302 (Add 17230. fol 20 46. J 1337)1°. Pr 163(Anc fonds 88. 18. Jh)1°. Ag des Wasserweibeformulars nach BrM 291: J Marquess of Bute, The Blessing of the Waters on the Eve of the Epiphany (Lo 1901) 65/78.

[3]) A Baumstark, D. Messe im Morgenland (Kempten-München 1906) 11f. 84. Ders., Katholik 1902. 11 414/6 bzw. Festbrevier u. Kirchenjahr d. syr. Jakobiten 85/91. Ältere Hss von Sammlungen einschlägiger jakobitischer Texte: BrM 285(Add 14518. 9/10. Jh)5°. 286(Add 14493. 10. Jh)2°. 3°. 290(Add 17128)5°. 291(Add 14495)2°. 293(Add 14499)6°. 8°. 299(Add 14428. fol 13/6)2° (sämtlich 10/1. Jh). 295(Add 14428. J 1133)2°. Pr 70(Anc fonds 32. J 1059)6°. Über die zahlreichen Exemplare hierhergehöriger liturgischer BB seit Ausgang des 12. Jhs: Festbrevier u. Kirchenjahr 88/90. Ein Verzeichnis von Iuitien einschlägiger Texte: KatSachau 88/90 nach der Hs Brl 24 (Sachau 351. 16. Jh?).

[4]) Hss: BrM 451(Add 17210. fol 44/6. 8,9. Jh)10°. 284. 4°d. 285. 5°. 287(Add 14496. 10. Jh) fol 87 r°. 89 r°. 290. 5°. 291. 2°. 293. 8°. 299. 2°. Pr 75(Anc fonds 36. J 1523/4)20°. 23°.   [5]) Hss: BrM 285. 7°. 293. 6°. 502(Add 14517. 10/1. Jh)1°t ε'.   [6]) Hss: Brl 151 (Sach 185. J 1279 80)7°. VtB 159.

[7]) Festbrevier u. Kirchenjahr 72f. Hss von Sammlungen ausschließlich solcher Texte: BrM 314(Add 14667. fol 70f. 10. Jh?). 313(Add 12145. Vor J 1033/4). Pr 154(Anc fonds 74. J 1000/1). Ox 47 (Dawk 22), vielleicht auch Brl 23(Sach 303. 172. 16. Jh?). Über solche aus „syrischen ʿEnjānē“ und „griechischen Kanones“ gemischter Sammlungen unten § 42f. Textprobe (abgesehen von den hier wie für die Sed(h)rē massenhaft in den praktischen liturgischen Drucken des unierten „syrisch-antiochenischen“ und des maronitischen Ritus vorliegenden Beispielen): KatSachau 46/50 nach der Hs Brl 16(Sach 349. 10/1. Jh?).

Entsprechung auch im maronitischen Ritus haben. Selbstverständlich sind allerdings neue Exemplare des Gesangs- wie des Gebetstypus gewiß in nicht geringer Zahl auch erst in weit späterer Zeit entstanden. Aber die Ausbildung des Typus selbst wird in beiden Fällen tatsächlich wohl schon gegen die Mitte des 7. Jhs erfolgt sein.

b) M **Mârût(h)ā v Tag(h)rit(h)**,[1] ord. 628 9, † 2. 5. 649, steht an der Spitze der zusammenhängenden Reihe von Inhabern jenes Sitzes, die als höchste kirchliche Würdenträger des Ostens unter dem Titel der Map(h)rējānē („Fruchttragenden") innerhalb der jakobitischen Gesamthierarchie der Folgezeit eine derjenigen des Pen beinahe ebenbürtige Stellung einnahmen. Auf persischem Boden selbst in Surzaq bei Bâlâd(h) geboren, hatte er in einem Samuelskloster und an anderen monophysitischen Schulen des Sassanidenreiches sich mit den Wissenschaften beschäftigt, während eines langen Studienaufenthaltes im römischen Gebiete 10 JJ im Kloster des Mâr(j) Zâkhē bei Kallinikos und 3 JJ in demjenigen von Bêt(h) Regûm zugebracht und sich, 605 nach der Heimat zurückgekehrt, im Kloster Mâr(j) Mattai niedergelassen, wo er zunächst als theologischer Lehrer wirkte, bis P Athanassos I. ihn als Titular des Stuhles von Tag(h)rit(h) an die Spitze einer 12 Suffraganbistümmer umfassenden Organisation berief. Nächst einem an P Jôḥannân I. gerichteten, naturgemäß stark parteiischen Schreiben über die Tätigkeit Barṣaumās zur Nestorianisierung der persischen Christenheit[2] darf wohl eine Predigt zur Wasserweihe der Epiphanienacht,[3] sowie ein vereinzelter Sed(h)rā[4] zu einem für ihn gesicherten literarischen Nachlaß gerechnet werden.[5] Eine ihm beigelegte Anaphora erscheit seit dem 13. Jh ziemlich häufig in hslicher Überlieferung.[6] Wertvoller als alle diese Stücke ist eine an mannigfachen geschichtlichen Notizen reiche Biographie, die ihm sein Nachfolger Denḥā († 3. 11. 660) widmete.[7]

c) Rabban **Sab(h)rôj** aus Ramat(h)šír wird als dessen Vorfahre in der dritten Generation durch einen Dâwid b Paulôs bekannt, der gegen Ende des 8. Jhs lebte (§ 43 g).[8] Zu Bêt(h) Šâhân im Gebiete von Ninive hat er eine monophysitische Schule gegründet, an welcher er in seiner Lehrtätigkeit durch seine Söhne **Râmišô'** und **Gabriel** unterstützt wurde. An literarischen Arbeiten werden für ihn selbst ein Dialog gegen die Nestorianer in 2 BB und die 3 Bände füllende Beantwortung von 60 durch einen blinden nestorianischen Lehrer an ihn gerichteten Fragen bezeugt. Von seinen Söhnen wird der erstere nicht nur in

---

[1] Biographie des Denḥā. ChrS 2, 314. M 413 (2, 414). B'EKg 2, 111 f. 119,28. O Braun, De s. Nicaena synodo 3. Wright 136 f. Duval³ 373. M Kmosko, OC 3, 386/8. F Nau, PO 9, 52/9.

[2] Erhalten durch M 424,9 (2, 435/40).

[3] Hs: BrM 845 (Add 17267. fol 13,22. 13. Jh). Vg. Kmosko a. a. O. 388 f. Ein Fragment auch in der Katene des Severus (§ 44 j). Ag nach derselben: G Mösinger, MonS 2, 32.

[4] Hs: BrM 290 fol 91 v°.

[5] Gelegentlich wird er neben Rabbûlā und Ap(h)rem auch als Verfasser der gewöhnlich R. allein beigelegten Tak(h) šēp(h)āt(h)ā (Vg. S. 72) genannt im Anhang eines Exemplars des Kirchengesangbuches des Severus: BrM 452 (Add 17254. 13. Jh) 2°.

[6] Hss: VtB 159 (vor J 1294/5). 156 (J 1641). BrM 267 (Add 14694. fol 44/106. 13. Jh). Brl 152 (Sach 151. 14/5. Jh). JerMkl 10 A (J 1427,8) 32°. 13 (J 1591) 8°. 14 (16/7. Jh) 13°. VtS 26 (J 1484) 11°. 33 (J 1467) 8°. 414 (18. Jh). S. 44 ff. Pr 73 (Suppl 25. J 1509) 10°. 76 (Anc fonds 68. Vor J 1595/6) 13°. 78 (Suppl 50) 7°. 81 (Anc fonds 65) 11°. Ox 66 (Poc 85. J 1623). CmbrAdd 2887 (J 1843) 32°. 2917 11 (19. Jh) 3° c. DamPfk 3. 4. Erzb 5. Ag: MCb 172,86. Übs: Ren 2, 260,8.

[7] Hs: BrM 952 (Add 14645. J 935,6). Ag: F Nau, PO 3, 61/96. Über das Leben des Verfassers: B'EKg 1, 303 f. 2, 129,32. Nau a. a. O. 59.

[8] Brief des D. b P.: IgnERahmani, StS 1, 45/7 (44/6). Vg. Rahmani a. a. O. 63. Th Nöldeke, ZDMG 58, 495. Duval³ 56.

jakobitischer Überlieferung mit der Erfindung des von den Nestorianern alsdann nur übernommenen Systems der Vokalbezeichnung durch Punkte in Verbindung gebracht. Er und nicht schon der gleichnamige Schüler Mār(j) Ab(h)ās I. ist vielmehr zweifellos der Verfasser einer auch von späteren nestorianischen Grammatikern [1] erwähnten Schrift über Punktation und der Urheber einer Schicht der nestorianischen Masora, die im Gesamtrahmen derselben scharf gegen deren auf die Schule von Nisibis zurückgehende Stammbestandteile abgegrenzt wird.[2] Ein persischer Jakobite aus der letzten sassanidischen oder der ersten arabischen Zeit darf wohl auch in einem Pr und Arzt 'Ammōj erblickt werden, von dem sich ein Mēmrā in siebensilbigem Metrum über die Auferstehung der Leiber erhalten hat.[3]

d) **Severus Sēb(h)ōk(h)t,**[4] † 666/7 anscheinend in hohem Greisenalter, wird ständig als B von Qenneśrīn bezeichnet, was sich von vornherein mindestens ebensogut auf die südlich von Aleppo gelegene Stadt dieses Namens, als auf das Thomas- oder Aphthonios-Kloster Qenneśrē am linken Euphratufer beziehen ließe, in dem er nach herrschender Auffassung als einflußreicher Lehrer griechischer Wissenschaft gewirkt hätte.[5] Abgesehen von einer gelegentlich [6] zitierten Abhandlung über die Jahrwochen Daniels gehört sein bekannter und gesicherter literarischer Nachlaß ausschließlich verschiedenen Gebieten profaner Gelehrsamkeit an. Aus dem Persischen übersetzte er mindestens den Kommentar des von dem gleichnamigen nestorianischen B von Nisibis zu unterscheidenden Paulos zu Aristoteles περὶ ἑρμηνείας [7] und ist dann so gut als gewiß der Urheber auch des syrischen Textes, in welchem sich das von demselben naturgemäß gleichfalls persisch abgefaßte Logikkompendium an K(h)osrau I. erhalten hat.[8] Über Sätze aus περὶ ἑρμηνείας hat er auch selbständig in einem Schreiben an B Ait(h)allāhā von Ninive gehandelt,[9] neben das an weiteren Originalarbeiten zum aristotelischen Organon ein Brief an einen Periodeutes Jōnàn zur Erklärung einzelner Stellen der Rhetorik [10] und eine 638 abgefaßte Abhandlung über die Syllogismen der Ἀναλυτικὰ πρότερα[11] treten. Vor allem ist aber S. der klassische Vertreter astronomischen Wissens der Syrer, deren Priorität den Griechen gegenüber er für dieses Forschungsgebiet in einer eigenen Schrift zu erhärten suchte.[12] Neben dieser sind solche über Mondfinsternisse [13] und über die Gestalt der ver-

---

[1] Išô'jahb(h) b Malkôn (§ 50 c) und Jôhannân b Zô'bî (§ 50 e) bei A Scher, PO 7, 6 Ak. 5.

[2] Durch rote Schrift in BrM 161 (Add 12138). Vg. hier die Notiz IV°: KatWright 105 f. Eine Bestätigung scheint die Behauptung des D. b P., daß es sich um einen Jakobiten handle, dadurch zu erfahren, daß auch der neben R. genannte Ja'qôb(h) b Ishâq kaum ein anderer als der große jakobitische Gelehrte J. v Edessa sein kann.

[3] Hs: VtS 96 (um 1351/2) 23°.

[4] M 423. 435. 444 (2, 433, 453, 470 f.). B'EKg 1, 275 f. Notiz in CmbrAdd 3284 fol 41 r°: KatWright-Cook 886. Wright 137 f. Duval³ 205. 251. 278. 292. 300. 374. Brockelmann 46.

[5] Zur Stütze dieser Auffassung kann eigentlich nur darauf verwiesen werden, daß Athanasios v Bâlâd(h) als Schüler des S. und zugleich als aus dem Kloster Q. hervorgegangen bezeichnet wird.

[6] Durch Jôhannân Esṭônâjā (§ 41 d) in BrM 860 (Add 12154) fol 293 v°: KathWright 988 f.

[7] Hss: N-Dsêm 50. Anh. 1° und eine solche im Besitze Bedjans. Vg. A v Hoonacker, JA⁹ 16, 73.   [8] Hs: BrM 988 (Add 14660. 9/10. Jh) 4° (unmittelbar hinter Originalstücken des S.). Ag: J P N Land, Anecd8 4, 1/32 (1/30. Vg. 99, 113).   [9] Hss: BrM 989 (Add 17156. fol 1/12. 9. Jh) 4°. 988. 3°. Mos 35 (16. Jh) VIII°. Brl 89 (Sach 226. 19. Jh) 8°.

[10] Hss: BrM 989. 3°. CmbrAdd 2812 (19. Jh) X°. N-Dsêm 50. Anh. 2.   [11] Hss: BrM 989. 2°. 988. 2°. Mos 35. V°. CmbrAdd 3287 (18. Jh) 3°. Brl 89. 6°.   [12] Hs: Pr 346 (J 1308/9) 1°. Vg. F Nau, ROC 15, 248/52 und über die wertvolle Hs im allgemeinen 233/9.

[13] Hs: Pr 346. 3°. 5°.

schiedenen Mondphasen,[1] ein Traktat über das Astrolab[2] und unter dem Titel einer „Rede über die Sternbilder"[3] eine 659/60 abgefaßte Gesamtdarstellung astronomisch orientierter Kosmographie in 18 Kapp. erhalten. Mit der letzteren hat der Verfasser selbst nachträglich als Kapp. 19/27 die bis 665 entstandenen Beantwortungen verschiedener Anfragen eines kyprischen Prs Basileios über astronomische, mathematische und chronologische Gegenstände verbunden.[4] Eine Übersetzung der $Ma\vartheta\eta\mu\alpha\tau\iota\varkappa\grave{\eta}$ $\sigma\acute{v}\nu\tau\alpha\xi\iota\varsigma$ $\tau\epsilon\tau\rho\acute{\alpha}\beta\iota\beta\lambda o\varsigma$ des Ptolemaios[5] ist als Arbeit des S. nicht ausdrücklich bezeugt, als solche aber schon auf Grund des hslichen Überlieferungsverhältnisses am besten zu begreifen. Zu unterscheiden ist wohl[6] ein spätestens etwa gleichaltriger B Severus v Nisibis, der sich u. a. in einem Schreiben an einen Abt und Pr Sargis v Šig(h)âr mit der Erklärung der Reden Gregors v Nazianz befaßte.[7]

e) Thomas, Pr vielleicht in einem Kloster zu Qed(h)ar bei Baṭnā kann nicht als der Verfasser geradezu einer einzigen Hauptquelle des sog. „Liber chalipharum".[8] sondern nur als derjenige einer von drei im Abstande weniger JJ voneinander entstandenen Chroniken gelten, die hier greifbar werden.[9] Näherhin dürfte nach der Art, in welcher zu Ende derselben des gewaltsamen Todes seines Bruders gedacht wurde,[10] von ihm eine solche verfaßt gewesen sein, die von der Ordination des Severus v Antiocheia bis zur mohammedanischen Eroberung Syriens (511/636) führte und eine grundsätzliche Doppeldatierung nach JJ der „Alexander"-ära und Indiktionsjahren bot. Verarbeitet sind die aus dieser Quelle stammenden Azz mit solchen aus einer bis zum römisch-persischen Friedensschluß des Js 629 reichenden, nur nach der „Alexander"ära datierenden Weltchronik antiochenischer Herkunft.[11] Anscheinend ungekürzt hat dagegen eine bis zum Tode des Herakleios im J 641 weitergeführte Epitome des Kanons der Eusebianischen Chronik Aufnahme gefunden, zu der aus anderen Quellen ergänzte Azz aus dem ersten Teile derselben als Einleitung dienten.[12]

f) Ein jakobitischer Pr Šem'ôn v Qennešrē ist als Verfasser eines „gegen Maximos" (den Bekenner) zur Bekämpfung der Lehre von einer Zweiheit der Willen in Christus gerichteten Schrift bezeugt,[13] die mit einer von zwei anonym überlieferten Reihen demselben Zwecke dienender „Fragen gegen die Maximianisten" gleichfalls jakobitischer Provenienz[14] in Verbindung zu bringen wenigstens sich nahe legen könnte. Seine Zeit wird durch die Einstellung seiner dogmatischen Polemik gesichert und mag etwa diejenige auch eines unbekannten julianistischen Polemikers aus einem Dorfe Saqrā gewesen sein, von dem sich „Lösungen manichäischer Blasphemien" dank einer Übernahme in jakobitische Überlieferung erhalten haben.[15]

---

[1] Hss: Pr 346. 6°.   [2] Hss: Pr 346. 2°. Brl 186 (Peterm 26. J 1556) 1°. Ag: F Nau, Le traité de Sévère Sebokt sur l'astrolabe plan (Pr 1899).   [3] Hs: Pr 346, der Kapp. 18 und 17: BrM 863 (Add 14538. 10. Jh) 5°. Vg. F Nau a. a. O. 233/9. Ag der Londoner Bruchstücke: E Sachau, InedS 127,34.   [4] Hs: Pr 346, der Kapp. 25/7: Brl 186. 2°/4°. Vg. F Nau a. a. O. 239/45.
[5] Hs (eines Textes von 2, 10 an): Pr 346. Vg. F Nan a. a. O. 228f.   [6] Gegen WrightKat 1324. Hist. 137f. Brockelmann a. a. O. Nebeneinander scheinen beide S. zitiert zu werden durch Ja'qôb(h) v Edessa (KatWright 598): „S. der Nisibener und Sēb(h)ôk(h)t".
[7] Hss: BrM 557 (Add 14547. 9. Jh) Anh. 1°. Der Verfasser heißt hier: „S. der nisibenische B."
[8] Vg. § 28 c. 43 i.   [9] Erstere Ansicht vertrat J P N Land, AnecdS 1, IX. 168.
[10] ChrM 148 Z. 8 f. (114 Z. 21 f.).   [11] Agg der vereinigten Partie: ChrM 143 Z. 26/148 Z. 9 (111 Z. 24/114 Z. 28) bzw. AnecdS 1, 14/7 (113 6).   [12] Agg: ChrM 77 Z. 1/139 Z. 19 (63 Z. 5/108 Z. 26), nur der Fortsetzung des Kanons: AnecdS 1, 2/10 (103/10), von Azz: E Rödiger 105/10. 95/100. Übs des Eusebios-Stoffes (der sog. „syrischen Epitome" der E.-Chronik): Ders. bei A Schoene. Eusebi Chronic. Canon. quae supersunt 1 (Brl 1866) 203/19.   [13] Durch M 423 (2, 433).
[14] Hs: BrM 7192 Rich (10. Jh) 6°. 7°.   [15] Hs: VtS 135 (7/8. Jh) XIII°. Die Angabe über die Heimat des Verfassers im Titel des Traktats.

§ 40. Den hervorragendsten Vertreter hat nicht nur die durch Severus Sēb(h)ôk(h)t begründete literarische Richtung, sondern der christliche Hellenismus in aramäischem Sprachkleide überhaupt an Ja'qôb(h) v Edessa gefunden. Seine Eigenart und Bedeutung wird am treffendsten durch einen Vergleich mit Hieronymus beleuchtet. Wie für diesen, ist auch für ihn die Vorliebe bezeichnend, mit welcher er die persönliche Form des Briefes in den Dienst einer wesenhaft philologisch gerichteten Gelehrsamkeit stellt. Wie der Schöpfer der Vulgata hat er bei der Beschäftigung mit dem AT über das unschätzbare Hilfsmittel einer Kenntnis des Hebräischen verfügt und seine beste Kraft an Übersetzungsarbeiten bzw. an die nachbessernde Überarbeitung älterer Übersetzungen gerückt, wobei für ihn noch besonders das Gebiet liturgischer Texte in Betracht kommt. Der lateinischen Bearbeitung der Eusebianischen Chronik hat er eine nicht minder grundlegende chronographische Leistung zur Seite zu stellen. Die inhaltliche Mannigfaltigkeit seiner sonstigen Prosa, vorab das Hervortreten von Grammatik, Philosophie und naturkundlichem Wissen in ihrem Rahmen, und eine gelegentliche Verwendung auch der gebundenen Rede lassen den Syrer an Vielseitigkeit sogar als dem Abendländer überlegen erscheinen.

a) Schon das Leben J.s [1]) erinnert durch eine unstäte Zerrissenheit, an der nicht zuletzt eine gewisse unverträgliche Leidenschaftlichkeit des eigenen Charakters die Schuld getragen haben mag, stark an Hieronymus. Geb. um 640 in dem Dorfe 'Ēn Dēb(h)ā des zum Gebiete von Antiocheia gehörigen Landbezirkes Gūmah anscheinend als Sohn eines Ishāq,[2]) erhielt er von einem dortigen Periodeutes Kyriakos den ersten wissenschaftlichen Unterricht, setzte seine Studien im Kloster Qenneŝrē fort und vollendete sie in Alexandreia. Zum B von Edessa erhoben,[3]) wo er sich, nach Syrien zurückgekehrt, niedergelassen hatte, resignierte er infolge eines Zerwürfnisses mit seinen Diözesanen schon nach 4 JJ unter Julianos (687/708). Auch mit diesem hat die Heftigkeit, mit welcher er dessen nach seiner Meinung zu laxen Handhabung der kirchlichen Kanones entgegentrat, ihn sich überwerfen lassen, und verstimmt zog er sich mit zwei Schülern Daniel und Konstantinos in das Jakobos-Kloster von Kaisûm zurück. Von hier zur Neubelebung der griechischen Studien unter den dortigen Mönchen nach dem Euseb(h)ônā-Kloster berufen, lehrte er in demselben 11 JJ lang und, auch hier, wie

---

[1]) Ps.-D. z. J 988 und 1021. EbŠ z. J 89 H. M 445f. 448f. 452 (2, 471f. 476. 483). B'EKg 1, 289/94. Notiz einer verschollenen liturgischen Hs. BO 1, 468,94. Über die chronologischen Unstimmigkeiten der Quellen Wright 142. 143 Ak. 2. J-BChabot zu M 2, 472 Ak. 9. Die Einzelheiten, zu denen im Folgenden Varianten nicht vermerkt werden, gehen auf M. zurück. Im allgemeinen vg. über J. CKayser, D. Canones J.s v. Ed. (Lpz 1886) 50/74. Wright 141/54 und Duval[3] vor allem 374/6.

[2]) Vg. oben S. 246 Ak. 2.

[3]) Nach Ps.-D.: 676/7, nach der Notiz der liturgischen Hs 6 JJ vor der Ordination des Araberbischofs Giwargis (§ 41 c), also 680, was hier einem J 641 (welcher Ära?) gleichgesetzt wird, nach M 445 (2, 471) durch P Athanasios II. (§ 41 b), d. h. zwischen 683/4 und 686. Die beiden ersteren Daten stoßen gleichmäßig gegen die Schwierigkeit, daß das Ende eines nur 4jährigen bischöflichen Wirkens nicht schon unter P Julianos fallen würde. Andererseits bleibt für die weiteren chronologischen Angaben Ms der unbedingt notwendige Spielraum gerade zwischen dem Ordinationsjahr des A. und dem Todesdatum J.s, so daß A. ihm die bischöfliche Würde unmittelbar nach seiner eigenen Erhebung verliehen haben dürfte.

es heißt, „durch den Neid der Brüder" vertrieben, während 9 weiterer JJ in dem großen Kloster von Tell'addā. Schließlich hat er einer Einladung der Edessener zu erneuter Übernahme seines bischöflichen Amtes stattgegeben, kehrte aber nach 4 Monaten nochmals nach Tell'addā zurück, um seine Bücher nach-zuholen, und ist dort, unerwartet aufs Krankenlager geworfen, 5. 6. 708 [1]) ge-storben.

b) Was an Briefen J.s vorliegt, stellt, wie die gelegentlichen Zitate nicht erhaltener ahnen lassen, eine verhältnismäßig bescheidene, wesentlich dem Walten des Zufalls verdankte Auswahl dar, bietet aber doch den unmittelbarsten Einblick in die Vielseitigkeit seines geistigen Lebens und die ihm eigene gediegene Ge-lehrsamkeit. Obenan steht eine Sammlung von 17 fast ausnahmslos an einen Pr Jôhannān Esṭônājā von Lit(h)'ārb gerichteten Nrn, in der neben der vorwiegenden Beschäftigung mit biblischen Problemen und der durch Erörterungen über das Kreuzfest des 14. September vertretenen mit dem Kultus und seiner Geschichte stark eine solche mit Kritik und Exegese der älteren syrischen Dichtung sich geltend macht. [2]) Eine weitere Reihe zum Teil mehr persönlich gehaltener Briefe scheint einen Eustathios v Dārā zum gemeinsamen Adressaten zu haben. [3]) Weitaus die reichste hsliche Überlieferung besitzt ein an B Gîwargîs v Sěrūg(h) gerichtetes Schreiben über Orthographie. [4]) Eine Beantwortung kanonistischer Fragen eines Prs Addai [5]) wird durch einen Brief verwandten Inhalts an J. Esṭônājā [6]) und andere kanonistische Stücke [7]) ergänzt. Auf dem Gebiete christologischer Polemik

---

[1]) So mit EbŠ übereiustimmend, B'E nach der offenbar ursprünglichen Lesart Ms, der nach der heute zugäuglichen hslichen Überlieferung vielmehr das J 704 bieten würde. Ps.-D. gibt als Todesjahr 709/10, d. h. mißverständlicherweise das J, bis zu welchem ein Fortsetzer die Chronik J.s weitergeführt hat.

[2]) Hs: BrM 707(Add 12172. 9. Jh)2°a'c. e'q. Bs: KatWright 595 f. 597/605. Agg von a) (über zwei Ap(h)rem wie Ja'qôb(h) v Sěrūg(h) abgesprochene Gedichte) mit Übs: RSchröter, ZDMG 24, 261/300, von l) (Beiträge zur Erklärung von Ap(h)rems Mad(h)rāšā 2. gegen die Irr-lehren) und m) (über zahlreiche biblisch-exegetische Fragen): WWright, JSL⁴ 10, 430/61, von f) (über die Abstammung der Mutter Gottes): FNau, ROC 5, 583/96. 6, 512/31. Übs der von Wright edierten: FNau ebenda 10, 197/208. 258/82 bzw. Azz in Übs von a), b) (privater Natur), e) (über Kreuz-fest u. Beitrag zur Ap(h)rem-Erklärung), h) (über die Zahl der Salomonischen Schriften, proto- u. deuterokanonische BB und eine chronologische Schwierigkeit), c) (über Widerspruch zwischen Kyrillos und 2 Petr 2. 5): Ders. a. a. O. 14, 427/40. Über die literaturgeschichtlich wichtigen Stellen aus n) (Dichter des Namens Isḥāq; Šem'ôn Qûqàjā) S. 63 Ak. 3. 158 Ak. 8. Zwischen den Briefen an J. steht als d) ein solcher an einen Diakon Georgios mit einem Beitrag zur Ap(h)rem-Erklärung. Ag: FNau, ROC 6, 115/31.

[3]) Hs: BrM 707. 1°b/g. Bs: KatWright 592 f.

[4]) Hss: Brl 174(Sach 70. J 1827)IX° und diejenigen der westsyrischen Masora (§ 41 h). Agg: GPhillips, A letter of Mar Jacob bish. of Ed. on Syr. orthography (Lo 1869) 1/13 (1/12). PMartin, Jac. Edesseni epist. ad Georgium Sarugenum de orthographia (Pr 1869).

[5]) Hss: Pr 62(Suppl 29. 9. Jh)53°. BrM 807(Add 14631. fol 45/53. 9/10. Jh)3°. 286(Add 14493. 10. Jh)15°a. VtB 133 11°(J 1224). CmbrAdd 2023 (13. Jh) 29°a. Séert 69 (vor J 1371/2) VI°, anderer: CmbrAdd 2023. 21°c. Agg der ersteren: PdeLagarde, Rel. inr. eccles. ant. syr. 117/34. ThJLamy, Dissert. de Syror. fide et disciplina in re Eucharistica (Löwen 1859) 98/171. Dazu Ergänzungen: KatWright-Cook 624.

[6]) Hss: BrM 286. 5°a, sachlich wohl auch: CmbrAdd 2023. 29°e. Séert 69. VII°.

[7]) Hss einer Beantwortung von Fragen eines Pr Thomas: CmbrAdd 2023. 29°d, anderer „Kanones": BrM 286. 15°b. CmbrAdd 2023. 29°b, eines Verzeichnisses kirchlicher Ehehindernisse unter seinem Namen: VtS 37(J 1626/7)2°. Ag der Stücke CmbrAdd 2023. 29°b/e: WWright, Notulae Syriacae II (Lo 1887) 11 f., weiterer und Übs des kanonistischen Nachlasses J.s: CKayser, D. Canones Jacobs v. Ed. übs. u. erläutert, zum Theil auch zuerst im Grundtext veröffentlicht

bewegt sich je ein Brief an Konstantinos,[1] einen Diakon Barḥad(h)bešabbā,[2] einen Bildhauer Thomas[3] und einen Ungenannten, von welchen der letzte eine dogmatische Katene großen Umfanges „über die (Heils)ökonomie Gottes des Wortes" darstellt.[4] An Briefen über liturgische Dinge werden solche an einen Pr Thomas,[5] an einen Addai und J. Esṭōnājā[6] auch in mittelbarer Überlieferung kenntlich, während ein angebliches Sendschreiben an einen Styliten Giwargis,[7] weil darin von J. in der dritten Person gesprochen wird, günstigsten Falles einen echten Brief desselben zur Grundlage haben kann. Über Wein und Weinbau hat er mit einem höheren geistigen Nebensinne in einem solchen an einen Pr Abraham gehandelt.[8] Noch nicht näher bekannt geworden ist der Inhalt dreier Briefe an einen Stephanos.[9] Asketischen Charakters dürfte ein Schreiben an einen Styliten Šem'ōn sein.[10]

c) Die Bibel hat für J., wie schon der Inhalt zahlreicher Briefe lehrt, so sehr als für irgendeinen gelehrten Theologen syrischer Zunge im Vordergrunde des Interesses gestanden. Doch scheint er als eigentlicher Kommentator mit dem NT sich nicht beschäftigt zu haben. Was an vereinzelten Anführungen seines Namens zu NTlichen Stellen in der späteren exegetischen Literatur begegnet,[11] dürfte ausnahmslos auf Briefe exegetischen Inhalts zurückgeführt werden müssen. Solche wirken nachweislich auch in den ATlichen „Scholien" nach, die von ihm in einer Stärke von 2860 Nrn durch einen Katenenkommentar des 9. Jhs[12] vor allem zum Pentateuch, Job, Jos und Richt[13] und in direkter Überlieferung namentlich zu Gn, Ex, Sm und Kge erhalten sind.[14] Aber in der Hauptsache

(Lpz 1886). Bloße Übs: F Nau, Le Canoniste contemporain 28, 265/76, 336/76. 468/77. 562/72 (= Ancienne littérature canonique syriaque. Fasc. II (Pr 1906) 38/75).

[1] „Ob der Leib Christi erschaffen sei und wir in der hl. Dreifaltigkeit etwas Geschaffenes anbeten." Hs: Ox 142 (Marsh 101) 5°. [2] Gegen d. Anhänger des Konzils von Chalkedon. Hs: BrM 971 (Add 14631. fol 1/16 10. Jh) 2°. [3] Enthaltend einem Nestorianer vorzulegende $\pi\varrho o\beta\lambda\dot\eta\mu\alpha\tau\alpha$. Hs: BrM 707. 1°i.

[4] Hss: Ox 142. 1°. VtB 147 (J 1480) 1°, des Schlusses: VtB 108 (J 1868) 3°.

[5] Über die eucharistische Liturgie, erhalten in der Liturgieerklärung des Dionysios b Salib(h)i (§ 48 a) bzw. verkürzt. B'E, Nomokanon IV 7 und in direkter Überlieferung und anscheinend ursprünglicherer Gestalt, in den Hss: BrM 288 (Add 14525. fol 56/7. 10. Jh). VtB 133 III (14. Jh) 2°, an der Spitze von VtB 159 und in einer zu Šarfah (J 1223/4), wobei wenigstens in den drei letzteren Hss noch eine andere Liturgieerklärung unter dem Namen J.s vorangeht. Agg des Textes bei D. b Salib(h)i, mit Übs: BO 1, 479/86, ohne solche: Wenig 89.94, der selbständigen Textesüberlieferung mit Übs: Ign E Rahmani, I fasti della chiesa patriarc. Antiochena (R 1920) XXI/XXV, unvollständige der anderen Meßerklärung: ebenda XIXf. Übs des D.-Textes: Brightman, Liturgies Eastern and Western 1, 490/4.

[6] Hss des ersteren: BrM 300 (Add 14715. fol 153/216. 13. Jh) 2° und nach Ren 2, 381 bzw. BO 1, 486 eine solche in Florenz, die den Brief als im J 687 geschrieben bezeichne. Azz aus beiden zum Ritus der Wasserweihe in der Epiphanienacht dem Rituale Michaëls I. (§ 48 b) einverleibt. Hss: VtS 51. 34° bzw. 305. 7° (Abs der ersteren). Auf irgendwelche Briefe gehen wohl auch die Anführungen J.s über die Diakonissen und ihr Amt bzw. das Schließen der Kirchentüren während der Anaphora in dem genannten Rituale zurück. Hss: VtS 51. 21°. 24° bzw. 304. 21°. 24° (Abs der ersteren).

[7] Hs: Brl 188 (Sach 218. J 1847) 4°. Darin enthalten (fol. 181/4) auch die zweite Meßerklärung. Vg. oben Ak. 5. [8] Hs: BrM 707. 1°h. Ag von Anfang u. Schluß: Kat Wright 594 f. [9] Hs: Séert 81 (J 1472/3) V 11°. [10] Hs: BrM 799 (Add 17168. fol 154/84. 9. Jh) 1°. [11] Vg. BO 1, 492 f. (ein Zitat zu Lk, zwei Zitate zu Jo). [12] Demjenigen des Mönchs Severus (§ 44 j bzw. oben S. 44).

[13] Agg der Anführungen zu Gn unter denjenigen Ap(h)rems: OpS 1, 116/93, eines solchen zu Dt: ebenda 273 f, einiger zu Lv, Jos, Dn: BO 1, 489/93, zweier Proben: Wenig 120/2. 127 f.

[14] Hss: BrM 706 (Add 14483. 9. Jh). 861 (Add 17193. J 874) 75°. 77°. Ag (und Übs) des größten

liegen hier doch vielmehr ein kürzeres und ein ausführlicheres umfassendes Er-
klärungswerk jenes Titels zugrunde, von denen mindestens das letztere sich auch
auf die Propheten und Weisheitsbb erstreckte.[1]) Daneben steht als eine seiner
spätesten die philologische Arbeit einer Textesrevision des ATs, die J. um 705
durchführte. Aus Pěšittā und Hexapla hat er in derselben einen eklektischen
Text konstituiert, den in Anmerkungen Notierungen der genauen Aussprache
einzelner Worte, den Werken des Severus r Antiocheia entnommene Erläuterungen
und vor allem Angaben von Varianten begleiteten, die in der hslichen Überlieferung sehr frühe irrtümlich in den Text einzudringen begannen.[2])

d) Von der Übersetzertätigkeit J.s läßt sich nach ihrer gegenständlichen
Seite heute kaum mehr ein durchaus zutreffendes Bild gewinnen. Obgleich er es
liebte, seine Arbeiten unter Angabe ihrer Entstehungszeit recht nachdrücklich als
sein geistiges Eigentum zu kennzeichnen, mögen manche ihrer Früchte nur anonym
überliefert, manche mögen völlig untergegangen sein. Andererseits ist es auch
nicht ausgeschlossen, daß Fremdes unter seinen Namen geriet. So steht hinter
einer auf 700/1 datierten und von gelehrten Anmerkungen begleiteten Neuübs der
ὁμιλίαι ἐπιϑρόνιοι des Severus r Antiocheia [3]) eine solche der Aristotelischen Κατηγορίαι [4]) mindestens an Sicherheit der Beglaubigung erheblich zurück. Ein Gleiches
gilt von der Übertragung der Vision eines Einsiedlers Zosimos über die Jer 35 erwähnten Rechabiten, deren griechischer Text auf einen hebräischen zurückzugehen
vorgab.[5]) Eine spät und vereinzelt auftauchende Nachricht, daß J. sich als Über-

<hr>

Teiles des Materials: G Phillips, Scholia on passages of the old testament by mār Jacob, b. of
Ed. now first ed. with an engl. transl. and notes (Lo 1864).

[1]) Ein Zitat eines „Bs der Scholien in Kürze", im Gegensatze zu den regelmäßigen Zitaten
eines „Bs der Scholien" schlechthin in der Severus-Katene: KatWright 910. Ebenda Zitate einzelner exegetischer Briefe.

[2]) Hss des Pentateuchs: Pr 26 (Suppl 17), von Sm und des Anfangs von 1 Kge: BrM 60
(Add 14429. J 719/20), von Bruchstücken des Is: 61 (Add 14441, von derselben Hand wie die vorige),
des Ez mit Lücken: VtS 5, des Dn: Pr 27 (Auc fonds 5. J 919/20). Sämtliche scheinen Teile eines
und desselben vielbändigen Exemplars zu sein. Sicher ist dies mindestens für diejenigen in
London und Paris. Vg. M Ugolini, OC 2, 400/20. Agg einzelner Textproben: G Bugati, Dauiel
sec. ed. LXX interpretum (Mailand 1788). A M Ceriani, Monumenta sacra et prof. 2 i (Mailand
1863) X. M Ugolini a. a. O. 412 f. Das J 705 als Zeit der Entstehung der Arbeit für 1 Sm
und Dn bezeugt durch Notizen der betreffenden Hss: KatWright 38. Zotenberg 11. Im allgemeinen vg. Wright 16 f. Duval[3] 57.

[3]) Hss des 2. Bandes eines dreibändigen Exemplars (= Nrn 44/91): VtS 141, eines ursprünglichen Gesamtexemplares, von dem die Nrn 2, 5/7, 17, vollständig 3, 8, 18, 56 größtenteils ver-
loren sind: BrM 685 (Add 12159. J 867/8), von Bruchstücken einzelner Nrn: Brl 28 (Sach 220. 8/9. Jh).
Agg der Nrn 52/7: R Duval, PO 4, 1/94, der Nrn 58/69: M Brière, PO 8, 211/396, von Nr 52 auch:
REBensly-WEBarnes, The fourth book of Maccabees (Cmbr 1895) 89/102, von Azz der
Nrn 37, 66, 84: WCureton, Corpus Ignatianum 215/7. J-BLightfoot, The Apostolic Fathers
2 i, 176/9. [2]183/7, der Nr 82: bei PMartin, Jac. Ed. epist. (Vg. S. 249 Ak. 4), andere: ENestle,
Grammatica Syriaca (Brl 1881) 79/83.

[4]) Hss: VtS 158. 6° mit den Tochterhss: Pr 248. 5°. PalMedOr 196. EscurOr 652, dazu: Pr 354
(J 1223/4). Mos 35 (16. Jh) 11°. Brl 89 (Sach 226. 19. Jh) 111° und wohl auch N-Dsém 49 (17. Jh) 2°.
Ag: SSchüler, D. Übs. d. Categorien d. A. r. Jacob r. Ed. (nach einer Hs d. Bibl. Nat. zu
Paris u. einer d. Kgl. Bibl. zu Berlin), hgeg. mit Eiul. vers. u. mit d. griech. Hss verglichen
(Erlanger Diss. Brl 1897). Vg. RGottheil, Hebr. 9, 166/215.

[5]) Hss: BrM 960 (Add 12174. J 1197) 34°. Pr 236 (Suppl 28. J 1193/4) 17°. 234 (Auc fonds 143.
13. Jh) 15°. 235 (Auc fonds 144. 13. Jh) 15°. VtB 39 (16. Jh). Dijarb 67 (16. Jh) 3°. Brl 74 (Sach 9.
J 1694/5) 14°. Urm 38 (J 1885) 4°. N-Dsém 113. Ag: F Nau, RS 6, 263/6. 7. 54/75. 136/46.

setzer auch mit Gregorios v Nazianz beschäftigt habe,[1] begegnet ernsten Bedenken. Dagegen hat er schon 686/7 zwei kirchenrechtlich wichtige Stücke übersetzt: den griechischen Text der karthagischen Konzilsakten vom 1. 9. 256 in Sachen der Ketzertaufe[2] und ein auch arabisch und äthiopisch, dagegen nicht im griechischen Original erhaltenes eschatologisch-disziplinäres Apokryphon des 5. Jhs unter dem Titel eines „Testaments unseres Herrn Jesus Christus",[3] für das die lange so genannte Ägyptische Kirchenordnung d. h., wie heute feststehen dürfte, die Ἀποστολικὴ παράδοσις des Römers Hippolytos[4] die Hauptquelle gebildet hatte. Ob von dem letzteren oder wenigstens von seiner einleitenden apokalyptischen Partie noch eine zweite syrische Übs anzunehmen sei, bleibt fraglich.[5] Jedenfalls hat J. selbst die Schrift schon als BB 1 und 2 des sog. Klementinischen Oktateuchs der Syrer gekannt,[6] der weiterhin als B 3 die sog. Apostolische Kirchenordnung, in den BB 4/7 in veränderter Anordnung den Text des 8. Bs der Apostolischen Konstitutionen und als B 8 die Apostolischen Kanones enthält.[7] Er ist also der Übersetzer jenes ganzen Sammelwerkes gewesen.

---

[1] BO 2, 307. 3ı, 23 nach B'E.

[2] Hss: BrM 857 (Add 12155. J 746/7?) XXVII° 15. Pr 62. 14°. VtB 148 (J 1576) 13° in jakobitischer, VtB 82. 13°. Séert 65. 1°. 8 in nestorianischer Überlieferung. Ag: P de Lagarde, Rel. iur. eccles. antiquissimae syr. 62,98. Verwertet bei H v Soden, Sententiae LXXVII episcoporum. D. Protokoll d. Syn. v. Karth. am 1. Sept. 256. Textkrit. hergestellt u. überlieferungsgeschichtl. untersucht NGWG 1909. 247/307. Vg. hier 296 f., wonach der syrische Text wertvoller ist als die vorliegende Gestalt des griechischen, die nach ihm verbessert werden muß.

[3] Über die Hss Ak. 7. Agg: Ign E Rahmani, Testamentum Domini nostri Jesu Christi syr. ed. lat. vers. (Mainz 1899), von Bruchstücken: schon P de Lagarde a. a. O. 80,9. Übs: J Cooper-A Maclean, The Testament of our Lord transl. into engl. from the syr. with. introd. and notes (Lo 1902). Vg. A Baumstark, Überlieferung u. Bezeugung d. διαθήκη τοῦ κυρίου ἡμῶν 'I. Χρ. RQs 14, 1/45. F X Funk, D. Testament unseres Herrn u. d. verwandten Schriften (Mainz 1901). H de Jough, RHE 3, 615/43. L G uerrier, Le Test. de Notre-Seign. J.-Chr. Essai sur la partie apocalyptique (Thèse. Lyon 1903). J Parisot, Note sur la mystagogie du ‚Test. du Seign.', JA⁹ 15, 377/80. O Bardenhewer, Patr. 324 f. C Schmidt, TuU 43, 157/66.

[4] E Schwartz, Üb. d. pseudoapostol. Kirchenordnungen. Straßburg 1910. R H Connolly, The so-called Egyptian Church Order and derived documents. Cmbr 1916 (= TuSt 8ıv). E Hennecke, Hippolyts Schrift „Apostolische Überlieferung über Gnadengaben" in: Harnack-Ehrung. Beiträge zur Kirchengesch. Ad. v. Harnack zu seinem siebzigsten Geburtstage dargebracht (Lpz 1921) 159/82.

[5] In Betracht kommt ein von Môsē b Kēp(h)ā in einer Homilie über die Ankunft des Antichrists (§ 45 c) daraus angeführtes Bruchstück, das von dem überlieferten Texte allerdings in Einzelheiten merklich abweicht. Agg: J P Arendzen, JTSt 2, 401/16 (nach der Hs Cmbr Add 2918), F Nau, JA⁹ 17, 233/56 (nach den Hss Pr 206. 207). Zu prüfen wären noch weitere Azz bzw. Zitate in den Hss: BrM 793 (Add 14577. 9. Jh) fol 2 v°. 6 r° (von späterer Hand). 286 (Add 14493. 10. Jh) fol 147 v°. 863 (Add 14538. 10. Jh) fol 40 v°. Das Kommuniongebet der eucharistischen Liturgie des Testaments: 174 (Add 17125. 9/10. Jh) 3° a. Ag: Kat Wright 124.

[6] Denn er zitiert die Apostolischen Kanones als B 8 desselben in einem Briefe an Jôhannān Esṭônājā vom J 686/7 selbst: F Nau, ROC 14, 428.

[7] Hss: VtB 148 (J 1576) 2°. 118 (= Abs der folgenden) 2°. Von Rahmani zugrundegelegte in Mosul (J 1651/2), der BB 1/6: Cmbr Oo 1. 1. 2 (12. Jh) 40°, von Azz der BB 1/7 und des ganzen Bs 8: Pr 62. 2°. 5°, des Aufangs von B 1: VtB 108 (J 1868) 9°, von Azz aus den BB 1 3: Cmbr Add 2023 (13. Jh) 18°. Agg der Pariser Bruchstücke: P de Lagarde a. a. O. 2/12. 44/61, des fehlenden Teiles von B 3: A Baumstark, Στρωμάτιον Ἀρχαιολογικόν. Mitt. d. zweiten internat. Congr. f. christl. Archäologie in Rom gew. vom Colleg. d. deutschen Campo Santo (R 1900) 15 31. J P Arendzen, JTSt 3, 59/80. Übs des Ganzen: F Nau, Ancienne litt. canonique syriaque. Fasc. IV (Pr 1913).

e) Zum Gebiete der **Liturgie** hinüber führt eine Glanzleistung seiner philologischen Akribie an einer Revision. der J. im J 675 den durch Paulos v Edessa geschaffenen syrischen Text des Severianischen Kirchengesangbuches unterzogen hat.[1]) Sorgfältig sind hier die vom Übersetzer zur Währung der Silbenzahl des Originals gemachten Erweiterungen hervorgehoben und in Anmerkungen alle sonstigen Freiheiten seiner Arbeit bis zu den geringsten durch eine streng wörtliche Wiedergabe desselben berichtigt und die Bibelstellen ausgeschrieben, auf welche der Text der Gesänge anspielt. Entsprechend dürfte J. durchweg von liturgischen Texten keine völlig neuen Übss geschaffen. sondern die bisher im Gebrauche gewesenen im Sinne strengeren Anschlusses an die griechische Textgestalt überarbeitet haben. Ausdrücklich wird denn auch eine auf ihn zurückgeführte Rezension der Jakobos-Anaphora [2]) als die „griechische“ und als „neue und genaue“ wird die seinen Namen tragende des Formulars der Wasserweihe an Epiphanie bezeichnet.[3]) Er begegnet ferner als Redaktor einer syrischen Taufliturgie, deren griechisches Original mit Severus v Antiocheia in Zusammenhang gebracht wurde,[4]) und neben den „übrigen hll. Lehrern“ als solcher eines Trauungsrituals.[5]) Ja sogar von dem gesamten jakobitischen Ferialbrevier (ohne Anhänge) wird eine bestimmte „genaue Ordnung“ ihm beigelegt.[6]) Daß freilich in allen diesen Fällen, was späterhin seinen Namen an der Stirne trug. wirklich auf ihn zurückgeht bzw. treu die von ihm herrührende Form gewahrt hat, muß um so mehr bezweifelt werden. da gelegentlich für ein ihm beigelegtes Formular selbst wieder eine Mehrzahl verschiedener Rezensionen greifbar wird.[7]) Am wenigsten haben ein Anrecht auf Vertrauen in diesem Sinne verschiedene seine Urheber-

---

[1]) Hs: BrM 421 (Add 17134), wenn nicht das Autograph J.s, so doch ihm zeitlich sehr unabestehend. Ag: E W Brooks, PO 6, 1/179. 7, 593 802. Vg. A Baumstark, Festbrevier u. Kirchenjahr d. syr. Jakobiten 45 7. Ders., Wissenschaftl. Beilage zur Germania 1912, 129 34.

[2]) Hss: BrM 286 (Add 14493. 10. Jh) 1°b. 291 (Add 14495. 10, 1. Jh) 1°b. 293 (Add 14499. 10 1. Jh) 3°. 264 (Add 14691. fol 1 109. J 1230) 1°. CmbrAdd 2917. I° (16. Jh) 2.

[3]) Hss: BrM 287 (Add 14496. 10. Jh) 1°m. Pr 106 (Anc fonds 90. J 1343/4) 5°. 113 (Suppl 22. 14. Jh). 115 (Anc fonds 53. J 1495/6) 1°. JerMkl 24 (J 1885) 2°, eines als „Neuübs aus dem Griechischen ins Syrische“ eingeführten Textes BrM 290 (Add 17128. 10 1. Jh) 3°c. 293 (Add 14499. 10 1. Jh) 5°, aber auch schon: 494 (Add 17129. Angeblich 7/8. Jh) 4°. Vg. ferner Ak. 7. Den Anfang einer Übs des griechisch-orthodoxen Wasserweihegebetes: *Μέγας εἶ Κύριε* usw. bietet das im KatWright 204 irrtümlich als ein solches der Jakobos-Anaphora bezeichnete Bruchstück BrM 258 (Add 14523. fol 8. 8,9. Jh). Zu Anfang unvollständig sind die Formulare der Hss BrM 284 (Add 14494. 9, 10. Jh) 3°. 300 (Add 14715. fol 153 216. 12. Jh) 1°. Ag nach BrM 293: J Marquess of Bute, The Blessing of the Waters on the Eve of the Epiphany (Lo 1901) 79/100.

[4]) Hss mit Nennung des S. als Verfassers oder als Redaktors eines auf Klemens v Rom oder die Apostel zurückgehenden Originals und J.s als Übersetzers oder als Redaktors des syrischen Textes: BrM ArundOr 11 J 1440) 3°. Pr 102 (Anc fonds 89. J 1433/4) 1°. 103 (Anc fonds 84. J 1461/2) 2°. 104 (Anc fonds 85. J 1568/9) 2°. 108 (Anc fonds 96. J 1570/1) 3°. 107 (Anc fonds 87. J 1676 7) 1°. Ox 73 (Marsh 703. 15. Jh) 4°. 70 (Poc 86. J 1555) 3°. PalMedOr 44. CmbrAdd 1987 (J 1646 7) 2°. JerMkl 19 (J 1805) A. 1°. VtB 94 (19. Jh) 1°. 2°, nur mit Nennung des S.: BrM 284. 2°. 285. 3°. 298. 1°. 286. 10°. 290. 3°b. 294 (Add 14500. 11. Jh) 4°. 300 (Add 14715. fol 153 216. 13. Jh) 9°, ebenso mit dem Vermerk, daß der Text Ergebnis einer „Neuordnung“ sei: BrM 451 (Add 14520. 8,9. Jh) 10°c. Ag der von S. bearbeiteten angeblich apostolischen Rezension: CodL 2, 261 300. 3, 168 74. Ebenda 175 84, Ergänzung derjenigen einer anderen Rezension durch G Fabricius Boderianus (Antwerpen 1572).

[5]) Hss: Pr 102. 2°. 103. 7°. 109 (Anc fonds 110. J 1665/6) 3°.   [6]) Hss: BrM 393 (Add 14704. 13. Jh) 1°. Pr 150 (Anc fonds 73. 16. Jh).

[7]) Eine von B 'Eb h râjâ approbierte des J. beigelegten Taufformulars: VtS 52 (J 1537) 3°. 55 (ums J 1715) 1°. In derjenigen des Bar-ṣaumâ-Klosters hat sein Formular der Epiphaniewasserweihe in dem Rituale Michaëls d. Gr. (§ 48 b) Aufnahme gefunden: VtS 51. 35° bzw. 305. 8°. In

schaft für sich in Anspruch nehmende Gestalten des jakobitischen Heiligen-
kalenders.[1]) Immerhin haben auch bei dessen Entwicklung nach Ausweis zweier
anonymer Kalendarien[2]) seine Zeit, sein Bischofssitz Edessa und das Kloster
Qenneŝrĕ, dem er die Grundlage seiner geistigen Persönlichkeit verdankte, in der
Tat bedeutsam mitgesprochen. Eine ihm zugeschriebene Anaphora begegnet seit
dem 13. Jh.[3])

f) Die Chronik J.s[4]) zerfiel in zwei wesenhaft verschiedene Teile. Auf eine
Einleitung folgte zunächst bis zum 20. Regierungsjahre Konstantins d. Gr. eine
Übs oder Bearbeitung des Eusebianischen Kanons. Der streng nach dessen Vorbild eingerichtete selbständige Teil des Werkes begann alsdann mit dem 21. Regierungsjahre des Kaisers und reichte ursprünglich bis 691/2. Fremde Hand hat
ihn nach dem Tode des Verfassers bis 709/10 weitergeführt. Das Ganze ist vorbildlich noch für die Anlage des chronographischen Kerns in dem großen Geschichtswerke des M geworden, wo sein zweiter Teil auch inhaltlich eine Hauptquelle von B 7 Kap 3, 11 Kap 17 bildet, während der erste als Mittelglied zwischen
M und der Chronik des Eusebios in Betracht kommt.[5]) Daß daneben, wenn auch
in trümmerhafter Gestalt, Einleitung und zweiter Teil sich auch in direkter Überlieferung erhalten haben, kann heute nicht mehr in Zweifel gezogen werden.[6])

g) Von weiteren Prosaschriften J.s stellt eine gegen die Verächter der
kirchlichen Kanones gerichtete[7]) offenbar seinen Kampfruf gegen P Julianos dar.
Eine „ἀπολογία" gegen den chalkedonensischen Klerus von Ḥarrān[8]) wurde von
ihm noch als Diakon abgefaßt. Außer ihr erinnert neben einigen Stücken antiarmenischer Polemik von zweifelhafter Echtheit[9]) noch ein ihm beigelegtes
Glaubensbekenntnis[10]) an den unfruchtbaren dogmatischen Lehrstreit der Konfessionen. Alles übrige zeigt den aufbauenden Geist einer neue Wege ein-
schlagenden vorwiegend profanen Wissenschaft. Eine leider nur in kümmerlichen
Bruchstücken greifbar werdende Grammatik unter dem Titel eines Bs der „Korrekt-
heit der Sprache"[11]) ist wohl das älteste Werk ihrer Art in syrischer Sprache ge-

---

dieser bzw. einer auf dasselbe oder ein Kloster von Naṭp(h ā zurückgeführten Gestalt erscheint
es Pr 112 (Suppl 39. J 1238,9) 28° bzw. 26°.

[1]) Hss: VtS 37 (J 1626,7) 18°. CmbrAdd 2014 (18. Jh) 3°. Brl 223 (Sach 39. J 1777) fol 122 r°, 24 r°.
VtB 124 (18. Jh: Bruchstück!). Der wirkliche Redaktor des in der vollständigen römischen Hs
vorliegenden Kalendariums ist vielmehr ein Pr Ṣĕlib(h)ā. Agg desselben: Kat Assemani 2, 250/72.
PPeeters, AB 27, 129/200. Ag des römischen Bruchstücks: FNau, PO 10, 132 f. Bs des
Berliner Textes: KatSachau 703 f.

[2]) Hss: BrM 421 fol 84 bzw. 598 (Add 14504. 9. Jh) fol 1 r°, 9 r°. Ag: FNau a. a. O. 31/48.
Vg. ABaumstark, Theolog. Revue 14, 356 f.

[3]) Hss: BrM 264 (Add 14691. fol 1 109. J 1230) 5°. VtB 159 (vor J 1294/5). VtS 25 (J 1481,2) 13°.
26 (J 1484) 12°. 295. 6°. 414. Brl 151 (Sach 185. 196. 152. J 1279,80 mit Erg. des 17,8. Jhs) 9°. JerMkl
10 (J 1427 8) A. 20°. 13 (J 1591) 13°. DamPfk 3 (17,8. Jh). 4 (18. Jh). CmbrAdd 2887 (J 1848) 8°.
Übs: Ren 2, 371/9.

[4]) EbŜ 2, 99 (111). M 127 f. 452 (1, 253/5. 2, 482 f.).   [5]) Dazu kommen die einzelnen
ausdrücklichen Zitate bei EbŜ, gesammelt: ChrM 328,30 (256 f.).

[6]) Hss: BrM 921 (Add 14685. 9/10. Jh), von Azz: Pr 306 (J 1889) II° 8. Agg: WEBrooks,
ChrM 197/255 (261/327), der Einleitung schon: KatWright 1062/4, der Kanonbruchstücke: Brooks,
ZDMG 53, 261/327. Vg. SFraenkel ebenda 534/7. Brooks 54, 100,2. Einen von dem Edessener
verschiedenen J. ὁ φιλόπονος suchte FNau, JA° 12, 346/51 als Verfasser zu erweisen.

[7]) Hss eines Azs aus Kap 12: BrM 860 (Add 12154. 8/9. Jh) 24°. 861 (Add 17193. J 874) 76°.
[8]) Hs: Séert 69 XI°.   [9]) Hs: PalMedOr 62 X°.

[10]) Hs: BrMOr 2307 (17. Jh).

[11]) Hss: BrM 996 (Add 17217. fol 37,8. 10. Jh). 997 (Add 14665. fol 28). Agg: KatWright 1169/73
bzw. WWright, Fragments of the turāṣ mamllā naḥrāyā or syr. grammar of Jacob of Ed.

wesen und vor allem dadurch merkwürdig, daß J. über das spätere gemein-west-
syrische System einer Vokalbezeichnung mit Hilfe der betreffenden griechischen
Buchstaben hinaus es versuchte, sogar für neugeschaffene und in die Konsonanten-
schrift selbst organisch einzugliedernde Vokalzeichen Boden zu gewinnen. Vielmehr den Gebrauch einfacher diakritischer Punkte und deren Wert zur Unterscheidung verschiedener grammatischer Formen behandelt ein Traktat in 5 Kapp.[1]
Sprachwissenschaftliche Gelehrsamkeit bringt bei deren Worterklärung auch ein
philosophisches „Ἐγχειρίδιον“ über die Begriffe Wesen, Hypostase, οὐσία, Natur,
εἶδος und πρόσωπον zur Geltung.[2] Eine umfassende Behandlung liturgischer
Fragen, die dem Verfasser Gelegenheit zur Bekundung eines in dem Briefe an
den Pr Thomas greifbar werdenden gesund und nüchtern historischen Sinnes Gelegenheit bot, scheint als „B der Schätze“ oder „Schrift über die Mysteriendinge“
in späteren jakobitischen Ritualien zitiert zu werden.[3] Endlich handelte J. in
einer nicht erhaltenen Schrift über „die erste schöpferische, ewige, allmächtige
und unerschaffene Ursache, welche Gott, der Erhalter aller Dinge ist“,[4] und hat
an dieselbe anschließend in einem von ihm unvollendet hinterlassenen Hexaëmeron
oder „B der sechs Tage“ als erster in syrischer Sprache den Versuch durchgeführt, im Rahmenwerke einer Erläuterung des biblischen Schöpfungsberichtes
auch profanes Wissen um die Welt und ihre Teile und Erscheinungen zu einem
einheitlichen Bilde zu gestalten.[5]

h) Der poetischen Form sehen wir J. sich zunächst in zwei Briefen bedienen, von welchen der eine in zwölfsilbigem Metrum an einen Qûrîsônâ (Demi-
nutivum von Κύριος!) gerichtet ist,[6] während bei dem anderen in siebensilbigem
Versmaß abgefaßten infolge unvollständiger Erhaltung die Angabe des Adressaten
fehlt.[7] Durch philosophische Betrachtungen über Gott, Natur und Vernunft
leitet der letztere zu einer Gruppe von vier weiteren Stücken über, deren Verfasser J. „der Lehrer“ zwar nicht ausdrücklich als der Edessener bezeichnet, der
Sache nach aber nur dieser, nicht J. v Serûg(h) sein kann.[8] Die Form ist meist
die alphabetisch-akrostichische der Sôg(h)ît(h)ā, der Inhalt nur bei einer über
Trinität und Inkarnation handelnden Nr wie in einem vereinzelt überlieferten
Mēmrā gegen die Nestorianer[9] ein theologischer. Bei den drei übrigen bilden die

---

(50 Exemplare „for private circulation“ 1871). A Merx, Hist. art. grammat. ap. Syros 74,84 (Syr.).
Vg. Merx a. a. O. 49,62.   [1] Hss: diejenigen der westsyrischen Masora. Ag: G Phillips,
A letter of Mar Jacob usw. (Vg. S. 249 Ak. 4) 14,24 (13,33) bzw. P Martin, Jac. Ed. ep. (vg.
ebenda) im Anhang.   [2] Hs: BrM 860. 23°.

[3] BO I, 487 bzw. 469. Damit zusammen hängen vielleicht eine Abhandlung über die
Myronweihe: BrM 825(Add 12165. J 1015)75° und die von dem Thomasbriefe verschiedene Erklärung der eucharistischen Liturgie. Vg. S. 250 Ak. 5.

[4] Nach dem Zeugnisse des Araberbischofs Georgios (§ 41 c): V Ryssel, Georg's d. Araberbischofs Gedichte u. Briefe aus d. Syr. übs. (Lpz 1891) 137. 227. Über das irrigerweise mit
diesem J.s identifizierte Werk über „die Ursache der Ursachen“ vg. § 45 b.

[5] Hss: Dijarb 23 (J 822). Stadtbibliothek zu Lyon 2 (J 837). Gol. 66 in Leyden (J 1183).
Brl 837 (Oroct 465. Abs der vorigen), der BB I/3: Pr 240 (Anc fonds 119. 17. Jh), eines kurzen Azs:
CmbrAdd 2011 (J 1735,6). Bs: P Martin, JA" II, 155/219. 401/40. Agg von Textproben mit
Übs: Martin a. a. O. 426,53 und bei A Hjelt, Études sur l'Hexaméron de Jaques d'Edesse,
notamment sur ses notions géographiques contenues dans le 3ième traité. Texte syr. publ. et
trad. (Helsingfors 1892). Vg. A Hjelt, Pflanzennamen aus d. Hex. Jakobs v. Ed., in: Oriental.
Studien ThNöldeke gew. 571/9.

[6] Hs: BrM 707, hinter 1°. Vg. KatWright 595.   [7] Hs: BrM 707. 1°a. Vg. KatWright 592.

[8] Hss aller: VtS 95 (13. Jh), wo sie als Nr 117 einer „Leitern“-Sammlung vereinigt sind,
des letzten Stückes („üb. d. Vernunft“) auch: CmbrAdd 2011 (J 1735,6) 3°.

[9] Hss: VtS 173 (14. Jh) VIII°. Ag u. Übs: M Ugolini, Jac. Edesseni de fide adv.

aristotelischen Kategorien, ein auch Mythologisches berührender Preis griechischer
Wissenschaft und Kunst und unter dem Titel „über die Vernunft" die Erklärung
philosophischer Schulterminologie den Gegenstand der allerdings sehr trockenen
Versifikation.

§ 41. Ja'qôb(h) v Edessa ist eine überragende, aber keineswegs eine vereinzelte Erscheinung. Wird der Name des großen Gelehrten selbst mit Stücken
einer Sammlung von Urkunden verknüpft, in deren Mittelpunkt der P S e v e r u s
b Mašqā steht, so schließt sich dessen Nachfolger A t h a n a s i o s II. mit einem
Araberbischof G e o r g i o s und dem Styliten J ô h a n n ā n v L i t(h)ārb zu einer
engeren Gruppe ihm auch persönlich nahestehender Vertreter gleichgerichteten
gelehrten Schrifttums zusammen „mit der von weiteren Zeitgenossen" B J ô n ā n
v T e l l ā, ein J a n u a r i o s K a n d i d a t o s und ein Pr A t h a n a s i o s v N i s i b i s
sich wenigstens durch eine Gemeinsamkeit der geistigen Interesse berühren. Auch
die Entwicklung der westsyrischen M a s o r a hat sich teils anscheinend wohl noch
zu seinen Lebzeiten, teils in den nächsten Dezennien in Bahnen vollzogen, in
denen der Edessener mit seinen grammatischen Studien und seinen Bemühungen
um den Bibeltext sich bewegte.

a) P S e v e r u s b Mašqā, † 683/4,[1]) war aus dem Kloster P(h)ag(h)intā
hervorgegangen und bis zu seiner Erhebung, die im J nach dem 666/7 erfolgten
Tode seines Vorgängers Theodoros stattfand, M von Amida gewesen. Seit 679/80
befand er sich im Kampfe mit den hervorragendsten ihm unterstehenden Kirchenfürsten um das von ihm beanspruchte Recht, die Suffragane der verschiedenen
MM mit Umgehung dieser unmittelbar zu ernennen. Kurz vor seinem Tode hat
er in einem Briefe an den Map(h)rĕjān Jôhannān dessen Vermittlung angerufen.
Dieser hat denn auch auf einer von ihm präsidierten Synode zu Riš'ainā[2]) die
Gegner desselben zu einer nachträglichen Unterwerfung vor dem inzwischen verstorbenen S. und zu ehrender Anerkennung seines Andenkens vermocht, ein
Friedenswerk, über das er alsdann selbst durch eine Encyklika berichtete.[3]) Neben
derselben haben sich auch die Unterwerfungsurkunde der BB selbst,[4]) je ein von
ihnen mit der Nachricht von ihrer Unterwerfung an das Hauptkloster von Edessa
und an ihre Kollegen im ehemals persischen Osten erlassenes Schreiben,[5]) sowie
eine ihrem Schritte zustimmende Erklärung auf der Synode selbst nicht anwesender
westsyrischer BB[6]) erhalten, Aktenstücke, von welchen das zweite und dritte anscheinend im Auftrage der Absender durch Ja'qôb(h) v Edessa redigiert worden
sein sollen.

b) P A t h a n a s i o s II. v Bālād(h),[7]) 683/4 durch die Synode von Riš'ainā
erhoben, † 11. 9. 636, hatte im Kloster Qennešrē studiert, wo er, wenn anders

---

Nestorium carmen usw. in: Al Sommo Pontefice Leone XIII. Omaggio Giubilare della Biblioteca
Vaticana (R 1888). Vielleicht identisch ist ein von A s s i b'ilāni, مار يعقوب السروجى
ﻨﻴﺎﺭﻴﺔ بالسريانية ﻓﻰ الايمان ﺳﻬﻤﺮ (Beirut 1901) unter dem Namen J.s v Sĕrūg edierter syrischer
Mēmrā „über den Glauben" der nach al-Mašriq 4, 238 vielmehr den Edessener zum Verfasser hat.
[1]) M 435. 436 ff. 444. Ass. 752 (2, 453. 456 f. 470. 3, 449). ChrAn (Ag Chabot) 2, 262 f.
B'EKg 1, 281/8.   [2]) Erhalten durch M 438/40 (2, 458/62).   [3]) Ebenda 439/41 (2, 459/64).
     [4]) Ebenda 438 (2, 458 f.).   [5]) Ebenda 442,44 (2, 465/8) bzw. 441/44 (2, 464/7).
     [6]) Ebenda 440/2 (2, 462/5).   [7]) M 444. 446 f. 752 (2, 470 f. 474. 3, 444). B'EKg 1, 287/94.
BO 2, 335. W r i g h t 154. D u v a l³ 251 f. 377.

dessen Wirken sich hier abspielte, in das für ihn ausdrücklich bezeugte Schülerverhältnis zu Severus Sēb(h)ōk(h)t trat. Alsdann Mönch in einem „Königs"kloster
geworden, hat er in demselben 644 5 eine Übs der *Eἰσαγωγή* des Porphyrios gefertigt.[1]) Weitere Zeugnisse der ihm nachgerühmten Vertrautheit mit dem Griechischen sind diejenige einer anderen Einleitungsschrift in die aristotelische Logik[2])
und eine Emendation der Paulosübs der Homilien des Gregorios v Nazianz nach
Art des durch Ja'qôb(h) von Edessa für das Kirchengesangbuch des Severus Geleisteten.[3]) Ein von ihm erlassenes Sendschreiben, das einen Genuß von den
„Opfern, der jetzt im Besitze der Macht befindlichen Sarazenen" verbietet,[4])
führt in die neuen durch die mohammedanischen Eroberungen geschaffenen Kultur-
verhältnisse, während das Beispiel eines gut bezeugten Sed(h)rā[5]) ihn auch als
Schöpfer liturgischer Texte kennen lehrt.

c) **Georgios,[6])** als Bischof der christlichen Araberstämme an der Grenze
des syrisch-mesopotamischen Fruchtlandes ord. 11. 11. 686, † im 2. 724, hat den
von Ja'qôb(h) v Edessa unvollendet hinterlassenen siebten Mēmrā seines Hexa-
ēmerons zum Abschlusse gebracht[7]) und als Erklärer sich mit Aristoteles in
einem zugleich eine Neuübs einschließenden Kommentar zu den *Κατηγορίαι,
περὶ ἑρμηνείας* und den vollständigen *Ἀναλυτικὰ πρότερα*.[8]) mit Gregorios v Nazianz dagegen vielleicht lediglich in einer an diejenige Ja'qôb(h)s erinnernden gelehrten Korrespondenz beschäftigt.[9]) Jedenfalls nur auf diese dürften Anführungen
seines Namens in exegetischer Literatur zurückgehen.[10]) Unter ihren erhaltenen
Stücken, von denen vor allem eine Sammlung aus den JJ 714/7 in Betracht
kommt,[11]) nimmt ein langer Brief an einen Reklusen Išôʻ im Dorfe Anab(h) eine

---

[1]) Hss: VtS 158 (9/10. Jh) 1° und die Tochterhss OrMedPal 196 (16. Jh). Pr 248 (Anc fouds 61.
J 1667). EscurOr 652. Vg. A Freimann, D. Isagoge d. Porphyrios usw. (S. 168 Ak. 9).
[2]) Hs: BrM 988 (Add 14660. 9,10. Jh) 5°.
[3]) Vg Brief des K Timotheos I. an Pet h)jön: OrC 2, 7 10. Die Arbeit liegt vielleicht
in den Marginalien der Hss BrM 555 (Add 12153. 9/10. Jh) zugrunde. Ags von Probeu derselben:
KatWright 426 f.   [4]) Hs: Pr 62 (Suppl 29. 9. Jh) 52°. Ag mit Übs: F Nau, ROC 14, 128/30.
[5]) Hs: BrM 284 (Add 14494. 9 10. Jh) 4° d.
[6]) ChrM 232 (175). M 447. 457 (2, 474 f. 491). B'EKg 1, 293 f. 303 f. BO 1, 494 f. bzw.
469. JGE Hoffmann, De Hermeneuticis ap. Syros Aristoteleis 148,51. LTh 29 f. V Ryssel,
Ein Brief Georgs, B.s d. Araber, an d. Pr. Jesus aus d. Syr. übs. u. erläutert. Mit einer Einleit.
üb. sein Leben u. seine Schriften (Gotha 1883) 7,29 Ders., G.s d. Araberbischofs Gedichte u.
Briefe übs. (Lpz 1891) XV/XI.. Wright 156,9. Duval³ 377 f.
[7]) Hss: S. 255 Ak. 5. Übs: V Ryssel, G.s d. A. Ged. u. Briefe 130/8.
[8]) Hs: BrM 920 (Add 14659. 8,9. Jh). Ag der Übs von *περὶ ἑρμηνείας* Kap 1/6: Hoffmann
a. a. O. 22 8.
[9]) Erhalten hat sich ein hierhergehöriger Brief an seinen Synkellos Ja'qôb(h). Auch scheint
die Autorschaft G.s an einer bestimmten Schicht der in der Hs BrM 563 (Add 14725. fol 100/215)
vorliegenden Masse exegetischer Arbeit zu den Homilien des Nazianzeners durch eine Randbemerkung fol 132 v° verbürgt zu werden. In ihm aber mit KatWright 443 bzw. Ryssel, Ein
Brief usw. 16 f. den Urheber ihrer abschließenden Redaktion zu erblicken verbietet die Tatsache,
daß in ihr schon der um ein Jh jüngere Benjamin v Edessa (§ 44 c) nachwirkt.
[10]) So in einer dogmatischen Katene (BrM 853 fol 180) zu Lk 1. 36, in der Severus-Katene
(§ 44 j), bei Dionysios b Ṣalib(h)i (§ 48 a) und B'Eb(h)rājā (§ 51 b). Übs der einschlägigen Zitate:
V Ryssel, G.s d. A.s Ged. u. Briefe 138/41.
[11]) Hss der fraglichen Sammlung von Stücken an einen Archimandriten Māri v Tell'adda,
Diakon Barḥad(h)bĕšabbā im Kloster Bēt(h) Mĕlūṭā, den Reklusen Išôʻ, den Synkellos Ja'qôb(h)
und Jôḥannān v Lit(h)ārb und einen Abraham: BrM 860 (Add 12154. 8/9. Jh) 35°, von Antwortschreiben an einen Pr Išôʻ und einen Pr Addai: Séert 69 (vor J 1379/2) II°. X bzw. III°. Dazu
ein Zitat aus demjenigen an den Synkellos Ja'qôb(h) in der Hs BrM 860 (Add 12154) fol 293 v°:

überragende Stellung ein.[1] Ein Memra im zwölfsilbigen Metrum über die Myronweihe ist in zweifacher Fassung überliefert und wird in der Tat wohl eher auf
G. als schon auf Ja'qôb(h) v Srûg(h) zurückgehen, der für die längere der beiden
Rezensionen gleichfalls als Verfasser namhaft gemacht wird.[2] Zweifelhafter als
hier und bei einem solchen über das Einsiedlerleben[3] ist die Autorschaft
G.s bei einem in gleichem Maße gehaltenen Mêmrä über Kalenderkunde, der
gegenüber dem Pochen eines arabischen Poeten auf die Glanzleistung seines Volkstums in mathematischer, astronomischer und astrologischer Lehrdichtung die Eben-
bürtigkeit des Syrischen in metrischer Behandlung solcher Gegenstände dartun
will, also Verhältnisse voraussetzt, wie sie um die Wende vom 7. zum 8. Jh in
der arabischen Literatur noch nicht gegeben waren.[4] Stofflich berühren sich
allerdings mit der problematischen Dichtung neben einzelnen seiner Briefe an
einem Traktate über Sonnenfinsternis[5] und einer Tafel zur Bestimmung von Tag
und Stunde des Wiederzunehmens des Mondes[6] zwei weitere prosaische Stücke
des Araberbischofs. Mit aller Bestimmtheit wird man ihn schließlich einem B. des
Namens G. gleichsetzen dürfen, von dem sich an einer „Erklärung der Mysterien
der Kirche" eine nicht nach dem 8. Jh entstandene gedrängte Behandlung der
jakobitischen Tauf- und Meßliturgie von stark „mystischer" Färbung erhalten hat.[7]

d) Der Pr Jôhannân v Lit(h)ärb (d. h. $\Lambda\iota\tau\alpha\rho\beta\alpha$ = al-Atärib bei Aleppo)[8]
wo er als Stylite lebte, † 737/8, mit dem Ja'qôb(h) v Edessa und Georgios Araberbischof korrespondierten, scheint noch jünger als der letztere gewesen zu sein, den er in
einem eigenen über Gn 49. 10 handelnden Briefe an einen Pr Daniel aus dem Araberstamme der Tû'ajê[9] als „unseren gemeinsamen Vater" bezeichnet.[10] Jener Brief war
gewiß nicht der einzige, in dem auch er einen Freundeskreis seiner Gelehrsamkeit froh
werden ließ. Ein von ihm verfaßtes Geschichtswerk des chronographischen Typus
reichte ungefähr bis 726/7.[11] Auch stammte wohl zweifellos von ihm die Grammatik
eines J. Stylites.[12] deren Verfasser man teils in dem späteren nestorianischen

---

KatWright 989. Ag und Übs von Briefen astronomischen Inhaltes an Jôhannân v Lit(h)ärb:
VRyssel, ZA 8, 1/55. Übs des gesamten Briefmaterials leider mit Auseinanderreißung der
Texte nach sachlichen Gesichtspunkten: Ders., G.s d. A.s Ged. u. Briefe 44/129.

[1] Hs: BrM 860. 35°d. (Über ein Zitat in Pr 346 vg. FNau, ROC 15. 245). Ag: P de Lagarde, AnS 108/34. Übss: BHCowper, Syr. Miscellanies 61/63 (unvollst.). Ryssel, Ein Brief
usw. 28/94 (vielfach nur in Az und mit Kommentar). Ders., G.s d. A.s Ged. u. Briefe 44/54. 106f.
54/60. 107f. 71f. 111f. [2] Hss der kürzeren Rezension: BrM 825(Add 12163. J1015)78°. der
längeren unter dem Namen des G.: VtS 117 (12. Jh) 188. Pr 196(Anc fonds112. 14.Jh)66°. 189
(Suppl76, 18. Jh)3°, unter demjenigen J.s: VtS 118°. 60°. Ag der letzteren: VRyssel, RAL⁴ 9.
1,33. von Azz derselben: LTh 30/5. Übs der kürzeren Fassung: VRyssel, G.s d. A.s Ged. u.
Briefe 9,14, der längeren: ebenda 14/36.

[3] Hs: BrM 2732 (18. Jh). Ag: VRyssel, RAL⁴ 9, 34/46. Übs: Ders., G.s d. A.s Ged. u.
Briefe 34/46. [4] VtS 245 (J 1540). Brl 236(Sach 121. J1826)11°. Vg. BO 1. 95. Ag der Einleitung: KatSachau 720f. [5] Hs: Pr 346. 4°. Vg. FNau. ROC 15. 230.

[6] Hss: BrM Rich 11°. VtS 68 (spätestens J 1464/5) 21°. [7] Hss: BrM 860(Add 12154.
8/9.Jh)31°. Séert 69 XI°. Vielleicht = der anonymen „Erkl. d. kirchl. Mysterien" in BrM 863
(Add 14538. 10.Jh)2°f. Übs: VRyssel, G.s d. A.s Ged. u. Briefe 36/43.

[8] Außer den Adressen der an ihn gerichteten Briefe (S. 257 Ak. 11 : ChrM 236 (179).
Ai §174. BO 3r. 256. RSchröter, ZDMG 24, 262/6. wonach J. vielmehr seinen Beinamen
Esṭônâjâ dem Säulenkloster verdankte und Pr in Jathreb (= Medina gewesen wäre). AMerx.
Hist. art. grammat. ap. Syros 107f. VRyssel ZA 8. 2. Duval² 189. 289. 376f. [9] Hs: BrM
860(Add 12154. 8/9.Jh)36°.

[10] Fol 293 v°: KatWright 989. [11] Vorrede des Dionysius v Tellmahrē (§ 44 a) bei M 378
2, 358). M selbst 461 (2. 500) bzw. eine nicht von M. herrührende Bemerkung späterer Hand
577 2, 357). [12] Vg. 'Ai bzw. Jôhannân b Zô'bi: BO 3r. 308f. Ak. 2 von S. 307. Hs eines

Ärzte Jôhannā b Māsôjah († 26. 9. 857) erblicken,[1] teils für älter sogar als Ja'qôb(h) v Edessa hat halten wollen.[2]

e) B **Jônān** v **Tellā** war früher Periodeut und ist noch als solcher Adressat eines gelehrten Briefes des Severus Sēb(h)ōk(h)t gewesen.[3] Aus der Zeit seines bischöflichen Wirkens stammt ein von ihm selbst an einen Periodeuten Theodoros gerichtetes Schreiben über die Monogamie.[4]

f) Von **Jannarios Kandidatos**[5] aus Amida erfährt man, daß die Höhe seines Lebens und Schaffens zeitlich etwa mit dem Tode des Severus Sēb(h)ōk(h)t zusammenfiel. In der Tat hat er 664/5 eine Neuübs der jambischen Gedichte des Gregorios v Nazianz gefertigt, die hier in 17 Kapp geordnet waren. Erhalten hat sich von der Arbeit ein die VV 1/82 περὶ τῶν καθ' ἑαυτόν umfassendes Bruchstück.[6]

g) Pr **Athanasios** v **Nisibis**[7] ist zu Unrecht mit A. v Bālād(h) identifiziert worden, da dieser weder aus N. stammte, noch vor seiner Erhebung zur Pönwürde dort gelebt hat, auch durchweg als „Mönch" oder „Bruder", nicht als „Pr" bezeichnet wird. Beschäftigt hat er sich als Übersetzer mit Severus v Antiocheia, von dem zwei λόγοι über die Menschwerdung an einen „Nhip(h)lāos(?)"[8] und 668/9 auf Anregung der BB Mattai v Aleppo und Daniel v Edessa das 6. B einer Sammlung von Briefen durch ihn übertragen wurden.[9]

h) Die **westsyrische Masora**,[10] die im Gegensatze zum ostsyrischen Punktationssystem sich der griechischen Vokalbuchstaben bediente, wird als die Tradition des Qar qap(h)tā- oder „Schädel"klosters (mašlēmānût(h)ā qarqēp(h)aitā) bezeichnet, weil das unferne von Riš'aina am Chabor gelegene[11] der Ort ihrer maßgeblichen Fixierung geworden ist. Verknüpft sind mit derselben vor allem die Namen des dortigen Mönches Tûb(h)ānā Santā und des Diakons Sāb(h)a aus Riš'ainā.[12] Die Lebenszeit des letzteren wird einerseits durch die Datierung dreier von ihm gefertigter Hss[13] auf die J.J 723/4 und 726 bestimmt. Andererseits scheint er jünger gewesen zu sein als T., dessen Lesarten gelegentlich von ihm korrigiert wurden.[14] Neben dem Texte der Pěšiṭtā fanden bei der philologischen Arbeit einer Sicherstellung der richtigen Aussprache hier späterhin auch

---

Azs: N-Dsém 139 16. Jh) 4°. Vg. AMoberg, D. syr. Grammatik d. Johannes Esṭônājā. Le Monde Oriental 3, 24/33. [1]) Assemani. [2]) Merx. [3]) Vg. § 39 d (S. 246).

[4]) Hs: CmbrAdd 2023 13. Jh) 28°. [5]) M 435 (2, 453). Wright 156. Duval[3] 310. [6] Hs: VtS 96 (nms J 1351/2) 21°. Ag: IgnGuidi. Actes X. Congr. Orient. Section II. Part III 73 82. [7]) KatWright 564. Hist. 155. Duval[3] 318 (unter Verwechselung mit A. v Bālād(h)). [8]) Hs: Dijarb 30 (11/2. Jh) 30°, enthaltend den Schluß des 1. und den ganzen 2. λόγος. [9]) Hss: BrM 692(Add 12181). 693(Add 14600) beide des 8. Jhs. Ag: WEBrooks, The sixth book of the select letters of Severus patriarch of Antioch in the syr. vers. of Athanasins of Nisibis Lo 1902/4).

[10]) NWiseman, Horae syriacae(R 1828). PMartin. JA[6]14, 245/379 und 5, 81/208. Wright 205. 150/1. Duval[3] 56/62. Hss: BrM 162(Add 12178. 9/10. Jh). 183 Rich (12. Jh). VtS 152 (J 980. VtB 117 (J 1014. Eine solche der Kathedrale in Mosul (J 1015. Vg. PMartin, Introd. à la crit. textuelle du nouv. test. Partie théorique 291). Barberini VII 62 (J 1088/9. Vg. ABaumstark. OC 3, 175f.). Pr 64(Ancfonds 142. Vor J 1178/9). JerMkl 1*(16/7. Jh), ohne den üblichen Anhang: BrM 167(Add 14684. fol 37/117. 12/3. Jh), eines Bruchstückes (Gn Richt): 164(Add 17162. fol 1/14. 10/1. Jh), nur ATlicher Masora: 163(Add 14667. fol 1. 12. 10. Jh), 165(Add 14482. 11/2. Jh). 166(Add 14681. fol 1 56. 12. Jh). Agg zu Rnth: GDiettrich, ZAtW 22. 193/201, zu Is: Ders. D. Massora d. östl. u. westl. Syrer in ihren Angaben zum Propheten Jesajas (Lo 1899) bzw. Ein App. crit. usw. (S. 25 Ak. 2) mit der Ergänzung nach VtS 152 von FCöln, OC 6, 452/61. Vg. auch LWeingarten, D. syr. Massora nach Bar Hebraeus. D. Pentateuch (Diss. Halle 1888).

[11]) Über diese Lage GEHoffmann. ZDMG 32, 745. [12]) BB 1364. GHoffmann, ZAtW 1. 159f. RDuval, JA[4] 3. 560/2. [13]) BrM 11(Add 11425. 24 Add 14430. 40(Add 1915. fol 1 43. Vg. KatWright 9. 16. 25. [14] BB a. a. O.

derjenige der Übs des Thomas v Harqel mit Einschluß der Apokalypse und an
patristischer Literatur die Paulos-Übs der Reden des Gregorios v Nazianz, seine
und des Basileios Briefe, Predigten auch des letzteren, die Ps.-Areiopagitika, die
ὁμιλίαι ἐπιθρόνιοι des Severus v Antiocheia und der Διαιτητής des Joannes
Philoponos Berücksichtigung.[1]) Den Zusammenhang mit Ja'qôb(h) v Edessa beleuchtet die Tatsache, daß dessen Schreiben an Gîwargîs v Serûg(h) und sein
Traktat über die diakritischen Punkte [2]) zu den Stücken gehört, die in den Hss
ein Anhang zu vereinigen liebt.[3]) Außer weiteren grammatischen Materialien pflegt
derselbe sodann in syrischer Übs die im griechischen Original nur verstümmelt
erhaltene Schrift des Epiphanios περὶ μέτρων καὶ σταθμῶν und Texte der an E.s
Namen angeschlossenen Kleinliteratur von biographischen Notizen über Propheten
und Apostel und von Namensverzeichnissen der 72 Jünger zu enthalten. Daneben
treten solche Texte gleich der biblisch-archäologischen Arbeit syrisch auch in
selbständiger Überlieferung auf,[4]) während von den echten Hauptwerken des E. nur
dürftige Azz begegnen, die eine ehemalige Existenz von Vollübss kaum verbürgen.[5])
Einen Platz behauptet in den westsyrischen M.-Anhängen endlich auch die auf
griechischem Boden mit dem Namen des Origenes in Verbindung stehende
Literatur der Etymologien hebräischer Namen des Bibeltextes bietenden sog. Onomastica sacra.[6]) Doch führt eine hier gleichfalls neben jene Anhänge tretende
unabhängige Überlieferung noch in vorislamische Zeit hinauf. Dies gilt nicht nur
von der wörtlichen Übs eines griechischen Onomastikons vor allem zu den Ps.[7])
sondern auch von einer mit Benutzung griechischer Quellen eigene etymologische
Versuche verbindenden originalsyrischen Bearbeitung des Stoffes, aus welcher
derselbe letzten Endes in die lexikographischen Arbeiten der Nestorianer des 9.
und 10. Jhs überging.[8])

[1]) Doch fehlt das patristische Material noch in älteren Hss wie BrM 162 und VtB 117.
[2]) Oben § 40 b bzw. g.   [3]) Ag zweier weiterer: G Phillips, A letter of Mar Jacob usw.
(Vg. S. 249 Ak. 4) 74 84.
[4]) Hss der letzteren für περὶ μέτρων καὶ σταθμῶν: BrM 756 (Add 17148. 7. Jh) 2°. 800 (Add
14620. 9. Jh) 7°, von Azz: 795 (Add 14601. 9. Jh) 15°, für Prophetenviten usw.: BrM 771 (Add 14536.
8. Jh) 2°. 861 (Add 17193. J 874) 43°. 795 (Add 14601. 9. Jh) 16°/7°. Siu 10 (9. Jh). VtB 133 II (J 1224) 9°.
VtS 159 (J 1628/32) XCIV°/XCVI°. Brl 73 (Sach 131. J 1862) II° und eine nächstverwandte des Cuion
Theol. Seminary in New York, einer Sammlung von Apostelviten unter dem Namen des Eusebios:
BrMOr 9695 (J 1202/3), einer Sammlung Ps.-E. benützender Notizen über Patriarchen, Propheten,
Apostel, Kirchenlehrer, Mönchsheilige und Martyrer: VtS 155 (J 1515) 7°. Brl 174 (Sach 70. J 1821) III°,
eines anonymen Textes über Apostel und 72 Jünger: Peš.-Hs im Privatbesitze (Elliot F. Shepard)
in New York (J 1378/9). Dazu Azz bei M. Agg von περὶ μέτρων καὶ σταθμῶν: P de Lagarde,
Vet. Test. ab Origine recensiti fragmenta apud Syros serv. (Göttingen 1880), mit Rekonstruktion
des Originals Symmikta 149/216, der Prophetenviten: E Nestle 86/107, dazu bsliche Varianten:
Ders., Marginalien u. Materialien (Tübingen 1893) 36/43. Übs der Prophetenviten nach einer
anderen Rezension: J H Hall, Journ. of the Soc. of Bibl. Literature und Exegesis 7, 28,38. Vg.
6, 97/102 und F Baethgen, ZAtW 6, 197. Ag und Übs des New-Yorker Texts: J H Hall, PAOS
1888/9 LXX/LXXXIII. Verarbeitet ist auch das einschlägige syrische Material bei Th Schermann, Propheten- und Apostellegenden nebst Jüngerkatalogen d. Dorotheos u. verwandter Texte
(Lpz 1907 = TuU 31 m). Vg. besonders 24/39. 172/74.
[5]) Hss eines Azs aus dem Ἀγκυρωτός: BrM 763 (Add 18813. 7. Jh) 5°, dem Πανάριον: 795
(Add 14601. 9. Jh) 8° bzw. der Ἀνακεφαλαίωσις 729 (Add 12156, vor J 560,1) V°.
[6]) F Wutz, Onomastica sacra (Lpz 1914 = TuU 41)   [7]) Hs: AmbrosC 313 (6. Jh) als
Vorsatzstück zum syro-hexaplarischen Ps.-Text. Ag: Wutz a. a. O. 792/801. Vg. 7 f.
[8]) Hss dreier verschiedener Rezensionen: BrM 743 (Add 17167. 6,7. Jh) fol 1 r°/3 r°. 860 (Add
12154. 8/9. Jh) 29°. 893 (Add 17217. 9. Jh) fol 43 v°/44 r°. Ag: Wutz 804/19. 8 0,37. 838/41. Vg.
842,7. Dazu ein kurzes Exzerpt in Kat. KWHiersemann 487 Nr 255 b (J 882) 12°.

§ 42. Auch an anonym überlieferten Stücken griechisch-syrischer Übersetzungsliteratur geht nicht Weniges auf die von Severus Seb(h)ōk(h)t eröffnete, durch Ja'qōb(h) v Edessa am bedeutsamsten vertretene neue literarische Bewegung zurück. Neben wortgetreuen Neuübss, wie der letztere sie für die Homilien und das Kirchengesangbuch des Severus v Antiocheia unternahm, gehört, was hier an Texten nichtliturgischer Prosa in Betracht kommt, den Gebieten der Predigt, des kanonischen Rechts und der Heiligenlegende an. Von prosaischen Liturgiedenkmälern hat eine Mehrzahl eucharistischer Formulare wohl spätestens im Zeitalter J.s und derer um ihn ein anscheinend schon erneute Übertragung aus dem Griechischen erfahren. und auch eine merkwürdige Klasse poetischer Texte scheint an den sog. griechischen Kanones gleichfalls noch vor Anfang des 9. Jhs den Weg in das syrische Sprachgebiet gefunden zu haben, wo den in orthodoxer Liturgie heimischen die jakobitische sich öffnete.

a) Anonyme Neuübersetzungen, deren Streben nach möglichster Wörtlichkeit in den Kreis Ja'qōb(h)s v Edessa zu weisen scheint. werden für Basileios durch eine auch einzelnes Unechte umfassende Sammlung von 28 Predigten[1]) und merkwürdigerweise vielmehr in nestorianischer Überlieferung für die Ps.-Areiopagitika[2]) greifbar. Einen verwandten Charakter zeigt auch der allerdings einzige syrische Text, in welchem das Schreiben des römischen Apostelschülers Klemens an die Gemeinde von Korinth und die frühzeitig irrtümlich als II. Klemensbrief mit demselben verbundene Homilie eines Unbekannten. zwischen den Katholischen und den Paulusbriefen der Übs des NTs durch Thomas v Harqel eingefügt. vorliegen.[3])

b) An Predigten griechischer Herkunft weist vor allem ein Typus, wenn nicht ausschließlich so doch vorwiegend aus solchen aufgebauter Homiliare. der sich bis gegen die Wende vom 8. zum 9. Jh hinauf verfolgen läßt.[4]) neben Texten des Chrysostomos. der drei großen Kappadokier, des Kyrillos v Alexandreia und Severus v Antiocheia eine Reihe mehr oder weniger vereinzelter Stücke auf. für deren Übs damit ein äußerster Terminus ante quem gegeben ist. In diesen Umkreis gehören eine Homilie „über Seele und Leib und das Leiden Christi“ unter dem Namen des Alexandros v Alexandreia.[5]) die vielleicht doch nicht zu Unrecht unter demjenigen des Athanasios stehende Rede über das Kreuz und das Leiden des Herrn[6]) und eine ihm zugeschriebene Taufpredigt.[7]) Von Pro-

---

[1]) Hs: CmbrAdd 3175,10,1.Jh'1°,28". Bs: KatWright-Cook 1218,29. Als 29° folgt ein Zento aus den beiden Mönchsregeln.   [2]) Hs von *Περὶ μυστικῆς θεολογίας* Kap 1,5: CmbrOo 1. 29 (17 8. Jh) IX°.

[3]) Hs: CmbrAdd 1700 (J 1169,70) V°. Ag: RLBensly-RHKennett, The Epistles of St. Clement to the Corinthians in Syriac ed. from the mscr. white notes (Lo 1899). Vg. AHilgenfeld, ZWT 20, 549 62. FFnnk, TQs 59, 477,98 noch auf Grund der bloßen textkritischen Verwertung bei Lightfoot, St. Clement of Rome. An Appendix (Lo 1877) 397 470. Über das Alter der Übs: KatWright-Cook 10. Der Sphäre dogmatischer Katenen usw. gehört ein mithin nicht notwendig aus einer älteren Vollübs stammendes Fragment von II. Klem. an: BrM 864 (Add 17191. 9,10. Jb)50°. Ag· PMartin bei JBPitra, AnSacr 4, 1,2 (276).   [4]) ABaumstark. Festbrevier u. Kirchenjahr d. syr. Jakobiten 58,60. Hss: Die S. 81 Ak. 3 angeführten.

[5]) Hss: BrM 789 (Add 17192. 9. Jb)15°. VtS 368. 21°. Agg: AMai, NPB 2, 529/39. PG 18, 585 608. Vg. GKrüger, Melito v. Sardes od. A. v. Alexandria? ZWT 31, 434/48. OBardenhewer, Gesch. 3, 35.   [6]) Hs von Azz: BrM 770 (Add 14617. 7 8. Jb) 12°.

[7]) Hs: BrM 848 (Add 14727. 13. Jb' 3°.

klos v Konstantinopel begegnen außer einer am Samstag vor Beginn der Quadragesima gehaltenen Rede über das Dogma der Menschwerdung, einer Weihnachtspredigt und einem Enkomion auf den hl. Klemens v Ankyra[1]) Homilien über
die Θεοτόκος,[2]) den Protomartyr Stephanos,[3]) auf den Karfreitag und über den
Verräter Judas[4]) und auf Christi Himmelfahrt.[5]) Amphilochios ist neben
einem ihm beigelegten und von dem griechisch erhaltenen verschiedenen Enkomion auf Basileios d. Gr.[6]) mit einer Predigt auf die Darstellung Jesu im Tempel,[7]
der rätselhafte angebliche B Eusebios v Alexandreia mit einer „Sonntags"homilie,[8]) Severianus v Gabala,[9]) Theodotos v Ankyra[10]) und ein
Erechtheus v (Tarsos oder) dem pisidischen Antiocheia[11]) sind mit je einer
Weihnachtspredigt, Antipatros v Bostra ist mit einer Epiphaniepredigt[12]) und der
Rede „über die Geburt des Täufers und Mariä Verkündigung",[13]) Anastasios
Sinaïtes mit einer Rede über die Höllenfahrt der Seele Christi und über Ps. 6[14]) ein
Pr Pantaleon aus der μονὶ τῶν Βυζαντίων mit seiner Predigt auf das Kreuzfest[15])
vertreten. Dazu gesellen sich pseudepigraphe Stücke auf die Verkündigung unter
dem Namen des Gregorios Thaumaturgos[16]) und über die Gottesgebärerin
unter demjenigen des Epiphanios.[17]) Besondere Verbreitung hat endlich einer
Predigt über Jungfräulichkeit und Buße auf syrischem Boden die Tatsache gesichert,
daß ihr wirklicher Urheber, P Joannes IV. der „Faster", v Konstantinopel mit
dem allerdings von ihm ausgeschriebenen J. Chrysostomos verwechselt wurde.[18]

c) An kanonistischen Texten vereinigt eine gleichfalls bis ins 9. Jh hinauf
führende hsliche Überlieferung[19]) mit denjenigen des klementinischen Oktateuch-
und den Akten der karthagischen Synode einerseits die Übs der Kanones von
Sardika,[20]) eines Schreibens doch wohl eher der antiochenischen Synode ἐν ἐγκαι-
νίοις vom J 341 als eines verschollenen antiochenischen Konzils schon vom
J 324/5[21]) und einer angeblich aus Italien an die BB des Ostens gesandten
Sammlung von Bußkanones, die, sich aufs engste mit den griechisch erhaltenen
Τῶν ἁγίων ἀποστόλων ἐπιτιμία τῶν περιπιπτόντων berührend, wohl das älteste

[1]) Hs: VtS 368. 8° (bzw. 369. Fol 47 r°/48 r°) 2°. 39°. Ag: J-BChabot. RAL³ 5, 178/97.
Übs: PG 65, 841/50.   [2]) Hs von Bruchstücken: Brl 28. Fol 40 r°/41 r°.   [3]) Hs: VtS 368. 4°.
[4] Hs: BrM 825. 79°.   [5]) Hs: BrM 848. 7°.   [6]) Hss: Brl 26 (Sach 321. J 740/1 4°. VtS 369
fol 5 r°/15 r°. BrM 960 (Add 12174. J 1197) 11°. Urm 232 (J 1795/6 nach Vorlage des 9/10. Jhs?)
Fol 312/74. Agg: AMS 6, 297/335. K v Zetterstéen bei G Weil. Festschrift EdSachau 223/47.
[7]) Hs: VtS 318. 7°.   [8]) Hs: VtS 368. 84°.   [9]) Hs: VtS 369. Fol 15 r°/17 v°. Dazu kommt ein
gleichfalls Predigtcharakter tragendes „Kapitel" des S. über das Erlösungswerk Christi in der
Hss Kat. KWHiersemann 487 Nr 255 b (J 882) 14°.   [10]) Hss: BrM 795 (Add 14601. 9. Jh) 7°, eines
Bruchstücks: Brl 28. Fol 7 v°.   [11]) Von den Ortsangaben ist die erste falsch. Hss: BrM 769
(Add 14531. 7/8. Jh) 4°. 814. 1°h. Ag: FNau, PO 13, 171/80.   [12]) Hs: BrM 808 Add 14516.
9. Jh) 6°.   [13]) PG 85, 1773 ff. Hs: BrM 847 (Add 17267. fol 34/49. 13. Jh/3°.   [14]) PG 89. 1077/1115.
Hss: VtS 369. Fol 104 r°. 183 r° (jeweils der Schluß des Textes!) bzw. nur der zweiten (hier
dafür vollständig erhaltenen) Predigt: Kat. KWHiersemann 487 Nr 255 a (8/9. Jh 12°.
[15] PG 98, 1265/9. Hss: BrM 825. 100°, eines Bruchstücks: Brl 28. Fol 48 v°.   [16] Hss:
BrM 814. 1°b. 847 (Add 14267. fol 34/49. 13. Jh) 1°. Ag: PMartin bei J-BPitra. AnSacr 4. 122/27
(377/81).   [17]) Hs: BrM 759 (Add 12162) 11 (9. Jh) 2°, eines Bruchstücks: Brl 28. Fol 17 r° v°.
[18]) Hss: BrM 737 (Add 14546. 7. Jh) 2° d. 603 (Add 14630. fol 29/41. 9. Jh). 813 Add 14611. 10. Jh) 5°
817 (Add 14614. fol 1/79. 10. Jh). 819 (Add 12163. fol 127/304. 10/1. Jh). 836 (Add 14732. fol 229/37. 12. Jh 1°.
[19] Hss: Pr 62. VtB 148. Vg. S. 252 Ak. 7 bzw. über die erste Hs ESchwartz NGWG 1908.
313/21.   [20]) Hss: Pr 62. 19°. VtB 148. 18°.   [21]) Über das letztere vg. ESchwartz NGWG
1905, 281/8. ESeeberg, D. Synode v. Antiochien im J. 324—5. Ein Beitrag zur Gesch. d. Konzils
v. Nicäa. (Brl 1913. Neue Studien zur Gesch. d. Theologie u. d. Kirche. 16). Hs: Pr 62. 10° (Anhang). Agg mit Rekonstruktion des griechischen Originals: ESchwartz NGWG 1905, 277/9. mit
Übs: FNau, ROC 14. 12/24.

überhaupt auf uns gekommene Stück der Bußbücherliteratur darstellt.[1]) Andererseits gehört hierher eine Reihe „kanonischer“ Väterbriefe, wie sie nicht minder, als in jener jakobitischen, auch in der kanonistischen Überlieferung der griechischen Kirche mit der Masse synodaler Kanones verbunden erscheinen. Um seine Einleitung und einen Einschub zwischen dem 13. und 14. Kanon geht dabei für denjenigen des Petros v Alexandreia der syrische über den griechischen Text hinaus.[2]) Neben das Brieffragment des Athanasios an Amun[3]) und eine Beantwortung kanonistischer Fragen durch Timotheos I. v Alexandreia[4]) tritt ein an Martyrios v Antiocheia (459/71) durch dessen Apokrisiar Antonios aus Konstantinopel gerichtetes Schreiben.[5]) Basileios ist mit den Briefen an Gregorios, an seine Suffragane ὥστε μὴ χειροτονεῖν ἐπὶ χρήμασιν, an Diodoros v Tarsos περὶ τοῦ δύο ἀδελφὰς ἀγομένου εἰς γάμον und an Amphilochios sowie den ἐπιτίμια εἰς τὰς κανονικὰς reichlich vertreten.[6]) Zu Azz aus den Ignatiosbriefen,[7]) unter dem Namen des Gregorios v Nazianz[8]) und aus dem Volltexte des Briefes des Nysseners an Litoïos[9]) gesellen sich schließlich noch einige Kanones eines rätselhaften Sergios Amphiator.[10]) Es spricht alles dafür, daß auch diese Stücke durchweg etwa gleichzeitig mit den beiden durch Ja'qôb(h) v Edessa übersetzten auf syrischem Boden rezipiert wurden. Geradezu der Gedanke an eine Urheberschaft J.s selbst legt sich für die Übs des ältesten in das syrische Schrifttum übergegangene Denkmal ps.-apostolischer Rechtsliteratur nahe: der großenteils auch in altlateinischer Übs geretteten, griechisch zu den BB 1/6 der Apostolischen Konstitutionen überarbeiteten „Didaskalia der zwölf Apostel“, eines in Palästina, der benachbarten Provinz Arabia oder Coelesyrien entstandenen Erzeugnisses des 3. Jhs.[11]) Denn die enge Verbindung, in welcher die Didaskalia in syrischem Sprachkleide wohl schon vor dem 9. Jh mit dem Klementinischen Oktateuch gestanden hat, erinnert so auffällig an diejenige, in welcher die Palimpsesths der altlateinischen Übs sie mit der sog. Ägyptischen Kirchenordnung zeigt, daß die Annahme nicht ungerechtfertigt erscheint, sie habe in dieser Verbindung schon griechisch dem syrischen Übersetzer vorgelegen, der alsdann mit demjenigen des Oktateuchs identisch gewesen sein müßte.

[1]) Hss: Pr 62. 15°. VtB 148. 14°. CmbrAdd 2023 (13. Jh) 20° b. Ag mit Übs: F Nau a. a. O. 25/31. Vg. E Schwartz NGWG 1905. 280. 1908, 321/48.   [2]) Hss: Pr 62. 17°. VtB 148. 16°. Ag: P de Lagarde. Reliquiae iur. eccles. antiquissimi syr. 99/111. Vg. E Schwartz. NGWG 1908, 166/75.   [3]) Hss: Pr 62. 20°. VtB 148. 19°.

[4]) Hss: Pr 62. 18°. VtB 148. 17°. BrM 907 (Add 14528. fol 1/39, bald nach J 641) 12°. 286 (Add 14493. 10. Jh) 5°2. 909 (Add 14527. 11. Jh) 4°. VtS 127 (9. Jh) XIII°. 853 (Abs der vorigen) 13°. VtB 133 II (J 1224) 7°. Pr 224 (Anc fonds 141. J 1509/10) 3°. Übs: F Nau a. a. O. 85 ff.

[5]) Hss: Pr 62. 41°. Übs: F Nau a. a. O. 119/23.   [6]) Hss: Pr 62. 21°/6°. VtB 148. 20°.   [7]) Vg. S. 76 Ak. 1.   [8]) Pr 62. 30°.   [9]) Pr 62. 32°.   [10]) Hss: Pr 62. 49°. BrM 861 (Add 17193. J 874) 47°. CmbrAdd 2023 (13. Jh) 25° c. Übs: F Nau a. a. O. 127 f.

[11]) Hss: Pr 62. 1°. VtB 148. 1°. Séert 69 (J 1371/2) 1° und solche im Privatbesitze von R Harris und M D Gibson, eines unvollständigen Textes: VtB 68 (19. Jh), von Azz: CmbrAdd 2023. 17°. Aus dieser Übs stammt ferner auch ein in Bibelhss wie Séert 2 (8. Jh). VtS 7 (17. Jh). Pr 7 (Anc fonds 2. 17. Jh) vorliegender syrischer, wie aus dem Original der griechische Text des apokryphen Gebetes des Manasse. Vg. F Nau n. ROC 13, 134/41. Agg: P Bötticher (= P de Lagarde. Did. Apost. syriace (Lpz 1854. Anastat. Neudruck: Göttingen 1911). M D Gibson, The D. Apost. in Syriac (Lo 1903 = HorSem. 1). Übss: (H Achelis-)J Flemming, TuU 35n. F Nau, Ancienne littér. can. syr. Fasc. I² (Pr 1912). M D Gibson, The D. Apost. in Engl. (Lo 1903 HorSem 2). F X Funk, D. et Constitutiones Apostolorum I (Paderborn 1906) lat. nach Gibson-Englisch. Vg. im übrigen O Bardenhewer, Gesch. 2², 304/12 bzw. A d Harnack 1, 515,8. 2 n. 488/501 und zuletzt Ders., D. Mission u. Ausbreitung d. Christentums in den drei ersten Jahrhunderten (Lpz 1915. 2. 157 f.

d) Von **hagiographischen** Texten dürften nach Maßgabe der hslichen Überlieferung einer- und des Alters der Originale andererseits im weiteren Verlaufe des 8. Jhs zunächst etwa die beiden Biographien des Joannes Eleemosynarios und des Simeon Salos von Leontios r Neapolis,[1]) diejenige des Nazianzeners von Gregorios r Kaisareia[2]) und die Schrift eines Helladios r Kaisareia über die Wunder des hl. Basileios[3]) ihre Übs ins Syrische gefunden haben. Sodann muß ein ähnliches Alter mangels einer früheren Bezeugung noch für zahlreiche Stücke griechisch-syrischer Übs-Literatur legendarischen Inhaltes wenigstens offen gehalten werden. Hierher gehören nächst der Erzählung vom Bilde Christi in Tiberias[4]) die Auffindungsgeschichte wenn nicht der Reste des Protomartyrs Stephanus,[5]) so doch des Hauptes des Täufers,[6]) und die syrischen Texte über so gefeierte Erscheinungen der griechischen Heiligenlegende, wie Barbara und Juliana,[7]) Kyriakos und Julitta,[8]) Georgios,[9]) den Stratelaten Theodoros[10]) und den Wundertäter Nikolaos.[11])

[1]) Hss der ersteren: BrM 952 (Add 14645. J 935/6) 9°. Pr 235 (Anc fonds 141. J 1201/2) 31° bzw. einer kürzenden Bearbeitung: Pr 234 (Anc fonds 143. 13. Jh) 1°. 11, der letzteren: BrM 952. 5°. 960 (Add 12144. J 1197) 9°. CmbrAdd 2016 (13. Jb) 14°, einer arabischen Übs (nach Vorlage vom J 1178/9): JerMkl 38* (J 1732/3) 35°. Ag der ersteren: AMS 4, 303/95.

[2]) Hss (eines unvollständigen Textes): BrM 960. 12°.   [3]) Hs (ebenso): BrM 759 (Add 12162. 2. Jh) 3°, einer arabischen Übs (nach Vorlage vom J 1178/9): JerMkl 38*. 63° 9°.

[4]) Hss: BrM 952. 4°. 960. 35°. Or 4404 (19. Jh) fol 166 v°. Pr 236 (Suppl 28. J 1193/4) 13°. 934. 1°. 21. Brl 75 Sach 222, J 1881) 3°. N-Dsém 112 (J 1885), einer arabischen Übs (nach Vorlage vom J 1178/9): JerMkl 38*. 46°. Ag: E A W B u d g e, Hist. of the blessed Virgin usw. (S. 99 Ak. 4) 1, 157/210.

[5]) Hss: Ox 163 (Marsch 13. J 1176/7) 6°. Séert 63 (15. Jh). Pr 295 (J 1705) 1°. VtB 91 (J 1869) Brl 75. 7°. N-Dsém 112. 113. Ag: AMS 3, 188/99. Hier liegt eine Verselbständigung de- Kap. I 8 der Kirchengeschichte des Ps.-Z (AnecdSyr 3, 76/84) oder sogar eine Sonderüberlieferung der dort aufgenommenen, also spätestens schon im 6. Jh entstandenen Übs des Lukianos-Briefes vor.   [6]) Hss: Ox 163. 7°. Séert 82. Anh. (16. Jh) 2°. Eine Geschichte des Zacharias, Vaters des Täufers: Séert 82. Anh. 1°.

[7]) In zwei Rezensionen. Hss: Sin 30 (J 778). Pr 235. 35°. VtB 39 (16. Jh). N-Dsém 112 (J 1885) bzw. Brl 179 (Sach 221. J 1709/10) 5°. 75. 39°, einer arabischen Übs (nach Vorlage vom J 1178/9): JerMkl 38*. 119°. Agg der ersten Rezension: A S m i t h L e w i s, StSin 9, 101/10 (10, 77/84). der zweiten: AMS 3, 345 55. Vg. W W e y h, D. syr. Barbara-Legende (Lpz 1912).

[8]) Hss: VtS 161 (9. Jh) 35°. Pr 236. 16°. 309 (J 1869) 8°. 326 (19. Jh) 7°. BrMOr 4526 J 1726/7). 4404 (19. Jh) fol 1 v°. Urm 41 (18. Jh). 38 (J 1885) 12°. 179 (19. Jh) 4°. Brl 75. 18°. N-Dsém 112, einer arabischen Übs (nach Vorlage vom J 1178/9): JerMkl 38*. 101°. Ag: AMS 3, 254/83 Vg. A D i l l m a n n, SbPAW 1887 i, 339/52 und über ein in den Mund des K. gelegtes ursprünglich jüdisches Gebet von eigenartiger, iranisch beeinflußter Prägung H S t o c k s, Zeitschr. f. Kirchengesch. 31, 1/47. H G r e ß m a n n, ZNtW 20, 23 35 (mit Neuag und Rekonstruktion des griechischen Originals). R R e i t z e n s t e i n, Das iranische Erlösungsmysterium. Religionsgeschichtl. Untersuchungen (Bonn 1921) 77/80. 261/7. Eine von dem gewöhnlichen Texte verschiedene Predigt auf Julitta: VtS 161. 29°.

[9]) Hss mindestens dreier verschiedener Rezensionen: BrM 938 (Add 17205. 6. Jh) 2° (von späterer Hand!). 956 (Add 14734. 11. Jh) 1°. 958 (Add 14735. fol 72/173. 12. Jb) 14°. Or 4404 (19. Jh) fol 1 v° VtS 161 (9. Jh) 34°. VtB 39 (16. Jh). Séert 63 (15. Jh). CmbrAdd 2020 (J 1697) 9°. Urm 44 (J 1826) 3° 179 (19. Jh) 5°. Brl 75. 16° f. N-Dsém 112, einer arabischen Übs (nach syrischer Vorlage vom J 1178/9): JerMkl 38*. 88°. Ag (mit unkritischer Vermengung zweier Rezensionen): AMS 1, 277/300. Vg. I g n G u i d i, ZDMG 46, 746/9. A D i l l m a n n, SbPAW 1887 i, 352/6. E A W B u d g e, The Martyrdom and miracles of Saint George of Cappadocia (Lo 1888) XXVII f. Proc. of the Cambr. Antiqu. Society 32, 133 ff. J E M a t z k e, Publications of the Mod. Lang. Assoc. of America 17, 467 ff. A E h r h a r d bei K K r u m b a c h e r, D. hl. Georg in d. griech. Überlieferung (München 1911) XIX f.

Eine verhältnismäßig frühere Übs scheint von weiteren ursprünglich griechischen Martyrien etwa bei denjenigen der Febronia[1] eines Gordios und einer Theonilla,[2] der Drosis, Irene, Euphemia und ihrer Genossinnen[3] in Betracht kommen. Weniger liegt Grund zu einer Vermutung in diesem Sinne vor bei denjenigen eines Ammonios, Zotikos und ihrer Genossen. Charisios, Nikephoros und Papias, des in Byzanz hingerichteten Kappadokiers Akakios und eines Theopompos,[4] der Kilikier Probos, Tarachos und Andronikos,[5] der Alexandrinerin Eugenia und ihrer Eltern und Brüder,[6] des Leontios und Publios,[7] des Seleukos und der Stratonike in Kyzikos,[8] des Eudoxios, Romylos, Zenon und Makarios in Melitene,[9] eines Tryphon,[10] Sabinianos,[11] Romanos[12] und des „Barbaren" Christophoros[13] oder bei dem syrischen Texte der Placidas-Legende.[14] Aus der Sphäre der blutigen Verfolgung und ihrer Helden in diejenige asketischer Weltflucht führen andere ähnlich zu beurteilende Texte hinüber. Den erbaulichen Familienromanen von Andronikos und seiner Gattin Athanasia,[15] und von dem Senator Xenophon, seinem Weibe Maria und ihren Söhnen Johannes und Arkadios[16] treten zur Seite: Biographien eines Daniel v Skete, dessen Gestalt in den ersteren hineinragt,[17] und eines in der griechischen Kirche am 30. 3. ge-

---

[10] Hss: BrM 960. 55°. 956 (Add 17734. fol 177/223. 11. Jh) 2°. 958 (Add 14735. fol 72/173. 12. Jh) 11°, einer arabischen Übs (nach Vorlage vom J 1178/9): JerMkl 38*. 105°. Ag: AMS 6, 500/85. Vg. W Hengstenberg, OC² 2, 254/7.

[11] Paraphrastische Bearbeitung der drei Wunderberichte über drei kaiserliche Feldherrn, die Kornschiffe und Artemis. Hss: BrM 952. 6°. 960. 13°, einer arabischen Übs (nach Vorlage vom J 1178/9): JerMkl 38*. 88°. Ag: AMS 4, 290/302. Vg. G Anrich, Hagios Nikolaos. D. heil. Nikolaos in d. griech. Kirche 2 (Brl-Lpz 1917) 61/3. 82. 152. Übs des dritten, von Anfang und Schluß des ersten Teiles und des Gesamtschlusses: C Jaeger bei G Anrich a. a. O. 417 f. 62.

[1] Hss: BrM 945 (Add 14647. J 697/8) 111°3. 948 (Add 14651. J 850) 1°2. 950 (Add 14649. fol 1/171. 9. Jh) 6°. 7200 Rich (13. Jh) 1°. VtS 161. 26°. einer arabischen Übs (nach Vorlage vom J 1178/9): JerMkl 38*. 124°. Ag: AMS 5, 573/615.   [2] Hs: VtS 161. 30° bzw. 27°.   [3] Hs: Sin 30. Ag: A Smith Lewis a. a. O. 9, 93/101. 123/44. 144/218. (10, 70/76. 94/148. 149/67).

[4] Hs: BrM 952. 29°. 30°. 31°. 24°. Ag der Akten des Charisios usw., AMS 6, 52/6, des Akakios: 68/82, des Theopompos: 132/70.   [5] Hss: BrM 952. 29°. 960. 74°. Ag: AMS 6, 171/209.

[6] Hss: Sin 30. BrM 950. 7°. 952. 40°. JerPatr 17 (vor J 1612) 9°. Agg: A Smith Lewis a. a. O. 9, 1/48 (10, 1/35). AMS 5. 469/514.   [7] Hss: BrM 960. 72°. 964 (Add 17267. fol 50/75. 13. Jh) 1°. Pr 176 (Suppl 78. J 1418 4°. Ag: AMS 6, 210/17. Vg. F Nau, AB 19, 9/12, wo nachgewiesen wird, daß dieser Text der griechisch im 5. Jh geläufige war.

[8] Hss: VtS 161. 25°. BrM 948. I° 9. 952. 37°. 960. 56°, einer arabischen Übs (nach Vorlage vom J 1178/9): JerMkl 38*. 125°. Agg: Assemani, Act. Mart. 2, 68/121. AMS 4, 14/88.

[9] Hs: BrM 960. 68°. Ag: AMS 6, 119/32.   [10] Hs: BrM 7280 Rich (13. Jh) 2°.   [11] Hs: BrM 948. I° 8.   [12] Hss: BrM 960. 50°, einer arabischen Übs (nach Vorlage vom J 1178/9): JerMkl 38*. 94°. Bs: F Nau, ROC 20, 13/5.

[13] Hss: VtS 161. 22°. BrM 960. 52°. CmbrAdd 2020 (J 1697) 13°, einer arabischen Übs (nach Vorlage vom J 1178/9): JerMkl 38*. 100°. Ag: J Popescu, D. Erzählung od. d. Martyrium d. Barbaren Chr. u. seiner Genossen (Diss. Straßburg 1903).

[14] Hss: BrM 960. 53°. Pr 234. 1°. 14. Brl 75. 36°, einer arabischen Übs (nach Vorlage vom J 1178/9): JerMkl 38*. 85°. Ag: AMS 3, 215/53.   [15] Hss: BrM 798 (Add 14533. 9. Jh) 4°. 950 (Add 14649. fol 1 179. 9. Jh) 9°. 954 (Add 12172 fol 25/54. 10. Jh) 5°. 960. 20°. Pr 235. 23°, einer arabischen Übs (nach Vorlage vom J 1178/9): JerMkl 38*. 16°. Ag: AMS 6, 405/17. Gekürzte Übs F Nau, ROC 5, 401/6.

[16] Hss: BrM 950. 8°. Pr 226. 9°. CmbrAdd 2016. 3°, einer arabischen Übs der letzteren (nach Vorlage vom J 1178/9): JerMkl 38*. 10°. Ag einer anderen, aber auf demselben syrischen Texte beruhenden G Graf, al-Mašriq 12. 696/706. Übs dieser letzteren: Ders., BZ 19. 22/42.

[17] Hs: BrM 7910 Rich (13. Jh) 83°. Ag: F Nau, ROC 5, 391/401.

feierten Johannes, Sohn des Julianos, der die Tiefe eines Brunnens zum Schauplatze seines Asketenlebens wählte,[1] die Geschichten der Jungfrauen Euphrosyne[2] und Philippa aus Alexandreia.[3] Fausta von Kyzikos,[4] Eupraxia[5] und der Büßerin Pelagia[6] und die Löwenlegenden von Eulogios[7] und Gerasimos.[8] nicht zu gedenken derjenigen Fälle, in welchen hslich nur einzelne Kapp. der Historia Lausiaca oder eines der beiden anderen großen mönchslegendarischen Werke verselbständigt vorliegen.[9]

e) Von **eucharistischen Formularen** erscheint eine „Timotheos v Alexandreia" beigelegte Anaphora in einem Exemplar schon des 8,9. Jhs mit dem Vermerk, daß der Text geboten sei, „wie er neu aus dem Griechischen ins Syrische herauskam".[10] Ähnliche den Text als eine neue Übs aus dem Griechischen bzw. als das Ergebnis einer neuen Rezension einführende Vermerke weisen je eine Anaphora unter dem Namen des Ignatios,[11] Gregorios v Nazianz[12] und ursprünglich des Kyrillos nicht v Alexandreia, sondern v Jerusalem[13]) und eine auf Severus

[1] Hss: CmbrAdd 2016 (13. Jh) 9°. Ox 163. Ag und Übs: MBrière, ROC 14. 155 73.

[2] Hss zweier leicht abweichender Textgestalten: Sin 30. Kat. KWHiersemann 487 Nr 255a (8,9. Jh) 20°. BrM 950. 2°. 954. 1°. 7190 Rich (13. Jh) 80°. Pr 234. 1°. 23. 235. 26°. Dijarb 98. 3°, einer arabischen Übs (nach Vorlage vom J 1178/9): JerMkl 38*. 111°. Agg: ASmithLewis. StSin 9, 61/80 (10, 46/59, bzw. AMS 5, 586/405. [3] Hss: BrM 950. 12°. 954. 2°. vielleicht auch: CmbrAdd 2016. 11°. [4] Hs: Pr 234. 36.

[5] Hss: BrM 948. 1° 3. 950. 24°. Pr 235. 24°. 236. 10°, einer arabischen Übs (nach Vorlage vom J 1178/9): JerMkl 38*. 109°. [6] Hss: Sin 30. BrM 948. 1°, einer arabischen Übs (nach Vorlage vom J 1178/9): JerMkl 38*. 117°. Agg: JGildemeister, Acta s. Pelagiae syriaca (Bonn 1879). AMS 6, 616/79. Dazu Varianten aus Sin 30: ASmithLewis, StSin 9, 306/25.

[7] Hss: BrM 960. 37°. Brl 74 (Sach 9. J 1694/5) 11°, einer arabischen Übs (nach Vorlage vom J 1178/9): JerMkl 38*. 48°. Bs: KatSachau 286. Vg. auch eine Legende „von Joseph d. Ägypter u. Eulogios dem Griechen": BrM 780 (Add 17172. Zwischen den JJ 818/9 und 829/30) 4°a.

[8] Hss: BrM 960. 38°, einer arabischen Übs (nach Vorlage vom J 1178/9): JerMkl 38*. 36°.

[9] Dies gilt z. B. von einer Geschichte des Räubers (oder Inders) Moses. Hss: VtB 39. Pr 235. 32°. Ag: Gismondi 48 54. +122/27. Übs: IPizzi, Bessarione 21. 387/9. Übss aus dem Griechischen sind doch vermutlich auch die Geschichte eines Zöllners Petros, der sich als Sklave nach Jerusalem verkaufen läßt, und drei auf einen antiochenischen Sakristan Meletios zurückgeführte Erzählungen über Freitagsheiligung, von einem antiochenischen Kaufmann und einem persischen Heiden Gaspar und einem Manne, der alle seine Kinder verlor. Hss: Pr 236. 18°. 234. 1°. 30 bzw. 234. 1°. 31,3 und nur der zweiten Meletios-Erzählung: BrM 960. 33°. Pr 235. 30°. Bs: FNau. ROC 15. 196 bzw. 192 6.

[10] Hss mit Vermerk: BrM 451 (Add 14520) 10°b, weitere: VtB 159 Vor J 1294 5. JerMkl 10 (J 1427,8) A. 14°, einer anderen (also vielleicht der älteren?. Übs: im Privatbesitze AdlRückers in Breslau (Abs zweiter Hand einer maronitischen Vorlage in Bkerke im Libanon).

[11] Hss mit Vermerk: BrM 290 (Add 17128. 10/1. Jh) 2°c. weitere: 261 (Add 14690. J 1182) 3°. 264 (Add 14691. fol 1/109. J 1230) 6°. 265 (Add 17299. fol 48/77. 13. Jh) 1°. 272 (Add 14693. fol 1 141. 13,4. Jh) 12°. 7180 Rich (J 1657/8) 10°. VtB 159. VtS 25 (J 1481/2) 15°. 26 (J 1484) 4°. Brl 151 (Sach 185. 196. 152. J 1279/80 mit Erg. des 17/8. Jh) 6°. 152 (Sach 151. 14/5. Jh) 10°. JerMkl 11 (15. Jh) B. 2°. 13 J 1579/80) 7°. Pr 76 (Anc fonds 68. J 1596) 9°. 77 (Suppl 61. 16. Jh) 1°. Ox 66 (Poc 85. J 1623) 3° β. CmbrAdd 2887 (J 1843) 29°. 2973 (J 1869) 3°. Krem 10°. Übs: Ren 214,24. Ag einer armenischen Übs nach einer Hs vom J 1314: JCatergian-JDashian. D. Liturgien bei d Armeniern Wien 1897 389/411. Vg. FEBrightman, Lit. East. and West. XCVIII.

[12] Hss mit Vermerk: BrM 293 (Add 14491. 10/1. Jh A. 1°, weitere: 284 (Add 14494. 9 10. Jh) 1°d. 287 Add 14496. 10. Jh) 1°. 290. 2°f. 291 (Add 14485. 10 1. Jh) 1°c. Or 2295 (J 1481 2). VtB 159. VtS 25. 6°. 26. 16°. 29 (vor J 1539) 21°. JerMkl 10 A. 9°. CmbrAdd 2887. 15°. Übs: CodL 7, 185/99.

[13] Hss mit Vermerk: BrM 290. 2°e. 291. 1°c. 261. 9°. weitere: 286 (Add 14493. 10. Jh 1°c. 264. 3°. 273 (Add 14692. fol 25 99. J 1847 6°. VtB 159. VtS 25. 16°. 26. 6°. 29. 14°. 292. 11°. 293

v Antiocheia zurückgeführte Präsanktifikatenliturgie [1]) allerdings erst in Hss des 10.11. Jhs auf. Doch stehen sie von Hause aus in so unlösbarem überlieferungsgeschichtlichem Zusammenhange mit liturgischen Übersetzungs- bzw. Revisionsarbeiten Ja'qôb(h)s v Edessa, daß man die Entstehung auch dieser syrischen Texte getrost seiner Zeit wird zuschreiben dürfen, wenn nicht die nahe Verwandtschaft der fraglichen Vermerke mit demjenigen einer liturgischen Neuübs des Paulos v Tella [2]) es nahelegen sollte, mit der ganzen Gruppe vielmehr sogar in dessen Zeit d. h. in den Anfang des 7. Jhs hinaufzugehen. In gleichem Zusammenhange begegnen endlich bereits wie die angeblichen Anaphoren der Päpste Julius und Coelestinus [3]) solche der zwölf Apostel, [4]) des Klemens, [5]) Dionysios Areiopagites, [6] Eustathios v Antiocheia [7]) und eines Johannes v Bostra [8]) und Präsanktifikatenformulare unter den Namen des Basileios [9]) und Joannes Chrysostomos. [10]) Das Zugrundeliegen eines griechischen Originals wird hier zwar nicht ausdrücklich bezeugt, aber wenigstens für die Anaphora des J. v Bostra durch das tatsächliche Auftreten eines Bruchstückes in griechischer Sprache urkundlich erhärtet. [11])

f) **Als griechische Kanones** [12]) werden Übss der eigentümlichen an die neun

J 1736) 12°. 414. Pr 70 (Anc fonds 32. J 1059) 3°. 74 (Anc fonds 66. J 1561) 6°. 77. 2°. Brl 151. 8°. JerMkl 10 A. 12°. 11 A. 9°. 13. 10°. DamJakPfk 4 (17/8. Jh). CmbrAdd 2887. 9°. Agg: MCh 114/45. mit Übs: CodL 5. 155/77. Übs: Ren 2, 274,81.

[1]) Hss mit Vermerk: BrM 286. 1°g. 287. 1°g. 291. 1°d. Pr 70. 5°, weitere: BrM 298 (Add 14667. fol 9,10, 2°. 288 (Add 14525. fol 56,7. 10. Jh). 290. 3°a α'. 294 (Add 14500. 11. Jh) 2°. 295 (Add 14498. J 1133) 1 e°. Eine im Besitze Rahmanis befindliche (J 1235,. Ag (und Übs): H W Codrington, JTSt 4, 73,81.   [2]) Vg. S. 186 Ak. 6.   [3]) Vg. S. 164 Akk. 2f.

[4]) Hss dreier verschiedener Rezensionen: Pr 71 (Suppl 16. J 1454) 8°. 80 (Suppl 55. J 1557) 3°. 82 (Suppl 51. J 1599) 6°. 85 (Suppl 67. 2° bzw. 110 (Anc fonds 94. 15. Jh) 19°. 75 (Anc fonds 36. J 1524). 86 (Suppl 40. 17. Jh) 4° bzw. 73 (Suppl 25. J 1509) 4°. 78 (Suppl 50. 16. Jh). 79 (Suppl 54. J 1555) 6°. 93 (Anc fonds 70. 18. Jh). unbestimmt welcher: BrM 286. 1°d. 287. 1°. 290. 2°c. 272. 6°. 274 (Add 14693. fol 142,89. 14. Jh). 7180 Rich 6°. Or 2293 (J 1729/30). VtB 159. 156 (J 1641). 50 (J 1686). VtS 25. 18°. 28 (15. Jh) 4°. 29. 2°. 31 (J 1561) 5°. 36 (J 1584) 1°. JerMkl 11 B. 3°. 12 (J 1579/80) 3°. 13. 5°. 14 (16/7. Jh) 2°. Ox 66 (Poc 85) 3°ε'. 143 (Hunt 133) 2°. DamErzb 5 (17. Jh). Pfk 4. CmbrAdd 2887. 4°. 2917 II (19. Jh) 3° b == „A. des Evangelisten Lukas" VtB 50 (J 1686). JerMkl 15 (J 1895,6) 4°. Ag der ersten Pariser Rezension: MCh 98/105 und in allen späteren Agg des maronitischen Meßbuches. Übs der zweiten: Ren 2, 170/5. Ag (und Übs) des eucharistischen Dankgebetes und Einsetzungsberichtes aus BrM 290: Ign E Rahmani, I Fasti della chiesa patriarc. Antiochena (R 1920) XXX f. Vg. über Beziehungen der syrischen 12 Apostel-Anaphora zur byzantinischen Chrysostomo-liturgie ebenda XXVI.

[5]) Hss: BrM 286. 18°. 295. 1°c. 261. 4°. 7180 Rich 12°. VtB 159. VtS. 25. 7°. 213. 5°. 297. Brl 151. 4°. 152. 13°. JerMkl 10 A. 4°. Pr 76. 12°. CmbrAdd 2887. 34°. Übs: Ren 2, 186/98.

[6]) Hss: BrM 290. 1°d. 261. 6°. VtB 159. VtS 293. 11°. 414. JerMkl 10 A. 6°. 11 B. 5°. Pr 76. 16°. CmbrAdd 2887. 13°. DamPfk 4. Übs: Ren 2, 202,11

[7]) Hss: BrM 295. 1°d. 264. 9°. 270 (Add 14737. fol 18,43. 13. Jh). 271 (Add 14738. fol 23,34. 13. Jh). 272. 3°. Pr 70. 5°. 75. 7°. 78. 12°. 81. 7°. JerMkl 10 A. 27°. 11 A. 8°. 13. 10°. 14. 12°. VtS 28. 8°. 32. 7°. 36. 1°, je eines anderen Formulars unter dem Namen des E.: CmbrAdd 2887. 9° bzw. JerMkl 10 A. 26°, unbestimmt, welches: Ox 65 (Dawk 58. J 1238) 5°. VtB 159. Brl 152. 5°. DamPfk 4. Erzb 5. Ag: MCh 162/71. Übs: Ren 2, 234/9.

[8]) Hss: BrM 287. 2°. JerMkl 10 A. 16°. Pr 76. 14°. CmbrAdd 2887. 17°. Übs: Ren 2, 420/53.

[9]) Hss: BrM 287. 1°i. 299 (Add 14529. fol 27.36. 10/1. Jh). Vg. H W Codrington, JTSt 4, 82.

[10]) Hs: BrM 290. 3°a,δ'. Ag (und Übs): H W Codrington, in: ΧΡΥΣΟΣΤΟΜΙΚΑ. Studi e ricerche intorno a S. Giovanni Crisostomo a cura del comitato per il XV° cent. della sua morte. R 1908) 719/29.

[11] Ren 1, 74: im Rahmen der ägyptischen Basileiosliturgie als ευχη αλλη της αναφορας.

[12] A Baumstark, Festbrevier u. Kirchenjahr d. syr. Jakobiten 73/77.

biblischen „Oden" des griechischen Morgenoffiziums anknüpfenden Hauptgebilde
der hochbyzantinischen Kirchendichtung bezeichnet, die wohl von Hause aus in
Verbindung mit anderen poetischen Gesangstücken gleicher Herkunft im Rahmen
des jakobitischen kirchlichen Tagzeitengebets mit den syrischen 'Enjānē (§ 39a)
konkurrieren. Sie treten unmittelbar seit dem 9. bis 10. Jh teils in geschlossenen
Sondersammlungen,[1] teils als textliche Bestandteile eines sich als „Tropologion
der syrischen 'Enjānē und der griechischen Kanones" bezeichnenden gemischten
liturgischen Buchtyps auf.[2] Ihre Entstehung dürfte aber erheblich weiter zurück-
liegen. Die Blüte der griechischen Kanonesdichtung selbst läßt nämlich scharf
zwei verschiedene Perioden unterscheiden. Die erste, für welche Jerusalem das
beherrschende Zentrum der dichterischen Produktion bildet, reicht vom Ausgang
des 7. bis um die Mitte des 8. Jhs und wird durch die Namen des Joannes v
Damaskos, seines Adoptivbruders Kosmas und ihres gleichfalls aus Damaskus
stammenden wenig älteren Vorgängers Andreas v Kreta bezeichnet. Für die
zweite, in welcher an die Stelle Jerusalems die Reichshauptstadt Konstantinopel
getreten ist, haben am Ende des 8. und zu Anfang des 9. Jhs Theodoros Studites
(† 826) und eine ihn umgebende Gruppe bilderfreundlicher Dichter eine entsprechende Bedeutung. Wenn nun, wie es den Anschein hat, zur Übertragung
ins Syrische auf jakobitischer Seite nur Erzeugnisse der ersteren gelangten, so
muß auch der literarische Prozeß dieser Aneignung orthodoxer griechischer
Kirchenpoesie durch das jakobitische Syrertum schon in der zweiten Hälfte des
8. Jhs sich vollzogen haben.

§ 43. Des durch den Kreis Ja'qōb(h)s v Edessa hinterlassenen Erbes hat
sich in seinem weiteren Verlaufe das 8. Jh nicht unwürdig gezeigt. Von seinen
jakobitischen PP ist allerdings Elijā I. irrigerweise einem in der Tat merklich
jüngeren theologischen Schriftsteller desselben Namens gleichgesetzt worden, und
nur in sehr bedingtem Sinne gehört auch dessen zweiter Nachfolger Iwannīs
der Literaturgeschichte an. In kämpfereichen Pontifikaten haben dagegen Giwargīs v Bĕ'eltān und der bereits über die Schwelle des nächsten Jhs hinab-
führende Kyriakos Zeit und Kraft erübrigt, um sich als gelehrte Theologen in
erheblichem Umfange literarisch zu betätigen. Der erstere vertritt dabei, anscheinend neben einem La'zar v Bêt(h) Qandasā, insbesondere ein bemerkenswertes literarisches Leben auf dem Gebiete der Bibelerklärung. Auf
demjenigen einer kommentierenden Beschäftigung mit patristischer Literatur ist
ein P(h)ôqā b Sargîs als eine hervorragende, aber keineswegs vereinzelt da-
stehende Erscheinung namhaft zu machen. Auch Proben einer „poetischen" Produktion dürften sich von dem besonders vielseitigen Dawid b Paulos erhalten
haben. Eine starke Regsamkeit auf dem Felde historischer Schriftstellerei belegen im Gegensatze zu untergegangenen wohl wesentlich wertvolleren Werken
vor allem zwei aus den Klöstern von Zuqnin und Qarṭàmîn hervorgegangene
Arbeiten literarisch bescheidenen Ranges.

---

[1] Hss: BrM 338 (Add 14504. 9. Jh). 347 (Add 14513. 9/10. Jh). 339 (Add 14505. 10. Jh). 350 (Add 17135. 10. Jh). Pr 155 (Anc fonds 41. J 1278,9). 156 (Anc fonds 106. 14. Jh).

[2] Hss: Brl 16 (Sach 349. 10. Jh). BrM 340 (Add 14507. 10/1. Jh). 347 (Add 14525. fol 46,55. 10/1. Jh). 345 (Add 17243. 13. Jh). 346 (Add 14712. 13. Jh). 344 (Add 14696. 13. Jh). Pr 157 (Anc fonds 45. 15. Jh) und wohl auch Brl 23 (Sach 303. 172).

a) **Ein B Elijā**, Titular eines nicht zuverlässig überlieferten Sitzes,[1]) war in den ersten Jahrzehnten des 8. Jhs von der chalkedonensischen Orthodoxie zum Monophysitismus übergegangen, was Joannes v Damaskos veranlaßte, im Auftrage seines Men Petros eine griechische Schrift gegen ihn zu richten,[2]) während B Leon v Ḥarrān in syrischer Sprache Rechenschaft über die Gründe seines Schrittes forderte. Dieser Forderung ist E. durch eine Schrift in 12 Kapp. nachgekommen,[3]) in der er sich auch bereits mit der von Joannes v Damaskos erst gegen Ende seines Lebens abgefaßten Πηγὴ γνώσεως vertraut zeigt. Es müßte sich also schon aus chronologischen Rücksichten verbieten, den Verfasser in dem schon am 3. 10. 723 im Alter von 82 JJ verstorbenen jakobitischen Pen E. erblicken zu wollen. der vielmehr ursprünglich Mönch im jakobitischen Kloster Guhbā Barrājā und 18 JJ B von Apameia gewesen war, bevor er 720/1 als erster unter den Nachfolgern des Severus wieder persönlich in Antiocheia einzog, nachdem der Khalife Walîd 1. ihn ehrenvoll empfangen hatte.[4]) Ein wohl von dort erlassenes Schreiben an Klerus und Volk eines benachbarten Dorfes Rûḥîn ist das Einzige, was sich aus der Feder auch des letzteren erhalten hat.[5])

b) **P Iwannis** (Johannes VII.),[6]) ord. 727 8 als erster mit Hilfe des Loses erwähltes Oberhaupt der jakobitischen Kirche, † 754. war früher B von Ḥarrān gewesen. In Schwierigkeiten, in welche der bereits Hochbetagte mit dem M Athanasios Sandālājā und anderen BB geriet, hat er 751,2 an die zu einer Synode in Ṭellā Versammelten ein Schreiben gerichtet, durch das er in schwächlicher Friedfertigkeit seinen Gegnern Verzeihung zusicherte und das sich zusammen mit der Antwort der Synode erhalten hat.[7])

c) **P Giwargis** (Georgios) v Bĕ'eltān,[8]) nach seinem Geburtsdorfe im Gebiete von Emesa genannt, † 789,90, war Synkellos des Bs Theodoros v Samosata gewesen und noch Diakon. als er im 12. 758 auf einer Synode zu Mabbōg[h]) in zwiespältiger Wahl erhoben wurde. Bis 762 3 hat er sich gegen den schismatischen Pen Jôḥannān v Kallinikos. weiterhin gegen dessen Nachfolger Dawid v Dārā zu behaupten gehabt. Auf Umtriebe des letzteren hin durch den Khalifen al-Manṣûr 9 JJ lang gefangen gehalten. erlangte er durch al-Mahdî unmittelbar nach dessen Thronbesteigung 775 die Freiheit. Doch blieben ihm die Führung seines Titels und die Ausübung seines Amtes untersagt, und nur in unstätem Wanderleben konnte er sich der letzteren während weiterer 2 JJ gleichwohl widmen. Erst nach neuen Reibungen mit der mohammedanischen Staatsgewalt ist er endlich von dieser in ruhigem Besitze seiner Würde anerkannt, aber im Bar Ṣaumā-Kloster bei Melitene das Opfer einer Krankheit geworden. die ihn auf einer Reise in der Gegend von Klaudia im nördlichen Mesopotamien befallen hatte. In Qenneŝrē gebildet und mit dem griechischen Bibeltext nicht minder als mit dem syrischen vertraut, hatte er sich die Zeit seiner Gefangenschaft durch literarische Tätigkeit verkürzt, als deren Früchte Mēmrē, Mad[h])rāŝē und „süße. korrekte Lehren" wohl prosaischer Form genannt werden.[9]) Es ist nicht leicht den letzteren Ausdruck mit etwa auf einen Mt-Kommentar zu beziehen, dessen

---

[1]) Unter Verwechslung mit dem Pen: BO 1, 467. 2, 95,7. Wright 161f. Duval³ 378.

[2]) *Πρὸς τὸν ἐπίσκοπον δῆθεν Τουδρανίας*(?) *τὸν Ἰακωβίτην*: PG 94, 1435,1502 mit Ergänzung von Fr Diekamp, TQs 83, 555,95. [3]) Hss: VtS 145 I⁰, von Kapp. 7/12 mit Lücken in 10: BrM 711 (Add 17197. fol 26/46. 9,10. Jh). [4]) M 449f. 455f. 752 (2, 480. 490f. 3, 449f.). B EKg 1, 297/300. [5]) Hs: BrM 824 (Add 14615. 10/1. Jh) 9⁰.

[6]) M 462. 465,7. 474. 753 (2, 503/5. 508/10. 523. 3, 450). [7]) Bei M 468/71 bzw. 469f. (2, 511/16 515).

[8]) Ps.-D. (ungenau) zum J 1066. EbŜ zum J 154 H. ChrM 245/8. 249 (186,8. 188f.). M 475f. 476,8. 478,80. 482f. B EKg 1, 319,28. BO 2, 340f. Wright 164f. Duval³ 383.

[9]) M bzw. ohne den letzten Zusatz B'E.

gediegene Gelehrsamkeit vor allem Chrysostomos, den Kappadokiern und Philoxenos entstammt.[1]) Auf den späteren Teil seiner Regierung entfallen ein 784/5 erlassenes Synodalschreiben[2]) und ein Brief an einen Diakon Gûrjā über die Formel: „Das Brot des Himmels brechen wir." dessen Gebrauch in der eucharistischen Liturgie unter ihm Gegenstand eines langwierigen und erbitterten Streites wurde.[3])

d) P Kyriakos,[4]) ord. 15. 8. 793 zu Harrān, † 19. 8. 817 zu Mosul, stammte aus Tag(h)rit(h) und war Mönch im Bizōnā- oder „Säulen"-Kloster bei Kallinikos gewesen. Fast unablässige innerkirchliche Wirren haben seine Regierungszeit angefüllt. Der Kampf um die Zulässigkeit der eucharistischen Brechungsformel, den im 10. 795 eine Reformsynode zu Bēt(h) Bōt(h)în hatte beenden sollen, lebte erneut in einer Auflehnung der Diözesen Gubbā Barrājā und Kyrrhos auf, die 806/7 zu einer Klage gegen den Pen beim Khalifen Hārūn ar-Rašid und zu Verfolgungsmaßnahmen gegen denselben führte, ja sogar die Erhebung eines schismatischen Pen Abraham nach sich zog, der in mehreren Diözesen schismatische BB einsetzte. Eine 787/8 mit dem julianistischen Pen Gabriel vollzogene Union haben übertriebene Forderungen der jakobitischen BB nachträglich wieder zum Scheitern gebracht. Die Ernennung eines Men Basileios r Tag(h)rit(h) hatte eine Auflehnung des mächtigen Klosters Mār(j) Mattai zur Folge, wobei der P schließlich einlenken und den von ihm gebannten B Daniel r Mosul im Besitze seines Stuhles und einer titularen Metropolitanwürde anerkennen mußte. Seit 813/4 endlich war die Verwirrung zu bekämpfen, die ein chalkedonensischer Edessener Theodorikos Pygla unter Jakobiten und Armeniern anzurichten wußte, und in diesem Zusammenhange hatte sich K. bei dem armenischen Patrikios Ašot eines letzten Erfolges im Sinne einer Abkehr von julianistischer zu severianischer Lehre zu erfreuen. Von seinen kirchlichen Erlassen haben sich das durch eine Synode von Gūb(h)rîn gegen die BB der Partei Abrahams ausgesprochene Anathem,[5]) das Unionsdekret von 797/8,[6]) ein Schreiben „an die Orientalen" mit der Anerkennung des Daniel r Mosul[7]) anscheinend neben den Beschlüssen der Synode von Bēt(h) Bōt(h)în[8]) im Original erhalten.[9]) In arabischer Übs kommt ein Schreiben an den koptischen Pen Markos über Trinität und Inkarnation hinzu.[10]) Prosaische Mēmrē über manigfache theologische Gegenstände hat K. selbst zu einer stattlichen Sammlung von mehreren BB vereinigt, von denen das dritte in einem noch aus seiner Lebenszeit stammenden Exemplare vorliegt, gefolgt von

---

[1]) Hs: VtS 154 (8/9. Jh mit Ergänzuugen des 13.). Bs: A Baumstark, OC 2, 360/9. Kaum an das Werk des G. ist bei einem großen Mt-Kommentar der vielmehr nestorianischen Hs Urm 96 (17. Jh) zu denken.

[2]) Hs: Séert 69 (Vor J 1371/2) XVI°. Von 32 Kanones, die er nach seiner Befreiung erlassen habe, redet B'E. [3]) Azz: M 480/2 (3, 58).

[4]) ChrM 249/57 (189/94). M 484. 485f. 486/90. 490/2. 195/7 (3, 11f. 13/5. 17/21. 23/5. 27/9). B'EKg 1. 329/44. BO 2. 116. 341/4. Wright 165f. Duval² 384. K Kaiser, OC 5. 171/6.

[5]) Bei M 491 (3, 24). [6]) Hs: BrM 548 (Add 17145. 8/9. Jh) 2°. Ag des Anfangs und der Unterschriften der BB: KatWright 419. [7]) Bei M 495/7 (3, 32/4).

[8]) Hss: BrM 286 (Add 14493. 10. Jh) 5°. Séert 69 (Vor J 1371/2) XVII°. Daß es sich hier um die durch M 484 (3, 11) bezeugten 40 Kanones jener Synode handle, ist mindestens sehr wahrscheinlich, obgleich die Kataloge versagen. Bestimmt von ihnen redet ein Verweis auf eine verschollene Hs in Pr 62 (Suppl 29) fol 285 r°.

[9]) Erwähnt werden außerdem durch M 488. 490 (3. 19. 23) ein Mahnschreiben an die Mönche von Gubbā Barrājā und eine auf einer ersten Synode von Gūb(h)rîn an die Empörer gerichtete Aufforderung, zur kirchlichen Einheit zurückzukehren.

[10]) In dem „B des Bekenntnisses der Väter" (K. i'tirāf al-Abā) des Paulus ibn Ragā Hs VtAr 101) als Nr 15 des zweiten Teiles. Schon ursprünglich arabische Abfassung ist im 8. Jh wohl noch nicht wahrscheinlich.

einer durch jüngere Hand hinzugefügten „Apologie".[1] Eine Anaphora unter
seinem Namen gehört zu den bestbezeugten Stücken ihrer Art.[2]

e) **La‘zar v Bêt(h) Qandasā**[3] lebte als Mönch im Gebirge von Edessa,
wo er sich als Lehrer mit dogmatischen Stoffen beschäftigt zu haben scheint.
Außer einem Scholion über die nach Ps.-Dionysios von den Seraphim innerhalb
der himmlischen Hierarchie eingenommene Stellung[4] hat sich von ihm der die
Erklärung von Gal / 2. Thes bzw. von 2 Tim / Hebr enthaltende dritte und vierte
Teil eines aus Chrysostomos geschöpften vierteiligen Kommentars zu den Paulusbriefen erhalten.[5] Als Abfassungszeit des Werkes hat das J 773/4 zu gelten,
wenn anders auch ein hinter Teil 3 überlieferter und bis zum fraglichen J fort-
geführter chronographischer Abriß[6] auf L. zurückgeführt werden darf. Der
Schreiber der einzigen erhaltenen Hs, ein Ḥārit(h) b Mār(j) Sîsān aus Sanbāt
oder Ḥarrān, gibt sich in einer anderen als Verfasser eines außergewöhnlich gelehrten Kommentares zu Jo und Mk. scheint aber lediglich die regelmäßig auf
dem Rande stehenden Zitate aus Ja‘qôb(h) v Sĕrūg(h) zu einer auch hier von
ihm nur als Kopist fortgepflanzten älteren Arbeit hinzugefügt zu haben.[7] Diese
deshalb wiederum gerade für eine solche Ls zu halten, liegt kaum ein hin-
reichender Grund vor. Immerhin dürfte sie gleich einem den Text des Thomas
v Ḥarqel zugrundelegenden anonymen Apok-Kommentar in 72 Kapp.[8] seiner
bzw. der Zeit und Sphäre der G. v Bĕ‘eltān entstammen.

f) **Phôqa (Phokas) b Sargis**[9] aus Edessa schuf nach Athanasios v Bāladh)
und Ja‘qôb(h) v Edessa, die er zitiert, und vor 804, aus welchem J bereits eine
datierte Hs seines Werkes stammt, eine in zahlreichen Exemplaren der Übs des
Sargis v Riš‘ainā mit derselben verbundene Erläuterung der Ps.-Areiopagitika, in
der er die Verteidigung ihrer Echtheit durch Joannes v Skythopolis, die ergänzende Vorrede eines konstantinopolitianischen Prs Georgios und die παραθέσεις
des ersteren vereinigte und mindestens um eine eigene Einleitung vermehrte.[10]
Die Arbeit ist schon in älterer Zeit nicht die einzige ihrer Art gewesen, wie abgesehen von der vereinzelt auftretenden und mindestens vielleicht ursprünglich
griechischen Vorrede eines Prs Athanasios[11] Fragmente verschiedener Kommen-
tarhss des 9. Jhs lehren.[12] Wohl erst einer weit späteren Zeit entstammt

---

[1] Hs: JerMkl 3* (J 806). Hier auch ein Schreiben an einen Diakon Îso über dem Pen
vorgelegte Fragen und (zu Anfang unvollständig) ein solches über zehn liturgische Fragen. Dazu
ein einzelner Mêmrā über das evangelische Gleichnis vom Weinberge in der Hs BrM 848 (Add
14797. 13. Jh)5".

[2] Hss: BrM 261 (Add 14690. J 1181/2). 266 (Add 14694. 13. Jh). Brl 151 Sach 185. 196. 152.
J 1279/80)14° bzw. 16". VtB 159 (J 1294/5.. JerMkl 10 A. (J 1427/8) 22". 14 (16 7. Jh) 11". Ag und
Übs: K Kaiser, OC 5, 178/97.

[3] Notiz seines Schülers Giwargis v Bêt(h) Nĕqā hinter dem Pauluskommentar: KatWright
611 f. W Wright a. a. O. 610. Hist. 162f. Duval³ 383.   [4] Hs: BrM 1002 (Add 18295.
J 1602/3)6".   [5] Hs: BrM 714 (Add 14683. 10. Jh).   [6] Ag: ChrM 337/49 (235,75).

[7] Hs: BrM 713 (Add 14682. 10. Jh). Vg. A Baumstark. OC 2, 358f.   [8] Hs: BrM
875 (Add 17127. J 1088). Vg. J Gwynn, The Apocal. of St. John in a Syr. version hitherto unknown (Dublin 1897) CH.   [9] BO 1, 468. KatWright 493,5. Duval³ 315.

[10] Hss: BrM 625 (Add 12151. J 804). 627 (Add 14539. 9. Jh. 628 (Add 14540. 9. Jh. Or 2306
J 1547,8). JerMkl 2* (J 1289,90?), zu περὶ θείων ὀνομάτων vielleicht auch VtS 251 (Vor J 932.
Die von J S Assemani a. a. O. angezogenen Fragmente gehören den Zusätzen zum Katenen-
kommentare des Severus (§ 44 j) an. Hs mit Textproben: KatWright a. a. O.

[11] JerMkl 2*. 1°c Und ob nicht auch in anderen Hss mit Ph.-Kommentar?

[12] Vereinigt in BrM 630 (Add 14541. fol 1/38). Es handelt sich um Bruchstücke von 5 verschiedenen Hss. wobei zu περὶ θείων ὀνομάτων Kap. 4 sogar zwei verschiedene Kommentare
greifbar werden.

allerdings, nach dem arabischen Namen seines Vaters zu schließen, der
Kommentar eines Theodoros b Zarûd(h)î.[1]) Dagegen hat Band 1 der Paulos-
übs der Reden des Gregorios v Nazianz einen mit Ph. etwa gleichzeitigen
Kommentator an einem B Elijä v Šig(h)àr gefunden, den der nachmalige P
Athanasios Sandalâja noch als M von Maiperqat also vor 755,6 abgesetzt hat.[2])
Spätestens derselben Zeit müssen endlich auch die unbekannten Verfasser von
Scholienkommentaren zu den Werken des Basileios über den Hl. Geist und des
Gregorios v Nyssa gegen Eunomios angehört haben.[3])

g) **Dawid b Paulos dĕ Bêt(h) Rabban** („aus dem Hause unseres
Meisters")[1]) wird durch diese Familienbezeichnung als Nachkomme des Rabban
Sab(h)rôj (§ 39 c) eingeführt, in dessen Geschlecht eine grammatische Schul-
tradition lebendig geblieben war. Mönch in einem Kloster des Šig(h)àr-Gebirges,
verließ er dasselbe mit seinem Schüler Zacharias und 40 anderen Mönchen infolge eines Zerwürfnisses mit dem Ortsbischof Jôḥannàn, kehrte aber schon nach
20 Monaten wieder zurück, wobei er das hier bisher unbekannt gewesene Kirchengesangbuch des Severus v Antiocheia nach dem Osten des jakobitischen Kirchen-
gebiets brachte. Die Einführung des Gesangs seiner Texte am Schlusse des
Nachtoffiziums und andere liturgische Neuerungen, die er, wohl indessen zum
Abte erhoben, durchführte, werden auf 785/6 datiert.[5]) Neben einer Sammlung
seiner Briefe[6]) haben sich in Prosa von ihm ein Dialog zwischen einem Jakobiten
und einem Melkiten über das Trishagion,[7]) ein theologisches Bruchstück über
die Teufel,[8]) dasjenige eines Kommentars zu Gn 10,[9]) mehrere grammatische
Traktate[10]) und eine Aufzählung der aristotelischen Kategorien[11]) erhalten. Bis
in nestorianische Kreise, wo man ihn vielleicht irrtümlich für einen Glaubensgenossen
gehalten und mit dem Verfasser des „Kleinen Paradieses" (§ 31 j) verwechselt
hat, sind von seinen Schöpfungen in gebundener Rede zwei Mêmrē über die
Klimate der Erde und die wechselnde Dauer von Tag und Nacht gedrungen,[12])
von denen der erstere in anonymer Überlieferung erhalten zu sein scheint.[13])

[1]) Hs: BrM 629 (Add 22370. 14/5. Jh).

[2]) M 473 (2, 521). B'EKg 1, 313f. Wright 157f. Ak. 2. Duval[3] 311. Die Vermutung
des letzteren, daß sein Werk in BrM 562 (Add 17197. fol 1/25) vorliege, ist unzutreffend. da dort
bereits das entsprechende des jüngeren Benjamin v Edessa (§ 44 c) benützt ist.

[3]) Davon Bruchstücke in BrM 787 (Add 17196. 9. Jh) 5°. Hier außerdem solche eines Kommentars
zu den Reden des Nazianzeners mit erläuternden Parallelstellen.

[4]) Dionysios b Ṣalib(h)î (§ 48 a) im Mt-Kommentar (BrM 7184. fol 133 v° Kol 1). Notiz einer
Hs in Šarfah: StS 1, 44 (43). 'Aî § 173. BO 2, 243f. 3 r, 254/6. Wright 259f. (mit Ansatz erst
ins 13. Jh). LTh 40f. 138. Duval[3] 279. 290. R H Connolly, The liturgical homilies of Narsai
(TxSt 8 r) XXXIX. Ign E Rahmani, StS 1, 67f. R Gottheil, D. b. P. a Syriac grammarian
PAOS May 1891. CXI.

[5]) Durch die Notiz der Hs in Šarfah, während Dionysios b Ṣalib(h)î ihn zu einem „Freunde"
erst des Môšē b Kēp(h)à (§ 45 c) macht, d. h. ins 9. Jh herabdrückt.

[6]) Hs in Šarfah. Ag einiger Bruchstücke: Ign E Rahmani, StS 1, 43,6 (44/7).

[7]) Hss: VtS 196 (J 1392) VI°, mit arab. Übs: Pr 203 (Anc fonds 134 A. J 1469,70) 5°. Ag einer
Textprobe: BO 1, 518/20. Wenig 129f. [8]) Hs: CmbrAdd 2918 (J 1218) fol 268 v°. [9]) Hs:
BrM 800 (Add 14620. 9. Jh) 13°.

[10]) Über die 8 Arten der Nominalbildung. Hss: Brl 88 (Peterm 9. J 1259/60) 6° b. Vg. Mos
111. 4° („Définition de la parole"). Séert 108 (17. Jh) 4° (Azz „sur la définition du Mot et sur la
lettre"). Ag: KatSachau 330. „Über die Punkte." Hs: DamErzb 62 (17/8. Jh) a°. Über die veränderlichen Buchstaben. Hs: Pr 276 (Anc fonds 164. J 1652/3) 14° e. Eine umfassende „Grammatik"(?). Hs: Mos 109 (J 1678/9) 3°, von Bruchstücken: India Office 9. Ag der letzteren: R Gottheil, PAOS May 1891 CXI CXVIII. [11]) Hs: Brl 88. 6° c. [12]) Nach 'Aî.

[13]) Hss: VtS 152 (J 980) XIV°. 217. XXVII°. VtB 10. 2°. Ag: LTh 41/6. Übs: R Gottheil,

Moralisch-parünetischen Inhalts ist auch außer einem teilweise wiederum anonym überlieferten Zyklus von 22 Gedichten über die Liebe zur Weisheit[1]) mindestens teilweise, was weiterhin von „Dichtungen" unter seinem Namen vorliegt.[2]) Die Traditionen legendarischer Epik altmonophysitischer Zeit setzt demgegenüber wohl der Mēmrā auf den Apostel Thomas eines Šem'ôn b 'Amrājē fort, der als Schüler des Peu Kyriakos bezeichnet wird.[3])

h) Von jakobitischen **Geschichtschreibern** hat im 8. Jh ein Jôḥannān b Šěmûêl[4]) um 746 in Westsyrien unter Benützung der Chronographie des J. v Lît(h)ārb ein Geschichtswerk verfaßt, das von P Dionysios v Tellmaḥrē ausgebeutet wurde und durch dessen Vermittlung bei Michaël I., wie durch diejenige eines unbekannten palästinensischen Melchiten bei dem Griechen Theophanes nachwirkt. Dem Osten gehörte dagegen ein aus dem Ṭûr 'Ab(h)dîn stammender Daniel b Môšē[5]) an, der nach Dionysios Verfasser von „Geschichten" war, „welche der Kirchengeschichte gleichen", d. h. wohl eines nicht chronographisch angelegten, sondern in fortlaufender Darstellung der Ereignisse sich an das Vorbild eines Jôḥannān v Ephesos oder griechischer Kirchenhistoriker anlehnenden profangeschichtlichen Werkes, aus dem einzelne Nachrichten für die JJ 738.48 vorliegen.[6]) Unter Annahme eines Abschreibefehlers, der sich aus einer Verwechslung der beiden Geschichtschreiber unschwer erklären ließe, wird man trotz der Verschiedenheit des Vaternamens in ihm einen D. b Šěmûêl wiederzuerkennen geneigt sein, den Dionysios mit gleicher Heimatsangabe und dem Anfügen, daß er sein Großvater mütterlicherseits gewesen sei, als Gewährsmann namhaft gemacht hätte.[7])

i) Von den **Klöstern Zûqnîn und Qarṭâmîn** war das bei Ḥarrān gelegene letztere der Aufenthaltsort zunächst eines Mönches, der, anscheinend gleichfalls im Anschluß an J. von Lît(h)ārb eine ursprünglich mit den J 784/5 abschließende Weltchronik verfaßte, die von späterer Hand bis 818 bzw. 848/9 weitergeführt wurde und mit dieser Fortsetzung in einer erst mit der Geburt Christi einsetzenden im allgemeinen kürzeren, aber speziell an genauen Datierungen und an Nachrichten zur lokalen Klostergeschichte reicheren und in einer auch die vorchristliche Zeit umfassenden grundsätzlich ausführlicheren Rezension vorliegt.[8]) Ein starkes Jahrzehnt später, nämlich bald nach 797, kam alsdann eine Darstellung der legendenumwobenen

---

Hebraica 8, 65/78. Vg. ders. ebenda 9, 117 f. Der Verfasser nimmt auf ein anderes Gedicht über die Größe Roms Bezug.

[1]) Im KatAssemani 3. 359 vielmehr für 'Ab(h)dîšô' b Běrik(h)ā in Anspruch genommen. Hss: Cmbr Gg. 3, 30 (J 1542). Vt 174 (um J 1600) III°. N-Dsêm 123 (J 1662/3) Anh. 1°. 122 (J 1757/8) Anh. 1°, der Nrn 1'11: Ox 155 (Marsh 201) 32°. Ag: EdMillos. Directorium spirituale (Rom 1868) 172,214.

[2]) Hss eines Stückes „über die Buchstaben des syrischen Alphabets": Vt 217. XXVI°. Pr 215 (Anc fonds 118. 17.Jh) 3°. 197 (Anc fonds 157. 16.Jh) 15°, eines moralisch-parünetischen: Vt 96 (um J 1352) 26°, eines Gedichtes über die Buße in arabischer Übs: VıS 58 (J 1273/4 bis 1275) 24°. Ag von Azz nach ungewisser hslicher Grundlage: LTh 138 f. Für alle diese Stücke wird, wie vor allem für die 22 Mēmrū. die bei alphabetischer Akrostichis jeweils ihren Anfangsbuchstaben nicht wieder enthalten, stark mit der Möglichkeit weit jüngerer Entstehungszeit zu rechnen sein.

[3]) Hs: Dijarb 97 (15. Jh) 2°.

[4]) M 378 (2, 358). EWBrooks. BZ 15, 573.87.   [5]) Vorrede des D. bei M 378 (2, 358). Duval[3] 203. 383.   [6]) Bei EbŠ zu den JJ 122. 127 und 131 H.   [7]) Nach M 499 (2, 477).

[8]) Hss der ersteren: in Bêt(h) Sěb(h)irinā im Ṭûr 'Ab(h)din (9. Jh), der zweiten: BrM 916 (Add 14642. 10.Jh). Agg der ersten: ABarsaum, CSCO Ser. III. 14, 3 21, der zweiten EWBrooks (-J-BChabot), ChrM 157/238 (121 80), vom J 573/4 an: Brooks schon ZDMG 51, 569/88. Vg. zur umfangreicheren Rezension: Fraenkel, ZDMG 52, 153 f. 53, 259 f. Brooks ebenda 52, 416. FNan, ROC 1, 396/406. HBeck, BZ 14, 532/4. Brooks ebenda 15, 578/87.

Geschichte des Klosters selbst zum Abschluß, die mit Biographien seiner beiden Stifterheiligen Šĕmûêl († um 406) und Šem'ôn († 433) eine solche seines großen Abtbischofs Gabriel († 667) verbindet.[1] In dem Amida benachbarten Zûqnîn entstand dagegen um 775 die früher irrtümlich P Dionysios v Tellmaḥrē beigelegte, in der Tat vielleicht einem Pr und Styliten Îšô' zuzuschreibende universalgeschichtliche Kompilation, der die Erhaltung der Edessenischen Chronik und des altmonophysitischen Geschichtswerkes über die JJ 494/5 bis 506 zu verdanken ist.[2] Von ihren vier Teilen ist der bis auf Konstantin d. Gr. reichende erste unter Ergänzung aus dessen Kirchengeschichte wesenhaft aus der Chronik des Eusebios, der die Erzählung bis auf Theodosios II. weiterführende zweite unter Beiziehung der Edessenischen Chronik und legendarischer Quellen aus der Kirchengeschichte des Sokrates geschöpft, während der dritte neben den genannten beiden Kleinodien Azz aus dem zweiten Teile der Kirchengeschichte des Jôḥanân v Ephesos umfaßt. Erst der die Zeit von 573/4 bis 754/5 behandelnde vierte kann als selbständige Leistung des ziemlich unwissenden und historisch ungeschulten Verfassers gelten. Noch tiefer als die seinige steht allerdings die schon unter dem Khalifen Hišām (724/43) entstandene ähnliche Kompilation, die von ihrem ersten Herausgeber nach dem sie beschließenden Khalifenverzeichnis wenig glücklich mit dem Namen eines „liber chalipharum" belegt wurde und der wir die Kenntnis der drei mit den JJ 629, 636 und 641 abschließenden Chroniken bzw. des Nachhalls zweier antiochenischer Geschichtsquellen des 6. Jhs verdanken. Außer diesem Materiale und dem Kataloge der mohammedanischen Herrscher hat der Kompilator noch eine syrische Übs des in einer lateinischen durch den sog. Barbarus Scaligeri erhaltenen und griechisch ähnlich im Chronicon Paschale wiederkehrenden geographischen Abrisses und die Patriarchengenealogie der „Traube" Ap(h)raḥâts aufgenommen. Auf jeden Versuch, aus diesem buntscheckigen Stoffe etwas wie eine literarische Einheit zu gestalten, ist völlig verzichtet.[3]

§ 44. Sogar in besonders hohem Grade erscheint noch die erste Hälfte des 9. Jhs als eine Blütezeit der syrischen Kirchenliteratur jakobitischen Bekenntnisses. Einerseits hat in ihr der P Dionysios v Tellmaḥrē sein großes Geschichtswerk geschaffen, dessen überragende Bedeutung leider fast nur mehr auf

---

[1]) Hss: BrM 962 (Add 17265. 13. Jh). Brl 179 (Sach 221. J 1710) 6°/8°. Bs: KatSachau 581/7. Azz: FNau, Actes XIV. Congr. Orient. 2 (Pr 1906) 76/111.

[2]) Hs: VtS 162 (Vor J 932). Bs: BO 2, 99/116. Agg des 1. Teiles: OFTullberg, Dionysii Telmaharensis Chronici lib. prim. e cod. Ms. syr. Bibl. Vat. transscript. notisque illustr. (Upsala 1848 f.), von Azzen aus dem 3. Teile (mit Übs): BO 1, 359/63. 380/6. JDMichaelis 16/21. 40/6, des 4. Teiles: J-BChabot, Chronique de Denys de Tell-Maḥrê. Quatrième partie. Publ avec une trad. (Pr 1895). Übs der aus Eusebios' Chronik stammenden Hauptmasse des 1. Teiles: OSiegfried-HGelzer, Eusebii Canonum Epitome ex D. Telmaharensis chronico petita (Lpz 1884). Bs der noch unedierten Partien: FNau, ROC 2, 241/68. 455/93. Vg. AvGutschmid, Untersuchungen üb. d. syr. Epitome d. Eusebian. Canones (Tübingen 1886). Wright 200/3. Duval³ 194/6. Zu der Nichtverfasserschaft des Dionysios: FNau, Bullet. crit.² 2, 321/7. 464/79. 3, 54/8. JA⁹ 8, 346/58. ThNöldeke, WZKM 10. 160/70 bzw. zunächst ablehnend: J-BChabot, Bull. crit.² 2, 414/7, zusammenfassend FHuase, OC² 6, 65/90. 240/70, wo eingehend das Verhältnis zur gesamten verwandten syrischen und griechischen Literatur behandelt ist.

[3]) Hs: BrM 913 (Add 14643. 8. Jh). Gesamtag: EWBrooks(-J-BChabot), ChrM 77/156 (61/119). Im übrigen vg. § 28c. 39e. Eine den dürftigsten Schichten dieser Kompilation „literarisch" verwandte Chronik aus der Zeit des Khalifen al-Mahdi (775/85) fand sich inschriftlich in den Ruinen einer Georgs- (oder Sergios-?)Kapelle bei 'Enêš am Euphrat. Ag mit Übs und Kommentar: J-BChabot, JA⁹ 16, 285 S.

indirektem Wege kenntlich wird. Andererseits gruppiert sich um ihn eine stattliche Reihe namhafter Schriftsteller. deren Tätigkeit, ohne sich auf sie zu beschränken. hauptsächlich der theologischen Prosa angehört. Neben den beiden gelehrten edessenischen MM Theodosios und Benjamin stehen hier Elijā v Salamjā, Iwannîs v Dārā. Nonnos v Nisibis. La'zar b Sāb(h)ĕt(h)a und die besonders merkwürdige Gestalt des „Rhetors" Antonios. Auch einige anonyme Bruchstücke nicht untergeordneten Ranges dürften auf den geistigen Kreis zurückzuführen sein, den diese Männer rühmlich vertreten. Erst in der zweiten Hälfte des Jhs beleuchtet der Katenenkommentar eines Mönchs Severus durch seinen völligen Mangel an literarischem Eigenwert den einsetzenden Niedergang des jakobitischen Schrifttums.

a) P **Dionysios** v **Tellmaḥre**,[1] ord. 1. 8. 818, † 22. 8. 845. war Mönch in Qenneŝrē gewesen und noch Diakon. als die in Kallinikos versammelte Wahlsynode ihm das angesichts des noch immer fortbestehenden Schismas nicht leichte Erbe seines Vorgängers Kyriakos übertrug. Auf Grund eines Diploms des Khalifen al-Ma'mûn erwirkte er gegen Abraham und dessen maßgebliche Anhänger ein strenges Vorgehen des Emirs 'Abdallāh ibn Ṭāhir und suchte diesen 825/6 in Ägypten auf, um über eine willkürliche Zerstörung jakobitischer Sakralbauten in Edessa Klage zu führen. Nachdem er den Befehl zu deren Wiederaufbau erlangt hatte. verhandelte er im Frühjahr 829 nicht minder erfolgreich mit al-Ma'mûn selbst über die Befestigung seiner Autorität. Im folgenden J begleitete er von Damaskus aus den Khalifen wiederum nach Ägypten, wo er in dessen Auftrag zusammen mit dem koptischen Pen Joseph auf die Gemüter aufständischer baschmurischer Christen einzuwirken suchte. Seinen Nachfolger al-Mu'tasim hat er nach dessen Thronbesteigung im Sommer 838 in Bagdad begrüßt und zunächst auch bei ihm sich hoher Ehren erfreut, den innerkirchlichen Kampf aber auch nach dem im J 836/7 erfolgten Tode Abrahams gegen dessen von den Schismatikern zum Nachfolger gewählten Bruder Sem'ôn ununterbrochen fortführen müssen. Zuletzt sind neue Bedrückungen der jakobitischen Christenheit durch die mohammedanischen Machthaber hinzugekommen, um seinen Lebensabend zu verdüstern. Ein anschauliches Bild seines eigenen Wirkens und Kämpfens boten die späteren Partien seines Geschichtswerkes, das in zwei Teilen zu je 8 BB die 260 JJ von der Thronbesteigung des Maurikios bis zum Tode des Kaisers Theophilos und des Khalifen al-Mu'tasim (582/3 bis 842/3) behandelte. Eines der bedeutendsten Denkmäler syrischer Geschichtschreibung, ist es für den fraglichen Zeitraum die Hauptquelle der Berichte Michaëls I. geworden, der die Vorrede mitteilt [2] und weiterhin gleich der etwas jüngeren anonymen Chronik umfängliche wortgetreue Anführungen daraus bietet,[3] während mindestens aus den ersten BB ein Fragment sich auch in direkter Überlieferung erhalten hat.[4]

---

[1] Abgesehen von den wörtlichen Azz aus seinem Geschichtswerke ChrM 238 (180) bzw. CSCO Ser. III. 14. 21. M 502. 507. 522 (6. 42. 47. 76). ChrAn (Ag Chabot) 274. B EKg 1, 344/86. BO 2, 98f. W r i g h t 136/203. D u r a l³ 193. 388f.   [2] M 378 (2. 357f.).

[a] Die Azz M 503f. 506f. 508,12. 515/22. 522/4. 528,31. 530,2/3. 42/4. 47/9. 56,9. 60,78. 76,8. 79/83. 85,7. 90,3 und den in dem wehmütigen Wunsch nach Erlösung durch den Tod ausklingenden ergreifenden Schluß des Werkes: 588/44 (3, 104/11). Weitere Azz: ChrAn (Ag Chabot) 17/21. 257f. 265/74. Dazu kürzere Zitate: M 449. 462. 485 (2, 477. 504f. 3, 13f.) und Anführungen bei EbŜ zu den JJ 138. 140. 142. 146. 152 und 153 H. Die M-Azz kehren teilweise bei B EKg 1, 347/52. 350/62. 375/82. 883/6 wieder.   [4] Hs: VtS 144. XI°. Unvollständige Ag: BO 2, 72,7. Rätsel-

b) M **Theodosios** v Edessa,[1] noch von Kyriakos ord., der anläßlich eines eingetretenen Zerwürfnisses zwischen ihm und seinen Diözesanen vermittelte, ein leiblicher Bruder des Dionysios, war gleich diesem aus Qennešrē hervorgegangen und hat als an der Veranlassung derselben Nächstbeteiligter ihn auf der ägyptischen Reise des Js 824/5 begleitet. Eine Übs der jambischen Gedichte des Gregorios v Nazianz, die er im J 804 noch als Pr der edessenischen Kirche gefertigt hat,[2] erweist sich als mit der vollständig auf uns gekommenen identisch.[3] Ein von ihm verfaßtes Geschichtswerk war schon in demjenigen des D. benützt.[4] Daneben scheint sich von 754/5 an die Schlußpartie des Werkes, das alsdann bis 812 gereicht hätte, in einem lückenhaften Texte[5] auch unmittelbar erhalten zu haben.

c) M **Benjamin** v Edessa[6] war aus einem Kloster Mār(j) Ja'qōb(h) hervorgegangen und wurde, da zwischen seine und die Amtstätigkeit seines mittelbaren Vorgängers Th. noch diejenige eines Kyrillos fällt, durch Dionysios anscheinend erst in den späteren JJ seiner Regierung geweiht. Ein Brief von ihm über Eucharistie und Taufe wird gelegentlich zitiert.[7] Keine chronologische Schwierigkeit erhebt sich gegen seine Identifikation mit einem fürs J 837 noch als im Kloster Tel'eddā lebender Mönch bezeugten B., in dem weiterhin der „Mönch“ B. zu erkennen sein wird, von welchem ein Kommentar zu den Ps.-Areiopagitika durch einige Zitate bekannt wird.[8] Vor allem ist sein Name aber mit dem nicht einfachen Problem einer Gruppe verschiedener Erklärungsschriften zu den Reden des Gregorios v Nazianz verknüpft. Sein eigener Kommentar zu denselben liegt einerseits demjenigen eines Unbekannten zugrunde, der sich nur zu den Nrn 1 3 (nach Anordnung des griechischen Textes) erhalten hat.[9] Andererseits überarbeitete denselben teils erweiternd, teils kürzend, teils verbessernd sein Schüler Daniel,[10] dessen Werk wieder in einem zu den Nrn 1 3. 28 30 der Paulosübs (1. 3. 2. 25. 24. 21 der griechischen Anordnung) erhaltenen Kommentar[11] nicht sowohl vorliegt, als vielmehr neben demjenigen eines Ait(h)allāhā[12] und den Anmerkungen des Atha-

haft bleiben vorerst die angeblich in Sin 24 (10. Jh) enthaltenen „extracts from Dionysius of Tell Mar“ (sic!).

[1] M 493. 541. 754 (3, 28. 61. 452). ChrAn (Ag Chabot) 17. 22. 271. B'EKg 1, 361 4. BO 2. 345. Wright 203. Duval² 389.

[2] Nach B'EKg 1, 363f. bzw. Antonios Rhetor. Daraus das Gedicht I 1, 16 mit Angabe des Namens des Übersetzers und des Entstehungsjahres der Übs: Vt 96 (J 1351/2) 20°.

[3] Hss: Vt 105 (irrtümlich ins 5/6. Jh gesetzt). 378 (Abs der vorigen). Ag: J Bollig - H Gismondi, Sancti G. Theologi Lib. carm. iambicorum (Beirut 1895/6). Die Zugehörigkeit des Bruchstückes der Th.-Übs zu derjenigen des VtS 105 festgestellt von W Lüdtke, OC² 3, 269. Damit erübrigt sich ein Eingehen auf alle früheren Vermutungen über Entstehungszeit und Urheber der erhaltenen Übs.

[4] Und wirkt durch dessen Vermittlung M 328. 378 (1, 255. 2, 358) nach.

[5] Einem sich aufs engste mit M berührenden Bruchstücke. Hs: BrM 916 (Add 14642. fol 36,9. 10/1.Jh). Agg: E W Brooks, ZDMG 54, 195/230. Ders., ChrM 243/60 (183,96). Die Zugehörigkeit zu dem Werke des Th. wäre so gut als gesichert, wenn, wofür mindestens alle Wahrscheinlichkeit spricht, dasjenige, welchem das Fragment entstammt, mit dem J 812 abbrach. Anderenfalls müßte in diesem ein schon von D. abhängiges erblickt werden.

[6] M 735 (3, 455). Notiz in der Hs BrM 626 (Add 12152): KatWright 498. R Duval. Prooem. XV.   [7] BrM 863 (Add 14538. 10/1.Jh) fol 38 v°. Vg. KatWright 1004.

[8] Bei BB 369,25. 475,9. 776,29. 1383,7. Vg. die Notiz der Londoner Hs.   [9] Hs: BrM 562 (Add 17197. 9/10. Jh).

[10] Nach BrM 563 fol 103 v°: KatWright 442.   [11] Hs: BrM 563 (Add 14725. fol 100 215. 10/1.Jh). Vg. KatWright 443.

[12] Möglicherweise eines gleichnamigen jakobitischen Prs des Klosters des Mār(j) Zāk(h)ē (Nikolaos) bei Kallinikos, von dem Vt 173 (14. Jh) V1° eine dialogische Widerlegung von 16 Ein-

nasios v Bālad(h) wiederum nur benützt ist. Hier übernommen und zwischen eine Inhaltsangabe (κεφάλαιον) jeder einzelnen Rede und deren Einzelerklärung gestellt ist endlich ein Verzeichnis der in ihr zitierten Bibelstellen und eine Auswahl zu ihrer Erläuterung dienlicher Stellen patristischer Literatur, eine Stoffschicht, die in einem dritten wohl ältesten und fast vollständig erhaltenen Kommentar[1]) vielmehr den jeweiligen kurzen Anmerkungen zur Erklärung schwieriger Stellen und Worte anhangsweise folgt.

d) **Elija v Salamjā**[2]) im Gebiete von Ḥarrān richtete im Zusammenhange mit dem Streite um die liturgische Formel: „Das Brot der Engel brechen wir“ an Dionysios, als er noch Mönch in Qenneśrē war, ein Schreiben über die Eucharistie,[3]) neben dem sich von ihm noch eine über die dogmatischen Parteiungen im Monophysitismus des 6. Jhs handelnde Einleitung zu einer Schrift des Joannes Philoponos erhalten hat.[4])

e) **M Iwannis v Dārā**[5]) veranlaßte Dionysios zur Abfassung seines Geschichtswerkes, das dieser ihm alsdann mit Worten hoher Anerkennung seiner geistigen Regsamkeit widmete. Er selbst ist Verfasser einer Reihe größerer dogmatischer Spezialarbeiten, die bei gediegener Gelehrsamkeit ein besonderes Interesse für Eschatologisches, die Geisterwelt und das Spiegelbild der himmlischen in der kirchlichen Hierarchie bekunden. Von denselben haben sich je 4 BB über die Auferstehung der Leiber[6]) und über das Priestertum,[7]) sowie die ihren Gegenstand in der Form einer Erläuterung der betreffenden Schrift des Ps.-Areiopagiten behandelnden 2 BB über die himmlische und irdische Hierarchie[8]) vollständig erhalten. Von einem Werke über die Seele in mindestens 8 BB liegen einige Kapp. im Original,[9]) von einem solchen über die Teufel liegt ein viertes B in arabischer Übs vor.[10])

f) Der Archidiakon **Nonnos v Nisibis**[11]) bewies eine nicht gewöhnliche Begabung für theologische Polemik schon in den letzten JJ des Kyriakos, als er von diesem, ein damals noch junger Mann, zur Bekämpfung des Theodorikos Pygla an den Hof des Armeniers Ašōt entsandt wurde und diesen veranlaßte, das angestammte julianistische mit dem jakobitischen Bekenntnis zu vertauschen.

würfen eines Nestorianers gegen die monophysitische Lehre vorliegt, ohne daß freilich etwas Positives zugunsten dieser Identifikation beizubringen wäre.
  [1]) Hs: BrM 561 (Add 17197. 8/9. Jh). Es fehlt hier nur zu Anfang die Erklärung der beiden ersten Reden.   [2]) M 502 (3, 41).
  [3]) Hs: BrM 815 (Add 14726. fol 1/86. 10. Jh). Bs: KatWright 830 f.   [4]) Hs: Vt 144. XIII°.
  [5]) M 378 (2. 357: die Vorrede des D.). B'EKg 1, 383 f. BO 2, 118,23. Wright 204 f. Duval² 390.   [6]) Hss: Vt 100 (J 932) 1°. 362 (Abs der vorigen). Bs: KatAssemani 2, 530,9. Ag der Kapp. I 1 und IV 20: Gismondi² 60/6.
  [7]) Hss: Vt 100. 3° bzw. die Abss daraus 362. 2° und Ox 152 (BodOr 264. J 1654) 3°/6°, unter der falschen Flagge des Jōḥannān Mārōn: Vt 101 (J 1664) 1°. Bss: KatAssemani 2, 542/4. Payne-Smith 492,6. Agg unter dem Namen „Mārōns“ mit arabischer Übs: Hobeiqa, كتاب الكهنوت لأبينا القديس الأعظم مارون البطريرك الأول (Beirut 1911), von Azz aus B. II: PZingerle, MonS 1, 105/10, von Kap. II 7: Gismondi² 66/8., Kap. IV 7: JJOverbeck, S. Ephraemi … op. selecta 409,13. Vg. PZingerle, TQ 49. 183/205. 267/85. ABaumstark, Zwei syrische Papiaszitate, OC 2. 352,7.
  [8]) Hss: Vt 100 1° bzw. die Abss: 363. 1°. Ox 152. 1°. 2. und von Kap. II 1: Vt 411. 1°. Bss: KatAssemani 2, 539,42. Payne-Smith 487,92.   [9]) Nämlich VIII 1, III 1 f. und zwei weitere. Hs: VtS 147 (J 1234) VIII°.   [10]) Hss: CmbrAdd 3285 (17/8. Jh) 6°. 3994 (18. Jh) 5°. Die Bezeichnung des 22 Kapp. umfassenden Textes als eines 4. Bs nur in der ersteren.
  [11]) M 496 f. 502. 517. 650 (3, 3 f. 50. 65). ChrAu (Ag Chabot) 264. B'EKg 1, 363 f. BO 2, 346. KatWright 618 ff. Wright 205 f. Duval² 390.

Unter Dionysios war er im J 821/2 Überbringer von Klagen gegen seinen B Philoxenos, deren Erneuerung 6 JJ später dessen Absetzung herbeiführte. Unbekannt bleiben die Gründe einer Gefangenschaft, in welcher er gegen Thomas v Marga, als dieser schon M von Bêt(h) Garmai war, ein Werk in 4 BB zur Bekämpfung des Nestorianismus schrieb. Zusammen mit diesem haben sich von ihm zwei an ungenannte Adressaten gerichtete Schreiben und ein Brief an einen Mönch Jôḥannân erhalten, in denen gleichfalls durchweg christologische Polemik im Vordergrunde steht.[1])

g) **La'zar b Sab(h)ĕt(h)a,**[2]) B von Bagdad unter dem Namen Philoxenos oder Basileios?), wurde als solcher durch Dionysios auf Grund wiederholt gegen ihn erhobener Anschuldigungen im J. 829 abgesetzt, nachdem eine Eingabe seiner Anhänger vergebens versucht hatte, den Zorn al-Ma'mûns gegen den Pen zu entfachen. Eine von ihm erhaltene Erklärung der Taufliturgie[3]) ist, da er auch für die Geschichte der liturgischen Gesänge zitiert wird,[4]) vielleicht ursprünglich Teil eines größeren Gesamtwerkes zur Liturgiekunde gewesen.[5]) Eine Anaphora unter seinem Namen gehört zu denjenigen Texten dieser Gattung, bei welcher die Lage der hslichen Überlieferung der Annahme ihrer Echtheit nicht ungünstig ist.[6])

h) Der Mönch **Antonios v Tag(h)rît(h)**[7]) verfaßte im J 825 sein in der syrischen Literatur einzig dastehendes Werk „über die rhetorische Wissenschaft" in 5 BBn.[8]) Eine Sammlung praktischer rhetorischer Übungen unter Anwendung des Reims, Trostschreiben, Lobreden, Dankgebete in fremdem Namen und moralische Ermahnungen enthaltend,[9]) und eine solche von „Bittgebeten" gleicher Stilgattung[10]) bekunden seine Meisterschaft in Anwendung der dort entwickelten Lehren. Ein Werk „über die Vorsehung" in 4 BB[11]) und eine durch ihren Reichtum an patristischer Gelehrsamkeit ausgezeichnete Schrift über das Myron[12]) zeigen daneben auch ihn als nicht minder beachtenswerten theologischen Schriftsteller.

i) Von anonymen Stücken, die sich nach Maßgabe der hslichen Überlieferung für die Epoche des Dionysios in Anspruch nehmen lassen, behandelt eine umfangreiche „paränetische Homilie" (Tûrgâmâ d(h)ĕmartjânût(h)â), die ihre neben solchen aus griechischer Väterliteratur stehenden Zitate aus Isḥâq „v Antiocheia" und Ja'qôh(h) v Sĕrûg(h) als syrisches Original erweisen, in 18 Kapp. das Gesamtgebiet der christlichen Sittenlehre.[13]) Einem philosophisch-theologischen Werke,

---

[1]) Hs: BrM 912 (Add 14894. 9/10. Jh).

[2]) D. bei M 517. 520 (3. 66. 70). ChrAn (Ag Chabot 264. B'EKg 1, 365/72. BO 2, 123 (jetzt veraltet). Wright 205f. Duval³ 390.   [3]) Hs: VtS 147 (J 1234) VI°.

[4]) Durch B'E. Ethik 1 5 § 4 (Ag Bedjan 66).   [5]) S. Wright a. a. O. Spätestens derselben Zeit entstammte auch ein derartiges Werk, aus dem sich ein Az über Zahl und Zeit der verschiedenen Teile des kirchlichen Tagzeitengebets erhalten hat. Hs: BrM 861 (Add 17113. J 874) 32°.

[6]) Hss: BrM 261 (Add 14690. J 1181/2) 13°. 263 (Add 17229. fol 1/47. J 1218) 8°. 273 (Add 14692. fol 25/99. J 1347) 5°. Or 2293 (J 1729/30). Brl 151 (Sach 185. 196. 152. J 1259/60) 12°. JerMkl 10 (J 1427/8 A. 50°. 11 (15. Jh) A. 2°. 13 (J 1591) 14°. R (16/7. Jh) 24°. VtS 33 (J 1467) 6°. 26 (J 1484) 16°. CmbrAdd 2887 (J 1843) 7°. Übs: Ren 2, 394/408.

[7]) B'EKg 1, 363f. BO 2, 345. Wright 203f. Duval³ 300. 389f.

[8]) Hss: von B 1 Kap. 1/6 mit Lücken: BrM 717 (Add 17208. 9. Jh) 1°, ohne Ende von B 5: JerMkl 82° (15/6. Jh), ebenso und mit Lücken in den BB 2 und 4: eine in Mosul oder Alqôs bzw. im Besitze von RDuval gewesene Abs derselben, ungewiß welchen Umfangs: N-Dsêm 130 (J 1896) möglicherweise identisch mit der Vorlage der vorigen. Vg. RDuval. Oriental. Studien ThNöldeke zum 70. Geb.tage gew. 479/86.

[9]) Hs: BrM 717. 2°. Ag einer Probe: ERödiger²·³ 100/2.

[10]) Hs: BrM 718 (Add 14726. fol 87/128. 10. Jh) 2°.   [11]) Hs: BrM 718. 1°.   [12]) Hs: BrM 715 (Add 14726. fol 1/86. 10. Jh) 12°. Bs mit Verzeichnis der zitierten Autoritäten: KatWright 798.

[13]) Hs: BrM 798 (Add 14535. 9. Jh) 2°. Bs: KatWright 798.

das mindestens teilweise in der Form eines Dialogs (mit Aristoteles?) gehalten war, entstammen Bruchstücke. die sich auf die Tatsächlichkeit der Inkarnation (oder die Körperlichkeit oder Unkörperlichkeit Gottes?), die Seele des Menschen und ihre Vereinigung mit dem Leibe beziehen.[1]) einem anderen Azz über die wechselseitige Verwandtschaft der geschaffenen Naturen und gleichfalls auf die Seele und ihre Verbindung mit dem Körper.[2]) Theologische und philosophische Interessen finden einen Niederschlag auch in zwei zeitlich hierhergehörigen Sammlungen von Fragen und Antworten. die nur teilweise den Charakter eigentlicher Rätsel annehmen.[3])

j) Der Mönch Severus vollendete am 25. 3. 861 in einem Kloster der hl. Barbara im Gebirge von Edessa seinen Bibelkommentar, dessen ATliche Scholienmasse auf Ap(h)rem und Ja'qôb(h) v Edessa als Hauptautoritäten zurückgeführt wird.[4] Aus Chrysostomos ist entsprechend in einer Stärke von 2400 Scholien der NTliche Erklärungsstoff des Werkes geflossen. Auf die Vereinigung dieses höchst einförmigen Materials scheint sich nämlich die eigene Arbeit des S. beschränkt und erst der Schreiber ihrer ältesten erhaltenen Hs, ein Sem'ôn aus Ḥisn Manṣûr. um das Ende des 9. oder zu Anfang des 10. Jhs die hier noch auf dem Rande stehenden oder durch farbige Umrahmung vom übrigen Texte abgesonderten Anführungen weiterer patristischer Autoritäten hinzugefügt zu haben. Unter den letzteren stehen Eusebios $\pi\varepsilon\varrho\grave{\iota}\ \delta\iota\alpha\varphi\omega\nu\acute{\iota}\alpha\varsigma\ \varepsilon\grave{\upsilon}\alpha\gamma\gamma\varepsilon\lambda\acute{\iota}\omega\nu$, Kyrillos, Severus v Antiocheia und Isidoros v Pelusion obenan. Doch sind auch sie schwerlich unmittelbar durch S. eingesehen worden, der vielmehr seine gesamte anscheinende Gelehrsamkeit einheitlich aus dritter oder vierter Hand geschöpft haben wird.

§ 45. Auch an der Vermittlung zwischen Antike und Islam hat neben und nach dem nestorianischen das jakobitische Syrertum sich beteiligt, ist dabei aber ungleich rascher und stärker als jenes selbst in der neuen arabischen Zivilisation aufgegangen. Von syrisch schreibenden Autoren vertreten P Theodosios und der unbekannte Verfasser eines theologisch-philosophischen Werkes über „die Ursache der Ursachen" eine eigentümliche, von strenger dogmatischer Rechtgläubigkeit abführende Geistesrichtung. die sich bei diesem Prozeß in nicht engen Kreisen ergeben haben mag. Formal ist für ihn die Tatsache bezeichnend. daß zeitweilig als Sprache selbst der jakobitischen Theologenliteratur das Syrische geradezu vollständig durch das Arabische abgelöst wurde. Die ebenso umfangreiche als vielseitige schriftstellerische Tätigkeit des Bs Môše b Kêp(h)ä bedeutet unter diesen Umständen am Ende des 9. Jhs den einer gewissen Großartigkeit nicht entbehrenden Abschluß der gesamten bisherigen Entwicklung. Daß

---

[1] Hs: BrM 805 (Add 17215. fol 9 21. 9/10. Jh) 1ᵛ.

[2]) Hs: BrM 798. 8°. Weitere philosophische Bruchstücke, die möglicherweise hierher gehören, in den Hss BrM 993 (Add 17215. fol 7 8. 9. Jh) über $o\grave{\upsilon}\sigma\acute{\iota}\alpha$ und $\varepsilon\grave{\iota}\delta o\varsigma$. 934 (Add 17215. fol 7/8. 9. Jh). 991 (Add 14738. fol 114 f. 11. Jh anscheinend eines Kommentars zu den $\grave{\alpha}\nu\alpha\lambda\upsilon\tau\iota\kappa\acute{\alpha}$ des Aristoteles.

[3] Hs: BrM 860 (Add 12154. 8 9. Jh) 25°. 26°. Agg: J-BChabot, JA[10] 8. 277/83 bzw. F Furlani, ROC 21, 113 36. Eine entsprechende anonyme Sammlung auch in der Hs JerMkl 162.

[4]) Vg. oben § 8 a und 40 c. Hss: Vt 103 (9, 10. Jh). BrM 859 (Add 12144. J 1031. Abs der vorigen), nur des NTlichen Teiles: VtS 284 (gleichfalls Abs von VtS 103). Ess: KatAssemani 3, 7/28. Wright 908,14. Vg. A Baumstark, OC 2, 166,9. Agg des Ap b)remmaterials: s. oben S. 44 Ak. 6. der Erklärung des IILs: G Mösinger, MonS 2. 9/31. Vg. Duval[3] 63. 65f.

auch nur auf dem Spezialgebiete literarischer Beschäftigung mit **Liturgie** und **Kirchenjahr** die unmittelbare Folgezeit etwas wie eine Fortsetzung derselben gesehen habe, läßt sich nicht mit Sicherheit behaupten. Mehr oder weniger volkstümliche **Übersetzungen aus dem Arabischen** sind das einzige Zeugnis einer überhaupt noch fortdauernden schriftstellerischen Verwendung des Syrischen, die das 10. Jh im äußersten ägyptischen Westen, wie im mesopotamischen Osten des jakobitischen Kirchengebietes zeitigte, und beleuchten, gleich einem gelegentlichen Abhängigwerden sogar christlicher **Legende** von islamischen Stoffen, grell das Verhältnis, in welches man der arabischen Kulturwelt gegenüber gekommen war.

a) P **Theodosios**,[1]) ord. 5. 2. 887, † 1. 6. 896, mit Taufnamen Romanos, war Mönch im Kloster Qarṭamin und Arzt von Ruf gewesen. Die literarische Frucht seiner medizinischen Studien bildete ein hochgeschätztes Sammelwerk (Kŭnnāšā) über Heilmittellehre.[2]) Eine theologisch wenig orthodoxe Haltung verrät es, daß er das B des angeblichen Hierotheos durch einen 5 BB umfassenden Kommentar auszeichnete, der einem B Laʿzar v Kyrrhos gewidmet ist.[3]) Beschäftigung mit antiker populärphilosophischer Literatur bekundet er in einem Briefe an einen Georgios (oder Gregorios?) durch die Erklärung einer Sammlung von 112 Pythagoras-$\sigma\acute{v}\mu\beta o\lambda a$.[4]) Ein von ihm an den koptischen Pen Michaël gerichtetes Synodalschreiben, das in arabischem Texte erhalten ist,[5]) war wohl im Gegensatze zu einer gleichfalls nur arabisch vorliegenden Fastenpredigt[6]) bereits gleich entsprechenden Stücken späterer jakobitischer PP von vornherein arabisch abgefaßt.

b) „**B der Ursache der Ursachen**"[7]) oder „der Erkenntnis der Wahrheit" betitelt sich ein Werk, das in weitestgehendem Maße inhaltlich den Einfluß der

[1]) M 549 f. 757 (3, 120. 459 f.). ChrAn (Ag Chabot) 276. B‘EKg 1, 389/92. 2, 213/4. BO 2, 124 f. Wright 206 f. Duval[3] 391.　[2]) B‘EKg 1, 391 ff.　[3]) Hss: BrM 7189 Rich (J 1268/9), wahrscheinlich auch: Edessa 10.

[4]) Hss: Pr 197 (Anc fonds 157. J 1540/1) 16°. 215 (Anc fonds 118. 17. Jh) 4°. 300 (J 1844) 1V°. Ox (BodlMarsh 20). Agg: HZotenberg, JA[7] 8, 425/6, unvollständige: AbrahamEchellensis. Entychius patriarcha Alexandrinus vindicatus. Pars II (R 1660) 362/73. Daneben steht mindestens noch eine Sammlung solcher $\sigma\acute{v}\mu\beta o\lambda a$ in syrischer Übs. Hs: VtB 17 (J 1631) 1". Ag: GLevi della Vida, RStO 3, 595/610. Unklar bleibt vorerst, welche Stellung in diesem Kreise ein „Brief" des Pythagoras mit folgenden „Gleichnissen" einnimmt. Hs· Urm 45 (J 1753) 3".

[5]) „B des Bekenntnisses der Väter" (K iʿtirāf al-Abā) des Paulus ibu Raġā (vg. ABaumstark, D. christl. Literaturen d. Orients (Lpz 1911) 2, 26 f.) als Nr 16 des zweiten Teiles.

[6]) Hs: BrM 7206 Rich.

[7]) Wright 242 f. Duval[3] 243 f. 281. Hss: Urm 212 (J 1579/80). Pr 243 (Suppl 57. J 1610). Séert 90 (J 1611/2). VtS 436 (J 1623). Dijarb 26 (J 1690/1). CmbrAdd 2000 (J 1702). JerMkl 128 (J 1784/5). N-Dsém 51 (J 1883. Abs von Séert 90). Ox 178 (Hunt 123). Edessa 18. Eine in Dēr Zaʿfāran), einer arabischen Übs (iu Karšūni): BrMOr 4044 (J 1852), von Azz: Vt 159 (J 1628 32) 2". 191. III°. Bss: KatPayneSmith 586/93. Wright-Cook 472/86. Agg: KKayser, Das B. d. Erkenntnis d. Wahrheit. Hrsgeg. (Lpz 1889). Deutsch (Straßburg 1893), der Vorrede: KatWright-Cook 472/82. Vg. ThNöldeke, Lit. Centralbl. 1889 1001/4. Wright 242 f. Duval[3] 243. 281. EdmOv Lippmann, Entstehung u. Ausbreitung d. Alchemie (Brl 1919) 394 f. Die Abhängigkeit von der islamischen Kultur wäre an sich allerdings ebensowohl im 11/2. Jh begreiflich, für welche Entstehungszeit des Werkes man sich im allgemeinen vielmehr zu entscheiden pflegt, kaum aber auch die starke Preisgabe des orthodox christlichen Standpunktes, vermöge deren das Werk unmittelbar neben die Erneuerung des Interesses für Ps-Hierotheos zu treten scheint.

jüngeren mohammedanischen Kulturwelt auf die ältere christlich-syrische bezeugt.
An „alle Nationen" d. h. Bekenntnisse sich wendend, handelt es über Gott, die
sinnliche und die Geisterwelt und über den Menschen mit dem sichtlichen Bestreben, eine Verständigung nicht nur zwischen den verschiedenen christlichen
Religionsparteien, sondern auch zwischen Christentum, Islam und Judentum an-
zubahnen.   Der bis zu einem gewissen Grade die Gedankenrichtung von Lessings
„Nathan" vorwegnehmende Verfasser ist wohl als jakobitischer B dieser Stadt
mit Ja'qôb(h) v Edessa verwechselt worden, scheint jedoch frühestens im 10. Jh.
dann aber auch höchst wahrscheinlich gerade in diesem gelebt zu haben.

   c) **Môšē b Kēp(h)ä,**[1] † 12. 2. 903 im Alter von 90 JJ und nach 40jäh-
riger bischöflicher Amtstätigkeit, war in Bälad(h) geboren und von einem Abte
Kyriakos in einem Sergioskloster des benachbarten Ṭûrā Ṣahjā erzogen und unter-
richtet worden.   Mönch desselben Klosters geworden, bestieg er später unter dem
Namen Severus den bischöflichen Stuhl der vereinigten Diözesen Mosul, Bêt(h)
Kijônäjā und Bêt(h) Rämän.   Auch Verweser des Sprengels Tag(h)rît(h) ist er
ein Jahrzehnt lang gewesen.   Von seinen exegetischen Arbeiten, die sich auf den
Pentateuch, die sog. Bêt(h) Mant(h)ēb(h)ē, Psalter, Propheten, Evangelien, Apg
und Paulusbriefe, also fast auf die ganze Bibel erstreckten, lassen sich nurmehr
Bruchstücke eines Gn-Kommentares[2] und umfangreiche Partien der Erklärung
des NT's,[3] von einem Kommentar über die aristotelische Logik läßt sich noch
ein Fragment von $\pi\rho o\lambda\epsilon\gamma\acute{o}\mu\epsilon\nu\alpha$ $\epsilon\acute{\iota}\varsigma$ $\tau\grave{\alpha}\varsigma$ $\varkappa\alpha\tau\eta\gamma o\rho\acute{\iota}\alpha\varsigma$[4] nachweisen.   Spurlos scheinen
ein Kommentar zu der Paulos-Übs der Predigten des Gregorios v Nazianz, eine
Kirchengeschichte und ein Werk gegen alle Häresien untergegangen zu sein.   Am
besten läßt die schriftstellerische Eigenart M.s eine Gruppe größerer Einzelschriften über Gegenstände der spekulativen Theologie kenntlich werden.   Hierher
gehören zunächst ein Werk über die Willensfreiheit und Vorherbestimmung in
mindestens 4.,[5] ein solches über das Paradies in 3 BB[6] und ein B über die
Seele,[7] an das sich in einer arabischen Übs, als BB 2 und 3 desselben Werkes
gezählt, je ein solches über die Auferstehung der Leiber und die Erschaffung der
Engel anschließt,[8] während das erhaltene Exemplar des Originals von einem
„Kapitel" über den Nutzen des für die Verstorbenen dargebrachten eucharistischen

---

[1] Anonyme Biographie mit Schriftenverzeichnis in den Hss VtS 37 (J 1626/7) 20°. CmbrAdd
2918. 45°. BrM 850 (Or 1017) fol 205 r°. BO 2, 218 f. ChrAn (Ag Chabot) 274 f. B'EKg 2, 215/8.
BO 2, 127/31. O Braun, Moses b. K. und sein B. von d. Seele (FrbgB 1891) 1/18. Wright 207/11.
Duval³ 391 f.   [2] Hs: BrM 720 (Add 17274. 11/2. Jh) 1°. Azz daraus, teils syrisch, teils karšûni.
vermutet Zotenberg außerdem in Pr 206 (Anc fonds 35) 1°.

   [3] Hss des Mt-Kommentars mit der Gesamteinleitung zur Evangelienerklärung, von Fragmenten zu Lk und Erklärung von Röm, 1. 2 Kor und Anfang von Gal: BrM 720 (Add 17274.
11/2. Jh), der Erklärung von Jo 1. 1/10. 21: CmbrAdd 1971 (J 1196), des Pauluskommentars: Ox
128 (BodlOr 703. 17. Jh). 133 (Marsh 86. „vetustus"). Ag der Vorrede und des Kappverzeichnisses
der Einleitung: KatWright-Cook 47/50. Vg. A Baumstark, OC 2, 163/5.

   [4] MedPalOr 200. fol 179 r°. Über das Werk B'EKg 2, 215.   [5] Hs: von B 1 Kap 1
Ende / 4 Kap 2 (mit Lücken): BrM 827 (Add 14731. 11. Jh) 1°. Bs: KatWright 853/5.

   [6] Hss einer arabischen Übs: CmbrAdd 3285 (17/8. Jh) 6°. 3294 (18. Jh) 6°. Übs nach einer
syrischen, die der Übersetzer in Italien von Moses Mardinensis (vg. S. 73 Ak. 2) erhalten hatte:
AndrMasius, De paradiso commentarius, scriptus ante annos prope septingentos a Mose bar
Cepha Syro, Episcopo in Beth Raman et Beth Ceno ac Curatore rerum sacrarum in Mozal hoc
est Seleucia Parthorum (Antwerpen 1569). Wiederabgedruckt: Maxima bibliotheca Veterum Patrum 17, 458/509 bzw. PG 111, 481/608. Zum Lehrgehalt vg. O Braun a. a. O. 15,7.

   [7] Hss des Originals: Vt 147 (J 1234) 1°, einer arabischen Übs: CmbrAdd 3285. 1°. 3294. 1°.
Ag von Azz: Gismondi² 68/72. Übs mit Einleitungen und Anmerkungen: O Braun a. a. O. 19/166.
   [8] Hss: CmbrAdd 3285. 2°. 3°. 3924. 2°. 3°. JerMkl 130 (J 1700/1).

Opfers gefolgt wird.[1] Ein B „über die himmlische Hierarchie"[2] weist schon durch seine Titelgebung auf einen Zusammenhang mit dem Ps-Areiopagiten hin. Ein nach Vollendung des Evangelienkommentars in Angriff genommenes Werk über das Sechstagewerk war bei Abfassung desjenigen über das Paradies noch unvollendet, aber schon bis zum 5. B gediehen und ist weiter überhaupt nicht geführt worden.[3] Eine Sammlung als „Homilien" (Tūrgāmē) bezeichneter umfangreicher Festtraktate nach Art der älteren nestorianischen Schriften entsprechenden Inhalts liegt merkwürdigerweise in zwei nach ihrem Gesamtbestand wie nach der Kapp-Zahl der einzelnen Nrn sich unterscheidenden Textgestalten vor.[4] Die nämliche Doppelgestaltigkeit ist auch mindestens bei einer Mehrzahl der Erklärungen zu beobachten, die M. allen wichtigen Riten der Liturgie gewidmet hat: der Taufe,[5] Myronweihe,[6] Ordination,[7] Mönchseinkleidung,[8] Kirchweihe[9] und eucharistischen Feier.[10] Man wird im einen wie im anderen Falle stark dazu gedrängt, eine vom Verfasser selbst ausgegangene spätere Neubehandlung des Gegenstandes anzunehmen. Eine Anaphora unter dem Namen M.s taucht erst seit Mitte des 14. Jhs und auch dann nur ziemlich vereinzelt auf.[11]

[1] Hs: VtS 147. 11°. [2] Hss einer arabischen Übs: CmbrAdd 3285. 4°. 3294. 4°.

[3] Hss: Pr 241 (Anc fonds 120. J 1507/8). Mard 64 (16. Jh). der BB 3/5: Pr 311 (16. Jh). 319 (J 1839), von Azz: Pr 299 (J 1409). Bs: KatZotenberg 197 f.

[4] Hss einer solchen bestehend aus Einleitung in 4 Kapp und Traktaten auf Weihnachten, Epiphanie-Wasserweihe, Epiphanie, Palmsonntag, Kreuzigung, Fußwaschung, Abendmahl, Karsamstag. Osterkuß, Ostersonntag, „Bekenner"freitag, „Neuer" Sonntag, Himmelfahrt, „Goldener" Freitag, Kreuzauffindung und Bittfeiern in Zeit der Not: BrM 721 (Anc fonds 17188. 10,1. Jh) 1°/19°. VtS 147. VI°, einer solchen ohne Einleitung und mit Traktaten auf Zacharias' und Mariä Verkündigung. Heimsuchung, Geburt des Täufers, Christi Geburt (doppelt!), Magieranbetung, den Stern der Magier, Kindermord, Epiphanie, Beschneidung, Versuchung, Fastenzeit und 5 einzelne Fastensonntage, Lazarussamstag, Palmsonntag (doppelt!), Ostersonntag, „Bekenner"freitag, „Neuer" Sonntag. Himmelfahrt, Pfingsten, Kreuzauffindung, Auftreten des Antichrists: Pr 206 (Anc fonds 35. JJ 1552/3 bis 1554/5,3°a/cc. 207 (Anc fonds 123) a/v. bh hh, ohne den letzten Traktat: BrM 841 (Add 21210. J 1241/2) 1°a/dd, ungewiß, welcher: Šarfah 61. Vg. OBraun u. a. O. 13/5. ABaumstark, Festbrevier u. Kirchenjahr d. syr. Jakobiten 165. 220/2. Außerdem Abhandlungen über die verschiedenen Beinamen Christi, den Wert von Almosen für Verstorbene und denjenigen guter Werke im Hinblick auf die eigene Todesstunde und zwei Leichenreden: BrM 721. 20°/4°.

[5] Hss: BrM 841. 1°ff. VtS 147. V°. 411 (Abs der vorigen). VtB 133. III (14. Jh) 5°, von Azz: Vt 96 (um J 1351/2) 32°. Dahinter eine „Mahnrede an die Kinder der hl. orthodoxen Kirche": BrM 841. 1°gg. Vg. OBraun 17. [6] Hss einer Rezension in 50 Kapp: BrM 841. 1°jj. Vt 147. III°. Pr 207. 7°, einer solchen in 26 Kapp: Pr 206. 3°ee. Vg. OBraun 17f.

[7] Hss einer Rezension in 10 Kapp: BrM 841. 1°ii. Pr 206 (Anc fonds 23) 3°ff. CmbrAdd 2918 (J 1218) 35°, vielleicht auch: VtS 51 (J 1172/3) 27°. 304. 27° (Abs der vorigen). einer solchen in 8 Kapp: Pr 206. 3°gg. 207. 11°. CmbrAdd 2918. 36°.

[8] Hss: BrM 841. 1°kk. einer anderen Rezension: Vt 51. 32°. 305. 27° (Abs der vorigen). ungewiß, welcher: Pr 206. 3°hh. CmbrAdd 2918. 34°. [9] Hs: BrM 841. 1°ee.

[10] Hss: BrM 841. 1°hh. VtB 133. III. 3°. DamErzb 54 (18/9. Jh) h°. JerMkl 13 1 (hinter Gebeten und einem Ordinarium des Archidiakons). Brl 135 (Sach 62. J 1838). Mindestens die letztgenannte enthält allerdings einen Text, welcher nach gütiger Mitteilung AdRückers sich mit der entsprechenden Arbeit des Dionysios b Salib(h)i (§ 48a) derartig berührt, daß diese fast als ein Plagiat erscheint oder angenommen werden müßte, daß auch hier nur sie in leichter Überarbeitung auf den Namen des älteren M. umettikettiert vorliege. Übs einiger kurzer Stellen nach einer im Besitze von Bickell gewesenen Hs von Azz: OBraun 18. Ungewiß bleibt der nähere Inhalt eines „Bs des M. b. K." der Hs Edessa 9.

[11] Hss: BrM 273 (Add 14692. fol 25/99. J 1347) 3°. JerMkl 10 A (J 1427/8) 33°. 12 (J 1579 80) 4°. 11 (16/7. Jh) 14°. R (16/7. Jh) 27°. Ox 66 (Poc 85. J 1623) 3°. Übs: Ren 2, 390/8.

d) **An liturgiekundlichen Stücken** erscheint eine Reihe teils anonymer, teils bestimmten, aber nicht näher bekannten Verfassern zugeschriebener durch die hsliche Überlieferung enge mit den verwandten Arbeiten M.s verbunden. Ein Rabban Daniel, von dem ein Traktat über den Unterschied zwischen Myron und Eucharistie [1] hier zu nennen ist, könnte sehr wohl mit dem gleichnamigen Verfasser einer Erklärung der eucharistischen Liturgie [2] identisch sein. Weniger liegt es schon nahe, in ihm auch denjenigen einer Einleitungsschrift zu Joannes Philoponos [3] oder gar einen Mār(j) D. wiederzuerkennen, von dem ein Brief über Fragen des Bußwesens über die Zeit M.s hinaufzuweisen scheint. [4] Als Verfasser eines umfangreichen Festtraktates über den Karfreitag [5] wird ein Īšō' b Abraham, Enkel eines Elijā, aus Melitene namhaft gemacht. Anonym sind Traktate über die Myronweihe, den Gründonnerstag und „die Fußwaschung im Abendmahlssaale und die Demut" überliefert. [6] Auch einige anonyme zur Verlesung an gewissen Tagen des Kirchenjahres bzw. bei gewissen außerordentlichen liturgischen Feiern bestimmte Homilien mögen hier Erwähnung finden. [7] Doch ist bei fast allem dem auch eine Zugehörigkeit erst zur jakobitischen Renaissanceliteratur des zweiten Jahrtausends nicht unbedingt ausgeschlossen.

e) **Übersetzungen aus dem Arabischen** ins Syrische entstanden im Laufe des 10. Jhs zunächst in dem jakobitischen Syrerkloster der Sketewüste. Beleg ist die auf 935/6 genau datierte Übertragung eines um die Wende vom 8. zum 9. Jh durch den koptischen B Zacharias v Sakkū gehaltenen Panegyrikus auf Johannes Kolobos († 398). [8] neben die eine solche der von dessen Schüler Besa verfaßten Biographie des koptischen Nationalheiligen Senute tritt. [9] In engem überlieferungsgeschichtlichem Zusammenhange mit diesen Stücken erscheinen weiterhin syrische Texte der auf Johannes Kolobos bzw. Serapion als Verfasser zurückgeführten Lebensgeschichten zweier anderer führenden Größen des Skete-Mönchtums, Bišōj [10] und Makarios des Ägypters. [11] sowie der mit Sicherheit letzten Endes auf einen koptischen zurückweisende der Legende von Maximos und Dometios, den beiden angeblichen Söhnen des Kaisers Valens. [12] Wie in diesem Falle könnte wenigstens das Mittelglied einer arabischen Version auch zwischen einem syrischen Texte des Formulars der Mönchseinkleidung und dessen koptischer Ur-

---

[1] Hs: BrM 841. 2°. Vt 147. IV°.   Hs: VtB 133. III 1°.   [5] Hs: VtS 144. XII°.
[4] Hs: BrM 793 (Add 14577. 9. Jh) 31°.

[5] Hs: BrM 841. 6°.   [6] Hs: BrM 841. 3°,5".

[7] Auf den Montag der Karwoche, das Verklärungs- und das Kreuzfest und auf votive Bittfeiern. Hs: BrM 847 (Add 17267. 13. Jh) 4°/8".

[8] Hss: BrM 952 (Add 14645. J 935 6) 41°. 963 (Add 14732. fol 1,227. 13. Jh) 7°. Ox 163 (Marsh 13. J 1176 7) 10°. Pr 235 (Anc fonds 144. 13. Jh) 16°, unvollständige: CmbrAdd 2016 (13. Jh) 1°. BrM 488 (Add 14721. fol 119 44. 13. Jh) 2°. von Azz: BrM 842 (Add 14728. fol 1,75,7°. Ag und Übs: F Nau, ROC 17, 347,89. 18, 53/78. 124,33. 282 307. 19, 33,57.

[9] Hs: Pr 236 (Suppl 28. J 1193,4). von Bruchstücken: BrM 963. 17°. CmbrAdd 2016 (13. Jh. Ag der Londoner Fragmente: Ign Guidi, NGWG 1869, 53 5, des Pariser Textes: F Nau, RS 8. 153 67 (252,63).

[10] Hss: Pr 236. 3°. 234 (Anc fonds 143. 13. Jh) 1°. 1. BrM 963. 6°. 971 Add 14735. fol 24,50. 13. Jh). CmbrAdd 2016. 2°. eines Azs: BrM 842 (Add 14728. fol 1,75. 13. Jh) 8°. Ag: AMS 3, 579/620. Vg. V Scheil, ZA 15, 103,6.

[11] Hss: Pr 236. 2°. 234. 2°. 2. BrM 963. 5°. 979 (Add 14735. fol 1 23. 13. Jh. CmbrAdd 2016 (13. Jh) 4°. Ag: AMS 5, 177,262.

[12] Hss: BrM 957 (Add 14655. 11. Jh) 1°. 837 (Add 17262. 12. Jh) 3°. 958 (Add 14735. fol 72/173. 12. Jh) 5°. 963. 6°. Pr 236. 6°. CmbrAdd 2016. 6°. eines Bruchstückes daraus: BrM 811 (Add 14656. 10. Jh 7°. einer kürzeren Rezension: Pr 234. 1°. 7. Ag und Übs der letzteren: F Nau, PO 5. 750 66.

gestalt gestanden haben,[1]) und entsprechend mag weiterhin die Sachlage bei einer Gruppe von Gebeten des Senute, Johannes Kolobos, Makarios und Serapion zu beurteilen sein, die in jakobitischem Tagzeitengebet eine Rolle spielen.[2]) Jakobitische Provenienz ist sodann auf der anderen Seite wohl mit größter Bestimmtheit bei den Ubss dreier durch Vermittlung der Pehlewi-Literatur auf Indien zurückgehender Werke profaner Unterhaltungslektüre zu unterstellen, die etwa gleichzeitig mit derjenigen der Heiligenpredigt des Kopten Zacharias im mesopotamischen Osten entstanden sein mögen. Wiedergabe des kürzeren von zwei arabischen Texten, der seinerseits in der zweiten Hälfte des 8. Jhs durch einen Perser Mûsa aus dem Pehlewi übersetzt worden war, ist von denselben das syrische Sindbad-B, das durch Michael Andreopulos für den Fürsten Gabriel v Melitene (1086/1100) ins Griechische weiterübersetzt werden konnte.[3]) Eine entsprechende Weiterübersetzung vermochte bezüglich eines jüngeren aus dem Arabischen eines 'Abdallāh ibn al-Muqaffa' geflossenen Textes von Qalilag(h) und Damnag(h) durch Symeon Seth für Kaiser Alexios Komnenos (1081/1118) zu erfolgen,[4]) und in denselben Kreis gehört offenbar auch die syrische Rezension einer Geschichte von 10 Weziren und dem Sohne eines Königs Azâd(h)bôk(h)t.[5])

f) Von **Legenden** verrät islamischen Einfluß durch Einführung der Grabesengel Munkar und Nakir die eine Höllenvision einschließende von einem ägyptischen König Arsenios, dessen Totenschädel Christus wieder zum Leben erweckt.[6]) Verwandten Geist atmet die das Abadonna-Motiv des Klopstockschen „Messias" vorwegnehmende Erzählung von der Begnadigung eines reuigen Teufels.[7]) Eine syrische Baḥîrā-Legende zeigt endlich christliche Sage sogar mit der Person Mohammeds beschäftigt, indem sie einen auf dem Sinai lebenden Mönch Sargis, dessen Geschichte sie einen (Îšô')jabb(h) erzählen läßt, zum Lehrer des Propheten macht.[8])

---

[1]) Hss: Vt 51. 51°. 305. 30°. BrM 509 (Add 14729. fol 123/9. 13. Jh) 2"a. Pr 110 (Anc fonds 94. 15. Jh) 3" JerMkl *115* und eine in Šarfah (J 1592) bzw. Abs derselben im Privatbesitze von AdRücker. Dazu kommen wohl noch weitere Exemplare in jakobitischen Ritualien. Ag und Übs: AdRücker, OC² 4. 220/37.

[2]) Hss einschlägiger Sammlungen von Gebeten: CmbrAdd 2012 (14. Jh) 111°. Brl 200 (Sach 202/3) II (15. Jh?) 1°. Pr 178 (Anc fonds 71. 15. Jh) 1°. 177 (Anc fonds 38. J 1520/1) 3°. 111 (Anc fonds 54. J 1584/5) 3°. BrMOr 4065 (J 1721), unvollständige: CmbrAdd 2014 (18. Jh) 9°, im Anhang von Psalterien: Brl 143 (Peterm I 95. 14/5. Jh). Pr 16 (Anc fonds 10. 16. Jh) 11°, in Verbindung mit den Psalmen für die einzelnen Gebetsstunden: BrM 217 (Add 14723. fol 66/113. 13. Jh). 218' Add 17921. 14/5. Jh). Ag: FNau, ROC 12, 320/5.

[3]) Wright 240/1. Duval³ 324f. Hs: Brl 238 (Peterm8yr 24. Vor J 1578/9, etwa 14. Jh) IV°. Agg: FrBaethgen, Sindban od. d. sieben weisen Meister. Syr. u. deutsch (Lpz 1879, eines Azs: ERoediger ²100f. ³91f. Übs: FMacler, Contes syriaques. Hist. de Sindban mise en franc. (Collect. de contes et chans. popul. Nr 26. Pr 1903). Ag des griechischen Textes: FBoissonade, De Syntipa et Cyri filio Andreopuli narratio (Pr 1828). Über einen Nachhall des Pehlewitextes: Horovitz, ZDMG 65, 287f.

[4]) Wright 239f. Duval³ 322f. Hss: Dubl. Trin. Coll. 1505 (13 4. Jh), wahrscheinlich auch Urm 175 (J 1577/8), wohl eher dieser als der älteren Übs: Edessa 34 („B der Füchse"). Ag: WWright, The Book of Kalilah and Dimna, transl. from Ar. into Syr. (Lo 1884).   [5]) Hs: Urm 176 (J 1889). Ag der arabischen Vorlage: GKnös, Histor. decem Veziror. et filii Reg. Azad Bocht (Göttingen 1807). Vg. ThNöldeke, ZDMG 45, 97/143 bzw. nach Fellihi-Text der Hs Brl 125 (Sach 230): KatSachau 427f.   [6]) Hss: Séert 59 (J 1567). VtB 39 (16 Jh). Brl 59 (Orquart 802. 17. Jh). Pr 352 (J 1706) 1°. Urm 103 (J 1706/15) 3°. 161 (J 1777/8). 44 (J 1826) 4°. Bs nach einem Karš.-Texte Brl 110 (Sach 7) 15°: KatSachau 386. Ag: JHHall, Hebraica 5. 81/8.

[7]) Hss: VtB 39. Brl 74 (Sachau 9. J 1694/5). Bs nach dem Karš.-Exemplar Brl 110: KatSachau 380.   [8]) Hss: Brl 247 (Sach 87. 18/9. Jh), bzw. einer nestorianischen Textüberlieferung: 78 (Sach 10. 17. Jh?). Ag: RJHGottheil, ZA 13, 189/242. 14. 203/52. Vg. Ders., PAOS. May 1887.

III. Die nestorianische und jakobitische Literatur des zweiten Jahrtausends.

Kann nur auf jakobitischer Seite seit der Jahrtausendwende geradezu von einem Neuanheben der Literaturentwicklung in syrischer Sprache die Rede sein, so trägt doch auch das syrische Schrifttum der Nestorianer seit derselben den Charakter einer Renaissance, deren Züge mehr oder weniger stark auch im armenischen, georgischen und koptischen sich verfolgen lassen. Auf der ganzen Linie scheint der christliche Orient noch einmal seine Kräfte zusammenzufassen, bevor er unter der Henkerarbeit des Türken sein qualvolles Schicksal erfüllt. Die Siege, die seit den Tagen eines Zimiskes den byzantinischen Waffen wieder gegenüber dem Halbmonde beschieden waren, haben zu dieser Bewegung naturgemäß das erste Signal gegeben, und ein erneuter griechischer Einfluß, der am unerfreulichsten in einer massenhaften Durchsetzung der Sprache mit griechischem Wortgut sich nunmehr auch auf nestorianischer Seite bekundet, ist neben dem arabischen in der syrischen Literatur des neuen Zeitalters dauernd zu beobachten. Ein Wiederanknüpfen an die Schätze des eigenen älteren Schrifttums war gleichzeitig eine selbstverständliche Folge, die das allgemeine Erstarken religiös-völkischen Selbstgefühls zeitigte. Die Berührung mit fränkisch-lateinischer Kultur im Zeitalter der Kreuzzüge war zwar für die syrische Christenheit nicht entfernt von gleicher Bedeutung wie für die armenische, hat aber doch dazu beigetragen, jenes Selbstgefühl, und wäre es nur in gegensätzlichem Sinne, zu vermehren. Die neuen mongolischen Herren nahmen nach dem Zusammenbruche der arabischen Herrschaft über Vorderasien dem syrischen Christentum gegenüber vielfach eine Haltung ein, die dessen führende Köpfe selbst den Gedanken fassen lassen mochte, aus ihrer Reihe einen neuen Konstantin zu gewinnen, und so hat denn gerade die äußerlich drangsalvolle Zeit ihrer Heereszüge im 13. Jh. die eigentliche Hochblüte der literarischen Bewegung gezeitigt. Der schweren Enttäuschung, welche alle auf die ostasiatischen Eroberer gesetzten Hoffnungen erlebten, mußte ihr Abebben als unmittelbare Folgeerscheinung entsprechen. Während das syrische Volkstum in der Welt eines türkisch gewordenen Islams sich verblutete, konnte es auch für sein angestammtes Schrifttum nur einen endgiltigen Verfall geben, den selbst die erneute Berührung mit abendländischem Geiste in der Geburtsstunde des unierten „chaldäischen“ Kirchentums nicht mehr aufzuhalten vermochte.

§ 46. Auf nestorianischer Seite wird erst mit dem 11. und 12. Jh. der Zustand einer vorwiegenden literarischen Verwendung des Arabischen erreicht.

XXVII. B Carra de Vaux, ROC 2, 439/54 und die Ag (und Übs) eines arabischen Textes der Legende durch Gottheil, ZA 14, 232/68. 15, 56/102. 17, 125/66.

Gleichwohl machen sich gerade hier die ersten Regungen einer teils unter dem
Einfluß des mohammedanisch-arabischen Geisteslebens stehenden, teils an das Erbe
der eigenen national-kirchlichen Kultur anknüpfenden und es zusammenfassenden
Wiedergeburt des syrischen Schrifttums geltend, wobei entsprechend dem wachsen-
den Bedürfnis nach künstlicher Sicherstellung eines korrekten Sprachgebrauches
ein bezeichnendes Hervortreten grammatischer Studien fühlbar wird. Die KK
Elija I. im 11. und Elijā III. im 12. Jh und zwei Zeitgenossen des ersteren
ʿAb(h)dišōʿ b Bahrîz und Elijā b Sinājā erscheinen als führende Vertreter
der neuen Bewegung. Neben dem letztgenannten dürfte ein Emmanuel v
Bêt(h) Garmai als Zeuge des Anteils in Betracht kommen, den an ihr von
vornherein eine wesentlich hymnische Dichtung gehabt hat. Der Name eines
Jaqqira ist mit einer für sie charakteristischen, bald schöpferischen, bald nur
redaktionellen Tätigkeit auf dem Gebiete der Liturgie, derjenige eines Sab(h)rîšōʿ
b Paulôs zugleich mit der Geschichte der Exegese verknüpft.

a) K Elija I.,[1] ord. 16. 6. 1028, † 6. 5. 1049 anscheinend in hohem Greisenalter, war aus Kark(h)ā dᵉ Geddān in Bêt h) Garmas gebürtig und B von Ṭirhān
gewesen. Aus der Zeit vor seiner Erhebung zur bischöflichen Würde stammt
eine Grammatik in 22 teilweise in Frage und Antwort gekleideten Kapp, in der
er sich grundsätzlich an die Methode arabischer Grammatiker anschloß.[2] Als
K hat er auf liturgischem Gebiete den Ritus der Altarweihe geregelt und den
Gottesdienst der dreimaligen feierlichen Kniebeugung am Nachmittag des Pfingst-
sonntags in die nestorianische Kirche eingeführt,[3] was den Gedanken nahelegt,
daß auch literarisch das Ritual des letzteren,[4] und das niemals mit Išôʿjahb(h) III.
in Zusammenhang gebrachte Formular einer Altarweihe ohne Öl auf[5] ihn zurückgehen. Ein kompendiöses Werk „über die Grundlagen der Religion" in wiederum
22 Kapp wird nurmehr in arabischer Sprachform kenntlich.[6] Eine entsprechende
Bearbeitung des kirchlichen Erbrechts und eine Synodalverordnung über Erb-
folge und Ehehindernisse[7] stehen am Ende einer denkbar umfassendsten Samm-

---

[1] MbS 118f. (104f.). ʿAm 97f. (56f.). BʿEKg 2, 275/8. ʿAi § 171. BO 3₁, 262/5. A Merx,
Hist. art. grammat. ap. Syros 154,7. Wright 233f. Duval³ 394f. G Graf, D. christl.-arab.
Literatur bis zur fräukischen Zeit (FrbB 1905) 67.

[2] Hss: Brl 88 (Peterm 9. J 1259) 35°. N-Dsēm 52 (15. Jh) 6°. Urm 73 (J 1536/7. 70 (J 1670/1).
69 (J 1706,7). 104 (J 1753/4). 71 (J 1851/2). Ag: Fr Baethgen, Syr. Grammatik d. Mar Elias v
Tirhan (Lpz 1880). Nach Merx wäre E. auch Verfasser zweier Brl 88. 7°. 8°. anonym überlieferter kurzer Stücke über die Regeln der Setzung der Akzente und deren Namen, die er
a. a. O. 194,7 bzw. 197,200 herausgegeben hat. In der Tat spricht ʿAi von einer Mehrzahl
„grammatischer Abhandlungen".   [3] ʿAm   Daneben wird hier noch die Einfügung eines diu-
konalen Litaneiformulars in die Vesper für ihn bezeugt.

[4] Hss: BrMOr 4060 (16. Jh). CmbrAdd 1981 (J 1607). Hinter 32°. Brl 41 (Orqu 565. J 1834) 15°.
In der zweiten derselben wird als Redaktor allerdings vielmehr ein M Giwargis von Nāg b)n ?)
genannt. Ob aber überall das nämliche Formular vorliegt?

[5] Das Stück gehört zum eisernen Bestand der Ṭak(h)sā-Hss. Vg. S. 199 Ak. 1. Doch
fehlt es ausnahmsweise BrM 7181 Rich J 1570).

[6] Und nur möglicherweise von vornherein in ihr abgefaßt. Hs des arabischen Textes:
Mard 93 17. Jh) 1°. fälschlich unter dem Namen Elijās II. Die über Trinität und Inkarnation
handelnden Kapp 1,4 und ein Inhaltsverzeichnis des Restes teilt MbS mit. Vg. BO 3₁. 265 wo
irrigerweise vielmehr ʿAm genannt wird).   [7] Die „Rechtsentscheidung" und wohl ein Teil der
„kirchlichen Fragen" bei ʿAi.

lung der nestorianischen kirchlichen Rechtsquellen unter dem Titel der „abendländischen und morgenländischen Synoden", die laut der ältesten Hs durch E.
selbst ihre Redaktion erfahren hätte.[1])

b) Abū Sa'id(h) 'Ab(h)dīšō' b Bahrīz[2]) war als Abt des Eliasklosters in
Mosul Gegenkandidat Elijās 1. bei dessen Erhebung zum Katholikat und erlangte
später die Würde des Metropoliten der assyrischen Kirchenprovinz. Er wird als
Verfasser eines kanonistischen Werkes, näherhin eines solchen über Erbschafts-
teilung,[3]) und einer „Erklärung der (Gottes)dienste" bezeichnet. Das erstere, in
einen systematischen und einen kasuistischen Teil zerfallend, liegt unter seinem
Namen vor.[4]) Die letztere hat man in der anonym und unter demjenigen des
Giwargis r Arbela überlieferten großen Liturgieerklärung gleichen Titels (§ 38 c)
wiedererkennen zu dürfen geglaubt.[5])

c) Elijā b Šīnājā,[6]) geb. 11. 2. 975 in Nisibis, † nach 1049, hat als Mönch
im Michaelskloster bei Mosul und im Šem'ōnkloster bei Sennā gelebt. Priester
seit 15. 9. 994, B von Bēt(h) Nūhad(h)rā seit 15. 2. 1002, M von Nisibis seit
26. 12. 1008 hat er als solcher 1023 gegen die von ihm als unkanonisch angefochtene Wahl des K Išō'jab(h) IV. scharf Stellung genommen und nach seinem
Selbstzeugnis noch den K Elijā 1. überlebt.[7]) Seine schriftstellerische Tätigkeit
gehört mindestens ebenso sehr der christlich-arabischen als der syrischen Literatur
an. Einen in Parallelkolumnen angeordneten Doppeltext in beiden Sprachen
weist seine große „Chronographie" auf, von deren beiden Teilen der erste eine
nach dem Vorbilde der Eusebianischen Chronik angelegtes Geschichtswerk darstellt, dessen bis zum J 1018 geführter Kanon durch die mit genauen Quellen-
angaben versehenen Eintragungen den Charakter eines Arsenals von Bruchstücken
älterer syrischer Geschichtschreibung gewinnt, während der zweite Teil ein von
zahlreichen Tabellen belebtes höchst eingehendes Lehrbuch der Zeitrechnung ist.[8])
Ein syrisch-arabisches Wörterbuch[9]) tritt einer in 10 Kapp zerfallenden Gram-

---

[1]) Hss: N-Dsēm 90(14. Jh). Mard 19. 50 (J 1871. Abs des II. u. III. Teils der vorigen).
Séert 65(17/18. Jh). VtB 82. 81. Das Werk zerfällt in drei Teile, von denen der erste die beiden
„Synoden der Apostel" (§ 12 g). die „abendländischen Synoden" von Ankyra, Neokaisareia, Nikaia
(echte Kanones nnd die Ps-Mārūt(h)ā-Schrift), Gangra, Antiocheia, Laodikeia, Konstantinopel,
Karthago und Chalkedon, der zweite die „morgenländischen Synoden" der KK Ishāq bis Hēnānišō
(= SynOr), der dritte einen mächtigen Anhang von Dokumenten bietet. Beste Bs: J A Chabot.
SynOr 4, 10.

[2]) MbS 118 (104). 'Am 98 (57). 'Ai § 104. 192. BO 3ı. 173f. Wright 234. Duval³ 395f.

[3]) Durch 'Ai.   [4]) Hss: N-Dsēm 90 (vor 14. Jh). Séert 65(15. Jh) 22°. VtB 81 (K VI 4).
Mard 50).   [5]) So anscheinend schon JS Assemani, BO 3ı. 174 Ak. 2 und neuerdings bestimmter RH Connolly, CSCO Ser. II. 91 (Versio) 2f.

[6]) Autobiographische Notiz hinter dem I. Teil der Chronographie: Ag Brooks 2, 228f
(112). Šēlib(h)ā bei 'Am 99 (57). 'Ai § 183. BO 3ı, 266;74. LTh 83f. Wright 235⁹.
Duval³ 201f. 299. 395. G Graf, D. christl.-arab. Lit. 59 67.

[7]) Falsch ist daher das schon ins J 1046 führende Todesdatum bei Šēlib(h)ā: 10 Muharram
434 H. Nach LTh würde hier ein Fehler um ein Jahrzehnt vorliegen und E. 1056 gestorben sein.

[8]) 'Ai. Hss: BrM 7197 Rich (von einer einzigen syrischen und vier arabischen Händen
geschrieben, im syrischen u. dem Text einer arabischen Hand Autograph des Verfassers), geringfügiger Azz: Brl 102 Sach 108) fol 144. Agg: E W Brooks, CSCO Ser. III 7-8, des wichtigsten Teiles
des Kanons schon: Fr Baethgen, Frgmte syr. u. arab. Historiker Lpz 1884 = Abhdl. f. d.
Kunde d. Morgenlandes 8 ıı). Übs: L Delaporte. Bibl. de l'École des Hautes Ét. Sciences
hist. et philol. Fasc. 181). Vg. Th J Lamy, Bull. de l'Ac. Royale de Belgique 15, 547;68.

[9]) Hss: VtS 191 (J 1600 nach Vorlage von 1245/6) VI". Ox 190 (Land 25. 16. Jh). 191 (Marsh
703. J 1630). 193 (BodlOr 37. 17. Jh). 194 (BodlOr 665. Abs der vorigen Hs). 197 (Marsh 92). BrM
928 (Add 23597. 18. Jh). PalMedOr 361. Ag: Thomas a Novaria, Thesaurus Arabico-Syro-

matik zur Seite.[1]) Eine augenscheinlich syrische Sammlung kirchlicher Rechts-entscheidungen in 4 BB[2]) ist zu unterscheiden von einem auf dem Werke Elijās I. beruhenden arabisch abgefaßten Kompendium des Erbrechts in 25 Kapp.[3]) Kaum schon vom Verfasser selbst rührt auch ein syrischer Az aus einer im arabischen Original in 7 „Sitzungen" zerfallenden Darstellung eines Religionsgespräches mit einem Wezire her.[4]) Teils arabisch, teils syrisch geschrieben waren endlich zahl-reiche Briefe des E.,[5]) von denen sich ein an Klerus und Volk von Bagdad ge-richtetes Schreiben in Sachen der Wahl Išō'jahb(h)s IV. erhalten hat und durch eine reiche kirchenrechtliche Gelehrsamkeit empfiehlt.[6]) Nur auf dem Gebiete der Liturgie und liturgischen Dichtung ist seine literarische Produktion natur-gemäß eine ausschließlich syrische gewesen. Eine Reihe von Morgengebeten auf einzelne Tage des Kirchenjahres ist hier zum dauernden Bestandteil des Offiziums geworden,[7]) auch ein Abendgebet in den regelmäßigen Gebrauch der nestoriani-schen Mönche übergegangen[8]) und ein umfangreicher, als Tešbōḥtā bezeichneter Hymnus[9]) verschieden von einem in den Tagen des Ninivitenfastens zur Verwen-dung kommenden, der bereits den die nestorianische Poesie des weiteren zweiten Jahrtausends beherrschenden literarischen Typus der 'Ônît(h)ā vertritt.[10]) und anderen Stücken liturgischer oder in die Liturgie übergegangener Poesie.[11])

d) B Emmanuel von Bêt(h) Garmai, † 1080, wäre nach einer nicht näher bekannten Quelle[12]) der Verfasser einer noch eher als Mēmrā, denn als 'Ônît(h)ā zu bezeichnenden poetischen Biographie des Rabban Hôrmizd, die ge-legentlich in den Hymnen bestand des sog. Wardā-Bs Aufnahme gefunden hat.[13])

e) K Elija III. Abū Ḥalîm al-Ḥadit(h)î.[14]) ord. 1176. † 12. 4. 1190, in Maip(h)erqaṭ geboren und früher M von Nisibis, dürfte sich in seinen Predigten

Latinus (R 1636). (Zur Kritik der völlig ungenügenden KatPayneSmith 630f.). P de Lagarde. Praetermissorum libri duo (Göttingen 1879) 1/89.

[1]) 'Ai. Hss: VtS 450 (J 1271/2). 410 (16. Jh). 194 (J 1600 nach Vorlage von 1246,7). BrlOroct 1313 (J 1481. Vg. OC² 2, 139 f.). Orqu 876. 14 (Sach 5. 17/8. Jh) 2⁰. 92 (Sach 306. J 1735) 1⁰. 93 (Sach 216. J 1882) 1⁰. Dijarb 106 J 1458/9) 1⁰. 107 (J 1681/2) 2⁰. Mos 106 (J 1566/7) 1⁰. 109 (J 1678/9). JerPatr 30 (16. Jh) A. Séert 96 (J 1692). BrM 999 (Add 25876. J 1676) 1ᵃ. Or 4085 (17. Jh). Mard 65 (17. Jh). N-Dsém 139 (18. Jh) 3⁰. CmbrAdd 2013 (J 1734) 1⁰. 2819 (J 1884). PalMedOr 361. Ag mit Übs: RJHGottheil, A Treatise on Syriac Grammar by Mâr(j) Eliā of Sôbʰā (B 1887). Vg. AMerx. Hist. art. grammat. ap. Syros 112/24.

[2]) 'Ai. Von diesem in seinem eigenen Nomokanon reichlich ausgebeutet.

[3]) Hss: N-Dsém 90. 13⁰. VtB 81. 12⁰. Mard 50. Durch 'Ai laut Einleitung zu Teil III seines Nomokanons ins Syrische übersetzt. Vg BO 3₁, 267/9.

[4]) Hs des syrischen Stückes: Pr 306 (J 1889) IV 4⁰. Über das arabische Werk und dessen Hss Graf 62,4. Ebenda 60f. über die übrigen theologischen Schriften des E. in arabischer Sprache bzw. 64/6 über das K. fi ma'ûn daf al-hamm („B von den Hilfsmitteln zur Vertreibung der Traurig-keit"), bezüglich des-en Autorschaft die Überlieferung zwischen ihm und B'Eb(b)rājā schwankt.

[5]) 'Ai.   [6]) Hss: VtS 129 (J 1332) III⁰. N-Dsém 91 (J 1534/5). Übs: B Vandenhoff, OO² 3. 56/81. 236/62.   [7]) Erhalten im Abû Ḥalim-B. Vg. unter e.   [8]) Hs: N-Dsém 7 (J 1817) 7⁰.

[9]) Hss: Séert 115 14. Jh). 59 (J 1567) Anh. BrMOr 4444 (J 1671,2), vielleicht auch 4066 (18. Jh).   [10]) Erhalten im Wardā-B (§ 49 c), zu dessen eisernem Bestande das Stück gehört.

[11]) „Gebete" des E. in der Hs Brl 38 (Sach 167. J 1496) 3⁰ sind nach dem Zusammenhange anscheinend metrische Ḥûttāmē (Schlußsegensdichtungen) für das Ende der Messe. Vg. KatSachau 145. Ein langes Gebet in siebensilbigem Versmaß ist ohne Angabe der hslichen Grundlage hgeg. LTh 83f   [12]) LTh 142 bzw. 145.

[13]) Hss: VtS 184 (J 1560) XII⁰. CmbrAdd 1982 (J 1697) 35⁰ i. Brl 63 (Sach 188. J 1882) Fol 139 v⁰. Inhaltsangabe: KatSachau 238f. Ag: LTh 142/5.

[14]) 'Ai 110/4 (64/6). E'BKg 2, 367/70. 'Ai § 194. BO 2, 450. 3₁. 287/94. Wright 255f. Duval² 398.

und Briefen des Arabischen bedient haben,[1] während er zahlreiche liturgische Stücke
syrisch abfaßte. Obenan steht hier sein persönlicher Anteil an dem von ihm redigierten
und nach ihm benannten Abū Halīm-B, einer Sammlung teilweise von älteren Autoren herrührender Texte für ein nach den einzelnen Tagen des Kirchenjahres
wechselndes Gebet zu Anfang des Morgenoffiziums.[2] Der bischöflichen Liturgie
gehören an ein bischöfliches Segensgebet nach der Händewaschung.[3] Gebete zur
Bekleidung des neugewählten Bs mit seinen Amtskleidern.[4] Gebetsformulare zum
Gebrauche bei der Ordination der Titulare verschiedener Diözesen[5] und ein vom
B beim Verlassen eines von ihm besuchten Klosters zu sprechendes Segensformular.[6]
In den Textebestand des liturgischen Chorgesanges ist ein Hymnus auf den hl.
Jaunān v Anbar übergegangen[7]. Endlich wird der Name eines K E. auch mit
einer Rezension der Taufliturgie Išō'jahb(h)s III. in Verbindung gebracht, die von
ihm erläutert worden sein soll.[8] Doch kann hier auch an einen anderen Träger
jenes Namens gedacht werden sollen.

f) Ein Rabban **Jaqqīrā** Abū-l-'Izz,[9] der durch eine hsliche Notiz für das
J 1188,9 als Verwalter in dem Kloster Michaëls des Engelgleichen bei Mosul
bezeugt wird, ist unverkennbar identisch einerseits mit einem Mönch jenes Klosters
Abū-l-'Izz al-Hadiri, auf den die beiden langen Gebetsformulare des Abū Halīm-
Bs für die Kirchweihesonntage zurückgehen,[10] andererseits mit demjenigen Jaqqīrā,
welcher spätestens vor 1251 (oder schon 1249) die durch Vermittlung des „oberen
Klosters der hll. Gabriel und Abraham" zu allgemeiner Geltung gelangte Auswahl
von Lesetexten aus Memrē Ap(h)rems (und Narsais) für das besonders umfangreiche Offizium der Tage des Ninivitenfastens redigierte.[11]

[1] 'Ai. Von ersteren liegt eine nach dem Kirchenjahre geordnete Sammlung von 20 Nrn
vor. Hss: PrAr 89. Leid 2390(J 1391). Baṣrah (J 1059 H). Zwei in Gezîrat ibn 'Omar (J 1661 bzw.
vor J 761 H.). Ag nach den drei orientalischen Hss: eines Prs Ja'qûb, Discours religieux pour les
principales fêtes de l'année par Elie III. Corrigés et commentés (Mosul 1873). Vg. J H Hottinger,
Promptuariom sive Biblioth. Orientalis (Heidelberg 1658) 62 f. BO 3ı, 290 Ak. 1. Über einen
Brief an die Einwohner von Ma'rin bei Nisibis ebenda Ak. 2. Sichere Anzeichen dafür, daß es
sich bei diesen arabischen Texten um Übss aus dem Syrischen handeln sollte, fehlen anscheinend.
Man müßte denn nur ein solches in der Erwähnung durch 'Ai erblicken. Für die Predigten
scheint B'E sogar ausdrücklich die Originalität des arabischen Textes zu bezeugen. In entgegengesetztem Sinne allerdings bezüglich der Homilien M de Goeje. Catalogus codd. oriental. bibl.
Academiae Lugdun. Batav. 5 (Leiden 1873) 87 unter Bezugnahme auf „Syriaca verba nonnulla,
loci S. Sacrar, formulae", die sich dem Texte „hic illic interspersa" fänden.

[2] Vg. G P Badger, The Nestorians 2, 23. Hss verschiedener Rezensionen: Séert 50 (J 1461).
38 (13. Jh) Anh. 37 (16. Jh). 39 (17. Jh). 42. Brl 38 (Sach 167. J 1496). 40 (Sach 64. 16. Jh). Orqu 1052.
Urm 18 (15. Jh?). 16 (J 1747). VtS 91 (J 1530). 90 (J 1570 1). 42 (J 1603). BrMOr 2296 (J 1534). 4060
(16. Jh). Dijarb 50 (J 1553). 491 (J 1608). CmbrAdd 2038 (J 1629). 1984 (J 1707) 11°. 1978 (J 1785).
Mos 51 (J 1695/6). Mard 20, einer arabischen Übs: N-Dsém 72 (14. Jh). 74 (16. Jh). 73 (J 1682/3).
57 (17. Jh). VtB 89 (J 1868) 3°. Bss: KatWright-Cook 121/40 (bzw. 293 300). Assemani 1, 486/9.
490 f. Agg der einzelnen Texte im BrCh und im K d(h)aqdam wad(h) bât(h)ar (Urmia 1901).

[3] Hss: VtS 46 (16. Jh) 9°. CmbrAdd 1988 (J 1558) 44° β. Oo 1. 29 (17,8. Jh) 11° b.   [4] Hs:
CmbrAdd 1988. 21°.   [5] Hss: CmbrAdd 1988. 27°, und wohl auch Séert 45 (J 1544 5). Vg. Kat
Wright-Cook 338/41.   [6] Hs: CmbrAdd 1988. 44° θ.   [7] Hs (des Wardā-Bs): Brl 65 (Orfol 619).
Fol 158 r° v°.   [8] Hss: BrM 7181 Rich. Brl 42. CmbrAdd 1984 (S. 119 Ak. 1). Vg. G Dietrich,
D. nestorian. Taufliturgie S. XII Ak. 2. XIV.

[9] Subscriptio der Evangelienbs Mos 13. BO 3ı, 610. A Scher. ROC 11. 28.   [10] Ag:
BrCh 3, 399/401.

[11] Hss: JerPatr 37 (1251). Dublin Trin. Coll. 1596 (J 1623). CmbrAdd 1992 (17. Jh). G Dietrich, NGWG 1909: Nr 4, derselben oder einer verschiedenen Rezension dieses Officiums (ohne
Namennennung des J.): BrMOr 2299 (J 1249). 4057 (13. Jh). 4058 (13. Jh). 2300 (teilweise: J 1481/2).

g) **Sab(h)rišô' b Paulos,**[1] für das nämliche J 1188 9 als Lehrer in dem Michaelskloster bei Mosul bezeugt, ist der Dichter eines Mittfastenhymnus[2] und erscheint in einer besonders reichhaltigen Sammlung solcher Texte[3] als Verfasser vom Diakon zu rezitierender Litaneiformulare. Daneben wird er auch auf exegetischem Gebiete zitiert,[4] und hier wäre seine Bedeutung eine nicht geringe, falls in ihm[5] der Urheber eines großen anonymen Scholienwerkes zum gesamten A und NT zu erblicken wäre, unter dessen zahlreichen namentlich angeführten Autoritäten Išô'dâd(h) v Merw die jüngste ist.[6]

§ 47. Für das jakobitische Syrertum ist zum ersten Herde einer Wiedergeburt des nationalen Schrifttums das mesopotamisch-armenische Randgebiet um Melitene geworden, wo es ein letztes Mal in unmittelbare Fühlung mit griechischer Kultur trat, seit byzantinische Waffenerfolge nochmals vorübergehend die romäische Reichsgrenze bis hierher vorgeschoben hatten. Nachdem noch zu Anfang des 11. Jhs der Skandal einer Apostasie des Map(h)rējāns Mark(os) b Qîqi den Tiefstand des religiös verankerten völkischen Selbstbewußtseins beleuchtet hatte, machte sich zunächst ein Neuerwachen literarischen Lebens auf dem historischen Gebiete geltend, für das nächst Beispielen einer Beschäftigung mit zeitgeschichtlichen Stoffen das Geschichtswerk eines M Ignatios v Melitene bezeichnend ist. Eine philologische Beschäftigung mit dem Nachlasse klassischer Dichter des 4. und 5. Jhs bekundet den eigentlichen Renaissancecharakter der Bewegung bei P Jôḥannân X. b Šûšân, neben dem, schon ins 12. Jh hinüberleitend, die Brüder Sa'îd(h) und Athanasios Abû Ġalîb(h) b Sab(h)ûnî als umfassendere Vertreter derselben bezeugt werden. Im Gefolge des ersten Kreuzzuges ist alsdann das neuerstarkende jakobitische Geistesleben in die Einflußsphäre der jungen Frankenherrschaft und ihres gegen die Türken geführten Existenzkampfes gerückt. Auch die furchtbaren Zuckungen jenes Kampfes haben einer beachtenswerten literarischen Nachwirkung nicht entbehrt, die in der einen oder anderen Weise bei einem Basilios b Šûmmânā, Jôḥannân v Mardîn, Jôḥannân b Andreas und Iwannîs v Kaisûm sich feststellen läßt. Nicht minder scheint endlich ein

---

Dijarb 54 (J 1447/8). 52 (J 1540). 58 (J 1552). Mard 30 (J 1505). N-Dsém 7S (J 1868). Bs: Th J L a m y. S. Ephr. Syri hymni et sermones 3, 1 f. Textproben bei D i e t t r i c h a. a. O. 187 9. Ag wohl der J.-Rezension: BrCh 1, 411/9S.

[1]) Subscriptio der Hs Mos 13. BO 3 r, 541 (mit irrigem Ansatz schon ins 10. Jh). LTh 94 (mit ebenso irriger Datierung des Todes auf 1002). A S c h e r, ROC 11, 27 f.

[2]) Durchweg in den Hss des Wardā-Bs (S. 304 f. Ak. 10). Ag: LTh 95 f.   [3]) Hs: Mos 54 (J 1577/8).   [4]) In der Gannat(h) Bûssâmē (§ 50 a).   [5]) Wie A S c h e r vermutet.

[6]) Hss: Dijarb 22 (J 1605/6), der Erklärung des Pentatenchs, der Weisheitsbb und der Propheten: Mos 1/3 (J 1700/1: beigebunden), der Pentateucherklärung: Séert 21 (J 1605). 22 (17. Jh. N-Dsém 22 (J 1887: Abs einer der beiden vorigen). Nr 2 der von G D i e t t r i c h, NGWG 1909 beschriebenen Hss. Bs: A S c h e r, Kat. Mosul 6 f. Ag (und Übs) einer Probe (zu Dt 32. 22 ff.): G D i e t t r i c h a. a. O. 172 f. Der Titel des Werkes pflegt als Hauptquellen Theodoros v Mopsuestia, Ap(h)rem, Abraham und Jôḥannân dē Bēt h) Rabban und Mâr(j) Michaël zu nennen. Außer diesem und I. v Merw werden in der Erklärung des ATs noch Narsai, Gabriel v Bēt(h) Qaṭar, Mâr(j Àb'h)ā I., Bâb(h)ai der Perser, Aḥôb(h), Ap(h rabaṭ, Ja'qôb(h) v Edessa, Theophilos der Perser, Šûb(h)ḥâlēmârau, Daniel b Ṭûb(h)ânit(h)ā und Išô' b Nûn zitiert.

Lexikograph Eudochos (?) der um Melitene bodenständigen Literatur des 11.12. Jhs anzugehören.

a) **Mark(os) b Qîqi**,[1]) aus dem Kloster Bârîd(h) hervorgegangen, M von Melitene unter dem Namen ʿIwannis und seit 19. 2. 991 Map(horêjān unter dem Namen Ignatios, trat 1016, als sein Klerus ihn wegen Konkubinats zur Rede stellte, zum Islam über, bereute jedoch später diesen Schritt und endete in bitterer Armut. Eine Dichtung, in welcher er dem Schmerz über seinen Abfall Ausdruck gab,[2]) ist vielleicht in der poetischen Selbstanklage eines Ḥassā b Qîqî wiederzuerkennen.[3]) Auch der als B (Qiqi schlechthin bezeichnete Verfasser eines Stückes liturgischer Poesie,[4]) ist von dem Apostaten kaum verschieden.

b) Von **zeitgeschichtlichen Darstellungen** in Prosa verfaßte ein Mönch La'zar,[5]) der 978/9 im Kloster eines Elijā b Gāg(h)ai eingetreten war, 45 JJ später, also 1033/4 eine Geschichte desselben und des gleich ihm von einem Jôḥannān dē Mārôn († 1003) gegründeten Klosters Sargîsijeh, aus welcher sich ein Az erhalten hat.[6]) Ein solcher liegt auch von einer gleichaltrigen, weil auf einen anonymen Zeitgenossen der Ereignisse zurückgehenden **Geschichte des P Jôḥannān b 'Ab(h)dûn** (1004/30) vor,[7]) der 1028/9 auf Befehl des Kaisers Romanos nach Konstantinopel transportiert wurde, dort in mehreren Religionsgesprächen unentwegt das monophysitische Bekenntnis vertrat und deshalb in das Land der Bulgaren verwiesen wurde, wo er starb. In doch wohl poetischer Form hat sich ein Mönch Jausep(h) in drei „Mēmrē“ über die Verheerung des Gebietes von Melitene durch die Türken im Winter 1057/8 mit Ereignissen der Zeitgeschichte beschäftigt.[8])

c) **M Ignatios v Melitene**.[9]) ord. 3. 4. 1063, † 1. 10. 1104, aus dem Kloster eines Mār(j) Ahrôn in Sēg(h)ārā hervorgegangen, des Griechischen wie des Syrischen mächtig und durch Kenntnisse in Grammatik, Rhetorik und Philosophie ausgezeichnet, war ein Schwestersohn des 1063 von den Byzantinern ergriffenen und auf dem Transport nach Konstantinopel verstorbenen Pen Athanasios VI. Nach dessen Tode gleichfalls gefangen genommen und nach Konstantinopel geschleppt, wurde er ins mazedonische Gebirgsland verbannt, wo er 3 JJ lang als Gefangener lebte, um erst 1069 nach dem Tode des Konstantinos IX. Dukas durch die Kaiserin Eudokia die Freiheit und die Möglichkeit der Rückkehr auf seinen bischöflichen Sitz zu erlangen. Sein mit Konstantin d. Gr. beginnendes Geschichtswerk[10]) berücksichtigte bei gedrängter Kürze der Darstellung ausschließlich die Geschichte des byzantinischen Kaiserreiches und der jakobitischen Kirche für die ältere Zeit in enger Anlehnung an Ja'qôb(h) v Edessa und Dionysios v Tellmaḥrē und unter Verwertung auch griechischer Quellen und ist seinerseits eine Hauptquelle Michaëls I. geworden, vom 13. B seines Werkes an sogar geradezu die einzige jakobitische Quelle gewesen, die ihm zu Gebote stand.[11])

d) **P Jôḥannān X.. Îšôʿ b Sûšān**,[12]) † 6. oder 27. 11. 1072 zu Amida.

[1]) Ebš 226 f. (111) z. J 407 H. M 558 f. (3, 134). B'EKg 2, 257 f. 287/92. BO 2, 443 f. LTh 139 f. Wright 224 f. Duval³ 396. [2]) Zitate bei B'EKg 2, 289/92. [3]) Hss: Brl 165 (Sach 162. J 1582 3)5⁰. 166 'Sach 195. J 1860) VIII⁰. [4]) Hs: JerMkl 17 (17. Jh) fol 61 r⁰,66 r⁰.

[5]) M 551 (3, 127). [6]) M 551.4 (3, 124/7). Von J. selbst zitiert B'E einen Kommentar zu Weish. Vg. BO 2, 283. [7]) M 560/5 (3, 137/45). Vg. B'EKg 1, 401/8.

[8]) M 574 (3, 159). [9]) M 575. 576 f. 585 (3, 164 f. 165 f. 185). B'EKg 1, 413/6.

[10]) M 1 (1, 2) bzw. 121 (1, 240). [11]) Vg. M 544 f. (3, 112). Wörtlich mitgeteilt werden 546 f. (3, 115 f.) die Vorrede des Werkes und 576 f. (3, 167 f.) die auf die Verfolgung des Verfassers durch die Byzantiner bezügliche Partie.

[12]) M 543. 577 f. 764 f. (3, 162 f. 170 f. 473). ChrAn (Ag Chabot) 290/2. B'EKg 1, 445/8. BO 2, 143,5. Wright 225/7. Duval³ 396 f.

wo er im Gegensatze zu seinen Vorgängern wegen der auf dem byzantinischen herrschenden Verfolgung der Jakobiten auf mohammedanischem Gebiete residierte, war Synkellos des Pen J. IX. gewesen und schon nach dessen Tode 1057 durch eine Minderheit von BB gewählt worden, während die Mehrheit Athanasios VI. Ḥaijē erhob. Um das Schisma zu beenden hatte er später resigniert und sich in die Einsamkeit zurückgezogen und ließ sich erst nach dem Tode des A. durch eine erneute, nunmehr einstimmige Wahl zum Antritt des Patriarchats veranlassen, das er nun während eines Zeitraums von 9 J.J verwaltete. Auch in profanen Wissenschaften bewandert und sich eines hohen Rufes als Kalligraph erfreuend, veranstaltete er gegen Ende seines Lebens eine Art kritischer Agg von Werken Ap(h)rems und, wie er beabsichtigte, des „Antiocheners“ Isḥāq, deren Urexemplare er eigenhändig herstellte.[1] Von seinen eigenen Schriften werden je 2 Mēmrē im sieben- und im fünfsilbigen Metrum über die Türkenverwüstung Melitenes im Winter 1057/8, eine Schrift gegen Athanasios VI. wegen dessen zweimaliger Ordination und leidenschaftliche Briefe aus der Zeit des Schismas wenigstens noch erwähnt.[2] Eine Reihe von 24 Kanones[3] ist vielleicht,[4] ein polemisches Sendschreiben an den armenischen K Grigor II. (1065/1109) ist unvollständig und gefolgt von zwei jüngeren Stücken antiarmenischer Streitliteratur erhalten.[5] Von zwei Anaphoren kann nur eine den Anspruch darauf erheben, seinen Namen mit Recht zu tragen.[6] Auch ein Memrä auf Ja‘qôb(h) v Sērûg(h) ist zwischen ihm und einem Ḥabbib(h) v Edessa strittig.[7] Aus letzterer Stadt stammte ein gewisser Kesrwān (?), der die philologische Richtung des gelehrten Kirchenfürsten fortsetzte, indem er 1126/7 zu Mārāg(h)ā eine von einem Kommentar begleitete Rezension des Psaltertextes herstellte, die unter Zugrundelegung der Pešittā sämtliche Abweichungen der syro-hexaplarischen Übs verzeichnet.[8]

c) **Sa‘îd(h) b Sab(h)ûnî,**[9] ein gelehrter Schriftsteller, dem gleichmäßige Beherrschung des Syrischen und Griechischen nachgerühmt wird, wurde am Himmelfahrtsfeste 1105 unter dem Namen Jôḥannān als M von Melitene ordiniert, während die Belagerung der von den Byzantinern gehaltenen Stadt durch die Türken begann, und schon am 4. 7. desselben Js durch den griechischen Kommandanten Gabriel erschlagen, als er für einen zum Tode verurteilten Jakobiten um Gnade bat. Eine durch Akrostichis seine Verfasserschaft verbürgende liturgische Dichtung enthält das jakobitische Ritual der Mönchseinkleidung.[10] Sein jüngerer Bruder

---

[1] M 579 (3, 171). B‘EKg 1, 447. Zu der Isḥâq-Ag vg. oben S. 63 f. Ak. 11. Die von ʼ. dem Texte beigegebenen Akk. scheinen in der Hs Brl 56 (Sach 99) vorzuliegen.

[2] M 571 (3, 159 bzw. 163).   [3] M 578 (1, 171).

[4] Hs: Séert 69 (J 1371/2) XIX°: „canons composés par le patriarche Jean.“

[5] Hss: Brl 177 (Sach 60, modern!) 1°, wohl des 4. Kap. Pr 11 (Anc fonds 54. J 1585) 1°, eines kurzen Azs: 84 (Suppl 32) 3°. Agg (mit Übs): F Nau, ROC 17, 145/98). O Lichti, JAOS 32, 268/342, von Azz: E Ter-Minassiantz, D. armen. Kirche in ihren Beziehungen zu d. syr. Kirchen bis zum Ende d. 13. Jhs (TuU 26 iv) 101/8. Vg. ebenda 108/12.

[6] Hss: BrM 272 (Add 14693. fol 1/141. 13/4. Jh) 9°. 274 (Add 14693. fol 142/84. 14. Jh) 1° a. Leid 2352 (14/5. Jh) IX°. Dublin Trin. Coll. 1510 (J 1554) 8°. Pr 78 (Suppl 54. J 1555) 11°. JerMkl 13 (J 1592) 16°. CmbrAdd 2887 (J 1893) 24°. Ag: MCh 154 62. Das zweite Pr 75 (Anc fonds 36. Vor J 1524) 13° J. beigelegte Formular ist besser für Dionysios b Ṣalib(h)î bezeugt. Vg. S. 298 Ak. 13.

[7] Hss: JerMkl 43 (Zwischen den JJ 1143/4 und 1482/3) IV°. 28. Pr 177 (Anc fonds 83. Vor J 1520/21) 4° 1, in letzterer anonym. Ag: J-B Abbeloos, De vita et scriptis S. Jacobi Batn. Sarugi in Mesop. ep. 24/85.   [8] Hs: Mos 4 (Autograph des K.).

[9] M 585/7. 589 f. (3, 185 f. 190 f.). B‘EKg 1, 463/6. BO 2, 211 f. Wright 227. Duval² 397.

[10] Von Hause aus ein Hymnus auf Epiphanie. Hss: VtS 51 (Rituale Michaëls d. Gr. Vg. S. 299 Ak. 2) 31°. BrM 469 (Add 17232. J 1209/10) 22°. Pr 112 (Suppl 88). Ox 68 (BodlHunt 444. Vor J 1493) 9°.

Athanasios **A b û Ġ a l î b b S a b(h) û n î** [1],) † 1129, früher B von Ghn(?), wurde
durch P Athanasios VII. (1100/29) zum Men von Edessa erhoben, geriet aber bald
in einen langwierigen Streit mit demselben. Auch ihm werden nicht geringe
schriftstellerische Fähigkeiten nachgerühmt, die er besonders in konfessioneller
Polemik bekundet hätte. Eine Probe derselben bieten Azz einer in seinen früheren
JJ entstandenen „Lehre“ monastisch-asketischen Inhalts.[2]) Dagegen könnte ein
gelegentlich einem „B Sab(h)ûnî“ schlechthin beigelegter Mêmrä auf Ja‘qôb(h) v
Serûġ(h) einen der beiden Brüder nur dann zum Urheber haben, wenn eine
weitere seine Entstehung auf 1143/4 datierende Angabe unrichtig sein sollte.[3])

  f) Basilios Abû-l-Faraġ b Šûmmânâ,[4]) † 1169, ursprünglich M von Kaišûm,
verließ zunächst vorübergehend diesen Sitz, um gegen P Jôḥannán XII. (1130/7)
zu demonstrieren und spielte 1140/1 eine führende Rolle auf einer Synode, die
dessen Nachfolger Athanasios VIII. (1138/66) auf die von ihr aufgestellten
Kanones verpflichtete. Dann als M nach Edessa transferiert, erlebte er hier 1144
die Eroberung der Stadt durch Zengî. bei welchem er nachher in hoher Gunst
stand, und 1146 ihre zweite Eroberung und völlige Zerstörung durch die Türken.
Nach Samosata geflüchtet, wurde er hier bei Josselin verdächtigt und von ihm
3 JJ in Rômqlâh gefangen gehalten, zog nach seiner Freilassung, Almosen zum
Loskaufe gefangener Syrer sammelnd, bis nach Antiocheia, Jerusalem und Mosul,
dort durch die fränkischen Fürsten und den lateinischen Patriarchen, hier durch
Zain ed-Din, den Vormund der Kinder Zengis ehrenvoll aufgenommen und unterstützt. und ließ sich schließlich die Edessa unterstehende Diözese Sib(h)âb(h)erî
verleihen. Außer einer Apologie seines Verhaltens bei dem Übergang von der
Diözese Kaišûm nach der Diözese Edessa hat er, naturgemäß in Prosa, eine
Stadtgeschichte Edessas von der ältesten Zeit an [5]) und eine Abhandlung gegen
diejenigen verfaßt, welche durch das Schicksal der Stadt die Segensverheißung
am Schlusse des apokryphen Ab(h)gar-Briefes Lügen gestraft glaubten.[6]) Um
elegische Dichtungen über jenes Schicksal handelte es sich dagegen bei drei
Mêmrê „über Edessa“ in zwölfsilbigem Metrum [7]) und wohl um solche über das
eigene Geschick bei einer Mehrzahl während der Gefangenschaft in Rômqlâh entstandener Mêmrê über diesen Platz „mit einer Erzählung der Ereignisse“, die zu
der unfreiwilligen Muße des Dichters geführt hatten.[8])

  g) B Jôḥannán von **M a r d î n**,[9]) ord. 1124/5, † 12. 7. 1165 infolge eines
Sturzes vom Pferde, hat sich durch Erneuerung zahlreicher verfallener Klöster,
den Bau einer Wasserleitung, die Herstellung prächtiger Hss und die Versorgung
von Kirchen mit liturgischen Geräten und Gefäßen in hohem Grade verdient gemacht. Literarisch erweckte er höchstes Aufsehen durch eine umfangreiche
Schrift, in der er unter dem Eindruck der beiden Eroberungen Edessas in den
JJ 1144 und 1146, alles Geschehen aus rein natürlichen Gründen ableitend, jeden

---

[1]) M 589 f. 590. 592 f. 594 f. 597,9. 612 (3, 190 f. 193. 196 f. 200 f. 207,9. 231). ChrAn (Ag
Chabot) 296 f. B'EKg 1, 467,80. BO 2, 212. 358 f. W r i g h t 243 f.
[2]) Hs: Brl 200 (Sach 202/3. 15. Jh) 9°.   [3]) Hss: JerMkl 43. IV° 29. Pr 177 4°10.
[4]) M 617. 624. 626. 629 f. 637. 637 f. (3, 242 f. 252. 256. 263. 271. 277 f.). ChrAn (Ag Chabot)
307 f. B'EKg 1, 485 f. 497/500. 519 f. BO 2, 360 f.
[5]) M 639 f. (3, 279/81), wo eine Inhaltsangabe der Schrift geboten wird. Dazu vor allem
ChrAn (Ag Chabot 131, wonach das Werk als Hauptquelle dieses jüngeren für die Geschichte
Edessas zu gelten hat.   [6]) M 638 (3, 277).
[7]) M 633 (3, 267). Von JS Assemani, Dissertatio de Monophysitis (in BO 2) 81 irrtümlich
Abû Ġalib(h) b Sab(h)ûni zugeschrieben, was W r i g h t 244 noch ohne Kenntnis Ms zutreffend
richtig gestellt hat.   [8]) M 638 (3, 277).
[9]) M 630. 631 f. 633 (3, 263. 265,7. 268 f.). B'EKg 1, 499 502. 514/8. 525,8. 531 f. 2, 355,8.
D u v a l [3] 399.

Einfluß der göttlichen Vorsehung auf die geschichtliche Entwicklung leugnete und die Behauptung vertrat, daß das Unglück den Gerechten ohne den Willen Gottes treffe. Erhalten haben sich, in doppelter Abschrift verschiedenartig von fremder Hand erweitert, autobiographische Bemerkungen, die er in eine Evangelienhs eingetragen hatte.[1]) Von ihm zu unterscheiden ist [2]) ein jüngerer B J. oder Iwannîs von Ḥarrān, Ḥabbīrā und Nisibis, der laut einer dem Titel beigefügten Notiz unter dem Namen Ja'qôb(h) in einem Ananias-Kloster gelebt hatte und erst 1221/2 eine häufig auftretende Anaphora verfaßte, die eine mißverständliche Etikettierung auch auf Joannes Chrysostomos erfahren hat.[3])

h) **Jôḥannān b Andreas**,[4]) † 1155/6, stammte aus al-Barzamān im Gebiete von Aleppo, wurde als B von Mabbôg(h) durch P J. XII. b Maudjānā (1130/7) wegen Unterlassung eines Aktes schuldiger Höflichkeit abgesetzt, was in weiteren Kreisen eine tiefe Mißstimmung · hervorrief, durfte aber später auf seinen Sitz zurückkehren, hat denselben 1147/8 mit demjenigen von Karšenā und diesen wieder mit demjenigen des Ṭûr 'Ab(h)dîn vertauscht und schließlich sich in das Kloster Pesqîn am Euphrat zurückgezogen. Im Gegensatze zu einer solchen gegen J. v Mardîn[5]) ist eine von ihm gegen die Armenier gerichtete Prosaschrift, frühzeitig als Anhang zu derjenigen des J. b Sūsān überliefert, als solcher auch erhalten geblieben.[6]) Von seinen Dichtungen haben als „Wehklagen" bezeichnete Begräbnis-Mad(h)rāšē sich besonderen Ansehens und einer mindestens zeitweiligen liturgischen Verwendung erfreut.[7]) Von zwei poetischen Episteln an einen palästinensischen Mönch Michaël hat er eine in zwölfsilbigem Versmaß und mit kunstvoller doppelter Akrostichis 1154/5 gegen ein simonistisches Treiben gerichtet, durch welches P Athanasios VIII. Ärgernis erregte.[8])

i) **M Iwannîs v Kaišûm**,[9]) ord. 1142/3, † 24. 9. 1171, mit Taufnamen Elijā, hat 1169/70 an Verhandlungen teilgenommen, die zu Rômqlāh mit Gesandten des byzantinischen Kaiserhofes über eine anzubahnende Union der Armenier und Jakobiten mit der griechischen Kirche geführt wurden. Auch er verfaßte eine Gegenschrift gegen Jôḥannân v Mardîn[10]) und eine Geschichte seiner eigenen Zeit, von welcher sich wenigstens die Vorrede erhalten hat.[11])

j) **Rabban Eudochos** (Eb(h)dôk(h)os) oder vielleicht vielmehr Eudoxos,[12]) Pr aus Melitene, für dessen Lebenszeit ein äußerster Terminus ante quem sich aus

[1]) Hss: VtS 96 (ums J 1352) 12°. 37 (J 1627) 9°. 10°. Ag: BO 2. 217/29.

[2]) Im Gegensatz zu Wright 244 f.

[3]) Hss: VtS 25 (J 1481/2) 24°. 36 (J 1584) 1°. 414 S. 96. Pr 75 (Anc fonds 36. J 1524) 11°. S1 (Anc fonds 65. 16. Jh) 2°. JerMkl 13 (J 1591) 20°. 14 (16/7. Jh) 8°. 15 (J 1895,6) 6°. 16 (J 1898,9) 4°. R (16/7. Jh) 26°. BrMOr 2293 (J 1729/30). CmbrOo 1. 36 (J 1749) 9°a. Add 2887 (J 1843) 6°. 2973 (J 1869) 8°. Ox 67 (BodlOr 626. 19. Jh) 4°. DamPfk 3, unter dem Namen des Chrysostomos: DamErzb 6. Ag unter diesem Namen: MCh 69²/76². MS 128/37. Übs: Ren 2, 255/60.

[4]) M 614. 615 f. 617. 640 f. (3, 235, 238 f. 242. 282 f.). ChrAn (Ag Chabot) 304. B'EKg 1, 483/8. 516/8. Notiz in der Hs BrM 850 (Or 1017) fol 202 r°: KatWright 898. BO 2, 362. LTh 136.

[5]) M 633 (3, 268).   [6]) Als Kapp 11/21. Bezeugt am Schluß des Katalogs der Schriften des Dionysios b Ṣaliḥ(h)ī: BO 2, 211. Hs: Brl 177. 1°. Ag (mit Übs): FNau, ROC 17, 165/78 (189/98).

[7]) Hss: BrM 515 (Add 14502. 12. Jh). 516 (Add 17131. 12. Jh), eines dieser Gesänge in selbständiger Überlieferung: BrMOr 4407 (J 1575/6). Dazu kommen zwei nicht näher bezeichnete „Mad(h)rāšē" von ihm: S'ert 81 (J 1471/2) V°.

[8]) Hs: BrM 850 (Or 1017. J 1364) 7° r. Ag eines Vierzeilers daraus: LTh a. a. O. Strittig zwischen ihm und Dioskoros v Gâzartā (§ 51 g) ist der zweite in fünfsilbigem Metrum gehaltene poetische Brief. Vg. KatWright 898 f.   [9]) M 626 (3, 256). B'EKg 1, 513 f. 6, 553 f. 559 f.

[10]) M 633 (3, 268).   [11]) Durch M 627 (3, 256 f.).   [12]) B'E Kommentar zur metrischen Grammatik (Ag Martin) 76 (Vg. BO 2, 308) und die Überschrift der beiden sekundären Rezensionen seines Werkes (KatWright-Cook 992 bzw. Sachau 714. 716). Duval² 295.

der Tatsache ergibt, daß er durch B Eb(h)râjâ bereits zitiert wird, wirkte als
Lehrer einer Knabenschule und verfaßte auf die Bitte eines Diakons Barṣaumâ
ein an die Literatur der Schriften über die „acquilitterae" anknüpfendes Wörterbuch, dessen Originalfassung sich möglicherweise mit einer in die Beantwortung
von 13 Fragen gegliederten grammatischen Einleitung in anonymer Überlieferung[1]) neben einem gleichfalls anonymen Az[2]) erhalten hat. Sicher von derselben
verschieden ist eine sekundäre Bearbeitung des Werkes, als deren Urheber sich
ein Îšô‘ Silâb(h) einführt,[3]) und ein anonymes aus den etymologischen Arbeiten
anderer „heiliger Lehrer", „vornehmlich aber" demjenigen des E. ausgehobenen
Lexikon.[4]) Auch dasjenige mindestens noch eines weiteren Anonymus, der
neben Epiphanios, Gregorios v Nazianz und dem Nestorianer Ḥênânîšô‘ b Sarôšwai
schon Dionysios b Ṣalib(h)i zitiert, gehört in den Kreis dieser Erscheinungen.[5])

§ 48. Einen vorläufigen Höhepunkt hat, schon im 12. Jh die nestorianische
weit überflügelnd, die jakobitische Renaissanceliteratur in der imposanten Erscheinung
des gelehrten Dionysios b Ṣalîb(h)î erreicht, den eine seit Ja‘qôb(h) v Edessa
niemals wieder dagewesene Vielseitigkeit auszeichnet. Über ihn hinaus hat die
Entwicklung in aufsteigender Linie zunächst nur noch auf dem Einzelgebiete
chronographischer Geschichtschreibung sein jüngerer Zeitgenosse P Michaël I.
weitergeführt, neben dem dessen Gegner Theodoros b Wahbûn besonders
liturgiegeschichtlich Beachtung verdient. Ins 13. Jh hinein läßt sich fürs erste
eher ein merkliches Rückläufigwerden der Bewegung beobachten. Das gilt ebensosehr
von einer Dreizahl weiterer Kirchenfürsten, deren Namen teilweise nur mit
bestimmten liturgischen Formularen verbunden ist, als von der universal-
geschichtlichen Arbeit eines Unbekannten, die trotz beachtenswerter
Eigenart und Bedeutung einzelner Partien als Ganzes doch stark hinter derjenigen M.s zurückbleibt.

a) **Dionysios b Ṣalib(h)î,**[6]) † 2. 11. 1171, mit Taufnamen Ja‘qôb(h), war
Diakon in seiner Vaterstadt Melitene gewesen, wurde 1154 B von Mar‘aš, welchen
Sitz er im folgenden J mit demjenigen von Mabbôg(h) vertauschte, und 1166 M von
Amida, wo er in der von ihm restaurierten Kirche der Gottesgebärerin seine
letzte Ruhestätte fand. Seine literarische Tätigkeit, deren Früchte sich nur zum
kleineren Teile erhalten zu haben scheinen, erstreckte sich auf die verschiedensten
Gebiete fast ausschließlich der Prosa.[7]) Als Erklärer hat er sich, unter weit-

---

[1]) Hs: Brl 220 (Sach 331. 15. Jh). Bs mit Ag von Azz der Einleitung: KatSachau 695/9.

[2]) Hs: VtS 194 (J 1600 nach Vorlage von 1246/7) V°. Vg. BO 3₁, 308, wonach das (nur
6 Folien füllende!) Stück anderwärts ausdrücklich unter dem Namen des E. erschiene.

[3]) Hss: CmbrDd 10. 9 (J 1476) 1°. Pr 251 (Anc fonds 169. 15. Jh).

[4]) Hss: Brl 233 (Sach 182. 14. Jh mit Ergänzungen vom J 1768/9). 234 (Sach 348. J 1796/7).
JerMkl 30* (J 1788/9). Pr 328 (J 1859) 1°, einer als „E." schlechthin bezeichneten Rezension: in
Dêr Za‘farân.

[5]) Hs: Ox 189 (Hunt 170). Diese oder eine verschiedene Rezension eines mit E. verwandten
Lexikons auch in BrMOr 1534 (15. Jh) und vielleicht in Edessa 53.

[6]) M 656. 696 f. 698 ff. (3, 310. 540 f. 344 f.). ChrAn (Ag Chabot) 310. B‘EKg 1, 503 f. 513 f
559,62. 2. 351 f. BO 2. 156 211. H Labourt, CSCO II. 93 (Versio 113). Wright 246,50.
Duval³ 399 f.

[7]) Verzeichnis seiner Werke M 699 (3, 344 f.) und ein selbständig überliefertes (= Verz.).
Hss des letzteren: VtS 37 (J 1626/7) 16°. BrM 850 (Or 1017) fol 205 v° (von jüngerer Hand). Ag:

gehender Berücksichtigung auch der nestorianischen Exegese Îšô'dâd(h)s v Merw.
zunächst mit der ganzen Bibel beschäftigt. Für das AT stehen sich dabei zu den
einzelnen BBn, der Erläuterung des Literalsinns und der tieferen Deutung gewidmet, ein „pragmatischer“ und ein „pneumatischer“ Kommentar gegenüber.[1]
Die Evangelienerklärung liegt, weil sie in der Folgezeit besonders stark benützt
wurde, in einer Mehrzahl verschiedener Rezensionen vor.[2] Der Rest des NTlichen
Kommentars bezieht sich der Reihe nach auf Apk, Apg und Briefe.[3] Von
patristischen Kommentaren hat sich im Gegensatze zu solchen über die drei
Kappadokier, den Ps.-Areiopagiten, Severus v Antiocheia und Petros v Kallinikos[4]
wenigstens der 1164/5 verfaßte zu den Hekatontaden des Euagrios erhalten.[5] In
zusammenfassenden Arbeiten auf dem Gebiete der spekulativen Theologie stehen
einerseits ein Glaubensbekenntnis des Verfassers selbst,[6] eine Erklärung des
nicänischen[7] und diejenige eines spezifisch jakobitischen Symbols,[8] andererseits
vielleicht eine noch umfangreichere Gesamtdarstellung der von D. als eine solche
„in Kürze“ bezeichneten[9] eines „Bs der Theologie“ gegenüber. Möglicherweise
nur um die einzelnen Teile der beiden letzteren handelt es sich bei einer
doppelten Reihe scheinbar selbständiger Traktate über die Menschwerdung, die
sinnliche und die übersinnliche Welt usw., die im allgemeinen nurmehr namhaft
gemacht werden,[10] während aus einem solchen über den Bau des menschlichen
Körpers sich auch zwei kurze Exzerpte erhalten haben.[11] Teile des größeren
Ganzen einer „Widerlegung aller Häresien“[12] scheinen auch die polemischen

BO 2, 210f. Übs: KatAssemani, Flor. 79f. Labourt a. a. O. 1f. Wo im folgenden nichts vermerkt ist, sind die Schriften in allen diesen Quellen bezeugt.

[1] Hss: CmbrAdd 1972 (J 1219. Am Ende unvollständig!). Pr 66 (Suppl 92. J 1354), des
Kommentars zu Pentateuch u. Psalter: BrlOroct 1131 (J 1588), von Azz zu Gn, Sm, Job, Jos, Ez:
Pr 9 (Anc fonds 9. Vor J 1581), von Azz des „pragmatischen“ Ps.-Kommentars: VtS 96 (ums J
1351/2) 29°. 42°. 43°. Bs: KatZotenberg 33f.

[2] Hss: Pr 67 (Anc fonds 33. J 1174). 68 (Anc fonds 34. J 1457). Dublin Trin. Coll. 1312 (J 1198).
Ox 128 (BodlOr 703. Abs der vorigen). BrM 7184 Rich (J 1204/5). 822 (Add 12143. J 1229). JerMkl
4*(J 1271). VtS 156 (13. Jh). 155 (J 1515). 285/9 (Abs von 156). Dijarb 24 (16. Jh) 19°/21° Edessa 5.
Eine in Dêr Za'farān, von Azz: VtS 96 (14. Jh), des Mt-Kommentars: Ox 131 (Hunt 247) 1°, von Azz
desselben: CmbrAdd 2067, der Einleitung desselben: Ox 142 (Marsh 101) 11°, einer späteren Bearbeitung: Brl 188 (Sach 218. J 1845). Ag: J Sedlaček-Chabot, CSCO Ser. II 98. Azz: BO 2, 157·70.
Vg. A Baumstark, OC 2, 376/83.

[3] Hss: BrM 7185 Rich (14. Jh). Ox 132 (BodlOr 560). JerMkl 5*(J 1890, Abs einer Vorlage
in Dêr Za'farān). Ag: Sedlaček, CSCO Ser. II. 101.   [4] Aufgezählt von M. Im Verz. zusammengefaßt als „Kommentar zu den Schriften der Väter“.

[5] Schon im Verz. und B'EKg 1, 559/62 ausdrücklich neben den zusammengefaßten übrigen
genannt. Hs: Brl 186 (Peterm 26. J 1565). Ag von Kap 2 der Einleitung und der Erklärung des
ersten Spruches: KatSachau 605f.   [6] Hs: VtB 147 (J 1480) 8°.   [7] VtS 159 (J 1628/32) 1V°.

[8] Hs: Ox 142 (Marsh 101) 19°. Dies oder die Erklärung des nicänischen Symbols ist vielleicht der im Verz. genannte Traktat „über den Glauben“.

[9] Kommentar zu Lk 20. In der Meßerklärung dagegen wird zitiert das: „B. der Theologie und über das Geheimnis der Menschwerdung und die intelligibeln und sinnlichen Naturen
und die geheimnisvollen Dinge der Kirche usw.“ Es muß dahingestellt bleiben, ob beidemal dasselbe Werk gemeint ist. Hs vielleicht: Edessa 23 („Theologia“ ohne Angabe des Verfassers?).

[10] Verz.: „Mēmrē über die Theologie, die Menschwerdung, den Baum des Lebens, die Engel,
die Teufel, die vernünftige Seele, das Priestertum. Mēmrē über den Himmel, die Sonne und den
Mond und die Sterne, alles Einzelne nach der Ordnung des Sechstagewerkes, das Paradies, die
Auferstehung des menschlichen Leibes, das Kreuz.“

[11] Verz. Hs: Ox 159 (Marsh 361. 17. Jh) 2°. 1. 2.   [12] M. Gesamths vielleicht in Dêr Za'faran
(„Disputationen des ibn Salib(h)ī“).

Schriften gegen den Islam,[1]) die Juden,[2]) Nestorianer,[3]) Chalkedonensier,[4]) Armenier[5]) und Götzendiener[6]) darzustellen. Von Erklärungsschriften auf liturgischem Gebiete[7]) wird die einem 1139 ordinierten Men Ignatios v Jerusalem gewidmete über die eucharistische Liturgie[8]) durch solche über die Myronweihe[9]) und das Ordinationsritual[10]) ergänzt, zu denen sich ursprünglich weitere mindestens über die Taufliturgie, die priesterliche Kleidung und die Prozessionen bestimmter Tage des kirchlichen Festjahres gesellten.[11]) Mit der Liturgie berührte sich ferner das kirchenmusikalische Sammelwerk eines Korpus aller Melodien des jakobitischen Gottesdienstes,[12]) das gleich dem hagiographischen eines „Kompendiums der Geschichte der Väter, Heiligen und Martyrer"[13]) für D. bezeugt wird, während eine Sammlung von Synodalkanones mit der seltsamen Zuweisung an „Mâr(j) Michaël, welcher ist D. b S", vorliegt.[14]) Ein „Kompendium apostolischer Kanones"[15]) wird nicht sowohl in dieser als vielmehr in einer „aus den Kanones der Apostel und der hl. Väter" gesammelten Schrift über das Bußwesen wiederzuerkennen sein, von deren 9 Kappn die beiden letzten eine Reihe von 70 Bußkanones bilden.[16]) Mit demselben Gegenstande beschäftigen sich noch eine Doppelreihe von 31 Bußkanones über die Sünden der Laien und des Klerus[17]) und ein in arabischer Übs erhaltenes aus Einleitung und 52 Kanones bestehendes Sendschreiben an Habakuk, Abt des Klosters Pesqîn, den Schulvorsteher Šem'ôn und „alle rechtgläubigen Kleriker", an das sich ein solches an einen ungenannten Adressaten über Kasualien und sonstige Einkünfte von Kirchen und Klöstern anschließt.[18]) Bis in nestorianische Überlieferung hinein begegnet endlich ein auf den Bußkanones des D.

[1]) Verz. Hss: VtS 96. 19°, eines Azs: Mard 82 (J 1820. 4°.

[2]) Verz. Hs: Syr. Harris 83. Ag: J de Zwann, D. b S. Treatise ag. the Jews. P. 1. 1 (Leid 1906). [3]) Verz. Hss: Pr 209 (Anc fonds 125. J 1644,5) 2°, eines Azs: Ox 171 (BodlOr 467) 2°. 2. Inhaltsanalyse mit Übsproben: F Nau. ROC 14. 298/320. [4] Verz.

[5]) Verz. Das von E Ter-Minassiantz. TuU 26 iv, 117/20 an antiarmenischer Polemik Zusammengestellte entstammt nicht dieser Schrift, sondern anderen Teilen des D.schen Nachlasses.

[6]) Hs eines Az: Mard 82 (J 1890) 7°.

[7]) Im Verz. hinter den Traktaten über das Kreuz und den Glauben zusammengefaßt als: über „die übrigen geheimnisvollen Dinge".

[8]) Hss: BrMOr 4403 (13 4. Jh). 2307 (17. Jh). Pr 208 (Anc fonds 69. J 1388/9). 206 (Anc fonds 35. J 1554,5). 209 (Anc fonds 125. J 1644,5. VtB 63 (J 1582/3?). 131 (18. Jh). VtS 102 (J 1646). 361 (J 1711). Šarf 44 (J 1747,8). DamErzb 55 (18,9. Jh), eines fälschlich Jôhannân Mârôn beigelegten Textes: VtS 1 (J 1664 2°, einer arab. Übs: Brl 253 Sach 156. 19. Jh). JerMkl 132. eines Azs aus dieser: Pr 198 (Anc fonds 114. 16. Jh) 7°. Ag: H Labourt. CSCO Ser. II. 93. Übs: unter dem Namen des Jôhannân Mârôn: CodL 5. 227/397.

[9]) Hs: VtS 159. 30°. Über das Verhältnis des Werkes zu dem entsprechenden des Môse b Kêp(h)a vg. oben S. 282 Ak. 10. [10]) Hss: VtS 155. 10°. 159. 31°. [11]) Sämtlich durch das Verz. bezeugt.

[12]) M. Man wird sich etwas dem griechischen *Εἱρμολόγιον* Entsprechendes vorzustellen haben, wobei den Texten der zusammengestellten Musterstrophen jedenfalls eine irgendwie geartete musikalische Notation beigegeben war. [13]) Verz.

[14]) Hs: Šarf 19 (J 1778). Vg. auch je ein anonymes „B der Kanones" und „B der Synodoi" der Hss Edessa 28 bzw. 20. [15]) Verz.

[16]) Hs: Pr 224 (Anc fonds 141. J 1509 10). Ungewiß bleibt es, ob dieser oder einer der folgenden Texte vorliegt in den Hss: Mos 65 (J 1563,4) Anh. 2°. 51. Anh. 4° (J 1889). BrMOr 4398 (J 1890) 4°. [17]) Hs: Brl 179 (Sach 221. J 1710) 3°. Übs dieses oder eines der folgenden Stücke aus hinterlassenen Papieren Renaudots ohne Angabe der hslichen Grundlage: H Denzinger. Ritus Orientalium . . . in administrand. sacramentis 1, 493/500.

[18]) Hss: Pr 111 (Anc fonds 54. J 1584,5) 20°. 21°. Brl 252 (Sach 61. J 1652) 1°. 2°. vielleicht auch: BrMOr 4403 (13,1. Jh) fol 147,85. Bs: Kat Šachan 774 f.

aufgebautes Beichtrituale.[1] In einem B seiner „Briefe und Reden"[2] dürften neben der zur Ordination P Michaels I. gehaltenen Ansprache[3] u. a. eine Verteidigungsrede für einen der Apostasie angeklagten Maphrējān.[4] Predigten über das Leiden Christi und gegen diejenigen, welche mehr als 40 Tage der Kommunion ferne bleiben,[5] sowie eine von ihm noch als Diakon abgefaßte „Rede" über Edessa und dessen zweimalige Zerstörung[6] Platz gefunden haben. Dem letzteren Gegenstande waren auch zwei poetische Mēmrē im sieben- bzw. zwölfsilbigen Metrum,[7] drei weitere Dichtungen waren der Einnahme von Mar'aš durch die Armenier im J 1156[8] gewidmet. während ein „B über die Vorsehung" unter Aufbietung großer patristischer Gelehrsamkeit in den anläßlich des schweren Geschickes Edessas durch Jōḥannān v Mardin entfesselten Theologenstreit eingriff.[9] Den Ereignissen seiner Zeit hat D. auch ein Geschichtswerk gewidmet. nachdem er den Gedanken einer größeren universalhistorischen Arbeit aufgegeben hatte.[10] Als „Kommentar" der aristotelischen Logik führt sich eine von ihm um 1148 unternommene Bearbeitung des Stoffes der Εἰσαγωγή des Porphyrios und des aristotelischen Organons bis einschließlich der Ἀποδεικτικά ein.[11] An liturgischen Texten werden neben einzelnen Prooimia, Sed(h)rē und anderen Gebeten[12] nicht weniger als drei verschiedene Anaphoren auf ihn als Verfasser zurückgeführt.[13]

b) P **Michaël I.**,[14] ord. 18. 10. 1166. † 7. 11. 1199 im Alter von 73 JJ, Sohn eines Prs Elijā aus der Familie Qindasî in Meliteue, war vor seiner im Kloster Pesqîn erfolgten Wahl Abt eines Barṣaumā-Klosters gewesen. das auch

---

[1] Hss: VtS 45(J1556)19°.   Pr 109(Anc fonds 110. J1665/6)8°.   Ag: BO 2, 172 4.   Übs: H Denzinger a. a. O. 1, 440/2 bzw. (vollständigere von Renaudot) 443/8.   Ein bloßer kurzer Az aus Kauones des D. auch: Brl 206(Peterm 23. Vor J1519/20, fol 234 v°/35°.

[2] M.   Das Verz. kennt nur ein „B der Briefe".

[3] Von M. in seine Redaktion des jakobitischen Pontifikal-Rituale aufgenommen (vg. S. 299 Ak. 2), allgemein für die Inthronisation von PP und BBn zurechtgestutzt z. B. in der Hss: Pr 113(Suppl 22. 14. Jh)26°. Ag: J-B Chabot. JA[10] 11, 87/115.   [4] Verz.

[5] Hss: PalMedOr 40 bzw. 62.   [6] M 632 (3, 267). Azz daraus: M 631 f. 635 f. (3, 265,7. 272,4) und wohl auch 651 f. (3, 300/3).   [7] M 632 f. (3, 267). B'EKg 2, 351 f.

[8] Verz. B'EWg (Ag Bruns-Kirsch) 347 (353). Vg. BO 2, 317.   [9] M 632. 634 (3, 267. 269,. B'EKg 1, 503 f. 515 f. Vg. BO 2, 207 f.   [10] Daraus die Vorrede mitgeteilt M 627 (3. 257). Erwähnt wird das Werk auch M 699 (3, 344). Eine kurze Chronologie der Propheten unter dem Namen des D. in der Hs VtS 96. 36° geht wohl vielmehr auf den AT-Kommentar zurück.

[11] M. B'EKg 1, 561 f. Hs: CmbrGg 2. 14 (15/16. Jh) 11°. Bs: Kat Wright-Cook 1009,17. Die Datierung bietet eine Notiz am Schluß der Behandlung von Ἀποδεικτικά. α΄ (a. a. O. 1016).

[12] So je ein Formular für Gründonnerstag und Karsamstag und ein eucharistisches Brechungsgebet. Vg. BO 2, 175 f. Hss z. B.: Brl 152(Sach 151. 14,5. Jh) fol 12 v°/15 v°. VtS 25 (J1482)1°. 26(J1484)1°. Pr 76(Anc fonds 68. 16. Jh)1°j. 77(Suppl 61. 16. Jh)6°. Ag der beiden ersten Stücke: MS. 52. 72 f. Übs des Brechungsgebetes: Ren 2, 22.

[13] Hss: BrM 264(Add 14691. fol 1 109. J1230)8°. 274(Add 14693. fol 142,84. 14. Jh). 283(Harl 5512. J1549)2°a. 7180 Rich (J1657/8) 9°. Leid 2353(Cod 1572. 14,5. Jh)5°. Pr 72(Anc fonds 64. J1462)6°. 79(Suppl 54. J1554/5)5°. 80(Suppl 55. J1536,7)4°. 82(Suppl 51. 16. Jh vor 1598,9)8°. 78 (Suppl 50. 16. Jh)8°. 81(Anc fonds 65. 16. Jh)4°. 86(Suppl 40. 17. Jh)5°. VtS 25. 26°. 35(J1518,9)6°. 36(J1584)1°. JerMkl 13(J1592)19°. 14(16,7. Jh)4°. 16 J1898,9)3°. CmbrAdd 2887(J1843)27°. einer zweiten: Pr 73(Suppl 25. J1508,9)5°. 75(Anc fonds 36. J1523/4)14°.19°, einer dritten: VtS 25. 14°, ungewiß welcher: VtB 159(Vor J1294/5). 156(J1641). Dublin Trin. Coll. 1510(J1554 3°. Ox 66(Poc 85. J1623)3°/. CmbrAdd 2973(J1869)8°. DamPfk 3. Ag: MCh 106/13. Übs: Ren 2,448/52.

[14] M 697 f. 700. 703. 705 f. 707/30. 732,9 (3, 341. 343 f. 347. 350. 353/5. 357/60. 363. 367 f. 370 f. 372. 376/80. 382/8. 390/5. 399. 402 f. 406. 408,13). ChrAn (Ag Chabot) 303,35. B'EKg 1. 585/605. Kirakos v Ganzak (Moskau 1858) 92. BO 2, 154,6. Wright 250,3. Duval² 196,8. 401.

in der Folgezeit seine bevorzugte Residenz blieb. Auf seine wesenhaft glückliche Kirchenregierung hat neben einem vorübergehenden Konflikt mit dem Map(h)rējān Jôḥannān und einem solchen mit den Mönchen seines eigenen Klosters nur eine ernstere schismatische Bewegung ihre Schatten geworfen. Sie führte zeitweilig zu einer Trübung auch der Beziehungen zur armenischen Schwesterkirche, die unter deren großem K Nerses Ṡnorhali (1166/73) zunächst die herzlichsten gewesen waren. Doch war M. am späten Abend seines Lebens Weihnachten 1198 wieder bei der feierlichen Königskrönung des Rubeniden Lewon II. zugegen. Einer Einladung des Kaisers Manuel Porphyrogennetos zu persönlichem Erscheinen in Konstantinopel, die im Gefolge durch einen Theorianos geführter Unionsverhandlungen wiederholt an ihn erging, hat er persönlich nicht stattgegeben, weilte dagegen nach einer denkwürdigen Begegnung mit dem Seldschukensultan Kiliğ Arslān (8. 7. 1172) während eines vollen Monats an dessen Hoflager, wo er mit dem mohammedanischen Philosophen Kemāl ed-din zahlreiche Religionsgespräche führte. Auch durch Balduin IV. wurde er in Akko ehrenvoll aufgenommen, als er im Winter 1178/9 zum dritten Male nach Jerusalem reiste. Eine bemerkenswerte Bautätigkeit hat er, wie an anderen Orten, so vor allem in seinem Barṣaumā-Kloster schon vor und erst recht nach einer Brandkatastrophe entfaltet. durch welche dieses 20. 7. 1183 vollständig verwüstet wurde. und nicht geringere Fürsorge der Bibliothek desselben zugewandt. Eine Folge von 29 Kanones hat er zu Anfang seines Pontifikats erlassen,[1]) eine Redaktion des Pontifikalrituals seiner Kirche anscheinend schon vor 1171/2 durchgeführt.[2]) Daß er die Biographie eines legendarischen Bs Abḥai v Nikaia 1184/5 auf Grund älterer Hssbruchstücke rekonstruiert habe, ist kaum zu bezweifeln.[3]) Eine Dichtung, die er einem schon ins J 1150 fallenden Akt von Christenverfolgung widmete.[4]) eine von ihm verfaßte Abhandlung über Leben und Schriften des Dionysios b Ṣalib(h)i,[5]) Briefe an Nerses Ṡnorhali[6]) und gegen einen koptischen Schismatiker Markos, Sohn eines Qanbar, gerichtete Streitschriften über die Notwendigkeit der Beichte als Vorbereitung des Kommunionempfanges[7]) haben sich im Gegensatze zu einer Ana-

---

[1]) B'EKg 1, 543 f. Kirchengesetzliche Zitate M.s auch in dessen Nomokanon.

[2]) Vg. BO 2, 155 f. Hss: VtS 51 (angeblich J 1571/2 = 1883 Gr., was aber in 1483 Gr. 1171/2 zu verbessern ist, da sich Randnotizen aus den JJ 1765 Gr. und 1768 Gr. finden). 304/5 (Abs der vorigen), einer anderen Redaktion: Pr 112 (Suppl 38. J 1289), ungewiß welcher: VtB 57 (J 1686). Die einzelnen Texte auch in Exemplaren anderer liturgischer B-Typen. Sonderhss des Weiherituals: JerMkl 109 (J 749/50?). 110 (J 1258/9), in Verbindung mit der Myronweihe: 111 (J 1506/7). 112. 113. 114. Bs der Redaktion M.s: KatAssemani 2. 315/27. Übs der Weihriten von Renaudot (nach einer verschollenen Florentiner Hs) HDenzinger, Ritus Orientalium 2, 78/108. Ag des Ritus der Priesterweihe: RGraffin, ROC 1 (2. Heft), 1/36, des Ritus der Diakonats-, Priester- und Bischofsweihe mit Übs: JMorinus, Commentarius de sacris Ecclesiae ordinationibus (Pr 1655/ 479,88. Übs des letzteren (nach Morinus): EdMartène, De antiquis ecclesiae ritibus (Veu 1788) 2, 114 6, des Ritus der Priester- und Bischofsweihe mit Ergänzungen: HDenzinger a. a. O. 66/76, der Myronweihe: PZingerle ebenda 526/51.

[3]) Hs: BrM 910 (Add 12174. J 1197) 8°. VtS 37 (J 1626/7) 12°. Ag: AMS 6, 557/614. Andere Rezension der Biographie A.s: Ox 163 (Marsh 63. J 1176/7). VtS 37 (J 1626/7) 12°. Vg. AAllgeier, OC² 5, 19/25, der wohl angesichts des Alters der Londoner Hs mit Unrecht der hier mit der genauen Datierung verbundenen Bezeugung der Autorschaft M.s den Glauben versagt.

[4]) B'EKg 2, 351.   [5]) M 699 (3, 345).   [6]) M 705 (3, 353 f.).

[7]) Eine an Markos b Qanbar selbst gerichtete, einen umfangreichen „Tomos" an Klerus und Volk der jakobitischen Kirche und ein Schreiben an den koptischen Pen Markos. M 719 f. (3. 379 f.). B'EKg 1, 573/5. Vg. BO 2, 155 und über Person und Schicksale des Markos b Qanbar GGraf in: Ehrengabe deutscher Wissenschaft. dargeboten v. kathol. Gelehrten, hgeg. v. FFeßler (FrbgB 1920) 223 f.

phora [1]) nicht, eine Reihe umfangreicher Erlasse aus seiner Feder [2]) hat sich größtenteils nur unvollständig, von anscheinend drei Glaubensbekenntnissen M.s hat sich ein an Theorianos übersandtes in griechischem Texte [3]), ein doch wohl von diesem verschiedenes in arabischer Übs [4]) erhalten. Auch sein großes bis zum J 1194/5 reichendes Geschichtswerk, das in 21 BB um das Gerippe einer Nachbildung des Eusebianischen Kanons unter Aufnahme oft wörtlicher Azz aus älterer Literatur oder vollständiger Urkunden eine gewaltige Fülle historischer Erudition gruppiert, ist lange Zeit nur in einer stark selbständigen armenischen Bearbeitung bekannt gewesen, [5]) bevor auch das Original und eine wortgetreue arabische Übs ans Licht traten. [6]) Eine Kompilation aus der letzteren, nicht Übs einer durch Mowses v Khoren auf armenischem Boden zitierten syrischen eines Mār(j) Ab(h)ā „Katina" [7]) ist eine arabische Chronik unter dem Namen eines Mār(j) Ab(h)ā Kaldājā. [8])

c) **Theodoros b Wahbūn**, [9]) † 1192/3, Sohn eines Prs Sahdā b Wahbūn aus Melitene, war zunächst bei den in Romqlāh von Armeniern und Jakobiten mit dem Griechen Theorianos geführten Unionsverhandlungen Vertreter seines Taufpaten und Lehrers M.s I., dem er als Sekretär und Synkellos diente, [10]) hat ihm dann aber 11 JJ lang als Gegenpatriarch unter dem Namen Jôḥannān gegenübergestanden, wobei er mehrfach sich reumütig zu unterwerfen schien und von M. vorübergehend in seiner Nähe gehalten wurde, aber immer wieder aufs neue sich empörte, und ist zuletzt, nachdem er bei den Lateinern in Jerusalem, wie beim armenischen K Anschluß gesucht hatte, durch den kleinarmenischen König Lewon II. als geistliches Oberhaupt der Jakobiten seines Reiches anerkannt worden. Er soll Griechisch, Armenisch und Arabisch wie das Syrische beherrscht haben. Erhalten haben sich syrisch zwei aus den letzten JJ seines Lebens stammende Briefe des Th., von welchen der umfangreiche erste an einen unge-

---

[1]) Hss: VtB 159 (Vor J 1294/5). Leid 2553 (Cod 1672. 14/5. Jh) 6°. VtS 25 (J 1481,2) 8°. Pr 76 (Anc fonds 68. Vor J 1596). CmbrAdd 2917 I (16. Jh) 7°. 2887 (J 1843) 21°. Übs: Ren 2, 437,46. Vg. BO 2, 155. [2]) ChrAn (Ag Chabot) 312/4: Denkschrift über die Unionsverhandlungen mit den Griechen, 315/7: Absetzungsdekret gegen einen Usurpator der Map(h)rējān-Würde. 331 3: Erlaß über die Vereinigung der Diözese Mardin mit dem unmittelbaren Sprengel des Map'b'rējāns, 331 f.: amtliches Testament.

[3]) PG 133, 280/5. [4]) Der Arbeit eines Bs Mōsē. Hs: VtAr 83. VI°. Ein bei seinem Regierungsantritt von M den koptischen Pen gesandtes Glaubensbekenntnis bezeugt daneben B'EKg 1, 544.

[5]) Agg: Jerusalem 1870. ²1871. Übs: V Langlois, Chronique de Michel le Grand patriarche des Syriens Jacobites, trad. pour la prem. fois sur la vers. arm. du prêtre Ischōk (Ven 1868. Eingehende Untersuchung von F Haase, OC² 5, 60/82. 271/84.

[6]) Hss: des ersteren in Edessa und Dēr Za'farān bzw. Abs im Besitze von Chabot, der Übs: BrMOr 4402 (J 1846). JerMkl 35* (J 1899). Alle diese Textzeugen weisen die nämliche, abgesehen von Bruchstücken der Kapp XVIII 9 f. das ganze B XVIII und XIX Kapp 1,5 umfassende Lücke auf. Ag: J-BChabot. Chr. de Michel le Syrien. Patr. Jacob. d'Ant. Ed. pour la prem. fois et trad. en franc. 3 Bde. Übs und Textbd. (Pr 1900/10).

[7]) Wie Marr, Veröffentl. d. Russ. Archäol. Gesellschaft 14. 79/81 annahm.

[8]) Hs: Pr 360 (J 1889) II 2°. Ag von Azz mit Nachweis des wirklichen Sachverhaltes: F Macler, JA¹⁰ 2, 491/549. In gleichem Sinne J-BChabot ebenda 5, 231/63.

[9]) M 721/5. 733/5 (3, 362/8. 406). ChrAn (Ag Chabot) 200. 311 f. 317 f. B'EKg 1. 549/60. 583/90. BO 2, 213/6. Wright 253 f. Duval³ 401. J Gerber, Zwei Briefe Barwahbuns. Nebst einer Beilage: D. Schisma des Paulus v Beth Ukkame (Diss. Halle 1911) 3/9.

[10]) Ein kurzer griechischer Bericht über eine in Kaišūm (Κιοσούτιον) geführte Sonderverhandlung des Th. mit Theorianos am Schlusse der zweiten der Διαλέξεις πρὸς τὸν Καθολικὸν τῶν Ἀρμενίων des letzteren: PG 133. 271 98. Danach hätte Th. bei den vorangegangenen Verhandlungen mit dem armenischen K sich auf eine Erörterung mit den Griechen nicht eingelassen gehabt.

nannten M von Tarsos, möglicherweise den Armenier Nerses v Lampron, der kürzere zweite aus Jerusalem an M. gerichtet ist.[1]) Des weiteren erfährt man im einzelnen über ein Anaphora-Formular hinaus näherhin nur noch von einer arabischen Schrift über seinen Kampf gegen M.,[2]) wozu noch der Nachhall einer von ihm verfaßten Liturgieerklärung zu treten scheint.[3]) Und selbst jener liturgische Text[4]) ist lediglich aus einzelnen Absätzen gleichartiger älterer Stücke mosaikartig zusammengestellt. gerade dadurch aber von Interesse. Denn der dabei von ihnen gemachte Gebrauch ergibt für die Entstehung der pseudepigraphen Anaphoren des Evangelisten Johannes,[5]) des Athanasios[6]) und Dioskoros v Alexandreia[7]) an den letzten Jahrzehnten des 12. Jhs einen äußersten Terminus ante quem. der durch die hsliche Überlieferung der Texte eine Bestätigung und eine Ausdehnung auch auf die Formulare unter den Namen des Johannes Chrysostomos[8]) und Severus v Antiocheia[9]) erfährt. Nicht ganz soweit führen die Hss für das unveränderliche Gefüge des sog. Ordo communis der jakobitischen Messe hinauf.[10]) für welches aber wenigstens bezüglich einzelner Stücke eine ähnliche Bedeutung der Meßerklärung des Dionysios b Ṣalîb(h)î zukommt.

d) In das **beginnende 13. Jh** hinüber führt die Amtstätigkeit des Map(h)rejans G r î g(h) ô r (Ja'qôb(h)).[11]) ord. 1189, † 1214. eines Neffen M.s I.. als dessen literarisches Eigentum eine weitere Anaphora[12]) durch die Approbation seines

[1]) Hs im Besitze des jakobitischen Ezbs von Sis bzw. Abs derselben, durch Pastor ELohmann in Freienwalde a. O. erworben. Ag (mit Übs und Kommentar): JGerber a. a. O. 10/67.   [2]) B'EKg 1. 581 f.   [3]) Vg. BO 2, 216.

[4]) Die sog. „Anaphora der hll. Väter". Hss: Ox 68(Hunt444)4°(15.Jh?). Pr 112. 41°. 72 Ancfonds64. J1402)7°. 76(Ancfonds68. J1596)11°. VtS 37. 8°. DamPfk 4(17/8. Jh.)3(18Jh.?). Übs: Ren 2, 403/18. Über die benützten älteren Formulare KatAssemani 2, 246. Ren 2, 409. Irrigerweise wird BO 2, 140 als Redaktor vielmehr der ältere P Jôḥannân VII. (ord. 9. 7. 985. † 984,5) vermutet, was ebenda 216 berichtigt ist.

[5]) Hss: BrM 261 (Add 14690. J 1182) 2°. 263 (Add 17229. fol 1/47. J 1218) 2°. 273 (Add 14783. fol 23/34. 13. Jh). 272 (Add 14693. fol 1,141. 13,4. Jh). 233 (Harl 5512. J 1549) 4° c. 7180 Rich 3°. VtB 159 (Ver J 1294/5). 156. 50 (J 1686). VtS 25 (J 1481/2). 20°. 28 (15. Jh) 2°. 32 (15. Jh) 6°. 34 (J 1500/1) 8°. 35 (J 1518/9) 2°. Ox 65 (Dawk 56. J 1238) 4°. 66. 5° β. 143. Brl 151 (Sach 285. 196. 152. J 1279/80 mit Erg. des 17/8. Jhs). 152. 3°. JerMkl 10 A (J 1427,8) 2°. 11 (15. Jh) A 11°. 13. 20°. 14 (16/7. Jh) 3°. R (16/7. Jh) 5°. 15 (J 1895,6) 2°. Pr 72. 3°. 110 (Ancfonds 94. 15. Jh) 17°. 73 (Suppl 25. J 1509) 8°. 74 (Ancfonds 66. J 1518) 4°. 75 (Ancfonds 36. J 1524) 5°. 78 (Suppl 50. 16. Jh) 3°. 79 (Suppl 54. J 1555) 3°. 80 (Suppl 55. J 1557) 4°. 81 (Ancfonds 65) 1°. 82 (Suppl 51. 16 Jh) 7°. 85 (Suppl 67) 2°. 86. 7°. 98 (Ancfonds 70. 18. Jh) 7°. Dublin Trin. Coll. 1510 (J 1554) 6°. CmbrAdd 2917 I 8°. 2887. 11°. DamErzb 5 (17. Jh). Pfk 3 (1871). Hs von Krêm 4°. Agg: MCh 77,89. MS 168,79. Übs: Ren 2, 163,9.

[6]) Nahe verwandt mit der Ignatios-Anaphora (§ 42 e). Hss: VtB 159. VtS 25. 9°. 297 (Von der Hand JSAssemanis) 14°. JerMkl 10 A 7°. Krêm 18°. eines Bruchstückes: VtS 295 (16 Jh) fol. 18 v°. Ag (mit Übs): A Baumstark, OC 2, 90/129.   [7]) Hss: BrM 261. 14°. 267 (Add 14694. fol 44,106. 13. Jh) 1°. VtB 159. VtS 26 (J 1484) 5°. JerMkl 10 A 13°. R 16°. Pr 75 (Ancfonds 36. Vor J 1524). DamPfk 4. Übss: Ren 2, 285,95. CodL 7, 199/211.

[8]) Hss: BrM 261. 8°. 264. 2°. 266 (Add 14694. fol 1/43. 13 Jh). VtB 159. 50. VtS 25. 22°. 26 (J 1484) 10°. 295. 2°. 292. 10°. 293 (Abs einer Vorlage vom J 1736) 13°. 297. 18°. 414 (18. Jh). JerMkl 10 A 10°. R 13°. Pr 76. 5°. 78. 9°. 81. 8°. 93. 8°. CmbrAdd 2887. 36°. Krêm 16°. Übs: Ren 2, 242/52.

[9]) Gelegentlich auch „Timotheos v Alexandreia" beigelegt. Hss: VtB 159. JerMkl 10 A 15°. 13. 11°. 14. 16°. R 18°. Pr 75. 23° c. CmbrAdd 2887. 25°. DamPfk 4. Übs: Ren 2, 321/3.

[10]) Vg. S. 328 Ak. 11.

[11]) M 733. 764 (3, 403. 481 f.). ChrAu (Ag Chabot) 318/24. 341,4. 349 f. B'EKg 2, 377,90.

[12]) Hss: Brl 151. 11° (Schluß: 17°). BrM 272. 10°. Pr 71 (Suppl 16. J 1454) 3°. 76. 2°. 111 (Anc

Oheims[1]) gesichert ist. Ein anscheinend unvollendet gebliebenes, an die entsprechenden Traktate Môše b Kep(h)ās erinnerndes Werk über die Feste des Kirchenjahres[2]) hat sein 40 Tage nach ihm verstorbener Bruder Îšôʿ Sep h)tānā hinterlassen, der seit 7. 1207 als P unter dem Namen Michaʾēl II. bei anerkannter Gelehrsamkeit und Sittenreinheit sich durch Hochmut und Geiz unbeliebt machte.[3]) Als Haupt einer schismatischen Bewegung hat dem letzteren der nach seinem Tode zu allgemeiner Anerkennung gelangte P Jôhannān XIV. (Îšôʿ),[4]) mit dem Beinamen „der romäische Schreiber" oder „der Kleine". † 1219/20. gegenübergestanden, der wiederum nur als Verfasser einer Anaphora bekannt wird.[5])

c) Die **anonyme Chronik**, welche nur wenig jünger als das große Geschichtswerk M.s zu einem Vergleiche mit demselben gebieterisch herausfordert.[6]) ist die Arbeit eines wohl in Edessa heimischen Verfassers,[7]) der im J 1187 in Jerusalem die Eroberung der Stadt durch Saladdin miterlebte[8]) und zwei JJ später auf mesopotamischem Boden sich im Gefolge des damaligen Map(h)rējāns Grig(h)ôr befand.[9]) Das Ganze zerfällt nach zunächst einheitlicher Behandlung des Stoffes vom konstantinischen Zeitalter an in einen profangeschichtlichen und einen kirchengeschichtlichen Teil, von welchen der erste in 527 Kapp bis zum J 1233/4 reichend nur am Ende nicht ganz vollständig erhalten ist, während von dem zweiten nur mehr bis zum J 1206/7 führende umfangreiche Bruchstücke vorliegen. die zuerst in Kap 30 mit den innermonophysitischen Parteihändeln des 6. Jhs einsetzen, ein zusammenhängenderes Bild aber erst von Kap 138 an, seit der Zeit des Dionysios v Tellmaḥrē bieten. Ursprünglich ums J 1203/4 abgeschlossen,[10]) wurde die in der Schilderung der Zeit der Kreuzzüge breite Ausführlichkeit annehmende Darstellung in beiden Teilen durch den Autor selbst nachträglich weitergeführt.

§ 49.   Läßt in bezeichnender Weise schon die Literatur des 11. und 12. Jhs in den beiden großen syrischen Nationalkirchen ein Wiedererwachen speziell auch

fonds 94. 15. Jh) 26°. VtS 25. 5°. 82. 5°. JerMkl 18. 23°. Übs: Ren 2. 455/67. Die BO 2, 275 und in Katalogen begegnende Zuweisung vielmehr an BʿEb(h)rājā entbehrt hslicher Begründung.

[1]) Erhalten in der Berliner Hs. KatSachau 470 f.

[2]) Hss: Pr 206 (Anc fonds 35. J 1554/5) 10°. 209 (Anc fonds 125. J 1644 5), einzelner Abschnitte zwischen den Traktaten Môše b Kēp(h)ās: Pr 207 wʿaa.

[3]) ChrAn (Ag Chabot) 336/40. BʿEKg 1, 603/18. 628/34. BO 2, 230 2.   [4]) BʿEKg 1, 617/40. BO 2, 232 7.   [5]) Hss: Vt 26. 8°. Pr 76. 15°. DamPfk 4. Übs: Ren 2. 472/86.

[6]) Hss: Im Privatbesitze von P Fehim in Konstantinopel (14. Jh, mit jüngeren Ergänzungen) bzw. Abs von Kap 187 des ersten Teiles (?) an (Von der Hand des A. Barsaum. J 1914) im Besitze J-BChabots und je eine photographische Wiedergabe des Ganzen in Šarfah und im Privatbesitze des Patriarchen Rahmani (in Beirut?). Agg: IgnERahmani, Chronicon civile et ecclesiasticum anonymi auctoris (Šarfah 1904/11). J-BChabot, CSCO Ser. III. 14/5. Übs des von Rahmani 1904 edierten bis zur mohammedanischen Eroberung Syriens reichenden Teiles (= CSCO Ser. III 14: FNau, ROC 12, 429/41. 13, 90/9. 436/43.

[7]) Das macht immerhin das besondere Interesse wahrscheinlich, daß er für die Geschichte der Stadt bekundet, wenngleich er seine wertvollen einschlägigen Mitteilungen geschlossen der Stadtgeschichte des Basileios b Šūmmānā (§ 47 f.) entnommen haben dürfte. Zu dem archäologisch wertvollen Kap 43 des profangeschichtl. Teiles über die kirchlichen Bauten E.s vg. ABaumstark, OC 4, 164/83, zu den Nachrichten über die Geschichte der Stadt und ihrer Umgebung im Zeitalter der Kreuzzüge J-BChabot, Comptes rendus de l'Acad. des Inscr. et Belles Lettres 1917, 77/84. 1918, 431/42.   [8]) Ag Chabot 2, 200.

[9]) Ag Chabot 2. 315.   [10]) Näherhin: 2. 1201. Vg. Ag Chabot 2, 215 f. 340.

der dichterischen Produktion fühlbar werden. so hat vollends das 13. Jh. das Zeitalter einer ganz hervorragenden Nachtblüte wenigstens der nestorianischen Dichtung eröffnet. Eine solche verschiedener Gattungen liturgischer
Hymnenpoesie steht dabei als ungleich erfreulichere Erscheinung einer lehrhaften Richtung gegenüber. Erstere hat an dem K Jahb(h)allāhā II. einen
ihrer frühesten, an Giwargis (Georgios) Wardā schon in der ersten Hälfte
des Jhs ihren schlechthin bedeutendsten Vertreter gehabt. an den sich um die
Mitte desselben vielleicht ein Arzt Mas'ūd ibn al-Qass, in seiner zweiten
Hälfte die KK Denhā und Sab(h)rišô' V. bzw. der Bruder des letzteren
Mār(j) b Mẽšîḥājā anschlossen. Die Lehrdichtung wird auf nestorianischer
Seite selbst durch einen Jôḥannān v Mosul, auf jakobitischer in wesentlich
gleichem Sinne durch P Jôḥannān b Ma'danî vertreten.

a) Unter den **Gattungen** der spätnestorianischen Kirchendichtung[1]) steht obenan
die 'Ônît(h)ā als eine von keinerlei psalmodischem Textelement durchsetzte umfangreiche poetische Schöpfung. Ihren Namen hat diese von der ursprünglich
durch ihn bezeichneten Verbindung von Psalmversen und freigeschaffenem liturgischem Gesangstexte übernommen. mit deren abschließender trinitarischer Doxologie[2]) sie sich regelmäßig in den Maut(h)ĕb(h)ē („Sessionen“) genannten Teilen
des Nachtoffiziums, seltener gegen Ende der Vesper oder im Rahmen der eucharistischen Liturgie verbindet. Die Reihen gleich und zwar fast immer im siebensilbigen Metrum gebauter meist vierzeiliger Strophen, welche den eigentlichen
Körper des Gedichts bilden, werden von einem in der Freiheit seines metrischen
Aufbaues gereimter Prosa sich nähernden Prolog und einem gleichfalls metrisch
seine eigenen Wege gehenden. aber erheblich strenger gebauten Epilog um-
schlossen. Der Endreim hält die Verszeilen der einzelnen Strophen, eine alphabetische oder Wortakrostichis wenigstens gerne die inhaltlich einen balladenartigen
Charakter annehmenden Hauptstrophen zusammen.[3]) Unverbrüchlich ist die alphabetische Akrostichis neben zwölfsilbigem Metrum. zweizeiligem Strophenbau und
Verwendung des Endreims für den Tûrgāmā, der —, wie sein Name andeutet,
als eine Art poetischen Ersatzes der verlorengegangenen Predigt — erläuternd
dem Evangelium vorangeschickt wurde[4]) und im Gefüge des nestorianischen Meßordos eine an diejenige der abendländischen Sequenz erinnernde Stellung einzu-
nehmen bestimmt war. Freier ist in der Wahl des metrischen Aufbaues bei
wenigstens vorherrschendem Gebrauche von alphabetischer Akrostichis und Endreim der als dichterische Weiterspinnung des priesterlichen Schlußsegens der
eucharistischen Liturgie gedachte Ḥûttāmā. Von älteren Gattungen hat der
Mad(h)rāšā nur im Zusammenhange mit der Begräbnisliturgie eine gewisse erneute
Pflege gefunden. eine höchst bedeutsame Nachblüte dagegen die Sôg(h)ît(h)ā
erlebt. deren Vorbild unverkennbar die Gestaltung des Typus auch der 'Ônît(h)ā
beeinflußt hat. Mit einzelnen älteren Stücken der Gattung vereinigen liturgische
Sammlungen fast durchweg anonymer einschlägiger Texte für das ganze Kirchen-

---

[1]) Ad Rücker, D. liturg. Poesie d. Ostsyrer, Dritte Vereinsschr. d. Görres-Gesellschaft f.
1914.   [2]) Auf deren drei Absätze weisen Vermerke hin. die vielfach den Texten vorangehen.
Vg. A Baumstark, OC 2, 215. 4, 207 f.

[3]) Über die Eigenart der Ô. auch KatSachau 218. Genaue Bs einer Reihe einschlägiger
Hss: Ad Rücker. OC² 9, 107/23.

[4]) Wenigstens ist dies die Stellung des veränderlichen T.s der nestorianischen Messe. Ein
unveränderlicher T. geht bzw. ging auch der Epistel voran. Vg. G P Badger. The Nestorians 2, 19.

jahr eine reiche Fülle vielfach durch volkstümliche Frische sich empfehlender Neuschöpfungen.[1]) Ähnliche Vorzüge verraten manche gleichfalls anonym überlieferte 'Ọnjāt(h)a, die neben Erzeugnissen bekannter 'Ọnit(h)ā-Dichter das Gazzā („Schatz") genannte Choralbuch aufweist, das für die Heiligen- und die nichtsonntäglichen Herrenfeste mit den auf sie entfallenden Texten des Hūd(h)rā die im Laufe der Jahrhunderte dem kirchlichen Tagzeitengebet hinzugewachsenen jüngeren Bestandteile vereinigt[2].)

b) K **Jahb(h)allāhā II.**[3]) b Qajjōmā, ord. 1190, † 31. 1. 1222, aus Mosul stammend und früher B von Maip(h)erqat und M von Nisibis, erscheint als Dichter einer 'Ọnit(h)a auf Maria[4]) und dürfte auch in demjenigen gleichnamigen Men von Nisibis wiederzuerkennen sein, unter dessen Namen eine solche auf alle (?) Heiligen[5]) und —, falls hier nicht eine Verwechslung mit Īšō'jahb(h) b Malkōn obwaltet, — mit dem Zusatze „b Malkōn" das Bruchstück eines syrischen „Bs der Maqamāt" auftritt,[6]) bei dem schon an etwas wie ein Seitenstück zu den Makamen des Ḥarîrî scheint gedacht werden zu müssen.

c) **Gîwargîs Wardā** („Rose")[7]) aus Arbela steht in einzelnen seiner Gedichte unter dem Eindrucke von Ereignissen der JJ 1223/4 bis 1235/6.[8]) Ein Ansatz seines Todes erst ins J 1300[9]) muß demgegenüber unstreitig als zu spät erscheinen. Daß er geistlichen Standes war, mag man dem ausschließlich religiösen Charakter seiner Dichtung entnehmen. Doch hat er eine höhere kirchliche Würde jedenfalls nicht innegehabt. Seine 'Ọnjāt(h)ā bilden den Grundstock einer nach ihm genannten liturgischen Sammlung von Stücken der Gattung auf den gesamten Verlauf des kirchlichen Festjahres, des in einer Mehrzahl verschiedener Rezensionen vorliegenden Wardā-Bs.[10]) Doch bedürfte die Frage noch einer genaueren

[1]) Hss solcher Sammlungen: Pr 181 (Anc fonds 104. 15. Jh). VtS 188 1°. JerPatr 31 (J 1512) ϛ'. Univ. Beirut (J 1541). Mard 31 (J 1592) Anh. 2°. 79 Anh. 1°. N-Dsém 68 (16. Jh). 69 (J 1883) Anh. Mos 56 (J 1708). 57. Séert 52 (18. Jh) 1°. Cmbr 2041 (18. Jh) 2° b. 2820 (J 1882) 1° und eine im Besitze AdRückers (von derselben Hand wie die vorige) 1° (J 1877). Bs der Jerusalemer, der Beiruter und der in seinem Privatbesitze befindlichen: AdRücker a. a. O. 114/7. 119,23. Vg. ABaumstark, Zwei syrische Weihnachtslieder, OC² 1. 193/203 (mit Ag nud Übs'.

[2]) Hss: Séert 32 (14. Jh). 35 (18. Jh). BrMOr 4399 (J 1488/9). 2298 (15. mit Ergänzungen des 17. Jhs). Urm 14 (J 1494). 130 (Gewiß nicht schon des 11. Jhs!). Brl 43 (Orfol 620. J 1536/7 mit Ergänzungen von 1836). Orqu 1161 (Abs einer Vorlage vom J 1781). Dijarb 38 (J 1542). 43/4 (Vor J 1573). 39. 40. 41. 42. Mard 26 (J 1590). 25 (17. Jh). 24 (J 1716). Mos 47 (16. Jh). 48 (J 1680/1). N-Dsém 64 (J 1671/2). 65 (J 1725/6). CmbrAdd 1980 (J 1723). Eine durch WAShedd aus Urmia nach Amerika gebrachte (Vg. IHHall, PAOS 1888/9. CLXXXII). nur für Weihnachten u. Epiphanie: JerPatr 29 (J 1541/2), einer zum Gebrauche der unierten „Chaldäer" bearbeiteten Rezension: Mard 27 (J 1707?). Mos 49 (J 1765/6). VtB 86/7. Beste Bs eines Exemplars KatWright-Cook 148/63. Ag zweier anonymer 'Ọnjāt(h)ā über die Magier von frisch volkstümlichem Klange aus Brl 43: AdRücker, OC² 10/11, 33 55.

[3]) 'Am 115 (66 f.). B'EKg 2, 369,72. BO 2. 453.   [4]) (Wardā-)Hss: Séert 55 X°. Cmbr Add 1982. 2° f.   [5]) Hs: Séert 56 (15. Jh) XIX°.   [6]) Hs: Dijarb 95 (Vor J 1386/7) 7°.

[7]) BO 3₁, 561. LTh 51/3. KdP 266. Wright 283. Duval³ 402. HHilgenfeld, Ausgewählte Gesänge des G. W. von Arbel (Lpz 1904) 1/22 (Einleitung).

[8]) Nach den Gedichtüberschriften bzw. Gedichtanfängen Hilgenfeld 36, 44, 49. Kat Wright-Cook 219. 269 f. Sachau 225. Die Angabe eines Datums schon auf 1218/9 in KatScher (Séert) 39 dürfte auf einem Versehen beruhen.

[9]) Wie er von Cardahi a. a. O. 53 vertreten wird.

[10]) Hss einer von allen anderen stark abweichenden Rezension noch ohne Anhang: Cmbr Add 1983 (J 1549/50), mit einem noch kürzeren als dem gewöhnlichen Anhang: VtS 184 (J 1560). mit gewöhnlichem Anhang: Brl 63 (Sach 185. J 1882) und anscheinend zu einer einheitlichen Gruppe gehörend: Mard 41 (J 1541). Dijarb 78 (J 1565). CmbrAdd 1982 (J 1697). N-Dsém 87 (J 1789/90),

Klärung, ob und wie weit für ihn persönlich sich auch Nrn in Anspruch nehmen
lassen, die hier ohne ausdrückliche Nennung eines Verfassernamens überliefert
sind. Eine selbständige Textüberlieferung haben daneben vor allem seine zahlreichen Rogations-, Buß- oder Reuedichtungen,[1] zu denen auch die durch öffentliche Notstände wie Seuchen, Hunger und Kriegsstürme veranlaßten,[2] zwei Nrn
über die Geschichte des Jonas[3] und drei über das Vaterunser[4] gehören. Von
einzelnen Gedichten verdienen ferner eine poetische Nacherzählung der apokryphen
Kindheitsgeschichte Jesu[5] und ein solches über den Menschen als Mikrokosmos
Hervorhebung.[6] Auch als Verfasser bestimmter Sôg(h)jât(h)â wird G. W. gelegentlich namhaft gemacht,[7] und nicht minder mag man geneigt sein, in ihm
den Pr G. zu erblicken, auf welchen gewisse als Toten-Mad(h)râšē bezeichnete
poetische Texte der Begräbnisliturgie zurückgeführt werden,[8] während die abweichende Bezeichnung als G i w a r g i s d e r A d i a b e n e r , die in einzelnen Hss des

mit in den Text eingearbeitetem Anhang: Brl 64(Sach 330. 16. Jh) und anscheinend Dijarb 84
(J 1575, mit eingearbeitetem Anhang und starken sonstigen Erweiterungen: Séert 55(17. Jh).
Brl 65(Orfol 619. J 1715) und offenbar auch Dijarb 85,6(16. Jh), nur der Gedichte für die sommer-
lichen und herbstlichen Sonntage: Mard 43(J 1488). JerPatr 38(17. Jh), völlig ungewiß, welcher
Rezension: VtB 40(15. Jh). 143(17. Jh). Mard 42(J 1586). Dijarb 79(16. Jh). 80. 81. 82. 83. N-Dsém
88(J 1681 2). 89. Urm 105(J 1696/7). BrMOr 7460(17 8. Jh. Vg. PO 13, 287 Ak. 2). Mos 82(J 1825).
83(J 1896). Bss: KatWright-Cook 193,282. Sachau 218,51. Agg der Nrn Brl 63. 5°. 9°. 10°. 17°.
18°. 20°. 22°. 61°. 78°. 83°. 84°. 86°. 90°. 120° und 65 fol 180 r°: BrCh 3, 528,32. 1, 361/5.
2, 597,600 bzw. 3, 516,8. 1, 438,40. 3, 462,5. 1, 455,7. 485,7. 518,21. 2, 376,80. 433,6. 3. 562,4.
2, 59,62. 501,3. 546,8. eines Teiles der Nr Brl 63. 8°: LTh a. a. O., der Nr Brl 63. 118°: KdP
266,74, der Nrn Brl 65 fol 147 r°. 150 r°. 151 r°. 152 r°. 154 r°: J Folkman, Ausgew. nestorian.
Gedichte üb. d. Martyrium d. hl. Georg von G. W. (Kirchhain 1896), mit Übs der Nrn Brl 65
fol 66 r°. 68 r°: Th Nöldeke, Zwei syr. Lieder auf d. Einnahme Jerusalems durch Saladin, ZDMG
27, 489,510, der Nrn Brl 65 fol 239 r°. 63. 25°. 26°: A Deutsch, Edition dreier syr. Lieder (Brl
1895), der Nrn Brl 65 fol 84 r°. 148 r°: J Folkman a. a. O., der Nrn Brl 63. 17°. 55°/8°. 83°. 84°
und 65 fol 116 r°. 239 r°. Hilgenfeld a. a. O. 31,6. 2,20. 37 44. 20,31 (55/74. 23,49. 74/86. 49/65),
von Stücken aus der Nr Brl 63. 112°: Pognon, Une vers. syr. des aphorismes d'Hippocrate (Lpz
1903) V/X. Übss der Nr Brl 63. 10°: G P Badger, The Nestorians 2, 51,7, der Nrn Brl 63. 14°.
94°: A J Maclean bei F C Conybeare, Rituale Armenorum 325,7. 327,30. Die beiden von Nöldeke edierten Gedichte werden G. durch Hilgenfeld a. a. O. 10 mit Entschiedenheit abgesprochen. Das von ihm selbst 27/31 (60,5) veröffentlichte, wird anderwärts ausdrücklich K(h)amis
b Qardâhē beigelegt. Vg. S. 322 Ak. 2.

[1] Hss einer Gruppe von 7 Nrn: Brl 66(Sach 178. 16. Jh)C. Séert 54(J 1610) III°. JerPatr
2(J 1662)γ'. 49(18. Jh)δ'. CmbrAdd 2813(19. Jh) VII°, solcher in verschiedener Zahl: Dijarb 54
(J 1448). 61(J 1569)6°. 90(J 1635)3°. 94. 1°. 8°. 14°. 16°. VtB 33(15. Jh)3°. 4°. Mard 73(16. Jh). 44
(J 1722 2°. N Dsém 89. Anh 2°. CmbrAdd 1991(J 1729)7°.

[2] Weitere Hs: Dijarb 94. 22°/4°.

[3] Hs (außer denjenigen der 7 Nrn bzw. derjenigen des Wardâ-Bs): Dijarb 94. 13°.

[4] Hs (ebenso): Dijarb 94. 18°.

[5] Hss: diejenigen der W.-Bs. Übs: B Vandenhoff, OC 8, 395/405 nach dem Original.
405/15 nach der neusyrischen Bearbeitung eines Pr Gemal ed-din aus Tellkēp(h).

[6] Hss: CmbrAdd 1994(J 1701) III°. Mard 69(J 1887)7°. Mos 78(J 1893)2°. 102. Weitere
Hss vereinzelter Gedichte: VtS 90(J 1570 1)6°. JerPatr 31(J 1512)ε'. 23(J 1610)ζ'. 2(J 1662)ε'. ια'.
49(18. Jh)δ'. ε'. Pr 200(Suppl 45. J 1692)3°. 313(J 1878) III°. CmbrAdd 2043(17,8. Jh)10°f. 2813
(19. Jh)IX°, unsicher, wie vieler: BrMOr 4062(J 1698,9). 4063.

[7] So für drei Weihnachtslieder in der Gazzâ-Hs: CmbrAdd 2820(J 1882)I°5. Ag des ersten
(unter dem Namen vielmehr des K(h'amis b Qardâhē): G Mösinger, MonS 172,4 bzw. mit Übs
(nach anonymer Überlieferung): A Baumstark, OC² 1, 198,201.

[8] Hs: Brl 49(Sach 166. 19. Jh).

Wardā-Bs der Dichter einer Marien-'Ônit(h)a erfährt,[1] diesen scheint von ihm
unterscheiden zu sollen.

d) **K Sab(h)rîšô' V. b Mĕšiḥājā,**[2] ord. 12. (oder 26.) 4. 1226, † 20. 2. 1256.
stammte aus Bagdad und war früher M von Bêt(h) Garmai gewesen. In einem
Mêmrā des zwölfsilbigen Metrums „gegen die Häretiker"[3] erscheint er mit konfessioneller Polemik beschäftigt, die auch unter seinen prosaischen Briefen[4] einem
an einen jakobitischen Mep(h)rējān gerichteten das Gepräge gibt.[5] Als Hymnen-
dichter lehren ihn 'Ônjāt(h)ā auf das Kreuzfest und auf die Martyrer Sergios und
Bakchos kennen.[6]

e) **Mâr(j) b Mĕšiḥājā**[7] mit arabischer Kunje Abû-l-Hair, war Archidiakon
und gleich einem dritten, anscheinend weitaus ältesten Bruder Abû-l-Husain
Saʿid († 1194), dem gefeierten Hofarzte des Khalifen an-Nāsir lidinallāh,[8] Arzt
und hat als solcher in arabischer Sprache geschriftstellert. Mit einem auf das
Ninivitenfasten angesetzten Bußliede und gleichfalls einer Dichtung auf Sergios
und Bakchos pflegt er im Wardā-B vertreten zu sein.[9] Eine zweite 'Ônit(h)ā
„der Reue",[10] ein Ḥûttāmā[11] und ein vom neugeweihten B beim Einzug in seine
Diözese zu sprechendes Segensformular[12] sind weitere erhaltene Proben seiner
Tätigkeit als Schöpfer liturgischer Texte.

f) **Masʿûd ibn al-Qass**[13] aus Bagdad, Leibarzt des Khalifen al-Mustaʿsim
(1242/58) scheint der Ḥakkîm(ā) d. h. alsdann vielmehr der „Arzt" „aus der
Familie Qaṣṣā" zu sein, dem in den Hss des Wardā-Bs regelmäßig eine 'Ônit(h)ā
auf Epiphanie und in anderen Hymnensammlungen gelegentlich eine solche der
Buße beigelegt wird, von welchen die erstere vereinzelt, die andere sogar vorwiegend vielmehr auf Gîwargîs Wardā selbst zurückgeführt wird.[14]

---

[1] Hss: Brl 63. 12°. CmbrAdd 1982. 2°i.

[2] 'Am 117/9 (67/9). B'EKg 2, 399/402. BO 3ı, 620.   [3] Hs: Séert 112 (15. Jh) VII°.

[4] Hss einer Sammlung anscheinend von ihm noch als M geschriebener: BrMOr 3337 (J
1522/3). CmbrOo 1. 29 (17/8. Jh) 20°.   [5] Hs: Séert 112 VIII°.

[6] Hss zweier auf das erstere: (Wardā) Brl 65 fol 230 r°. 234 v°, des ersten davon (Gazzā)
Brl 43 fol 425 r°, einer auf die letzteren: (Wardā) Brl 64 fol 138 r°. 65 fol 159 r°. Séert 55 LXIV°.
Zu unterscheiden von dem K ist ein wohl jüngerer gleichnamiger M Sab(h)rîšô' v Barwār
oder dem „oberen Dasen", der als Dichter eines Toten-Mad(h)rāšā und einer 'Onit(h)ā auf „alle
Sonntage" bezeugt ist. Hss des ersteren: Brl 54 (Orqn 547. J 1871), der letzteren: die Wardā-
Exemplare Brl 64 fol 232 v° ff. Dijarb 84.

[7] 'Am 116/8 (67 f.). B'E Hist. dyn. (Ag Pococke) 458 f. (296 f.) Uṣ 1, 303. BO 3ı, 556.
F Wüstenfeld, Gesch. d. arab. Ärzte u. Naturforscher 108 (Nr 187). LTh 105/7, wo als Todesjahr
1260 angesetzt wird.   [8] Mit dem ihn Uṣ geradezu verwechselt.

[9] (Wardā-)Hss beider: VtS 184. II°. VII°. Brl 63 (und 64) 31°. 88°. Cmbr 1982. 10°h. 23°.
nur des ersteren: Cmbr 1983. 10°h. Séert 55. XXXIV°, ungewiß, wie vieler: Mard 41. Dijarb 78.
N-Dsém 87, weitere Hss der ersteren: VtB 33 (15. Jh) 4°. Séert 56 (15. Jh) IX°. 54 (J 1610) IV°.
Dijarb 94. 15°. Ag der ersten ohne Prolog und Epilog: LTh a. a. O., der zweiten: BrCh 2.
573/5.   [10] Hs: Séert 56. XVIII°.   [11] Hs: Vt8 43 (J 1701) fol 50 r°/51 r°.

[12] Hss: CmbrAdd 1988 (J 1558) 44° a. Oo 1. 29 (17/8. Jh) 11° a. VtS 46 (16. Jh) 8°. 306 (18. Jh) 23°
und anscheinend auch Dijarb 59 (J 1569) 27°.

[13] B'E Hist. dyn. (Ag Pococke) 522 f. (341 f.) BO 3ı, 561 f. LTh 125/8.

[14] Die Epiphaniedichtung wird G. W. nur in der Hss CmbrAdd 1983 (3° e) beigelegt. Unter
der Verfasserangabe Ḥ. d(h)ĕb(h)êt(h) Qaṣṣā erscheint sie auch in Gazzā-Hss z. B. CmbrAdd 1980.
4°b. Das Bußgedicht begegnet dagegen in den Wardā-Hss anscheinend nur als Eigentum des
ersteren, als solches des Ḥ.: Mard 44 (J 1722) 3°. CmbrAdd 2813 (19. Jh) VI° und als zwischen beiden
Dichtern strittig: CmbrAdd 1991 (J 1729) 4°. Dijarb 94. 8°. Ag der ersteren: BrCh 1, 403/7.
Übs: A J Maclean bei F C Conybeare, Rit. Armen 350/2. Ag. von Azz der zweiten: LTh 126/8.

g K Dēnḥā I.,[1]) ord. 15. 11. 1265, † 24. 2. 1281, früher M von Arbela, ist Verfasser einer in Gazzā- und Wardā-Hss begegnenden ʿŌnit(h)ā auf das Kreuzfest,[2]) während seine eigene Lebensgeschichte durch seinen Schüler Jōḥannān zum Gegenstande eines Mēmrās im zwölfsilbigen Metrum gemacht wurde.[3])

h) Jōḥannān v Mosul,[4]) Mönch im benachbarten Kloster Michaēls des „Engelgleichen", ist nach der unstreitig besseren nestorianischen Textüberlieferung[5]) der Verfasser einer in jakobitischer[6]) einem Giwargis v K(h)ād(h)ād(h)ā beigelegten Erklärung der eucharistischen Liturgie in vierzeiligen Strophen des siebensilbigen Metrums, die als ihre Entstehungszeit selbst das J 622 H (= 1225) angibt, sowie nach beiden Überlieferungszweigen derjenige asketischer Ratschläge und eines an sie anschließenden Gedichtes über das kirchliche Tagzeitengebet von gleichem metrischem Baue. Auch was die Hss zwischen diesen Stücken einschieben, darf wohl mit Bestimmtheit auf ihn zurückgeführt werden. Es sind dies die Versifizierung einer Abhandlung des J. v Dāljāt(h)ā (§ 35 c) über die Leitung der Novizen, diejenige zweier erbaulicher Mönchsgeschichten, denen die in ihnen bearbeiteten Prosatexte vorausgeschickt werden, und eine entsprechende „poetische" Bearbeitung der biblischen BB Spr, Sir und Ekkl. Endlich aber bilden alle diese Nrn lehrhafter Dichtung, wenn nicht sogar noch einen integrierenden Bestandteil, so doch den Anhang eines angeblich im J 1245 entstandenen[7]) großen asketischen Lehrgedichtes in 39 Abschnitten unter dem Titel eines „Bs der Schönheit des Wandels" (K d(h) šappîrût(h) dûbbārē), dessen in Mosul heimischer Verfasser gleichfalls mit einem J. identisch sein muß,[8]) zugleich mit dem älteren J. h. Kaldūn (§ 38 f) aber nur identifiziert werden konnte,[9]) weil man wegen der Ähnlichkeit der Titelgebung vorschnell dessen „B der Schönheit der Schönheiten" (K d(h)ē šappîrût(h) šup(h)rē) in der Dichtung des Mosulaners wiedererkennen zu sollen vermeinte.

i) P Jōḥannān b Maʿdani,[10]) mit Taufnamen Ahrōn, ord. 4. 12. 1252, † im Frühling 1263, war B von Mardin und seit 1248/9 Map(h)rēj̄an gewesen. In zwiespältiger Wahl erhoben, gelangte er erst 1261 nach dem Tode seines Rivalen zu allgemeiner Anerkennung. Von seinen Gedichten[11]) erlangten ein „der Vogel" betiteltes über die Seele, ein solches über die Erhabenheit ihres Ursprungs und

---

[1]) B'EKg 2, 429 f. 439 f. 449 52. BO 3 ı, 564.

[2]) Hss (gewiß nicht die einzigen!): Brl 43. 6°. 65 fol 231 v° h.

[3]) Hss: Dijarb 72(14.Jh 5) bzw. wohl auf diese zurückgehende Abs in europäischem Privatbesitz. Ag: P Bedjan, Hist. de Mar Jabalaha usw. 332,46, mit Übs: J - B Chabot, JA° 5, 110/41.

[4] Autobiographische Angabe am Schlusse der Meßerklärung und Prosanotiz hinter dem Hauptwerke: KatSachau 671 f. 669 bzw. Ag: Millös, Erzb v Aqrā, Directorium Spirituale (R 1868) 113 f. 96. LTh 118 20 mit Ansatz des Todes ins J 1270, KdP 123 mit solchem ins J 1276. KatWright-Cook 560 f. Wright 285. Duval³ 404 f.

[5] Nach Ausweis einer jetzt als Brl Oroct 1132 gezählten Hs. Vg. A Baumstark, OC² 2, 157 f. bzw. Ag J E Millös a. a. O. 113 f.   [6]) Nach Ausweis von Brl 202. Vg. KatSachau 671.

[7]) Nach Millös.

[8]) Hs der gesamten Textemasse: Brl 202 Sach 51. Vor J 1518, etwa 14.Jh'. Oroct 1132. JerPatr 40 J 1531).ᴵᴵ ᴵᴵ. 26(J 1550).ᴵᴵ ᴵᴵ. 24 (J 1649) ᴵᴵ/ᴵᴵ. Urm 86 (J 1531 2). 168 J 1553/4). 157 (J 1698 9. 57(J 1747 8). Br MOr 2450 (J 1570). VtB 1 (J 1674). UmbrAdd 2018 (J 1677) 1°. Mos 101 17.Jh. 102, des Anfangs: Brl 29 Orqu 803. 18.Jh). Bss: KatSachau 667 72. Wright-Cook 561/7. Vg. G Diettrich, OC² 1, 321 f. A Baumstark a. a. O. Ag: J E Millös a. a. O. 24/162 von Textproben: LTh a. a. O. KdP 123 7.

[9] Durch Wright-Cook a. a. O.

[10] B'EKg 1, 707. 144. 2, 40F, 16. BO 2, 242 f. 454 f. LTh 65 8. Wright 263 5. Duval³ 264

[11]) Hs von nicht weniger als 60 Nrn: Ox 122 BodlHunt 1. J 1491) 5°. Vg. KatPayne-Smith 379 83, zweier Gedichte über die Liebe Gottes u. die Weisheit: l'alMedOr 62.

ihr Herabsinken durch das Übertreten des göttlichen Gebotes und ein drittes über die Vollkommenheit besondere Beliebtheit.[1]) Gleich diesen dreien in zwölfsilbigem Metrum abgefaßt war ein im J 1238 in Bagdad entstandener Hymnus auf einen hl. Mār(j) Ahrôn. Auch die Eroberung Edessas durch die Seldschuken im J 1235 hatte bereits ein Echo in der Poesie der späteren Pen gefunden. Eine Anaphora unter seinem Namen ist schon seit dem ausgehenden 13. Jh nachweisbar, also gewiß echt.[2]) Mindestens nur arabisch erhalten, wo nicht von Hause aus arabisch abgefaßt ist, eine Folge von 18 seiner Festpredigten.[3])

§ 50. In der Blüte einer teils hymnischen, teils didaktischen Poesie hat das nestorianische Schrifttum des 13. Jhs sich keineswegs erschöpft. Auf dem Gebiete der Prosa bemühte sich ein Unbekannter, den die Folgezeit als den „türkischen Erklärer" zu bezeichnen pflegte, um bequeme Ausmünzung des von älterer exegetischer Gelehrsamkeit hinterlassenen Erbes. Eine wesentlich philologische Richtung bekundet in ihren prosaischen Arbeiten eine Gruppe aus dem 12. Jh herüberragender Männer, die daneben auch ihrerseits einen Beitrag zu dem Schatze neuer liturgischer Gesänge beisteuerten oder in denkbar unerquicklichster Gestaltung der Lehrdichtung die Behandlung trockenster fachwissenschaftlicher Stoffe in das metrische Kleid der Poesie hüllten. Hierher gehören neben Šĕlêmôn r Bāṣrā vor allem Išô'jahb(h) b Malkôn, Šem'ôn r Šanqĕlā-b(h)âd(h) und der auch philosophisch interessierte Jôḥannān b Zô'bî. Als Schüler des letzteren reiht sich hier endlich auch der Jakobite Ja'qôb(h) oder Severus b Šakkô an, dessen nicht minder stark von mohammedanischer Wissenschaft her bedingte bedeutende Erscheinung auf dem Boden seines eigenen Bekenntnisses in einer Art glänzender Vereinsamung bleibt.

a) Der „türkische Erklärer"[4]) heißt wohl ursprünglich im Hinblick auf seine Abstammung der offenbar frühzeitig nicht mehr mit Namen bekannte Verfasser eines „Wonnegarten" (Gannat(h) Bûssāmē) betitelten Kommentars zu den A und NTlichen Perikopen des nestorianischen Kirchenjahres, der eine reiche Fundgrube vielfach mit Namensangabe der Autoren versehener Bruchstücke älterer exegetischer Literatur darstellt.[5]) Die jüngste der, natürlich keineswegs immer

---

[1]) Hss aller drei: VtS 204, der beiden ersten: BrMOr 4087 (J 1647,8). 4071 (J 1679,80), des ersten und dritten: Brl 170 (Sach 207. 18. Jh?) 5°· 6°, des ersten allein: 252 (Sach 61. 19. Jh) 8°. Teilweise Ag des dritten: LTh a. a. O.

[2]) Hss: Brl 151 (Sach 185. 196. 152. Vor J 1279,80) 13° (bzw. 16°). 152 (14/5. Jh) 9°. Leid 2353 (Cod 1572. 14/5. Jh) 3°. VtS 33 (J 1467) 2°. 25 (J 1481/2) 4°. 28 (J 1484) 4°. 34 (J 1500/1) 6°. Pr 110 (Ancfonds 94. 15,6. Jh) 27°. 74 (Ancfonds 66. J 1518) 12°. 76 (Ancfonds 68. 16. Jh) 10°. 77 (Suppl 61. 16. Jh) 8°. JerMkl 10 B° (Erheblich nach J 1427/8). 13 (J 1591) 22°. R (16,7. Jh) 30°. BrMOr 2294 (J 1704,5). CmbrAdd 2887 (J 1843) 29°. Übs: Ren 2, 508/20.

[3]) Hs: VtS 97 (Vor J 1362,3) 1°. JerMkl 250. Das Arabische kann sehr wohl, muß aber nicht geradezu die Ursprache sein.

[4]) 'Ai § 119, wozu die Verfasserangabe der Séerter Hs stimmt. AScher, KatSéert 19 bzw. ROC 11, 28 f.

[5]) Hss: Séert 28 (14. Jh). Urm 180 (wohl nicht jünger, da nach dem Kat sogar 800/1000 JJ alt, was nach dem Alter des Werkes selbst unmöglich ist). Dijarb 29 (Abs der ersten). BrlOrqu 870 (Abs der zweiten). Je eine weitere in Tell Kĕp(h) und im Privatbesitze von RHarris und J-BChabot. Vg. RHarris, HorSem 5, XVIII. 10, XII/XV. J-BChabot, Oriental. Studien ThNöl-

unmittelbar benützten, Autoritäten ist Sab(h)rišô' b Paulos. Zwischen diesem und den seinerseits schon mit dem Namen des Verfassers nicht mehr vertrauten 'Aî d. h. wohl etwa in der ersten Hälfte des 13. Jhs muß also das Werk entstanden sein.

b) M **Šelêmôn v Bâṣrâ**,[1] aus der medischen Stadt Kalât gebürtig, der 1222 an der Wahl des K Šab(h)rišô' IV. teilnahm, erscheint als Vertreter einer auf bescheidene Ansprüche eingestellten enzyklopädischen Schriftstellerei. In seinen vielgelesenen, einem befreundeten B Narsai v Bêt(h) Wâzîk gewidmeten „B der Biene“ (K d(h)ěd(h)ebbôrit(h)ā) hat er in diesem Sinne die gesamte Heilsgeschichte von der Schöpfung bis zu den letzten Dingen einer Behandlung unterzogen, der ihr Einschlag von Legendenstoff und chronographischer Gelehrsamkeit das bezeichnende Gepräge verleiht.[2] Eine Art kosmographischen Seitenstückes wird ein „B der Gestalt des Himmels und der Erde“ gewesen sein, das im Gegensatze zu einer dritten kalenderkundlichen Arbeit[3] hslich nicht mehr nachzuweisen ist. Von Gebeten, die außer „kleineren Mêmrē“[4] als weiterer Bestandteil seines Nachlasses namhaft gemacht werden, liegen Proben z. B. an vor und nach der Mahlzeit zu sprechenden Tischsegen vor,[5] und wenigstens wahrscheinlich ist seine Identität mit dem nur allgemein als „M Š.“ bezeichneten Verfasser eines liturgischen Karfreitagsgebetes.[6] Als liturgischen Dichter lehrt ihn vor allem ein im Wardā-B auftretender Marienhymnus kennen.[7]

c) M **Îšô'jahb(h) b Malkôn** v Nisibis[8] war zuvor unter dem Namen Joseph B von Mardin gewesen[9] und gleichfalls 1222 bei der Wahl Sab(h)rišô's IV. beteiligt. In seinen Briefen hat er sich abgesehen von Einleitungs- und Schlußformeln des Arabischen bedient.[10] Ein prosaisches „B der Erläuterung in syrischer Grammatik“,[11] sachlich ganz die Methode der arabischen Grammatik befolgend, begleitet wenigstens das syrische Original in einer Parallelkolumne mit einer arabischen Übs und ist wohl mit „Grammatischen Fragen“ Î.s[12] identisch. Ihm gegenüber stehen zwei grammatische Lehrgedichte, von denen ein im zwölfsilbigen Metrum gehaltenes noch durch den B von Mardîn, das andere im siebensilbigen Versmaße bereits durch den Men von Nisibis verfaßt wurde.[13] Auch als 'Ônjât(h)ädeke gew. 487,96. Über die zitierten Autoritäten KatSachau XIV, AScher KatSéert a. a. O. und am eingehendsten Chabot. [1] 'Am 116 (67). 'Aî § 198. BO 3ₗ, 305/24. LTh 100,2 mit Ansatz des Todesdatums auf J 1240. KdP 1. Wright 282f. Duval³ 402.

[2] Hss: Mos 28(14. Jh). Séert 85(14. Jh). 86(15. Jh). VtS 176(J 1476)11°. 177. Asiatic Society (J 1569). Ox 141(BodlPoc 79. J 1584). Urm 90(J 1594)1°. 38(J 1885)3°. Pr 232(Anc fonds 113. 17. Jh)1°. 339(J 1889). BrM 922(Add 25875. J 1709)8°. Or 4526(J 1726/7). N-Dsém 43(J 1881). Cmbr Add 3514(J 1886). 2815(J 1887). München Syr. 7, unvollständige: Brl 74(Sach 9. J 1695)5°. BrMOr 5281(18. Jh)2°. Bs: BO a. a. O. Ag: EAWBudge The book of the bee. Anecd. Oxoniensia. Semitic Series 1 ıı. (Oxf 1886), von Azz: KdP 1,3. 57/61. Übs: JMSchönfelder. Salomo Bassorensis. Lib. apis. Syr. arabicumque textum latine vertit (Bamberg 1866).

[3] „Chronikon“, von 'Aî nicht erwähnt. Hs: Dijarb 106(J 1459)6°.

[4] Mêmrônā. [5] Hss: CmbrAdd 1988(J 1558)44°cc. Dijarb 27(J 1690)1°, ohne nähere Angabe: Dijarb 59(J 1569)27°. [6] (Abû Halîm-)Hss: CmbrAdd 1978. 35°c. Mos 51. Séert 39. Ag: BrCh 2, 372f. [7] Hss: CmbrAdd 1982. 2°g. Séert 55. XII° und wohl auch Mard 41. Dijarb 78. N-Dsém 87. Ag von Teilen eines anderen Gedichtes in siebensilbigem Metrum mit Gebetsinhalt ohne Nachweis der hslichen Grundlage: LTh a. a. O.

[8] 'Am 116 (67). 'Aî § 195. BO 3ₗ, 295/306. 308. PMartin, De la métrique chez les Syriens 70. AMerx, Hist. art. gramm. ap. Syr. 111f. Wright 256f. Duval³ 398.

[9] Die Identität beider ist ausdrücklich bezeugt in der Hs CmbrAdd 2013 fol 199r°: KatWright-Cook 541. [10] Hss zweier verschiedener: VtAr 49. Dijarb 152. 4°. Vg. BO 3ₗ, 297 303.

[11] Hss: Séert 99(13. Jh). 101(J 1569). 100(17. Jh). [12] 'Aî. Hs: VtS 150(J 1708/9)XIII°.

[13] Wohl = den von 'Aî bezeugten Mêmrē. Hss des ersten: Brl 88(Peterm 9. J 1259/60)11°.

Dichter wird Î. bezeichnet.[1]) Aber an erhaltenen Stücken liturgischer Poesie ist nur ein Toten-Mad(h)rāšā mit seinem Namen verknüpft.[2])

d) Der Pr Šem'ôn v Šanqëlàb(h)àd(h),[3]) ein wohl noch etwas älterer Zeitgenosse Î. b Malkôns, greift mit seinem auf Anregung J. b Zô'bis entstandenen „Chronikon", einem in die Form von Frage und Antwort gekleideten Handbuche der Zeitrechnung einschließlich der kirchlichen Heortologie, auf eine durch Elija b Sînàjà vertreten gewesene Richtung zurück.[4]) Als Dichter begegnet er nur ganz vereinzelt in Sammlungen liturgischer Poesien.[5]) Moralisch lehrhaften Inhaltes ist neben einer Sammlung von Sprichwörtern[6]) ein gleich ihr in siebensilbigem Versmaß abgefaßtes Stück, dessen rätselhafte Dunkelheit ihm besondere Beachtung und die Ehre späterer Kommentierung[7]) erwarb.[8]) Endlich wird man ihn mit Bestimmtheit auch in dem Rabban Š. wiedererkennen dürfen, durch den Jôḥannàn b Zô'bî auf ein Petrus-Apokryphon über Eucharistie und Taufe aufmerksam gemacht wurde, dessen Inhalt für die Geschichte liturgischen Brauches selbst des altchristlichen Roms beachtenswert ist und das in Wirklichkeit jenen Š. vielleicht geradezu zum Verfasser hatte.[9])

e) **Jôḥannàn b Zô'bî**,[10]) Mönch und Pr im Kloster Bêt(h) Qôqà, war ein Schüler Š.s v Šanqëlàb(h)àd(h), an den er sich in einer eigenen Anleitung zu Kalenderberechnungen anschloß, woferne bei den betreffenden Bruchstücken nicht eine Verwechslung mit dem „Chronikon" Š.s selbst obwaltet.[11]) Mit seiner großen Grammatik in Prosa bezeichnet er den abschließenden Höhepunkt, welchen die Entwicklung der grammatischen Studien auf nestorianischer Seite erreichte.[12]) Im

VtS 450(J 1271/2) fol 302 v°/330 v°. 194(J 1600 nach Vorlage von 1246/7). Dijarb 106(J 1459)5°. 107(J 1681)5°. Mos 106(J 1566/7) VI°. BrM 999(Add 25876. 16. Jh)3°. Or 4086(J 1806). CmbrAdd 2013(J 1734)8°. 2819(J 1884)8°. N-Dsém 140(18. Jh)2°. Mard 69(J 1887)2°. des zweiten: Séert 96 (J 1692)6°. Bs des ersten: KatSachau 324. Vg. Merx a. a. O.

[1]) 'Aî.   [2]) Hs: Mard 92(J 1589/90).

[3]) Briefwechsel zwischen ihm und J. b Z. an der Spitze des Chronikon: KatWright 1067f. bzw. Sachau 357f. LTh 89/94 mit grundfalscher Datierung (780 als Todesjahr!). KdP 224f. Wright 257f. Duval³ 393.

[4]) Hss: Brl 102(Sach 106. 16. Jh)I°. 236(Sach 121. J 1826)1°. Urm 25(J 1571). 77(J 1698). 111(J 1881). N-Dsém 143(16. Jh). Mos 61(J 1695/6). BrM 922(Add 25875. J 1709/10)9°. Séert 112 (18. Jh)1°, unvollständige: Brl 103(Sach 153. 15/6. Jh)III°. 236(Sach 121. J 1826)I°. Vg. FrMüller. D. Chronologie d. Simeon Šanḳelàwàjà (Diss. Lpz 1889). Agg von Textproben außer bei diesem: KatSachau 358f. KdP 225/7.

[5]) Hs eines einzigen einschlägigen Stückes: JerPatr 31(J 1512) β'.   [6]) Hs: N-Dsém 138 (J 1478/9)10°.   [7]) Durch 'Aî. Vg. S. 325.   [8]) Hss: Séert 54(J 1610)X°. 55(17. Jh)XII°. N-Dsém 123(J 1662/3)Anh. 3°. 122(J 1757/8)3°. VtS 187(J 1669)I°. Dijarb 94. 21°. Ag: LTh a. a. O.

[9]) Hss: Séert 109(J 1609)XXI°. 113(18. Jh)VI°. N-Dsém 24(J 1697/8)4°. VtS 164(J 1702)5°. VtB 89(J 1868)3°. BrM 922. 2°. Mos 103. Vg. BO 3₁, 562/4. Die bezüglich der Eucharistie vorgetragene Legende erinnert stark an den altrömischen Ritus der Aufbewahrung der „Sancta" von einer zur nächstfolgenden päpstlichen Meßfeier. Vg. A Fortescue, The Mass. (Lo 1902. ²1912 bzw. 1917) 175. 366. Seine Verfasserschaft vermuten auch für das Š. b Sabbà'e zugeschriebene „B der Väter" JParisot in der S 30 Ak. 11 verzeichneten Veröffentlichung und Duval³ 439.

[10]) D'EKg 2, 409f. 'Aî § 196. BO 2, 455. 3₁, 307/9. AMerx, Hist. art. grammat. ap. Syros 158/77. KdP 117. Wright 258f. Duval³ 291f. 399.   [11]) Hs: Brl 103 I°.

[12]) Hss: VtS 450(J 1272). 194(J 1600 nach Vorlage von 1246/7). Dijarb 106(J 1458/9)II°. 107(J 1681)2°. BrlOroct 1313(J 1480/1. Vg. OC² 2, 139f.). 92(Sach 306. J 1734/5)II°. 93(Sach 216. J 1882)II°. Urm 73(J 1556/7). 70(J 1670/1). 69(J 1706/7). 104(J 1753/4). 71(J 1851/2). Mos 106(J 1566/7)II°. BrM 999(Add 25876. 16. Jh mit Ergänzungen von 1676)2°. JerPatr 80(16. Jh)B. Séert 96(J 1692)II°. 97(17. Jh)II°. CmbrAdd 2013(J 1734)2°. 2819(18. Jh)2°. N-Dsém 131. 132, von Bruchstücken: BrMOr 4085(17. Jh). Bs: KatWright-Cook 667f., genauer bei Merx a. a. O. Ag

übrigen hat der Mißbrauch der metrischen Form zur Behandlung wissen-
schaftlicher Gegenstände an ihm einen seiner Hauptvertreter gefunden. Obenan
steht nach dieser Richtung eine Darstellung der nestorianischen Glaubenslehre
im siebensilbigen Metrum.[1]) Das gleiche Versmaß zeigen auf theologischem Gebiete im Gegensatze zu einer Erklärung der eucharistischen Liturgie im zwölfsilbigen Metrum[2]) ein Mēmrā über Fermentum, Eucharistie und Taufwasser,[3])
auf dem philosophischen ein solcher über vier Grundprobleme der Philosophie,[4])
auf dem grammatischen eine kleine Grammatik[5]) und ein Traktat über Punktation,[6]) sowie von anonym überlieferten Stücken, die wenigstens mit großer Wahrscheinlichkeit für J. in Anspruch genommen werden können, eine Aufzählung der
Konjunktionen[7]) und eine Erörterung über Nomen und Verbum,[8]) denen sich
eine solche über den Bedeutungsunterschied einiger philosophisch und theologisch
bedeutsamer Termini anreiht,[9]) und eine Versifizierung der aristotelischen Philo-
sophieeinteilung.[10]) Des zwölfsilbigen Metrums hat sich J. in einem Mēmrā „über
die Philosophie" bedient, der näherhin über das Kausalitätsprinzip in seiner grund-
legenden Bedeutung für Grammatik, Logik und Naturphilosophie handelt.[11])
Mindestens wahrscheinlich ist irgendeine metrische Gestalt endlich auch für
einen noch nicht hinreichend greifbar werdenden Text über liturgische Geräte
und Funktionen.[12])

f) **Jaʿqôb(h) b Šakkô,**[13]) auch ʿĪsā b Mark genannt, † 1241, war aus Barṭellā
bei Mosul gebürtig, Mönch im Kloster Mār(j) Mattai und später unter dem Namen
Severus B desselben. Wie in der Grammatik bei dem Nestorianer J. b Z., so ist
er in der Logik und Philosophie bei dem Mohammedaner Kamāl ed-dîn Mūsā
ibn Jûnus in die Schule gegangen. Von seinen wissenschaftlichen Interessen legte
eine große, nach seinem Tode zugunsten des Fiskus beschlagnahmte Bibliothek
Zeugnis ab. In je einem theologischen und einem philosophischen Werke hat er
einen an die abendländische Scholastik erinnernden Sinn für systematische Zusammenfassung großer Wissensgebiete betätigt. Die am 11. 5. 1231 vollendete
theologische Summa seines „Bs der Schätze" (K. d(h)asējāmē) handelt in ihren
vier Teilen der Reihe nach über den dreieinigen Gott, die Heilsökonomie Christi,
die göttliche Vorhersehung und bereits mit einem bezeichnend starken Einschlag

---

des Abschnittes über Punktation: P Martin, Traité sur l'Accentuation chez les Syriens Orientaux (Pr 1877).

[1]) „(Wohl)gefügtes Gewebe über den Gegenstand des Glaubens." Hss: Brl 82 (Sach 8. J 1562).
Séert 116 (J 1573). 117 (J 1602). 118 (17. Jh). N-Dsém 42 (16. Jh). Dijarb 28 (16. Jh). 29 (18. Jh). Urm
202 (18. Jh). 156 (19. Jh). 116. ohne Verfassername: BrMOr 2305 (18. Jh). Bs: KatSachau 309/11.
Ag von Azz: KdP 118/23.

[2]) Hss: Dijarb 67 (16. Jh) 1°. Pr 352 (J 1706) 111°. CmbrAdd 2818 (18. Jh) III°. 1. N-Dsém
82. 6°. Ag eines Bruchstückes: KdP 150,4.   [3]) D. h. anscheinend einer „poetischen" Bearbeitung
des Petrosapokryphons Š.s (S. 310 Ak. 9). Hss: CmbrAdd 2818 III°. 2. VtB 90 (J 1867) 2°. N-Dsém
82. 7°.   [4] An seine Schüler, die Prr Ṣĕlib(h)ā, Giwargis und ʿAbdallāh gerichtet. Hs: Brl 69
Sach 72. 16/7. Jh) XVI°. Séert 97. Anh. 2°.

[5]) Hss: VtS 450. 194. Dijarb 106. III°. 107. 3°. BrlOroct 1313. 92. III°. 93. III°. Urm 73.
70. 69. 104. 71. Mos 106. BrM 999. 3°. Or 2314 (16. Jh). 4086 (J 1806). Séert 96. III°. 97. III°.
CmbrAdd 2013. 3°. 2819. 3°. Mard 69 (J 1887) 1°. Ag von Textproben: Merx a. a. O. 158 f. 161 f.

[6]) Hss: BrM 999. 4°. Or 4086. Brl 92 fol 120 r°. 93. IV°. Cmbr 2013. 4°. 2819. 4°. Ag
des Anfangs: KatSachau 341.   [7]) Hss: BrM 999. 5°. CmbrAdd 2013. 5°. 2819. 5°.

[8]) Hss: BrM 999. 7°. CmbrAdd 2013. 7°. 2819. 7°.   [9]) Hss: Séert 112 (15. Jh) VI°. 96. IV°.
BrM 989. 6°. Mos 106. IV°. CmbrAdd 2013. 6°. 2819. 6°. Brl 93. V°. Ag des Anfangs: Kat
Sachau 343.   [10]) Hs: Brl 92. V°.

[11]) Hss: Brl 69. XIV°. 92. IV°.   [12]) Hs: Urm 21 (17 8. Jh).

[13]) B'EKg 2. 409/12. BO 2, 237 42. Wright 260 3. Duval³ 405 f.

fachwissenschaftlicher Gelehrsamkeit in Astronomie, Geographie und Naturkunde über die Schöpfung.[1]) Von den zwei BB, in welche die profanwissenschaftliche Enzyklopädie seines nach dem Aufbaue aus Beantwortung von Fragen so genannten „Bs der Dialoge“ zerfällt, widmet das erste eine Vierzahl von Mēmrē der Grammatik, Rhetorik, Poetik und den Vorzügen der syrischen Sprache, das zweite beschäftigt sich in einer Zweizahl solcher mit Logik und Philosophie, wobei auf einen über die letztere im allgemeinen handelnden Abschnitt je ein die praktische Philosophie, Physik, Mathematik und rationale Theologie behandelnder folgt und bei der Ausfüllung dieses auf die προλεγόμενα τῆς φιλοσοφίας neuplatonischer Aristoteleskommentatoren zurückgehenden systematischen Rahmenwerkes in reichem Umfange arabisch-mohammedanische Quellen beigezogen wurden.[2]) Von weiteren Prosaschriften bezeugt J. selbst eine anscheinend sehr umfassende Liturgieerklärung[3]) und ein Glaubensbekenntnis.[4]) Von Arbeiten in gebundener Rede ist eine metrische Behandlung der Grammatik dem betreffenden Prosaabschnitt des „Bs der Dialoge“ angefügt. Zwei poetische Episteln mit künstlichen sprachlichen Spielereien sind an einen Rabban Mārî Faḫr ed-daula, Sohn eines Thomas, und einen Rabban Abû Ṭâhir Ṭâǧ ed-daula gerichtet.[5]) Von J. b Š. verschieden ist ein älterer M von Maip(h)erqaṭ des Namens J., von dem eine bei der Priesterweihe zu verwendende Ermahnungsansprache an den Ordinanden bereits in das Pontifikal-Rituale Michaëls d. Gr. Aufnahme fand.[6])

§ 51. In noch ungleich höherem Grade als Ja‘qôb(h) b Šakkô ist ein zweiter Jakobite des 13. Jhs, der große Map(h)rējān Grîg(h)ôr Abû-l-Faraǧ, genannt B ‘Eb(h)râjâ, eine durchaus vereinzelte Gestalt. Der Sprosse einer jüdischen Familie, dessen Leben sich von dem bewegten Hintergrunde der Mongolenzeit abhebt, hat wie kein anderer syrischer Schriftsteller das geistige Erbe der islamischen mit demjenigen der national-kirchlichen christlichen Kultur verschmolzen. In der Vielseitigkeit seines Schaffens nur mit seinem abendländischen Zeitgenossen Albert d. Gr. vergleichbar, ja auch ihn noch übertreffend, hat er auf allen Gebieten der Theologie. in Philosophie und den verschiedensten profanen Fachwissenschaften, in erzählender Prosa und in Poesie sich betätigt. Allerdings

[1]) Hss: BrM 7193 Rich (Autograph oder unmittelbare Abs desselben, da der Verfasser in der Überschrift mit der Demutsbezeichnung „der elende“ eingeführt wird, mit vielen jungen Ergänzungen). Séert 89 (16. Jh). VtS 159 (JJ 1628,32) I°. VtB 108. CmbrAdd 1997 (J 1723/4). Mard 55 (J 1886). Pr 316 (J 1889) I°. Eine in Dêr Za‘farān, eines Azs: VtS 411. Bss: BO 2, 237/40. KatAssemani 3, 307/12. Vg. F Nau, JA° 7, 286/310.

[2]) Hss: Göttingen Or 18c (15. Jh mit Ergänzungen vom J 1752). BrM 995 (Add 21454. 16. Jh vor 1567). Ox 199 (Marsh 528. J 1594). Urm 40 (J 1770/1) 1°, unvollständige: Urm 40 (J 1770/1) 1°, vielleicht gleichfalls: JerMkl 233, nur des 11. Bs: N-Dsém 48 (J 1823), von Azz fälschlich unter dem Namen J.s v Edessa: Brl 207 (PetermSyr 15. J 1826) I°. Vg. J Ruska, ZA 12, 8/41. 145/61. Agg der Abschnitte über die Poetik: P Martin, De la Métrique chez les Syriens (Abhdl. f. d. K. d. Morgenlandes 7 II), über die Grammatik: Merx, Hist. art. grammat. ap. Syros. 1/47 des (lithogr.) syrischen Textes (Vg. 209/59), über die Mathematik: J Ruska, D. Quadrivium aus Severus bar Šakkû's B. d. Dialoge (Diss. Lpz 1896), über den Inhalt der Προλεγόμενα τῆς φιλοσοφίας und der Εἰσαγωγή des Porphyrios: A Baumstark, Aristoteles bei d. Syrern vom V.–VIII. Jh 1, 15/33 (192,210).   [3]) B der Schätze II 31.   [4]) Ebenda 1 14.

[5]) Hss: BrM 7193 Rich. VtB 108 (J 1868) 2°. Pr 316 (J 1889) II°.

[6]) Hss z. B.: VtS 51. 9°. Pr 112 (Suppl 3S. J 1238,9) 7°. 113 (Suppl 22. 14. Jh) 15°. 114 (Suppl 23. 15. Jh) 2°. JerMkl 18 (J 1894) 1°, einer arabischen Übs: Ox 686 (Hunt 444. 15. Jh) 6°. VtS 55 (J 1715) 3°. Auszügliche Übs: Renaudot bei Denzinger, Rit. Orientl. 2, 106/8.

ermöglichte naturgemäß nur eine mehr in die Breite als in die Tiefe gehende, nicht selten den Charakter sklavischer Abhängigkeit oder bloßer Übersetzertätigkeit annehmende Arbeitsweise dieses umfänglich gewaltige Lebenswerk, zu dem die Bedeutungslosigkeit einiger jüngerer jakobitischer Zeitgenossen eine geradezu klägliche Folie bildet.

a) Über seinen **Lebensgang** bietet B. selbst in seinen Geschichtswerken wertvolle Aufschlüsse.[1]) In Melitene 1225/6 geboren und auf den Namen Jōḥannān getauft, war er der Sohn eines Arztes jüdischer Abstammung Namens Ahrōn, dessen Besonnenheit 1243, als die Tartaren die Heimatstadt bedrohten, die Gefahr einer panischen Flucht der Bevölkerung beschwor. Nach kurzem Eremitenleben in der Umgebung von Antiocheia, wohin im folgenden J die Familie übersiedelte, hatte er zu Tripolis an der syrischen Küste einen Nestorianer Ja'qōb(h) zum Lehrer in Logik und Medizin. Schon 14. 9. 1246 durch P Ignatios II. zum B von Gūbbās geweiht, vertauschte er ein J später diesen Sitz mit demjenigen von Lāqabbīn, um zwischen 1253 und 1259 das bedeutendere Bistum Aleppo als Lohn für die Dienste zu erhalten, die er während des Schismas zwischen Jōḥannān b Ma'danī und Dionysios Argūr dem letzteren leistete. Späterhin schon von dem ersteren für die Würde des Map(h)rējāns in Aussicht genommen, wurde er mit ihr von dessen Nachfolger Ignatios III. zu Sis 16. 1. 1264 in Gegenwart des armenischen Königs Hetum bekleidet. Den kleinarmenischen Westen hat er später noch zweimal, 1268 und 1273, besucht und im ersteren J zu Sis eine lebensgefährliche Erkrankung überstanden. Bei einem gleichfalls zweimaligen längeren Aufenthalt in Bagdad, 1264 und 1277, unterhielt er mit dem jedesmaligen nestorianischen K die besten persönlichen Beziehungen, während er dem eigenen Pen gegenüber das Recht selbständiger Meinung und nach dessen Tode 1283 die Befugnisse seines Amtes bei der Wahl des Nachfolgers mit Entschiedenheit wahrte. Seinen Titularsitz Tag(h)rit(h) besuchte er 1277 als erster Map(h)rējān seit mehr als einem halben Jh wieder. Als dauernden Aufenthaltsort hat er nächst Mosul-„Ninive" vor allem Marāgah in Adorbaiǧān und daneben Tabriz bevorzugt und an beiden Orten eine kirchlich-klösterliche Bautätigkeit entfaltet. Wie er 1282 in aṭ-Ṭazāq den neuen mongolischen Großherrn feierlich begrüßte, ist für seine Haltung gegenüber den Trägern der politischen Macht bezeichnend. Nachdem er 1285 Neubau und Ausschmückung eines Klosters zu Bartellā unter Zuziehung byzantinischer Künstler beendet hatte, erwartete er für das nächste J auf Grund astrologischer Erwägungen sein Ende und starb tatsächlich zu Marāgah, von einem bösartigen Fieber niedergeworfen, in der Nacht zum 30. 7. 1286 nach nur dreitägigem Krankenlager. Die Teilnahme, die Griechen, Armenier und der zufällig in der Stadt anwesende nestorianische K anläßlich seines Todes bekundeten, zeugt für die Verehrung, die sein Charakter und seine Gelehrsamkeit ihm weit über die Grenzen des eigenen Bekenntnisses hinaus gesichert hatten. Aufzeichnungen über seine letzten Lebenstage hat sein Bruder Barṣaumā, durch ein wertvolles Verzeichnis seiner literarischen Arbeiten ergänzt, hinterlassen.[2]) Seine letzte Ruhestätte hat er im Kloster Mār(j) Mattai bei Mosul gefunden.[3])

---

[1]) B'EKg 2, 431/68. BO 2, 244/463. Bickell 43,5. LTh 63. Th Nöldeke, Orientalische Skizzen (Brl 1892), 250,74. KdP 46. Wright 265,81. Duval³ 408,10. L Cheïkho, al-Machriq 1, 289,95. 365,70. 413,8. 448/53. 505/10. 555/61. 605/12 (arab.). J Güttsberger in der S. 314 Ak. 1 angeführten Schrift 6/25.   [2]) Als Anhang dem letzten Teile des Geschichtswerkes beigefügt. Außerdem Sonderhss: PalMedOr 62 (J 1395). VtS 36 (J 1584) 10°. Agg: BO 2, 264/74. B'EKg (Forts.) 2, 467/85.   [3]) Vg. über dieselbe auf Grund eines Besuches im Oktober 1843 G P Badger, The Nestorians and their rituals 1, 97.

b) Unter den **theologischen Werken** B.s steht obenan sein von Mitte 12.
1277 bis 3. 8. 1278 entstandener großer Scholienkommentar zum A und NT unter
dem Titel der „Scheune der Geheimnisse" (Aușar rāze).[1] Er steht in ihm wesenhaft auf den Schultern des Dionysios b Ṣalib(h)i und durch dessen Vermittlung
auf denjenigen Išoʻdad(h)s v Merw, freilich nicht ohne durch Beiziehung des
armenischen und des koptischen Bibeltextes und ein gelegentliches Anknüpfen an
jüdische Tradition sich ein gewisses eigenes Verdienst zu erwerben.[2] Der von
P Theodosios verfaßte liegt entsprechend seinem Kommentare zum Werke des
Ps.-Hierotheos zugrunde.[3] Eine Gesamtdarstellung der jakobitischen Dogmatik bietet
in gedrängterer Form das „B der Blitze" (K d(h)ēzalgē).[4] in ausführlicherer unter
reicher Beiziehung auch profanen gelehrten Wissens das „B der Leuchte des

---

[1] Hss: Brl 182 (Sach 326. Anscheinend J 1297/8). 183 (Sach 134. J 1626). 184 (Peterm I 10. J
1644,5). BrM 718 Rich (14. Jh). 723 (Add 21580. J 1478) 2°. 724 (Add 23596. J 1726). Or 4083 (JJ
1884/7). Ox 122 (Hunt 1. J 1491) 1°. JerMkl 41 (J 1473,4). Šarf 16 (J 1574/5. Vg. J Parisot, ROC
4, 151,3). VtS 282 (J 1683/4, Abs aus dem Autograph des Verfassers). N-Daém 30 (J 1710,1). Göttingen Or 18a (zwischen den JJ 1755 und 1768. Vg. R Schröter, ZDMG 29, 248,51). Cmbr
Add 2009 (J 1838,4). Mos 25 (J 1878) Edessa 41. Eine in Dér Za'farān, zu Anfang und Ende
unvollständige: Séert 30, der Kommentare zum Pentateuch, Jos, Richt, Sm, Ps): VtS 170, des Ps-
Kommentars: Šarf 17, geringfügiger Bruchstücke: CmbrAdd 1929 fol 1/2. Agg einzelner Teile
Name des Verfassers und eventuell Titel des Werkes zu ergänzen!): RSchröter, Scholien zu
Gen 49. 50. Exod 14. 15. Deut 32—34 und Jud 5 veröffentlicht ZDMG 24, 495,562. LUhry, D.
Scholien zur Genesis Cap 21—50 (Lpz 1898). SPincus, Die Scholien zu Exodus. ZDMG 69, 225/70.
70, 126/32. GKerber, Scholia in Leviticum (Lpz 1895). SPincus, D. Scholien zu Numeri
(Breslauer Diss. Straßburg 1913). GKerber, A Commentary to Deuteronomy, AJSL 13, 89/117.
GKirsch, Scholia in lobum, Chrestomathia Syr. cum Lexico 186,210. GABernstein, Scholia in
lib. Jobi ex codd. mss. emendata denuo ed. (Breslau 1858). VKraus, Scholia in libros Josuae et
Judicum (Kirchhain 1894). AlSchlesinger, Scholia in libros Samuelis (Lpz 1897). AMorgenstern,
Scholia zum Buche d. Könige (Brl 1895). PdeLagarde, In lib. psalmorum adnotationes, Praeter-
missorum libri duo (Gött 1879) 97/252. ARahlfs, Anmerkungen zu d. salomonischen Schriften (Lpz
1887). SKaatz, Die Scholien zu d. Weisheitsbuche d. Josua bar Sira (Frkf a/M 1892). OFTullberg,
In Jesaiam scholia (Upsala 1842). GFKornen-CEWennberg, Scholia in Jeremiam (Upsala
1852). RGngenheimer, Scholien zu Ezechiel (Brl 1894). BMoritz, In duodecim prophetas
minores scholia (Lpz 1882). JFreimann, Scholien zu Daniel (Brünn 1892). AHeppner, D.
Scholien zu Ruth u. den apokr. Zusätzen zu Daniel (Brl 1888). JSpanuth, In evangelium
Matthaei scholia (Gött 1879). NSteinhart, D. Scholien zum Ev. Lukas (Brl 1895). RSchwartz,
In ev. Johannis commentarius (Gött 1878). MKlamroth, In act. apost. et epist. catholicas
adnotationes (Gött 1878). MLoehr, In epist. Paulinas adnotationes (Gött 1889). Vg. BO 2,
277,84. JGüttsberger, Barhebraeus u. seine Scholien zur heiligen Schrift (FrbgB 1900).
[2] JGüttsberger, D. syro-armen. u d. syro-kopt. Bibelcitate aus d. Scholien d. B. ZAtW 21,
101/41. RGlück, D. Scholien d. G. Abulfaraǵ Barhebräus zu Genes 21—50 Exod 14. 15. Leviticus-
Deuteronomium u. Josua auf jüd. Quellen untersucht (Frankf a/M 1903).   [3] Hss: BrM 850 (Or
1017. J 1364) 1°d. Or 4414 (19. Jh). Pr 227 (Anc fonds 138. J 1652/3—53/4). Brl 211 (Sach 206. J 1662 63),
unvollständige: Pr 325 (19. Jh) II°. Ag der Vorrede und der Kappüberschriften: KatWright 893/5.
[4] In 10 Mēmrē über das Sechstagewerk, die Trinität, Inkarnation, Engel, Teufel, die
Seele, das Priestertum, den freien Willen und das sittliche Leben einschließlich der Buße, die
letzten Dinge, das Paradies und die ewige Seligkeit handelnd. Hs: VtS 169 (J 1339). VtB 145
(15. Jh). Pr 213 (Anc fonds 129. J 1352,3). 214 (Suppl 59). BrM 850 (Or 1017. J 1364) 1°a. Or 4411
(J 1889). Ox 171 (BodlOr 467. J 1575,6). 172 (Hunt 521. J 1592). Brl 192 (Sach 327. 16. Jh). 191 (Sach
85. 17,8. Jh mit Ergänzungen vom J 1837/8). CmbrAdd 2007 (J 1602/3). Séert 92 (J 1705,6). Mard
51 (J 1887). N-Dsém 45. Edessa 45, von Bruchstücken: CmbrAdd 2074, einer arab. Übs: Cmbr
Add 3275 (J 1750,1). Bss: KatAssemani 3, 626f. Wright 890f. Wright-Cook 506,S. 810,2.
Payne-Smith 587,9. Ag einer Textprobe (5 § 1,3): KatSachau 626f. Vg. BO 2, 279/81.

Heiligtums" (K d(h)amēnārat(h) qūd(h'še),[1]) eine kürzeste Zusammenfassung ihrer
Hauptsätze ein Glaubensbekenntnis.[2])   Nach der größeren Dogmatik verfaßt ist das
kanonistische „B der Leitungen" (K d(h)ĕhúddājē): der Nomokanon B.s, von dessen
40 den Stoff des für seine Konfession gültigen Rechtes vorführenden Kappn 8 dem
Kirchenrecht mit Einschluß des Eherechtes und 32 dem bürgerlichen und Straf-
recht gewidmet sind.[3])   Die Sittenlehre behandelt mystisch orientiert und in
stärkster Abhängkeit von al-Gazūli eingehender und in allgemeinem Sinne das 1279
in Marāghah verfaßte „B der Ethik" (K d(h)et(h)īqón),[4]) in knapperer Fassung
und unter dem speziellen Gesichtspunkte klösterlicher Askese das „B der Taube"
(K d(h)ĕjaunā).[5])   Nicht ausschließlich als Anhang zu dem letzteren ist endlich

[1]) In 12 „Fundamenten" über die Erkenntnis im allgemeinen, die Natur des Alls, die
Lehre von Gott, die Inkarnation, die Engel, das irdische Priestertum einschließlich der Liturgie,
die Teufel, die vernünftige Seele, Willensfreiheit und Notwendigkeit, die Auferstehung der Toten,
Weltuntergang und Bestrafung im Jenseits, Paradies und ewiges Leben handelnd. Hss: VtS 168
(14. Jh?).   Brl 190(Sach 81. Vor J 1403 mit Ergänzungen des 16/7. Jhs).   Pr 210(Anc fonds 121.
J 1403/4 mit Ergänzungen vom J 1886/7).   CmbrAdd 2008(15. Jh).   JerMkl 6*(J 1590. Abs nach dem
Autograph des Verfassers).   Dijarb 31. Edessa 44, der arabischen Übs eines gewissen Sargis b Jôhannān
az-Zarababî: Ox 148(Hunt 48. J 1656).   Pr 211(Anc fonds 128. J 1660/1).   BrMOr 4410(J 1695 6).   725
(Add 18296. J 1714).   Or 4428(J 1887).   Mos 31(J 1716/7).   CmbrAdd 3277(J 1789/90), eines freien ara-
bischen Azs: Pr 212(Anc fonds 135. 16. Jh), eines kürzeren: 239(Anc fonds 145. J 1492/3)67°.   Bss:
BO 2, 284/97 (mit Azz und Verzeichnis der zitierten Autoren).   KatZotenberg 161/3.   Sachau 620/3.
Agg häresiologischer Partien: F Nau, PO 13, 252/69, naturkundlicher, philosophischer, astronomischer und geographischer Stellen bzw. der beigegebenen Erdkarte: R J H Gottheil, A list of
plants and their properties (Brl 1886).   PAOS 1885/8, CCXC/XCIV.   Hebraica 3, 249 54. 7, 39/55. 8, 65/78.
   [2]) Hss: VtS 173(14. Jh)IX°.   CmbrAdd 2012(14. Jh)VII°c.   2004(J 1703)11°.   BrMOr 2307
(17. Jh).   Auszügl. Ag: BO 2, 276f.
   [3]) Hss: JerMkl 8*(J 1291).   7*(13. Jh? Sicher vor 1490,1).   Brl 206(PetermSyr 23. J 1355,6—
73,4).   PalMedOr 61(J 1357).   Pr 226(Anc fonds 140. J 1487/8).   322(19. Jh).   Ox 122(Hunt 1. J 1499)6°.
169(Hunt 50).   VtS 132(J 1589).   358,9(J 1760).   256/7.   Mard 52(J 1887).   Séert 70.   Edessa 47, von
Azz: Brl 242 Sach 187. J 1567/8/9°, einer arabischen Übs: Brl 265 Sach 333. 16/7. Jh.   264(Sach 49.
J 1785).   Pr 227 Anc fonds 138. J 1652 3—53,4/1°.   BrMOr 4090(J 1823/4).   Bss: BO 2, 299/303.   Kat
Payne-Smith 383,90.   Ag: P Bedjan, Barhebraei Nomocanon Pr 1898.   Übs: J A Assemani
bei A Mai. Script. Vet. Nov. Coll. 10 II, 3/268.
   [4]) In 4 Mēmrē über die religiöse Weihe des äußeren Lebens, die Regelung der verschiedenen
Seiten des körperlichen Daseins, die Bekämpfung der Leidenschaften und die Pflege der seelischen
Tugenden handelnd. Hss: Mos 99(J 1292/3).   VtB 146(13. Jh.   118 J 1651/2.   VtS 171(J 1548/9).
Ox 174(Hunt 490. J 1323.   173 BodlMarsh 681. J 1332.   BrM 7194 Rich (J 1335).   7195(15. Jh.   7196
18. Jh.   Or 4407(J 1575,6.   1002(Add 18295. J 1602/3)1°.   Or 4082(J 1882/3.   Pr 245(Anc fonds 122.
J 1352 3.   246 Suppl 75. J 1390 1).   Brl 193(Sach 313. 14. Jh mit Karšūni-Ergänzungen des 17/8).
N-Dsém 121(J 1721/2).   Mard 47(J 1887).   Urm 191(J 1891).   Edessa 46, unvollständige: Brl 194
(Sach 314. 14. Jh), von Bruchstücken: CmbrAdd 2075, verschiedener arabischer Übss: Ox 175(Marsh
561. J 1479).   176(Hunt 341. J 1557).   VtS 172(J 1645).   BrMOr 2318(J 1683/4).   JerMkl 14*(J 1725).
189(J 1882).   Pr 247(Anc fonds 131).   Ag: P Bedjan, B. Ethicon seu moralia (Pr 1898), einer
Textprobe: KdP 302/7.
   [5]) In 4 Kapp die äußere Askese des Klosterlebens, die innere der Stille der Zelle und die
Ruhe der Vollkommenen in Gott behandelnd bzw. eine Sammlung von 100 Nru asketischer Spruchweisheit anfügend. Hss: Ox 122. 7°.   CmbrAdd 2012(14. Jh)1°.   2005(J 1579)11°.   Séert 80(J 1788/9).
BrMOr 4086(J 1806.   N-Dsém 128(J 1887)Anh. 2°.   Urm 170(J 1889).   Šarf 22, des 4. Kps: Mard
82(1890)1°, eines arabischen Textes: Pr 204(Anc fonds 126/5°.   313(J 1878)1°.   Brl 258(Sach 160.
J 1768,9)A.   JerMkl 191. 192, von Azz eines solchen: Pr 239(Anc fonds 145. J 1439)68°. 69°.   Agg:
G Cardahi, Abulfaragii Gregorii Bar-Hebraei Mafriani Orientis Kithâbhâ dhiyaunâ seu liber
columbae (R 1898).   P Bedjan, B. Ethicon 521 99.   Übs: A J Wensinck, Bar Hebraeus's Book

ein kurzes und unvollendet gebliebenes „B der Jugend der Vernunft" überliefert, das in gereimter Prosa einen in gehoben Dichtersprache gekleideten Abriß der geistigen Entwicklung des Verfassers bietet.[1]) Auch mit dem Gebiete liturgischer Prosatexte ist der Name B.s durch eine von ihm redigierte oder doch approbierte Fassung der auf Ja'qôb(h) v Edessa zurückgeführten Taufliturgie[2]) und durch eine Kurzform der Anaphora des Herrenbruders Jakobos verknüpft, die er im J 1281,2 schuf.[3])

c) Von den **philosophischen Arbeiten** B.s stellt das „B des Rahmes der Weisheit" (K d(h)ĕhĕwat(h) hek(h)mĕt(h)ā) oder „der Weisheit der Weisheiten" (d(h)ĕhek(h)mat(h) hek(h)mÃt(h)ā) das großartigste in syrischer Sprache entworfene Gesamtsystem der aristotelischen Philosophie dar. Vier Hauptteile sind der Reihe nach der Logik, Physik, Metaphysik und praktischen Philosophie gewidmet. Hierbei bringt der erste in 9. BBn den Inhalt der einzelnen Schriften des Organons einschließlich der Εἰσαγωγή des Porphyrios zur Darstellung, der zweite schließt in den drei ersten von 8 BBn sich entsprechend an die Φυσικὴ ἀκρόασις und die Werke περὶ οὐρανοῦ καὶ κόσμου und περὶ γενέσεως καὶ φθορᾶς an, um in den fünf weiteren über die Metalle mit Einschluß von Land, Meer und Tartarus, die Erscheinungen des Luftraumes, Pflanzen, Tiere und die Seele zu handeln, der dritte entwickelt im ersten von 2 BBn die in den Μετὰ τὰ φυσικά niedergelegte echte πρώτη φιλοσοφία des Stagiriten, im zweiten eine durch die religiöse Vorstellungswelt des Christentums und des Islams gefärbte rationale „Theologie" auf wesenhaft neuplatonischer Grundlage, der vierte endlich hat in 3 BBn Ethik, Ökonomik mit Einschluß des Inhalts der Φυσιογνωμικά und Politik zum Gegenstande.[4]) Neben dem Hauptwerke stehen alsdann an dem „B der Σοφία-Unterhaltung" (K d(h)āsĕwâd(h) sôp(h)ijā) ein Abriß nur der Logik, Physik und Metaphysik[5]) und an dem „B der Pupillen" (K d(h)ĕb(h)āb(h)āt(h)ā) eine aus-

of the Dove together with some chapters from his Ethikon transl. (Leyden 1919), wo einleitend auch der Anschluß an Ġazāli nachgewiesen ist.

[1]) Auch in die umfassenden Sammlungen der Poesien B.s aufgenommen. Vg. S. 319 Ak. 3. Dazu Sonderhss: Brl 208 (Sach 140. J 1783/4) 8°. BrMOr 4086 (J 1806). Agg: Cardahi a. a. O. 103 7. Bedjan a. a. O. 600/3.

[2]) Hss mit einem Vermerk im letzteren Sinne: VtS 52 (J 1537) 3°. 55 (J 1715) 1°, mit einem solchen im ersteren: CmbrAdd 2973 (J 1869). Vg. S. 253 Ak. 7.

[3]) Hss: Pr 112 (Suppl 38. J 1238/9) 43°. 110 (Anc fonds 94. 15. Jb) 15°. 114 (Suppl 23. 15. Jb) 9°. 74 (Anc fonds 66. J 1515/6) 3°. 75 (Anc fonds 36. J 1523/4) 17°. 81 (Anc fonds 65. 16. Jh) 10°. 82 Suppl 61. 16. Jh) 4°. 84 (Suppl 32. 17. Jb). 93 (Anc fonds 70. 18. Jb) 3°. 83 (modern). VtS 34 (J 1500/1) 2°. 26 (J 1626/7) 6°. JerMkl 12 (J 1579/80) 2°. 13 (J 1591) 1°. 14 (16/7. Jh) 1°. 15 (J 1895/6) 1°. 16 (J 1898/9) 1°. Ox 66 (Poc 85. J 1623) 3° α'. BrM 7180 Rich (J 1657 8) 2°. DamPfk 4 (18. Jh). CmbrAdd 2887 (J 1843) 2°. 2917 II (19. Jh) 3° d. Übs: Ren 2, 126/32. Zur Datierung vg. BO 2, 275 f. Die Autorschaft B'E.s wäre allerdings ausgeschlossen, falls der Text in der ersten Pariser Hs von des Hand des ursprünglichen Schreibers stammen sollte, was aber bei seinem Fehlen in allen aus so früher Zeit stammenden Hss wenig wahrscheinlich ist.

[4]) Hss: PalMedOr 186/7 (J 1339/40). BrMOr 4079 (J 1808/9). N-Dsém 47 (J 1811). Mard 56,60 (J 1886/7), der Logik: Dijarb 32/3 (J 1636 bzw. 1706). PalMedOr 176,9, derselben bis einschließlich der Ἀποδεικτικά: Ox 122 (Hunt 1. J 1491) 8°, einzelner BB daraus: Urm 67 (J 1815: Ἀποδεικτικά), 65 (J 1825: Εἰσαγωγή). 68 (J 1830: Σοφιστικοὶ ἔλεγχοι), der Physik: Dijarb 34 (17. Jh), einzelner BB daraus: Urm 64 (J 1826: περὶ ψυχῆς). 66 (J 1830: Φυσικὴ ἀκρόασις).

[5]) Hss (mehrfach mit arabischer Übs): BrM 850 (Or 1017. J 1364) 1° b. Or 3652 (15. Jh). 4087 (J 1647/8). 4086 (J 1806). 4412 (J 1889/90). 4413 (13. Jh). Pr 227 (Anc fonds 188. J 1652,3 bzw. 4) 3°. 302 (ums J 1840). 320 (J 1889) III°. Brl 210 (Sach 91. J 1671). 209 (PetermSyr 13. 17. Jb mit jüngeren Ergänzungen). 208 (Sach 140. J 1783/4) 1°. 207 (PetermSyr 15. J 1826) IV°. 196 (Sach 198. J 1838) IX°.

führlichere Darstellung des logischen Stoffes des Organons von der *Eἰσαγωγή* bis zu den *σοφιστικοὶ ἔλεγχοι*.[1]) Eine Bearbeitung der sich auf Physik und Metaphysik beschränkenden „Quellen der Weisheit" ('Ujūn al-ḥikmah) Ibn Sīnās ist das „B der Ware der Waren" (K d(h)ēt(h)ēg(h)rat(h) tēg(h)rāt(h)ā,[2]) während das „B der Winke und Anregungen" (K d(h)ĕremzĕ wad(h)ĕmeʿnirānāwāt(h)ā) ein Werk gleichen Titels (Kitāb al-išārāt wat-tanbīhāt) wiedergibt, in welchem der Araber in weniger engem Anschluß an das aristotelische Schema Logik, Naturphilosophie und Metaphysik behandelte.[3]) Geradezu aus dem Arabischen übersetzt hatte B. endlich auch das „B des Markes der Geheimnisse" (K zabdat ad-asrār) betitelte Werk seines älteren mohammedanischen Zeitgenossen At(h)īr ed-dīn Mufaḍḍal ibn 'Omar al-Abharī († 1262).[4])

d) **Von profanen Fachwissenschaften** hat B. der Grammatik an dem „B der Strahlen" (K d(h)ĕṣemḥĕ) eine nach dem Vorbilde des Arabers az-Zamaḥšarī in vier Teilen über Nomen, Verbum, Partikeln und allgemeine Erscheinungen handelnde größere Gesamtdarstellung in Prosa[5]) und an dem „B der Grammatik" (K d(h)ag(h)rammatiqi) eine kürzere in siebensilbigen Versen gewidmet, die er innerhalb zweier Wochen vollendet hatte.[6]) Eine auch selbständig überlieferte[7]) „Einführung" bildet zu der ersteren, ein in gleichem Metrum abgefaßter Traktat über die „aequilitterae"[8]) und ein Prosakommentar zu der letzteren eine Ergänzung, während eine gedrängteste, wiederum prosaische Behandlung des ganzen Stoffes unter dem Titel eines „Bs des Funkens" (K d(h)ab(h)ĕleṣṣūṣit(h)ā) unvollendet hinterlassen wurde.[9])

CmbrAdd 2004 (J 1702/3) I°. 2812 (19 Jh) VIII°. Urm 177 (J 1713/4). JerMkl 31* (J 1881/2) 3°. 232. 3°. Edessa 43, unvollständige: Dijarb 52. 4°. Bs: KatWright-Cook 496/8.

[1]) Hss: BrM 850. CmbrAdd 2005 (J 1579) I°. Pr 227. 2°. 328 (Mitte des 19. Jhs) II°. 320. II°. Brl 208. 2°. 207. II°. 196. VIII°. JerMkl 31*. 2°. 232. 2°. Mard 62 (J 1884) 2°. Edessa 38. Bs: KatWright-Cook 500/2.

[2]) Hss: BrMOr 4080 (15. Jh). Mard 61 (16. Jh). Brl 91 (Sach 211. Ums J 1880). N-Dsém 46 (J 1826). JerMkl 31*. 1°. 232. 1°. Pr 330 (J 1893).   [3]) Hss: Pr 249 (Anc fonds 163. J 1633). VtB 54 (J 1654). VtS 191. 1°. PalMedOr 185.   [4]) Bezeugt im Verz. Vg. Hist. dyn. (Ag Pocock) 484 (318).

[5]) Hss: VtS 422 (J 1276/7). 416 (J 1637/8). VBt 132 (J 1283/4). 149 (J 1700/1). BrMOr 3335 (J 1332). 7201 Rich (17. Jh). Göttingen Or b (J 1481). JerMkl 25* (J 1479). 217. Ox 122 (Hunt 1. J 1491) 3°. 198 (Poc 298. J 1572) 2°. DamErzb 61 (J 1551/2). Brl 218 (Sach 308. J 1595). 95 (Sach 307. J 1684). 219 (Peterm II. Nachtr 23. 18. Jh). 96 (Sach 173. J 1882). PalMedOr 73 (J 1637/8). Pr 259 (Anc fonds 166. J 1663/4) 1°. 312 (J 1889). Urm 72 (J 1682). 106 (J 1856/7). Mos 104 (J 1702/3). 105 (J 1709/10). CmbrAdd 2011 (J 1735/6) II°. 2010 (J 1749/50). N-Dsém 133 (J 1819), Edessa 40 und eine in Dēr Za'farān, von Bruchstücken: CmbrAdd 2076, von Azz: BrMArundOr 53 (J 1560). Ag: P Martin, Oeuvres grammaticales d'Abou l-Faradj dit Bar Hebreus (Pr 1872) 1, von Azzu: G Phillips, A letter by Mar Jacob . . . and a discourse by Gregory b. Hebr. on syriac accents (Lo 1869) 34/65. Übs: A Moberg, Buch d. Strahlen. D. größere Grammatik d Barhebräus. Übs nach einem krit. berichtigten Texte mit textkrit. Apparat u. einem Anhang: Zur Terminologie (Lpz 1907/13).

[6]) Hss: Dublin Trin. Coll. 1504 (J 1299). PalMedOr 62 (J 1359). BrM 723 (Add 21580. J 1478) 1°. ArundOr 531°. 7202 Rich (J 1560) 1°. 1600 (Add 25877. J 1733) 1°. Add 10021 (J 1750). 1001 (Add 21211. J 1831) 2°. Or 4088 (J 1882). Ox 122. 2°. 198. 1°. Pr 261 (Suppl 35. J 1525/6). 252 (Anc fonds 167. J 1556/7) 2°. 261 (Suppl 8. J 1584/5). 301 (J 1643) 1°. Brl 212 (Sach 29. Vor J 1573). 213 (Sach 163. J 1583). 214 (Sach 115. J 1642/3) 1°. 215 (Peterm. Syr 11. J 1707) 1°. 216 (Peterm. Syr 12. 19 Jh). VtS 36 (J 1584) 8°. 133. VtB 149. Göttingen Or 18 (ums J 1600). JerMkl 26* (16/7. Jh). 27* (17/8. Jh). CmbrAdd 2011. I°. Urm 126 (J 1885/6 nach Vorlage des 17/8. Jhs). 196 (J 1894). Edessa 39. Eine in Dēr Za'farāu. Agg: E Bertheau, Greg. Bar-Hebraei, qui et Abulpharag, grammatica linguae syr. in metro Ephraemeo. Textum e cod. Bibl. Gottingensis ed., vert., adnot. iustr. (Göttingen 1843). P Martin, Oeuvres gramm. 2, 1/75.

[7]) So in den Hss: Mard 66 (J 1555). N-Dsém 134 (J 1874 nach Vorlage von 1551/2). Urm 100 (J 1819).   [8]) Selbständig in den Hss: Mard 66. N-Dsém 134. BrMOr 4418 (19. Jh)   [9]) Verz.

Ein im J 1279 verfaßtes astronomisches Werk betitelt sich „B des Vernunftauf-
stieges" (K d(h)ēsûllāqā haunānājā).[1]   Ein kalenderkundliches Handbuch für Anfänger hat sich vielleicht in anonymer Überlieferung erhalten.[2]   Dagegen scheinen
wenn auch nicht ein von B als Jüngling abgefaßtes B über Traumdeutung[3], so doch
von seinen medizinischen Schriften diejenigen in syrischer Sprache sämtlich untergegangen zu sein. Es waren deren nicht wenige.[4]   Einem Sammelwerke „aller ärztlichen
Meinungen" zur Seite standen Kompendien von Dioskurides περὶ ὕλης ἰατρικῆς,
des „Bs der einfachen Heilmittel" des mohammedanischen Arabers al-Ġafiqi und
der „Medizinischen Fragen" des Ḥunain ibn Isḥāq sowie ein Kommentar zu diesen,
der nur „bis zu den Θηριακά" reichte, also wieder vom Verfasser unvollendet
hinterlassen worden zu sein scheint. Von einer Übs des „Kanons" Ibn Sinās
waren sogar erst vier Quaternionen fertig geworden, als der Tod dem Unermüd-
lichen die Feder aus der Hand nahm.[5])

e) Der erzählenden Prosa gehört vor allem das große Geschichtswerk B.s,
die von ihm bis zum Anfang seines Todesjahres fortgeführte „Chronographie"
(Mak(h)tēb(h)ānût(h) zab(h)nē) an. Stofflich in weitestgehendem Maße von demjenigen Michaëls abhängig, stellt es immerhin nicht nur seinem Inhalte nach eine
wertvolle Ergänzung und Fortführung desselben dar, sondern geht auch in seiner
formalen Gesamtanlage demselben gegenüber wesentlich neuere Wege. Unter Preisgabe des im technischen Wortsinne chronographischen Charakters ist einer profanen Weltgeschichte (dem sog. Chronicon syriacum) eine Kirchengeschichte (das
sog. Chronicon ecclesiasticum) gegenübergestellt, das seinerseits wieder in zwei
Teile zerfällt. Von diesen ist der erste der Geschichte des ATlichen Hohen-
priestertums und der altchristlichen und jakobitischen PP von Antiocheia gewidmet; der die syrische Kirchengeschichte des Ostens behandelnde zweite verfolgt neben derjenigen seiner Map(h)rējānē auch die Reihe seiner nestorianischen
KK.[6])   Eine im wesentlichen kürzende, aber auch um manche Notizen vor allem

[1] Hss: Pr 244 (Anc fonds 162. 15. Jh). 329 (J 1883). Ox 172 (Hunt 540. J 1548). Mard 63 (J
1887). CmbrAdd 2816 (19. Jh) Edessa 42. von Azz: Mard 62 (J 1887) 7°. Pr 346. Bs: KatPayneSmith
576/88. Vg. FNau, ROC 15, 245f. Ag: FNau, Bibl. de l'Ecole des Hautes Étude-. Fsc. 121
Pr 1899), eines Bruchstückes: RJHGottheil, Adscensus mentis (Brl 1890). Bs mit Azzn: FNau,
Le livre de l'ascension de l'esprit, in: Compte rendu du 3me congrès scientif. internat. des Catholiques tenu à Bruxelles. 6me section 154,74.   [2] Hs: VtS 173 (14. Jh) X°.

[3] Verz. Hs: Edessa 50.

[4] Alles Folgende im Verz. bezeugt. Als arabisch abgefaßt wird hier ein Kommentar zu
den Aphorismen des Hippokrates genannt. Erhalten sein soll unter dem Namen des B. arabisch
je ein solcher zu Galenos Περὶ τῶν καθ' Ἱπποκράτην στοιχείων und Περὶ κράσεως. Vg. JGWen-
rich, De auctor. Graec. vers. 242. FWüstenfeld, Gesch. d. Arab. Ärzte u. Naturforscher 145.
MSteinschneider, Virchows Archiv 124, 123 bzw. ZDMG 50. 368. Aber schon das Schweigen
Barṣaumās muß mehr als bedenklich stimmen.

[5] Daß sich B. im Sommer 1268 auch mit der Erklärung des Eukleides und im J 1272 3
mit derjenigen der Μεγάλη σύνταξις des Ptolemaios beschäftigt habe, bezeugt B. selbst Kg 2,
443 (= BO 2, 253). Aber da Barṣaumā wiederum von einer literarischen Arbeit in dieser Richtung nichts weiß, scheint die Stelle von einer Beschäftigung in mündlichem Lehrvortrage verstanden werden zu sollen.

[6] Hss: VtS 166 (Vor J 1356,7). 383,8 (Abs aus der vorigen bzw. für die Weltgeschichte aus
VtS 167). Brl 237 (Sach 210. Vor J 1481 2). Ox 122 (Hunt 1. Ums J 1499). JerMkl 36* (J 1570,1). PalMedOr
118 (J 1578 9). Edessa 48, der Weltgeschichte allein: VtS 167. I°. Ox 167 Hunt 52, der Kirchengeschichte allein: CmbrDd 3. 8¹ (14. Jh). Add 2006 (18 9. Jh). BrM 7198 Rich (16. Jh), ihres 2. Teiles:
Šarf 20, von Bruchstücken: CmbrAdd 2073. Agg: PJBruns-GGKirsch, Bar-Hebraei Chronicon
syriacum e codd. Bodleianis descript. coniunct. edd. 2 Bde (Lpz 1789). PBedjan, Barhebraei
Chronicon syriacum. E codd. mss. emend. ac punct. vocal. adnott. locupl. (Pr 1890), der Kirchen-

aus der Geschichte wissenschaftlichen und literarischen Lebens bereicherte arabische
Bearbeitung der Weltgeschichte für mohammedanische Leser, die „Geschichte der
Dynastien", gehört nicht mehr der syrischen Literatur an.[1] Eine aus dem
Rahmen des in ihr Gewohnten völlig herausfallende Erscheinung ist das „B der
ergötzlichen Erzählungen", eine Sammlung witziger Anekdoten in 20 Kappn, bei
deren Zusammenstellung der gelehrte Träger des zweithöchsten geistlichen Amtes seiner
Kirche vor der Aufnahme sogar reichlich anstößiger Schwänke nicht zurück-
geschreckt ist.[2] Daß bei ihm Derartiges statt einer Erzählung frommer Heiliger-
legenden neben der hohen Geschichtschreibung steht, beleuchtet vielleicht am
hellsten, wie stark in seinem Schaffen auf dem absoluten Höhepunkte ihrer Entwicklung die christlich-syrische Literatur des zweiten Jahrtausends einen maßgeblichen Einfluß der arabisch-persischen des Islams erfahren hat.

f) Auch seine **Poesien**, in denen sich B., zwar nicht als echten Dichter, aber
doch als einen Sprache, Metrum und sonstige Mittel äußerer Wirkung beherrschenden Formkünstler bekundet, verraten zu einem guten Teil den Einfluß
islamischer Kultur. Neben umfänglicheren Lehrgedichten in den meisten Fällen
moralischen Inhaltes stehen kleinere Gelegenheitsdichtungen und in großer Zahl
epigrammatisch empfundene Vierzeiler durchaus weltlichen Charakters, während
jede Spur eines in den Dienst der Liturgie gestellten Schaffens fehlt.[3] Ihre ge-
sonderte Überlieferung gibt von dem Ansehen Kunde, dessen sich in der Folgezeit namentlich einzelne Nrn dieses poetischen Nachlasses erfreuten. Obenan
stehen zwei Stücke im zwölfsilbigen Metrum: eine gerne mit einem Kommentar
auftretende Dichtung über die göttliche Weisheit[4] und der 1276 7 in Bagdad
entstandene „distichische Mēmrā" (Mēmrā zauganājā) über „die göttlichen Dinge
und die Vollkommenheit in ihnen" oder „die Vollkommenheit, philosophisch betrachtet", der durch eine Reihe späterer nestorianischer Dichter eine sukzessive
Erweiterung durch Einfügung neuer Verspaare erfuhr.[5] Auch Gedichte auf die

geschichte: JBAbbeloos-ThJLamy, Chronicon ecclesiasticum quod e cod. Mus. Br. descript.
coniuncta opera edd. 2 (in 3) Bde (Löwen 1872/7), von Proben aus dem einen oder anderen Werke
fast in allen Chrestomathien. Ältere Literatur zu der wenig befriedigenden Ag von Bruns-
Kirsch, Lit. 46f.

[1] Über ihre Bedeutung als Quelle der syrischen Literaturgeschichte vg. S. 6. Agg: Pococke
Mit lat. Übs. Oxf 1663). ASālhāni (Beirut 1890), von Azzu: Pococke, Specimina hist. dynast.
(Oxf 1650). Übs: GLBauer (Lpz 1783.

[2] Hss: VtS 173 (14. Jh) XI°. IndOff 9, unvollständige: Séert 108. 8°. eines Azs: Mos
111. 7°. Agg: EAWBudge, Laughable stories. Syr. text with engl. transl. (Lo 1896), von
Proben: JGCAdler, Brevis ling. syr. institutio (Altona 1784) 39/44. LMorales, ZDMG 40,
410/56. Übs: EAWBudge, Oriental wit and homour, being the laughable stories coll. by Mar
Gregory John Bar-Hebräus, transl. from the Syriac (Lo 1899.

[3] Hss einer umfassenden Sammlung: Ox 122 (Hunt 1. J 1499)4°. 155 (Marsh 201). Séert 56
15. Jh)I°. CmbrGg 3. 30 (J 1542) 1°. Pr 197 (Anc fonds 157. 16. Jh) 14°. 215 (Anc fonds 118. 17. Jh 2°.
270 (Anc fonds 165. 17. Jh) 1°. VtS 174 (ums J 1600) 11°, der kleineren Gedichte: Brl 177 (Sach 60.
J 1859) 8°, einer kleineren Sammlung größerer Gedichte: Brl 171 (Peterm. Syr 14. J 1840,1) 11°. Agg:
AScebabi, Greg. B. carmina (R 1877), einzelner: CvLengerke. Greg. B. aliorumque carm.
syriaca aliquot adhuc inedita (Univ.programme. Königsberg 1836,8).

[4] Sonderhs: DamErzb 61 (J 1551,2 6°. Brl 252 (Sach 61. J 1652,3°. 196 (Sach 198. J 1837,8, V°.
178 (Sach 83. J 1862) 3°. Orqu 1028. Pr 271 (Anc fonds 165. 17. Jh). PalMedOr 72. Mard 69 (J 1887 5°.
Agg: GabrielSionita, Vet. philosophi Syri de sapientia divina poëma aenigmaticum (Pr 1638).
JNotayuDarauni, Carmen de Div. Sap. Anct. celeberr. viro Abulphargio usw. (R 1880), teilweise: LTh 63,5. [5] Sonderhs nur des ursprünglichen Textes: CmbrAdd 2010 (J 1879) 1°. Über
die Hss mit Erweiterungen § 52a bzw. 54a. Ungewiß bleibt der Umfang des Textes in der Hs
Edessa 49. Ag: Scebabi 1,35.

göttliche Weisheit oder Liebe unter dem Bilde des Weines, die wunderbare Gestalt des Himmels und der Erde und den Tod Jôḥannân b Maʿdanis scheinen sich frühzeitig besonderer Beliebtheit erfreut zu haben.[1]) Eine Sonderstellung nimmt endlich ein umfangreicher konfessionell-polemisches Sendschreiben in siebensilbigem Metrum an die Adresse des nestorianischen K Denḥā ein, mit dessen von Väterzitaten durchflochtenen dogmatischen Ausführungen sich ein historischer Überblick über die KK des Ostens vom Apostel Thomas bis zum J 557 verbindet.[2])

g) Von **jüngeren Zeitgenossen** B.s war sein Bruder Barṣaumā bereits als Verfasser von Aufzeichnungen über dessen Lebensende und Schriftennachlaß zu erwähnen.[3]) Ein Mönch Daniel b Haṭṭāb(h),[4]) der sich mit Herstellung gekürzter arabischer Texte seiner Werke beschäftigte, bekundete sich als syrischer Verskünstler in einer poetischen Korrespondenz mit dem Nestorianer Khamîs b Qardâḥē, in die auch B. selbst eingriff.[5]) Von diesem 1285 6 ordiniert war ein B Dioskuros v Gâzartâ d(h)ē Qardû,[6]) mit Geburtsnamen Gabriel, der früher Mönch im Matthäuskloster von Barṭellā gewesen war, der Lebensgeschichte des Heimgegangenen unmittelbar nach dessen Tode auf Wunsch eines Prs Behnâm einen Mēmrâ widmete[7]) und als Verfasser einer Anaphora erscheint, deren Echtheit in Zweifel zu ziehen kein Grund vorliegt.[8]) Eine solche verfaßte endlich auch 1303/4 der 1292/3 ordinierte P Ignatios I. (V.) b Waḥîb(h),[9]) † 19. 1. 1333, der, ursprünglich Bad(h)r Zâk(h)ē genannt, unter dem Namen Joseph B von Mardin gewesen war und für den an weiteren literarischen Arbeiten eine umfangreiche Schrift über das syrische Alphabet und eine solche grammatischen Inhalts bezeugt werden.[10])

§ 52. Eine derjenigen B ʿEb(h)râjâs ebenbürtige Erscheinung weist auch das gleichzeitige nestorianische Schrifttum nicht im entferntesten auf. Immerhin hat auf nestorianischer Seite die aufsteigende Linie literarischer Entwicklung des zweiten Jahrtausends erst gegen Ende des 13. und in der ersten Hälfte des 14. Jhs ihre abschließende Höhe erreicht, die doch in mehr als einer Beziehung

---

[1]) Sonderhss: Brl 252 (Sach 61. J 1652) 4°/6°.   170 (Sach 207. 18. Jh) 2°/4°, der beiden letzteren Nrn: BrMOr 4087 (J 1647/8).   Mard 62 (J 1887) 3°. 4°.   Ag: Scebabi 46/53. 35 46. 97/101.   Weitere Hss vereinzelter Nrn: Ox 198 (Poc 298. J 1572) 3°. 13.   Brl 215 (Peterm Syr 11. J 1707) fol 99 r°.   217 (Peterm. Syr I 9. J 1885/6) fol 37 v°. 38 r°. 196. IV 2° a/d.   Ag von Teilen der ersten: LTh 63/5.

[2]) Brl 170. 1° und eine nicht näher bekannt in Mosul bzw. Abs derselben im Privatbesitze Chabots. Agg: J-BChabot, JA° 11, 75/126 (mit Übs), des kirchengeschichtlichen Überblicks: KatSach 537/43.

[3]) Vg. S. 313 Ak. 2.   [4]) BO 2, 244. 463 f.   Wright 281 f.

[5]) Hss (außer den Gesamtsammlungen der Gedichte B.s): Ox 176 (Hunt 341. J 1557) 4°.   VtS 159 (J 1628/9) VII°.   BrMOr 4087 (J 1647/8).   Brl 252 (Sach 61. J 1652) 7°.   177 (Sach 60. 19. Jh) 5°.   Ag: Scebabi 153/5.

[6]) B'EKg 465 f.   BO 2, 463.   [7]) Hs: Ox 158 (Marsh 74. J 1673).

[8]) Hss: Brl 152 (Sach 151. 14/5. Jh) 7°.   Leid 2353 (Cod 1572. 14/5. Jh) 4°.   VtS 33 (J 1467) 3°. Pr 76 (Anc fonds 68. 16. Jh) 17°.   JerMkl R (16/7. Jh) 28°.   CmbrAdd 2887 (J 1843) 23°.   Übs: Ren 2, 489/504.   [9]) B'EKg 1, 781/92.   BO 2, 381 f. 454 f.

[10]) Hss der Anaphora: Brl 152. 11°.   VtS 33. 4°. 25 (J 1481/2) 3°. 26 (J 1484) 3°. 34 (J 1500,1) 5°. Pr 74 (Anc fonds 66. J 1515/6) 11°. 76. 7°. 77 (Suppl 6. 16. Jh) 7°.   JerMkl 13 (J 1591) 14°.   Ox 66 (Poc 85. J 1623) 3° 9'.   BrM 7180 Rich (J 1657,8) 14°.   CmbrAdd 2887. 31°.   Übs: Ren 2, 508/38.   Eine Dichtung steht LTh 160/2 ohne Nachweis einer bslichen Überlieferung unter dem Namen seines Neffen des Pen Ignatios II/(VI) Jôḥannân b Ismaʿil, genannt al-Maġîdî, ord. 1333, † 1336. Vg. (B E)Kg 1, 791,804.

Bemerkenswertes bietet. In der Poesie kommt bei K(h)amîs b Qardāḥē neben dem gewohnten Schaffen im Dienste der Liturgie eine stark weltliche Richtung zur Geltung. der es auch an einigen weiteren, obgleich bescheidenen Vertretern nicht gefehlt hat. während Gabriel v Mosul mit einer eigenartigen Weiterbildung der 'Ônît(h)ā im Sinne eines neuen religiösen Epos einen allerdings kaum verdienten Beifall und vielleicht an einem Bĕrîk(h)îšô' b Eškāp(h)ē einen ersten Nachfolger fand. Mit höchster Virtuosität in Handhabung poetischer Kunstformen verbindet 'Ab(h)dišô' b Bĕrîk(h)ā als gelehrter Prosaiker eine an diejenige des größeren Jakobiten wenigstens erinnernde Vielseitigkeit. Mit P Timotheos II. kommt die Reihe speziell der Theologen, mit einem ungenannten Biographen seines Vorgängers Jahb(h)allāhā III. die Folge der Historiker innerhalb der nestorianischen Prosa zu einem nicht unrühmlichen Abschluß.

a) Der „Šēḥ" K(h)amîs b Qardāḥē [1]) war Priester in oder bei Arbela und ein offenbar wesentlich jüngerer Zeitgenosse B 'Eb(h)rājās, dessen distichischen Mēmrā auf die göttliche Weisheit er bereits durch Vorsetzung je eines weiteren Verspaares erweiterte.[2]) Nur einen bescheidenen und sehr einseitigen Ausschnitt seines mannigfaltigen Nachlasses enthält das nach ihm benannte K.-B, das mit solchen des Wardā und einiger anderer Dichter seine zu dauernder liturgischer Verwendung gelangten 'Ônjāt(h)ā vereinigt.[3]) Schon auf dem Gebiete der 'Ônît(h)ā-Dichtung treten nämlich neben Buß- und Bittgesänge,[4]) Hymnen auf die Feste und Festzeiten des Kirchenjahres[5]) und Lieder zum Preise des Blutzeugen Îšôsab(h)ran[6]) Stücke. in denen er von Betrachtung und Allegorie[7]) bis zur

---

[1]) BO 3ı, 566. LTh 59,62 mit Ansatz des Todes auf 1350. Wright 284. KdP 93f. Duval² 403.

[2]) Hss nur mit der Erweiterung des K.: Dijarb 91(J 1595)1°. N-Dsém 72(14.Jh)6°. VtB (17. Jh)6°. Über solche mit Erweiterungen noch späterer nestorianischer Dichter § 54 a.

[3]) Hss mannigfach im genauen Einzelbestand abweichender Rezensionen: VtB 33(15.Jh). 35(15.Jh). Jer Patr 31(J 1512). 2(J 1668,9). Mos 80(J 1549,50). 81(J 1779/80). 77(18. Jh). 79. Dijarb 88(J 1574). 90(J 1635). 89 17.Jb). Brl 66(Sach 176. 16.Jh mit jüngeren Ergänzungen). Séert 54 (J 1610). BrMOr 4062(J 1673/4). 4063(18. Jh). 2304(J 1877). Cmbr 1991(J 1729). 2313(19.Jh). N-Dsém 86(J 1868). Gute Bss: KatWright-Cook 365,86. 644/52. Sachau 251/9.

[4]) Hss einer Normalsammlung von 19 Nrn: Jer 31β'. 2 ϑ'. Séert 54 II°. CmbrAdd 1991. 2°. 3°. 2813. I°, dieser Sammlung mit Ausnahme von Nr 5: Brl 66 A. B, und in anderer Reihenfolge: Jer 23(J 1610)β'.ϑ'.ϑ', ungewiß wie vieler: die übrigen des „K.-Bs", der Normalsammlung mit Ausnahme der Nrn 5 und 13: VtS 186(J 1477)IV°.18,34, ihren Nru 1/15 in etwas veränderter Reihenfolge: VtS 185(J 1703)II°, ihrer Nru 1. 4,8. + 9/17: Brl 67(Orqu 801. J 1464/5?)2°/16° bzw. (mit Umstellung der beiden Teilreihen) anscheinend (die Wardā-Hss): Séert 55. XXIV°, ihrer Nrn 9/17: Séert 56(15. Jh)XVI°. VtS 89(16. Jh)5°, ihrer Nru 10/15. 4/6: Jer 49(18. Jh)α', von Sammlungen verschiedenen Umfangs bzw. vereinzelter Nrn: Séert 56. III°. IV°. VI°. Dijarb 90(J 1635)2°. 87(17. Jh)2°. 94. 4°. 19°. CmbrAdd 2013(17 8. Jh)2°/7°. 13°/17°. Agg der Nr. 6 der Normalsammlung: KdP 94/7, des Anfangs einer anderen: LTh 62.

[5]) In einer (nicht immer erreichten) Normalzahl von 8 Nrn: Hss außer denjenigen des „K.-B.s": Mard 44(J 1722)5°, einzelner: Dijarb 91(J 1395)3°. VtS 186. IV° 17 und die meisten Wardā- und Gazzā-Hss wie CmbrAdd 1980(J 1722/3, 1°n. 19°b. Agg einer Nr auf Weihnachten: BrCh 1, 334,7, derjenigen auf Ostern: GMösinger. MonS 2, 168/71, von Teilen derjenigen auf Christi Himmelfahrt: LTh 60f.

[6]) Hss von 16 Nrn: VtS 186. IV°. 1/16, einer einzigen: Dijarb 91. 3°. Mard 44. 6° und diejenigen des K.-B.s.   [7]) Hss: VtS 186. IV°. 57/61. N-Dsém 85(17. Jh)2°.

Satire[1]) und schmerzlicher Rüge eines Apostaten[2]) recht fremdartige Stoffe in die Form ursprünglich liturgischer Poesie gekleidet hat. In einem auch als Mēmrā bezeichneten Gedichte über die Buchstaben des Alphabets ist sie von ihm sogar zur Einkleidung grammatischer Gelehrsamkeit verwendet worden.[3]) Zu gottesdienstlichem Gebrauche bestimmt sind andererseits auch seine Tūrgāmē[4]) und gewisse teilweise in zweisprachigem Texte syrisch und mongolisch überlieferte Dichtungen kürzesten Umfangs.[5]) Zweifelhaft bleibt das Maß seines persönlichen Anteils an dem Schatze liturgischer Sôg(h)jāt(h)ā der nestorianischen Spätzeit.[6]) Was außerhalb ihrer Sammlungen an Proben seiner Sôg(h)it(h)ā-Poesie überliefert ist, verrät stark eine sich vom Mutterboden des Gottesdienstes entfernende Verwendung auch dieser Form, wobei neben immerhin noch religiös erbaulichem Inhalte bereits Wein, Freundschaft und Liebe, die Klage des Vaters an der Bahre seines Sohnes und in Streitreden zwischen Gold und Silber oder zwischen den Monaten des Jahres die leisen Keime von etwas wie einer weltlichen Dramatik zur Geltung kommen.[7]) Am meisten tritt vollends der profane Einschlag seines Schaffens in den kleineren, mehr oder weniger epigrammatischen Gedichten des K. hervor: den aus Vierzeilern des zwölfsilbigen Metrums bestehenden „Pforten metrischer Texte" (Tarʿē d(h)ĕmūšḥāt(h)ā), von denen sechs Klassen bei einem Gesamtbestand von mehr als 400 Nrn sich auf die Behandlung göttlicher Dinge, Lebensweisheit, poetische Briefformulare, Liebesdichtung, Erbauliches und poetisches Allerlei, wie den Preis der Rose, des Fächers, der Wachskerze, eines Bechers usw. verteilen.[8])

b) **Eine weltliche Dichtung** des Dichtens vertreten in spärlichen Splittern eines vielleicht einst erheblich umfangreicheren Nachlasses, die sich zwischen den verwandten Schöpfungen des K. erhalten haben, ein **Rabban Kyriakos**[9]) und ein **Pr Ḥaljā**,[10]) von welchen der erstere gewiß zu Unrecht mit einem gleich-

---

[1]) Gegen die Unbildung der christlichen Bevölkerung von Arbela. Hss: VtS 186. IV°. 62 4. N-Dsém 85. 3°.   [2]) Eines Diakons. Hss: VtS 188. II°. 25 bzw. (die Wardā-Hss): Vt 184. XIV° (anonym), Brl 65. Fol 116 (W. selbst beigelegt). Ag mit Übs: H Hilgenfeld, Ausgew. Gesänge d. Giw. Warda v. Arbel 27/31 (60,5).   [3]) Hss: Dijarb 91. 6°. VtS 186. IV°. 65. N-Dsém 85. 5°. Brl 92 (J 1735) VII°, vermutlich auch: Edessa 52. Ag des Anfangs: Kat Sachan 342.

[4]) Hss derselben allein: Dijarb 91. 5°. Brl 67. 23°. VtS 186. IV°. 38,55. N-Dsém 85. 1°, über diejenigen einer sie mit denjenigen des ʿAb(b)dišôʿ v Ṣôb(h)ā vereinigenden Sammlung S. 825 Ak. 4. Ag einer Nr: LTh 59f.

[5]) Hss der syrisch-mongolischen Stücke auf die Herrenfeste: CmbrAdd 2041 (18. Jh) 13°. 2820 (J 1882) III°. 29, einer ähnlichen Sammlung für alle Sonntage des Kirchenjahres: VtS 185. IV°.

[6]) Die einschlägigen, die Texte fast durchweg anonym überliefernden Hss S. 304 Ak. 1. Für eine Sammlung von 70 Nrn wird ausdrücklich K. als Dichter in Anspruch genommen: Séert 56. XXIII°.

[7]) Hss liturgischer und profaner Stücke: VtS 186. VI°. 188. II°. Mos 80 (J 1549/50) 2°. 81 (J 1779,80) 2°. Urm 60 (J 1689,90). 101 (17. Jh) 4°. N-Dsém 85. 2°,5°. Séert 52 (18. Jh) III°. CmbrAdd 2041. 4°. 5°. 2820. II°. III°, einer Sammlung von 40 ausschließlich profanen Nrn: Séert 56. XXIV°. Ag des Anfangs der religiösen Nrn VtS 186. VI°, 12 und 17: LTh 62. 122f.

[8]) Hss sicher der ganzen Sammlung: VtS 186. VI°. N-Dsém 85. 6°, nur von Azzn: Dijarb 50 (J 1553) 4°. BrM 7199 Rich (16. Jh) 3°. Brl 69 (Sach 72. 16,7. Jh) XII°. CmbrAdd 2820 (J 1882) III°. 10/7. 20 und die S. 304 Ak. 1 erwähnte im Privatbesitze AdRückers II° (J 1878. Vg. OC² 9, 122f.), ungenügend beschriebene: Dijarb 91. 7°. 86 (16. Jh) Anh. 95 (Vor J 1697/8) 6°. Mos 78 (J 1893). Urm 101 (17. Jh) 4°. 45 (J 1753) 10°.

[9]) BO 3ı. 597f. LTh 121/3. Hss eines Vierzeilers von ihm: VtS 188. III°. CmbrAdd 2820. III°. 2. Hs AdRückers II°. Hinter 8. Ag: LTh 122. Ebenda 122f. unter seinem Namen ein umfangreicheres Bruchstück einer auch unter demjenigen des K(b)amīs überlieferten Dichtung. Vg. oben Ak. 7.   [10]) Hs eines Gedichtes von ihm auf den Wein: N-Dsém 85. 10°. Ag: LTh 86f.

namigen Nestorianer schon des 10. Jhs identifiziert wurde, der in arabischer
Prosa gegen den Jakobiten Jaḥjā ibn 'Adi schrieb. Etwas, wenngleich nur wenig,
mehr ist es, was sich an Einschlägigem neben einem Toten-Mad(h)rāšā von einem
Men Jôḥannan b Jakk gerettet hat.[1] Eine sichere Datierung noch ins 14. Jh
gestatten im Gegensatze zu diesen Erscheinungen, die man nur vermutungsweise
auch zeitlich an K(h)amis heranrücken möchte, schließlich Strophen wenigstens eines
Rabban Isḥāq.[2] Ein möglicherweise schon weit älterer Vertreter dieser poetischen Richtung war ein B Daqnānā, dessen Wein und Liebe feiernden Mēmrē
in der lexikographischen Literatur ein schwaches Echo hinterlassen haben.[3]

c) Gabriel, mit dem Beinamen Qamṣā (,,Heuschrecke") oder Qamṣājā,[4]
der 1281 als M von Mosul an der Wahl des K Jahb(h)allāhā III. teilnahm, war
früher Mönch im Kloster Bēt(h) Qôqā gewesen. Sein Hauptwerk ist, eines der
meistabgeschriebenen Stücke syrischer Literatur, eine monströse 'Ônit(h)ā auf dessen
Gründer Sab(h)rišô' in teils zwölf-, teils achtsilbigen gereimten Versen und einer
schwülstigen, mit griechischen Fremdwörtern überladenen Sprache, die einleitend bis
zum Sündenfalle zurückgreift und einen Umweg über die gesamte Geschichte der
göttlichen Heilsökonomie und die Reihe der von Palladios verherrlichten Asketen des
frühchristlichen Ägyptens nimmt, um schließlich ihr eigentliches Thema zu erreichen.[5]
Außerdem begegnen von ihm nächst einer Serie von Strophen auf die Monate
des Js 1287,8[6] einige weitere Hymnen wohl des 'Ônit(h)ā-Typus[7] und ein Toten-
Mad(h)rāšā.[8]

d) Rabban Bērik(h)išô' b Eskāp(h)ē. Abt von Bēt(h) Qôqā, von dem in
Prosa eine Abhandlung über die Einteilung des Kirchenjahres durch Išô'jahb(h) III.
als Vorsatzstück des Hûd(h)rā erscheint,[9] muß spätestens dem 14. Jh angehört
haben, wenn anders schon diesem zwei Hss einer epischen Dichtung entstammen,
die er in zwölfsilbigem Versmaße der Lebensgeschichte seines Lehrers Šamli gewidmet hat.[10] Neben diesem allerdings als Mēmrā bezeichneten Stücke begegnet
er ferner vereinzelt auch als Dichter einer 'Ônît(h)ā.[11]

e) 'Ab(h)dišô' b Bērik(h)ā[12], † Anfang 11. 1318, war im J 1284/5 B von
Sig(h)ār und Bēt(h) 'Arbājē gewesen und ist vor 1290,1 M von Ṣôb(h)ā (= Nisibis)
und Armenien geworden. Von seinen Prosawerken scheinen zunächst eine sich
über das gesamte A und NT erstreckende Bibelerklärung, ein ,,B der verborgenen

---

[1] Hss des Toten-Mad(h)rāšā: Mard 92 (J 1589,90). Séert 111 (18. Jh, von 23 bzw. 24 Strophen
mindestens formal von der Art der Vierzeiler des K(h)amis: Séert 107(16. Jb)3°. 52(18. Jh)11°.

[2] BO 3₁, 232. Duval, Prooem XIV.   [3] Bei BB. Doch könnte es sich um nachträg-
liche Berücksichtigung auch erst eines Dichters der Spätzeit handeln.

[4] 'Am 124 (72°. BO 3₁, 566. LTh 107/13 mit Datierung des Todes auf J 1300. Wright
284 f. Duval³ 403.

[5] Hss: diejenigen des K.-B.s mit Ausnahme von CmbrAdd 2813, in denen das Stück als
1° an der Spitze zu stehen pflegt (doch: Brl 66 D!), außerdem: Dijarb 91. 2°. 50. 1°. Brl 67. 1°
VtS 186. 11°. 180). III°. Mard 43(J 1483)2°. Séert 56. XX°. VtB 143(17.Jh)3°. JerPatr 23ᵃ'.
Mos 78(J 1893)1°. Bs: KatSachau 255. Ag einer Textprobe: LTh a. a. O.

[6] Hss: CmbrAdd 1979(J 1707)VII°. 3. Brl 45 Orqu 580. J 1850,12°.

[7] Hs: N-Dsém 74(16. Jh).   [8] Hs: Mard 92.

[9] Hs z. B.: CmbrAdd 1981(J 1607). Ag: KatWright-Cook 161 s.

[10] Hss: N-Dsém 72(14. Jh)3°. Mos 74 J 1520/1)11°, ohne Nennung des Dichters: Séert 115
14. Jh)B. 123. 1°.   [11] Hs: JerPatr 31(J 1512)ᶜ'. Ag: BrCh 1, 218.

[12] Vorrede des Kommentars zum ,,Eden-Paradies". 'Ai § 186 (wonach die folgenden An-
gaben über nicht Erhaltenes). Subscriptio des illustrierten Evangelistars VtB 169(14 f-K. J 1576.
Vg. AStegensek, OC 1, 343/55). BO 1. 539. 3₁, 325 61. LTh 53 f. KdP 91. Wright 285/9.
Duval³ 404 f.

Geheimnisse der Philosophie der Griechen", eine „B Σχολαστικός" betitelte Widerlegung aller Häresien, der Kommentar zu einem alchemistischen angeblichen Briefe des Aristoteles an Alexander d. Gr. und zahlreiche Briefe vermischten Inhalts untergegangen zu sein. Eine systematische Darstellung der Dogmatik war vermutlich einem gleichfalls verlorenen „B Καθολικός über die wunderbare (Heils)-ökonomie"[1]) mit dem erhaltenen und im J 1297/8 entstandenen „B der Perle über die Wahrheit des Glaubens"[2]) gemeinsam, woneben noch ein kürzerer Abriß der nestorianischen Glaubenslehre in Form eines ausführlichen Symbols steht.[3]) Doppelt hat 'A. auch das Gebiet des Kirchenrechts behandelt: in seinem von ihm jedenfalls schon als M verfaßten Nomokanon, der zweibändigen „kurzgelaßten Sammlung der synodalen Kanones"[4]) in 9, und in der auf 1315/6 datierten „Tafel der kirchlichen Rechtsordnungen und Gesetze"[5]) in 10 Mēmrē. Seine Meisterschaft in spielender Behandlung der gekünsteltsten Formen einer an arabischen Vorbildern gebildeten nicht liturgischen „Poesie" hat er in den 50 mit den Makamen Ḥariris wetteifernden Gedichten seines „Eden-Paradieses" bekundet.[6]) In zwei nach Henoch und Elias benannte Teile zerfallend, ist das jene Formen mit mannigfachem religiös erbaulichem Inhalt erfüllende Werk selbst im J 1290/1 entstanden und seiner sprachlichen Schwierigkeiten wegen durch seinen alternden Autor selber in einem im 5. 1316 vollendeten Kommentar erläutert worden. Verwandten Charakters, aber profanen Inhalts waren wohl 12 Mēmrē „umfassend alle Wissenschaften". Zu weiteren Mēmrē „über verschiedene Gegenstände" gehören ein Amín ed-Daula gewidmeter über Zeitrechnung und

[1]) Vg. indessen Azz über Verkündigung. Geburt usw. „ex libro ‚fundamentum fidei" in der Hs VtS 307. 16°.   [2]) Hss: Vt 456(14. Jh?). 176(J 1476). 175(J 1713). N-Dsém 133(J 1478,9)17°. 41(16. Jh). BrM 4415(15/6. Jh). 4069(J 1721/2)2°. 4526(J 1726,7). Séert 83(J 1537). Brl 84(Sachan 4. J 1667/8). 83 (Sach 312) A (Abs aus dem Autograph des Verfassers). Orfol 3121. VtB 1(J 1674)3°. 34(J 1678)2°. 38(J 1700)1°. CmbrAdd 2018(J 1677). 3087(17. Jh)1°. Urm 38(J 1885). 120 J 1887). Pr 315. 1°. 1, eines Azs: Brl 92(Sach 304. J 1735)VII°b. Bs: BO 3ı, 352/60. Agg AMai, Script. Vet. nov. coll 10ıı, 317,66, (mit Übs), eine durch Mimiographie hergestellte: JEKelaita (Urmia 1908), von Azz: KdP 35,40. Übs allein: GPBadger, The Nestorians and their rituals 2. 380/422.   [3]) Hss: CmbrAdd 3087 fol 82 r° ff. Pr 315. 1°. 3.

[4]) Hss: VtS 129(J 1322)11°/IV°. 355(Abs der vorigen). 128(J 1556). VtB 52(J 1468). 53(J 1643). Séert 66(15. Jh). Dijarb 100(J 1563). Mos 65(J 1563,4). 63(J 1570). 64(J 1701,2). CmbrAdd 2022(17. Jh). Brl 87(Sach 1714). Pr 323(J 1881). 288(Abs von VtS 245). Mard 51(J 1889). BrMOr 4398(J 1890). N-Dsém 92(J 1893). Bss: BO 3ı. 332/51 bzw. KatAssemani 3. 184 7. 189,91. Ag und Übs: AMai a. a. O.

[5]) Hs: N-Dsém 91 (J 1534/5). Mos 66 (Abs der vorigen). Solche im Privatbesitze von BVandenhoff und J-BChabot. Vg. ABaumstark, OC 1, 109. BVandenhoff, OC² 3, 61. Bs: J-BChabot, SynOr 611/15. Aus dem Werke stammt nach der Vermutung ASchers, JA¹⁰ 13, 269 eine kurze Liturgicerklärung (über Vesper, Nachtoffizium, Matutin und Messe) in den Hss: N-Dsém 24(J 1697/8)7°. VtB 88(J 1868)6°. Mos 103. 7°.

[6]) Hss: CmbrAdd 616(J 1461). 1996(J 1734/5). 3269(J 1813). JerPatr 11(J 1474). Dijarb 72 (J 1480). 73(Ebenso). 74(J 1579). 75(1609). VtS 379(J 1540). 245(Abs der vorigen). VtB 41(16. Jh). 34(J 1678)1°. Séert 105(16. Jh). 107(16. Jh). 106(J 1819). 104(J 1828). Brl 71(Sach 1. J 1647,8). 72 (Sach 11. J 1734). 171(Peterm 14. J 1840/1)1°. Orqua 867. Orfol 3121. Pr 259 (Anc fonds 166. J 1632/3)2°. 253(J 1825). BrMOr 2302(J 1693/4). 4068(17. Jh). 4069(J 1721/2)1°. 5443(J 1891). Dublin Trin. Coll. 1507(17 Jh)1°. Mard 77(17. Jh). Urm 76(J 1809). 108(J 1878). Eine solche in Dēr Za'farān, von nur 31 Nrn in nicht ursprünglicher Reihenfolge: Ox 159(Marsh 361. J 1643)1°.4°. Bs: BO 3ı, 325/32. Ag der ersten Hälfte GCardahi, Pardaisa d(h)a 'Edden seu Paradisus Eden (Beirut 1889), einer Auswahl: HGismondi, Ebedjesu Sobensis carmina selecta ex libro Par. Eden ed. et latine reddidit (Beirut 1888), einzelner Gedichte: JMillōs, Direct. spirituale (R 1868) 231/45. KdP 74,9, von Azz: LTh 55,7, eines Gedichtes mit Kommentar: KdP 195/202.

Kalenderkunde[1]) im 12 silbigen, der Schriftstellerkatalog[2]) im 7 silbigen Metrum und die metrische „Erklärung" zu einer allegorischen Dichtung Šem'ōns \ Sanqēlābād(h).[3]) Auf dem Gebiete liturgischer Dichtung endlich ist der Name 'A.s in maßgeblicher Weise mit den beiden Gattungen des Tūrgāmā[4]) und Hūttāmā[5]) verknüpft. Fraglich bleibt prosaische oder poetische Form bei nicht erhaltenen Rätseln, Sentenzen und Fabeln.

f) K Timotheos II.,[6]) ord. 1318. † 1353, war vor seiner Erhebung unter dem Namen Jausep(h) M von Mosul und später von Arbela gewesen. Die Akten und Kanones der von ihm bei seiner Thronbesteigung abgehaltenen Synode hat 'Aī als Anhang zum 5. Teile seines Nomokanons erhalten.[7]) Ungleich größere Bedeutung als sie hat sein in 7 BB gegliedertes umfangreiches Werk über „die kirchlichen Mysterien", als welche in dieser jüngsten und umfassendsten Liturgieerklärung des nestorianischen Ritus das Priestertum mit den drei Ordinationen des Bischofs, Priesters und Diakons, die Altarweihe mit Einschluß der Weihe des bei derselben verwendeten heiligen Öles, Taufe, Eucharistie, Mönchsweihe, Begräbnis, Eheschließung und Buße behandelt werden.[8])

g) Der Biograph des K Jahb(h)allāhā III. hat nach dem Tode desselben, aber, da er die von ihm erzählten Ereignisse miterlebte, nicht viel später geschrieben. Sein Held, geb. in Kuošeng 1244, ord. 1282. † 13. 11. 1317, ein Mongole namens Markos, hatte in einem Kloster in der Nähe von Peking als Mönch gelebt und war mit seinem Lehrer Rabban Ṣaumā auf einer Palästinawallfahrt nach Vorderasien gekommen, wo er, unter der üblichen Änderung seines Namens zum Men von China erhoben, aber an der Rückkehr dorthin durch die allgemeine Unsicherheit ebenso wie an der Erreichung seines ursprünglichen Reisezieles verhindert, zeitweilig im Kloster Bēt(h) Qōqā Wohnung nahm. Seine Wahl zum K war offenbar durch die Absicht bestimmt, die Gunst der ihm blutsverwandten mongolischen

[1]) Hss: VtB 34 (J 1678) 4°.   BrMOr 4069 (J 1721/2). 1526 (J 1796/7).

[2]) Verfaßt nach 1315/6, weil darin schon beide kirchenrechtlichen Werke aufgezählt werden. Hss: VtS 456 (14. Jh). 176 (J 1476) II°. VtB 1 (J 1674) 4°. 34 (J 1678) 3°. 38 (J 17(0) 2°. N-Dsém 138 (J 1478/9) I°. Séert 83 (J 1557) 2°. CmbrAdd 208 (J 1677) III°. 2. 3087 (17. Jh) 2°. Brl 83 (Sach 312. J 1680) B. Orſol 3121. BrMOr 4069 (J 1721/2). Urm 63 (18. Jh) 3°. 38 (J 1885) 2°. Pr 315 (J 1884, mittelbare Abs einer Vorlage vom J 1300) I°. 2. Agg: Abraham Echellensis (R 1658). BO 3 ɪ, 325/61. Übs: G P Badger a. a. O. 2, 361/79.

[3]) Vg. oben S. 310, wo Ak. 8 die Hss genannt sind. Ag: LTb 89/96. „Mēmrē" gewiß dieses „A. und anderer" enthält hinter „Fragen des Chrysostomos" ferner die Hs JerMkl 159.

[4]) Hss von Dichtungen vorwiegend 'A.s gelegentlich mit einer Beimischung einzelner von K(h)amis b Qardāḥē: Liederhs der St. Josefsuniversität in Beirut (Vg. Ad Rücker, OC 9, 119/21) II°, Dijarb 61 (J 1568/9) I°. 60 (J 1571) 2°. Mard 33 (J 1578). 34 (16. Jh) 20 Anh. N-Dsém 68 (16. Jh). 69 (J 1882). Urm 21 (17/8. Jh). CmbrAdd 2039 (17/8. Jh) I°. 1977 (J 1728) I°. 2818 (18. Jh) I°. Brl 171 (Peterm 14. J 1840/1) III°. Séert 49. Mos 57 Anh., vielleicht auch: JerMkl 92 ("Tūrgāmē der Feste der Nestorianer"). Ag der Nr 1 einer Sammlung von 30 Nrn in Brl 171: KatSachau 515.

[5]) Hss von Sammlungen, die Stücke 'A.s enthalten: Pr 283 (J 1683/4) 14°. 15°. CmbrAdd 2045 (J 1685/6) 5° a. h. 6°. 1984 (J 1807) 9° a/c 10°. N-Dsém 57 (17 Jh). 56 (J 1716). 54 (J 1882). 55 (J 1856), einzelner Stücke 'A.s in Sacerdotalien oder anderen liturgischen BB: VtS 303 (J 1608/9). 43 (J 1701) 5°. 307 (18. Jh) 20°. Brl 49 (Orqu 516. J 1756) fol 109 r°/21 r°. Vereinzelt begegnen Gedichte 'A.s auch im Warda-B, so in den Hss: Mard 41 (J 1511). 42.

[6]) Ai, Nomokanon, hinter V. BO 3 ɪ, 567/80. Wright 290. Duval² 405.

[7]) Weitere Hs: Pr 332 (J 1895) 6°. Ag von Azz: BO 3 ɪ, 567/72.

[8]) Hss: Séert 84 (J 1565). N-Dsém 10 (Abs der vorigen). VtS 151 (J 1613). JerMkl 112, von Azz: N-Dsém 82 (J 1894) 8°. Bss: BO 3 ɪ, 572/9. KatAssemani (Rom) 3, 281/86. Ungewiß bleibt, in welchem Verhältnis zu dem Werke die „Questions du patriarche Timothée sur l'office" der einzigen Hs Dijarb 112 (18. Jh) 10° stehen.

Gewalthaber der Stunde für das nestorianische Christentum zu gewinnen. Tatsächlich hat dieses im Zusammenhange mit einer politischen Rolle, die er unter sieben Mongolenherrschern spielte, eine letzte Periode allgemeiner Bedeutung erlebt, der freilich auch die Trübungen blutiger Verfolgung nicht erspart blieben. Alles dies schildert die „Geschichte des J. und seines Lehrers Barṣaumā" mit frischer Anschaulichkeit, wobei eine ihrer reizvollsten Partien durch den Bericht über eine Gesandtschaftsreise bezeichnet wird, welche Rabban Ṣaumā 1287 im Auftrage des Großherrn Argûn nach den Höfen des Abendlandes unternahm, um dieselben für ein Bündnis mit den Mongolen gegen die Araber zu gewinnen, und auf welcher er auch Rom besuchte.[1]

§ 53. Nachdem unter den Jakobiten an B 'Eb(h)rājā, unter den Nestorianern an 'Ab(h)dišô' der eigentümlichen Renaissanceliteratur des zweiten Jahrtausends der bedeutendste Vertreter erstanden war, setzte bei den ersteren mit dem Anfang, bei den letzteren mit der zweiten Hälfte des 14. Jhs der endgültige Verfall des nationalen Schrifttums ein. An einer gewissen literarischen Produktion in der alten Kirchen- und Gelehrtensprache hat es allerdings auch weiterhin zunächst noch nicht gefehlt. So hat auf jakobitischer Seite schon das ausgehende 14. Jh einen Dichter Iša'jā aus Bêt(h) Sĕb(h)irînā. das 15. an den PP Ignatios V. (IX.), Abû-l-Ma'ānî, Ignatios VII. (XI.) und einem Mas'ûd im mesopotamischen Osten vier teils in Poesie, teils in theologischer Prosa sich betätigende bescheidene Schriftstellerpersönlichkeiten hervorgebracht, zu denen sich an dem Pen Nûḥ und einem Dawid, dem Phönizier, zwei Söhne des Libanongebietes gesellen. Eine letzte Pflege der Geschichtschreibung durch unbekannte Hände ist daneben selbst bis ans Ende des 16. Jhs zu beobachten. Auch die jüngsten Texte jakobitischer Meßliturgie sind mindestens erst in dieser Spätzeit nachweisbar und wohl tatsächlich kaum vor ihr entstanden.

a) Der Pr Iša'jā v Bêt(h) Sĕb(h)irînā,[2] Sohn eines Rabban Denḥā und Zeitgenosse des von 1386/7 bis 1420/1 regierenden jakobitischen Pen Basileios, alias Gabriel Philoxenos, wird als ein diesem um seiner kalligraphischen Fertigkeit willen mit Beiname „der Schreiber" genannten Hierarchen ebenbürtiger Kalligraph und (Bibel-) Erklärer (oder Dolmetscher?) gerühmt. Von ihm haben sich Dichtungen mit alphabetischer Akrostichis auf den furchtbaren Tamerlan († 1407) und die von Kurden und Türken über die Christen des nördlichen Mesopotamiens

<hr>

[1] Hss: eine solche im Besitze des nestorianischen Patriarchats aus dem Dorfe Mingani in Kurdistan stammend. Abss derselben 1895 im Besitze eines Prs Óša'annā in T(h)ĕk(b)âmā bzw. dieser im Besitze Bedjans. Urm 53 (J 1884). BrMOr 3636 (J 1889). Eine in den Besitz IllHalls Ag: PBedjan, Histoire de Mar-Jabalaha, de trois autres patriarches, d'un prêtre et de deux laiques nestoriens (Pr 1888. ²1895) 1/205. Übs: J-BChabot, ROL 1. 567. 610. 2, 73/142. 566/640. Vg. IHHall, PAOS 1885/8, CXXVI/XXIX. ThJLamy, Bull. de l'Acad. Belg. 17, 223/43. RDuval, JAˢ 13, 313/54. HHilgenfeld, Textkrit. Bemerkk. znr Teschita dMar Jabalaha (Jena 1894). ABaumstark, OC 1. 385.

[2] Leservermerke von seiner Hand aus den JJ 1400/1 bzw. 1419/20 in den Hss BrM 850 (Or 1017) fol 50 r°. 841 (Add 21210) fol 64 r° und Notiz seines Schülers Jôḥannān in der Hs BrM 825 (Add 12165) fol 355 r°: KatWright 851. 881. 899. B'EKg (Forts.) 1. 807 f. BO 2, 884. LTh 113/8 mit zu frühem Ansatz des Todes ins J 1400.

gebrachten Leiden erhalten.[1])   Daneben erscheint er als Urheber einer Redaktion des jakobitischen Trauungsrituals,[2]) in deren Rahmen auf ihn persöulich ein Formular für die Einsegnung zweiter Ehen zurückgeht,[3]) das er durch eine Rechtfertigung seiner Arbeit ergänzte.[4])

b) P Ignatios V. (IX.), Behnām b Jôhannāu Had(h)lāja,[5]) ord. 1411/2. † 1454/5, der Mönch im Kloster von Qartāmîn, Rekluse und seit 1393/4 Map(h)rējān unter dem Namen Basileios gewesen war, hinterließ zahlreiche poetische Erzeugnisse, von denen Mēmrē über die Martyrer Sāb(h)ā und Behnām, über Zeitereignisse und das eigene äußere oder Seelenleben des Dichters namhaft gemacht werden.[6]) Von Stücken der letzteren Art hat sich ein solches im zwölfsilbigen Versmaße neben einem Gebete in vierzeiligen Strophen des siebensilbigen erhalten.[7]) Eine von ihm verfaßte Anaphora erhält ein eigentümliches Gepräge durch eine von den Anfängen ihrer Einzelgebete gebildete alphabetische Akrostichis.[8])

c) Abû-l-Ma‘ani ‘Azziz b Sāb(h)ēt(h)ā,[9]) als Gegenpatriarch des Tûr ‘Ab(h)dîn unter dem Namen Ignatios VII. ord. am Gründonnerstag 1461, † 1481/2, ist der Urheber eines in sieben Abschnitten die Jenseits-Gesichte eines visionären Mönchs behandelnden Werkes[10]) und eines Sendschreibens über die Messe in Prosa.[11])

d) P Ignatios VII. (XI.), Hannanjā Ak(h)sĕnājā b Sillah aus Bartellā,[12]) ord. 1483/4. † 24. 9. (oder 1. 10.) 1493 im 55. Lebensjahre, variiert das Thema reumütiger Klage über die eigenen Sünden in zwei Mēmrē des zwölfsilbigen Metrums,[13]) neben denen ein solcher eines Išô‘ b Sĕlîb(h)ā aus Hāh im Tûr ‘Ab(h)dîn erwähnt sein mag, für dessen nach Maßgabe der hslichen Überlieferung etwas frühere Entstehungszeit ein Terminus post quem sich aus einer Zitierung B ‘Eb(h)rājās ergibt.[14])

e) Ein Mas‘ûd,[15]) der im Alter von 22 JJ. Mönch eines Kloster im Tûr ‘Ab(h)din und später dessen Vorsteher geworden war und seit 1480 als B des Kyriakosklosters in Hezzā den Namen Basileios führte, ist der Verfasser eines 1479/80 entstandenen wohl asketischen Prosawerkes, das den Titel eines „Bs des geistigen Schiffes“ führt.[16])

f) Nûh (Noë),[17]) als P unter dem Namen Ignatios ord. Anfang 11. 1494, † nach 11. 4. 1508 und vor 1525, war 1450/1 als Sohn eines Gîwargîs zu Bākûp(h)ā im Libanon geboren, B von (Emesa-)Hôms gewesen und 1489/90 Map(h)rējān geworden. Während er sich in seinen Prosaschriften, von denen eine allerdings nicht ausdrücklich unter seinem Namen überlieferte „über den Glauben der Syrer“[18]) eine gewisse Beachtung verdient, ausschließlich des Arabischen bediente.

[1]) Hs: Pr 276 (Anc fonds 164. J 1652/3) 3°. Agg zweier Gedichte: Knös 108/19. LTh 114/8.
[2]) Hs: CmbrAdd 1987 (J 1646/7) 1°. Bs: KatWrightCook 309,12.   [3]) Hs: f°.   [4]) Hs: g°. Ag: a. a. O. 311 f.
[5]) Notiz der Hs VtS 33 fol 43 r° (= KatAssemani 2, 236). B‘EKg (Forts.) 1, 809/12. 819/22. 2. 531/40. BO 2, 465/7.   [6]) In der Forts. von B‘EKg 2, 535 f.
[7]) Hs: Brl 165 (Sach 162. J 1582/3) 4° bzw. 8°.   [8]) Hss: VtS 33 (J 1467) 5°. CmbrAdd 2887 (J 1843) 26°.   [9]) B‘EKg (Forts.) 1. 829/32. 833/6. BO 2, 385. KatMargoliouth 2.
[10]) Hss: BrMOr 2308 (J 1687/8). Brl 196 (Sach 19S. J 1838) I°. Vg. KatSachau 632 f.
[11]) Hss: BrMOr 2308. Brl 196. 11°.   [12]) Biographie: s. unten S. 328 Ak. 10. B‘EKg (Forts.) 1, 837/42. BO 2, 386. 486.   [13]) Hss: Brl 165 (Sach 162. J 1582/3) 12°. 164 (Sach 113. J 1803) 8°.
[14]) Hs: CmbrAdd 2019 (J 1452) 5°. Vg. KatWright-Cook 577 f.
[15]) Notiz in der Hs seines Werkes. A Scher, JA[10] 8, 71.
[16]) Hs: N-Dsĕm 130.   [17]) B‘EKg (Forts.) 2, 549/54. BO 2, 462. 468/72. LTh 85 f. FrCöln, OC 4, 34 f.
[18] Ag mit Übs des ersten Teiles: FrCöln, OC 4. 28/97. wo 28 über die Hss des Stückes

hat er syrisch sowohl liturgische Dichtungen,[1] als auch poetische Episteln und andere Gedichte vermischten Inhalts [2] verfaßt.

g) **Dawid**, mit dem auf seine Heimat hinweisenden Beinamen „der Phönizier",[3] von dem in Prosa Ausführungen über Jôḥannān Sāb(h)a vorliegen.[4] ist Adressat einer der poetischen Episteln Nûḥs. Ihn selbst haben ein Mêmrā des zwölfsilbigen Metrums über die Qualen des Lebens in der Verbannung,[5] eine liturgische Dichtung [6] und ein wohl gleichfalls metrischer Sed(h)rā über die Auferstehung [7] zum Verfasser.

h) **Von anonymen Geschichtsdarstellungen** schließt sich eine doppelte bis zum J 1495/6 bzw. bis gegen das J 1582 reichende Fortsetzung an die Kirchengeschichte B 'Eb(h)rājās an.[8] Seine Profangeschichte hat eine solche zunächst für die JJ 1289/97 gefunden. Berichte aus der Geschichte des kleinarmenischen Königsreichs, über die Eroberung von Amida durch 'Alī ed-dīn am 26. 6. 1317 und die Verwüstung des Ṭūr 'Ab(h)dîn durch Timur bilden weitere Anhänge derselben. Eine letzte Hand hat hier endlich eine Chronik der JJ 1393 4 bis 1492 3 angefügt.[9] Je eine Biographie haben außerdem die beiden PP Ignatios VII. (XI.) und Ignatios XIV. (XVIII.) Dawid Šāh b Nūrîddin († 1591) gefunden.[10]

i) **Von Texten der jakobitischen Meßliturgie** findet sich erst seit dem 13. Jh nicht nur, wenigstens als geschlossenes Ganzes, der außeranaphorische Meßordo.[11] Ein gleiches gilt vielmehr auch von einer jüngsten Schicht von Anaphoren. Dabei stehen pseudepigraphen Texten unter den Namen des Apostelfürsten Petrus [12] und des Evangelisten Markus [13] Schöpfungen bestimmter, wenn auch vorerst noch

und 85,9 über die Antwortfrage und die übrigen mit N. in Verbindung zu bringenden arabischen Texte gehandelt wird. Vg. auch S. 175 Ak. 3 und 4.   [1] Hs: JerMkl 17 fol 8 v°,85 r°.
[2] Hss: Pr 180 (Suppl 63. 16. Jh) 7°. VtS 174 (Cms J 1600 1°. Ag von Proben: LTb a. a. O.
[3] LTb 162f. KatZotenberg 127.   [4] Hs in Šarfah (J 1576). Ag: JERahmani, StS 1, 41/3 (40,2).   [5] Hss: Pr 209 (Anc fonds 125. J 1644/5)3°. Ox 159 (Marsh 861. 17. Jh)2°.5°.
[6] Hs: JerMkl 17 fol 43 v°/46 r°.
[7] Hs: Pr 175 (Anc fonds 55. 16. Jh) 2°. Ag von Proben eines außergewöhnlich umfangreichen Mêmrā religiösen Inhalts im zwölfsilbigen Metrum ohne Angabe der bslichen Grundlage: LTb 163 S.
[8] Hss der ersteren: VtS 166. 388 (Abs der vorigen). JerMkl 86ᵃ. der letzteren: PalMedOr 118. Ag der ersteren: Abbeloos-Lamy 1, 781,846. 2. 467 85.
[9] Hss: VtS 167. 886 (Abs der vorigen). Ox 167 (Hunt 32). Bs: KatPayne-Smith 349f. Agg der ersten (von Bedjan auf Barṣaumā zurückgeführten) Fortsetzung: Brnns-Kirsch 578,614 (605/47), Bedjan 557/99, des Restes: Brnns, Neues Repertorium bibl. u. morgenländ. Literatur hgeg. von Paulus 1 (Jena 1790) 1,116, von Azz über die Geschichte Timurs: BO 3 ii, 131 8.
[10] Hs: Cmbr Dd. 3. 8¹. Anh. 4°. Bs: KatWright-Cook 982 5.
[11] Hss: BrM 274 (Add 14693. fol 142,84. 14. Jh) 2°/4°. 278 (Add 17289. fol 1 15. 14. Jh). VtS 68 (spätestens J 1464/5)5°. 25 (J 1481/2) 1°. 26 (J 1484) 1°. 34 (J 1518,9) 1°. Pr 73 (Suppl 23. J 1503 9)2°. 78 (Suppl 50. 16. Jh) 1°. 79 (Suppl 54. J 1554/5)1°. 80 (Suppl 55. J 1557) 1°. 82 (Suppl 51. 16. Jh) 1°. Dam Erzo 4 (J 1551/2). 7 (17. Jh). 6 (19. Jh). CmbrAdd 1987 (J 1646 7)5°. 2887 (J 1843) 1°. 2973 (J 1869 4°. 2917 11° (19. Jh) 1.
[12] Hss zweier verschiedener Formulare: Pr 73. 7°. 74 (Anc fonds 66. J 1516,7)9°. 75 (Anc fonds 86. J 1523,4)4°.6°. 78. 4°. 79°. 4°. 80. 5°. 86 (Suppl 40. 17. Jh)6°. VtS 25. 27°. 26. 13°. 29 (J 1539)5°. JerMkl R (16/7. Jh)3°. Dam, ungewiß, welches Pfk 3. Krêm 1° bzw. VtS 25. 19°. 32 (15. Jh)2°. 31 (Vor J 1564)4°. 35 (J 1518 9) 4°. 36 (J 1584) 1°. 297. 4°. Dublin Triu. Coll. 1510 (J 1554)5°. JerMkl 13 (J 1591)3°. 14 (16/7. Jh)7°. R 4°. 15 (J 1895 6) 8°. Brl 153 (Sach 157. 16,7. Jh)5°. Ox 66 (Poc 85. J 1623)3°. BrM 7180 Rich (J 1657,8)3°. Krêm 2°. Agg des zweiten: MCh 89 97. MS 119 27. Übs: Ren 2, 145 53 bzw. 155,60.
[13] Hss: BrM 265 (Add 17229. fol 48/77. 13. Jh) 1°. 266 (Add 14094. fol 1,43. 13. Jh)4°. 273 (Add 14692. fol 25,90. J 1347) 1°. 7180 Rich 5°. JerMkl 10 (J 1427,8) A 3°. 12 (J 1570,80) 4°. 14. 17°. VtS 25. 21°. 26. 7°. 28 (15. Jh)5°. 29 (J 1539)5°. 293 (18. Jh)10°. 297 (18. Jh)8°. 292. 8°. Ox 66. 3°.

nicht bestimmt datierbarer Persönlichkeiten, dieser Spätzeit gegenüber. Es sind dies neben einem der ersten Hälfte des 14. Jh angehörenden B. Kyrillos von Ḥâḥ[1] ein sogar noch älterer Abraham mit dem Beinamen „der Jäger“,[2] der Map(h)rĕjân Basileios 'Abd al-Ġanî, Sohn eines Stephanos aus Manṣûrîjah,[3] ein Grîg(h)ôr Jôḥannân B. des Klosters Mâr(j) Mattai in Ad(h)ôrbaiġân[4]) und wohl auch ein Mattai, genannt „der Hirte“, der tatsächlich zu Ḥaṣâṣah in der Nähe von Tag(h)-rît(h) B gewesen wäre, während eine übliche Kopfbemerkung seiner Anaphora ihn allerdings vielmehr mit „Hermas, einem der siebzig Jünger.“ gleichsetzen möchte.[5]

§ 54. Auf nestorianischer Seite haben wenigstens die poetischen Traditionen des 13. und 14. Jhs eine weitere Pflege sogar noch bis an die Schwelle des 18. herab gefunden. Im 15. verbindet sich dabei mit dem üblichen Schaffen im Dienste der Liturgie bei Îšô'jahb(h) b Mĕqaddam grammatikalische Versifikation, bei Isḥâq (E)šbad(h)nâjâ theologische Lehrdichtung, während ein Sargîs b Waḥlê als hervorragendster weiterer Vertreter jüngster Epik erscheint. Dem 16. Jh gehört das mindestens in der Hauptsache ausschließlich liturgisch bestimmte Dichten eines Ṣĕlîb(h)â, 'Aṭṭâjê b At(h)elî und Abraham v Bêt(h) Ṣĕlôk(h) sowie das vielseitigere des unierten K 'Ab(h)dîšô' an. Am Ende desselben steht ein Šem'ôn v Amida, während weitere Verfasser einzelner zum Bürgerrecht in der Liturgie gelangter poetischer Texte nur teilweise sich mit Bestimmtheit datieren lassen. Den Übergang von der altsyrischen zu einer neuen sich im Volksdialekt des sog. Fellîḥi bewegenden Poesie bezeichnen schließlich einige sich anscheinend zu einer Art von Schule zusammenschließende Dichter aus Alqôš, dessen alt-ehrwürdiges Kloster des Rabban Hôrmîzd mit der Zeit eine geistige Hochburg des unierten sog. Chaldäertums wurde.

a) Îšô'jahb(h) b Mĕqaddam[6]) scheint nach zwei sich widersprechenden Nachrichten über die Entstehungszeit einer von ihm verfaßten Grammatik im siebensilbigen Versmaße 1443 4 M von Arbela, dagegen 1426,7 noch B von Dâsan gewesen zu sein und in der einen oder der anderen Würde oder endlich mit Tauf-namen Thomas geheißen zu haben. Außer dem grammatischen Lehrgedicht[7]) und einer Sammlung von 50 Briefvorlagen[8]) begegnen von ihm zunächst rund 40 'Ônjât(h)â teils

67 (BodlOr 626. 19. Jh) 3°. DamErzb 5. Pfk 8. CmbrAdd 2887. 19°. 2973. 14°. Ag: MCh 205 19. Übs: Ren 2, 176/84.

[1]) B'EKg (Forts.). BO 2, 460. Hss der Anaphora: Brl 152 (Sach 151. 14/5. Jh) 14°. CmbrAdd 2887. 33°.   [2]) Hss: Brl 151 (Sach 185. 196. 153. J 1279/80). BrMOr 2294 (J 1704/5). CmbrAdd 2887. 18",
[3]) Hs: CmbrAdd 2887. 14°.   [4]) Hs: CmbrAdd 2887. 37°.
[5]) BO 2, 320. Hss: Brl 151. 17°. BrM 272 (Add 14693. fol 1/141. 13,4 Jh) 7°. Or 2295 (J 1881/2). 7180 Rich 7°. Dublin Trin. Coll. 1510. 7°. Leid 2353 (Cod. 1572. 14/5. Jh) 2°. JerMkl 10 A 25°. 13. 15°. 14. 6°. 15. 5°. VtB 25. 23°. 28. 10°. 34. 4°. 35. 15°. 29. 19°. 31. 8°. VtB 56 (J 1677). Ox 66. 3°'. DamErzb 5. Pfk 64. CmbrAdd 2887. 5°. 2973. 15°. 2917 11° 3 c. Hs von Krôm 7°. Agg: MCh 146 54. MS 146/54. Übs: Ren 2, 346/52.   [6]) BO 3₁, 540. AScher, ROC 11, 29.
[7]) „B der Einleitung“. Hss mit der späteren Datierung und Bezeichnung des Autors als J. M von A.: Séert 98 (J 1496,7). Mos 106 (J 1566/7), mit der früheren Datierung und Bezeichnung des Autors als Th. M von A. bzw. (in der Subscr.) als B von Dâsân: Mard 67 (16. Jh). 68 (Abs der vorigen), ungewiß, zu welcher Gruppe gehörig: VtB 18 (16. Jh). BrlOrqu 1050.
[8]) Hss: Séert 107 (16. Jh) 1° und eine in 'Ainkawâ, Diözese Kerkûk.

der Buße, teils auf einzelne Heilige[1] wie den hl. Georg und Hôrmizd.[2]) Des
weiteren wird er für mehrere, genauer wohl durchweg für vier Mad(h)râšē der
Begräbnisliturgie als Verfasser genannt.[3]) Endlich hat er durch Vorsetzung je
eines weiteren Verspaares das zuerst in dieser Weise durch K(h)amis bearbeitete
distichische Gedicht B 'Eb(h)râjâs vergrößert, ein Vorgehen, bei dem er Nachfolge noch im J 1697/8 durch den unierten „chaldäischen" K Joseph II. fand.[4]

b) Der Pr Isḥâq Qardâḥē (E)Šbad(h)nâjâ,[5]) genannt Askô, ist Verfasser
dreier 'Ônjât(h)â mit kunstvoller mehrfach alphabetischer Akrostichis auf das
Ninivitenfasten, den hl. Georg, das Kreuzfest und die göttliche Vorsehung,[6]) deren
Entstehung eine bald dem einen, bald dem anderen Stücke beigefügte Notiz auf
1439/40 datiert. Gleiche metrische Anlage verbindet mit einer Häufung griechischer Fremdwörter sein Hauptwerk: eine in 29 Sed(h)rē geteilte Dichtung des
zwölfsilbigen Versmaßes über die gesamte Heilsökonomie von der Weltschöpfung
bis zum Weltende,[7]) der er selbst einen gelehrten Prosakommentar beigegeben
hat, welchen eine erlesene Fülle von Zitaten älterer theologischer, namentlich
exegetischer Literatur fast wertvoller erscheinen läßt als den wenig erquick-
lichen Text, zu dessen Erläuterung er bestimmt ist.[8]

c) **Sargîs b Wahlē**,[9]) anscheinend aus Adhorbaiğan stammend und Mönch
im Kloster des Rabban Hôrmizd bei Alqôš, widmete diesem spätestens im An-
fange des 16. Jhs, möglicherweise aber schon erheblich früher eine Dichtung in
22 Mēmrē, von denen jeder der Reihenfolge des Alphabets nach einen anderen
Buchstaben in dem durch alle Verse durchgeführten Endreime aufweist.[10]) An

[1]) Hss: eine solche im Kloster Rabban Hôrmizd. bzw. (einzelner Bußgesänge): Séert 56. II°.
Dijarb 94. 5°. 12°. 14° (die Wardâ-Hs). Séert 55. XXV°. XXXII°. XXXIX°. (die K(h)amis-Hs)
Séert 54. XV°/XVII°.

[2]) Hss je eines Gedichtes auf jeden der beiden Heiligen: (des W.-Bs) Brl 65 fol 101 r°. 155 v°,
des Hôrmizdgedichts: Brl 75 (Sach 222. J 1881) 26°, des Georgsgedichts: Mard 41. 8°. CmbrAdd
1980 (J 1722/3) 13° b. Mos 81 (J 1779/80) Anh. 2° (bzw. des K.-Bs). Dijarb 90. 7°. Séert 54. XVIII°.
Cmbr 1991. 9° c. Ag des letzteren unter dem Namen des K Îšô'jahb(h) III: LTh 124 f.

[3]) Hss: VtS 61 (angeblich 13. Jh!) 11°. SOS (18. Jh) 18°. BrMOr 3337 (J 1522/3). 4416 (J 1719/20).
Mard 92 (J 1589/90). JerPatr 14 (J 1709). Brl 54 (Qrqu 547. J 1872) fol 109 r°, 11 v°. 49 (Sach 116. 19. Jh)
4° g. i. l. Dazu nicht näher gekennzeichnete „Hymnen": Dijarb 88. 6°. N-Dsém 74 (16. Jh).

[4]) Hss noch ohne den Anteil Josephs II.: BrM 4071. 4058. Dijarb 95 (sämtlich 17. Jh),
mit diesem: Urm 144 (17/8. Jh). 56 (J 1748/9). 206 (J 1832). Mos 85 (J 1772/3). Dijarb 92 (18. Jh).
BrMOr 4054 (18. Jh). 4424 (J 1886). CmbrAdd 2814 (J 1879) I°. N-Dsém 149 (J 1879). 148 (J 1897).
Brl 68 (Sach 229. J 1882) A. Pr 321 (J 1892). Vg. KatWright-Cook 653/5.

[5]) LTh 128 f. 168/71 mit Ansatz des Todes ins J 1480. KdP 143 f. KatSachau 257 f. Wright-
Cook 429. AScher, ROC 11, 31.

[6]) Hss aller: Mard 44. 8°, (des K.-Bs) JerPatr 31 ². 2 . Dijarb 88. 5°. 90. 8°. Brl 66 F.
Séert 54. VIII°. XI°. XIII°. Cmbr 1991 d°. N-Dsém 86. 6°. 7° und wohl auch Dijarb 89. BrMOr
4062. 4063, nur des ersten Gedichtes: Jer 23 ². Dijarb 94. 9°, (des W.-Bs): CmbrAdd 1983. 10° k.
(des K.-Bs): 2963. III°, des zweiten: Brl 43 (Or fol 620. J 1587) 5°. Dijarb 50. Anh. 2°, (des K.-Bs):
VtB 33. 6°, des dritten (des W.-B.s): Séert 55. LXXXIII°, (des K.-Bs): Mos 88. 81. 77. 79, des
ersten und dritten (des K.-Bs): VtB 35. 5°. 8°, ungewiß wie vieler: N-Dsém 74 (16. Jh) Anh. Mos
78 (J 1893) Anh. 3°. Ag eines Bruchstückes ungewiß, aus welchem: LTh 128 f.

[7]) Hss: CmbrAdd 1998 (16. Jh). Séert 121 (16. Jh). Mos 88 (J 1699/700). Brl 85 (Or fol 1261.
J 1725). N-Dsém 35 (J 1875). Bs: KatWright-Cook 429/40. Agg von Textproben: LTh 168/71.
KdP 141. [8]) Bss: KatSachau 315 f. Wright-Cook 441/44. Ag einer Textprobe: KdP 145,9.

[9]) Duval³ 22 mit zu später Datierung frühestens ins 17. Jh. — Zu unterscheiden ist ein
S. r Hâh, von welchem ums J 1626 entstandene Gedichte in der Hs Dublin Trin. Coll. 1507
(17. Jh) 2° vorliegen. [10]) Hss: Dijarb 76 (J 1545/6) 1°. 95 (Vor J 1697/8). Séert 110 (J 1573). Mos
88 (J 1699/700). Urm 48 (J 1885). N-Dsém 106 (J 1892). Ag: EAWBudge, The Life of Rabban

Entstellung der Sprache durch gesuchte Häufung seltener oder dem Griechischen entlehnter Wörter hat er darin wohl das Menschenmögliche geleistet, eines weit reineren Stiles sich dagegen in einem reimlosen Gedicht auf den hl. Abā befleißigt.[1] Eine Reihe weiterer Stücke einer in den Bahnen Gabriels v Mosul wandelnden Epik treten anonym zunächst in einem geschlossenen Anhang des Wardā-Bs auf, um später in dessen eigentlichen Körper einzudringen. Eine erste 'Ônît(h)ā über die KK des Ostens stellt einen versifizierten Abriß der nestorianischen Patriarchengeschichte bis auf den bereits als „(in Gott) ruhend" bezeichneten Timotheos II. herab dar, ist also unter dessen Nachfolger bald nach Mitte des 14. Jhs entstanden.[2] Ein zweites gleichartiges Gedicht ist rund ein Jh später unter K Elijā IV. (1435/63) abgefaßt.[3] Für die Entstehung je einer Dichtung über die beiden Klostergründer Rabban K(h)ûd(h)āhwî[4] und Sab(h)rîšô' von Bêt(h) Qôqā[5] ergibt sich wiederum ein äußerster Terminus ante quem lediglich aus ihrem Auftreten in Hss des 16. Jhs.

d) Der Pr Ṣĕlîb(h)ā, Sohn eines Prs Dawid und Enkel eines Prs Maqbil aus Manṣûrijah im Gebiete von Gāzartā,[6] dichtete eine 'Ônît(h)ā auf die göttlichen Strafgerichte, als deren Opfer seine Heimatgegend in den JJ 1509/10 bis 1511/2 sich empfand, und 1522/3 eine solche auf einen in J zuvor von mohammedanischem Fanatismus gemordeten Blutzeugen Qešmā. Zu diesen gesellen sich Gedichte auf die makkabäischen Brüder und deren Mutter,[7] den hl. Georg und das Kreuz,[8] Bußgesänge, die mindestens späterhin an den Tagen des Niniviten-fastens zu liturgischer Verwendung gelangten,[9] mehrere Stücke moralisch-par-änetischen Inhalts[10] und eine besonders häufig überlieferte Dichtung über Nestorios[11] als weitere Proben seiner 'Ônît(h)ā-Poesie, während von Toten-Mad(h)rāšê, die daneben unter seinem Namen auftreten,[12] ein ursprünglich einem

H. and the foundation of his Monastery at Al-Kosh. (Brl 1894. Erg.hefte zu ZA 2 3). Übs: Ders, The life Histories of Rabban Hōrmizd the Persian and Rabban Bar Idtā (Lo 1902) 2 u. Vg. Th Nöldeke, ZDMG 48, 531/4.   [1] Hs: Dijarb 76. 2°.

[2] Hss: VtS 184. XIII°. Brl 63. 133°. CmbrAdd 1982. 34°c und diejenigen der gleichen Gruppe. Brl 64 fol 93 v°. 65 fol 113 r". Das Gedicht findet sich außerdem auch in Gazzā-Hss. wie CmbrAdd 1980(J 1722,3)10°a. Bs: KatSachau 232.

[3] Hss: Brl 63. 134°. 65 fol 110 r°. CmbrAdd 1982. 34°d. Vg. KatSachau 233f.

[4] Hss: VtS 184. IX°. Brl 63. 132°. CmbrAdd 1982. 34°b. Vg. KatSachau 232f. Problematisch bleibt das Verhältnis zu den „quatre hymnes sur St. Eugène et ses disciples, Khoudawi, Jonas et Jean Tayaïa". Séert 55. LXVIII°.

[5] Hss: VtS 184. XI°. Brl 63. 137°. CmbrAdd 1982. 34°g. Das Stück hat den mehr lyrischen Charakter griechischer χαιρετισμοί bzw. abessinischer Salame.

[6] BO 3₁, 463 mit irriger Frühdatierung. LTh 57/9 sogar mit Angabe eines angeblichen Todesjahres 900. KatSachau 161. 240f. A Scher, KatSéert 40f. ROC 11, 30.

[7] Hss dieses und der beiden vorigen Gedichte: Séert 55 (des W.-Bs) LXXX°. LIV°. LXX° des zweiten und dritten: Dijarb 46(J 1681), nur des dritten: Dijarb 90 (des K.-Bs) 9.

[8] Hss der beiden Gedichte Mos 81 (des K.-Bs) Anh. 1°, nur des zweiten: Dijarb 112(18. Jh)4°.

[9] Hss zweier: Séert 55. XXX°, eines und desselben einzigen: CmbrOo 1. 29(17/8. Jh)VI°, Mard 44(J 1722,4°, (des W.-Bs): Brl 64 fol 81 v°. Mos 81. Anh. 1°, (des K.-Bs): VtB 38. 3°. Dijarb 90. 4°. CmbrAdd 1991. 5°. 2813. II°. N-Dsêm 86. 3° bzw. wohl auch Dijarb 88. 6°. Séert 54. 1X°. BrMOr 4062. 4063, eines anderen: VtS 90(J 1570/1)7°, ungewiß welches: JerPatr 23(J 1616)r'. Dijarb 94. 10°. Mos 79. Anh. 1°. Ag von Teilen des zweiten: LTh a. a. O.

[10] Hs: Dijarb 95(J 1697/8/34".

[11] Hss (des W.-Bs): VtS 184. III°. Brl 64. 22°. 65 fol 87 v". Cmbr 1982. 8°b. BrMOr 7470 und wohl auch Mard 41. 42. Dijarb 78. 84. N-Dsêm 87. 88. Dazu Gazzā-Hss wie Brl 43 (Orqu 620. J 1536/7)4°. CmbrAdd (1980(J 1722/3 8°a. Ag: F Nau. PO 13, 287/316.   [12] H-zweier: Mard 92(J 1589/90).

Mar(j) Ḥěnánišo' gewidmeter[1] vermöge irrtümlicher Beziehung auf den K Ḥěnánišo' II. Veranlassung gab, den Dichter zu Unrecht schon für das 8. Jh in Anspruch zu nehmen.[2]

e) 'Aṭṭájē b 'Ab(h)da aus der Familie A t(h)eli[3] hat als Pr in Gāzartā 1521/2 und angeblich noch 1562 gedichtet. Aus dem ersteren J stammt eine seiner 'Ónját(h)ā auf einzelne Sonntage und Herrenfeste des Kirchenjahres,[4] zu denen sich zunächst eine Sammlung solcher auf die makkabäischen Brüder und deren Mutter[5] und mindestens eine 'Ónit(h)ā der Buße[6] gesellen. Zwei weitere besonders umfangreiche Gedichte auf den hl. Eugenios und dessen Schüler bzw. auf Rabban Hôrmizd[7] dürften mit solchen identisch sein, die anonym in gewissen Exemplaren dem Wardā-B angefügt werden[8] und von denen das erste das „B der Keuschheit" des Išo'děnaḥ von Bāṣṛā zur Grundlage hat. Erzeugnisse seines recht vielseitigen poetischen Schaffens gehören daneben auch den Gattungen der Sôg(h)it(h)ā,[9] des Hûttāmā,[10] des Toten-Mad(h)rāšā[11] und metrischen diakonalen Litaneiformulares an.[12]

f) Der Mönch Abraham v Bēt(h) Sělók(h)[13] ist datiert durch ein 1525/6 abgefaßtes poetisches Formular zur Segnung der einzelnen Monate des Jahres.[14] In Prosa hat er zwei Anweisungen über die liturgische Verwendung solcher Formulare und über die Rezitation des kirchlichen Tagzeitengebets[15] und einen Bericht über die Beziehungen der nestorianischen Kirche zu Indien hinterlassen, der sich auf die JJ 1489/90 bis 1502/3 erstreckt und durch die Mitteilung eines vom J 1503/4 datierten Schreibens der indischen BB Thomas, Jahb(h)allāhū und Denḥā an den K Elijā über das Erscheinen der Portugiesen an der Malabarküste einen eigentümlichen Wert erhält.[16] Von weiteren Proben seiner Dichtkunst sind 13 Gedichte mit guten Ratschlägen,[17] einige Toten-Mad(h)rāšē[18] und

<hr>

[1] Hs: VtS 61 (nach der gesicherten tatsächlichen Lebenszeit Ṣ.s unmöglich schon 13. Jh) 19⁰.

[2] Zu unterscheiden von ihm ist ein möglicherweise etwa gleichzeitiger Ṣ. b K(h) al, von dem eine 'Ónit(h)ā über das Leben Jesu in der (W.-)Hs Séert 55. VII⁰ steht.

[3] KatSachau 259.   AScher, ROC 11, 32.

[4] Hss des für den zweiten Adventsonntag „dienenden" Gedichtes vom J 1521/2 und eines solchen auf den ersten Sonntag nach Weihnachten: Brl 66 (des K.-Bs) H, wahrscheinlich des ersteren: Séert 108 (17 Jh) Anb. C. 1⁰, des letzteren und je eines solchen auf den ersten Sonntag nach Epiphanie, auf Christi Himmelfahrt und auf Pfingsten: Séert 55 (des W.-Bs) IX⁰. XV⁰. LXXIII⁰. LXXVI⁰.   [5] Von 18 Nrn. Hs: Séert 55. LXXI⁰.

[6] Hss: Dijarb 94. 7⁰.   Séert 108. Anb. C 2⁰, wenn anders beidemal derselbe Text vorliegt. Nicht näher bezeichnete Stücke in den Hss JerPatr 28ε'.   BrMOr 4063.

[7] Hss beider: Séert 55. LXIX⁰, des ersten: 108. Anb. C 5⁰, des zweiten: Dijarb 46.   [8] Vg. S. 304f. Ak. 10.   [9] Hss: Brl 63. 131⁰.   Cmbr 1982. 34⁰e bzw. Vt 184. XII⁰.   Brl 63. 135⁰. Cmbr 1982. 34⁰h.   Bss: KatSachau 2347. 238f.

[10] Hss von Stücken auf Epiphanie, den hl. Georg, Pfingsten und das Kreuzfest: CmbrAdd 2820 (J 1882, I⁰. 8⁰. 15⁰. 17⁰. 23⁰, unbestimmt welcher: Mos 56 (J 1707/8) 57.   [11] Hss von 4 Nrn: CmbrAdd 2045 (J 1685/6) 5⁰i,l, einer einzigen: VtS 43 (J 1701) fol 52 r⁰. 53 r⁰.   [12] Hs eines Formulars für den vierten Fastenmittwoch: Mos 54 (J 1577/8).

[13] BO 3₁, 599.   LTh 104 f.   KatWright-Cook 145.

[14] Hss: VtS 222 (J 1670) VII⁰.   CmbrAdd 1979 J 1707, VIII⁰. 2.   Brl 45 (Orqu 580. J 1850) 12⁰. Urm 127 (19. Jh).   Ag: BrCh 407* f. jedes Bandes.   K d(h)aqěd(h)am wad(h)ěb(h)ät(h)ar (Urmia 1901) 184f. LTh a. a. O.   Über den gottesdienstlichen Gebrauch solcher Formulare A J Maclean - W H Browne, The Catholicos of the East and his people 329.

[15] Hss beider: Séert 46 (J 1504), der ersteren allein: X-Dsém 93 (J 1682,3) 14⁰.

[16] Hs: VtS 204.   Brl 59 (Orqu 802. 17. Jh) 4⁰.   Ag (mit Übs): BO 3₁. 590/9.   Vg. Kat Sachau 201 f.   [17] Hs: Dijarb 95 (Vor J 1697/8) 33⁰.

[18] Hs: Séert 111 (18. Jh).   Mard 92 (J 1889/90).

die Spur einer Pflege auch der 'Ōnit(h)ā[1]) zu nennen. In gleicher Richtung bewegte sich eine dichterische Betätigung seines Neffen G a b r i e l , von dem poetische Monatssegen aus den JJ 1596/7 und 1598/9 vorliegen.[2])

g) 'Ab(h)dišō' b Jōḥannān,[3]) in Rom 1562 als unierter „P von Mosul" ord., † 11. 9. 1570, war Mönch in einem Kloster des Ab̄ā und Jōḥannān gewesen und von seinem Vorgänger Šem'ōn Sūllāk(h)ā, den er nach Europa begleitet hatte, zum M von Gāzartā erhoben worden. In zwei Gedichten des siebensilbigen Metrums behandelt er die Reise Š.s nach dem Abendlande, auf welcher dieser 18. 11. 1552 in Rom anlangte, hier 20. 2. 1553 ein die Kurie befriedigendes Glaubensbekenntnis abgelegte und 2. 4. 1553 die Patriarchenwürde verliehen erhielt, bzw. dessen tragische Rückkehr nach Amida, wo er 12. 11. 1553 ankam, auf Veranlassung des altnestorianischen K durch den Gouverneur gefangen gesetzt und im Gefängnis durch den Strang hingerichtet wurde. Eine Totenklage auf den Blutzeugen der Union ist in fünfsilbigem Metrum gehalten.[4]) Eine Sammlung vermischter Poesien[5]) enthält u. a. Stücke zum Preise des Papstes, ja selbst des jakobitischen Pen und der Mönche eines jakobitischen Klosters und auf den Tod des Abraham r Bēt(h) Sēlōk(h).[6]) An liturgischen Dichtungen 'A.s begegnen eine Mehrzahl von Toten-Mad(h)rāšē,[7]) 'Ōnjāt(h)ā auf das Ninivitenfasten, den Stephanosfreitag,[8]) den hl. Kyriakos[9]) und auf die gewöhnlichen Sonntage des Kirchenjahres,[10]) ein Tūrgāmā auf das Fest des hl. Kyriakos,[11]) Hūttāmē,[12]) ein Formular des Monatssegens[13]) und eine Tešbōḥtā auf den Lazarusfreitag.[14]) Eine grammatikalische Versifikation über die „aequilitterae"[15]) und ein Mēmrā über die Seele[16]) vervollständigen das Gesamtbild einer literarischen Tätigkeit, die offenbar auch auf altnestorianischer Seite Beachtung fand.

h) M Šem'ōn r A m i d a ,[17]) † um 1590, gehörte im Rahmen der durch die Unionsbestrebungen des 16. und beginnenden 17. Jhs entfachten kirchlichen Kämpfe

---

[1]) Drei Strophen einer 'Ōnit(h)ā auf die „griechischen Lehrer" in der (W.-)Hs: Brl 64 fol 21 r°. Vg. KatSachau 240. [2]) Hss: VtS 222 VII°. Cmbr 1979. VIII°. 3. 2041 (18. Jh). Ag: BrCh 408* f. jedes Bandes. K d(h)aqēd(h)ām wad.h 'ēb(h) āt(h)ar 185 f.

[3]) BO 1, 536/42. 3 r, 621. LTh 90/3. KdP 221 f. Duval³ 296.

[4]) Hss der drei Gedichte: VtS 45 (J 1556) 16°/8°. 63 (J 1701) 7°/9°. VtB 21 Anh. 1°/3°. Über den Inhalt vg. BO 1, 523/34. A Baumstark, OC 1, 386 f. Ag eines anderen Gedichtes ohne Nachweis der hslichen Grundlage: LTh a. a. O. [5]) Hs: Dijarb 95 (Vor J 1697/8) 30°/2°.

[6]) Ag des Gedichtes auf den Papst: P Bedjan, Manuel de Piété (P 1886) 481 f. ²(1893) 599/601. [7]) Hss von 5 Nrn: Mard 92 (J 1589/90), einer einzigen: Brl 54 (Orqu 547. J 1871).

[8]) Hs (des W.-B.s): Brl 65 fol 72 v° 107 v°.

[9]) Hss zweier: Dijarb 93. I° (17. Jh) 1, (des W.-Bs): Séert 55. LXXVIII°. Brl 65 fol 182 v°, (des K.-Bs): VtB 35. 7°. JerPatr 2 ♂. Séert 54. XIX°. XX°. BrMOr 4063. Cmbr 1991. 9° c, einer einzigen: Dijarb 95. 11°. CmbrAdd 1980 (J 1722/3) 17° b, (des K.-Bs): Mos 81 Anh. 3.

[10]) Hss (des W.-Bs): Séert 55. LXXXV°, (des K.-Bs): Mos 81. Anh. 3.

[11]) Hss: Dijarb 95. 14°. CmbrAdd 1977 (J 1728) III°. 1, (des W.-Bs): Brl 65 fol 195 v°. Ag: KdP 222/4. [12]) Hss: N-Dsém 68 (16. Jh). 56 (J 1715/6) 3°. 70 (J 1843). 79 (J 1882). Pr 283 (J 1683/4) 16°. CmbrAdd 1984 (J 1707) 9° d. Brl 41 (Orqu 565. J 1834) 16°.

[13]) Hss: Vt 222. VII°. CmbrAdd 1979. VIII°. 4. Ag: BrCh 409* f. jedes Bandes.

[14]) Hs: MünchOr 147 (J 1607). JerPatr 19 (J 1660) ♂. Séert 48 (18. Jh) 2°. Übs: J M S c h ö n - f e l d e r , TQs 48, 196/8.

[15]) Hss: VtS 419 (J 1572/3) fol 227 v°/238 r°. N-Dsém 139 (16. Jh) 2°. BrMOr 4071 (J 1679/80). Brl 94 (Sach 5. 17/8. Jh) 3°. India Office Fol 162. V (J 1712). Dijarb 94. 12°. Mos 110. 8°. Agg: G H o f f m a n n , Opuscula Nestoriana (Kiel 1880) 49/84. KdP 347/72. [16]) Hs: Dijarb 95. 17°. Dazu nicht näher gekennzeichnete Gedichte bzw „Hymnen" von ihm ebenda 19° und in der (K.-)Hs: Dijarb 88. 6°, „Prières et invocations": 94. 17°. [17]) BO 3 r, 600.

zu den unentwegten Vertretern altnestorianischer Richtung. Eine geschlossene Gruppe von ihm gedichteter 'Ônjāt(h)ā auf die allerseligste Jungfrau, den hl. Georg, das Fest des Titularheiligen eines beliebigen Klosters und die Gesamtheit der Heroen ostsyrischen Asketentums ist im Original und einer im J 1650/1 entstandenen arabischen Übs erhalten,[1] und erfährt eine Ergänzung durch eine weitere Nr auf das Kreuzfest.[2]

i) Von **weiteren Dichtern** zunächst vereinzelter 'Ônjāt(h)ā scheint ein „Lehrer" Šemšā, Pr des Dorfes Bêt(h) Saidāja, von dem je eine solche auf Weihnachten, Epiphanie[3] und das Kreuzfest[4] begegnet, noch spätestens dem 15. Jh angehört zu haben. Spätestens in der ersten Hälfte des 16. muß ein B Israël r Kaškar gelebt haben, auf den neben einer solchen für den letzten Adventsonntag[5] ein Formular zur Konsekration des Kelches außerhalb der Messe[6] zurückgeführt und dessen Namen auch mit der endgültigen Redaktion des nestorianischen Ordinationsrituals in Zusammenhang gebracht wird.[7] Vom J 1596 datiert ist der Hymnus eines Adam r 'Aqrā auf Rabban Hôrmîzd.' Ein Mönch Gabriel v Bêt(h) Rabban?) verfaßte 1613/4 im Kloster eines Reklusen Ja'qôb(h) eine 'Ônît(h)ā über die Eigenschaften Gottes,[8] während ein gleichnamiger M von Gāzartā als Dichter einer solchen auf das Ninivitenfasten erscheint.[10] Für die Lebenszeit anderer Dichter ergibt lediglich das Vorkommen ihrer Schöpfungen in Hss des frühen 18. Jhs einen äußersten Terminus ante quem. Einen B Jānsep(h) v Gāzartā und T(h)ēmānôn, hat hier eine 'Ônît(h)ā auf Christi Himmelfahrt,[11] einen Pr Darwiš h Hannā aus Gāzartā eine solche auf die Kirchweihesonntage[12] zum Urheber. Ein als Verfasser je einer auf den Sonntag nach Weihnachten und das Ninivitenfasten[13] auftretender Jôhannān aus der Familie Mār(j) Āb(h)ā ist wohl mit einem anderwärts als Dichter von Toten-Mad(h)rāšē[14] begegnenden J. identisch. Nur eine Dichtung der letzten Gattung auf verstorbene Diakone begegnet von einem 'Abd el-Masîh aus Bêt(h) Sēlôk(h).[15]

j) **Die Schule von Alqôš** eröffnet ein Pr Israël, Urheber auch einer Rezension des nestorianischen Kalenders,[16] der eine urkundliche Datierung durch die Abfassung einer altsyrischen 'Ônît(h)ā der Buße im J 1590/1[17] und einer inhaltsverwandten neusyrischen Dichtung im J 1610/1[18] erfährt. Außer der ersteren

---

[1] Hs: VtS 84. Anh. 2°. 3°.   [2] Hs: Brl 65 (des W.-Bs) fol 242 r°.

[3] Hss: Brl 65 (des W.-Bs) fol 16 v°. 36 r° und Gazzā-Hss wie CmbrAdd 1980. 1°a. 3°b. Ag des Epiphaniehymnus: BrCh 1, 407/10. Übs desselben: A J Maclean bei F C Conybeare. Rituale Armenorum 361/3.   [4] Hs: Séert 56. XII°.

[5] Hs: Séert 55 (des W.-Bs) III°.

[6] So und nicht „der Präsanktifikaten-Liturgie" wird zu sagen sein, da eine solche im technischen Wortsinne dem nestorianischen Ritus fremd ist. Hs: CmbrAdd 1988 (J 1558) 3°. Oo. 1. 29 (17/8. Jh) 1°b. Über Formulare der gedachten Art anläßlich eines arabischen G Graf, OC² 6, 44 8.

[7] So in den Hss CmbrAdd 1958. Dijarb 59 (J 1569). Vg. KatWright-Cook 316. A Scher. JA¹⁰ 10, 357. 430.   [8] Hs: VtB 22 (J 1705) 1°. Ag: LTh 102/4.

[9] Hss: Séert 55. XIX°. Dijarb 94. 11°. Unsicher bleibt, ob auf demselben Verfasser eine weitere 'Ônît(h)ā (nicht näher bezeichneten Inhaltes) Séert 55. XXXI° zurückgeht und ob mit Recht A Scher, KatSéert 38 f. dessen Identität mit einem B von Hasan Kēp(h) vermutet.

[10] Hss: Séert 55. XLIV°. Dijarb 94. 25°.   [11] Hss: CmbrAdd 1980. 15°b und gewiß auch andere Gazzā-Exemplare.   [12] Hs: Brl 65 (des W.-Bs) fol 224 r°.

[13] Hs: Brl 65 fol 29 r°. 52 v°.   [14] Hs: Brl 54 fol 114 r°. v°.   [15] Hs: Brl 54 fol 113 r°.

[16] Erhalten am Schluß der Hûd(h)rā-Hs N-Dsém 61 (J 1704/5).

[17] Hss: N-Dsém 89. 1°, (des W.-Bs): Brl 65 fol 246 r°, (des K.-Bs): VtB 35. 1°. Cmbr 1991. 6° und wohl sicher auch BrMOr 4063. Ag: LTh 97/100.

[18] Hss: Brl 123 (Sach 223) 5°. N-Dsém 151. Vg. KatSachau 424.

begegnen von ihm in alter Sprache ein Tūrgāmā[1] sowie eine Mehrzahl von
Ḥuttāmē[2] und Toten-Mad(h)rāšē.[3] Noch mannigfaltiger war anscheinend das
Schaffen seines Enkels, eines Prs Giwargis.[4] Neben mehrere Ḥuttāmē[5] und
Toten-Mad(h)rāšē[6] treten von ihm je ein Tūrgāmā,[7] eine ʿŌnîtẖā auf das
Ninivitenfasten[8] und eine Sōg(h)îtẖā zur Kommunionspendung.[9] vor allem aber
zwei wohl am ehesten als Mēmrē zu bezeichnende Dichtungen über das Wirken
Addais in Edessa und dasjenige des Apostels Thomas in Indien.[10] Aus Alqōš
stammten ferner ein Pr Jāusep(h), Sohn eines Prs Kyriakos, der Verfasser von
Toten-Mad(h)rāšē[11] und mindestens eines Tūrgāmā auf den legendarischen Eugenios-
Schüler Mik(h)ā,[12] der mit einem vielmehr aus Tellkep(h) stammenden Fellihi-
Dichter des 17. Jhs. J. Sohn eines Gemdāni. nicht zu verwechseln ist.[13] und ein
Pr Jaldā. Dichter eines Ḥuttāmā.[14]

IV. Literarisches Leben bei Melchiten und Maroniten.

Neben dem nestorianischen. dem jakobitischen und mindestens anfänglich
einem julianistischen Nationalkirchentum hat auf syrischem Boden im Zeitalter der
arabischen Herrschaft unter den PP von Jerusalem und Antiocheia auch die kirchliche
Organisation der chalkedonensischen Orthodoxie fortbestanden. deren Bekenner
wegen ihres religiösen Zusammenhanges mit dem benachbarten byzantinischen
Kaiserstaate und der „großen Kirche“ seiner oikumenischen PP als Melchiten,
„die Königlichen“, bezeichnet wurden. Eine letzte syrische Nationalkirche ist sodann aus dem Streite um das Willensleben Christi hervorgegangen, in dem gleichzeitig mit der arabischen Eroberung der christologische Glaubenskampf ausklang.
Die in letzter Abschwächung des monophysitischen Gedankens an einer Einheit
wenigstens des Willens in der zweinaturigen Person des Erlösers festhaltenden
Monotheleten schufen sich an dem Kloster eines hl. Mārōn im Berglande des
Libanon eine Hochburg. von der aus, den Titel eines antiochenischen Pen führend.
das Haupt der Sekte ihre hier in geschlossener Schicht lebenden. vereinzelt aber
auch nach dem nordsyrischen und mesopotamischen Hinterlande sich zerstreuenden
Anhänger regierte. Enger als irgendein anderer Zweig der syrischen Christenheit mit der Kreuzfahrerkultur in Beziehung getreten, haben diese Maroniten im

---

[1] Hs: CmbrAdd 1977 (J 1728) III°. 4.   [2] Hss: Pr 283. 17°. Séert 47 J 1701 2)11°. Cmbr
Add 1984. 9°g. b/j. N-Dsém 56 (J 1715,6)3°. 70 (J 1843). 55 (J 1856). Brl 41 (Orqu 565. J 1834).
[3] Hss: Mard 92 J 1589,90 . 35 (18. Jh). JerPart 14 (J 1709). BrMOr 4416 (J 1720. Séert
111 (18. Jh). Brl 54 fol 115 v°.   [4] LTh 130,5 mit Ansatz des Todes ins J 1700.
[5] Hss: CmbrAdd 1984. 9°h. N-Dsém 55 J 1856 .   [6] Hs: Brl 49 (Sach 106. 19. Jh)4°h. k. m.
[7] Auf den Apostel Thomas. Hs: CmbrAdd 1977 (J 1728)3°.   [8] Hs (des K.-Bs): CmbrAdd
2813 (19. Jh) V°.   [9] Hs: Mos 56 (J 1707,8).   [10] Hs: VtB 22 (J 1705) 2°.3°. Ag des zweiten
Gedichtes: LTh a. a. O.
[11] Hss: Mard 92 J 1589,99). 35 (18. Jh).   [12] Hss: CmbrAdd 1977. III° 2 und offenbar auch
Séert 55 des W.-Bs) LI1°.
[13] Vg. KatSachau 423f. bzw. über die gesamte Fellihi-Dichtung EdSachau, Üb. d. Poesie
in d. Volkssprache d. Nestorianer, SbPAW 1896. Sie liegt außerhalb des gegenständlichen Rahmens
des vorliegenden Buches.   [14] Hs: CmbrAdd 2046 19. Jh)6°g.

J 1182 erstmals eine förmliche Union mit der katholischen Kirche des Abendlandes vollzogen, an der sie im weiteren Laufe der Jhe mit zäher Treue festhielten. Das ursprüngliche monotheletische Bekenntnis, in das nicht zurückzufallen anfänglich päpstliche Verlautbarungen sie noch mit Nachdruck ermahnen mußten. wurde dabei so gründlich vergessen, daß man mit eifersüchtigem Stolze einer angeblichen „immerwährenden Orthodoxie" sich zu rühmen lernte. Um die Urgeschichte der eigenen kirchlichen Gemeinschaft aber legte immer dichter sich ein heute schwer mehr zu entwirrendes Gewebe tendenziöser Sage.

Der Anteil von Melchiten und Maroniten am literarischen Gesamtleben in ostaramäischer Sprache erscheint demjenigen der Nestorianer und Jakobiten gegenüber fast als ein verschwindender. ist indessen vielleicht doch etwas bedeutender gewesen. als eine besonders ungünstige Lage der Überlieferungsverhältnisse glauben läßt.

§ 55. Für die Melchiten ist das Syrische auf dem Boden Mesopotamiens naturgemäß so gut wie für Nestorianer und Jakobiten von vornherein die gegebene Sprache gewesen und hier lassen sich auch noch einzelne theologische Schriftsteller nachweisen, die sich des heimischen Idioms zur Vertretung der chalkedonensischen Sache bedienten. Im westsyrischen Teile des antiochenischen. im Patriarchate Jerusalem und bei gewissen orthodoxen Syrerkolonien auf ägyptischem Boden war demgegenüber der westaramäische Dialekt des sog. Christlich-Palästinensischen die ursprüngliche Sprachform eines bodenständigen nichtgriechischen Schrifttums. Doch hat derselbe im antiochenischen Anteil auch dieses Gebietes wenigstens in der Liturgie zeitweilig dem Syrischen den Platz geräumt, bevor als Lokalsprache selbst dieser das im eigentlich literarischen Gebrauche den Melchiten rascher als irgendeiner anderen christlichen Religionspartei Syriens vertraut gewordene Arabische die Alleinherrschaft errang. Ja selbst an der Übertragung nichtliturgischer Texte aus dem Griechischen ins Syrische sind melchitische Hände vielleicht stärker beteiligt gewesen. als wir vorläufig ahnen.

a) **Von mesopotamischen Schriftstellern** chalkedonensischen Bekenntnisses werden durch die Apologie des Bs Elijā für seinen Übertritt zum Monophysitismus[1]) drei mit Namen bekannt. Der vorislamischen Zeit mindestens noch nahe gestanden hat darunter ein B Georgios v Tag(h)rît(h).[2]) Denn in einem an einen Christophoros gerichteten Schreiben hat er sich mit monophysitischen Einwänden des Joannes Philoponos abgefunden und ein wohl davon verschiedenes speziell gegen einen allerdings auch dort berücksichtigten Prōb(h)ā d. h. wohl gegen den gleichnamigen Gesinnungsgenossen des Jôhannān Barbûr gewendet. während ein drittes an die monophysitischen Mönche des Klosters Mār(j) Mattai bei Mosul gerichtet war. Als Schüler des G. wird ein B Konstantinos (Qûstantinā) v Ḥarrān bezeichnet,[3]) von dem gleichfalls drei der Bekämpfung des

---

[1]) Vg. § 43a. [2]) Elijā Kap 3/5 (Bl. 3/6 der römischen Hs). BO 1, 465f.
[3]) Elijā Kap 3 und 6 (Bl. 3 und 14 der Hs). BO 1, 466f.

Monophysitimus gewidmete Schriften angeführt werden: eine Erklärung des nicäno-konstantinopolitanischen Symbols,[1] eine „gegen Severus" betitelte und eine sich mit dem Trishagionzusatz: Ὁ σταυρωθείς usw. beschäftigende, deren Titel Ἀναγνωστικόν (oder Ἀναγνωστικῶν?) durch ihre auch als eine fremdwörtliche begreifliche griechische Fassung bei einem tief in Mesopotamien lebenden und schreibenden Autor kaum einen zureichenden Grund bildet, etwa nicht das Syrische, sondern das Griechische als Sprache auch des Textes zu unterstellen. Nicht notwendig der unmittelbare Nachfolger des K. ist schließlich der B Leon v Harrān[2]), dessen Streitschrift durch die Entgegnung des E. ihre Erledigung findet.

b) In der melchitischen Liturgie des westlichen Syriens[3]) ist eine Verwendung des Ostaramäischen vor der Jahrtausendwende nur vereinzelt zu belegen.[4]) Erst seit ihr findet hier eine liturgische Verwendung der Pěšittā in Psalmodie und Schriftlesung in einer syrischen Übs auch der im engeren Wortsinne liturgischen BB griechischen Gottesdienstes ihre Ergänzung. Vor allem sind es die Menaia[5]) und das einen Az derselben darstellende Eklogadion bzw. Anthologion,[6]) das Euchologion bzw. Leiturgikon,[7]) das Sonntagsgesangbuch der Oktoëchos,[8]) ihr

---

[1]) „Erklärung der Bestimmung, die auf der Synode von Nikaia und auf derjenigen von Chalkedon (fest)gesetzt wurde."   [2]) BO 1, 467f.

[3]) Vg. C Charon, Le rite byzantin dans les patriarcats melkites, ΧΡΥΣΟΣΤΟΜΙΚΑ. Studi e ricerche intorno a Giovanni Crisostomo a cura del comit. per il XV° cen. della sua morte (R 1908) 473,718.

[4]) So in erster Linie durch einen syrischen Text des jambischen Pfingstkanons des Joannes v Damaskos und zweier liturgiegeschichtlich interessanter Prosagebete auf Weihnachten und das Darstellungsfest. Hs: Katalog KWHiersemann 487 Nr 255b (= ЮO. Nr 3. J 882) 2° bzw. 20°. 21°.

[5]) Hss für die Doppelmonate Okt./Nov.: CmbrAdd 2884(15. Jh), Dez./Jan.: Brl 316(Sach 197. J 1457), April/Mai: VtS 343(J 1487), Sept./Okt.: Ox 96(Dawk 2. J 1483). Pr 133(Anc fonds 57. J 1544), März/April: Vt 343(J 1487), Mai/Juni: Pr 139(Anc fonds 149. J 1598). Ox 113(J 1607), für die Vierteljahre Sept./Nov.: eines Bruchstücks Katalog KWHiersemann 500. Nr 34 (J 1031), Dez./Febr.: eine solche in Šarfah (unbest. Alters. Vg. JParisot, ROC 4, 153/60), März/Mai: Ox 109 10(Dawk 54. 28. 16. Jh), für das Halbjahr März/August: VtS 344(J 1496 mit Erklärung der biblischen Perikopen), für Sept./Jan.: Ox 97(Dawk 10. 2°. 14. Jh), Febr/April: Pr 137(Anc fonds 147. 16. Jh), für die Einzelmonate Okt.: VtS 336(J 1392). Brl 300(Sach 3S. 15. Jh), Nov.: VtS 78(J 1207). 337(J 1512). Pr 134(Anc fonds 151. J 1256). Brl 301(Sach 41. 15. Jh). Ox 101(Dawk 20 J 1603). Dez.: Ox 105(Dawk 26. J 1233). 103(Dawk 14. J 1520). 102(Dawk 13. J 1587). 104(Dawk 16. 16. Jh). Pr 135(Anc fonds 153. 13. Jh). Brl 302(Sach 32. 16/7. Jh). VtS 339(J 1622), Jan: VtS 340(J 1477). Pr 136(Anc fonds 146. J 1521). Ox 10S(Dawk 24. 15. Jh). 107(Dawk 15. J 1531). 106(Dawk 11. 16. Jh). VtS 341(J 1607), Febr.: VtS 342(15. Jh). Brl 297(Sach 54. 15/6. Jh), März: VtS 80(J 1236). Brl 298(Sach 56. J 1554/5). Pr 138(Anc fonds 148 J 1573), April: VtS 81(J 1252). 346(J 1565). 345(J 1568). Brl 312(Sach 76. J 1480 oder 1490). 313(Sach 46. 15 Jh). Ox 111(Dawk 21. 17. Jh), Mai: CmbrAdd 2280(J 1494). Ox 112(Dawk 29 J 1502), Juni: VtS 82(J 1214). 348(J 1525). Brl 299(Sach 44. 16. Jh). Ox 114(Dawk 3. 16. Jh). 115(Dawk 59. 16. Jh), Juli: Pr 141(Anc fonds 150 J 1495). 140(Anc fonds 63. 16. Jh). Ox 116(Dawk 17. J 1533). VtS 349(J 1554), Aug.: VtS 350(15. Jh). Ox 117(Dawk 42. 15. Jh). 118(Dawk 60. J 1564). Pr 142(Anc fonds 152. J 1531), Sept.: VtS 335(J 1392). Beirut (J 1494). Brl 315(15. Jh). 314(Peterm 297. J 1500). Ox 99(Dawk 49. J 1595). 100(Dawk 30. 16. Jh). 98(Dawk 40).

[6]) Hss: VtS 338(Nicht schon 9. Jh!). 351(15. Jh). BrM 410(Add 12179. 11/2. Jh). 409(Add 14711. J 1222). 408(Add 17236. J 1287). Brl 304(Sach 100 14/5. Jh). 306(Sach 48. 15. Jh). Pr 144(Anc fonds 162. J 1493). 143(Suppl 57. 16. Jh). CmbrAdd 2882(15. Jh). Ox 90(Dawk 18). 82(Dawk 37). Vg. JParisot, ROC 4, 153/60.

[7]) Hss: BrM 296(Add 14476. 11 2. Jh). DamErzb 49(J 1287). 50(14/5. Jh). VtS 41(14. Jh). 40(J 1553). Brl 317(Sach 58. 15. Jh). Pr 101(Anc fonds 54. J 1516). 100(16. Jh). Beirut (J 1654) JerMkl 92, von Bruchstücken: VtS 53(J 1041). 54(12. Jh). 296. Brl 317(Sach 58. 15. Jh).

[8]) Hss: BrM 412(Add 17133. 11. Jh). VtS 328(14. Jh). 329(J 1509)1°. Eine solche in Šarfah

durch die Parakletike gebildetes feriales Seitenstück [1]) und die Vereinigung beider in der sog. großen Oktoëchos,[2]) das dem unveränderlichen Gerüste des Tagzeitengebetes gewidmete Horologion [3]) und der den liturgischen Stoff für die Fastenzeit bzw. die Karwoche und die österlichen 50 Tage enthaltende erste [4]) und zweite Teil des Triodions,[5]) vereinzelt sind es auch Heirmologion,[6]) Menologion,[7]) Sticherarion,[8]) und ein aus dem Rahmen des Euchologions ausgehobenes Begräbnis- und Weiherituale,[9]) denen man in geschlossener Schicht erstmals für das 12/3. und weiterhin bis ins 17. Jh herab in Exemplaren vor allem zunächst europäischer Bibliotheken in syrischem Sprachkleide begegnet. Fast durchweg ist, was diese Übss wiedergeben, der gemeinbyzantinische Ritus. Nur hin und wieder meldet sich eine Erinnerung an die vorbyzantinische liturgische Sonderart des antiochenischen Patriarchates an.[10]) Ältere Übss müssen immer neuen Revisionen unterzogen oder gelegentlich durch jüngere verdrängt worden sein. Dabei bieten die Hss über die Person einzelner Übersetzer nur sehr ausnahmsweise Aufschluß. So erfährt man beiläufig, daß ein M Paulos v Sika (?) spätestens im 14. Jh eine Übs des Rituals der Krankenölung, ein Pr Jôhannàn aus einem Dorfe Rômja (?) spätestens im 16. eine solche des sog. großen Kanons des Andreas v Kreta geschaffen hat.[11]) Im 15. Jh hat anscheinend ein B Makarios v Qārā eine bedeutsame Rolle in der Pflege dieser Übersetzungsliteratur und ihrer hslichen Fort-

---

(J 1597), von Bruchstücken: BrM 413 (Add 14522. fol 1/3. 11. Jh). Brl 308 (Sach 52. 15. Jh). 305 (Peterm 30). A (15/6. Jh). 319 (Sach 34) 6⁰, eines solchen von stark abweichendem Typus: Katalog KWHiersemann 500. Nr 37 (12/3. Jh).　　[1]) Hss: Katalog KWHiersemann 500. Nr 20 (wohl noch 11. Jh). BrM 418 (Add 21031. J 1213). Brl 295 (Peterm. Syr 28. 13. Jh). 307 (Sach 42. 15. Jh). 305 (Peterm 30). VtB (16/7. Jh). Ox 76 (Dawk 4 J 1487). Pr 129 (Anc fonds 62. 15. Jh). VtS 329 (J 1509) 3⁰. 76 (J 1554). 327 (J 1576), eines unfertiggebliebenen Bruchstückes: Katalog KWHiersemann 500. Nr 38 (15. Jh). Agg (aus Brl 295 bzw. 307) eines Marienhymnus: FBaethgen, ZDMG 33, 665/71, von Textproben eines anderen: KatSachau 852.

　　[2]) Hss: BrM 414 (Add 14508. 11/2. Jh). 415 (Add 14710. J 1258/9). 416 (Add 17233. 13. Jh). 417 (Add 17240. 13. Jh). Ox 75 (Dawk 8. J 1493). 77 (Hunt 127. 15. Jh). Pr 129 (Anc fonds 62. 15. Jh). 130 (Suppl 21. 16. Jh). 128 (Suppl 20. J 1562). 127 (Anc fonds 60. J 1569). Brl 303 (Peterm 31. J 1537), wenn es sich nicht vielmehr um die Parakletike handelt, auch: Ox 78 (Dawk 45. 16. Jh). 82 (Dawk 56).

　　[3]) Hss: BrM 419 (Add 17248. fol 119/190. 13. Jh). 420 (Add 14716. fol 1/78. 13. Jh). VtS 77 (15. Jh). Brl 296 (Sach 128. 15. Jh). Ox 94 (Dawk 57). Vg. auch Brl 246 (Sach 128. 15/6. Jh). 319 (Sach 34) 1⁰. Ox 93 (Dawk 35. 15. Jh). 92 (Dawk 34. J 1590) und das Bruchstück: Katalog KWHiersemann 500. Nr 29 (13. Jh).　　[4]) Hss: Sin 4 (12. Jh). VtS 74 (J 1215). 333 (J 1525). 331 (J 1546). 75 (J 1610). Brl 309 (Sach 37. J 1457). 310 (J 1491). Ox 84 (Dawk 19. 15. Jh). 85 (Dawk 48. 16. Jh), von Bruchstücken: Katalog KWHiersemann 27 (9. Jh). 47 (11. Jh). 48 (11. Jh). Ag von Textproben (aus Brl 310): KatSachau 357/9.

　　[5]) Hss: BrM 406 (Add 17233. fol 1/74. 13. Jh). 407 (Add 17234. 13. Jh). Brl 311 (Peterm 27. Um J 1415). VtS 334 (15. Jh). 75 (J 1610). Ox 87 (Dawk 12. J 1499). 89 (Marsh 416. 15. Jh). 90 (Dawk 25. 15. Jh). 88 (Dawk 47. 16. Jh). 86 (J 1601).

　　[6]) Hss: VtS 329 (J 1509) 2⁰. Pr 131 (Anc fonds 105. J 1549). Eine solche in Šarfah (Vg. JParisot, ROC 4, 160/1).　　[7]) VtS 77 (hinter dem Horologion).

　　[8]) Hss: VtS 330 (14. Jh), eines Bruchstückes: Katalog KWHiersemann 500. Nr 30 (15. Jh). Nur einen arabischen Text bietet dagegen: Ox 91 (Dawk 38. 16. Jh).　　[9]) Hss: JerMkl 122 des Begräbnis-, bzw. in Beirut (14/5. Jh), des Weiherituals.

　　[10]) So in den durch das Fastentriodion Ox 84 (Dawk 19) erhaltenen Beispielen „alter Kanones der Syrer" und in den Nrn 27. 29. 48 sowie zwei liturgischen Psalterien Nr 42 f. des Katalogs KWHiersemann 500. Vg. über das Hiersemannsche Material ABaumstark, Neue handschriftl. Denkmäler melkitischer Liturgie, in OC 10/11, 157/68. Zu Unrecht dürfte von Charon hierher auch die wohl eher „griechische Kanones" des jakobitischen Ritus (§ 42 f.) enthaltende Hs Ox 45 (Dawk 32. J 1165/6) gerechnet werden.

　　[11]) Laut Notizen in den Hss Vt 41 bzw. Ox 85. Vg. Charon a. a. O. 509 Ak. 1. 512 Ak. 1.

pflanzung gespielt, wobei er statt griechischer Originale bereits arabische Übss seiner Neuschöpfung oder Überarbeitung syrischer Texte zugrunde legte,[1] wie denn überhaupt das Arabische frühzeitig als Konkurrent des Syrischen in melchitischer Liturgie zur Geltung gekommen ist.

c) Für eine **nichtliturgische Übersetzungstätigkeit** melchitischer Kreise war als möglicher Beleg vermutungsweise schon der syrische Text der *Κλῖμαξ* des Joannes Sinaïtes ins Auge zu fassen.[2] Eine nicht zu unterschätzende Stütze findet jene Vermutung an der Tatsache, daß mindestens einmal die hsliche Überlieferung mit der syrischen Klimax-Übs zwei weitere Stücke verbindet, deren Ursprung kaum anderswo als in melchitischer Sphäre gesucht werden kann.[3] Es sind dies ein Text der sonst auf syrischem Boden Euagrios beigelegten Abhandlung *περὶ προσευχῆς*, in welchem dieselbe vielmehr in Übereinstimmung mit griechischer Tradition Neilos beigelegt wird,[4] und eine Übersetzung asketischen Nachlasses des Nestorianern und Jakobiten anscheinend gleich unbekannten Bs Markos (Diadochos) v Photike in Epirus der im J 457 ein Schreiben chalkedonensisch gesinnter BB an Kaiser Leon unterzeichnete.[5] Von dem letzteren kommen dabei außer den griechisch erhaltenen 100 *κεφάλαια γνωστικά*[6] zwei im Original, wie es scheint verloren gegangene Nrn in Betracht.[7] Hierher gehören ferner Bruchstücke einer Übs auch der „Geistlichen Wiese“ des Joannes Moschos[8] und, falls es sich hier nicht um ein syrisches Original handeln sollte, eine fälschlich Chrysostomos beigelegte Predigt über die Verklärung Christi, deren Verfasser gleichmäßig Nestorianer und Monophysiten bekämpft.[9]

§ 56. Auch bei den Maroniten entfällt die Hauptmasse wenigstens der erhaltenen syrischen Sprachdenkmäler auf die Liturgie. Immerhin wird an derjenigen eines Theophilos v Edessa noch die Gestalt eines einzelnen maroniti-

---

[1] So bei dem Horologion Brl 296. Vg. KatSachau 826. Charon 511 f. Ak. 1.

[2] S. 166. Über die hsliche Überlieferung ebenda Ak. 1.

[3] Hs: Leid Or 2346 (Hebr. Warner. 53. 13. Jh) I°: Klimax. II°/V°: die weiteren Stücke.

[4] V° der Hs. Über die hsliche Überlieferung unter dem Namen des E. vg. S. 87 Ak. 4.

[5] Die Hs nennt den Verfasser nur Markos, aber seine Identität mit Diadochos wird schon durch die Angabe des Bischofssitzes gewährleistet. Damit ergibt sich möglicherweise eine Instanz für seine Autorschaft auch an dem griechisch unter dem Namen eines Markos Diadochos überlieferten *λόγος* gegen die Arianer, die O Bardenhewer, Patr³ 318 bezweifelt.

[6] Ag: J E Weis-Liebersdorf, *Διαδόχου ἐπισκόπου Φωτικῆς τῆς Ἠπείρου τοῦ Ἰλλυρικοῦ κεφάλαια γνωστικά* (S. Diadochi episcopi Photicensis de perfectione spirituali capita centum). Textus graeci ad fid. codd. mss. ed. critica et quasi princ. (Lpz 1912). Vg. R Reitzenstein, Historia Monachorum u. Historia Lausiaca (Göttingen 1916) 138/42. In der syrischen Hs II°: „Kapitel über die Erkenntnis und Einsicht.“   [7] In der Hs III°: „Kanon(es?) der Beter“ (oder: „gegen die Messallianer“?). IV: „Definition(en?) der Tugenden.“

[8] Kapp 1. 3. 5 (zweiter Teil). 6. 8. 9. 11. 16. 15. 18 f. 28. 31. 37. 39. 150. Hs: Katalog K W Hiersemann 487. Nr 255 a (= 500. Nr 2. 8. 9. Jh) 11° (a. a. O. irrigerweise als „Excerpta ex historia Lausiaca Palladii“ bezeichnet, weil allerdings auch die Hs selbst Palladios als Verfasser dieser Azz nennt).

[9] Hs: Katalog K W Hiersemann 487 Nr 255 a. (= 500. Nr 2) 19°. Auch eine in derselben Hs (17°) stehende von Mt 4. 1 (Mk 1. 12. Lk 4. 1) ausgehende Homilie über die Weltflucht unter dem Namen des Gregorios v Nyssa, deren griechisches Original anscheinend nicht nachweislich ist, wäre vielleicht in diesem Zusammenhange zu nennen, und nicht minder ist eine Chrysostomos beigelegte Erklärung der eucharistischen Liturgie vielleicht von einer melchitischen Hand aus dem Griechischen übersetzt worden. Vg. S. 81 Ak. 4. Die dort genannte früher im Privatbesitze Prof. P Neumanns in Wien gewesene Hs ist übrigens identisch mit Katalog K W Hiersemann 487 Nr 255 b (= 500. Nr 3. J 882) wo das Stück unter 13° steht.

schen Schriftstellers näher kenntlich, die im Gesamtrahmen der Literatur des 8. Jhs einen in hohem Grade achtunggebietenden Platz einnahm. Eine Verknüpfung literarischen Gutes mit dem Namen des sagenhaften Begründers maronitischen Kirchentums Jōhannān Mārōn steht demgegenüber bereits unter dem Einfluß der Unionsbewegung und des in ihr wurzelnden Strebens nach orthodoxer Retouchierung der eigenen Vergangenheit und hat Blüten seltsamsten Plagiates gezeitigt, neben denen es allerdings auch an echten Stücken **m a r o n i t i s c h e r P r o s a** des zweiten Jahrtausends nicht völlig fehlt, wobei teilweise für die verlorenen Originale arabische Übss eintreten. Einige **D i c h t e r** gehören auch hier noch der letzten Spätzeit literarischen Lebens an.

a) Die maronitische Liturgie[1]) gewinnt für das Gebiet der eucharistischen Feier durch die Übernahme fast aller jakobitischen Anaphoren ein ähnlich sekundäres Gepräge, wie es der melchitischen vermöge des durchgängigen Übersetzungscharakters ihrer Texte eignet. Immerhin hat sich gerade hier an einer Anaphora „der zwölf Apostel" oder „des Apostelfürsten Petrus", die in der Geltung eines Normalformulars bei jenem Prozesse durch diejenige „des Herrenbruders Jakobus" verdrängt wurde, ein den Maroniten von Hause aus eigentümliches Liturgiedenkmal von offenbar hohem Alter erhalten, das durch seine Berührungen einerseits mit dem ostsyrischen Typus nestorianischer Liturgie, andererseits mit der durch den Ps.-Areiopagiten entworfenen Idealskizze der Eucharistiefeier nicht geringes Interesse zu erwecken geeignet ist.[2]) Das kirchliche Tagzeitengebet der Maroniten[3]) wie die dem griechischen Euchologion entsprechenden Texte und BB ihrer Liturgie[4]) gestattet das in europäischen Bibliotheken sich bietende hsliche Material

---

[1]) P Dib, Étude sur la Liturgie Maronite (Pr. ohne J: 1919 oder 1920).

[2]) Hss: Pr 71 (Suppl 16. J 1454) 2°. VtS 29 (J 1539) 1°. Krēm 3°. Agg: MCh 220/41 (bzw. Neuag: R 1716, 139/68), wissenschaftlich unbrauchbar, weil in uniertem Sinne korrigiert. Vg. A Baumstark, OC 4, 190/4.

[3]) Hss des Ferialbreviers für die einzelnen Wochentage: VtS 316 (J 1435 6). 317 (J 1508). 402 (J 1521/2). 233 (16. Jh). PalMedOr 54 (J 1543). Bibl. Vittorio Emanuele in Rom Sir 1 (16. Jh). Ox 53 (CanonOr 118. J 1758) 11° 2, des Festbreviers für das ganze Kirchenjahr in 2 Bden: BrM 333/4 (Add 17235. 14307. 13. Jh. Vor J 1241/2), für die Winterszeit: VtS 318 (18. Jh). 248, des Breviers für die Fastenzeit: 235 (J 1426). 401 (J 1521/2), die Karwoche: 452 (17. Jh?). 236, die Osterwoche: 237 (J 1713), Marienfeste: 321 (15. Jh). 322 (17. Jh), ausgewählte oder einzelne Feste: 320 (J 1490). 319 (J 1572 3). 239 (J 1653). 240 (J 1671). 398 (17. Jh), 241. PalMedOr 41 (Ums J 1570). Agg des Ferialbreviers in voller Gestalt: Officium simplex septem decr. hebr. dom. ad usum Eccl. Maronitarum impr. auctoritate Pauli V, deinde Gregorii XII. tandem Urbani VIII (R 1624), in einer mittleren Fassung: Off. feriale iuxta rit. eccles. Syror. Maronitarum, Innocentii X. P. M. iussu editum (R 1717), in einer kürzesten Fassung: Off. usw., e revisione Stephani Evodii patriarchae (R 1731) bzw. weitere ebenda 1797, 1830, 1863, orientalische des ersten Typs: Beirut 1890, 1897, des zweiten: z. B. Qozḥajā 1855. 1897, Kesrawan 1872, des dritten: Beirut 1876. 1877. 1882. 1883. 1897. 1902, des Festbreviers: Officia sanctorum iuxta ritum ecclesiae Maronitarum (2 Bde, R 1665 6).

[4]) Hss eines Rituals der Wasserweihe an Epiphanie: VtS 50 (J 1246 c). anderer festtäglicher Sonderfeiern: 403 (J 1521/2?). 427 (16. Jh). 393 (17. Jh). 415 (18. Jh), des Begräbnisrituals: 59 (J 1265 6). 314 (J 1477/8). 315 (15. Jh). 421 (18. Jh). Pr 125 (Anc fonds 59. J 1554/5). 126 (Anc fonds 98. 17 Jh), sonstiger Ritualien verschiedenen Umfangs, vor allem die Taufliturgie enthaltend: VtS 313 (15. Jh). 448 (15. Jh). 438 (J 1573/4). 420 (16. Jh). 300 (J 1601). 392 (J 1694). Pr 117 (Anc fonds 86. J 1511/2). 119 (Anc fonds 93. Ums J 1589). 116 (Anc fonds 91. 16. Jh). 118 (Suppl 70. 16. Jh), wohl auch: JerMkl 91. eines Pontificale: VtS 309 (J 1295/6). 47 (15. Jh). 311. VtB 44 (17. Jh). Pr 120 (Suppl 19. J 1504/5), von Diakonika: 48 (J 1506/7). 49 (J 1558/9). 443 (J 1677). 301 (J 1796). Agg des Begräbnisrituals: Offi-

nur ausnahmsweise bis ins 13. Jh hinauf zu verfolgen, während die Hauptmasse desselben erst dem 16 S. angehört und in den Drucken fast ausnahmslos Rezensionen vorliegen, welche die verschiedenen Schichten der Liturgie erst seit rund der Mitte des 17. erfuhren. Von Revisionen noch mittelalterlicher liturgischer Texte wird nurmehr diejenige bekannt, welcher P al-Amšitî (1209 30) nach seiner Rückkehr vom vierten Laterankonzil das Ordinationsritual unterzog.[1]

b) **Theophilos v Edessa,**[2] † 15. 7. 785. Sohn eines Thomas war ein gefeierter Astrologe und stand in Diensten des Khalifen al-Mahdi, dessen Gunst er sich in hervorragendem Maße erfreute. Ob es sich bei einer für ihn[3] bezeugten Übs der „zwei BB des Homeros über Ilion" wirklich um eine solche der ganzen Ilias und Odyssee oder etwa nur um diejenige irgendeines mythographischen Handbuches handelte, muß wohl unentschieden bleiben.[4] In jedem Falle dürfte mit der Arbeit die eingehende Behandlung des troischen Sagenkreises in der anonymen Weltchronik des ausgehenden 12. Jhs in irgendeinem Zusammenhange stehen.[5] Auch mit Aristoteles scheint sich Th. als Übersetzer beschäftigt und im einzelnen hier einen syrischen Text der σοφιστικοὶ ἔλεγχοι geschaffen zu haben, aus welchem diese im 10. Jh ins Arabische weiterübersetzt wurde.[6] Ein von ihm verfaßtes Geschichtswerk wurde trotz des gegen dasselbe erhobenen Vorwurfes der Parteilichkeit zu Ungunsten der Monophysiten und des Totschweigens ihrer Historiker durch Dionysios v Tellmahrē benützt. Nicht unerhebliche Reste davon scheinen sich an Bruchstückenresten einer maronitischen Weltchronik erhalten zu haben, die sich auf die Zeit von Alexander d. Gr. bis zum J 663 4 verteilen,[7]

cinm defunctornm ad usum Maronitarum S. D. N. Gregorii XIII P. M. impensa chald. character. impress. (R 1585, desselben und des Rituals der Sakramentenspendung: Sacerdotale Ecclesiae Antiochenae nationis Maronitarum (R 1752, eines Gesamtrituals: Ritus administrandi nonnulla sacramenta ad usum Ecclesiae Antiochenae Maronitarum, 2 Bde (R 1839/40, anscheinend eines Azs dieser Ag ²(Beirut 1909), mit Übs: des Pontificale: CodL 9, 1,228. 10, 1 119, bis zur Priesterweihe einschließlich: J Morinus, Commentarius de sacris Ecclesiae ordinationibus (Pr 1655) 310,63, eines anscheinend im Gegensatze zu den wiederum von ihnen übernommenen jakobitischen Formularen den Maroniten eigentümlichen Formulars der Taufliturgie unter dem Namen Ja'qôb h s v Sērûg h): CodL 2, 309,50. 3, 184 90. anderer Stücke maronitischer Tauflitnrgie: ebenda 3, 190,97 und wohl auch 1. 202 19. Übs des Pontificales und des Taufformulars: H Denziuger, Ritus Orientalium . . . in administrand. sacramentis 2, 10- 226. 1, 334,51.   [1] Vg. Dib a. a. O. 169 f.

[2] Dionysios v Tellmahrē bei M 378 (2, 358). B'E Wg (Ag Brnns-Kirch) 132 f. (133 f.). Hist. dyn. (Ag: Pococke) 228 (147 f. . Agapios (Ag: Vasiliev 2, 265. Q 109 Z. 15,7. J G Wenrich, De anctor. Graecor. versionibus usw. 78,5. LTh 39 f. Wright 163 f. Duval³ 384. A Vasiliev, Viz. Vrem. 11, 574 6. E W Brooks, BZ 15, 583 f.

[3] Durch B'E Hist. dyn. (Ag Pococke) 228 (148).

[4] Vg. P de Lagarde, The Academy 1871, 467. A Merx, Hist. art. grammat. ap. Syros 211. Duval³ 323 f. C Frick, Berliner Philol. Wochenschr. 30, 444/6. Die von Lagarde a. a. O. zusammengestellten und im LTh an Ilias 11 204 f. um zwei weitere vermehrten einzelnen Homerverse, die bei syrischen Schriftstellern, besonders Ja'qôb(h) b Sakkö sich finden, geben in der Frage nicht ohne weiteres einen Ausschlag, da mit der Möglichkeit gerechnet werden muß, daß sie als Zitate aus dem Griechischen ins Syrische übergingen. Vg. das von A Baumstark, Philolog.-histor. Beiträge Curt Wachsmuth zum sechzigsten Geb.tag überreicht (Lpz 1897) 149 f. behandelte Beispiel. Auch die Bemerkung des BB 1644. 18, daß „Homeros" das Wort ‮ܣܓܝ‬ „viel gebrauche" erhärtet streng genommen nur, daß ihm irgendein, offenbar allerdings wohl umfangreicher, syrischer Text unter dem Namen des griechischen Dichterfürsten bekannt war.

[5] Ag: Rahmani 28,35. Übs: F Nau, ROC 13, 90,6.   [6] Durch Jahjâ ibn Adi. Vg. Fihr 249 Z. 27 (A Müller, D. griech. Philos. in d. arab. Überl. 16.

[7] Hs: BrM 915 (Add 17216. fol 2/14. 8 9. Jh). Agg: E W - Brooks - (J - B Chabot), ChrM 43 47 (35 57), von Azz: Th Nöldeke, ZDMG 29. 82 98, mit gelehrtem sachlichem Kommentar.

man müßte denn sie auf eine von Th. bereits benützte ältere Quelle etwa des ausgehenden 7. Jhs zurückführen. Endlich wurde sie nicht nur nach dessen ausdrücklichem Zeugnis überhaupt durch den Melchiten Agapios v Membiǧ benutzt, sondern bildete nach Ausweis des zwischen ihm und jenen syrischen Fragmenten bestehenden Verhältnisses geradezu eine Hauptquelle seines arabischen Werkes.[1]

c) Jôḥannàn Màrôn,[2] an dem maronitische Legende anscheinend eine geschichtliche Persönlichkeit aus der Zeit des Unionsabschlusses im 12. Jh bzw. seiner Vorbereitung ins 7. zurückdatiert hat, um sie zum Nationalheiligen zu erheben, gilt zunächst als Verfasser eines Glaubensbekenntnisses mit angeschlossener dogmatischer Katene und je einer Streitschrift gegen Monophysiten und Nestorianer[3] und mindestens einer Anaphora.[4] Doch muß es sofort Bedenken erwecken, daß in der fraglichen Katene Severus v Antiocheia als Heiliger zitiert wird. Noch zweifelhafter wird die Glaubwürdigkeit jeder auf eine schriftstellerische Tätigkeit einer Persönlichkeit dieses Namens gehenden Überlieferung dadurch, daß weiterhin sogar so gesicherte Werke hervorragender jakobitischer Autoren wie dasjenige des Iwannîs v Dàrà über das Priestertum und die Liturgieerklärung des Dionysios b Ṣalîb(h)î ihm beigelegt werden.[5]

d) Von weiteren Denkmälern maronitischer Prosa liegt in syrischem Original ein Az aus einem dogmatisch-polemischen Traktat christologischen Inhalts vor, als dessen Verfasser ein Jôḥannàn Stylites aus dem Kloster des hl. Zĕʿôrà in Sĕrûgh bezeichnet wird.[6] Wenigstens gestattet die Überlieferung des Stückes durch eine maronitische Hs in ihrem Verfasser wohl nur einen Maroniten zu erblicken. Nur ein Karšûnî-Text ist dagegen von einem großen maronitischen Synaxar nachweisbar, in welchem die hagiographische Tradition der libanesischen Sonderkirche ihre auf einem griechischen Menäentexte fußende Kodifikation fand.[7] Ein Gleiches gilt von der Kodifikation ihres kirchlichen Rechtes in dem Nomokanon eines Men Dawid, der durch einen B Thomas v Kĕp(h)artàb(h) eine Übs ins Arabische erfuhr.[8] Das J 1058/9 bezeichnet wohl

---

Übs: FNau ROC 4, 318/28. Ein ausdrückliches Zitat aus dem Geschichtswerke des Th. bei Agapios a. a. O. geht auf eine zeitlich spätere Partie desselben.

[1] Erweislich unrichtig ist eine Überlieferung, der zufolge Th. als erster sich der griechischen Vokalbuchstaben zur Bezeichnung der syrischen Vokale bedient hätte. Vg. Duval³ 238. CHBecker, D. Islam 3, 295f.

[2] FQuaresmius, Elucidatio Terrae Sanctae (Antwerpen 1639) 96f. BO 1, 496/520 nach der maronitischen Legende. Eine geschichtliche Überlieferung, welche das Leben ihres Helden vielmehr in das Zeitalter der Kreuzzüge und der Frankenherrschaft über Antiocheia verlegt, scheint in der Schrift des jakobitischen Patriarchen Nûḥ „über den Glauben der Syrer" (§ 53f.) vorzuliegen. Vg. die Zitate daraus BO 1, 499f. 504f.

[3] Hss: VtS 146 (J 1392) 1°/111°. Pr 203 (Anc fonds 124 A. J 1469/70) 1°/3°, des Glaubensbekenntnisses allein: JerMkl 1* (16/7. Jh) Anh. 12°. VtS 398 (J 1687) fol 25. Bs der dogmatischen Katene: KatAssemani 2, 266. Übs aller drei Stück: FNau, ROC 4, 188/226. Vg. Ders., ebenda 180/5. Daß ein in der ersten römischen Hs hinter den drei Stücken anonym überlieferter Dialog über den Trishagionzusatz: Ὁ σταυρωθείς usw. nicht J. M., sondern dem Jakobiten Dawid b Paulos gehöre, ist schon BO 1, 518 richtig erkannt. Vg. S. 272.

[4] Hss: VtS 291 (J 1539) 20°. 295 (16. Jh) 4°. 398 (J 1687) fol 39 v°. 297 (18. Jh). 414 (18 Jh). Agg: in maronitischen Missaledrucken, z. B. im neuesten (Beirut 1908) 126/41. Hs zweier unter sich und von dem gedruckten verschiedener Formulare: diejenige von Krêm 24°. 25°.

[5] Die betreffenden Hss oben S. 277 Ak 7 bzw. 297 Ak. 8.

[6] Hs: Pr 203 (Anc fonds 124 A. J 1469/70) 7°. Übs: FNau, ROC 4, 332/5.   [7] Hs: VtS 243 (J 1616). Ag einer Textprobe (29. Juni): ABaumstark, OC 1, 314/9.

[8] Hss: VtS 133 (J 1401/2). 220 (16. Jh). Pr 223 (Anc fonds 136. 16. Jh). Bibl. Angelica in Rom Orient. 64 (C. I. 13. 16. Jh). Pr 225 (Anc fonds 139. J. 1474/5) 2°. VtS 219. Bss: KatAssemani 3,

die Zeit seiner Entstehung, nicht erst jener Übertragung und ein Mönch Joseph hat in demselben nicht zu dieser den Thomas, sondern den D. selbst zur Abfassung des Werkes angeregt.[1]) Auch ein Einschlag monotheletischer Lehre, welchen es aufweist, ist natürlich nicht, wie das Vorurteil ihrer angeblichen immerwährenden Rechtgläubigkeit die späteren Maroniten anzunehmen nötigte, erst durch den arabischen Übersetzer hineingetrageu worden, sondern von jeher ein charakteristisches Merkmal des Textes, der gerade durch diesen altertümlichen Zug eine erhöhte Bedeutung gewinnt.

e) Von maronitischen Dichtern der Spätzeit sind aus dem 17. Jh der P Jûsuf al-ʿAqûrî (ord. 1644, † 1647)[2]) und ein M Isḥàq aš-Ṣadrāwî († 1663)[3]) zu nennen, der je ein Lobgedicht auf P Jûḥannā Machlûf, Papst Urban VIII und einen Schriftsteller des Jesuitenordens hinterlassen hat. Noch im 18. Jh hat alsdann auch der große J S Assemani (as-Samʿānî) syrische Verse religiösen Inhaltes gemacht,[4]) um nicht bis zu Vertretern herabzusteigen, welche solcherlei gekünstelte Dichtung in toter Sprache auch im 19. gefunden hat.

205/8. Zotenberg 168/71. Cataloghi dei codd. or. di alcune biblioteche d'Italia 68/73. Vg. Duval³ 168. W Riedel, D. Kirchenrechtsquellen d. Patriachats Alexandrien 146/8. A Baumstark, OC 1, 131.

[1]) Der Name des Th. ist (wenigstens in der Pariser Hs) nachträglich statt desjenigen des D. in der Überschrift des betreffenden Briefes Josephs eingefügt. Vg. Kat Zotenberg 169.

[2]) LTh 87/9 mit Ag einer Probe, für die wie für die folgenden ein Nachweis der hslichen Überlieferung fehlt.   [3]) LTh 140 f. mit Ag des Anfangs des dritten Stückes.

[4]) Ag reichlicher Proben: LTh 172/83.

Nachträge und Berichtigungen.

Die zu ergänzenden oder zu berichtigenden Textstellen sind grundsätzlich als Lemma vor]
gesetzt. Ergänzungen werden durch +, Berichtigungen ohne ein Zeichen eingeführt. Wo eine
Ergänzung am Schlusse einer Ak. anzufügen ist, unterbleibt eine Lemmaangabe.

S. 3. in Dêr Zâfarān und des nestorianischen noch keine] in Dêr Za'farān und
des nestorianischen liegen noch keine oder so gut als keine.

S. 3 Ak. 3. + M de Goeje, Catalogus codd. oriental. bibl. Academiae Lugdun. Batav. 5 (Leiden
1873) 64/75. Ak. 4. + Der Kat ist das Werk von B Dorn. Vgl. auch nach einer
russischen Publikation desselben über einige weitere syrische Hss in Petersburg, vor allem
diejenige der Kirchengeschichte des Eusebios (J 462) und einen hagiographischen Sammel-
band des 6. Jhs W Wright, JSL² 19, 461 f. Ak. 5. + Die beiden Katt sind leider
weit davon entfernt vollständig zu sein, da den Verfassern nur ein Teil der im Kloster vor-
handenen Hss zugänglich gemacht wurde. Von zwei kurzen hslichen Verzeichnissen seiner
BB zählt ein von einem Mönche für Herrn Geh. Rat E Littmann gefertigtes einschließlich
einiger Drucke 235 Nrn, ein von einem solchen an Ad Rücker geliefertes sogar mit Ausschluß
von 141 Drucken 277 im Kloster und 51 in der Kirche aufbewahrte Hss. Eine Bezugnahme
auf das letztere erfolgt durch kursiv gedruckte Zahlen. Eine einzelne ihm noch zugänglich
gewordene besonders reichhaltige Anaphoren-Sammlung (= R) wird soeben durch Ad Rücker,
OC² 10/11, 156 f. näher beschrieben. Ak. 13 + 8, 55/82. Ak. 16. sind solche von H Goussen
zu erwarten] hat E Sachau a. a. O. 46 sich allerdings ganz allgemein geäußert. Nur
wenige bestimmte Hss machte O W Perry, Six months in a Syrian Monastery (Lo 1895)
337 namhaft. Auch ein im Besitze von H Goussen befindliches hsliches Verzeichnis in
arabischer Sprache gibt schwerlich erschöpfenden Aufschluß. || Ebenda am Schlusse der
Ak. + Nicht aufgezählt sind hier: T K Abbot, Catalogue of the Mss in the Library of
Trinity College (Dublin 1900) und die Bs der syrischen Hss der Universitätsbibliothek in
Göttingen durch A Rahlfs bei W Meyer von Speyer, Verzeichnis der Hss. im preuß.
Staate 1 (Hannover) 463/9. Eine einzelne Anaphoren-Sammlung zu Krêm im Libanon
beschreibt Ad Rücker, OC² 10/11, 154/6.

S. 7. Über den bemerkenswerten Inhalt einer Gruppe ihm zur Prüfung vorgelegter
Hss hat G Diettrich berichtet.] + Literaturgeschichtliche Notizen über
die im Lexikon Bar Bahlûls zitierten Schriftsteller und Werke bietet R Duval
in dem „Prooemium" seiner Ag (= Prooem.).

S. 12. geb. 11. 7. 154 ¹⁰)] geb. 11. 7. 154 ⁹).

S. 12 Ak. 1 der Sprüche mit kurzer erzählender Einleitung: Brl 165 (Sach 162)] +, vielleicht desselben Textes: Jer Mkl 162 (hinter Mēmrē Ja'qôb(h)s v Sĕrûg(h)) und einem Gesprächsbuche).

S. 13 Ak. 7 (von S. 12) Duval 241/8] Duval³ 235/40.

S. 14 Ak. 6. + Eine Xenübs lieferte G Levi della Vida, Il Dialogo delle Leggi dei Paesi
(R 1921). Über das Verhältnis des Dialogs zur echten Lehre B.s vg. ders., Rivista trime-
strale di studi filosofici e religiosi 1, 399/430. Ak. 10. Duval 98/100] Duval³ 89/2.
Ak. 11 von Palimpsestbruchstücken: Sin 30 (5/6.Jh)] +, des Bruchstückes einer arabischen

Übs die auf eine von der vorliegenden verschiedene Gestalt doch wohl eher des syrischen, als des griechischen Textes zurückgeht: eine soeben im Buchhandel auftauchende: Katalog KWHiersemann 500. Nr 16 (12. Jh) fol 1 r⁰ 22 r⁰.

S. 16 Ak. 1. ChBruston, Les plus anciens cantiques chrétiens (Pr 1912)] + FCabrol-HLeclercq, Monumenta Ecclesiae Liturgica 1ii (Pr 1913) 149/56.   Ak. 5. Übss:] + FCabrol-HLeclercq, Mon. Eccl. Liturg. 1ii, 144f. (nach Münter).

S. 18 Ak. 2. Duval 29f.] Duval³ 25. Ak. 3. Duval 29/43] Duval³ 25/37.

S. 19 Ak. 5. Duval 44,8] Duval³ 37/41. || Ebenda am Schlusse der Ak. + MJLagrange, RB 29, 324/32.   Ak. 8. Wie entgegen der früher herrschenden Auffassung Zahn] + und neuerdings AMingana, Exp. Tim. 1914,5, 47f. 93f. 235f.

S. 20 Ak. 2. + Einen vortatianischen sich „auf eine Anzahl von Perikopen" „für liturgische Zwecke" beschränkenden ältesten syrischen Evangelientext, der in den Thomasakten bei Ap(h)rem und Ap(b)rahaṭ nachwirke, postuliert neuerdings FHaase, TQs 101, 262/72. Sogar eine vortatianische Vollübs wird allerdings angenommen durch HCHoskier, Codex B and its Allies. A Study and an Indictement (Lo 1914).

S. 20 Ak. 8. Vogels, BbZ 9, 54f. . . . . . 14. 34/40]. + Ders., TQs 101, 365.85. || Ebenda am Schlusse der Ak. + Eingehend gegen v Sodens Bewertung der textgeschichtlichen Bedeutung des Diatessarons haben Stellung genommen vor allem HCHoskier a. a. O. APott, Mnemosyne 1920, 267/309. 339,65.

S. 21 Ak. 8. Duval 48/55.] Duval³ 39f. || FCBurkitt, Ev. da-Mepharreshe 2.] + JMLagrange, RB 29, 321/52. 30, 11/44.

S. 22 Ak 3. AHjelt.... hält wenigstens Syr^Sin für älter als das syrische Diatessaron.] + Dasselbe tut AMingana, Exp. Tim. 1914/5, 47f. 93f. 235f. unter Annahme der Originalität des letzteren und einer Abhängigkeit desselben von Syr^Sin.

S. 26 Ak. 7. CmbrAdd 2020 (J 1697) 7⁰. 10⁰.] + Dublin Trin. Coll. 1505. 2⁰ (17. Jh).

S. 27. um 441] um 341.

S. 27 Ak. 1. Duval 167 9.] Duval³ 156f.

S. 28 Ak. 1. + Das älteste einschlägige Beispiel noch aus der Zeit vor Mitte des 5. Jhs an einem Stadttor von Philippi in Makedonien. Vg. ChPicard, Bulletin de Correspondance hellénique 44, 41/69. Eines aus der Gegend von Edessa selbst: SbPAW 1914. 817/28.

S. 31. im 8. 445] im 8. 345 || (+ 438)] (+ 338).

S. 34 Ak. 1. + Über Abhängigkeit schon des Theodoretos von der syrischen Biographie A.s vg. HDelehaye, AB 38, 292/5. 307/12. Ag eines armenischen Bruchstücks: NAkinian. Materialien zum Studium d. armen. Martyrologiums (Wien 1914/20) 43ff.: Nr 6.

S. 36 Ak. 5. + Unter dem Namen A.s steht das Stück auch in einer armenischen und einer arabischen Übs. Hs der letzteren: VtAr 85 (13. Jh) 13⁰. (Unvollständige). Ag der ersten: Mechitharistenag 4, 63,8 (bis § 11 der Übs Euringers).

S. 37 Ak. 1. nach der ersten Londoner], nach den beiden Oxforder Hss: Kat Nicoll-Pusey 37/9 bzw. Uri 39, nach der ersten Londoner, die im Gegensatz zu der gewöhnlichen Sammlung von 52 eine anders geordnete von 53 Nrn bietet: Kat Rieu 2, 26/9 und || Ak. 2. + Die Übertragung einzelner Stücke erfolgte nach Answeis von Zitaten z. B. Alkuins spätestens im 8., möglicherweise schon im 5. Jh. Vg. SJMercati, Bessarione 24, 177/91.

S. 39 Ak 4. SbWAW] SbAWW.

S. 40 Ak. 4. BKv² 197/233.] BKv² 37, 197/233.

S. 42 Ak. 4. Vg. SEnringers „Vorbemerkung" BKv² 374,9.] Übs: SEuringer, BKv² 37, 3/61. Vg. dessen „Vorbemerkung" a. a. O. 4/9.

S. 43 Ak. 2. VtB 143 (17. Jh) 1⁰] +, eines einzelnen wohl hierher gehörigen Stückes: Katalog KWHiersemann 487. Nr 255 b (= 500. Nr 3. J 882) 10⁰.   Ak. 6. Übs.] Übss: SEuringer, BKv² 37, 121/64.

S. 47 Ak. 2. ·7182 Rich (15. Jh)] + Brl 25 Sach 214. J 1248). JerMkl.] + *117* (J 1327,5). *118* (J 1509/10). *119* (J 1660/1).   Ak. 4. JerMkl 25 (15. Jh). 26 (J 1654). 28 (J 1856)] + *72* (J 1570/1) und acht weitere der Nrn *63/5. 67/9. 71/4. 79.* Dresden Or 137 (J 1529/30). Hamburg, Stadtbibl. 317 (J 1556).

S. 48 Ak. 10. Vg. besonders S.] + 36 Ak. 6 bzw. || Séert 109 (J 1609) XVII] + und in arabischer Übs in einer soeben im Buchhandel auftauchenden: Katalog KWHiersemann 500. Nr 14 (10. Jh) 8°.

S. 49 Ak. 7. Brl 143 (Peterm 125. 14/5. Jh) Fol 108 v°.] + Dublin Trin. Coll. 1508 B. 5. 19. J 1625) 3°. | Ebenda am Schlusse der Ak. + Übs: SEuringer, BKv² 37, 91 103. Ak. 8. + Übs: SEuringer a. a. O. 79 89. Ausführungen zu dem durch seine Abhängigkeit von einem stoischen Protreptikus inhaltlich interessanten Stücke von AdDyroff in einer Festschrift zum 60. Geburtstage von AlbEhrhard, 119/40. Ak. 10. + Übs: SEuringer a. a. O. 63/77. Ak. 14. Pr 177 (Anc fonds 83. J 1520/1) 2°.] + Dublin Trin. Coll. 1508. 2°. Ebenda am Schlusse der Ak. + Übs: SEuringer a. a. O. 105,19.

S. 50 Ak. 3. Dublin Trinity Coll B. 5. 19 (um J 1625).] Dublin Trin. Coll. 1508. Ak. 4. B. 5. 19] 1508. || Vg. auch] + BrM 777 (Add 14590. 8,9. Jh) 1°. Katalog KWHiersemann 487 Nr 255a (= 500. Nr 2) (8,9. Jh) 7°. Ak. 8. Zitiert wird dieses Stück jedenfalls schon in der nestorianischen Liturgieerklärung des (Ps.-) Giwargîs v Arbela (§ 38 c) 1, 146 f. (117). Ak. 10. (Halle 1893)], Das Gedicht Tekkaf l'Arēstotalîs als Beitrag zur syr. Originallexikographie und -Grammatik zum I. Male aus Hdss. der Berliner Kgl. Bibliothek ediert, übersetzt und kommentiert (I. Teil). (Diss. Halle 1893.) Das Stück ist bereits von BB abhängig und soll nach dem Herausgeber wahrscheinlich B'E zum Verfasser haben. Hierher gehört ferner ein auch stilistisch mehr an Ja'qôb(h) v Sĕrûg(h) erinnernder M. im zwölfsilbigen Metrum über die Schöpfung in der Hs Katalog KWHiersemann 487. Nr 255b (= 500. Nr 3. J 882) 7°.

S. 51 Ak. 1. OpS 2, 236,8.] OpS 2, 336,8. Ak. 3. + Mēmrē unter dem Namen A.s allein bzw. neben solchen anderer Verfasser oder sonstigen anderen Stücken enthalten noch die Hss Edessa 13 bzw. JerMkl 156. 161. 163. 169 (J 1592/3). Die Verfolgung der weitschichtigen hslichen Überlieferung von A.-Mēmrē in arabischer Übs auch aus dem Syrischen würde Sache einer Geschichte der christlich-arabischen Literatur sein.

S. 53 Ak. 1. Duval 132 f.] Duval³ 122 f. 159. Ak. 9. Ag: BrCh 373*/98*] Agg des K daqĕd(h)am wad(h)ĕb(h)àt(h)ar: von der anglikanischen Mission besorgte mit umfangreichsten Beigaben (Urmia 1901), seiner Kernbestandteile: BrCh 373*/98*, der „Martyrer-Qàlē": ebenda 341*/73*.

S. 54 Ak. 11. Notice] Notices.

S. 55 Ak. 1. BO 1, 355 + Ps-D. z. J. 725.

S. 56 Ak. 5. Wenig 41 f.] + und zu den Miles-Akten HDelehaye, AB 38, 340.

S. 59 Ak. 1 der Bearbeitung: VtS 160 (10. Jh). Vg. aber S. 55 Ak. 5 27°/32°. 39°/41°] +, des einzelnen Theodosia-Martyriums: Sin 30 (J 778). AMS 1, 202/76] +, der Varianten aus Sin 30: ASmithLewis, StSin 9, 326.

S. 60 Ak. 6. + AWilmart, AB 38, 240/84. Ders., ROC 22, 72/94. Ak. 12. + Vg. HDelehaye, AB 38, 340f. PPeeters, ebenda 39, 83 f.

S. 61 Ak. 8. Duval 337.] Duval³ 335.

S. 63 Ak. 2. Duval 340 f.] Duval³ 337 f.

S. 64 Ak. 3. 806 (Add 14613. 9/10. Jh) 9° a] + Katalog KWHiersemann 487 Nr 255a (= 500. Nr 2. 8,9. Jh) 9°. Ak. 4. + Ungewiß bleibt der Charakter der Hs Edessa 58. die möglicherweise sogar eine solche vielmehr I.s v Ninive ist.

S. 65 Ak. 3. In einer Hs zu Šarfah (?) . . . . geschieht das Gleiche mit Bezug auf BO 1, 234: Nr 104 gegen + Kat KWHiersemann 487 Nr 255b (= 500. Nr 3. J 882) 15°. || Dublin Trin. Coll. B. 5. 19 (J 1625).] Dublin Trin. Coll. 1508 (B. 5. 19. J 1625) 8°. 168 (Sach 92. 17. Jh) B 5°.] + Dublin Trin. Coll. 1508. 1°. Ak. 4. Dublin Trin. Coll. B. 5. 19.] Dublin Trin. Coll. 1508.

S. 68 Ak. 9. BrMOr 4526 (J 1726/7) fol 176 r°] +, einer arabischen Übs: Katalog KWHiersemann 500. Nr 14 (10. Jh) 7°. Ak. 10. + Nach IgGuidi, NGWG 1869, 52 würde es sich allerdings hier um eine, dann doch wohl durch die Zwischenstufe eines arabischen Textes hindurchgegangene Übs aus dem Koptischen handeln.

S. 69 Ak. 12 von S. 68. BrM . . . 960. 76°.] + Sin 30 (J 778). || Ag: Wright 1, 128 69 (2, 116,45)] +, der Varianten aus Sin 30: ASmithLewis, StSin 9, 283/305. Ak. 2. 941. 4°] + Petersburger (6. Jh).

S. 70 Ak. 3. + Als Parallelrezensionen der syrischen Vorlage erweisen sich der Text von VtS 159 (Ak. 12 von S. 69), derjenige einer Hs der Royal Asiatic Society und die entsprechende Partie eines apokryphen Marienlebens (S. 99 Ak. 5). Übs mit Berücksichtigung dieses Materials: P Peeters, Évangiles apocryphes. T. II. L'Évangile de l'Enfance. Rédactions syriaques, arabe et arméniennes trad. et annotées (P 1914). Über eine Beeinflussung durch indische Fabelliteratur, welche die syrische Schrift nach zwei Textzeugen, wahrscheinlich in nestorianischen Kreisen etwa des 6. Jhs, erfuhr, vg. E Cosquin, RB² 16, 136/57.   Ak. 4. + Auf nahe Beziehungen zu einem syrischen apokryphen Marienleben in 6 BBn (vg. S. 94) verweist H Stocks, Byzantinisch-neugriechische Jahrbücher 2, 329/43.

S. 71 deren vier auf die JJ 730/1 bzw. 738/9, den 25. 12. 778 oder 24. 4. 783 und das J 828/9 datiert werden.] + Mindestens sehr zweifelhaft bleibt es, ob entsprechend ein Zusammenhang mit der altchristlichen Petrusapokalypse bei einem syrischen „B des Klemens" statthat, für welches visionärer Inhalt bezeugt wird.[1])

S. 71 Ak. 1 des dritten in verschiedener Rezension:] + Dublin Trin. Coll. 1513 (18. Jh) und ‖ Am Schlusse der Ak. + mit Gesamtag des Stoffes.   Ak. 4. bzw. CSCO. Ser. 14, 6] bzw. CSCO. Ser. III 14, 6. Ps.-D. zu den JJ 744 und 746 Gr. ‖ Duval 341/4.] Duval³ 339/41.

S. 72 Ak. 11. PalMed 62] PalMedOr 62.

S. 74 Ak. 2 von S. 73. Über eine neuestens von der engl. Bibelgesellschaft gemachte Ag der ganzen P. des NTs mit einem von Gwilliam konstituierten Text] +: The NT in Syriac. 2 Bde (Lo 1905/20).   Ak. 2. + Gegen die Urheberschaft R.s äußerte sich neuerdings auch A Mingana, Exp. Tim. 1914/5, 379/81 mit Gründen, die H Windisch, ZNtW 20, 72 als „sehr beachtenswerte" bezeichnet.

S. 78 Ak. 14. VtS 159.] VtB 159. ‖ 414 (18. Jh) S 68; +. sicher: Hs zu Krêm 25°.

S. 79 Ak. 3. (KWHiersemann Lpz) auftaucht.] auftaucht: Katalog KWHiersemann 500. Nr 18 (cca. J 900). ‖ Dijarb 20] +, möglicherweise eines Bruchstücks des einen oder anderen Werkes: Lpz Universitätsbibliothek Or. 1078 (Cod. Tischendorf XVI) 11°.   Ak. 12 und anonym:] + in einer Petersburger Hs (6. Jh) bzw. so, daß im Titel versehentlich G. v Nyssa vielmehr zum Helden der Erzählung gemacht erscheint,

S. 81 Ak. 4. Katalog KWHiersemann 487. Nr 255 a] + (= 500. Nr 2). ‖ Katalog KWHiersemann 487. 255 b] + (= 500. Nr 3). ‖ Ebenda am Schlusse der Ak. + „Fragen" des Ch. d.h. wohl ein ihn als Beantworter solcher einführendes Gesprächsbuch enthält die Hs JerMkl 159, nicht näher bezeichnete Ch.-Homilien die Hs. Edessa 55.

S. 82 und nicht jünger braucht auch eine Übs der Schrift über die Jungfräulichkeit zu sein.] + Das Gleiche gilt von einer solchen wohl eher der $\lambda\acute{o}\gamma o\iota$ $\varkappa\alpha\tau\grave{\alpha}$ $'A\varrho\varepsilon\iota\alpha\nu\tilde{\omega}\nu$ als der Schrift $\pi\varepsilon\varrho\grave{\iota}$ $\grave{\varepsilon}\nu\alpha\nu\vartheta\varrho\omega\pi\acute{\eta}\sigma\varepsilon\omega\varsigma$ $\mathring{\eta}$ $\pi\varrho\grave{o}\varsigma$ $'A\varrho\varepsilon\iota\alpha\nu o\acute{v}\varsigma$.[2])

S. 84 Ak. 5. 793 (9. Jh) 9°.] + 797 (Add 18814. fol 163/262. 9. Jh) 5° a. ‖ Katalog KWHiersemann 487. Nr 255 a] + (= 500. Nr 2). ‖ Brl 198 (Sach 352. 13. Jh) fol 97 v°.] + Dazu ein vereinzelter „discourse" in der Hs BrM 797. 5° b.

S. 85 Ak. 4. Katalog KWHiersemann 487. Nr 255 a] + (= 500. Nr 2). ‖ Katalog KWHiersemann 487. 255 b] + (= 500. Nr 3). ‖ Ebenda am Schlusse der Ak. + Über den ersten der drei Texte und sein Verhältnis zur $\grave{\varepsilon}\pi\iota\sigma\tau o\lambda\grave{\eta}$ $\mu\varepsilon\gamma\acute{\alpha}\lambda\eta$ (PG 34, 409/42) und anderen Stücken der griechischen M.-Überlieferung vg. L Villecourt, ROC 22, 29/56.   Ak. 6 der Nrn 2. 3 5 dieses Bestandes: BrM 753. 29° c/d, 2. 3. 1:] der Nrn 2. 3. 1 des Bestandes von BrM 727: 753.

[1]) Hs: Edessa 21 („B des Klemens: Vision"). An das „Testament unseres Herrn Jesus Christus" (§ 40d) ließe sich wegen seines einleitenden apokalyptischen Teiles hier ebensowohl denken als an einen syrischen Text der durch Klemens vermittelten äthiopischen Bearbeitung der Petrusapokalypse oder des großen arabisch und in äthiopischer Weiterübs erhaltenen Klemens-Apokryphons, „B der Rollen". Bezüglich des letzteren vg. S. 96 Ak. 3 (mit Nachtrag), bezüglich der ersteren die Ag (mit Übs) von S Grébaut, ROC 15, 198/214. 307/23 und die Übs von H Duensing, ZNtW 14, 65/78.

[2]) Hs: JerMkl 126: „B des A. v. Alexandreia gegen die Arianer."

29ⁿ c/e. ‖ Einer abweichenden Sammlung: Katalog KWHiersemann 487. Nr 255a 13°] 8°. 7°.
5°. 6°. 4°: Katalog KWHiersemann 487. Nr 255a (= 500. Nr 2. 8,9. Jh) 13°c e.g h. Dazu
zwei Beantwortungen von Fragen und zwei selbständige Stücke in der Hiersemann-Hs 13°a
bzw. 13°b und f.

S. 87 Ak. 12. + Auf das griechische Original scheint ein Scholion der griechischen Hs Patmos
270 (10. Jh) Bezug zu nehmen. Vg. GMercati. RB² 11, 534,42.

S. 90 Ak. 3. 813. 7° bzw. 3°] + Katalog KWHiersemann 487. Nr255b (= 500. Nr3. J882)4°.

S. 91 Ak. 16. + Ungewiß bleibt, ob und welche hierher gehörigen Stücke als „Mēmrē" „des
M. T(h)armēqājā" die Hs JerMkl 160 enthält.

S. 92 Ak. 3. bzw. Katalog KWHiersemann 487. Nr 255a (8/9. Jh,6°.11°] bzw. Katalog KWHiersemann 487. Nr 255a (= 500. Nr2. 8,9.Jh)6°. Das Gleiche gilt von zwei weiteren „Palladios"-
Hss: JerMkl 200 (J1672/3) und einer in Dēr Za'farān.   Ak. 6.   Katalog KWHiersemann
487. Nr255b] + (= 500. Nr3).   Ak. 7.   + Vg. FNau 19, 103,5.

S. 94 Ak. 1. Sin 30 (J787).] Sin 30 J778). Brl 75 (Sach 222. J1881) 18°. ‖ Ebenda am Schluse der
Ak. + RReitzenstein. NGWG 1917, 38,79.   Ak. 14. VtS 160. 20°. 161. 9°.] + Sin 30.
AMS 4, 123/7] +, der Varianten aus Sin 30: ASmithLewis, StSin 9, 327f.

S. 96 Ak. 3. des arabischen Textes] des vielleicht ursprünglich allein diesen Titel führenden ersten
Bs des arabischen Textes ‖ Ebenda am Schlusse der Ak. + 22, 113/7 (noch unvollständig). B, des
ganzen ersteren: KatSachau 736/40. Vg. FDellmann, NGWG 1858, 185/215. EBratke,
ZWT 36, 454/98. Bannstark, D. christl. Literaturen d. Orients 2, 16 f.   Ak. 6.
Katalog KWHiersemann 487. Nr255a] + (= 500. Nr2).

S. 97 Ak. 5. + Nachdrückliche Bedenken gegen die im Texte zugrundegelegten Ergebnisse All-
geiers äußert PPeeters, AB 39, 176,9.   Ak. 6. JerMkt 38*. 87°] + Noch nicht untersucht ist eine älteste Petersburger Hs (6.Jh) des syrischen Textes.

S. 98 Ak. 3. bzw. nach Nestle (7. Jh)4°, ungewiß. welcher Rezension: die älteste in Petersburg (6.Jh).

S. 101 Ak. 1. bzw. CSCO. Ser. III 14, 6f.] + Ps.-D. zu den JJ746 u. 762.

S. 105 Ak. 4. AScher, ROC 11, 7] + ESachau, SbPAW 1916, 979.

S. 106 Ak. 12. + Die erstere hat auf syrischem Boden eine Erweiterung auf Grund der Biographie Ap(h)rems oder einer Quelle derselben erfahren. Vg. HDelehaye, AB 38, 302/9.

S. 111 Ak. 10 von 110 (= Ag Mingana Nr16)] +, einzelner Stellen mit Übs: GEKhayyath, Syri
Orientalis seu Chaldaei, Nestoriani et Romanor. Pontificum primatus (R 1870,7f. 157 9.

S. 111 Ak. 3. Or 4047 (15.Jh)] + Cmbr 2044 (J1541) ‖ Brl 55 (Or fol 1200. D. J1614)] Brl 55 (Or
fol 1200. J1641).   49 (Sach 166. 19.Jh) ‖ Cmbr Add 1985 (18.Jh)] + Brl 54 (Orqu 5477.
J1871. ‖ PAOS XXVIII/XXX.] PAOS 1885/8. ‖ PAOS 1887,8.] PAOS 1885/8, | Am Schlusse
der Ak. +, einer stark gekürzten „chaldäischen", Rezension: PBedjan, Mannel de piété
(Pr 1886) 415/32 ²(1893) 648/70. Übs des ungekürzten Ritnals zum Begräbnis von Priestern:
GPBadger, The Nestorians und their rituals (Lo 1852) 2, 282,321.   Ak. 4. und in
Vt 61]. VtS 308. 4°. ‖ Ag. PBedjan, Mannel de piété] + hierher gehöriger Stücke:
PBedjan, Mannel de piété (Pr 1886), 420/3. ²(1893) 429/31.

S. 112 Ak. 3. (Vg. S. 52 Ak. 9)](Vg. S. 52 Ak. 6).   Ak. 10. + Entscheidend gegen die von
Connolly a. a. O. XVIII/XXVIII nachdrücklich verteidigte Autorschaft N.s spricht die Tatsache. daß die Dichtung sich bereits mit der erst nach N.s Tode durch den K Mār j) Ab(h)a I.
(§ 18a) aus dem Griechischen übersetzten Nestorois-Liturgie bekannt zeigt. Auch sind
Abweichungen des hier erklärten von dem in den Nrn 21 und 32 zugrunde liegenden liturgischen Texte zu beobachten, die sich in der Richtung auf die endgültige Textgestalt der
späteren liturgischen Hss zu bewegen.

S. 115 Ak. 1. ChS] ChrS.

S. 116 Ak. 21. OC² 10/11] +, 1/32.

S. 120 Ak. 3. Ren 2, 620/32] +, unvollständig wiederholt: PLeBrun. Explication littérale,
historique et dogmatique des prières et des cérémonies de la Messe. Diss. XII. Art. XIII.

S. 125 Ak. 1. Göttingen Univ.-Bibl. Or 18d] + (J1870)a.   Ak. 3. Als einer Vorlage.] Aus
einer Vorlage. ‖ 122 (J1836)] + Bibliothek d. DMG 179 (J1852) ‖ Vg: EAWBudge, The

History of Alexander the Great (Cambr 1889)] Agg: EAWBudge, The History usw. (Cmbr 1889), einzelner Stücke: PZingerle, ZDMG 8, 835.7. 9, 780.4. Rödiger³ 108/12.

S. 127 in exegetischer Literatur noch lange fühlbar.] + Von seinen heterodoxen Schriften wird wenigstens eine gegen Theodoros v Mopsuestia polemisierende Erklärung des nicänischen Symbols ausdrücklich bekannt.¹)

S. 127 Ak. 4. ChrS 2, 189 f.] ChrS 2, 189/92. 208/10.

S. 129 Ak. 1. BO 31, 147.] + GHoffmann, Opuscula-Nestoriana (Kiel 1880) XXI f.

S. 131 Ak. 9. Katalog KWHiersemann 487. Nr 255 a] + (= 500. Nr 2) ‖ 255 b] + (= 500. Nr 3).

S. 135 Ak. 9 der Eusebiosstoff bei Ps.-Dionysios v Tellmaḥrē, die sog. syrische Epitome der Eusebianischen Chronik (§ 43 i] der Eusebiosstoff bei Ps.-Dionysios v Tellmaḥrē (§ 43 i) und die sog. syrische Epitome der Eusebianischen Chronik (§ 34 c) ‖ Nähere Untersuchungen usw.] Vg. PKeseling, D. Chronik d. E. in d. syr. Überlieferung [Auszug] (Bonner Diss. Duderstadt 1921). Das Original der Arbeit, deren vollständige Drucklegung die Zeitverhältnisse bisher nicht gestatteten, befindet sich auf der Bonner Universitäts-Bibliothek.

S. 136. B. bezeichnet sich selbst als Schüler Ḥĕnànās, und schrieb, während dieser die Leitung der Schule inne hatte, und noch ohne irgendeine Kunde von einem um dessen Person entbrannten Streit zu haben.] Der spätere B hatte früher in Opposition gegen die Lehre Ḥĕnànās die Schule von Nisibis verlassen.²) Noch während seines Verweilens an derselben muß seine Schrift entstanden sein, da er sich hier anstandslos als Schüler Ḥĕnànās einführt, ohne irgendeine Kunde von einem um die Person des Lehrers entbrannten Streit zu verraten.

S. 136 Ak. 3. ChrM 22 (20).] + ChrS 2, 191 f.

S. 137,8. Davon liegt in einer verhältnismäßig reichen Überlieferung ein dogmatisches Hauptwerk zur Verteidigung der nestorianischen Christologie vor.] Davon liegt im Gegensatze zu anscheinend untergegangenen Streitschriften gegen Anhänger einer irrigen Lehre über die Auferstehung der Toten,³) gegen die Messalianer,⁴) gegen „den Brief“ eines „Häretikers“ Jôḥannàn v Edessa und denjenigen eines anderen „Häretikers“ Môšē,⁵) gegen Proklos v Konstantinopel, Philoxenos v Hierapolis und den „Häretiker“ Masjā(?), gegen das Justinianische Dreikapiteledikt und gegen Išai v Taḥal,⁶) einen Anhänger Ḥĕnànās, ein dogmatisches Hauptwerk zur Verteidigung der nestorianischen Christologie in verhältnismäßig reicher Überlieferung vor.

S. 137 Ak. 10, der allein die im folgenden zugrundeliegenden einzeluen Angabeu macht.], dessen Einzelangaben, wo nichts Anderes notiert wird, im folgenden zugrundeliegen.

S. 138. Briefe an oder gegen Jàusep(h) Ḥazzàjā (§ 35 c) aus chronologischen Gründen einen der jüngeren Schriftsteller gleichen Namens zum Verfasser haben zu müssen] +, wofern es sich hier nicht um ein bloßes Mißverständnis handelt und vielmehr an eine letzte Erklärungsschrift zu einem Briefe des thebaïschen „Sehers“ Joannes v Lykopolis (§ 13 c) zu denken ist.⁷)

S. 138 Ak. 1. Ai.] + ChrS 2, 213 ‖ in der Stadt Ēl befindlichen] und eine im Privatbesitze von J-BChabot (J 1887). ‖ Séert 87 (J 1608,9) VII°. + Bs: JLabourt, Le Muséon² 7, 26/32. Ak. 2. + Die erstere wird übereinstimmend durch 'Aî und ChrS 2, 213 bezeugt. ChrS 2, 214 wird dann noch eine solche „über einige Fragen monastischer Askese“ namhaft ge-

---

¹) ChrS 2, 209.   ²) Nach ChrS.

³) Daß die Leiber der Auferstehenden Kugelgestalt haben würden. ChrS 2, 212.

⁴) ChrS a. a. O. Die Bekämpften werden hier als Anhänger eines Qûsṭā und ihre Lehre dahin bezeichnet, daß der zur Vollkommenheit Gelangte des Fastens, Gebets und Eucharistieempfanges nicht mehr bedürfe. Damit vg. man RReitzenstein, Historia monachorum und Historia Lausiaca (Göttingen 1916) 195/210.   ⁵) ChrS 2, 213.   ⁶) ChrS 2, 214.   ⁷) Von einer solchen redet ChrS 2, 213, von Briefen an (oder gegen) Jàusep(h) Ḥazzàjā spricht 'Aî.

macht.   Ak. 3. + Bezeugt wird dieser Kommentar durch 'Ai und ChrS 2, 213.   Ak. 4.
+ Nach ChrS 2, 214 hätte es sich bei der Schrift B.s vielmehr um eine weitere Streitschrift
gegen einen wohl als Anhänger Ḥěnānās zu denkenden Mönch M. gehandelt.   Ak. 7.
+ Dazu die Bezengung durch ChrS 2, 213.   Ak. 12. + So 'Ai. Nur den Traktat über
Palmsonntag bezeugt auch ChrS 2, 214.

S. 138,9. Dagegen darf B. wohl als tatsächlicher Urheber einer 612 von den
nestorianischen BB an den sassanidischen Großherrn gerichteten Eingabe
und des ihr beigefügten Glaubensbekenntnisses gelten.] + Zu unterscheiden
von einem Anhange patristischer Beweisstellen, der diese Urkunde beschließt,
ist jedoch eine gewiß erheblich umfangreichere Sammlung solcher, die er zu
Verwendung bei konfessioneller Polemik anlegte.[1])

S. 141 Ak. 6 von S. 140. Unkatalogisierte] R.

S. 141 Ak. 5. + Wohl um eine Bearbeitung seines Werkes spätestens aus dem 10. Jh handelt
es sich bei einem Evangelienkommentar von „Ph. und Abraham r Melitene", den nach
OWPerry (s. Nachtrag zu S. 3 Ak. 16) eine Hs der Bibliothek in Dêr Za'farān (J 1001)
enthalten soll.

S. 142 Ak. 1. Ag des ersteren: AAVaschalde, CSCO Ser. II 27] Agg des ersteren: usw.,
des letzteren: MBrière, PO 15, 439/542.

S. 143 Ak. 12. 14(16/7. Jh)15°.] + R(16/7. Jh)31°.   Ak. 14. + Übs: HDenzinger, Ritus
Orientalinm, Coptorum, Syrorum et Armenorum in administrand. sacramentis (Würzburg
1863/4) 1, 318.

S. 145 Ak. 5. Privatbesitz: RWilliams (J 1471] +. Vg. IHHall, PAOS 1878/84, CXX/XXIII.

S. 148 Ak. 7. Katalog KWHiersemann 487. Nr 255b] + (= 500. Nr 3).

S. 150 Ak. 2. + JerMkl 156/8. 160/2. Edessa 14.

S. 153 Ak. 1. Vg. BO 1, 339 (unter Nr 229).] + Je einen gleichfalls im Original nicht mehr nach-
weisbaren Mēmrā über Abraham und die Verkündigung der Geburt Isaaks und über Abraham
und Sara in Ägypten bietet in arabischer Übs eine soeben im Buchhandel auftauchende
Hs: Katalog KWHiersemann 500. Nr 14 (10. Jh) 9°a.c.

S. 154 Ak. 4 von 153. Ag: Bedjan 3, 564/81 (Nr 93)] Agg: Bedjan usw., unter dem Namen
Ap(h)rems: OpS 3, 387/95. Übs: SEuringer, BKv² 37, 165/80.

S. 157 Ak. 7. in Mardin und Beirut] +, einer einzelnen: Katalog KWHiersemann 487. Nr 255b
(= 500. Nr 3. J 882) 17°.

S. 158 Ak. 5. 14(16/7. Jh)10°] + R(16/7. Jh)20°. ‖ 414 S 113] + Krêm 27°. ‖ JerMkl 10 A 18°] + R 21°.
Pr 76. 6°] + Krêm 26°.

S. 160 Ak. 12. + Sammlung des zerstreuten Briefematerials: EWBrooks, PO 12, 163,341.
14, 1/310.   Ak. 14. 256 (beträchtlich vor J 932)] +, der Nrn 10, 38, 15, 18, 20, 21, 31:
Dublin Trin. Coll. 1511. 1° (7. Jh). ‖ in BrM 795 (Add 14601. 9. Jh)12°b ǧ—ṛ'] + bzw. der
Nrn 25 und 31 in Dublin Trin. Coll. 1511. 2° (9. Jh).

S. 161 Ak. 1. + Weitere Hss: JerMkl 44(J 1515/6), eines gekürzten Karšūni-Textes: 45.

S. 164 Ak. 3. JerMkl 10 A 11° (11/5. Jh). B 4°] + R (16/7. Jh) 14°. ‖ CmbrAdd 2887 (J 1843) 32°
+ Krêm 14°.

S. 165. Nur auf der monophysitischen lebt . . . . herzurühren scheint[5]] *zu tilgen.*
Vg. S. 90f. (§ 13f.).

S. 165 Ak. 3. Katalog KWHiersemann 487. Nr 255a] + (= 500. Nr 2).   Ak. 6. Ebenso!

S. 166 Ak. 1. Katalog KWHiersemann 487. Nr 255a (= 500. Nr 2) ‖ 255b (= 500. Nr 3).

S. 167 Ak. 3. ALFrothingham] + PAOS 1878/84, CCXI/XVI. Ders.   Ak. 4. Hs: BrM
7189 Rich (J 1268/8).] Hss: BrM 7189 Rich (J 1268/9). Edessa 10 und eine in Dêr Za'farān
ṃ der allerdings die Autorschaft des St. in Zweifel zieht.] der gegen die Ergebnisse Frot-
hinghams bezüglich der Identität des St. mit dem durch Ps.-Dionysios Areiopagites zitierten

---

[1]) Denn die letztere umfaßte nach ChrS 2, 214 Stellen aus griechischen und syrischen, der
Anhang der Eingabe vom J 612 bietet nur Stellen aus griechischen Autoritäten.

Hierotheos Bedenken geltend macht, die indessen von einer heute endgültig überwundenen Frühdatierung des Ps.-Areiopagiten ausgehen.

S. 168 Ak. 2. JerMkl 2* (J 1289 90?)] + *124. 125.*

S. 170 Ak. 5. Katalog KWHiersemann 487. Nr 255a] + (= 500. Nr 2) || OxfNewColl 331.] + Dublin Trin. Coll. 1505. 5° (13. Jh). Ak. 7. 14 (16/7. Jh) 5°.] + R (16/7. Jh) 29°. 93 (Anc fonds 70. 18. Jh) 6°.; + Dublin Trin. Coll. 1510 (J 1554) 2°.

S. 172 Ak. 4. un moyenâ-ge] au moyen-âge.

S. 176 Ak. 6. + Unvollständige Ag: GFurlani, PO 14, 748,53. 759,63.   Ak. 10. + Ag: GFurlani, PO 14, 679/736. Dazu 23 von einem Thomas gegen Joannes Philoponos geltend gemachte Schwierigkeiten und noch ein weiteres Stück dieses polemischen Schrifttums. Hs: BrM 859. 11° bzw. 9°. Ag: GFurlani a. a. O. 753,9 bzw. 737/47.

S. 179 Ak. 8. Hss.] + Edessa 17 und eine. || Harris Syr 65 (J 1754)] +, einer arabischen Übs: JerMkl *46* (J 1540/1).

S. 183 Ak. 2. ∓ Bezüglich des Berichts über das Lebensende des Apostaten vg. PPeeters, AB 39, 78,83.

S. 186 Ak. 6. + Wohl mit dieser Arbeit identisch ist schon nach der Verwandtschaft im Wortlaute des von einer „neuen und genauen Rezension" redenden Vermerks am Kopfe des Textes ein anonymes Formular der jakobitischen Taufliturgie. Ag (nach ungenau bezeichneter hslicher Grundlage): CodL 1, 219/40. 2, 214/26. 3, 146/52. Übs: HDenzinger, Ritus Orientalium 1, 267/79.

S. 188 Ak. 6. VtS . . . . 271 (J 1482).] + Edessa 1 (J 1240).

S. 189 Ak. 2. 11 (15. Jh) A 3°.] + R (16 7. Jh) 25°.

S. 190 Ak. 6. + Ungewiß bleibt, in welcher Zahl und welcher Redaktion Reden des G. v Nazianz die Hs JerMkl *127* enthält.

S. 192 zwei wohl sicher original syrische Seitenstücke] zwei mindestens möglicherweise original syrische Seitenstücke.

S. 192 Ak. 1. + Die Legende ist in Ägypten bodenständig und hat hier ihr Vorbild in der altägyptischen Erzählung von einer Prinzessin Bent Reš. Sachliche Abhängigkeit von dieser ist für den mithin gewiß auf ägyptischem Boden entstandenen syrischen Text denkbar, auch ohne daß man mit W. eine durch arabische Synaxarüberlieferung vermittelte literarische Abhängigkeit von einem fragmentarisch erhaltenen koptischen anzunehmen brauchte. Über die Schwierigkeiten dieser überlieferungsgeschichtlichen Konstruktion vg. PPeeters, AB 36, 72/4.   Ak. 2. Katalog KWHiersemann 487. Nr 255a (= 500. Nr 2).

S. 198 Ak. 9. + einzelner Stellen (mit Übs): JDavid, Antiqua Eccl. Syro-Chaldaicae traditio circa Petri Apostoli eiusque successor. Romanor. Pontificum divinum primatum (R 1870). GEKhayyath, Syri Orientales, seu Chaldaei, Nestoriani et Romanor. Pontificum primatus (R 1870). Über die im Hûd(b)râ vermerkten wechselnden Meßgesänge des nestorianischen Ritus vg. AdRücker, Jahrb. f. Liturgiewissenschaft 1, 61/84.

S. 199 Ak. 1. 40 (Sach 64. 17. Jh)] + 42 (Orqu 546. J 1756).   Ak. 4. + Möglicherweise ist in diesem J. sogar der Urheber der allen Rezensionen des Textes zugrundeliegenden grundsätzlichen Neuordnung des Rituals zum ausschließlichen Gebrauche bei der Kindertaufe zu erblicken. Denn dagegen, daß diese, wie Diettrich annimmt, schon das Werk I.s gewesen sei, spricht entscheidend die Tatsache, daß noch die Kanones der im J 676 abgehaltenen Synode des K Giwargis I. (§ 32 e) die Erwachsenentaufe voraussetzen. Vg. Kanon 9 mit seiner Bestimmung über die Tätigkeit der Diakonissin bei derselben.

S. 200 Ak. 5. Dijarb 59 (J 1569).] + JerMkl *116*.

S. 202 Ak. 1. India Office Fol. 162 V (J 1712)] IndOffSyr. 9 (J 1712) fol 162 v°/88 v°.

S. 203 Ak. 6 von 202. Urm 193 (J 1861 nach Vorlage von 1704/5)] +, vermutlich auch, aber ungewiß, welches Umfangs und welcher Rezension: JerMkl *196* und eine in Dêr Za'farân.

S. 208 Ak. 7. Zitate seines exegetischen Nachlasses in der sog. Gannat(h) Bûssâmē (§ 50a] + und ein solches der Kirchengeschichte: ChrS 2, 193.

S. 212 Ak. 2. VtS 307 (18. Jh) 3°/11°] + Übss: GPBadger, The Nestorians 2, 244,81. HDenzinger, Ritus Orientalium 2, 419,50.

S. 214 Ak. 10 von 213. Vg. über dasselbe usw.] Agg (mit Übs): J Morinus, Commentarius de sacris Ecclesiae ordinationibus (Pr 1655) 364/401. CodL 13, wesentlich nur der Rubriken und Gebetsinitien: BO 3 ıı, 667/78. 684/90. 702 4. 801 f. 806,8. 813 5. 823 5. Übss: H Denzinger, Ritus orientalium .... in administrand. sacramentis 2, 226,62 (nach CodL). G P Badger, The Nestorians and their rituals 2, 322 50 und darnach H Denzinger a. a. O. 262/74.

S. 216 Ak. 4. PAOS 13, CXXIV f.] PAOS 1885/8, CXXIV XXVI.

S. 217. Von ihren den Inhalt der „synodalen τόμοι“ des T. bildenden 98 bzw. 32 Kanones⁴) zu unterscheiden] Von den doch wohl naturgemäß hier erlassenen „synodalen τόμοι“⁴) des T. anscheinend zu unterscheiden.

S. 217 Ak. 4. 'Am 66 (38) bezeugt usw.] Nach 'Am 66 (38) wäre bei dem Ausdrucke an das Rechtsbuch des T. zu denken, so daß auch ihm durch Synodalbeschluß Rechtskraft verliehen worden wäre. Denn daß die von 'Am auf 98 bezifferten Kanones mit den 99 §§ des Rechtsbuches identisch sind, unterliegt kaum einem Zweifel. Einen Blätterausfall in der Hs des „Rechtes der Christenheit“ des Ibn aṭ-Ṭajjib (Vg. S. 83 Ak. 3), dem das Ende seines arabischen Azs aus dem Rechtsbuche des T. und der Anfang desjenigen aus dem Rechtsbuche des Îšô' b Nûn zum Opfer fiel, verdankt die falsche Angabe von 130 Synodalkanones des Pen bei A Mai, Script. Vet. Nov. Coll. 4, 26 ihre Existenz. Vg. E Sachau, Syr. Rechtsbücher 2, XXIII.　　　Ak. 6. + , einer Stelle eines weiteren: G E Khayyath, Syri Orientales seu Chaldaei, Nestoriani et Romanor. Pontificum primatus (R 1870) 37 f. (36 f.). Ak. 7. Zu Nomokanon III] + bzw. MbS a. a. O. ‖ Mard 50] + eines Azs: Pr 306 (19. Jh). Ein arabischer Az bei Ibn aṭ-Ṭajjib. ‖ Ebenda am Schlusse] + Eine Ergänzung zu der Ag Sachaus soll nach einer Hs des BrMs G Furlani, RAL 1920 bieten.

S. 219 Ak. 5. CmbrAdd 2022 (17. Jh). Anh. 2°] + eines Azs: Pr 306 (19. Jh). Ein arabischer Az bei Ibn aṭ-Ṭajjib (vg. Berichtigung zu S. 217 Ak. 4).

S. 221 Ak. 8. Kat. K W Hiersemann 487. Nr 255 a (8/9. Jh)] Kat. K W Hiersemann 487. Nr 255 b (= 500. Nr 3. J 882).

S. 223 Ak. 14. Oroct 1159] +, wahrscheinlich auch: JerMkl 181 und eine in Dêr Za'farān (in Verbindung mit dem Nachlasse des Jôḥannân v Dâljât(h)â). ‖ Katalog K W Hiersemann 487. Nr 255 a] + (= 500. Nr 2).

S. 224 Ak. 15 von 223. Katalog K W Hiersemann 487. Nr 255 a] + (= 500. Nr 2).

S. 224 Ak. 1. Kat. K W Hiersemann 487. Nr 255 b] + (= 500. Nr 3).　　　Ak. 3. Ungenügend beschrieben ist die .... Hs Sin 24 (10. Jh)] + Dasselbe gilt von dem sich als „Paradies des Mâr(j) I.“ einführenden Texte einer solchen in Dêr Za'farān. Über die möglicherweise hierher gehörige Hs Edessa 5S vg. Nachtrag zu S. 64 Ak. 4.

S. 225 Ak. 1. VtS 198] + JerMkl 182 (J 1552 3).　　　Ak. 6. Brl 205 (Sach 335. 1 S Jh) 3°. +, ungewiß, welches Umfangs: eine in Dêr Za'farān (vg. Nachtrag zu S. 223 Ak. 14).

S. 230 Ak. 17 von 229. Pr 235 (19. Jh) 1°, eines nicht näher bekanntwerdenen „Bs der Medizin“: Edessa 8.

S. 230 Ak. 2. astrologische Stücke in den Hss] + BrMOr 5442 (16 7. Jh). ‖ und ein Vorzeichenbuch unter demjenigen des Propheten Daniel in BrMOr 2084 (19. Jh)], ein syrischer Text der auch im griechischen Original erhaltenen hierhergehörigen Danielapokalypse in BrMOr 2084 (19. Jh) und ein Vorzeichenbuch unter dem Namen Ezras in BrMOr 4434 (19. Jh). Bs der beiden letzten unmittelbar aus dem Arabischen übersetzten Stücke und Übs von Azz: G Furlani, ZDMG 75, 122,8. Weitere astrologische Hss: BrMOr 5442 (16/7. Jh). Brl 10S (Sach 88) B (17. Jh?). Ak. 3. + Das erstere Stück oder ein Az daraus liegt auch in der Hs BrMOr 4434 (19. Jh) vor. Voraufgehen hier Berechnungen von Krankheitsausgänge aus dem Zahlenwerte von Namen und ein aus dem Arabischen übersetztes Traumbuch. (Noch nicht abgeschlossene) Ag (und Übs) des letzteren: G Furlani, ROC 22, 118/44. Neben die Urkunden abergläubischer Volksmedizin tritt die nicht minder volkstümliche Kleinliteratur eigentlicher Beschwörungen. Hss verschiedener Sammlungen wesentlich eines doppelten Typs: BrMOr 5281 (18. Jh) 1° (?). CmbrAdd 3082 (1 S. Jh). Brl 345 (Oroct 553. J 1800). 107 (Sach 95. J 1843) und je eine im Privatbesitze von H Gollancz (die eine vom J 1806/3). Ag und Übs: H Gollancz,

The book of Protection being a collection of charmes now ed. for the first time from syriac Mss (Lo 1912), einer Auswahl von Gebeten daraus: ders. schon in den Actes XI. Congr. Orient. 4. Sect. 72 97.   Ak. 16.   + Eine aus einer erstklassigen griechischen Uncialhs des 5·6. Jhs geflossene syrische Übs liegt der durch GMargoliouth (Lo 1911) herausgegebenen arabischen des Abū Bašr zugrunde. Vg. AGudermann, Philologus 76, 239 65.

S. 231 Ak. 15.   + Möglicherweise einen syrischen Text der Ἐπιδημίαι bietet die Hs JerMkl *234*. Ak. 17.   + Ein Text „über Maße und Gewichte“ unter dem Namen des J. b S. in der Hs Mos 108 (J 1812).

S. 233. im J 882] im J 832.

S. 242 Ak. 1.   Der Universitätsbibliothek Leipzig (aus dem Besitze Socins, J 1881)] Leipzig Universitätsbibliothek Or. 1076 (J 1579/60. Früher im Besitze Socins).

S. 249 Ak. 5.   BrM 807 (Add 14631. fol 45/53. 9/10. Jh) 3°. 286 (Add 14493. 10. Jh) 15° a. VtB 133. II° (J 1224). CmbrAdd 2023 (13- Jh) 29° a. Séert 69 (vor J 1371/2) VI°] VtB 133 usw., von Bruchstücken: BrM 807 usw. 507 (Add 17215. fol 22 5. 10/11. Jh) 5°. Pr 111 (Anc fonds 54. J 1585) fol 192 f. || Ebenda am Schlusse der Ak. + Über Übss vg. Ak. 7.   Ak. 7. weiterer] in BrM 807. 286. Pr 111 vorliegender Stücke des kanonistischen Sendschreibens an Addai sowie der J.-Zitate aus B'Es „B der Leitungen“.

S. 251 Ak. 5.   +, eines entsprechenden griechischen Textes: MRJames, TaSt 2 m, 86/108.

S. 252 Ak. 5.   + Eine Sonderüberlieferung erfährt der Text des Testaments ferner, anscheinend in den Hss JerMkl *153* und (möglicherweise in arabischer Übs) *247*.   Ak. 7 in Mosul (J 1651/2)] +, anscheinend auch: Edessa 22 („Klemens: kirchliche Ordnung“).

S. 253 Ak. 4.   Ox 73 (Marsh 708. 15. Jh) 4°. 70 (Poc 86. J 1555) 3°.] + Stadtbibliothek in Leipzig RH 4. 44 (J 1508). || Ebenda 175 84 Ergänzung] Ebenda 2, 261/94 in den Akk. und 3, 175/84 Berichtigung und Ergänzung.] + Übs beider: HDenzinger, Ritus Orientalium . . . . in administrand. sacramentis 1, 302/16. Dazu kommt noch ein Kurzformular des Severns für Taufe in Lebensgefahr. Ag: CodL 2, 300,6. Übs: Denzinger 1, 316 f.   Ak. 5. + Übss: HDenzinger a. a. O. 2, 386/402, eines anderen jakobitischen Formulars: ebenda 402/18 (beide aus dem Nachlasse Renaudots).

S. 254 Ak. 7 von 253.   + Ag: CodL 1, 240/76. 2, 226/61. 3, 152/68. Übs: HDenzinger a. a. O. 1, 280/301.   Ak. 3. 13 (J 1591) 13°] + R (16 7. Jh) 22°. CmbrAdd 2887 (J 1843) 8°] + Krêm 28°.

S. 259 Ak. 9.   Ag nach Übss] Ag (und Übs).

S. 260 Ak. 4.   795 (Add 14601. 9 Jh) 15°] + Katalog KWHiersemann 487. Nr 255 b (= 500. Nr 3) 12°.

S. 262 Ak. 6.   Diese Übs müßte allerdings einer schon erheblich früheren Zeit entstammen, falls sie und nicht etwa eine solche des griechisch erhaltenen Textes schon in einer Petersburger Hs (6. Jh) vorläge.   Ak. 9. Kat. KWHiersemann 497. Nr 255 b] + (= 500. Nr 3.   Ak. 14. Kat. KWHiersemann 487. Nr 255 a] + (= 500. Nr 2).

S. 266 Ak. 2. Kat KWHiersemann 487. Nr 255 a] + (= 500. Nr 2).   Ak. 10 im Privatbesitze usw.] Krêm 19° bzw. Abs davon in Privatbesitz AdRückers in Breslau.   Ak. 11. 13 (J 1579/80) 7°] + R 9°.   Ak. 12. JerMkl 10 A 9°] + R 12°. CmbrAdd 2887. 15°] + Krêm 15°.

S. 267 Ak. 13 von 266.   13. 10°] + R 15°. || CmbrAdd 2887. 9°] + Krêm 20°.

S. 267 Ak. 1.   Ag (und Übs): HWCodrington, JTSt 4, 73/81] Agg (und Übss): HWCodrington, JTSt 4, 73/81. MRajjs, ROC 21, 25/31.   Ak. 4. 14 (16/7. Jh) 2°] + R 6°. || JerMkl 15 (J 1895/6) 4°] + Krêm 5°.   Ak. 5. JerMkl 10 A 4°] + R 7°. CmbrAdd 2887. 34°] + Krêm 8°, anscheinend einer abweichenden Rezension: Krêm 9.   Ak. 6. 11 B 5°] + R 10°. DamPfk 4.] + Krêm 11°.   Ak. 7. 36. 1°] + Krêm 22°. || CmbrAdd 2887. 9°] und anscheinend: Krêm 21°.   Ak. 8. JerMkl 10 A 16°.] + R 19°.

S. 271 Ak. 1.   Hs: JerMkl 3* (J 806)] Hss: JerMkl 3* (J 806) 2°/4° bzw. Abs darnach im Privatbesitze AdRückers.   Ak. 2. 14 (16/7. Jh) 11°.] + R (16/7. Jh) 23°.

S. 272 Ak. 10.   PAOS May 1891] PAOS 1890/2.

S. 277 Ak. 7.   op selecta 409/13] +, einzelner Stellen wohl tatsächlich dieses Werkes unter dem Namen des Mōšē b Kēp'hā (§ 45 c) mit Übs: JDavid, Antiqua eccl. syro-chaldaicae traditio circa Petri apostoli eiusque success. Romanor. Pontificum divin. primatum (R 1870) 14/6. 33 (23 f. 71).

S. 279 Ak. 2. + Leipzig Universitätsbibliothek Or. 1078 (Cod. Tischendorf XVI) I⁰, Blatt eines philosophischen Werkes mit Erklärung der $Κατηγορίαι$ (Vg. CTischendorf, Anecd. sacra et profana 66 f.).

S. 282 Ak. 4. + Ag einer einzelnen Nr: FNau, L'Homélie de Moyse Bar Cépha sur les confesseurs du vendredi, ROC 19, 192/5. Ak. 7. + Ag (und Übs) einzelner Stellen: JDavid, Antiqua eccl. syr-chald. traditio usw. 17. 22/4 (27 f. 40. 44). Ak. 10. Brl 135] Brl 185.

S. 284 f. Ak. 8. PAOS Mag 1887. XXVII] PAOS 1885/8, CLXXVII/LXXXI.

S. 287 Ak. 9. Hss:] + Gotha 1091 a (J 1576) ‖ 197 (Marsch 92)] + IndOffSyr. 9 (J 1712).

S. 289 Ak. 2. Brl 38 (Sach 167. J.1496)] + 2⁰ ‖ 40 (Sach 64. 16. Jh)] + 11⁰.

S. 290 Ak. 6. Bs: AScher, Kat. Mosul 6 f.] + Vg. GEKhayyath, Syri orientales, seu Chaldaei, Nestoriani et Romanorum Pontificum primatus (R 1870) 144 f. GHoffmann, Opuscula Nestoriana (Kiel 1880) XXIII.

S. 294 in eine Evangelienhs eingetragen hatte.] + Daneben erscheint er als Urheber eines aus Ap(h)rem, Ja'qôb(h) v Edessa und Chrysostomos schöpfenden Katenenkommentars anscheinend zur ganzen Bibel ¹) und als Verfasser einer Schrift wohl über die Myronweihe.²) ‖ Ḥabbîrā] Ḥabbôrā.

S. 301 Ak. 3. + bzw. das Zitat bei JDavid, Antiqua eccl. syro-chald. traditio 17 f. (28).

S. 303 Ak. 4. + AdRücker, Jahrb. f. Liturgiewissenschaft 1, 85 f.

S. 304 Ak. 1. Univ. Beirut (J 1541)] + I⁰. ‖ Cmbr 2040 (18. Jh) 2⁰ b] Cmbr 2041 (18. Jh) 2⁰. 3⁰. ‖ (von derselben Hand wie die vorige J.1828)] + I⁰ ‖ a. a. O. 114/7. 119/23] 116 f. 120. 122. Ebenda am Schlusse der Ak. + Ag einer allerdings anscheinend auch schon völlig moderne Nrn enthaltenden Reihe von anonymen Sôg(h)jàt(h)ā: PBedjan, Manuel de piété (P 1886) 456/80 ²(1893) 572/601. Besonders interessant sind als Vergleichungsmaterial zu entsprechenden Stücken griechischer Kirchendichtung bald als Sôg(h)jàt(h)ā, bald als 'Ônjàt(h)ā, bezeichnete Adamklagen. Hss (z. B.): Cmbr 2041. 5⁰ a bzw. 2041. 5⁰ b. 2820. V⁰. Ag der ersteren: PBedjan a. a. O. 465 f. ²579/81. Ak. 2. CmbrAdd 1980 (J 1723) +. Eine durch WAShedd aus Urmia nach Amerika gebrachte (Vg. IHHall, PAOS 1888/9, CLXXXII). ‖ Ebenda am Schlusse der Ak. + Übs eines vollständigen G.-Textes für Epiphanie: AJMaclean bei FCConybeare, Rituale Armenorum (Ox 1905) 298/388.

S. 308. Ak. 5. und J-B Chabot.] + Azz in den Hss: IndOffSyr 9 (J 1712). VtS 187.

S. 309. muß also das Werk entstanden sein.] + Noch jünger sind mindestens möglicherweise zwei schmächtige Korpora kürzester Scholien zum A und NT.³)

S. 309 Ak. 2. Lib. epis] Lib. apis ‖ Ebenda am Schlusse der Ak. + Ein Az aus Kap. 44 (oder eine hier wörtlich wiedergegebene Quelle?) ist eine Geschichte der 30 Silberlinge des Judas. Hss: Brl 74 (Sach 9. J 1695) 4⁰. IndOffSyr. 9 (J 1712) fol 242 v⁰/43 v⁰, einer arabischen Übs: CmbrAdd 2881 (J 1483/4) I⁰ 5. Ag: PdeLagarde, Praetermissorum libri duo (Göttingen 1879) 94 Z. 20/95 Z. 63. Vg. Duval ³ 107.

S. 314 Ak. 1. Vg. RO 2, 277/84.] Über vier dem Werke eingefügte Tafeln vg. BO 2, 282. PdeLagarde Symmicta (Göttingen 1880) 2, 7. CFrick, Berliner Philolog. Wochenschrift 6, 683 ff. Übs: JSAssemani, Chronicon Orientale Petri Rahabi Aegyptii usw. (Ven 1729) im Anhang. Ag (und Übs): JZolinski, Zur Chronographie des Gregorius Abulpharagius (Heidelberger Diss. Breslan 1894).

S. 322 Ak. 7. 2820. II⁰. III⁰.] + AdRücker (J 1878. Vg. S. 304 Ak. 1) II⁰.

---

¹) Hs in Dêr Za'farān (J 1156, falls dies nicht vielmehr das Datum der Entstehung des Werkes selbst ist) nach OWPerry (s. Nachtrag zu S. 3 Ak. 16). ²) Daraus ein gegen die Nestorianer polemisierendes Zitat („in suo tractatu de Chrismatis sacramento") nach einer Hs in Šarfah bei JDavid, Antiqua eccl. syro-chaldaicae traditio circa Petri apostoli eiusque successorum Romanor. Pontificum divinum primatum (R 1870) 33 (42).

³) Hss: IndOffSyr. 9 (J 1712), des zweiten auch: VtS 187. Ag: GHoffmann, Opuscula Nestoriana (Kiel 1880) 85/122 bzw. 122/63.

S. 324 Ak. 5. Aus dem Werke stammt] + ein chronographisches Stück in der Hs IndOffSyr. 9 (J 1712) fol 441/4 und ‖ Ebenda am Schlusse der Ak. + Ag des ersteren: I⁷de Lagarde, Praetermissorum libri duo (Göttingen 1879) 90/3.

S. 333 Ak. 3. + Aktenstücke über die Romreise: SGiamil, Genuinae relationes inter Sedem Apostolicam et Assyriorum Orientalium seu Chaldaeorum Ecclesiam (R 1902) 12/71. 475/92. Ebenda 31 f. Ak. eine Biographie des 'A. Ak. 4. + Über die Reise existiert auch ein Prosabericht. Hs: VtS 63. Fol 107. Ag und Übs: SGiamil a. a. O. 482/92. Ak. 6. Ag] Agg ‖ Am Schlusse der Ak. +, mit Übs: SGiamil a. a. O. Die Dichtung ist formell ein Türgämā. Ak. 14. India Office Fol 162. V (J 1712)] IndOffSyr. 9 (J 1712) fol 142 v°, 62 r°.

S. 334. 'Abd el-Masîḥ] 'Abd al-Masîḥ.

S. 337 Ak. 7. + Ag einer von zwei verschiedenen Rezensionen der Taufliturgie unter dem Namen Basileios' d. Gr. mit Vergleich der anderen in den Akk: CodL 3, 199/237. Übs derselben: HDenzinger, Ritus Orientalium 1, 319/26.

S. 338 Ak. 2. + Hierher gehört auch das Bruchstück einer Hs der aus der „Großen Oktoëchos" ausgehobenen sog. Makarismen: Katalog KWHiersemann 500. Nr 32 (15. Jh). Einer Sammlung von Communia für bestimmte Heiligenklassen entstammt endlich ebenda das Bruchstück Nr 28 (11. Jh).

S. 341 Ak. von S. 340. + Übs eines abweichenden maronitischen Formulars der Taufliturgie aus dem Nachlasse Renaudots: ebenda 351/8.

Der Seitenumbruch der vorstehenden Nachträge und Berichtigungen war bereits erfolgt, als Herr Professor HGoussen in letzter Stunde die ungemeine Güte hatte, mir zwecks weiterer Vervollständigung vor allem der bibliographischen Nachweise die syrischen Bestände seiner umfangreichen christlich-orientalischen Spezialbibliothek zur Verfügung zu stellen. Diese hier wie auf den Gebieten armenischer, koptischer, äthiopischer und georgischen Literatur schlechthin einzigartige Büchersammlung ist insbesondere reich an liturgischen Drucken, die im Orient hergestellt und in Europa im allgemeinen so gut als unbekannt geblieben sind. In der folgenden zweiten Reihe von Nachträgen ist auf dieselben mit tunlichster Vollständigkeit noch verwiesen worden. Nur auf eine Feststellung der in liturgischen BBn des nestorianischen bzw. chaldäischen Ritus gedruckt vorliegenden Ḥūttāmē bestimmter Autoren mußte verzichtet werden, um den Abschluß des Druckes nicht ungebührlich zu verzögern. Auch die Kenntnis vom Inhalte einiger jüngster Erwerbungen der Vatikana verdanke ich Herrn Kollegen G. Wenige weitere mit * bezeichnete Ergänzungen konnten an dieser Stelle nunmehr auch noch untergebracht werden.

S. 4 Ak. 12. + Vorzügliche Register lieferte neuerdings IguGuidi, Indice agiografico degli Acta Martyrum del P. Bedjan (R 1919. Sonderabzug aus der RStO).

S. 6 Ak. 7. (R 1728)] + Eine Sonderag der Bd. 2 beigegebenen „Dissertatio de Syris Monophysitis" (R 1730) weist wertvolle Zusätze auf.

*S. 13 Ak. 9 von S. 12. + JRGhanime, Bardesane et sa secte, al Mašriq 18, 881/9 (Arab.).

S. 25 Ak. 2. RePTK³ 3, 167.] + Hier nicht erwähnte: JJMarcel, Jonas Propheta Syriace (Pr 1802) und Psalteragg: K d(h)ēmizmōrē (Mosul 1866). Psalterium Syriacum (Mosul 1885) zur Ergänzung des Mosuler „syrisch-antiochenischen" Brevierdruckes. Der anglikanischen Mission (Urmia 1891. ²1908). Des jakobitischen Patriarchats (Dēr Za'farān 1898. ²1908). Psalterium iuxta exemplar apud Chaldaeos usurpatum (Mosul 1910). Des uniert syrischen Patriarchats (Šarfah 1912). Weitere in verschiedenen Typen von Brevierdrucken. Durch ihre „Kyklion"-Angaben liturgiewissenschaftlich besonders wertvoll ist eine Ag der Druckerei des jakobitischen Patriarchalvikariats in der türkischen Hauptstadt (Konstantinopel 1846 = Lit Nr. *22?).

S. 30 Ak. 10. Kmosko 1048/51] +, der beiden Meßgesänge: in einem liturgischen Druck der Meß-Propria des chaldäischen Ritus (Mosul 1901) 140. 144, der Tešbōḥtā: K d(h)aqἐd(h)am wad h)ĕb(h)āt(h)ar (Mosul 1866) 45 f. (Urmia 1906) 283 f. Über den letzteren liturgischen

B-Typ vg. S. 53.   Ak. 11. Mai/Juni.] + bzw. Sonderag: Le livre des Pères (Pr-Lyon 1890).

*S. 33 Ak. 1. Patrol.³ 395/400; +. Ad'Alès, Études 167, 513,54.

*S. 34 Ak. 3. OpG 1, I/XIX.] Ag der in bslicher Überlieferung an diejenige der griechischen Ἀσκητικά unter dem Namen A.s angeschlossenen arabischen Übs: LCheikho, al Mašriq 19, 452/9. 506,16.

S. 36 Ak. 1. + Vg. CEmerau, Études critiques de littérature et de philologie byzantines: Saint Ephrem le Syrien, son oeuvre littéraire grecque (Pr 1918?). Vg. AB 39, 373 f.

*S. 38 Ak. 7. Eine Ag ist von letzterem zu erwarten.] Ag: Mitchell, S Ephraim's prose refutation usw. 2, completed by A A Bevan-FCBurkitt (Lo 1921). || Ebenda am Schlusse der Ak. + Eine Prosaschrift, die im Gegensatze zu der speziell gegen eine Bekämpfung Platons durch Bardaiṣân gerichteten an Domnos dem Kampfe gegen Mani gewidmet war, enthielt dieselbe Hs, deren die Erhaltung der ersteren verdankt wird. Ag des Erhaltenen: Mitchell 2, 1 (I), 190 (XCI).

S. 39 Ak. 5. +, besonders des K d(h)ḥaššā (Djunja 1902) 42 (Abel und Kain). 143 (Abraham, Sara und Isaak). 250 (Sünderin, Simeon und Teufel). 575 (Die beiden Schächer). 614 (Tod und Satan). *Arabische Nachdichtung eines Stückes (Sünderin und Teufel): MMaza'at al-Nahr. al Mašriq 19, 601/6.

*S. 40 Ak. 1. +, von Bruchstücken gegen Markion (1/3): CWMitchell, S. Ephraim's prose refutation of Mani, Marcion and Bardaisan 2, 50 (XXIII).

*S. 41 Ak. 14. fol. 16/8. Vor J 555)] +, eines einzelnen Fragments: 7S1(Add 14623. Die betreffenden Bll. 6.Jh)6°b. || Ebenda am Schlusse der Ak. +, des Fragments in BrM 781: CWMitchell, S'Ephraim's prose refutation of Mani, Marcion und Bardaisan 2, 170 (LXXX).

*S. 42 Ak. 5. Overbeck 132] +. CWMitchell, S. Ephraim's prose refutation of Mani, Marcion and Bardaisan 2, 143 (LXVI).

S. 45 Ak. 1. + Kollationen römischer Hss zum exegetischen Nachlasse A.s bei AntPohlmann, St. Ephraemi commentariorum in S. Scripturam usw. (2 „Partes". Braunsberg 1862/4).

S. 47 Ak. 2. Ag] + des jakobitischen Formulars: Ritual ohne Gesamttitel (Pampaknde, Malabar 1880) 1/197, in anscheinend gekürzter Gestalt: Service de la Messe selon le rite Syrien avec les prières que se dissent pour les morts (Mosul 1881) 295/365.   Ak. 4. + Jakobitische Ag (Dêr Za'farān 1900. ²1913). Agg nur des Inhalts der Anhänge, die dabei mit dem ursprünglich eben an ihren haftenden Namen des Bêt(h) Gazzā bezeichnet werden, für den jakobitischen (Dêr Za'farān 1908) und den unierten Gebrauch (Šarfah 1908).

S. 48 Ak. 10. Séert 109(J 1609) XVII°] +, die erstere mit der Verfasserangabe, die zweite anonym VtS 464(J 1234)10° bzw. 11° (des Registers).

S. 49 Ak. 14. VtS 117. 88°.] + 464(J 1234)9° (des Registers). || 96(vor J 1351/2)39°.] + 464. 17° (des Registers).

S. 50 Ak. 2. VtS 117. 97.°] + 464(J 1234)15° (des Registers).   Ak. 11. VtS 117. 11.°] + 464. 12° (des Registers)·

S. 51 Ak. 2. Ag: OpS usw.] Agg: OpS usw. Liturgischer Druck des nestorianischen K d(h)aqĕd(h)am wad(h)ĕb(h)àt(h)ar (Urmia 1906) 311 f.

S. 52 Ak. 5. BrCh 3⁵ jedes Bandes.] + K d(h)aqĕd(h)am wad(h)ĕb(h)àt(h)ar (Mosul 1866) 64/6. (Urmia 1906) 231 f.   Ak. 6 (als „Paraenesis" 66 und 70)] +, der beiden ersten: JGuriel, Breviarium feriale in usum nationis Chaldaicae (R 1865) 307. 310 f. K d(h)aqĕd h)am wad(h)ĕb(h)àt(h)ar (Mosul 1866) 59/61. 62 f. (Urmia 1906) 119. 122 f. || Ag des ersteren usw.] Agg des ersteren: BrCh 50 jedes Bandes. K d(h)aqĕd(h)am wad(h)ĕb(h)àt(h)ar (Mosul 1866) 58. (Urmia 1906) 116 f.

S. 53 *Ak. 1. Photios Bibl. Cod. 53] + Synaxarium eccl. Coustantinopolitanae (Ag: HDelehaye, Propylaeum ad Acta Sanctorum Novembris) 469 f. Menologiun des Kaisers Basileios (Migne. PG 117) 316 f.   Ak. 9. Ag: BrCh usw. *bzw. statt des Nachtrags S. 346]* Agg des K d(h)aqĕd(h)am wad(h)ĕb(h)àt(h)ar im engeren Sinne: JGuriel, Breviarium feriale ad

usum nationis Chaldaicae (R 1865) 321/77. BrCh 373*/98* (jedes Bandes), zu einer Art von
Gesamt-Ordinarium des Breviers erweiterte: der Anglikanischen Mission (Urmia 1894. ²1901.
³1906), der Dominikaner (Mosul 1866. ²1903), der „Martyrer-Qalū": Guriel 378/458. BrCh
341*/73* (jedes Bandes). K d(h)aqĕd(h)am wad(h)ĕb(h'àt(h)ar (Mosul 1866) 244/304. (Urmia
1906) 137/252.

S. 63 Ak. 1. BrMOr 4078(19. Jh)] + VtS 469(19. Jh).
S. 64 Ak. 4. 2732(18. Jh)] + VtS 464(J 1234)3°,7°. 14° (des Registers).
S. 65 Ak. 3. BrM 837(Add 17262. 12. Jh)32ᵛb.] + VtS 464. 1° (des Registers).
S. 72 Ak. 12. Overbeck 245,8. 362/78.] + Dazu ebenso wie für die Maurĕb(h'ē die weiteren
    S. 47 Ak. 4 und im Nachtrag dazu namhaft gemachten Drucke des Ferialbreviers und
    seiner Anhänge.
S. 74 Ak. 2 von 73. Leyden 1709.] + ²1717. || (New York 1874. 1878. 1886). + NT und Psalter
    in 2 Bden zum Gebrauche der unierten „Chaldäer" (Mosul 1896/8) und zum Gebrauche
    der unierten Syrer des „reinen Ritus" (Mosul 1898/1900).
S. 82 Ak. 1. (Lo 1848)] +, einiger hier nicht mitgeteilter Blätter im Anhang der Übs von
    HBurgess (s. unten). Ak. 4. Abb. GWG² 10ⁿ] +, des Anhangs BrM 907: SGF
    Perry, Secundam Synodum Ephesinam usw. (vg. 140 Ak. 1) 331/4.
S. 83 Ak. 3. Vg. JKohler, Altsyr. u. armen. Recht, Zeitschr. f. vergleichende Rechtswissensch.
    19, 103/30.
*S. 97 Ak. 7. Vg.] + HZotenberg, Memoire sur le texte et sur les versions orientales du
    Livre de Barlaam et Joasaph (Pr 1887 = Notices et extraits de la bibl. nat. et d'autres
    bibl. 28ı), 1/166. EKuhn, Barlaam und Joasaph. Abh. Bayr. AW 201. KKrumbacher,
    Gesch. d. byzantin. Literatur ²(München 1897) 886,91.
S. 108 Ak. 4. Ag usw. (jedes Bandes):] Agg des ersteren: JGuriel, Brev. feriale in us. nat.
    Chald. (R 1865) 305. BrCh 43 (jedes Bandes). K d(h)aqĕd(h)am wad(h)ĕb(h)àt(h)ar (Mosul
    1866) 58 (Urmia 1906) 117f.
S. 111 Ak. 3. CLXXXVf.)] +, jeweils für Klerus und Laien: der Dominikaner (Mosul 1907) bzw.
    des Malabar-Ritus (Mananan 1882), nur für Laien: der Anglikanischen Mission (Urmia 1900).
    Ak. 4. Hss] + einzelner ausdrücklich mit N. in Zusammenhang gebrachter Stücke. || Ag]
    Agg mehr oder weniger zahlreicher P. in den Drucken des Begräbnisrituals, zweier: || *vor-
    bereitete] + dreier unter N.s Namen auftretender Nrn.
S. 112 Ak. 4. Add 2066] Add 2036. Ak. 5. Ag des usw. 157f.] K d(h)aqĕd(h'am wad(h)ĕ-
    b(h)àt(h)ar (Mosul 1866) 56f. 66/8. (Urmia 1901) 154f. 157f. (Urmia 1906) 222f. 232f.
    Ak. 7 und in der genannten Ag usw.] K d(h)aqĕd(h)am wad(h)ĕb(h)àt(h)ar Mosul (1876)
    72/96. 98/105. (Urmia 1901) 267/70.
S. 115 Ak. 25. Ag: BrCh usw. 86] Agg: JGuriel, Brev. fer. ad. us. nat. Chald. (R 1865) 304f.
    BrCh 42 (jedes Bandes). K d(h)aqĕd(h)am wad(h)ĕb(h)àt(h)ar (Mosul 1866) 57f. (Urmia
    1901) 86. (Urmia 1906) 116.
S. 116 Ak. 19. Ag: BrCh usw. 91f.] Agg: JGuriel a. a. O. 309. BrCh 28f. (jedes Bandes).
    K d(h)aqĕd(h)am wad(h)ĕb(h)àt(h)ar (Mosul 1866) 61f. (Urmia 1901) 91f. (Urmia 1906) 120f.
S. 120 Ak. 3. 68/87] 54,87. || (Lo 1875).] + The Liturgy of the holy Apostles Adai and Mari
    together with two additional liturgies to be said on certain fasts and other days and the
    order of baptism (Lo 1893) 40,89. Ak. 8. + K d(h)aqĕd(h)am wad(h)ĕb(h)àt(h)ar (Mosul
    1866) 46f.
S. 126. Schließlich bot] Gleich diesen Arbeiten im Gegensatze zu einer Abhand-
    lung über das Trishagion ¹) anscheinend nicht erhalten, bot schließlich
S. 128 bezeichnet wird] +, das sich im Begräbnisritual erhalten hat.²)
S. 132 Ak. 8. Agg] + aller drei Stücke: BrCh 1, 120. 183. 2, 99f. K d(h)aqĕd(h)am wad(h)ĕ-
    b(h)àt(h)ar (Mosul 1866) 41f. 42f. 43f. (Urmia 1901) 143f. 181. 181f., || BrCh 1, 183 usw.
    181f.] K d(h)aqĕd(h)am wad(h)ĕb(h)àt(h)ar (Urmia 1906) 241. 241f.

¹) Ag: GFurlani, Il trattato di Jesujab d'Arzon sul Trisagion (R 1917). ²) Ag (mit
Namennennung des Verfassers): Begräbnisritual für Laien (Urmia 1900) 22f.

S. 138 Ak. 10. + K d(h)aqĕd(h)am wad(h)ĕb(h)àt(h)ar (Mosul 1866) 39f. 44f., des Quadragesima-Textes auch: K d(h)aqĕd(h)am wad(h ĕb(h)àt(h)ar (Urmia 1906) 263, desjenigen für die Sonntagskomplet: K d(h)aqĕd(h'am wad(h)ĕb(h)àt(h)ar (Mosul 1866) 47f. (Urmia 1906) 255.

S. 141 Ak. 6 von 140. MS 103/118.] + Maronitisches Missale (Beirut 1908) 71/88.

S. 144 Ak. 1 unter dem Namen A.s:] + VtS 464 (J 1234) 8°.

S. 145 Ak. 2. + Der Text der G.'schen Ag wiederabgedruckt in der S. 74 Ak. 2 von S. 73 berührten Neuag des NTs durch die engliche Bibelgesellschaft 2, 174/94.   Ak. 3. + Neueste in der Neuag des NTs durch die engliche Bibelgesellschaft 2, 167/73.

S. 150 Ak. 2. VtS] + 464 (J 1234) 18°/41° (des Registers, dessen Numerierung auch den weiteren Einzelverweisen auf diese Hs zugrunde liegt).

S. 151 Ak. 2. VtS 117. 223°] + 464. 25°. ‖ AMS 3, 665/79.] + Basileios „und seine Genossen", d. h. wohl die beiden anderen großen Kappadokier. Hs: VtS 464. 18°.   Ak. 4. + 464. 22°. Ak. 5. 117. 3°] + 464. 26°.

S. 152 Ak. 5. VtS 117. 45°.] + 464. 27°.   Ak. 10. VtS 115. 21°.] + 464. 28°.   Ak. 12. VtS 118. 57°.] + 464. 33°. ‖ Ox 135. 64°] VtS 464. 23°.

S. 153 Ak. 1. VtS 117. 50°] + 464. 20°. ‖ VtS 117. 4°] + 464. 21°.

S. 154 Ak. 4 von 153. VtS 117. 139°.] + 464 32°.   Ak. 5 von 153. 117. 155°] + 464. 36°. ‖ 117. 95°] + 464. 37°. ‖ fol 335 r° ff.] 41°.

S. 154 Ak. 1. die Szene Mk 8, 31/3. Hss:] + VtS 464. 24°. ‖ VtS 118. 58°] + 464. 23°.

S. 156 Ak. 6. 118. 26°] + 464. 29°.   Ak. 7. VtS 117. 30°.] + 464. 35°.   Ak. 8. fol. 317 ff. 39°.

S. 157 Ak. 9 von 156. 195. 1°d] +, des ersten: VtS 464. 40°.

S. 157 Ak. 1. VtS 117. 129°.] + 464. 38°. ‖ Ebenda am Schlusse der Ak. +, ein Gedicht „über die Reisenden und Armen" in der Hs: VtS 464. 19°.

S. 160 Ak. 11. + Ag von Azz aus dem zweiten Briefe des Severus: S G F Perry, Secundam Synodum Ephesinam usw. (vg. S. 140 Ak. 1) 317/22.

S. 162 Ak. 3. Ag] Agg von Azz aus einem Briefe des Dioskuros aus dem Exil (1° t): S G F Perry a. a. O. 260/5, zweier Glaubensbekenntnisse (8° a. b.): ebenda 327/30, des Schlusses der Schrift gegen das Chalcedonense (von Bl. 51 v° an): ebenda 266/303.   Ak. 6. Ag von Azz] + aus BrM 857 VII° 8: S G F Perry a. a. O. 321/6.

S. 170 Ak. 7. mit Teilen des „Ordo communis").] + Maronitisches Missale (Beirut 1908) 111/25.

S. 175 Ak. 6. CSCO Ser. II 37] +, von Azz aus Nr. 42: S G F Perry a. a. O. 304/16.

S. 198 Ak. 3. *(vor dem Nachtrag auf S. 351)* +, der auf die eucharistische Feier entfallenden Gesangstücke: in einem liturgischem Druck der Meß-Propria des chaldäischen Ritus (Mosul 1901), des Offiziums auf den Gedächtnistag der Apostel Petrus und Paulus nach BrM 7178 Rich: P Martin, St. Pierre et St. Paul dans l'Église Nestorienne (Pr 1875. Extrait de la Revue des Sciences Ecclésiastiques).

S. 199 Ak. 3. Agg:] + K d(h)ĕtak(h)sē d(h)ĕrāzē wad(h)ĕt(h)ĕšmĕšàt(h)à d(h)ĕ'ed(h)tā (Urmia 1876) 1/21. ‖ 56/75.] + Tak(h)sā d(h)ĕrāzē d(h)ĕma'mĕd(h)ît(h)ā (Mosul 1907). ‖ 1, 364/83. The Liturgy usw. (vg. zu S. 120 Ak. 2) (Lo 1893) 63/89.   Ak. 7. 5/67] 5/53.

S. 200 Ak. 7 von 199. Lit. 31] + K d(h)ĕtûkkàsē wad(h)ĕqerjànē (usw. Titel wie bei der Ag: R 1844) (Puttempalli 1906) 2, 1/38.

S. 201 Ak. 4. Hss seiner sehr kurzen „Erklärung der Offizien":] + VtS 472 (16. Jh) 3°.

S. 209 Ak. 4. K d(h)aqdam wad(h)bàt(h)ar 150f.] K d(h)aqĕd(h)am wad(h)ĕb(h)àt(h)ar (Mosul 1866) 44f. (Urmia 1901) 150f.

S. 212 Ak. 2. *(vor dem Nachtrag S. 351)*] + Agg: K d(h)ĕṭat(h)sē d(h)ĕrāzē wad(h)ĕt(h)ĕšmĕ-šàt(h)à d(h)ĕ'ed(h)tā (Urmia 1876) 69/94. Tak(h)sā d(h ĕb(h)ûrrûk(h)ā a(j)k(h) 'ĕjàd(h)à d(h)ĕk(h)aldàjē (Mosul 1907).

S. 213 Ak. 2. K d(h)aqdam wad(h)bàt(h)ar] + (Urmia 1901). ‖ Ebenda am Schlusse der Ak. + Übs eines Šalliṭā-Textes (auf den Dienstag des Ninivitenfastens): F Dietrich, Morgengebete der alten Kirche des Orients (Lpz 1864) 26/8.

S. 217 Ak. 4. *(mit Berichtigung S. 352)* + Übs der Kanones: H Labourt, Les canons ecclésiastiques du patriarche Nestorien Timothée ler (Extrait du Canoniste contemporain).

*S. 218. in seinen Briefen bekundet.] + Auch eine Tešbôḥtā zur Kommunion trägt seinen Namen.[1])

*S. 228 Ak. 5 von 227. Prooem. XVIIIf.] + CBrockelmann, Gesch. d. Arabischen Literatur 1 (Weimar 1898) 205f.

*S. 230 Ak. 5. Gesch. d. Arab. Ärzte 29] + CBrockelmann, Gesch. d. Arabischen Literatur 1, 207. Ak. 11. Wüstenfeld 18] +. CBrockelmann a. a. O. 204f. Ak. 12. Wüstenfeld 53] + CBrockelmann a. a. O. 207.

S. 234 Ak. 8. Séert 62(J1570)] + VtS 472(16. Jh)2°.

S. 236 Ak. 8. Hss:] + VtS 472(16. Jh)1°.

S. 237 Ak. 2. Hs seiner Biographie:] Hss seiner Biographie: VtS 472. 4°.

S. 240 Ak. 11. Hss:] + VtS 467 (angeblich J 1055).

S. 254 Ak. 7 von 253. + Agg (und Übss) der ersteren: MAMarsiliusColumna, Hydragiologia. Sive de Aqua Benedicta (R 1586) bzw. ²(De fonte lustrali seu de usw. R 1605) 507/11 (512/8). CvArnhard, Liturgie zum Tauf-Fest d. Aethiop. Kirche (Diss. München 1886) 39/42 (X/XII).

S. 255 Ak. 3. BO 1, 487 bzw. 469.] + MAMarsiliusColumna, Hydragiologia 505/7 (512/4). CvArnhard VIIIf.

S. 289 Ak. 2. + Übs der Texte für Feste uud die Tage des Ninivitenfastens: FDietrich, Morgengebete d. alten Kirche d. Orients (Lpzg 1864).

S. 299 Ak. 2. *da Verbindung] in Verbindung ‖ KatAssemani 2, 315 27.] + Über Agg des hier gebotenen Formulars der Wasserweihe an Epiphanie S. Nachtrag zu S. 254 Ak. 7 von 253.

S. 301 Ak. 5. MS 168/79] + Maronitisches Missale (Beirut 1908) 89/101.

S. 306 Ak. 6. + Ag des ersteren (mit Namennennung des Verfassers): Begräbnisritual für Laien (Urmia 1900) 102.

S. 315 Ak. 1. (mit Azz und Verzeichnis der zitierten Autoren). + EugBorré, Analyse de l'ouvrage de Barhebraeus intitulé le Flambeau des Saints (Pr 1835).

S. 317 Ak. 1. + Übs mit Hss-Vergleichung: KSteger, B. d. Pupillen v. Greg. Barhebraeus (Lpzg 1908). Ak. 5. eine in Dêr Za'farān,] + mit einer bis I 3 reichenden arabischen Übs: VtS 465. Ak. 8. + Vg. AbrIllch, Berichtigungen und Zusätze zu Barhebraeus Kleiner Grammatik (Diss. Lpz 1885).

*S. 319 Ak. 3. + eines einem Nestorianer Šĕlĕmôn gewidmeten Stückes: J-BChabot, Mélanges Charles de Harlez 44/7.

S. 328 Ak. 12. MS 119,27] +, beider: Maronitisches Missale (Beirut 1908) 50/70.

S. 329 Ak. 13 von 328. Ag: MCh 205/19.] Agg: MCh 205/19 und sonst in maronitischen Missale-Drucken, in dem neuesten (Beirut 1908) 102/10.

S. 330 Ak. 3. 49(Sach116. 9.Jh)4°g.i.1] + Ag zweier Nrn: Begräbnisritual für Laien (Urmia 1900) 100, zweier anderer: Begräbnisritual für Klerus und Laien (Mosul 1907) 322f. 325f.

S. 332 Ak. 14. (Urmia 1901) 184f.] (Mosul 1866) 337f. (Urmia 1901) 184f. (Urmia 1906) 294f. Ak. 18. Ag von Qālē, die beim Begräbnis gesungen werden, wenn man sich dem Grabe nähert, unter seinem Namen: Begräbnisritual für Laien (Urmia 1900) 49f.

S. 333 Ak. 2. Ag:] Agg: JGuriel, Brev. feriale ad usum nation. Chald. (R 1865) 542 ‖ 185f.] (Mosul 1866) 339f. (Urmia 1901) 185f. (Urmia 1906) 295. Ak. 7. + Ag zweier Stücke: Begräbnisritual für Laien (Urmia 1900) 84/8. Ak. 13. Ag:] Agg: K d(h)aqĕd(h)am wad(h)ĕb(h)āt,b,ar (Urmia 1906) 297 und

S. 335 Ak. 3. Ag zweier mit Namennennung des Verfassers: Begräbnisritual für Laien (Urmia 1900) 102. 104.

S. 340 Ak. 3. +, des Propriums der Karwoche: K d(h)ĕḥaššā („Leidensb") (Djunja, Libanon. 1902).

---

[1]) Hss: die des normalen Tešbĕḥāt(h)ā-Anhangs des Psalters. Ag: BrCh 346* jedes Bandes.

Endlich ermöglichte 'mir gütigst ein weiterer Vertreter des früher feindlichen Auslandes Dom R H Connolly O.S.B noch die folgenden drei wichtigen Nachträge durch die geschenkweise Überlassung eines Exemplares der mir sonst unzugänglich gebliebenen Publikation R H Connolly-H W Codrington, Two Commentaries on the Jacobite Liturgy by George Bishop of the Arabe Tribes and Moses bār Kēp(h)ū: together with the syriac Anaphora of St. James and a document entitled the Book of Life (Lo 1913):

S. 141 Ak. 4 von 140. MS 103/118] +, (mit Übs) der Bruchstücke in BrM 284, 256 und 285 mit Ergänzung aus 263: R H Connolly(-W H Codrington) a. a. O. 87/114 (91/111).
S. 258 Ak. 6. + Ag (und Übs): R H Connolly(-W H Codrington) a. a. O. 1/15 (11/23). ·
S. 282 Ak. 10. Mindestens ..... vorliege.] Bs: KatSachau 600/3. Zitate in der entsprechenden Arbeit des Dionysios b Ṣalib(h)i (§ 48 a), der diese seine Hauptquelle in geradezu plagiotorischer Weise ausgeschrieben hat, (Ag Labourt) 17. 26. 28. 42. 49. 50. 59. 62. 68. 74; 44. 50. 52. 61. 66f. 67. 74. 77. 81. Ag (mit Übs) nach der Londoner Hs: R H Connolly (-W H Codrington) a. a. O. 16/86 (24/90).

Register.

Ḥunain ibn Isḥâq 227/30. 314.
Ḥûttàmâ-Dichtung 303. 325. 332. 333. 335.

Ibn Abî Uṣaibi'a 6.
— al Qifṭî 6.
— an-Nadim 6.
— aṭ-Ṭajjib, Abû l-Faraǧ 'Abdallâh 20. 54 Ak. 2. 83 Ak. 3. 119 Ak 5. 222 Ak. 7. 235 Ak. 6. 351 (zu S. 217 Ak. 4. 219 Ak. 5).
— Sînâ 317.
Iguatios I. (V.) 320.
— II. (VI.) 320 Ak. 10.
— V. (IX.) 327.
— VII. (XI.) 327.
— v Melitene 291.
Ignatiosbriefe 75 f. 263.
'Îšâ ibn Jaḥjâ 232.
Išai 123.
— v Taḥal: s. Iša'jâ v Taḥal.
Isaias v Skete 165. 223. 226. 350 (zu S. 165 Ak. 3).
Iša'jâ v · Bêt(h) Sĕb(h)irînâ 326 f.
— v Taḥal 134. 349 (zu S. 137/8).
Isḥâq aš-Šadrâwî 343.
— Ešbad(h)nàjâ 101 Ak. 8. 115 Ak. 25. 124 Ak. 3. 129 Ak. 5. 132 Ak. 1. 133 Ak. 2. 201 Ak. 1. 330.
— ibn Ḥunain 230. 358 (zu S. 230 Ak. 5).
—, K 54 f. 346 (zu S. 54 Ak. 11. 55 Ak. 1).
—, Klostergründer 133.
—, Mönch im Kloster des Rabban Îšo' 224.
—, Rabban 323.
—, Schüler Ap(h)rems 66.
— v Antiocheia 63 6. 176 278. 346 (zu S. 63 Ak 2. 64 Ak. 3 f. 65 Ak. 3 f.). 357 (zu S. 64 Ak. 4. 65 Ak. 3).
— v Edessa 146 f.
— „v den Kellien" 224.
— v Ninive 51 Ak. 2. 142 Ak. 10. 223/5. 352 (zu S. 223 Ak. 14. 224 Ak. 15 von 223 Ak. 1. 225 Ak. 1).
— v Skete 224.
Isidoros v Pelusion 279.
Islam, Polemik gegen den 211. 218.
Îšô' b Abraham 283.
— b 'Alî 241.
— b Nûn, Asket 220.
— b Nûn, K 219 f. 352 (zu S. 219 Ak. 5).
— b Ṣĕlib(h)â 327.
— b Šûšân: s. Jôḥaunàn X.
— Silûb(h) 295.

Îšô' Stylites 146. 274.
— v Merw 232.
Îšô'bôk(h)t v Rêwardašir 215 f.
Îšô'dâd(h) v Merw 20 Ak. 9. 116 Ak. 10. 119 Ak. 7. 127 Ak. 8. 133 Ak. 2. 136 Ak. 6. 234. 314.
Îšô'dĕnaḥ v Bâsrâ 5. 234. 236. 358 (zu S. 234 Ak. 8).
Îšô'jahb(h) b Malkôn 309 f.
— b Mĕqaddam 329 f. 459 (zu S. 330 Ak. 3).
— I., K 126. 357 (zu S. 126).
— II., K 195 f.
— III., K 197/200.
Isokrates an Demonikos 169.
Îšô'panâh 208.
Îšô'zĕk(h â 204.
Israël v Alqôš 334 f. 359 (zu S. 335 Ak. 3).
Iwannîs (Johannes VII.), P 269.
— v Bîrtâ 191.
— v Dârâ 277. 342. 353 (zu S. 277 Ak. 7).
— (od. Jôḥannàn) v Ḥarràn, Ḥabbôrâ und Nisibis 294.
— v Kaišûm 294.

Jahb(h)allâhâ I., K 55.
— II., K 304.
— III., K, Biographie des 325 f.
— (ungewiß welcher) K 199. 351 (zu S. 144 Ak. 4).
Jaḥjâ ibn 'Adî, Abû Zakarjâ 172 Ak. 3. 231. 341 Ak. 6.
Jakobos v Jerusalem an Quadratus, Apokrypher Brief des 69.
Jakobos-Anaphora 140 f. 253. 350 (zu S. 141 Ak. 6 von 140). 357 (zu S. 141 Ak. 6 von 140). 359 (zu S. 141 Ak. 6 von 140).
—, Kurzform der 316.
Jaldâ 240.
— v Alqôš 335.
Jamblichos 231.
Januarios Kandidatos 259.
Ja'qôb(h) b Isḥâq (= Ja'qôb(h) v Edessa?) 246 Ak. 2.
— b Šakkô 163 Ak. 1. 311 f.
— Bûrdĕ'ânâ 174 f. 181.
— ὁ φιλόπονος (= Ja'qôb(h) v Edessa) 254 Ak. 6.
— Qal'ṭàjâ 213.
—, Schüler Ap(h)rems 66.
— v Bêt(h) 'Ab(h)e 133.
— v Bêt(h) Garmai 122.